READING
Bible

READING Bible 리딩 바이블

지은이 이재훈
펴낸이 안용백
펴낸곳 (주)넥서스

초판 1쇄 인쇄 2011년 3월 25일
초판 1쇄 발행 2011년 3월 30일

출판신고 1992년 4월 3일 제311-2002-2호
121-840 서울시 마포구 서교동 394-2
Tel (02)330-5500 Fax (02)330-5555

ISBN 978-89-5797-611-1 13740

www.nexusbook.com

시험에 ✓꼭 나오는 독해 유형 X 파일

READING Bible

리딩 바이블

이재훈 지음

넥서스

Preface

신림동 고시촌, 노량진 학원가, 대학 특강 등 그야말로 치열한 수험영어의 현장 속에서 밤낮없이 영어강의를 해온 지 십수년이란 짧지 않은 시간이 흘렀다. 수많은 합격생들을 배출하면서 느꼈던 보람의 순간도 많았지만, 끝내 영어에 좌절감을 느껴 중도에 시험을 포기하는 학생들을 그저 안타깝게 지켜볼 수밖에 없었던 선생으로서의 무력감 또한 뼈저리게 느낀 시간이기도 하다.

수험영어의 현장에 있으면서 제자들로부터 자주 듣는 이야기가 있다. "선생님, 단어와 문법은 열심히 공부한 만큼 성적도 오르고 그만큼 자신감도 생기는데 독해는 아무리 시간을 투자해도 성적이 항상 제자리입니다. 문법 실력에 어휘력만 갖추면 독해 실력이 저절로 향상될 줄 알았는데 도통 진척이 없습니다." 노력을 아니 한 것도 아닌데 독해 실력이 항상 제자리에서 맴맴이라니 당사자로서는 참으로 기가 막힐 노릇이리라. 그러나 풍부한 어휘 실력과 정교한 문법 지식, 다양한 관용표현의 숙지 등은 영어 독해 고득점을 위한 선결적 필요사항에 불과한 것이지, 절대 충분조건이 될 수 없음은 영어를 가르치는 선생이나 그것을 배우는 학습자 모두가 인정하는 엄연한 상식이 된 지금, 순전히 문법과 단어 실력만으로 독해 실력을 향상시키고자 함은 순진하고도 무리한 시도라고밖에 볼 수 없다.

독해는 문법과 단어의 단순한 조합을 통한 해석의 과정이 아니라, 지문에 나온 정보를 신속하고 올바르게 이해하기 위한 적극적이고도 강렬한 정보 처리 과정이며, '드러난 정보'를 통해 '드러나지 않은 정보'까지 파악해야 하는 언어 기호에 대한 유의미적 이해의 과정인 것이다. 따라서 영문독해에 달통하기 위해서는 평소 우리말로 된 글을 많이 읽어 체계적으로 사유하는 능력을 배양하고, 여러 다양한 분야의 배경지식을 쌓는 것이 가장 중요하고도 시급한 과제라 할 것이다. 그러나 그에 필연적으로 수반될 한없는 시간 투자는 단기간 내에 일정한 목표 상황을 두고 분초를 다투며 공부하는 수험생의 입장에서는 거의 불가능에 가까울 것이기에 필자는 수험생의 이런 특수한 상황이 고려되고 감안된 가장 효율적인 독해 학습서를 고민하게 되었고, 각고의 노력 끝에 드디어 '리딩 바이블'을 세상에 내 놓았다.

'리딩 바이블'은 이미 영어학계와 교육계에서 인정받고 있는 정통 독해 이론을 그 축으로 하여, 지문의 신속한 분석과 답 찾기에 도움이 되는 리딩스킬, 일반 영문법서에서는 다루지 않는, 그러나 독해에 꼭 필요한 독해용 문법, 해당 주제에 관련된 유용한 배경지식, 읽으면서 바로 해석을 하는 직독직해 방법 등 수험영어 독해 학습자를 위한 유용한 독해기법 장치들을 빠짐없이 장치했으며, 특히 지문은 물론 모든 선택지에도 자세한 해석 및 해설을 달고, 정답은 물론 오답이 되는 이유까지 자세하게 설명한 바, 영어 독해의 초보자도 쉽게 스스로 학습할 수 있도록 배려하였다.

또한 전반부 '이론편'을 통해 익힌 여러 유용한 독해기법들을 공무원, 편입, 수능, 토플, 토익 등에서 세심하게 선별한 문제들로 구성한 '실전편'에서 직접 적용해 보게 하여, 그 원리가 어떻게 적용되어 출제되는지 스스로 파악할 수 있도록 만반의 준비를 갖추었으니 그야말로 이론과 실전이 겸비된 가장 이상적인 수험영어 독해서라고 감히 자부하는 바이다.

그러나 구슬이 서 말이라도 꿰어야 보배란 말이 있듯, 아무리 그 책이 훌륭하다 한들 그것을 그냥 묵혀 두고 허송세월한다면 무슨 소용이란 말인가? 독해 고득점의 가장 확실한 비결은 단 하나이니 그것은 충분한 시간을 쏟아 부어서 획득된 독해 내공(內功)뿐이다. 그 이외의 것들은 모두 영문독해를 더 수월하게 하기 위한 보조 도구에 지나지 않음을 명심해야 한다. 그러므로 소위 요즘 영어 독해 학습의 화두이자 대세로 떠오르고 있는 **리딩스킬**: Reading Skill^{지문의 일부만 읽고 문제를 해결하는 기법} 역시 반드시 기본적인 독해 내공을 쌓은 이후에, '문제풀이 능력'을 더욱 극대화하는 차원에서 적용 가능한 것이지, 처음부터 그것을 이용해서 단기간에 점수를 올려 볼까 하는 얄팍한 수를 쓴다면 오히려 독해 학습에 큰 독이 될 것임을 알아야 한다. 결국 정직하게 공부에 몰두한 물리적인 시간의 양만이 한 사람의 독해 실력을 진정으로 결정하고 가늠한다는 것을 잊지 말고, 본 교재를 가지고 모기가 쇠솥을 뚫고자 하는 기세로 열심히 정진해 나간다면, 독해 영역에서의 고득점은 물론, 감(感)으로 푸는 독해가 아닌 자신감(自信感)과 실력(實力)으로 푸는 진정 명쾌하고 행복한 독해가 될 것이다.

Thanks to...

이 책이 나오기까지 실로 많은 분들의 도움과 격려가 있었습니다.

본서에 소중한 자료를 무한정 제공하고 집필 과정에 큰 도움과 조언을 주신 공저자 William Kim(정훈) 선생님과 Riley Spencer 선생님은 이 책이 갖게 될 모든 영광을 함께할 이 책의 산파들입니다. 또한 대한민국 어휘혁명서 '보카 바이블'에 이은 독해 혁명서 '리딩 바이블'의 출간을 저보다 더 기쁜 마음으로 기다려 주신 넥서스 사장님, 신옥희 상무님, 무한 긍정의 신바람으로 저에게 마지막 힘을 용솟음치게 해준 넥서스 수험1팀, 아직까지 한 없이 부족한 필자에게 시원한 막걸리를 손수 따라주시며 크게 격려해 주신 '영어순해' 김영로 어르신께 특별한 감사를 드립니다. 또한 많은 세상풍파가 나를 흔들어 힘들어 할 때에 곧 좋은 날이 온다며 줄기차게 격려 퍼부어주신 고마운 진걸샘, 그리고 막내 샘 병준이, 교재 기획 당시부터 지금까지 전폭적인 지지와 성원을 아끼지 않았던 장동건보다 미남인 최병건 사장님, 바쁜 방송생활 중에도 틈틈이 전화로 용기와 웃음을 주시는 대한민국 최고 지성파 개그맨 형만이 형, 옆에 계시기만 해도 마음 든든한 영어에 관한 한 무불통지 한국외대 이기택, 인세진 교수님, 언제나 근거리에서 그림자처럼 움직이며 필자의 모든 수발 다 들어주는 나의 위대한 수석 조교 Ted, 탈진한 나의 몸과 마음에 치유의 에너지 한껏 불어넣어 주던 고마운 맹수, 자신들보다 나를 더 아낀다며 몸에 좋은 소주를 매일 저녁 먹이던 고마운 내 의형제들 찰스 형, 대혁이, 연보, 항상 싱싱한 아이디어를 마구마구 퍼서 전해주는 노량진 보스 쌍둥이 아빠 최 사장님, 만나면 언제나 유쾌, 통쾌, 상쾌한 윤신철, 이필선 선생, 그리고 언제나 최고로 든든한 내 인생 최고의 스폰서 막내 재혁이, 계속되는 집필로 지칠 대로 지친 필자의 몸과 마음에 언제나 새로운 힘을 솟구치게 만드는 세상에서 제일 예쁘고 사랑스런 나의 조카들 지형, 예진, 기연, 기윤에게 정말 고맙다는 말 전하고 싶습니다. 그리고 아버지, 어머니 하늘만큼 땅만큼 우주만큼 사랑합니다.

끝으로 우리 왕글리쉬닷컴 제자 여러분 화이팅!

향기로운 봄꽃이 흐드러지게 피어나고 있는 맑은 새벽에 서초동 서재에서
이재훈

☀ Contents

실 전 편

책 속 책 [실전편] 해설 및 정답

☀ Features of READING Bible

시험에 꼭 나오는
독해 유형 문제 풀이

Examples & Exercises

편입, 공무원, NEAT, SAT, TOEIC, TOEFL, TEPS 등의
독해 시험 대비를 탄탄히 할 수 있도록 모든 독해 유형을 각
유형별로 묶어 놓았다.

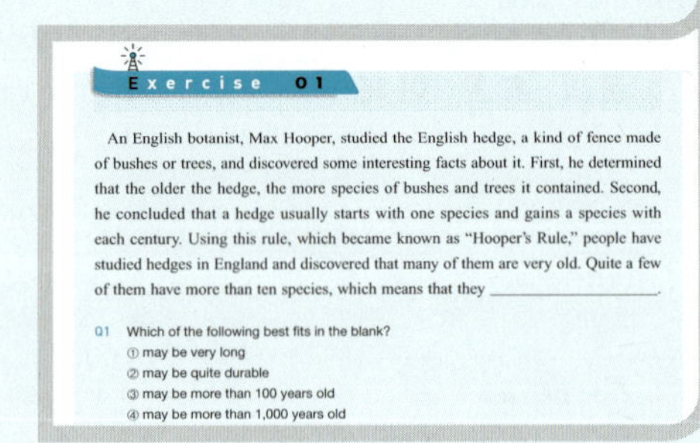

독해 지문 이해의 모든 것

To Improve Reading Comprehension

지문의 주제, 문장의 구조, 문장 간의 연결성을 분석하여
독해 지문의 큰 틀을 보는 훈련을 할 수 있으며 문장 구조
분석을 통해 정답을 찾는 방법을 논리적으로 제시하고 있다.

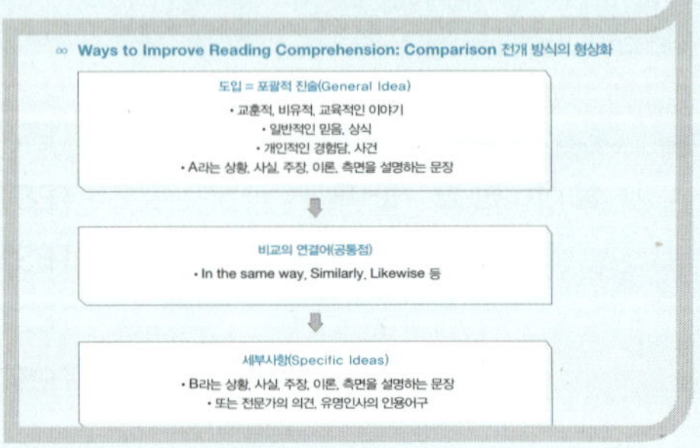

글의 전개 방식을
이해하기 쉽게 도식화

글의 전개방식의 형상화 코너

독해를 빠르고 정확하게 해나갈 수 있도록 글의 전개방식을
표로 깔끔하게 정리하여 형상화하였다. 글의 전개방식의 형
상화를 읽다 보면 문제의 정답은 손쉽게 찾아낼 수 있다.

독해 필수 문법 제공

Grammar Points & Structures

일반 문법서에서는 소홀히 다루거나 아예 다루지 않는 독해
필수 문법을 자세하게 설명하여 독해 지문을 정확하게 해석
및 문제풀이를 할 수 있다.

구문 분석

Grammar Points & Structures

독해 지문 중 시험에 잘 나오는 구문을 알기 쉽게 자세히 설명하여 문장 속에서 문법을 유기적으로 학습할 수 있도록 제시하였다.

Grammar Points & Structures

□ 구문분석

*Let me repeat, however, ❶ the caveat ❷ which I put forward in my
historical judgments are absolute and ❸ that any historical interpr
on the values ❹ held by the historian ❺ , which will in turn reflect th
age and society ❼ in which he lives.

❶ the caveat: 원형부정사 repeat의 목적어이며 형용사절(which절)의 수식을 받고 있
❷ which: the caveat(선행사)를 수식하는 목적격 관계대명사이다. put forward의 목
❸ that: the caveat의 동격명사절을 이끄는 접속사이다. and가 두 개의 동격명사절을

배경지식 코너

Background Knowledge

지문의 생소한 내용 이해를 돕기 위해 역사, 문화, 사회, 경제 관련 배경지식을 재미있게 풀어놓아 학습에 흥미를 높이고 지문을 더 능동적으로 이해할 수 있도록 하였다.

Background Knowledge

Endangered Languages 멸종 위기에 처한 언어(言語)들

현재 전 세계에 6천 800여 개의 언어가 존재하고 있으나 이 가운데 절반 내지
는 완전히 사라질 수 있다고(half to 90 percent could become extinct by the e
(linguists)들은 말한다. 언어가 소멸되는 원인으로는 전쟁과 대량학살(genocide
disasters), 중국어와 러시아어 등과 같이 사용인구가 방대한 언어의 주도적 사용이
assimilation), 그리고 정부의 특정 언어사용 금지정책(bans) 등이 꼽히고 있다.
서는 각국 정부가 특정언어 사용금지 조치를 철폐해야 하며 어린이들에게는 고유
다른 언어를 함께 쓰도록 장려할 필요가 있다고 강조했다. (AP 뉴스 참고)

이해하기 쉬운 명쾌한 해설

Solutions

정답은 물론 오답이 되는 이유까지 자세하게 설명하여 영어 독해의 초보자도 쉽게 스스로 학습할 수 있도록 배려하였다.

Solutions

Q1 전체 흐름과 관계없는 문장을 고르는 문제이다.
▶ 이 글은 두괄식이다. "모든 정상적인 아이들은 그들이 자라는 사회에서 어떤 언어를 사용하든
라는 주제문장을 보충설명하기 위하여 ②번 For example과 ④번 Likewise의 두 가지 경우를
등학교 시절 동안 계속해서 두 개 이상의 언어 능력을 개발한다면, 언어에 대한 깊은 이해를 갖
서 이미 앞에 있는 주제문장과는 관련성이 없다

Q2 윗글에서 반복적으로 언급되고 있는 단어는 language(언어)이다.

Q3 빈칸 뒷부분은 완벽한 절의 형태를 갖추고 있으며, 선행사는 장소명사(the community
가야 할 자리이다.

해석 및 어휘

Translations, Words & Phrases

지문은 물론 선택지(보기)에도 자세한 해석을 달았고, 독해에 꼭 필요한 어휘 및 표현을 상세히 담아. 독해 지문의 문맥에 맞는 뜻 이외에도 다양한 의미를 학습할 수 있도록 하였다.

Translations

컴퓨터는 초인적이지 않다. 그것은 고장이 난다. 그것은 실수 - 때로는 위험한 실수도 범하
것은 없으며 분명 그것은 우리 환경에서 '정신'이나 '영혼'은 아니다. 그러나 이러한 모든 제
간의 업적들 가운데 가장 놀라운 것 중의 하나이다. 왜냐하면 우리의 지력을 향상시켜 주기

Words & Phrases

- **superhuman** 초인적인, 신기(神技)의
- **break down** 고장 나다
- **magical** 마술적인, 불가사의한, 매혹적인
- **assuredly** 확실히, 분명히
- **spirit** 정신, 영(=soul)
- **qualification** 제한, 한정; 우 / 자격, 필요조
- **achievement** 달성, 성취; 업
- **enhance** 고무하다; 고양
- **intelligence** 지능, 지력

☀ Structure & Features

Chapter 1
시험에 출제되는 지문의 유형

독해 시험에 출제되는 지문의 종류와 그 특징을
분석하여 학습 전 독해의 큰 아웃라인을 그릴 수
있도록 구성하였다.

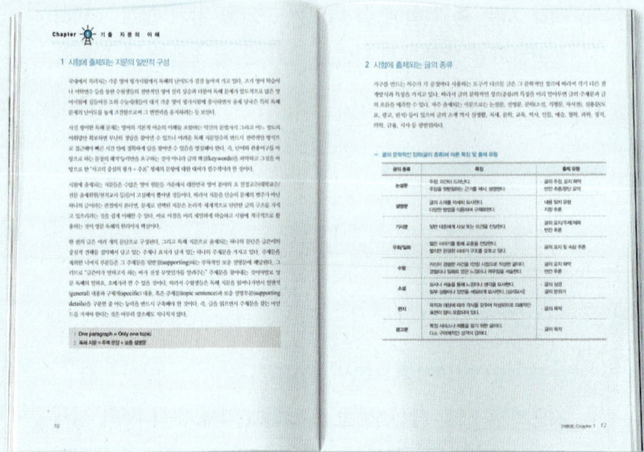

Chapter 2
핵심어와 주제 문장

모든 독해 문제는 지문의 흐름을 파악하는 것에서
부터 출발해야 한다. 지문의 흐름 파악에 가장 중요
한 핵심어와 주제 문장을 찾는 방법을 논리적으로
제시하였다.

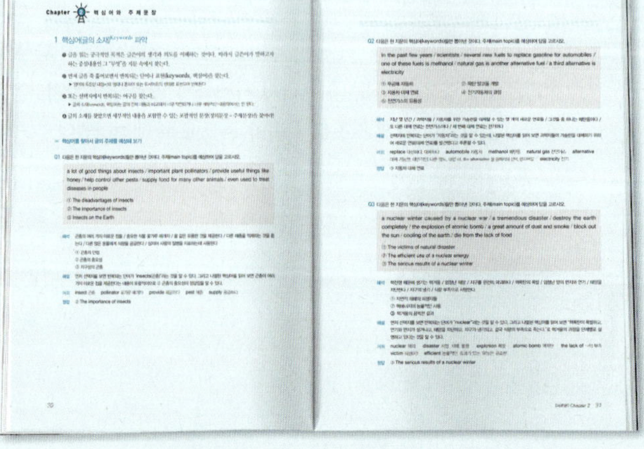

Chapter 3
글의 전개방식(글의 구조)

필자의 목적과 의도를 제대로 파악하고 모르는
단어가 있더라도 주제(제목, 요지)를 쉽게 찾을 수
있도록 다양한 글의 전개 방식을 학습하고 글의
후반부에 진행될 내용들까지 예측할 수 있도록
구성하였다.

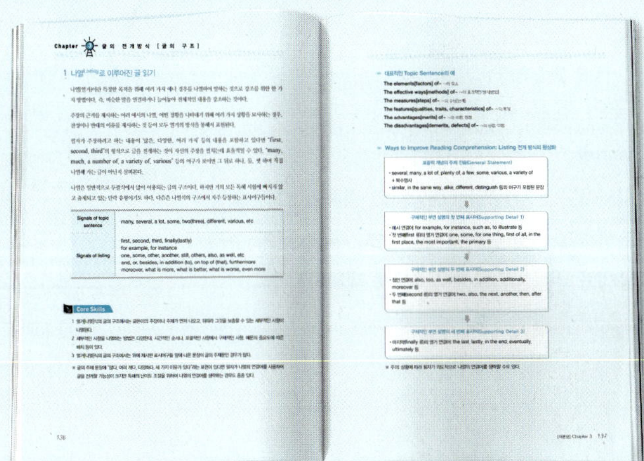

Chapter 4
빈칸 완성

단문 완성 빈칸 추론과 중문 완성 빈칸 추론으로
나누어 구성하였다. 단문 완성 빈칸 추론은 지문
을 7가지로 분석하여 그 문맥에 따른 빈칸 추론의
방법을 제시하고 있고 중문 완성 빈칸 추론은 연결
어구와 빈칸의 위치를 논리적으로 분석하여 빈칸
을 추론하는 방법을 제시하고 있다.

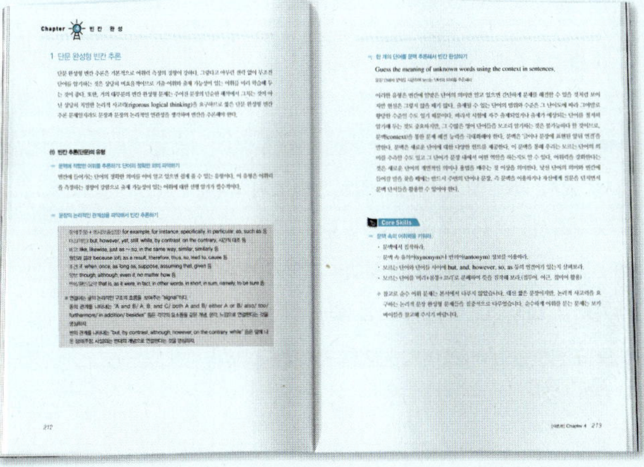

Chapter 5
글의 흐름 이해

지시어구로 사용되는 대명사의 종류와 그 유형을
분석하고 이것을 이용하여 지칭 추론, 글의 순서
문제를 푸는 방법을 논리적으로 제시하고 있다.

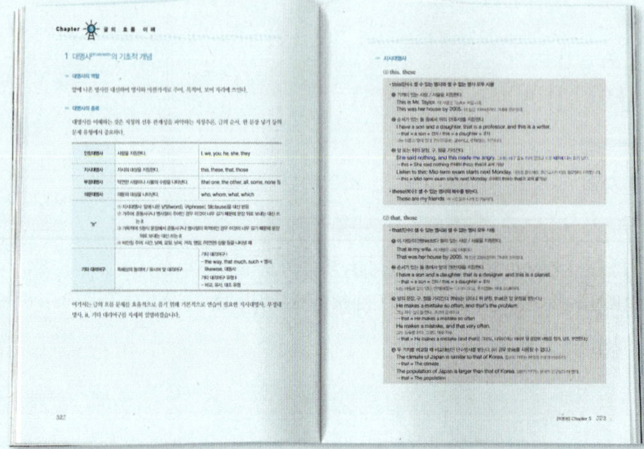

Chapter 6
주요 빈출 유형 따라잡기

주제/ 요지/ 제목 찾기, 내용의 일치 & 불일치, 추론,
목적, 심경과 태도, 글의 분위기, 도표 해석, 장문
의 이해까지 시험에 자주 출제되는 질문의 유형을
10가지로 나누었고 유형분석과 유형전략을 통해
빠르고 정확한 문제 풀이의 방법을 제시하고 있다.

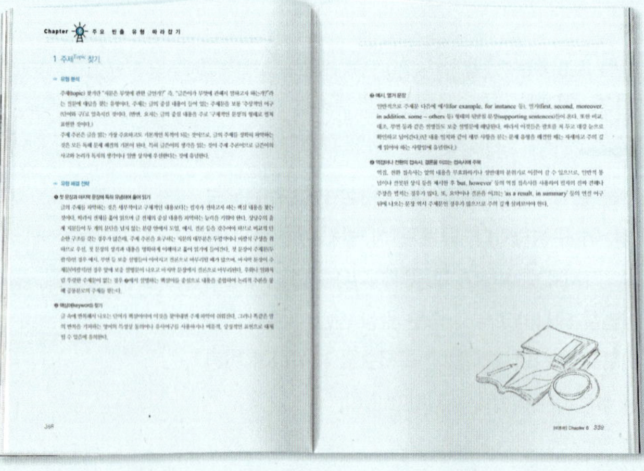

Chapter 1
실전 빈칸 문제

독해시험에 가장 많이 출제되는 빈칸 완성형 문제
를 각 25문제 총 5회(125문제)를 제공하였다.

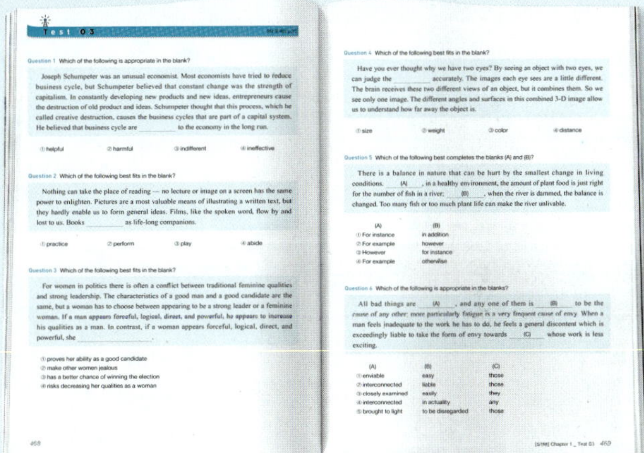

Chapter 2
실전 종합 문제

각 35문제 총 7회(245문제)의 기출문제로 구성하여
다양한 유형의 지문과 질문으로 구성된 실전문제
로 마지막 실력을 점검할 수 있도록 구성하였다.

Chapter 1

기출 지문의 이해

1 시험에 출제되는 지문의 일반적 구성

국내에서 치러지는 각종 영어 평가시험에서 독해의 난이도가 점점 높아져 가고 있다. 조기 영어 학습이나 어학연수 등을 통한 수험생들의 전반적인 영어 실력 상승과 더불어 독해 문제가 압도적으로 많은 영어시험에 길들여진 소위 수능세대들이 대거 각종 영어 평가시험에 응시하면서 출제 당국은 특히 독해 문제의 난이도를 높게 조절함으로써 그 변별력을 유지하려는 듯 보인다.

사실 평이한 독해 문제는 영어의 기본적 어순의 이해를 포함하는 약간의 문법지식 그리고 어느 정도의 어휘량만 확보하면 무난히 정답을 찾아낼 수 있으나 어려운 독해 지문일수록 반드시 전략적인 방식으로 접근해야 빠른 시간 안에 정확하게 답을 찾아낼 수 있음을 명심해야 한다. 즉, 단어와 관용어구를 바탕으로 하는 문장의 해석 능력만을 요구하는 것이 아니라 글의 핵심(keywords)을 파악하고 그것을 바탕으로 한 "사고력 중심의 평가 = 추론" 형태의 문항에 대한 대비가 필수적이라 할 것이다.

시험에 출제되는 지문들은 수많은 영어 원문들 가운데서 대한민국 영어 분야의 초 절정고수(대학교수/전문 출제위원/현직교사 등)들이 고심해서 뽑아낸 것들이다. 따라서 지문을 단순히 문제의 범주가 아닌 하나의 글이라는 관점에서 본다면, 문제로 선택된 지문은 논리적·체계적으로 탄탄한 글의 구조를 가지고 있으리라는 것을 쉽게 이해할 수 있다. 바로 이점을 미리 세밀하게 학습하고 시험에 적극적으로 활용하는 것이 영문 독해의 원리이자 핵심이다.

한 편의 글은 여러 개의 문단으로 구성된다. 그리고 독해 지문으로 출제되는 하나의 문단은 글쓴이의 중심적 견해를 집약해서 담고 있는 주제나 요지가 담겨 있는 하나의 주제문을 가지고 있다. 주제문을 제외한 나머지 부분들은 그 주제문을 뒷받침(supporting)하는 부차적인 보충 설명문에 해당된다. 그러므로 "글쓴이가 말하고자 하는 바가 진정 무엇인가를 알려주는" 주제문을 찾아내는 것이야말로 영문 독해의 알파요, 오메가라 할 수 있을 것이다. 따라서 수험생들은 독해 지문을 읽어나가면서 일반적(general) 내용과 구체적(specific) 내용, 혹은 주제문(topic sentence)과 보충 설명부분(supporting details)을 구분할 줄 아는 능력을 반드시 구축해야 할 것이다. 즉, 글을 읽으면서 주제문을 찾는 마인드를 가져야 한다는 것은 아무리 강조해도 지나치지 않다.

> 1 One paragraph = Only one topic
> 2 독해 지문 = 주제 문장 + 보충 설명문

2 시험에 출제되는 글의 종류

가구를 만드는 목수가 각 공정마다 사용하는 도구가 다르듯 글은 그 문학적인 장르에 따라서 각기 다른 전개방식과 특징을 가지고 있다. 따라서 글의 문학적인 장르(종류)의 특징을 미리 알아두면 글의 주제문과 글의 흐름을 예측할 수 있다. 자주 출제되는 지문으로는 논설문, 설명문, 문학(소설, 기행문, 자서전), 실용문(도표, 광고, 편지) 등이 있으며 글의 소재 역시 실생활, 처세, 문학, 교육, 역사, 인물, 예술, 철학, 과학, 정치, 의학, 금융, 시사 등 광범위하다.

∞ **글의 문학적인 장르(글의 종류)에 따른 특징 및 출제 유형**

글의 종류	특징	출제 유형
논설문	• 주장, 의견이 드러난다. • 주장을 뒷받침하는 근거를 제시, 설명한다.	• 글의 주장, 요지 파악 • 빈칸 추론/문단 요약
설명문	• 글의 소재를 자세히 묘사한다. • 다양한 방법을 이용하여 구체화한다.	• 내용 일치 유형 • 지칭 추론
기사문	• 일반 대중에게 사실 또는 의견을 전달한다.	• 글의 요지/주제/제목 • 빈칸 추론
우화/일화	• 짧은 이야기를 통해 교훈을 전달한다. • 짧지만 완결된 이야기 구조를 갖추고 있다.	• 글의 요지 및 속담 추론
수필	• 자신이 경험한 사건을 1인칭 시점으로 작성한 글이다. • 경험이나 일화로 얻은 느낌이나 깨우침을 서술한다.	• 글의 요지 파악 • 빈칸 추론
소설	• 묘사나 서술을 통해 느낌이나 생각을 묘사한다. • 일부 상황이나 장면을 세밀하게 묘사한다. [심리묘사]	• 글의 심경 • 글의 분위기
편지	• 목적과 대상에 따라 격식을 갖추어 작성되므로 의례적인 표현이 많이 포함되어 있다.	• 글의 목적
광고문	• 특정 서비스나 제품을 팔기 위한 글이다. • 다소 구어체적인 성격이 강하다.	• 글의 목적

An English botanist, Max Hooper, studied the English hedge, a kind of fence made of bushes or trees, and discovered some interesting facts about it. First, he determined that the older the hedge, the more species of bushes and trees it contained. Second, he concluded that a hedge usually starts with one species and gains a species with each century. Using this rule, which became known as "Hooper's Rule," people have studied hedges in England and discovered that many of them are very old. Quite a few of them have more than ten species, which means that they ______________________.

Q1 Which of the following best fits in the blank?
① may be very long
② may be quite durable
③ may be more than 100 years old
④ may be more than 1,000 years old

Q2 윗글의 핵심소재(keywords)를 찾아서 쓰시오.

Q3 윗글의 문학적인 장르(종류)는?

Solutions

Q1 다음 중 빈칸에 가장 알맞은 것은?   정답: ④번
① 매우 오래되었다.   ② 꽤 튼튼할 것이다.
③ 아마 100년 이상 된 것이다.   ④ 아마 1000년 이상 된 것이다.
▶ 한 울타리에서 1세기(100년)에 한 종을 얻는다고 했으므로 10종 이상을 포함한 울타리는 1000년 이상으로 오래된 울타리임을 알 수 있다. [10종 x 100년 = 1000년]

Q2 지문 속에서 여러 번 반복되어 언급된 "hedge(산울타리)"이다.   정답: hedge

Q3 특정 사실이나 정보를 독자들이 이해하기 쉽도록 설명한 글이다.
▶ 설명문은 주로 내용 일치, 글의 순서 배열, 주제/요지 파악, 무관한 문장 고르기 문제가 출제된다.   정답: 설명문

Words&Phrases

- **botanist** 식물학자
- **hedge** 산울타리; 장벽
- **species** (생물 분류상의) 종(種)
- **determine** 결정하다, 단정하다
- **conclude** 결론짓다, 단정하다
- **durable** 오래 견디는, 튼튼한

❶ An English botanist, Max Hooper, studied the English hedge, a kind of fence made of bushes or trees, and discovered some interesting facts about it. ❷ **First**, he determined that the older the hedge, the more species of bushes and trees it contained. ❸ **Second**, he **concluded** that a hedge usually starts with one species and gains a species with each century. ❹ Using this rule, which became known as "Hooper's Rule," people have studied hedges in England and discovered that many of them are very old. ❺ Quite a few of them have more than ten species, which means that they may be more than 1,000 years old.

1 윗글의 핵심어(keywords)는 "hedge"이다. 글의 마지막 부분의 대명사 "them, they" 역시 "hedge"를 지칭하고 있다.

2 빈칸을 추론하는 근거는 전문가인 식물학자의 결론인 ❸번 문장 안에 있다.

3 전문가인 식물학자가 발견한 사실을 나열의 표시어구 ❷ First와 ❸ Second를 사용해서 제시하고 있다.

4 주제문장의 위치상은 중괄식이다. 그리고 이 글은 과학적인 결과를 전달하는 설명문이다.

Grammar Points & Structures

❶ An English botanist, Max Hooper, studied the English hedge,

□ **동격**

두 개의 낱말, 혹은 두 개의 어구가 연달아 이어져 병렬구문을 이루는 것을 말한다. 두 개의 낱말이 올 경우 앞에 나오는 것이 중심어(head word)가 되고 뒤에 나오는 것이 수식어(부연, 설명, 한정)가 되는 경우가 일반적인데, 강조를 하는 말이 무엇이냐에 따라 그 순서가 바뀔 수도 있음에 유의해야 한다.

1 Barack Obama, **President of the United States**, will soon address the nation on financial bailout plan. 미국 대통령인 Barack Obama가 곧 구제금융계획에 관해 대국민 연설을 할 것이다.

2 The President of the United States, **Barack Obama**, will soon address the nation on financial bailout plan. Barack Obama 미국 대통령이 곧 구제금융 계획에 관해 대국민 연설을 할 것이다.

3 Picasso, **the artist**, had a remarkable high income. 예술가인 Picasso는 막대한 수입을 올렸다.

Translations

영국의 식물학자 Max Hooper는 일종의 덤불 숲이나 나무로 만들어진 영국의 산울타리를 연구했고 그것에 대한 재미있는 사실을 발견했다. 우선 그는 산울타리가 오래될수록 그것이 더 많은 종의 덤불 숲과 나무를 갖는다는 결론을 얻었다. 두 번째로, 그는 산울타리가 보통 한 종으로 시작되어 한 세기마다 하나의 종을 얻는다는 결론을 내렸다. "Hooper의 법칙"으로 알려지게 된 이 원리를 이용하여 사람들은 영국의 울타리들을 연구했고 많은 울타리들이 매우 오래된 것임을 알게 되었다. 그 중 상당히 많은 울타리들이 10개 이상의 종을 포함했고, 이것은 그 울타리들이 1000년 이상 된 것임을 의미한다.

‘Growing older,’ these words used to strike fear in the hearts and souls of men and women, who envisioned days spent in nursing homes, rocking chairs, poverty, and lack of control over their lives. Truthfully, there are few people today who do feel comfortable with the thought of growing older. For most people, who experience the height of their economic and political power during their fifties, entering the ‘golden years’ can be a letdown and a disappointment. But it may not be that way forever. Actually, society as a whole is now beginning to discover the bright side of old age. Because a person is over 65, it doesn’t mean he or she will suddenly become obsolete. Doctors and social workers stress the fact ______________ an elderly person is just a young person grown old. They are the sum of their life experiences and do not suddenly change just because they have reached the age of 60 or 65.

Q1 What change is taking place in society’s attitude toward aging?
① Society is neglecting old people more than ever.
② Society is adopting a more sarcastic attitude toward aging.
③ Society is acknowledging old people as key members.
④ Society is recognizing the positive side of aging.
⑤ Society is further distinguishing the old and young.

Q2 Which of the following best fits in the blank?
① which　　　② what　　　③ it　　　④ that

Solutions

Q1 나이가 드는 것에 대한 사회적인 태도에 어떤 변화가 생겼는가?　　　정답: ④번
① 사회는 나이든 사람들을 예전보다 더 무시한다.
② 사회는 나이가 드는 것에 대해 좀 더 냉소적인 태도를 취하고 있다.
③ 사회는 노인들을 핵심 구성원으로 인정하고 있다.
④ 사회는 나이가 드는 것의 긍정적인 측면을 인정하고 있다.
⑤ 사회는 노인과 젊은이를 더 구별하고 있다.
▶ 지문 후반부에 ‘노화의 밝은 면을 발견하기 시작하다’라는 표현에서 ④번이 정답이라는 것을 알 수 있다.
(지문) discover the bright side of old age = (선택지) recognizing the positive side of aging

Q2 다음 중 빈칸에 가장 알맞은 것은?　　　정답: ④번
▶ 밑줄 이하의 절 형태가 완벽하므로 the fact와 호응하는 동격 접속사 that이 와야 한다.

Words&Phrases

□ **envision** 마음에 그리다, 상상하다　　□ **rocking chair** 흔들의자　　□ **as a whole** 대체로, 총괄적으로
□ **nursing home** 사립 요양원(병원)　　□ **letdown** 의기소침, 환멸, 실망　　□ **obsolete** 쓸모없어진, 안 쓰이는

❶ 'Growing older,' these words used to strike fear in the hearts and souls of men and women, who envisioned days spent in nursing homes, rocking chairs, poverty, and lack of control over their lives. ❷ Truthfully, there are few people today who do feel comfortable with the thought of growing older. ❸ For most people, who experience the height of their economic and political power during their fifties, entering the 'golden years' can be a letdown and a disappointment. ❹ **But** it may not be that way forever. ❺ Actually, society as a whole is now beginning to discover the bright side of old age. ❻ Because a person is over 65, it doesn't mean he or she will suddenly become obsolete. ❼ Doctors and social workers stress the fact that an elderly person is just a young person grown old. ❽ They are the sum of their life experiences and do not suddenly change just because they have reached the age of 60 or 65.

1 윗글의 핵심어(keywords)는 "Growing older = golden years = grown old"이다.

2 나이가 드는 것은 두렵고, 우울하다는 부정적인 측면을 먼저 제시하고 ❹번 문장에 역접 But을 통해 "그러나 항상 그런 식이 아닐 수도 있다"로 반전을 하고 "사회가 노후의 좋은 점을 발견하기 시작하고 있다"라는 요지를 전달하고 있다.

3 역접의 연결어 뒤에 글쓴이의 새롭고 중요한 요지가 나온다는 것을 명심하자. 주제문장의 위치상은 중괄식이다.

 **Grammar Points & Structures**

❶ **these words used to strike fear in the hearts and souls of men and women,**

□ **조동사: used to**

1 현재와 과거의 대조를 나타내고 싶을 때 과거형 대신에 쓰이며 과거에 오랫동안 계속되었던 동작이나 상태의 반복을 나타낸다.
Mike used to drink a lot. Mike는 술을 많이 마시곤 했다. [Mike는 (지금은) 술을 많이 마시지 않는다는 의미를 함축한다.]

2 used to는 모든 동사와 결합하지만, would는 상태를 나타내는 동사와 결합할 수 없다.
This river used to be clean. [o] 이 강은 깨끗했었다.
This river would be clean. [x]

3 S + be used to + (동)명사 : S는 (동)명사에 익숙하다.
S + be used to + 동사원형 : S는 (동사원형)하는 데 쓰인다. → 수동태
Soldiers are used to danger. 군인들은 위험에 익숙하다.
This knife is used to cut meat. 이 칼은 고기를 자르는 데 쓰인다.

🔑 **Translations**

'나이가 든다'라는 말은 사람들의 마음과 정신에 두려움으로 다가오곤 했다. 왜냐하면 사람들은 양로원에서 보내는 시간, 흔들의자, 가난, 자신의 삶에 대한 통제력 부재를 상상하기 때문이다. 사실 오늘날 나이가 든다는 생각에 편안함을 느끼는 사람은 거의 없다. 50대에 경제적 그리고 정치적 힘의 절정을 경험한 사람들 대부분에게 있어 노후기에 들어간다는 것은 우울하고 실망스러운 일이 될 수 있다. 그러나 언제나 그런 식이 아닐 수도 있다. 사실 사회는 전반적으로 노후의 좋은 점을 발견하기 시작하고 있다. 사람이 65세 이상이 된다고 해서 갑자기 그들이 쓸모없는 존재가 된다는 것을 의미하지는 않는다. 의사들과 사회사업가들은 노인은 단지 나이든 젊은 사람이라는 사실을 강조한다. 그들은 삶의 경험의 총체이고 그들이 60 또는 65세가 되었다고 해서 갑자기 바뀌는 것은 아니다.

The economic slowdown is one reason for this decline. Many lower-paying jobs in the service industries such as food service and retail are going to hire adult employees including out-of-work professionals, seniors returning to work, and recent college graduates. "Teenagers are at the end of the hiring queue." Andrew Sum, director of the Center for Labor Market Studies at Northeastern University, told the Associated Press. The center recently released a study which projected the teen employment rate, those teens who will find work this summer, at less than 37 percent, the lowest since 1948. In addition, as the number of teens grows, by about 2 million in recent years according to Sum, the number of federal summer jobs programs for youth has been cut — from over 600,000 four years ago to less than 100,000 in the summer of 2003.

Q1 What is the best title for the passage?
① The bad effect of the economic downturn on adult employment
② What impacts teen employment?
③ The importance of working early in life
④ The governmental efforts to boost teen employment
⑤ The most appealing summer jobs for teens

Q2 윗글의 문학적인 장르(종류)는?

Solutions

Q1 이 글의 제목으로 가장 알맞은 것은?   정답: ②번
① 경기침체가 성인 고용에 끼치는 나쁜 영향   ② 무엇이 십대 고용에 영향을 주는가?
③ 인생에서 조기 노동의 중요성   ④ 십대 고용을 부양하기 위한 정부의 노력
⑤ 십대에게 가장 매력적인 여름 직업
▶ 글의 첫 부분 "경기후퇴가 이러한 감소의 한 이유다."에서는 이 글의 핵심어인 십대가 없으므로 답을 추론할 수 없다. 중반부에 전문가의 의견을 보면 "십대들은 고용 대열의 끝에 있다."라고 정의했고 이것을 경기후퇴와 연결시키면 정답을 추론할 수 있다.

Q2 (미국의) AP 통신사(연합 통신사)라는 표현으로 보아 뉴스 보도자료의 일부분임을 알 수 있다.   정답: 기사문
▶ 기사문의 특징은 확인된 사실이나 시사적인 이슈에 대하여 일반 대중을 대상으로 전달하는 글이므로 육하원칙에 따른 논리적인 글의 전개라는 특징을 보인다. 또한 기사문은 빈칸 추론, 주제/요지/제목 파악 문제가 주로 출제된다.

Words&Phrases

□ **slowdown** 경기후퇴, 태업
□ **decline** 기울다; 쇠퇴, 감퇴
□ **lower-paying** 저임금의
□ **retail** 소매
□ **out-of-work** 실직한

□ **senior** 연장자; 상사
□ **graduate** 졸업자
□ **queue** 차례를 기다리는 줄, 열
□ **Associated Press** AP 통신
□ **release** 발표하다; 공개하다; 개봉하다

□ **project** 추정하다, 예상하다
□ **in addition** 게다가
□ **federal** 연방의; 연합의
□ **youth** 젊은이

❶ The economic slowdown is one reason for this decline. ❷ Many lower-paying jobs in the service industries such as food service and retail are going to hire adult employees including out-of-work professionals, seniors returning to work, and recent college graduates. ❸ "Teenagers are at the end of the hiring queue." Andrew Sum, director of the Center for Labor Market Studies at Northeastern University, told the Associated Press. ❹ The center recently released a study which projected the teen employment rate, those teens who will find work this summer, at less than 37 percent, the lowest since 1948. ❺ In addition, as the number of teens grows, by about 2 million in recent years according to Sum, the number of federal summer jobs programs for youth has been cut — from over 600,000 four years ago to less than 100,000 in the summer of 2003.

1 윗글의 핵심어(keywords)는 "Teenagers 또는 teens"이다.
2 주제문장인 ❸ "Teenagers are at the end of the hiring queue"는 연구소장 Andrew Sum의 의견을 인용한 것이다.

Grammar Points & Structures

❸ **"Teenagers are at the end of the hiring queue." Andrew Sum, director of**
　　　　　　　　　직접 목적어　　　　　　　　　　　　　　　주어

the Center for Labor Market Studies at Northeastern University, told
　　　　　　동격　　　　　　　　　　　　　　　　　　　　　동사

the Associated Press.
　　　간접 목적어

□ **목적어의 도치**
목적어가 문두로 도치될 때는 주어+동사의 어순을 그대로 취한다.

What you can get in Paris, you can get here. 당신이 파리에서 살 수 있는 것은 여기서도 살 수 있습니다.
That I don't know. 그건 내가 모르겠네요.
cf. Not a word did he speak. 그는 한마디도 하지 않았다.
　　(부정어구와 목적어가 함께 문두로 나가면 주어 동사의 도치가 일어난다.)

□ **인용문(목적어)이 문두에 올 경우**
"I love Jane." **said Kevin/ Kevin said.** (주어가 명사일 경우 S+V, V+S 모두 가능)
"I love Jane." **he said.** (주어가 대명사일 경우 S+V 어순)

🔑 **Translations**

경기후퇴가 이러한 감소의 한 이유이다. 요식업과 소매업과 같은 서비스 산업에서의 많은 저임금 직업들이 실직한 전문가, 일에 복귀한 노인, 최근 대학졸업자 등의 성인을 고용하려 하고 있다. "십대들은 고용 대열의 끝에 있다."라고 Northeastern 대학교의 노동시장 연구소장 Andrew Sum은 AP 통신에게 전했다. 그 연구소는 최근 한 연구를 발표했는데, 이 연구는 금년 여름 일자리를 찾으려 하는 십대들의 십대 고용률은 37% 미만으로 1948년 이래 최저라고 추정했다. 게다가 Sum의 연구에 따르면 십대들의 수가 최근 몇 년 동안 200만 정도가 증가했는데 연방 하계 취업 프로그램의 수는 4년 전 60만에서 2003년 여름 10만 미만으로 줄었다고 한다.

The room was warm and clean, the curtains drawn, the two table lamps lit — hers and the one by the empty chair opposite. On the sideboard behind her, two tall glasses, soda water, champagne. Now and again she would glance up at the clock, but without anxiety, merely to please herself with the thought that each minute gone by made it nearer the time when he would come. There was a slow smiling air about her. When the clock _________________ ten minutes to five, she began to listen, and a few moments later, punctually as always, she heard the car approach and stop outside. The car door closed, and her heart beat faster as the footsteps passed the window.

Q1 윗글에 드러난 'she'의 심경을 가장 잘 나타낸 것을 고르시오.
① surprised and relieved ② anticipating and excited
③ hopeless and bored ④ depressed and sorrowful
⑤ concerned and frightened

Q2 Which of the following best fits in the blank?
① said ② told ③ spoke ④ talked

Solutions

Q1 윗글에 드러난 'she'의 심경을 고르는 문제이다.   정답: ②번
① 놀라고 안도하는 ② 고대하고 있으며 흥분한
③ 절망적이고 지루한 ④ 우울하고 슬픈
⑤ 걱정스럽고 겁이 난

▶ 윗글은 사건, 배경, 등장인물에 대한 심리 상태가 묘사되어 있다. 따라서 글의 마지막 일부 어구나 단어로 섣불리 판단하지 말고 글을 종합적으로 이해해야 한다. 특히 인물의 심경 및 성격 문제는 심경이나 감정 유추에 단서가 되는 형용사나 부사에 주목한다. 또한 끝부분에 제시되는 필자나 등장인물의 반응(혹은 반전적 상황)에 유의하며 글을 읽어야 한다.

Q2 다음 중 빈칸에 가장 알맞은 것은?   정답: ①번
▶ (시계, 지도, 달력 따위가) '〜을 나타내다, 표시하다'라는 동사 say가 적절하다.

Words&Phrases

□ **empty** 비어 있는 □ **anxiety** 걱정
□ **opposite** 정반대의, 맞은편의 □ **glance up** 힐끗 올려다 보다
□ **sideboard** 식기 찬장 □ **punctually** 정확하게, 정각에

 ## To Improve Reading Comprehension

❶ The room was warm and clean, the curtains drawn, the two table lamps lit — hers and the one by the empty chair opposite. ❷ On the sideboard behind her, two tall glasses, soda water, champagne. ❸ Now and again she would glance up at the clock, but without anxiety, merely to please herself with the thought that each minute gone by made it nearer the time when he would come. ❹ There was a slow smiling air about her. ❺ When the clock said ten minutes to five, she began to listen, and a few moments later, punctually as always, she heard the car approach and stop outside. ❻ The car door closed, and her heart beat faster as the footsteps passed the window.

1 이러한 지문(소설류)은 사건의 배경, 등장인물, 사건의 진행을 파악하는 것이 중요하다.

　사건의 배경: 따뜻하고 커튼이 드리워진 방 + 두 개의 불 켜진 램프 + 두 개의 큰 유리잔 + 소다수 & 샴페인

2 특히 ❻번 문장 "차가 멈추고, 발자국 소리가 창문을 지나면서 그녀의 가슴이 더 빨리 뛰기 시작했다."만 보고 ⑤번 선택지 "걱정스럽고 겁이 난"을 선택하면 안 된다. 반드시 전체적(종합적)으로 읽고 이해해야 한다.

3 아늑한 분위기의 집안에서 남편(혹은 애인)을 기다리는 여인의 "기대감과 흥분"의 감정이 잘 드러나 있는 글이다.

 ## Grammar Points & Structures

❶ **The room was warm and clean, the curtains** (being) **drawn, the two table lamps** (being) **lit — hers**(=her lamp) **and the one**(=the other lamp) **by the empty chair** (which was) **opposite.**

▶ the curtains와 draw(끌어당기다) 그리고 the two table lamps와 light(전등을 켜다)는 각각 수동의 의미 관계 (draw → drawn[p.p.], light → lit[p.p.])를 가지므로, 수동 독립분사구문을 이룬다. 이때 정보 가치가 없는 being은 보통 생략된다.

□ **Be동사의 생략**

정보 전달의 명료성과 언어사용의 경제성을 추구하는 영어의 특성상 정보 가치가 없는 be동사는 많이 생략된다.

1 Art is long, life is short, opportunity (is) fleeting, experiment (is) treacherous, and judgment (is) difficult. 인생은 짧고 예술은 길다. 기회는 한 순간이고 실험은 신뢰할 수 없다. 그래서 판단은 어렵기만 하다.

2 Some books are to be tasted, others (are) to be swallowed, and some few (are) to be chewed and digested. 어떤 책은 음미하기 위한 것이고, 어떤 책은 금방 읽혀서 잊기기 위한 것이고, 또 어떤 책들은 천천히 곱씹으며 마음에 새기기 위한 것이다.

Translations

방은 따뜻하고 깨끗했으며, 커튼이 드리워져 있고 두 개의 테이블 램프에는 불이 켜져 있었다. — 그녀의 것과 맞은편의 빈 의자에 있는 것. 그녀의 뒤편에 있는 식기 찬장에는 큰 유리잔 두 개와, 소다수와 샴페인이 있었다. 가끔씩 그녀는 시계를 힐끗 올려 보곤 했지만, 불안한 마음은 없었고 단지 시간이 지날 때마다 그가 돌아올 시간이 더 가까워진다는 생각으로 마음은 즐거워졌다. 그녀의 주위에는 천천히 미소를 짓게 만드는 분위기가 있었다. 5시 10분 전을 알렸을 때, 그녀는 귀를 기울이기 시작했고, 잠시 후에 항상 그렇듯이 정확한 시간에 차가 다가와 밖에서 멈추는 소리를 들었다. 차 문은 닫혔고, 발자국 소리가 창문을 지나칠 때 그녀의 심장 박동소리는 더 빨라지기 시작했다.

Thank you for your letter of October 4th, with your estimate of $15,000 for four copying machines according to the specifications outlined in my September 20th letter. As we talked over the phone previously, I understand you can give us a 20% discount off your estimate. With the revised estimate, I'd like to place the order with you. May I remind you that we must have these machines delivered no later than November 30th? From December 1st, we need to use them to facilitate our special administrative jobs at our company. Should you have any questions regarding our order, please feel free to let us know. Thank you for your continued excellent service.

Q1 What is the purpose of this letter?
 ① To cancel an order ② To thank for discounting copying machines
 ③ To give an order ④ To fill an order

Q2 윗글의 핵심소재(keywords)를 찾아서 쓰시오.

Q3 윗글의 문학적인 장르(종류)는?

Solutions

Q1 이 편지의 목적은 무엇인가? 정답: ③번
 ① 주문을 취소하기 위해서 ② 복사기에 대한 할인에 감사하기 위해서
 ③ 주문을 하기 위해서 ④ 주문을 이행하기 위해서

Q2 윗글에서 계속 언급되고 있는 것을 찾으면 된다. 정답: copying machines
 (copying machines = these machines = them)

Q3 특정인을 대상으로 하는 개인적인 글이며, 뚜렷한 목적성이 나타나는 글이다. 정답: 서신(편지)
 ▶ 편지는 목적과 대상에 따라서 일정한 형식이 정해져 있으므로 주로 글의 목적을 묻는 문제가 출제된다.

Words&Phrases

- **estimate** 견적; 평가; 평가하다; 견적하다
- **copying machine** 복사기
- **specification** [pl.] 명세서; 명세; 상술(詳述)
- **outline** 약술하다, 윤곽을 그리다; 윤곽, 개요, 아웃라인
- **deliver** 배달하다; (연설을) 하다; 해방시키다
- **revise** 교정(정정, 개정, 수정)하다
- **no later than** ~까지는, ~에는(이미)
- **facilitate** (사물이 일을) 용이하게 하다, 쉽게 하다
- **administrative job** 행정 업무
- **regarding** ~에 관해서

❶ Thank you for your letter of October 4th, with your estimate of $15,000 for four copying machines according to the specifications outlined in my September 20th letter. ❷ As we talked over the phone previously, I understand you can give us a 20% discount off your estimate. ❸ With the revised estimate, I'd like to place the order with you. ❹ May I remind you that we must have these machines delivered no later than November 30th? ❺ From December 1st, we need to use them to facilitate our special administrative jobs at our company. ❻ Should you have any questions regarding our order, please feel free to let us know. ❼ Thank you for your continued excellent service.

1 윗글의 목적을 나타내는 문장은 ❸번 문장 "With the revised estimate, I'd like to place the order with you." 이다.

2 격식을 차리기 위한 앞부분의 의례적인 인사말이나 마지막 부분의 표현에 현혹되지 말고 편지의 글쓴이가 실제적으로 말하고자 하는 내용을 찾아야 한다.

Grammar Points & Structures

❸ With the revised estimate, I'd like to place the order with you.

□ **분사가 한정적 용법으로 쓰일 때의 의미 판별**

분사가 명사를 수식하는 경우 그 의미가 능동(能動)인지 수동(受動)인지를 파악하는 것이 아주 중요하다. 현재분사의 경우 언제나 능동의 뜻을 가지고 있어 그 의미를 파악하기가 용이하지만, 과거분사의 경우 우리의 상식과는 달리 항상 수동의 의미로만 해석되는 것이 아니기 때문이다. 일반적으로 자동사의 과거분사는 완료의 의미로, 타동사의 과거분사는 수동으로 이해한다.

1 능동의 의미로 쓰인 경우

a flying bird(하늘을 나는 새), her annoying habit(남을 귀찮게 하는 그녀의 버릇)

2 완료의 의미로 쓰인 경우

a retired officer(퇴역 장교), the risen sun(떠오른 태양), faded glory(빛바랜 영광)

3 수동의 의미로 쓰인 경우

the injured boy(다친 소년), a reduced price(할인된 가격), a sprained ankle(삔 발목), a conquered country(정복된 국가), a surprised look(놀란 표정), a depressed market(침체된 시장)

Translations

9월 20일자 편지에서 말씀 드린 명세서에 따라서, 네 대의 복사기에 대한 15,000달러의 견적서를 동봉한 10월 4일자 귀하의 편지에 감사드립니다. 전에 전화상으로 대화를 나눴던 것처럼 견적 가격에서 20% 할인해 주시리라 알고 있습니다. 수정된 견적서로 주문을 하고 싶습니다. 귀하에게 이 복사기들이 11월 30일까지는 꼭 배달되어야 한다는 것을 상기시켜 드려도 될까요? 우리는 특별한 행정 업무를 쉽게 처리하기 위해서 12월 1일부터 그 복사기들을 사용할 필요가 있습니다. 우리의 주문에 대해서 문의가 있으면 주저 없이 알려주세요. 귀하의 끊임없는 훌륭한 서비스에 감사드립니다.

Chapter 2

핵심어와 주제문장

1 핵심어(글의 소재)^{Keywords} 파악

❶ 글을 읽는 궁극적인 목적은 글쓴이의 생각과 의도를 이해하는 것이다. 따라서 글쓴이가 말하고자 하는 중심내용인 그 "무엇"을 지문 속에서 찾는다.

❷ 먼저 글을 쭉 훑어보면서 반복되는 단어나 표현(keywords, 핵심어)을 찾는다.
  ▶ 영어의 특징상 대명사의 형태나 동의어 또는 유사어휘의 형태로 표현되어 반복된다.

❸ 또는 선택지에서 반복되는 어구를 찾는다.
  ▶ 글의 소재(keywords, 핵심어)는 글의 전체 내용과 비교해서 너무 막연하거나 너무 세부적인 내용이어서는 안 된다.

❹ 글의 소재를 찾았으면 세부적인 내용을 포함할 수 있는 포괄적인 문장(정의문장 = 주제문장)을 찾아라!

∞ **핵심어를 찾아서 글의 주제를 예상해 보기**

Q1 다음은 한 지문의 핵심어(keywords)들만 뽑아낸 것이다. 주제(main topic)를 예상하여 답을 고르시오.

a lot of good things about insects / important plant pollinators / provide useful things like honey / help control other pests / supply food for many other animals / even used to treat diseases in people

① The disadvantages of insects
② The importance of insects
③ Insects on the Earth

해석 곤충의 여러 가지 이로운 점들 / 중요한 식물 꽃가루 매개자 / 꿀 같은 유용한 것을 제공한다 / 다른 해충을 억제하는 것을 돕는다 / 다른 많은 동물에게 식량을 공급한다 / 심지어 사람의 질병을 치료하는데 사용된다

① 곤충의 단점
② 곤충의 중요성
③ 지구상의 곤충

해설 먼저 선택지를 보면 반복되는 단어가 "insects(곤충)"라는 것을 알 수 있다. 그리고 나열된 핵심어를 읽어 보면 곤충이 여러 가지 이로운 점을 제공한다는 내용이 포괄적이므로 ② 곤충의 중요성이 정답임을 알 수 있다.

어휘 insect 곤충   pollinator 꽃가루 매개자   provide 제공하다   pest 해충   supply 공급하다

정답 ② The importance of insects

Q2 다음은 한 지문의 핵심어(keywords)들만 뽑아낸 것이다. 주제(main topic)를 예상하여 답을 고르시오.

In the past few years / scientists / several new fuels to replace gasoline for automobiles / one of these fuels is methanol / natural gas is another alternative fuel / a third alternative is electricity

① 무공해 자동차　　　　　　② 목탄 알코올 개발
③ 자동차 대체 연료　　　　　④ 전기자동차의 결점
⑤ 천연가스의 유용성

해석　지난 몇 년간 / 과학자들 / 자동차를 위한 가솔린을 대체할 수 있는 몇 개의 새로운 연료들 / 그것들 중 하나는 메탄올이다 / 또 다른 대체 연료는 천연가스이다 / 세 번째 대체 연료는 전기이다

해설　선택지에 반복되는 단어가 "자동차"라는 것을 알 수 있는데, 나열된 핵심어를 읽어 보면 과학자들이 가솔린을 대체하기 위하여 새로운 연료(대체 연료)를 발견했다고 추론할 수 있다.

어휘　replace 대신하다, 대체하다　automobile 자동차　methanol 메탄올　natural gas 천연가스　alternative 대체 가능한, 대안적인; 다른 방도, 대안　cf. the alternative 둘 중에서의 선택, 양자택일　electricity 전기

정답　③ 자동차 대체 연료

Q3 다음은 한 지문의 핵심어(keywords)들만 뽑아낸 것이다. 주제(main topic)를 예상하여 답을 고르시오.

a nuclear winter caused by a nuclear war / a tremendous disaster / destroy the earth completely / the explosion of atomic bomb / a great amount of dust and smoke / block out the sun / cooling of the earth / die from the lack of food

① The victims of natural disaster
② The efficient use of a nuclear energy
③ The serious results of a nuclear winter

해석　핵전쟁 때문에 생기는 핵겨울 / 엄청난 재앙 / 지구를 완전히 파괴하다 / 핵폭탄의 폭발 / 엄청난 양의 먼지와 연기 / 태양을 차단한다 / 지구의 냉각 / 식량 부족으로 사망한다
① 자연적 재해의 희생자들
② 핵에너지의 능률적인 사용
③ 핵겨울의 끔찍한 결과

해설　먼저 선택지를 보면 반복되는 단어가 "nuclear"라는 것을 알 수 있다. 그리고 나열된 핵심어를 읽어 보면 "핵폭탄이 폭발하고, 연기와 먼지가 생겨나고, 태양을 차단하고, 지구가 냉각되고, 결국 식량의 부족으로 죽는다."로 핵겨울의 과정을 단계별로 설명하고 있다는 것을 알 수 있다.

어휘　nuclear 핵의　disaster 재앙, 재해, 불행　explosion 폭발　atomic bomb 핵폭탄　the lack of ~의 부족 victim 희생(자)　efficient 능률적인, 효과가 있는, 유능한, 유효한

정답　③ The serious results of a nuclear winter

Moles are dark spots on human skin. They can vary in color from light to dark brown or black. Almost everyone has at least one mole. According to ancient superstitions, moles reveal a person's character. ____________________, a mole on one's nose means that he or she is strong-willed and trustworthy. Moles are also believed to foretell the future. Having a mole over one's right eyebrow means he or she will be lucky with money and have a successful career. A mole on the hand, however, is the most desired. It forecasts talent, health, and happiness.

Q1 윗글의 핵심어를 찾아 한 단어로 쓰시오.

Q2 What is the topic of the passage?
① Removal of moles
② What a mole tells
③ Origin of fortunetelling
④ Moles: The skin's enemy
⑤ Character and superstition

Q3 Which of the following is appropriate in the blank?
① Accordingly
② For example
③ Furthermore
④ On the other hand

Solutions

Q1 여러 문장에 걸쳐 반복적으로 나오는 단어는 mole(s)이다.　　　정답: mole(s)

Q2 윗글의 주제로 알맞은 것은?　　　정답: ②번
① 점의 제거
② 점이 말해 주는 것
③ 점술의 기원
④ 점: 피부의 적
⑤ 성격과 미신

Q3 다음 중 빈칸에 적절한 것은?　　　정답: ②번
① 그런 이유로
② 예를 들어
③ 게다가
④ 반면에
▶ 빈칸 이하는 앞 문장(고대의 미신에 따르면 점은 사람의 성격을 나타낸다)의 내용에 대한 예시를 보여준다.

Words & Phrases

□ **mole** 검은 점; 사마귀; 두더지; 방파제	□ **reveal** 나타낸다	□ **career** 직업(경력)
□ **vary** 다르다	□ **character** 성격	□ **desired** 바람직한
□ **at least** 최소한	□ **strong-willed** 의지가 강한	□ **forecast** 예측하다
□ **according to** ~에 따르면	□ **trustworthy** 믿을 수 있는	□ **talent** 재능
□ **ancient** 고대의	□ **foretell** 예언을 하다	□ **health** 건강
□ **superstition** 미신	□ **successful** 성공적인	□ **happiness** 행복

How to Choose the Best Main Idea, Topic, and Title
가장 적합한 요지, 주제, 제목을 고르는 방법

하나의 paragraph(단락)는 오직 하나의 main topic만을 다룬다. 따라서 하나의 paragraph에서 최소 두 번 이상 반복되는 표현은 키워드이며, 그것은 당연히 정답이 되는 주제, 요지, 제목의 선택지에 반드시 포함되어 있어야 한다.

1 단락(지문)에서 반복되는 단어를 찾는다.
2 전체 글이 반복되는 단어에 관한 어떤 내용인지 정리한다.
3 찾은 주제가 글의 내용에 비해 지나치게 일반적이거나 부분적이지 않은지 확인한다.

글의 소재와 주제문장을 파악한 후 선택지의 미묘한 차이를 구별할 때 아래의 개념을 사용하라.

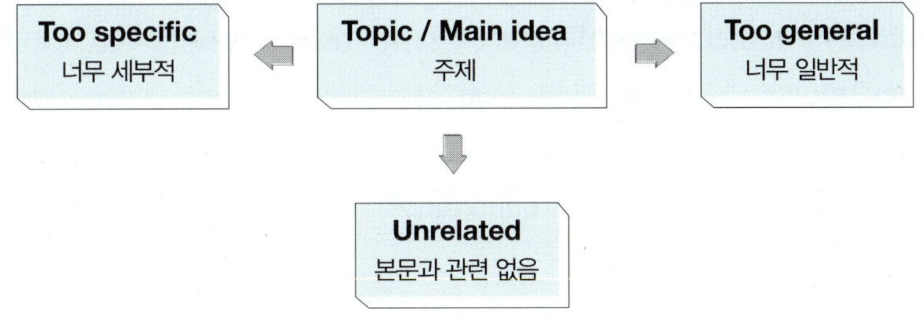

▶ Keep this in mind, "Not too general, not too specific!"
"너무 일반적이어서도 안 되고 너무 세부적이어서도 안 된다"는 것을 명심하라.

▶ Avoid the fallacy of "Hasty Generalization" and "Irrelevant Conclusion."
"성급한 일반화"와 "부적절한 결론"의 오류를 피하라.

▶ Exercise 01의 주제를 추론하는 과정을 다시 한 번 정리하면 다음과 같다.

지문에서 mole이 반복적으로 나오고 있으므로 이 글의 소재가 mole인 것을 쉽게 알 수 있다. 따라서 각 선택지에서 mole을 다루고 있지 않은 ③번과 ⑤번은 일단 소거법으로 답에서 제외한다. moles가 있으나 내용상으로 전혀 관련 없는 ①, ④번도 제외한다. 선택지에서 핵심 소재와 관련 없거나 너무 세부적인 것들 2~3개 정도는 소거법으로 제거할 수 있다. reveal a person's character, strong-willed and trustworthy, foretell the future, forecasts talent, health, and happiness를 종합해보면 이 글의 주제를 찾을 수 있다. 즉, 선택지 ②번에 나오는 tell과 지문에 나오는 reveal, foretell, forecast는 모두 유사어구라고 볼 수 있다.

점은 인간의 피부에 있는 검은 반점이다. 그것들은 밝은 갈색에서부터 어두운 갈색 또는 검정색까지 다양하다. 거의 모든 사람들은 적어도 한 개의 점을 갖고 있다. 고대의 미신에 따르면 점은 사람의 성격을 나타낸다. 예를 들어, 코에 있는 점은 의지가 강하고 신뢰할 만한 사람이라는 것을 의미한다. 점은 또한 미래를 예언해준다고 믿어진다. 오른쪽 눈썹 위의 점은 금전운이 있을 것이고 성공적인 직업을 가질 것임을 의미한다. 그러나 손에 있는 점이 가장 좋다. 그것은 재능과 건강과 행복을 말해준다.

Every day millions of people in offices, supermarkets, and factories worldwide hear background music. For most background music, the soundtracks have been carefully selected to change human behavior. According to research, fast music will not change human behavior as much as slow music. Slow music, for instance, will make customers shop more slowly. The longer they shop in a store, the more they will buy. Background music has also been used with great success in many factories. *Fast music does not make employees work faster as expected, nor does slow music make them work slower. The main effect of background music is that it reduces work-related stress and helps employees stay interested in their work. This necessarily reduces on-the-job accidents and saves companies' money. Next time you hear background music, listen carefully and try to guess which of your behaviors it is trying to change. *Chances are that you too are somehow being influenced by background music.

Q1 What is the main point of the passage?
① Background music can change our behavior.
② Background music relieves work-related stress.
③ Background music makes employees work faster.
④ Background music is necessary for shoppers.

Q2 윗글의 핵심어를 찾아 한 단어로 쓰시오.

Solutions

Q1 이 글의 요지는 무엇인가? 정답: ①번
① 배경음악은 우리의 행동을 변화시킬 수 있다. → 주제문장
② 배경음악은 일과 관련된 스트레스를 줄여준다. → 너무 지엽적임
③ 배경음악은 직원들이 더 빠르게 일하도록 만들어 준다. → 본문의 내용과 틀림 + 너무 지엽적임
④ 배경음악은 쇼핑하는 사람들에게 필수적이다. → 너무 지엽적임 + 관련 없음
▶ ②, ③, ④번은 모두 지문의 세부적인 보충설명 문장들이다. 이 모든 것을 포괄하는 ①번이 이 글의 주제이다.

Q2 이 글의 핵심어는 지문에서 반복적으로 설명하고 있는 "background music(배경음악)"이라는 것을 쉽게 알 수 있다.
▶ 지문에서 "배경음악"이 정의된 포괄적인 주제문장을 찾아서 선택지와 비교하면 된다. 정답: background music

Words&Phrases

□ **soundtrack** (판매용의) 영화음악
□ **behavior** 행동, 행위
□ **employee** 직원, 종업원
□ **reduce** 감소시키다, 줄이다
□ **work-related** 일과 관련된

□ **necessarily** 필수적으로, 반드시, 물론
□ **on-the-job** 근무 중의, 직장 내, 직장에서의
□ **save** 구하다, 절약하다, 저축하다
□ **guess** 추측하다
□ **be influenced by** ~에 의해 영향을 받다

* **Fast music does not make employees work faster as expected, nor does slow music make them work slower.**

□ **절 또는 그 일부를 선행사로 하는 (유사)관계대명사 as**

as expected= as might be[have been] expected: 예상한 대로, 기대했던 대로

She appears tender-hearted, **as** she really is. 그녀는 착해 보이는데, 사실 그렇다.
Time is not a merciful master, **as** we all know. 시간은 인정 많은 주인이 아니다, 우리 모두가 알고 있듯이.

□ **nor**

nor은 neither와 함께 등위상관접속사로 쓰일 뿐만 아니라 부정문을 잇는 도치구문에서도 쓰인다.
I don't know, **nor** do I care. 알지도 못하고 관심도 없다.
= I don't know, and I don't care either.
= I don't know, and neither do I care.

* **Chances are that you too are somehow being influenced by background music.**

□ **(The) Chances are (that)~** 아마 ~ 할(일) 것이다
The chances are that she will come back within a few days. 아마 그녀는 며칠 안으로 돌아올 겁니다.

Background Knowledge

Background Music/ BGM 백그라운드 뮤직

배경음악 혹은 환경음악이라고도 한다. 원래의 목적은 작업 중에 단조로움을 잊게 하여 생산성을 높이게 하는 데 있었으나, 현대에 들어와서는 주로 상업적인 용도에 활용이 많이 되어 산업음악이라고도 한다. 실질적으로 미국에서 이루어진 한 조사에 따르면 매장에서 템포가 느린 배경음악을 틀어주었을 때 고객이 매장에서 머무는 시간이 훨씬 늘어났고, 매출액 또한 빠른 음악을 틀어주었을 때와 큰 차이가 있었다고 한다. 한편 식당에서의 백그라운드 뮤직 선택은 식당의 성격에 따라 완전히 다른 양상을 보이는데, 고급 레스토랑에서는 와인 주문 등을 늘리기 위해 느린 템포의 음악을, 패스트푸드점에서는 손님들이 음식을 빨리 먹고 나가게 하기 위해 빠른 템포의 음악을 선택한다고 한다.

Translations

매일 전 세계의 사무실, 슈퍼마켓, 그리고 공장에 있는 수백만의 사람들은 배경음악을 듣는다. 대부분 배경음악의 곡은 사람의 행동을 바꾸기 위해 신중하게 선택된다. 조사에 따르면 빠른 음악은 느린 음악만큼 인간의 행동을 크게 바꾸지는 않는다. 예를 들어 느린 음악은 고객들을 더욱 천천히 쇼핑하게 한다. 상점에서 고객들이 오래 쇼핑하면 할수록 그들은 더 많이 구매할 것이다. 배경음악의 효과는 많은 공장에서 잘 나타났다. 빠른 음악은 직원들을 기대한 만큼 더 빠른 속도로 일하게 하지 못했고 느린 음악이 직원들을 더 느리게 일하게 하지도 않았다. 그러나 배경음악의 주요한 효과는 그것이 일과 관련된 스트레스를 줄이고 직원들이 업무에 흥미를 유지하게 하는데 도움을 주는 것에 있다. 이것은 분명히 근무 중의 사고를 감소시키고 회사의 비용을 절감시킨다. 다음에 당신이 배경음악을 듣게 되면, 주의 깊게 음악을 들으면서 당신이 하는 행동 중에 어느 것을 그 음악이 바꾸려고 시도하는지를 생각해 보아라. 아마도 당신도 또한 어느 정도는 배경음악에 의해서 영향을 받고 있을지도 모른다.

We tend to stereotype because it helps us make sense out of a highly confusing world, a world which William James once described as "one great, blooming, buzzing confusion." It is a curious fact if we don't know what we're looking at, we are often quite literally unable to see what we're looking at. People who recover their sight after a lifetime of blindness actually cannot at first tell a triangle from a square. A visitor to a factory sees only noisy chaos where the superintendent sees a perfectly synchronized flow of work. As Walter Lippmann has said, "For the most part we do not first see, and then define; we define first, and then we see." Stereotypes are one way in which we "define" the world in order to see it. *They classify the infinite variety of human beings into a convenient handful of "types" toward whom we learn to act in stereotyped fashion. Life ________________ a wearing process if we had to start from scratch with each and every human contact.

Q1　Stereotypes are at the core of our efforts to ________________________.
　① change the world　　　　　　　② visit a factory
　③ overcome physical blindness　④ make sense of the world
　⑤ manage our body movements

Q2　Which of the following best fits in the blank?
　① is　　　　　　　　　　　② will be
　③ would be　　　　　　　　④ would have been

Solutions

Q1　정형화는 ________________ 우리 노력의 핵심이다.　　　　　　　　　　정답: ④번
　① 세계를 바꾸기 위한　　　　　　② 공장을 방문하기 위한
　③ 실명을 극복하기 위한　　　　　④ 세계를 이해하기 위한
　⑤ 우리의 몸동작을 다루기 위한

▶ 이 글의 keyword는 "Stereotypes"이다. 지문의 "we define first, and then we see. Stereotypes are one way in which we "define" the world in order to see it."을 보면 "정형화는 우리가 세계를 보기 위해 세계를 "정의하는"한 방식이다."라는 것을 알 수 있다.

Q2　다음 중 빈칸에 가장 알맞은 것은?　　　　　　　　　　　　　　　　정답: ③번

▶ if 절의 시제가 과거(had to)이므로 주절에는 가정법과거의 동사 형태가 필요하다.

Words&Phrases

□ **stereotype** 정형화하다; 고정 관념　　□ **tell A from B** A와 B를 구별하다　　□ **define** 정의하다, 명백히 하다
□ **make sense of** ~의 뜻을 이해하다　　□ **chaos** 무질서, 혼돈　　□ **infinite** 무한한, 부정의
□ **blooming** 활짝 핀; 번성한　　□ **superintendent** 감독자, 관리자　　□ **wearing** 피곤하게 하는
□ **buzzing** 윙윙거리는, 와글와글 거리는　　□ **synchronized** 동시에 일어나는　　□ **from scratch** 출발 선상에서

*** They classify the infinite variety of human beings into a convenient handful of "types" toward whom we learn to act in stereotyped fashion.**

◻ **전치사가 관계대명사 앞에 오는 경우**

어법상 전치사의 목적어 역할을 하는 목적격 관계대명사는 그 위치에 있어 자유롭다. 즉, 전치사가 원래 자리에 위치할 수도 있고 관계대명사 앞으로 이동할 수도 있다.

This is the house **which[that]** our teacher lives **in**. 이 집은 우리 선생님께서 사는 집이다.
= This is the house **in which** our teacher lives. → in that [x]

◻ **전치사가 반드시 관계대명사 앞에 와야 하는 경우**

1 beyond, besides, toward, during, opposite, except, around 등 비교적 긴 전치사가 올 때
It was the result of the six years **during which** he had been painting.
It was the result of the six years **which** he had been painting **during**. [x]
그것은 그가 6년 간 그림을 그린 결과였다.

2 'one, both, all, most, some' + of + 관계대명사의 형태일 때
She wrote many novels, **some of which** you will read in future.
She wrote many novels, **which** you will read **some of** in future. [x]
그녀는 많은 소설을 썼는데, 여러분들은 그 중 몇 권을 장차 읽게 될 것입니다.

Background Knowledge

Stereotype 사전적 의미로 '고정 관념, 정형화된 생각(이미지)'을 말한다.

원래는 신문 인쇄기의 단단한 반원형 동판(연판)에서 나온 말로서 깨트리기가 거의 불가능한 상태를 표현한 것이다. W. Lippmann이 그의 대표적인 저서 *Public Opinion*(여론)에서 '우리는 문화가 이미 정의 내린 것을 선택하고 문화가 유형화(정형화)한 그대로 그 선택된 것을 지각하게 된다.'라고 설명하면서 이 용어를 사용하였는데 이후 사회심리학뿐만 아니라 사회과학 분야에서 중요한 개념이 되었다. 특히 사회심리학에서 다루는 왜곡의 5가지 유형 중 하나이기도 한 스테레오타입은 특정한 문화에 의하여 미리 유형화되고 사회적으로 공유된 고정적인 관념 내지 이미지를 말한다. 미국 ABC 방송국에서 방영된 드라마 'Lost'에서 배우 김윤진이 연기한 '선'과 그녀의 남편 '진(다니엘 김)'은 드라마 초반에 폭력적인 남편과 순종하는 아내라는 아시아인 부부의 스테레오타입을 잘 보여주고 있다. 그 밖에 유대인은 '머리가 좋지만 인색하고 야심이 많다'라든가, 공익근무요원은 모두 '집안 배경이 좋아 편한 군대생활을 한다' 등은 스테레오타입의 전형적인 예라 할 것이다.

Translations

우리는 정형화하려는 경향이 있다. 정형화는 우리가 매우 혼란스러운 세계, William James가 한때 "하나의 거대하고, 번성하고, 와글거리는 혼동"이라고 서술했던 세계를 이해하도록 돕기 때문이다. 우리가 무엇을 바라보고 있는지 그 대상을 알지 못한다면, 대부분은 그 대상을 아예 볼 수 없다는 것은 기묘한 사실이다. 오랜 시간 동안 실명한 후에 시력을 회복한 사람들은 실제로 처음에는 삼각형을 정사각형과 구분할 수 없다. 공장 방문객은 시끄러운 혼란만을 보는데 공장의 감독은 동시에 일어나는 여러 가지 일의 흐름을 완벽하게 통찰한다. Walter Lippmann이 말했듯이, "대부분 우리는 먼저 보고 다음에 정의하지 않는다; 우리는 먼저 정의하고 다음에 본다." 정형화는 우리가 세계를 보기 위해 세계를 "정의하는" 한 방식이다. 정형화는 무한히 다양한 인간을 편리한 소수의 "유형들"로 분류하고, 우리는 이 유형들에 대해 정형화된 방식으로 행동하는 것을 배운다. 우리가 사람들과 접촉할 때마다 처음부터 출발해야 한다면 인생은 피곤한 과정이 될 것이다.

Through history salt played a very important role, *so it can still be found in many common expressions used today. For example, if you question the truth of someone's statement, you might say, "I'll take that with a grain of salt." Or, if you want to convey that a person is valuable and you can really rely on him, you might say, "He is the salt of the earth." Additionally, if you feel someone is not a hard worker or the quality of their work is not good, you can say, *"She is not worth her salt." You can also find it in the word "salary." That's right; the word salary comes from the salt.

Q1 윗글의 핵심어를 찾아 한 단어로 쓰시오.

Q2 What is the topic of the passage?
① The various usages of salt in language　② The origin of salt
③ How to get salt in nature　④ The precious value of salt
⑤ Examples of salt usages in cooking

Solutions

Q1 salt(소금)와 관련된 여러 가지 표현이 나오고 있다.　　　　　정답: salt

Q2 윗글의 주제는 무엇인가?　　　　　　　　　　　　　　　정답: ①번
① 언어적 측면에서 본 소금의 다양한 용법　② 소금의 기원
③ 자연에서 소금을 얻는 방법　④ 소금의 귀중한 가치
⑤ 요리에서 소금 사용의 실례

▶ "For example, Additionally, also"의 연결어를 보아 첫 번째 "For example" 앞문장이 주제문장이다. 주제문장인 "소금은 역사상 중요한 역할을 했고 + 오늘날 사용되는 많은 일상적인 표현에서 아직도 발견된다"를 요약하면 선택지에는 반드시 "언어적인 표현"이라는 어휘가 들어가야 한다. 특히 지문의 첫 문장에 나오는 'in many common expressions'와 선택지 ①번의 'in language'와의 의미적 유사성을 주목하면 정답을 고를 수 있다.

Words&Phrases

□ **play a role** 역할을 하다
□ **common** 일상의, 보통의
□ **expression** 표현
□ **question** 질문하다, 의심하다
□ **statement** 말, 진술
□ **grain** (쌀이나 보리 등의) 낟알, (특히 모래 · 소금 · 설탕 · 커피 등의) 한 알

□ **convey** 뜻을 전하다, ~를 의미하다
□ **valuable** 귀중한
□ **rely on** ~에 의존(의지)하다
□ **additionally** 추가적으로
□ **be worth + (동)명사** ~의 가치가 있다
□ **salary** 봉급, 월급

* so it can still be found in many common expressions used today.

□ 부사 still의 위치

빈도부사와 어순이 동일하나, 부정 평서문에서는 조동사 앞에 위치한다.

He is **still** busy. 그는 여전히 바쁘다.

I **still** like her. 나는 아직도 그녀를 좋아한다.

I **still** don't like her. 나는 여전히 그녀를 좋아하지 않는다. → don't still [x]

He **still** can't buy a house. 그는 여전히 집을 살 수 없다. → can't still [x]

cf. Tom is **still** standing. Tom은 아직도 서 있다. → 여기에서 still은 부사

Tom is standing **still**. Tom은 가만히 서 있다. → 여기에서 still은 형용사[보어]

* She is not worth her salt.

□ 목적어를 갖는 특수 형용사 worth

ex. '이 책은 읽을만한 가치가 있다.'의 올바른 영역(英譯)

1 This book is worth reading.

2 This book is worth while reading. [x]
　→ worth의 목적어로 이미 while(= time)이란 명사가 있으므로 뒤에 또 명사가 올 수 없다.

　This book is worth to read. [o]
　→ to read는 명사 while을 수식하는 형용사적 용법의 부정사

3 It is worth while to read[reading] this book. [o] (it = 가주어)

4 It is worth reading this book. [o] (it = 비인칭주어)

cf. It is worth to read this book. [x] (동명사 대신 부정사가 오지는 않는다.)

Background Knowledge

Salt 소금과 같은 어원을 갖는 단어들

salary 봉급 (유래 ⇒ 고대 로마 시대에는 소금으로 봉급을 주었음)　　　　**salad** 샐러드 (유래 ⇒ 소금을 뿌린 음식)

sauce 소스, 양념 (유래 ⇒ 소금에 절인 음식)　　　　**saucer** 받침 접시 (유래 ⇒ sauce를 담았던 납작한 그릇)

saucy 건방진(=impertinent), 주제넘은, 재치 있는 (유래 ⇒ 소금을 친)　　　　**saline** 분이 있는(=containing salt), 소금의, 짠

Translations

역사 속에서 소금은 아주 중요한 역할을 했다. 그래서 소금은 오늘날 사용되는 일상 표현에서 여전히 많이 발견된다. 예를 들어, 만약에 당신이 어떤 사람의 진술에 대해서 의심을 한다면, 당신은 아마도 "나는 그것을 소금을 쳐서 먹겠다"라고 말할 것이다. 또는, 만약에 당신이 어떤 사람이 소중하고 정말로 그에게 의지할 수 있다는 것을 전달하길 원한다면 당신은 "그는 이 세상의 소금이다"라고 말할 것이다. 그에 더하여, 만약 당신이 어떤 사람이 열심히 일하지 않고 또는 그들이 한 일이 마음에 들지 않는다고 느낀다면 당신은 "그녀는 자신의 소금 가치도 없다"라고 말할 것이다. 당신은 또한 그것을 "salary"라는 단어에서도 발견할 수 있다. 그렇다; salary(봉급)는 소금에서 유래된 단어이다.

You really need fat! Before you dive into a huge bowl of ice cream, you need to know more about essential fats. *Fats are made up of smaller pieces of fats called fatty acids. Some are known as the "good guys," which help lower cholesterol and provide components for hormone production, while others, *the "bad guys," can lead to a higher risk of cardiovascular disease and certain types of cancer. Olives, nuts, seeds, and fish are a few of the foods that provide the types of fats which we need in order to maintain optimal health. We don't need that much, but the adequate amount that you do obtain can lead to a variety of health benefits.

Q1 윗글의 핵심어를 찾아 한 단어로 쓰시오.

Q2 윗글의 요지로 가장 적절한 것을 고르시오.
① 사람마다 자신에게 알맞은 운동이 있다.
② 체중 감량 전에 전문가와 상담하는 것이 좋다.
③ 몸에 좋은 지방의 적당한 섭취는 건강에 이롭다.
④ 성인 사망의 주된 요인은 심장병과 각종 암이다.
⑤ 지방 섭취는 건강에 유익할 수도 있고 나쁠 수도 있다.

Solutions

Q1 윗글에서 반복적으로 설명하고 있는 단어는 fat이다.   **정답: fat**

Q2 윗글의 요지로 가장 적절한 것을 고르시오.   **정답: ③번**

▶ 글의 후반부에 적절한 양의 지방 섭취가 다양한 건강상의 이점들을 가져다준다는 내용이 나온다. 선택지 ⑤번 또한 지문의 내용상 정답의 후보가 될 수 있겠으나, 첫 문장인 "You really need fat!"과 역접의 접속사로 시작되는 마지막 문장 "but the adequate amount that you do obtain can lead to a variety of health benefits."라는 글의 전형적 구조(지문의 첫 문장과 역접 접속사를 포함한 뒷부분은 글의 주제, 요지를 나타냄)를 보아 정답은 ③번이 된다.

Words&Phrases

- **fat** 지방
- **dive into** ~로 뛰어들다
- **huge** 거대한
- **bowl** 그릇
- **essential** 필수적인
- **acid** 산
- **cholesterol** 콜레스테롤
- **provide** 제공하다
- **component** 구성성분
- **hormone** 호르몬
- **production** 생산
- **cardiovascular** 심장 혈관의
- **nuts** 견과류
- **seed** 씨앗
- **maintain** 유지하다
- **optimal** 최적의
- **adequate** 적절한, 알맞은
- **obtain** 얻다
- **benefit** 이점, 장점

* Fats are made up of smaller pieces of fats ~

☐ **'위원회는 10명으로 구성되어 있다.'의 올바른 영역(英譯)**

The committee **is made up of** ten members.
= The committee **is composed of** ten members.
= The committee **is comprised of** ten members.
= The committee **consists of** ten members. (be consisted of [x])
   cf. The U.S. **comprises** 50 states. 미합중국은 50개 주로 구성되어 있다.

* the "bad guys," can lead to a higher risk of cardiovascular disease ~

☐ **주어(원인) + lead to + 명사(결과):** (어떤) 일의 원인이 되다(= result in, bring about, cause, produce, generate)

Idleness **leads to** ruin. 나태는 결국 신세를 망친다.
cf. All roads **lead to** Rome. 모든 길은 로마로 통한다. → (어떤) 장소로 길 등이 이어지다

☐ **주어(결과) + result from + 명사(원인):** ~에서 기인(유래)하다(= stem from, come from, originate from, arise from, be derived from)

His failure in the examination **resulted from** laziness. 그가 시험에 떨어진 것은 게으름 때문이었다.

The Essential Fats 몸에 꼭 필요한 지방

오늘날 지방(fat)은 만병의 근원으로 치부되어 많은 사람들로부터 지탄을 받고 있다. 그러나 지방은 단백질(protein), 탄수화물(carbohydrate)과 더불어 3대 기본영양소에 속하며 신체의 장기(internal organs)와 피부를 보호하고 체온을 조절하는 데 있어서 중요한 역할을 한다. 비만(obesity)이거나 체지방(body fat)이 평균치(인체 구성 비율의 약 20%)보다 많은 사람일 경우에는 과도한 지방 섭취를 경계해야 할 것이나 건강한 일반인에게는 필수지방산(EFA) 같은 일부 불포화 지방을 섭취하는 것이 건강에 유익하다.

당신은 정말로 지방이 필요하다! 당신이 거대한 아이스크림 그릇 속으로 뛰어들기 전에. 필수적인 지방에 대해서 보다 많이 알아야 할 필요가 있다. 지방은 지방산이라고 불리는 작은 지방 덩어리들로 구성되어 있다. "good guys"로 알려진 일부 지방은, 콜레스테롤을 낮추는 데 도움을 주며 호르몬 생산을 위한 구성 성분을 제공한다. 반면에 "bad guys"로 알려진 또 다른 지방은 높은 심혈관 질환이나 특정 유형의 암의 위험을 초래할 수 있다. 올리브와 견과류. 씨앗 그리고 생선은 최적의 건강 상태를 유지하는 데 필요한 지방 유형을 제공하는 음식들이다. 그렇게 많이 필요하지 않지만 당신이 얻을 수 있는 적절한 양의 지방은 다양한 건강상의 혜택을 가져다준다.

Knowing when something happened is important. Understanding why historic events took place is also important. To do this, historians often turn to geography. *Weather patterns, the water supply, and the landscape of a place all affect the lives of the people who live there. For example, to explain why the ancient Egyptians developed a successful civilization, you must look at the geography of Egypt. Egyptian civilization was built on the banks of the Nile River, which flooded each year, depositing soil on its banks. The rich soil could help farmers grow enough crops to feed the people in the cities. That meant everyone did not have to farm, so some people could perform other jobs that helped develop the civilization.

Q1 윗글의 핵심어를 찾아 한 단어로 쓰시오.

Q2 What is the topic of the passage?
① Significance of geography in understanding history
② Effects of the Nile River on Egyptian farming
③ Differences between geography and geology
④ Varieties of Egyptian civilization
⑤ Development of Egyptian culture

Solutions

Q1 글쓴이가 말하고자 하는 중심내용을 한 단어로 쓰면 geography(지리학)이다.　　　　정답: geography

Q2 윗글의 주제는 무엇인가?　　　　정답: ①번
① 역사 이해에 있어서의 지리의 중요성　　② 나일 강이 이집트 농업에 미친 영향
③ 지리학과 지질학의 차이　　④ 이집트 문명의 다양성
⑤ 이집트 문화의 발달
▶ 역사학자들이 역사의 이해를 위해서 지리학에 의존한다는 언급에 이어서 일례로 이집트 문명의 이해를 위해 나일 강의 범람과 같은 지리적 검토가 필요하다는 것을 들고 있다. 따라서 글의 주제는 ①번이 가장 적절하다.

Words & Phrases

□ **historic** 역사적으로 유명한
　cf. historical 역사와 관련된
□ **take place** 발생하다(=happen); 개최되다(=be held)
□ **historian** 역사가
□ **turn to** 의지하다
□ **geography** 지리학
□ **supply** 공급(하다)
□ **landscape** 경치, 풍경

□ **affect** 영향을 미치다
□ **ancient** 고대의
□ **develop** 개발하다, 발전시키다
□ **successful** 성공적인
　cf. successive 연속의, 계승의
□ **civilization** 문명
□ **bank** 둑
□ **flood** 범람하다; 홍수, 범람
□ **deposit** 퇴직시키다; 입금하다; 예금하다(↔ withdraw 인출하다)

□ **soil** 흙
□ **rich** 풍부한
□ **crop** 농작물
□ **feed** 먹이를 주다
□ **perform** 수행하다(=carry out); 공연하다
□ **significance** 중요성
□ **geology** 지질학
□ **variety** 다양성

* **(A) Weather patterns, (B) the water supply, and (C) the landscape of a place all affect the lives of ~**

□ **병렬구조(parallelism)**

대등한 문법적 언어 요소를 접속사(등위접속사, 상관접속사, 혹은 종속접속사)로 연결하는 구조를 병렬구조라고 한다. 그러므로 [등위] 'A, B, and C' 'A, B, or C' [상관] 'not only A but also B' 'both A and B' [종속] 'as A as B' 'more A than B' 등이 오면 대등한 문법 요소로 연결되어 있는지를 확인한다.

1 He was not a poet but wrote novels. [x]
⇒ He was **not a poet but a novelist**. [명사 병렬] 그는 시인이 아니라 소설가이다.

2 She was thoughtful, talented, and elegance. [x]
⇒ She was **thoughtful, talented, and elegant**. [형용사 병렬] 그녀는 사려 깊고, 능력 있고, 우아했다.

3 We approached the enemy camp slowly and silent. [x]
⇒ We approached the enemy camp **slowly and silently**. [부사 병렬]
우리는 천천히 그리고 조용히 적이 주둔한 부대로 다가갔다.

4 Jessica has a full time job, and doing her own housework. [x]
⇒ Jessica **has** a full time job, **and does** her own housework. [동사 병렬]
제시카는 종일 일하는 직업이 있으면서도, 손수 집안일을 한다.

5 Mom likes to knit, sew, and cooking. [x]
⇒ Mom likes **to knit, sew, and cook**. [준동사 병렬] 엄마는 뜨개질과 바느질 그리고 요리하시길 좋아한다.

6 Lincoln wanted a government consisting of people, run by people, and for the people. [x]
⇒ Lincoln wanted a government **of the people, by the people, and for the people**. [구(句) 병렬]
링컨은 국민의, 국민에 의한, 국민을 위한 정부를 원했다.

cf. 그러나 실제적으로는 제대로 교육을 받은 원어민들도 상관접속사 구문에서 구어적 표현뿐만 아니라 글을 쓸 때에도 병렬구조의 원칙을 따르지 않는 경우도 많다.

Background Knowledge

The Four Great Ancient Civilizations 세계 4대 문명과 그 문명을 탄생시킨 강(江)

Mesopotamian civilization – the Tigris River and the Euphrates River (메소포타미아 문명–티그리스 강과 유프라테스 강), Indus civilization – the Indus River (인더스 문명– 인더스 강), Yellow River civilization – the Yellow River (황하 문명– 황허 강), Egyptian civilization – the Nile River(이집트 문명– 나일 강)

Translations

어떤 일이 언제 일어났는지를 아는 것은 중요하다. 역사적인 사건이 왜 발생했는지를 이해하는 것 또한 중요하다. 이렇게 하기 위해서 역사학자들은 종종 지리학에 의지한다. 날씨 패턴, 물의 공급, 장소의 조망 등 모든 것이 그곳에 사는 사람들의 삶에 영향을 미친다. 예를 들면, 고대 이집트인들이 성공적인 문명을 발달시킬 수 있었던 이유를 설명하기 위해서 우리는 이집트의 지리를 살펴봐야 한다. 이집트 문명은 나일 강둑 위에 건설되었는데 이 나일 강은 매년 범람하면서 그 둑에 흙을 퇴적시켰다. 이 풍부한 토양 덕분에 농부들은 도시에 사는 사람들을 먹여 살리기에 충분한 농작물을 재배할 수 있었다. 이것은 모든 사람들이 농사를 지을 필요가 없게 되고, 일부 사람들이 문명을 발달시키는 데 도움이 될 다른 일을 수행할 수 있게 되었다는 것을 의미했다.

2 글쓴이의 중심 생각(주제문장)을 나타내는 표현법

(1) 주제문장을 보충하는 예시문장에 잘 쓰이는 연결어

: For example, For instance, First of all, To begin with, Above all

글쓴이가 하고 싶은 말을 먼저 하고, 이를 뒷받침하는 구체적인 예를 나열할 때 잘 쓰이는 연결어들이다. 이런 연결어를 통해 주제문장과 보충해 주는 예시문장을 빨리 구분하면서 글을 읽을 수 있으며 보통 이러한 연결어 앞 문장은 주제문이다.

❶ In India, **for example**, some coins are square. 예를 들어, 인도의 몇몇 동전은 정사각형 모양이다.

"예를 들면"으로 시작하는 것을 보아, 이 앞에는 동전의 모양이 다 둥근 것은 아니라는 주제문장이 있었을 것으로 추론할 수 있고, 이 문장이 그에 대한 보충설명문이라는 것을 알 수 있다.

❷ The child labor situation changes as the economic status of a country improves. **For example**, after world war Ⅱ, the United States experienced great economic development.
아동 노동 상황은 국가의 경제적 지위가 향상됨에 따라 변한다. 예를 들어, 제2차 세계 대전 후에 미국은 큰 경제 성장을 경험했다.

❸ Some smells trigger certain feeling or reactions in people, and many companies use this fact in many ways. **For instance**, lemons remind people of things that are fresh and clean.
어떤 향기는 사람들에게 특정한 감정이나 반응을 불러일으키는데, 많은 기업에서는 이러한 사실을 여러 방법으로 이용하고 있다. 예를 들어, 레몬은 사람들에게 신선함과 깨끗함을 생각나게 한다.

(2) 두 개 이상의 예를 이끄는 형용사가 표현된 주제문장

: many, a lot of, several, various, a few 등

"많다, 여러 개다, 다양하다"라는 의미가 포함된 문장이 주제문장이 되면, 진짜로 그런 것들이 많은지 구체적으로 예를 들어 설명해야 독자들을 설득할 수 있다. 그래서 이런 말이 들어간 주제문장 다음에는 그것을 보충해 주는 구체적인 예들이 나열(listing)되어 나온다.

❶ In effect, advertising influences our lives in **many ways**.
사실상 광고는 여러모로 우리의 삶에 영향을 미친다.

❷ Footwear has a history which goes back thousands of years. Shoes have **various functional purposes**. 신발은 수천 년 전으로 거슬러 올라가는 역사를 가지고 있다. 신발은 다양한 기능적인 목적이 있다.

❸ Diamonds are extremely expensive for **several reasons**.
다이아몬드는 몇 가지 이유 때문에 매우 비싸다.

주어진 문장을 보면 "광고는 어떤 측면에서 영향을 미치는가?" "신발은 어떤 다양한 기능적인 목적을 갖는가?" "다이아몬드는 어떤 이유로 비싼 것인가?"라고 묻고 싶어진다. 올바른 글이라면 주어진 문장에 대한 구체적인 설명이 뒤따라 나올 것이다.

(3) 두 가지 사실을 비교, 대조하여 주제문장을 표현

- **유사점**을 나타내는 어구: like, similar, in the same way, alike 등
- **차이점**을 나타내는 어구: different, differ, distinguish, on the contrary, in contrast 등

서로 비교하는 대상의 유사점이나 차이점에 초점을 맞추어 글쓴이의 중심 생각을 나타낼 때가 있다. 이럴 경우에는 글의 소재에 대한 유사점이나 차이점에 대해서 구체적으로 설명하는 보충설명문이 뒤따라 나와야 설득력이 생긴다.

❶ London is quite **different** from New York in many ways, but there are also many things that are **similar**. 런던은 여러 가지 면에서 뉴욕과 다르지만 또한 비슷한 점도 많이 있다.

❷ Reading stories and poetry is **different** from watching TV.
소설이나 시를 읽는 것은 TV 시청과는 다르다.

이 두 가지 문장을 보면, "비슷한 게 많다? 무엇이 비슷한가? 다르다? 어떻게 다른가?"라는 생각이 들 것이다. 그리고 이어지는 글에서 그 답으로 구체적인 유사점이나 차이점이 설명될 것이다.

 **Core Skills**

∞ **주제문장에 잘 쓰이는 글쓴이의 표현을 찾아라!**

두 개 이상의 예를 이끄는 주제문장	비교나 대조를 나타내는 주제문장

A=B / 정의문장 ⇨ 주제문장
several, many, a lot of, plenty of, a few, some, certain, various, a variety of 등의 어구가 포함된 문장

비교 = 유사점을 나타내는 어구
like, similar, in the same way, alike 등

대조 = 차이점을 나타내는 어구
different, differ, distinguish, on the contrary, in contrast 등

구체적인 예시 1
예시: for example, for instance, to illustrate
나열 1: first, one, first of all, in the first place

구체적인 예시 2
첨가: also, as well, besides, moreover, in addition, additionally, furthermore
나열 2: second, then, another

구체적인 예시 3
나열 마지막 표시어: finally, lastly, in the end, eventually, ultimately

유사점 1 + 유사점 2
공통점이 있다는 구체적인 상황, 사실, 주장, 이론, 측면을 나타내는 보충설명 문장

대조/역접의 연결어구
but, yet, however, while, in contrast

차이점 1 + 차이점 2
차이점이 있다는 구체적인 상황, 사실, 주장, 이론, 측면을 나타내는 보충설명 문장

*However unjustly society is organized, certain technical advances are bound to benefit the whole community, because certain kinds of goods are necessarily held in common. A millionaire cannot, for example, light the streets for himself while darkening them for other people. Also nearly all citizens of civilized countries now enjoy the use of good roads, germ-free water, police protection, free libraries and probably free education of a kind. Public education in this country has been meanly starved of money, but it has nevertheless improved, largely owing to the devoted efforts of the teachers and the habit of reading that has become enormously more widespread. To an increasing extent, the rich and the poor read the same books, and they also see the same films and listen to the same radio programs. Moreover the differences in their way of life have been diminished by the mass production of cheap clothes and improvements in housing. So far as outward appearance goes, the clothes of rich and poor, especially in the case of women, differ far less than they did thirty or even fifteen years ago.

Q1   Which of the following is the best title for the passage?
① Fruits of Technical Advances
② Monopoly of Goods and Technology
③ Mass Production and the Way of Life
④ Technical Advances and Public Education

Solutions

Q1   다음 중 윗글의 가장 적절한 제목은?   정답: ①번
① 기술 진보의 성과
② 상품과 기술의 독점
③ 대량 생산과 삶의 방식
④ 기술 진보와 공교육

▶ 위 글의 주제문은 for example 앞부분 즉 지문의 첫 문장인 "certain technical advances are bound to benefit the whole community, because certain kinds of goods are necessarily held in common."이다. 그 이후 "for example, Also, Moreover"를 통해서 보충 설명문장을 전개하였다.

Words&Phrases

□ **unjustly** 부당한, 불공평한   □ **devoted** 헌신적인, 충실한
□ **be bound to** 반드시 ~하다   □ **enormously** 엄청나게, 대단히
□ **goods** 상품, 제품   □ **diminish** 줄어들다; 약해지다
□ **germ-free** 무균의, 세균이 없는   □ **mass production** 대량 생산
□ **meanly** 불충분하게; 빈약하게   □ **outward** 겉보기의, 표면상의

* However unjustly society is organized,

□ **문두에 위치해 양보부사절을 이끄는 복합관계부사 however:** 아무리 ~ 할(일)지라도

접속사 기능과 함께 부사 역할을 하므로 바로 뒤에 오는 형용사나 부사를 수식한다.

> **However + 형용사/부사 + 주어 + 동사, ~**

However you may be **rich**, you cannot buy love. [x]

⇒ **However rich** you may be, you cannot buy love. 네가 아무리 부유하더라도, 사랑은 살 수 없어.

Drivers and passengers must wear seat belts while driving, **however uncomfortable** they may be.

그가 아무리 불편할지라도, 운전자와 탑승자는 운전하는 동안에 반드시 안전벨트를 착용해야 한다.

However hard he studied, his father was never satisfied.

그가 아무리 열심히 공부했다 하더라도, 그의 아버지는 결코 만족하지 않았다.

However you do it, the result will be the same. [수식하는 형용사나 부사가 종속절에 없는 경우]

네가 그것을 어떻게 할지라도, 결과는 마찬가지일 거다.

□ **접속부사 however:** 그러나, 하지만, 그렇지만

이 경우 문두나 문미에서도 쓰이나, 보통 문중에 comma(,)와 함께 쓰며, but보다는 뜻이 약하고 딱딱한 표현이다.

The company, **however**, said it has not made any final decisions yet.

그러나 회사 측은 아직 최종 결정이 내려진 건 아니라고 말했다.

However, the baton of responsibility has been passed.

그러나 책임의 바통은 넘어갔다.

You are wise to be concerned, **however**.

하지만 우려심을 갖는 것은 현명하십니다.

Background Knowledge

Scientology 사이언톨로지

미국의 SF 소설가이자 사진작가인 론 허바드(Ron. Hubbard)가 창시한 사이언톨로지(Scientology)는 초월적 존재인 신(神)을 부정하고 오직 과학기술(technology)만이 인류가 가지고 있는 여러 문제들을 해결할 수 있다고 주장하는 신흥종교(cult)이다. 특히 톰 크루즈, 제니퍼 로페즈, 더스틴 호프만, 존 트라볼타 등 유명 스타들이 심취해 있다고 해서 많은 관심을 끌고 있으나 프랑스나 독일 등지에서는 정식 종교(bona fide religion)로서 인정을 받지 못하고 있다.

Translations

아무리 사회 구조가 불공정하다 할지라도, 특정한 기술적인 진보들은 틀림없이 전체 사회에 이익을 줄 것이다. 왜냐하면, 어떤 종류의 상품은 모든 사람들이 반드시 함께 사용하기 때문이다. 예를 들어, 백만장자라도 자신만을 위해 가로등을 켰다가 다른 사람이 지나갈 때는 가로등을 끌 수는 없다. 또한 문명화된 국가들의 시민 대다수는 이제는 좋은 도로와 병균 없는 물, 경찰의 보호, 무료 도서관, 그리고 어느 정도의 무료 교육을 누리고 있다. 이 나라 국가의 공교육은 비용의 부족 때문에 열악하긴 하지만 그럼에도 불구하고 계속 향상되어 왔다. 이것은 주로 교사들의 헌신적인 노력과 매우 널리 보급된 독서 습관 덕분이다. 부자들과 가난한 사람들이 같은 책을 읽고 또한 같은 영화를 보고 같은 라디오 프로그램들을 듣는 현상이 늘어나는 추세이다. 게다가 저렴한 옷들이 대량 생산되고 주택 공급이 개선되면서 빈부차이에 의한 생활방식의 차이도 감소했다. 지금까지 표면적으로는, 특히 여성들의 경우에, 부유한 사람과 가난한 사람의 옷은 30년 심지어 15년 전보다 차이가 훨씬 적다.

*All normal human children end up being able to speak whatever language is spoken in the community ________________ they grow up. ❶ And the language they speak has nothing to do with where their parents came from. ❷ For example, a child of American parents growing up in Israel as part of the Hebrew-speaking community will become a native speaker of Hebrew. ❸ When children continue to develop their abilities in two or more languages throughout their primary school years, they gain a deeper understanding of language. ❹ Likewise, a Vietnamese baby adopted in Holland will become a native speaker of Dutch. ❺ So it's pretty obvious that children learn their language from the other speakers around them.

Q1 ①~⑤번 중 전체 흐름과 관계없는 문장을 고르시오.

Q2 윗글의 핵심어를 찾아 한 단어로 쓰시오.

Q3 밑줄 친 곳에 들어갈 가장 알맞은 것을 고르시오.
① what   ② which   ③ where   ④ when

 Solutions

Q1 전체 흐름과 관계없는 문장을 고르는 문제이다.   정답: ③번
▶ 이 글은 두괄식이다. "모든 정상적인 아이들은 그들이 자라는 사회에서 어떤 언어를 사용하든 결국 그 언어를 말할 수 있게 된다." 라는 주제문장을 보충설명하기 위하여 ②번 For example과 ④번 Likewise의 두 가지 경우를 예로 들었다. ③번은 "아이들이 초등학교 시절 동안 계속해서 두 개 이상의 언어 능력을 개발한다면, 언어에 대한 깊은 이해를 갖게 된다."는 또 다른 정의 문장으로서 이미 앞에 있는 주제문장과는 관련성이 없다

Q2 윗글에서 반복적으로 언급되고 있는 단어는 language(언어)이다.   정답: language

Q3 빈칸 뒷부분은 완벽한 절의 형태를 갖추고 있으며, 선행사는 장소명사(the community)이므로 관계부사 where가 들어가야 할 자리이다.   정답: ③번

Words & Phrases

- □ **normal** 표준의, 정상의
- □ **end up** 마침내는 (~으로) 되다
- □ **community** 공동사회
- □ **native speaker** 원어민
- □ **Hebrew** 히브리 사람; 유대인(Jew), 이스라엘 사람, 히브리어
- □ **primary school** 초등학교
- □ **Vietnamese** 베트남 사람; 베트남어; 베트남의

- □ **Holland** 네덜란드(the Netherlands)의 속칭
- □ **obvious** 분명한, 자명한
- □ **Dutch** 네덜란드 말; (the Dutch 네덜란드 사람)
  * 한 사람은 a Dutchman, a Hollander
- **cf.** go Dutch: 비용을 각자 부담하다〈with〉= go fifty-fifty
  Let's split the bill between us.를 더 많이 씀.

* All normal human children end up being able to speak whatever language is spoken in the community ~

☐ **관계형용사 whatever**

관계형용사는 관계사 뒤에 나오는 명사를 수식하는 형용사 역할을 함과 동시에 절과 절을 연결하는 접속사 역할을 한다. what, whatever, which, whichever가 관계형용사로 쓰인다.

I gave him **what money** I had. (what money = all the money that)
나는 내가 가진 돈 전부를 그에게 주었다.

(A) She spoke to me in French, **which language** I couldn't understand.
= (B) She spoke to me in French, **which** I couldn't understand.
　　　그녀는 나에게 불어로 말했는데, 나는 그 언어를 이해할 수 없었다.

▶ (A) 문장의 which는 관계형용사로 쓰인 것이고, (B) 문장의 which는 목적격 관계대명사(선행사는 French)로 쓰인 것인데 (B) 형태로 쓰는 것이 일반적이다.

You may read **whatever magazine** you like. (whatever magazine = any magazine that)
네가 좋아하는 어떤 잡지라도 읽어도 좋다.

I'll stay at **whichever hotel** is cheaper. (whichever hotel = any hotel that)
어느 쪽이든 더 싼 호텔에서 머물 것이다.

🏠 **Background Knowledge**

Endangered Languages 멸종 위기에 처한 언어(言語)들

현재 전 세계에 6천 800여 개의 언어가 존재하고 있으나 이 가운데 절반 내지는 90%가량이 금세기 말쯤에는 완전히 사라질 수 있다고(half to 90 percent could become extinct by the end of the century) 언어학자 (linguists)들은 말한다. 언어가 소멸되는 원인으로는 전쟁과 대량학살(genocide), 치명적인 자연재해(natural disasters), 중국어와 러시아어 등과 같이 사용인구가 방대한 언어의 주도적 사용에 따른 언어적 동화(language assimilation), 그리고 정부의 특정 언어사용 금지정책(bans) 등이 꼽히고 있다. 한 전문가는 언어 보존을 위해서는 각국 정부가 특정언어 사용금지 조치를 철폐해야 하며 어린이들에게는 고유언어(native tongues)와 함께 다른 언어를 함께 쓰도록 장려할 필요가 있다고 강조했다. (AP 뉴스 참고)

🔑 **Translations**

모든 정상적인 아이들은 그들이 자라는 사회에서 어떤 언어를 사용하든 결국 그 언어를 말할 수 있게 된다. 그리고 그들이 말하는 언어는 부모들의 출신지와는 전혀 상관이 없다. 예를 들어서 미국인 부모의 자녀가 히브리어를 사용하는 사회의 일원으로 이스라엘에서 성장한다면, 아이는 히브리어의 원어민이 될 것이다. (아이들이 초등학교 시절 동안 계속해서 두 개 이상의 언어 능력을 개발한다면, 언어에 대한 깊은 이해를 갖게 된다.) 마찬가지로, 네덜란드로 입양된 베트남 아이는 네덜란드어의 원어민이 될 것이다. 따라서 아이들이 그들 주변에서 말하는 다른 사람들로부터 언어를 배운다는 것은 매우 분명하다.

According to research from the University of Chicago, some smells trigger certain feelings or reactions on people. Recently to make their products more competitive, many leading companies use this fact in many ways. ❶ For example, *lemons remind people of things that are fresh and clean. So companies that make cleaners and soaps often make them lemon-scented. ❷ Also the smell of vanilla helps people relax. Therefore, many hospitals have the scent of vanilla added to air. ❸ So most doctors believed certain odors offer a protection against disease and play an important role in the war against disease. ❹ Additionally, the fragrance of peppermint keeps people awake and alert. Consequently, companies try to use this scent in their offices. ❺ *Lastly, the smell of apples is likely to remind people of their homes. So many stores try to use the scent of apples to make their customers feel more comfortable.

Q1 윗글에서 반복적으로 언급하고 있는 핵심어(keywords)를 찾아 쓰시오.

Q2 ①～⑤번 중 전체 흐름과 관계없는 문장을 고르시오.

Solutions

Q1 위 글에서 반복적으로 언급하고 있는 핵심어는 smell(=scent, fragrance, odors)이다.　　　정답: smell

Q2 전체 흐름과 관계없는 문장을 고르는 문제이다.　　　정답: ③번

▶ 위 글의 핵심어는 냄새(smell)이다. 주제문장은 "최근에 많은 선도적인 회사들은 자신들의 제품을 더욱 경쟁력 있게 만들기 위해서 이 사실을 여러 방법으로 이용하고 있다."이다. 주제문장의 주어가 "회사들"이고 회사가 "이 사실(향기는 사람들에게 특정한 감정이나 반응을 일으킨다.)을 여러 방법으로 이용을 한다"라고 정의되었으므로 ③번의 경우 주어로 의사가 나오고 의학적으로 냄새를 사용한다는 문장은 또 다른 주제문장이 되기 때문에 관련이 없는 문장이 된다. 주제문장을 보충설명하는 예문이 "For example, Also, Additionally, Lastly"로 열거되어 있다.

Words&Phrases

□ **trigger** 유발하다; 방아쇠
□ **reaction** 반응; 반작용; 반동
□ **competitive** 경쟁할 수 있는; 경쟁의; 경쟁력 있는
□ **leading** 선도적인, 유력한; 지도, 통솔력
□ **relax** 긴장이 풀리다; (긴장을) 늦추다

□ **odor** 냄새; (특히) 악취; 평판; 인기
□ **fragrance** 향기; 향기로움
□ **alert** 기민한, 민활한; 방심하지 않는
□ **scent** 냄새; 향기

* **lemons remind people of things that are fresh and clean. So companies that make cleaners and soaps ~**

* **Lastly, the smell of apples is likely to remind ~**

□ **수 일치**

1 형용사구(전명구)의 한정

The main cause (of his failures) **was** his laziness. 그가 실패한 주요 원인은 그의 게으름 때문이었다.

⇒ of his failures는 형용사구이다. 주어인 The main cause에 수를 맞춘다.

Most players (wounded in the fierce game) **were** treated on the spot.

그 격렬한 경기에서 부상을 입은 선수들 대부분은 현장에서 치료받았다.

2 형용사절(관계사절)의 한정

The boy (who broke all the windows) **has** run away.

그 창문 모두를 깬 사내아이는 도망갔다.

⇒ who broke all the windows는 형용사절이다. 주어인 The boy에 수를 맞춘다.

The stairs (that lead to the cellar) **are** rather slippery. 지하실로 가는 그 계단은 다소 미끄러웠다.

🏠 **Background Knowledge**

Aromatherapy 향기 요법(치료)

향기(aroma)를 이용한 질병의 치유 효과는 이미 오래전부터 증명되어 왔는데 일본의 한 조사결과 컴퓨터 입력요원들의 사무실에 라벤더(lavender) 향을 뿌렸을 때 작업 에러율이 21%, 재스민(jasmine) 향은 33%, 레몬(lemon) 향은 54% 가량 감소한 것으로 나타났다. 이 실험으로 향기가 사무실 근로자의 스트레스를 감소시키고 능률을 향상시킨다는 것이 사실로 입증된 바 있다.

🔑 **Translations**

시카고 대학의 연구에 따르면, 어떤 향기는 사람들에게 특정한 감정이나 반응을 불러일으킨다. 최근에 많은 선도적인 회사들은 자신들의 제품을 더욱 경쟁력 있게 만들기 위해서 이 사실을 여러 방법으로 이용하고 있다. 예를 들어, 레몬은 사람들에게 신선함과 깨끗함을 생각나게 한다. 그래서 세제나 비누를 만드는 회사들은 레몬 향이 나는 제품들을 자주 만든다. 또한 바닐라 향은 사람들의 긴장을 풀게 한다. 따라서 많은 병원에서 바닐라 향을 뿌려 놓는다. (그래서 대부분의 의사들은 특정한 냄새가 질병으로부터 보호해주며 질병과의 싸움에서 중요한 역할을 한다고 믿는다.) 또한 박하 향은 사람의 정신을 맑게 한다. 그래서 회사들은 사무실에 박하 향을 이용하려고 한다. 마지막으로 사과 향은 사람들에게 집을 생각나게 하기 때문에, 많은 상점에서 손님들이 더 편안하게 느낄 수 있도록 사과 향을 사용한다.

Plants use both direct and indirect methods to defend themselves. When plants are damaged by plant-eating insects, they release volatile chemicals. These can function as a "call for help," since they attract enemies of the insects. Specifically, Kessler and Baldwin from the Max-Planck Institute in Utah demonstrate that when a wild tobacco plant in the Great Basin Desert gets damaged by a hawkmoth larva, it responds by releasing chemical compounds into the environment. These compounds function as signals that help other insects find their prey, the hawkmoth larva. Moreover, these same volatile signals are very effective direct defenses, *because they poison or slow the growth of egg-laying moths.

Q What is the topic of the passage?
① The active defense of plants
② The origin of the tobacco plant
③ The enemies of plant-eating insects
④ Genetically variable natural ecosystems
⑤ Environment-friendly means of weed control

Solutions

Q 윗글의 주제는 무엇인가?　　　　　　　　　　　　　　　　　　　　　　　정답 : ①번
① 식물들의 능동적인 방어
② 담배 식물의 기원
③ 초식 곤충의 적들
④ 유전적으로 다양한 자연적 생태시스템
⑤ 잡초를 통제하는 환경친화적 수단

▶ 이 글은 두괄식으로 "Plants use both direct and indirect methods to defend themselves."가 주제문장이고, 식물들이 자신들을 지키기 위해 사용하는 방법들이 이후에 설명되어 있다.

Words&Phrases

□ **defend** 방어하다, 지키다
□ **release** 방출하다
□ **volatile** 휘발성의
□ **chemicals** 화학물질
□ **function** 기능; 기능하다, 역할하다
□ **specifically** 명확하게, 특히

□ **demonstrate** 증명하다
□ **hawkmoth larva** 나방 유충
□ **compounds** 혼합물
□ **prey** 먹이(감)
□ **egg-laying** 알을 낳는

* because they poison or slow the growth of egg-laying moths.

☐ **이유접속사**

1 Because는 '왜냐하면' '~ 그러므로'라는 뜻으로 원인(cause), 이유(reason)를 직접적으로 나타내는 종속접속사이다. 의문사 Why에 대한 응답으로 쓰이는 접속사이기도 하다.

   She stayed away from school **because** she was sick. 그녀는 아팠기 때문에 학교를 결석했다.
   "Why were you absent from class?" — "**Because** I was sick in bed."
   왜 수업을 빼먹었으니? — 아파 누워 있었기 때문입니다.

2 For는 '그런 까닭은'이라는 뜻으로, 직접적인 원인이 아니라 다만 뒤에 설명이나 이유를 덧붙이는 의미를 갖는 등위접속사로서 speaker의 주관이 많이 들어가 있다.

   She must be sick, **for** she stayed away from school. 그녀는 분명 아플 것이다. 오늘 학교를 결석한 것을 보니.
   It is morning, **for** the birds are singing. 새가 우는 것을 보니 아침이로구나.
   cf. The pears fell, **because** it blew hard last night. 어젯밤 바람이 몹시 불어서 배가 떨어졌다. → 직접적 원인
   　　The pears may have fallen, **for** it blew hard last night. 배가 떨어졌을 것이다. 어젯밤 바람이 몹시 불었으니까.

3 Since와 Now that은 (because가 강한 직접적인 이유를 나타내는데 비해) 상대방이 잘 알고 있는 명백한 원인, 이유를 나타낼 때 주로 사용된다. as에 비해 격식화된(formal) 문체에 주로 사용된다.

   Since that is so, there is no more to be said. 그것이 그렇다면, 더는 드릴 말씀이 없습니다.
   Now (that) I am out of college, I must be on my own. 졸업을 한 이상 내 스스로 서야 한다.
   ▶구어체에서 that은 자주 생략된다.

4 As는 because나 since보다 주로 일상적인 문체에 사용이 되며, because나 since보다 그 의미가 약하며, 이유를 말하는 접속사 중 가장 보편적으로 많이 쓰인다. 이유접속사 중에서 because의 의미가 가장 강하고 그 다음으로 since 그리고 as가 뒤따른다고 보는 것이 일반적 견해이다.

   As I am ill, I will not go. 병이 나서 난 안 가겠다.

Background Knowledge

Phytoncide 피톤치드

그리스어로 '식물'을 의미하는 'phyton(= plant)'과 '죽이다'를 의미하는 'cide(= kill)'를 합성한 말로서 '식물이 분비하는 살균물질'이라는 뜻이다. 피톤치드가 주목을 받는 이유는 나무를 위협하는 각종 해충(insect pests), 병균(germs), 곰팡이(mold), 박테리아(bacteria) 등에게는 킬러의 역할을 하지만 인간에게는 스트레스를 해소시키고 장과 심폐기능을 강화시키는 등 이로운 역할을 하기 때문이다. 피톤치드의 주성분은 테르펜(terpene)이다.

🔑 Translations

식물들은 자신들을 지키기 위해 직접적 그리고 간접적 방법을 사용한다. 초식 곤충에 의해 손상을 입으면 그들은 휘발성 화학물질을 방출한다. 이것들은 벌레의 천적들을 끌어 모으기 때문에 마치 "구조 요청"과 같은 역할을 한다. 특히 Utah의 Max-Planck 연구소의 Kessler와 Baldwin은 Great Basin 사막에 있는 야생 담배 식물이 나방의 유충에 의해 손상을 받으면 화학 혼합물을 주위에 방출함으로써 반응을 보인다는 것을 증명했다. 이런 혼합물은 다른 곤충들이 그들의 먹이 즉, 나방 유충을 찾는데 도움을 주는 신호로서의 기능을 한다. 게다가 이와 동일한 휘발성 신호들은 알을 낳는 나방의 성장에 해독을 끼치거나 느리게 하기 때문에 매우 효과적인 직접 방어가 된다.

Some anthropologists want to ______________ the word "race" as a classification for human groups. *Their first reason is the obvious fact that human history has always involved migration and mobility, which results in interbreeding between different human groups. Therefore, there are no pure races in the human species. Perhaps less well known is the fact that there exist several racial stocks, such as the African Bushman and the Polynesians of the South Pacific, that do not fit any one racial classification but have characteristics of several races. Finally, although the average person may not be aware of it, and may even prefer to think otherwise, the greatest differences among human groups are not those of biology or race, but of culture.

Q   Which of the following is appropriate in the blank?
  ① drop   ② use   ③ regard   ④ specify

Solutions

Q   다음 중 빈칸에 적절한 것은?   정답: ①번
  ① 탈락(배제) 시키다   ② 사용하다
  ③ 간주하다   ④ 명확히 말하다

▶ 일부 인류학자들이 "race(인종, 종족)"라는 단어가 인간의 집단을 구분할 수 없는 이유를 설명한 글이다. 특히 마지막 문장의 "the greatest differences among human groups are not those of biology or race, but of culture."가 가장 결정적인 근거를 제시한다. 즉, 인간 집단 간의 가장 큰 차이점은 생물학적인 인종이 아니라 문화의 차이이므로 문화를 인간의 집단을 분류하는 기준으로 사용하고, "인종"은 인간의 집단을 분류하는 데 부적합하니 "drop(배제/탈락시키다)"하자는 것이 필자의 주장이다.

Words&Phrases

- □ **anthropologist** 인류학자
- □ **drop** 탈락시키다, 그만두다
- □ **classification** 분류
- □ **race** 인종(cf. racial 인종(상)의, 종족의)
- □ **obvious** 분명한
- □ **migration** 이주
- □ **mobility** 이동
- □ **interbreed** 교배하다
- □ **stock** (인류 분류상의) 족(族), 종족; 주식; 재고(품); 줄기; 사들이다; 비축하다
- □ **characteristics** 특징
- □ **biology** 생물학
- □ **specify** ~을 명확히 말하다

* **Their first reason is the obvious fact that human history has always involved migration and mobility,**

☐ **'the fact that S+V~' 의 동격구문**

that절은 주로 다음과 같은 명사 다음에서 동격어(同格語) 구실을 한다.
⇒ the fact that, the thought that, the feeling that, the idea that, the view that, the conviction that, the hope that, the fear that, the recognition that, the assumption that, the fancy that 등

He is cashing in on **the fact that** his daughter is famous.
그는 딸이 유명하다는 것을 이용해 먹고 있다.

But one hundred years later, we must face **the tragic fact that** the Negro is still not free.
그러나 백 년이 지난 오늘에 이르기까지 흑인들은 아직 자유롭지 못하다는 비극적 사실에 직면하고 있다.

The old view that every point of light in the sky represented a possible home for life is quite foreign to modern astronomy.
하늘에서 빛나는 모든 별들이 생명체의 존재 가능성을 보여준다는 낡은 견해는 현대 천문학에서 거의 받아들여지지 않고 있다.

Soon the Washington wrote off **any hope that** the treaty would be ratified quickly.
얼마 안 가 미국 당국은 그 조약이 조속한 기한 내에 비준될 것이라는 희망을 짓밟아 버리고 말았다.

The fancy came to me **that** the old priest was smiling as he lay there in his coffin.
그 늙은 신부님이 관속에 누워서 미소를 띠고 있을 것이라는 생각이 문득 떠올랐다.

Anthropology 인류학

생물로서의 인류와 그 문화를 연구하는 학문이다. 크게는 인류의 신체적 측면을 연구하는 체질 인류학(physical anthropology), 사회문화적 측면을 연구하는 사회문화 인류학(sociocultural anthropology), 과거의 유물을 통해 인류의 과거를 연구하는 고고학(archaeology), 그리고 언어를 연구하는 언어인류학(linguistic anthropology) 등으로 나눈다. 이 밖에도 민족학(ethnology), 민속학(folklore) 등을 인류학에 포함하기도 한다. 오늘날 인류학이라고 하면 사회문화 인류학을 지칭하는 경우가 일반적이다.

Translations

일부 인류학자들은 인간 집단의 분류법으로 "race"라는 단어를 배제하고 싶어 한다. 그들이 제시하는 첫 번째 이유는 인류사가 언제나 다양한 종족끼리의 이종 번식을 야기시키는 이주와 이동성에 관련되어 있다는 명백한 사실이다. 그 결과 인류 종족에는 순수 혈통이 존재하지 않는다. 아마도 덜 잘 알려진 사실은 어떠한 인종 분류에도 들어맞지 않지만 몇몇 인종들의 특징을 가진 아프리카의 부시먼과 남태평양의 폴리네시아인들과 같은 종족들이 몇몇 존재한다는 것이다. 결국, 보통사람은 그 사실을 모르거나 오히려 다르게 생각할 수도 있겠으나 인간 집단 간의 가장 뚜렷한 차이점은 생물학 혹은 인종의 차이가 아니라 문화의 차이라는 것이다.

*When used for studies of learning and memory, the octopus is a more interesting subject than the squid. Unlike the free-swimming squid, which relies exclusively _______________ its eyes to guide it to a tasty fish or crab, the octopus often feeds off the bottom of the sea. It uses not only its eyes but its tentacles to identify a likely meal. The brain of the octopus has two separate memory-storage areas: one for visual memories and one for tactile memories.

Q1 How does the octopus find its food?
① By sight only   ② By touch only
③ Both by sight and by touch   ④ Neither by sight nor by touch

Q2 Choose the word that best fits for the blank in the above passage.
① to   ② with   ③ on   ④ of

Solutions

Q1 문어는 어떻게 먹이를 찾는가?   정답: ③번
① 시각만 사용한다.   ② 촉각만 사용한다.
③ 시각과 촉각 둘 다 사용한다.   ④ 시각과 촉각 둘 다 사용하지 않는다.
▶ 문어와 오징어의 차이점을 들어서 대조적으로 설명하고 있다. 정답의 근거는 반드시 지문 속에 있으므로 문어에 대한 상식만을 가지고 해답을 찾으려는 것은 전혀 바람직하지 않다. 이 문제의 해결 열쇠는 유사어구의 관계를 살피는 것이다. 지문에 나오는 its eyes와 visual은 선택지의 sight로, tentacles와 tactile은 touch로 연결이 된다.

Q2 윗글의 빈칸에 들어갈 가장 적절한 것을 고르시오.   정답: ③번
▶ 동사 relies와 호응해서 "의존(의지)하다"라는 의미를 갖는 전치사는 on이다. 그 사이에 있는 부사 exclusively로 인해 rely on의 연결성을 놓쳐서는 안 된다.

Words&Phrases

- □ **octopus** 문어
- □ **subject** 주제, 소재
- □ **squid** 오징어
- □ **exclusively** 독점적으로, 오로지, 오직 ~뿐
- □ **feed off** ~을 먹어치우다, ~을 식량으로 이용하다
- □ **tentacle** 촉수, 촉각, 섬모
- □ **separate** 둘로 나뉜, 별개의
- □ **tactile** 촉각의, 촉각으로 알 수 있는

* **When used for studies of learning and memory, the octopus is a more interesting subject than the squid.**

□ **주어와 be동사의 생략**

부사절(종속절)의 주어가 주절의 주어와 같을 때는 '주어 + be동사'를 생략하기도 한다. 경제성의 원칙을 추구하는 영어의 특성 때문에 중복되는 어구는 생략되는 경우가 많다.

When (you are) in Rome, do as the Romans do.
로마에서는 로마의 풍습을 따르라.

Tom seldom spoke **unless (he was) spoken to**.
누가 말을 걸지 않으면 Tom은 말을 하는 법이 거의 없었다.

If a book is good, it cannot last too long; **if (it is) bad**, you cannot get rid of it too early.
책이 좋으면, 아무리 오랫동안 읽어도 지나치지 않고, 만약 좋지 않으면 아무리 빨리 없앤다 해도 지나치지 않다.

cf. (주로 문어체에서) 정보가치가 없는 be동사는 문장의 리듬을 살리기 위해 단독으로 생략될 수도 있다.

Fortunate (is) the man who, at the right moment, meets the right friends; fortunate also the man who, at the right moment, meets the right enemy.
적절한 시기에 적절한 친구를 만나는 사람은 행복하며, 적절한 시기에 적절한 적을 만나는 사람 또한 행복하다.

Background Knowledge

October는 **8**월이 아니고 왜 **10**월인가?

octopus(문어: 다리가 8개), octagon(8각형), octahedron(8면체)에서 볼 수 있듯이 octo(a)는 8(eight)을 뜻하는 어근이다. October 역시 원래 8월을 뜻하였는데, 로마의 시저(Julius Caesar)가 자신의 이름을 따서 July(7월)를, 그리고 그의 후계자인 아우구스투스(Augustus)가 August(8월)라는 달을 October 사이에 끼워 넣어, October 는 10월이 되고 말았다. 그 결과 원래 10월이었던 December[dec(a)=10] 역시 12월이 되었다.

cf. decade: 10년간, decapod: (게, 새우 따위) 10각류의 동물

Translations

학습과 기억력에 대한 연구에 쓰일 때, 문어는 오징어보다 더 흥미로운 주제가 된다. 맛있는 생선이나 게를 찾아갈 때 대부분 눈에 의존하면서 자유롭게 헤엄치는 오징어와는 달리, 문어는 종종 바다 밑바닥을 식량 공급원으로 이용한다. 문어는 먹이를 구별할 때 눈만이 아니라 촉수도 사용한다. 문어의 뇌에는 둘로 나뉜 기억 공간이 있는데, 하나는 시각적 기억에 대한 것이고 다른 하나는 촉각적 기억에 대한 것이다.

3 글쓴이의 상반된 의견이나 차이점을 나타내는 주제문장(역접+대조의 연결어)

글쓴이는 서로 상반된 의견을 제시하거나 차이점을 비교하면서 자신의 생각이나 의견을 펼쳐나갈 수 있다. 이런 글에서는 주제문장을 이끄는 역접이나 대조의 연결어를 관심 있게 보아야 한다.

(1) 역접의 연결어가 오면 바로 그 문장이 주제문장이다. ⇨ [통념과 비판]

일반적인 사실이나 상황을 먼저 언급한 후, 그것과 상반되는 자신의 생각(의견)을 전달하는 경우가 많다. 이런 방식의 상반(역접) 관계를 표현한 연결어를 보면 "지금부터가 바로 글쓴이가 정말로 하고 싶은 말이겠구나"라고 생각하면 된다.

How much one can earn is important, of course, **but** there are other equally important considerations, neglect of which may produce frustration in later years.

얼마나 돈을 벌 수 있는지가 당연히 중요하다. 그렇지만 그만큼 중요하게 고려해야 할 것들이 또 있는데, 이것들을 무시하면 만년에 가서 좌절감을 맛보게 될 수도 있다.

> □ 역접의 연결어
> but, however, nevertheless, yet, still 하지만, 그러나, 그런데
> not A but B A가 아니라 B이다
> unfortunately 불행히도

(2) 대조의 연결어가 오면 바로 그 문장이 주제문장이다. ⇨ [비교와 대조]

두 가지 생각을 비교한다고 해 보자. 이런 경우 글쓴이의 의견(마음)은 이미 한쪽으로 쏠리기 마련이다. 대개 앞에는 일반적인 내용이 나오고, 그 다음에 앞의 내용과는 대조적인 글쓴이의 중심 생각을 담은 내용을 서술한다.

On the other hand, other people think that high-rise buildings have more disadvantages.

반면에, 다른 사람들은 고층빌딩이 더 많은 단점을 가지고 있다고 생각한다.

주어진 문장 앞에는 "고층빌딩의 장점"에 대한 내용이 나왔을 것이고 뒤에는 "고층빌딩의 단점"이 더 구체적으로 언급이 될 것이다.

> □ 대조의 연결어
> on the other hand, in contrast, on the contrary, conversely 반면에, 그와는 반대로
> while, whereas 반면에 instead ~대신에 unlike ~와 달리 rather 그렇기는커녕, 반대로
> in spite of, despite ~에도 불구하고
> in reality, in fact, virtually, practically, as a matter of fact 실제로는, 사실

(3) 현재 시점을 나타내는 부사구가 오면 바로 그 문장이 주제문장이다. ⇨ [시간 순서 대조]

글머리에 먼저 과거 사실에 대한 내용이 오고 뒤에 현재 시점을 나타내는 시간 부사구 "now, today, at present, presently, currently" 등이 오면 바로 그 문장이 주제문장이다.

❶ Most people have viewed garbage as just something dirty. **Now**, we know it can be turned into raw materials through recycling.

대부분의 사람들은 쓰레기를 단지 더러운 것으로만 여겨왔다. 지금, 우리는 쓰레기가 재활용을 통해서 원료가 될 수 있다는 것을 알고 있다.

❷ In some developing countries, women had to choose between a higher education and marriage. But **now**, they no longer hesitate to be a university student.

일부 개발도상국에서 여자들은 고등 교육과 결혼 사이에서 선택을 해야만 했다. 그러나 지금 그들은 더 이상 대학생이 되는 것을 주저하지 않는다.

→ ❷번의 주제문장 뒤에는 "여성들이 교육을 선택하는데 주저하지 않는 이유나 현재 여성들의 고등 교육이 보편화된 사실" 등의 보충설명문이 이어질 수 있다.

> ▫ 과거 사실 뒤에 오는 현재를 표현하는 시간적 대조 부사(구)
>
>   now, today, at present, presently, currently, recently 등

Core Skills

∞ **글의 내용이 반전되는 곳에 있는 주제문장을 찾아라!**

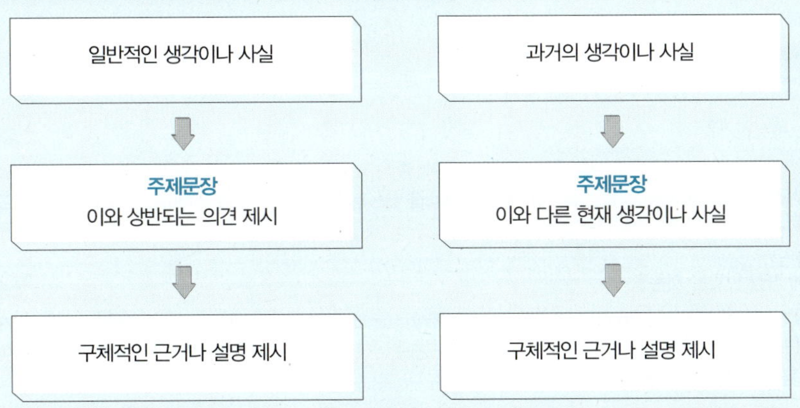

∞ **주제문장에 잘 쓰이는 표현**

  ▫ 역접의 연결어가 오면 바로 그 문장이 주제문장이다. ⇨ [통념과 비판]

  ▫ 대조의 연결어가 오면 바로 그 문장이 주제문장이다. ⇨ [비교와 대조]

  ▫ 현재 시점을 나타내는 부사구가 오면 바로 그 문장이 주제문장이다. ⇨ [시간 순서 대조]

Psychological research has so far maintained that both men and women have the same "fight-or-flight" reaction to stress. In other words, individuals either react with aggressive behavior ("fight"), or they react by withdrawing from the stressful situation ("flight"). ________________, new research shows that men and women have quite different biological and behavioral responses to stress. *While men often react to stress in the fight-or-flight response, women often have another kind of reaction. Their response could be called "tend and befriend." That is, they often react to stressful conditions by protecting and nurturing their young ("tend"), and by looking for social contact and support from others ("befriend").

Q1 What is the topic of the passage?
① 스트레스 반응에 대한 남녀의 차이
② 스트레스 상황에 대처할 수 있는 책략
③ 스트레스 대처에 대한 남녀의 유사점
④ 스트레스와 인성 발달 사이의 관계
⑤ 스트레스 유발 요인의 유형에 대한 연구

Q2 Which of the following best fits in the blank?
① However　　　　② Still　　　　③ Therefore
④ Consequently　　⑤ Thus

 **Solutions**

Q1 윗글의 주제는 무엇인가?　　　　　　　　　　　　　　　　　　　정답: ①번
▶ 역접의 연결어 "However"가 새로운 사실을 추가하고 있고 첫째 줄의 "research has so far maintained"와 빈칸 뒤의 "new research"가 시간적인 대조를 이루고 있는 글이다. 즉, 스트레스를 받는 상황에서 남녀 간에 대처하는 반응이 다르다는 것을 새로운 연구에서 볼 수 있다는 것이 이 글의 주제이다.

Q2 다음 중 빈칸에 가장 알맞은 것은?　　　　　　　　　　　　　　정답: ①번
▶ 첫 문장의 'that both men and women have the same "fight-or-flight" reaction to stress.' 부분을 보면 스트레스에 대한 반응이 남녀 모두가 같다는 내용이 나오는데, 빈칸 이후의 내용은 남녀가 상당히 다른 생물학적, 행동학적 반응을 보인다는 내용이 나오므로 역접의 접속부사 However가 와야 적절하다.

Words&Phrases

- **psychological** 심리학의
- **maintain** 유지하다; 주장하다
- **aggressive** 공격적인
- **withdraw** 물러나다, 철회하다, 후퇴하다
- **biological** 생물학적인
- **response** 반응, 응답
- **tend** 돌보다, 간호하다
- **befriend** ~와 친구가 되다
- **nurture** (아이를) 양육하다, 기르다
- **contact** 접촉

* While men often react to stress in the fight-or-flight response, women often have ~

□ **while**

while의 대표적인 용법은 종속접속사 기능이다. while은 뜻과 구문에 있어 종속접속사 when이나 as에 가깝다. 명사적 쓰임도 중요한데, '시간(휴식)'이라는 의미를 지닌 while은 보통 앞에 부정관사 a를 붙여 '잠깐 동안'이라는 뜻으로 쓰인다.

[종속접속사 while]

1 ~하고 있는 사이(동안)에(during the time that *sth* is happening)
She fell asleep **while** (she was) watching TV. 그녀는 TV를 보다가 잠들어버렸다.
Strike **while** the iron is hot. 쇠는 달구어졌을 때 쳐라.(좋은 기회를 놓치지 마라.)

　cf. when이 '어떤 특정한 시점'을 나타내는데 비해, while은 '어떤 길이를 지닌 시간'을 나타낸다.
　His parents divorced **when** he was nine. 그의 부모님은 그가 9살 때 이혼했다.
　His parents divorced **while** he was still at school. 그의 부모님은 그가 아직 학교에 다닐 때 이혼했다.

2 (다른 일과 동시에) ~하는 동안에(at the same time as *sth* is happening)
You can go shopping **while** I'm having supper. 내가 저녁을 먹는 동안에 당신은 쇼핑을 가도 좋소.

3 ~하는 한(as long as)
While there is life, there is hope. 목숨이 있는 한 희망은 있다.

4 [대조] ~인데 반하여(used to contrast two things)
While she is very good at cooking, her daughter is absolutely hopeless.
그녀는 요리를 아주 잘하는데 반하여 그녀의 딸은 정말로 형편없다.

5 [문두에서] ~이긴 하지만, ~에도 불구하고(although; in spite of the fact that)
While I am willing to go there, I shall be busy all tomorrow. 거기에 가고 싶지만, 내일은 온종일 바쁘다.

6 [구어] 그리고(and)
Her mother is a painter, **while** she is a stylist. 어머니는 화가이고 그녀는 디자이너이다.

[명사 while] 동안, 시간; 잠깐 동안; 일정 기간 (보통 a가 붙음)

Be patient for a **while**. 잠시만 참고 기다려라.
I'll be back in a little **while**. 잠깐 있다가 돌아올 거야.

🔑 **Translations**

심리학 연구에서는 지금까지 남녀 모두 스트레스에 대해 "투쟁 혹은 도피"의 반응을 나타낸다고 주장해 왔다. 즉, 각 개인은 공격적인 행동("투쟁")으로 반응하거나 스트레스를 받는 상황에서 달아나려는("도피") 반응을 보인다는 것이다. 하지만, 새로운 연구는 남녀가 스트레스에 대해 상당히 다른 생물학적, 행동학적 반응을 보인다는 것을 보여준다. 남자는 종종 투쟁 혹은 도피의 반응을 보이는 반면, 여자는 종종 또 다른 반응을 보인다. 여자들의 반응은 "돌보기와 친해지기"로 불릴 수 있다. 즉, 그들은 자녀들을 보호하고 양육하며("돌보기") 다른 사람들에게 사교와 후원을 구함으로써("친해지기") 스트레스를 받는 상황에 종종 반응한다.

For past decades most of environmentalists have been warning about the seriousness of smog, air pollution, and dirty rivers. Because those pollutants are visible, automatically most people think of them first. But now scientists have uncovered a number of pollutants that are invisible to the naked eye but are just as hazardous to the health of humans. Particularly they asserted that although it has marvelous sterilizing power, DDT is the most dangerous pollutant. *One of the main problems with DDT is that it is almost indestructible: it remains in the environment for decades. The other major problem associated with it is that it is easily absorbed into the tissue of plants and animals. Once inside the tissue, it tends to stay there. Because of this, traces of DDT and other pesticides are commonly found in beef, fish, and poultry. These, in turn, are eaten by humans. When consumed in meal after meal, DDT builds up in humans bodies. Then it starts attacking the immune system before we even know it. So environmentalists urge people to stop using the toxic chemicals.

Q1 What is the best title for the passage?
① Good and Harmful Aspect of DDT   ② Beneficial Chemicals
③ Chemicals in the Environment   ④ DDT for Medical Purpose
⑤ DDT: Invisible Risk

Solutions

Q1 윗글의 제목으로 가장 적절한 것은?   정답: ⑤번

① DDT의 좋은 측면과 해로운 측면 → 해로운 측면은 언급되었지만 좋은 측면에 대한 언급이 없다.

② 유익한 화학물질 → 글의 핵심어 DDT도 없을뿐더러 지문의 내용과도 거리가 멀다.

③ 환경 속에서의 화학물질 → 글의 핵심어 DDT가 없으므로 포괄적인 제목이다.

④ 의학적인 목적을 위한 DDT → 의학적이라는 말은 언급되지 않았으므로 관련성이 없다.

⑤ DDT: 보이지 않는 위험

▶ 이 글은 우리가 이미 잘 알고 있는 사실을 먼저 언급하고 시간적 대조와 역접을 통해서 눈에는 잘 보이지 않으나 심각한 위험을 주는 DDT의 문제를 언급하고 있다. 따라서 대조를 나타내는 연결어 But 이하 내용이 필자가 말하고자 하는 부분이다. 소거법으로도 충분히 답이 나올 수 있는 문제이다.

Words&Phrases

□ **environmentalist** 환경(보호)론자
□ **pollutant** 오염 물질; 오염; 오염원
□ **uncover** 폭로하다(=reveal), 털어놓다; 뚜껑을 벗기다
□ **naked eye** 육안
□ **hazardous** 위험한, 모험적인
□ **assert** 단언하다, 강력히 주장하다

□ **marvelous** 놀라운, 믿기 어려운
□ **sterilize** 살균(멸균, 소독)하다; 불모로 하다
□ **indestructible** 파괴할 수 없는, 불멸의
□ **tissue** (생물) 조직; (얇은) 직물; 화장지
□ **trace** 자취(=track); 흔적

□ **pesticide** 구충제, 살충제
□ **poultry** [집합적; 복수 취급] 가금류(닭, 집오리, 거위 등); 그 고기
□ **build up** 축적되다; 쌓아 올리다
□ **immune system** 면역 체계
□ **toxic** 유독한(=poisonous), 치명적인; 유독 화학 약품

* **One of the main problems with DDT is that it is almost indestructible: it remains in the environment for decades.**

'간결하고 명확한 의사전달'이라는 언어의 경제성의 원칙을 중요시 여기는 영어는 한국어에 비해 구두점(punctuation) 용법이 상당히 발달되었다. 그러므로 원활한 영문 독해를 위해서는 주요 구두점의 숙지는 필수이다.

□ 구두점 1: Colon [:]

문장의 끝에 나오는 동격이나 구체적 설명부분을 구분하는데 주로 쓰이며, 앞문장에 대한 구체적인 설명, 재확인, 요약, 정의, 예증, 반복, 강조, 인용할 때 쓰인다. colon 앞에 나온 절은 완벽한 형태를 갖추어야 하며, 그 분리(分離)의 정도는 period(.) 보다는 작고 semicolon(;) 보다는 크다.

1 동격

She has only one hobby: horseback riding. 그녀의 취미는 오직 하나 즉, 승마이다.
(= She has only one hobby — horseback riding.) [dash도 가능]

2 구체적 설명

The primary aims of government should be three: security, justice, and conversation.

정부의 주요 목적은 안보, 정의, 그리고 대화의 세 가지여야 한다.

3 보충 부연 설명

The world is like a looking-glass: if you smile, it smiles; if you frown, it frowns back.

세상은 거울과 같아서 네가 웃으면 세상도 웃고, 얼굴을 찌푸리면 세상도 찌푸린다.

4 예의 나열

For the picnic tomorrow bring the following: a lunch box, a swimsuit, a towel, and an umbrella.

내일 소풍을 위해서 다음을 반드시 가지고 오세요. 도시락, 수영복, 수건 그리고 우산.

5 비교적 긴 말의 인용

Consider the words of President Kennedy: "Liberty without learning is always in peril and learning without liberty is always in vain."

케네디 대통령의 말을 생각해 보자. "배움이 없는 자유는 언제나 위험하고, 자유가 없는 배움은 언제나 헛되다."

Translations

과거 수십 년 동안 대부분의 환경보호론자들은 스모그, 대기 오염, 더러운 강의 심각성에 대해 경고를 해왔다. 이런 오염 물질들은 눈에 보이기 때문에 대부분의 사람들은 자동적으로 이런 것들을 먼저 생각한다. 그러나 이제 과학자들은 육안으로는 보이지 않지만, 그것들 못지않게 인간의 건강에 위험한 오염 물질들을 상당수 발견해냈다. 특히 그들은 놀라운 살균력을 지니고 있지만, DDT야말로 가장 위험한 오염 물질이라고 단언했다. DDT의 주요한 문제점 중 하나는 이것은 거의 제거될 수 없기에 수십 년 동안 환경 속에 그대로 남아 있다는 것이다. 이것과 연관된 다른 중대한 문제점은 이것이 식물과 동물의 세포 속으로 쉽게 흡수가 된다는 것이다. 일단 세포 조직 속으로 흡수되면, 이것은 계속 머무르는 경향이 있다. 이러한 이유로 DDT와 그 외 다른 살충제들의 흔적은 쇠고기, 생선, 그리고 가금류에서 흔히 발견된다. 그 다음에는 이러한 것들을 사람들이 섭취하게 된다. 지속적인 음식 섭취를 통해 DDT가 사람의 몸에 축적되는 것이다. 그리고 이것은 우리가 알기도 전에 우리의 면역 체계를 공격하기 시작한다. 그래서 환경보호론자들은 사람들에게 유독성 화학물질 사용을 중단하도록 촉구한다.

Every society needs heroes, and every society has them. Some heroes shine in the face of great adversity, *performing amazing deeds in difficult situations; other heroes do their work quietly, unnoticed by most of us, but making a difference in the lives of other people. Whatever their type, heroes are selfless people who perform extraordinary acts. The true mark of heroes lies not necessarily in the result of their actions, but in what they are willing to do for others and for their chosen causes. Even if they fail, their determination lives on to inspire the rest of us. Their glory lies not in their ________________ but in their sacrifices.

Q1 What is the topic of the passage?
① 영웅 탄생의 배경　　　　　　② 영웅 숭배의 위험성
③ 영웅에 대한 환상　　　　　　④ 영웅의 인간적 고뇌
⑤ 영웅의 진정한 의미

Q2 Which of the following best fits in the blank?
① virtues　　　　　　　　　② advantages
③ characters　　　　　　　　④ achievements
⑤ selflessness

Solutions

Q1 윗글의 주제는 무엇인가?　　　　　　　　　　　　　　　　정답: ⑤번
▶ 이 글은 영웅이 가진, 혹은 가져야 할 여러 가지 속성을 언급하고 있으므로, 영웅의 진정한 의미가 이 글의 주제가 된다. 글의 후반부에 가면 "not A but B" 구문이 두 번 반복이 된다. 여기에 영웅에 대한 필자의 요지가 들어 있다.

Q2 다음 중 빈칸에 가장 알맞은 것은?　　　　　　　　　　　　정답: ④번
▶ 지문에 나오는 the result of their actions가 유사어구로 반복된다면 과연 어떤 단어가 어울릴 것인가를 생각해 보면 정답을 쉽게 고를 수 있다.

Words&Phrases

- **society** 사회
- **in the face of** 대면하여, 직면하여
- **adversity** 역경, 불행
- **amazing** 놀라운
- **deed** 행위, 공적
- **unnoticed** 사람 눈에 띄지 않는, 주목되지 않는
- **make a difference** 영향을 미치다
- **selfless** 사심 없는, 헌신적인
- **extraordinary** 대단한, 비상한
- **mark** 표시, 특징
- **lie in** ~에 있다
- **not necessarily** 반드시 ~은 아닌
- **be willing to** 기꺼이 ~를 하다
- **cause** 대의, 큰 목적
- **determination** 결단력
- **live on** 살아남다
- **inspire** 고취하다, 일어나게 하다
- **glory** 영광
- **sacrifice** 희생
- **virtue** 미덕, 선; 미덕; 정절, 정조
- **achievement** 성취
- **selflessness** 이기심 없음, 무욕

* **performing amazing deeds in difficult situations; other heroes do their work quietly,**

□ **구두점 2: Semicolon [;]**

period(.)와 comma(,)의 모양을 합쳐 놓은 모양에서 알 수 있듯이 semicolon은 period(.) 와 comma(,) 의 중간 정도의 분리 개념을 갖는다. 다시 말해 period로 끝내고 다음 문장을 쓰기에는 두 문장이 의미적으로 상당히 밀접한 관련을 맺고 있고, comma로 연결하기에는 의미가 상대적으로 차이가 날 경우 semicolon을 쓰는 것이다. 이때는 semicolon이 접속사의 역할을 하므로, 그 뒤에 접속사가 나와서는 안 된다. 반대로 comma 뒤에는 접속사가 있어야 문장이 성립된다.

ex. He listened eagerly; they brought news of his son. (o) [~ eagerly; for they~ (x)]

He listened eagerly, for they brought news of his son. (o) [~ eagerly, they~ (x)]

그는 열심히 귀를 기울였다. 그들이 아들의 소식을 가져왔기 때문이었다.

1 독립절 사이에 등위 접속사가 없을 때

Management is doing things right; leadership is doing the right thing.

관리란 일들을 올바르게 하는 것이고, 지도력이란 옳은 일들을 하는 것이다.

2 등위 접속사로 결합된 등위절이 길거나, 등위절 안에 comma가 사용되었을 때

The life of every man is a diary in which he means to write one story, and writes another**; and** his humblest hour is when he compares the volume as it is with what he vowed to make it.

모든 사람들의 인생은 원래 쓰려고 했던 이야기와 다른 이야기를 쓰고 마는 일기장과 같다. 원래 쓰려고 마음먹었던 이야기와 실제로 쓰인 이야기를 비교해 보면 누구나 겸손해지기 마련이다.

3 접속부사(however, therefore, hence, still, likewise, consequently, moreover, nevertheless, furthermore, then, indeed, namely 등)로 연결된 등위절을 구분할 때

Participating in activities together is a great start for relationship**; however**, I am sure you know people who like to do the same things but who don't get along.

함께 활동에 참여하는 것은 관계를 위한 좋은 출발이다; 하지만, 나는 같은 일을 하기는 원하지만, 잘 맞지는 않는 사람들을 당신이 알고 있다고 확신한다.

→ 이때 사용되는 접속부사들은 의미적으로 "대조, 이유, 인과, 부연 설명"의 4가지로 분류되므로, 접속부사가 생략되었을 때는 semicolon에 이러한 의미를 부여해서 해석하면 자연스럽게 해석할 수 있다.

Translations

모든 사회는 영웅을 필요로 하며, 모든 사회에 영웅이 있다. 어떤 영웅들은 큰 역경과 마주칠 때 빛나며 어려운 상황 속에서 놀라운 업적을 이루어낸다. 또 어떤 영웅들은 우리들 대부분의 눈에 띄지 않게 조용히 자신의 일을 하지만 다른 사람들의 삶에 영향을 미친다. 그들이 어떤 유형이든, 영웅들은 비범한 일을 해내는 이타적인 사람들이다. 영웅의 진정한 특징은 반드시 그들의 행동의 결과에 있는 것이라고는 할 수 없고, 그들이 타인과 자신들이 선택한 대의를 위해 일을 하고자 하는 기꺼움에 있는 것이다. 비록 그들이 실패하더라도 그들의 결단력은 계속 살아 남아 우리들에게 영감을 준다. 그들의 영광은 그들의 성취가 아니라 그들의 희생에 있다.

*Tropical rain forests are found in the Amazon region of South American, Central American, Africa, and South and Southeast Asia. They are very old, thick forests where it rains more than 1.8 meters per year. The oldest rain forest in the world is 10 million years old. But now humans are destroying the earth's tropical rain forests. About 80,000 square kilometers are being destroyed every year. About 1/4 of the destruction comes from people cutting down trees for fuel. Another quarter is destroyed when people cut down tree to make grassland for their cattle. People cut down the rest of trees so they can sell the wood or start farms. If people continue to cut that many trees in rain forests, all the trees will be gone in 8 years.

Q1 열대 우림에 관한 설명 중 위의 글의 내용과 일치하지 않는 것을 고르시오.

① 가장 오래된 것은 천만 년 전에 형성되었다.

② 현재의 속도로 파괴되면, 8년 안에 사라질 것이다.

③ 해마다 땔감용으로 40,000km^{2}가 벌목되고 있다.

④ 해마다 목재와 농장부지를 위해 40,000km^{2}가 파괴되고 있다.

Solutions

Q1 열대 우림에 관한 설명 중 위의 글의 내용과 일치하지 않는 것을 고르는 문제이다.　　　　　　정답: ③번

① 가장 오래된 것은 천만 년 전에 형성되었다.

→ "The oldest rain forest in the world is 10 million years old."의 내용과 일치한다.

② 현재의 속도로 파괴되면, 8년 안에 사라질 것이다.

→ 마지막 문장 "all the trees will be gone in 8 years."와 일치한다.

③ 해마다 땔감용으로 40,000km^{2}가 벌목되고 있다.

→ 80,000의 4분의 1은 20,000km^{2}이므로 내용과 일치하지 않는다.

④ 해마다 목재와 농장부지를 위해 40,000km^{2}가 파괴되고 있다.

→ "People cut down the rest of trees so they can sell the wood or start farms."의 내용과 일치한다.

▶ "the rest of trees"는 앞의 내용을 참고하면 사람들이 연료를 위해 1/4을 베어냈고, 다시 가축을 위한 초원을 위해 1/4을 파괴했으므로 "the rest of trees"는 2/4를 의미한다. 따라서 선택지 ④번의 40,000km^2 [= 2/4 X 80,000]는 지문과 일치한다.

Words&Phrases

- **tropical rain forest** 열대 우림
- **fuel** 연료; ~에 연료를 보급하다
- **quarter** 4분의 1; 25센트; 15분; 3개월; [美] (4학기 제 학교의) 학기; (도시의 특수) 지구, 지역
- **grassland** 목초지, 초원; 목초용 농지
- **cattle** [집합적; 복수 취급] 소

* **Tropical rain forests are found in the Amazon region of South American, Central American, Africa, and South and Southeast Asia.**

□ **구두점 3: Comma [,]**

comma는 의미의 분리(分離) 정도가 가장 약하며(분리성의 측면에서 보았을 때 comma 다음으로는 semicolon, 그 다음이 colon 순으로 분리성이 강하며 period(마침표)가 그 끝을 맺는다.) 한 문장 속에서 의미의 전달을 쉽게 하고 혼동을 막기 위해 가장 널리 쓰이는 구두점이다.

1 단어, 구를 나열할 때

His favorite subjects are **math, physics(,) and English**. 그가 가장 좋아하는 과목은 수학, 물리학, 그리고 영어이다.

[**cf.** 마지막 and 앞에 붙는 comma는 종종 생략]

2 한 단어를 2개 이상의 형용사가 꾸며줄 때

I would like to visit Finland since it is a **beautiful, exotic** country.

아름답고 매혹적인 나라이기에 나는 핀란드를 방문하고 싶다.

3 등위접속사로 연결된 등위절을 구분할 때

I had not walked a mile, **but** I got tired. 나는 1마일도 걷지 않았는데 지쳐버렸다.

cf. 등위절이 매우 짧아 혼동의 여지가 없을 경우에는 comma를 생략해도 좋으나 그 기준은 정해져 있지 않음

4 도입부사구(절)나 도입수식어구를 주절과 구분할 때

When he pays his compliment to you, show no reaction whatever.

그가 네게 칭찬을 하거든 절대로 아무런 반응도 보이지 말거라.

5 문장 중간에 독립요소(삽입어구, 호격어, 감탄사, 독립어구, 동격어구)가 올 때

He is, **I believe,** a great statesman. (=I believe that he is a great statesman.)

내가 생각하기에 그는 위대한 정치가이다.

6 접속부사가 쓰였을 때

Consequently, men are blind to their own faults but never lose sight of their neighbor's.

결과적으로, 인간은 자신의 잘못을 못 보지만 자기 이웃의 잘못은 반드시 본다는 것이다.

7 관계사가 계속적 용법으로 쓰일 때

He said nothing, **which** made her angry. 그는 아무 말도 하지 않았다. 그것이 그녀를 화나게 했다.

cf. He said nothing **which** made her angry. 그는 그녀를 화나게 하는 말은 한 마디도 하지 않았다.

🔑 **Translations**

열대 우림은 남미의 아마존 지역, 중미, 아프리카, 남아시아 그리고 동남아시아에서 발견된다. 열대 우림은 연간 1.8미터 이상의 비가 오는 매우 오래되고 울창한 숲이다. 세계에서 가장 오래된 열대 우림은 천만 년이 되었다. 그러나 지금 사람들은 지구의 열대 우림을 파괴하고 있다. 매년 약 8만 평방 킬로미터의 산림이 파괴되어가고 있다. 파괴의 약 4분의 1정도는 사람들이 연료를 위해 나무를 베어내기 때문에 발생한다. 또 다른 4분의 1의 산림 파괴는 사람들이 가축을 위한 초원을 만들기 위해 나무를 베어낼 때 발생한다. 사람들은 남아 있는 나무들을 잘라내어 목재로 팔거나 농장을 시작한다. 사람들이 계속해서 열대 우림에서 그렇게 많은 나무를 베어내면 모든 나무가 8년 안에 사라져 버릴 것이다.

4 앞뒤 관계 속에서 찾는 주제문장 [인과관계 + 요약의 연결어]

글은 주제문장과 보충설명문장으로 이루어져 있다. 따라서 글의 내용 흐름이 어떻게 전개되는지, 앞문장과 뒷문장의 논리적인 관계가 무엇인지 살펴보면 주제문장과 보충설명문장을 쉽게 구별할 수 있다.

(1) 이유나 원인을 나타내는 "because, since" 등을 찾으면 주제문장이 보인다.

글을 쓸 때 결론부터 먼저 말했다면 당연히 그 뒤에는 "왜 그런지" 이유를 설명할 것이다. 이때 "because, since" 등은 "여기부터 어떤 일이나 사건이 일어난 이유나 원인입니다"라고 알려주는 연결어이다. 따라서 이러한 연결어들 앞에 나오는 문장은 원인에 대한 결과나 결론으로 글쓴이의 중심 생각 (주제문장)이 되는 것이다. [두괄식]

It may not be valid to assume that the media makes our time distinct from the past **because** we know relatively little about how information was shared in the past.

매체가 우리의 시대를 과거와 구분 짓는다고 가정하는 것은 근거 없을지도 모른다. 왜냐하면 과거에 어떻게 정보가 공유되었는지에 대해 상대적으로 아는 것이 별로 없기 때문이다.

> ◻ 이유나 원인을 나타내는 연결어
> 접속사: because, since, as, for 등
> 전치사구: because of, on account of, owing to, due to 등

(2) 글의 마지막 부분에 "so, thus, therefore" 등 결과의 연결어가 나오면 바로 그 문장이 주제문장이다.

구체적인 의견이나 사실을 글의 시작부터 전개해 나가다가 글의 마지막 부근에 가서 "그래서, 결론은 ~이다."라고 서술하는 방식이다. 이런 방식으로 생각을 전개할 때, 글의 마지막 부분에 주로 "so, thus, therefore" 등이 나오는데 이런 연결어 앞에는 원인이 오고 뒤에는 결과가 온다. 즉, 결과의 연결어가 글의 마지막 부분에 오면 글쓴이의 말하고자 하는 결론에 해당하므로 주제문장이 된다. [미괄식]

Children and adults alike want to hear positive remarks. **Therefore**, don't forget to praise others when they need support.

아이들과 어른은 모두 호의적인 말을 듣고 싶어한다. 그러므로 다른 사람들이 편들어 주기 바란다면, 칭찬해 주는 것을 잊지 마라.

칭찬을 해 주어야 하는 이유를 먼저 말하고, 이어서 그러므로(therefore) 칭찬을 아끼지 말라는 주제문장이 이어지고 있다.

> ◻ 결과를 나타내는 연결어
> 접속부사: therefore, thus, hence, accordingly, as a result, consequently 등
> 전치사구: as a result of, as a consequence of, for this reason 등

※ Chapter 3의 글의 전개방식의 원인과 결과에서 더 자세히 공부할 것임.

(3) 글의 마지막 부분에 "in brief, in short" 등 요약의 연결어가 나오면 바로 그 문장이 주제문장이다.

이미 원인과 결과의 관계를 설명했는데 글쓴이가 내심 불안해서 글의 마지막 부분에 한 번 더 정리할 때 주로 사용되는 방식이다. 그럴 경우 "간단하게 말하면"이라고 해서 글의 끝 부분에 다시 요약해준다면 글쓴이가 하고 싶은 말을 독자에게 더 명확하게 전달할 수 있다.

In short, you are able to figure out the meaning of a word that you didn't know by looking for clues in the context.
짧게 말하면, 당신은 모르는 단어의 의미를 문맥 속에서 단서를 찾음으로써 파악할 수 있다.

이 주제문장 앞에는 문맥 속에서 모르는 단어의 의미를 유추할 수 있는 방법이 구체적으로 제시되었을 것이다.

> □ 요약 / 결론을 나타내는 연결어
>   접속부사: in all(= in total), in a word, in short, in brief(= to be brief), in a few words,
>   in summary(= to sum up), in a nutshell in conclusion(= to conclude)
>
> □ 환언의 연결어: in other words (다시 말하면), that is (즉, 말하자면)
>   글의 마지막 부분에 자신의 생각을 말을 바꾸어 다시 정리해 주는 것이므로 주제문장이 된다.

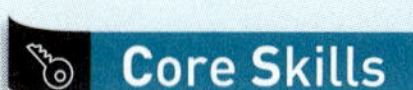

Core Skills

∞ **원인과 결과 / 요약의 연결어를 통해 주제문장을 찾아라!**

[두괄식]	[미괄식]
주제문장	이유나 원인을 구체적으로 설명
⬇	⬇
because, since, for 등을 이용해 이유나 원인을 구체적으로 설명	① so, thus, therefore 등을 이용해 결론을 나타내는 **주제문장** ② in brief, in short, that is, in other words 등을 이용해 요약한 **주제문장**

∞ **주제문장에 잘 쓰이는 표현**

□ 이유나 원인을 나타내는 "because, since" 등을 찾으면 주제문장이 보인다.
□ 글 마지막 부분에 "so, thus, therefore" 등 결과를 나타내는 연결어가 나오면 바로 그 문장이 주제문장이다.
□ 글 마지막 부분에 "in brief, in short" 등 요약을 나타내는 연결어가 나오면 바로 그 문장이 주제문장이다.

In a traditional theory, the poorer countries could catch up quickly because in those countries, __________(A)__________. For instance, a few roads in a poor country can open a whole new area for trade; in a rich country, a few more roads just relieve a little congestion. A little more education in a poor country can make all the difference; in a rich country, people with degrees _________(B)_________. And of course, it should be easier to copy technology than for a rich country to invent it. When you look at some developing countries in the world, *the theory of catch-up seems reasonable.

Q1 Which of the following is appropriate in the blank (A)?
  ① public transportation is well organized
  ② new investments have far bigger rewards
  ③ they are free from corruption and instability
  ④ people work hard to break the chain of poverty

Q2 What is an appropriate phrase in the blank (B)?
  ① often can't find a job   ② enjoy their lives
  ③ ruin their lives   ④ build up a fortune

Solutions

Q1 빈칸 (A)에 적절한 것은?   정답: ②번
  ① 대중교통이 잘 조직화 되었다. → 너무 세부적
  ② 새로운 투자가 훨씬 더 큰 성과를 낸다.
  ③ 그들은 부패와 불안정이 없다. → 본문에 언급이 없음
  ④ 사람들은 가난의 굴레를 벗어나기 위해서 열심히 일한다. → 본문에 언급이 없음
  ▶ 후진국이 선진국을 따라 잡을 수 있는 이론에 대한 보충설명을 읽고 그 이유를 추론해야 한다. 필자는 "도로, 교육, 기술"을 각각 선진국과 후진국의 경우로 설명을 하였다. "도로, 교육, 기술"을 포괄하는 개념은 "사회 간접자본(투자)"이다. 후진국에서는 새로운 투자가 선진국보다 더 큰 성과를 내기 때문에 선진국을 따라 잡는다고 주장한다.

Q2 빈칸 (B)에 적절한 구절은?   정답: ①번
  ① 종종 일자리를 찾지 못한다.   ② 자신의 삶을 즐긴다.
  ③ 자신의 삶을 망친다.   ④ 재산을 모은다.
  ▶ 가난한 나라에서는 어느 정도의 교육만 받아도 대단한 변화를 가져온다는 앞 부분의 내용과 대조되는 부정적인 내용이 나와야 한다. ③번은 내용이 너무 비약적이라 답에서 제외된다.

Words&Phrases

- **catch up** 따라잡다
- **relieve** 경감하다; 구제하다(↔ intensify)
- **congestion** 혼잡, 폭주, (인구의) 밀집
- **make the difference** 차이를 낳다; 중요하다
- **degree** 정도; (각도, 온도계 등의) 도; 학위
- **reasonable** 합당한, 합리적인
- **public transportation** 대중교통
- **organize** 조직하다, 체계화하다
- **reward** 보상하다; 보상
- **free from** ~이 없는
- **corruption** 타락, 부패
- **instability** 불안정

* ~ the theory of catch-up seems reasonable.

구두점 4: Hyphen [-]

hyphen의 주기능은 합성어를 만들고 구분하는 데 있다. 단어의 발전 단계에 있어서 두 단어가 hyphen으로 연결되었다가 한 단어로 정착되기도 하는데, 그 진화과정에서 과도기에 놓여 있는 합성어는 hyphen으로 연결되는 경우가 많다.

rail road → rail-road → railroad / week end → week-end → weekend

cf. high school, post office, mother tongue 등은 아직 1단계에 머물고 있는 단어들이다.
단, high-school, post-office는 형용사로 쓰이고 있음에 유의한다.

1 합성어가 명사 앞에서 형용사적으로 쓰일 때
She is a well-known painter. 그녀는 유명한 화가이다.
cf. The painter is well known. 그 화가는 유명하다.

He is a five-foot-tall man. 그는 키가 5피트인 남자이다.
cf. He is five feet tall. 그는 키가 5피트이다.

2 접사를 어근과 그냥 연결할 경우 의미나 철자 혼동의 소지가 있을 때
recollection 상기, 추억, 회상　　　　re-collection 다시 모음
recreation 레크리에이션, 기분전환　　　re-creation 개조, 고쳐 만들기
pre-engineered [집 따위가] 조립식으로 지은
re-edit 다시 편집하다, 개정하다

3 뒤에 나오는 단어가 고유명사나 고유형용사일 때
anti-Jewish 반(反)유대주의의　　　　pro-American 친(親)미주의의, 친미주의자

4 분수를 숫자가 아닌 글로 나타낼 때와 숫자 21~99를 표시할 때
three-fourths 4분의 3　　　　forty-three 43

5 self와 in-law가 들어가는 합성어는 반드시 hyphen을 사용한다.
self-taught 독학의　　　　mother-in-law 장모님
cf. headache, toothache 등 ache로 이루어진 합성어는 hyphen을 쓰지 않는다.

Translations

전통적인 이론에 의하면, 가난한 나라일수록 새로운 투자가 훨씬 더 큰 성과를 내기 때문에 빠르게 따라붙을 수 있다. 예를 들어, 가난한 나라에서는 도로를 몇 군데만 놓아도 완전히 새로운 상거래 지역이 생길 수 있다. 부유한 나라에서는 도로를 몇 군데 더 놓는다 하더라도 교통 혼잡을 약간 해소할 수 있을 뿐이다. 가난한 나라에서는 교육에 조금만 더 신경을 써도 대단한 변화를 가져오는 반면 부유한 나라에서는 학위 소지자들도 일자리를 찾지 못할 때가 흔하다. 그리고 부유한 나라가 기술을 개발하는 것보다 (가난한 나라가) 그 기술을 모방하는 것이 당연히 더 쉽다. 세계의 몇몇 개발도상국을 보면 따라붙기 이론이 그럴듯해 보인다.

While journalists profess their faith in this objective world, they have little confidence in their ability to recognize it. The norms of "objective" reporting thus involves presenting "both sides" of an issue regardless of their veracity. We thus have the poignant irony that a journalist who systematically attempts *to verify facts — to say which set of facts is more accurate — runs the risk of being accused of abandoning his or her objectivity by favoring one side over another. Interestingly, this objective reporting tends to promote a specific ideology. Lurking within it is a specific philosophical assumption about where truth lies. Since the objective reporting tends to assume that both sides will always be speaking partial truth, it is easy to infer that the whole truth must lie somewhere in the middle.

Q   Which of the following is the best title for the passage?
① Ideology and Journalism
② The Verification of Truth
③ The Pitfall of Objective Reporting
④ The Norms of Objective Reporting

 **Solutions**

Q   다음 중 글의 제목으로 가장 적절한 것은?   정답: ③번
① 이데올로기와 저널리즘   ② 진실의 검증(확인, 증명)
③ 객관적인 보도의 함정(위험)   ④ 객관적인 보도의 기준

▶ 이 글의 핵심어는 "objective reporting (객관적인 보도)"이다. 필자의 주장은 지문 내용 중 세 번째 문장 "We thus have the poignant irony ~ the risk of being accused of abandoning his or her objectivity by favoring one side over another"에 잘 나타나 있다. '기자가 어느 한 쪽의 사실이 정확한지를 밝히는 것에 신중하게 노력을 할 때, 오히려 기자는 객관성을 포기했다고 비판을 받는 "신랄한 아이러니"를 가지게 된다'라는 것이다. 즉, 기자의 객관적인 보도에 대한 잠재된 문제점을 지적하고 있는 글이다.

Words&Phrases

- **profess** 공언하다, 단언하다, 고백하다
- **norm** 기준, 표준, 규범
- **objective** 객관적인
- **veracity** 진실성
- **poignant** 신랄한
- **be accused of** ~로 비난받다, ~로 고발당하다
- **objectivity** 객관성
- **lurk** 숨다, 잠복하다
- **partial** 부분적인
- **infer** 추론하다
- **verification** 확인, 증명, 검증
- **pitfall** 함정, 위험, 덫

* **~ to verify facts — to say which set of facts is more accurate — runs the risk ~**

□ **구두점 5: Dash [—]**

하이픈을 더 길게 늘인 구두점인 대시는 앞에 나온 내용과 동격을 이루거나, 그 내용을 구체적으로 설명하는 점에서는 앞서 설명한 콜론(:)과 비슷한 성격을 가지나, 콜론은 앞에 나온 절이 완벽한 상태를 이루어야 하는 데 비하여, 대시는 한 문장에서의 흐름을 갑자기 끊어 놓는 위치에 놓일 수 있기에 삽입적인 요소를 구분할 때 주로 쓰인다. 콜론뿐만이 아니라 괄호(parenthesis)나 콤마 혹은 세미콜론을 대시 대신에 사용할 수 있기 때문에, 미국인들은 대시를 남발하는 경우가 있어, 미국 작문 책에는 대시 사용을 자제하고 다른 구두점을 많이 사용하라는 조언까지 있을 정도로 상당히 임의적인 구두점으로 분류된다.

The audience — noblemen, merchants, craftsmen, and idlers — all went through the same doors together. 관객들은 — 귀족, 상인, 장인 그리고 게으름뱅이 — 모두 함께 같은 문을 통과했다.

School should be a time for expanding horizons — not limiting them.
수업은 시야를 확장시키기 위한 시간이 되어야 한다 — 그것(시야)를 제한하는 것이 아니라.

cf. 보통 앞에 나온 내용을 종합, 요약하는 these, those, all, such 등의 단어 앞에는 대시(dash)만을 사용한다.
　　 Seoul, Paris, New York, and so on — these cities are known for their notorious traffic jam.
　　　서울, 파리, 뉴욕 등 — 이 도시들은 악명 높은 교통체증으로 유명하다.

□ **구두점 6: Parenthesis [( )]**

괄호(parenthesis)는 대시와 마찬가지로 주로 삽입적 요소를 구분할 때 (통상 대시가 그 강조하는 바가 더 크며, 괄호는 대시보다 문맥적으로 더 거리가 있을 때) 사용된다고 하나 상기한 바와 마찬가지로 그 둘 간의 선택은 상당히 임의적이며 현대 영어에서는 대시를 더 많이 사용하는 경향이 있다.

Some exercise (yoga, for example) would be good for you.
= Some exercise — yoga, for example — would be good for you.
어떤 운동(예를 들면, 요가 같은 것)이 너에게 좋을 것이다.

🔑 **Translations**

기자들은 이 객관적인 세상에서 자신들의 신념을 피력해보지만, 그러한 세상을 인지하는 능력에는 자신감이 거의 없다. 따라서 "객관적" 보도의 기준은 그것의 진실성과는 상관없이 한 문제에 있어서 "양쪽의 모든 측면"을 보여주게끔 한다. 그러므로 우리는 기자가 사실을 입증, 말하자면 어느 쪽의 사실이 더 정확한가를 밝히기 위해 세심하게 노력을 할 때, 두 가지 사실 중 어느 한 쪽 측면을 더 옹호함으로써 오히려 기자로서의 객관성을 포기한다고 비난받는 신랄한 아이러니를 보게 된다. 흥미롭게도 이 객관적인 보도는 특정 이데올로기를 조장하는 경향이 있다. 진실이 어느 쪽에 있는가에 대한 특정한 철학적 가정이 그 안에 숨어 있는 것이다. 즉, 객관적인 보도는 항상 양쪽의 사실이 부분적으로만 진실이라고 생각하는 경향이 있기 때문에, 완전한 진실은 (양쪽 사실의) 중간에 있다고 생각하기 쉽다.

The idea of achieving security *through an arms race is a false belief. It rose out of the fact that America first produced and used an atomic bomb to win World War II. Some people still believe that they can achieve security by showing force. But military build-up is costly, and often leads to greater destruction. What is the use of security if everything is destroyed? _________________, instead of seeking security *through means of mass destruction, we should achieve it through global understanding and cooperation before it is too late.

Q1 Which of the following best fits in the blank?
① Therefore　　　　② Besides
③ However　　　　④ Still
⑤ For example

Q2 국가안보에 관하여 필자가 주장하는 바로 가장 적절한 것을 고르시오.
① 방공망을 구축하자.　　　　② 서로 이해하고 협력하자.
③ 첨단 장비를 도입하자.　　　　④ 대외에 군사력을 과시하자.
⑤ 과학기술을 개발하자.

Solutions

Q1 다음 중 빈칸에 가장 알맞은 것은?　　　　정답: ①번
▶ 빈칸 앞의 내용(원자폭탄 등의 살상무기를 통해서 모든 것이 파괴된다면 안보가 무슨 소용이 있겠는가?)과 빈칸 뒤의 내용(대량파괴 수단을 통해서 안전을 확보하기 보다는, 더 늦기 전에 국제적인 상호이해와 협동을 통해 안전을 확보하여야 한다)을 연결시키기 위해서는 결과를 나타내는 연결어 Therefore가 와야 적절하다.

Q2 필자가 주장하는 바를 묻고 있다.　　　　정답: ②번
▶ 이 지문의 핵심어는 "국가안보"로 이미 지문에 나와 있다. 그리고 첫 문장의 "The idea of achieving security through an arms race is a false belief.(군비 경쟁을 통해서 안전 보장을 성취하겠다는 생각은 잘못된 생각이다)"를 보면 국가 안보는 무기 경쟁으로는 안 된다고 단정하고 있다. 마지막 문장의 결론 표현의 연결어 "Therefore"가 이 글의 결론을 이끌고 있으므로 마지막 문장이 필자의 의도이다.

Words&Phrases

□ **achieve** 달성하다　　　　□ **military build-up** 군비 증강
□ **security** 안보　　　　□ **costly** 비용이 많이 드는
□ **race** 경쟁　　　　□ **cooperation** 협력
□ **atomic bomb** 원자폭탄

* **~ through an arms race ~**

* **~ through means of mass destruction, ~**

☐ **독해 필수 어휘 편 – 분화(分化)복수형(differentiated plural forms)**

명사가 복수형(複數形)으로 쓰일 때, 단수형(單數形)이 가지는 뜻과는 전혀 다른 뜻을 갖게 되는 경우가 있는데, 이러한 형태를 분화복수형이라고 한다. 이를 두 가지의 경우로 다시 나눌 수 있는데, 하나는 복수형이 되더라도 기존의 단수형이 가지는 뜻을 그대로 보유하면서 또 다른 내용을 포함하는 경우이고, 또 다른 하나는 복수형이 되었을 때 단수형이 가지는 뜻과는 전혀 다른 의미를 갖게 되는 경우이다. 분화복수는 주로 일상에서 많이 쓰이는 평이한 명사에서 파생된 것들이 대부분이므로, 자칫 단수형의 의미로만 알고 있던 명사가 분화복수 형태로 독해 지문에 나왔을 때 잘못된 해석을 할 여지가 있으므로 다음에 소개하는 분화복수형의 명사들을 반드시 숙지해야 한다.

1 단수형이 가지는 기존의 뜻을 그대로 보유하는 분화복수형

arm 팔 → arms 1. 팔(들) 2. 무기(weapons); 무력

ash 재; 화산재 → ashes 1. 재; 화산재 2. 유골; 유해(remains)

color 색, 빛깔 → colors 1. 색 2. 깃발; 군기; 국기; (표지가 되는) 색깔, 상징

custom 풍습, 관습; 단골 → customs 1. 풍습, 관습 2. 관세(단/복수); 세관(단수)

force 힘; 영향력 → forces 1. 영향력 2. 군대(the forces)

letter 편지; 글자, 문자 → letters 1. 편지(들); 글자, 문자 2. 문학(literature), 학문, 교양

order 순서; 정돈; 명령 → orders 1. 명령 2. 성직(聖職))

regard 관계; 주목; 존경(심) → regards 1. 존경(심) 2. 안부 인사(best wishes)

spectacle 광경, 장관 → spectacles 1. 광경, 장관(壯觀) 2. 안경(glasses)

writing 집필; 필적; 문서 → writings 1. 문서(들) 2. 저작, 문학작품

heaven 천국; 하나님; 하늘 → heavens 하늘(the heavens)

2 단수형이 가지는 뜻과는 전혀 다른 의미를 갖는 분화복수형

advice 충고, 조언 → advices 보고, 통지

air 공기, 대기 → airs 거만한 모습, 뽐내는 꼴

attention 주의, 유의 → attentions (여성의 환심을 사기 위한) 배려; 정중한 행위; 구혼

manner 방법, 방식; 태도 → manners 예의범절(etiquette) 풍습, 풍속, 관습

mean 평균; 중용 → means 방법, 수단(단/복수); 재산, 자력(복수)

pain 고통, 아픔 → pains 고생; 노력(efforts); 산고(labor pains)

sand 모래 → sands 모래땅; 사막(desert)

water 물; 수중 → waters 광천수; 바다(the waters), 강, 바다 등의 많은 물

⚷ Translations

군비 경쟁을 통해서 안전을 확보한다는 생각은 잘못된 믿음이다. 그것은 미국이 2차 세계대전의 승리를 위해 원자폭탄을 처음으로 개발하여 사용한 사실로부터 기인한다. 어떤 사람들은 아직도 무력을 과시함으로써 안보를 이룰 수 있다고 믿는다. 그러나 군비 증강은 비용이 많이 들며, 종종 더 심한 파괴를 부른다. 모든 것이 파괴된다면 안전이 무슨 소용이 있겠는가? 그러므로 대량파괴 수단을 통해서 안보를 추구하기보다는, 더 늦기 전에 국제적인 상호이해와 협동을 통해 안보를 이루어 내야 할 것이다.

5 글쓴이의 개인적인 주장을 나타내는 주제문장

글쓴이가 사실(fact)이나 의견(opinion)을 먼저 언급하고 이에 대한 글쓴이의 신념, 판단, 느낌 등의
주관적인 진술이나 해석을 피력한 이후에 구체적인 근거를 제시함으로써 독자에게 글쓴이의 의견을 받
아들이도록 설득하는 방법이다. 이런 글에서 글쓴이는 자신의 주장을 어떤 방식으로 펼칠 것인가?

Fact   실제 일어난 일이나 실제의 경우를 말하며, 직접적인 증거로 증명이 가능하다.

Opinion   글쓴이의 신념, 판단, 느낌 등의 주관적인 진술이나 해석(interpretation)을 말한다.
그래서 정확함(accuracy, correctness)이나 사실 여부(true or false)를 증명할 수 없다.

(1) 글쓴이의 주장을 나타내는 동사를 주시하라.

전달하고자 하는 핵심을 넌지시 우회적으로 서술하면 독자는 답답해할 뿐만 아니라 설득력도 떨어진다.
이럴 때는 작가의 "생각과 주장"을 먼저 언급하는 것이 효과적이다. 바로 이러한 부분이 글의 주제문장
일 경우가 많다. 즉, 아래와 같은 형식으로 문장이 시작될 때는 작가가 독자에게 "자, 지금부터 내 생각
을 말할 테니 잘 들어주시오!"라는 의미로 알아두어야 한다.

□ 주장을 나타내는 표현

I think[believe / suggest / mean]
I urge[insist / claim / maintain]
I wish[expect / hope]
I'm sure[convinced that ~]
I assure that ~
In my opinion(view) / As for me / For my part
What I'm trying to say is that ~

□ 과학적인 연구나 조사의 결론을 빌려올 때 사용하는 표현법

(2) "~해야 한다"라는 의무와 당위, 필요의 조동사를 주시하라.

must, should, need 등의 조동사를 사용하여 "~해야 한다"라고 글쓴이의 의견을 강력하게 나타내는 문장의 경우는 글의 주제문일 가능성이 많다. 글쓴이의 개인적인 의견을 직접적으로 강력하게 드러낸 문장이기 때문이다.

You should cut down on sleeping. 너는 잠을 줄여야 한다.

주어진 문장이 주제문장이 된다면 뒤에는 왜 잠을 줄여야 하는지, 또는 줄여서 좋은 점이 무엇인지 등의 보충설명문이 서술될 것이다. 또는 미괄식으로 글을 전개한다면 잠을 줄여야 하는 여러 가지 상황을 예로 든 후, 처방책 혹은 글쓴이의 결론으로 잠을 줄여야 한다는 주장(주제문장)으로 글을 마칠 수도 있다.

> ◻ 의무, 당위, 필요 동사
> must, have to, should, ought to, had better, need to

(3) 강조의 형용사나 최상급의 표현을 주시하라.

"중요하다, 꼭 필요하다, 필수적이다, 가장 ~하다"라는 표현을 사용하여 글쓴이의 의견을 강조하는 경우도 있다.

❶ **Conversation is an essential factor in domestic happiness.** 대화는 가정의 행복에 필수 요소이다.
대화가 부족해서 불행해진 가족의 이야기를 먼저 예를 들어 서술한 후 나올 경우 대화의 중요성을 강조하는 주제문장이 될 수 있다.

❷ **Time is the most precious of all.** 시간은 모든 것 중에서 가장 중요하다.
형용사의 최상급도 글쓴이의 생각을 직접적으로 표현하는 강조 수단이다.

> ◻ 가치나 판단을 나타내는 형용사와 부사
> important, critical, crucial 중요한
> necessary, essential 필요한
> clear, certain, plain, evident, obvious 명백한
> worth + ~ing, be worthy of ~할 만한 가치가 있는
> good, perfect, attractive
> incredibly, amazingly, sensibly, unfortunately, fortunately
> It is important[necessary / natural / essential ~] (that)
> It is clear[evident / unavoidable / inevitable ~] (that)

(4) 연결어에 주의하라.

견해를 나타내는 문장(주제문장)은 바로 앞에 다음과 같은 역접, 대조, 양보, 결론, 요약을 나타내는 (연결) 부사(구)를 수반하는 경우가 많다.

> • 역접: however, but, yet, still, instead, in fact, in reality
> • 대조: on the other hand, on the contrary, just the opposite
> • 양보: despite the fact, nevertheless
> • 결론, 요약: thus, therefore, so, in short, in conclusion, after all

(5) 특정 문장[명령문, 의문문, 강조문]을 주시하라.

- □ 명령문: Remember that ~ / Keep(Bear) in mind that ~ / Don't ~
- □ 의문문: What is the main cause of ~?
- □ 강조문: It is ~ that / not A but B

- Remember that practice makes perfect. 연습이 완벽을 만든다는 것을 기억해라.
- Keep in mind the importance of reading. 독서의 중요성을 명심해라.

Core Skills

∞ **글쓴이의 주장을 직접적으로 표현하는 주제문장을 찾아라!**

[두괄식]	[미괄식]
글쓴이의 의견이나 주장을 직접 드러낸 **주제문장**	의견이나 주장을 뒷받침하는 구체적인 근거나 설명을 제시

의견이나 주장을 뒷받침하는 구체적인 근거나 설명을 제시	글쓴이의 의견이나 주장을 직접 드러낸 **주제문장**

∞ **주제문장에 잘 쓰이는 표현**

- □ 주장을 나타내는 동사: think, believe, demand, suggest
- □ "~해야 한다"라는 조동사: should, must, need, have to
- □ 강조 형용사, 최상급 표현: important, necessary, clear, certain
- □ 글의 후반부의 명령문: keep in mind, remember

※ 다음은 필자의 개인적인 주장이 강하게 표현된 글이다. 각 문장을 해석하시오.

❶ I don't like the apathy of the rich who turn their backs on the destitute.

❷ I don't like the bigotry of the poor who blindly hate all the affluent.

❸ I don't like the old who are hopelessly corrupt and incorrigibly greedy.

❹ I don't like the young who strut around self-righteously with cocksureness of their own moral superiority.

❺ I don't like the labor union leaders who are power-thirsty and take bribes while pretending to fight for social justice.

❻ I don't like the tyranny of cowardly young people who surf the Internet in anonymity and use dirty language and offensive remarks in order to terrorize those who have different opinions.

❼ I don't like the intellectuals who flatter those with political power, expecting to be offered a comfortable position as a reward.

❽ I don't like those who do not assume responsibility for the growing number of unemployed college graduates. They must work to boost the economy and create jobs for the young people who want to work.

[From Reader's Digest]

Solutions

해석
❶ 나는 빈자에게 등을 돌리고 있는 부자들의 무관심이 싫다.

❷ 부자를 무조건 증오하는 편협한 빈자들이 싫다.

❸ 나는 나아질 여지 없이 부패하고 못 말릴 정도로 탐욕적인 기성세대가 싫다.

❹ 도덕적 우월감에 대한 자부심 속에 제멋대로 활개치는 젊은 세대도 싫다.

❺ 사회정의를 위해 투쟁하는 척하면서 권력욕에 사로잡혀 뇌물을 받는 노조 간부들도 싫다.

❻ 나는 익명으로 인터넷을 돌아다니며 자신과 다른 의견을 가진 사람들을 위협하고자 저속한 언어와 모욕적인 언사를 사용하는 비겁한 젊은 세대의 포악함이 싫다.

❼ 나는 대가로 좋은 한 자리를 기대하고 정치 권력자들에게 아부하는 지식인이 싫다.

❽ 나는 일자리가 없는 대학 졸업자가 늘어나고 있는 것에 책임지려 하지 않는 사람들이 싫다. 그들은 경제를 활성화시켜 일하기 원하는 젊은이들에게 일자리를 만들어줘야만 한다.

Words&Phrases

- **apathy** 냉담, 무관심, 무감정
- **destitute** 결핍한, 빈곤한, 가난한
  cf. the destitute 빈자
- **bigotry** 편협한 신앙, 고집불통
- **blindly** 맹목적으로
- **the affluent** 부자
  cf. affluent 유복한, 풍족한
- **corrupt** 부패, 부정
- **incorrigibly** 제멋대로, 뿌리 깊게, 다루기 힘들게
- **greed** 탐욕, 식탐
- **strut** 활보하다, 거들먹거리며 걷다
- **cocksureness** 확신, 독단, 자부심
- **moral superiority** 도덕적 우월감
- **power-thirsty** 권력에 굶주린
- **tyranny** 전제정치, 횡포
- **anonymity** 익명, 무명
- **terrorize** 위협하다
- **assume** (책임 등을) 맡다

We talk about something every day. But *most of talks are for complaining, not for praising. *It is high time we should know the importance of praise. As for me, I need it in order to defeat loneliness and unworthiness. Several miles from my home, an old farmwife cleared the roadside _________________ litter and planted flowers in its place. Surely the farmwife was happy by doing so. And she would be much happier to know my feeling. However, how would she know my feeling if I didn't tell her? So, from now on, feel free to express your good feeling of others. Let's keep in mind that feeling gratitude and not expressing it is like wrapping a present and not giving it.

Q1 What is the main idea of this passage?
① 신중하게 말을 하자.
② 칭찬에 인색하지 말자.
③ 자신을 소중히 하자.
④ 적극적인 사고방식을 갖자.
⑤ 힘든 일을 남에게 미루자 말자.

Q2 Which of the following best fits in the blank?
① from   ② of   ③ out
④ into   ⑤ out of

 Solutions

Q1   이 글의 요지는 무엇인가?   정답: ②번
▶ 이 글의 요지는 "It is high time we should know the importance of praise."와 마지막 부분에 명령문인 "So, from now on, feel free to express your good feeling of others. Let's keep in mind that feeling gratitude and not expressing it is like wrapping a present and not giving it."에 나타나 있다. 또한 "As for me"라는 표현도 필자의 개인적인 주장을 펼치는데 도움을 준다.

Q2   다음 중 빈칸에 가장 알맞은 것은?   정답: ②번
▶ 'clear, rob, deprive, rid, ease, cure, strip' 등의 '제거, 박탈, 분리'를 나타내는 동사와 'remind, inform, notify, convince, assure, warn, accuse' 등의 '인식, 행위 대상(통보, 경고, 비난)'의 동사는 목적어 뒤에 전치사 of가 와서 호응한다.

Words&Phrases

□ **complaining** 불평
□ **it is high time** 이제 ~할 때이다
□ **loneliness** 외로움
□ **unworthiness** 무가치함

□ **litter** 쓰레기
□ **gratitude** 고마움, 감사
□ **present** 선물

* **most of talks are for complaining,**

□ **부분을 나타내는 말 + of + 명사**

부분을 나타내는 'most, half, the rest, a lot(lots, plenty), some, part, a large part, 분수' 등이 주어가 되는 경우 of 뒤에 나오는 명사가 단수이면 단수동사를, 복수이면 복수동사를 쓴다.

Half of **the money is** mine. 그 돈의 반은 나의 것이다.
Half of **the apples have** gone bad. 그 사과(들)의 반이 상했다.

Most of **the work is** done by machine. 그 일의 대부분은 기계가 한다.
Most of **my friends want** to learn Chinese. 내 친구들의 대부분은 중국어를 배우고 싶어한다.

About three-fourths of **his books were** lost. 그의 책의 약 4분의 3이 분실되었다.
About three-fourths of **his property was** lost. 그의 재산의 약 4분의 3이 분실되었다.

* **It is high time we should know the importance of praise.**

□ **It is (about, high) time + 가정법 과거:** 지금 ～할 시간이다

지금 ～해야 하는데 하지 않고 있으니 '당장 ～해야 한다[즉, 했어도 벌써 했어야 했는데 아직도 안 했느냐는 어감을 나타냄]' 는 당연, 재촉, 긴급 상황 등을 나타내는 표현이다.

> It is (about, high) time + 주어 + should(생략 불가) + 동사원형
> = It is (about, high) time + for + 목적격(부정사의 의미상주어) + to부정사

It is **about time you got** a new computer. 새 컴퓨터를 장만해야겠다.
= It is **about time you should get** a new computer.
= It is **about time for you to get** a new computer.

Background Knowledge

칭찬은 고래도 춤추게 한다. (Kenneth H. Blanchard 著)

칭찬(praise)과 격려(encouragement)를 통한 범고래(killer whales) 훈련법이 성공적인 인간관계를 위한 훈련 법과 다르지 않음을 재미있는 이야기 형식으로 엮은 책이다. 책의 원제(original title)는 'Whale Done'인데 이는 일종의 pun(동음이의(同音異義)의 어구를 쓴 재담)으로서 일 따위를 잘 해내었을 때 흔히 쓰는 'Well Done'이란 말을 재치 있게 응용한 것이다. 이 책이 주는 주요한 메시지는 "Build trust.(신뢰를 구축하라.)" "Accentuate the positive.(긍정적인 면을 부각(강조)하라.)" "When mistakes occur, redirect the energy.(실수하면 에너지를 다 른 방향(긍정적 방향)으로 재설정하라.)"이다.

Translations

우리는 매일 무엇인가에 대해서 이야기를 한다. 그러나 이야기 대부분은 칭찬이 아닌 불평을 위함이다. 이제 칭찬의 중요 성을 알아야 할 때가 되었다. 내게 있어, 그것은 외로움과 무가치함을 깨뜨리기 위해 필요하다. 우리 집에서 몇 마일 떨어 진 곳에, 고령의 농장 부인이 길가의 쓰레기를 말끔히 치우고 그 장소에 꽃을 심었다. 분명히 그 농장 부인은 그렇게 함으 로써 행복했을 것이다. 그리고 나의 감정을 안다면 그녀는 훨씬 더 행복해할 것이다. 그렇지만, 내가 그녀에게 말하지 않 는다면 어떻게 내 느낌을 그녀가 알 수 있겠는가? 그러므로 지금부터는 타인에 대한 당신의 좋은 느낌을 마음껏 표현해 보라. 고마움을 느끼고 그것을 표현하지 않는 것은 선물을 포장하고 그것을 주지 않는 것과 같음을 명심하라.

*Let me repeat, however, the caveat which I put forward in my first lecture, that no historical judgments are absolute and that any historical interpretation depends in part _______________ the values held by the historian, which will in turn reflect the values held by the age and society in which he lives. It is therefore incumbent on the historian, whether explicitly or by implication, to make clear the values on which his interpretation rests, and this I shall attempt to do. But first let me contest an obvious criticism. *Does not the admission that the values held by the historian necessarily enter into history that he writes deprive history of any objective character? Now it seems to me foolish and misleading to deny the subjective element in history.

Q1 윗글에서 필자가 주장하는 내용과 일치하지 않는 것을 고르시오.
① 역사에 있어서 주관적인 요소의 개입이란 있을 수 없다.
② 역사가는 역사를 통해 자기가 사는 시대의 가치를 반영한다.
③ 역사의 해석에 있어서 어떤 역사적 판단도 절대적일 수는 없다.
④ 역사가가 견지하고 있는 가치들이 서술하는 역사 속에 개입된다.

Q2 Which of the following best fits in the blank?
① if　　　　② on　　　　③ somewhat　　　　④ to

Solutions

Q1 필자의 주장과 다른 것을 묻고 있다.　　　　　　　　정답: ①번
▶ 지문의 내용이 상당히 난해할 수도 있으나 이러한 문제일수록 의외로 답을 쉽게 찾을 수 있음도 알아야 한다. 우선 마지막 문장인 'Now it seems to me foolish and misleading to deny the subjective element in history'의 내용을 보면 ①번과 일치하지 않는다는 것을 알 수 있으며, 선택지 중 ①번을 제외한 ②, ③, ④번이 서로 유사한 의미를 내포하고 있음도 답을 찾을 수 있는 좋은 단서가 된다.

Q2 다음 중 빈칸에 가장 알맞은 것은?　　　　　　　　정답: ②번
▶ in part(부사구)가 depend on(의존하다) 사이에 삽입되어 있어 시각적인 혼동을 주는 구문이다. 특정 동사와 호응하는 전치사(타동사구 따위) 사이에 부사구가 삽입될 수 있음에 유의해야 한다.

Words & Phrases

□ **caveat** 경고, 통고, 주의 사항　　　　□ **explicitly** 명확하게, 분명히
□ **put forward** 제시하다　　　　　　　□ **implication** 의미, 함축 의미
□ **lecture** 강의　　　　　　　　　　　□ **contest** 논쟁하다, 다투다, 이의하다
□ **absolute** 절대적인　　　　　　　　　□ **criticism** 비평
□ **interpretation** 해석　　　　　　　　□ **admission** 인정
□ **in turn** 이번에는, 차례로, 결국　　　□ **obvious** 명백한
□ **reflect** 반영하다, 투영하다　　　　　□ **deprive A of B** A에게서 B를 뺏다
□ **be incumbent** (의무의 일부로) 필요하다, 해야 한다　　□ **misleading** 오도하게 만드는

☐ 구문분석

> *Let me repeat, however, ❶ the caveat ❷ which I put forward in my first lecture, ❸ that no historical judgments are absolute and ❸ that any historical interpretation depends in part on the values ❹ held by the historian ❺ , which will in turn reflect the values ❻ held by the age and society ❼ in which he lives.

❶ **the caveat**: 원형부정사 repeat의 목적어이며 형용사절(which절)의 수식을 받고 있다.

❷ **which**: the caveat(선행사)를 수식하는 목적격 관계대명사이다. put forward의 목적어를 대신한다.

❸ **that**: the caveat의 동격명사절을 이끄는 접속사이다. and가 두 개의 동격명사절을 접속하고 있다.

❹ **held by the historian**: the values를 수식하는 형용사구이다. 앞에 which are가 생략되어 있다.

❺ **, which**: (the values를 선행사로 하는) 계속적 용법으로 쓰인 주격 관계대명사이다. 이때 which는 and they로 고쳐 쓸 수 있다. 부사구 in turn(차례로, 결국)이 조동사 will과 본동사 reflect 사이에 삽입되어 있다.

❻ **held by the age and society**: the values를 수식하는 형용사구이다. 앞에 which are가 생략되어 있다.

❼ **in which**: which he lives in에서 전치사 in이 관계대명사 앞으로 이동한 문장이다. 특히 문어체 구문에서 전치사의 목적어 대신 쓰인 목적격 관계대명사 앞으로 전치사가 이동하는 경향이 짙다. 여기에서 which의 선행사는 the age and society이다.

> *Does not the admission ❶ that the values held by the historian necessarily enter into history ❷ that he writes ❸ deprive history of any objective character?

❶ **that**: the admission의 동격 명사절을 이끄는 접속사이다. (동격 명사절을 이끄는 접속사 뒤에는 완벽한 문장이 온다.)

❷ **that**: history(선행사)를 수식하는 목적격 관계대명사이다. (writes의 목적어를 대신한다.)

❸ **deprive**: the admission을 주어로 하는 이 문장의 동사이다. deprive가 박탈동사이므로 뒤에 전치사 of가 호응한다. (deprive A of B A에게서 B를 박탈하다)

🔑 Translations

그러나 내가 첫 강의에서 제기했던 주의 사항 즉, 어떤 역사적 판단도 절대적인 것은 없으며, 어떤 역사적 해석도 부분적으로는 역사가가 주장하는 가치에 의존하며, 그 가치는 결국 그가 살고 있는 시대와 사회가 가진 가치를 반영하리라는 것을 다시 한 번 말하겠습니다. 그러므로 명시적이든 암시적이든 그의 해석이 토대를 두고 있는 가치를 분명히 하는 것이 역사가의 의무입니다. 그리고 이것을 내가 시도하고자 합니다. 하지만 먼저 하나의 명백한 비평에 대해 이의를 제기하고자 합니다. 역사가에 의해 주장되는 가치가 그가 서술하는 역사에 필연적으로 개입된다고 보는 입장(그것을 인정하는 것)은 역사의 객관성을 박탈하는 것이 아니겠습니까? 역사의 주관적인 요소를 부인하는 것은 내가 보기엔 어리석고, 진실을 오도하는 것처럼 보입니다.

Everyone has instincts, and listening to your inner voice is always a good idea. *But when you're making a decision, following your instincts is necessary but not sufficient. Learning how to use your instincts as a guide in decision making requires effort. ________________, no one's instincts are always correct; so how do you know when to follow them and when to ignore them? *Following your instincts could lead you to make impulsive decisions that you may regret later. The key is to learn how to use your instincts to support, not dictate, your decisions. Use your experience to analyze the situation. Your past experience gives you the basis for judging whether your instincts can be trusted.

Q1 이 글의 주제로 가장 적절한 것을 고르시오.
① 의사 결정 시 직감의 적절한 활용법
② 인간관계에서의 갈등 해소 방법
③ 직감과 경험의 유사점과 차이점
④ 충동적 의사 결정의 심각한 폐해
⑤ 의사 결정 시 경험의 순기능과 역기능

Q2 Which of the following is appropriate in the blank?
① After all ② However ③ Notwithstanding
④ For instance ⑤ Besides

Solutions

Q1 글의 주제를 고르는 문제이다. 정답: ①번

▶ 이 글에서 반복적으로 언급되고 있는 핵심어는 instinct이다. 그러므로 직감을 포함하고 있지 않은 선택지 ②, ④, ⑤번은 정답에서 제외된다. 또한 글의 중간에 "so how do you know when to follow them and when to ignore them?"이라고 질문을 던지고 있고, 그 질문에 대한 답변인 끝에서 세 번째 문장 "The key is to learn how to use your instincts to support, not dictate, your decisions."가 이 글의 요지를 압축적으로 표현하고 있다. 즉, 이 글에서 필자의 개인적인 주장을 나타내는 표현은 "The key is to ~"이다.

Q2 다음 중 빈칸에 적절한 것은? 정답: ①번

▶ '결정을 내릴 때 직감이 필요한 것은 맞지만, 그것만으로는 충분하지가 않을 뿐 더러 노력이 있어야만 직감을 제대로 사용할 수 있다'라는 빈칸 앞의 내용과 '어떤 사람의 본능도 항상 정확한 것은 아니다'라는 뒤의 내용을 자연스럽게 연결하기 위해서는 순접의 연결표현인 After all(어쨌든, 즉, 결국 → 요약, 결과)이 가장 적절하다.

Words & Phrases

- **instinct** 직감, 본능 (cf. gut feeling 직감, 육감)
- **inner voice** 내면의 소리
- **sufficient** 충분한, 족한
- **correct** 옳은, 틀림없는, 정확한
- **ignore** 무시하다
- **impulsive** 충동적인
- **regret** 후회하다
- **dictate** 명령하다, 지시하다
- **analyze** 분석하다, 검토하다
- **basis** 기준, 근거
- **notwithstanding** ~에도 불구하고, 그래도
- **besides** 또, 더욱이; 게다가, 더하여

구문분석

> *But when you're ❶ making a decision, ❷ following your instincts is ❸ necessary but not sufficient.

❶ **making** : 현재진행형에 쓰인 현재분사이다. 이 문장에서는 (진행형 시제가 가지고 있는 가장 기본적인 특성인) 지금 진행 중인 동작을 보여주는 것이 아니라, 동사 의미의 제한된 계속성, 즉 미완료된 어느 상태가 일정 기간 동안 일어나고 있는 동적인 시간 개념을 보여주고 있다.

❷ **following** : 동명사이며 문장의 주어 역할을 하고 있다. your instincts는 following의 의미상 목적어이며 그 뒤에 나오는 is가 문장의 동사이다.

❸ **necessary but not sufficient** : 문장의 동사 is의 보어이다. not sufficient 앞에는 동사 is가 생략되어 있다. 등위접속사에 의해 보어가 접속될 때 중복되는 be동사는 경제성의 원칙에 따라 생략하는 것이 일반적이다.

> *Following your instincts ❶ could ❷ lead you to make impulsive decisions ❸ that you may regret later.

❶ **could** : could는 can의 과거형으로서 '과거의 가능, 능력(was able to)'을 나타내는 것이 그 기본적 특성이나, 독립적으로도 쓰여 can의 과거적 의미속성으로부터 탈피해서 현재의 '능력, 가능성, 추측, 허가, 제안' 따위를 나타내는 완곡한 표현에도 쓰인다. 이 문장에서의 could는 현재시점에서의 가능성(~일[할] 수 있다)을 나타내고 있다.

❷ **lead** : lead는 to부정사를 목적격 보어로 동반하여 '목적어를 (어떤 결과로) 이끌다(induce, cause)'의 의미를 갖는다.
ex. Fear led him to tell lies. 그는 무서워서 거짓말을 했다.

❸ **that** : impulsive decisions(선행사)를 수식하는 목적격 관계대명사이다. regret의 목적어를 대신한다.

Background Knowledge

본능(instinct)과 직관(intuition)은 다르다.

본능(本能)은 태어난 후에 경험(experience)이나 교육(education)에 의하지 않고 선천적으로 가지고 있는 (inherent) 억누를 수 없는 감정이나 충동(irresistible feeling or impulse)을 말하는 반면, 직관(直觀)은 판단 (judgment)이나 추리(reasoning) 따위의 사유 작용(logical thinking process)을 거치지 아니하고 대상을 직접적으로(directly) 파악하는 능력을 말한다.

Translations

모든 사람은 직감(본능)을 가지고 있으며, 자신의 내면의 소리를 듣는 것은 언제나 좋은 생각이다. 그러나 당신이 결정을 내릴 때, 직감을 따르는 것은 필요하지만 (그것으로) 충분하지는 않다. 결정을 내리는 지침으로서 당신의 직감을 사용하는 법을 배우는 것은 노력을 요구한다. 어쨌든(결국), 어떤 사람의 본능도 항상 정확한 것은 아니다. 그렇다면, 직감을 언제 따라야 하고, 언제 무시할 것인지를 어떻게 아는가? 직감을 따르는 것은 당신이 나중에 후회할지도 모를 충동적인 결정을 유도할 수 있다. 중요한 것은 당신이 결정을 내릴 때 지시하는 것이 아닌 도움이 되도록 직감을 이용하는 방법을 배우는 것이다. 상황을 분석하기 위해서 당신의 경험을 이용하라. 당신의 과거 경험은 당신의 직감이 신뢰할 수 있는 것인지를 판단하는 근거를 제공한다.

6 주제문장^{Topic Sentence}과 보충설명문장^{Supporting Details}

하나의 글은 일반적으로 하나의 주제문장과 여러 개의 보충문장들로 구성되어 있다. 따라서 글을 읽을 때 반드시 주제문장과 보충문장들을 구분할 수 있어야 한다. 그렇다면 주제문장의 특징과 보충문장의 역할은 무엇일까?

• 주제문장(topic sentence): 주제(topic, keywords, main idea)가 들어 있는 문장이다. 즉 글에서 글쓴이의 생각이 가장 잘 드러난 문장으로, 주제문장을 찾으면 글쓴이가 의도하는 핵심을 파악할 수 있다. 또한 글쓴이는 반드시 주제문장을 중심으로 글을 전개해 갈 것이므로 글이 어떤 내용으로 흘러갈지도 미리 짐작할 수 있다.

• 보충설명문(supporting details): 보충설명문은 주제문의 설득력을 높이기 위한 장치이다. 주제문장을 보충 설명할 때 필자는 몇 개의 의견이나 사실을 나열, 비교 또는 대조, 혹은 원인과 결과를 제시하는 등의 다양한 방식을 취한다. 주제문장은 사건, 경험, 다양한 예를 종합하여 표현하는 포괄적인 정의 문장이기 때문에 독자들이 오해하기가 쉽다. 따라서 필자는 독자들로부터 오해를 받거나 자신의 요지가 잘못 해석되는 것을 피하기 위해 보충 설명문장을 사용하는 것이다.

Recognize Topic Sentences and Supporting Details

A topic sentence is a general sentence that states the main idea of a paragraph. All the other sentences serve to explain or support this main-idea sentence. The major supporting details are the examples, facts, studies, events, statistics, and figures that explain or develop a writer's main idea or point of view. Although not all paragraphs contain clear-cut topic sentences, a good many do. Most paragraphs you read will begin with topic sentences, but they can and do appear anywhere — beginning, middle, or end. Some paragraphs have no stated topic sentence at all; in those cases, the main idea is implied.

주제문장과 보충설명문장 제대로 이해하기

주제문장은 지문의 주제를 말해주는 일반적(포괄적)문장이다. 다른 모든 문장은 이 주제문장을 설명하거나 보충(뒷받침)하는 역할을 한다. 주요 부연진술에는 글쓴이의 주제나 견해(관점)를 설명하거나 전개하는 구체적인 예, 사실, 연구, 사건, 통계, 그리고 수치가 있다. 모든 지문이 다 그런 것은 아니나, 상당히 많은 지문에는 명확한 주제문장이 존재한다. 당신이 읽는 대부분의 지문은 주제문이 처음에 나올 것이나, 주제문은 지문의 처음, 중간, 끝 어디에도 올 수 있다. 일부 지문은 명백히 드러난 주제문장이 아예 없을 수도 있는데, 그런 경우, 주제문장은 함축되어 있다.

∞ 주제문장의 특징

❶ 주제문장은 지문 첫 부분, 중간 부분, 또는 끝 부분에 있는 경우가 많다. 하지만 때에 따라서는 지문에 없는 경우도 있다.

❷ 주제문장은 간결하며 "A는 B이다(A is B)"라는 정의문장일 경우도 있다. be동사는 전형적인 정의문장 동사이다.

❸ 주제문장은 포괄적이고, 많은 경우 추상적인 어휘를 담고 있다.

❹ 주제문장은 요약이나 역접 기능을 하는 접속어 바로 뒤에 위치하는 경우가 많다.

❺ 주제문장은 의문형 또는 명령문으로 끝나는 경우가 많다.

주제문장 → 상위개념 [일반적+포괄적]

다른 개념보다 큰 외연을 가지는 개념. 외연이 크기 때문에 외연이 작은 다른 개념을 그 개념에 포함하고 있다. 이를테면, '운송수단'은 '버스 또는 전철'의 상위 개념이고, '사전'은 '영어사전'의 상위 개념이다.

보충설명문장 → 하위개념 [구체적]

포괄 관계에 있는 두 개념 가운데 포괄되는 개념. 일반적으로 포괄하는 개념보다 적고 좁은 외연을 가진 개념으로, 주제문장에 대한 예시, 사건, 일화, 근거 등이다. 예를 들면 '남자'는 '인간'의 하위 개념이다.

cf. 외연(外延): 어떤 개념이 적용되는 사물의 범위를 말한다. 이를테면 동물이라고 하는 개념의 외연은 원숭이·호랑이·개·고양이 따위이다. 반의어는 내포(內包)이다.

In this chapter, you'll learn ⇒

□ How to identify topics(keywords).
□ How to recognize main ideas.
□ How to locate topic sentences.
□ How to identify major and minor details.
□ How to organize patterns.

∞ **주제문장과 보충설명문의 특징 비교**

대다수의 독해 문제들이 글의 핵심어와 주제문장 파악과 밀접한 관련성이 있다. 따라서 이러한 핵심어와 주제문장을 빠르고 정확하게 찾아내는 것은 매우 중요하다. 아래 표를 통하여 주제문장과 보충설명문의 특징을 알아보자.

주제문장 [topic sentence]	보충설명문 [supporting details]
· 대개 1~2 문장이다. · 추상적, 포괄적, 일반적 진술의 성격을 갖는다. · 단정, 요약, 강조의 방법으로 나타낸다. · 핵심어와 그에 대한 필자의 의견(견해, 주장)을 표현한다. · 글 전체의 내용을 포괄할 수 있는 가장 일반적인 문장이다. · 반드시 보충설명문장에 의해 그 이유가 세부적, 구체적으로 뒷받침되어야 한다. · 주제 문장의 위치는 일반적으로 글의 첫머리 또는 글의 마지막 부분이다. 하지만 독해 시험에서는 주제문장의 위치를 가능한 한 편중되지 않게 출제한다. 따라서 시험에서 주제문장의 위치는 글의 어디에나 올 수 있음에 유의해야 한다.	· 보충설명문은 여러 문장이 될 수 있다. · 구체적, 부분적, 특수한 진술의 성격을 갖는다. · 상술, 부연, 예시의 방법으로 나타낸다. · 보충설명문장은 주제문장이 의미하는 것을 더욱 명확하게 함으로써 독자가 필자의 의견(주장)을 알기 쉽게 한다. 즉, 독자들이 필자의 주제문장을 오해하거나 잘못 해석하는 것을 방지하기 위하여 필자가 사용하는 방식이다. · 필자가 근거, 설명, 사례, 이야기, 사건, 통계수치, 실험의 결과, 전문가 의견 등 다양한 방법으로 주제문장을 뒷받침한다.

∞ **"정의 내리기" 형태의 글**

❶ 역사의 연구는 개별성을 추구하는 것이다. ❷ 즉, 구체적인 과거의 사실 자체에 대한 구명(究明)을 꾀하는 것이 역사학인 것이다. ❸ 가령, 고구려의 한족(漢族)과의 투쟁을 고구려와 한족이라는 구체적인 요소를 버리고 단지 "자주적 대제국이 침략자와 투쟁하였다."라고 서술해 버린다면 그것은 한국사일 수가 없다. ❹ 요컨대, 일정한 시대에 활약하던 일정한 인간 집단의 구체적 활동에 대한 서술을 빼면, 그것은 역사일 수가 없는 것이다.

❶ 역사연구 = 개별성이라는 정의
　→ 정의의 signal : be동사, be defined as 등

❷ 즉 = 의미반복(부연, 첨가)
　→ namely, that is to say, in other words 등

❸ 가령 = 예시의 효과: 독자의 이해를 돕기 위한 구체적 예
　→ for example(instance), let us say 등

❹ 요컨대 = 요약
　→ in short, in sum[brief, fine], to sum up, to be short(brief) 등

∞ **글의 전개방식의 형상화**

> **Topic Sentence [Main Idea]**
> 주제문장: ❶ 역사의 연구는 개별성을 추구하는 것이다.

⬇

> **의미반복[부연, 첨가]**
> ❷ 즉, 구체적인 과거의 사실 자체에 대한 구명(究明)을 꾀하는 것이 역사학

＋

> **구체적인 예시**
> ❸ 가령, 고구려의 한족과의 투쟁을 ～

⬇

> **요약**
> ❹ 요컨대, 일정한 시대에 활약하던 일정한 인간 집단의 ～

∞ **"정의 내리기" 형태의 주제문장 표현**

A be B	A는 B이다
A be defined as B	A는 B라고 정의 내려진다
A be described as B	A는 B라고 묘사된다
A be called B	A는 B라고 불린다
A mean[refer to, indicate] B	A는 B를 나타낸다
A be said to	A는 ～라고 말해진다
A be reported to	A는 ～라고 보고된다
A be thought to	A는 ～라고 생각된다
A be expected to	A는 ～라고 기대(예상)된다
A be supposed to	A는 ～라고 여겨진다(생각된다)
A be believed to	A는 ～라고 생각된다

· A gentleman **is defined as** one who knows manners. 신사는 예의를 아는 사람으로 정의가 된다.

· Magma **is called** lava when it reaches the earth's surface. 마그마가 지표면에 도달했을 때 용암이라고 한다.

· Eagles **are believed to** be fierce. 독수리는 사납다고 알려져 있다.

· It **is believed that** this island was first inhabited 40,000 years ago.
이 섬에 최초로 사람이 살았던 것은 4만 년 전으로 여겨진다.

The difficulty[challenge] of ~   ~의 어려움[도전]
The importance(significance) of ~   ~의 중요성
The seriousness of ~   ~의 심각성
The essence of ~   ~의 본질
The cause and effect of ~   ~의 원인과 결과
The popularity of ~   ~의 인기
The history[origin, past, future] of ~   ~의 역사[기원, 과거, 미래]
The necessity of ~   ~의 필요성
The problems of ~   ~의 문제

The invention of ~   ~의 발명
The introduction of ~   ~의 도입
The measures(steps, actions) for ~   ~에 대한 조치(들)
The prevention of ~   ~의 예방
The key[secret] of ~   ~의 열쇠[비밀]
The shortage[abundance] of ~   ~의 부족[충분함]
The prosperity of ~   ~의 번성, 번영
The solution of ~   ~의 해결책
The damage[harm, injury, loss] of ~   ~의 피해[해(害), 손상, 손실]
The means of ~   ~의 수단

The equality[inequality] of/in ~   ~의/에 있어서의 평등[불평등]
The requirement[condition] of ~   ~의 필수 사항[조건]
The way(path, route, road) to ~   ~을 향한 길(방법)
The meaning(significance) of ~   ~의 의미
The condition[situation] of ~   ~의 조건[상황]
The aspects[form, shape] of ~   ~의 양상[형태, 모양]
The value of ~   ~의 가치
The change[development, progress] of ~   ~의 변화[발전, 진보]
The usage[convenience, inconvenience] of ~   ~의 용도[편의, 불편]
The belief(faith, confidence) in ~   ~에 대한 믿음(신념, 확신)

The originality(creativity) of ~   ~의 독창성(창의성)
The discovery(finding) of ~   ~의 발견
New approach(access) to ~   ~에 대한 새로운 접근
The achievement(accomplishment) of ~   ~의 성취
The similarity between A and B ~   A와 B의 유사점
The structure of ~   ~의 구조
The formation of ~   ~의 형성
The harmony(balance) of ~   ~의 조화(균형)
The law[theory, rule, principle] of ~   ~의 법칙[이론, 규칙, 원칙]
The control[regulation] on/over ~   ~에 대한 통제[규제]

The regularity[irregularity] of / in ~	~의/에 있어서의 규칙성[불규칙성]
The adaptation[application] to ~	~에의 적응[적용]
The conflict with/in ~	~와의/에 있어서의 갈등
The elements(factors) of ~	~의 요소(요인)
The success[failure, ups and downs] of/in ~	~ 의/에 있어서의 성공[실패, 성쇠]
The distribution(spread) of ~	~의 분포(배포, 확산)
The selection(choice) of ~	~의 선택
The source(s) of ~	~의 원천(들)
The prejudice of/in ~	~의/에 있어서의 편견
The protection(preservation, conservation) of ~	~의 보호(보존)
The danger(risk) [safety] of/in ~	~의 위험[안전]
The standard of ~	~의 기준
The possibility(chance, probability) of ~	~의 가능성
The evidence of ~	~의 증거
The causes(reasons) of ~	~ 의 원인들(이유들)
The advantage(benefit) of ~	~의 장점(혜택)
The demerit(disadvantage, defect) of ~	~의 단점(불이익, 결점)
The effect(influence) of A on B ~	A가 B에 끼치는 영향
The side-effect of ~	~의 부작용
The negative and positive side of ~	~의 부정적이고 긍정적인 양면성
The purpose of ~	~ 의 목적
The diversity(variety) of ~	~ 의 다양성
The disagreement on ~	~에 대한 견해 차이
The effective way(s) to/for ~	~에 대한 가장 효과적인 방법(들)
The efficiency[inefficiency] of ~	~의 효율성[비효율성]
The role[function] of ~	~ 의 역할[기능]
The prospect[view, point] of/on ~	~에 대한 전망[관점]

The nature[qualities, traits, features, characteristics] of ~ ~의 본질[특성들]
The process[course, steps, stages, sequence, order] of ~ ~의 경로[과정, 단계, 단계, 시간적 순서, 순서]
The relation[relationship, interaction] between A and B ~ A와 B의 관련[관계, 상호작용]
The appearance[birth, disappearance, extinction] of ~ ~의 출현[태동, 사라짐, 멸종]
The development[growth, increase, decrease, decline] of ~ ~의 발전[성장, 증가, 감소, 하락]
The comparison[difference, distinction, gap] between A and B ~ A와 B의 비교[차이, 구별, 격차]
The myth[misconception, misunderstanding, superstition] about ~

~에 대한 근거 없는 통념[잘못된 인식, 오해, 미신]

Exercise 01

※ 다음은 문장을 순서에 관계없이 배열하였다. 주의 깊게 읽고 주제문장과 보충설명문을 구분하라.

(A) For example, some, such as cellulose, are insoluble in water while others are water-soluble. Their different properties result in different interactions in the body and therefore their health effects vary.

(B) Fibers are complex indigestible substances present in food products from both animals and plants. They have a variety of properties.

(C) Thus scientists claim the fact that they have a variety of properties promoting our physical health.

Q1 윗글의 핵심 소재를 찾아 쓰시오.

Q2 위 문장들을 포괄하는 주제문장은?

Solutions

Q1 윗글의 핵심소재는 Fibers(식이 섬유)이다.
정답: Fibers

Q2 보충설명문을 구분하여 위 문장들을 포괄하는 주제문장을 골라야 한다.
정답: (C)

▶ (A) 문장의 "For example"과 "some"을 보면 이 문장은 예문의 시작이라는 것을 알 수 있다.

(B) 문장은 이 글의 핵심어인 "Fibers(식이 섬유)"가 도입되었고, 그것이 여러 가지 특성을 가지고 있다"라고 하여 다음 문장과의 연결 고리를 제공하고 있다.

(C) 문장은 요약의 연결어 "Thus"가 이 문장이 결론이라는 것을 보여 주고 있다.

▶ **위 문장을 순서대로 하면 B–A–C이다.**

(B) 식이 섬유는 동물과 식물 모두로부터 나오는 식품에 존재하는 소화되지 않는 복잡한 물질이다. 그것은 다양한 특성을 가지고 있다.

(A) 예를 들어, 섬유소 같은 것들은 물에 녹지 않는 반면에 어떤 것들은 물에서 녹는다. 그들의 다른 성질은 신체 내에서 다른 상호작용을 일으키고 그 결과 그들의 건강 효과도 다양하다.

(C) 그러므로 과학자들은 그것들이 우리의 신체적인 건강을 촉진하는 여러 가지 특성을 가지고 있다고 주장한다.

Words&Phrases

- □ **cellulose** (화학) 셀룰로스, 섬유소
- □ **insoluble** 녹지 않는, 해결할 수 없는
- □ **water-soluble** 물에 용해되는, 수용성(水溶性)의
- □ **property** (어떤 물건 고유의) 특성, 특질, 속성
- □ **interaction** 상호작용
- □ **fiber** 식이 섬유, 섬유 조직
- □ **complex** 복잡한
- □ **indigestible** 소화가 안 되는
- □ **substance** 물질
- □ **promote** 촉진하다

※ 다음은 문장을 순서에 관계없이 배열하였다. 주의 깊게 읽고 주제문장과 보충설명문을 구분하라.

(A) So travelers should employ some well-known strategies in order to avoid getting sick.

(B) Motion sickness occurs when the brain is trying to make sense of a situation and there are too many conflicting messages. While the eyes are sending one message, the ears are trying to send a message about balance. The skin and bone joints, sensitive to air pressure, send still another message.

(C) Care in choosing the location of your seat is another important strategy. In a car, sit in the front seat. On a plane, sit near the wings.

(D) Many people who have experienced violent motion sickness try to avoid travel. But that is not always possible.

(E) The most useful strategy concerns food: eat a light meal before traveling. Avoid alcoholic and carbonated beverages, high-fat foods, and spices.

Q1 윗글의 핵심소재를 찾아 쓰시오.

Q2 위 문장들을 포괄하는 주제문장은?

Solutions

Q1 윗글의 핵심소재는 Motion sickness(멀미)이다.

정답: Motion sickness

Q2 보충설명문을 포괄하는 주제문장을 골라야 한다.

정답: (A)

▶ (A) 그래서 몇 가지 전략을 사용해야 한다. (결과) → 주제문장

(B) 이 글의 소재인 "Motion sickness"의 개념을 도입함

(C) 전략의 두 번째: 또 다른 중요한 전략 (좌석의 위치 관련)

(D) 멀미를 피하려고 하지만 항상 가능한 것은 아니다. (원인)

(E) 전략의 첫 번째: 가장 유용한 전략 (음식 관련)

▶ **위 문장을 순서대로 하면 B–D–A–E–C이다.**

(B) 뇌가 상황을 이해하려고 애쓰고 있는데, 너무 많은 상반되는 메시지가 존재할 때 멀미가 발생한다. 눈이 하나의 메시지를 전송하고 있는 동안, 귀도 평형과 관련된 메시지를 전송하려고 한다. 공기의 압력에 민감한 피부와 뼈의 관절도 또 다른 메시지를 보낸다. (D) 극심한 멀미를 경험한 많은 사람들은 여행을 피하려고 한다. 하지만 그것이 항상 가능한 것은 아니다. (A) 그러므로 여행객들은 속이 메스꺼워지는 것을 피하기 위해 몇 가지 잘 알려진 전략을 사용해야 한다. (E) 가장 유용한 전략은 음식과 관련된다. 여행 전에 가벼운 식사를 하라. 알코올과 탄산이 들어간 음료수, 고지방 식품, 향신료를 피하라. (C) 좌석의 위치를 선택하는 데 주의를 기울이는 것은 또 다른 중요한 전략이다. 차에서는 앞좌석에 앉아라. 비행기에서는 날개 근처에 앉아라.

Words&Phrases

□ **employ** 쓰다, 사용하다

□ **avoid** 피하다

□ **motion sickness** (탈것에 의한) 멀미; 구역질

□ **strategy** 전략, 전술, 방법, 계략

□ **violent** (정도가) 강한, 심한

□ **carbonated beverages** 탄산음료

7 주제문장^{Topic Sentence}은 지문의 어디에 올까?

주제문장은 항상 지문의 앞에 위치하는가? 그렇지 않다. 필자의 글의 전개방식에 따라서 달라질 수 있다. 주제문장을 먼저 언급한 후 보충설명으로 전개할 수도 있고, 구체적인 설명을 제시한 뒤 결론이나 주장을 마지막에 두기도 한다. 또는 눈에 띄는 주제문장 없이 예문의 나열이나 시간적 또는 공간적 순서 등을 통해 암시적으로 주제를 전달하기도 한다.

두괄식(글의 앞 부분)

주제문장을 먼저 제시하고 보충설명(연역법) (가장 일반적)

———— 주 제 문 ————
———— 보충내용 ————
(부연, 상술, 설명)
[예시/첨가 연결어]

미괄식(글의 끝 부분)

앞에 나온 내용들을 끝에서 결론을 내거나 요약(귀납법)

도입+보충내용
세부사항
———— 주 제 문 ————
[결과/요약 연결어]

중괄식(글의 중간)

앞부분과 뒷부분에서 주제문장을 보충설명

———— 도 입 ————
———— 주 제 문 ————
———— 보충내용 ————
[반의/대조 연결어]

양괄식(글의 첫머리와 끝)

주제문장을 먼저 제시한 후 끝에서 다시 한 번 강조하거나 요약

———— 주 제 문 ————
———— 보충내용 ————
세부사항
———— 강조/요약문 ————
[강조/요약의 연결어]

주제문장이 없는 글

주제문장이 없이 사실이나 상황을 전달하는 경우 (사건, 우화, 과정 설명문)

예시의 나열
시간적 순서, 단계별 사건의 진행 과정
비교 & 대조의 글
과학적 연구의 과정

연결어가 없는 글

주제문장은 있으나 위치를 파악하는데 도움이 되는 연결어가 의도적으로 생략된 경우

예시, 추가의 연결어 생략
대조의 연결어 생략
원인과 결과, 요약, 결론의 연결어의 생략

※주제문장은 글의 첫머리와 끝에 있는 경우가 많다.

Core Skills

모든 연결어는 문장 간의 논리적 연결관계를 보여주는 신호이다.

영어 독해 문제는 대개 하나의 주제를 담고 있는 완전한 글로 이루어져 있다. 그러므로 글 내용을 압축적으로 요약하여 설명할 수밖에 없으며, 강조의 어구와 연결어를 반드시 이용하게 된다는 특징이 있다. 연결어를 도로의 이정표에 비유하기도 하는데, 이정표가 주요 건물이나 도시, 도로가 갈라지는 교차로나 굽은 길에 설치되어 있듯이, 연결어는 글의 내용이 바뀌는 부분이나 중요한 부분 앞에 등장한다.

(1) 주제문장이 먼저 나오고 부연설명이 있는 글(두괄식)

주제문을 맨 앞에 위치시키고, 그 이후에 부연진술을 하는 두괄식의 글 전개방식은 영미권 사람들이 어릴 때부터 학교에서 집중적으로 배우는 영문 writing 작성의 대원칙이다. (영어로 된 글의 70% 가량이 두괄식 구조라는 통계도 있다.) 그러나 주제문이 맨 앞에 오는 전형적인 두괄식 구조의 지문은 '주제, 제목, 요지 등' 글의 대의 파악 문제 유형에 있어서는 (글 첫머리의 주제문장을 읽기만 하면 뒷부분을 보지 않아도 쉽게 답을 낼 수 있는 결정적인 취약점 때문에) 출제자들이 오히려 꺼리는 경향이 있다. 이를 해결하기 위하여 출제자들은 대의 파악 유형의 경우 '소개문장(introductory sentence)'을 적게는 한 문장에서 많게는 서너 문장까지 주제문 앞에 위치시키는 변형적인 두괄식 형태의 지문을 자주 활용한다는 것을 반드시 명심하자.

□ **두괄식: General [일반적, 포괄적, 함축적, 추상적] ⇒ Specific [구체적]**

<table>
<tr>
<td>

Introductory Sentence
+
Topic Sentence
[Main Idea]

</td>
<td>

- Introductory Sentence – 소개[도입]문장
(통념이나 사건, 질문 등을 통한 글의 소재를 먼저 제시)
- Topic Sentence – 주제문장
(일반적, 포괄적, 함축적, 추상적인 표현)

</td>
</tr>
<tr>
<td>

Supporting Details
[Example 1]
[Example 2]
[Example 3]

</td>
<td>

- 몇 가지 예시를 들어 이미 제시한 생각이나 의견에 설득력을 준다.
- 예시를 통해 개념이나 용어를 구체적으로 설명한다.
- 예시를 이끄는 연결어 "for example, for instance" 등이 사용되지만 문제의 난이도를 올리기 위해서 연결어를 의도적으로 삭제할 수도 있음에 주의한다.

</td>
</tr>
</table>

Core Skills

1. 주제문이 글의 맨 처음에 제시되는 전형적인 두괄식 구조의 지문은 그 구조적인 특징 때문에 '글의 대의 파악' 유형보다는, 자유롭게 빈칸을 위치시킬 수 있는 '빈칸 완성' 유형 지문으로 많이 활용된다. (빈칸에는 주제나 요지 등의 통제사상이나 주요 세부사항의 일부가 들어간다.)
2. 전형적인 두괄식 지문의 경우 첫 문장에서 글의 핵심어와 주제문장에 관한 단서를 찾는다.
3. 글에서 반복적으로 등장하는 어구나 핵심어(keywords)를 통해서 주제를 추론해본다.
4. 지엽적인 글의 설명이나 예문에 현혹되지 말고 글 전체를 포괄하는 내용을 찾는다.
5. 문장 중 "예시, 역접, 결론, 요약"의 연결어에 주목한다.

Most people have carried their knives for hunting, fishing, and cooking and used them for a great many purposes. But do you know that the knife is the subject of many superstitions? Here are some examples: If two knives are crossed on a table, bad luck or quarrels will follow. ❶ If a knife falls to the floor, it means a male visitor will arrive. ❷ People were advised to use chopsticks instead of knives at the table because knives would remind them of killing animals. ❸ The most common present-day superstition concerns knives as gifts. ❹ Because knives are sharp cutting tools, some people believe that if they are given as a gift, the friendship will end. ❺ There is only one way, according to another superstitious belief, to stop this from happening: the receiver should immediately give a generous gift in return.

Q1　Choose the topic sentence of the passage.
　　① Most people have carried their knives.
　　② Do you know that the knife is the subject of many superstitions?
　　③ If two knives are crossed on a table, bad luck or quarrels will follow.
　　④ The most common present-day superstition concerns knives as gifts.
　　⑤ The receiver should immediately give a generous gift in return.

Q2　①～⑤번 중 전체의 흐름과 관계없는 문장을 고르시오.

Solutions

Q1　윗글의 주제문장을 고르시오.　　　　　　　　　　　　　　　　　　정답: ②번
　　① 대부분의 사람들은 그들의 칼을 가지고 다녔다.
　　② 칼이 많은 미신의 대상이라는 것을 알고 있는가?
　　③ 식탁 위에 두 개의 칼을 교차하여 놓으면 불운이나 싸움이 따르게 될 것이다.
　　④ 요즘 가장 흔한 미신은 선물로 받는 칼과 관련 있다.
　　⑤ 칼을 선물로 받은 사람은 즉시 후한 선물로 답례하는 것이다.
　▶ 지문의 핵심어와 주제문장과의 일관성을 묻는 문제이다. 글의 핵심어는 "knives(칼)"이고 이것이 미신의 대상이 되었다는 것이 주제문장이다.

Q2　전체 흐름과 관계없는 문장을 고르는 문제이다.　　　　　　　　　　정답: ②번
　▶ ②번 문장에도 핵심어인 칼이 등장을 하지만 "instead of knives"라는 표현으로 전혀 다른 소재인 젓가락을 도입하고 있을뿐더러 그 내용 또한 주제내용인 '칼은 많은 미신의 대상이다'에 맞지 않는다.

Words&Phrases

□ **subject** 대상, 주제
□ **superstition** 미신
□ **quarrel** 말다툼, 싸움
□ **present-day** 현재의, 오늘날의

□ **concern** ~와 관계가 있다
□ **tool** 도구
□ **according to** ~에 따르면
□ **immediately** 즉시

□ **stop/keep/inhibit A from ~ing** A가 ~하지 못하게 하다
□ **generous** 관대한, 후한
□ **in return** 보답으로

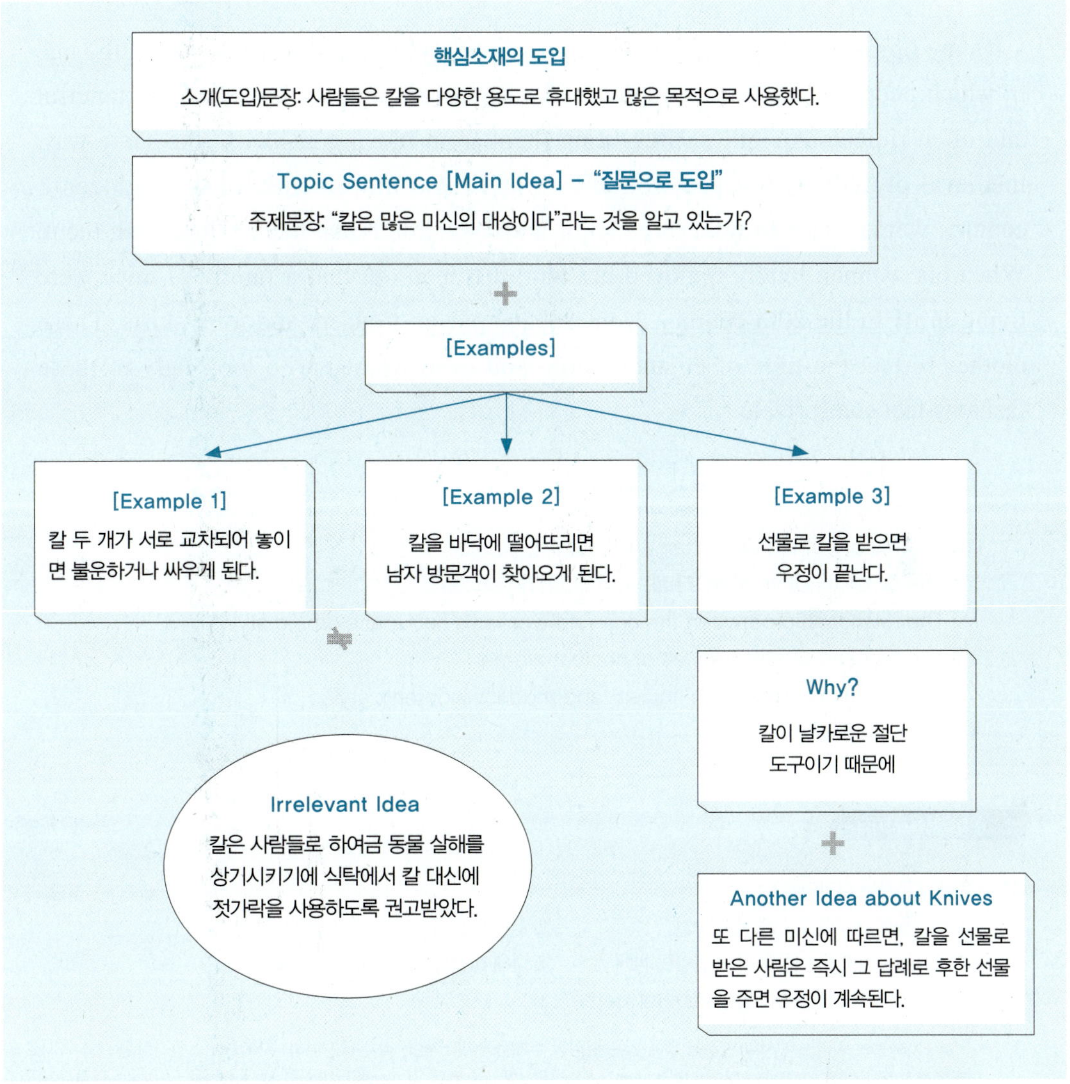

Translations

대부분의 사람들은 칼을 사냥, 낚시, 요리를 위해서 가지고 다녔고 많은 목적을 위해서 사용해 왔다. 그러나 당신은 칼이 많은 미신의 대상이라는 것을 알고 있는가? 여기 몇 가지 예가 있다. 식탁 위에 두 개의 칼을 서로 교차해 놓으면 불운이나 싸움이 따르게 될 것이다. 칼을 바닥에 떨어뜨리면 남자 방문객이 찾아올 것이다. (칼은 사람들로 하여금 동물 살해를 상기시키기에 식탁에서 칼 대신에 젓가락을 사용하도록 권고받았다.) 요즘 가장 흔한 미신은 선물로 받는 칼과 관계가 있다. 칼은 날카로운 절단 도구라는 이유에서 선물로 칼을 받으면 우정이 끝난다고 생각하는 사람들이 더러 있다. 또 다른 미신에 따르면, 이것을 막는 방법은 오직 한 가지인데 칼을 선물로 받은 사람은 즉시 후한 선물로 답례하는 것이다.

It's my opinion that women's hair and clothing styles have always reflected the age in which people lived. For example, medieval society squeezed women into fanciful and often ridiculous clothes, preventing them from moving easily. In the same way, medieval prejudices fettered women's thought and movements. In the eighteenth century, women used to wear large wigs, and they didn't take them off or wash them. When one woman finally removed her wig, it turned out that a family of mice were living in it! In the 20th century, women have put on trousers and mini-skirts. These clothes reflect the time of emancipation, and even women who look ugly in these fashions feel comfortable.

Q1   What is the topic of the passage?
① The history of women's hair and clothing styles
② The diversity of women's hair and clothing styles
③ The relationship between the age and women's hair and clothing styles
④ The hair and clothing styles of ancient women
⑤ The differences between ancient and modern women's styles

Solutions

Q1   윗글의 주제는 무엇인가?   정답: ③번
① 여성들의 머리와 옷 스타일의 역사   ② 여성들의 머리와 옷 스타일의 다양성
③ 시대와 여성들의 머리와 옷 스타일의 관계   ④ 고대 여성들의 머리와 옷 스타일
⑤ 고대 여성들과 현대 여성들의 스타일의 차이

▶ "For example"이라는 예시의 연결어 앞에 있는 문장이 주제문장이다. 언뜻 각 선택지들이 주제와 서로 밀접한 관련을 가지고 있는 것처럼 보이지만, for example을 보면 문제가 요구하는 정답을 쉽게 알 수 있다. 이처럼 예시 표현을 의미하는 연결사가 있는 경우 선택지의 내용을 먼저 읽고 지문을 읽어 나가는 것 또한 정답을 신속하게 찾을 수 있는 요령이다.

Words&Phrases

□ **opinion** 의견
□ **reflect** 반영하다
□ **medieval** 중세의
□ **squeeze into** 억지로 밀어(쑤셔)넣다
□ **ridiculous** 우스꽝스러운, 바보 같은

□ **prevent A from ~ing** A가 ~하지 못하게 하다
□ **fetter** 족쇄; ~을 구속하다
□ **wig** 가발, (18세기에 유행한) 머리 장식
□ **trousers** 바지
□ **emancipation** 해방, 석방

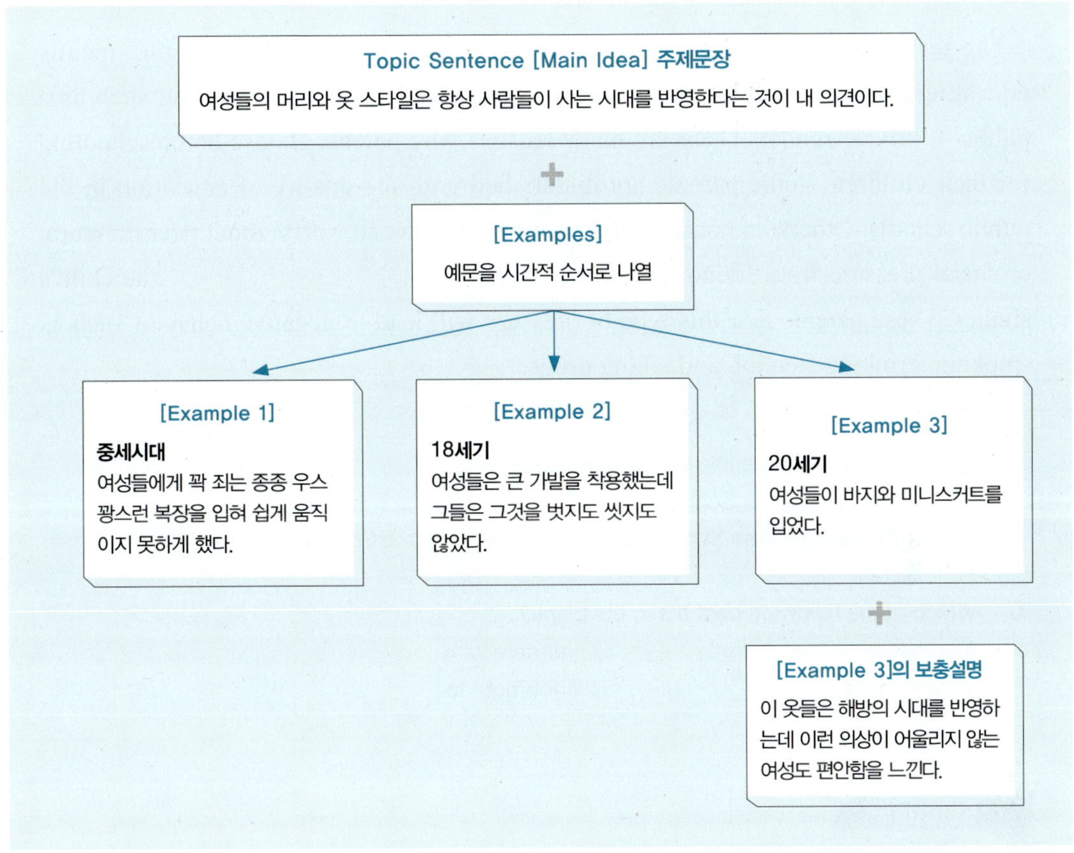

🔑 Translations

내 의견은, 여성들의 머리와 옷 스타일은 항상 사람들이 사는 시대를 반영한다는 것이다. 예를 들면, 중세 사회는 여성들이 쉽게 움직이지 못하도록 꽉 죄는 기발하고 종종 우스꽝스러운 복장을 하게 했다. 마찬가지로 중세의 편견은 여성들의 생각과 움직임에도 족쇄를 채웠다. 18세기에 여성들은 긴 가발을 착용했었는데 그들은 그것을 벗지도 않았고 씻지도 않았다. 한 여성이 마침내 자신의 가발을 벗었을 때, 그 안에서 쥐 가족 한 무리가 살고 있음이 발견된 적도 있다. 20세기에는 여성들이 바지와 미니스커트를 입었다. 이러한 의상은 해방의 시대를 반영하며, 심지어 이런 의상이 어울리지 않는 여성들도 편안함을 느낀다.

The term home schooling or home tuition, as it is called in England, means educating children at home or in places other than a mainstream setting such as a public or private school. There are many reasons why parents choose home schooling for their children. Some parents are dissatisfied with the quality of education in the public schools. Others do not want their children to have to worry about peer pressure, or social pressure from friends. They say it may _____________________ the child's studies. These parents fear this type of pressure will lead to negative behavior such as smoking, drinking alcohol, and taking drugs.

Q1 What is an appropriate title for this passage?
① Types of Pressure in Schools　② Pros and Cons of Home Schooling
③ Side Effects of Home Schooling　④ Reasons for Home Schooling

Q2 Which of the following best fits in the blank?
① interfere　　　　　　　② interfere with
③ contribute　　　　　　④ contribute to

Solutions

Q1 윗글의 제목으로 가장 적절한 것은?　　　　　　　　　　　　　　　　정답: ④번
① 학교에서의 압력 유형들　　　　　　② 재택학습의 찬반양론
③ 재택학습의 부작용　　　　　　　　④ 재택학습의 이유들
▶ 첫 문장이 home schooling(재택학습)에 대한 정의 문장이고(정의 동사 mean에 주목), "many reasons"가 있는 두 번째 문장이 이 글의 주제문장이다. 그 이후의 보충설명 문장들은 모두 '재택학습을 하는 이유들'에 대한 구체적 이유를 보여준다.

Q2 다음 중 빈칸에 가장 알맞은 것은?　　　　　　　　　　　　　　　　정답: ②번
▶ 문맥의 흐름으로 보아 사회적 압력은 아이의 학업에 도움이 되는 것이 아니라 방해가 됨을 알 수 있다. interfere(방해하다)는 자동사이므로 뒤에 전치사 with가 와야 한다.

Words & Phrases

☐ **home schooling** 재택학습
☐ **mainstream** (사상의) 주류, (사회의) 대세
☐ **public or private school** 공립 및 사립학교
☐ **be dissatisfied with** ~에 만족하지 못하다
☐ **quality** 품질

☐ **peer** 동료, 또래
☐ **pressure** 압력
☐ **negative** 부정적인
☐ **drug** 약, 약품, 마약
☐ **interfere with** ~을 방해하다, 간섭하다

핵심소재의 도입: "용어의 정의로 도입"

핵심소재인 "재택학습"의 정의

Topic Sentence [Main Idea]

주제문장: 부모들이 재택학습을 선택하는 데는 여러 가지 이유가 있다.

+

[Examples]

"some → others"를 사용함

[Example 1]

어떤 부모들은 공립학교의 교육 수준에 만족하지 못한다.

[Example 2]

어떤 부모들은 아이들이 동료의 압력, 또는 친구들로부터 받는 사회적 압력에 불안해하는 것을 원치 않는다.

+

Why?

그들은 그것이 아이의 학업에 방해될지도 모른다고 말한다.

이 부모들은 이런 유형의 압력이 흡연, 음주, 마약 복용과 같은 부정적인 행동을 일으키게 될 것이라고 두려워한다.

🔑 Translations

영국에서 통칭되는 재택학습(home schooling, 또는 home tuition)이라는 용어는, 아이들을 가정에서 교육시키거나 공립 및 사립학교처럼 주류적 시설이 아닌 장소에서 가르치는 것을 뜻한다. 부모들이 재택학습을 선택하는 데는 여러 가지 이유가 있다. 어떤 부모들은 공립학교의 교육 수준에 만족하지 못한다. 또 어떤 부모들은 그들의 아이들이 동료의 압력, 또는 친구들로부터 받는 사회적 압력에 불안해하는 것을 원치 않는다. 그들은 그것이 아이의 학업에 방해가 될지도 모른다고 말한다. 이 부모들은 이런 유형의 압력이 흡연, 음주, 마약복용과 같은 부정적인 행동을 일으키게 될 것이라고 두려워한다.

(2) 부연진술이 먼저 나오고 주제문장이 마지막에 오는 글(미괄식)

어떤 한 가지 구체적 사례를 들어 설명하거나 또는 여러 가지 세부사항들을 먼저 언급한 뒤에 그에 따른 결론을 도출하는 형태의 지문으로 마지막 문장에 "So, Therefore, In this way, In brief, In the end, In other words, As a result" 등의 연결어로 시작되는 문장이 많이 온다. 이런 경우 글의 마지막 문장이 주제문장이 된다.

□ **미괄식: Specific  General**

Supporting Details [Example 1] [Example 2] [Example 3]	• 몇 가지 예시를 들어 생각이나 의견을 도입한다. • 생소한 개념이나 용어가 먼저 제시된다. • 일화, 이야기, 우화 또는 경험담을 도입한다. • 현상에 대한 보편적인 설명을 도입한다.
Topic Sentence [Main Idea]	• 결론, 요약의 연결어가 등장한 문장이 주제문장이다. • 독자를 설득하기 위해서 "연구의 결과, 통계, 유명인의 인용어구를 제시하기도 한다.

Core Skills

1 글에서 반복적으로 등장하는 어구나 핵심어(keywords)를 통해서 주제를 추론해본다.
2 지엽적인 글의 설명이나 예문에 현혹되지 말고 글 전체를 포괄하는 내용을 찾는다.
3 글 마지막 부분 중 "결론, 요약, 환언"의 연결어에 주목한다.

> • 역접 연결어 + 주제문장
> • 요약 or 결론 연결어 + 주제문장
> • 전문가의 의견 및 인용어구

According to land economists, all natural resources mean everything that is usable in the production process: arable land, forests, mineral and oil deposits, and so on. Then, what about capital? Capital goods, or investment goods, are all the synthetic aids to producing, storing, transporting, or distributing goods and services. Capital goods differ from consumer goods in that the latter satisfy wants directly, ____________________ the former do so indirectly by facilitating the production of the latter. It should be noted that capital as defined here does not refer to money. Thus money alone produces nothing.

Q1 Choose the topic sentence of the passage.
① Natural resources mean everything that is usable in the production process.
② Capital goods differ from consumer goods.
③ Capital does not refer to money.
④ Money alone produces nothing.

Q2 Which of the following is appropriate in the blank?
① if　　　　② while　　　　③ that　　　　④ since

Solutions

Q1 윗글의 주제문장을 고르시오.　　　　　　　　　　　　　　　　　정답: ④번
① 천연자원은 생산과정에 이용할 수 있는 모든 것을 의미한다.
② 투자재는 소비재와 다르다.
③ 자본이 돈을 언급하는 것이 아니다.
④ 돈만으로는 아무 것도 생산할 수 없다.
▶ 천연자원의 정의로 시작되는 첫 문장 이후에 이를 보충하는 보조설명문이 오는 대신, '그렇다면, 자본은 어떠한가?'라는 의문문 형식의 새로운 도입문장이 왔으므로 첫 문장은 주제문장의 자격이 박탈된다. 이후 두 번의 도입 과정 [자본은 어떠한가? + 투자재와 소비재의 차이점]과 조건의 내용[필자의 자본에 대한 정의]에 이어 마지막 문장에 결론을 뜻하는 연결부사 Thus에 주목하면 전형적인 미괄식 구조의 글이라는 것을 알 수 있다.

Q2 다음 중 빈칸에 알맞은 것은?　　　　　　　　　　　　　　　　　정답: ②번
▶ 소비재(후자)의 설명과 투자재(전자)의 설명이 서로 대조적인(directly ↔ indirectly) 관계이므로 while(반면에)이 와야 한다.

Words & Phrases

□ **arable** 경작할 수 있는　　　　　　□ **transport** 수송하다
□ **oil deposit** 원유 매장지　　　　　　□ **distribute** 배포하다, 나누다
□ **capital** 자본　　　　　　　　　　□ **latter** 후자의
□ **investment** 투자　　　　　　　　□ **want** 필요, 요구
□ **synthetic** 종합적인, 합성의　　　　□ **facilitate** 용이하게 하다

도입: "천연자원은 생산과정에 이용되는 모든 것"

토지 경제학자들에 따르면 모든 천연자원은 생산과정에 이용할 수 있는 경작지, 숲, 광물 및 석유 매장물 등 모든 것을 의미한다.

도입: "그렇다면 자본은?"

그럼, 자본은 어떠한가? 자본재 즉, 투자재는 모두 재화와 용역을 생산하고 저장하고 운송하거나 배분하는데 종합적인 도움을 줄 수 있다.

도입: "자본재와 소비재의 차이점?

투자재는 소비재와는 다른데, 후자는 직접적으로 요구를 만족시켜주는 반면, 전자는 후자의 생산을 용이하게 함으로써 간접적으로 만족시켜준다.

조건: "필자의 자본에 대한 정의"

여기서 정의한 자본은 돈을 언급하는 것이 아니라는 것을 주목해야 한다.

Topic Sentence [Main Idea]

주제문장: 그러므로 돈만으로는 어느 것도 생산할 수 없다.

🔑 Translations

토지 경제학자들에 따르면 모든 천연자원은 생산과정에 이용할 수 있는 경작지, 숲, 광물 및 원유 매장지 등 모든 것을 의미한다. 그렇다면, 자본은 어떠한가? 자본재 즉, 투자재는 모두 재화와 용역을 생산하고 저장하고 운송하거나 배분하는데 종합적인 도움을 줄 수 있다. 투자재는 소비재와는 다른데, 후자는 직접적으로 요구를 만족시켜주는 반면, 전자는 후자의 생산을 용이하게 함으로써 간접적으로 만족시켜준다. 여기서 정의한 자본은 돈을 언급하는 것이 아니라는 것을 주목해야 한다. 그러므로 돈만으로는 아무 것도 생산할 수 없다.

Jumping from job to job has always been more common in some professions such as building construction and not very common in other professions such as medicine and teaching. Today, job hopping is increasingly common in many fields because of globalization, technology, and a movement from manufacturing to services in developed countries. For example, people with factory jobs in industrial nations lose their jobs when factories move to countries where the pay is lower. The workers then need to upgrade their skill to find a new job. This is stressful, but the new job is usually better than the old one. Because technology changes fast, workers need continuing education if they want to keep up with the field. Clearly, technology provides both challenge and opportunity.

Q1 이 글의 주제로 가장 적절한 것을 고르시오.

① 세계화로 인하여 직업에 변화가 발생하였다.

② 의사, 교사들의 이직률은 비교적 낮은 편이다.

③ 오늘날 직업을 옮기는 현상이 점점 늘어가고 있다.

④ 계속 자신을 개발해야 좋은 직업을 유지할 수 있다.

⑤ 기술 발달로 잘 맞는 직업을 구하는 것이 쉽지 않다.

Solutions

Q1 이 글의 주제를 고르는 문제이다. 정답: ④번

▶ 글의 도입부에서 필자는 시간적 대조를 사용했다. 의료나 교육 분야 같은 경우 일자리를 옮겨가는 것이 흔하지 않았던 과거의 상황과 세계화, 과학기술, 그리고 선진국에서 생산 업종에서 서비스 업종으로의 전환으로 인해 사정이 달라진 현재의 상황을 대조시킴으로 글을 도입하고 있는 것이다. 직장을 옮겨가는 것에 대한 사례와 그것의 원인과 결과적 관계를 서술한 후에 역접의 접속사 "but"을 통해서 필자가 직장을 옮겨가는 것이 근로자들에게는 그 분야의 기술수준과 보조를 맞추기 위한 교육을 제공함으로 자신을 개발할 기회를 준다고 주장하고 있다.

Words & Phrases

- **common** 흔한, 보통의, 공통의
- **building construction** 건설
- **profession** 직업, 전문직
- **globalization** (기업 등의) 세계화
- **developed country** 선진국
- **upgrade** 올리다, 승진시키다, 중요한 일을 맡게 되다
- **challenge** 시련, 도전

도입 1: "과거의 상황"

여기저기로 옮겨가면서 일을 하는 것은 건설 같은 분야에서는 아주 흔했으나 의료, 교육 분야에서는 아주 흔한 것이 아니었다.

도입 2: "현재의 상황"으로 도입 1과는 대조 관계

오늘날 세계화, 과학기술, 선진국에 있어서 생산 분야에서 서비스 업종으로의 전환으로 말미암아 많은 분야에서 직장을 자주 바꾸는 일은 흔해지고 있다.

[Example]: 도입 2의 보충설명문

예를 들면, 공업국가 공장에서 일하는 근로자들은 공장이 임금이 낮은 국가로 이전하면 직장을 잃게 된다.

Example이 원인으로 작용

그러면 근로자는 새로운 직업을 찾기 위해 기량을 한 단계 상향시켜야 한다.

결과적으로 나쁜 점

이것은 많은 스트레스를 줄 수 있다.

but 다음에 나오는 필자의 강력한 주장 – 좋은 점

그러나 대개 새로운 직장이 이전 직장보다 더 낫다.

Why?: 강력한 주장에 관한 보충설명문

- 과학기술이 빠르게 변하기 때문에 근로자는 그 분야에서 보조를 맞추기 위해서 지속적인 교육을 필요로 한다.
- 과학기술은 시련과 기회를 둘 다 주는 것이 분명하다.

🔑 Translations

여기저기로 직장을 옮겨가면서 일을 하는 것은 건설 같은 분야에서는 아주 흔했으나 의료와 교육 같은 분야에서는 그리 흔한 것이 아니었다. 오늘날 세계화, 과학기술 그리고 선진국에 있어서 생산 분야에서 서비스 업종으로의 전환으로 말미암아 많은 분야에서 직장을 자주 바꾸는 일은 점점 흔해지고 있다. 예를 들면 공업국가 공장에서 일하는 근로자들은 공장이 임금이 낮은 국가로 이전하면 직장을 잃게 된다. 그러면 근로자는 새로운 직업을 찾기 위해 기량을 한 단계 상향시켜야 한다. 이것은 많은 스트레스를 줄 수 있다. 그러나 새로운 직장이 이전 직장보다 대개 더 낫다. 과학기술이 빠르게 변하기 때문에, 근로자는 그 분야에서 뒤처지지 않기 위해 계속적인 교육을 필요로 한다. 과학 기술은 시련과 기회를 둘 다 주는 것이 분명하다.

(3) 도입 – 주장 – 이유 및 보충설명문의 구조를 나타내는 글(중괄식)

[도입–주장–이유/예/보충]의 글은 우리가 일반적으로 알고 있는 중괄식 구조에 해당한다. 앞서 두괄식 구조에서 설명했듯 주제문 앞의 소개문이 매우 긴 유형이라 볼 수 있다. 결과적으로 필자의 주장이 지문의 가운데에 있다는 것이다. 지문의 앞부분은 소재를 도입하고 주제의 방향을 제시하는 부분이며, 필자의 주장을 표현하기 위한 바탕(복선)을 미리 내세우는 것이라고 할 수 있다. 그 다음으로 필자는 자신의 주장이나 견해(의견)를 분명히 밝히는데, 이것이 바로 글의 중심이 되는 주제문장이다. 그런 이후에 이유/예/보충설명이 앞에 나온 필자의 주장을 뒷받침할 수 있는 근거를 제시하게 된다. 하지만 때에 따라서 구체적인 보충설명문장이 생략되는 경우도 있는데 이 경우는 미괄식 구조에 해당한다.

□ **중괄식 : 도입 ⇨ 주장 ⇨ 이유/보충설명**

[글의 도입]
화제를 도입하거나
주제의 방향을 제시함

- 필자의 주장(의견)과 다른 일반적인 의견, 믿음, 상식을 먼저 제시한다.
- 절대성 및 확실성에 기초하지 않으므로 오류의 가능성이 있다.
  ※ myth [통념: 근거 없는 일반적인 믿음]
  - 오해, 잘못된 생각 → misconception
  - 선입견 → preconception, preoccupation, prejudice, a preconceived idea, bias
  - 고정관념 → stereotype, a fixed idea

[주제문장] 필자의 주장
통념비판 + 근거제시

- 역접의 연결어를 사용하여 처음의 일반적인 믿음이나 상식에 대한 반론을 제시하면서 필자의 주장을 제시한다.
- 반론제시 부분에서 필자의 의도를 예측하는 것이 가능하다.
  – 역접의 연결어 등장: however, but, yet, in fact, actually

[보충설명문]
필자의 주장에 대한
이유/예/보충 설명

- 필자의 주장에 대한 타당한 근거 및 강조점을 제시한다.
  – 예시형 연결어 등장: for example, for instance
  – 과학적인 연구의 결과 제시 (전문가의 의견)
  – 유명인물의 인용어구를 제시
- 구체적인 의견제시가 생략될 가능성도 있다.

One of the most dangerous illusions about business (or, indeed, any activity involving human beings and human institutions) is that it can be treated as a game of perfect information. Quite the reverse is true. Business, politics, life itself are games which we must normally play with very imperfect information. Many a business decision involves odds that would make a professional poker player shudder, for the number and extent of the unknown and unknowable factors are themselves often incalculable. But few organizations find it comfortable or "congenial" to admit that they are gambling, and many still prefer to delude themselves that they are playing a sober, responsible game and are not engaged, as is often the case, in a fling at the poker table.

Q1   What is the best title for the passage?
① The rule of business   ② The use of chess in business
③ The unpredictability in business   ④ The abuse of information in business

Q2   The word "congenial" in the passage is closest in meaning to _________________.
① pleasant   ② useful
③ creative   ④ rewarding

Solutions

Q1   이 글의 제목으로 가장 적절한 것은?   정답: ③번
① 사업의 규칙   ② 사업에서의 체스의 사용
③ 사업에서의 예측 불가능성   ④ 사업에서의 정보의 남용
▶ 비즈니스의 위험한 환상(통념) 중의 하나는 완벽한 정보 게임이다. 하지만 진실(필자의 주장)은 이것의 정반대이다. 즉 [매우 불안정한 정보 + 가능성이 많다 + 계산될 수 없다]를 가지고 추론을 하면 "예측할 수 없다"라는 결론에 도달한다.

Q2   지문의 "congenial"과 가장 가까운 의미를 가진 단어는 _________________이다.   정답: ①번
① 즐거운   ② 유용한
③ 창의적인   ④ 보람이 있는

Words&Phrases

□ **illusion** 환상
□ **institution** 제도, 기관
□ **odds** 가능성, 확률, 승산
□ **shudder** 떨다, 떨게 하다
□ **incalculable** 계산할 수 없는
□ **congenial** 같은 성질의, 마음에 맞는, 기분 좋은, 같은 세대의

□ **gambling** 도박
□ **delude** 속이다, 착각하게 만들다
□ **sober** 술 취하지 않은, 정신이 맑은
□ **as is often the case** 흔히 그러하듯이
□ **fling** 기분대로 하기, 방종
□ **rewarding** 보람(보답)이 있는, 가치가 있는

통념(잘못된 생각): "완전한 정보 게임"

비즈니스(혹은 인간과 인간의 제도를 포함한 활동)에 대한 가장 위험한 환상 중의 하나는 비즈니스를 완벽한 정보 게임으로 다룰 수 있다는 것이다.

비판 = 진실 = Topic Sentence [Main Idea]

그와는 정반대이다. 비즈니스, 정치, 그리고 인생 그 자체는 우리가 매우 불완전한 정보를 가지고 해야 하는 게임들이다.

Why? "변수가 너무 많다 + 계산될 수 없다"

많은 비즈니스 결정은 전문 포커꾼이라도 떨게끔 하는 가능성을 포함하고 있다. 왜냐하면 알려지지도 않았고 알 수도 없는 요인들의 수와 정도 그 자체가 계산될 수 없기 때문이다.

일반 사람들이 통념을 믿는 이유

- 그러나 자신들이 도박을 하고 있다고 인정하는 것이 편안하거나 기분 좋은 것이라고 여길 단체는 거의 없다.
- 그리고 많은 단체들은 여전히 자신들이 진지하고 책임 있는 게임을 하고 있으며 흔히 그러하듯이 포커판에서 제멋대로 하고 있지 않다고 스스로를 속이는 것을 좋아한다.

🔑 Translations

비즈니스 (혹은 인간과 인간의 제도를 포함한 활동)에 대한 가장 위험한 환상 중의 하나는 비즈니스를 완벽한 정보 게임으로 다룰 수 있다는 것이다. 그와는 정반대이다. 비즈니스, 정치, 그리고 인생 그 자체는 우리가 매우 불완전한 정보를 가지고 해야 하는 게임들이다. 많은 비즈니스 결정은 전문 포커꾼이라도 떨게끔 하는 가능성(확률, 승산)을 포함하고 있다. 왜냐하면 알려지지도 않았고 알 수도 없는 요인들의 수와 정도 그 자체가 계산될 수 없기 때문이다. 그러나 자신들이 도박을 하고 있다고 인정하는 것이 편안하거나 "기분 좋은" 것이라고 여길 단체는 거의 없다. 그리고 많은 단체들은 여전히 자신들이 진지하고 책임 있는 게임을 하고 있으며 흔히 그러하듯이 포커판에서 제멋대로 하고 있지 않다고 스스로를 속이는 것을 좋아한다.

This government has emphasized excellence in business. It recognizes that the economy must remain strong and is willing to provide whatever is needed in order to achieve this excellence. ___________________, it hasn't fully recognized the importance of the arts, especially the performing arts. The performing arts also desire excellence, but in order to achieve it, they need financial help. Without the government's support, the performing arts cannot survive. This will affect other areas of culture, including film. If the government doesn't support the performing arts, this country will lose much of the heart and soul of its people.

Q1 윗글에서 공연 예술에 관하여 필자가 주장하는 바로 가장 적절한 것은?
① 기업의 후원을 활성화하자.　　　　② 해외 진출 기회를 모색하자.
③ 국내 연극 공연 관람을 장려하자.　　④ 국가 차원에서 재정 지원을 하자.
⑤ 정부의 방침을 적극 수용하자.

Q2 빈칸에 가장 알맞은 것을 고르시오.
① For example　　　② Indeed　　　③ Accordingly
④ However　　　⑤ In fact

Solutions

Q1 공연 예술과 관련된 필자의 주장을 묻는 문제이다.　　　　　　　　　　정답: ④번
▶ 이 글은 일반적인 현상을 먼저 도입하고 그것을 역접을 통해 비판하고 근거 이유를 서술한 방식이다. "정부가 공연 예술의 중요성을 제대로 인식하지 못했다"라는 부분이 비판에 해당하며, "공연 예술도 탁월성을 추구하며, 그것을 이루기 위해서는 재정적인 도움이 필요하다"라는 것이 필자의 주장이다. 따라서 선택지에는 반드시 "재정적인 도움"이라는 단어가 포함되어 있어야 한다.

Q2 빈칸에 들어갈 알맞은 연결 어구를 고르는 문제이다.　　　　　　　　정답: ④번
▶ 정부가 비즈니스의 탁월성만을 강조한다는 빈칸 앞의 내용과 예술, 특히 공연 예술의 중요성에 대해서는 제대로 인식하지 못하고 있다는 빈칸 뒤의 내용을 연결시킬 수 있는 것은 역접의 접속사이다.

Words&Phrases

□ **emphasize** 강조하다　　　　　　□ **financial** 재정적인
□ **excellence** 탁월성, 우수성　　　□ **support** 도움, 원조, 지원
□ **performing arts** 공연 예술

∞ 글의 전개방식의 형상화

> **도입: 현재의 상황 – "정부가 비즈니스의 탁월성만 강조"**
> 정부는 비즈니스 분야에서의 탁월성을 강조해 왔다. 정부는 경제가 튼튼하게 유지되어야 함을 인식하고 있으며, 이러한 탁월성을 성취하는 데 필요한 것은 무엇이든 기꺼이 제공해 주려고 한다.

> **비판: "정부가 공연 예술의 중요성을 인식하지 못했다."**
> 그렇지만, 정부는 예술, 특히 공연 예술의 중요성에 대해서는 제대로 인식하지 못했다.

> **Topic Sentence [Main Idea]**
> 공연 예술도 탁월성을 추구하지만, 그것을 이루기 위해서는 재정적인 도움이 필요하다.

> **조건 [1]: 정부가 재정적인 지원을 해야 하는 이유**
> 정부의 지원 없이는 공연 예술은 살아남을 수가 없다. 이것은 영화를 포함한 다른 영역의 문화에도 영향을 미칠 것이다.

> **조건 [2]: 정부가 재정적인 지원을 해야 하는 이유**
> 정부에서 공연 예술을 지원해주지 않으면, 이 나라는 국민들의 마음과 영혼의 많은 부분을 잃게 될 것이다.

🔑 Translations

정부는 비즈니스 분야에서의 탁월성을 강조해 왔다. 정부는 경제가 튼튼하게 유지되어야 함을 인식하고 있으며, 이러한 탁월성을 성취하는 데 필요한 것은 무엇이든 기꺼이 제공해 주려고 한다. 그렇지만, 정부는 예술, 특히 공연 예술의 중요성에 대해서는 제대로 인식하지 못했다. 공연 예술도 탁월성을 추구하지만, 그것을 이루기 위해서는 재정적인 도움이 필요하다. 정부의 지원 없이는 공연 예술은 살아남을 수가 없다. 이것은 영화를 포함한 다른 영역의 문화에도 영향을 미칠 것이다. 정부에서 공연 예술을 지원해주지 않으면, 이 나라는 국민들의 마음과 영혼의 많은 부분을 잃게 될 것이다.

(4) 도입 – 주장 – 이유 및 보충설명문 – 강조 및 요약의 구조를 나타내는 글(양괄식)

필자가 글의 핵심 소재에 대한 상황과 필자의 주장을 글의 첫머리에 제시한 후 보충설명문을 통해 상세한 이유나 근거를 나열한다는 점에서는 두괄식 글의 구조와 유사하다. 하지만 구체적이고, 세부적인 보충설명문 때문에 필자의 주장이 독자들에게 잘못 이해되거나 혼동될 여지가 있을 경우 혹은 필자가 자신의 주장을 요약하여 강조할 필요성을 느낄 경우 다시 한 번 요지를 지문의 마지막에 반복 위치시키는데 이것이 바로 양괄식 구조이다. 양괄식은 일반적으로 긴 글에 더 적합한 글의 구조 형태이지만, 독해 시험에서는 다양한 구조 형태의 글을 균형있게 출제하는 경향이 있으므로 짧은 지문에서도 출제되고 있다.

□ **양괄식 = 도입 ⇨ 주장 ⇨ 이유 및 보충설명문 ⇨ 강조 및 요약**

[글의 도입] 화제를 도입하거나 주제의 방향을 제시함	• 사실 또는 현상에 대한 설명으로 앞으로의 글의 진행에 대한 방향을 제시한다. • 일반적인 의견, 믿음, 상식을 먼저 제시한다. • 질문으로 독자를 글의 내용으로 끌어 들인다.
[주제문장] 필자의 주장	• 역접의 연결어를 사용하여 처음의 일반적인 믿음이나 상식에 대한 반론을 제시하면서 필자의 주장을 제시한다. • 질문에 대한 답변으로 주제문장을 도입한다. • 직접적인 개인의 주장을 하는 형태의 주제문장을 도입한다.
[보충설명문] 필자의 주장에 대한 이유/예/보충 설명 – 필자의 의견 및 주장 – 과학적인 연구 결과 – 전문가의 의견 등	• 필자의 주장에 대한 타당한 근거 및 강조점을 제시한다. 　– 예시의 연결어 등장: for example, for instance 　– 원인과 결과 관계성의 보충설명문 　– 비교나 대조의 보충설명문 　– 시간적 구조나 단계별, 과정별 보충설명문
[주제문장의 요약/반복] – 보충설명문에 대한 요약이나 환언을 한다. – 필자의 요지를 반복함으로써 강조한다.	• 강조, 요약, *환언의 연결어를 사용하여 다시 한 번 주제문장을 반복한다. 　* 환언(換言) : 앞의 내용을 바꾸어 표현함 　→ 다시 말해, 곧, 즉: that is (to say), i.e.(id est의 약자), namely, to wit 등 • 속담, 격언, 유명인물의 어구를 인용한다. • 과학적인 연구의 결과 제시 (전문가의 의견) • 강력한 반문의 의문문으로 글을 끝낸다. • 권유를 하는 어조의 명령문으로 글을 끝낸다.

The pollution of the earth's soil and water has become an issue of great concern. Until recently, most of that concern has focused on the land portion of the planet, where pollution directly affects people in their daily lives. Now, however, we have begun to realize that marine pollution is equally important. According to Samuel Newlyn, marine pollution is the condition that results when people introduce into the seas substances harmful to life, health, resources, activities, or comforts. Marine pollution is far from new. For over a million years people have thought of the sea as a convenient place to throw their garbage. And it is true that sea has a great capacity for absorbing organic wastes. But, as civilization grew, more and different pollutants were dumped into the seas. Especially in some coastal areas near large cities, ocean pollution began to threaten marine and human life. The oceans began to fail in their ability to recycle humanity's waste. Nowadays it is clear that marine pollution is a threat not only to marine life but to human life as well.

Q1 Which of the following is the main topic of the passage?
① The pollution of the earth's soil and water
② The definition of marine pollution
③ The history of marine resources
④ Marine pollution and its threat
⑤ Large cities and marine pollution

Solutions

Q1 다음 중 윗글의 주제는 무엇인가?   정답: ④번
① 지구의 토양과 물의 오염 → 도입부분의 상황 설명 문장이며 주제로는 너무 세부적이다.
② 해양오염의 정의 → 필자의 주장이 아니며 너무 포괄적이다.
③ 해양자원의 역사 → 본문과 관련이 없다.
④ 해양오염과 그 위협 → 이 글은 해양오염과 그 위협에 관한 글로 정답이다.
⑤ 대도시와 해양오염 → 본문과 관련이 없다.

Words&Phrases

- **pollution** 오염
- **issue** 문제
- **marine** 바다의, 해양의
- **comfort** 위로, 위안, 안락, 편의시설
- **convenient** 편리한, 사용하기 좋은
- **garbage** 쓰레기, 잡동사니
- **organic** 유기의, 유기적인
- **pollutant** 오염물질
- **dump into** (쓰레기 등을) 내버리다
- **coastal** 근해의, 연안의
- **threaten** 위협하다, 협박하다
- **threat** 위협, 협박

상황 도입

지구의 토양과 물의 오염은 엄청나게 우려할 만한 문제가 되고 말았다. 최근까지, 그러한 우려 대부분은 오염이 직접적으로 일상생활에서 사람들에게 영향을 미치는 행성(지구)의 육지(토양) 쪽에만 초점이 맞춰져 왔다.

Topic Sentence[main idea] 필자의 주장: 해양오염의 중요성

하지만, 이제 우리는 해양오염도 똑같이 중요하다는 것을 깨닫기 시작하였다.

전문가(Samuel Newlyn) 의견으로 보충설명

- 해양오염은 생명, 건강, 자원, 활동 또는 편의시설에 해를 끼치는 물질을 사람들이 바다에 들여올 때 초래되는 상황이다.
- 해양오염은 결코 새로운 것은 아니다. 백만 년 이상 동안 사람들은 바다를 그들의 쓰레기를 버리는 편리한 장소로 생각해 왔다.
- 특히 대도시 근처의 일부 해안 지역에서는, 대양오염이 해양 및 인간의 생명을 위협하기 시작했다.
- 대양은 인간의 쓰레기를 재순환시킬 수 있는 능력을 상실하기 시작했다.

주제문장의 반복

오늘날, 해양오염이 해양생물뿐만 아니라 인간의 생명에도 위협적인 존재가 된 것은 분명하다.

🔑 Translations

지구의 토양과 물의 오염은 엄청나게 우려할 만한 문제가 되고 말았다. 최근까지, 그러한 우려 대부분은 오염이 직접적으로 일상생활에서 사람들에게 영향을 미치는 행성(지구)의 육지(토양) 쪽에만 초점이 맞춰져 왔다. 하지만, 이제 우리는 해양오염도 똑같이 중요하다는 것을 깨닫기 시작하였다. Samuel Newlyn에 따르면, 해양오염은 생명, 건강, 자원, 활동 또는 편의시설에 해를 끼치는 물질을 사람들이 바다에 들여올 때 초래되는 상황이다. 해양오염은 결코 새로운 것은 아니다. 백만 년 이상 동안 사람들은 바다를 그들의 쓰레기를 버리는 편리한 장소로 생각해 왔다. 그리고 바다는 유기 폐기물들을 흡수할 수 있는 상당한 능력을 지니고 있는 것이 사실이다. 하지만, 문명이 발달함에 따라, 더욱 많고 다양한 오염물질들이 바다로 버려졌던 것이다. 특히 대도시 근처의 일부 해안 지역에서는, 대양오염이 해양 및 인간의 생명을 위협하기 시작했다. 대양은 인간의 쓰레기를 재순환시킬 수 있는 능력을 상실하기 시작했다. 오늘날, 해양오염이 해양생물뿐만 아니라 인간의 생명에도 위협적인 존재가 된 것은 분명하다.

In making a successful school, we must consider the relationships among the people involved in the school community. Teachers need to know their students well in order to be able to teach them effectively. In addition, teachers must maintain a good relationship with the parents, who are also an important part of the total community. In a community built on trust and openness, where teachers, students, and parents show respect for each other, students feel secure and can develop the self-confidence which makes learning and personal growth possible. When students are drawn into meaningful relationships with their teachers and other adults, they are better able to see them as real people. This affects their whole attitude toward school and learning. In such an environment, teachers feel valued and supported. Parents feel included. _______________________, they are more likely to contribute to the improvement of the school and the learning of the students. Thus all members of the school community feel as though they belong and can make a positive contribution to the school.

Q1 윗글의 주제로 가장 적절한 것은?
① 학교 주변 환경이 학생에게 미치는 영향　　　② 학교 발전을 위한 지역 사회의 역할
③ 교사와 학생 사이에서 예절의 필요성　　　　④ 공교육 정상화를 위한 학부모의 역할
⑤ 학교 공동체 구성원 간 상호 관계의 중요성

Q2 글의 흐름을 고려한다면, 윗글의 빈칸에 들어갈 말로 가장 적절한 것은?
① As a result　　② By contrast　　③ By the way　　④ Nevertheless　　⑤ For instance

---

📣 Solutions

Q1 글의 주제를 고르는 문제이다.　　　　　　　　　　　　　　　　　　　　　　정답: ⑤번
▶ 이 글의 주제문장은 첫 번째 문장 "성공적인 학교를 만드는 데 있어, 우리는 학교 공동체와 관련된 사람들 간의 관계를 고려해야 한다."이다. 학교 공동체와 관련된 사람들은 지문에 "교사, 학생, 학부모"로 나열되어 설명되고 있다. 이들 간의 관계가 중요하다는 것을 글의 마지막에 다시 한 번 강조하고 있다.

Q2 빈칸에 들어갈 알맞은 연결 어구를 고르는 문제이다.　　　　　　　　　　　정답: ①번
① 그 결과　　　　② 대조적으로　　　③ 그런데　　　④ 그럼에도 불구하고　　⑤ 예를 들어
▶ 빈칸은 "학부모가 교사나 학생과의 관계에서 소속감을 가지게 되어서, 그들이(학부모가) 학교의 개선과 학생들의 배움에 더 많이 기여하게 될 것이다."라는 원인과 결과의 논리성을 가진다. 따라서 빈칸에는 결과의 연결어인 ①번이 들어가야 한다.

Words&Phrases

- **relationship** 관계, 관련
- **community** 공동사회, 공동체
- **effectively** 효과적으로, 유효하게
- **in addition** 게다가, 그에 더하여
- **openness** 개방성
- **valued** 존중되는, 귀중한, 소중한
- **supported** 지지를 받은, 후원을 받은
- **contribute to** ~에 기여하다
- **improvement** 개선, 증진, 향상
- **as though** 마치 ~인 것처럼(=as if)
- **contribution** 기여; 기부; (원고의) 기고; 투고

Topic Sentence [Main Idea]: 필자의 주장

성공적인 학교를 만드는 데 있어, 우리는 학교 공동체와 관련된 사람들 간의 관계를 고려해야 한다.

보충설명문장: 학교 공동체의 구성원 관계조건 나열
[교사 – 학생 – 학부모]

- 교사는 효과적으로 학생들을 가르치기 위해 그들을 잘 이해할 필요가 있다. 또한 교사는 학부모와도 좋은 관계를 유지해야 하는데, 학부모들 또한 전체 공동체에서 중요한 부분을 차지하고 있기 때문이다.
- 교사, 학생, 그리고 학부모가 서로에게 존경심을 보여 주는 신뢰와 개방성 위에 세워진 공동체에서, 학생은 안심할 수 있고, 학습과 인성을 성장할 수 있게 하는 자신감을 기를 수 있다. 학생이 교사를 비롯한 다른 성인들과 의미 있는 관계를 맺게 될 때, 학생들은 어른들을 진실한 인간으로 바라볼 수 있게 된다. 이것은 학교와 배움에 대한 그들의 전반적인 태도에 영향을 미친다. 그런 환경에서 교사는 자신이 가치 있으며, 지지를 받고 있다고 느낀다.
- 학부모들은 소속감을 느끼게 된다. 그 결과 그들은 학교의 개선과 학생들의 배움에 더 많이 기여하게 될 것이다.

요약으로 주제문장을 반복

그러므로 학교 공동체의 모든 구성원들은 그들이 학교에 소속되어 있으며, 긍정적인 기여를 할 수 있다고 느끼게 된다.

🔑 Translations

성공적인 학교를 만드는 데 있어, 우리는 학교 공동체와 관련된 사람들 간의 관계를 고려해야 한다. 교사는 효과적으로 학생들을 가르치기 위해 그들을 잘 이해할 필요가 있다. 또한, 교사는 학부모와도 좋은 관계를 유지해야 하는데, 학부모들 또한 전체 공동체에서 중요한 부분을 차지하고 있기 때문이다. 교사, 학생, 그리고 학부모가 서로에게 존경심을 보여 주는 신뢰와 개방성 위에 세워진 공동체에서, 학생은 안심할 수 있고, 학습과 인성을 성장할 수 있게 하는 자신감을 기를 수 있다. 학생이 교사를 비롯한 다른 성인들과 의미 있는 관계를 맺게 될 때, 학생들은 어른들을 진실한 인간으로 바라볼 수 있게 된다. 이것은 학교와 배움에 대한 그들의 전반적인 태도에 영향을 미친다. 그런 환경에서 교사는 자신이 가치 있으며, 지지를 받고 있다고 느낀다. 학부모들은 소속감을 느끼게 된다. 그 결과 그들은 학교의 개선과 학생들의 배움에 더 많이 기여하게 될 것이다. 그러므로 학교 공동체의 모든 구성원들은 그들이 학교에 소속되어 있는 것처럼 느끼게 되어, 긍정적인 기여를 할 수 있다.

(5) 주제문장이 지문에 드러나지 않는 글

주제문은 대개 지문의 첫 부분이나 마지막 부분에 직접적으로 드러나는 경우가 일반적이나, 독해시험에 사용되는 지문은 시험의 변별력을 높이는 일환에서 그렇지 않은 경우도 많다. 특히 어휘와 구문의 수준이 높고 글의 흐름을 이해하기 어렵게 만드는 장치를 가진 독해 문제는 주제문장이 잘 드러나지 않는 경우가 많아서 모든 독해 문제를 한 두 문장만 가지고 정답을 찾겠다는 것은 잘못된 생각이다.

> □ **주제문이 없는 경우 대표적인 문제 해결 방식**
>
> **– 비교 / 대조 (Comparison & Contrast)**
> 비교나 대조가 되는 대상에 대한 공통점이나 차이점을 종합해서 추론해야 함
>
> **– 두괄식에서 의도적으로 주제문장을 생략한 경우**
> 지문에는 보충설명문만 있기 때문에 글을 전반적으로 읽고 예문을 종합하여 주제를 추론해야 함
>
> **– 미괄식에서 의도적으로 주제문장을 생략한 경우**
> 일화, 이야기, 보충문장 등으로만 글을 구성했을 경우 글을 전반적으로 읽고 그 내용들을 종합하여 주제를 추론해야 함

이럴 경우 지문에서 반복되고 있는 핵심어(구) 및 그에 대한 유사어구들을 파악해 가면서 필자가 궁극적으로 무엇을 말하려고 하는지를 알아내려고 애써야 한다. 특히 난이도가 높은 지문은 주제문을 적시하지 않으면서, 그 글의 핵심어구를 유사어구로 계속 바꾸어 가며 글을 전개하는 경우가 많으므로, 평소 유사어구에 대한 학습이 반드시 선행되어야 한다.

🔑 Core Skills

주제문장이 없는 글은 독자가 글의 주제를 추론해야 된다.

추론을 어렵게 생각하지 말자! 사실상 우리의 일상생활은 추론의 연속이다. 이런 상황을 가정해보라. "18개의 초가 켜진 케이크, 핑크색 장미 꽃다발, 샴페인, 고깔모자, 선물 상자"가 있다면 거의 예외 없이 "생일파티"를 연상할 것이다. 이와 같이 우리는 출제된 글에 서술된 대상의 장단점, 공통점, 차이점, 교훈, 배울 점, 속담 등을 추론해야 한다. 그리고 추론의 근거는 반드시 지문 어딘가에 있다. 이미 지문 속에서 언급했던 힌트를 이용하라!

Arabia 아라비아 ⇨ the Moslem nations 이슬람 국가들

Antarctica 남극 ⇨ this fragile and important part of the planet 지구의 이 연약하고 중요한 부분

each term 매 학기 ⇨ per semester 매 학기

trade-off 맞바꿈 ⇨ exchange 교환

inscribed on papyrus 파피루스에 새겨진 ⇨ written on papyrus 파피루스에 쓰인

if caught 붙잡힌다면 ⇨ when exposed 적발된다면

seek 추구하다 ⇨ is after 추구하다

the North (북반구의) 선진국 ⇨ the industrialized countries ⇨ rich countries

the South (남반구의) 발전도상국 ⇨ in the other half of the world ⇨ poor countries

in the suburbs 교외에서 ⇨ in the outskirts

a trifling matter 사소한 문제 ⇨ the frivolous thing

remain unknown 알려지지 않다 ⇨ be mystery

a(n) (American) tourist (미국인) 관광객 ⇨ the sightseer

a lot of property 많은 재산 ⇨ a large fortune

a Chinese who was born in America 미국에서 태어난 중국인 ⇨ the American-born Chinese

a manager of a soccer team 어느 축구팀 감독 ⇨ The soccer manager

get the better of temptation 유혹을 극복하다 ⇨ overcome the attraction

connected with the heating of a house 주택의 난방장치와 관련된 ⇨ needed to heat a house

coming down with malaria 말라리아에 걸린 ⇨ contracting the disease

foreign residents in Japan 일본에 거주하고 있는 외국인들 ⇨ foreigners living in the country

Two men were dining together in a restaurant. The first man ordered the food. The second man, who was unaccustomed to eating out, said nothing. When the food arrived, the second man _______(A)_______ everything his first man did. When the first man took rice, the second man did the same. The first man ate a shrimp, and _______(B)_______. Finally, the first man took a toothpick, and his friend did the same again. Later the first man asked his friend how he had enjoyed the meal. The second man answered, "Everything was perfect, except for the last bit. It was tasted like bamboo."

Q1　Which of the following best fits in the blank (A)?
　　① copied　　　　② cursed　　　　③ ignored　　　　④ opposed

Q2　Which of the following best fits in the blank (B)?
　　① so did the second man　　　　② so the second man did
　　③ so was the second man　　　　④ so the second man was

Solutions

Q1　다음 중 빈칸 (A)에 가장 적절한 것은?　　　　　　　　　　　　　　　정답: ①번
　　① 따라 했다　　　　　　　　　　　　② 저주했다
　　③ 무시했다　　　　　　　　　　　　④ 반대했다

▶ 사건의 복선에 해당되는 "The second man, who was unaccustomed to eating out, said nothing."과 식사 과정 중에 반복적으로 나온 표현들 "the second man did the same, so did the second man, his friend did the same"에서 정답을 추론할 수 있다.

Q2　다음 중 빈칸 (B)에 가장 적절한 것은?　　　　　　　　　　　　　　　정답: ①번

▶ 앞에 언급된 긍정문에 대하여 '~도 역시 그렇다(마찬가지다)'란 표현은 'So + 동사 + 주어'로 표현한다. 앞에 나온 동사의 종류에 따라 So 구문의 동사가 결정되는데 (be동사 → be동사, have 조동사 → have 조동사, 일반동사 → do 조동사), 동사의 인칭과 시제에 주의해야 한다. 본문에서는 ate(일반동사의 과거형)를 받아야 하므로 did가 온다.

Words&Phrases

□ **order** (음식을) 주문하다　　　　　　　□ **toothpick** 이쑤시개
□ **be unaccustomed to** ~에 익숙하지 않다　□ **except for** ~를 제외하고
□ **eating out** 외식　　　　　　　　　　□ **bamboo** 대나무
□ **shrimp** 새우

사건의 시작과 복선

두 사람이 식당에서 식사를 하고 있었다. 첫 번째 사람이 식사를 주문하였다. 외식하는데 익숙하지 않았던 두 번째 사람은 아무 말도 하지 않았다.

사건의 과정 설명

- 첫 번째 사람이 밥을 먹자, 두 번째 사람도 그렇게 하였다.
- 첫 번째 사람이 새우를 먹었고, 두 번째 사람도 그렇게 하였다.
- 마지막으로, 첫 번째 사람이 이쑤시개를 집자, 그의 친구도 똑같이 따라 했다.
- 나중에 첫 번째 사람이 그의 친구에게 식사를 잘하였는지를 물어보았다. 두 번째 사람은 "마지막 것을 뺀다면, 모든 것은 완벽했어. 그건 대나무 맛이 나던데 말이야."라고 대답하였다.

식사 과정의 반복된 표현으로 다음을 추론할 수 있다.

음식이 나오자, 두 번째 사람은 그의 친구가 하는 모든 것을 따라 하였다.
(두 번째 사람은 밖에서 식사하는 것에 익숙하지 않았기 때문에)

🔑 Translations

두 사람이 식당에서 식사를 하고 있었다. 첫 번째 사람이 식사를 주문하였다. 외식하는데 익숙하지 않았던 두 번째 사람은 아무 말도 하지 않았다. 음식이 나오자, 두 번째 사람은 그의 친구가 하는 모든 것을 따라 했다. 첫 번째 사람이 밥을 먹자, 두 번째 사람도 따라 했다. 첫 번째 사람이 새우를 먹었고, 두 번째 사람도 그렇게 하였다. 마지막으로, 첫 번째 사람이 이쑤시개를 집자, 그의 친구도 다시 똑같이 따라 했다. 나중에 첫 번째 사람이 그의 친구에게 식사를 잘하였는지를 물어 보았다. 두 번째 사람은 "마지막 것을 뺀다면, 모든 것은 완벽했어. 그건 대나무 맛이 나던데 말이야."라고 대답하였다.

An inmate at Elmwood Correctional Facility should have planned his escape route a little more carefully. Amold Ancheta, 25, broke out of a medium-security dorm only to hop the wrong fence and end up next door at the women's jail. According to Mark Cursi, a Department of Corrections spokesman, Amold apparently escaped by squeezing through the bar on the roof of his cell and breaking out the Plexiglas-covered skylight. He jumped down about 20 feet from the roof. However, instead of heading toward the fence and ended up on the women's side of the facility. Female inmates saw Ancheta running around the yard and told correctional officers. He was taken to a hospital for medical checkup and then to the most rigorous downtown jail.

Q1 What proverb is appropriate for this passage?

① Out of the frying pan and into the fire.

② Once bitten, twice shy.

③ You make a mountain out of a molehill.

④ You've cried wolf too many times.

⑤ Every cloud has a silver lining.

Solutions

Q1 지문의 내용과 잘 어울리는 속담은?　　　　　　　　　　　　　　　　　　정답: ①번

① 프라이팬에서 나와서 불구덩이로 들어간다. (설상가상(雪上加霜), 갈수록 태산)

② 한 번 물리면, 다음에는 소심해진다. (자라 보고 놀란 가슴 솥뚜껑 보고 놀란다.)

③ 두더지 흙더미를 산이라고 한다. (침소봉대(針小棒大), 하찮은 일을 과장하여 말하다.)

④ 너무 여러 번 '늑대가 왔다'고 소리 지른다. (한 번 속지 두 번 속지는 않는다.)

⑤ 어떤 구름이라도 은빛 테두리를 가지고 있다. (고진감래(苦盡甘來), 괴로운 일이 있으면 즐거운 일도 있다.)

▶ 과거행위에 대한 유감을 나타내는 'should have p.p.' 구문이 들어간 첫 문장의 내용(좀 더 조심스럽게 탈출로를 계획했어야 했다.)만 주목해도 글의 전개과정을 미리 짐작할 수 있다. 사건의 진행을 보면 결국 주인공은 중급 경비수준의 교도소를 탈출해서 더 견디기 힘든 가장 엄격한 교도소로 가게 되었다는 내용임을 알 수 있다. 결국 상황이 더욱 나빠졌음을 쉽게 추론 할 수 있다.

Words&Phrases

- □ **inmate** 재소자
- □ **correctional** 교정의, 교도의, 수정의
- □ **facility** 시설, 설비, 기지
- □ **escape route** 탈출 경로
- □ **medium-security** 중간급의 경비
- □ **dorm** 기숙사(=domitory), 감방
- □ **spokesman** 대변인
- □ **apparently** 분명히, 명백히
- □ **Plexiglas** 플렉시 글라스(상표명)
  cf. plexiglass 플렉시 글라스(특수 아크릴 수지)
- □ **skylight** (지붕·천장 등의) 채광창
- □ **medical checkup** 건강 검진

사건에 대한 필자의 의견

Elmwood 교도소의 한 재소자는 좀 더 조심스럽게 탈출로를 계획했어야 했다. 25세인 Amold Ancheta는 중급 경비수준의 교도소를 탈주하였으나 엉뚱한 담장으로 뛰어 넘어가 결국 옆에 있는 여성 교도소에 들어가고 말았다.

사건의 전체 과정을 전문가를 등장시켜 설명함

교도소 대변인실의 Mark Cursi에 따르면, Amold는 분명 감방 지붕 위의 창살을 뚫고 나가 플렉시 유리 덮개로 씌워진 채광창을 깨고 나옴으로써 탈옥하였다. 그는 그 지붕으로부터 약 20피트 아래로 뛰어내렸다. 하지만 그는 교도소 담장 쪽으로 가는 대신 그 교도소의 여성용 감방의 담장으로 향하고 말았다. 여성 수감자들이 Ancheta가 마당으로 뛰어다니는 것을 보고 교도관들에게 알려 주었다. 그는 건강 검진을 위해 병원으로 보내졌고, 그 후에 가장 엄격한 도심지의 교도소로 보내졌다.

위 글에 적절한 속담은?

사건의 진행을 다 보게 되면 결국 중급 경비수준의 교도소를 탈출해서 더 견디기 힘든 가장 엄격한 시내 교도소로 가게 되었다. 결국 재소자의 상황이 더욱 더 나빠졌다고 추론할 수 있다.

Translations

Elmwood 교도소의 한 재소자는 좀 더 조심스럽게 탈출로를 계획했어야 했다. 25세인 Amold Ancheta는 중급 경비수준의 교도소를 탈주하였으나 엉뚱한 담장으로 뛰어넘어가 결국 옆에 있는 여성 교도소에 들어가고 말았다. 교도소 대변인실의 Mark Cursi에 따르면, Amold는 분명 감방 지붕 위의 창살을 뚫고 나가 플렉시 유리 덮개로 씌워진 채광창을 깨고 나옴으로써 탈옥하였다. 그는 그 지붕으로부터 약 20피트 아래로 뛰어내렸다. 하지만 그는 교도소 담장 쪽으로 가는 대신 그 교도소의 여성용 감방의 담장으로 향하고 말았다. 여성 수감자들이 Ancheta가 마당에서 뛰어다니는 것을 보고 교도관들에게 알려 주었다. 그는 건강 검진을 위해 병원으로 보내졌고 그 후에 가장 엄격한 시내 교도소로 보내졌다.

(6) 연결어가 없는 글의 전개 방식 이해하기

"for example, for instance, but, however, in short, thus, in contrast" 등의 연결어를 지문에서 찾게 된다면 수험생들은 용이하게 주제문장의 위치나 글의 전개방식을 파악할 수 있다. 그러므로 출제자는 주제문장의 위치나 글의 전개방식을 알려주는 즉, "표시어"의 역할을 하는 연결어를 의도적으로 지문에서 삭제(생략)하는 경우가 많다. 연결어가 생략된다는 것은 그만큼 문제의 난이도가 어려워진다는 의미로 받아들이면 된다. 그렇다고 큰 걱정할 필요는 없다. 통일성(unity)이나 일관성(coherence)을 추구하는 영어 지문의 특성상 문장 간의 논리적인 관계를 염두에 둬서 글을 읽고 자주 생략되는 연결어에 대한 학습을 미리 철저하게 해 두면 쉽게 이러한 문제를 해결할 수 있다.

> □ 지문에서 자주 생략되는 연결어
> - 구체적인 예시를 들어 설명할 때
> - 대등한 내용의 문장을 나열할 때
> - 시간적 순서나 원인과 결과의 관계성이 자연스럽게 파악될 때
> - 한 지문 안에서 같은 성격의 연결어가 반복하여 여러 번 등장할 때

∞ 글의 전개 방식을 알려주는 단서 및 연결어

전개방식	단서가 되는 주제문장 특징	단서가 되는 연결어	글의 구조
예시	구체적인 사례를 들어 언급할 것이라는 내용이 나온다.	for example , for instance, as an illustration, specifically	주제문장 → 연결어 → 구체적 사례
비교	some similarities, have a lot in common 등 대상 간에 공통점이 있다는 것을 언급한다.	in comparison, similarly, likewise, in the same way	대상 A의 특징 → 연결어 → 대상 B의 특징 (공통점)
대조	differ, contrast, have different 등 대상 간에 차이점이 있다는 것을 언급한다.	in contrast, on the contrary, on the other hand, unlike, however, whereas, but, yet	대상 A의 특징 → 연결어 → 대상 B의 특징 (차이점)
원인	cause, affect, result in, bring about, generate, produce 등과 같이 인과 관계를 나타내는 어휘를 포함한다.	because, the main reason for this, thanks to	결과/결론 → 연결어 → 원인/이유
결과		as a result, consequently, therefore hence, for this reason, thus	원인/이유 → 연결어 → 결과/결론

절차순서 / 과정순서	function, develop, process, steps, stages 등 절차나 과정을 나타내는 어휘를 포함한다.	first, in the beginning, at this stage, then, after, next, finally, in the end	주제문장 → 연결어 + 항목1 → 연결어 + 항목2
시간적 순서	역사적 사건, 인물의 생애 등을 소개하는 경우가 많다.	in the 1970s, on April 25, 2008 World War II, after the 15th century, now, today	
통념 제시 → 반박(진실)	연결어 다음에 이어지는 문장이 주제 문장 역할을 한다.	however, but, still, though, actually, surprisingly that is not true, this is not the case	일반적인 통념 → 연결어 → 새로운 사실

As you may already know, import and export in our country is rigidly controlled by the government. (❶) Each import and export requires an import license or export license. Without the license, we are not allowed to import or export anything. (❷) For imports of materials which are needed for manufacture of export items, we need not pay import duties provided that we follow certain paper procedures in Korea, when apply for the import license. (❸) Our system of import is entirely different from yours. (❹) Prior understanding for our system is very important to save time and expenses in clearing materials from our customs.

Q1 What is the best title of the passage?
① The Import and Export Procedures in Korea
② The Importance of Understanding the Import and Export Procedures
③ How to Save Money When Importing or Exporting
④ Import and Export Are Rigidly Controlled by All Governments

Q2 다음의 연결어가 들어갈 수 있는 곳의 번호를 쓰시오.
Therefore

Solutions

Q1 윗글의 제목으로 가장 적절한 것은?　　　　　　　　　　　　　　　　　정답: ②번
① 한국에서의 수입과 수출 절차　　　　② 수입과 수출 절차를 이해하는 것의 중요성
③ 수입이나 수출할 때 비용을 절약하는 방법　　④ 모든 정부에 의해 통제받는 수입과 수출
▶ 이 글의 핵심어인 "import and export"가 있는 ①번을 선택하는 실수를 하면 안 된다. ①번 선택지의 핵심어는 "절차"이기 때문이다. 즉, 주제문장의 요지와 글의 핵심어를 종합하여 판단을 해야만 한다.

Q2 글의 전개 방식을 파악하고 적절한 위치에 연결어를 넣는 문제이다.　　　　정답: ④번
▶ 글의 전체적인 구성이 [상황 나열 → 필자의 의견 → 필자의 결론]이므로 주제문장인 "Prior understanding for our system is very important" 앞에 결론을 나타내는 연결어인 Therefore가 들어가야 적절하다.

Words&Phrases

- **import** 수입(하다)
- **export** 수출(하다)
- **rigidly** 엄격하게
- **license** 허가서
- **materials** 원료
- **manufacture** 제조
- **duties** 관세
- **paper procedure** 서류 절차
- **prior** 이전의, 앞의, 사전의
- **expenses** 비용
- **clear** (세관을) 통과하다; 절차를 밟다

핵심어(import and export)에 대한 현 상황을 설명하는 문장 나열

- 이미 알다시피 우리나라의 수입과 수출은 정부에 의해서 엄격하게 통제되고 있다.
- 모든 수입과 수출에는 수입 및 수출 허가가 필수적이다. 허가서 없이는 어떤 것도 수입하거나 수출할 수 없게 되어 있다.
- 수출품의 제조에 필요한 원료의 수입을 위해 수입 허가서를 신청할 때 한국 내의 정해진 서류 절차를 따르기만 하면 수입 세금을 내지 않아도 된다.

필자가 중요하게 생각하는 의견 [원인]

우리의 수입 제도는 당신들의 제도와는 완전히 다르다.

Topic Sentence [Main Idea]

[그러므로] 세관에서 원료를 통관할 때에 시간과 비용을 절약하려면 우리나라의 이러한 제도를 사전에 이해하고 있는 것이 중요하다.

🔑 Translations

이미 알다시피 우리나라의 수입과 수출은 정부에 의해서 엄격하게 통제되고 있다. 각각의 수입과 수출에는 수입 및 수출 허가서가 필수적이다. 허가서 없이는 어떤 것도 수입하거나 수출할 수 없게 되어 있다. 수출품의 제조에 필요한 원료의 수입을 위해 수입 허가서를 신청할 때 한국 내의 정해진 서류 절차를 따르기만 하면 수입 세금을 내지 않아도 된다. 우리의 수입 제도는 당신들의 제도와는 완전히 다르다. [그러므로] 세관에서 원료를 통관할 때에 시간과 비용을 절약하려면 우리나라의 이러한 제도를 사전에 이해하고 있는 것이 중요하다.

Many of the very sophisticated things we enjoy today developed through a long period of evolution. (❶) Making something a little better here, a little better there gradually makes it something a lot better − even entirely different from the original. (❷) Look at the history of the automobile or any product of technological progress. (❸) With each new model, improvements are made. (❹) Each new model builds upon the collective creativity of previous models, so that over time, improvements in economy, comfort, and durability take place. (❺) Here the creativity lies in the refinement, the step-by-step improvement, rather than in something completely new.

Q1 윗글의 주제로 가장 적절한 것을 고르시오.

① 발전의 점진적 속성　　　　　　　② 진화의 보편적 원리

③ 과학의 실용적 특성　　　　　　　④ 발명의 경제적 효과

⑤ 역사의 반복적 성향

Q2 다음의 연결어가 들어갈 수 있는 곳의 번호를 쓰시오.

For example

Q1 글의 주제를 고르는 문제이다.　　　　　　　　　　　　　　　　　　　정답: ①번

▶ "오랜 기간의 발전 과정 = 장기간에 걸쳐 = 점진적인 발전"이라는 표현의 공통점을 보면 이 글의 핵심어인 "evolution(발전)"의 속성을 추론할 수 있다.

Q2 글의 전개 방식을 파악하고 적절한 위치에 연결어를 넣는 문장이다.　　　　정답: ②번

▶ 이 글은 양괄식으로 [정의→예시→반복 강조]의 구조를 가지고 있다. 따라서 "for example(예를 들어)"이라는 연결어는 먼저 주제 문장이 오고 그 다음의 첫 번째 보충설명 문장에 들어가야 한다.

Words&Phrases

- **sophisticated** 정교한, 복잡한
- **evolution** 발전, 발달, 진화
- **gradually** 차차, 점차로
- **original** 원형, 원작, 원래의, 본래의
- **progress** 진보, 발달, 발전
- **improvement** 개선
- **collective** 집단적인, 집합적인
- **economy** 경제성
- **comfort** 편안, 안락
- **durability** 내구성
- **take place** 발생하다
- **creativity** 창조(력)
- **refinement** 정제, 정련; 고상, 세련; 개량
- **step-by-step** 점진적인, 단계적인

Topic Sentence [Main Idea]: 정의 → 보충설명

오늘날 우리가 누리는 너무나도 정교한 많은 것들은 오랜 기간의 발전 과정을 통하여 이루어졌다. 어떤 것을 여기에서 조금, 또 저기에서 조금씩 개선시켜 점차 아주 훌륭한 것으로 만들어 가는데, 심지어 원래의 모습과는 완전히 다른 형태로 만들어 가기도 한다.

보충설명문: 자동차를 예를 들어서

[예를 들어], 자동차의 발전 과정이나 과학기술적 진보가 낳은 여느 생산품들을 살펴보도록 하자.

- 모든 신 모델은 각기 그 나름의 발전적 모습을 나타낸다.
- 모든 신 모델은 예전에 이미 나온 모델들의 창조적인 면을 총괄하여 그 토대 하에 만들어진 것이며 그리하여 장기간에 걸쳐 경제성, 편안함, 내구성에 대한 발전이 이루어진다.

주제문장을 반복하여 강조함

이런 과정에서 창조라 함은 완전히 새로운 어떤 것보다는 개선 즉, 점진적인 발전에 있다.

🔑 Translations

오늘날 우리가 누리는 너무나도 정교한 많은 것들은 오랜 기간의 발전을 통해 이루어졌다. 어떤 것을 여기에서 조금, 또 저기에서 조금씩 개선시켜 점차 훨씬 더 훌륭한, 심지어는 처음 것과는 완전히 다른 무언가를 만들어 가기도 한다. [예를 들어] 자동차의 발전 과정이나 기술적 진보가 낳은 여느 생산품들을 살펴보도록 하자. 모든 신모델은 각기 그 나름의 발전적 모습을 나타낸다. 각각의 새로운 모델은 이전 모델들의 창조적인 면을 총괄하여 그 토대 위에 만들어진 것이며, 장시간에 걸쳐 경제성, 편안함, 내구성에서의 발전이 이루어진다. 이런 과정에서 창조성은 완전히 새로운 어떤 것이라기보다는 개선 즉, 점진적인 발전에 있는 것이다.

It offers a modern twist on one of the oldest themes in literature: the love triangle. The setting is just what you might expect at a "dot-com" company. Almost the whole story takes place in this office building or at a nearby cafe. The characters don't seem to have any other life beyond the office, where they talk endlessly about themselves and their grand expectations for the company. Unfortunately, we can guess from the beginning what the outcome is going to be. This will be another story of a "dot-com" failure as well as romantic failure. ___________________, the characters are quite predictable and not very likable. All in all, the author never manages to get us interested or involved in their fate, so when the novel comes to a tragic ending, we really don't care.

Q1 What is the purpose of the passage?

① To command   ② To persuade   ③ To appreciate

④ To criticize   ⑤ To decline

Q2 Which of the following is appropriate in the blank?

① In contrast   ② Furthermore   ③ Still

④ Instead   ⑤ Hence

Solutions

Q1 글의 목적은 무엇인가?   정답: ④번

① 명령하기 위하여   ② 설득하기 위하여   ③ 감사하기 위하여

④ 비평하기 위하여   ⑤ 거절하기 위하여

▶ 소설의 내용에 대해, 신랄한 비판을 하고 있는 서평이다. 글의 전반부만 읽으면 '영화나 TV 드라마에 대한 평론'이라고 생각할 수도 있지만, 글의 마지막에 "the novel"이라는 말이 명시되어 있다.

Q2 다음 중 빈칸에 적절한 것은?   정답: ②번

① 대조적으로   ② 게다가   ③ 여전히

④ 대신에   ⑤ 그러므로

▶ 글의 반전 없이 단지 같은 맥락의 내용이 첨가되는 문맥이다. 이럴 경우 내용 첨가의 연결어인 furthermore, in addition, besides, also, moreover 등이 와야 적절하다.

Words&Phrases

- **twist** 꼬기, 비틀기
- **theme** 주제
- **love triangle** 애정의 삼각관계
- **dot-com** 인터넷 회사, 닷컴
- **grand** 웅장한, 원대한
- **outcome** 결과, 성과
- **predictable** 예측 가능한, 단조로운
- **likable** 호감이 가는
- **all in all** 대개, 전체적으로 보면
- **manage to** ~을 잘 해내다, 어떻게든 ~하다
- **involve** 열중시키다, 몰두시키다
- **fate** 운명
- **tragic** 비극적인

도입: 소설에 대한 필자의 의견

- 그것은 문학의 가장 오래된 주제 중 하나인 애정의 삼각관계를 현대식으로 비틀어 놓았다.
- 이야기의 배경은 여러분이 예상하는 대로 "닷컴" 회사이다. 이야기 거의 전부가 이 사무실 건물이나 근처의 카페에서 이루어지고 있다.
- 등장인물들은 회사 사무실 이외는 어떤 다른 생활도 없는 것처럼 보이며, 그곳에서 그들은 끊임없이 자기 자신과 회사에 대한 그들의 원대한 기대에 대해 이야기한다.

필자의 본격적인 비평 나열
"불행히도 + 게다가"

- 불행히도 우리는 처음부터 결과가 어떻게 되리라는 것 즉 이 책이 사랑의 실패뿐만 아니라 "닷컴" 회사의 실패에 관한 또 다른 이야기가 되리라는 것을 추측할 수 있다.
- 게다가, 등장인물들은 아주 단조로우며 그다지 호감이 가지 않는다.

필자의 비평 결론

전체적으로 볼 때, 작가가 우리로 하여금 그들의 운명에 흥미를 갖거나 몰두하게끔 하지 못해서 소설이 결국 비극적으로 끝나도 우리는 정말로 신경을 쓰지 않는다.

🔑 Translations

그것은 문학의 가장 오래된 주제 중 하나인 애정의 삼각관계를 현대식으로 비틀어 놓았다. 이야기의 배경은 여러분이 예상하는 대로 "닷컴" 회사이다. 이야기 거의 전부가 이 사무실 건물이나 근처의 카페에서 이루어지고 있다. 등장인물들은 회사 사무실 이외는 어떤 다른 생활도 없는 것처럼 보이며, 그곳에서 그들은 끊임없이 자기 자신과 회사에 대한 그들의 원대한 기대에 대해 이야기한다. 불행히도 우리는 처음부터 결과가 어떻게 되리라는 것 즉, 이 책이 사랑의 실패뿐만 아니라 "닷컴" 회사의 실패에 관한 또 다른 이야기가 되리라는 것을 추측할 수 있다. 게다가, 등장인물들은 아주 단조로우며 그다지 호감이 가지 않는다. 전체적으로 볼 때, 작가가 우리로 하여금 그들의 운명에 흥미를 갖거나 몰두하게끔 하지 못해서 소설이 결국 비극적으로 끝나도 우리는 정말로 신경을 쓰지 않는다.

Reveille

A. E. Housman

기상나팔

Wake: the silver dusk returning
Up the beach of darkness brims,
And the ship of sunrise burning
Strands upon the eastern rims.

일어나라: 은빛 어스름 다시금
어둠의 해안에 차오르고
타오르는 일출의 배가
동녘 가장자리에 닿는다.

Wake: the vaulted shadow shatters,
Trampled to the floor it spanned,
And the tent of night in tatters
Straws the sky-pavilioned land.

일어나라: 어둠의 천개(天蓋) 부서져
바닥에 흩어져 짓밟히고
밤의 천막 산산이 찢겨
하늘 장막에 덮인 땅에 흩어진다.

Up, lad, up, 'tis late for lying:
Hear the drums of morning play;
Hark, the empty highways crying
"Who'll beyond the hills away?"

일어나라 청년아, 누워 있기는 늦은 시각
아침 북이 노래하는 것을 들으라.
들으라, 텅 빈 한 길이 소리친다.
"누가 저 언덕들을 넘어가려는가?"

Towns and countries woo together,
Forelands beacon, belfries call;
Never lad that trod on leather
Lived to feast his heart with all.

도시와 나라들이 서로 구애하고
곶들이 등대를 밝히고 종루가 부른다.
가죽신 신고 걸어 온 청년은
무엇으로도 제 가슴 만족시킬 수 없나니.

Up, lad: thews that lie and cumber
Sunlit pallets never thrive;
Morns abed and daylight slumber
Were not meant for man alive.

일어나라 청년아, 해 비치는 침대에
누워 죽치고 있는 근육 힘을 기르지 못하리니
아침에 누워 있고 한낮에 자는 일은
살아 있는 사람의 일이 아니다.

Clay lies still, but blood's a rover;
Breath's a ware that will not keep.
Up, lad: when the journey's over
There'll be time enough to sleep.

흙은 움직임을 모르나 피는 유랑자
호흡은 아껴 두어선 안 되는 물건.
일어나라 청년아, 여정이 끝나면
잠을 잘 시간 충분하리라.

Information, depending upon the route through which we absorb it, can be divided into three categories: Genetic information is carried by the sperm of the father and the ovum of the mother. It is passed down to us by our collective ancestors through countless years of refinement. ___________________ information is one that we get through outside sources such as books, education, movies, television, and all manner of external media. It is an indirect form of information. Experiential information is one that we personally feel and absorb through direct experience or confrontation with an event. It is a direct form of information.

Q Which of the following is appropriate in the blank?
① Ambiguous   ② Intellectual   ③ Intolerable   ④ Resilient   ⑤ Spacious

Solutions

Q 빈칸에 들어갈 말로 적절한 것은?　　　　　　　　　　　　　　　　　　　　　　정답: ②번
① 보호한, 확실지 않은　　　　　　　　　② 지적인
③ 참을 수 없는　　　　　　　　　　　　④ 탄력 있는, 곧 기운을 회복하는
⑤ 넓은, 광범위한

▶ 윗글은 출제자가 의도적으로 나열의 표시어구를 삭제한 형태이다. 하지만 이 글의 주제 문장인 '정보는 세 범주로 나누어진다.'를 보면 그 후 글의 전개가 세 가지의 정보를 나열하고 이를 보충 설명할 것이라는 흐름을 예측할 수 있다. 세 가지 정보는 유전적인, 지적인, 경험적인 정보이다. 책, 교육, TV, 외부 방송매체로 얻어지는 정보와 논리적으로 맞는 어휘는 ② Intellectual(지적인)이다.

Translations

우리가 받아들이는 경로에 따라, 정보는 세 범주로 나누어질 수 있다. 유전 정보는 아버지의 정자와 어머니의 난자에 의하여 운반된다. 그것은 오랜 세월 정제 과정을 거쳐, 우리의 조상들로부터 내려온 것이다. 지적인 정보는 책, 교육, 영화, TV, 그리고 온갖 종류의 외부 (방송)매체로부터 얻어지는 정보이다. 그것은 간접적인 정보 형태이다. 경험적인 정보는 몸소 느끼고 직접적인 경험 또는 사건과 직면에서 얻어지는 것이다. 그것은 직접적인 정보의 형태이다.

Words&Phrases

- **route** 경로, 길(=road)
- **absorb** 흡수하다, 받아들이다
- **be divided into** ~로 나누어지다
- **category** 범주
- **genetic** 유전적인
- **sperm** 정자, 정액(精液)(=semen)
- **ovum** 알, 난자
- **pass down** ~을 전하다, 물려주다
- **collective** 공통의, 집합적인
- **ancestor** 선조(=forefather), 조상
- **refinement** 정제, 정련; 순화
- **source** 출처; 자료; 정보원
- **all manner of** 모든 종류의 (=all kind of)
- **external** 외적인, 외부의
- **experiential** 경험적인
- **mass media** (신문 · 라디오 · 텔레비전 등) 매스 미디어, 대중 전달 매체
- **confrontation** 직면; 대면; 조우
- **ambiguous** 모호한, 확실치 않은
- **intellectual** 지적인
- **intolerable** 참을 수 없는
- **resilient** 탄력 있는; 곧 기운을 회복하는
- **spacious** 넓은, 광범위한

E-mail (electronic mail) uses computers for communication. It has several important advantages over phones and regular mail. The main advantage of e-mail is that it takes very little time to send and receive message. From your computer, you can contact someone far away (or in the next office). Seconds later, they have your message. If they are at their computer, you can get a response instantly, too. Another reason people like to use e-mail is that for just a few cents you can send a message to someone in another part of the world. You don't have to worry about the time difference or slow mail delivery. Your message is sent immediately, and your friends or colleagues can send a response at their convenience. Lastly, e-mail allows you to send a single message to many people at the same time.

Q   Which statement does not agree with what the passage says about e-mail?
① Message can be sent very fast.
② It is inexpensive and convenient.
③ Most people use it nowadays.
④ A message can be sent to many people simultaneously.

Solutions

Q   이메일에 관한 설명 중, 윗글의 내용과 일치하지 않는 것은?   정답: ③번
① 메시지를 매우 빠르게 보낼 수 있다.
② 비용이 많이 들지 않고 편리하다.
③ 요즘 대부분의 사람들이 사용하고 있다.
④ 메시지를 동시에 여러 사람에게 보낼 수 있다.
▶ 이 글의 핵심어는 "e-mail"이고 주제 문장은 "It has several important advantages over phones and regular mail."이다. e-mail의 장점 세 가지를 나열 형식으로 설명하고 있지만 ③번은 언급되지 않았다.

Translations

전자 우편은 의사소통을 위해 컴퓨터를 사용한다. 전자 우편은 전화와 보통 우편에 비해 몇 가지 이점이 있다. 전자 우편의 주된 장점은 메시지를 보내고 받는데 시간이 거의 걸리지 않는다는 것이다. 당신의 컴퓨터로 당신은 먼 곳 (혹은 옆 사무실)에 있는 사람과 연락을 취할 수 있다. 잠시 후에 그들은 당신의 메시지를 받게 된다. 만일 그들이 컴퓨터 앞에 있다면, 당신 역시 응답을 즉시 받을 수 있다. 사람들이 전자 우편을 좋아하는 또 다른 이유는 단지 몇 센트로 메시지를 세계의 다른 지역에 있는 사람에게 보낼 수 있다는 것이다. 당신은 시차나 느린 우편 배달에 대해 염려할 필요가 없다. 당신의 메시지는 즉시 보내지며 당신의 친구나 동료들은 편리한 때에 응답을 보낼 수 있다. 마지막으로 전자 우편은 당신으로 하여금 하나의 메시지를 동시에 여러 사람에게 보낼 수 있게 해 준다.

Words & Phrases

□ **regular mail** 보통 우편
□ **instantly** 즉시
□ **colleague** 동료
□ **at the same time** 동시에

□ **at one's convenience** 형편이 닿는 대로, 편리한 때에
□ **convenient** 편리한
□ **simultaneously** 동시에, 일제히

For their own benefit, companies have various ways of offering lower prices. One way of doing this is a trade discount. It is offered to the shops or business that buys goods on a large scale and sells them. There is also a quantity discount, which is offered to individuals who order large quantities of a product. The company gives a price break to these buyers because they help cut the costs of selling, storing, shipping, and billing. Finally, a cash discount is a lower price offered to people who pay in cash.

Q1 윗글에서 모든 나열의 연결어와 주제문의 위치를 찾아서 밑줄을 치시오.

Q2 What is the topic of the passage?
① How to Buy Products in Cash ② Ways to Improve Products
③ Types of Discount Pricing ④ Locations of Discount Stores
⑤ How to Start a Business

Solutions

Q1 "One way of, also, Finally"는 나열의 연결어들이다. 그러므로 첫 번째의 표시어 One way of의 앞 문장인 "For their own benefit, companies have various ways of offering lower prices."가 주제문장이다. 지문에서 나열로 설명한 세 가지 할인 방법은 "동업자 간 할인, 양적 할인, 현금 할인"이다.

Q2 윗글의 주제는 무엇인가?　　　　　　　　　　　　　　　　　　　　　정답: ③번
① 현금으로 물건을 사는 방법 ② 제품을 향상시키는 방법들
③ 가격 할인의 종류들 ④ 할인점의 위치
⑤ 사업을 시작하는 방법

▶ 세 가지 할인의 종류를 나열하고 있으므로 정답은 ③번이다. ②, ④, ⑤번은 지문에 언급되지 않았고, ①번은 지문의 일부만을 다루고 있으므로 오답이다.

Translations

회사들은 이익을 내기 위하여 다양한 방법으로 가격을 낮추고 있다. 그중 한 가지는 동업자간 할인이다. 그것은 대규모로 상품을 구매하고 판매하는 상점이나 사업체에 제공된다. 양적 할인도 있는데 그것은 다량으로 물건을 구매하는 개인에게 제공된다. 회사들이 이런 구매자들에게 가격 할인을 제공하는 이유는 그들이 판매, 보관, 선적, 청구서 작성 등의 비용을 줄일 수 있도록 하기 때문이다. 마지막으로 현금 할인이란 현금으로 구매하는 사람들에게 저렴한 가격으로 제공되는 것이다.

Words&Phrases

□ **benefit** 이익; 은혜; 혜택, 이점; 장점
□ **various** 다양한, 가지각색의
□ **trade discount** (동)업자 간의 할인
□ **scale** 규모, 크기; (물고기) 비늘
□ **give a price break** 가격 할인을 제공하다

□ **quantity** 양
□ **ship** (배에) 선적하다; 수송하다; (기차나 트럭으로) 보내다
□ **billing** 청구서 작성
□ **cash discount** 현금 할인

Competition is an important part of development in many ways. At the personal level, competition allows us to become the best individual we can be. By competing with others in sports, for example, we can raise our level of athletic performance. In business, competition controls the market by making companies develop new ideas to ensure survival. Within industries, companies are always trying to develop products that are one step better than those of other companies. For those who fail to compete successfully, their very survival can be in question.

Q What is the best title for the passage?
① The Life of Athletes
② The Control of Market
③ The Role of Companies
④ The Function of Society
⑤ The Importance of Competition

Solutions

Q 글의 제목으로 가장 적절한 것은 무엇인가? 정답: ⑤번
① 운동선수의 삶
② 시장의 통제
③ 회사의 역할
④ 사회의 기능
⑤ 경쟁의 중요성

▶ 첫 문장인 "Competition is an important part of development in many ways."가 주제 문장이다. "in many ways"란 표현은 이 글이 나열 형식으로 구성될 것임을 보여주는 signal word이다. 윗글에서는 경쟁을 "개인적인 차원(At the personal level)과 기업적인 차원(In business)"의 두 경우로 나누어서(나열해서) 설명하고 있다.

Translations

경쟁은 여러 가지 면에서 발전의 중요한 요소이다. 개인적 차원에서 경쟁은 우리가 될 수 있는 한 최고의 인간이 되게 해준다. 예컨대, 스포츠에서 다른 사람과 경쟁함으로써 우리는 우리의 운동 기량의 수준을 높일 수 있다. 사업에서 경쟁은 기업들로 하여금 생존을 보장할 새로운 아이디어를 개발하도록 함으로써 시장을 통제한다. 산업 내에서 기업들은 항상 다른 기업들의 제품보다 한 단계 나은 제품을 개발하려고 노력하고 있다. 성공적으로 경쟁하지 못하는 회사들로서는 그들의 생존 자체가 의심을 받을 수 있다.

Words&Phrases

□ **competition** 경쟁
□ **athletic** 운동 경기의
□ **performance** 연주; 솜씨
□ **ensure** 안전하게 하다, 지키다
□ **control** 통제(하다)
□ **survival** 생존
□ **be in question** 의심이 되다

2 시간적 순서^{Time Order}로 이루어진 글

시간 순서를 설명하는 글은 "How is it done?"이나 "How is it made?"에 대해 답을 하는 글의 형식이다. 이러한 글의 구조는 대부분 그 과정이 세부적인 순서를 따라서 전개되기 때문에 명확하고 직접적이다.

필자가 어떤 과정을 묘사하기 위해서 시간 순서를 사용할 때는 "시간적인 순서(time order), 시간의 경과(sequence), 논리적인 순서(order)나 단계(step, stage, phases), 과정(process), 절차(procedure)"를 기초로 하여 글을 구성한다.

과거 어느 한 시기의 이야기를 시작으로 시간 순서로 글을 전개하는 경우, 기원이나 유래를 밝히거나 발전상, 또는 미래상을 보여주기 위한 글들이 많다. 또는 뭔가 변화하는 모습을 추적하는 것이 그 목표가 되기도 하며 역접의 연결어가 사용될 경우 시대별 차이 등을 설명하기 위한 글이 되기도 한다.

Signals of topic sentence	after that the last step	at last after all	finally
Signals of listing	first the first step(stage) then 날짜, 연도, 시간, 계절의 표현	first of all second later	to begin with next

🔑 Core Skills

1 시간의 순서 패턴으로 된 글에는 전기문(biography) 또는 자서전(autobiography)이 대표적이다.
2 시간의 순서 패턴으로 된 글은 역사적 사건(historical event)을 설명하는 글일 수 있다.
3 시간의 순서 패턴으로 된 글은 사건이나 상황의 과정(process) 또는 절차나 단계(step, stage)를 설명한다.

∞ **대표적인 Topic Sentence의 예**

The origin [past, history, future] of ~ ~의 기원 [과거, 역사, 미래]
The invention [discovery, birth, introduction] of ~ ~의 발명 [발견, 탄생, 도입]
The development [process(course), sequence, steps(stages)] of ~ ~의 발전 [과정, 순서, 단계]

∞ **Ways to Improve Reading Comprehension: Time Order 전개 방식의 형상화**

> **시간 / 단계 / 과정의 진행을 나타내는 부사구 (1)**
> • first, at first, before, for ages[centuries], originally, last, in 1492 등
> • 날짜, 연도, 시간, 계절의 표현 등
> • the first [step, stage, process, procedure]

> **시간 / 단계 / 과정의 진행을 나타내는 부사구 (2)**
> • next, then, while, at the same time, now, when, in 1968 등

> **시간 / 단계 / 과정의 진행을 나타내는 부사구 (3)**
> • later, finally, at last, now, recently, lately, after that 등

※ 시간 순서와 단계나 절차의 과정을 설명하는 표시 어구에 주목하자!

About 2,400 years ago, Hippocrates prescribed willow bark, which contains a natural form of aspirin. It wasn't until the early nineteenth century, however, that chemists created a simpler version of that ingredient. At that time, most doctors used it to relieve the pain, especially of headaches and arthritis. ______________________, the study revealed it ate the lining of the stomach and caused people to develop serious stomach or intestinal bleeding. In the late 1880s, a chemist, Felix Hoffmann, conducted further experiments. He created an effective fever and pain medicine with fewer side effects. In January 1899, a German company named Bayer trademarked "Aspirin" for this new drug.

Q Which of the following best fits in the blank?
① Unfortunately   ② Otherwise   ③ Therefore
④ Additionally   ⑤ Likewise

Solutions

Q 빈칸에 들어갈 말로 가장 적절한 것은?   정답: ①번
① 불행하게도   ② 만약 그렇지 않았다면   ③ 그러므로
④ 추가적으로   ⑤ 마찬가지로

▶ 접속어 문제는 빈칸을 중심으로 바로 앞 문장과 뒤 문장의 논리적 연결 관계가 가장 중요하다. 빈칸의 앞 문장은 "의사들은 두통과 관절염의 통증을 완화시키기 위하여 그것을 사용했다"라는 긍정적인(+) 내용이 나오는 반면, 빈칸 뒤 문장은 "그것이 위벽을 손상시키고 위 또는 장에 심각한 출혈을 발생시켰다"라는 부정적인(−) 내용이 나오므로 이 두 문장을 연결하기 위해서는 역접의 접속어가 필요하다. 따라서 정답은 ①번이다. 이 글은 "About 2,400 years ago → the early nineteenth century → In the late 1880s → In January 1899"와 같이 시간적 순서의 흐름으로 글을 전개하고 있다. 글의 핵심어는 "Aspirin"이고 이 글의 제목은 "아스피린의 기원"이다.

Translations

약 2,400년 전 Hippocrates는 버드나무의 껍질을 처방했는데, 그것은 천연 형태의 아스피린을 함유하고 있었다. 그러나 19세기 초반이 되어서야 화학자들은 좀 더 단순한 구조의 아스피린 성분을 만들어냈다. 그 당시 대부분의 의사들은 두통과 관절염의 통증을 완화하기 위하여 그것을 사용했다. 불행하게도, 연구는 그것이 위벽을 손상시켰고 사람들에게 위 또는 장에 심각한 출혈을 발생시킨다는 것을 밝혀냈다. 1880년대 후반에 Felix Hoffmann이라는 화학자가 실험에 진전을 보였다. 그는 부작용이 더 적으면서도 효과적인 해열 및 진통제를 만들어 냈다. 1899년 1월에 Bayer라는 독일 회사가 이 새 약을 "아스피린"으로 상표 등록했다.

Words&Phrases

□ **prescribe** (약을) 처방하다   □ **arthritis** 관절염   □ **further** 더 이상
□ **willow bark** 버드나무 껍질   □ **unfortunately** 불행하게도   □ **experiment** 실험
□ **chemist** 화학자   □ **lining** 위벽; 벽   □ **fever** 열; 열병
□ **version** 판; 모양; 틀; 모습; 의견   □ **stomach** 위   □ **side effects** 부작용
□ **ingredient** 요소; 분자; 재료; 성분   □ **conduct** 행하다; 연구하다   □ **trademark** 상표; 상표 등록하다

There is an interesting relationship between a country's developmental progress and its population structure. According to the theory of demographic transition, nations go through several developmental stages. The earliest stage is characterized by high birth and death rates and slow growth. (❶) As they begin to develop during second stage, the birth rate remains high, but the death rate falls rapidly. (❷) Then, as industrialization peaks, the birth rate falls and begins to approximate the death rate. (❸) Population growth slows drastically, reaching the third stage of very modest growth which is seen in many European nations today. (❹) At the fourth stage, the population stabilizes, because both birth rates and death rates are low levels. (❺) Scientists say that at the fifth stage birth rates may descend below death rates. Eventually this leads to a natural decrease in population in many developed countries.

Q Where would the following sentence best fit in the above passage?
The result is that the population enters a period of rapid growth.

Solutions

Q 주어진 문장이 들어가기에 가장 적절한 곳은?   정답: ②번
그 결과, 인구는 급속한 성장기로 들어간다.

▶ 이 글은 첫 문장이 주제 문장이고 "한 나라의 발달 과정과 인구 구조 변화의 관계성"에 관한 글이다. 전문가 의견을 인용하여 가장 초기의 단계(1단계)에서 마지막의 5단계로 설명하는 글의 구조를 취했다. 단계별로 진행하는 글은 독자에게 흥미나 재미를 유발하기에는 너무나 단순한 구조일 수도 있으나 복잡한 이론이나 과정을 설명할 때에는 아주 편리한 구조이다. 1단계는 고 출생률과 고 사망률, 그리고 인구의 저 성장으로 특징지어지고, 나라가 발전함에 따라 이어지는 2단계에서는 출생률은 여전히 높지만 사망률이 떨어진다. 이는 논리적으로 인구의 급격한 성장을 초래하므로 주어진 문장은 ②에 들어가야 적절하다. 주어진 문장의 "The result"는 원인과 결과를 표시하는 signal word로서 답을 찾는 중요한 단서가 된다.

Translations

한 국가의 발전 과정과 인구 구조 사이에는 흥미로운 관련성이 있다. 인구 변화 이론에 따르면, 국가는 여러 가지 발전 단계를 거친다. 가장 초기 단계는 높은 출생률과 사망률, 그리고 느린 성장으로 특징지어진다. 두 번째 단계 동안 국가가 발전함에 따라서, 출생률은 높은 상태로 있고, 사망률은 떨어진다. 그 결과, 인구는 급속한 성장기로 들어간다. 그 후, 산업화가 정점에 달했을 때, 출생률은 떨어지고 (낮은) 사망률에 근접해지기 시작한다. 인구 성장이 급격히 둔화되어, 오늘날 많은 유럽 국가에서 나타나는 아주 적정 수준의 성장 단계인 세 번째 단계에 이르게 된다. 네 번째 단계에서는 출생률과 사망률이 둘 다 낮기 때문에 인구가 안정된다. 과학자들은 다섯 번째 단계에서는 출생률이 사망률 아래로 떨어질 수 있다고 말한다. 결국에 이것은 많은 선진국에 인구의 자연 감소를 가져온다.

Words&Phrases

- **progress** 발전(하다); 전진(하다)
- **structure** 건물; 구조; 조직; 구성
- **demographic** 인구(통계, 통계학)의
- **transition** 변화, 이행, 변화
- **go through** 경험하다
- **approximate** 접근하다; 비슷한, 근사한; 대략의
- **drastically** 철저하게, 과감하게
- **stabilize** 안정되다
- **descend** 내려가다; 감소하다
- **lead to** ~에 이르다; 결국 ~가 되다

While she lived (1907~1954), the Mexican painter Frida Kahlo was known mainly as the wife of the famed artist Diego Rivera. Yet, in the decades since her death, Kahlo has become hugely famous in her own right. Because Kahlo was a painter intent on exploring her own personal reality, the vivid self-portraits that Kahlo created in the 1930s and 1940s are widely sought after by collectors willing to pay high prices. Although she has long been recognized as an important painter, public awareness of her work has become more widespread since the 1970s. Many of her paintings include references to Mexico's political and social history. It's not surprising, then, that in 1985 the Mexican government publicly proclaimed her work a national treasure.

Q Frida Kahlo에 관한 윗글의 내용과 일치하지 않는 것은?
① 남편도 유명한 화가였다.
② 사후에 비로소 유명해졌다.
③ 자신의 실체를 탐구하는 데 몰두했다.
④ 자화상이 1930년대에 높은 가격에 판매되었다.
⑤ 멕시코 정부에 의해 작품의 가치를 인정받았다.

Solutions

Q 지문과 일치하지 않는 것을 고르는 문제이다.   정답: ④번

▶ Kahlo가 1930~40년대에 그린 그림들이 사후 높은 가격에 판매되었으므로 Kahlo의 작품은 생전(그녀가 활동했던 시기)에는 인기가 없었음을 지문의 내용을 통해 알 수 있다.

Translations

살아 있을 동안(1907~1954)에 멕시코의 화가 Frida Kahlo는 유명한 예술가 Diego Rivera의 아내로 주로 알려졌다. 그러나 그녀의 사후 수십 년에 걸쳐 Kahlo는 자신의 이름으로 아주 유명해졌다. Kahlo는 그녀 자신의 개인적인 실체를 열심히 탐구한 화가였기에. Kahlo가 1930년대와 1940년대에 그린 생생한 자화상들은 기꺼이 비싼 값을 제시하려는 많은 수집가들로부터 인기를 얻고 있다. 비록 그녀는 중요한 화가로서 인식은 되어왔지만, 그녀의 작품에 대한 일반 대중들의 인식은 1970년대 이후로 더 널리 확산되었다. 그녀의 많은 그림에는 멕시코의 정치, 사회적인 역사와 관련된 내용들이 담겨 있다. 그래서 1985년에 멕시코 정부가 그녀의 작품을 국가의 보물로 공식적으로 선언한 것은 놀라운 일이 아니다.

Words&Phrases

□ **in one's own right** 자신의 권리로
□ **be intent on** ~에 열심이다
□ **proclaim** 선언하다, 공포하다(=announce, declare)
□ **decade** 10년
□ **vivid** 생생한
□ **portrait** 초상화

□ **portray** ~의 초상을 그리다
□ **seek after** 얻으려고 애쓰다
□ **be willing to** 기꺼이 ~하다
□ **reference** 언급(to); 참고; 관계(to)
□ **publicly** 공개적으로
□ **treasure** 보물

Public Notice

- Tomorrow's bus service on Orchard Road will be changed between the hours of 9:00 a.m. and 12:30 p.m.
- The parade will take place from 10:00 a.m. to noon.
- Number 7, 13, 14, 16, and 23 buses will turn left onto Scotts Road, right onto Clemenceau Avenue and left onto Orchard Road below the parade route.
- In the event of morning rain, the changes will begin from 3:00 p.m. and the parade shortly after.

Q 위 공고문의 내용과 일치하는 것은?

① 내일 오전 9시부터 오후 12시 30분까지 행진이 진행된다.

② 7, 13, 14, 16, 23번 버스가 행진에 참가한다.

③ 오전에 비가 오면 버스 노선은 오후 3시부터 변경된다.

④ 비가와도 행진은 예정대로 진행된다.

Solutions

Q 지문과 일치하는 것을 고르는 문제이다.   정답: ③번

▶ ① 내일 오전 9시부터 오후 12시 30분까지 행진이 진행된다. → 버스 노선이 변경된다.

② 7, 13, 14, 16, 23번 버스가 행진에 참가한다. → 이 버스들은 노선이 변경된다.

④ 비가와도 행진은 예정대로 진행된다. → 비가 오면 3시 이후로 행진 시간이 변경된다.

Translations

공고
- 내일 Orchard 가의 버스 운행이 오전 9시부터 오후 12시 30분까지 변경됩니다.
- 행진은 오전 10시부터 정오까지 진행될 것입니다.
- 7, 13, 14, 16 그리고 23번 버스는 왼쪽으로 돌아 Scott 가로, 오른쪽으로 돌아 Clemenceau 가로, 그리고 왼쪽으로 돌아 행진이 진행되는 길의 아래쪽 Orchard 가로 갈 것입니다.
- 오전에 비가 올 경우에는 오후 3시부터 변경 운행하고 행진은 바로 뒤에 이어질 것입니다.

Words&Phrases

- **public notice** 공고(公告), 공지사항
- **take place** (특히 미리 준비되거나 계획된 일이) 개최되다[일어나다]
- **onto** (이동을 나타내는 동사와 함께 쓰여) ~위로(위에)
- **route** (버스 · 기차 · 수송품 등의) 노선; 길, 경로, 루트

3 비교와 대조^{Comparison & Contrast}로 이루어진 글

필자가 하나의 사실(의견)이나 사물을 놓고 그 공통점 또는 차이점을 부각시키는 것이 글의 주 목적이 되는 경우에 비교와 대조의 글쓰기 방법을 이용하게 된다. "In the same way, Similarly, Likewise" 등은 공통점(비교)을 나타내며 "In contrast, On the contrary, On the other hand" 등의 연결어는 차이점(대조)을 나타내는 표시어가 된다.

특히 어떤 논란이 되는 사건을 놓고 찬성과 반대로 의견이 나뉠 때 혹은 여러 나라의 언어, 문화, 관습 등을 이야기 할 때는 단순한 나열(listing) 위주의 설명보다 서로 대상이 되는 것끼리 비교하고 대조하면서 글을 전개해 나가는 것이 훨씬 더 흥미롭고 설득적인 효과를 얻을 수 있다.

Signals of Comparison 공통점＝비교	• alike: If people or things are alike, they are identical or very similar. • both: Used when you are referring to two people or things, and saying the same thing about the two of them. • similar, similarly: If one thing is similar to another, they share some features but are not exactly the same. • (such) as, just as • same • likewise: in the same way or in a similar way
Signals of Contrast 차이점＝대조	but yet however (though / still) unlike conversely in contrast on the contrary different (from), differ (from) rather while nevertheless(nonetheless) whereas in spite of, instead on the other hand

🔑 Core Skills

1 비교의 글에서는 비교의 대상이 먼저 오고 In the same way, Similarly, Likewise 등의 공통점을 나타내는 연결어가 나온다.

2 대조의 글에서는 In contrast, On the contrary, On the other hand 등의 역접의 연결어가 사용되어 앞 부분을 부정 또는 전환한다. 주제 문장은 주로 역접의 연결어 다음에 있다.

3 비교는 같은 것을 가리키는 것이다. 비교를 이해하기 위해서는 공통점을 찾아라.

(To compare is to point out what is the same. To understand a comparison, look for similarities.)

4 대조는 다른 것을 가리키는 것이다. 대조를 이해하기 위해서는 차이점을 찾아라.

(To contrast is to point out what is different. To find contrasts, look for differences.)

∞ **Ways to Improve Reading Comprehension: Comparison** 전개 방식의 형상화

도입 = 포괄적 진술(General Idea)

• 교훈적, 비유적, 교육적인 이야기
• 일반적인 믿음, 상식
• 개인적인 경험담, 사건
• A라는 상황, 사실, 주장, 이론, 측면을 설명하는 문장

비교의 연결어(공통점)

• In the same way, Similarly, Likewise 등

세부사항(Specific Ideas)

• B라는 상황, 사실, 주장, 이론, 측면을 설명하는 문장
• 또는 전문가의 의견, 유명인사의 인용어구

∞ **대표적인 Topic Sentence의 예**

The similarity between A and B A와 B의 공통점
The traits[characteristics] of ~ ~의 특징
The advantage[benefits] of ~ ~의 장점[이점]

∞ **Ways to Improve Reading Comprehension: Contrast 전개 방식의 형상화**

> **도입 = 포괄적 진술(General Idea)**
>
> different, differ, be divided into, two kinds, be classified into 등이 포함된 문장
>
> • There are two kinds of A.
> • There is a difference between A and B.
> • A is different from B.(= A differs from B.)

> **세부사항(Specific Idea)**
>
> • A라는 상황, 사실, 주장, 이론, 측면을 설명하는 문장

> **대조의 연결어(= 주제 문장)**
>
> but, yet, however, on the other hand, in contrast, on the contrary 등
>
> • A ~. However(But, Yet) B ~,
> • One advantage is ~. On the other hand, the disadvantage to this is ~
> • Some ~ Other(s) ~.
> • While[Whereas, Although] ~, S + V ~

> **세부사항(Specific Idea)**
>
> • B라는 상황, 사실, 주장, 이론, 측면을 설명하는 문장

∞ **대표적인 Topic Sentence의 예**

The difference between A and B A와 B의 차이점

The difference[distinction / gap] of ~ ~의 차이점[구별 / 격차]

The negative and positive side of ~ ~의 부정적 그리고 긍정적인 측면

※ 다음 문장에서 비교 / 대조의 signal을 찾아 표시하시오.

(1) The camera and the eye are similar in many respects.

(2) American breakfasts are very different from breakfasts in Italy.

(3) Although today we are easily convinced the earth is round, it is difficult to understand why the ancients believed that it was flat.

(4) The participants exchanged shirts with each other in the same way that soccer players exchange their uniforms at the end of a match.

(5) Whereas American restaurants present the main course of a meal complete with vegetables and potatoes already on the plate, in Britain vegetables and potatoes are served in separate serving dishes.

Solutions

(1) The camera and the eye **are similar in** many respects. [비교]

(2) American breakfasts **are very different from** breakfasts in Italy. [대조]

(3) **Although** today we are easily convinced the earth is round, it is difficult to understand why the ancients believed that it was flat. [대조]

(4) The participants exchanged shirts with each other **in the same way** that soccer players exchange their uniforms at the end of a match. [비교]

(5) **Whereas** American restaurants present the main course of a meal complete with vegetables and potatoes already on the plate, in Britain vegetables and potatoes are served in separate serving dishes. [대조]

Translations

(1) 카메라와 눈은 많은 점에서 비슷하다.

(2) 미국식 아침 식사는 이탈리아의 아침 식사와 매우 다르다.

(3) 비록 오늘날 우리는 지구는 둥글다는 것을 쉽게 확신하지만, 왜 옛날 사람들이 지구는 평평하다고 믿었는지를 이해하는 것은 어렵다.

(4) 그 참가자들은 축구 선수들이 경기가 끝났을 때 유니폼을 바꿔 입는 것처럼 (같은 식으로) 셔츠를 서로 바꿔 입었다.

(5) 미국 식당들이 접시에 미리 감자와 야채가 담긴 식사의 메인 코스를 제공하는 반면, 영국에서는 야채와 감자가 개별 접시에 담겨 제공된다.

Words & Phrases

□ **in many respects** 많은 점에서
□ **be convinced (that)** ~를 확신하다
□ **flat** 평평한
□ **whereas** 반면에

□ **complete** 완전한, 완비된, ~를 갖춘
□ **plate** 접시
□ **be served** 제공되다
□ **separate** 분리된; 각각의, 개별적인

Although the two men were geniuses, Isaac Newton and Albert Einstein have very little else in common. True, they both did their best work before the age of 26. However, that is the only similarity between them. Newton cared about the public's opinion of him, and he did not like improper behavior. _______________________, Einstein enjoyed being different and did not care what others thought. Newton spent his later years in a comfortable job with the government, while Einstein remained a full-time scientist.

Q Which of the following is appropriate in the blank?
  ① For example　　　　　　　② On the other hand
  ③ In short　　　　　　　　　④ Therefore
  ⑤ Besides

Solutions

Q 빈칸에 들어갈 말로 가장 적절한 것은?　　　　　　　　　정답: ②번
  ① 예를 들어　　　　　　　　② 반면에
  ③ 한마디로 말하면, 요컨대　　④ 그러므로
  ⑤ 게다가

▶ 이 글은 뉴턴과 아인슈타인 두 사람 간의 차이점을 설명하고 있는 글이다. "have very little else in common"을 긍정적인 의미로 '공통점을 가지고 있다'라고 오역하면 안 된다. 즉, "very little"은 '공통점이 거의 없다'라는 부정형으로 번역해야 한다. "common, similarity" 등의 단어에 현혹되어 오답을 고르지 않도록 글의 전체적인 흐름을 잘 살펴보아야 한다.

Translations

비록 두 사람은 천재였음에도 Isaac Newton과 Albert Einstein은 공통점이 거의 없었다. 사실 둘 다 26세가 되기 전에 최고의 업적을 이루었다. 그러나 그것이 그들 사이의 유일한 공통점이었다. Newton은 자신에 대한 사람들의 의견에 신경을 썼다. 그리고 부적절한 행동은 좋아하지 않았다. 반면에 Einstein은 다른 사람들과 다른 것을 즐겼고, 다른 사람들의 생각에 신경 쓰지 않았다. Newton은 인생의 후반부를 정부가 제공하는 편안한 자리에서 보냈지만, (반면에) Einstein은 오로지 과학자로서의 삶만을 살았다.

Words&Phrases

□ **genius** 천재
□ **have in common** 공통점을 가지다
□ **similarity** 공통점
□ **opinion** 의견

□ **improper** 부적당한, 부적절한
□ **comfortable** 안락한, 편안한
□ **full-time** 전임; 전시간의

A jet engine and a clarinet both produce sounds. You would probably call the sound from the jet engine 'noise' and the sound from the clarinet 'music.' Noises are sounds which we find unpleasant. The difference between noise and music is not always clear. Someone who cannot play the violin makes a 'noise,' while a trained musician produces 'music.' It also depends on personal taste. The sound of a rock band may be 'music' to teenagers but 'noise' to their parents.

Q What is the best title for the passage?
① The Difference between Noise and Music
② The Different Tastes between Generations
③ Reason for Popularity of Classical Music
④ Sounds from Jet Engine and Clarinet
⑤ Varying Personal Tastes for Varying Music

Solutions

Q 글의 제목으로 가장 적절한 것은?   정답: ①번
① 음악과 소음의 차이점   ② 세대 간의 다른 취향
③ 클래식 음악이 인기가 있는 이유   ④ 제트엔진과 클라리넷에서 나는 소리
⑤ 다양한 음악에 대한 다양한 개인적 취향

▶ 필자는 첫 문장에서 두 가지 대상 즉, "A jet engine과 a clarinet"의 소리를 비교하면서 그것을 각각 '소음과 음악'으로 부른다는 의견을 도입하고 있다. 중반부에 들어가서는 "The difference between noise and music is not always clear."를 제시하면서 바이올린과 록밴드를 그 예로 들고 있다. 제시된 것을 바탕으로 추론하면 소리와 소음의 상대적인 비교 즉, 차이점에 대한 글이라는 것을 알 수 있다.

Translations

제트엔진과 클라리넷 둘 다 소리를 낸다. 당신은 아마도 제트엔진에서 나오는 소리를 '소음'이라고 부르고 클라리넷에서 나오는 소리를 '음악'이라고 부를 것이다. 소음은 우리가 불쾌해지는 소리이다. 소음과 음악의 차이점이 항상 분명한 것은 아니다. 바이올린을 연주하지 못하는 사람들은 '소음'을 만들고, 반면에 숙련된 음악가는 '음악'을 만든다. 이것 또한 개인 취향에 달려 있다. 록밴드의 소리는 청소년들에게는 '음악'이지만 그들의 부모들에게는 '소음'이다.

Words&Phrases

- clarinet (목관 악기) 클라리넷
- noise 소음, (불쾌하고 비음악적인) 소리
- unpleasant 불쾌한
- depend on ~에 달려 있다; ~에 의존하다
- personal taste 개인적인 취향
- popularity 인기; 평판; 대중성; 유행
- varying 가지각색의; 변화하는

Different groups develop ideas in different ways. In successful groups, individuals are encouraged to produce imaginative and original ideas and share them with others. In unsuccessful groups, individual members are not encouraged to do so. Instead, they are always asked to do groupthink. In the beginning, there are no differences in the abilities and qualities among the members of these two kinds of groups. However, in the end, the groups which encourage individual members to _____________________ will prosper, whereas those which do not will fail. Therefore, group leaders must learn this lesson and put it into practice in order to achieve productive and positive results.

Q   Which of the following is appropriate in the blank?
① learn quickly   ② understand others
③ respond properly   ④ think creatively
⑤ possess leadership

Solutions

Q   빈칸에 적절한 것은?   정답: ④번
① 빠르게 배운다   ② 타인을 이해한다
③ 올바르게 반응한다   ④ 창의적으로 생각한다
⑤ 리더십을 지닌다

▶ 첫 문장 "Different groups develop ideas in different ways."에서 윗글이 대조의 방식으로 전개될 것이라고 예측할 수 있다. 필자는 '성공한 집단과 그렇지 못한 집단'의 아이디어 개발 방식에 관해서 먼저 두 집단 간의 차이점에 대해서 언급하고, 그러한 차이에 의한 두 집단의 상반된 결과를 "whereas"를 통해 제시하고 있다. 지문에 나오는 original(독창적인)과 productive(생산적인)를 받는 유사어구로 가장 적절히 표현된 것은 ④번이다.

Translations

집단마다 다른 방법으로 아이디어를 개발한다. 성공적인 집단은 그 구성원들이 상상력이 풍부하고 독창적인 아이디어를 내고 그것들을 다른 사람들과 공유하도록 격려한다. 성공적이지 못한 그룹의 개인 구성원들은 그렇게 하도록 고취되지 않는다. 대신 항상 집단적 사고를 하도록 강요받는다. 초기에는 이 두 그룹 구성원의 능력이나 자질은 차이가 없다. 하지만, 결국에는 창조적인 생각을 하도록 고무되었던 개개인의 구성원들은 성공할 것이고, 반면에 그렇지 못한 사람들은 실패할 것이다. 그러므로, 그룹의 리더들은 이것을 교훈으로 삼아야 하며, 생산적이고 긍정적인 결과를 성취하기 위해서는 이 점을 활용해야 한다.

Words&Phrases

- **individual** 개인
- **imaginative** 상상력이 풍부한
- **groupthink** 집단적 사고, 집단 순응 사고
- **encourage** 고무시키다; 용기를 주다
- **prosper** 번영(번성)하다; 성공하다
- **whereas** 반면에
- **put it into practice** 실행하다
- **in order to** ~하기 위하여
- **productive** 생산적인
- **respond** 반응하다, 응답하다
- **possess** 소유하다; 지니다
- **creatively** 창조적으로, 독창적으로

Some auto manufacturers have been installing Event Data Recorders (EDRs) or "Black Boxes" similar to those found on commercial airliners. Between 65 and 90 percent of light vehicles already have EDRs installed in them. Such recorders can provide useful information that helps determine what caused individual accidents and, when compiled altogether, data that may be used to improve overall traffic safety. On the other hand, EDRs can be regarded as a hidden monitoring system that catalogues the movements and behavior of drivers, *whittling away their privacy. Black box data may be used as evidence against the vehicle owner or the other driver in either a civil or a criminal case.

*whittle: 베다, 자르다

Q What is an appropriate title for this passage?
① How Airplane Black Boxes Work?　　② Does Your Car Have Hidden Dangers?
③ Why Car Black Boxes Become Popular?　　④ Black Box Data as Supportive Evidence
⑤ Car Black Boxes: Safety or Spy Feature?

Solutions

Q 글의 제목으로 가장 적절한 것은?　　　　　　　　　　　　　　　　정답: ⑤번
① 비행기 블랙박스는 어떻게 작동하는가?　　② 당신의 자동차는 눈에 보이지 않는 위험을 가지고 있는가?
③ 왜 자동차 블랙박스가 널리 보급이 되었는가?　　④ 보조 증거로서의 블랙박스 자료
⑤ 자동차 블랙박스: 안전용인가 감시용인가?

▶ 이 글의 핵심어는 Event Data Recorders (EDRs) 혹은 Black Boxes이다. 글의 전개 방식을 살펴보면 "On the other hand"의 앞 부분에는 EDRs의 장점을 그 이후에는 단점을 설명하고 있다. 따라서 글의 소재인 EDRs 혹은 Black Boxes가 언급되어야 하며 장점과 단점을 모두 포함하는 ⑤번이 정답이다.

Translations

일부 자동차 제조 회사들은 사건 자료 기록기(EDRs), 다시 말해 민간 항공기에서 발견되는 것들과 유사한 "블랙박스"를 설치했다. 경차의 65~90%는 이미 사건 자료 기록기가 설치되어 있다. 그러한 기록기들은 무엇이 각 사건들을 야기했는가를 결정하는 데 도움을 주는 유용한 정보와 모두 수집되었을 때 전체적인 교통안전을 향상시키기 위해 사용될 수도 있는 자료를 제공할 수 있다. 반면에, 사건 자료 기록기는 운전자의 움직임과 행동을 목록으로 작성해서 그들의 사생활을 조금씩 드러내는 숨겨진 감시 장치로 간주될 수 있다. 블랙박스 자료는 민사 소송 사건이나 형사 소송 사건에서 차량 소유주나 다른 운전자에게 불리한 증거로 사용될 수도 있다.

Words&Phrases

□ **auto** 자동차, 차(=automobile)	□ **accident** 사건, 사고	□ **catalogue** 목록(을 작성하다)
□ **manufacturer** 제조 회사	□ **compile** (자료 등을) 수집하다	□ **behavior** 행동
□ **install** 설치하다	□ **overall** 전반적인	□ **privacy** 사생활
□ **commercial** 상업적인, 민간의, 광고의	□ **traffic safety** 교통안전	□ **evidence** 증거
□ **light vehicle** 경차	□ **regard A as B** A를 B로 간주하다	□ **civil case** 민사 소송 사건
□ **determine** 결정하다, 결심하다	□ **hidden** 숨겨진, 감춰진	□ **criminal case** 형사 소송 사건

Spiders weave complex webs, ants interact in complex colonies, beavers build complex dams, and chimpanzees have complex problem-solving strategies, just as humans use complex language. But there is a difference which distinguishes our intelligence from all the other species. Unlike the spider, which stops at web weaving, the human child has the potential to take its own representations as objects of cognitive attention. Normally, human children not only become efficient users of language; they also have the capacity to become little grammarians. By contrast, spiders, ants, beavers, and probably even chimpanzees do not have the potential to analyze their own knowledge.

Q What is the best title for the passage?
① 생명체의 다양한 언어
② 인간 지능의 특이성
③ 인간의 언어 발달에 대한 분석
④ 생명체의 문제 해결 전략
⑤ 인간과 비인간적 존재의 유사성

Solutions

Q 글의 제목으로 가장 적절한 것은?　　　　　　　　　　　　　　　　　　　　정답: ②번

▶ 글의 전반부에서 다른 동물들의 복잡한 문제 해결 능력이 인간의 언어 능력과 공통점이 있다고 설명하고 나서 역접 접속사 But 으로 시작하면서 인간만의 고유한 지적 능력의 차이점에 대해 다른 동물과 대조하면서 설명하고 있다. 주제 문장(But there is a difference which distinguishes our intelligence from all the other species.)에 나오는 intelligence를 담고 있는 ②번이 제목으로 적절하다.

※ 비교의 표시어: just as
※ 대조의 표시어: But there is a difference, distinguish, Unlike, By contrast

Translations

인간이 복잡한 언어를 사용하는 것과 똑같이, 거미는 복잡한 거미줄을 짜고, 개미는 복잡한 사회에서 상호 작용하고, 비버는 복잡한 둑을 짓고, 침팬지는 복잡한 문제 해결 전략을 가지고 있다. 하지만 인간의 지능을 다른 모든 종으로부터 구별 짓는 차이가 한 가지 있다. 거미줄 짜기(정도의 수준)에서 멈추는 거미와 달리, 인간의 아이는 자신이 표현한 것 (즉, 인간의 언어)을 인지의 대상으로 간주할 잠재적인 가능성이 있다. 일반적으로 인간의 아이들은 언어의 효율적인 사용자일 뿐 아니라 나름의 문법학자가 될 능력이 있다. 대조적으로, 거미, 개미, 비버, 그리고 아마 침팬지조차도 자신들의 지식을 분석할 능력을 가지고 있지 못할 것이다.

Words & Phrases

□ **weave** 거미줄을 짜다
□ **complex** 복잡한
□ **colony** 집단, 식민지
□ **strategy** 전략
□ **distinguish** 구별하다, 식별하다

□ **intelligence** 지능
□ **potential** 잠재력, 잠재 능력
□ **representation** 표현법
□ **cognitive** 인지적인
□ **attention** 주목, 집중

□ **efficient** 효율적인
□ **grammarian** 문법학자
□ **by contrast** 대조적으로, 반대로
□ **analyze** 분석하다

The economic struggle in America continues: but it seems apparent that the struggle is no longer between the giant segments of our society, but within them. Battles for power and control are being fought within some of the large corporations, enlivened by war in which the big prizes are stockholder's votes or proxies. Similarly, struggles for power are taking place within the large labor organizations. In each case, public opinion seems to be playing an increasingly important part, judging by the dramatic efforts being made to inform the people about the partisan positions. And so long as the battleground involves public favor, moderation seems neither implausible nor unnatural.

Q   What is the best title for the passage?
    ① A compromise in disputes between labor and capital
    ② The importance of votes and proxies
    ③ Public influence of internal industrial conflicts
    ④ The need for moderation in labor-management disputes

Solutions

Q   글의 제목으로 가장 적절한 것은?   정답: ③번
    ① 노사 간 분쟁에서의 타협   ② 투표와 대리 투표의 중요성
    ③ 산업 내부 갈등(투쟁)에 대한 대중(여론)의 영향   ④ 노사 분쟁에서의 중용의 필요성

▶ 도입부에 경제적 갈등(투쟁)이 대기업에서 벌어지고 있음을 언급하고 거기에 대한 보충 설명을 한 후, Similarly로 내용을 연결해 기업 내부의 또 다른 요소인 노동단체의 예를 설명하고 있다. 기업들과 노동단체들이 권력과 통제력을 얻기 위한 투쟁에 있어서 여론이 점차 중요한 고려 대상으로 떠오르고 있음을 보여주는 글이다. 이 글의 핵심어인 "struggle = conflict(갈등)"와 "기업 내부의 주주와 노동 조직체"를 포괄하는 "internal industrial"이 들어 있는 ③번이 정답이다.

※ 비교의 표시어: Similarly

Translations

미국에서의 경제적 투쟁은 계속되고 있지만 분명해 보이는 것은 그러한 투쟁이 더 이상 우리 사회의 거대한 분파들 간에 일어나는 것이 아니라, 그 집단 내부에서 발생한다는 것이다. 권력과 통제권을 얻기 위한 싸움은 주주들의 투표권과 대리 투표권이 상으로 주어지는 전쟁으로 인하여 활기를 띠게 된 일부 대기업들 내에서 벌어지고 있다. 유사하게, 권력을 얻기 위한 투쟁은 대규모 노동단체 내에서도 일어나고 있다. 각각의 경우에 있어 자기의 당파적 입장을 일반 대중들에게 알리려는 엄청난 노력이 진행되는 것으로 판단해 볼 때 여론이 점점 중요한 역할을 하고 있는 것 같다. 그리고 그 논쟁이 일반 대중의 지지를 필요로 하는 한, 중용은 받아들이기 어려운 것도 부자연스러운 것도 아닌 것 같다.

Words&Phrases

- **segment** 부분; 조각; 구획
- **corporation** 법인; 회사, 기업
- **enliven** 활기를 띠게 하다; 원기를 돋우다, 경기를 좋게 하다
- **stockholder's votes or proxies** 주주들의 투표와 대리 투표(위임장)
- **public opinion** 여론
- **play an important part** 중요한 역할을 하다
- **partisan** 당파적인, 당파심이 강한; (군사) 유격병; 게릴라 대원
- **battleground** 전쟁터; (비유) 논쟁점
- **favor** 지지; 찬성; 후원
- **moderation** 중용; 온건; 사회를 봄
- **implausible** 받아들이기 어려운; 이상한
- **labor and capital** 노동자와 자본가, 노사(勞使)

Upon entering a record store, one encounters a wide variety of genres from easy listening to jazz and classical music. Jazz and classical music have a number of things in common. However, they also have a number of differences. Before sound recording, classical music was passed down through written scores, whereas early jazz mainly relied on live performance. The composers are in control in classical music; they write the musical notes along with detailed instructions. In jazz, on the contrary, the performers often improvise their own melodies. In sum, classical music and jazz both aim to provide a depth of expression and detail, but they ___________________.

Q Which of the following is appropriate in the blank?
① take different approaches to record sales
② owe their traditions to the easy listening genre
③ achieve their goal through different approaches
④ rely on composers to write their improvisations
⑤ depend on their music scores to gain popularity

Solutions

Q 글의 빈칸에 가장 적절한 것은? 정답: ③번
① 음반 판매에 다른 접근법을 취한다. ② 듣기 쉬운 장르 덕분에 그것들은 전승된다.
③ 다른 접근법을 통해 그들의 목표를 성취한다. ④ 즉석에서 만들어 낸 작품을 쓰기 위해 작곡가들에게 의존한다.
⑤ 인기를 얻기 위해서 그들의 악보에 의존한다.

▶ 고전 음악은 작곡가들이 세부사항을 악보에 적어서 표현의 깊이를 제공하고, 재즈는 연주가들이 즉석에서 만든 멜로디를 통해 이 것을 제공하므로 서로의 차이점이 들어 있는 ③번이 정답이다.

※ 비교의 표시어: Jazz and classical music have a number of things in common.
※ 대조의 표시어: However, they also have a number of differences, whereas, on the contrary

Translations

음반 가게에 들어가자마자, 사람들은 쉽게 들을 수 있는 음악에서 재즈와 고전 음악까지 다양한 장르를 만나게 된다. 재즈와 고전 음악은 많은 공통점을 가지고 있다. 하지만, 그것들은 또한 많은 차이점을 가지고 있다. 소리로 녹음하기 전에, 고전 음악은 쓰인 악보를 통해 전달된 반면에, 초기의 재즈는 주로 실제 공연에 의존했다. 고전 음악에서는 작곡가들이 통제를 한다. 즉, 그들은 세부적인 지시 사항이 동반된 악보를 쓴다. 반면에, 재즈에서는 공연을 하는 사람들이 종종 자신들의 멜로디를 즉석에서 만든다. 요약하자면, 고전 음악과 재즈는 모두 깊이 있는 표현과 세부사항을 제공하려고 하지만 그것들은 다른 접근법을 통해 그것들의 목표를 성취한다.

Words&Phrases

□ **encounter** 마주치다, (우연히) 만나다
□ **have in common** ~를 공통점으로 가지고 있다
□ **pass down** 전승(전달)하다
□ **score** 득점, 20(개, 명), 악보

□ **rely on** ~에 의존하다, 의지하다
□ **live performance** 실제 공연
□ **composer** 작곡자
□ **note** 메모; 주(註); 음표; 지폐
□ **instruction** 지시 사항; 명령; 가르침

□ **improvise** 즉석에서 연주하다, 즉흥적으로 연주(노래)하다
□ **improvisation** 즉흥 연주, 즉석에서 지은 것
□ **music scores** 악보

4 원인과 결과^{Cause & Effect}로 이루어진 글

인과(因果)관계는 원인(cause)과 결과(effect)의 관계를 말한다. 즉, 하나의 사건(원인)이 다른 사건(결과)을 일으킬 경우 둘의 관계를 인과관계라 하는데 이 세상의 사건이나 현상은 인과관계로 연결된 경우가 많다. 원인과 결과로 연결된 글은 역사, 정치, 사회, 지리, 과학 등 다양한 분야에서 볼 수 있으며, 특히 학문적인 글에서 많이 쓰이고 있다. 원인과 결과의 구조를 이용하는 지문은 인과관계 자체에 초점이 맞추어지기도 하지만 어떤 문제점이 제시되고 그것에 대한 원인 분석과 해결책을 제시하는 경우가 대부분을 차지한다.

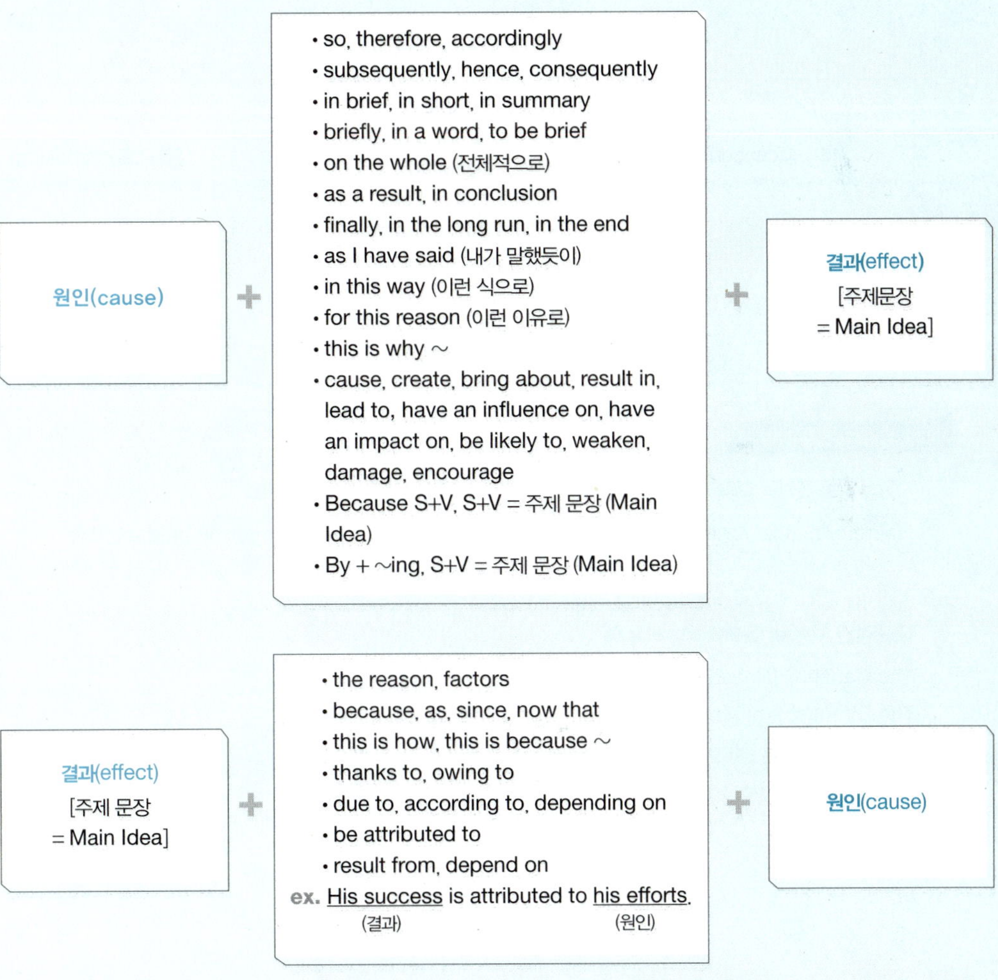

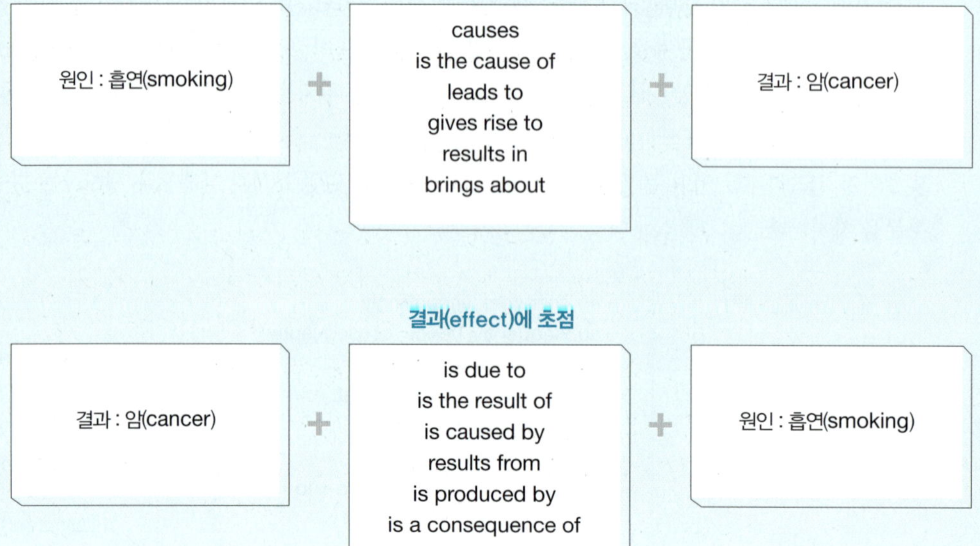

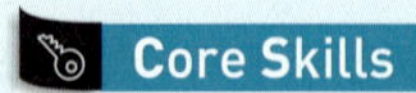 **Core Skills**

다음과 같은 원인과 결과의 표시어가 단락의 마지막에서 주제 문장을 이끌 수 있다.

: therefore, thus, for these reasons, in conclusion, in short, in summary, in brief, briefly

∞ **대표적인 Topic Sentence의 예**

The Cause(s) [Reason(s)] of ~ ~의 원인 [이유]

The Effect(s) [Influence(s)] of A on B B에 대한 A의 결과 [영향]

The Side Effect [Negative Side, Positive Side] of ~ ~의 부작용 [부정적인, 긍정적인 측면]

The causes of the dinosaurs' extinction remain one of science's great mysteries. Although there are several theories about why the dinosaurs disappeared, only one seems truly sound. According to this theory, dinosaurs became extinct because a comet crashed into Earth, producing a lot of dust. The dust blocked out the sunlight for many months, and as a result plants died out. Thus, the dinosaurs, which lived mainly on plants, were left without much food. The lack of sunlight would have also caused temperatures to drop sharply, and made the dinosaurs experience double forces of destruction — freezing and starvation.

Q What is an appropriate title for this passage?
① Why Did the Dinosaurs Disappear? ② How Did the Earth Begin?
③ Looking for the Dinosaurs ④ The History of Dinosaurs
⑤ Several Reasons for the Dinosaurs' Extinction

 Solutions

Q 글의 제목으로 가장 적절한 것은? 정답: ①번
① 왜 공룡이 사라졌는가? ② 어떻게 지구가 시작되었을까?
③ 공룡을 찾아서 ④ 공룡의 역사
⑤ 공룡 멸종의 몇 가지 이유

▶ 공룡 멸종의 원인을 규명할 만한 이론 중 믿을만한 유일한 것은 혜성의 지구 충돌론임을 원인과 결과로 설명하고 있다. 위 글은 원인과 결과의 사슬 형태의 구조 즉, "햇빛 차단 ⇨ 식물의 죽음 ⇨ 공룡의 굶주림 / 햇빛의 부족 ⇨ 기온의 갑작스런 하강 ⇨ 추위"를 취하고 있다. 공룡은 추위와 굶주림의 이중고를 겪게 되었고 그 결과로 멸종되었다.

Translations

공룡 멸종의 원인은 커다란 과학적 불가사의의 하나로 남아 있다. 공룡이 사라진 이유에 관해서는 여러 가지 이론이 있지만, 오직 한 가지 이론만이 정말 믿을만한 것 같다. 이 이론에 따르면 공룡은 혜성이 지구에 충돌하여 먼지를 많이 만들어냈기 때문에 멸종됐다. 먼지가 여러 달 동안 햇빛을 차단했고 그 결과 식물이 죽어버렸다. 따라서 주로 식물을 먹고 살던 공룡은 식량이 부족한 상태에 처하게 되었다. 햇빛의 부족으로 기온 또한 급격히 떨어졌을 것이고, 따라서 공룡은 추위와 굶주림이라는 이중고를 겪게 되었던 것이다.

Words&Phrases

□ **cause** 원인
□ **extinction** 멸종
□ **mystery** 불가사의
□ **truly** 진실로; 올바르게
□ **sound** 건전한; 완전한; 정상적인
□ **extinct** 멸종한
□ **comet** 혜성
□ **block out** 차단하다

□ **die out** (종족 따위가) 맥이 끊기다; (관습, 장사가) 쇠퇴하다
□ **mainly** 주로
□ **live on** (주식으로) 먹고 살다
□ **lack** 부족
□ **temperature** 온도
□ **sharply** 급격하게
□ **freezing** 결빙; 어는; 몹시 추운
□ **starvation** 기아, 아사(餓死)

An increasing emphasis on the value of time is changing consumers' behavior. A recent survey has found that shoppers want more time for themselves, and one way to get it is to spend less time shopping. Because of this change, shop owners are changing store designs to make shopping and consumer service easier. For example, to help busy shoppers race through the store, companies now display floor plans in many different places throughout the store. Also, they have made their stores bigger to minimize time spent shopping.

Q　What is the main idea of this passage?
① 새로운 상품을 찾는 소비자들이 늘고 있다.
② 청소년층을 겨냥한 매장이 증가하고 있다.
③ 소비자들의 구매 취향이 점차 다양해지고 있다.
④ 소득이 증가하면서 소비 욕구가 높아지고 있다.
⑤ 쇼핑 시간 단축을 위해 매장 설계가 바뀌고 있다.

Solutions

Q　글의 요지는 무엇인가?　　　　　　　　　　　　　　　　　　　　　　　　　　　　　　정답: ⑤번
▶ 이 글은 먼저 원인 "An increasing emphasis on the value of time"에 해당하는 내용이 먼저 진술된 후 "Because of this change"라는 연결어를 통해서 그 원인으로 인해 일어난 결과가 제시되고 있는 "원인 ⇨ 결과"의 구조이다. 이 글의 주제 문장은 "shop owners are changing store designs to make shopping and consumer service easier."이다. 이후에 예시의 연결사 "For example"이 보충 설명문장을 이끌고 있다. 원인과 결과, 예시의 연결어가 잘 파악되는 구조이므로 난이도는 높지 않다.

Translations

시간의 가치가 더 중요하게 여겨짐에 따라 소비자들의 행동에도 변화가 생기고 있다. 최근의 한 조사에 의하면, 구매자들은 자신만의 시간을 더 갖고 싶어하고, 그것을 위한 한 가지 방법은 쇼핑 시간을 줄이는 것으로 나타났다. 이러한 변화로 인해, 상점 주인들은 고객이 쇼핑을 더 편하게 하고 고객 서비스를 더 쉽게 하기 위해 가게의 디자인을 바꾸고 있다. 예를 들어, 바쁜 구매자들이 빨리 가게를 둘러보는 것을 돕도록 회사들은 가게 전체의 여러 곳에 층별 지도를 붙여 둔다. 또 쇼핑하는 데 걸리는 시간을 최소화하기 위해 매장 수를 늘려왔다.

Words&Phrases

□ **increasing** 증대; 증가하는 (↔ decreasing 감소하는)
□ **emphasis** 중요성, 강조
□ **value** 가치
□ **consumer** 소비자
□ **behavior** 행동, 행위
□ **recent** 최근의

□ **survey** 연구, 조사
□ **design** 디자인, 설계, 계획
□ **display** 전시하다; 나타내다
□ **floor plans** 층별 지도(안내도), (건축) 평면도
□ **minimize** 최소화하다

News does not always mean anything that is unquestionably true. Although the news seems to be based on facts, these facts are interpreted and reported the way the media chooses to report them. For example, some information that appears as news is really only speculation, or theories formed by reporters. Furthermore, many journalists and reporters sensationalize or dramatize a news event in order to make a story more interesting. Unfortunately, sensationalism often stretches the truth and hurts the people involved. Therefore, as consumers of news we must think critically about the news.

Q What is the main idea of this passage?
① 뉴스는 항상 사실을 바탕에 둔다.
② 뉴스를 비판적으로 바라볼 필요가 있다.
③ 뉴스에 대한 이해를 위해 많은 지식이 필요하다.
④ 흥미 유발을 위한 뉴스의 내용 수정은 필연적이다.
⑤ 뉴스를 보도하는 사람들에게는 사명감이 필요하다.

Solutions

Q 글의 요지는 무엇인가? 　　　　　　　　　　　　　　　　　　　　　　정답: ②번

▶ 글의 첫 문장 "News does not always mean anything that is unquestionably true."에서 이 글의 핵심어 "News"의 도입과 뉴스가 항상 의심할 바 없는 진실을 의미하는 것은 아니다."라고 필자가 주장했다. "For example, Furthermore"를 사용해서 구체적인 이유를 두 개 나열한 후 필자의 강력한 개인적인 주장으로 글의 요지를 표현하고 있다. 즉, 미괄식 구조의 글이다.

원인: 예를 들어, 뉴스는 추측이거나 기자들이 만든 이론 + 더욱이 언론인과 기자들이 선정적인 보도와 각색을 한다.
결과(요지): 따라서 소비자로서의 우리는 뉴스를 비판적으로 바라봐야 한다.

Translations

뉴스가 항상 의심할 바 없는 사실을 의미하는 것은 아니다. 비록 뉴스가 사실들에 근거하고 있는 것 같지만, 이러한 사실들은 매체가 그것들을 보도하고자 선택하는 방식으로 해석되고 보도된다. 예를 들어, 뉴스로 등장하는 일부 정보는 실제로 추측이거나 또는 기자들에 의해 형성된 이론이다. 더욱이, 많은 언론인들과 기자들은 이야기를 더 흥미 있게 만들기 위해서 뉴스가 되는 사건을 선정적으로 다루거나 각색한다. 불행하게도, 선정주의는 종종 진실을 왜곡하고 관련된 사람들에게 상처를 입힌다. 그러므로, 뉴스의 소비자로서 우리는 뉴스에 대해서 비판적으로 생각해야 한다.

Words & Phrases

□ **unquestionably** 의심이 없게	□ **dramatize** 각색하다
□ **be based on** ~에 근거하다	□ **in order to** ~하기 위하여
□ **interpret** 해석하다	□ **unfortunately** 불행하게도
□ **the media** (방송) 매체	□ **sensationalism** 선정주의
□ **speculation** 추측	□ **stretch** 억지 해석하다; 잡아 늘리다
□ **journalist** 언론인	□ **consumer** 소비자
□ **sensationalize** 선정적으로 다루다	□ **critically** 비판적으로

Social change for the better happens when groups of citizens try to bring it about. Today, such groups can take on many tasks once performed by government. These so-called non-governmental organizations deliver social services. They are active in various areas from law to medicine. They watch and influence what governments do at home and abroad. What is more, they often work better than governments. This is because they are able to use people from all walks of life.

Q What is the topic of the passage?
① 정부의 구조와 기능　　　　　　② 민간과 정부 협력 방안
③ 정부의 개혁 의지　　　　　　　④ 비정부 기구의 역할
⑤ 민간 기업의 합병

Solutions

Q　글의 주제는 무엇인가?　　　　　　　　　　　　　　　　　　　　정답: ④번
▶ 필자는 "비정부 기구(NGO)가 정부 못지않은 역할을 할 뿐 아니라 때로는 정부보다 더 훌륭하게 일을 수행한다."라고 주장하면서, 글의 마지막 부분에 그 이유를 "This is because ∼(이것은 그들이 각계각층의 사람들을 쓸 수 있기 때문이다.)"로 나타내고 있다. 이 글의 핵심어인 "non-governmental organizations(NGO)"는 앞 문장의 "groups of citizens, such groups"를 지칭하고 있고, 그 이후의 문장에서는 "they"로 지칭되고 있다.

Translations

더 나은 것을 위한 사회적 변화는 여러 시민 단체들이 그 일을 하려 할 때 일어난다. 오늘날 그러한 단체들은 예전에 정부에 의해 수행된 많은 일들을 떠맡을 수 있다. 이러한 소위 비정부 기구(NGO)들은 사회 봉사 활동을 제공한다. 그들은 법에서 의료에 이르기까지 여러 분야에서 적극적으로 활동한다. 그들은 정부가 국내나 국외에서 하는 것을 지켜보고 영향력을 행사하기도 한다. 게다가, 그들은 종종 정부보다 일을 더 잘 수행하기도 한다. 이것은 그들이 각계각층의 사람들을 쓸 수 있기 때문이다.

Words & Phrases

□ **social** 사회적인
□ **citizen** 시민
□ **take on** (역할, 책임을) 떠맡다
□ **perform** 수행하다
□ **so-called** 소위 말해
□ **non-governmental** 비정부의

□ **deliver** 전달하다
□ **influence** 영향; 영향을 끼치다
□ **all walks of life** (사회의) 모든 분야(직업, 계급)
　(=every walk of life)
　cf. a walk of(in) life 직업(=occupation)

5 묘사^{Description}로 이루어진 글

묘사(描寫)란 있는 그대로의 모습을 그림 그린 듯이 자세히 보여 주는 기법으로서 독자들로 하여금 인물, 장소, 사물에 대해 머릿속에 어떤 생생한 그림을 그릴 수 있도록 해주는 글의 구성 방식이다. 이러한 그림을 만들기 위해서 글쓴이는 독자의 오감에 호소한다. 일반적으로 전체 혹은 큰 부분에서 시작하여 작은 부분 혹은 세부적인 상황으로 묘사해 가며, 주로 공간적, 시간적 순서에 따른다. 문학 작품과 체험담, 기행문 등에 묘사가 많이 사용되며, 필자의 심경, 어조, 글의 분위기, 지칭 추론, 내용 일치를 묻는 문제로 출제된다. 묘사로 이루어진 글을 읽을 때에는 기본적인 독해 능력과 더불어 감상과 판단 등의 종합적 이해 능력이 필요하다.

Descriptive writing appeals to the sense, so it tells how something looks, feels, smells, tastes, and sounds. A good description is a word picture; the reader can imagine the object, place, or person in his or her mind.

묘사적 글은 독자의 감각에 호소한다. 그래서 그것은 그 무엇이 어떻게 보이고 느껴지는지, 어떤 냄새와 어떤 맛이 나는지, 그리고 어떻게 들리는지를 말해 준다. 좋은 묘사는 말로 표현된 그림과 같다. 독자는 사물, 장소, 혹은 사람을 그의 마음속에서 상상할 수 있다.

Description 묘사			
	얼굴 표정	pained 화난 lively 활기찬 vivacious 명랑한 scowling 찡그린	delicate 연약한, 여린 peaceful 평화로운 frown 찌푸린
	목소리	harsh 거친 melodious 듣기 좋은 growing 커지는	deep 저음의 booming 울리는
	촉감	rough 거친 silky 부드러운	sharp 날카로운 smooth 매끈한
	분위기	cheerful 활기찬 boring 지루한 busy 바쁜 festive 흥겨운 sad 슬픈	gloomy 우울한 lonely 외로운 relaxing 느긋한 romantic 로맨틱한
	심경	angry 화가 난 pleased 기쁜 joyful 기쁜 worried 걱정하는	kind 친절한 nervous 걱정스러운 anxious 염려하는 envious 부러워하는
	맛	bitter 쓴 salty 짠 spicy 매운	bland 자극적이지 않은 sour 시큼한 sweet 달콤한

Core Skills

1 글 초반에 공간적, 시간적 배경을 파악하여 글의 흐름을 잡고, 글의 핵심어(소재)가 무엇인지 파악한다.

2 나열되는 특징이나 설명들을 꼼꼼히 파악하며 글을 읽는다. 글에 등장하는 인물의 말 또는 행동 등에 대한 묘사나 인물 주변에 있는 사물에 대한 묘사를 통해서 주인공의 상황을 이해할 단서를 찾는다.

3 글의 흐름이 파악되지 않은 상태에서 지엽적인 내용이나 특정한 하나의 동작만 보고 확대 해석하거나 주관적인 판단을 내리지 않도록 주의한다. (전체적인 내용을 객관적으로 판단하기 위해서는 2~3개 정도의 묘사 내용을 종합적으로 보아야 한다.)

The red fox often acts in ways that seem extremely crafty. Trappers seeking red foxes must clean their equipment well to rid it of human smells, or the foxes will not come near. The foxes also manage to dig up hidden traps and set them off without being caught. Red foxes have even been known to use a pedestrian underpass rather than cross a highway. On the other hand, red foxes are sometimes extremely careless. They often come running in response to an imitation of their bark, regardless of danger. They readily return to areas where they have been heavily hunted in the past. So whether or not the red fox is especially intelligent is an open question.

Q   Which is true about "red fox" according to the passage?
① 사람 냄새를 맡고 가까이 온다.
② 숨겨진 덫을 파헤치기도 한다.
③ 고속도로 위로 다닐 만큼 대담하다.
④ 과거에 쫓겼던 지역에는 돌아오지 않는다.
⑤ 지능이 높은 것으로 입증되었다.

Solutions

Q   red fox에 관하여 윗글의 내용과 일치하는 것은?   정답: ②번

▶ ②"The foxes also manage to dig up hidden traps ~"에서 알 수 있듯이, "숨겨진 덫을 파헤치기도 한다."는 내용은 글의 내용과 일치한다.

③ 글의 중반부에 red fox는 고속도로 위보다는 보행자용 지하도를 이용하는 것으로 알려져 있다는 내용이 있다. 따라서 "고속도로 위를 다닐 만큼 대담하다."라는 내용은 글의 내용과 일치하지 않는다.

⑤ 마지막 문장에서 red fox가 특별히 지능이 높은가 아닌가 하는 문제는 '확실치 않은 문제(open question)' 즉, 상황에 따라 답이 달라질 수 있다는 내용이 나온다. 따라서 "지능이 높은 것으로 입증되었다."는 내용은 글의 내용과 일치하지 않는다.

Translations

붉은 여우는 종종 아주 교활하게 보이는(꾀가 많아 보이는) 방식으로 행동한다. 붉은 여우를 잡으려는 덫 사냥꾼은 인간의 냄새를 제거하기 위해 자신들의 장비를 잘 닦아야 한다. 그렇지 않으면 붉은 여우는 가까이 오지 않을 것이다. 붉은 여우는 숨겨진 덫을 파헤치기도 하며, 붙잡히지 않고 그것을 풀어버린다(작동시킨다). 붉은 여우는 심지어 고속도로를 건너기보다 보행자용 지하통로를 이용하는 것으로도 알려져 있다. 반면에, 붉은 여우는 아주 부주의할 때도 있다. 그들은 종종 위험에 상관하지 않고, 그들이 짖는 소리를 흉내 내는 것에 반응하여 달려온다. 그들은 과거에 많이 사냥을 당했던 지역으로 쉽게 돌아간다. 그래서 붉은 여우가 매우 지능적이냐 그렇지 않느냐는 확실치 않은 문제이다.

Words&Phrases

□ **crafty** 교활한
□ **trapper** 덫 사냥꾼
□ **seek** 추구하다; 찾다; 구하다
□ **manage to** 용케 ~하다, 간신히 ~하다

□ **dig up** 파내다
□ **set off** (기계, 장치 등을) 시동시키다; 출발하다, 출발시키다; (일을) 갑자기 시작하다
□ **pedestrian** 보행자

□ **underpass** 지하도, 아래 통로
□ **regardless of** ~에 상관없이
□ **readily** 쉽사리, 손쉽게
□ **open question** 확실치 않은 문제 (=question of uncertainty)

A group of researchers have recently developed an artificial skin that can detect both pressure and temperature at the same time. They inserted pressure sensors and temperature sensors in a thin plastic film to create a net-like structure. The new artificial skin is flexible enough to wrap around robot fingers and relatively inexpensive to make. This breakthrough has the potential to improve how robots will function in the real world. Future artificial skins could incorporate sensors not only for pressure and temperature, but for light, humidity, strain or sound.

Q   Which is not true about "artificial skin" according to the passage?
① 압력과 온도를 동시에 감지할 수 있다.
② 얇은 플라스틱 필름 속에 감지 장치가 삽입되어 있다.
③ 로봇 손가락에 감을 수 있을 정도로 유연하다.
④ 실생활에서 로봇의 기능을 향상시킬 잠재력을 갖고 있다.
⑤ 빛과 소리의 감지 기능을 포함하지는 못할 것이다.

Solutions

Q   artificial skin에 관하여 윗글의 내용과 일치하지 않는 것은?   정답: ⑤번
▶ ① "~an artificial skin that can detect both pressure and temperature at the same time." 참조
② "They inserted pressure sensors and temperature sensors in a thin plastic film" 참조
③ "The new artificial skin is flexible enough to wrap around robot finger~" 참조
④ "This breakthrough has the potential to improve how robots will function in the real world." 참조
⑤ 마지막 문장인 "Further artificial skins could incorporate sensors not only for pressure and temperature, but for light, humidity, strain or sound."는 압력과 온도뿐만 아니라 빛과 습도, 긴장, 소리를 위한 감지 기능을 포함할 수 있다는 내용이므로 ⑤번은 글의 내용과 일치하지 않는다.

Translations

한 그룹의 연구원들이 최근 압력과 온도를 동시에 모두 감지할 수 있는 인공 피부를 개발했다. 그들은 압력 감지기와 온도 감지기를 그물 같은 구조를 만들기 위해 얇은 플라스틱 필름 속에 삽입했다. 그 새로운 인공 피부는 로봇 손가락을 감을 수 있을 정도로 유연하고, 만들기에 비교적 저렴하다. 이러한 획기적 발전은 실생활에서 로봇의 기능을 향상시킬 잠재력을 갖고 있다. 미래의 인공 피부는 압력과 온도뿐만 아니라, 빛, 습도, 긴장, 소리도 감지하는 기능을 포함할 수 있을 것이다.

Words&Phrases

□ **artificial** 인공적인, 인공의; 가짜의; 거짓의
□ **detect** 탐지하다, ~의 현장을 목격하다
□ **insert** ~을 ~에 삽입하다; 게재하다
□ **sensor** 감지기, 센서; 감각 기관
□ **film** 얇은 막(층); 필름, 영화
□ **flexible** 구부리기 쉬운; 융통성 있는
□ **wrap** ~을 둘러 (감)싸다; 포장하다; 포장지

□ **breakthrough** (과학, 기술 따위의) 비약적(획기적) 발전; 눈부신 발견; 방어선 돌파
□ **potential** 잠재력이 있는; 발전 가능성이 있는, 가능한
□ **incorporate** ~을 포함하다; ~을 법인 조직으로 만들다; ~을 가입시키다; ~을 구체화하다
□ **humidity** 습도
□ **strain** 긴장; ~을 팽팽하게 하다; 긴장시키다

An ancient Egyptian mummy is back home after a journey across the world that began with a tomb robbery. ❶ The mummy is believed to be the remains of Ramses the First, ruler of Egypt from 1293 to 1291 B.C. ❷ Ramses the Second was one of the most notable kings in Egyptian history, and left monuments throughout Egypt. ❸ Egyptologists said the mummy had been spirited out of the country in 1860 after thieves looted him from a royal tomb near Luxor. ❹ It was taken first to a Canadian museum until it was purchased in 1999 by the Michael Carlos Museum in Atlanta, U.S. ❺ On discovery that it was in fact a royal mummy, the curator of the museum suggested it _____________________ to Egypt as a token of friendship to the Egyptian people.

Q1 윗글에서 전체의 흐름과 관계가 없는 것을 고르시오.

Q2 Which of the following is appropriate in the blank?
① should return　　② returning　　③ being returned
④ be returned　　⑤ should have returned

Solutions

Q1 흐름과 관계없는 문장을 고르는 문제이다.　　　　　　　　　　정답: ②번
▶ 윗글은 람세스 1세의 미라가 도난당해 이집트로 반환되기까지의 과정을 묘사한 내용으로 람세스 2세에 대한 내용은 전체 글의 흐름과 관계가 없다. 이 글의 핵심어는 "람세스 1세의 미라"이다.

Q2 다음 중 빈칸에 적절한 것은?　　　　　　　　　　　　　　　정답: ④번
▶ 제안, 충고, 주장, 소망, 명령, 요구의 동사가 이끄는 종속절에는 'should + 동사원형'이 오는데, should는 종종 생략이 된다. 문장의 동사가 suggest(제안하다)이고 미라와 return(반환하다)의 의미 관계는 수동이므로 should be returned 혹은 should가 생략된 be returned가 와야 한다.

Translations

한 고대 이집트 미라가 도굴된 이후 세계를 거쳐 고국으로 돌아온다. ① 그 미라는 기원전 1293년부터 1291년까지 이집트의 통치자였던 람세스 1세의 유해로 여겨진다. (② 람세스 2세는 이집트 역사에서 가장 유명한 왕 중 한 명이었고 이집트 전역에 기념물들을 남겼다.) ③ 이집트학자들은 도굴꾼들이 Luxor 부근의 왕족 무덤에서 그 미라를 약탈해 간 후 1860년에 그 나라에서 행방불명되었다고 말했다. ④ 그것은 처음에는 한 캐나다 박물관이 가지고 있었고 1999년에 미국 애틀랜타의 Michael Carlos 박물관이 구입했다. ⑤ 그것이 사실 왕족의 미라라는 사실을 알게 된 그 박물관의 관장이 이집트 사람들에 대한 우정의 표시로 그것을 이집트에 돌려줄 것을 제안했다.

Words & Phrases

□ **mummy** 미라
□ **tomb robbery** 도굴
　(=grave robbery)
□ **remains** 유해; 유적, 유물
□ **notable** 주목할 만한; 현저한; 저명한

□ **monument** 기념비; 기념상; 기념 건조물; 유적; 유물; 모범; 전형; 현저한 사례
□ **spirit** 몰래 가져가다; 유괴하다; 기운 나게 하다; 격려하다; 정신; 영혼; 마음; 신; 악령; 활기; 증류주(술)

□ **Egyptologist** 이집트 전문 학자
□ **loot** 약탈하다; 전리품, 약탈품
□ **curator** (박물관, 도서관 따위의) 관리자, 관장, 지배인
□ **token** 상징, 표시

Trousers seem to have been invented in Persia in the later prehistoric period. They were then adopted by many northern European and central Asian "barbarians" (as they were referred to by "civilized" members of Roman and Chinese empires), such as the Saxons. In many cases, barbarian women also wore trousers, especially when horseback riding was part of the nomadic way of life. In the cities of the two empires, however, both men and women of the elite wore long flowing robes. Even after the Roman Empire collapsed into a fragmented feudal Europe, noble men and women continued to wear long, quasi-Roman robes. Peasants wore short robes, and occasionally male peasant wore loose "barbarian" trousers.

Q Which of the following is not true?

① 바지는 로마 제국 시절 북부 유럽에 존재했다.

② 로마와 중국은 색슨족을 야만인 취급했다.

③ 중세 유럽에서 귀족들은 로마의 복식을 답습했다.

④ 중세 시대의 유럽 귀족 여성들은 자주 바지를 입었다.

Solutions

Q 다음 중 사실이 아닌 것은?　　　　　　　　　　　　　　　　　　　　정답: ④번

▶ 이 글 종반부의 "noble men and women continued to wear long, quasi-Roman robes."라는 내용으로 보아 "중세 시대의 유럽 귀족 여성들이 바지를 입었다."는 ④번이 지문과 일치하지 않음을 알 수 있다. 부정형 질문의 경우는 보기와 관련된 내용이 지문에 나오면 그 보기를 지워나가다 마지막 남은 보기 즉, 지문에서 관련 내용을 찾을 수 없는 보기를 정답으로 결정한다.

Translations

바지는 선사시대 말엽 페르시아에서 발명된 것처럼 보인다. 바지는 그 후에 많은 북유럽 및 중앙아시아의 색슨족과도 같은 "야만인들" (그들은 로마 제국이나 중국 제국의 "문명화된" 민족들에 의해 야만인이라 일컬어졌기 때문에)에 의해서도 받아들여졌다. 많은 경우에, 특히 승마가 유목 민족의 삶의 일부였기 때문에, 야만인 여성들 또한 바지를 입었다. 하지만 두 제국(로마와 중국)의 도시에서는, 엘리트 남성과 여성 모두 길게 흘러내리는 헐거운 옷을 입었다. 심지어 로마 제국이 붕괴되어 봉건 유럽으로 산산이 나누어진 이후에도, 남녀 귀족들은 계속하여 로마인들이 입던 것과 유사한 긴 옷을 입었다. 농부들은 짧은 옷을 입었으며 때때로 남자 농부들은 느슨한 "야만인들의" 바지를 입었다.

Words&Phrases

- **trousers** (남자용) 바지(=pants[美])
- **prehistoric** 선사시대(유사 이전)의
- **adopt** 채용하다; 채택하다
- **barbarian** 야만인, 미개인; 미개의, 야만의
- **civilized** 문명화된
- **empire** 제국
- **horseback riding** 승마
- **nomadic** 유목의; 방랑의
- **flowing** 풍성하게 늘어진; 흐르는
- **robe** 길고 헐거운 겉옷, 예복
- **collapse** 무너지다, 붕괴하다
- **fragmented** 파편이 된, 분열한
- **feudal** 봉건 제도의, 중세의
- **quasi-** 유사한, 유사의; 준(準), 반(半)
- **peasant** 농부; 소작농
- **occasionally** 때때로, 가끔

This is usually found in a circus for acrobats, or on a porch for relaxing. Once it is in motion, it continues to move like a pendulum until it comes to a halt. It comes in a variety of sizes and shapes. For infants and toddlers, it has leg holes which support the child in an upright position when a parent or sibling pushes the child to get a motion. For older children, it is sometimes made of a flexible canvas seat, of plastic, or of wood. A common backyard sight is of a wooden plank suspended on both sides by ropes from a tree branch. Older children can go much higher, sometimes over 15 feet above the ground.

Q What does the pronoun This refer to?
① swing ② tricycle ③ seesaw
④ hula-hoop ⑤ jump rope

Solutions

Q 대명사 This가 가리키는 것은? 정답: ①번
① 그네 ② 세발자전거 ③ 시소
④ 훌라후프 ⑤ 줄넘기 줄

▶ 필자가 묘사한 내용에서 결정적인 힌트를 주는 표현들 '움직이면 멈출 때까지 추처럼 계속 움직인다.', '나뭇가지에 줄의 양쪽 끝을 매달아 놓은 나무판자', '지상에서 15피트 이상 올라갈 수 있다.'의 공통점을 추론해보면 ①번이 정답임을 알 수 있다.

Translations

이것은 대개 곡예사들이 하는 서커스나 휴식을 취할 수 있는 현관에서 볼 수 있다. 이것은 일단 움직이면 멈출 때까지 추처럼 계속 움직인다. 이것은 크기와 형태가 다양하다. 유아용에는 부모나 형제자매가 아이를 밀어 움직이게 할 때, 아이를 바른 자세로 지탱해주는 다리 넣는 구멍이 있다. 좀 더 큰 아이들을 위해서는 유연한 캔버스 천이나 플라스틱, 또는 나무판으로 안장을 만들기도 한다. 나뭇가지에 줄의 양쪽 끝을 매달아 놓은 나무판자는 우리가 흔하게 볼 수 있는 뒤뜰의 풍경이다. 큰 아이들은 훨씬 높이, 때때로 지상에서 15피트 이상 올라갈 수 있다.

Words&Phrases

- **acrobat** 곡예사
- **porch** 현관, 차 대는 곳
- **pendulum** (시계 등의) 흔들이, 추
- **toddler** 아장아장 걷는 아이; 비틀비틀 걷는 사람
- **sibling** 형제자매
- **be made of** ~으로 만들어지다
- **flexible** 유연한

- **canvas** 캔버스 천(범선의 돛을 만드는 천)
- **plank** 나무판
- **suspended** (공중에) 매달린; (일시) 정지된; 집행유예가 된; 정직(정학)된
- **swing** 그네; 스윙; 흔들(리)다; 그네 타다; 스윙하다; 휘두르다, 매달다; (여론 등을) 좌우하다; 잘 처리하다; (주의, 관심을) 돌리다
- **jump rope** 줄넘기; 줄넘기 줄(=skipping rope)

6 질문과 응답^{Question & Answer}으로 이루어진 글

강하고 도발적인 질문으로 시작하는 글은 독자로 하여금 "필자는 왜 이런 질문을 할까?" 그리고 "여기에 대한 그의 답변은 무엇일까?" 등의 호기심을 유발시켜 독자를 쉽게 필자의 논지 속으로 끌어들일 수 있다. 지문의 맨 첫 문장이 의문문인 문답형인 경우 그 의문문 문장은 글의 소재를 던지는 소개문(introductory sentence)에 해당된다. 물음에 대해 답하고 있는 부분이 주제문(topic sentence)이며 그 뒤에 세부사항(supporting detail)이 따라 나오는 것이 문답형 지문의 전형적인 특징이다.

물론 질문을 하는 사람은 당연히 필자이고, 대답을 하는 사람도 필자이다. 질문을 한 후 필자는 자신의 관점에서 자신이 하고 싶은 이야기를 답으로 제시하는 것이다.

Question & Answer 질문과 응답	질문에 대한 긍정적인 답	· yes, of course, reasons for, benefits, advantages, reasonable
	질문에 대한 반론	· no, however, but, not true, opposite, nevertheless, on the contrary, that is not true, the other side
	과학적 근거자료 (전문가의 의견)	· 연구, 통계, 보고: survey, study, research, statistics, report · 각 분야의 전문가: expert, researcher, scientist, psychologist, professor · 동사: report, show, suggest, indicate, demonstrate
	인용어구	· 인용어구: 사회의 명사(celebrities), 철학자, 전문가 등의 말을 인용 Just as Napoleon Hill stated ~ Leonardo da Vinci once wrote ~ · 격언이나 속담을 인용 As an Eastern proverb says ~ According to the old adage, ~
	글쓴이 자신의 직접적인 의견	· We[I] should, must, need to, have to, ought to · 글의 끝 부분 명령문: remember that ~, keep[bear] in mind that ~ · in my opinion, as for me, I think[believe, feel] · It is [necessary, important, essential, indispensable, fundamental] ~

∞ **Ways to Improve Reading Comprehension: Question & Answer 전개 방식의 형상화**

(1) 문제 제기
소재의 문제점, 단점, 이유에 대한 의문문

(2) 질문에 대한 응답[=주제문장]
긍정적인 또는 부정적인 대답

(3) 응답에 대한 구체적인 근거나 의견 제시
• 과학적 근거자료(전문가의 의견)
• 인용어구
• 글쓴이의 자신의 의견(확인, 예시, 명료화)

Core Skills

1 글쓴이의 질문에 대한 대답을 찾아라. 대답이 바로 주제 문장이다.

2 과학적인 근거 자료를 주시하라. 과학적인 연구 결과나 자료를 제시하여 글쓴이의 생각이나 주장을 직접적으로 드러낸다. 과학적인 근거나 유명인의 인용을 제시하는 이유는 글쓴이가 주장하고 싶은 말에 대해 신뢰도와 정확성을 확인시켜서 독자를 설득시키기 위함이다.

3 개인적인 주장, 의견을 나타내는 문장과 유명인의 인용어구를 주시하라.

Would a modern music composer be your first choice for a hero? Or would you think of the painter of a contemporary masterpiece? If you are like most people, the answer to both questions is "no." More likely, a sports hero or a movie star would be your first choice. It seems that the worlds of contemporary art and music have failed to offer people works that reflect human achievements. People, therefore, have lost interest in modern arts and have turned to sports stars and other popular figures to find their role models.

Q   What is the topic of the passage?
① 대중 예술의 장점   ② 예술과 스포츠의 관계
③ 현대 예술의 문제점   ④ 고전 음악의 유래
⑤ 음악 교육의 활성화

 Solutions

Q   이 글의 주제는 무엇인가?   정답: ③번
▶ 우선 이 글의 핵심어를 [작곡가 + 화가 → 현대 음악의 세계 + 현대 미술의 세계]를 포함하는 개념으로 추론할 필요는 없다. 보기에서 반복되는 단어를 보면 "예술"이 핵심어라는 것을 쉽게 알 수 있다. 이 글은 "현대 음악 작곡가 혹은 화가가 당신이 선망하는 첫 번째 영웅일까?"라는 질문 형식으로 시작한다. 이 질문에 필자는 "아니오. 스포츠 스타나 영화배우가 첫 번째로 선택이 될 것 같다."라는 답을 내 놓는다. 여기에 대한 이유로 "현대의 예술가들이 사람들에게 제대로 된 역할 모델을 제시하지 못했기에 스포츠 스타나 다른 인기 있는 인물로 돌아서고 있다."라고 현대 예술의 문제점을 원인과 결과적 관계로 설명하고 있다.

🔑 Translations

현대 음악 작곡가가 당신이 선망하는 첫 번째 영웅인가? 아니면 (당신은 첫 번째 영웅으로) 당대의 명작을 그린 화가를 생각하는가? 만일 당신이 대부분의 사람들과 같다면, 이 두 가지 질문에 대한 대답은 "아니오."이다. 더 가능성 있는 것은, 스포츠 스타나 영화배우가 당신의 첫 번째 선택이 될 것이다. 현대 예술과 음악은 인간의 업적(성취, 과업)을 반영하는 작품(예술품)들을 사람들에게 제공하는 데 실패한 것 같다. 그러므로 사람들은 현대 예술에 흥미를 잃어버리고 그들이 본보기로 삼을 수 있는 대상을 찾아 스포츠 스타나 다른 인기 있는 인물들에게 돌아서고 있다.

Words&Phrases

□ **composer** 작곡가   □ **reflect** 반영하다
□ **contemporary** 동시대의, 현대의   □ **achievement** 업적, 성취
□ **masterpiece** 명작, 걸작   □ **interest** 관심; 흥미; 이익; 이자
□ **choice** 선택   □ **figure** 인물; 저명인사

Science is all about trying ideas, abandoning those that don't work, and building on those that do. It never stops. Those people in the past who had wrong ideas weren't fools. They were doing the best they could, given the knowledge of their times. We do the same thing today. And you can be sure that people in the future will look back and wonder why we believe some of the things we do. Does that make science unimportant? If some of our scientific theories are going to be proved false, why bother studying them? If you believe something is an absolute truth, you can just memorize it and get on with your life. After all, there is always something to explore in the world.

Q   What is the topic of the passage?

① 과학의 절대적 진리와 중요성   ② 과학자에게 요구되는 윤리 의식

③ 지속적인 과학 탐구의 당위성   ④ 과학이 산업 발전에 미치는 영향

⑤ 과학자에게 필요한 인문학적 소양

 Solutions

Q   이 글의 주제는 무엇인가?   정답: ③번

▶ "과학은 아이디어를 시험하고, 효용이 되지 않는 것은 버리고, 효용이 되는 것을 토대로 하는 것에 관한 모든 것이다."라는 첫 문장에서 이 글의 핵심어인 "과학"과 그 정의가 나타난다. 그 이후에 과학은 시대적 한계의 산물이므로 시간이 흐르면 옳다고 믿었던 것이 틀린 것으로 판명될 수도 있고 그것은 미래의 관점에서 바라본 현대의 과학에 대해서도 마찬가지로 적용된다고 서술하고 있다. 이어서 필자는 "그렇다면 과학은 중요하지 않은 것인가? 결국 뒤집어질 과학적 이론을 연구하기 위해 애써야 할 이유가 무엇인가?"라고 질문을 던진 후 "만약에 절대적인 진리를 믿는다면 그것만 암기하고 이에 따라 살면 되지만 이 세상에는 항상 새롭게 탐구해야 할 무엇인가가 존재한다(= 주제 문장)."는 말로 글을 맺고 있다. 과학 탐구의 존재 의미, 당위성을 역설한 글이다.

🔑 Translations

과학은 아이디어를 시험하고, 효용이 되지 않는 것은 버리고, 효용이 되는 것을 토대로 하는 것에 관한 모든 것이다. 그것은 절대 멈추지 않는다. 잘못된 아이디어를 가지고 있었던 과거의 사람들은 바보가 아니었다. 그들은 그 당시 그들 시대의 지식을 토대로 자신들이 할 수 있는 최선을 다했다. 우리는 오늘날 똑같은 일을 한다. 그리고 미래의 사람들이 과거를 돌아보고 왜 우리가 하는 일들의 일부를 믿고 있는지 의아해할 것임을 확신할 수 있다. 그것이 과학을 중요하지 않은 것으로 만드는가? 우리의 과학 이론들 중 일부가 틀린 것으로 증명될 것이라면, 왜 애써 그것들을 연구하는가? 만약 당신이 어떤 것을 절대적인 진리라고 믿는다면, 당신은 그저 그것을 외워 당신의 삶을 계속 살아갈 수는 있다. 결국, 세상에는 탐구해야 할 어떤 것이 항상 존재한다.

Words&Phrases

□ **abandon** 버리다; 단념하다   □ **absolute** 완전한; 절대적인

□ **build on** ~을 토대로 하다; 증축하다; 의지하다   □ **get on with** (일 따위를) 계속하다; 사이좋게 지내다

□ **prove** 증명하다   □ **explore** 탐험하다; 탐구하다

Today, birth rates are dropping around the globe, and experts speak darkly of depopulation. _____________________? Contraception is more reliable and readily available than ever. In the developed world, large numbers of women are pursuing higher education and careers, delaying marriage and childbirth, and having smaller families. Developed countries have also seen a major migration from the farms to the cities. In urban areas, the high cost of raising children provides economic incentive to keep family size down.

Q Choose the answer that best completes the passage.
① What is wrong with fewer people　　② What is causing the decline
③ What are the implications of the decline　　④ How quickly is the birth-rate declining
⑤ What should we do

Solutions

Q 빈칸에 가장 적절한 것을 고르시오.　　　　　　　　　정답: ②번
① 보다 적은 인구에 무슨 문제가 있는가　　② 감소의 원인은 무엇인가
③ 감소는 무엇을 암시하는가　　④ 얼마나 빨리 출산율이 감소하고 있는가
⑤ 우리가 무엇을 해야 하는가

▶ 첫문장에서 "오늘날, 출산율은 전 세계적으로 떨어지고 있으며 전문가들은 인구 감소에 대해 비관적으로 말하고 있다."라고 먼저 상황을 제시하고 있다. 빈칸 이후로 오는 문장들은 인구 감소에 대한 원인(이유)을 나열하여 설명하고 있으므로 빈칸에는 인구 감소의 원인을 묻는 질문이 와야 한다.

Translations

오늘날, 출산율은 전 세계적으로 떨어지고 있으며 전문가들은 인구 감소에 대해 비관적으로 말하고 있다. 감소의 원인은 무엇인가? 어느 때보다 피임(법)이 더욱 신뢰할만하고 쉽게 이용 가능하다. 선진국에서는 수많은 여성들이 고등교육과 직업을 추구하고, 결혼과 출산을 미루고 있으며, 가족 수도 적게 두려 하고 있다. 선진국들은 또한 농촌에서 도시로의 대규모 이동을 경험해 왔다. 도시 지역에서는, 높은 양육비가 가족의 규모를 축소하게 하는 경제적 동기를 제공하고 있다.

Words&Phrases

□ **expert** 전문가
□ **darkly** 비관적으로(=pessimistically)
□ **depopulation** 인구 감소
□ **reliable** 믿을 수 있는, 확실한
□ **readily** 쉽게, 손쉽게; 즉시
□ **contraception** 피임(법)

□ **childbirth** 출산
□ **urban** 도시의, 도시에 사는; 도회지풍의
□ **economic incentive** 경제적인 동기
□ **implication** 내포, 함축, 암시
□ **decline** 기움, 감소, 하락

When faced with adversities in your life, what is your immediate reaction? If you're like most people, you probably curse them: Why did this have to happen to me? This response is only natural. However, after the initial disappointment wears off, you have a choice to make. You can either dwell on the negative aspects of your situation or you can find the benefit which the adversity is offering. Yes, you will probably face a period of uncertainty, but there is always a flip side to the adversity. You see, an "adversity" is often not an adversity at all. It may actually be an opportunity. Just as Napoleon Hill stated, "Every adversity carries the seed of an equivalent or greater benefit." We have to find it.

Q 이 글에서 필자가 주장하는 바로 가장 적절한 것은?

① 역경을 기회로 바꾸어라.　　　　② 좋은 기회를 놓치지 마라.

③ 지나간 일은 잊어버려라.　　　　④ 인생의 밝은 면을 보아라.

⑤ 쓸데없는 걱정을 하지 마라.

 Solutions

Q 필자의 주장을 찾는 문제이다.　　　　　　　　　　　　　　　　　정답: ①번

▶ "삶의 역경에 직면할 때 당신의 즉각적인 반응은 무엇인가?"라는 질문을 던진 필자는 우선 사람들의 일반적인 반응(역경에 대한 저주 혹은 자신의 운명에 대한 원망)을 보여 준 뒤, 그 이후에 질문에 대한 필자의 주장(하지만 역경의 긍정적인 이면을 보면 역경은 사실 기회가 될 수 있다.)을 펼친다. 글 말미에 "모든 역경은 그 크기만큼의, 혹은 그보다 더 큰 보답의 씨앗을 품고 있다."라는 전문가의 의견을 인용하여 부연 설명을 하고 있다. 글 마지막 부분에 전문가의 의견을 인용하는 것은 필자가 자신의 주장에 대한 객관성과 정당성을 확보하고 동시에 자신의 주장을 다시 한 번 언급(강조)하여 독자를 설득하기 위한 장치이다.

Translations

삶의 역경(고난)에 직면할 때 당신의 즉각적인 반응은 무엇인가? 대부분의 사람들과 비슷하다면 당신은 아마도 역경을 저주할 것이다. 왜 이런 일이 나에게 일어나야만 했느냐고 말이다. 이 반응은 단지 당연하다. 그러나 처음의 실망이 점점 사라져 없어진 다음에 당신은 선택을 해야 한다. 당신이 처한 상황의 부정적인 면에 묻혀 지낼 수도 있고 그 역경이 가져다주는 이점을 찾을 수도 있다. 그렇다. 당신은 아마도 불확실의 시기를 맞이할 것이지만 역경에는 언제나 또 다른 면이 있다. 알다시피 "역경"은 종종 역경이 전혀 아닐 수 있다. 그것은 사실 기회일 수도 있다. Napoleon Hill이 말했듯이, "모든 역경은 그 크기만큼의, 혹은 그보다 더 큰 보답의 씨앗을 품고 있다." 우리는 그것을 발견해야 한다.

Words&Phrases

□ **adversity** 역경, 고난

□ **reaction** 반응; 반작용; 반동

□ **curse** 저주하다; 저주

□ **initial** 최초의, 처음의

□ **wear off** 차츰 없어지다

□ **dwell on** (마음, 기억 따위가) ~에서 떠나지 않다, ~에 남다; 곰곰이 생각하다

□ **aspect** 면; 국면, 양상

□ **benefit** 이익; 이로움; ~에게 도움이 되다, 이롭다, 이익을 얻다

□ **flip side** 이면, 반대면

□ **equivalent** 동등한, 같은 양의

Will cyber schools replace traditional schools some day? In spite of their problems, traditional classrooms hold many advantages over online classes. First of all, traditional classrooms are a place where students may relate to one another face to face. That is, a keyboard will never be able to replace the warmth of a handshake, or a monitor the smile of another student. In traditional schools, students may also take part in team sports, club activities, and school festivals — choices not available to students who learn through computers.

Q   What is the topic of the passage?
① Demand for online classes
② Advantages of cyber schools
③ Benefits of traditional schools
④ Origins of computer use in schools
⑤ limitations of face-to-face interaction

 Solutions

Q   글의 주제는 무엇인가?   정답: ③번
① 온라인 수업에 대한 수요
② 사이버 학교의 장점
③ 전통적인 학교의 장점
④ 학교에서의 컴퓨터 사용의 기원
⑤ 대면을 통한 (상호) 접촉의 한계

▶ "사이버 학교가 언젠가는 전통적인 학교들을 대신할까?"라는 질문으로 글이 시작되었고 필자는 바로 다음 문장에서 "전통적인 교실들은 그것들이 가진 문제점에도 불구하고, 온라인 수업에 비해 많은 이점들을 지니고 있다."라는 주제문을 통해 답을 제시한다. 그 다음 거기에 대한 구체적인 이유를 두 가지로 나열 설명하고 있다.

Translations

사이버(인터넷) 학교가 언젠가는 전통적인 학교들을 대신할까? 전통적인 교실들은 그것들이 가진 문제점에도 불구하고, 온라인 수업에 비해 많은 이점들을 가지고 있다. 무엇보다 먼저, 전통적인 교실들은 학생들이 서로 얼굴을 맞대고 관계를 맺을 수 있는 장소이다. 즉, 키보드는 악수의 따스함을 대신할 수 없을 것이며, 모니터가 다른 학생의 미소를 대신할 수는 없을 것이다. 전통적인 학교에서 학생들은 또한 팀 스포츠, 클럽 활동 그리고 학교 축제에 참여할 수도 있는데, 이런 것들은 컴퓨터를 통해서 배우는 학생들에게는 선택할 수 없는 것들이다.

Words&Phrases

- **cyber school** 사이버 학교(인터넷 학교)
- **replace** 대체하다, 대신하다
- **traditional** 전통적인
- **relate to** 잘 어울리다; 관련이 있다
- **warmth** 따스함, 온기, 온정
- **available** 이용할 수 있는; 쓸모 있는; 바쁘지 않은
- **limitation** 한계, 한정
- **face-to-face** 대면하여, 마주보고
- **interaction** 상호 작용; 대화; 접촉

7 통념과 비판^{Myth & Truth or Criticism}으로 이루어진 글

필자가 자신의 주장을 전달하려 할 때, 처음부터 자기 주장을 내세우지 않고 일반적인 의견(잘못된 상식)을 먼저 제시한 후에, 그에 대한 반론의 형태로 필자의 의견을 내세우는 지문 전개방식이다. 이 경우, 일반적인 의견을 '통념(myth, false idea, misconception, fallacy)', 그에 대한 반론을 '비판(criticism, truth)'이라고 한다. 대개 '통념 → 역접 연결사 → 비판'의 구조로 이어지며 통념에 대한 비판이 주제문에 해당한다. 통념과 비판의 글은 논리적인 성격이 강하고 비판적인 글이므로 시험에 자주 출제된다.

통념(일반적 의견)

- People say(think, believe) that ~ = It is said(thought, believed) that ~ 사람들이 ~라고 한다
- People(Some) argue(claim) that ~ 사람들이 ~이라고 주장한다
- There is a tendency ~ = S + tend to ~ ~하는 경향이 있다
- There are those who ~ ~하는 사람들이 있다
- We [think of / regard / look upon] A as B A를 B로 간주하다
- A is often considered B ~ A는 흔히 B라고 여겨진다
- A common belief is that ~ ~라고 흔히 믿고 있다

- 역접의 연결어: however, but, still, yet, though
- 시간적 대조: 과거 시점 → 현재시점(Now, Recently)

비판(작가의 주장)

- from my experience 나의 경험상
- for me, in my opinion 내 생각에
- Obviously, they are mistaken. 명백히 그것들은 잘못된 것이다.
- This is not true. 이것은 사실이 아니다.
- This is not the case. 이것은 사실이 아니다.
- Nothing can be further from the truth. 그것은 절대 사실이 아니다.
- But I don't think so. 그러나 나는 그렇게 생각하지 않는다.

8 일화, 사건, 또는 우화로 이루어진 글

필자가 자신의 주장을 펼치는 데 있어서 어떤 사건이나 일화를 소개하거나 자신의 경험 따위를 간접적으로 소개하는 것도 좋은 표현 방식이다. 또한 사건, 일화 따위의 글은 심경, 분위기 등을 물어보는 글의 감상 문제가 종종 출제된다. 이런 경우 거의 글의 마지막에 반전을 도모하여 글쓴이의 요지나 주장을 나타내는 경우가 흔하다.

주로 해학적인 글이나 교훈적인 글을 소재로 출제되는 이러한 유형의 문제에서 주의할 점은 글의 전체적인 흐름을 파악해야 함은 물론 겉으로 드러나는 속담의 피상적인 우리말 해석에 그치는 것이 아니라 그 속담이 가진 진정한 속뜻을 이해할 수 있어야 한다. 이것에 대비하기 위해서는 평소에 속담이나 격언의 정확한 뜻을 숙지하는 것이 필수적이다.

□ **Read between the lines!** 행간(行間)을 읽다.(말 속의 숨은 뜻을 읽다.)

🔑 Core Skills

1 일화는 글의 마지막 부분에 주목하라.

실질적인 글의 요지를 묻는 속담 고르기 문제는 작가 자신이나 주변 사람들의 경험담 즉, 일화의 내용을 담은 지문이 주로 주어지는데, 일화를 소개하는 글은 주로 마지막에 사건의 반전이 제시된다는 것을 명심하라.

2 속담으로 빈칸을 채우는 문제는 요지를 찾아라.

지문의 중간 또는 마지막에 빈칸을 설정하고 그 빈칸을 속담으로 채우도록 하는 문제도 있다. 결국 이런 문제의 유형들 역시 요지를 묻는 문제임을 알아야 한다. 이런 유형의 문제는 빈칸 다음에 단서가 오는 경우가 많다. 그러므로 글을 마지막 부분까지 읽으면서 요지를 파악하라.

3 속담이나 격언의 속뜻을 파악하라.

속담, 격언은 옛날부터 내려오는 교훈이나 풍자, 비판 등을 담고 있는 간결한 표현이므로 우리말로 해석하면 그 의미가 정확하게 전달되지 않는 경우도 있다. 그러므로 피상적인 우리말 해석이 아닌 그 속담이 지니고 있는 숨은 뜻을 미리 파악하고 있어야 한다.

Ex. Can't get blood from a turnip. 무에서 피를 뽑아낼 수는 없다. (= 벼룩의 간을 빼먹지.)
You can't make an omelet without breaking some eggs.
달걀을 깨지 않고 오믈렛을 만들 수는 없다. (= 희생 없는 수확은 없다.)

∞ **Ways to Improve Reading Comprehension: 일화, 사건 전개 방식의 형상화**

> **(1) 일화, 사건, 이야기의 도입**
> - 발단 → 전개 → 갈등(반전) → 결말
> - 등장인물, 사건의 배경, 마지막 부분의 사건의 반전을 이해하자.

> **(2) 교훈, 속담 및 필자의 주장 추론**
> - 글쓴이 자신의 의견/주장
> - 격언, 속담을 인용
> - 유명 인물의 인용 어구

※ 교훈, 속담 및 필자의 주장을 의도적으로 생략한 경우에는 독자가 그것을 추론해야만 한다.

Lion used to walk about a field in which four bulls lived. Many times he tried to attack them, but whenever he came near they turned their tails toward one another so that whichever way Lion tried to attack, he would have to face the horns of one of them. At last, however, the bulls started arguing with each other, and each went off to a different part of the field by himself. Then Lion attacked them one by one and soon had killed all four.

Q 우화의 내용을 가장 잘 표현한 것은?
① In unity, there is strength.
② Speed is not everything.
③ Look before you leap.
④ Don't count your chickens before they are hatched.

Solutions

Q 우화의 내용을 잘 표현한 속담을 찾는 문제이다.   정답: ①번
① 단결 속에 힘이 있다. (= 뭉쳐야 산다.)
② 속도가 모든 것은 아니다. (= 빠른 것이 능사는 아니다.)
③ 뛰기 전에 잘 살펴라. (= 돌다리도 두드려보고 건너라.)
④ 병아리가 부화되기 전에 그것들을 세지 마라. (= 김칫국부터 마시지 마라.)
▶ 사자와 네 마리의 황소 이야기를 소개하고 있다. 글의 후반부에 나오는 "started arguing with each other, and each went off to a different part of the field by himself."에서 처음에 뭉쳐서 서로 협력했던 황소들이 나중에는 서로 흩어졌음을 알 수 있고 결국은 모두 죽임을 당했다는 내용으로 글이 종결된다. 후반부 내용과 가장 부합되는 격언을 찾아야 한다.

Translations

사자는 네 마리의 황소가 사는 들판을 돌아다니곤 했다. 사자는 여러 번 황소들을 공격하려 했으나 가까이 갈 때마다, 황소들은 서로를 향해서 꼬리를 돌려 사자가 어느 방향으로 공격하더라도, 사자는 그들 중 한 마리의 뿔과 맞닥뜨릴 수밖에 없었다. 그러나 결국 황소들이 서로 다투기 시작했고 각자 들판의 다른 지역으로 흩어져갔다. 그때 사자는 그들을 차례로 공격하였고 곧 네 마리의 황소를 모두 죽였다.

Words&Phrases

□ **walk about** 돌아다니다; 산책하다
□ **bull** 황소
□ **horn** (소·양·사슴·노루 등의) 뿔
□ **go off** 사라지다; 퇴장하다; 발사되다; 폭발하다; (경보 따위가) 울리다

□ **one by one** 하나씩; 차례로
□ **unity** 단결; 통일
□ **leap** 도약하다, 껑충 뛰다
□ **hatch** 알을 까다, 부화하다

Exercise 02

I have a small machine shop. For a long time business was really slow. We once went weeks without any new orders. It was difficult for us especially since some of the other shops in our area were really busy. But then one day we got a small order. Then the following week we got another. Business started to pick up. We started to get orders every week. Recently I got an offer to do a really big job, and I took it without considering how much work it would be. But I wish I hadn't accepted it because now we have too much to do.

Q What proverb is appropriate for this passage?
① No news is good news.
② Too many cooks spoil the broth.
③ A leopard cannot change its spots.
④ A bad workman argues with his tools.
⑤ Don't bite off more than you can chew.

 Solutions

Q 이 글에 맞는 속담으로 적절한 것은?   정답: ⑤번
① 아무 소식 없는 것이 좋은 소식이다. (= 무소식이 희소식이다.)
② 요리사가 너무 많으면 국을 망친다. (= 사공이 많으면 배가 산으로 간다.)
③ 표범은 자신의 반점을 바꿀 수 없다. (= 타고난 천성은 고칠 수 없다.)
④ 서투른 목수가 연장 탓한다. (= 일이 서투른 사람이 자신의 솜씨 없는 것은 생각하지 않고 핑계만 찾는다.)
⑤ 씹을 수 있는 것 이상을 베어 물지 마라. (= 과욕을 부리지 마라.)
▶ 부진했던 사업이 호전되어 주문이 늘기 시작했는데, 일의 규모를 고려하지 않고 큰 주문을 무턱대고 받아 후회한다는 내용으로 "과욕을 부리지 마라"라는 교훈을 주는 글이다.

🔑 Translations

나는 작은 기계 공장을 가지고 있다. 오랫동안 사업이 정말 부진했다. 우리는 새로운 주문을 받지 못한 채 몇 주를 보낸 적도 있었다. 이것은 우리에게 특히나 힘들었는데, 주위의 다른 공장들은 매우 바빴기 때문이다. 그러던 어느 날 우리는 작은 주문을 받게 되었다. 그다음 주에도 또 다른 주문이 들어왔다. 사업이 나아지기(잘되기) 시작했다. 매주 주문이 들어오기 시작했다. 최근에 나는 꽤 큰 작업을 제안받았는데, 그 일이 어느 정도나 되는지를 고려하지 않고 주문을 받아 버렸다. 그런데, 지금은 할 일이 너무 많아서 그 주문을 받지 말았어야 했다고 생각한다.

Words&Phrases

- **machine shop** 기계 공장
- **order** 주문(서); 명령; 순서; 정리; 질서
- **following** 다음의, 이하의; 다음에 설명하는
- **pick up** (활력 따위를) 되찾다; 회복하다; 집어 올리다; (차로 사람을) 도중에서 태우다
- **spoil** 망치다; 못되게(버릇없게) 만들다
- **broth** 묽은 수프; (고기 · 생선 · 야채 등의) 육즙(肉汁)
- **leopard** 표범(=panther)
- **chew** (음식물을) 씹다; (제안 · 문제 등을) 심사숙고하다

Long ago, one king went for a trip to some distant areas in his country. When he returned to his palace, he complained that his feet were very sore. It was the first time that he had gone for such a long trip, and the road was very rough and stony. He ordered his people to cover every road of the entire country with leather. Obviously, this would require thousands of cows' skins, and would cost a huge amount of money. Then, one of his wise servants bravely told the king, "Why do you have to spend that unnecessary amount of money? Why don't you just cut a little piece of leather to cover your feet?" The king was surprised, but he later agreed to the suggestion, to make shoes for himself.

Q   What is the main idea of this passage?
① Leave no stone unturned.
② Strike while the iron is hot.
③ Rolling stone gathers no moss.
④ Seek to change yourself, not the world.
⑤ Don't put off till tomorrow what you can do today.

Solutions

Q   글의 요지는 무엇인가?   정답: ④번
① 세상의 모든 돌들을 뒤집어보라. (= 백방으로 힘쓰라, 온갖 수단을 강구하라.)
② 쇠가 달구어 졌을 때 내리쳐라. (= 쇠뿔도 단김에 빼라, 기회를 놓치지 말아라.)
③ 구르는 돌에는 이끼가 끼지 않는다. (= 한 우물을 파라, 직업을 자주 바꾸면 돈이 모이지 않는다.)
④ 세상이 아닌, 너 자신을 변화시키려 노력하라.
⑤ 오늘 할 수 있는 일을 내일로 미루지 마라.
▶ 이 글은 주변 환경보다 자기 자신을 먼저 돌아보고 변화시켜야 한다는 교훈을 주는 글이다.

Translations

오래전에 어떤 왕이 자기 나라의 먼 지역까지 여행을 갔다. 그가 자신의 궁전으로 돌아왔을 때, 그는 발이 너무 아프다며 불평했다. 왜냐하면 그가 그렇게 멀리 여행한 것이 처음이었고, 여행길은 너무 거칠고 돌이 많았기 때문이었다. 그는 백성들에게 가죽으로 나라 전체의 길을 덮도록 명령했다. 분명히, 이 일은 수천장의 소가죽과 거대한 비용을 필요로 했을 것이다. 그때 그의 현명한 한 하인이 용감하게 "왜 엄청난 양의 불필요한 돈을 쓰려고 하십니까? 가죽을 조금 잘라서 임금님의 발을 덮는 것이 어떻습니까?"라고 말했다. 왕은 놀랐으나, 후에 그 제안을 받아들이고 자신을 위한 신발을 만들었다.

Words&Phrases

□ **go for a trip** 여행을 가다
□ **palace** 궁전, 대저택
□ **sore** 아픈, 쓰린, 쑤시는
□ **rough** 거친, (길 등이) 울퉁불퉁한, 험한

□ **stony** 돌투성이의; 무감동의; 무자비한; 몸이 돌처럼 굳어지는
□ **leather** (털을 제거하고 무두질한) 가죽
□ **obviously** 명백하게, 분명히
□ **for oneself** 자신을 위하여; 스스로, 자기 힘으로

A philosopher witnessed from the shore the shipwreck of a vessel, of which the crew and passengers all drowned. He criticized the injustice of the Gods, thinking that the Gods should have tried not to let so many innocent persons perish. As he was indulging in these reflections, he found himself surrounded by a whole army of ants, near whose nest he was standing. Some of them climbed up and stung him, and he immediately trampled them all to death with his foot. At that moment, Mercury, messenger god, appeared and said, "Have you indeed made yourself a judge of the dealings of the Gods, treating these poor ants in a similar manner?"

Q　What proverb is appropriate for this passage?
① Many drops make a shower.
② The pot calls the kettle black.
③ Whom the Gods love die young.
④ Force is not always the answer.
⑤ Heaven helps those who help themselves.

Solutions

Q　이 글에 적절한 속담은?　　　　　　　　　　　　　　　　　　　정답: ②번
① 많은 물방울들이 모여 소나기를 만든다. (= 티끌 모아 태산)
② 솥이 주전자보고 검다고 한다. (= 똥 묻은 개가 겨 묻은 개 나무란다.)
③ 신이 총애하는 사람은 일찍 죽는다. (= 가인박명[佳人薄命])
④ 힘만이 항상 해답은 아니다. (= 매사를 무력(힘)으로 해결하려 하지 마라.)
⑤ 하늘은 스스로 돕는 자를 돕는다.
▶ 글의 후반부에 반전과 해답의 단서가 있다.

Translations

한 철학자가 해안에서 배 한 척이 난파되어, 승무원과 승객들이 모두 익사해 버린 것을 목격했다. 그는 신이 그렇게 수많은 무고한 사람들을 죽게 놔두지 말았어야 했다고 생각하며, 신의 부당한 조치를 비난했다. 그가 이 생각에 몰두하고 있을 때, 그가 서 있던 곳 근처에 살던 한 무리의 개미들이 자신을 둘러싸고 있다는 사실을 깨달았다. 개미떼들 중 몇 마리가 그를 타고 올라가 쏘자 그는 즉시 그 개미들을 발로 짓밟아 죽여 버렸다. 바로 그 순간 전령의 신 Mercury가 나타나서 말했다. "너도 이 가엾은 개미들을 비슷한 방식으로 다루면서, 너 자신이 정녕 신들의 처사에 대한 심판자가 되려고 하는가?"

Words & Phrases

□ **philosopher** 철학자
□ **witness** 목격하다; 목격자
□ **shipwreck** 난파(선); 배의 조난 사고
□ **vessel** (보통 boat보다 큰) 배; 그릇; 혈관
□ **crew** 승무원; 패거리

□ **criticize** 비난하다, 비평하다
□ **injustice** 불법; 부정; 불공평
□ **perish** (천수를 다하지 못하고) 죽다; 사라지다
□ **indulge in** ~에 몰두하다, 생각에 잠기다; ~에 빠지다

□ **reflections** 생각; 의견
　cf. reflection 반사; 반영; 숙고
□ **a whole** 온 ~
□ **sting** 찌르다(=prick); 괴롭히다
□ **trample** 짓밟다; 밟아 뭉개다
□ **dealing** 처분; 관계; 거래

A sales representative was having trouble getting an electronic payment for a product that was purchased by a client because the client had problem using the web-based payment system. The representative decided to give the client the product before payment anyway. The client was grateful. The client then pointed out the dramatic fact that the phone number at the site was wrong on the main web page! The sales representative was very happy that the client caught this error, preventing a considerable loss in the future. The client's finding of this error was a reward for the earlier kindness of the representative to the client.

Q   What proverb is appropriate for this passage?
① A squeaky wheel gets the oil.
② The pot calls the kettle black.
③ One good turn deserves another.
④ One swallow does not make a summer.
⑤ You can't have your cake and eat it, too.

 Solutions

Q   이 글에 적절한 속담은?   정답: ③번
① 삐걱거리는 바퀴에 기름칠한다. (= 보채는 아이 밥 한 술 더 준다. 우는 아이 젖 준다.)
② 솥이 주전자보고 검다고 한다. (= 똥 묻은 개가 겨 묻은 개 나무란다.)
③ 좋은 일을 하면 좋은 보답을 받게 된다. (= 가는 정이 있으면 오는 정이 있다.)
④ 제비 한 마리가 왔다고 여름이 오는 것은 아니다. (= 하나의 모습(현상)만 보고 속단하지 마라.)
⑤ 케이크를 먹으면서 가지고 있을 수는 없다. (= 양쪽을 다 가질 수는 없는 것, 둘 다 가지려고 욕심부리지 마라.)
▶ 판매원이 베푼 친절에 고객이 보답하는 상황을 잘 묘사한 속담을 찾는다. 글의 마지막 부분에 해답의 단서가 있다.

🔑 Translations

한 판매인이 어떤 고객이 인터넷 지불 시스템을 사용하는 데 어려움이 있어서 그에게 판매된 물건에 대한 대금을 전자 결제로 지불받는데 어려움을 겪고 있었다. 어쨌든 그 판매인은 (그럼에도) 입금도 되기 전에 물건을 고객에게 보내주기로 하였다. 그 고객은 고마움을 느꼈다. 그리고 그 고객은 그 사이트의 메인 웹사이트에 전화번호가 잘못 기재되어 있다는 중요한 사실을 알려주었다. 판매인은 향후 상당한 손실을 방지해 줄 수 있는 이러한 실수를 그 고객이 알려 준 것에 대해 매우 기뻐했다. 이런 실수를 고객이 발견한 것은 판매인이 고객에게 베푼 친절에 대한 보답이었다.

Words&Phrases

□ **sales representative** 판매(대리)인
□ **electronic payment** 전자 결제
□ **web-based** 웹 기반의
□ **grateful** 고맙게 여기는, 감사하는(=thankful)
□ **dramatic** 극적인, 획기적인; 연극 같은

□ **considerable** 상당한, 꽤 많은; 중요한
□ **squeaky** 찍찍(끽끽) 소리 나는, 삐걱거리는
□ **wheel** 차바퀴, 바퀴; (자동차의) 핸들
□ **turn** 행위; 회전; 변화; 돌다; 돌리다
□ **swallow** 제비; (꿀꺽) 삼키다

∞ 시험에 자주 나오는 속담과 격언

속담이나 격언을 묻는 문제들을 해결하기 위해서는 글에서 간접적으로 표현한 요지를 파악할 수 있어야 하고, 또한 평소에 자주 출제되는 속담이나 격언을 체계적으로 정리해야 한다. 이미 출제되었고 또한 앞으로 출제될 가능성이 있는 속담과 격언들을 정리하였다.

입향순속(入鄕循俗) – 다른 지방에 들어가서는 그 지방의 풍속을 따르라.

When in Rome, do as the Romans do. 로마에 가면 로마법을 따르라.
If you can't stand the heat, you must go out of the kitchen. 절이 싫으면 중이 떠나야 한다.

백문이 불여일견 (百聞이 不如一見)

To see is to believe. (=Seeing is believing.) 보는 것이 믿는 것이다. (=백문이 불여일견)
The proof of the pudding is in the eating. 푸딩의 맛은 먹어봐야 안다.
One picture is worth a thousand words. 그림 한 장이 천 마디의 가치가 있다.

유비무환(有備無患) – 나쁜 일이 터지기 전에 미리 대비하라.

Prevention is better than cure. 예방이 치료보다 낫다.
After death, to call the doctor. 사후 약방문 (=죽고 난 후 의사 부르기)
A day after the fair. 장날(이 끝난) 다음 날
Mend the barn after the horse is stolen. 소 잃고 외양간 고친다.

화불단행(禍不單行) – 불행은 몰아닥치기 마련이다. (머피의 법칙)

Misfortunes never come single. 불행한 일은 연달아 일어난다.
When it rains, it pours.(= It never rains but it pours. / It never rains without pouring.)
비만 오면 억수 같이 퍼 붓는다.

우이독경(牛耳讀經) – 우둔한 사람은 아무리 가르치고 일러주어도 알아듣지 못함을 비유

Talking to the wall. 벽에 대고 말하기 (=쇠귀에 경 읽기)
Preaching to the wind. 바람에 설교하기
Singing psalms to a dead horse. 죽은 말에 대고 찬송가 부르기
Whistling psalms to the taffrail. 고물 난간에 대고 찬송가 부르기
Knocking at a deaf man's door. 귀머거리 집 문 앞에서 노크하기
Pouring water on a duck's back. 오리 등 위에 물 붓는 격 (깃털의 기름막 때문에 물이 그냥 흘러내림)
All my advice fell flat on him. 내 충고는 그에게 우이독경이었다.

설상가상(雪上加霜) – 엎친 데 덮친 격

Out of the frying pan into the fire. 프라이팬에서 불 속으로
Adding insult to injury. 상처에다 모욕까지

용두사미(龍頭蛇尾) –처음은 왕성하나 끝이 부진함

It started off with a bang and ended with a whimper. 쾅 소리로 시작해서 깨갱거리며 끝나다.
It went up like a rocket and came down like a stick. 로켓처럼 올라가서 막대기처럼 떨어지다.

부전자전(父傳子傳)

The apple doesn't fall far from the tree. 사과는 (그것이 떨어진) 나무로부터 멀리 떨어지지 않는다.
Like father, like son. 부전자전

자업자득(自業自得) – 뿌린 대로 거둔다.

As a man sows, so shall he reap. 뿌린 대로 거둔다.
Chickens[Curses] come home to roost. 닭(욕)은 제자리로 되돌아온다.
What goes around comes around. 가는 것은 그대로 되돌아온다.
He got what he bargained for. 자신이 흥정한 만큼 갖는다.

천리 길도 한 걸음부터. 첫 술에 배부르랴.

Rome was not built in a day. 로마는 하루아침에 이루어지지 않았다.
A journey of a thousand miles begins with a single step. 천마일 여행도 한 걸음으로 시작한다.
Great oaks from little acorns grow. 작은 도토리에서 큰 떡갈나무가 나온다.

말 보다는 실천을 하라.

Action speaks louder than words. 말보다 행동, 백문(百聞)이 불여일견(不如一見)
Practice what you preach. 그대가 설교하는 바를 실행하라. (언행을 일치시켜라.)
Easier said than done. 말하기는 쉬우나 행하기는 어렵다.

등잔 밑이 어둡다.

The beacon does not shine on its own base. 횃불이 자기 밑 못 비춘다.
One has to go abroad to get news of home. 집 소식 들으러 외국 나간다.

대장간에 식칼 없다.

The cobbler's children go barefoot. 구두 수선공 자식들이 맨발로 다닌다.
The cobbler's wife goes the worst shod. 구두 수선공의 아내는 떨어진 신발을 신게 마련이다.

누가 들을지도 모르니 말조심하라.

Walls have ears. 벽에도 귀가 있다.
Birds hear what is said by day, and rats hear what is said by night. 낮말은 새가 듣고 밤말은 쥐가 듣는다.

백지장도 맞들면 낫다.

Two heads are better than one. 두 개의 머리가 한 개의 머리보다 더 훌륭하다.
Many hands make light work. 손이 많으면 일이 가볍다(쉽다).

급할수록 돌아가라 – 서두르다 일을 망친다.

Haste makes waste. 급할수록 돌아가라.
More haste less speed. 급할수록 돌아가라.
The longest way round is the shortest way home. 둘러가는 긴 길이 집에 가는 지름길이다.
A watched pot never boils. 바라보는 냄비는 끓지 않는다. (조급하게 마음먹지 마라.)

모든 일에는 때가 있는 법, 때를 놓치지 마라.

Strike while the iron is hot. 쇠가 뜨거울 때 내리쳐라.

Make hay while the sun shines. 볕이 있을 때 건초를 만들라.

Time and tide wait for no man. 시간은 사람을 기다리지 않는다.

A stitch in time saves nine. 제때의 바늘 한 땀이 아홉 땀을 던다. (호미로 막을 것을 가래로 막지 마라.)

개천에서 용 나다(났다).

A black hen lays a white egg. 검은 닭이 흰 알을 낳다.

A rags to riches story. 부자가 된 누더기 이야기

이미 지나간 일을 두고 후회하지 마라.

There is no use crying over spilt milk. 엎질러진 우유를 보고 울어도 소용없다.

Let bygones be bygones. 지나간 일은 지나간 일이 되게 하라. (과거의 일은 잊어버리자.)

What's done is done. 이미 끝난 일이다.

It's water under the bridge. 다리 아래로 흘러간 물이다.

분수에 맞게 살라 – 과욕을 부리지 마라.

Don't bite off more than you can chew. 씹을 수 있는 것 보다 더 많이 베어 물지 마라.

Cut your coat according to your cloth. 천에 맞추어 코트를 잘라라.

Your eyes are bigger than your stomach[belly]. 다 못 먹을 거면서 (음식) 욕심낸다.

사돈 남 말 하네 – 자신의 잘못은 생각지 않고 남의 잘못을 들먹거리는 사람에게

The pot calls the kettle black. 똥 묻은 개가 겨 묻은 개 나무란다.

People who live in glass houses shouldn't throw stones. 유리로 만든 집에 사는 사람은 돌을 던져서는 안 된다.

It takes one to know one. 그렇게 말하는 너야말로 그렇다.

Look who's talking. 사돈 남 말 하네.

한 곳에 한꺼번에 모든 투자를 다 하지 마라 – 투자를 분산시켜라.

Do not put all your eggs in one basket. 달걀을 한 바구니에 담지 마라.

A wise man does not put all his eggs in one basket. 현명한 사람은 달걀을 한 바구니에 담지 않는다.

티끌 모아 태산 – 푼돈을 아끼면 저절로 목돈이 된다.

Take care of the pence and the pounds will take care of themselves. 푼돈을 아끼면 큰돈은 저절로 모인다.

A penny saved is a penny gained. 한 푼 아낀 것은 한 푼 버는 것이나 마찬가지다.

Many a little makes a mickle. 작은 것이 많이 모여 큰 것이 된다.

Every little makes a mickle. 작은 것이 모여 큰 것이 된다. (티끌 모아 태산)

Little drops of water make the mighty ocean. 작은 물방울이 모여 큰 바다를 이룬다.

겉모습에 현혹되지 마라.

Don't judge a book by its cover. 표지로 책을 판단하지 마라.

All that glitters is not gold. 반짝인다고 모두 금은 아니다.

A sly rogue is often in good dress. 교활한 악당은 자주 좋은 옷을 입는다.

세 살 버릇 여든 간다 – 오래된 습관은 고치기가 힘들다.

What's learned in the cradle is carried to the grave. 요람에서 배운 것은 무덤까지 간다.

A leopard cannot change his spots. 표범은 자신의 반점을 바꿀 수 없다.
(=Can the leopard change his spots?)

He that will steal a pin will steal an ox. 바늘 도둑이 소도둑 된다.

You can't teach an old dog new tricks. 늙은 개에게 새 묘기를 가르칠 수는 없다.

Old habits die hard. 오래된 버릇은 쉽게 고쳐지지 않는다.

A crow is never whiter for washing herself often.
까마귀가 자주 씻는다고 하얘지진 않는다. (사람의 천성, 본성은 바뀌지 않는다는 이야기)

금강산도 식후경

A loaf of bread is better than the song of many birds. 한 조각 빵이 많은 새들의 노래보다 낫다.

Pudding rather than praise. 칭찬보다 푸딩이 낫다.

재주는 곰이 넘고 돈은 되놈이 번다.

One man sows and another man reaps. 심는 사람 따로 있고 거두는 사람 따로 있다.

One beats the bush and another catches the birds. 새 몰이 따로 있고 새 잡는 놈 따로 있다.

쥐구멍에도 볕들 날 있다 – 고생 끝에 낙이 온다.

Every dog has its day. 어느 개한테든 자신의 날 즉, 전성기가 있다.

Every cloud has a silver lining. 모든 구름은 은빛 테두리를 갖고 있다.

Behind the clouds is the sun still shining. 구름 뒤에도 해는 여전히 빛나고 있다.

It is a long lane that has no turning. 기다리면 반드시 기회는 온다.

아니 땐 굴뚝에 연기 날까 – 원인 없는 결과는 있을 수 없다.

There is no smoke without fire. 아니 땐 굴뚝에 연기 나랴.

Where there's smoke, there's fire. 아니 땐 굴뚝에 연기 나랴.

From nothing, nothing can come. 원인이 없으면 결과도 없다.

노력하지 않으면 얻는 것도 없다.

No pains, no gains. 노력하지 않으면 얻는 것도 없다.

Nothing ventured, nothing gained. 위험을 무릅쓰지 않으면 아무것도 얻을 수 없다.

핑계 없는 무덤 없다.

Every why has a wherefore. 왜[어째서]라는 모든 질문에는 이유가 있다.

There will always be an excuse. 변명은 늘 있기 마련이다.

근심은 몸에 해롭다.

Care is no cure. 근심은 절대 치유책이 아니다.

Care killed a[the] cat. 걱정은 고양이 목숨도 빼앗는다.

행운은 반복되지 않는다.

A fox is not taken twice in the same snare. 여우는 같은 덫에 두 번 걸리지 않는다.

Good luck does not always repeat itself. 행운이 항상 반복되는 것은 아니다.

자라 보고 놀란 가슴 솥뚜껑 보고 놀란다.

Once bitten[bit], twice shy. 한 번 물리면 두 번 조심한다.

A burnt child dreads the fire. 불 보고 놀란 사람, 부지깽이만 봐도 놀란다.

A scalded cat fears cold water. 뜨거운 물에 덴 고양이는 냉수도 비켜 간다.

내 손에 장을 지진다.

I'll eat my hat. 내 모자(머리)라도 먹을게.

I'm a Dutchman if I did so. 내가 그 짓을 하면 네덜란드 놈(개자식)이다.

옷이 날개다.

Fine clothes make the man. 좋은 옷이 사람을 만든다.

Fine feathers make fine birds. 좋은 깃털이 멋진 새를 만든다.

돈이면 다 된다. 돈이 최고다.

Money makes the mare to go. 돈은 (고집 센) 암탕나귀도 가게 만든다.

Money talks. 돈이 말을 한다. (돈이 권력이다.)

cf. Money is no object. 돈은 문제가 안 돼요. (비용은 신경 쓰지 마세요.)

You can't make an omelet without breaking some eggs.
달걀을 깨지 않고 오믈렛을 만들 수는 없다. (희생 없는 수확은 없다.)

Misery loves company. 동병상련(同病相憐) (불행한 사람이 다른 사람도 불행하다는 사실에서 얼마간의 위안을 얻는다는 뜻)

It takes two to tango. 탱고를 추려면 둘이 필요하다. (고장난명(孤掌難鳴 – 싸움, 연애, 그리고 탱고를 추기 위해선 혼자서는 안 된다.)

One swallow does not make summer. 제비 한 마리가 왔다고 해서 여름이 온 것은 아니다. (섣불리 판단하지 마라. 속단은 금물)

The grass is always greener on the other side of the fence. 잔디밭은 이웃집 울타리 쪽이 더 푸르다. (남의 떡이 더 커 보인다.)

A rolling stone gathers no moss. 구르는 돌에는 이끼가 끼지 않는다. (직업을 자주 바꾸면 돈이 모이지 않는다. 한 우물을 파라.)

Gather roses while you may. 젊을 때 청춘을 즐겨라.

Better late than never. 아무것도 하지 않는 것보다 늦게라도 하는 게 낫다.

Look before you leap. 돌다리도 두드려 보고 건너라. (매사에 신중하라.)

Don't count the chickens before they are hatched. 김칫국부터 마시지 마라.

Even Homer sometimes nods. 원숭이도 나무에서 떨어질 때가 있다.

Everybody's business is nobody's business. 공동의 책임은 무책임이다.

Jack of all trades, and master of none. 팔방미인은 한 가지 뛰어난 재주는 없다.

Two of a trade seldom agree. 같은 장사끼리는 화합이 안 된다.

All work and no play makes Jack a dull boy. 일만 하고 놀지(쉬지) 않으면 바보가 된다.

Every Jack has his Jill. 짚신도 짝이 있다.

Let sleeping dogs lie. 잠자는 개는 그대로 두어라. (긁어 부스럼 만들지 마라.)

Everyone has a skeleton in the closet. 털어서 먼지 안 나는 사람 없다.

You can lead a horse to the water, but you can't make him drink.
말을 물가에 끌고 갈 수는 있지만, 물을 마시게 할 수는 없다. (평양감사도 자기 싫으면 그만이다.)

Finders keepers, loser weepers. 줍는 사람이 임자다.

Match made in heaven. 천생연분(天生緣分)

Pie in the sky. 그림의 떡이다. (헛된 꿈)

Spare the rod and spoil the child. 귀한 자식일수록 매를 아끼지 마라.

It's an ill wind that blows nobody (any) good.
아무에게도 이롭지 않은 바람이란 있을 수 없다. (손해 보는 사람이 있는 반면에 득을 보는 사람도 있다.)

Absence makes the heart grows fonder. 떨어져 있으면 그리움은 더해진다.

Out of sight, out of mind. 떨어져 있으면 마음도 멀어진다.

A fly in the ointment. 옥에 티

A big fish in a small pond. 우물 안 개구리

The icing on the cake. 금상첨화(錦上添花)

The sparrow near a school sings the primer. 서당개 삼 년이면 풍월을 읊는다.

Who would bell the cat? 누가 그 (어려운) 일을 떠맡을 것인가?

Talk of the devil and you'll hear the flutter of his wings. 호랑이도 제 말 하면 온다.

Even a worm will turn. 지렁이도 밟으면 꿈틀거린다.

Love me, love my dog. 나를 사랑한다면, 나의 모든 것을 (단점까지) 받아들이세요.

Barking dogs never bite. 짖는 개는 물지 않는다. (큰 소리 치는 사람(나중에 보자는 사람)이 오히려 안 무섭다. 빈 수레가 요란하다.)

Stabbed in the back. 믿는 도끼에 발등 찍혔다.

Don't cross the bridge till you got[come] to it. 공연히 미리 걱정하지 마라.

Do as you would be done by. 남이 내게 하길 바라는 대로 남에게 하라.

Business is business. 장사는 장사다. 공은 공이고 사는 사다. (인정이나 관용은 금물)

A new broom sweeps clean. 새로 들어온 자는 묵은 폐단을 일소하는데 열심인 법이다.

Beggars can't be choosers. (이 상황에) 찬밥 더운밥 가리랴.

Easy come, easy go. 쉽게 얻은 건 쉽게 잃는다.

Face the music. 울며 겨자 먹기 (결과를 받아들이라.)

Waste not, want not. 낭비하지 않으면 부족함도 없다. (낭비하지 마라.)

You don't know what you've got until you've lost it. 구관이 명관이다.

Honey catches more flies than vinegar. 식초보다는 꿀로 더 많은 파리를 잡을 수 있다. (상냥한 것이 무례한 것보다 효과적이다.)

Two is company, three is a crowd. 두 명은 잘 지내지만 세 명은 의견이 맞지 않는다. (둘이면 친구지만 셋이면 난장판이 된다.)

Curiosity killed the cat. 너무 알려고 하면 다친다. (자꾸 묻지 마라.)

Turning green with envy. 부러워서(시기심에서) 얼굴이 파래졌다. (사촌이 땅을 사면 배가 아프다.)

Can't get blood from a turnip. 무에서 피를 뽑아 낼 순 없다. (벼룩의 간을 빼먹는다.)

Go home and kick the dog. 종로에서 뺨 맞고 한강 가서 눈 흘긴다.

Cut off your nose to spite your face. 누워서 침 뱉기

None but the brave deserves the fair. 용기 있는 자만이 미인을 얻을 수 있다.

Fools rush in where angels fear to tread. 바보는 천사들이 무서워 밟지 못한 곳으로 뛰어든다. (하룻강아지 범 무서운 줄 모른다.)

Ill weeds grows apace. 미움받는 자가 오히려 활개친다.

Ill news runs apace. 나쁜 소문이 빨리 퍼진다.

Once a flirt always a flirt. 바람둥이는 고쳐지지 않는다.

Shrouds have no pockets. 수의(壽衣)에는 호주머니가 없다. (공수래공수거(空手來空手去))

If the shoe[cap] fits, wear it. 신발(모자)이 맞는다면 신으세요. (어떤 것이 (당신에게) 맞는다(적절하다)면 받아들이세요.)

Slow and steady wins the race. 천천히 꾸준히 하는 자가 이긴다. (성실한 자세를 강조)

Where there is a will, there is a way. 뜻이 있는 곳에 길이 있다.

9 문제와 해결 방식^{Problem & Solution}으로 이루어진 글

글쓴이가 먼저 일반인들에게 어떤 소재에 대한 문제점을 제시한 후 바로 이어서 그 문제점을 해결할 수 있는 해결책을 제시하고 이에 따른 해결 과정을 서술하는 글의 형태이다. 이 형태는 글쓴이가 자신의 의견이나 주장을 먼저 내놓는 대신에 문제점에 대한 도입 및 소개로 독자들의 관심과 호기심을 충분히 이끌어 낸 뒤, 글쓴이의 해결책으로 독자들에게 설득이나 충고를 할 때 자주 사용되는 글의 전개방식이다.

문제 해결 형태의 글은 건강, 환경 오염, 사회적인 문제를 다루기에 좋은 글의 전개 방식이며 빈칸 추론이나 글의 주장 및 주제를 찾는 유형의 문제가 자주 출제된다.

문제와 해결 방식의 글	문제점의 도입 및 소개 (problem)	· 사람들은 (심각한, 해결하기 어려운, 힘든) 문제를 가지고 있다. [serious, hard, difficult, tough] problem, question, issue, matter 등
	문제점에 대한 작가의 주장, 해결 방법 제시 (solution)	· 오직 과학만이 이러한 문제에 대한 해결 방법을 제공할 것이다. · 그 수수께끼는 2000년대가 되어서야 비로소 해결되었다. · 새로운 장치가 잘 작동을 하게 된다면 그 문제는 감소될 수 있다. · 그 도시는 그 문제를 해결하기 위하여 새로운 정책을 도입했다. · ~을 방지할 수 있는 비교적 쉬운 방법(대안)이 있다. solution, answer, key, method, cure, alternative plan 등

Core Skills

필자가 먼저 글의 앞 부분에 일반적 진술, 보편적 상황을 제시하면서 현재 상황에서의 문제점을 제기한다. 문제점이 나타나게 된 원인, 이유 그리고 그것의 부정적인 결과에 대해 자세한 설명을 하고 필자의 해결 방법을 제시한다. 이 해결 방법을 제시하는 부분의 중요 표현인 "가장 좋은 해결책, 궁극적인 해결방법, 유일한 해결책, 문제에 대한 성공적인 대안"과 같은 표시어구를 놓치면 글의 전개방식을 놓치는 것과 마찬가지다.

1 필자 자신의 주장이나 의견과 반대되는 상황을 먼저 제시한다.
2 그 상황에 대한 현재의 문제점을 제기하고 독자를 설득시키기 위하여 문제점의 구체적인 원인이나 이유 또는 그 문제점이 초래한 부정적인 결과를 자세하게 설명한다.
3 제기한 문제점에 대한 필자의 해결 방법을 제시한다. 이것이 포괄적인 주제 문장의 역할을 한다.
4 제시한 해결 방법의 구체적인 과정, 단계별 부연 설명을 첨가한다.

∞ **Ways to Improve Reading Comprehension: Problem + Solution 전개 방식의 형상화**

(1) Problem 도입 = 시작

[현재의 문제점 제기]
필자가 생각하고 있는 문제점, 나쁜 방식, 습관으로 도입부 시작

- 산업 폐수의 심각성
- 지구의 온난화에 따른 환경의 심각한 피해
- 인간의 무분별한 환경 파괴

※ 문제점에 대한 자세한 원인과 그 심각한 결과까지를 상술한다. 이때의 주요 동사표현은 "cause, bring about, lead to, result in, be caused by 등"이 있다.

(2) Solution의 제시 = 사고의 전환

[문제점에 대한 필자의 해결 방법을 제시]

- The best solution 가장 좋은 해결책
- Our only answer 우리의 유일한 해결책
- Creative solutions 창의적인 해결책
- The ultimate solution to this problem 이 문제에 대한 궁극적인 해결책
- The best cure for the problem 문제에 대한 최선의 처방

(3) Solution에 대한 구체적인 근거나 의견 제시

[해결 방법에 대한 구체적인 단계별 또는 과정별 설명 어구]

- 과학적 실험의 근거 자료 (전문가의 의견)
- 글쓴이가 추천하는 방법 (확인, 예시, 명료화)

※ 문제점의 제기 과정이 상대적으로 길게 설명이 되면 필자는 해결 방법만 제시하고 그 구체적인 단계별, 과정별 설명 어구는 언급 없이 글이 끝나는 문제도 출제가 된다. 이런 문제의 유형은 이미 필자가 제시한 문제점을 파악하면 대부분 해결이 된다. 또는 문제점만 두세 개 정도를 나열하여 설명하고 해결 방법은 제시하지 않은 상태에서 출제되는 유형도 있다. 이런 유형의 문제는 무엇에 대한 문제점인지 즉, 글의 핵심어를 찾으면 쉽게 해결할 수 있다.

No matter how we shake or tap the bottle of ketchup, some of it refuses to come out. In some cases, up to 20 percent of the product is left in the packaging when it is thrown out. This is not only annoying for consumers but also poses difficulties when recycling: The leftovers first have to be removed from the packaging, which is expensive, time-consuming, and uses a great deal of water. A German project by the Fraunhofer Institutes, together with Munich University of Technology and various industrial partners, will put an end to this dilemma. Researchers are applying thin films, no more than 20 nanometers thick, to the inside surface of packaging in order to

_______________________.

Q Which of the following best fits in the blank?

① keep ketchup fresh ② remove tap water

③ develop nanotechnology ④ reduce leftover traces

Solutions

Q 다음 중 빈칸에 가장 적절한 것은? 정답: ④번

① 케첩을 신선하게 유지하기 위해서 ② 수돗물을 제거하기 위해서

③ 나노 기술을 개발하기 위하여 ④ 남은 케첩의 흔적을 줄이기 위해서

▶ 이 글은 필자가 미리 제시한 병에 남아 있는 케첩 흔적에 대한 해결 방법에 대한 글이다.

[문제점] 남은 케첩이 나오지 않아 소비자들의 불만이 있다. + 병을 재활용할 때 비용과 시간, 많은 양의 물이 소비된다.

[해결방법] 한 프로젝트가 이러한 문제를 끝낼 수 있을 것이다. → 연구자들은 남은 케첩의 흔적을 줄이기 위해 용기의 내부 표면에 20나노미터 두께도 되지 않는 얇은 막을 붙이고 있다.

Translations

우리가 아무리 케첩 병을 흔들거나 두드릴지라도, 일부는 나오지 않는다. 어떤 경우에는, 상품을 버릴 때 상품의 최대 20%가 용기에 남아 있게 된다. 이는 소비자들에게 성가신 일일 뿐만 아니라, 재활용 시 어려움을 일으킨다. 나머지(잔여물)는 우선적으로 용기에서 제거되어야 하는데, 이는 비용과 시간이 많이 들고, 많은 양의 물을 소모한다. 독일의 Fraunhofer Institutes에서 Munich 공업 대학과 다양한 산업 제휴사와 함께 실시한 프로젝트는 이러한 문제를 끝낼 수 있을 것이다. 연구자들은 남은 케첩의 흔적을 줄이기 위해 용기의 내부 표면에 20나노미터 두께도 되지 않는 얇은 막을 붙이고 있다.

Words&Phrases

□ **no matter how** 아무리 ~할지라도(=however)

□ **tap** 가볍게(톡톡) 두드리다; 꼭지, 마개

□ **pose** (문제를) 제기하다; 자세를 취하다

□ **leftover** 나머지; 남은 음식; 잔류물질

□ **time-consuming** 시간이 많이 드는

□ **put an end to** ~을 끝내다

□ **dilemma** 어려운 문제; 진퇴양난, 궁지

□ **apply** 적용하다; 응용하다; (연고, 물감 등을) 바르다; 지원(신청)하다

□ **film** 얇은 껍질(막 · 층); 필름; 영화

□ **no more than** 기껏해야(=at most)

□ **nanometer** 나노미터(10억분의 1미터; nm)

Nobody likes performance reviews. Employees are nervous they will hear nothing but criticism, and bosses are nervous their direct reports will respond defensively. So people generally keep their mouths shut. That is unfortunate because most employees need help figuring out how to improve their performance and advance their careers. Also, it can be harmful to the company if a lack of clear feedback leads to undesirable work behaviors. There is a way to avoid this problem. Managers can help employees learn adaptive techniques — like acknowledging negative emotions and reframing fears and criticisms constructively — to prevent destructive responses. Once people are comfortable asking for feedback, they will begin to see how they are doing relative to management's priorities, and their work will be more in line with organizational goals.

Q What is the topic of the passage?
① Necessity of a feedback-friendly working environment
② Improvement of working conditions for new employees
③ Importance of roles of management in employee placement
④ Development of upper-level management training programs
⑤ Significance of a feedback analysis of the welfare policy

Solutions

Q 이 글의 주제는 무엇인가?　　　　　　　　　　　　　　　　　　　　　　　정답: ①번
① 피드백에 우호적인 작업 환경의 필요성　　② 신규 직원을 위한 작업 환경의 개선
③ 직원 배치에서의 관리자 역할의 중요성　　④ 고급 경영관리 트레이닝 프로그램의 개발
⑤ 복지 정책에서 피드백 분석의 중요성

▶ [문제점] 업무 평가(=피드백)를 좋아하지 않는다. → 명확한 피드백이 부족하다면 직원과 회사에 모두 해로울 수 있다.
　[해결방법] 이러한 문제를 피할 수 있는 방법이 있다. → 관리자들은 직원들이 부정적인 반응을 방지하도록 적응하는 기술을 배우도록 돕는다. → (직원들이) 피드백을 편안히 요청할 수 있어서 업무 수행이 조직의 목표와 일치하게 된다.

Translations

아무도 업무 평가를 좋아하지 않는다. 직원들은 오직 비판만을 듣게 될까 불안해하고, 상사는 그들의 직속 부하직원들이 방어적인 반응을 나타낼까 불안해한다. 그래서 사람들은 대체로 입을 다문다. 이것은 대부분의 직원들이 업무를 향상하고 승진하는 방법을 알아내기 위한 도움을 필요로 하기 때문에 유감스러운 일이다. 또한, 만약 명확한 피드백의 부족이 바람직하지 않은 업무 태도를 낳는다면 회사에 해로울 수 있다. 이러한 문제를 피할 수 있는 방법이 있다. 관리자들은 부정적인 반응을 방지하기 위해 – 직원들이 부정적인 감정을 인정하고 두려움과 비판을 건설적으로 다시 구성하는 것과 같은 – 적응하는 기술을 배우도록 도울 수 있다. 사람들이 일단 피드백을 요청하는 것에 대해 편안해지면, 그들은 경영의 우선순위에 비례하여 그들이 얼마나 잘하고 있는지 알기 시작하게 되고, 그들의 업무는 조직의 목표와 좀 더 일치하게 된다.

Words & Phrases

□ **performance review** 업무 평가　　□ **adaptive** 적응성의(이 있는), 순응적인　　□ **in line with** ~와 조화되어
□ **nothing but** 단지(=only)　　□ **acknowledge** 인정하다, 승인하다　　□ **placement** 배치
□ **defensively** 방어적으로　　□ **reframe** 다시 구성하다　　□ **significance** 중요성
□ **figure out** 알아내다　　□ **priority** 우선순위

Sometimes all a good cheese needs to stop it from going bad is a sympathetic ear. Researchers in France have come up with an ultrasonic sensor that will listen to cheese as it matures and warn cheese makers of defects. Cheese makers have to downgrade up to one-fifth of their produce because of undetected faults. If the new device works well, that problem could be reduced. The technique involves sending a low frequency ultrasonic signal through the cheese to a sensor at the other side. By measuring the change in the speed and size of the emerging signal, the moisture and *porosity of the cheese can be mapped.

*porosity: 물질의 내부에 작은 구멍이 많은 성질

Q 글의 주제로 가장 적절한 것을 고르시오.
① 치즈 생산량 감소의 원인 탐색
② 국가별 치즈 생산 방법의 특징
③ 치즈 숙성에 필요한 시간과 습도 조절
④ 치즈 영양 분석을 위한 초음파 이용 방법
⑤ 초음파 감지기를 이용한 치즈의 결함 탐지

Solutions

Q 주제를 찾는 문제이다. 정답: ⑤번

▶ 이 글은 치즈가 숙성될 때에 상할 수도 있다는 문제점은 생략하였고 그 해결방법(=초음파 감지기의 사용)을 바로 도입해서 글을 이끌어가고 있다. 이 문제에 대한 해결 방법인 '초음파 감지기의 사용'을 핵심어로 파악했다면 쉽게 정답을 찾을 수 있는 문제이다.
[문제점] 좋은 치즈가 숙성될 때에 상할 수 있다는 문제점이 있다. (구체적인 원인은 글에서 생략됨)
[해결방법] 치즈 제조업자들에게 결함을 경고해 주는 초음파 감지기를 개발해냈다. → 이 기기가 잘 작동하면 치즈의 결함을 미리 탐지하여 좋은 치즈가 상하는 것을 줄일 수 있다.

Translations

때때로 좋은 치즈가 상하는 것을 막는 데 필요한 것은 귀 기울임이다. 프랑스의 연구자들은 치즈가 숙성될 때의 소리를 듣고 치즈 제조업자들에게 결함을 경고해 주는 초음파 감지기를 개발해냈다. 치즈 제조업자들은 발견되지 않은 결함 때문에 그들의 생산물의 5분의 1선까지 품질을 낮추어야 한다. 만약에 새 기기가 잘 작동한다면, 그러한 문제는 감소될 것이다. 그 기술은 낮은 주파수의 초음파 신호를 치즈에 통과시켜 다른 쪽의 센서에 보내는 것을 포함한다. 나타나는 신호의 속도와 크기의 차이를 측정함으로써, 치즈의 수분과 다공률(多孔率)이 정밀하게 묘사될 수 있다.

Words&Phrases

- **stop A from ~ing** A가 ~하지 못하게 하다
- **go bad** (음식이) 상하다
- **sympathetic ear** 경청
- **sympathetic** 동정적인; 공감하는
- **come up with** 생각해내다; 제안하다
- **ultrasonic sensor** 초음파 감지기
- **mature** 숙성하다, 성숙하다
- **defect** 결함; 결점
- **downgrade** 품질을 낮추다 (↔ upgrade)
- **produce** 농산물; 생산하다
- **undetected** 발견되지 않은
- **device** 장치, 도구
- **frequency** 주파수; 빈도; 횟수
- **measure** 재다; 측정하다
- **emerge** 나타나다
- **moisture** 수분, 습기

For many people, a trip to the grocery store is a fun break in the day. However, what often happens is that shoppers end up buying things that are not really needed. Consumers can break this bad habit by taking half an hour out of the day to do a little research at the grocery store. Just go around with a pen and paper and look at what you buy. See whether there are other options which are less expensive or more specific to your needs. In the end, it will help you form a really good plan for grocery shopping and in turn will help stretch your food budget.

Q 이 글의 목적으로 가장 적절한 것은?
① 물가 조사 과정 및 방법을 설명하려고
② 식품 안전에 대한 경각심을 일깨우려고
③ 무분별한 소비 생활의 위험성을 알리려고
④ 식품 구매 습관 개선 방안을 제시하려고
⑤ 균형 있는 식단의 중요성을 강조하려고

Solutions

Q 글의 목적을 묻는 문제이다.　　　　　　　　　　　　　　　　　　　　　　　정답: ④번

▶ 자신이 구매하려고 하는 식료품을 미리 구매 계획을 세워서 합리적으로 구매함으로써 충동적이고 필요하지 않은 물품을 사는 문제점을 해결하는 방법을 제시한 글이다.
[문제점] 충동적인 구매: 종종 구매자들은 정말 필요하지도 않은 것들을 사곤 한다.
[해결방법] 소비자들은 식료품점에서 30분의 시간을 들여 조사를 함으로써 이런 나쁜 습관을 버릴 수 있다.

Translations

많은 사람들에게 식료품점에 가는 것은 하루 중 즐거운 휴식이다. 그러나 종종 구매자들은 결국에 정말 필요하지도 않은 것들을 사곤 한다. 소비자들은 식료품점에서 약간의 조사를 하는데 하루의 30분을 사용함으로써 이런 나쁜 습관을 버릴 수 있다. 펜과 종이를 들고 돌아다니며 당신이 구매하는 것들을 봐라. 좀 덜 비싸거나 당신의 요구에 보다 더 적합한 것들이 있는지 살펴봐라. 결국 그것은 당신이 정말 괜찮은 식료품 구매 계획을 세우는 데 도움이 될 것이고, 당신의 식품 예산으로 더 많은 것을 사는 데도 도움이 될 것이다.

Words&Phrases

□ **grocery store** 식료품점
□ **end up ~ing** 결국 ~로 끝나다
□ **option** 선택(권)
□ **specific** 구체적인; 명확한; 적합한
□ **in turn** 차례로; 번갈아; 다음에는
□ **stretch** 늘이다
□ **budget** 예산

Many difficulties and much stress today come from our thinking that there is not enough time. Time itself remains unchanged in the sense that it carries on in the same way as it has for millions of years. We need to see that it is circumstances that are different and that our increased workloads put too much pressure upon us. However, most of us try to adjust our attitudes and behaviors to a rapid pace of living and working. The secret lies not in finding smart ways to do more, but in how we manage the relationship between the things we have to do and _______________________.

Q　Which of the following best fits in the blank?
① the ability to do them　　② the strong desire we have
③ the time available to do them in　④ the way to avoid stress
⑤ the place we live in

Solutions

Q　다음 중 빈칸에 가장 적절한 것은?　　　　　　　　　　　　정답: ③번
① 그것들을 할 수 있는 능력　　　　　② 우리가 가지고 있는 강력한 욕구
③ 그것들을 할 수 있는 시간　　　　　④ 스트레스를 피하는 방법
⑤ 우리가 사는 장소

▶ [문제점] 오늘날의 많은 어려움과 스트레스는 우리가 충분한 시간이 없다고 생각하는 데서 기인한다.
[해결방법] 우리가 더 많은 일을 할 수 있도록 현명한 방법을 찾는 데 있는 것이 아니라, 우리가 해야만 하는 일과 그것들을 수행함에 있어 이용할 수 있는 시간과의 관계를 관리하는 방법에 있다.

Translations

오늘날의 많은 어려움과 스트레스는 우리가 충분한 시간이 없다고 생각하는 데서 기인한다. 시간 그 자체는 수백만 년간 같은 방법으로 흘러간다는 관점에서 보면 여전히 변한 것이 없다. 우리가 주의해서 보아야 할 것은 (과거와 현재는) 환경이 다르고, 늘어난 작업량이 우리에게 수많은 압박을 가하고 있다는 것이다. 하지만 대부분의 사람들은 자신들의 태도와 행동을 급속히 빠른(속도로 변화하는) 삶과 작업 속도에 맞추려 노력한다. 해결 방법은 우리가 더 많은 일을 할 수 있도록 현명한 방법을 찾는 데 있는 것이 아니라, 우리가 해야만 하는 일과 그것들을 수행함에 있어 이용할 수 있는 시간과의 관계를 관리하는 방법에 있다.

Words&Phrases

□ **carry on** 계속해서 하다　　　　　□ **adjust** 조정하다; 조절하다; 맞추다
□ **circumstance** 환경; 상황　　　　　□ **attitude** 태도
□ **workload** 작업량, 작업 부하, 일량

When buying on-line, buyers usually pay with their credit cards. They charge the cost on their credit card accounts. When they put their credit card numbers, the numbers might be stolen. Then the thief uses the numbers to buy items. The bills for items come to the credit card owner. Another problem with buying on-line is that buyer has to pay the shipping cost for the item. Sometimes this cost is high. If a buyer is not satisfied with the product, he has to pay the cost of mailing it back to the seller.

Q   What is an appropriate title for this passage?
① Disadvantages of Buying On-line
② Convenience of Internet Shopping
③ Riskiness of Using Credit Card
④ Rise of Shipping and Mailing Cost

 Solutions

Q   이 글의 제목으로 가장 적절한 것은?   정답: ①번
① 온라인 구매의 단점들   ② 인터넷 쇼핑의 편리함
③ 신용카드 사용의 위험성   ④ 운임과 우편료의 증가

▶ 이 글의 핵심어는 온라인 구매(buying on-line)이며, 이것의 문제점을 두 가지로 나열하고 있다. 성급하게 문제에 접근하다 보면 온라인 구매에 대해 첫 번째 문제점으로 언급한 'credit card'를 이 글의 핵심어로 잘못 파악하여 ③번을 정답으로 고를 수 있으므로 주의한다. 이는 예문의 일부이므로 포괄성이 없다. 이 글의 핵심어인 "온라인 구매(buying on-line)"가 포함된 선택지를 고르면 쉽게 정답을 찾을 수 있다.

🔑 Translations

온라인으로 물건을 살 때, 구매자들은 대체로 신용카드로 지불한다. 그들은 신용카드 계좌로 대금을 지불한다. 그들이 신용카드 번호를 입력할 때, 번호가 도난당할 수 있다. 그러면 도둑은 물건을 사기 위해서 그 번호를 사용한다. 물건에 대한 청구서가 신용카드 주인에게 온다. 온라인 구매의 또 다른 문제점은 구매자가 물건의 배송료를 지불해야 된다는 점이다. 때로는 이 비용이 비싸다. 구매자가 상품에 만족하지 않는다면, 구매자는 그것을 판매자에게 반송하기 위한 운송 요금을 지불해야만 한다.

Words&Phrases

□ **charge** (요금을) 청구하다; 부담시키다
□ **charge the cost on their credit card accounts** 신용카드 계좌로 요금을 지불하다
□ **account** 은행 계좌

□ **shipping cost** 배송 요금, 운송료
□ **riskiness** 위험(성) (=dangerousness)
□ **rise** 증가, 상승; 일어남, 발생

1 단문 완성형 빈칸 추론

단문 완성형 빈칸 추론은 기본적으로 어휘력 측정의 경향이 강하다. 그렇다고 아무런 전략 없이 무조건 단어를 암기하는 것은 상당히 비효율적이므로 기출 어휘와 출제 가능성이 있는 어휘를 미리 학습해 두는 것이 좋다. 또한, 거의 대부분의 빈칸 완성형 문제는 주어진 문장의 단순한 해석에서 그치는 것이 아닌 상당히 치밀한 논리적 사고력(rigorous logical thinking)을 요구하므로 짧은 단문 완성형 빈칸 추론 문제일지라도 문장과 문장의 논리적인 연관성을 생각하며 빈칸을 추론해야 한다.

(1) 빈칸 추론(단문)의 유형

∞ **문맥에 적합한 어휘를 추론하기: 단어의 정확한 의미 파악하기**

빈칸에 들어가는 단어의 정확한 의미를 이미 알고 있으면 쉽게 풀 수 있는 유형이다. 이 유형은 어휘력을 측정하는 경향이 강함으로 출제 가능성이 있는 어휘에 대한 선행 암기가 필수적이다.

∞ **문장의 논리적인 관계성을 파악해서 빈칸 추론하기**

> - 정의(주장) + 예시(보충설명): for example, for instance, specifically, in particular, as, such as 등
> - 대조(역접): but, however, yet, still, while, by contrast, on the contrary, 시간적 대조 등
> - 비교: like, likewise, just as ~ so, in the same way, similar, similarly 등
> - 원인과 결과: because (of), as a result, therefore, thus, so, lead to, cause 등
> - 조건: if, when, once, as long as, suppose, assuming that, given 등
> - 양보: though, although, even if, no matter how 등
> - 반복/환언/요약: that is, as it were, in fact, in other words, in short, in sum, namely, to be sure 등
>
> ※ 연결어는 글의 논리적인 구조의 흐름을 보여주는 "signal"이다.
>
> - 동의 관계를 나타내는 "A and B/ A, B, and C/ both A and B/ either A or B/ also/ too/ furthermore/ in addition/ besides" 등은 각각의 요소들을 같은 개념, 생각, 느낌으로 연결한다는 것을 명심하자.
>
> - 반의 관계를 나타내는 "but, by contrast, although, however, on the contrary, while" 등은 앞에 나온 정의(주장, 사실)와는 반대의 개념으로 연결한다는 것을 명심하자.

Guess the meaning of unknown words using the context in sentences.

문장 안에서 문맥을 사용하여 모르는 단어의 의미를 추론해라.

이러한 유형은 빈칸에 알맞은 단어의 의미만 알고 있으면 간단하게 문제를 해결할 수 있을 것처럼 보이지만 현실은 그렇지 않을 때가 많다. 출제될 수 있는 단어의 범위와 수준은 그 난이도에 따라 그야말로 황당한 수준일 수도 있기 때문이다. 따라서 시험에 자주 출제되었거나 출제가 예상되는 단어를 철저히 암기해 두는 것도 중요하지만, 그 수많은 영어 단어들을 모조리 암기하는 것은 불가능하다 할 것이므로, 문맥(context)을 통한 문제 해결 능력을 극대화해야 한다. 문맥은 '글이나 문장에 표현된 앞뒤 연결'을 말한다. 문맥은 새로운 단어에 대한 다양한 힌트를 제공한다. 이 문맥을 통해 우리는 모르는 단어의 의미를 추측할 수도 있고 그 단어가 문장 내에서 어떤 역할을 하는지도 알 수 있다. 어휘력을 강화한다는 것은 새로운 단어의 개별적인 의미나 용법을 배우는 것 이상을 의미한다. 낯선 단어의 의미와 빈칸에 들어갈 말을 찾을 때에는 반드시 주변의 단어나 문장, 즉 문맥을 이용하거나 자신에게 질문을 던지면서 문맥 단서들을 활용할 수 있어야 한다.

 **Core Skills**

∞ **문맥 속의 어휘력을 키워라.**

❶ 문맥에서 짐작하라.

❷ 문맥 속 유의어(synonym)나 반의어(antonym) 정보를 이용하라.

❸ 모르는 단어와 단어들 사이에 but, and, however, so, as 등의 연결어가 있는지 살펴보라.

❹ 모르는 단어를 '머리+몸통+꼬리'로 분해하여 뜻을 짐작해 보라.(접두어, 어근, 접미어 활용)

※ 참고로 순수 어휘 문제는 본서에서 다루지 않았습니다. 대신 짧은 문장이지만, 논리적 사고력을 요구하는 논리적 문장 완성형 문제들을 집중적으로 다루었습니다. 순수하게 어휘를 묻는 문제는 보카바이블을 참고해 주시기 바랍니다.

※ 다음 문장의 밑줄 친 단어의 의미를 추론하고 그 의미를 영어로 적으시오. [1~8]

1

Could I have a piece of bread? I missed breakfast and I'm simply <u>ravenous</u>.
The poor horse was <u>ravenous</u> that it barked off the trees.

해석 빵을 좀 먹어도 될까요? 아침밥을 걸렀더니 매우 배가 고프네요.
그 불쌍한 말은 너무 배가 고파서 나무껍질을 벗겨 먹었다.

해설 두 문장의 글의 논리는 원인과 결과의 글이다. "아침밥을 걸렀더니"가 원인이고, 그 결과 "매우 배가 고프다"라는 것을 추론할 수 있다. "너무 ~해서"가 원인을 제공하고 그 결과로 "나무껍질을 벗겨 먹었다"라는 것을 참고하면 주어인 말이 "매우 배가 고프다"는 것을 알 수 있다.

정답 ravenous: very hungry 매우 배가 고픈

2

That poor horse is <u>lame</u>. Last year it stepped in a hole and broke its leg. Now it is better, but it still can't run.

해석 그 불쌍한 말은 절름발이다. 작년에 구덩이에 빠져서 다리가 부러졌다. 지금은 훨씬 좋아졌지만, 여전히 달릴 수는 없다.

해설 이 글의 논리 역시 원인과 결과이다. 문맥 속의 "stepped in a hole and broke its leg", "still can't run"을 보면 추론이 가능하다.

정답 lame: unable to walk 절름발이의, 절뚝거리는

3

Chef Walter Potenza owns three <u>thriving</u> Italian restaurants on Rhode Island. He believes that his success is the product of lifetime education.

해석 요리사 Walter Potenza은 로드 아일랜드에 세 개의 번창하는 이탈리아 식당을 소유하고 있다. 그는 그의 성공이 평생 교육의 산물이라고 믿고 있다.

해설 문맥 속에서 thriving은 his success와 유사어구 관계이다.

정답 thriving: successful 성공적인, 번창한

4

Mr. Smith had some very <u>pressing</u> business, so he had to leave before the meeting was over.

해석 Smith 씨는 매우 긴박한 일이 있어서, 회의가 끝나기 전에 떠나야만 했다.

해설 원인과 결과의 so
[원인] Smith 씨는 매우 긴박한 일이 있어서
[결과] 회의가 끝나기 전에 떠나야만 했다.
→ 원인과 결과를 나타내는 "so" 다음의 "had to leave before the meeting was over"가 추론의 근거이다.

정답 pressing: urgent 긴급한

5

After so much rain, the river flowed over the dike and into the fields. People in this area began building dikes many centuries ago. It was the only way to keep the sea out of their villages.

해석　그렇게 비가 많이 내린 후에, 강이 둑 위로 넘쳐 논으로 흘러들었다. 이 지역에 있는 사람들은 수세기 전부터 둑을 짓기 시작했다. 그것이 바닷물을 마을로 들어오지 못하게 하는 유일한 방법이었다.

해설　"to keep the sea out of their villages"가 문맥적 단서를 제공한다.

정답　dike: a wall or bank 둑

6

Don't eat that bread! It's old and stale. We'll give it to the birds. Here's some fresh bread for our sandwiches.

해석　그 빵을 먹지 마라! 그것은 오래되었고 곰팡내가 난다. 우리는 그것을 새에게 줄 것이다. 여기에 우리의 샌드위치를 만들 신선한 빵이 있다.

해설　문맥 속 반의어인 "fresh bread"가 힌트이다.

정답　stale: fusty 케케묵은, musty 곰팡내 나는

7

The tornado hit a small town in Kansas. The storm swept down the main street. The terrible winds caused five stores to fall down.

해석　토네이도가 Kansas의 작은 마을을 강타했다. 그 폭풍은 중심가를 급습했다. 그 끔찍한 바람은 다섯 개의 상점을 붕괴시켰다.

해설　문맥 속 동의어인 "The storm"과 "The terrible winds"가 힌트이다.

정답　tornado: storm, hurricane 대폭풍우 (특히 서아프리카와 미국 Mississippi 강 유역에서 일어나는 국지적이고 파괴적인 맹렬한 선풍)

8

Just as the Greeks were destroyed by the barbarous power of Rome, France was defeated by the rough and brutal might of Germany.

해석　그리스가 로마의 야만스러운 힘에 의해 파괴된 것처럼, 프랑스도 독일의 난폭하고 야만적인 힘에 의해 패배당했다.

해설　비교의 Just as와 문맥상의 동의어 표현
이 글의 논리는 비교이다. 문맥 속의 동의어 표현인 "the rough and brutal"이 힌트이다.
power = might / barbarous = rough and brutal / were destroyed by = was defeated by

정답　barbarous: brutal 잔인한, savage 야만스러운, 미개한 (↔civilized)

※ 다음 문장의 빈칸에 가장 알맞은 것을 고르시오. [9~13]

9

The doctor decided to __________ some medicine.

① prescribe　　② proscribe　　③ describe　　④ subscribe

해석　의사는 약을 처방하기로 결정했다.

해설　이 문제는 유사한 꼴의 단어들의 정확한 뜻을 묻는 문제다. 'scribe'라는 공통된 어근에 접두어만 다른 경우로서 접두어 지식이 있으면 쉽게 해결할 수 있는 어휘들이다. 본문의 "medicine"과 관련이 있는 어휘를 선택해야 한다. 약을 '처방하다'라는 뜻의 ① prescribe가 정답이다.

어휘　prescribe 약을 처방하다　proscribe (습관 등을) 금지하다, 배척하다(문어)　describe 묘사하다, 기술하다, 말로 설명하다 subscribe (서명하여) (~에) 기부를 약속하다, 기부를 하다; (신문 · 잡지 등을) 예약 구독하다

정답　① prescribe: pre(미리, 앞서서) + scribe(= write)= 처방하다

10

Tom is criticized by some others because he is __________ and too one-sided.

① tactful　　② tentative　　③ audible　　④ partial　　⑤ blithe

해석　Tom은 불공평하고 너무 한쪽으로 치우쳤기 때문에 일부로부터 비난을 받고 있다.

해설　동의어 관계인 접속사 "and"로 연결되었기 때문에 문맥 속 동의어인 "too one-sided"가 힌트이다.

어휘　tactful 재치 있는; (기술적으로) 적절한　tentative 시험적인, 임시의, 주저하는, 자신 없는　audible 들리는, 들을 수 있는 (cf. in a scarcely audible voice 거의 들리지 않는 목소리로)　partial 불공평한, 편파적인(→ impartial)　blithe 즐거운, 명랑한, 기쁜

정답　④ partial: one-sided 한쪽으로 치우친, 불공평한 (→ impartial = fair 공평한, 치우치지 않은)

11

I am afraid that you will have to alter your _________ views in the light of the tragic news that has just arrived.

① dour　　② roseate　　③ tragic　　④ pessimistic

해석　유감이지만 방금 도착한 비관적인 뉴스에 비추어 볼 때 당신의 낙관적인 관점을 바꾸셔야 할 것 같습니다.

해설　이와 같은 문제는, 정확한 해석으로도 답을 구할 수 있으나 선택지에 나오는 단어들의 성향만 파악하여도 답이 쉽게 나올 수 있다. tragic과 pessimistic은 비슷한 의미이며, dour 또한 부정적 의미의 단어인 것을 알면 설령 roseate의 뜻을 모른다 해도 쉽게 ②번으로 답을 선택할 수 있다.

어휘　in the light of ~에 비추어, ~을 고려하여, ~의 견지에서　dour 음울한, 뚱한, 시무룩한(=sullen)　roseate 장밋빛의(=rosy), 행복한; 낙관적인(cf. a roseate future 장밋빛 미래)　tragic 비극적인　pessimistic 비관적인(→ optimistic, rosy, hopeful 낙관적인)

정답　② roseate 낙관적인, 장밋빛의

12 다음 문장에서 밑줄 친 단어의 유의어를 고르시오.

He was pale and a bit <u>haggard</u> when he glanced around at the angry faces watching him.

① bold　　　② gaunt　　　③ vigorous　　　④ daring

해석　자신을 지켜보는 화난 얼굴들을 힐끗 쳐다보았을 때 그의 모습은 창백했고 약간 수척해 보였다.

해설　'A and B'의 평형구조를 이용한다. 이 문제는 "haggard"라는 단어의 동의어를 묻는 문제이다. 순접의 접속사 and로 연결된 동의의 표현인 "pale"이 힌트이다. pale과 haggard가 등위 접속사 and로 연결되어 있으므로 비슷한 의미의 단어가 와야 한다.

어휘　bold 대담한　gaunt 창백한, 여윈, 수척한　vigorous 활기 있는　daring 대담한, 용감한

정답　② gaunt 창백한, 여윈, 수척한(= haggard)

13 다음은 어떤 단어에 대한 사전 뜻풀이이다. 빈칸에 공통으로 들어갈 가장 적절한 것을 고르시오.

1. an opinion that people have about someone or something, which may not be a true one: The company needs to shake off its old __________.

2. a picture formed in the mind: She had a clear __________ of how she would look in twenty years.

3. a copy: He is the __________ of his father.

① view　　　② impression　　　③ image　　　④ notion　　　⑤ figure

해석　1. 사실이 아닐지도 모르는 어떤 사람이나 사물에 대해 사람들이 갖고 있는 견해(관념): 그 회사는 낡은 관념(이미지)을 떨쳐 버릴 필요가 있다.
　　　2. 마음속에 형성된 그림(생각, 심상): 그녀는 20년 후에 자신이 어떻게 보일 것인가에 대한 분명한 심상을 갖고 있었다.
　　　3. 꼭 닮은 사람: 그는 그의 아버지를 꼭 닮았다.

해설　"관념, 심상, 꼭 닮은 사람"이라는 의미를 모두 포괄할 수 있는 단어로는 ③ image가 가장 적절하다.

어휘　view 경치; 견해, 시각; 시력　impression 인상; 영향; 흔적　image 이미지, 심상　notion 개념, 관념; 견해　figure 인물(상); 숫자; 그림

정답　③ image 관념, 심상, 꼭 닮은 사람

(2) 문맥 추론을 통해 빈칸 완성하기 – 주장(opinions) + 예증(illustration, explanations)

글쓴이가 자신의 요지나 주장을 독자에게 더욱 생생하고 정확하게 전달하기 위해서 자주 사용하는 방법이다. 글의 서술방식은 먼저 글쓴이 자신의 요지나 주장을 포괄적으로 정의하고 그 후에 보충설명문을 도입하여 세부적이고 자세히 풀어 쓰는 방식이다.

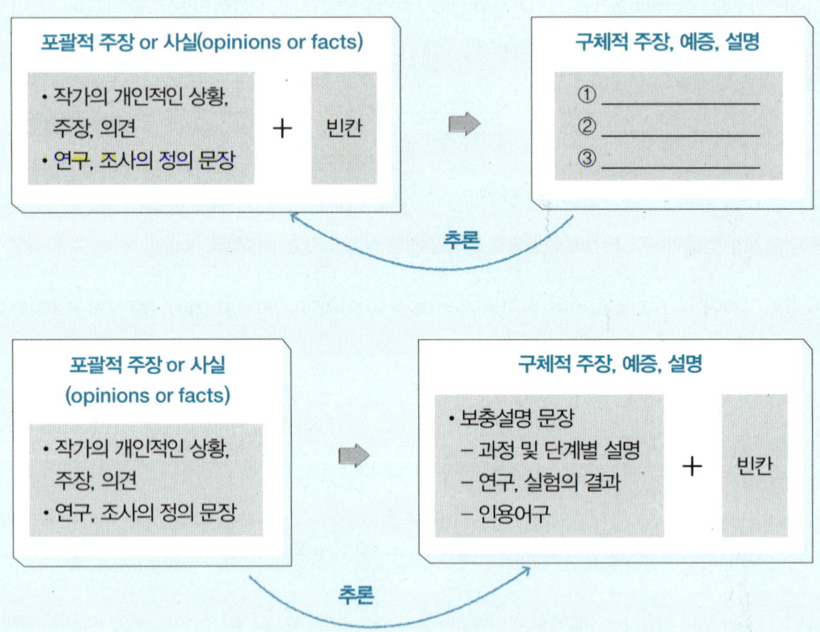

cf. 의견의 진술(Statements of Opinion)과 사실의 진술(Statements of Fact)

❶ 의견의 진술(Statements of Opinion)

Statements of opinion express a writer's impressions, judgments and beliefs about something. Those opinions cannot b e judged true or false or right or wrong because they are that writer's individual impressions about something. An opinion is not necessarily incorrect, but it hasn't been proved. An opinion may seem true, but if it hasn't been proved, it is an opinion.

의견의 진술은 어떤 것에 관한 글쓴이의 느낌, 판단 그리고 신념을 표현한다. 그러한 의견은 그 글을 쓴 사람의 개인적인 느낌이므로, 참이나 거짓 혹은 옳거나 그르다고 판단내릴 수 없다. 의견은 사실이 아니라고 할 수는 없으나, 증명된 것은 아니다. 사실처럼 보일수도 있지만, 증명되지 않았다면, 그것은 의견이다.

☐ Fishing relaxes you better than sleeping.
낚시는 잠자는 것 보다 당신을 편안하게 해준다.

☐ President Kennedy's death significantly affected elementary–school pupils.
Kennedy 대통령의 죽음은 초등학생들에게 상당히 큰 영향을 주었다.

→ These sentences are statements of opinions about real things, but are still unverifiable opinions.
이러한 문장들은 실제적인 것에 대한 의견의 진술이다. 하지만 여전히 증명할 수 없는 의견들이다.

❷ 사실의 진술(Statements of Fact)

Statements of fact present information that is known to be true. They imply neither judgment nor evaluation. Unlike statements of opinion, statements of fact can be verified in records, tests, or historical or scientific documents.

사실의 진술은 진실이라고 알려진 정보를 제공하는 것이다. 그것은 판단이나 평가를 의미하지 않는다. 의견의 진술과는 달리, 사실의 진술은 기록, 테스트, 혹은 역사적이거나 과학적인 문서에서 검증될 수 있다.

☐ In 1809, Abraham Lincoln was born in a one room log cabin in Kentucky.

1809년, 아브라함 링컨은 켄터키에서 방이 하나인 통나무 오두막집에서 태어났다.

☐ UNESCO designated Hangeul as the Memory of the World.

유네스코는 한글을 세계 문화유산으로 지정하였다.

→ For these statements, you can verify the accuracy by referring to source books, taking measurements, or using personal experience. Thus these are statements of fact.

이 진술들에 대하여 당신은 참고 도서를 조회하거나, 크기(차수)를 재어 보거나, 또는 개인적인 경험을 사용해서 정확성을 증명할 수 있다. 그러므로 위 진술들은 사실이다.

❸ 의견과 사실의 차이점(The Difference between Fact and Opinion)

A fact is anything that can be proved or validated. If a statement can be proved right or wrong by a verifiable measurement, test, or other means, it is a fact.

사실은 증명이 되거나 타당성이 입증 될 수 있는 것이다. 만약에 진술이 타당한 측정, 시험, 또는 다른 수단에 의해서 옳고 그름이 증명된다면, 그것은 사실이다.

An opinion cannot be proved or validated. If no validation can be reached, the statement is an opinion.

의견은 증명이 되거나 타당성이 입증되지 않는다. 만약에 증명이 되지 않으면, 그 진술은 의견이다.

∞　　[예제 1] 포괄적 주장 정의 → 구체적 근거 나열

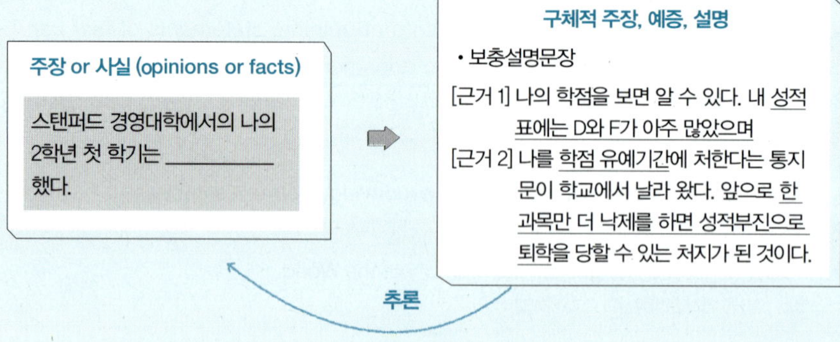

예제 1 해설

□ 주장 → 근거의 나열의 논리적 관계성을 이해하자.

- **포괄적 주장**　스탠퍼드 경영대학에서의 나의 2학년 첫 학기는 <u>비참</u>했다.
- **구체적 근거**　구체적인 이유를 나열하여 독자에게 주장의 타당성을 예증함

　　[근거 1]　　학점 → D와 F가 많다

　　[근거 2]　　학교에서 온 통지문: 학점 유예기간 → 한 과목만 더 낙제하면 → 퇴학을 당할 것이다.

[추론]　　따라서 나의 2학년 첫 학기 때의 심정은?

▶ 나열된 근거를 포괄하는 단어의 추론

: 주장문장에서 "비참한"이라는 단어가 삭제되고 빈칸 문제로 출제된다면 근거 1과 근거 2의 설명을 종합하여 포괄하는 단어를 추론해야만 한다. 따라서 위의 "학점 → D와 F가 많다."와 "학교에서 온 편지: 학점 유예기간 → 한 과목만 더 낙제하면 → 퇴학을 당할 것이다."를 종합하면 심정이나 상황을 적절하게 표현한 것은 "비참한, 절망적인"이라는 것을 추론할 수 있다.

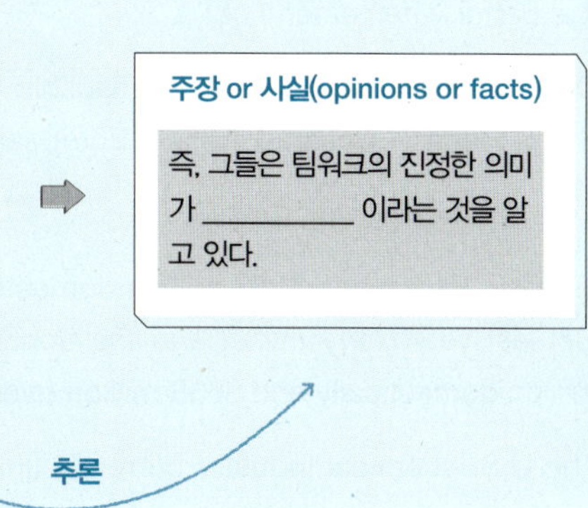

 **예제 2 해설**

□ 근거 → 주장의 나열의 논리적 관계성을 이해하자.

- **구체적 근거**　구체적인 이유를 나열하여 독자에게 주장의 타당성을 예증함

    [근거1]　어떤 스포츠 팀 감독들은 "자신보다는 팀을 위해서"라는 태도를 강조한다. 그래서 운동복에 선수의 이름을 넣지 않고 번호만 넣는 경우도 있다.

    [근거2]　대부분의 우승팀들은 선수 자신의 이익보다는 팀의 이익을 우선시 여기는 훌륭한 선수들을 보유하고 있다. 이런 선수들은 더 원대한 목표를 이루기 위해 자신에게 다가온 기회를 다른 선수에게 양보하거나 기꺼이 포기할 준비가 되어 있다.

- **포괄적 주장**　즉, 그들은 팀워크의 진정한 의미가 자기희생(self-sacrifice)이라는 것을 알고 있다.

[추론]　따라서 일부 스포츠 팀의 감독이 특히 강조하는 사항은? 또는 승리하는 팀의 우수한 선수들이 가지고 있는 특징은?

▶ 근거 1과 근거2를 포괄하는 단어의 추론
: 주장문장에서 "자기희생"이라는 표현을 삭제하고 빈칸 문제로 출제한다면 근거 1과 근거 2의 설명을 종합하여 이를 포괄하는 표현을 추론해야 한다.

※ 다음 문장들을 의견(opinion)과 사실(fact)로 구분하시오.

❶ It is better when eaten hot.

❷ On Christmas Eve of 1492, the flagship of Christopher Columbus' mission of discovery — the Santa Maria — became the first European ship to wreck in American waters.

❸ Cats are more loving than dogs.

❹ *Jurassic Park* made $357 million domestically in 1993 and another $563 million overseas, while just last year *Harry Potter and the Sorcerer's Stone* doubled its box-office take abroad ($316 million domestically and $638 million overseas).

❺ The U.S. chemical industry currently finances about 8 percent of the total industrial research and development in the U.S.

❻ There are, of course, social and class differences in the United States and many inequalities in American life.

❼ An earthquake is a sudden violent movement of the Earth's crust, sometimes causing great damage.

❽ Celebrated men all have their peculiarities.

❾ Successful business requires strong management.

❿ People have been burning fossil fuels like petroleum, coal, and natural gas.

⓫ The older staff tend to be conservative in their ideas, but the newly hired staff are more innovative and creative.

해석 ❶ 뜨거울 때 먹는 것이 더 좋다. 정답: 의견

❷ 1492년 크리스마스 이브에 Christopher Columbus의 기함(旗艦)인 산타마리호는 유럽 선박으로는 처음으로 미국 해역에서 좌초되었다. 정답: 사실

❸ 고양이는 개보다 더 사랑스럽다. 정답: 의견

❹ 〈쥬라기 공원〉이 1993년에 미국 내에서 3억 5천 7백만 달러를, 그리고 해외에서 5억 6천 3백만 달러의 수익을 올렸는데, 〈해리포터와 마법사의 돌〉은 지난해에만 미국 내 수익 3억 1천 6백만 달러의 두 배에 이르는 6억 3천 8백만 달러를 해외에서 벌어들였다. 정답: 사실

❺ 미국의 화학업계는 현재 미국에서 진행 중인 총 산업 연구 및 개발비의 약 8%를 지원하고 있다. 정답: 사실

❻ 물론 미국 안에는 사회적, 계층적 차별이 있고 미국 생활 속에는 많은 불평등이 있다. 정답: 의견

❼ 지진은 지구 표면이 갑작스럽고 과격하게 움직이는 것이다. 이것은 가끔은 큰 피해를 유발한다. 정답: 사실

❽ 유명한 사람에게는 모두 별난 습관이 있다. 정답: 의견

❾ 사업 성공에는 강력한 경영이 필요하다. 정답: 의견

❿ 사람들은 석유, 석탄, 천연가스와 같은 화석 연료를 연소해 왔다. 정답: 사실

⓫ 나이가 든 직원들은 그들의 사고에 있어서 보수적인 경향이 있지만, 새로 고용된 직원들은 더 혁신적이고 창조적이다. 정답: 의견

※ 다음 지문의 빈칸에 가장 알맞은 것을 고르시오. [1~8]

1

One type of compliance is the ________________ response: we comply almost automatically, giving little thought to the reasons we should or should not agree to carry out the behavior. This form of compliance is most likely to occur when the response is overlearned and requires little conscious monitoring and when the form of the request matches our expectations about legitimate requests.

① mitigated ② contemplated ③ evasive ④ mindless

해석 승낙의 한 형태는 분별없는(생각 없이 하는) 반응이다: 우리는 행위를 하는데 동의하거나 혹은 동의할 수 없다는 이유에 대해 전혀 생각하지 않고 거의 무의식적으로(자동으로) 승낙한다. 이러한 승낙은 반응이 과잉 학습되고 의식적인 검토를 거의 요구하지 않을 때 그리고 요구의 형태가 정당한 요구에 대한 우리의 기대와 일치할 때 일어나기 쉽다.

해설 주장: 승낙의 한 형태는 ________한 반응이다.
부연설명(이유): 부연설명 부분에 해당되는 콜론 뒤의 automatically와 의미가 유사연결되는 단어는 mindless이다. 나머지 선택지의 단어들은 모두 의지를 필요로 하는 단어들이다. 지문의 나머지 뒷부분에 의미의 대반전이 없는지를 빠르게 확인만 하면 된다.

어휘 compliance 승낙, 순종 comply 승낙하다, 순종하다 automatically 자동적으로, 무의식적으로, 반사적으로 overlearn 숙달된 후에도 계속 연습(공부)하다, 과잉학습하다 conscious 의식적인 match 일치하다 expectation 기대(감) legitimate 합법의, 옳은, 정당한 request 요청, 요구 mitigated 누그러진, 완화된 contemplated 심사숙고한, 깊이 생각한 evasive 회피(도피)하는, 둘러대는 mindless 부주의한, 조심성 없는, 분별없는; 어리석은

정답 ④ mindless 분별없는, 부주의한, 조심성 없는

2

The most ________________ among the children — those quickest to start fights and who habitually used force to get their way — were the most likely to have dropped out of school and, by age thirty, to have a record for crimes of violence.

① belligerent ② frustrated ③ desperate ④ destitute

해석 가장 호전적인 아이들 즉, 가장 성급하게 싸움을 벌이고 자기 뜻대로 하려고 상습적으로 폭력을 사용하는 아이들은 학교를 중퇴하고 30대의 나이가 되었을 때 폭력범죄의 전과가 있을 가능성이 가장 컸다.

해설 주장: 가장 ______ 한 아이들 → 학교를 중도에 그만 두고 + 폭력범죄의 전과가 있을 가능성이 크다.
부연설명: 싸움을 벌이고 + 상습적으로 폭력
→ 보충설명문의 공통점을 모아서 추론을 하면 ① belligerent가 빈칸에 적절하다.

어휘 habitually 습관적으로 get one's way 자기 뜻대로 하다 drop out of 학교를 그만두다(중퇴하다), 낙오하다 belligerent 호전적인; 교전 중인 frustrated 실망한, 낙담한 desperate 절망적인, 필사적인 destitute 가난한, 빈곤한, 궁핍한(=poor)

정답 ① belligerent 호전적인(bell(um)=war)(=bellicose)

3

Through the use of the scientific method biologists have arrived at the theory of evolution. And the means of evolution is natural selection. The theory contends that living things were gradually diversified over extended periods of time through random heritable changes that enhanced their chance for ___________________.

① adaptation and perseverance   ② perfection and harmony
③ survival and reproduction   ④ growth and process

해석   과학적인 방법을 통해서 생물학자들은 진화론에 도달했다. 그리고 진화의 수단은 자연선택이다. 이 이론은 생존과 번식을 위한 가능성을 증가시켜주는 우연한 유전적 변화를 통해서 장기간에 걸쳐 점차적으로 생물이 다양해졌다고 주장한다.

해설   생물학자들의 주장은 "자연선택을 통한 진화론"이다. 자연선택의 구체적인 설명 중 가장 중요한 핵심어가 빈칸으로 출제되었다. 자연선택이라는 것과 어울리는 것은 "생존과 번식" 뿐이다.

어휘   evolution 진화(론); 전개   means 수단, 방법   natural selection 자연선택(도태) (변이에 의해 생긴 개체 중 우수한 개체만이 살아남아서(survive) 번식(reproduce)되어 가는 현상)   contend that ~을 주장하다   random 우연한, 임의의; 순서가 없는   heritable 유전성의, 물려 줄 수 있는   adaptation and perseverance 적응(순응)과 인내   perfection and harmony 완벽과 조화   survival and reproduction 생존과 번식   growth and process 성장과 과정

정답   ③ survival and reproduction 생존과 번식(생식)

4

In the face of rapid changes of business world, computers can play a significant role in improving our business management, elevating our ___________________ and strengthening our competitiveness.

① information   ② freighters   ③ expenditures
④ productivity   ⑤ indictment

해석   사업 환경의 빠른 변화에 직면해서, 컴퓨터는 우리들의 사업 경영을 개선하고, 우리들의 생산성을 향상시키며, 우리들의 경쟁력을 강화하는 데에 중요한 역할을 담당할 수 있다.

해설   사업 환경의 빠른 변화에 대응해서 컴퓨터가 할 수 있는 역할을 서술한 글이다. 문맥적 흐름이 시종 컴퓨터의 긍정적 역할을 다루고 있으므로 컴퓨터의 긍정적인 측면과 관련이 없는 freighters, expenditures, indictment는 탈락이다. 사업 경영과 의미적으로 관련이 있으며, 빈칸 앞의 elevating과 짝을 이루는 단어는 생산성(productivity)이다.

어휘   In (the) face of ~에 직면하여, ~의 면전에서; ~에도 불구하고   play a role in ~의 역할을 하다   significant 중대한, 중요한   elevate 올리다; 높이다, 향상시키다(=improve)   competitiveness 경쟁력   information 정보   freighter 화물 취급인; 화물선(=cargo vessel)   expenditure 비용, 지출   indictment 기소, 고발; 비난

정답   ④ productivity 생산성 (사업(산업)에 있어 생산의 효율을 나타내는 지표)

5

To forestall widespread loss of confidence and even a financial panic, the government should restore confidence by putting together a credible rescue plan for the ________________ banks.

① insolvent 　② delusive 　③ detrimental
④ apathetic 　⑤ prosperous

해석　자신감 상실의 만연과 재정적 공황을 미연에 방지하기 위해, 정부는 지불이 불가능한 은행을 위한 신용 구제 계획을 만들어 자신감을 회복시켜 주어야 한다.

해설　조건(목적): 자신감 상실의 만연과 재정적 공황을 미연에 방지하기 위해
　　　　주장: 정부는 ________한 은행을 위한 신용 구제 계획을 만들어야 한다.
　　　　　　→ 신용 구제 계획이 필요한 은행은? → "지불이 불가능한"이라는 의미의 단어를 추론해야 한다.

어휘　forestall ~을 미연에 방지하다(=prevent)　confidence 신용, 신임; 자신(=self-reliance)　panic (경제) 공황; (원인을 알 수 없는) 돌연한 공포　put together 구성하다　credible 신용(신뢰)할 수 있는, 확실한　insolvent 지불이 불가능한, (회사가) 파산한; 파산자, 지급 불가능자　delusive 현혹시키는, 기만적인　detrimental 해로운(=harmful)　apathetic 냉담한　prosperous 번영하는(=thriving); 성공한

정답　① insolvent 지불(지급)이 불가능한 (in(not) + solvent(지불 능력이 있는))

6

Language is certainly not a finished product but is continually changing — both its words and its rules. The extent of this change is clearly illustrated by *The Canterbury Tales*, written in England in the fourteenth century. Today, seven centuries later, most find this work ________________.

① difficult to read　　　　　　② delightful to read
③ illustrative of early culture　　④ too fantastic to believe

해석　언어는 분명히 완료된 생산물이 아니라 그 단어와 규칙 모두에 있어 계속 변화하고 있다. 이러한 변화의 정도는 14세기에 영국에서 쓰인 〈The Canterbury Tales〉에 의해 분명하게 예증된다. 7세기가 지난 오늘날 대부분의 사람들은 이 작품이 읽기 어렵다고 생각한다.

해설　이 글은 "14세기 → 7세기가 지난 오늘날"로 시간적인 대조를 이루면서 글쓴이가 주장을 전개하고 있다.
　　　　의견: 언어는 분명히 완료된 생산물이 아니라 그 단어와 규칙에 있어서 계속 변화하는 것이다.
　　　　부연설명: 이러한 변화의 정도는 14세기에 영국에서 쓰인 〈The Canterbury Tales〉에 의해 분명하게 예증된다.
　　　　주장: 7세기가 지난 오늘날 대부분의 사람들은 이 작품을 읽고 이해할 수 있을까?
　　　　　　→ 즉 7세기 동안 단어와 규칙이 변화했기 때문에 현대인은 읽기 어렵다고 생각한다.

어휘　extent 정도, 규모(to the extent of ~정도(범위)까지)　be illustrated by ~에 의해서 예증된다　The Canterbury Tales 캔터베리 이야기 (14세기 Geoffrey Chaucer가 쓴 책)　delightful 매우 기쁜, 즐거운　illustrative 예증이 되는, 설명적인, 실례가 되는　fantastic 공상적인, 터무니없는, 환상적인

정답　① difficult to read 읽기 어려운

7

Of all the _________________ of ordinary human nature, envy is the most unfortunate: not only does the envious person wish to inflict misfortune and do so whenever he can with impunity, but he is also himself rendered unhappy by envy.

① advantages   ② prospects   ③ possessions
④ talents   ⑤ characteristics

해석 인간의 보편적인 성격의 모든 특성 중에서 질투심이 가장 불행한 것이다: 시기하는 사람은 (타인에게) 불행한 일을 가하고 싶어하고 또 처벌을 받지 않는 경우라면 언제든지 그렇게 하길 바랄 뿐만 아니라, 질투심으로 인해 자신도 불행해지고 만다.

해설 의견: 인간 본성의 _______ 중에서 가장 불행한 것은 질투심이다.
분석: 전치사 + 명사구(Of all the _________ of ordinary human nature) 뒤의 주어가 envy(질투심)인 것을 알면 긍정적 의미가 있는 advantages, prospects, talents는 정답에서 제외가 되며, "소유, 점유" 등의 의미를 가진 possessions는 문맥에 맞지 않는다. "특질, 특성, 특징"의 의미를 가진 characteristic이 가장 적절하다.
→ 보통 인간 본성의 _________ = 질투심 → 불행을 초래하고 + 자신이 불행해진다.

어휘 ordinary 보통의, 일반의   nature 본성, 본질   envy 질투, 선망, 시기(=jealousy)   inflict (벌 등을) 주다 (구타 · 상처 등을) 가하다(입히다)   misfortune 불행   with impunity 벌을 받지 않고, 무사히   render ~을 ~하게 하다, ~이 되게 하다(=make)   advantage 장점, 이점, 이득   prospect 전망; 가망; 예상   possession 소유(물), 재산, 부(富)   characteristic 특질, 특색, 특성

정답 ⑤ characteristics 특성

8

Men require the opportunity to do challenging work, I do not include in this category the many tasks which are merely repetitive routine. I am not interested in _________________ work.

① creative   ② laborious   ③ monotonous
④ necessary   ⑤ profitable

해석 인간에게는 도전적인 일을 할 기회가 필요하다. 이 범주에는 단순히 반복되는 판에 박힌 많은 일들은 포함되지 않는다. 나는 단조로운 일에는 관심이 없다.

해설 의견: 인간에게는 도전적인 일을 할 기회가 필요하다.
부연설명: 이 범주에는 단순히 반복되는 판에 박힌 많은 일들은 포함되지 않는다.
주장: (따라서) 나는 _______한 일에는 관심이 없다.
    challenging work ↔ merely repetitive routine = monotonous work

어휘 opportunity 기회   challenging 도전적인   category 범주; 구분; 종류   repetitive 반복적인   routine 판에 박힌 일, 일과, 틀에 박힌 일   creative 창조적인, 창의적인   laborious 어려운, 열심히 일하는   monotonous 단조로운, 변화없는, 지루한   necessary 필요한; 필연적인   profitable 이익이 되는, 벌이가 되는

정답 ③ monotonous 단조로운

Shall I compare thee to a summer's day?
Thou art more lovely and more temperate.
Rough winds do shake the darling buds of May,
And summer's lease hath all too short a date.

Sometime too hot the eyes of heaven shines,
And often is his gold complexion dimmed.
And every fair from fair sometime declines,
Nor lose prossession of that fair thou owest,
Nor shall Death brag thou wander'st in his shade
When in eternal lines to time thou grow'st.
So long as men can breathe, or eyes can see,
So long lives this, and this gives life to thee.

SONNET 18

그대를 여름날에 비할 수 있을까요?

그대는 훨씬 더 상냥하고 온화하여요.

거친 바람이 오뉴월의 귀여운 꽃봉오릴 흔들고

여름이 누리는 기간은 너무도 짧아요.

하늘의 눈은 너무 따갑게 빛날 때도 있고

그 황금빛 얼굴이 흐려질 때도 많아요.

우연이나 또는 자연의 무상한 이치로

모든 고운 것은 그 고운 것을 잃으오만,

그대의 영원한 여름은 사라지지 않으며

그대의 고운 빛도 잃지 않으며

죽음조차 제 그늘 속에서 그대가 방황한다고 뽐내지 못해요.

그대가 영원한 시 속에서 시간과 한 덩어리 될 때에는.

사람이 숨 쉬고 눈으로 볼 수 있는 한

이 시는 살겠고 그래서 그대에게 생명을 줄 터에요.

(3) 문맥 추론을 통해 빈칸 완성하기 – 대조(contrast, difference)

양보를 나타내는 표현들과 유사하지만 대조는 비교의 대상에 대한 차이점을 강조하는 표현이다. 또는 생각이나 의견의 차이점을 설명하는 글의 구조에서 자주 사용되는 논리적 방법이다. 비교는 유사성(공통점)에 중점을 두는 반면에 대조는 차이점에 중점을 둔다. 글쓴이는 자신의 주장을 피력할 때 비교와 대조 두 가지 모두를 사용하는 경우가 많다.

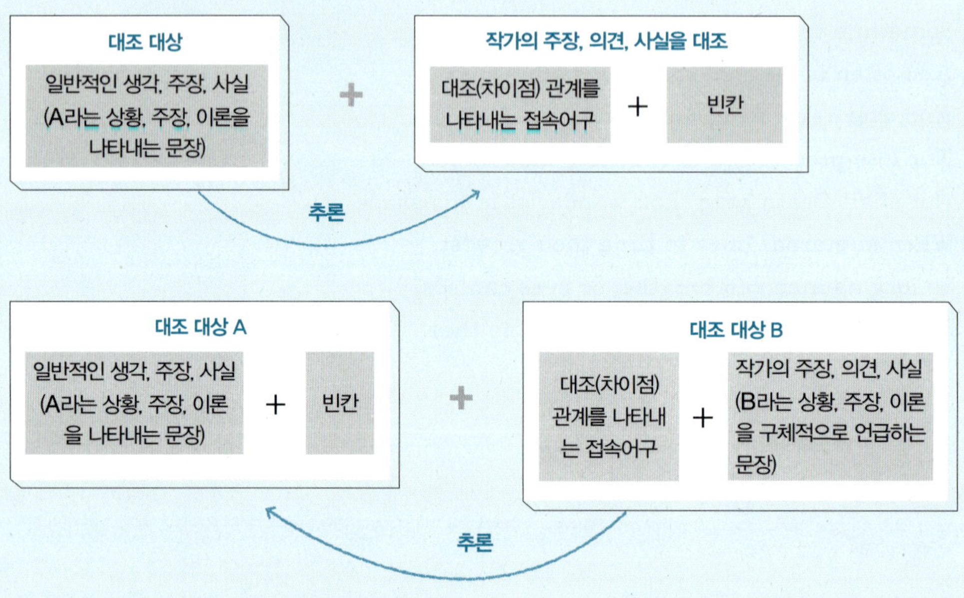

∞ **대조 표시어구**

Signals of Contrast	
• although, though ～에도 불구하고 • yet, but, still, however, no matter how 그러나 • while, whereas 반면에 • in contrast 대조적으로 • in opposition to ～와 반대로 • in spite of, instead ～에도 불구하고 • nevertheless, notwithstanding ～에도 불구하고 • on the contrary, on the other hand 반면에 • conversely 정반대로 • otherwise 그렇지 않으면	• unlike ～와 달리 • be different from, differ from ～와 다르다 • be classified into ～로 구분된다 • be divided into ～로 나누어진다 • more(less) than ～보다 더(덜) • formerly(과거) → now(현재) 시간적인 대조

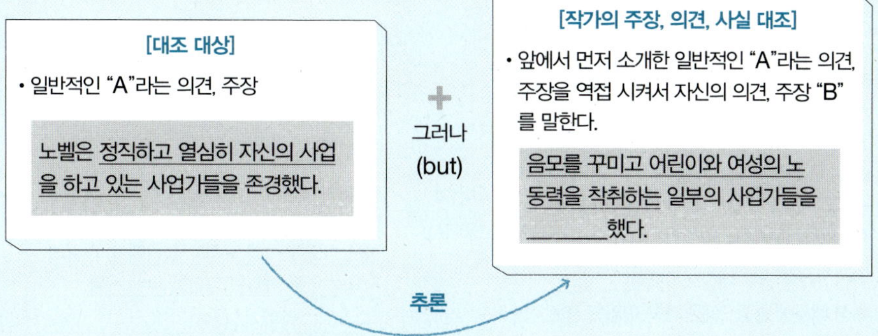

🔍 예제 1 해설

□ 대조(차이점)의 논리적 관계성을 이해하자.

[주장 A]   노벨은 정직하고 열심히 자신의 사업을 하고 있는 사업가들을 존경했다.

+ 그러나(but): 대조의 논리적인 연결 장치

[주장 B]   음모를 꾸미고 어린이와 여성의 노동력을 착취하는 일부의 사업가들을 경멸했다.

[추론]   따라서 위 문장의 주어인 노벨이 정직하고 열심히 자신의 사업을 하고 있는 사업가들을 "존경"했다는 것을 파악했다면 반대로 음모를 꾸미고 어린이와 여성의 노동력을 착취하는 일부의 사업가에 대한 태도가 어떤 것인가를 추론해야 한다.

▶ 주장 A와 주장 B의 "반대말"이라는 논리적인 근거를 이용한 추론:
정직하고 열심히 ↔ 음모를 꾸미고 노동력을 착취하는
존경 ↔ 경멸

만약에 "존경"이라는 단어가 삭제되고 빈칸 문제로 출제된다면 [주장 B]의 "경멸"의 반대말을 생각해내서 빈칸을 채워야 한다. 반대로 "경멸"이라는 단어가 삭제되고 빈칸 문제가 출제된다면 [주장 B]의 "존경"의 반대말을 생각해내서 빈칸을 채워야 한다. 대조적인 논리성에 해당되는 어구를 찾고 그에 해당되는 반대말을 추론하는 것이다.

[대조 대상 A]

- 자연과학(natural science):
화학자가 수소를 연구할 때, 하나의 수소 원자는 그것이 어디에서 발견되든 다른 수소 원자와 거의 유사하며, 그것을 둘러싼 조건은 매우 정확하게 통제될 수 있다고 가정할 수 있다. 그것은 물리학자가 금속막대기를 측정하는 경우에도 마찬가지이다.

- 자연과학은 연구 대상의 이러한 ______ 속성 때문에 종종 "쉬운 과학"이라고 불린다.

+
그러나
(but)

[대조 대상 B]

- 사회과학(social science):
사회과학은 다르다.

사회과학은 주로 인간 행동 영역을 연구한다. 사회과학의 연구 대상인 인간의 행동 유형은 장소에 따라 그리고 집단에 따라 달라지므로 아주 복잡한 양상을 띠게 된다.

추론

예제 2 해설

□ 대조(차이점)의 논리적 관계성을 이해하자.

[대조 대상 A] 자연과학 → 연구 대상: 자연 현상의 법칙

화학자가 수소를 연구할 때, 하나의 수소 원자는 그것이 어디에서 발견되든 다른 수소원자와 거의 유사하며, 그것을 둘러싼 조건은 매우 정확하게 통제될 수 있다고 가정할 수 있다. 그것은 물리학자가 금속막대기를 측정하는 경우에도 마찬가지이다.

[주장] 자연과학은 연구 대상의 예측 가능한(predictable) 속성 때문에 종종 "쉬운 과학"이라고 불린다.

+ 그러나(but): 대조의 논리적인 연결 장치

[대조 대상 B] 사회과학 → 연구 대상: 인간 행동 영역

사회과학은 주로 인간 행동 영역을 연구한다. 사회과학의 연구 대상인 인간의 행동 유형은 장소에 따라 그리고 집단에 따라 달라지므로 아주 복잡한 양상을 띠게 된다.

[추론] 자연과학과 사회과학의 차이점을 대조시키는 논리적 구조이므로 사회과학의 특징을 반대로 뒤집으면 자연과학의 특징이 될 수 있다. 또는 사회과학의 특징을 설명한 보충예문에 있는 세부적 내용을 요약하여 포괄적인 어휘를 추론해도 가능하다.

- 인생은 짧고 예술은 길다. (짧다 vs. 길다)
- 봄은 가까운 땅에서 숨결과 같이 일더니 가을은 머나먼 하늘에서 차가운 물결과 같이 밀려온다.
  (봄 vs. 가을, 가까운 땅 vs. 머나먼 하늘, 숨결 vs. 차가운 물결)
- 노벨은 정직하고 열심히 사업을 하고 있는 기업가들을 존경했다. 하지만 음모를 꾸미고 어린이와 여성의 노동력을 착취하는 기업가들은 경멸했다.
  (정직하고 열심히 vs. 음모를 꾸미고 노동력을 착취하는, 존경 vs. 경멸)
- 산천은 의구(依舊)하되 인걸은 간데없다. (불변의 자연 vs. 세상사의 무상함 – 의미의 대조)
- 푸른 버들에 노랑 꾀꼬리가 운다. (푸른색 vs. 노란색 – 색상의 대조)
- 들을 제난 우레러니 보니난 눈이로다. (청각 vs. 시각 – 감각의 대조)

✎ Core Skills

❶ 대조는 상반되거나 상대되는 어구 또는 사상(事象)을 맞세워 그 형식이나 내용의 다름을 두드러지게 드러내어 보이는 기법이다. 이렇게 차이점을 대조 관계로 전개하는 글에서는 대조되는 어느 한쪽의 핵심적인 내용을 파악하고 그 내용을 반대로 뒤집으면, 글쓴이가 말하고자 하는 다른 한쪽의 핵심이 무엇인지 쉽게 예상(추론)할 수 있다.

❷ 대조가 사용되는 가장 일반적인 글의 구조는 먼저 비교의 대상이 되는 "일반적인 생각, 주장, 사실, 이론" 등이 나오고 대조의 연결어구가 나와 글의 논리를 변화시키면서 글쓴이가 말하고자 하는 주장, 의견, 사실 등을 전개하는 식이다. 따라서 대조의 연결어구 "but, yet, however, in contrast, on the other hand, while" 등에 유의한다.

※ 아래의 문장들을 밑줄 친 "대조" 장치에 유의하면서 해석하시오.

❶ This drug **kills germs** <u>but</u> is **harmless to people.**

❷ Even for a **very successful** movie, the number of people who actually go and see that movie is **tiny** <u>in comparison</u> to the electorate as a whole.

❸ The elder brother **does not like studying**; <u>on the other hand</u> the younger brother **is very fond of reading.**

❹ Mountaineering is a **pleasant** sport, <u>but on the other hand</u> it is attended **with danger.**

❺ <u>While</u> the system is designed to require **little attention**, it does require **semiannual maintenance.**

❻ <u>Instead of</u> simply **punishing** them, the system **encourages** offenders to modify their behavior.

❼ As you become a teenager, <u>however</u>, you may sometimes begin to **question adults' ideas**, instead of **blindly accepting their ideas** as you did when you were a small child.

❽ **Nothing seemed to be amiss**, and <u>yet</u> she intuitively sensed that **something was wrong.**

❾ <u>Unlike</u> carbon monoxide, which has **no odor**, hydrogen sulfide emits **a powerful stench.**

❿ She <u>used to</u> be painfully **shy**, <u>but now</u> she's started to **blossom out.**

해석　❶ 이 약은 세균은 죽이지만 인간에게는 무해하다.

❷ 굉장한 성공을 거둔 영화라고 해도 그 영화를 실제로 보러 가는 사람들의 수는 전체 유권자 수에 비하면 미미하다.

❸ 형은 공부하기를 싫어하는 반면에 동생은 책 읽기를 무척 좋아한다.

❹ 등산은 유쾌한 운동이지만 동시에 위험이 따른다.

❺ 이 시스템은 거의 신경을 쓰지 않도록 고안되긴 했지만 1년에 2회는 정비가 필요하다.

❻ 그 제도는 단순히 벌을 주는 대신, 범법자들이 자신들의 행동을 고치도록 고무시킨다.

❼ 그러나, 당신이 10대가 됨에 따라, 어렸을 때 그랬던 것처럼 어른들의 생각을 맹목적으로 받아들이는 대신, 때때로 어른들의 생각을 의문시하기 시작할지도 모른다.

❽ 어느 것도 어긋남이 없어 보였으나, 그녀는 직감적으로 무언가 잘못되었다는 것을 알아 차렸다.

❾ 냄새가 없는 일산화탄소와는 달리, 황화수소는 강한 냄새(악취)를 내뿜는다.

❿ 그녀는 예전에는 괴로울 정도로 수줍음을 탔는데, 이제는 보다 활발해지기 시작했다.

※ 다음 문장의 빈칸에 가장 알맞은 것을 고르시오. [1~6]

1

A brave and honest man will speak out without fear of the consequences, while a ____________ man will keep silent at the time of danger, or may even tell falsehood for fear of some harm coming to him.

① courageous ② candid ③ timid
④ lavish ⑤ confident

해석 용감하고도 정직한 사람은 결과를 두려워하지 않고 겁 없이 말하는 반면에, 겁 많은 사람은 위험한 순간에 입을 다물거나 혹은 심지어 그에게 닥칠 해를 두려워하여 거짓말을 하기 마련이다.

해설 빈칸 앞의 while(비교, 대조의 접속사)의 존재만으로도 쉽게 답이 나오는 문제이다.
brave = without fear ↔ timid / honest ↔ falsehood

어휘 consequence 결과, 중요성 falsehood 거짓말(↔ truth) (cf. tell a falsehood 거짓말하다) courageous 용기 있는, 용감한(=brave) candid 솔직한(=frank), 숨김없는, 거리낌 없는(=outspoken) lavish 풍부한, 충분한, 넉넉한(=abundant), 낭비하는, 무절제한 confident 자신감 있는, 확신하는

정답 ③ timid 겁 많은

2

When Elizabeth got married, she expected happiness to come ________________, but it did not. It took several years and many arguments before she and her husband were truly happy.

① gently ② externally ③ instantly
④ radically ⑤ largely

해석 Elizabeth는 결혼했을 때 행복이 금방 올 것이라고 기대했다. 그러나 그렇지 않았다. 그녀와 그녀의 남편이 진정한 행복을 얻기까지는 여러 해가 걸렸고 또 많은 언쟁도 있었다.

해설 두 문장이 접속사 but으로 연결되어 있다. 뒤 문장의 내용인 "행복을 얻는데 여러 해가 걸렸다"와 반대 개념인 ③ instantly가 빈칸에 들어가야 논리에 맞다.
instantly ↔ took several years

어휘 gently 상냥하게, 온화하게, 서서히 externally 외부적으로 instantly 당장에, 즉시 radically 근본적으로, 철저하게, 과격하게 largely 주로, 대부분

정답 ③ instantly 즉시, 당장에

3

When she discovered a worth cause of charity, Mrs. Baker contributed freely her precious time and talents, but her monetary gifts were of necessity _________________.

① limited　　　　　② generous　　　　　③ charitable
④ active　　　　　⑤ wasted

해석　뜻있는 자선 운동을 알게 되면 Baker 부인은 아낌없이 자신의 소중한 시간과 재능을 기부했다. 하지만 그녀의 기부금은 어쩔 수 없이 많지 않았다.

해설　역접의 접속사 "but"으로 보아 글의 논리적 관계는 대조이다. 따라서 "freely"와 반대의 의미를 가진 단어를 선택해야만 한다. freely = generous ↔ limited

어휘　cause of charity 자선 사업 (cf. What a worth cause! 참 가치 있는 일이네요!)　precious 소중한　monetary 금전적인 of necessity 필연적으로, 당연히, 어쩔 수 없이, 부득불(=inevitably)　generous (돈 따위를) 아끼지 않는, 후한　charitable 자선의　active 활동적인　wasted 헛된, 쇠약한

정답　① limited 제한된, 많지 않은

4

In the light of new knowledge, a world authority and an eventual world state are not just desirable in the name of brotherhood; they are necessary to mankind for survival. In previous ages, a nation's life could be protected by growth of armies in competition with other countries. Today we must abandon stupid competition and secure _________________.

① survival　　　　　② armament　　　　　③ cooperation
④ army　　　　　⑤ tolerance

해석　새로운 인식에 비추어 볼 때, 하나의 세계 통치권 그리고 궁극적으로 세계 정부는 형제애라는 명목으로서 바람직할 뿐만 아니라, 인류의 생존을 위해서도 반드시 필요하다. 과거에는 한 국가의 생명은 다른 국가와의 경쟁에서 군사력의 성장에 의해서 보호될 수 있었다. (그러나) 오늘날 우리는 어리석은 경쟁을 버리고 협동을 해야 한다.

해설　이 글의 핵심적인 논리는 "In previous ages"와 "Today"의 시간적인 대조이다. "과거의 국가간의 군사력 성장"과 반대의 의미를 가진 단어는 ③ cooperation이다.

어휘　in the light of ～에 비추어 볼 때(=in view of)　world authority 세계 통치권　world state 세계 정부　in the name of ～라는 이름으로, ～의 명목으로서, ～에 호소하여, ～의 권위로　secure 확실하게 하다, 보장하다, 안전하게 하다　survival 생존 armament 장비, 병기, (～s)군사력, 군비　army 군대　tolerance 관용, (약물·독물에 대한) 내성

정답　③ cooperation 협동, 협력

5

By a strange combination of generosity and greed, man protects the weak in asylums and kills the strong in wars. By an odd combination of ingenuity and impotence, he multiplies the basic necessities of life far beyond any possible need, but only lets innocent millions ________________ and unclothed for lack of efficient distribution.

① fall behind ② find shelter ③ go hungry
④ get angry ⑤ be happy

해석 관대함과 탐욕의 기묘한 조합에 의해서 인간은 피난처에서는 약자를 보호해 주면서 전쟁터에서는 강자를 죽인다. 재주와 무능력의 이상한 조합에 의해서 인간은 생활필수품을 필요 이상으로 많이 생산하지만 효율적인 분배의 부족으로 결국 죄 없는 수많은 사람들을 <u>굶주리고</u> 헐벗게 한다.

해설 이 글은 전체적으로 전형적인 대조의 논리를 보여준다. 빈칸 부분 역시 역접 관계(but)를 통해서 "생활필수품을 필요 이상으로 많이 생산" 하지만 결국 "굶주리고 헐벗게"되는 반대의 상황에 처한다는 논리이다.
generosity 관대함 ↔ greed 탐욕 / ingenuity 재주, 재간 ↔ impotence 무능력 / protects the weak ↔ kills the strong

어휘 combination 조합   generosity 관대함(↔ greed 탐욕)   asylum 피난처, (정신 박약자·고아·노인 등의) 보호 시설(수용소)   odd 이상한, 기괴한 (=strange, weird, bizarre)   ingenuity 재주, 재간   impotence 무능력, 무력, 허약   innocent 순수한, 죄 없는   unclothe 옷을 벗기다   for lack of ~의 부족으로   fall behind 진도가 뒤떨어지다, ~에게 뒤지다

정답 ③ go hungry 굶주리다

6

Writing plain English is hard work. No one ever learned literature from a textbook. I have never taken a course in writing. I learned to write naturally and on my own. I did not succeed by accident. I succeeded ________________.

① by writing ② by exercises
③ by thoughtful intelligence ④ by patient hard work

해석 쉬운 영어로 글을 쓴다는 것은 어려운 일이다. 아무도 교과서에서 문학을 배우지는 않았다. 나는 작문 수업을 받은 적도 없다. 자연스럽게 나 <u>스스로</u> 쓰는 것을 배웠다. 나는 우연히 성공한 게 아니었다. 나는 <u>인고의 힘든 과정을 통해</u> 성공했다.

해설 역접의 접속사가 없지만 글의 전체적인 논리는 대조이다. "우연히 성공한 게 아니었다"의 반대 의미를 찾으면 쉽게 답이 나온다.

어휘 plain 평이한, 간단한, 알기 쉬운   literature 문학   textbook 교과서   by accident 우연히(↔ on purpose 고의로, 일부러)

정답 ④ by patient hard work 인고의 힘든 과정을 통해

(4) 문맥 추론을 통해 빈칸 완성하기 – 원인과 결과(cause & effect)

원인과 결과의 전개방식은 역사적 사건, 과학 실험 또는 현상을 설명하기 위해서 자주 사용되는 글의 서술방식이다. 이때 무엇이 원인이고 무엇이 결과인지를 파악하는 것이 매우 중요하다. 원인을 나타내는 "as, because"나 결과를 나타내는 "therefore, thus" 그리고 요약을 나타내는 "in brief, in short, in summary" 등의 표현에 주의한다.

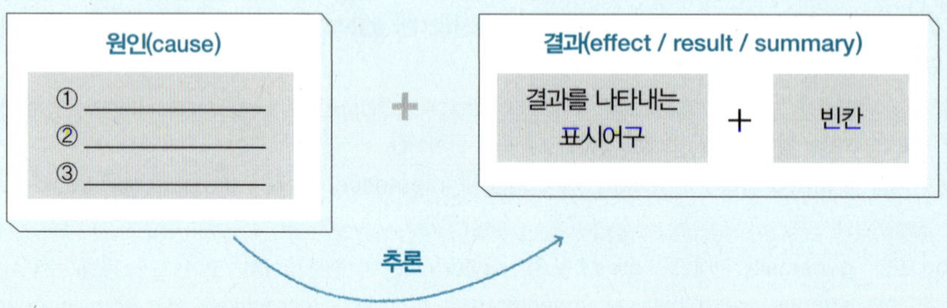

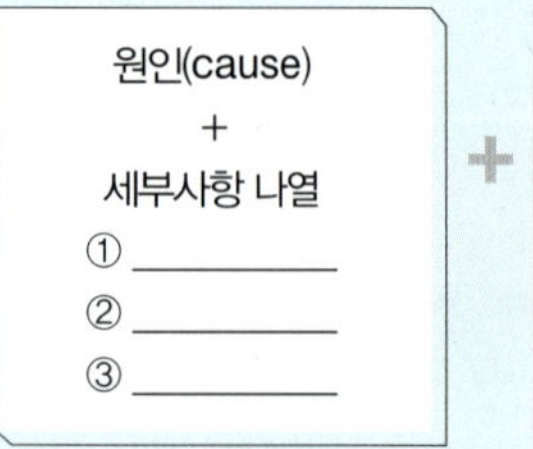

- so, therefore, accordingly
- subsequently, hence, consequently
- in brief, in short, in summary
- briefly, in a word, to be brief
- on the whole
- as a result, in conclusion
- finally, in the long run, in the end
- as I have said
- in this way
- for this reason
- this is why ~
- 동사 표현: cause, create, bring about, result in, lead to, have an influence on, have an impact on, be likely to, weaken, damage, encourage
- Because S + V, S + V
- By + ~ing, S + V

결과(effect)
주제문장(main idea)

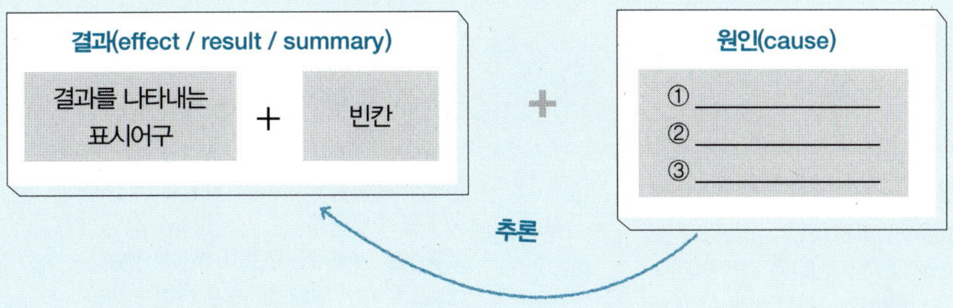

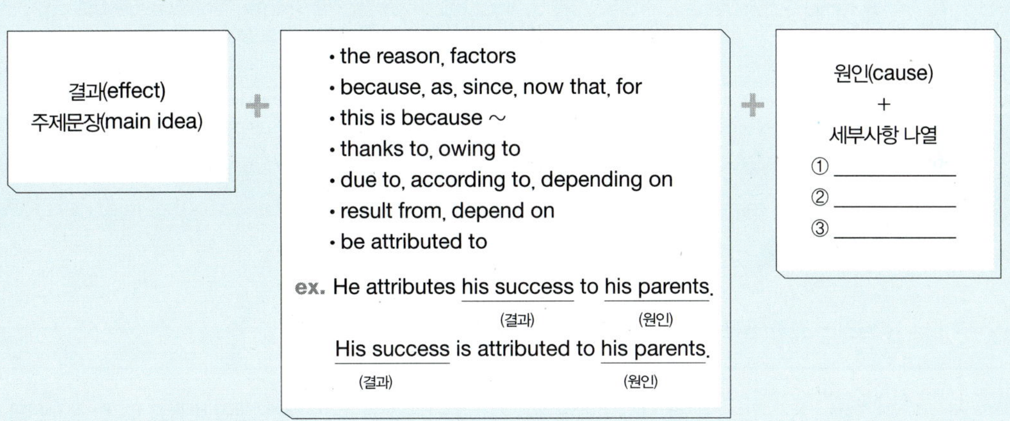

🗝 Core Skills

❶ 결과(그래서, 따라서, 결과적으로)

앞부분이 원인이 되고 뒷부분이 결과가 되는 만큼, 상대적으로 뒷부분이 중요하다. 결과를 나타내는 연결어 뒤에 나오는 부분이 제목이나 요지와 직접적인 관련이 있고, 한 문단의 내용 중에서 가장 중요한 부분이기 때문이다. 논리적인 문장인 경우, 이 뒤에 나오는 것이 제목이거나 요지에 해당한다.

ex. thus, therefore, hence, so, consequently, accordingly, as a result , in[as a] consequence, etc

❷ 결론-요약(간단히 말해, 요약하자면, 결국은)

주장하는 바가 단적으로 드러나는 중요 부분으로 역시 뒷부분이 요지나 제목에 해당된다. 이런 연결어들은 일반적으로 글의 마지막 부분(결론 부분)에 흔히 나타난다.

ex. in brief[short], in conclusion, in summary, to sum up, to summarize, essentially, ultimately, eventually, etc

[원인]

• 결과를 초래한 원인 또는 이유:

시간의 가치가 점점 강조되고 있기 때문에 소비자의 행동이 바뀌고 있다. 최근 조사에 의하면, 쇼핑객들이 자신들을 위한 여가시간을 더 많이 원하고, 그것을 위한 한 가지 방법으로 쇼핑하는 데 시간을 덜 소비한다는 것이다.

따라서

[결과 – 주제문장]

• 결론: 원인과 결과에 따른 해결책 또는 상세한 설명

대형 쇼핑몰들은 고객들이 쇼핑을 더 신속하게 할 수 있도록 _______를 바꾸고 있다. 예를 들면, 바쁜 쇼핑객들이 매장을 빨리 둘러보도록 하기 위해 회사들은 매장 전체의 여러 장소에 매장 안내표시를 게시하고 있다. 또한 쇼핑시간을 최소화하도록 매장을 더 많이 만들어 놓았다.

추론

예제 1 해설

□ 원인 – 결과 단락 구조의 논리적 관계성을 이해하자.

[원인]	시간의 가치가 점점 강조되고 있기 때문에 소비자의 행동이 바뀌고 있다. → 자신의 여가시간을 더 원하고 쇼핑하는 데 시간을 덜 소비한다는 것이다.

+ 따라서: 결과의 논리적인 연결 장치

[결과–주제문장]	대형 쇼핑몰들은 고객들이 쇼핑을 더 신속하게 할 수 있도록 매장 설계(store designs)를 바꾸고 있다.
[예시 1]	예를 들면, 바쁜 쇼핑객들이 매장을 빨리 둘러보도록 하기 위해 회사들은 각 층별 판매점과 판매품목을 한눈에 파악할 수 있는 매장 평면도를 매장 전체의 여러 장소에 게시하고 있다.
[예시 2]	또한 쇼핑시간을 최소화하도록 매장을 더 많이 만들어 놓았다.

[추론]   따라서 대형 쇼핑몰들이 "시간의 가치가 점점 강조되고 + 쇼핑객들이 자신의 여가시간을 더 원하며 쇼핑하는 데 시간을 덜 소비한다"라는 원인을 해결하기 위해서 취한 구체적인 행동이 무엇인가를 추론해야 한다.

▶ "정의–예시"의 논리적인 근거를 이용한 추론

[예시 1] 예를 들면, 바쁜 쇼핑객들이 매장을 빨리 둘러보도록 하기 위해 회사들은 각 층별 판매점과 판매품목을 한눈에 파악할 수 있는 매장 평면도를 매장 전체의 여러 장소에 게시하고 있다.

[예시 2] 또한 쇼핑시간을 최소화하도록 매장을 더 많이 만들어 놓았다.

위 두 개의 예문의 공통점을 찾아보면 매장의 평면도와 매장 자체를 더 크게 만들었다는 것이다. 따라서 이것들을 포괄하는 개념으로 "매장의 설계"를 바꾸었다는 것을 추론할 수 있다.

[원인]

• 결과를 초래한 원인 또는 이유:

[원인] "그는 처음에는 괜찮아 보이지만, 그 것은 전부 꾸민 것이야. 그는 위선자이지" 당신은 친구로부터 새로 이사 온 이웃이 위 선자라는 소리를 듣게 되었다. 그 판단이 옳 은 것이든 그른 것이든 그것을 당신이 받아 들이면 그 이웃을 대하는 방법에 영향을 끼 치게 된다. 즉, 그 이웃이 성인군자일지라도 당신의 기대감(예상치)에 맞는 방식으로 그 사람의 행동을 해석하게 된다.

[결과–주제문장]

• 원인 또는 이유를 포괄하는 주장

사람들은 자신의 _____이 잘못된 것일지라 도 그것에 집착하는 경향이 있다.

＋
이러한 원인 때문에

추론

예제 2 해설

□ 결과–원인 단락 구조의 논리적 관계성을 이해하자.

[결과–주제문장]	사람들은 자신의 <u>첫인상</u>이 잘못된 것일지라도 그것에 집착하는 경향이 있다.

+ 이러한 원인 때문에: 원인의 논리적인 연결 장치

[원인] "그는 처음에는 괜찮아 보이지만, 그것은 전부 꾸민 것이야. 그는 위선자이지" 당신은 친구로부터 새로 이사 온 이웃이 위선자라는 소리를 듣게 되었다. 그 판단이 옳은 것이든 그른 것이든 그것을 당신이 받아들이면 그 이웃을 대하는 방법에 영향을 끼치게 된다. 즉, 그 이웃이 성인군자일지라도 당신의 기대감(예상치)에 맞는 방식으로 그 사람의 행동을 해석하게 된다.

[추론] "새 이웃에 대해 근거가 불확실한 평가를 친구로부터 듣게 되었지만, 그것이 일단 당신에게 받아들여지게 되면 당신은 그 이웃의 행동을 자신의 기대감(예상치)에 맞는 방식으로 해석하게 된다."라는 것을 바탕으로 추론해야 한다.

3

Sacred places range from entire cities to that special room in your home, and can be man-made or part of ________________. Since they are associated as much with sorrow as with joy, they can be sites commemorating great ________________.

① nature - loss ② artwork - battles ③ environment - achievements
④ temples - saints ⑤ world - cemeteries

해석 신성한 장소들은 전 도시에서부터 당신 집안의 그 특별한 방에 이르기까지 늘어서 있고, 그 장소들은 인간에 의해서 만들어질 수도 있고 자연의 한 부분일 수도 있다. 그 장소들은 즐거움만큼이나 슬픔과도 연관을 맺고 있기 때문에 큰 상실을 기리는 장소가 될 수도 있다.

해설 주장: 신성한 장소는 인간에 의해서 만들어 지거나, ________의 한 부분이 될 수 있다.
→ 접속사 "or"로 연결되었으므로 "인간에 의해서 만들어 지거나" 다음에는 서로 대등하게 분리가 되는 개념을 선택지 중에서 찾아야 한다. (man-made = artificial ↔ natural → nature)
원인: 그것들(신성한 장소)이 즐거움만큼이나 슬픔과 연관을 맺고 있기 때문에
결과: 큰 ________을 기리는 장소가 될 수도 있다.
→ as much A as B(B 만큼 A도)의 구문은 A 부분에 의미의 중요성이 부여된다. 그러므로 슬픔과 관련성이 있는 어휘를 찾아야 한다. (cf. sorrow over loss 상실에 대한 슬픔)

어휘 sacred place 신성한 장소 range ~의 범위에 이르다, 미치다; 퍼지다 man-made 인조(人造)의, 인공의(=artificial) be associated with ~와 관련되다; ~이 연상되다 commemorate (축사, 의식으로) 기념하다; 기념식을 거행하다; 축하하다 nature 자연, 본성 artwork 수공예품 saint 성인, 성자 cemetery 공동묘지(=churchyard, graveyard) loss 상실, 분실, 손실, 실패

정답 ① nature - loss 자연 – 상실

4

The functions of the hands, eyes, and brain are so intertwined that using the hands during early childhood helps to promote the child's entire ________________ development.

① perceptual ② intellectual ③ psychological
④ adolescent ⑤ enigmatic

해석 손과 눈 그리고 뇌의 기능은 너무나도 서로 얽혀 있기 때문에 어린 시절에 손을 사용하는 것은 어린이의 전반적인 지각력의 발달을 촉진하는 데 도움이 된다.

해설 원인: 손과 눈 그리고 뇌의 기능은 너무나도 서로 얽혀 있기 때문에(연결되어 있기 때문에)
결과(주장): 어린 시절에 손을 사용하는 것은 어린이의 전반적인 지각력의 발달을 촉진하는 데 도움이 된다.
→ entire(전반적인)에 유의하지 않으면 오로지 뇌 부분과 관련이 있는 intellectual로 오답을 내기 쉽다.

어휘 intertwined 뒤얽힌 perceptual 지각(력)의, 지각이 있는, 인지의 perceive 인지하다(=observe, notice, discern) intellectual 지적인, 지성의 psychological 심리적인, 정신적인, 심리학상의 adolescent 청소년의 enigmatic 불가사의한(=mysterious)

정답 ① perceptual 지각력의

5

The standard of living of a society depends on the state of technology rather than on the density of population. Industrialized societies are inevitably richer than agrarian societies primarily because human effort or productivity is greatly multiplied by the use of highly refined tools and by the concentration of capital. The great disparity of wealth among the peoples of the world is due mainly to the presence or absence of ___________________.

① government

② industrialization

③ population density

④ natural resources

해석 한 사회의 생활 수준은 인구 밀집도 보다는 과학기술의 상태에 달렸다. 산업화된 사회는 무엇보다도 고도로 정밀한 도구와 자본의 집중으로 사람의 노력 혹은 생산성이 크게 증가되기 때문에 필연적으로 농업사회보다 더 풍요로울 수밖에 없다. 전 세계 국민간의 부의 큰 불균형은 주로 산업화의 유무에 기인한다.

해설 주장: 사회의 생활 수준은 인구 밀집도 보다는 과학기술의 상태에 달렸다.
원인: 산업 사회(Industrialized societies) = 과학기술과 자본의 집중에 의해서 생산성이 크게 증가한 사회
결과: 세계의 국민들 사이의 부의 큰 불균형은 주로 산업화의 유무에 기인한다.

어휘 standard of living 삶(생활)의 수준   density of population 인구 밀도   industrialized 산업화된   inevitably 불가피하게, 필연적으로, 반드시   agrarian 농업의, 농지의(cf. agrarian reform 농지 개혁, an agrarian outrage 농민 폭동)   primarily 주로   refined tool 정밀한 도구   concentration of capital 자본의 집중   disparity 불균형, 상이, 부등(不等)(=inequality), 불일치   presence or absence of ~의 유무

정답 ② industrialization 산업화

6

Our earth is in a continuous process of modification. We err when we speak of the "everlasting hills," for the hills ___________________.

① have stood for ages

② are truly ageless

③ were not always here

④ will remain forever

해석 우리 지구는 계속 변화하는 과정 속에 있다. "영원한 언덕"이라고 말할 때 우리는 잘못을 범하고 있는 것이다. 왜냐하면 그 언덕들은 항상 이곳에 있지는 않았기 때문이다.

해설 주장: 우리 지구는 계속 변화하는 과정 속에 있다.
의견: "영원한 언덕"이라고 말할 때 우리는 잘못을 범하고 있는 것이다.
　　　→ 주장에서 이미 변화하는 과정이라고 정의를 했으므로 반대 의미인 "영원한"은 오류이다.
이유: 지구는 계속 변화하는 과정 속에 있으므로 언덕 또한 변한다.

어휘 modification 변경   err 실수를 범하다   everlasting 영원한(=eternal, permanent, perpetual)   ageless 불로의, 영원한, 영구한(=eternal)

정답 ③ were not always here 항상 이곳에 있지 않았다

7

No civilized country is able to satisfy all the requirements of its people by its own production; therefore, every country is dependent on _________________.

① the progress of science
② the resources of other planets
③ other parts of the world
④ its own natural resources

해석 그 어떤 문명국도 국민의 모든 요구를 자국의 생산만으로는 만족시킬 수 없다. 그러므로, 모든 나라는 <u>세계의 다른 부분(국가들)</u>에 의존한다.

해설 원인: 그 어떤 문명국도 국민의 모든 요구를 자국의 생산만으로는 만족시킬 수 없다.
결과: 그러므로, 다른 지역(국가)의 도움이 필요하다 → 다른 지역에 의존한다.

어휘 civilized 문명화된 satisfy 충족시키다 requirement 요구, 필요, 조건(cf. requirements for graduation 졸업 요건) production 생산 be dependent on ~에 의존(의지)하다

정답 ③ other parts of the world 세계의 다른 부분(국가)

8

Around 1476 *William Caxton set up a printing press in England, which resulted in a _________________ in communication. Printing brought into England the wealth of new thinking that sprang from the European Renaissance.

① disaster
② decrease
③ revolution
④ confusion
⑤ nadir

*William Caxton (1422–91) 영국 최초의 인쇄업자 · 번역가

해석 1476년경에 William Caxton은 영국의 의사전달 체계에 일대 <u>혁명</u>을 일으킨 인쇄기를 만들었다. 인쇄술은 유럽의 르네상스에서 싹튼 풍요로운 새로운 사상을 영국에 가져다주었다.

해설 원인: 인쇄기를 만들어낸 사건
결과: 의사전달 체계에 _______을 일으켜서 결과적으로 풍요로운 사상을 영국에 가져다 주었다.
　　　 → 결과 부분에 해당되는 빈칸에는 논리적으로 긍정적인 단어가 와야 옳다.

어휘 set up 새로이 만들다 printing press 인쇄기 spring up 싹트다 disaster 재앙 revolution 혁명, 대변화 decrease 감소 confusion 혼동, 혼란 nadir 밑바닥, 최하점(=the lowest point)

정답 ③ revolution 혁명, 완전한 변화

How Happy is the little Stone Emily Dickinson

How happy is the little Stone
That rambles in the Road alone,
And doesn't care about Careers
And Exigencies never fears---
Whose Coat of elemental Brown
A passing Universe put on,
And independent as the Sun
Associates or glows alone,
Fulfilling absolute Decree
In casual simplicity---

길에서 뒹구는 저 작은 돌

길가에 혼자 뒹구는 저 작은 돌
얼마나 행복할까요
세상 출셀랑은 아랑곳없고
급한 일 일어날까 걱정도 없어요
타고난 갈색 옷은
지나가던 우주가 입혀줬고요
홀로 지내며 홀로 빛나는 태양처럼
다른 데 의지하지 않고
꾸밈없이 소박하게 살면서
하늘의 뜻을 오롯이 따르네요

(5) 문맥 추론을 통해 빈칸 완성하기 – 비교(comparison, likeness)

비교(comparison)는 두 가지 이상의 개체를 견주어 그 유사점과 차이를 나타내는 표현 방법이다. 어느 하나를 기준으로 삼고 거기에 다른 하나를 견주어서 그것을 선명히 제시하는 표현 방법이다.

ex. 강낭콩보다도 더 푸른 물결, 집채보다 큰 호랑이(과장을 겸한 비교)

글쓴이가 말하고자 하는 대상(주장)에 대한 공통점이나 유사성을 가지고 있는 것을 주로 먼저 제시한 다음 비교를 나타내는 "like, likewise, as, just as, similar, in the same way" 등으로 문장을 연결하고 글쓴이가 전달하고 싶은 주장이나 대상을 서술한다.

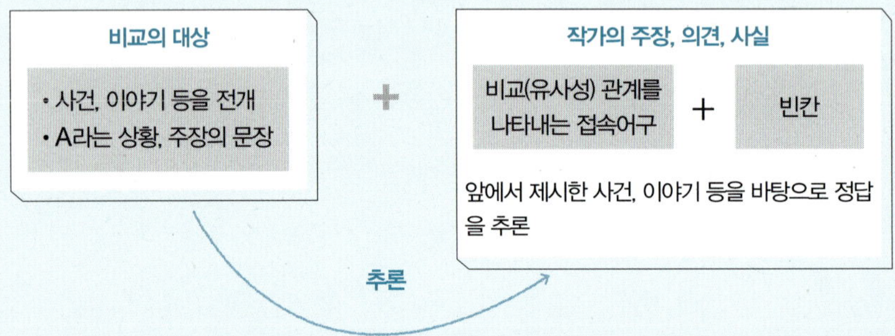

∞ **비교 표시어구**

Signals of Comparison	
	• like 같은, ～와 비슷한 alike 비슷한, 비슷하게
	• both 둘 다 all 모두 every 모든, 매
	• similar 비슷한 similarly 비슷하게 in the same way 같은 방법으로 the same as ～와 같이 in a similar way 같은 방법으로 likewise 비슷하게
	• 유사성을 나타내는 동사 표현 A is similar to B in ～ A is like B in ～ A is identical to B in ～ A has similar + 명사 A resembles B in ～ A is alike in ～
	※ just, exactly, nearly, indeed, really, definitely, almost, surely 등의 부사가 수식하여 강조할 수도 있다.

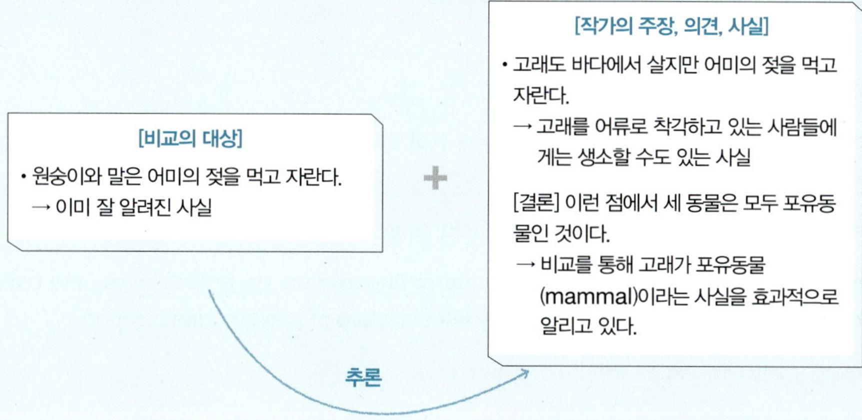

∞ 비교와 대조의 논리적 관계성

비교와 대조는 둘 모두 문장에 나오는 두 대상을 서로 밀접하게 관련함으로써 그 중 하나를 돋보이게 하는 표현 장치들이다. 비교(comparison)는 두 가지 이상의 개체를 견주어 표현할 때 유사점이나 공통점을 들어 설명하는 방법이다. 한 사항을 설명할 때 그것을 이미 잘 알려진 다른 사항과 관련시키는 경우가 많다. 대조(contrast)는 두 가지 이상의 개체를 견주어 표현할 때 차이점을 들어 설명하는 방법이다.

ex. 고월(古月)과 상화(商火)는 초창기의 시단에 두 개의 명성(明星)이었다. 상화가 순박하고 열렬하고 중후하고 심원한 시편들로써 시단을 압도하였을 때, 고월은 섬세하고 간결하고 청아하고 정교한 시편들로써 초고 한 지위를 확보하였던 것이다. 상화는 열정적이요, 강개비분하는 지사적(志士的)인 풍모가 있었고, 고월은 환상적이요 분결찰찰(分潔察察)한 은사적(隱士的)인 경지가 있었다. — 상화와 고월(백 기만) —

Core Skills

❶ 비교는 대상의 유사점, 공통점을 기반으로 하는 논리적 관계이다.

❷ 비교의 대상으로 이야기, 사건, 우화가 먼저 나오면 반드시 글의 배경, 등장인물, 특히 글의 마지막 부분에 나오는 반전(갈등)을 이해해서 전체의 이야기, 사건, 우화가 주는 메시지나 교훈 등을 추론한다.

❸ 사물, 생각, 주장, 이론을 비교 설명할 때에는 그들의 유사성, 공통점에 근거해서 추론을 해야 한다.

※ 아래의 문장들을 밑줄 친 "비교(공통점)" 장치에 유의하면서 해석하시오.

❶ **The brothers** resemble each other **in taste.**

❷ **His old coat** had been mended so many times that it was beginning to resemble **a patchwork quilt.**

❸ **Ecosystems** mature, just as **people** do, from infants to adults.

❹ Today it's common knowledge that **no two sets of fingerprints are** exactly alike, and because of this, fingerprinting is by far the most widely used system of positive identification.

❺ **It** has[shows] many similarities with[to] **the bird flue.**

❻ The pollsters said their survey, taken **between last Friday and Sunday,** reflected similar results **during the Vietnam War.**

❼ He found **Korean culture** similar to **Finnish culture.**

❽ A professor of immunology at Scripps Research Institute in California says that 98 percent of **mouse genes** are identical to **human genes.**

❾ **Moving about in an unfamiliar environment,** at home or abroad, is often not unlike a **voyage into the unknown, the uncharted.**

❿ **The twins** were so alike that we couldn't distinguish one from the other.

⓫ **Soccer** is like **a religion** for Bob.

해석　❶ 형제는 취향이 서로 닮았다.

　　❷ 그의 낡은 코트는 하도 여러 번 수선해서 이젠 거의 누더기 이불을 방불케 했다.

　　❸ 생태계도, 사람과 꼭 마찬가지로, 유아에서 성인으로 성장한다.

　　❹ 오늘날 똑같이 생긴 두 세트의 지문은 없다는 것이 상식이다. 그리고 그런 이유에서 지문이 가장 널리 이용되는 효과적인 식별 체계이다.

　　❺ 그것은 조류독감과 많은 유사점을 보인다.

　　❻ 여론 조사 담당자들은 지난 금요일부터 일요일까지 실시된 이번 조사 결과는 베트남 전쟁 당시의 조사 결과와 유사하다고 밝혔다.

　　❼ 그는 한국 문화와 핀란드 문화가 비슷하다는 것을 알았다.

　　❽ 캘리포니아에 위치한 Scripps 연구소의 한 면역학 교수는 쥐 유전자의 98%가 사람의 것과 유사하다고 말한다.

　　❾ 국내나 국외의 익숙하지 않은 환경을 돌아다니는 것은 미지의, 해도에 실려 있지 않은 곳을 항해하는 것과 다르지 않다.

　　❿ 그 쌍둥이는 너무 비슷해서 구별할 수가 없었다.

　　⓫ Bob에게 있어 축구는 종교와 같다.

※ 다음 문장의 빈칸에 가장 알맞은 것을 고르시오. [1~8]

1

The health of the human mind is stimulated by change of scene just as a change of air is a tonic for ___________________.

① the house   ② the animal   ③ the body
④ the car   ⑤ the tree

해석   기분 전환이 몸에 대한 활력이 되는 것처럼, 사람의 정신적인 건강은 여행에 의해 활력을 얻는다.

해설   "just as(~처럼, ~와 마찬가지로)"를 보면 이 글이 비교의 논리적 관계로 연결되었음을 알 수 있다.
the human mind vs. the body

어휘   stimulate ~에게 활력을 주다(=invigorate), ~에게 자극을 주다   change of scene (여행 등에 의한) 환경의 변화, 전지(轉地)(=어떤 일로 얼마 동안 다른 지방으로 옮겨 감)   change of air 전지(轉地) 요양, 기분 전환(cf. I've been working very hard recently. I need a change of air. 최근에 열심히 일했기 때문에 기분전환이 필요하다.)   tonic 기운(몸)을 강하게 하는 것, 강장제; 몸을 강하게 하는, 기력을 돋우어 주는

정답   ③ the body 몸, 신체

2

The side aspects of an affair frequently capture our attention more quickly than the major events upon which they are attendant. Similarly, many are the books in which the footnotes are more enjoyable than the ___________________.

① author   ② index   ③ glossary
④ text   ⑤ illustration

해석   어떤 일의 부수적인 측면이 주가 되는 사건보다 훨씬 빠르게 우리의 관심을 사로잡을 때가 종종 있다. 이와 마찬가지로 (책의) 각주가 본문보다 더 흥미를 끄는 책이 많이 있다.

해설   두 개의 문장이 "Similarly(마찬가지로)"로 연결되어 있다. (비교의 논리적 관계)
어떤 일에서 우리의 관심을 끄는 것이 "the major events"가 아니고 "The side aspects of an affair"라면 책에서 더 즐거움을 주는 것도 주가 되는 ___________가 아니라 부수적인 "the footnotes"가 되는 것이다.
the major events = text   vs. the side aspects of an affair = the footnotes

어휘   side aspect 부수적인 측면   affair 일, 사건; 일거리, 사무   capture one's attention 관심을 끌다   be attendant (upon) ~에 수반되다   footnote 각주(脚註), 부차(부수)적인 것   author 작가, 저작물   index 찾아보기, 색인, 목록, 지표, 지침, 눈금, 표시하는 것   glossary (권말의) 어휘(용어)해설, (전문어, 난해어 따위의) 소사전, 용어 사전   illustration 설명, 예증; (책·잡지 등의) 삽화, 도해; (설명을 위한) 실례

정답   ④ text 본문

3

A person can learn to operate a camera successfully without knowing much about the science of optics. By the same token, one can become a sharpshooter without ___________________.

① knowing the rules of hunting
② much practice
③ owning one's own gun
④ a knowledge of explosive and arms

해석 광학에 관해 많이 알지 못해도 카메라를 제대로 작동하는 법을 배울 수 있다. 마찬가지로 폭약에 대한 지식이 없어도 명사수가 될 수 있다.

해설 두 개의 문장이 "by the same token"으로 연결되어 있다. (비교의 논리적 관계)
(광학 = 카메라 vs. 명사수 = _______)의 상호관계를 추론해보면 명사수와 관련 있는 것은 "폭약과 무기에 대한 지식"이다.

어휘 optics 광학(光學)　by the same token 과같은 이유로, 마찬가지로(=likewise)　sharpshooter 사격의 명수, 명사수 (=expert), 저격병(=sniper)　explosive 폭발물, 폭약

정답 ④ a knowledge of explosives and arms 폭약과 무기에 대한 지식

4

In the Roman circus one of the most popular sports was performed by one who leaps. This "leaper" rode two horses by vaulting expertly from one animal to the other. Likewise, when people today speak of ___________________ conversation, they mean a conversation in which the participants flit from one subject to another.

① desultory　② compensatory　③ inexorable　④ obstinate

해석 로마시대의 서커스에서 가장 인기 있었던 곡예는 (말로) 뛰어오르는 사람에 의해 행해졌다. 이 "곡예사"는 한 마리의 말을 타다가 능숙하게 훌쩍 뛰어 다른 말에 올라탐으로써 두 마리의 말을 (번갈아) 탔다. 마찬가지로, 오늘날 산만한 대화라고 말할 때에, 그들은 대화에 참여하는 사람들이 한 주제에서 다른 주제로 훌쩍 넘어가 버리는 대화를 의미한다.

해설 이 글의 논리적 구조는 "Likewise"로 보았을 때 비교이다.
서커스 = 말에 뛰어 올라가는 곡예사 vs. 산만한 대화 = 한 주제에서 다른 주제로 훌쩍 넘어가 버리는 대화자

어휘 leap 껑충 뛰다, 뛰어오르다　leaper 뛰는 사람; 곡예사; 날뛰는 말　vault (from, on, over) 뛰다, 도약하다(=jump)　expertly 훌륭하게, 전문적으로, 능숙하게　participant 참여자　flit (새·곤충 등이) 휙휙(훨훨) 날다; 경쾌하게 움직이다　desultory 일관성 없는, 산만한, 주제를 벗어난(cf. a desultory talk 산만한 잡담)　compensatory 보상의, 배상의; 보충의 (cf.compensatory payment 배상(보상)금　inexorable 냉혹(무정)한, 용서 없는(=relentless)　obstinate 완고한, 고집 센 (=stubborn)

정답 ① desultory 산만한, 주제를 벗어난

5

To understand something thoroughly, we must know its parts. For example, we know a house when we are familiar with its rooms and with the various details of its construction. Words are built much like houses; we shall understand words better by familiarizing ourselves with

______________________.

① the rules of grammar   ② the best modern writers
③ the correct pronunciation   ④ the elements of which they are made

해석   어떤 것을 철저히 이해하려면, 그것을 구성하고 있는 부분을 알아야 한다. 예를 들어, 우리가 어떤 집을 알고 있다는 것은 우리가 그 집의 방과 그 집의 건축상의 여러 가지 세부 사항들을 잘 알고 있을 때이다. 단어의 구성은 집과 아주 비슷하다; (그러므로) 단어를 이루는 구성 요소들을 익힘으로써 우리는 단어들을 더 잘 이해하게 될 것이다.

해설   주장: 어떤 것을 철저히 이해하려면, 그것을 구성하고 있는 부분(parts)을 알아야 한다.
예증: 집 → 건축상의 세부사항(details)
비교: 단어 → 단어를 이루는 구성 요소들(elements)

어휘   thoroughly 철저히   be familiar with ~를 잘 알다, ~와 익숙해지다   construction 구조; 건설, 건축   familiarize oneself with ~에 정통하다; ~에 익숙하다

정답   ④ the elements of which they are made 단어를 이루는 구성 요소들

6

In the same manner that one can distinguish between an artisan who carries highly sophisticated operations into effect and a scientist who has conceived those operations, so can one distinguish between the singer in a musical extravaganza and the ______________________.

① composer   ② dancer   ③ stagehand   ④ audience

해석   아주 복잡한 공정을 실제로 수행하는 기술자와 이러한 공정을 고안해낸 과학자를 구분할 수 있는 것과 같은 방식으로 뮤지컬 광상곡을 부르는 가수와 그것을 만든 작곡가를 구분할 수 있다.

해설   "기술자는 과학자에 의해 고안된 공정을 수행한다."와 "가수는 ______에 의해 만들어진 광상곡을 부른다."의 상호 논리성을 생각해보면 가수가 부르는 광상곡(노래)을 만드는 "작곡가"가 자연스럽게 추론된다.

어휘   in the same manner ~와 같은 방식으로   distinguish 구별하다, 구분하다   artisan 장인, 기술자, 기능공   highly sophisticated 매우 복잡한, 정교한   operation 작업; 작전; (기계의) 작동   conceive 생각하다(=think), (계획 등을) 생각해내다, 착상하다(=devise)   extravaganza 광상곡, 희가극, 호화찬란한 쇼   stagehand (극장의) 무대 담당원(조명 담당 · 소품 담당 등)

정답   ① composer 작곡가

7

The sonorous notes of the mighty organ _________________ through the dismal vaults and cavernous expanses of the cathedral like the distant roar of thunder.

① reverberated   ② expostulated   ③ blazoned
④ retrenched   ⑤ confined

해석 거대한 오르간의 웅장한 선율이 마치 멀리서 들려오는 천둥소리처럼 대성당의 음산한 천장과 동굴 모양의 넓은 공간에 울려 퍼졌다.

해설 이 문제의 논리적인 구조는 "like"로 보아 비교이다. (멀리서 들려오는 천둥소리 vs. 거대한 오르간의 웅장한 선율)

어휘 sonorous (소리가) 잘 울려 퍼지는   note 선율   dismal 음산한(=sepulchral)   vault 둥근 천장; 지하실, 저장소; 뛰다, 도약하다   cavernous 동굴의; 동굴 같은; (눈, 뺨 따위가) 움푹 들어간   cathedral 대성당   reverberate 울려 퍼지다, 반향하다 (=echo)   expostulate 타이르다, 충고하다   blazon 문장(紋章)을 그리다; ～을 과시하다   retrench (비용 따위를) 절감하다   confine 한정하다, 가두다

정답 ① reverberated (소리가) 울려 퍼졌다

8

An ant hill can serve as a(n) _________________ for a city. It is like a city in many ways. A very large number of ants live in a huge ant hill, there is a lot of construction, and the ants cooperate to achieve goals just as people do.

① analogy   ② edifice   ③ underworld
④ oracle   ⑤ hybrid

해석 개미탑은 도시와 유사한 역할을 한다. 개미탑은 여러 면에서 도시와 같다. 매우 많은 수의 개미가 거대한 개미탑에 살고 있고, 많은 건축물이 있으며, 그리고 개미들은 사람처럼 목표를 달성하기 위하여 협력한다.

해설 두 번째 문장인 "It(=ant hill) is like a city in many ways."에 주목한다. 개미탑이 여러 면에서 도시와 같다며 인간이 살고 있는 도시를 개미탑에 비유하여 설명하고 있다.
주장: 개미탑은 도시와 유사한 역할을 한다. 개미탑은 여러 면에서 도시와 같다.

어휘 ant hill 개미탑   analogy 유사, 비슷한 특징   edifice (큰) 건물, 대저택   underworld 하층 사회, 사회의 밑바닥; 암흑가; 지옥; 인간 세계 (↔ upperworld 지상의 세계; 건실한 생활)   oracle 신탁(神託), 예언자; 권위 있는 발언; 현인의 충고   hybrid 잡종, 이종, 교배종, 잡종의, 혼혈의, (자동차가) 하이브리드(전기, 휘발유 병용)의

정답 ① analogy 유사, 비슷한 특징(=a feature that is similar)

The Passionate Shepherd to His Love

Christopher Marlowe

열정적인 목동이 애인에게

Come live with me and be my love,
And we will all the pleasures prove,
That valleys, groves, hills, and fields,
Woods, or steepy mountain yields.

오세요, 내 사랑이 되어 함께 살아요.
골짜기와 숲과 언덕과 들
수풀과 가파른 산들이 베풀어주는
온갖 즐거움을 함께 누려요.

And we will sit upon the rocks,
Seeing the shepherds feed their flocks,
By shallow rivers, to whose falls
Melodious birds sing madrigals.

바위에 함께 앉아 양떼를 먹이는
목동들을 구경해요. 그 곁에서
얕은 강물 흘러가는 소리에 맞춰
새들이 아리따운 노래를 부릅니다.

And I will make thee beds of roses,
And a thousand fragrant posies,
A cap of flowers and a kirtle
Embroider'd all with leaves of myrtle:

장미꽃 침대를 만들어 줄게요.
향기로운 꽃다발은 얼마든지
꽃 모자랑 도금양 잎을 엮어 짠
옷도 만들어 줄게요.

A gown made of the finest wool,
Which from our pretty lambs we pull;
Fair lined slippers for the cold,
With buckles of the purest gold:

잠옷은 어여쁜 양에서 뽑은
부드러운 털로 만들어 주고
추울 때 신을 안감 넣은 덧신은
순금 죔쇠 장식을 달아줄게요.

A belt of straw and ivy buds,
With coral clasps and amber studs;
And if these pleasures may thee move,
Come live with me and be my love.

허리띠는 밀짚과 어린 담쟁이로 엮어
산호 고리와 호박 단추로 꾸미지요.
이런 즐거움이 그대 마음에 들면
오세요, 내 사랑이 되어 함께 살아요.

The shepherd swains shall dance and sing
For the delight each May morning;
If these delights thy mind may move,
Then love with me and be my love.

오월 아침마다 목동들이 춤추고 노래할 거예요.
그대를 즐겁게 하기 위해서요.
이런 즐거움이 그대 마음을 움직이면
오세요, 내 사랑이 되어 함께 살아요.

(6) 문맥 추론을 통해 빈칸 완성하기 – 양보(concession)

양보(讓步)절은 주절과 대조가 되거나 상반되는 내용(~임에도 불구하고, ~이기는 하나)을 담고 있으며, "although, though, even if, albeit" 등의 종속접속사에 의한 양보, "whoever, whatever, however" 등의 복합관계사에 의한 양보, "Be it ever so humble" 등의 명령형 양보, "with all, notwithstanding, in spite of" 등의 전치사(구)에 의한 양보 등 다양한 형태로 존재한다.

접속사 if는 조건(條件)과 양보(讓步)의 뜻을 함께 가지고 있기에, if가 이끄는 절을 무조건 조건의 뜻으로만 받아들여서는 안 된다. (even if와 even though의 형태만 보더라도 양보절은 조건절과 긴밀한 의미적 연관관계를 맺고 있음을 알 수 있다.)

If she should be Japanese, I will marry her.

그녀가 설령 일본인일지라도(양보) 나는 그녀와 결혼할 것이다.

또는

그녀가 일본인이라면(조건), 나는 그녀와 결혼할 것이다.

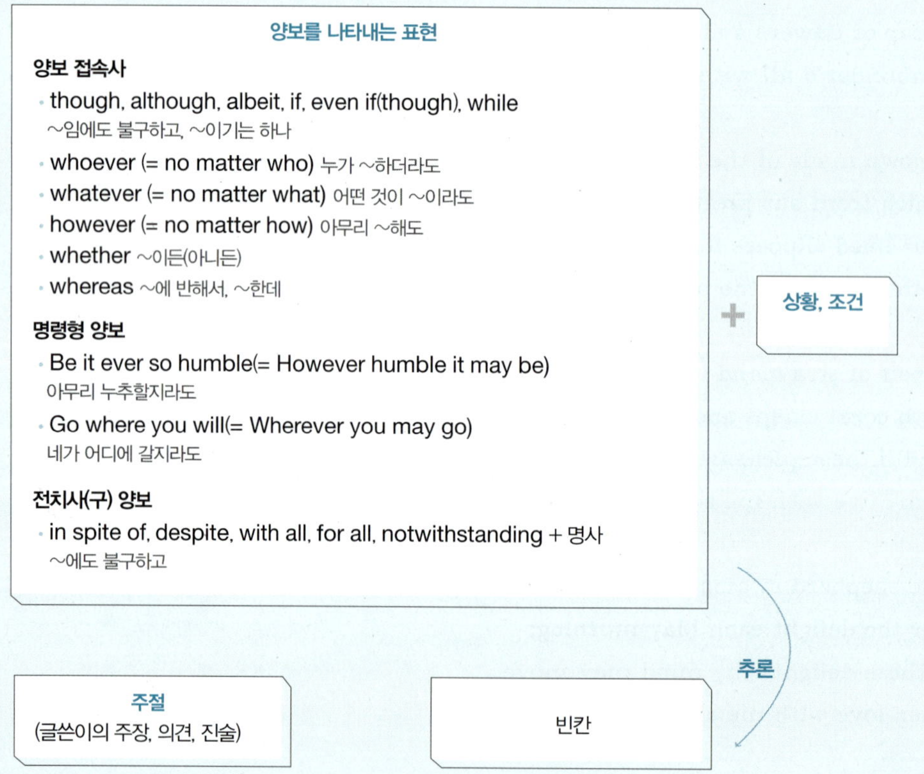

[양보의 표현]
• 비록 우리가 이따금씩 맞지 않는 긴급 기상 경보와 그러한 날씨 예보를 진행하는 기상 통보관의 무능함을 <u>비웃지만</u>

+ 양보 접속사 (although)

[작가의 주장, 의견, 진술]
• 기상 예보는 <u>여전히</u> 많은 사람들이 소풍이나 등산을 갈 때 _________ 보는 기사이다.

추론

예제 1 해설

□ 양보의 논리적 관계성을 이해하자.

[양보의 표현]   비록 우리가 이따금씩 맞지 않는 긴급 기상 경보와 그러한 날씨 예보를 진행하는 기상 통보관의 무능함을 비웃지만,

+ 비록 ～이지만: 양보의 논리적인 연결 장치

[주장]   (그럼에도 불구하고) 기상 예보는 여전히 많은 사람들이 소풍이나 등산을 할 때 <u>가장 먼저 찾아</u> 보는 기사이다.

[추론]   일기예보가 맞지 않는다면 거기에 대한 불신감이 생겨 신문이나 TV 뉴스 프로그램에서 날씨 예보를 챙겨 보지 않을 수도 있지만, 양보의 논리성 때문에 (여전히 그럼에도 불구하고) 그것을 시청한다는 것을 추론할 수 있다.

※ 아래의 문장들을 밑줄 친 "양보" 장치에 유의하면서 해석하시오

❶ Even though it is **not his native language**, he speaks German **with fluency**.

❷ Though I know it is **bad for my health**, I usually **drink too much** in spite of myself.

❸ **Language difficulties** notwithstanding, she soon grew to **love Korea and its people**.

❹ **Keep your shirt on** even if the situation is **desperate**.

❺ While I **admit** that the problems **are difficult**, I **don't agree** that they **cannot be solved**.

❻ He looks about **forty**, whereas his wife looks about **twenty**.

❼ Whether you **like it or not**, you **have to do it**.

❽ With all his **faults** I still **love** him.

❾ Whatever **may happen**, I will **not change my mind**.

❿ Whatever **problem** you name, you can also name some hoped-for technological **solution**.

⓫ However **hungry** you may be, you must **eat slowly**.

⓬ For all **the differences**, we are **friends**.

해석   ❶ 모국어가 아니지만 그는 독일어를 유창하게 한다.

❷ 몸에 해롭다는 것을 알고는 있지만 나도 모르게 그만 과음하기 일쑤다.

❸ 언어적 어려움에도 불구하고 그녀는 곧 한국과 그 국민을 사랑하게 되었다.

❹ 상황이 절박할지라도 침착해라.

❺ 그 문제가 어렵다는 것을 인정은 하지만, 해결할 수 없다고는 생각지 않는다.

❻ 그는 40살쯤 되어 보이는 반면에 그의 부인은 20살쯤으로 보인다.

❼ 네가 그것을 좋아하든 않든 그것을 해야 한다.

❽ 그의 모든 결점에도 불구하고 나는 여전히 그를 사랑한다.

❾ 무슨 일이 있어도 내 마음은 변치 않는다.

❿ 당신이 어떤 문제를 제시하든 간에 당신은 또한 과학기술적으로 기대할 만한 해결책을 제시할 수 있다.

⓫ 아무리 허기지더라도 천천히 먹어야 한다.

⓬ 그 모든 차이점에도 불구하고 우리는 친구다.

※ 다음 문장의 글을 일고 빈칸에 가장 알맞은 것을 고르시오. [1~8]

1

For too long, we have accepted ________________ as a precondition for quality in search engines, even though the best computer scientists tell us that security through obscurity is a bad idea. The best way to battle spammers and scammers is through open public participation in the process of ranking and rating search results.

① exposure　　　② secrecy　　　③ candor　　　④ legitimacy

해석 가장 뛰어난 컴퓨터 전문가들조차도 익명성에 의한 보안 조치가 좋지 못한 생각이라고 말함에도 불구하고, 아주 오랫동안 우리는 기밀을 검색 엔진의 품질에 대한 전제 조건으로 받아들여 왔다. 스팸 메일 발송자와 신용 사기꾼들과 싸우는 가장 좋은 방법은 검색 결과에 순위와 등급을 매기는 과정에 대중들을 공개적으로 참여시키는 것이다.

해설 주장: 아주 오랫동안 우리는 __________을 검색 엔진의 품질에 대한 전제 조건으로 받아들여 왔다.

양보: 가장 뛰어난 컴퓨터 전문가들조차도 숨김에 의한 보안 조치는 좋지 못한 생각이라고 말함에도 불구하고

대안: 스팸 메일 발송자와 신용 사기꾼들과 싸우는 가장 좋은 방법은 검색 결과에 순위와 등급을 매기는 과정에 대중들을 공개적으로 참여시키는 것이다.

→ 검색 엔진의 전제 조건 = 비밀(주의) (익명성) ↔ 공개적인 대중의 참여 (검색 결과에 순위와 등급을 매기는 과정)

어휘 precondition 전제 조건　security 안전, 보안　obscurity 세상에 알려지지 않음; 어둠, 몽롱; 애매　spammer 스팸 메일 발송자 (cf. spam (미·속어) 스팸 메일: 인터넷을 통해 무차별적으로 대량 살포되는 광고성 전자 메일)　scammer (속어) 사기꾼, 난봉꾼 (cf. scam:(속어) 신용 사기, 계획 도산; 속이다)　exposure 노출, 폭로　secrecy 무명, 익명성(=anonymity)　candor 공평무사, 솔직, 정직　legitimacy 합법성, 적법

정답 ② secrecy 기밀, 비밀; 비밀주의

2

Young discoverers need not despair. Though there are few blanks left on today's map of the world, there are still ________________ realms to be charted in the depths of the oceans, the remote recesses of the rain forests, and the furthest reaches of outer space.

① cultivated　　　　② inevitable　　　　③ inhabited
④ unexplored　　　　⑤ imaginative

해석 젊은 탐험가들은 절망할 필요가 없다. 오늘날의 세계 지도 위에는 남겨진 공백이 거의 없다 할지라도, 대양 깊은 곳, 우림 지역의 멀리 떨어진 깊숙한 곳, 그리고 우주 밖의 가장 먼 지역에는 지도에 그려지기를 기다리고 있는 아직도 탐험되지 않은 지역이 있다.

해설 양보절의 "세계 지도 위에는 남겨진 공백이 거의 없다 할지라도 ∼"의 반대 개념을 찾으면 된다.

어휘 despair 절망하다　blank 공백　realm 영역; 범위; 왕국　chart ∼을 해도(도표)로 만들다　remote 멀리 떨어진　recess 깊숙한 구석　cultivated 세련된; 경작되는　inevitable 피할 수 없는　inhabited 사람이 살고 있는　unexplored 아직 탐험 되지 않은　imaginative 창의적인, 상상력이 풍부한

정답 ④ unexplored 탐험(탐사)되지 않은

3

Though classed with the carnivores, the grizzly bear is largely _________________ and rarely eats flesh. But during the summer these bears are avid fishers and comb the waters of mountain stream and rivers to catch salmon.

① greedy ② vegetarian ③ depressed
④ clamorous ⑤ curious

해석 비록 육식동물로 분류되었지만, 회색곰은 대개 채식성이고, 거의 육식을 하지 않는다. 그러나 여름 동안에 이 곰들은 물고기를 탐욕스럽게 잡아먹으며, 연어를 잡기 위해 산에서 내려오는 계곡 물과 강물을 샅샅이 뒤진다.

해설 양보종속절에서 힌트를 얻으면 쉽게 해결할 수 있는 문제이다.
[비록 육식동물로 분류되었지만] → 곰의 육식성과는 반대가 되는 내용을 예상해야 한다.

어휘 class ~을 분류하다, 등급을 정하다; 종류; 등급; 학급 carnivore 육식동물 grizzly 회색의(=grizzled); 회색곰 rarely 좀처럼 ~하지 않는 flesh 육체, 살 avid 탐욕스런 comb 샅샅이 찾다; 빗질하다, 빗으로 빗다 salmon 연어 greedy 탐욕스러운, 몹시 탐내는 vegetarian 채식주의의, 채식주의자 depressed 우울한, 침체된 clamorous 떠들썩한, 시끄러운 curious 궁금한, 호기심이 많은, 별난

정답 ② vegetarian 채식성의

4

Although the man in the street still thinks of a brighter future only in terms of more technology, there are at least a few who are beginning to ask if we are not becoming more dependent and _________________ rather than more independent and safe.

① dangerous ② vulnerable ③ harmful
④ injurious ⑤ brilliant

해석 보통 사람은 여전히 오로지 더 많은 과학기술의 관점에서 더 밝은 미래를 생각하고 있지만, 적어도 소수의 사람들은 우리가 더 독립적이고 안전해져 가지 못하고 오히려 더 의존적이고 취약해져 가고 있는 게 아닌가 하고 묻고 있다.

해설 양보: 보통 사람은 여전히 오로지 더 많은 과학기술의 관점에서 더 밝은 미래를 생각하고 있지만
대조: A and B rather than C and D의 구조
　　　dependent and ______ ↔ independent and safe의 관계성을 추론해보면 "취약한, 연약한"이 정답이다.

어휘 the man (and woman) in the street 보통 사람, 일반인(=the average human being) in terms of ~의 관점에서 dependent 독립적인 independent 의존적인 dangerous 위험한 vulnerable 상처 입기 쉬운, 취약한, 연약한(=weak) harmful 해로운, 유해한 injurious 손상을 주는; 사악한; 부정한 brilliant 빛나는, 훌륭한

정답 ② vulnerable 취약한, 상처 입기 쉬운

5

Winter is the best time in all the year to study the growth of trees. Although the leaves are gone and the branches are bare, the trees themselves are _________________.

① frail   ② desolate   ③ futile

④ beautiful   ⑤ vicious

해석 겨울은 나무의 성장을 연구하기에는 일 년 중 가장 좋은 시기이다. 비록 잎사귀가 다 떨어지고 가지들이 벌거벗긴 했어도, 나무는 그 자체만으로도 아름답다.

해설 주장: 겨울은 나무의 성장을 연구하기에는 일 년 중 가장 좋은 시기이다.
양보: 비록 잎사귀가 다 떨어지고 가지들이 벌거벗긴 했어도, [부정적]
주장: 나무 그 자체는 ___________하다. [긍정적]

어휘 bare 발가벗은(=naked), (산 등이) 헐벗은   frail 여린, 연약한, 허약한   desolate 황량한, 쓸쓸한, 적막한   futile 헛된, 효과 없는, 쓸데없는, 무익한(=vain, useless)   vicious 나쁜(=evil), 악의 있는

정답 ④ beautiful 아름다운

6

In spite of its _________________ circulation, the magazine had a strong influence on political thought in the country.

① unconditional   ② absolute   ③ chic

④ limited   ⑤ qualified

해석 제한된(적은) 발행 부수에도 불구하고 그 잡지는 그 나라의 정치사상에 강한 영향을 끼쳤다.

해설 "In spite of(~에도 불구하고)"라는 표현이 양보의 논리성을 나타내고 있다.
양보: _________(한) 발행 부수에도 불구하고
주장: 그 잡지는 그 나라의 정치사상에 강한 영향을 끼쳤다.
→ unconditional과 absolute가 동의어임을 알면 둘 모두를 일찌감치 답에서 제외시킬 수 있다.

어휘 in spite of ~에도 불구하고   circulation (잡지, 신문의) 발행 부수   unconditional 무조건의, 절대적인(=absolute)   chic (여성 또는 복장 등이) 멋있는, 세련된   limited 제한된, 한정된, 부족한   qualified 자격(능력)이 있는, 적격의, 면허가 있는

정답 ④ limited 제한된

7

Though she was ________________, Cleopatra found that she was too full of cares and sorrows to sleep. So she asked her page to play some music for her.

① doleful   ② timid   ③ tired
④ lavish   ⑤ joyful

해석 Cleopatra는 피곤했지만, 걱정거리와 슬픔이 가득 차서 잠을 이룰 수가 없음을 알았다. 그래서 그녀는 시동(侍童)에게 음악을 몇 곡 연주해 줄 것을 부탁했다.

해설 주절에 나오는 Cleopatra가 잠을 이룰 수 없는 상황과 반대되는 상황이 양보절 "Though" 뒤에 있어야 한다. 주절에 sorrows(슬픔)가 있으므로 ① doleful(슬픈)은 문맥적으로 적절치 않다.

어휘 page 시동(侍童), (호텔·극장 등의 제복을 입은) 사환; ~의 이름을 불러 찾게 하다, 호출하다; 페이지, 쪽 doleful 슬픈(=sad) timid 소심한 lavish 아낌없는, 활수한; 낭비하는, 헤픈, 풍부한, 남아도는 joyful 즐거운, 기쁨에 넘치는

정답 ③ tired 피곤한

8

It is strange that, although speech is one of the characteristics which distinguish man from lower animals, we have so many maxims expressing the idea that ________________.

① dogs are man's best friend   ② all men are liars
③ to err is to be human   ④ silence is golden

해석 인간과 하등 동물을 구분해 주는 특징 중의 하나가 말(언어)이지만 침묵이 금이라는 생각을 표현하는 격언들이 그렇게 많다는 것은 이상한 일이다.

    ① 개는 인간의 최고의 친구이다.   ② 모든 인간은 거짓말쟁이다.

    ③ 과오는 인간의 상사(常事)이다.   ④ 침묵은 금이다.

해설 양보: 인간과 하등 동물을 구분해 주는 특징 중의 하나가 말(언어)이지만
주장: 침묵이 금이라는 생각을 표현하는 금언들이 그렇게 많다는 것은 이상한 일이다.

어휘 characteristic 특징, 특색, 특성 distinguish 구별하다, 구분하다 maxim 격언, 금언

정답 ④ silence is golden 침묵은 금이다.

Being Happy *Hermann Hesse*

There is no duty in life except the duty of being happy.
It is our only reason for being in this world.
With all our duties, all our morals, all our commandments,
we seldom make one another happy, because these do not make us happy.

A person who is good can only be so when he is happy,
when there is harmony within him, in other words, when he loves.

This has been the rule, the only rule, of this world — thus taught Jesus; thus taught
Buddha; thus taught Hegel. For each of us the only thing of importance in this
world is his own inner self — his soul, his capacity for love.

When this is working, we may be eating plain porridge or cake, we may be wearing
rags or jewels — but the world will be resounding in the clear tones of the soul. It
will be a good world, a world going on in proper order.

행복의 의무

인생에 다른 의무는 없어요. 행복하기만 하면
이 세상에 사는 이유는 그뿐이랍니다.
의무를 다하고, 도덕적으로 살면서, 계명을 다 지켜도
행복해지는 것은 아니지요. 그것들이 행복을 가져다주는 건 아니니까요.

선한 사람이 선할 수 있는 것은 행복해서랍니다
마음에 조화가 있기 때문이지요. 달리 말하자면, 사랑을 하고 있기 때문이랍니다.

이것이 이 세상의 규칙, 단 하나의 규칙이었어요. — 예수가 그렇게 가르치고, 부처가 그렇게 가르치고, 헤겔이 그렇게 가르쳤지요. 누구에게든
이 세상에서 단 하나 중요한 것은 자신의 마음 — 곧 영혼, 사랑할 수 있는 능력이라고요.

사랑을 하는 사람이 보리죽을 먹는 가난한 사람이거나 맛있는 음식을 먹는 부자일지 모릅니다. 누더기를 걸치고 있거나 보석으로 치장하고 있을
지 모르지요. — 하지만 사랑이 있는 한 세상은 영혼의 맑은 소리로 가득 찰 겁니다. 그 세상은 좋은 세상이오, 올바로 움직이는 세상일 것입니다.

(7) 문맥 추론을 통해 빈칸 완성하기 – 조건(condition)

글쓴이가 전달하려는 요지, 주장, 예증, 설명, 의견 등을 조건으로 연결하여 문장 간에 논리적인 의미를 부여하는 방법이다. "if, unless, once, when"이 조건을 나타내는 대표적인 종속접속사이다.

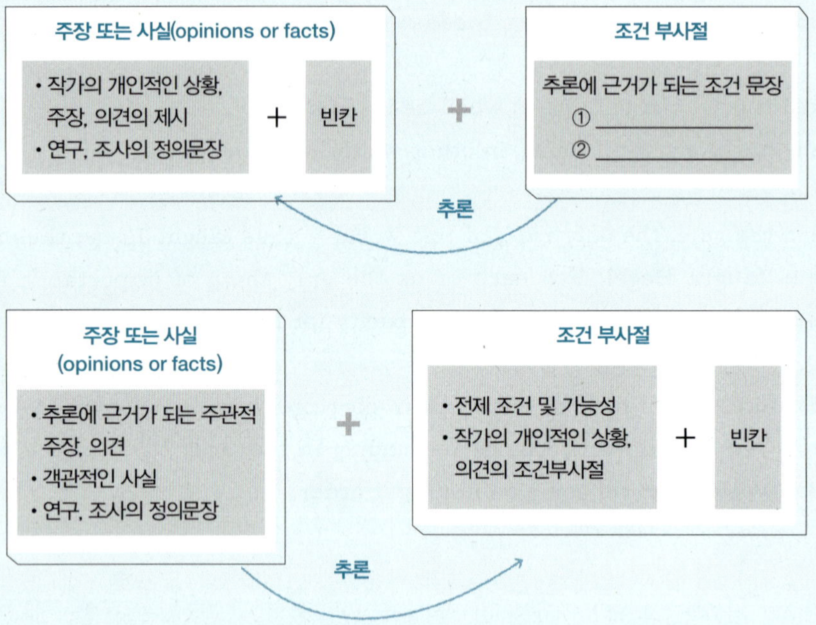

∞ **조건 표시어구**

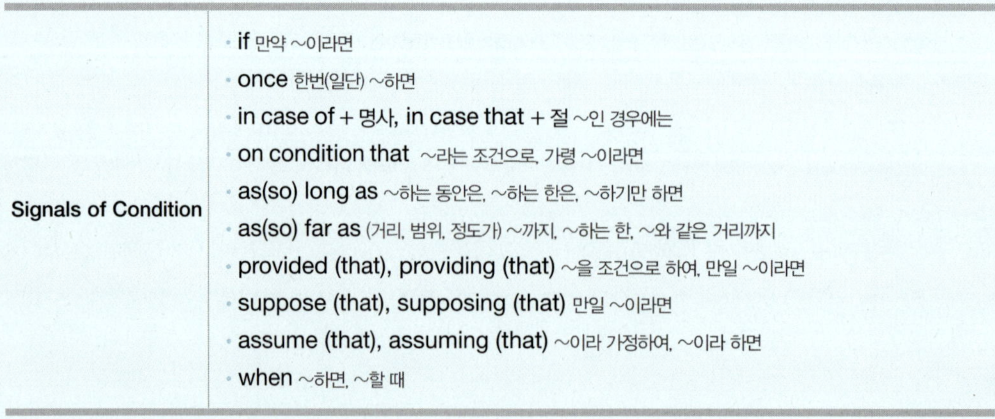

주장 or 사실
(opinions or facts)

- 좋은 맹인 안내견(guide dogs for the blind)이 되기 위해서는 __________ 하는 능력이 있어야 한다. 이러한 능력은 횡단 보도에서 특히 중요하다. 차도를 안전하게 건너기 위해서 맹인 안내견과 시각 장애인이 서로 밀접하게 협력해야 한다.

+

구체적으로 설명하는 조건 부사절

- 보충설명 문장: 횡단보도를 건너는 과정을 조건으로 나누어 설명

횡단보도를 표시하는 연석에 다다르게 되면, 안내견은 길을 멈추고 시각 장애인에게 횡단보도에 도착했음을 신호로 알린다.

안내견은 교통신호의 색을 구별할 수 없기 때문에 시각 장애인이 언제 길을 건너야 할지를 결정해야 한다. 시각 장애인은 교통의 흐름이나 신호음에 귀를 기울여 신호등이 바뀌었음을 파악한 후, "앞으로 가!"라는 명령을 내린다.

<u>만약 위험한 상황이 아니라면</u> 안내견은 시각 장애인의 명령에 따르지만, <u>차가 다가오고 있다면</u> 이러한 능력을 가진 안내견은 차가 사라질 때까지 기다린 후에 비로소 명령을 따른다.

추론

 **예제 1 해설**

□ 긍정 형태 조건의 논리적 관계성을 이해하자.

[주장]	좋은 맹인 안내견(guide dogs for the blind)이 되기 위해서는 불복종 하는 능력이 있어야 한다.
[구체적 설명]	횡단보도를 건너는 과정을 조건으로 나누어 설명하고 있다.
[조건 1]	만약 위험한 상황이 아니라면 안내견은 시각 장애인의 명령에 따른다.
[조건 2]	그러나 차가 다가오고 있다면 이러한 능력을 가진 안내견은 차가 사라질 때까지 기다린 후에 비로소 명령을 따른다.

[추론]   **상식적으로 안내견은 시각 장애인의 명령에 복종해야 한다. 하지만 시각 장애인이 감지할 수 없는 위험한 상황에 놓이게 되면, 안내견이 어떻게 해야 할지를 추론해야 한다.**

▶ 시각 장애인의 잘못된 명령에 따르면 위험한 상황에 처하게 되므로, "앞으로 가!"라는 명령에 따르지 않고 차가 사라질 때까지 즉, 위험이 사라질 때까지 기다린 후에 비로소 명령을 따른다.

주장 or 사실의 정의
(opinions or facts)

• 외식 습관에 관한 최근 연구에 따르면, 우리가 외식을 할 때, 우리가 섭취하는 음식의 양을 터무니없이 과소평가하는 경향이 있다고 한다. 결국 우리도 모르게 과식하게 된다는 것이다.

+

구체적으로 설명하는 조건 부사절

• 보충설명 문장: 긍정 조건으로 나열

[근거 1] 촛불이 켜진 안락한 식당에서 외식을 할 때(when), 우리는 이미 배가 불렀음에도 불구하고 음식을 더 오랫동안 즐기게 된다.

[근거 2] 또한 여러 명의 친구들과 함께 저녁 식사를 하는 여성의 경우, 평균적으로 700칼로리를 섭취한다고 하는데, 이것은 혼자서 식사할 때 보다 두 배나 더 많은 칼로리를 섭취하는 것이다.

[근거 3] 외식할 때의 심리적 상태도 과도한 칼로리 섭취의 요인이 된다. "오늘 밤은 어떤 뜻깊은 일을 기념하시렵니까"라는 인사로 손님을 맞이하는 웨이터는 그렇지 않은 웨이터 보다 ________을 받았다.

추론

 **예제 2 해설**

□ 긍정 형태 조건의 논리적 관계성을 이해하자.

[주장]	외식 습관에 관한 최근 연구에 따르면, 우리가 외식을 할 때, 우리가 섭취하는 음식의 양을 터무니없이 과소평가하는 경향이 있다고 한다. 결국 우리도 모르게 과식하게 된다는 것이다.
[구체적 근거]	구체적인 이유를 조건으로 나열하여 독자에게 주장의 타당성을 설명하고 있다.
[근거 1]	촛불이 켜진 안락한 식당에서 외식을 할 때(when), 우리는 이미 배가 불렀음에도 불구하고 음식을 더 오랫동안 즐기게 된다.
[근거 2]	또한 여러 명의 친구들과 함께 저녁 식사를 하는 여성의 경우, 평균적으로 700칼로리를 섭취한다고 하는데, 이것은 혼자서 식사할 때 보다 두 배나 더 많은 칼로리를 섭취하는 것이다.
[근거 3]	외식할 때의 심리적 상태도 과도한 칼로리 섭취의 요인이 된다. "오늘 밤은 어떤 뜻 깊은 일을 기념하시렵니까" 라는 인사로 손님을 맞이하는 웨이터는 그렇지 않은 웨이터 보다 더 많은 주문을 받았다.

※ 다음 문장의 빈칸에 가장 알맞은 것을 고르시오. [1~8]

1

A man and a lion, taking a walk, passed a statue of a man killing a lion. The man boasted that the statue proved that men are stronger than lions. The lion sneered as he answered the roles in the statue would be reversed if ___________________.

① the lion were weaker　　② the lion were lucky　　③ it were accurate

④ lions could carve　　⑤ men were stronger

해석 한 남자와 사자가 산책하던 중에 사람이 사자를 죽이는 조각상을 지나게 되었다. 그 남자는 그 조각상은 인간이 사자보다 더 강인하다는 것을 증명해 주는 것이라고 자랑했다. 사자는 만약 자신들(사자들)이 조각할 줄 안다면 조각상의 역할은 반대로 되었을 것이라고 답하면서 비웃었다.

해설 사람이 사자에게 자랑했던 "사람이 사자를 죽이는 장면을 묘사한 조각상"의 조건을 뒤집어 놓을 수 있는 어구가 정답이다.

어휘 statue 조각상, 조상, 입상　boast ~이라고 자랑하다, 뽐내다　role 역할　reverse 거꾸로 하다, 반대로 하다, 뒤집다　carve 조각하다

정답 ④ lions could carve 사자들이 조각할 줄 알다

2

When a man goes back to look at the house of his childhood, it has always ___________________ : there is no instance of such a house being as big as the picture in memory and imagination calls for.

① enlarged　　② broken　　③ advanced

④ shrunk　　⑤ diffused

해석 어린 시절에 살던 집을 다시 보러 가면, 집은 항상 작게 줄어들어 있다: 기억과 상상 속의 그림이 불러내는 것만큼의 커다란 집이 있는 경우는 없다.

해설 조건: 어린 시절에 살던 집을 보러 가면(When),
　　　 주장: 집은 언제나 (작게) 줄어들어 있다.
　　　　　→ 모든 것이 크게만 보였을 어린 시절과 현재와의 시간관계를 추론해 보면 답이 나온다.
　　cf. '조건'의 의미에서 본 if와 when의 차이: 어떤 상태가 일어나는 것이 불확실한 때에 if를 쓰며, 확실히 일어난다고 생각될 때에는 when을 쓴다.

어휘 instance 경우(=case), 예, 실례　call for ~을 (큰소리로) 부르다; ~을 요구하다; (배우 등을) 갈채하여 불러내다　enlarge ~을 확대하다　break 부서지다, 고장 나다; 어기다　advance 나아가게 하다; 제출하다; 진보하다　shrink 줄다; ~을 줄어들게 하다 (cf. shrink- shrank(shrunk) - shrunk(shrunken))　diffuse (빛, 열, 냄새 따위를) 발산하다; (학문, 문화 따위를) 보급하다; 퍼지다, 보급되다

정답 ④ shrunk 줄어든

3

Ecology teaches us about the delicate balance of nature in our planet and how we may upset that balance whenever we ________________ the environment.

① protect ② alter ③ explore
④ improve ⑤ dissolve

해석 생태학은 우리 지구에서 자연이 미묘한 균형을 이루고 있고 우리가 환경을 변화시킬 때마다 어떻게 그 균형을 깰 수도 있는지를 가르쳐 준다.

해설 이 문장에서 "whenever(~할 때마다)"는 일종의 "조건"의 의미를 갖춘 접속사로 볼 수 있다.
지구는 미묘한 균형을 이루고 있다 → 그 균형을 깰 수 있는 것은? → 환경을 변화시키는 것이다

어휘 ecology 생태학 delicate 미묘한; 가냘픈; 세련된; 섬세한; 민감한 upset 망쳐버리다, 뒤엎다; 뒤집힌; (몸의) 상태가 좋지 않은, 혼란한 protect 보호하다, 지키다 alter ~을 바꾸다, ~을 변경하다(=change) explore 탐험하다 improve 향상시키다, 개선되다 dissolve ~을 용해하다, 녹이다(=melt)

정답 ② alter ~을 변경하다, ~을 바꾸다

4

Genuine athletes can never be ________________ about their achievements; if they become too self-satisfied, they lose their drive for success.

① complacent ② scrupulous ③ timid
④ acute ⑤ diffident

해석 진정한 운동선수들은 자신의 업적에 만족할 수가 없다; 만약 그들이 지나친 자기만족에 빠져 있으면 성공을 향한 추진력을 잃어버리게 된다.

해설 문맥적으로 if 절의 self-satisfied와 의미가 같은 단어가 빈칸에 와야 한다.

어휘 genuine 진정한, 참된; 진짜의, 모조품이 아닌 drive 추진력; 드라이브; 흐름; 경향; 차를 몰다; 질주하다 complacent 마음에 흡족한(=self-satisfied, smug), 자기만족의 scrupulous 양심적인; 성실한; 꼼꼼한, 세심한, 용의 주도한, 조심성 있는 timid 겁 많은, 소심한, 수줍어하는 acute 날카로운(=sharp); 격렬한(=intense); 예리한(=keen) diffident 자신 없는(↔ confident 자신 있는)

정답 ① complacent 만족한

5

The lesson that we draw from a disaster is sometimes more valuable to a man than any material gain. Thus, if the war has taught us how _________________ peace is, those whom we remember today would not have died in vain.

① priceless　　　　② vain　　　　③ worthless
④ painful　　　　⑤ dangerous

해석　우리가 재난으로부터 얻는 교훈이 때로는 사람들에게 어떤 물질적인 이득보다 더 귀중하다. 그러므로 만약에 전쟁이 우리에게 평화가 얼마나 귀중한지를 가르쳐 주었다면, 우리가 오늘날 기리는 분들의 죽음은 헛되지 않았을 것이다.

해설　의견: 우리가 재난으로부터 얻는 교훈은 때로는 사람들에게 어떤 물질적인 이득보다 더 귀중하다.
　　　조건: 만일 전쟁이 우리에게 평화가 얼마나 귀중한지를 가르쳐 주었다면,
　　　주장: 우리가 오늘날 기리는 분들의 죽음은 헛되지 않았을 것이다.

어휘　disaster 재난　valuable 귀중한(=priceless, invaluable, precious ↔ worthless)　remember ~을 기억하다; ~을 위해 추도하다; ~에게 안부를 전하다　in vain 헛되이, 보람없이; 불경스럽게, 함부로

정답　① priceless 귀중한, 소중한

6

We do not care to look at the same thing all the time. If we are to be interested in a display, something distinctive and _________________ must be shown. Imitation cannot be shown forever.

① original　　　② intricate　　　③ archaic　　　④ vague　　　⑤ trite

해석　우리는 항상 같은 것만 바라보고 싶어하지는 않는다. 만일 우리가 어떤 전시회에 관심을 두려면, 무엇인가 독특하고 독창적인 것을 보여 주어야 한다. (비슷한) 모조품이 항상 전시될 수는 없다.

해설　주장: 우리는 항상 같은 것만 바라보고 싶어하지는 않는다.
　　　조건: 만일 우리가 어떤 전시회에 관심을 두려면, 독특하고 ________인 것을 보여 주어야 한다.
　　　부연설명: 모양이 비슷한 것(모조품)이 항상 전시될 수는 없다.
　　　　　　　(같은 것 = 흔해 빠진 것) ↔ (독특한 것 = 독창적인 것)
　　　　　　　→ distinctive 뒤에서 그와 같은 성질의 내용을 이끌게 될 대등접속사 and에 의해서도 답을 유추할 수 있다.

어휘　care to ~하고 싶어하다(=like to)　display 전시회(=exhibition)　distinctive 특이한, 특색 있는, 차이를 나타내는, 독특한　intricate 복잡한, 얽힌　archaic 고풍의, 구식의, 구태의연한, 고대의　vague 모호한, 막연한　trite (표현, 어구, 사상 따위가) 진부한, 흔해빠진, 케케묵은(=hackneyed, stale)

정답　① original 독창적인

7

The bow is still the primary weapon of many people in Africa and parts of Asia. They use bows and arrows as highly practical _________________ devices, especially if the arrows are poisoned.

① lethal 　② nutritious 　③ intractable
④ blatant 　⑤ amicable

해석 활은 아직도 아프리카와 아시아 일부 지역의 많은 사람들에게 있어 주요한 무기이다. 그들은 특히 화살에 독이 묻어 있을 때 활과 화살을 실제적이고도 매우 치명적인 장비로 사용한다.

해설 주장: 활은 아직도 아프리카와 아시아의 몇몇 지역에선 주요한 무기이다.
조건: 특히 화살에 독이 묻어 있을 때
결과: 활과 화살의 살상력은 치명적일 것이다.

어휘 bow 활; 절(인사)하다; 절, 인사　primary 주요한, 주된; 첫째의　practical 실용적인; 실제적인; 효과적인　device 기구, 장치, 설비　poison 독; 독을 바르다　lethal 파괴적인, 치명적인(=fatal)　nutritious 자양분이 많은, 영양이 되는　intractable 고집스러운, 완고한(=stubborn)　blatant 떠들썩한, 시끄러운　amicable 우호적인(=friendly)

정답 ① lethal 치명적인

8

In certain social situation absolute honesty is not practiced. If a fellow's girlfriend asks, "How do you like my brand-new hat?" and he thinks it looks terrible, absolute frankness would not be _________________ conversation manners.

① silly 　② tactful 　③ embarrassing
④ ridiculous 　⑤ sluggish

해석 어떤 사회적 상황에서는 완벽한 정직이 실행되지 않는다. 만일 어떤 남자의 여자 친구가 "새로 산 모자가 어때?"라고 묻는데 남자는 그것이 형편없어 보인다고 생각한다면, 무조건 솔직하게 이야기를 해주는 것은 재치 있는 대화의 예절이 아닐 것이다.

해설 주장: 어떤 사회적 상황에서는 완벽한 정직이 실행되지 않는다.
조건: 여자 친구가 "새로 산 모자가 어때?"라고 묻는데 남자가 그것이 형편없어 보인다고 생각한다면
의견: "솔직하게 형편없다"라고 이야기하는 것은 재치 있는 대화의 예절이 아니다.
→ 이런 경우를 "a white lie(악의 없는 거짓말, 선의의 거짓말)"라고 하는데 이것은 상대방에게 상처를 주지 않으려는 일종의 대화 예절이다.

어휘 practice 습관으로 하다; 실천하다, 실행하다　brand-new 아주 새로운, 신품의　terrible 형편없는, 끔찍한(↔terrific 멋진, 훌륭한)　absolute 완전한, 절대적인　frankness 솔직, 정직(=honesty)　manner 예절　silly 어리석은(=ridiculous, stupid, dull)　embarrassing 난처하게 하는, 언짢은, 창피한　sluggish 게으름 피우는, 나태한; 느린, 활발치 못한(=inactive, inert)

정답 ② tactful 재치 있는

The Pasture Robert Frost

I'm going out to clean the pasture spring;
I'll only stop to rake the leaves away
(And wait to watch the water clear, I may):
I sha'n't be gone long.--You come too.

I'm going out to fetch the little calf
That's standing by the mother. It's so young,
It totters when she licks it with her tongue.
I sha'n't be gone long.--You come too.

목장

나는 샘물을 치려 가련다
나뭇잎들만 건져내면 된다
(그리고 물이 맑아지는 것을 들여다 보련다)
그리 오래 걸리지 않을 것이니
너도 가자

나는 송아지를 데리러 가련다
어미 옆에 서 있는 송아지는 아주 어리다
어미가 혀로 핥으면 비틀거릴 만큼
그리 오래 걸리지 않을 것이니
너도 가자

(8) 문맥 추론을 통해 빈칸 완성하기 – 반복(환언) 및 요약(repetition & summary)

글의 앞부분에서 이미 언급한 것을 새로운 형태로 다시 바꾸어 써 주거나(환언), 간추려 표현(요약)하는 표시어구는 그 뒤에 나오는 내용이 글쓴이가 "전달하고 싶어하는 주장이나 의견이 된다"라는 것을 알려 주는 중요한 요소이다.

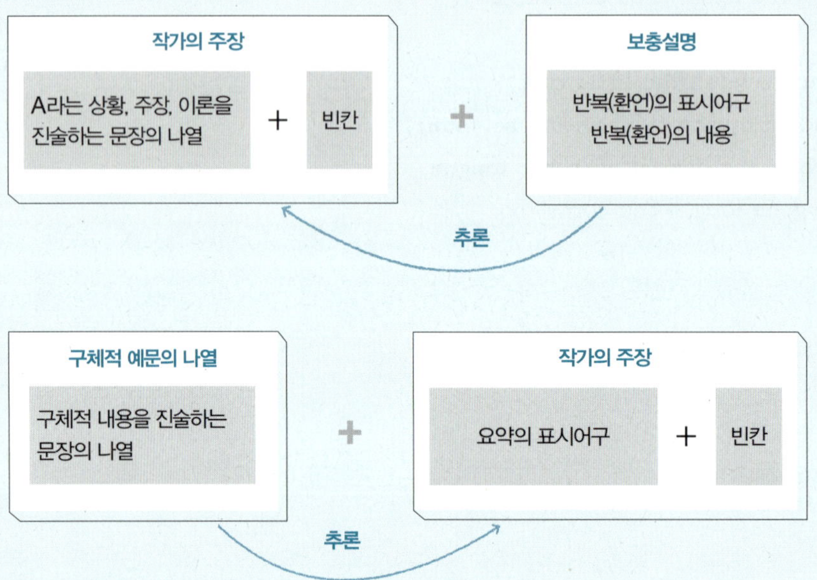

∞ **반복(환언) 및 요약의 표시어구**

Signals	
	· 반복(환언)의 연결어구 **namely, in other words, that is, that is to say, so to speak, I mean, it means, as it were, let us say** "즉, 말하자면, 달리 말하자면" → 같은 취지의 말을 단지 다른 양식으로 돌려서 표현한 것이다. · 요약의 연결어구 **so** 그래서 **all in all** 대체로 **essentially** 본질적으로, 근본적으로 **ultimately**(=eventually, finally, in the end) 궁극적으로, 결국은 **in a nutshell**(=to put it in a nutshell, to put it into a few words) 간단히 말해 **in brief(short)** (=in conclusion, in summary, to sum up, to summarize, in sum) 요컨대 "간단히 말해, 요컨대, 결국은" → 주장하는 바가 단적으로 드러나는 중요 부분으로 뒤에서 요지나 제목이 결정된다. 이런 연결어들은 일반적으로 글의 마지막 부분에 자주 나타난다.

반복이란, 강조 같은 특정 효과를 얻기 위하여 같은 단어, 구문, 또는 개념을 두 번 이상 사용하는
것을 말한다. 그러나 지나친 반복은 독자에게 따분함을 초래할 수도 있으므로 때로는 해당어(구)
를 동의어(구)로 대체하는 것도 좋은 방법이다.

❶ 단어(word)의 반복

It rains for hours and hours. 몇 시간이고 한없이 비가 온다.

Whenever my father gets nervous, he smokes cigarette after cigarette.
아버지는 초조할 때마다 줄담배를 피우신다.

❷ 구문(structure)의 반복

Work consists of what a body is obliged to do; play consists of what a body is not
obliged to do. 일은 우리 몸이 하도록 강요된 것으로, 놀이는 강요되지 않은 것으로 구성된다.

You are a brave man, really you are. 당신이야 말로 용감한 사람입니다. 정말로 당신이야말로.

He makes many mistakes, and that very often. 그는 많은 실수를 저지른다. 그것도 아주 자주.
▶ that은 앞에 있는 절 전체를 대신 받는 대명사이다.

❸ 개념(idea)의 반복

Stolen waters are sweet, and bread eaten in secret is pleasant.
훔친 물이 달콤하다. 그리고 남모르게 혼자 먹는 빵이 맛있다.

Life's tragedy is that we get old too soon and wise too late.
삶이 비극인 것은 너무 빨리 늙고, 너무 늦게 철이 든다는 것이다.

∞ 요약(summary)

A summary of something is a short account of it, which gives the main points but not
the details and gives the most important ideas of a text in short form.
어떤 것의 요약은 그것의 짧은 설명인데 그것은 세부적인 사항이 아닌 요점을 보여주며 지문에서 가장 중요한 사상을 간결한 형태로 전달한다.

ex. Even before we spend our money, making, advertising, and packing what we buy can cost a lot
in pure water, air, and soil. In short, our shopping habits can have considerable effects on the
environment.
우리가 돈을 쓰기도 전에 우리가 사는 것을 만들고, 광고하고 포장하는 것은 깨끗한 물, 공기, 토양에 많은 희생을 치르게 한다. 간단히 말해서
우리의 구매 습관은 환경에 상당한 영향을 줄 수 있다.

[작가의 주장]

- 특이한 상품을 소개하는 것이 시장에서의 성공을 보장하지 않는다. 또 다른 중요한 요소는 시장을 구성하는 지역 사회에 적합한 상품을 제공함으로써 시장에 대한 반응성을 증가시키는 것이다. 이것은 각 국가, 지역사회와 개인이 독특한 필요성을 가지고 있다는 것을 이해하는 것을 의미한다. 즉 그것은 지역적이고 개인적인 차이점들에 대한 _____을 필요로 한다.

[보충설명]

- 다시 말하자면, 단지 "세계적인" 측면만 너무 강조하여 하나의 크기로 모든 것에 맞추는 획일적인 전략을 피하자는 것이다.
- 많은 "개발도상국"들은 수많은 독특한 개인들과 공동체들로 구성되어 있다는 것을 명심하자.

추론

예제 1 해설

□ 반복(환언)의 논리적 관계성을 이해하자.

[주장]　특이한 상품을 소개하는 것이 시장에서의 성공을 보장하지 않는다. 또 다른 중요한 요소는 시장을 구성하는 지역 사회에 적합한 상품을 제공함으로써 시장에 대한 반응성을 증가시키는 것이다. 즉 그것은 지역적이고 개인적인 차이점들에 대한 예민함(sensitivity)을 필요로 한다.

+ 다시 말하자면: 반복(환언)의 논리적인 연결 장치

[보충설명]　단지 "세계적인" 측면만 너무 강조하여 하나의 크기로 모든 것을 맞추는 획일적인 전략을 피하자는 것이다. 많은 "개발도상국"들은 수많은 독특한 개인들과 공동체들로 구성되어 있다는 것을 명심하자.

[추론]　**수많은 독특한 개인들과 공동체로 구성되어 있는 지역사회(국가)에서 성공을 하려면 어떻게 해야 하는가?**

▶ "환언"의 논리적인 근거를 이용한 추론
지역 사회에 적합한 상품을 제공함으로써 시장에 대한 반응성을 증가시키는 것이다."라는 주장과 다음 문장이 "다시 말하자면(in other words)"으로 연결되어 있으므로 "반응성(responsiveness)"과 유사한 동의어를 추론하면 된다.

∞　[예제 2] 요약의 단락 구조

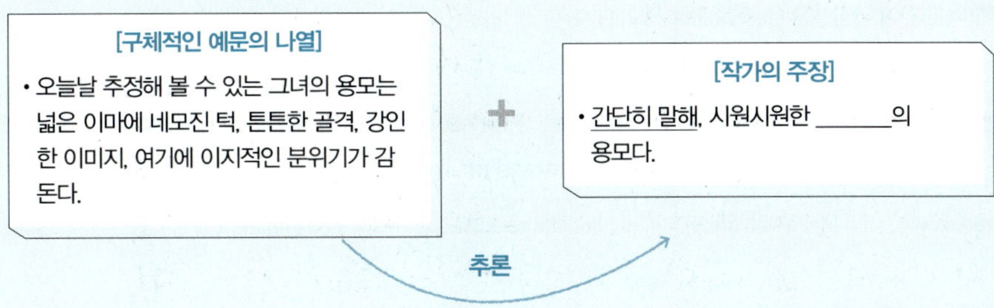

예제 2 해설

□ 요약의 논리적 관계성을 이해하자.

[추론]　여자였으나 넓은 이마에 네모진 턱, 튼튼한 골격, 강인한 이미지를 갖추었다고 하니 그녀의 용모는 과연 어떠했겠는가?

▶ 요약의 논리적인 근거를 이용한 추론
간단히 말해(In short), 시원시원한 여걸(heroine)의 용모다.

※ 다음 문장의 빈칸에 가장 알맞은 것을 고르시오. [1~8]

1

The age of the general practitioner is over; more and more graduates of medical school tend to ________________, that is, to concentrate on limited areas of their profession.

① generalize   ② rationalize   ③ procrastinate   ④ specialize

해석 일반개업 의사의 시대는 끝났다; 점점 더 많은 의대 졸업생들은 전문화, 즉 한정된 분야의 의료업에 집중하려는 경향이 있다.

해설 빈칸에 들어갈 단어는 문맥상 "general"과는 대조가 되고, 환언의 "that is"로 보아 "concentrate on limited areas of their profession"과는 동의어가 되어야 한다. 따라서 ① generalize는 자동 탈락이고 동의어인 ④ specialize가 정답이다.

어휘 practitioner 개업한 의사; 변호사(cf. general practitioner 일반의(전문의가 아닌 의사를 모두 일반의라고 하나 보통은 개업 의사들 중에서 전문의가 아닌 사람을 말한다.)   graduate 대학 졸업생; 졸업하다   profession 전문직; 직업(=occupation)   generalize (지식 따위를) 일반화(보편화)하다, 보급시키다; 광범위하게 적용하다   rationalize 합리적으로 설명(취급)하다   procrastinate 미루다, 연기하다(=defer, delay), 꾸물거리다   specialize 전문적으로 하다, 전문화하다; 전공하다(=major)

정답 ④ specialize 전문적으로 하다, 전문화하다, 전공하다(=major)

2

Two basic and interrelated aims of Western civilization are to preserve human life and to provide economic security. In other words, almost always Western civilization makes an effort for health and for ________________.

① happiness   ② art   ③ freedom
④ wisdom   ⑤ wealth

해석 서구 문명의 두 가지 기본적이고 서로 관련된 목적은 인간의 생명을 보존하고 경제적 안정을 제공하는 것이다. 다시 말하자면, 거의 언제나 서구 문명은 건강과 부를 위한 노력을 하고 있다.

해설 서구 문명의 두 가지 목적 중 human life는 health와 economic security는 wealth(부)와 짝을 이룬다.

어휘 basic 기초적인, 초보적인; 근본적인, (화학) 염기성(알칼리성)의   interrelated 서로 (밀접한) 관계가 있는   civilization 문명   preserve 보존하다, 보호하다   security 안전; 보증; 경비

정답 ⑤ wealth 부(富), 재산, 재화

3

The English Reformation was prompted less by religious than by economic motives — that is, by concern ________________.

① more for peace than for war　　　② more for war than for peace
③ less for money than for truth　　　④ less for truth than for money
⑤ more or less for truth and money

해석　영국의 종교개혁은 종교적 동기라기보다는 경제적 동기에 의해 유발되었다. 다시 말하면 진리에 대한 관심이라기보다는 돈에 대한 관심 때문이었다.

해설　"that is"를 보면 이 글의 논리적인 구조가 반복(환언)이라는 것을 알 수 있다.
　　　(종교개혁의 촉발 = 경제적 동기) → 경제적 동기를 환언해서 설명한 어구가 정답이다.

어휘　the Reformation (16세기의) 종교개혁(=The English Reformation) (cf. reformation 개혁, 혁신; 개선; 교정, 감화
　　　prompt ~을 유발하다, 재촉하다, 배우에게 대사를 무대 뒤에서 일러주다, 후견하다; 재빠른, 날쌘, 신속한, 즉석의　motive 동기,
　　　자극, (예술 작품의) 모티프(motif)　concern 관심(사), 걱정, 관계; ~에 관계하다, ~을 걱정하다

정답　④ less for truth than for money 진리보다는 돈에 대한

4

The small airplane was leaving from the airport. Suddenly some birds flew up in front of the plane. As the plane took off, the pilot was temporarily ________________ by those birds. In other words, the birds took his attention away from the plane's controls for a short time. He almost lost control of the little airplane.

① distorted　　　　② discharged　　　　③ disposed
④ distracted　　　　⑤ disinterested

해석　작은 비행기가 비행장을 떠나고 있었다. 갑자기 새 몇 마리가 비행기 앞쪽으로 날아왔다. 비행기가 이륙할 때 조종사는 그 새들 때문에 일시적으로 (집중이) 흐트러졌다. 다시 말해 한순간 새들이 비행기 조종으로부터 조종사의 주의력을 빼앗아 간 것이다. 조종사는 그 소형 비행기의 통제력을 거의 잃을 뻔했다.

해설　"In other words"를 보면 이 글의 논리적인 구조가 반복(환언)이라는 것을 알 수 있다. "조종사가 새 때문에 _______했고 비행기의 통제력을 잃을 뻔했다"라는 내용을 완성시킬 단어를 찾는다.

어휘　distort 왜곡하다, 곡해하다; 잘못 전하다(=pervert, misconstrue, twist, falsify, misstate)　discharge 짐을 내리다
　　　(=unload); 발사하다, 쏘다(=fire or shoot); 방출(배출)하다(=emit), 해고하다(=fire, dismiss)　dispose 배치(배열)하다(=
　　　put in a particular place); ~할 마음이 내키게 하다(=incline); (~of) 제거하다, 처리하다　distract (마음, 주의를) 딴 데로
　　　쏠리게 하다(=draw away or divert), 즐겁게 하다(=amuse, entertain) (cf. distracted 주의가 산만해진, 집중이 흐트러진)
　　　disinterest ~에게 이해 관계(관심)를 없게 하다

정답　④ distracted 주의가 산만해진, 집중이 흐트러진(=disturbed)

5

Every good story such as a detective story, historical fiction, and science fiction is carefully contrived by intent; the elements of the story are _________________ to fit with one another in order to make an effect on the reader.

① read　　　　　　　② synthesized　　　　　　③ segmented

④ planned　　　　　　⑤ analyzed

해석　추리 소설, 역사 소설 또는 공상 과학 소설 같은 모든 좋은 소설은 의도적으로 치밀하게 구성되어 있다; 다시 말해서, 이들 소설의 구성요소들은 독자에게 영향을 미치게 하기 위해 서로 어울리도록 조직된 것이다.

해설　주장: 좋은 소설은 의도적으로 치밀하게 구성되어 있다.
　　　환언(that is): 다시 말해서, 소설의 구성요소들은 독자에게 영향을 미치게 하기 위해 서로 어울리도록 계획된 것이다.
　　　　　　　치밀하게 구성(조직)된(contrived) = 계획된(planned)

어휘　detective story 추리 소설, 탐정 소설　science fiction 공상 과학 소설　contrive 계획하다(=plan with ingenuity), 고안하다(=devise); (음모를) 꾀하다　by intent 의도적으로; (비난 따위를) 각오하고　intent 의도된 것, 의도(=intention), 목적(=purpose), 의미(=meaning, purport); (마음 따위가) 확고하게 향해진(=firmly or steadfastly fixed or directed), 전념하는, 몰두하는(=concentrated)　synthesize 통합하다, 종합하다　segment 나누다, 분할하다; 단편, 조각, 부분, 구분　analyze 분석하다

정답　④ planned 계획된, 조직적인

6

The good fortune or calamity that happens to someone else has meaning for us only if we can think of ourselves in his position. _________________, we experience another's joy and sorrows by imagining that the good or bad event has happened to ourselves.

① In contrast　　　　　② In other words　　　　③ Furthermore

④ For instance　　　　　⑤ Instead

해석　누군가 다른 사람들에게 일어나는 행운이나 재난이 우리에게 의미를 갖는 것은 오직 우리들 자신을 그 사람의 입장에 있다고 생각할 때뿐이다. 다시 말해서, 우리가 다른 사람의 기쁨과 불행을 경험하는 것은 그런 좋은 일이나 나쁜 일이 우리들 자신에게 일어났다고 상상하는 경우이다.

해설　내용의 전후 관계를 따져 연결어구를 넣어야 하는 문제이다.
　　　빈칸을 사이에 두고 [The good fortune _______ → joy, the good events]와 [calamity _______ → sorrows, the bad event]의 구조가 보인다. 따라서 앞에 나온 내용을 다시 반복(환언)해서 표현하는 in other words가 빈칸에 적절하다.

어휘　good fortune 행운(cf. fortune 부(富), 운(運), (장래의) 운명, (F~) 운명의 여신)　calamity 큰 재난, 큰 불행(=misfortune), 참사　in contrast ~와 대조하여 보면　furthermore 더욱이, 뿐만 아니라　for instance 예를 들어　instead 대신에

정답　② In other words 다시 말해서

7

Changes in a developing science are not to be compared to the tearing down of old buildings to make way for new ones, but rather to the gradual evolution of a zoological type. In other words, we must not believe that discarded theories have been ________________.

① of any purpose in present research　　② used in molding new ideas

③ seriously considered　　④ either sterile or in vain

해석　발전하는 과학에서의 변화는 낡은 건물을 허물어 새 건물을 위한 자리를 마련하는 것과 같다고 생각하지 말고, 오히려 동물이 차츰 진화하는 것과 같이 보아야 한다. 다시 말해서, 폐기된 이론은 <u>결실이 없었거나 헛된 것이었다고</u> 우리는 생각해서는 안 된다.

해설　과학의 변화는 낡은 건물을 허물고 새 건물을 위한 자리를 만드는 것이 아님 → 동물이 차츰 진화하는 것임
　　→ "즉 버려진 이론 역시 결실이 있고 유익했다"라는 추론이 가능하다.

어휘　tear down ~을 부수다, 파괴하다; (기계 따위를) 해체(분해)하다(cf. tear 찢다, 째다; 눈물; 눈물을 흘리다)　make way ~에 길을 양보하다; 길을 열다(for); (일이) 진척되다; (배가) 나아가다　gradual 점진적인, 단계적인　zoological 동물학상의, 동물에 관한(=zoologic)　discarded 폐기된, 버려진　mold 만들다, 형성하다; (주물 따위의) 형(型), (틀에 의해서 만들어진) 형체; 곰팡이, 곰팡이 슬다; 기름진 땅　sterile (땅이) 불모의, 메마른 (↔fertile), 성과가 없는(=fruitless, unproductive)　in vain 보람 없는, 헛되이

정답　④ either sterile or in vain 성과가 없거나 쓸모 없는

8

No one can have everything. Even the most talented and the richest are limited by time, and when they choose to have or to do one thing, in short, they ________________.

① choose wisely　　② lose freedom of choice

③ gain unexpectedly　　④ give up another

해석　누구도 모든 것을 가질 수는 없다. 심지어는 가장 유능하고 가장 부유한 사람들조차도 시간에 의해 제약을 받는다. 요컨대, 그들이 어떤 하나를 가지거나 하고자 결정할 때, <u>다른 하나는 포기한다.</u>

해설　주장: 어느 누구도 모든 것을 가질 수는 없다.
　　조건: 그들이 어떤 하나를 가지거나 하고자 결정할 때
　　결론적 주장(요약): 결국, 다른 하나는 포기한다.

어휘　talented 재능이 있는, 유능한　freedom 자유　unexpectedly 뜻하지 않게, 예상치 못하고　give up 포기하다

정답　④ give up another 다른 하나를 포기하다

2 중문 완성형 빈칸 추론

(1) 연결 어구(connectives)

문장과 문장, 문단과 문단을 유기적으로 연결해 글의 흐름을 자연스럽게 해 주는 연결 어구는 그 자체가 주요 출제 대상일 뿐만 아니라 글의 순서, 주제, 요지 등 여러 유형의 문제들을 해결하는데 중요한 열쇠를 제공한다. 빈칸에 들어갈 적절한 연결 어구를 찾을 때에는 우선 가능하다면 주제문을 찾아 글의 전개방식에 대한 기본 정보를 얻은 후 특히 빈칸이 있는 앞 문장과 뒤 문장을 주의 깊게 읽어 어떤 성격의 연결사가 필요한지를 파악해야 한다. 두 개의 연결어를 고르는 빈칸 문제에서는 일반적으로 두 번째 빈칸에 들어갈 연결어가 훨씬 쉬운 경우가 많으므로 첫 번째 빈칸에 들어갈 연결어를 찾지 못했다 하더라도 당황하지 말고, 두 번째 빈칸에 들어갈 연결어를 먼저 찾는 시도를 해 보는 것도 좋은 전략이 될 수 있음을 명심하자.

∞ 빈칸 추론(중문) 유형 해결 방법

❶ **선택지에 이미 제시되어 있는 연결어의 종류를 파악하여 글의 전반적인 흐름을 예측하자.**

선택지에 제시된 연결 어구의 의미를 미리 파악해 놓으면 문제를 해결하는 시간이 많이 단축된다.

❷ **빈칸의 앞 문장과 뒤 문장의 논리적 관계를 파악해서 적절한 연결어를 찾는다.**

예를 들어, 빈칸의 앞 뒤 문장의 연결 관계가 동의 관계이면 순접(예시, 첨가, 강조), 반의적 관계이면 역접의 연결어를 골라낸다. 그러나 간혹 문장 사이가 아닌 문단과 문단을 잇는 연결사를 묻는 문제도 출제가 될 수 있으니, 이 경우에는 반드시 전체적인 글의 흐름을 파악하여야 한다.

❸ **선택지의 연결어를 빈칸에 넣고 해석해본다.**

선택한 연결어를 빈칸에 넣고 해석해 봄으로써 논리에 맞는지를 반드시 재확인한다.

❹ **자주 출제되는 중요한 연결어의 쓰임을 정확하게 익혀둔다.**

> ▫ 역접: however, but, (and) still, (and) yet, in fact, actually, instead 등
> ▫ 대조: on the other hand, in contrast, on the contrary, whereas, while 등
> ▫ 이유, 원인: because, as, since, now (that), for, on account of, owing to 등
> ▫ 결과: as a result, therefore, so, consequently, thus 등
> ▫ 유사관계(비교): similarly, likewise, in the same way[manner], in like manner 등
> ▫ 환언: in other words, that is (to say) 등
> ▫ 요약: in short, in brief, to sum up 등
> ▫ 첨가, 부연설명: besides, moreover, in addition, as well, or 등
> ▫ 예시: for example, for instance 등
> ▫ 강조: indeed, in fact, in reality, in truth, truly, particularly 등
> ▫ 순서: firstly, secondly, one, another, the other, some, others, the others, finally, at last 등
> ▫ 일반화: on the whole, in general, by and large 등
> ▫ 전환: by the way, incidentally 등

원인	[접속사] because, since, as, for, now (that) ～때문에 [전치사구] because of, owing to, due to, on account of, on the ground of, thanks to ～덕분에
결과, 결론	therefore, thus, accordingly, in conclusion, consequently, so, hence, as a result, as a consequence, eventually 따라서, 그러므로, 결론적으로
첨가	also, besides, moreover, furthermore, what is more, still more, as well, additionally, into the bargain, in addition (to) 또한, 게다가, 더욱이
비교 (공통점)	[부사(구)] likewise(=similarly) 마찬가지로, 유사하게 　　　　　in the same way(manner) (=in like manner) 같은 방법으로 　　　　　equally 한편으로는, 동시에 　　　　　in(by) comparison with ～와 비교해 보면 [전치사, 형용사] like ～와 같은 방식으로, ～과 유사하여, 비슷한
대조 (차이점)	[접속사] while 반면에(=whereas), but [부사(구)] in[by] contrast 대조적으로 　　　　　on the other hand 다른 한편으로는, 반면에 　　　　　on the contrary(reverse, opposite) 그와는 반대로 　　　　　conversely(=vice versa) 반대로 [전치사, 형용사] unlike ～와 다르게
역접	[접속사] but, (and) yet, (and) still 그러나 [접속부사] however 그러나 [부사구] in reality, in fact, as a matter of fact 실제로는 [부사] actually, fortunately, unfortunately, instead
양보	[접속사] though, although, even though, even if, as, while 비록 ～일지라도 [부사] nevertheless(=nonetheless) 그럼에도 불구하고 [전치사구] in spite of (=despite, with all, for all, in the face of, in the teeth of) ～에도 불구하고 [전치사, 접속사, 부사] notwithstanding ～에도 불구하고
조건	[접속사] If, suppose, supposing, provided, providing, in case 만약 ～라면 　　　　　unless 만약 ～이 아니라면 [전치사] in case of, in the event of ～할 경우에 [부사] otherwise 다른 경우라면, 그렇지 않다면
예시	[부사구] for example, for instance, as an illustration 　　　　　(=by way of illustration) 실례로서 　　　　　as an example, in particular 특히, 그 중에서도
목적	[접속사] that, so that, in order that ～하기 위하여 [전치사구] with a view to, for the purpose of ～할 목적으로 [부정사구] so as to, in order to ～하려고
강조	[부사(구)] above all (=first of all, most of all, in the first place) 무엇보다도 　　　　　indeed (=in fact, in truth, actually, as a matter of fact, certainly) 참으로, 정말로

시간, 순서	first, firstly, first of all, in the firsts place, above all, to begin with 첫째로 (무엇보다도, 우선) second, secondly, next, then, subsequently, third(ly), fourth(ly) 중간(둘째로, 결과로서, 그 후에) at the same time, simultaneously, synchronously, meanwhile, in the mean time 동시에, 한편 finally, lastly, eventually, ultimately, in the end 끝(마지막으로, 결국, 마침내)
요약	in a word, in brief, in short, in summary, to sum up, in a nutshell, in sum 요약하면, 요컨데
환언	In other words, that is, that is to say, so to speak, let us say, to put it (in) another way 다시 말해서 or, namely (삽입적으로만 쓰이는) 다시 말해서
기타	surprisingly 놀랍게도 alternatively 양자택일로, 대신으로 except ～을 제외하고 including ～을 포함하여 considering(=for) ～을 고려하면 by all means 무슨 일이 있어도 worst of all 무엇보다도 나쁜 것은 according to ～에 따르면 as a whole (=on the whole) 전반적으로 at any rate 하여튼, 어쨌든(과거나 미래의 상황과 상관없이 특정 사실이 진실임을 나타냄) regardless of(=irrespective of, without regard(respect) to) ～에도 불구하고, ～에 관계없이 as to (=about, regarding, concerning, respecting, with regard(respect) to, in regard of ～에 관하여 on (the) one hand ～, on the other hand 한편으로는 ～, 또 다른 한편으로는 ～ apart from(=aside from[美]) ～외에도, ～뿐만 아니라; ～을 제외하고

∞ **순접 형태의 연결어 파악하기**

❶ 예시: 주제문장을 더 구체적으로 보충 설명하는 근거 자료이며 전체 개념(일반적 진술) 뒤에서 예로 부분 개념을 제시한다. (for example, for instance 등)

   cf. 전체 개념과 또 다른 전체 개념을 연결할 때에는 재진술 표현(in other words, furthermore 등)이 온다.

❷ 첨가: 앞 내용(전체 개념)에 대해 같은 흐름의 내용(전체 개념)을 더 추가할 때 쓰는 표현이다. (besides, moreover, furthermore, in addition (to), as well as 등)

❸ 비교: 빈칸 앞뒤가 서로 다른 내용이지만 앞의 내용과 공통점을 나타낼 때 쓴다. (similarly, likewise 등)

<table>
<tr><td>

주제문장

[예시형] for example

＿＿＿＿＿＿＿
＿＿＿＿＿＿＿
＿＿＿＿＿＿＿

[첨가형] in addition

＿＿＿＿＿＿＿
＿＿＿＿＿＿＿

</td><td>

A에 대한 사건, 이야기

＿＿＿＿＿＿＿
＿＿＿＿＿＿＿

[비교] likewise

B에 대한 사건, 이야기

＿＿＿＿＿＿＿
＿＿＿＿＿＿＿

(작가의 개인적 의견 또는 속담)

</td></tr>
<tr><td>

[글의 특징]
- 사용되는 연결어: 예시 + 첨가
- 주제문장의 위치: 두괄식
- 보충예문 전개방식: 나열(열거)

</td><td>

[글의 특징]
- 사용되는 연결어: 비교
- 주제문장의 위치: 없음 또는 미괄식
- 보충예문 전개방식: 공통점을 나열

</td></tr>
</table>

∞ **다음의 예문을 읽고 순접의 논리적인 관계를 이해하자.**

> Q. For example과 Likewise 중 빈칸에 적합한 연결어는?
>
> 자전거 타기는 건강과 환경을 지키는 최고의 유산소 운동이다. 그러나 자전거 페달을 밟기 전에, 고려해야 할 중요한 것이 있는데, 그것은 바로 안전수칙이다. ＿＿＿＿＿＿＿＿, 자전거용 헬멧 착용은 아무리 짧은 거리를 주행하더라도 절대 선택 사항이 되어서는 안 된다. 많은 주에서는 그것을 법으로까지 규정하고 있다.

[주제문장]　　고려해야 할 중요한 것이 있는데, 그것은 바로 안전수칙이다.

[보충예문]　　예를 들어, 자전거용 헬멧 착용은 아무리 짧은 거리를 주행하더라도 절대 선택사항이 되어서는 안 된다. 많은 주에서는 그것을 법으로까지 규정하고 있다.

→ 전체 개념(일반적 진술 – 안전수칙) 뒤에 부분 개념(구체적 진술 – 자전거용 헬멧 착용)이 왔으므로 예시형 연결어가 적합하다.

정답: For example

- 역접: A(빈칸 앞)의 내용보다는 B(빈칸 뒤)의 내용을 강조할 때(however, but, yet, still 등)
- 대조: A와 B의 내용 차이(difference)를 같은 중요도로 설명할 때(in contrast, on the other hand 등)

A에 대한 주장 및 의견
————————
————————
[역접] but
————————
B에 대한 주장 및 의견
B에 대한 보충예문
————————
————————

A에 대한 사건, 이야기
————————
————————
[대조] on the other hand
————————
B에 대한 사건, 이야기
————————
(결론은 생략 가능함)

글의 특징
사용되는 연결어: 역접
주제문장의 위치: 중괄식 또는 미괄식
보충예문 전개방식: 나열(열거), 인과관계 등

글의 특징
사용되는 연결어: 대조
주제문장의 위치: 없음 또는 미괄식
보충예문 전개방식: 차이점을 나열함

∞ **다음의 예문을 읽고 역접의 논리적인 관계를 이해하자.**

Q. But과 On the other hand 중 빈칸에 적합한 연결어는?

[A] 지중해는 유럽, 아시아 그리고 아프리카 세 대륙을 연결하고 있었다. 그 바다를 둘러싸고 있는 것은 다양한 종족들과 언어들 그리고 종교들이었다. 대체로 기독교적 신앙으로 결속되어 있는 북부 연안조차도 놀랄 만큼 다양한 언어, 풍습, 화폐 그리고 정치경제들을 보여주었다. ＿＿＿＿＿＿＿ [B] 지중해 연안에 살고 있는 민족들은 공통된 세계관으로 결합되어 있었다. 즉, 그 이름(Mediterranean)에서 알 수 있듯이 그들은 자신들이 세계의 중심에 살고 있는 것으로 생각했다.

[A] 그 바다를 둘러싸고 있는 것은 다양한 종족들과 언어들 그리고 종교들이었다. 북부 연안조차도 놀랄 만큼 다양한 언어, 풍습, 화폐 그리고 정치경제들을 보여주었다.

[B] 지중해 연안에 살고 있는 민족들은 공통된 세계관으로 결합되어 있었다.
: "다양한"이 빈칸을 사이에 두고 "공통된"이란 반대되는 내용으로 바뀌었다. [B]의 내용 즉, 빈칸 뒤의 내용이 강조되고 있으므로 역접의 연결어가 필요하다.

정답: But

∞ **원인과 결과 형태의 연결어 파악하기**

• 원인과 결과: 앞 문장이 원인, 뒤 문장이 결과의 관계이다. 또는 그 반대의 경우도 있다.

(thus, because, because of, as a result, therefore, consequently 등)

<table>
<tr><td>

원인 1
———————
원인 2
———————
원인 3
———————
thus ~
———————
결과: 주제문장
———————

</td><td>

결과: 주제문장
———————
because, as, since,

원인 1
———————
원인 2
———————
원인 3
———————

</td></tr>
<tr><td>

글의 특징
• 사용되는 연결어: 인과관계
• 주제문장의 위치: 미괄식
• 보충예문 전개방식: 인과관계

</td><td>

글의 특징
• 사용되는 연결어: 인과관계
• 주제문장의 위치: 두괄식
• 보충예문 전개방식: 인과관계

</td></tr>
</table>

∞ **다음의 예문을 읽고 원인과 결과의 논리적인 관계를 이해하자.**

Q. Thus와 Because 중 빈칸에 적합한 연결어는?

[A] 인간은 말을 하지만, 동물이나 식물은 교육이나 훈련을 받아도 언어를 배울 수 없다. 그것은 유전 형질이 언어에 관련이 있다는 것을 보여 주는 좋은 경우이다. [B] 또한, 한국에서 자란 아이는 한국말을 하는 반면에 미국의 캘리포니아에서 자란 아이들은 영어를 한다. 그것은 언어가 환경과 관련이 있다는 것을 보여준다. ______________, [C] 의심할 여지없이 유전과 환경은 둘 다 인간의 언어의 습득에 영향을 준다.

[A – 원인 1] 유전적 형질: 동식물은 훈련을 받아도 언어를 배울 수 없다. 오직 인간만이 배울 수 있다.
[B – 원인 2] 환경적 요인: 인간의 아이는 태어나서 성장한 곳의 언어를 학습한다.
[C – 결론] 그러므로, 의심할 여지없이 유전과 환경은 둘 다 인간의 언어의 습득에 영향을 준다.

정답: Thus

In 1966, Edward Hall compared the nature of culture to an iceberg. You can see part of an iceberg, but most of the iceberg is below the water and cannot be seen. _______________, most aspects of culture are not visible. These invisible aspects are things that we are familiar with but don't usually think about or question.

① Nevertheless   ② Similarly   ③ In contrast   ④ After all

Solutions

Q1   ① 그럼에도 불구하고, 그래도, 역시

② 유사하게, 마찬가지로

③ 그에 반해서, 그와 대조적으로, ~와 대조하여

④ 아무튼, 하지만, 어쨌든; 결국, 즉

▶ [주장] 문화의 본질을 빙산에 비유했다.

[보충예문] 당신은 빙산의 일부를 볼 수 있으나 그것의 대부분은 물 아래에 있어 볼 수 없다.

[비교− 필자의 요지] 유사하게, 대부분의 문화의 국면들은 볼 수 없다.

[보충예문] 이러한 보이지 않는 면들은 우리가 친숙하긴 하지만 평소에 생각해 보거나 의문시해 보지 아니한 것들이다.

→ 이 글은 문화의 본질을 빙산의 특징과 비교한 주제문장을 보고 글의 논리성을 파악할 수도 있다.

cf. 같은 내용을 연결하는 "in other words"류와는 달리, similarly와 likewise(마찬가지로)는 앞 내용과 다른 내용(소재)이면서, 둘 간의 공통점을 나타낼 때 쓰는 비교의 연결어이다.   정답: ②번

Translations

1966년 에드워드 홀은 문화의 본질을 빙산에 비유했다. 당신은 빙산의 일부는 볼 수 있으나 그것의 대부분은 물 아래 있기에 볼 수 없다. 마찬가지로, 문화 대부분의 측면들도 볼 수 없다. 이런 보이지 않는 측면들은 우리가 익숙하지만 평소에 생각해 보거나 의문시하지 않는 것들이다.

Words&Phrases

□ **compare A to B** A를 B에 비유하다   □ **visible** 눈에 보이는, 볼 수 있는

□ **iceberg** 빙산   □ **question** 의심하다, 이의를 제기하다; 조사하다; 검사하다

□ **aspect** 국면, 양상, 형세

Just as people vary greatly in their outward makeup, they vary greatly in their inner wiring: wide individual differences exist in glandular activity and sensitivity of the autonomic nervous system — as well as in the activity of the brain centers concerned with emotional. These differences may incline one person to be more easily aroused and more intensely emotional than another. ________________, some people, because of their inherited biological makeup, probably experience a great deal emotional and physical wear and tear than others.

① Nevertheless   ② Otherwise   ③ Meanwhile

④ Alternatively   ⑤ Hence

Solutions

Q2 ① 그럼에도 불구하고, 그래도, 역시

② 만약 그렇지 않으면, 다른 경우라면

③ 한편, 그동안, 그러는 동안

④ 대안으로

⑤ 그러므로

▶ 빈칸의 앞뒤 내용은 원인과 결과의 논리 관계이다. 따라서 빈칸에는 결과의 연결어가 들어가야 한다.

[원인] 이 차이들은 어느 한 사람을 다른 사람보다 더 쉽게 자극하고 더 강렬하게 감정적인 경향이 생기게 할 수도 있다.

[결과] 그러므로 어떤 사람들은 그들의 유전된 생물학적 체질 때문에 아마도 남들보다 훨씬 더 많은 감정적이고 육체적인 소모를 겪게 된다.

정답: ⑤번

Translations

사람마다 외부의 신체적인 체격이 매우 다양한 것과 마찬가지로, 그들은 내부의 배선도 매우 다양하다: 감정과 관련된 두뇌 중추의 활동만큼이나 내분비선의 활동과 자율 신경계의 민감도에서 폭넓은 개인차이가 존재한다. 이 차이들은 어느 한 사람을 다른 사람보다 더 쉽게 자극하고 더 강렬하게 감정적인 경향이 생기게 할 수도 있다. 그러므로 어떤 사람들은 그들의 유전된 생물학적 체질 때문에 아마도 남들보다 훨씬 더 많은 감정적이고 육체적인 소모를 겪게 된다.

Words&Phrases

□ **just as** ~와 마찬가지로

□ **vary** 다양하다; 다르다

□ **outward** 외부의, 표면의

□ **makeup** 화장, 분장, 구성, 짜임새

□ **inner** 내부의

□ **wiring** 배선; 배선의

□ **glandular** 선(腺)의, 선천적인, 타고난, 육체적인

□ **sensitivity** 민감도; 감수성; 감도

□ **autonomic nervous system** 자율 신경계

□ **incline** ~할 마음이 들게 하다; ~하고 싶어하다; 기울이다

□ **inherited** 유전된

□ **biological** 생물학적인

□ **a great deal** 다량, 많이, 상당히

□ **wear and tear** 소모, 닳아 떨어짐, 마멸(磨滅)

The origin of species said that all living things on earth are have evolved as a result of descent, with modification, from a common ancestor. This is the theory of evolution. Expressed another way, it tells us that species are not fixed, unchanging things but have, _________________, evolved through a process of gradual changing from pre-existing, different species. The theory implies, too, that all species are cousins, _________________, any two species on earth have a common ancestor at some point in their history. This theory of evolution directly contradicts the still widely accepted idea that each species has been placed on earth in its present form.

① on the contrary - that is   ② in comparison - in addition
③ by contrast - however   ④ in short - moreover

 Solutions

Q3 ① 그와는 반대로 – 즉, 다시 말해서

② ~와 비교하면 – 게다가, 더구나, 그에 더하여

③ 그에 반해서, 그와 대조적으로, ~와 대조하여 – 그러나

④ 짧게 말하면, 요는 – 게다가, 더구나

▶ 첫 번째 빈칸은 "not A but B" 구문에 의한 대조의 연결어가 적절하다. 종은 고정되고, 변함이 없는 것이 아니라 이와는 반대로(대조적으로) 전에 존재하던 다른 종으로부터 점진적으로 변화하는 과정을 통해 진화되었다고 말하고 있다.

두 번째 빈칸은 공통점을 나타내는 재진술의 연결어가 적절하다. 모든 종들은 친척이며 즉, 지구상의 어떤 두 종도 그 역사상 일정 시점에서는 공통된 조상을 공유하고 있음을 암시하고 있다.

* that is와 같은 "in other words(다른 말해서, 바꿔 말하면)" 류의 환언 연결어구의 앞부분은 뒷부분에 비해 상대적으로 짧은 표현, 정의 표현, 전문용어 표현이 오며, 뒷부분은 주로 그것을 쉽게 풀어주는 긴 표현이 온다. in short, in a word와 같은 요약의 연결어는 이와 반대 구조를 갖는다.   **정답: ①번**

Translations

종의 기원은 지구상의 모든 생명체들은 공동의 한 조상으로부터 변이를 거치면서 혈통을 이어받은 결과로 진화되었다고 말했다. 이것이 진화론이다. 다른 식으로 표현한다면, 진화론은 종은 고정되고, 변함이 없는 것이 아니라, 이와는 반대로, 전에 존재하던 다른 종으로부터 점진적으로 변하는 과정을 통해 진화되어 왔다고 말하고 있다. 또한 이 이론은 모든 종들은 친척이며 즉, 지구상의 어떤 두 종도 그 역사상 일정 시점에서는 공통된 조상을 공유하고 있음을 암시하고 있다. 이 진화론은 각 종이 현재의 형태로 지구상에 자리 잡게 되었다는 여전히 널리 받아들여지는 사상을 직접적으로 반박하고 있다.

Words & Phrases

- **origin** 기원
- **descent** 혈통; 하강; 내리막길; 습격; 갑작스런 방문
- **modification** (일시적인) 변이, 변경
- **fixed** 고정된, 불변의, 고정된
- **gradual** 점차적인, 점진적인, 단계적인
- **pre-existing** 기존의
- **imply** 암시하다, 의미하다
- **contradict** 반박하다; 모순되다; 부인하다
- **accepted** 인정되는, 받아들여지는

The status of women in colonial North America can be briefly summarized. Throughout the colonial period there was a marked shortage of women, which raised women's status and position and allowed them to pursue different careers. There was no social objection to married women working. _______(A)_______, wives were expected to do extra work in or out of the home. The vast majority of women made most articles needed for the family. The entire colonial production of cloth and clothing was in the hands of women. _______(B)_______, women were found in many different kinds of employment. They were butchers, blacksmiths, and gatekeepers. They ran mills, plantations, shipyards, and every kind of shop.

	(A)	(B)		(A)	(B)
①	In fact	Instead	②	In fact	In addition
③	Otherwise	In short	④	Nevertheless	As a result
⑤	Nevertheless	Otherwise			

Solutions

Q4　① 실제로 – 대신에　　　　　　　② 실제로 – 게다가

③ 만약 그렇지 않으면 – 요약하면　　④ 그럼에도 불구하고 – 결과적으로

⑤ 그럼에도 불구하고 – 만약 그렇지 않으면

▶ [주제문장] 여성이 현저히 부족해서 여성의 지위와 신분이 상승하였고, 다양한 직업을 추구할 수 있었다.

[보충예문 1] 결혼한 여성이 일하는 것에 대한 사회적 반대가 없었다.

[재진술] 실제로, 사람들은 부인들이 집 안팎에서 가외의 일을 할 것을 기대했다.

→ 빈칸 (A) 이하는 앞 문장에 대한 재진술 부분으로 여성이 일하는 것에 사회적인 반대가 없었다는 표현을 더 쉽게 풀어서 부연 설명한 것이다.

＊ in fact는 본문에서 쓰인 것처럼 부연설명(강조)의 용법 이외에도 앞에 나온 내용을 부정하거나 비판하는 역접의 연결사로 자주 쓰인다.

ex. He is by no means poor; in fact, he is quite rich. 그는 결코 가난하지 않다; 사실 그는 꽤 부자다.

[보충예문 2] 게다가, 여성들은 다양한 종류의 직업을 가졌다.

→ 빈칸 (B) 이하는 주제문장에 대한 두 번째의 보충설명문임으로 첨언의 연결어가 필요하다.　　정답: ②번

Translations

식민지 시대 북미 대륙에서 여성의 지위는 간략하게 요약될 수 있다. 식민지 시대를 통틀어 여성이 현저히 부족해서 여성의 지위와 신분이 상승하였고, 다양한 직업을 추구할 수 있었다. 결혼한 여성이 일하는 것에 대한 사회적 반대가 없었다. 실제로, 사람들은 부인들이 집 안팎에서 가외의 일을 할 것을 기대했다. 여성 대다수가 가족에게 필요한 물건 대부분을 만들었다. 식민지 전체의 옷감과 옷 생산이 여성의 손에 의해 이루어졌다. 게다가, 여성들은 다양한 종류의 직업을 가졌다. 그들은 정육점 주인, 대장장이, 문지기와 같은 일을 했다. 그들은 공장, 농장, 조선소 그리고 온갖 종류의 상점도 운영했다.

Words&Phrases

□ **colonial** 식민지의　　　　□ **marked** 두드러진, 현저한　　□ **butcher** 정육점 주인

□ **summarize** 요약하다, 간략하게 말하다　　□ **pursue** 추구하다　　□ **blacksmith** 대장장이

□ **objection to** ~에 대한 반대　　□ **plantation** 대규모 농장

Since the 1960s, the birth rate in Korea has been declining significantly due to birth control and the spread of the nuclear family while the average life span lengthened with an improved diet and developments in medical technology. _________(A)_________, the population has been aging at a rapid pace; and the nation became an aging society by the U.N. standards. _________(B)_________, the speed is expected to accelerate due to birth rates that remain at very low levels. Although the aging of a society is a worldwide phenomenon that goes hand in hand with economic developments, the pace in Korea will be so fast that appropriate measures need to be put in place as a matter of urgency.

(A)	(B)	(A)	(B)
① In consequence	Furthermore	② In consequence	Therefore
③ Otherwise	In contrast	④ In fact	In contrast
⑤ In fact	Therefore		

Solutions

Q5   ① 결과적으로 – 게다가   ② 결과적으로 – 그러므로
③ 그렇지 않다면 – 대조적으로   ④ 실제로 – 대조적으로
⑤ 실제로– 그러므로

▶ [원인] 한국의 출산율은 산아 제한과 핵가족의 확산에 의해 급격히 감소한 반면 식습관 개선과 의료 기술의 발달로 평균 수명은 늘어났다.
[결과] 결과적으로 인구는 빠른 속도로 노령화되었고 한국은 U.N.의 기준에 비추어 고령화 사회가 되었다.
[첨언] 게다가 매우 낮은 수준에 머물러 있는 출산율로 인해 속도는 가속화될 것으로 기대된다.
[결론] 한국의 고령화 속도는 너무 빨라서 긴급을 요하는 문제로서 적절한 조치가 있어야 한다.
→ 빈칸 (A)는 앞에서 나온 식습관 개선과 의료 기술의 발달로 노령화가 되었다는 결과적 내용이므로 In consequence가 알맞고, 빈칸 (B)는 노령화 사회에 대해 추가 설명을 하고 있으므로 Furthermore가 알맞다.   정답: ①번

Translations

1960년대 이후로 한국의 출산율은 산아 제한과 핵가족의 확산에 의해 급격히 감소한 반면 식습관 개선과 의료 기술의 발달로 평균 수명은 늘어났다. 결과적으로 인구는 빠른 속도로 노령화되었고 한국은 U.N.의 기준에 비추어 고령화 사회가 되었다. 게다가 매우 낮은 수준에 머물러 있는 출산율로 인해 속도는 가속화될 것으로 예상된다. 비록 사회의 고령화가 경제 발전과 함께 나타나는 세계적 현상이긴 하지만 한국의 고령화 속도는 너무 빨라서 긴급을 요하는 문제로서 적절한 조치가 있어야 한다.

Words&Phrases

- **nuclear family** 핵가족 (제도)
- **span** 기간, 폭
- **aging** 고령화
- **accelerate** 가속화하다
- **phenomenon** 현상
- **go hand in hand with** ~와 조화를 이루다; 함께 가다
- **appropriate** 적절한
- **urgency** 긴급, 절박, 위급

The development of dialects mainly results from limited communication between different parts of a community that shares one language. Under such circumstances, changes that take place in the language of one part of the community do not spread elsewhere. ___________(A)___________, the speech varieties become more distinct from one another. If contact continues to be limited for long enough, sufficient changes will accumulate to make the speech varieties mutually unintelligible, which usually leads to the recognition of separate languages. The different changes that took place in spoken Latin in different parts of the Roman Empire, ___________(B)___________, eventually gave rise to the modern Romance languages, including French, Spanish, and Italian.

	(A)	(B)		(A)	(B)
①	Otherwise	for example	②	Otherwise	therefore
③	As a result	however	④	As a result	for example
⑤	That is	however			

Solutions

Q6 ① 그렇지 않다면 – 예를 들어   ② 그렇지 않다면 – 그러므로
③ 그 결과 – 그러나   ④ 그 결과 – 예를 들어
⑤ 즉 – 그러나

▶ [주제문장] 방언의 발전은 주로 하나의 언어를 공유하는 공동사회의 여러 지역 간의 한정된 의사소통에서 기인한다.
[원인] 그러한 환경하에서 그 사회의 한 일부의 언어에서 발생하는 변화들은 다른 곳으로 전파되지 않는다.
[결과] 그 결과 발화의 차이가 서로 점점 더 뚜렷하게 나타난다.
→ 한 공동사회의 여러 지역이 지리적으로 단절되어 의사소통이 제한된다는 것과 서로의 말이 달라진다는 것은 논리적으로 인과 관계를 이루므로 (A)에는 As a result가 적절하다. (B)에는 하나의 언어가 여러 언어로 분리된 사례가 뒤에 제시되고 있으므로 for example이 적절하다.   **정답: ④번**

Translations

방언의 발전은 주로 하나의 언어를 공유하는 공동사회의 여러 지역 간의 한정된 의사소통에서 기인한다. 그러한 환경하에서 그 사회의 한 일부의 언어에서 발생하는 변화들은 다른 곳으로 전파되지 않는다. 그 결과 발화의 차이가 서로 점점 더 뚜렷하게 나타난다. 서로 간의 접촉이 아주 오랜 시간 동안 계속 제한되면 발화의 차이를 서로 알아들을 수 없게 할 정도로 충분한 변화가 누적될 것이고, 일반적으로 그것은 분리된 언어들로서 인정을 받는 결과를 낳는다. 예를 들어, 로마 제국의 여러 지역에서 발화되었던 라틴어에 일어난 다양한 변화가 결국 불어, 스페인어, 이탈리아어를 포함하는 오늘날의 로망스어를 가져왔다.

Words&Phrases

☐ **dialect** 방언, 사투리
☐ **circumstance** 환경
☐ **take place** 일어나다, 발생하다
☐ **distinct** 확실한, 뚜렷한, 별개의
☐ **accumulate** 쌓이다

☐ **variety** 다양; 불일치, 어긋남; 종류; 이종(異種), 변종
☐ **mutually** 서로, 상호 간에
☐ **unintelligible** 이해할 수 없는, 난해한, 뚜렷하지 못한
☐ **recognition** 인정; 인식, 알아보기; 승인
☐ **give rise to** ~를 일으키다, 가져오다

Many scientists are trying to predict earthquakes, but these predictions are very uncertain. Scientists cannot calculate the exact location, time, or intensity of an earthquake. _________(A)_________, the predicted earthquake may not take place at all. As a result, scientists do not think it is a useful idea to announce that an earthquake will take place on a specific day. _________(B)_________, most people are trying to design structures such as buildings, dams, and bridges that can resist earthquakes. People can reduce loss of life, injuries, and property damage by sufficiently preparing themselves, their homes, work places, and communities for a major earthquake.

(A)	(B)		(A)	(B)
① Furthermore	Instead		② For this reason	Similarly
③ On the contrary	Therefor		④ Likewise	For instance
⑤ As a result	In other words			

Solutions

Q7 ① 게다가 – 대신에 ② 이런 이유로 – 유사하게
③ 반대로 – 그러므로 ④ 유사하게 – 예를 들어
⑤ 그 결과 – 바꿔 말하면

▶ [주장] 많은 과학자들이 지진을 예측하려고 노력하고 있지만, 이러한 예측은 불확실하다. 과학자들은 지진의 정확한 위치, 시간 또는 강도를 계산할 수 없다.

[첨언] 더욱이, 예측된 지진은 전혀 발생하지 않을 수도 있다. 그 결과, 과학자들은 지진이 특정한 날에 발생한다고 알리는 것이 좋은 생각이라고 여기지 않는다.

[역접] 대신에, 대부분의 사람들은 지진에도 견딜 수 있는 건물, 댐 및 다리 같은 구조물을 지으려고 노력하고 있다.

* instead는 특히 부정을 전제로 대안을 마련하는 연결사이다. 본문에서도 앞부분의 지진 예측의 부정확함에 대한 대안이 제시되고 있다.

정답: ①번

Translations

많은 과학자들이 지진을 예측하려고 노력하고 있지만, 이러한 예측은 불확실하다. 과학자들은 지진의 정확한 위치, 시간 또는 강도를 계산할 수 없다. 더욱이, 예측된 지진은 전혀 발생하지 않을 수도 있다. 그 결과, 과학자들은 지진이 특정한 날에 발생한다고 알리는 것이 좋은 생각이라고 여기지 않는다. 대신, 대부분의 사람들은 지진에도 견딜 수 있는 건물, 댐 및 다리 같은 구조물을 지으려고 노력하고 있다. 사람들은 대형 지진에 대비하여 그들 스스로와 보금자리, 일터 그리고 지역사회를 충분히 대비시킴으로써 인명 손실과 부상, 그리고 재산 피해를 줄일 수 있다.

Words&Phrases

□ **predict** 예측하다, 예언하다, 예보하다
□ **earthquake** 지진
□ **calculate** 계산하다; 추정하다
□ **location** 위치, 소재, 주소
□ **intensity** 세기, 강도

□ **announce** 알리다, 발표하다, 큰 소리로 알리다
□ **resist** ~에 저항하다, 견뎌내다
□ **property** 재산, 자산, 부동산
□ **sufficiently** 충분히

College textbook publishers have been struggling with a significant problem. The subject matter that comprises a particular field, such as management, chemistry, or history, continues to increase in size, scope, and complexity. ________(A)________, authors feel compelled to add more and more information to new editions of their textbooks. Publishers have also sought to increase the visual sophistication of their texts by adding more color and photographs. At the same time, some instructors find it increasingly difficult to cover the material in longer textbooks. ________(B)________, longer and more attractive textbooks cost more money to produce, resulting in higher selling prices to students.

(A)	(B)		(A)	(B)
① Thus	For instance		② Thus	Moreover
③ Nevertheless	Moreover		④ Nevertheless	On the other hand
⑤ Instead	On the other hand			

Solutions

Q8 ① 그래서 – 예를 들어 ② 그래서 – 게다가
③ 그럼에도 불구하고 – 게다가 ④ 그럼에도 불구하고 – 반면에
⑤ 대신에 – 반면에

▶ [주제문장] 대학 교재 출판업자들은 한 가지 중요한 문제와 씨름해 왔다.
[원인] 경영, 화학, 역사 등과 같은 특정한 분야를 구성하는 교과 내용의 규모, 영역, 복잡성 등이 계속해서 증가하고 있다.
[결과] 그래서 저자들은 교재의 신판에 점점 더 많은 양의 정보를 추가해야 한다고 생각한다.
[첨가] 동시에, 일부 교수들은 분량이 더 많아진 교재의 내용을 전부 다룬다는 것이 점차로 어려워지고 있다고 생각한다.
[첨가] 게다가, 분량이 더 많아지고 좀 더 눈길을 끌도록 만들어진 교재들은 생산하는 데 비용이 더 많이 들며, 그 결과 학생들에게 판매하는 가격이 높아진다.
→ 빈칸 (A)에는 결과 관계를 나타내는 Thus가 적절하고, (B)에는 추가, 첨가를 나타내는 Moreover가 적절하다. (B)에 빈칸 앞 내용(전체내용)의 예시를 나타내는 for instance는 답이 될 수 없다. **정답: ②번**

Translations

대학 교재 출판업자들은 한 가지 중요한 문제와 씨름해 왔다. 경영, 화학, 역사 등과 같은 특정한 분야를 구성하는 교과 내용의 규모, 영역, 복잡성 등이 계속해서 증가하고 있다. 그래서 저자들은 교재의 신판에 점점 더 많은 양의 정보를 추가해야 한다고 생각한다. 출판업자들 또한 더 많은 컬러와 사진들을 추가하여 교재를 시각적으로 세련되게 만드는 방법을 모색해 왔다. 동시에, 일부 교수들은 분량이 더 많아진 교재의 내용을 전부 다룬다는 것이 점차로 어려워지고 있다고 생각한다. 게다가, 분량이 더 많아지고 좀 더 눈길을 끌도록 만들어진 교재들은 생산하는 데 비용이 더 많이 들며, 그 결과 학생들에게 판매하는 가격이 높아진다.

Words&Phrases

□ **publisher** 출판업자
□ **significant** 중요한
□ **comprise** 포함하다, 구성하다
□ **scope** 영역

□ **complexity** 복잡성
□ **visual** 시각적인
□ **sophistication** 세련, 정교함
□ **attractive** 매력적인, 사람의 마음을 끄는

Throughout history, people have suffered from diseases that could have been easily avoided if they had been understood. _______(A)_______, it used to be common for hat makers to have symptoms such as uncontrollable trembling, unclear speech, and mental confusion. The condition led to Lewis Carroll's creation of the Mad Hat Maker in his book *Alice's Adventures in Wonderland*. Sadly, the hat makers did not know that the mercury they used in creating hats was poisoning them, leading to their strange symptoms. _______(B)_______, many of the world's greatest artists suffered from terrible depression. Today we know that the lead in the paint they used probably affected their mental state. How tragic that so many lives were destroyed for lack of a little knowledge!

(A)	(B)	(A)	(B)
① For instance	However	② In addition	Likewise
③ For instance	Likewise	④ In addition	Therefore
⑤ On the other hand	Therefore		

 Solutions

Q9
① 예를 들어 – 그러나   ② 게다가 – 마찬가지로
③ 예를 들어 – 마찬가지로   ④ 게다가 – 그러므로
⑤ 반면에 – 그러므로

▶ [주제문장] 역사적으로 사람들은 이해만 했더라면 쉽게 피할 수 있었던 질병으로 고통 받아 왔다.
[예시] 예를 들자면, 모자 제작자들에게는 통제할 수 없을 정도로 몸이 떨리는 증상, 어눌한 말씨, 정신 혼란과 같은 증상이 흔히 있었다.
[첨가] 마찬가지로, 세계적으로 위대한 많은 예술가들은 끔찍한 우울증으로 고통받았다.

→ 질병의 원인에 대한 지식이 있었다면 피할 수 있었을 질병에 대해 설명하는 글로 빈칸 (A) 이후에는 앞 내용의 예시가 되는 미친 모자장수에 대한 얘기가 나오므로 For instance가, 빈칸 (B)에는 hat makers와 유사한 artists의 예가 나오므로 Likewise가 적절하다.

정답: ③번

Translations

역사적으로 사람들은 이해만 했더라면 쉽게 피할 수 있었던 질병으로 고통받아왔다. 예를 들자면, 모자 제작자들에게는 통제할 수 없을 정도로 몸이 떨리는 증상, 어눌한 말씨, 정신 혼란과 같은 증상이 흔히 있었다. 그 상황이 Lewis Carroll로 하여금 그의 책 〈이상한 나라의 앨리스〉에서 미친 모자장수를 창조하게 하였다. 슬프게도 모자 제작자들은 모자를 만들 때 사용했던 수은이 자신들을 중독 시켜 이상한 증상을 일으켰다는 사실을 알지 못했다. 마찬가지로, 세계적으로 위대한 많은 예술가들은 끔찍한 우울증으로 고통받았다. 오늘날 우리는 그들이 사용했던 페인트 속의 납 성분이 아마도 그들의 정신적 상태에 영향을 미쳤을 것임을 알고 있다. 그렇게 많은 사람들이 사소한 지식의 결핍으로 파괴되었다는 것은 얼마나 슬픈 일인가!

Words&Phrases

□ **avoid** 피하다, 예방하다
□ **symptom** 증상, 증세, 징후
□ **uncontrollable** 통제 할 수 없는, 억제하기 어려운
□ **trembling** 떨림, 전율
□ **mercury** 수은
□ **terrible** 무서운; 지독한, 대단한
□ **depression** 우울증, 의기소침; 불경기, 불황
□ **lead** 납[led] 이끌다; 인도하다 [li:d]

∞ **예문과 함께 익히는 주요 연결사**

1 but

❶ 역접

Tom is poor, **but** happy. Tom은 가난하지만 행복하다.

❷ 강조(환기 기능) – 주로 앞부분에는 열거의 상황이 나오며 최상급 앞에서 온다.

Third, be aware of some basic interview etiquette tips. **But** the most important thing to remember is that you should be on time for your interview.

세 번째로, 기본적인 인터뷰 예절 조언을 숙지하라. 그러나 기억해야 할 가장 중요한 것은 인터뷰 시간을 엄수하라는 것이다.

2 instead

❶ 일종의 역접 – 부정을 전제로 대안을 마련하는 연결사

This time there was no standing ovation. **Instead**, he received only a brief round of applause.

이번에는 열렬한 기립박수는 없었다. 대신에 그는 단지 짧은 박수를 받았다.

❷ instead of + (동)명사 – 대신에

She gave me a check **instead of cash**. 그녀는 나에게 현금 대신에 수표를 주었다.

3 fortunately, unfortunately

❶ 역접

Bike ran head on into a dump truck, **fortunately** the bike rider was alive.

자전거(소형 오토바이)가 덤프트럭과 정면으로 충돌했지만 다행히도 운전자는 목숨을 구했다.

We have discussed your request to work from home, and **unfortunately** we cannot approve such working conditions at this time.

자택에서 근무하게 해달라는 귀하의 요청에 대해 논의해 보았지만, 유감스럽게도 현재 그러한 근무조건을 승인해 줄 수가 없습니다.

❷ 문장수식

Fortunately I could meet her. 운 좋게도 나는 그녀를 만날 수 있었다.
Unfortunately, all the flights are booked. 유감스럽게도(불행하게도) 비행편이 모두 예약되었다.

4 On the other hand

❶ 앞의 사실을 인정하고 추가로 다른 사실을 보여준다. (대조, 차이점) – 반면에

Food here is less expensive than is Seoul; clothing, **on the other hand**, is more expensive.

이곳의 음식값은 서울보다 덜 비싸지만, 그 반면에 옷값은 더 비싸다.

❷ 흐름은 같으나 성격이 다른 것을 열거할 때 – 한편(으로는)

The Peasants League declared an all-out battle against the government, saying the deals would throw the unprepared domestic agricultural sector into severe global competition. **On the other hand**, government officials moved swiftly to import the promised amount of rice for this year as soon as possible.

농민연맹은 그 합의가 준비가 되지 않은 국내 농업을 심각한 세계적 경쟁으로 내몰게 될 것이라며 정부에 대한 전면전을 선포했다. 한편 정부 관리들은 올해 약속한 물량의 쌀을 가능한 빨리 수입하기 위해 신속한 움직임을 보였다.

5 on the contrary – 거꾸로, 반대로(연결사(부사구)) , 그렇기는커녕(역접이나 대조)

Does your back feel any better? **On the contrary**, it feels much worse.

허리는 좀 좋아졌습니까? 그렇기는커녕 오히려 더 악화된 것 같습니다.

I'm not ill. **On the contrary**, I'm very healthy.

나는 아프지 않아요. 반대로 오히려 아주 건강합니다.

cf. to the contrary (수식되는 어구 뒤에서) 그와 반대로(의), 반대 결과로(의)

There is no evidence **to the contrary**. 그렇지 않다는 증거는 없다.(형용사구)

I will come on Sunday unless you write **to the contrary**.

나는 네가 오지 말라는 편지를 하지 않는 한 일요일에 올 것이다.

cf. contrary to A A와는 반대로

Contrary to his expectations, she could not raise the money.

그의 기대와는 달리 그녀는 자금을 마련할 수가 없었다.

It was **contrary to** my expectations. 나의 예상이 어긋났다.

6 in contrast to(with) A – A와는 대조적으로

In contrast to their neighbors, she lives modestly. 이웃들과는 달리, 그녀는 검소하게 산다.

In contrast with their system, ours seems very old-fashioned.

그들의 제도와 대조해 보면 우리 제도는 매우 시대에 뒤떨어진 듯 보인다.

cf. by(in) contrast (앞 문장을 받아) 그에 반해서, 그와 대조적으로; ~와 대조하여(with)

Denmark, **by contrast**, gets 20 percent of its power from the wind.

이와 대조적으로 덴마크는 전체 전력의 20%를 풍력에서 얻고 있다.

7 in fact, actually, honestly, as a matter of fact, in truth

❶ 일종의 역접 – 앞 내용을 반박, 부정, 비판

I didn't fail the exam; **in fact** I did rather well! 나는 시험을 망치지 않았어. 사실은 꽤 잘 쳤어!

Some mushrooms look innocuous but are **in fact** poisonous.

어떤 버섯들은 해가 없어 보이지만 실제로는 독성이 있다.

I hear that you're a poet. - **Actually**, I'm a novelist.

시인이시라고 들었어요. – 사실, 저는 소설가입니다.

❷ 앞 내용을 부연 설명, 강조

Jack takes dope; **in fact** he's high on dope now.
Jack은 마약을 복용한다. 사실 지금도 마약에 취해 있다.

I have not received the books, **in fact** I have heard nothing from your company at all.
책을 못 받은 것은 물론이고, 귀사로부터 아무런 연락조차 받은 바가 없습니다.

Zadie Smith's first novel, *White Teeth*, was a tremendous success; **in fact**, it won three widely acclaimed literary awards.
Zadie Smith의 첫 소설 〈하얀 이빨〉은 대단한 성공작이었으며, 실제로 이 작품은 널리 인정받는 세 개의 문학상을 받았다.

8 nevertheless, nonetheless – 그럼에도 불구하고

: on the contrary나 in fact 와는 달리 앞 내용을 부정하지 않고 다른 의견을 제시한다.

I didn't fail the exam; **nevertheless** I didn't feel good.
나는 시험을 망치지 않았어. 그런데도 기분이 별로였어.

Though he is poor, yet he is **nevertheless** satisfied with his situation.
그는 비록 가난하지만 자신의 상황에 만족하고 있다.

cf. notwithstanding 그럼에도 불구하고(양보역접 접속사, 부사, 전치사의 역할)

They went out in the rain **notwithstanding** (that) they were ordered not to. [접속사=although]
나가지 말라는 명령을 받았음에도 불구하고 그들은 비가 내리는데 나갔다.

He will do it notwithstanding. [부사=however]
그래도 그는 그것을 감행할 것이다.

My parents are very active **notwithstanding** their age. [전치사=in spite of]
나의 부모님은 연세에도 불구하고 아주 활동적이시다.

9 in other words, that is, that is to say – 바꿔 말하면, 즉

The view that we have is unidirectional. **In other words**, we can't look at a very wide range of things all at once.
우리는 한 방향으로만 볼 수 있다. 바꿔 말하면, 우리는 한꺼번에 넓은 범위를 볼 수가 없다는 것이다.

in other words류의 환언 연결어구의 앞부분은 뒷부분에 비해 상대적으로 짧은 표현, 정의 표현, 전문용어 표현이 오며, 뒷부분은 주로 그것을 쉽게 풀어주는 긴 표현이 온다. in a word, in short 와 같은 요약의 연결어는 이와 반대구조를 갖는다.

❶ 요약적 결론어구 in a word, in short

His novels belong to a great but vanished age. **In short**, they are old fashioned.
그의 소설들은 위대했지만 이제는 사라진 시대에 속한다. 요컨대 그것들은 구식이다.

❷ 인과적 결론어구 therefore, hence, accordingly, consequently, so, then

Mr. Baker is out of the country and **therefore** unable to attend the meeting.
Baker 씨는 외국에 나가 있고 그런 까닭에 회의에 참석할 수 없다.

❸ 서사적(시간의 흐름) 결론어구 at last, finally

We've got the OK from the boss **at last**. 우리는 마침내 사장의 허락을 받았다.

Her persistent questions **finally** goaded him into answering.
그녀의 끈질긴 질문이 마침내 그로 하여금 대답을 하도록 들들 복았다.

10 otherwise

❶ 다른 사정(상황) 아래에서는, 다른 경우라면 ('그러나(역접)'로 번역하면 절대 안 된다.)

My uncle lent me the money. **Otherwise**, I couldn't have afforded the trip.
삼촌이 내게 그 돈을 빌려주었다. 안 그랬으면 내가 그 여행을 할 형편이 안 되었을 것이다.

They have been committed to the project. They wouldn't be here **otherwise**.
그들은 그 프로젝트에 전념했다. 그렇지 않았으면, 그들이 여기까지 오지 못했을 것이다.

❷ 명령문 뒤 – 그렇지 않으면(=or, else)

Learn to save now, **otherwise** you may want in old age.
지금 저축하는 습관을 길러라. 그렇지 않으면 노후에 곤란해질지도 모르니.

❸ 동사 수식하는 단순 부사 – 다르게

I can' think **otherwise**. 달리는 생각할 수가 없다.

11 however

❶ 접속부사 – 그러나, ~라고는 하지만
:접속부사는 절과 절을 문법적으로 연결할 수는 없으나, 자기가 속한 절과 앞절을 의미적으로 연결하는 역할을 한다.

She is intelligent; **however**, she is also fussy. [접속사 역할을 하는 세미콜론(;)과 연결]
그녀는 지적이기는 하지만 또한 까다롭다.
= She is intelligent. **However**, she is also fussy. [문두에 위치]
= She is intelligent. She is, **however**, also fussy. [문장 중간에 위치]
= She is intelligent. She is also fussy, **however**. [문미에 위치]
cf. She is intelligent, **however**, she is also fussy. (x)
　　[여기에서 however는 접속사가 아니므로 콤마(,)로 연결할 수 없다.]

❷ 복합관계부사(접속사 역할 수행) – 아무리 ~해도, 아무리 ~일지라도

[**However**＋형용사＋주어＋동사, 주절~]

However hungry you may be, you must eat slowly. 아무리 배가 고프더라도 천천히 먹어야 한다.

[**However**＋부사＋주어＋동사, 주절~]

However much he spends, his father will reimburse him.
아무리 그가 돈을 쓸지라도 그의 아버지가 갚아 줄 것이다.

[**However**＋주어＋동사, 주절~]

However you do it, the result is the same.
당신이 그것을 어떻게 할지라도, 결과는 마찬가지이다.

12 though

❶ 접속부사(although와 대체 불가) – (문장 끝이나 중간에서) 그러나, ~라고는 하지만(=however)

The news, **though**, may be mistaken. 그렇지만 그 소식은 잘못된 것인지도 모른다.
= The news may be mistaken, **though**.
cf. The news, **although**, may be mistaken. (x)

❷ 양보접속사(=although) – ~이지만, 설령 ~일지라도

Though(Although) her family is poor, she has blue blood in her veins.
그녀의 가족은 가난하지만, 그녀는 명문가의 피가 흐른다.

13 시간, 순서의 연결어(혼동해서는 안 될 first 관련 주요 표현)

❶ first of all – 우선 첫째로(=firstly, in the first place)

: 일련의 사실, 의견 등을 도입(나열)할 때 쓰이며 그 후에 Secondly, Lastly 등이 온다.

First of all, let me tell you briefly about what we do.
우선(먼저), 우리 업무에 대해 간단히 말씀해 드리겠습니다.

Secondly, I would like to give you an idea on where we are.
다음으로, 우리 현황에 대해서 말씀 드리겠습니다.

Lastly, here's how we're going to achieve our goal.
마지막으로, 우리가 어떻게 목표를 달성해야 할 지 말씀 드리겠습니다.

– (중요도에 있어서) 우선, 무엇보다도(=above all, most of all)

First of all, behave yourself. 무엇보다도(우선), 똑바로 처신해라(얌전하게 굴어라)
Above all, you should be punctual. 무엇보다도, 시간을 엄수하거라.

❷ at first – 처음에는

: 첫 부분과 관련된 상황에 대해, 특히 나중에 달라진 상황과 대조해서 말할 때 쓴다.

I found it difficult **at first**, but soon got used to do it.
처음에는 어렵게 생각했지만 곧 그것에 익숙해졌다.

At first she refused to accept any responsibility but she ended up apologizing.
처음에 그녀는 어떤 책임도 지지 않으려 하다가 결국에는 사과를 했다.

❸ for the first time – 처음, 최초로

Steam locomotives appeared **for the first time** at the beginning of the 19th century.
증기 기관차는 19세기 초에 처음 등장했다.

The price of U.S.crude oil has risen to 75 dollars a barrel **for the first time** since last October.
미국의 원유가 지난해 10월 이후 처음으로 배럴당 75달러를 기록했다.

I mounted a horse **for the first time**. 나는 처음으로 말을 탔다.

(2) 빈칸 위치

중문 완성형 빈칸 추론의 경우는 일반적으로 글 전체의 핵심적인 내용을 묻는 경우가 많으므로, 글 전체의 흐름 속에서 글의 주제와 요지를 먼저 파악한다. 주로 논설문이나 설명문이 출제되므로 글의 주제나 요지가 빈칸으로 나오는 유형과 글의 주제 파악을 바탕으로 세부적인 조건을 연역적으로 추론하는 능력을 측정하는 형태가 있다. 논설문이나 설명문이 아닐 경우 응집성을 추구하는 논리구조 대신 나열형의 전개구조가 많이 쓰이는데 이 경우 뚜렷한 주제문이 없을 수 있으므로 글의 전체적인 흐름에 주목한다. 이 유형의 문제는 빈칸에 들어가는 말을 한 단어로 된 핵심어를 묻는 형태, 두 단어 이상의 어구 또는 한 문장이 빈칸으로 나오는 형태, 연결어를 찾는 문제 등 다양한 형태로 출제된다. 단어보다 구를 묻는 문제의 난이도가 더 높은 편이다. 따라서 단어 유형을 자주 틀리는 사람은 상대적으로 어휘력이 약한 경우가 많으므로 어휘력 향상에 힘을 써야 한다.

∞ 중문 완성형 빈칸 추론의 유형

❶ 빈칸이 설정된 문장이 글의 주제문장 혹은 요지인 경우

주로 빈칸이 지문의 첫머리나 마지막에 있는 경우이다. 핵심어를 중심으로 주제나 요지를 파악해야 한다.

❷ 주제와 관련된 세부적인 내용을 묻는 경우

주제문장을 따로 설정해 놓고, 그 주제문과 관련된 핵심적인 세부사항과 관련이 있는 어휘나 어구를 묻는 문제이다. 이러한 유형도 주제와 관련이 있는 문제이므로 주제문장을 찾아서 그 단서를 얻어야 한다. 일반적으로 통제 사상을 묻는 것보다 난이도가 높은 경우가 많으니 주의한다.

❸ 빈칸 전후의 논리적인 관계를 묻는 경우

주로 빈칸이 지문의 중간 부분에 있는 경우로 특히 연결어를 묻는 문제가 많다. 빈칸 전후의 논리적인 흐름을 파악한다.

∞ 중문 완성형 빈칸 추론 유형의 풀이 전략

❶ 먼저 빈칸의 위치를 확인한다.

논설문이나 설명문이 주로 출제되므로 두괄식, 미괄식, 양괄식 등 글의 전개방식에 유의한다. 두괄식은 대개 첫 문장 속에 주제나 요지가 나타난다는 것을 염두에 두고, 특히 이런 경우 빈칸이 나타내는 통제 사상(주제나 요지부분)은 매우 추상적이고 함축적이기 때문에 사례, 타인의 주장, 실험 결과 등 개별적인 보충설명 문장(supporting details)을 요약하여 빈칸을 추론한다.

❷ 빈칸 앞뒤 문장과의 논리적 흐름(생각, 사건, 과정)을 파악한다.

빈칸의 바로 앞뒤 부분에 단서가 될 내용이 언급될 때도 있고, 지문 속에 한 번 이상 언급이 된 핵심어와 관련이 있는 경우가 있으므로 그 관련성에 유의하자. 단, 빈칸에 들어갈 답은 절대 본문에서 똑같은 형태로 반복되지 않는다는 점에 유의한다.

❸ 빈칸을 기준으로 연결어가 있는지 확인한다.

예시, 첨가, 대조, 요약, 환언, 결론 등의 연결어는 글의 흐름을 파악하는데 절대적인 도움을 준다.

∞ **빈칸의 위치에 따른 정답의 추론 방법**

빈칸의 위치	빈칸이 있는 문장의 특징	추론 방법
첫 문장	이 경우 빈칸을 포함한 문장이 주제문장일 가능성은 90%가 넘는다. 다음에 이어지는 문장들은 보충, 부연 문장들이다.	빈칸 뒤에 전개되는 구체적 예문들의 내용을 요약, 정리해서 글의 주제를 파악한 후 빈칸의 내용을 추론한다. 절대 첫 문장만 보고 정답을 찾아서는 안 된다.
중간 문장	빈칸이 있는 문장에 글의 논리적인 관계를 파악할 수 있는 연결어(역접, 대조, 원인과 결과)가 있는 경우가 많다.	연결어에 주의하면서 빈칸 앞뒤 문장의 논리적인 관계를 따져 빈칸의 내용을 추론한다.
마지막 문장	빈칸이 앞에 전개된 내용의 "결론"에 해당하는 경우가 대부분이다. 빈칸 앞에 결론을 나타내는 연결어가 주로 나타난다.	빈칸 앞부분의 중심내용을 압축, 요약한 후 빈칸에 들어갈 내용을 추론한다.

Core Skills

❶ 빈칸 완성 문제는 "단순완성 형태"와 "순수추론 형태"로 이분화된다.

- 단순완성 형태: 빈칸에 들어갈 말이 본문에 명확하게 명시된 경우
- 순수추론 형태: 빈칸에 들어갈 말이 본문에 명시되지 않고, 추론해야 하는 경우
→ 속담이나 개인적인 이야기의 글인 경우는 해당되는 속담이나 격언 또는 교훈을 추론한다.

❷ 빈칸이 포함된 문장을 분석하여 빈칸의 내용을 예측해본다.

❸ 글의 전개방식과 서술방식을 확인하여 "주제(소재+생각)"를 나타내는 문장을 찾는다. 순수 추론 형태 문제처럼 명확하게 찾아낼 수 없는 경우, 핵심소재와 글의 교훈에 집중한다.

❹ 빈칸에 대한 단서를 명확하게 가려내지 않으면, 틀릴 위험이 높다. 반드시 빈칸이 있는 문장에 줄을 긋고 선택지를 넣어 논리상 가장 자연스러운 것을 일차적으로 생각하라. 선택지를 본 후 지문에서 힌트를 찾는다고 생각하며 독해하라.

1 첫 문장에 빈칸이 있는 경우 (1)

∞ **"정의 + 보충설명(예시)"의 두괄식일 경우라면 첫 문장이 주제문장이므로 2~3번째 문장에서 핵심어 (key word)를 찾도록 하라.**

모든 글은 하나의 소재(핵심어)를 갖고 있으며, 지문의 모든 문장들은 그 소재(핵심어)를 중심으로 논리적으로 연결되어 있다. 그러므로 주제문장이라고 할 수 있는 첫 문장에 빈칸이 있다면, 첫 문장과 논리적으로 연결되어 있는 2~3번째 문장에도 주제와 관련된 핵심어가 있기 마련이다. 그 핵심어를 중심으로 나머지 문장들을 읽게 되면 빈칸에 논리적으로 적합한 어구가 선명하게 드러난다.

W a r m - u p

*Some Korean artists suggest that the process of making hanji, hand-made Korean paper, reflects ________________. In fact, you might say that people's day-to-day existence is shown in this paper-making process. The process starts when the branches of a tree are cut off. The branches then go through a complex process to become strong and flexible paper. They are steamed, boiled, and then washed many times to remove any impure materials. They are also beaten for several hours. *The more they are beaten, the stronger they actually become. This is similar to people getting wiser and more disciplined by overcoming the difficulties and hardships they encounter day after day.

① fine art ② human life ③ natural beauty
④ family history ⑤ modern culture

Solutions

Q1 ① (집합적) 미술품, (회화, 조각, 공예, 건축 등) 미술, 예술

② 인간의 삶

③ 자연미 (자연의 아름다움)

④ 집안의 내력, 가계(家系)

⑤ 현대 문화

▶ 이 문제는 첫 문장에 빈칸이 있는 경우다. '몇몇 한국인 예술가들은 손으로 만든 한국의 종이인 한지를 만드는 과정이 ________ 을 반영한다고 주장한다.' 두 번째 문장에 "In fact"라는 연결사로 보아 첫 문장이 주제문장이고 핵심어는 한국의 종이인 "한지"이다. 두 번째 문장인 '사실, 사람들의 하루하루의 일상은 이 종이를 만드는 과정과도 같다.'에서 바로 정답을 찾아낼 수 있다. 한지를 만드는 과정 속에서 사람들의 일상생활을 볼 수 있으므로 '한지를 만드는 과정은 인간의 삶을 반영한다.'가 적절하다.　　**정답: ②번**

* Some Korean artists suggest that the process of making hanji, hand-made Korean paper, reflects human life. [should reflect(x)]

□ 제안(suggest), 주장(insist), 명령(order), 요구(require) 등의 동사가 이끄는 문장의 종속절에 당위(~해야 한다)나 권고의 속성이 있을 경우에 당위의 조동사 should(영국식)나 원형(미국식)이 들어갈 수 있다. 위 예문의 경우는 suggest가 당위의 속성을 가지고 있지 않고, 단지 '(넌지시) 말하다, 암시하다'라는 의미이므로 should가 들어가면 안 된다.

She **suggested** that the meeting **should be** put off. (당위) 그녀는 그 회의를 연기할 것을 제안했다.

= She **suggested** that the meeting **be** put off. (미국에서 should는 일반적으로 생략)

= She **made a suggestion** that the meeting **(should) be** put off.

cf. Her words suggest that she loves him. (여기에서 suggest는 '암시하다'의 뜻 – 당위의 의미가 없다.)
그녀의 말은 자신이 그를 사랑하고 있음을 암시하고 있다.

* The more they are beaten, the stronger they actually become. (비례비교 구문)

□ 비례비교 구문은 접속사를 사용하지 않고 두 개의 문장을 병렬시킨 구문이다. 앞부분이 종속절에 해당되고, 뒷부분이 주절에 해당되는데, 종속절의 the는 'in what degree'의 의미를 갖는 관계부사이며, 주절의 the는 'in that degree'의 의미를 갖는 지시부사이다.

Translations

몇 명의 한국인 예술가들은 한국인이 직접 손으로 만든 종이인 한지를 만드는 과정이 인생을 반영한 것이라고 말한다. 사실, 사람들의 하루하루의 일상은 이 종이를 만드는 과정과도 같다. 그 과정은 한 그루의 나무에서 나뭇가지를 자르는 것에서 출발한다. 그리고서 그 나뭇가지들은 복잡한 과정을 거쳐 질겨지고 유연해진다. 그것들은 쪄지고, 끓여지고 그리고 여러 번 씻겨지면서 불순물들이 제거된다. 그것들은 또한 상당한 시간 동안 두들겨진다. 더 많이 두들겨질수록, 그것들은 실제로 더욱 강해진다. 이것은 사람들이 매일매일 직면하는 어려움들과 고난들을 이겨내면서 좀 더 단련되고 현명해지는 것과 유사하다.

Words&Phrases

□ **reflect** 반영하다
□ **in fact** 사실상, 실은
□ **day-to-day existence** 하루하루의 일상
□ **go through** 경험하다
□ **flexible** 유연한, 탄성력이 있는

□ **impure material** 불순물
□ **be similar to** ~와 유사하다
□ **be disciplined by** ~에 의해 단련이 되다
□ **hardship** 고난, 역경
□ **encounter** 직면하다, 마주치다

∞ 글의 후반에 주제를 다시 강조하는 양괄식 구조의 문제도 있음에 유의하라.

양괄식일 경우 먼저 첫 문장에 핵심어를 중심으로 주제문장이 제시되고 바로 보충설명 문장이 이어진다. 그리고 글의 마지막 부분에서 첫 문장에서 언급된 주제를 다시 한 번 반복 강조하는 형식이므로 마지막 문장의 내용과 논리적으로 일치하는 어구를 선택하여 빈칸을 완성해야 한다.

∞ 글의 마지막 부분에서 요약, 결론이나 결과를 나타내는 연결어와 필자의 의견(주장)을 나타내는 표현에 유의한다.

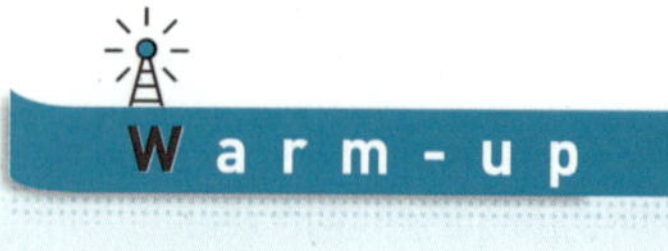

The length of a child's finger may show his or her ________________. In a new study of 75 children between the ages of 6 and 7, British researchers found that *finger length correlated with how well the children performed on standardized tests of math and verbal skills. *Specifically, those whose index fingers were short compared with their ring fingers tended to excel at numbers. Others with index and ring fingers of similar length tended to do better on the tests related to language. This study concludes that the length of the index finger compared with the ring finger is connected to intellectual performance.

① athletic skills
② life expectancy
③ physical condition
④ personality traits
⑤ academic potential

Solutions

Q1 ① 운동 기술
    ② 평균 수명
    ③ 신체 조건
    ④ 성격적 특징
    ⑤ 학문적인 잠재능력

▶ 아동의 손가락 길이가 언어와 수학 분야의 학문적 잠재성과 관련되어 있음을 보여 주는 연구에 관한 글이다. 글의 마지막 부분에서 연구는 '약지와 비교한 검지의 길이가 지적인 수행 능력과 관련 있다.'라고 주제를 다시 한 번 강조하고 있으므로 이와 논리적으로 일치하는 어구를 찾아야 한다. 선택지에서 '지적인 수행 능력'과 관련이 있는 것은 academic potential(학문적인 잠재능력)이다.

정답: ⑤번

* ~ finger length correlated with <u>how well the children performed on</u>

전치사의 목적어 자리에 위치한 간접의문문(명사절)

standardized tests of math and verbal skills

- 전치사의 목적어로 '의문사+주어+동사' 어순의 간접의문문이 위치하고 있다. 의문부사 how가 이끄는 원래의 의문문 형태인 'How well did the children perform on on standardized tests of math and verbal skills?'가 전치사 with 뒤에 들어가 간접의문문(명사절)을 형성하고 있다.

  cf. 이 문장에서 correlate는 자동사(서로 관련하다, 상호 관계를 갖다[to, with])로 쓰였는데, '~을 서로 관련시키다, ~사이의 상관관계를 입증하다[to, with]'라는 타동사적 용법도 있음에 유의한다.

  Geography **correlates with**[to] many other studies. 지리학은 다른 많은 학문과 관련이 있다. (자동사)
  I tried to **correlate** my knowledge of history **with** that of geography.
  나는 역사 지식을 지리 지식과 서로 관련시키도록 노력했다. (타동사)

* Specifically, <u>those</u> <u>whose index fingers were short compared with their ring</u>

주어　　　　　　　　　　　　　　　　　　형용사절

<u>fingers</u> tended to excel at numbers.

동사

- 이 문장의 주어는 whose절(형용사절)의 수식을 받는 those이며 동사는 tended이다.

  cf. 이 문장에서 excel은 자동사(뛰어나다, 탁월하다(at, in/as))로 쓰였는데, '~을 능가하다, 남보다 탁월하다, 뛰어나다(at, in)'의 타동사적 용법도 있음에 유의한다.

  He **excelled as** an orator. 그는 웅변가로서 뛰어났다. (자동사)
  Tom **excels** others **at** sports. Tom은 스포츠에서 남보다 뛰어나다. (타동사)

🔑 Translations

아동의 손가락 길이는 학문적인 잠재능력을 보여줄 수도 있다. 6세와 7세의 아동 75명을 대상으로 한 새로운 연구에서, 영국의 연구자들은 손가락 길이가 수학과 언어 능력의 표준화 검사에서 그 아동들이 얼마나 잘 수행했는가와 상관관계가 있음을 밝혀냈다. 더 엄밀히 말하면, 약지에 비해서 검지가 짧은 아동은 숫자와 관련된 분야에서 뛰어난 경향이 있었다. 검지와 약지의 길이가 비슷한 아동은 언어와 관련된 시험에서 더 잘하는 경향이 있었다. 이 연구는 약지와 비교한 검지의 길이가 지적 수행 능력과 관련되어 있다고 결론짓는다.

Words&Phrases

- **length** 길이
- **correlate with** ~와 연관성이 있다, ~와 상관관계가 있다
- **standardized** 표준화된, 규격화된
- **verbal** 구두의(=oral), 말의, 말에 관한
- **specifically** 더 엄밀히(명확히) 말하면

- **index finger** 집게손가락(=forefinger)
- **ring finger** 무명지, 약손가락
- **excel** (남을) 능가하다, ~보다 낫다(=be superior to)
- **intellectual** 지적인, 지성의, 지력이 발달한
- **performance** 성과; 실행, 수행; 성취

∞ **글의 전개방식이 중괄식인 경우 빈칸은 주제문장의 핵심적인 내용을 물어보는 것이다.**

글의 중간 부분에 빈칸이 있고 그 이후에 주제문장에 대한 구체적인 보충설명문이 연결되어 나온다면 중간에 있는 빈칸은 글의 핵심적인 내용일 가능성이 크다. 따라서 빈칸 다음 보충설명문의 내용을 종합하여 논리적으로 알맞은 어구를 선택하여 빈칸을 완성한다.

Warm-up

When consumers go to a store to buy a product, they may feel pressured to purchase immediately. They may create their own pressure, or the sales staff may exert pressure. After all, their trip has taken time and effort, and *the buyers don't want to appear indecisive. For important purchases, however, it is often advisable to _________________. As a matter of fact, consumers should go home to think and weigh their purchase decision. At home, consumers are free of external pressures exerted by the store environment and the sales staff. Consumers can also ask themselves important questions such as "Can I really afford this?" and "Is this the best product I can find at this price?"

① invest a bit more time
② consult shopping catalogs*
③ ask the sales staff for help
④ find a way to use your credit card
⑤ make up a shopping list beforehand

Solutions

Q3   ① 시간을 좀 더 투자하다

② 쇼핑 카탈로그를 참고하다

③ 판매 직원에게 도움을 요청하다

④ 신용카드를 사용하는 방법을 찾다

⑤ 미리 쇼핑 리스트를 만들다

▶ 글의 중간에 역접의 연결사 "however"로 주제문장을 도입하고 있으며 빈칸 바로 뒤 문장에서 소비자들은 '집에 가서(should go home) 구매 결정을 신중히 생각해 보라'는 내용이 나온다. '~해야 한다'라는 당위성과 의무를 나타내는 'should, must' 등을 사용하여 글쓴이의 의견을 강력하게 나타내는 문장은 주제문장일 확률이 크다. 따라서 "집에 가서 구매에 대해 신중하게 생각할 시간을 가져라"와 가장 밀접한 의미를 가진 선택지를 고른다.   **정답: ①번**

* ~ the buyers don't want to appear indecisive.

☐ 이 문장에서 appear는 주격보어를 취하는 2형식 동사이다. 유의어로는 seem과 look이 있는데 다음과 같은 뉘앙스적 차이를 갖는다.

1 appear: 실제는 그렇지 않을 수도 있지만 외견상으로 그런 인상을 주는 것에 사용
He **appears** unworried by criticism. 그는 비판을 걱정하지 않는 것처럼 보인다.

2 seem: 주관적으로 보아 나름의 진실성이 있어 보이는 것에 사용
You **seem** very chirpy today! 오늘 너 아주 쾌활해 보이는구나!

3 look: 외관도 실제도 모두 그렇게 보인다는 것을 암시하는데 사용
She **looks** pretty shabby in those clothes. 그녀가 그 옷을 입고 있으니 구차해 보이는구나.

* consult shopping catalogs

☐ 여기에서 consult는 타동사로서 '(참고서, 사전 등을) 참고하다, 찾다'의 의미이다.

cf. 'consult with + 동료나 같은 위치의 사람(~와 상의하다)', 'consult + 의사나 변호사 같은 전문가(~의 전문적 조언을 듣다, 상담하다)'에서 볼 수 있듯 consult는 자, 타동사적인 쓰임에 따라 그 의미가 달라지는데 현대 미국영어에서는 consult with를 써야 할 경우에도 with를 생략하는 경우가 많으므로 주의한다.

consult a doctor 의사의 진찰을 받다
consult a dictionary 사전을 찾다
consult (with) one's colleagues 자신의 동료와 상의하다

🔑 Translations

소비자들이 제품을 사러 상점에 들를 때, 그들은 즉시 물건을 사야 한다는 압박감을 느낄 수 있다. 그들 스스로 압박감을 느끼거나, 판매원들이 압력을 줄지도 모른다. 결국, 구매자들의 쇼핑은 시간과 노력을 들게 하고, 구매자로서는 우유부단하게 보이고 싶어 하지 않기 때문이다. 그러나 중요한 구매를 위해서 약간의 시간 투자는 종종 도움이 된다. 사실, 소비자들은 집에 가서 구매 결정을 신중하게 생각하고 숙고해 보아야 한다. 집에서라면 소비자들이 가게의 분위기와 판매원들이 가하는 외부적인 압력에서 벗어날 수 있다. 소비자들은 또한, "나에게 정말로 이 물건을 살 여유가 있는가?" 그리고 이것이 "이 가격대에 내가 살 수 있는 가장 좋은 제품인가?"와 같이 중요한 것들을 자문할 수 있게 된다.

Words&Phrases

☐ **staff** 직원
☐ **exert** (압력을) 가하다, 행사하다, 쓰다
☐ **indecisive** 결단력이 없는, 우유부단한
☐ **advisable** 권할 만한, 타당한, 현명한
☐ **weigh** 심사숙고하다, 비교 검토하다
☐ **external** 외부의, 외적인

∞ **글의 전개방식이 미괄식이라면 빈칸은 글의 주제(요지)의 핵심적인 내용을 물어보는 것이다.**

글의 전개방식이 미괄식일 경우 먼저 글의 앞부분에 구체적인 사례를 들어 설명하거나 여러 가지 세부적인 사항을 언급한 뒤에 그것을 일반화 과정을 통해 결론을 도출하는 형태의 글이다. 글의 마지막 부분에 결론을 유도하는 연결어(so, thus, in short, in brief, in conclusion 등), 작가의 개인적인 주장이나 의견을 나타내는 표현들이 나타난다.

Warm-up

   *Determining exactly who is your competitor is pretty easy. *Companies that offer the same or similar products as you do could be your competitors. If their geographical market areas overlap with yours and their price range *also resembles yours, it's almost certain that they are your competitors. But be aware that they are not the only competitor. Look at companies that sell parts for your products. They may want to begin offering a complete solution. In conclusion, it's safe to say that anyone who sells anything that is related to your product, either as a ________________ or an accessory, is an actual or potential competitor.

① promotion
② concept
③ brand
④ bestseller
⑤ replacement

Solutions

Q4   ① 촉진, 판촉 상품, 승진
     ② 개념, 구상, 발상
     ③ 상표
     ④ 베스트셀러
     ⑤ 대체품

▶ 빈칸이 있는 문장에서 "either as a ____________ or an accessory"의 논리적 관계를 파악했다면 "accessory(부속품)"와 상대적 의미관계에 있는 단어들을 본문에서 찾아 추론한다. 즉, "same or similar products = a complete solution = a replacement"와 "parts = accessory"의 관계 구조를 파악하면 답이 나온다.   **정답: ⑤번**

* **Determining exactly who is your competitor is pretty easy.**

주어(동명사)　　　　　　　　　　　　　　　　　　　　동사

☐ 이 문장의 주어는 동명사 Determining이고 그 목적어로 간접의문문(who is your competitor)이 위치하고 있다. 부사 exactly가 주어인 Determining을 수식하고 있는데, 이는 준동사 역시 동사의 성질을 가지고 있기에 가능하다.

* **Companies that offer the same or similar products as you do could be your**

주어　　　　　　　　　　　　　　형용사절　　　　　　　　　　　　　동사

competitors.

☐ 주어 Companies가 that(주격 관계대명사)이 이끄는 형용사절의 수식을 받고 있으며, 이 문장의 술부에 쓰인 조동사 could는 형태가 과거형이나 현재 시점에서의 추측(~일지 모른다)을 나타낸다.

* **~ also resembles yours,**

resemble은 소위 3대 불가 동사로서 ① 타동사이므로 뒤에 전치사 'with' 따위를 절대 둘 수 없으며, ② 상태동사이므로 진행형이 될 수 없고, ③ 수동태로 쓰일 수도 없다.

① She **resembles with** her mother.(x)

② She **is resembling** her mother.(x)

③ She **is resembled by** her mother.(x)

⇒ She resembles her mother.(o)

cf. resemble이 상태가 아닌 변화를 나타내는 상황에 있어서는 진행형의 형태도 가능하다.

She **is resembling** her mother more and more as the years go by. (o)
세월이 갈수록 그녀는 점점 더 자신의 엄마를 닮아가고 있다.

Translations

누가 당신의 경쟁자인지 정확하게 판단을 내리는 것은 꽤나 쉽다. 당신이 제공하는 것과 같거나 비슷한 제품을 제공하는 업체가 당신의 경쟁자일 수 있다. 만일 그들의 시장범위가 지리적으로 당신과 겹치거나 그들의 가격 범위가 또한 당신과 비슷하다면, 그들이 당신의 경쟁자라는 것은 거의 확실하다. 하지만, 그들만이 당신의 유일한 경쟁자가 아니라는 것에 유념하라. 당신이 만든 상품의 부품을 파는 회사를 생각해 보라. 그들은 완제품을 제공하고 싶어할 수도 있다. 결론적으로, 당신의 상품과 연관된 것, 그것이 대체품이든 혹은 부속품이든, 그것을 파는 누구든지 실질적인 혹은 잠재적인 경쟁자라고 말하는 것이 안전할 것이다.

Words&Phrases

☐ **determine** 결심하다, 결정하다

☐ **competitor** 경쟁자; 경쟁사

☐ **the same A as B** B와 같은 A

☐ **geographical** 지리적인

☐ **overlap** 겹치다, 겹쳐지다

☐ **part** 부품, 부속품 (cf. spare part 예비 부품)

☐ **complete solution** 완제품

☐ **in conclusion** 결론적으로

☐ **replacement** 대체품; 교체, 교환; 반환

☐ **accessory** 부속품, (자동차의) 부품(=part), 액세서리

☐ **actual** 실제적인

☐ **potential** 잠재적인

∞ **글의 전개방식이 "과학적인 실험, 사회학적인 연구, 설문 조사"일 때**

대부분 글의 도입 부분에서 주제문장인 과학적인 법칙이나 연구조사의 결과가 먼저 언급된다. 그 후에 구체적인 실험의 과정이 설명된다. 그리고 실험이나 연구 대부분은 명확한 조건을 언급하고 실험을 진행한다. 빈칸이 그 실험 조건의 핵심어이므로 그 조건의 논리에 맞는 어구를 찾아야 한다.

Warm-up

In the 1890s, while investigating the digestive system of dogs, Pavlov observed that some of his dogs began to salivate before they were fed. *Fascinated by this finding, he extended the experiment. He paired the presentation of the meat powder with an auditory stimulus, a tone. *After having presented the meat powder paired with the tone for a number of trials, the tone was presented alone. *Results showed that the dogs now salivated as a reaction to the tone without receiving any meat powder. He thereby established the basic laws for the establishment and extinction of what he called "conditional reflexes," like salivation, that only occurred conditionally upon ________________.

① trials and errors
② random challenges
③ precious memories
④ repeated verbal command
⑤ specific previous experience

Solutions

Q5   ① 시행착오(試行錯誤)

② 닥치는 대로의(멋대로의) 도전

③ 소중한 기억들

④ 반복된 구령(口令)

⑤ 특정한(구체적인) 이전의 경험

▶ 실험의 조건에 따라서 개가 반응하는 것을 연구한 글이다. 즉, 실험의 조건(원인)과 그 결과의 관계성을 파악하여야 한다.
(개에게 고기 가루와 청각적 자극을 여러 번 함께 제시 → 고기 가루 없이 소리만 제시 → 개는 고기 가루를 받지 않아도 소리에 대한 반응으로 침을 흘렸다.)
즉, 개는 이전의 구체적인 경험을 바탕으로 소리에 대한 반응(침을 흘리는 것)을 보였다고 추론할 수 있다.   **정답: ⑤번**

* Fascinated by this finding, he extended the experiment.

□ 원래 문장인 'As he was fascinated by this finding, he extended the experiment.'에서 부사절을 분사구문으로 바꾸면 'Being fascinated by this finding ∼'이 되는데, 정보가치가 없는 Being이 생략되어 'Fascinated by this finding ∼'이 된 것이다.

* After having presented the meat powder paired with the tone for a number of trials, the tone was presented alone.

□ 분사구문에서 접속사는 생략되는 것이 일반적이지만, 분사만으로는 분사구문이 나타내는 의미를 명확하게 나타내기가 어렵다고 판단할 경우, 임의적으로 접속사를 분사구문 앞에 그냥 두기도 한다. 이 문장에서 After가 그러한 경우이며 물론 생략도 가능하다.

While staying in Paris, I met an old friend. 파리에 머무는 동안, 나는 옛 친구를 만났다.

또한 having presented는 완료분사구문(having p.p.) 형태인데, 완료형 분사구문은 주절의 동사보다 한 단계 이전 시제를 나타낼 때 쓰인다.

* Results showed that the dogs now salivated as a reaction to the tone ∼

□ now는 이야기를 말하거나 쓸 때 '그때(then), 그때 이미, 이제야, 그리고 나서(next)'라는 의미를 가지며 과거시제와도 함께 쓰인다.

I was **now** eighteen years old. 나는 그때 18세였다.
Nancy heard a knock at the door. **Now** she was frightened.
Nancy는 노크소리를 들었다. 그러자 그녀는 깜짝 놀랐다.

🔑 Translations

1890년대 개의 소화기관을 연구하는 도중 Pavlov는 그의 개 중 일부가 음식을 받아먹기 전에 침을 흘리기 시작한다는 걸 알게 되었다. 이 발견에 매료되어 그는 실험을 확대하였다. 그는 고기 가루와 청각적 자극 즉, 소리를 짝지었다. 여러 번에 걸쳐 고기가루와 소리를 함께 제시한 후, 소리만 제시하였다. 그 결과 개는 고기 가루를 받지 않았어도 소리에 대한 반응으로 침을 흘렸다. 그에 따라 그는 소위 "조건반사" 즉, 침 흘리기처럼 구체적인 이전 경험에 대해 조건적으로만 발생하는 반사반응 법칙의 성립과 소멸에 대한 기본 법칙을 확립하였다.

Words & Phrases

□ **digestive system** 소화 기관
□ **observe** ∼을 알아채다; 관찰하다, 지켜보다; 비평하다; (소견으로서) 말하다
□ **fascinate** 매료시키다, 매혹시키다
□ **salivate** 침을 흘리다 (cf. salivation 타액 분비)
□ **pair A with B** A와 B를 짝짓다
□ **presentation** 증정, 기증; 제출; 소개, 설명; 강연, 구두 발표

□ **powder** 가루
□ **auditory** 청각의
□ **tone** 음, 음조, 소리, 음색; 색조
□ **thereby** 그것에 의하여, 그(것) 때문에
□ **conditionally** 조건적으로
□ **specific** 특수한, 특별한; 특정의; 명확한, 분명한, 특유의, 독특한(to); (생물) 종의

The Australian wild dog, the dingo, has a face like a wolf, and it howls like a wolf. It also hunts in a group the way wolves do. Many Australians do not like these wild dogs because they prey on sheep. Dingoes hunt by night, running silently through the grass. Trapped, the sheep are easy prey to the wild dogs, for dingoes are expert killers. They cost Australians huge sums each year. In Australia, therefore, it is _______________ to kill dingoes by shooting them.

① illegal ② interesting ③ impossible
④ encouraged ⑤ disappointing

 **Solutions**

Q1 ① 불법적인 ② 흥미로운 ③ 불가능한
④ 장려되는, 격려되는 ⑤ 실망스러운

▶ 이 글은 미괄식이며 결과의 연결어 therefore가 주제문장의 위치를 알려주고 있다. 글의 앞부분에 딩고가 양을 잡아먹기 때문에 호주 사람은 딩고를 싫어하고, 또한 호주 사람들에게 엄청난 피해를 준다는 내용이 나와 있으므로, 딩고를 총으로 사살하는 행동은 [원인] 호주 사람들에게 이익을 줄 것임으로 장려되어야 한다[결과]는 내용이 적절하다. 정답: ④번

🔑 Translations

호주의 야생 개인 딩고는 늑대와 같은 얼굴을 가졌고 늑대처럼 울어댄다. 또한 늑대들처럼 무리를 지어 사냥하기도 한다. 많은 호주 사람들은 이 야생 개들이 양을 잡아먹기 때문에 그들을 싫어한다. 딩고는 밤중에 풀 사이를 소리 내지 않고 뛰어다니며 사냥한다. 덫에 걸린 양은 전문 킬러인 야생개 딩고에게 쉬운 먹이감이 된다. 그들은 매년 호주 사람들에게 엄청난 금액의 비용을 치르게 한다. 그러므로 호주에서는 딩고를 총으로 사살하는 것이 <u>장려된다</u>.

Words&Phrases

□ **dingo** (호주산) 들개
□ **howl** (개, 이리 등이 길게) 짖다, 울부짖다
□ **prey on** ~를 먹이로 잡아먹다

The seeds of most plants are very ______________. They often travel long distances and survive harsh weather before they finally take root in soil. Grape seeds are one good example. If left on the vine, grapes will dry up and become raisins. The raisins will eventually drop off the vine, and some of the seeds will be driven into the soil by rain or by animals walking over them. Many grapes are grown for wine, so they are picked from the vine when ripe. They are then boiled or crushed to extract their juice. The farmers then use whatever remains of the grapes as fertilizer. Amazingly, many grape seeds survive the crushing and boiling. When they are inside the soil, the grape seeds take root and grow.

① durable　　　　　② dependent　　　　　③ useful
④ nutritious　　　　⑤ feeble

Solutions

Q2　① 튼튼한, 오래 견디는, 영속성 있는　　② 의존적인, 의지하는　　　③ 유용한, 쓸모 있는, 유익한
　　　④ 영양이 되는, 자양분이 많은　　　⑤ 연약한, 허약한, 힘없는

▶ 두괄식 구조이다. 주장을 먼저 한 다음 포도씨를 예로 들어 설명하고 있다.
[주제문장] 대부분 식물의 씨앗은 매우 오래 견딘다.
[보충설명] 놀랍게도 많은 포도씨들이 그러한 분쇄나 가열에서 살아남는다. 포도씨는 땅속에 들어가면 뿌리를 내리고 자란다.

→ 빈칸 이후의 두 번째 문장만 보아도 답을 쉽게 유추할 수 있다. 나머지는 이에 대한 보충설명문이므로 빠른 확인 과정만을 거친다. 남은 포도의 찌꺼기는 거름으로 사용하는데 여기에서 포도씨가 땅에 뿌리를 내리고 자란다. 즉, 포도씨가 거친 환경에 잘 견디고 생명력이 강하다는 것을 나타내는 "① durable(튼튼한, 오래 견디는, 영속성 있는)"이 정답이다.　　　　정답: ①번

Translations

대부분 식물의 씨앗은 매우 <u>오래 견딘다</u>. 그것들은 흔히 장거리를 여행하고 혹독한 날씨에 살아남아 마침내 땅속에 뿌리를 내린다. 포도씨는 좋은 예이다. 포도 열매는 포도 덩굴에 남게 되면 말라서 건포도가 된다. 건포도는 결국 나무에서 떨어지고 그 씨 중 일부가 비나 그 위를 밟고 지나가는 동물들에 의해 땅속으로 들어가게 된다. 많은 포도가 포도주를 생산하기 위해 재배되므로 다 익으면 그것들을 나무에서 딴다. 그런 다음 즙을 짜기 위해 그것들을 삶거나 으깬다. 그리고 농부들은 포도의 나머지 모든 부분들을 거름으로 사용한다. 놀랍게도 많은 포도씨들이 그러한 분쇄나 가열에서 살아남는다. 포도씨는 땅속에 들어가면 뿌리를 내리고 자란다.

Words&Phrases

□ **harsh** 가혹한, 혹독한　　　　　　　□ **boil** 삶다, 끓이다
□ **vine** 덩굴, 줄기　　　　　　　　　　□ **crush** 눌러 부수다, 압착하다, 분쇄하다
□ **raisin** 건포도　　　　　　　　　　　□ **extract** 뽑아내다, 추출하다; 끌어내다
□ **ripe** (충분히) 익은; 성숙한　　　　　□ **juice** (과일 · 야채 · 고기 등의) 즙, 주스, 액

School location can influence children's ________________. When new schools are built at a long distance from where their families live, children need to be driven to school, and they are deprived of an opportunity for exercise. On the other hand, if schools are located within walking or biking distance from where they live, and if safe routes to school are provided, then children can make walking or biking a part of their daily lives, establishing good habits that can last lifetime. Besides, when new schools are built, it is considered whether the places where new schools will be built provide plenty of light and fresh air.

① physical health　　② eating habits　　③ moral lesson
④ academic achievement　　⑤ emotional well-being

 **Solutions**

Q3　① 신체 건강　　② 식사 습관　　③ 도덕적 교훈
④ 학업 성취　　⑤ 정서적 행복

▶ 정의 + 조건 추론 [When + On the other hand + Besides, when]
[정의] 학교의 위치가 아이들의 신체 건강에 영향을 미칠 수 있다.
[조건 1] 새로운 학교가 자기 가족이 사는 곳에서 먼 곳에 세워지면 아이들은 학교로 차로 등교를 해야 할 필요가 생기고, 그러면 아이들은 운동할 기회를 빼앗기게 된다.
[조건 2] 반면에 학교가 아이들이 사는 곳에서 걷거나 자전거를 타고 갈만한 거리 안에 있고 안전한 등굣길이 확보된다면, 아이들은 걷거나 자전거 타는 일을 하루 생활의 일부로 만들 수 있고, 그리하여 평생 지속할 수 있는 좋은 습관을 형성하게 된다.
[조건 3] 또한 새 학교가 지어질 때는 새 학교가 지어질 장소에 햇빛과 신선한 공기가 풍부한지를 고려한다.
→ 빈칸 이후의 두 번째 문장(조건 1)만 보아도 답이 쉽게 유추된다. 나머지는 이에 대한 보충설명문이므로 빠른 확인 과정만을 거친다.

정답: ①번

Translations

학교의 위치가 아이들의 신체 건강에 영향을 미칠 수 있다. 새로운 학교가 자기 가족이 사는 곳에서 먼 곳에 세워지면 아이들은 학교에 차로 등교를 해야 할 필요가 생기고, 그러면 아이들은 운동할 기회를 빼앗기게 된다. 반면에 학교가 아이들이 사는 곳에서 걷거나 자전거를 타고 갈만한 거리 안에 있고 안전한 등굣길이 확보된다면, 아이들은 걷거나 자전거를 타는 것을 하루 생활의 일부로 만들 수 있고, 그리하여 평생 지속할 수 있는 좋은 습관을 형성하게 된다. 또한 새 학교가 지어질 때는 새 학교가 지어질 장소에 햇빛과 신선한 공기가 풍부한지를 고려한다.

Words&Phrases

□ **location** 위치, 소재
□ **distance** 거리, 먼 거리, 먼 곳
□ **be deprived of** ~을 빼앗기다, ~을 박탈당하다

□ **exercise** 운동; 연습
□ **route** 길(=road), 노정
□ **plenty of** 많은, 풍부한

When most people are asked to suggest a future power source, they think of solar energy. After all, the sun is a huge furnace, sunlight is free and it doesn't pollute the air. It's also a renewable energy source, which means that it will never run out. But there are some problems. First of all, the sun does not shine all the time, so backup systems are needed, and changing solar energy to electricity is too expensive for normal use. So are plates needed to collect solar energy. For these reasons, _______________ solar power will ever become our primary energy source.

① it is certain that

② it seems that

③ it is unlikely that

④ it is believed that

Solutions

Q4　① ~은 분명하다

② ~인 것처럼 보인다

③ ~할 가망이 없다

④ ~라고 믿어진다

▶ 먼저 이 글의 소재인 태양에너지의 장점들이 나열된 후 역접의 연결어 But을 통해 태양에너지를 이용하는 것에도 문제점이 있음을 보여 주는 단점들이 열거되고 있다. 따라서 태양에너지는 주된 에너지원이 될 것 같지 않다는 것이 이 글의 요지이다.

[통념] 태양에너지는 공기를 오염시키지도 않고 고갈되지도 않는 미래의 에너지원이다.

[비판] 그러나, 몇 가지 문제점들이 있다.

[비판의 원인] 보완 장치가 필요하다 + 에너지 전환 비용이 비싸다 + 집광판도 비싸다

[결론] 이러한 이유들로 인하여, 태양력은 우리의 가장 주요한 에너지원이 될 것 같지는 않다.　　　정답: ③번

Translations

대부분 사람들은 미래의 에너지원을 제시해 보라고 할 때, 태양에너지를 생각한다. 결국, 태양은 거대한 용광로이며, 햇빛은 비용도 들지 않고 공기를 오염시키지도 않는다. 또한 태양은 재생 가능한 에너지원이기에 절대 고갈되지 않는다. 그러나 몇 가지 문제점들이 있다. 무엇보다도, 항상 태양이 비치는 것이 아니므로 보완 장치가 필요하다. 그리고 태양에너지를 전기에너지로 전환하는 것은 일상적인 용도로 활용하기에는 너무 비용이 많이 든다. 태양에너지를 모으는 데 필요한 집광판도 비싸기는 마찬가지이다. 이러한 이유들로 인해, 태양력은 우리의 가장 주요한 에너지원이 <u>될 것 같지는 않다</u>.

Words&Phrases

□ **power source** 에너지 원천

□ **solar energy** 태양에너지

□ **furnace** 용광로

□ **renewable** 재생 가능한

□ **run out** (물자·돈 따위가) 떨어지다, 고갈되다

□ **backup system** 보완 장치

□ **primary** 첫째의; 주요한, 가장 중요한; 최초의; 초보의, 근본적인, 기본적인

Computer programs known as search engines can find thousands of websites for you in a matter of seconds. As great as they are, though, they can't read your mind! To get the best results from your search, you need to use the right search words to tell your browser what you want. In other words, be ________________. If you want information about Carl Sandburg's poem *Primer Lesson*, then type "Primer Lesson" into the box rather than just "Carl Sandburg." Some search engines allow you to search for exact phrases, such as "obesity in America." This way will eliminate sites that don't focus on exactly what you need.

① specific   ② alert   ③ creative
④ diligent   ⑤ patient

Solutions

Q5   ① 구체적인, 명확한   ② 방심하지 않는, 경계하는   ③ 창조적인, 독창적인
④ 근면한, 성실한   ⑤ 인내심 있는, 끈기 있는

▶ 반복(환언)의 표시어구인 In other words의 앞에 있는 문장(the right search words ~)과 바로 뒤에 나오는 조건의 If 문장(then type "Primer Lesson") 그리고 exact phrases라는 표현에서 빈칸에 적합한 어휘를 추론할 수 있다.   정답: ①번

Translations

검색 엔진이라고 하는 컴퓨터 프로그램들은 몇 초 만에 수천 개의 웹사이트를 찾아낼 수 있다. 그러나 그것들이 아무리 대단하다 한들 우리의 마음을 읽을 수는 없다! 검색에서 최선의 결과를 얻기 위해서는 브라우저에 원하는 것을 입력할 때 정확한 검색어를 사용할 필요가 있다. 다시 말해서, 구체적인 검색어를 입력하라. 만약 Carl Sandburg의 시 〈Primer Lesson〉에 관한 정보를 원한다면 "Carl Sandburg"보다는 검색 창 안에 "Primer Lesson"을 입력하라. 일부 검색 엔진들은 "미국에서의 비만"과 같은 딱 들어맞는 구절을 검색할 수 있게 해 준다. 이렇게 하면 필요한 것에 꼭 맞지 않는 사이트들은 제외할 수 있다.

Words&Phrases

□ **search engine** (컴퓨터) 검색 엔진
□ **in a matter of seconds** 몇 초 만에
□ **browser** (컴퓨터) 브라우저 (인터넷의 월드 와이드 웹 (www) 검색 프로그램); 어린 잎을 먹는 소; 책을 마음 내키는 대로 읽는 사람, 책은 사지 않고 뒤져 보기만 하는 사람

□ **exact** 정확한; 엄격한; 면밀한, 정밀한; 딱 들어맞는
□ **obesity** 비만

One glance at a pyramid can leave the viewer in awe of its beauty and splendor. Upon closer examination, however, one might be surprised to discover that such a grand structure is composed entirely of ordinary stones. An object as grand as a pyramid is not quickly or easily constructed. Just as the greatness of the city of Rome is due to the combination of its smaller parts, a pyramid is only as strong as the stones it is made up of. The image of a pyramid reminds us that ________________.

① great success is an accumulation of small achievements
② the driving force of history comes from a few geniuses
③ a people's excellence is expressed in their architecture
④ we can get the pleasure of success after failures
⑤ political power does not last as long as art

Solutions

Q6 ① 위대한 성공은 작은 성취의 축적물이다.

② 역사의 추진력은 몇몇의 천재로부터 나온다.

③ 민족의 우수성은 그들의 건축에서 표현된다.

④ 실패 후에 우리는 성공의 기쁨을 얻을 수 있다.

⑤ 정치적인 권력은 예술처럼 오래 지속되지는 않는다.

▶ [주장] 하지만 자세히 살펴보면. 웅장한 구조물이 평범한 돌로만 만들어져 있다는 사실에 놀랄 수도 있다.

[비교] 로마 도시의 위대함이 작은 부분들의 결합에 있듯이 피라미드는 그것을 구성하고 있는 돌들만큼만 강하다.

[결론] 피라미드의 이미지는 우리에게 위대한 성공은 작은 성취가 모여 이루어진 것임을 상기시킨다.

→ '평범한 돌(ordinary stones)이 모여서 웅장한 피라미드를 구성한다' + '로마 도시의 위대함은 작은 부분의 결합(the combination of its smaller parts)'이 추론의 근거가 된다. 피라미드도 단지 그것을 구성하는 작은 돌들만큼만 강할 뿐이다. 즉, 구성하는 돌들이 강한(위대한) 것이지 피라미드 그 자체로만 강한(위대한) 것이 아니다.　　　　정답: ①번

Translations

피라미드를 한 번 보기만 해도 그 아름다움과 장엄함에 압두된다. 하지만 더 자세히 살펴보는 순간 그런 웅장한 구조물이 평범한 돌로만 만들어져 있다는 사실에 놀랄 수도 있다. 피라미드처럼 거대한 구조물은 빨리 또는 쉽사리 지어지지 않는다. 로마 도시의 위대함이 작은 부분들의 결합에 있듯이 피라미드는 그것을 구성하고 있는 돌들만큼만 강한 것이다. 피라미드의 이미지는 우리에게 <u>위대한 성공은 작은 성취가 모여 이루어진 것임</u>을 상기시킨다.

Words & Phrases

- **glance** 일견(一見), 얼핏 봄(=swift look)
- **awe** 외경(畏敬), 외경심(=reverential fear)
- **be(stand) in awe of** ~을 두려워(경외)하다
- **splendor** 장엄함, 훌륭함; 빛남, 광채
- **combination** 결합, 배합
- **remind A that B** A에게 B를 생각나게 하다, 상기시키다
- **accumulation** 집적, 축적; 축적물; 증식
- **a people** (또는 peoples) 국민, 민족, 종족

Gifted children frequently suffer from feelings of isolation. This can be especially painful during their teen years, when peer approval is so important. Teens want desperately to be like everyone else, from their haircuts to their tennis shoes. With some bright kids, this happens as early as third or fourth grade, rather than the more usual middle school years. The child who thinks differently can feel alienated at any age. If the gifted teen feels like a failure socially, he may give up and focus only on his mental abilities. So, you may want to encourage your gifted child to at least ________________.

① form an independent attitude ② have a lot of physical abilities
③ develop his own mental abilities ④ have a positive mind about his family
⑤ keep an open mind about making friends

Solutions

Q7 ① 독립적인 태도를 형성하다 ② 많은 신체적인 능력을 가지다
③ 아이 자신의 정신적인 능력을 개발하다 ④ 자기 가족에 대하여 긍정적인 마음을 가지다
⑤ 친구를 사귀는 것에 대해서 열린 마음을 유지하다

▶ [주장] 재능 있는 아이들은 종종 소외감에 시달린다. 즉, 어떤 나이에서건 소외감을 느낄 수 있다.
[조건] 만약 재능 있는 십대가 사회적으로 실패자처럼 느껴진다면 포기하고 정신적 능력에만 집중할지 모른다.
[결론] 그래서 당신은 당신의 재능 있는 자녀가 적어도 친구 교제에 마음을 열도록 격려하기를 원할지 모른다.
→ 재능 있는 십대가 스스로 실패자로 느껴 자신의 정신적인 능력에만 더 집중한다는 것은 사회로부터 소외감을 느낀다는 것이므로 이것을 해결하는 방법은 부모가 친구들을 사귀도록 격려하는 것이다. 정답: ⑤번

Translations

영재아들은 종종 소외감에 시달린다. 이것은 십대 시기에 상당히 고통스러울 수 있는데 그때는 또래로부터의 인정이 매우 중요한 시기이다. 십대들은 그들의 머리 모양에서부터 테니스 신발까지 필사적으로 다른 사람과 같기를 원한다. 일반적인 아이들에게는 보통 중학교 시절에 발생하는 반면에, 일부 똑똑한 아이들은 초등학교 3, 4학년 초기에 이러한 현상이 발생한다. (남들과) 다르게 사고하는 아이는 어느 나이에서건 소외감을 느낄 수 있다. 만약 재능 있는 십대가 사회적으로 실패자처럼 느껴진다면 포기하고 정신적 능력에만 집중할지 모른다. 그래서 당신은 당신의 재능 있는 자녀가 적어도 친구 교제에 마음을 열도록 격려하기를 원할지 모른다.

Words&Phrases

□ **gifted** 타고난 재능이 있는, 천부의 재능이 있는, 머리가 좋은
□ **gifted child** 영재아, 신동(神童)
□ **isolation** 격리, 고립(감), 고독
□ **peer** (나이, 지위 등이) 동등한 사람, 동료
□ **approval** 찬성, 동의
□ **desperately** 절망적으로, 필사적으로
□ **alienated** 소외된
□ **failure** 실패자; 낙제자; 잘못된 것
□ **at least** 최소한

One of the most distinct features of the Internet as a medium is its _________________. Take for comparison a newspaper article. A journalist who writes an article has only one main way to assess the impact and popularity of the item: the number of people who buy the service as a whole. This number does not communicate any evaluative information such as whether readers have any opinions on the content, doubt any of the facts presented, or have information to contribute. However, the Internet as a medium can readily provide such rich data in relation to each item published, through article ratings, e-mails, online discussions, bulletin boards, etc.

① popularity   ② file sharing   ③ interactivity
④ collaboration   ⑤ virtual reality

Solutions

Q8   ① 인기, 평판, 대중성, 유행   ② (컴퓨터) 파일 공유   ③ 상호작용성
     ④ 협동, 협조   ⑤ 가상현실 (컴퓨터로 만든 가상 공간에서 마치 현실과 같은 체험을 느끼게 하는 것)

▶ 언론 매체로서의 인터넷을 신문과 비교하여 설명했다.

[신문기사] 신문을 구매하는 사람의 숫자가 유일한 평가 방법 → 그러나 독자들이 내용에 대해 어떤 의견을 가지고 있는지, 제시된 사실을 의심하고 있는지 혹은 도움이 될 정보를 가지고 있는지에 대한 어떤 평가적인 정보도 전달해 주지 못한다.

[인터넷] 기사에 대한 평점 매기기, 이메일, 온라인 토론, 게시판 등을 활용해서 공개된 각 기사와 관련된 풍부한 정보를 손쉽게 제공해 줄 수 있다.

[결론] 따라서 신문기사와 달리 매체로 인터넷은 다양한 방식으로 상호작용이 가능하다.   정답: ③번

Translations

매체로서의 인터넷이 가진 가장 두드러진 특징 중 하나는 상호작용성이다. 신문기사와 비교해 보자. 기사를 쓰는 언론인은 그 기사가 가진 영향력과 인기를 평가하는 방법으로 단 한가지의 주된 방법은 총체적으로 서비스를 구매하는 사람들(구독자)의 수밖에 없다. 이 숫자는 독자들이 내용에 대해 의견을 가지고 있는지, 제시된 사실을 의심하고 있는지 혹은 도움이 될 정보를 가지고 있는지에 대한 어떤 평가적인 정보도 전달해 주지 못한다. 그러나 매체로서의 인터넷은 기사에 대한 평점 매기기, 이메일, 온라인 토론, 게시판 등을 활용해서 공개된 각 기사와 관련된 풍부한 정보를 손쉽게 제공해 줄 수 있다.

Words&Phrases

- **distinct** 두드러진, 뚜렷한, 명확한
- **feature** 특징, 특색
- **medium** 매체, 방송매체, 매스컴
- **comparison** 비교, 대조
- **article** 기사; 물품, 물건; 조항, 항목;계약
- **assess** (사람 · 사물 등의) 가치를 평가하다
- **impact** 영향; 충격

- **as a whole** 전체로서, 총괄적으로; 대체로
- **evaluative** 평가하는, 가치를 어림하는
- **content** (보통 pl.) 내용; 내용물; 함유량
- **contribute** (원고를) 기고하다, (신문 · 잡지 등에) 기고하다
- **rating** 등급(=class); 등위 매김
- **bulletin board** 게시판

Soccer is more exciting than any of the top team sports. This is according to the research of a team of scientists. They analyzed the results of over 300,000 games played since 1888. They decided that the likelihood of an "upset" in a game was a good measure of its excitement. An upset is a game in which the weaker team beats the stronger team. They found soccer matches produced more upsets. The survey, however, is not all bad news for enthusiasts of other team sports. It seems that soccer has become ________________ over the past fifty years. This suggests that strong teams are becoming stronger and the chance of an upset is lessening.

① the world's richest sporting event
② less exciting and more predictable
③ more thrilling than other team sports
④ a sport which pays athletes too much
⑤ a sport which produces far more upsets

Solutions

Q9　① 세상에서 가장 호화로운 스포츠 경기　　② 재미가 덜하고 더 예측 가능한

　　③ 다른 팀 스포츠보다 더 흥분이 되는　　④ 선수들에게 너무 많은 돈을 지불하는 경기

　　⑤ 더 많은 역전이 만들어지는 경기

▶ 축구에 대한 연구 결과의 내용을 요약하면 빈칸에 논리적으로 적합한 어구를 찾아낼 수 있다.

[주장] 축구는 다른 어떤 최고의 팀 스포츠보다 더 재미있다.

[이유] 축구 시합은 재미를 측정하는 좋은 척도인 '역전'을 더 많이 일으킨다는 것을 알아냈다.

[반전] 강팀이 더 강해지고 역전할 기회가 더욱 더 적어진다면?

→ 축구 경기는 재미가 없어지고 승부는 당연히 예측 가능한 것이 될 것이다.　　　　정답: ②번

Translations

축구는 다른 어떤 최고의 팀 스포츠보다 더 재미있다. 이것은 한 팀으로 구성된 과학자들의 연구에 따른 것이다. 그들은 1888년 이후에 행해진 30만 개의 경기의 결과를 분석했다. 그들은 경기에서 '역전'이 일어날 가능성이 재미를 측정하는 좋은 척도가 된다고 결론지었다. 역전이란 약한 팀이 더 강한 팀을 이길 때의 경기를 말한다. 그들은 축구 시합이 더 많은 역전을 일으킨다는 것을 알아냈다. 그러나 조사 결과가 다른 팀 스포츠에 열광하는 사람들에게 전적으로 나쁜 소식만은 아니다. 지난 50년 동안 축구는 재미가 덜해지고 더 (승부) 예측이 가능해진 것처럼 보인다. 이것은 강팀은 더 강해지고 역전할 기회는 적어진다는 것을 말해준다.

Words&Phrases

□ **analyze** 분석하다
□ **survey** 연구, 조사
□ **likelihood** 가능성, 있을 법함; 기회
□ **enthusiast** 열광자, 팬
□ **excitement** 흥분, (기쁨의) 소동
□ **lessen** 줄다, 줄이다
□ **upset** 역전패, 역전; 전복, 뒤집힘; 불화, 싸움; 뒤집힌, 전도된; 근심되는; 뒤엎다, 당황하게 하다

Exercise 10

A writer must first decide whether the story will be told by a narrator who is outside the story or by one of the characters within the world created in the story. An outside point of view provides greater flexibility and suggests a greater sense of ________________. An inside point of view provides a more intimate, often more engrossing narration. Since the character narrating is within the story, he or she may be incorrectly informed or may have some motive for misrepresenting events. Therefore, we cannot always trust his or her subjective account as we generally can do that of an outside narrator.

① objectivity   ② humanity   ③ creativity
④ simplicity   ⑤ curiosity

Solutions

Q10   ① 객관성   ② 인간성, 인정, 자비   ③ 창의력, 창조성
     ④ 간소, 단순성   ⑤ 호기심

▶ 필자는 외부의 화자와 내부의 화자의 차이점을 대조하고 있으므로 그 차이점을 파악하면 된다.

[주장] 작가는 스토리가 스토리 밖에 있는 화자에 의해 이야기되어야 할지 아니면 스토리 안에서 만들어진 등장인물 중 한 사람에 의해 전개되어야 할지를 먼저 결정해야 한다.

[내적 화자] 친밀하지만 부정확한 정보와 사건을 잘못 제시할 가능성이 있다. → 주관적 설명

→ 따라서 내적 화자의 주관적 설명의 반대말인 객관적 설명이 나와야 하므로 ① objectivity(객관성)가 빈칸에 적합하다.

정답: ①번

Translations

작가는 스토리가 스토리 밖에 있는 화자에 의해 전달되어야 할지 아니면 스토리 안에서 만들어진 등장인물 중 한 사람에 의해 전달되어야 할지를 먼저 결정해야 한다. 외부의 관점은 더 큰 유연성(융통성)과 객관성을 준다. 내적 관점은 좀 더 친밀하면서도 때로는 독자를 더 열중케 하는 서술을 제공한다. 서술하고 있는 등장인물이 스토리 안에 있기 때문에 그(그녀)는 부정확한 정보를 받을 수도 있고 사건을 잘못 제시할 수 있는 동기를 가질 수도 있다. 따라서 우리는 일반적으로 외적 화자의 설명만큼 그(그녀)의 주관적 설명을 항상 신뢰할 수 있는 것은 아니다.

Words&Phrases

- **narrator** 화자
- **character** 등장인물, 성격, 특징, 인격
- **flexibility** 유연함, 융통성
- **point of view** 관점
- **intimate** 친밀한; ~을 넌지시 비추다, 암시하다
- **engrossing** 열중하게 하는, 마음을 빼앗는
- **incorrectly** 부정확한, 틀린
- **motive** 동기
- **misrepresenting** 잘못 전달하는, 부정확하게 말하는
- **subjective** 주관적인
- **account** (사건 등에 대한) 설명, 기술

Chapter 5

글의 흐름 이해

1 대명사^pronouns의 기초적 개념

∞ 대명사의 역할

앞에 나온 명사를 대신하며 명사와 마찬가지로 주어, 목적어, 보어 자리에 쓰인다.

∞ 대명사의 종류

대명사를 이해하는 것은 지칭의 선후 관계성을 파악하는 지칭추론, 글의 순서, 한 문장 넣기 등의 문제 유형에서 중요하다.

인칭대명사	사람을 지칭한다.	I, we, you, he, she, they
지시대명사	지시의 대상을 지칭한다.	this, these, that, those
부정대명사	막연한 사람이나 사물의 수량을 나타낸다.	(the) one, the other, all, some, none 등
의문대명사	의문의 대상을 나타낸다.	who, whom, what, which
"it"	① 지시대명사: 앞에 나온 낱말(word), 구(phrase), 절(clause)을 대신 받음 ② 가주어: 준동사구나 명사절이 주어인 경우 이것이 너무 길기 때문에 문장 뒤로 보내는 대신 쓰는 it ③ 가목적어: 5형식 문장에서 준동사구나 명사절이 목적어인 경우 이것이 너무 길기 때문에 문장 뒤로 보내는 대신 쓰는 it ④ 비인칭 주어: 시간, 날짜, 요일, 날씨, 거리, 명암, (막연한) 상황 등을 나타낼 때	
기타 대리어구	독해상의 동의어 / 유사어 및 대리어구	기타 대리어구 I – the way, that much, such + 명사, likewise, 대동사 기타 대리어구 유형 II – 비교, 유사, 대조 유형

여기서는 글의 흐름 문제를 효율적으로 풀기 위해 기본적으로 연습이 필요한 지시대명사, 부정대명사, it, 기타 대리어구를 자세히 설명하겠습니다.

∞ **지시대명사**

(1) this, these

> • **this**(단수): 셀 수 있는 명사와 셀 수 없는 명사 모두 사용
>
> ❶ 가까이 있는 사람 / 사물을 지칭한다.
>
> This is Mr. Taylor. 이 사람은 Taylor 씨입니다.
> This was her house by 2005. 이 집은 2005년까지 그녀의 것이었다.
>
> ❷ 순서가 있는 둘 중에서 뒤의 것(후자)를 지칭한다.
>
> I have a son and a daughter, that is a professor, and this is a writer.
> → that = a son = 전자 / this = a daughter = 후자
> 나는 아들과 딸이 있다. 전자(아들)는 교수이고, 후자(딸)는 작가이다.
>
> ❸ 앞 또는 뒤의 문장, 구, 절을 가리킨다.
>
> She said nothing, and this made me angry. 그녀는 아무 말도 하지 않았고 이것 때문에 나는 화가 났다.
> → this = She said nothing (이때의 this는 that과 교체 가능)
> Listen to this; Mid-term exam starts next Monday. 다음을 들으세요. 중간고사가 다음 월요일에 시작합니다.
> → this = Mid-term exam starts next Monday. (이때의 this는 that과 교체 불가능)
>
> • **these**(복수): 셀 수 있는 명사의 복수를 받는다.
> These are my friends. 이 사람들은 나의 친구들이다.

(2) that, those

> • **that**(단수): 셀 수 있는 명사와 셀 수 없는 명사 모두 사용
>
> ❶ 이 사람/이것(this)보다 멀리 있는 사람/사물을 지칭한다.
>
> That is my wife. 저 사람은 나의 아내이다.
> That was her house by 2005. 저 집은 2005년까지 그녀의 것이었다.
>
> ❷ 순서가 있는 둘 중에서 앞의 것(전자)을 지칭한다.
>
> I have a son and a daughter, that is a designer, and this is a pianist.
> → that = a son = 전자 / this = a daughter = 후자
> 나는 아들과 딸이 있다. 전자(아들)는 디자이너이고, 후자(딸)는 피아니스트이다.
>
> ❸ 앞의 문장, 구, 절을 가리킨다. (this는 앞이나 뒤 문장, that은 앞 문장을 받는다.)
>
> He makes a mistake so often, and that's the problem.
> 그는 자주 실수를 한다. 그것이 문제이다.
> → that = He makes a mistake so often
> He makes a mistake, and that very often.
> 그는 실수를 한다. 그것도 아주 자주.
> → that = He makes a mistake (and that은 '그것도, 더욱이'라는 의미로 앞 문장의 내용을 첨가, 강조, 부연한다.)
>
> ❹ 두 가지를 비교할 때 비교대상인 단수명사를 받는다. (이 경우 this를 사용할 수 없다.)
>
> The climate of Japan is similar to that of Korea. 일본의 기후는 한국의 기후와 비슷하다.
> → that = The climate
> The population of Japan is larger than that of Korea. 일본의 인구는 한국의 인구보다 더 많다.
> → that = The population

• those(복수): 셀 수 있는 명사만 사용

❶ 두 가지를 비교할 때 비교대상인 복수명사를 받는다. (these를 사용할 수 없다.)

The ears of a rabbit are longer than those of a cat. 토끼의 귀는 고양이의 귀보다 길다.
→ those = The ears

Apples in this store are bigger than those in the market.
이 가게의 사과들은 시장의 사과들 보다 더 크다.
→ those = Apples

❷ 이 사람/이것들(these)보다 상대적으로 떨어져 있는 사람들과 사물들

Those are very expensive houses. 저것들은 매우 비싼 가옥들이다.

❸ ~한 사람들(주로 who가 이끄는 형용사절과 함께)

Heaven helps those who help themselves. 하늘은 스스로 돕는 자를 돕는다.
Those from the United States are opposite to the plan. 미국 출신자들이 그 계획에 반대한다.

cf. He(=One) who tries to please everybody pleases nobody.
모든 사람들을 즐겁게 해 주려고 하는 사람은 아무도 즐겁게 해 주질 못한다.
→ He(One) who ~ : ~하는 사람

(3) it, they ; one, ones

❶ it / they: 앞에 나온 명사와 똑같은 것

• 단수 it(셀 수 있는 명사와 셀 수 없는 명사 둘 모두 사용)
I bought a car and I will sell it next week. 나는 차를 한 대 샀는데 그것을 다음 주에 팔 것이다.
※ it은 명사 외에도 앞에 언급된, 구, 절 등을 받음

Tom tried to eat a hot pepper, but it wasn't easy. Tom은 고추를 먹으려 애썼으나, 그것은 쉽지 않았다.
She is beautiful, and she knows it. 그녀는 아름답다. 그리고 그녀는 그것을 알고 있다.

• 복수 they(셀 수 있는 명사만 사용)
I bought some dictionaries in London and they are very helpful to me.
나는 런던에서 몇 권의 사전을 샀는데 그것들은 나에게 매우 도움이 된다.

※ 관계대명사 who, that의 선행사 – 현대영어에서는 They who~ 대신에 Those who~를 주로 쓴다.
They do least who talk most. 말 많은 사람은 실행이 적다.

❷ one / ones: 앞에 나온 명사와 같은 종류 (셀 수 있는 명사만 사용)

• 단수 one
He has a car, and I want to buy one. 그는 자동차를 가지고 있고 나도 한 대 사고 싶다.

※ one은 셀 수 없는 명사, 소유격, 그리고 기수사 다음에 사용할 수 없다.
Instead of drinking cold water, I always drink hot in summer. [hot one(x)]
나는 여름에 찬물 대신에 항상 뜨거운 물을 마신다.
His house is bigger than his uncle's. [his uncle's one(x)]
그의 집은 그의 삼촌 집보다 더 크다.

• 복수 ones
There are five roses, a white one and four red ones.
다섯 송이의 장미가 있다. 한 송이의 백장미와 네 송이의 붉은 장미가.

※ one에 수식어가 붙는 경우: 정관사(the)를 붙이기도 하고, 복수형(ones)이 될 수도 있다.
My dress is more expensive than the one she is wearing.
내 옷은 그녀가 입고 있는 옷보다 더 비싸다.

구체적으로 정해지지 않은 막연한 사람이나 사물의 수량을 나타내며 이들 뒤에 명사가 오면 형용사 역할을 한다.
(the)one / another, some / (the) other(s)

❶ 전체 집합이 2개일 때: one(명사) / the other(명사) → 둘 중 하나, 나머지 하나를 의미

There were two students: one (student) was Korean and the other (student) was Chinese. 학생이 둘이 있었는데, 한 학생은 한국인이고, 또 한 학생은 중국인이었다.

❷ 전체 집합이 2개일 때: the one(명사) / the other(명사) → 둘 중 앞의 것(전자), 뒤의 것(후자)을 의미

I met a boy and his father yesterday; the one is fifteen and the other is fifty.
나는 어제 한 소년과 그 아버지를 만났는데, 소년은 15세이고 그의 아버지는 50세이다.

❸ 전체 집합이 4개 이상일 때: one(명사) / another(명사) / the others (the other + 복수명사)
→ (4개 이상 중에서) 하나, 또 다른 하나, 나머지 전부를 의미

There are four men. One is a columnist, another (is) a poet, the others (are) novelists.
네 사람이 있다. 한 명은 칼럼니스트이고, 또 한 명은 시인이고, 나머지(두 명)는 소설가이다.

There are four flowers in the vase; one is 'tulip,' another, 'lily,' a third, 'rose' and the other(또는 the fourth) is 'violet.'
꽃병에 네 송이의 꽃이 있다. 한 송이는 튤립이고, 또 한 송이는 백합, 또 한 송이는 장미이며 나머지 한 송이는 제비꽃이다.

❹ 전체 집합의 수가 정해졌을 때: some [some + 복수명사] / the others [the other + 복수명사]
→ (정해진 여러 개 중에서) 얼마간(일부), 나머지 전부를 의미

Some (students) of them major in economics; the others / (the other students) major in politics.
그들 중 일부 학생들은 경제학을 전공하고, 나머지 학생들은 정치학을 전공한다.

Some students came in time, some on time, and the others late.
학생들 중에는 제시간에 온 아이도 있고 정시에 맞춰 온 아이도 있었지만 나머지는 지각했다.

❺ 전체 집합의 수가 정해진 것이 없을 때: some [some + 복수명사] / others [other + 복수명사]
→ (정해진 것이 없을 때) 얼마간, 다른 사람(것)들을 의미

Some men wear boxer shorts for underwear, others wear bikini briefs.
어떤 남성들은 사각팬티를, 또 어떤 이들은 짧은 삼각팬티를 입는다.

❻ 전체 집합이 정해진 가운데: one (명사), the others (the other + 복수명사)
→ (정해진 가운데) 하나, 나머지 전부를 의미

One of the five novels is very exciting; the others(the other novels) are boring.
다섯 권의 소설 중에서 한 권은 매우 재미있고 나머지는 지루하다.

∞ **가주어 "it"**

> • 준동사구나 명사절이 주어인 경우
>
> ❶ **To think of the exam** gives me a headache. 시험 생각을 하면 머리가 아프다.
>   S: to부정사   V IO   DO
>
> = It gives me a headache **to think of the exam**. (It = to think of the exam)
>   가주어   진주어
>
> ❷ It seems very easy **to answer the question**, but it isn't. (It = to answer the question)
>   S V   SC   S' = 진주어
>
>   그 문제에 답하는 것은 매우 쉬워 보이지만 실은 그렇지 않다.
>
> ❸ It is fun **reading comic books**. (It=reading comic books)
>   S V SC   S' = 진주어
>
>   만화책을 읽는 것은 재미있다.
>
> ❹ It is clear from his actions **that he loves her**. (It = that he loves her)
>   S V SC   M   S' = 진주어
>
>   그의 행동으로 보아 그가 그녀를 사랑한다는 것은 분명하다.

∞ **가목적어 "it"**

> • 5형식 문장에서 준동사구나 명사절이 목적어인 경우
>
> (make, believe, consider, think, take, feel, find 동사)
>
> ❶ We all consider it wrong **to cheat on test**. (it = to cheat on test)
>   S   V   O OC   O'(진목)=to부정사
>
>   우리 모두는 시험 볼 때 부정행위를 하는 것이 옳지 못하다고 생각한다.
>
> ❷ She found it useless **trying to look younger than her age**.
>   S   V   O OC   O'(진목)=동명사
>
>   (it = trying to look younger than her age)
>
>   ·그녀는 나이보다 젊게 보이려고 애쓰는 것이 소용없다는 것을 깨달았다.
>
> ❸ I made it clear **that I objected to the proposal**. (it = that I objected to the proposal)
>   S V   O OC   O'(진목)=that절
>
>   나는 내가 그 제안에 반대한다는 것을 분명히 했다.

∞ 비인칭 주어 "it"

• 시간, 날짜, 요일, 날씨, 거리, 명암, (막연한) 상황의 비인칭 주어

It will take you 20 minutes to reach there. 거기에 도착하는데 20분이 걸릴 것이다. (시간)

What date is it today?(=What's the date?) 오늘 며칠이죠? (날짜)

It's February 7. 2월 7일입니다.

What day is it today? 오늘은 무슨 요일입니까? (요일)

It's Tuesday. 화요일입니다.

It's fine[chilly, sultry, foggy]. 날씨가 좋다[쌀쌀하다, 무덥다, 안개가 끼었다]. (날씨)

How far is it from Korea to Australia? 한국에서 호주까지는 얼마나 됩니까? (거리)

It is getting dark, so I must go back in a hurry. 어두워지고 있으니 나는 서둘러 돌아가야겠다. (명암)

How is it going? 요즘 어떻게 지내세요? (막연한 상황)

If it were not for water, we could not live. 물이 없다면 우리는 살 수 없을 것이다. (막연한 상황)

∞ 기타 대리어구

❶ Some people feel most hungry in the early morning, but I get that way just before supper.
일부 사람들은 이른 아침에 가장 배고픔을 느끼나, 나는 저녁 식사 바로 전에 그렇게 된다.
→ get that way = feel most hungry

❷ As I loved and respected them, I expected payment in kind.
내가 그들을 사랑하고 존중했으므로, 나는 그들도 나에게 그렇게 하기를 기대했다.
→ payment in kind = to love and respect me in turn   * payment in kind는 '현물지불'의 뜻도 있다.

❸ The Sun exerts a pull on the Earth, and vice versa.
태양은 지구에 인력을 행사하는데, 그 반대도 적용된다.
→ vice versa = The Earth exerts a pull on the Sun, too.

❹ The students will write brief summaries of scientific treatises, earning $3 for each such
abstract. 그 학생들은 과학 논문들을 간략하게 요약하는 글을 쓰게 되고 그런 요약문 한 편에 3달러를 받는다.
→ such abstract = summary of scientific treatises

❺ He clambered to his feet, and Tom did likewise, with a bit more agility.
그는 손을 짚고 힘들게 일어섰다. 그리고 Tom도 다소 민첩하게 그렇게 했다.
→ did likewise = clambered to his feet

• 비교 유형: 비교의 대상은 동일하거나 동일한 종류여야 한다.

❶ The increase in female employment has been far greater than the rise in male breadwinning. 여성(인력)의 고용 증가는 남성의 그것보다 훨씬 더 컸다.
→ increase = rise / employment = breadwinning / female ≠ male

❷ Determining a dinosaur's overall shape from fossils is a piece of cake compared with figuring out the details. 화석에서 공룡의 전반적인 모습을 알아내는 것은 세부적인 모습을 알아내는 것에 비해서 아주 쉽다.
→ Determining = figuring out / overall shape ≠ the details

❸ Some containers, such as cans, are very durable. They are not damaged and broken easily. Other containers, such as bags and boxes, are not so strong and long-lasting.
깡통 같은 일부 용기들은 아주 내구성이 좋다. 그것들은 쉽게 손상되거나 깨지지 않는다. (그러나) 가방과 상자 같은 일부 다른 용기들은 그만큼 튼튼하고 오래 가지 않는다.
→ durable = strong and long-lasting / Some containers ≠ Other containers

• 유사 유형

❶ Tom and Jack bought new clothes for Roy, which were virtually identical to their own outfits. Tom과 Jack은 Roy를 위하여 새 옷을 구입했는데, 그것은 자신들의 옷과 사실상 똑같은 것이었다.
→ clothes = outfits

❷ Thomas Jefferson's achievements as an architect rival his contributions as a politician.
Thomas Jefferson의 건축가로서의 업적은 그의 정치가로서의 공헌과 맞먹는다.
→ achievements = contributions

❸ Gradually my wild breathing subsided. The rabbit-fast beat of my heart decelerated, too.
점차 나의 거친 호흡이 진정되었다. 토끼처럼 빠르던 내 심장 박동도 가라 앉았다.
→ subsided = decelerated

❹ In most of the world, communism is dead; the Soviet Union has crumbled. The East Block disintegrated as well.
세계의 대부분 지역에서, 공산주의는 죽었다. 소련은 무너져 버렸다. 동구권 또한 붕괴했다.
→ crumbled = disintegrated

• 대조 유형

❶ He looks stupid, but he is not dim-witted.
그는 겉으로는 어리석어 보인다. 그러나 실제로는 어리석지 않다.
→ stupid ≠ not dim-witted (dim-witted = stupid)

❷ Some people are generous to themselves but very petty to others.
어떤 사람은 자신들에게는 후하다. 그러나 남들에게는 아주 쩨쩨하다.
→ generous ≠ petty (=not generous) / themselves ≠ others

❸ Men are blind to their own faults but never lose sight of their neighbor's.
사람들은 자기들 자신의 결점을 못 본다. 하지만 남들의 결점은 잘 본다.
→ are blind to ≠ never lose sight of (= are not blind to) / their own faults ≠ their neighbor's (faults)

❹ Little minds are interested in the extraordinary; great minds in the commonplace.
소인은 별난 것에 관심을 갖지만 대인은 평범한 것에 관심을 갖는다.
→ Little minds ≠ great minds / extraordinary ≠ commonplace

❺ Certain practices that were once condemned as deviant are now considered fairly normal. 어떤 관행들은 한때에 비정상적인 것으로 비난받았으나 지금은 상당히 정상적인 것으로 여겨진다.
→ once ≠ now / deviant ≠ normal

Whether woven or printed, a fine tie is a work of art from beginning to end. Woven silk ties are the most luxurious of all. Though less common today, they were at one time the essential accessory of a true gentleman.

Q1   윗글에서 밑줄 친 they가 가리키는 것을 찾아서 쓰시오.

Soaring eagles have the incredible ability to see a mouse in the grass from a mile away. Similarly, cats have the extraordinary ability to see in the dark. Through natural selection over time, these animals have developed visual systems uniquely adapted to their way of life.

Q2   윗글에서 밑줄 친 these animals가 가리키는 것을 찾아서 쓰시오.

Handwriting is not as individualized as fingerprints, but it is distinctive enough that any two persons are highly unlikely to do exactly the same. People have long believed that character and personality traits can be inferred from it, whose study is called graphology.

Q3   윗글에서 밑줄 친 it이 가리키는 것을 찾아서 쓰시오.

Solutions

Q1   they = woven silk ties (실로 짠 실크 넥타이들)

실로 짠 것이든, 인쇄를 한 것이든지 간에 훌륭한 넥타이는 처음부터 끝까지 예술 작품이다. 실로 짠 실크 넥타이는 모든 것 중에서 가장 화려하다. 비록 오늘날에는 덜 하지만, 그것들은 한때 진정한 신사의 필수 액세서리였다.

Q2   these animals = eagles + cats (독수리들 + 고양이들)

비상하는 독수리는 1마일 떨어진 곳에서도 풀밭 속에 있는 쥐를 볼 수 있는 놀라운 능력을 갖추고 있다. 유사하게, 고양이는 어둠 속에서도 볼 수 있는 특별한 능력을 갖추고 있다. 시간이 흐르면서 자연 선택을 통해, 이러한 동물들은 그들의 삶의 방식에 특별히 적합한 시력 체계를 발달시켰다.

Q3   it = handwriting (필적)

필적은 지문처럼 개별화되어 있는 것은 아니지만, 어떤 두 사람도 정확하게 똑같을 확률이 거의 없을 정도로 매우 다르다. 오래전부터 사람들은 성격이나 개성의 특성들을 이것에서 유추할 수 있다고 믿어왔는데 이것에 대한 연구들 필적학이라고 부른다.

Words & Phrases

- **woven** 실로 짠
- **at one time** 그 당시
- **soaring** 비상하는
- **incredible** 놀라운
- **extraordinary** 특별한
- **uniquely** 독특한, 특이한
- **adapt** 적응시키다; 각색하다
- **handwriting** 필적
- **fingerprint** 지문
- **individualize** 개별화시키다
- **personality** 개성
- **trait** 특성
- **infer** 유추하다
- **graphology** 필적학

When drawing human figures, children often make the head too large for the rest of the body. A recent study offers some insight into this common imbalance in children's drawings.

Q1 윗글에서 밑줄 친 this common imbalance가 가리키는 것을 찾아서 쓰시오.

The bodies of flowing ice we call glaciers are the most spectacular of natural features. They result from densely packed snow. Unlike a stream, a glacier cannot be seen moving. Accurate measurements, however, show that it is flowing.

Q2 윗글에서 밑줄 친 They가 가리키는 것을 찾아서 쓰시오.

Solutions

Q1 this common imbalance = 앞 문장 전체 (When drawing ~ the body.)
인물을 그릴 때, 아이들은 종종 신체의 나머지 부분에 비해 머리를 지나치게 크게 그린다. 최근 한 연구는 아이들의 그림에서 보이는 이러한 일반적인 불균형에 대한 어떤 식견을 제공한다.

Q2 They = The bodies of flowing ice = glaciers
우리가 빙하라고 부르는 흘러가는 얼음 덩어리는 가장 볼만한 자연의 특징이다. 그것들은 조밀하게 뭉쳐진 눈 때문에 생긴 것이다. 시냇물과는 달리, 빙하가 움직이는 것은 볼 수 없다. 그러나, 정확히 측정해 보면, 그것이 흘러가고 있다는 사실을 알 수가 있다.

Words&Phrases

- □ **draw** 그림을 그리다
- □ **drawing** 그림
- □ **human figures** 인물
- □ **body** 덩어리; 몸체
- □ **insight** 통찰력, 식견
- □ **common** 일반적인
- □ **imbalance** 불균형
- □ **flowing** 흘러가는
- □ **glacier** 빙하
- □ **spectacular** 장관의; 구경거리의
- □ **feature** 특징, 특색
- □ **densely** 조밀하게
- □ **accurate** 정확한

Thomas Alva Edison was working to invent a light bulb and in general it took a whole team of men 24 straight hours to put just one together. The story goes that when Edison was finished with one light bulb, he gave it to a young boy helper, who carried it upstairs. Carefully step by step he watched his shaky hands, afraid that he might drop this priceless piece of work. By now you probably guessed what happened; the poor young fellow dropped the bulb at the top of the stairs. So it took the whole team of men 24 more hours to make another bulb. At last Edison was ready to have his bulb carried upstairs. Without any hesitation, he gave it to the same young boy who dropped the first one. That's true _________________.

Q1 윗글의 빈칸에 들어갈 말로 가장 적절한 것을 고르시오.
① pastime ② discrimination ③ distaste
④ forgiveness ⑤ adversity

Q2 윗글에서 전구를 운반하게 된 소년을 지칭하는 대명사 및 대리어구를 모두 찾아서 순서대로 적으시오.

Q3 윗글에서 Edison이 만든 백열전구를 지칭하는 대리어구를 모두 찾아서 순서대로 적으시오.

Solutions

Q1 ① 기분전환(취미, 오락) ② 차별(구별, 식별) ③ 혐오 ④ 용서 ⑤ 역경   정답: ④번

Q2 a young boy helper ⇒ he ⇒ the poor young fellow ⇒ the same young boy

Q3 처음에 만든 백열전구: a light bulb ⇒ one light bulb ⇒ it ⇒ this priceless piece of work ⇒ the bulb ⇒ the first one
두 번째 만든 백열전구: another bulb ⇒ his bulb ⇒ it

Translations

Thomas Alva Edison은 백열전구를 발명하기 위해 일하고 있었고 일반적으로 단 한 개를 조립하는데 전 팀이 꼬박 24시간이 걸렸다. Edison이 백열전구 하나를 완성했을 당시로 가서 이야기하면, Edison은 그것을 어린 소년 조수에게 주었고 그 소년은 그것을 위층으로 가지고 갔다. 이 귀중한 작품을 떨어뜨릴까 봐 두려워하면서, 조심스럽게 한 걸음씩 걸을때마다, 그는 자신의 떨리는 손을 지켜보았다. 아마 지금쯤 여러분은 어떤 일이 일어났는지를 짐작했을 것이다. 그 불쌍한 어린 소년은 계단 꼭대기에서 전구를 떨어뜨렸다. 그래서 팀 전체가 전구를 하나 더 만들어 내는데 24시간이 더 걸렸다. 마침내 Edison이 그 전구를 위층으로 갖고 올라가게 할 준비가 되었다. 주저하지 않고, 그는 그것을 첫 번째 전구를 떨어뜨렸던 바로 그 어린 소년에게 주었다. 그것이 바로 진짜 용서이다.

Words&Phrases

□ **in general** 일반적으로
□ **put ~ together** 조립하다
□ **shaky** 흔들리는, 떨리는
□ **priceless** 귀중한, 소중한 (=invaluable)

2 지시대명사의 출제 유형

밑줄 친 대명사 중에서 지칭하는 대상이 다른 하나를 찾는 유형의 문제가 자주 출제된다. 글의 중심이 되는 사람 또는 사물이 어떤 흐름으로 설명되고 있는지를 정확히 파악해야 한다. 대명사나 지시어는 앞에 나온 말의 반복에서 오는 단조로움을 피하면서 동시에 글을 논리적으로 연결하는 역할을 한다.

∞ **핵심비법**

> □ 글의 초반에 등장하는 인물 또는 사물과 글 중반 이후에 등장하는 인물과 사물을 구별한다.
> □ 대명사는 다음 문장에서 주격, 목적격, 전치사의 목적격, 명사의 소유격으로 다시 사용될 수 있음을 명심하자.
> □ 밑줄 친 대명사 중 첫 번째 대명사가 정답이 될 가능성은 거의 없으나 간혹 첫 번째 역시 정답인 경우도 있으니 절대 속단하지는 말자.
> □ 부분적인 독해로도 정답을 찾을 수 있는 경우가 많으므로 당장의 문장 해석이 안 된다고 절대 포기하지 마라.

(1) 대명사 바로 찾기

❶ 대명사가 인칭대명사인지, 지시대명사인지, 기타 대리어구인지를 먼저 파악한다.

Men and women have suffered for the purpose of improving their visual appearance for centuries. 남자와 여자는 수 세기 동안 눈에 보이는 외모를 더 낫게 만들고자 고통을 겪어 왔다.

→ their는 Men and women을 지칭하는 인칭대명사의 소유격이다.

❷ 밑줄 친 대명사가 단수인지 복수인지, 사람(여성, 남성)인지 사물인지, 또는 구를 받는지 절을 받는지를 반드시 확인한다.

When you clean out your storage room, don't throw out any junk until you determine its potential as a collectible.
창고를 치울 때, 당신이 수집물로서의 그것의 잠재성을 결정할 때까지는 어떤 잡동사니라도 버리지 마라.

→ its는 단수명사(사물)의 소유격이다. 따라서 앞 문장에서 단수명사(사물)를 찾으면 'storage room'과 'any junk'가 있다. its 자리에 넣고 해석을 해서 논리적인 의미가 맞는 것을 찾는다. 이 문장에서 its는 any junk를 지칭하고 있음을 알 수 있다.

❸ 대명사가 명사 앞에 오는 경우도 있다: 주절과 종속절의 위치가 바뀌면 대명사가 뒤의 명사를 지칭할 경우도 있다.

Since it manufactured its first car in 1955, Korea has grown to be the fifth largest automobile producer in the world.
1955년에 최초의 자동차를 만든 이후로 한국은 세계에서 다섯 번째로 큰 자동차 생산국으로 성장하였다.

→ it, its는 주절의 Korea를 지칭하고 있다.

During her rule, Queen Elizabeth started a fashion for pale skin.
엘리자베스 여왕은 통치 기간에 창백한 피부를 유행시켰다.

→ her는 Queen Elizabeth를 지칭하고 있다.

(2) 먼저, 가까운 문장에서 찾아라.

❶ 밑줄 친 대명사에서 왼쪽으로 가장 가까운 명사부터 멀리 있는 명사 범위로 넓혀가며 답을 찾는다. 대명사는 명사를 대신하는 속성이므로 대명사 앞뒤에 반드시 그것의 본체인 명사가 있음을 명심한다.

❷ 답이 될 수 있는 명사를 밑줄에 대입시켜 의미가 자연스러운지를 논리적으로 확인한다.

People like flowers. They also love their beauty and perfume.
사람들은 꽃을 좋아한다. 그들은 또한 그들의 아름다움과 향기를 좋아한다.

→ They의 앞 문장을 보면 복수명사인 "People"과 "flowers"가 있다. 각각을 문맥에 넣어서 의미적으로 자연스러운지 확인 한다. They = People / their = flowers를 각각 지칭하고 있다.

Computers are not superhuman. They break down. They make errors — sometimes dangerous ones.
컴퓨터는 초인적이지 않다. 그것들은 고장이 난다. 그것들은 실수 — 때로는 위험한 (실수들)을 한다.

→ They = Computers / ones = errors (ones가 바로 앞에 있는 errors를 대신하고 있음을 쉽게 알 수 있다.)

(3) 대명사는 낱말(명사)만 대신 받는 것은 아니다. 구(phrase), 절(clause)을 받기도 한다는 것을 명심한다.

Early photographers had to carry film and heavy equipment everywhere they went. But this did not stop them.
초기의 사진작가들은 그들이 가는 모든 장소에 필름과 무거운 장비를 가지고 다녀야만 했다. 그러나 이것이 그들을 막지는 못했다.

→ this는 앞 문장의 "Early photographers had to carry film and heavy equipment everywhere they went."를 지칭한다.

A tornado is a dangerous storm. It brings strong winds, and it travels very fast. The strong winds can turn over cars, destroy houses, and kill people. And it happens in just a few minutes.
토네이도는 위험한 폭풍이다. 그것은 강한 바람을 가져오고, 아주 빠르게 지나간다. 강한 바람은 자동차를 뒤집을 수도 있고, 집을 파괴할 수도 있고, 사람을 죽일 수도 있다. 그리고 그것은 단지 몇 분 안에 일어난다.

→ it은 앞 문장 전체인 "The strong winds can turn over cars, destroy houses, and kill people."을 지칭한다.

(4) 기타 대리어구에 유의하라: 문맥상의 동의어, 유사 표현을 놓치면 문맥을 이해할 수가 없다.

A pedicab is a small cab which is pulled by a bicycle. This human-powered transportation has been popular in Asian countries for many years.
승객용 삼륜 자전거는 자전거가 끄는 작은 택시이다. 사람이 동력을 제공하는 이 운송 수단은 아시아 국가에서 오랫동안 인기를 끌고 있다.

→ This human-powered transportation은 pedicab(승객용 삼륜 자전거)을 지칭하고 있다. 위 문장은 재진술 유형으로 구성되어 있다. 생소하고 잘 모르는 용어가 나왔을 때 그 뒤에 바로 이해하기 쉬운 말로 설명하는 구조이다. 독해 중에 모르는 어휘가 나오면 반드시 뒤이어 나오는 어구를 보고 문맥을 추론하라.

Computers are not superhuman. They break down. They make errors — sometimes dangerous <u>ones</u>. There is nothing magical about them, and they are assuredly not "spirits" or "souls" in our environment. Yet with all these qualifications, <u>they</u> remain among the most amazing of human achievements, for they enhance our intelligence.

Q   윗글에서 밑줄 친 <u>ones</u>와 <u>they</u>가 가리키는 것을 옳게 짝지은 것은?

<u>ones</u>	<u>they</u>
① errors	computers
② computers	"spirits" or "souls"
③ computers	all these qualifications
④ errors	all these qualifications
⑤ humans	human achievements

Analysis

Computers are not superhuman. ❶ <u>They</u> break down. ❷ <u>They</u> make errors — sometimes dangerous ❸ <u>ones</u>. There is nothing magical about ❹ <u>them</u>, and ❺ <u>they</u> are assuredly not "spirits" or "souls" in our environment. Yet with all these qualifications, ❻ <u>they</u> remain among the most amazing of human achievements, for ❼ <u>they</u> enhance our intelligence.

▶ Computers: ①, ②, ④, ⑤, ⑥, ⑦이 지칭하고 있다.
errors: ③이 지칭하고 있다.

Solutions

Q   밑줄 친 것이 가리키는 것을 고르는 문제이다.　　　　　　　　　　　　　정답: ①번

▶ 대명사, 지시어가 지칭하는 것은 가까운 곳에 위치해 있다. 밑줄 친 말이 단수인지, 복수인지, 사람을 지칭하는지, 사물을 지칭하는 말인지를 판단하여 앞 문장에서 후보를 고른 후에 문맥상 어울리는 것을 선택한다. "ones"는 복수이며 여기에서는 사물을 지칭한다. 따라서 앞 문장에서 후보를 고르면 "Computers"와 "errors"가 선택이 된다. 문맥을 고려해보면 They(=Computers) make errors — sometimes dangerous ones(=errors)이다.
또한 "They break down."에서 They는 앞 문장의 computers를 말하며 이후 computers를 대신하여 they를 사용하고 있다. 따라서 문맥상 인간의 업적 가운데 가장 놀라운 것 중의 하나는 computers(=they)임을 알 수 있다.

cf. ones는 사람을 지칭할 수도 있다.

Love cures people both the ones who give it and the ones who receive it.
사랑은 주는 사람이나 받는 사람 모두를 치료한다.

글의 소재 : 컴퓨터

Computers are not superhuman. // They break down. //
컴퓨터는 초인적이지 않다 // 그것들은 고장이 난다 //

They make errors / — sometimes dangerous ones. //
그것들은 실수를 범한다 / 때로는 위험한 실수를 //

There is nothing magical about them, / and they are assuredly not "spirits" or "souls" / in our environment. //
컴퓨터에는 마술과 같은 것은 없으며 / 분명 그것들은 '정신'이나 '영혼'은 아니다 / 우리 환경에서 //

Yet with all these qualifications, / they remain / among the most amazing of human achievements, / for they enhance our intelligence. //
그러나 이러한 모든 제한에도 불구하고 / 그것들은 남아 있다 / 인간의 업적에서 가장 놀라운 것 중의 하나로 /
우리의 지력을 향상시켜 주므로 //

🔑 Translations

컴퓨터는 초인적이지 않다. 그것은 고장이 난다. 그것은 실수 – 때로는 위험한 실수도 범한다. 컴퓨터에는 마술과 같은 것은 없으며 분명 그것은 우리 환경에서 '정신'이나 '영혼'은 아니다. 그러나 이러한 모든 제한에도 불구하고 그것들은 인간의 업적들 가운데 가장 놀라운 것 중의 하나이다. 왜냐하면 우리의 지력을 향상시켜 주기 때문이다.

🔑 Words&Phrases

- □ **superhuman** 초인적인, 신기(神技)의
- □ **break down** 고장 나다
- □ **magical** 마술적인; 불가사의한; 매혹적인
- □ **assuredly** 확실히, 분명히
- □ **spirit** 정신, 영(=soul)

- □ **qualification** 제한, 한정; 유보조건; 자질, 적성, 능력; 자격, 필요조건
- □ **achievement** 달성, 성취; 업적
- □ **enhance** 고무하다; 고양
- □ **intelligence** 지능, 지력

Does the Bible really say that money is the root of all evil? No. Strictly speaking, it says the love of money is the root of all evil. That's quite a difference. There's nothing wrong with money in itself. There's nothing wrong with wanting ❶ it, and there's nothing wrong with having it, even in large amounts. The keys are how we can earn ❷ it and what we do with it. Honestly acquired and well spent, money can be a resource of much good. Can it buy happiness? Whoever said that it can't probably didn't have enough. Actually, ❸ it'll buy a lot more happiness than poverty will. In most cases, ❹ it probably is better to have too much money as opposed to not having enough. There's nothing illegal or immoral about being rich, but ❺ it isn't everything in the end.

Q1   윗글에서 밑줄 친 it이 가리키는 대상이 나머지 넷과 다른 것은?

Q2   밑줄 친 문장에서 it이 가리키는 대상을 찾아서 쓰시오.

 Analysis

Does the Bible really say that money is the root of all evil? No. Strictly speaking, it says the love of money is the root of all evil. That's quite a difference. There's nothing wrong with money in itself. There's nothing wrong with wanting ❶ it, and there's nothing wrong with having it, even in large amounts. The keys are how we can earn ❷ it and what we do with it. Honestly acquired and well spent, money can be a resource of much good. Can it buy happiness? Whoever said that it can't probably didn't have enough. Actually, ❸ it'll buy a lot more happiness than poverty will. In most cases ❹ it probably is better to have too much money as opposed to not having enough. There's nothing illegal or immoral about being rich, but ❺ it isn't everything in the end.

▶ 문맥상 반의어: evil ≠ good / being rich ≠ poverty

Solutions

Q1   ❹번의 it은 가주어로, 진주어 "to have too much money"를 대신하고 있다.   정답: ④번

Q2   it이 가리키는 대상을 찾는 문제이다.   정답: the Bible

▶ it이 받을 수 있는 단수의 명사를 앞 문장들에서 찾아보면 "the Bible, money, the root, evil"이 있는데, it이 속해 있는 문장과 논리적인 의미 관계를 따져 보면 it이 "the Bible"을 지칭한다는 것을 알 수 있다.

글의 소재 : 돈의 의미

Does the Bible really say / that money is the root of all evil? //
정말 성경이 말하고 있나? / 돈이 모든 악의 근원이라고 //

No. / Strictly speaking, / it says / the love of money / is the root of all evil. //
아니다 / 엄밀히 말해서 / 그것은(성경은) 말한다 / 돈을 사랑하는 것이 / 모든 악의 근원이라고 //

That's quite a difference. //
그것은 아주 다른 것이다 //

There's nothing wrong with money / in itself. // There's nothing wrong with wanting ❶ it, /
돈에는 잘못이 없다 / 본질적으로 // 그것을 바라는 것에는 잘못이 없다 /

and there's nothing wrong with having it, / even in large amounts. //
그리고 그것을 가지는 것에도 잘못이 없다 / 심지어 많은 양을 가지는 것에도 //

The keys are / how we can earn ❷ it / and what we do with it. //
요점은 ~이다 / 그것을 어떻게 우리가 벌고 / 그것으로 무슨 일을 하느냐 하는 것 //

Honestly acquired and well spent, / money can be a resource of much good. //
정직하게 벌어서 잘 쓴다면 / 돈은 많은 유익한 일을 할 수 있는 원천이 될 수 있다 //

Can it buy happiness? / Whoever said that it can't probably / didn't have enough. //
그것이 행복을 살 수 있을까? / 누구든지 그것이 그럴 수 없다고 말했던 사람들은 / 충분히 갖지 못했다 //

Actually, / ❸ it'll buy a lot more happiness / than poverty will. //
실제로 / 그것은 훨씬 더 많은 행복을 살 수 있을 것이다 / 가난보다 //

In most cases, / ❹ it probably is better to have too much money / as opposed to not having enough. //
대부분의 경우에는 / 아마도 돈을 너무 많이 가진 편이 더 나을 것이다 / 충분히 가지지 못한 것에 비하여 //

There's nothing illegal or immoral / about being rich, / but ❺ it isn't everything / in the end. //
불법적인 것이나 비도덕적인 것은 없다 / 부유함 자체에 있어 / 그러나 그것이(=돈은) 전부는 아니다 / 결국에 //

🔑 Translations

돈이 모든 악의 근원이라고 성경은 정말로 말하고 있는가? 아니다. 엄밀히 말해서, 돈을 사랑하는 것이 모든 악의 근원이라고 성경은 말한다. 그것은 아주 다른 것이다. 본질적으로 돈에는 잘못이 없다. 그것을 바라는 것에는 잘못이 없으며, 그것을 가지는 것, 심지어 많이 가지는 것에도 잘못이 없다. 관건은 우리가 그것을 어떻게 벌고 그것으로 무슨 일을 하느냐 하는 것이다. 정직하게 벌어서 잘 쓴다면, 돈은 많은 유익한 일을 할 수 있는 원천이 될 수 있다. 그것이 행복을 살 수 있을까? 그럴 수 없다고 말했던 사람들은 아마도 충분히 돈을 갖지 못했을 수도 있다. 실제로 그것은 가난보다 훨씬 더 많은 행복을 살 수 있을 것이다. 대부분의 경우 돈을 충분히 가지지 못한 것에 비하여 돈을 너무 많이 가진 편이 더 좋을지도 모른다. 부유함 자체에 있어 불법적인 것이나 비도덕적인 것은 없지만, 결국에 그것이(=돈) 전부는 아니다.

Words&Phrases

- **the Bible** 성경
- **root** 근원, 뿌리
- **evil** 악, 사악; 악행, 해악
- **strictly speaking** 엄격히 말하자면
- **in itself** 원래, 본질적으로
- **acquire** 얻다, 획득하다; 벌다
- **resource** 자원; 원천
- **poverty** 가난, 빈곤
- **in most cases** 대부분의 경우
- **illegal** 불법적인
- **immoral** 비도덕적인, 부도덕한
- **in the end** 마침내, 결국, 마지막에는

Medical research supports the idea that stimulation of all kinds is necessary for a healthy brain; especially for children, but also throughout life. Stimulation produces the *neurotransmitters which in turn nourish the neurons that make up the brain. There might actually be a connection between the amount and kind of stimulation, and the kind of intelligence a child develops as an adult. For this reason, medical experts suggest that people keep their brains working by <u>some suggestions</u>.

*neurotransmitter: 신경 전달 물질

Q   윗글에서 밑줄 친 <u>some suggestions</u>의 구체적인 예로 적절하지 <u>않은</u> 것은?
    ① doing a puzzle   ② taking a nap   ③ playing a game
    ④ reading a novel   ⑤ debating an issue

 Analysis

❶ Medical research supports the idea that stimulation of all kinds is necessary for a healthy brain; especially for children, but also throughout life. Stimulation produces the neurotransmitters which in turn nourish the neurons that make up the brain. There might actually be a connection between the amount and kind of stimulation, and the kind of intelligence a child develops as an adult. ❷ For this reason, medical experts suggest that people keep their brains working by <u>some suggestions</u>.

▶ ① Medical research supports~ = 전문가 의견 = 주제문
② For this reason: 원인과 결과의 표시어

Solutions

Q   선택지 중 가장 뇌에 자극을 주지 않는 행위는 '낮잠을 자는 것'이다.   정답: ②번
    ① 퍼즐 맞추기   ② 낮잠 자기   ③ 게임하기
    ④ 소설 읽기   ⑤ 토론하기

▶ 글의 전개방식이 순접이면서 열거나 과정 설명의 글일 때에는 반복되는 표현이나 단어가 중요하다. 이 글에서도 "stimulation(자극)"이 3번이나 연속하여 나왔다. 자극이 건강한 두뇌, 신경 전달 물질의 형성, 지능과의 관련성이 있다고 했고 뇌를 활동하게 하는 구체적인 방법은 본문에는 언급이 없지만 분명 "자극"과 연관이 있는 것이다.

글의 소재 : 건강한 두뇌를 위한 자극

Medical research / supports the idea / that stimulation of all kinds / is necessary / for a healthy brain; /

의학적인 연구는 / 견해를 뒷받침하고 있다 / 모든 종류의 자극이 / 필수적이라는 / 건강한 두뇌를 위하여 /

especially for children, / but also throughout life. //

특히 어린 시절을 위해서 / 또한 평생 //

Stimulation produces the neurotransmitters / which in turn nourish the neurons / that make up the brain. //

자극은 신경 전달 물질을 만들어 준다 / 신경 세포들을 키우는 / 두뇌를 구성한다 //

There might actually be a connection / between the amount and kind of stimulation, /

실제로 관련이 있을 수도 있다 / 자극의 양과 종류와 /

and the kind of intelligence / a child develops / as an adult. //

지능 사이에 / 아이가 성장할 때 / 어른으로 //

For this reason, / medical experts suggest / that people keep their brains working / by some suggestions. //

이러한 이유로 / 의학 전문가들은 제안한다 / 사람들이 그들의 뇌를 활동 상태로 유지하는 것을 / 몇 가지 방법으로 //

Translations

의학적인 연구는 건강한 두뇌를 위해 모든 종류의 자극이 반드시 필요하다는 견해를 뒷받침하고 있다; 이것은 특히 어린 시절뿐만 아니라 평생 그렇다는 것이다. 자극은 두뇌를 구성하는 신경 전달 물질을 만들어 준다. 실제로 자극의 양과 종류, 그리고 어른으로 성장해 가면서 형성해 나가는 지능 사이에는 관련이 있을 수도 있다. 이런 이유 때문에 의학 전문가들은 뇌를 계속 활동하게 해주는 몇 가지 방법을 제안하고 있다.

Words&Phrases

- □ **medical** 의학적인
- □ **research** 연구
- □ **support** 뒷받침하다, 지지하다
- □ **stimulation** 자극; 격려; 고무
- □ **in turn** 차례로, 번갈아(=in due order of succession)
- □ **nourish** 기르다, 키우다

- □ **neuron** 신경단위, 뉴런
- □ **make up** 구성하다
- □ **connection** 관련(성)
- □ **intelligence** 지능
- □ **suggestion** 암시; 연상; 제안; 방법

When Amelia, one of my dearest friends, was ninety-nine, I, not knowing if ❶ <u>she</u> would live to be one hundred, decided to ask the "big" question that is usually reserved for people who reach the age of one hundred. I asked, "To what do you attribute your longevity?" The usual answers we hear to that question are, "❷ <u>I</u> didn't drink," "I minded my own business," and the like. I had no idea what ❸ <u>this healthy little ninety-nine-year-old</u> would say. What she said was profound. It caused me to sit up and take notice: ❹ <u>I</u> have learned how not to be afraid. Wow! What a statement! I realized — yes, ❺ <u>this woman</u> is fearless! She didn't hide away at home and kept on moving out into the world despite the risks.

Q   밑줄 친 ① ~ ⑤ 중에서 Amelia를 가리키지 않는 것은?

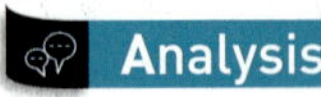

Analysis

When Amelia, one of my dearest friends, was ninety-nine, I, not knowing if ❶ <u>she</u> would live to be one hundred, decided to ask the "big" question that is usually reserved for people who reach the age of one hundred. I asked, "To what do you attribute your longevity?" The usual answers we hear to that question are, "❷ <u>I</u> didn't drink," "I minded my own business," and the like. I had no idea what ❸ <u>this healthy little ninety-nine-year-old</u> would say. What she said was profound. It caused me to sit up and take notice: ❹ <u>I</u> have learned how not to be afraid. Wow! What a statement! I realized — yes, ❺ <u>this woman</u> is fearless! She didn't hide away at home and kept on moving out into the world despite the risks.

▶ Amelia = one of my dearest friends = she = this healthy little ninety-nine-year-old = this woman

Solutions

Q   Amelia를 지칭하지 않는 것을 고르는 문제이다.   정답: ②번

▶ 100세가 되는 사람들에게 하는 일반적인 질문에 대한 답변의 일부로서 "I didn't drink, ~"에서의 "I"는 Amelia가 아니라 100세가 되는 일반 사람들 중의 한 명을 지칭한다. "Amelia"는 여성이며 단수이므로 다음에 "She"라고 지칭되는 것은 당연하다. 그러나 계속해서 "She"로 지칭하면 글이 단조로워지므로 대명사 표현인 "this woman"이나 유사 대리어구인 "this healthy little ninety-nine-year-old"로 바꾸어 쓴 것에 주목하자.

글의 소재 : 장수의 비결

When Amelia, / one of my dearest friends, / was ninety-nine, / I, / not knowing if ❶ she would live to be one hundred, / decided to ask the "big" question / that is usually reserved for people / who reach the age of one hundred. //

Amelia가 / 나의 가장 소중한 친구 중 한 명인 / 아흔아홉 살이 되었을 때 / 나는 / 그녀가 백 살까지 살 수 있을지 여부를 알 수 없어서 / 중대한 질문을 하기로 결심했다 / 사람들에게 보통 하게 되는 / 백 살이 되는 //

I asked, / "To what do you attribute your longevity?" //

나는 물었다 / "장수의 비결이 뭐죠?"라고 //

The usual answers / we hear / to that question / are, / "❷ I didn't drink," / "I minded my own business," / and the like. //

보통 대답은 / 우리가 듣게 되는 / 그러한 질문에 / ~이다 / "술을 마시지 않았습니다." / "제 일에만 신경을 썼습니다." / 기타 등등 //

I had no idea / what ❸ this healthy little ninety-nine-year-old would say. //

나는 알지 못했다 / 체구가 작고 건강한 아흔 아홉 살의 이 노인이 무슨 말을 할지 //

What she said / was profound. //

그녀가 말한 것은 / 심오했다 //

It caused me / to sit up / and take notice: / ❹ I have learned / how not to be afraid. //

그것이 나를 ~하게 만들었다 / 자세를 바르게 하고 / 경청하게 / 나는 배웠다 / 두려워하지 않는 법을 //

Wow! / What a statement! / I realized / — yes, ❺ this woman is fearless! //

오! / 얼마나 깊은 뜻이 담긴 말인가! / 나는 깨달았다 / 맞아, 이 여인은 겁이 없는 사람이다! //

She didn't hide away at home / and kept on moving out into the world / despite the risks. //

그녀는 집에만 숨어 있지 않고 / 계속해서 세상 속으로 나아갔다 / 위험에도 불구하고 //

🔑 Translations

나의 가장 소중한 친구 중 한 명인 Amelia가 아흔아홉 살이 되었을 때, 그녀가 백 살까지 살 수 있을지 여부를 알 수 없어서, 백 살이 되는 사람들에게 대개 하게 되는 "중대한" 질문을 하기로 했다. "장수의 비결이 뭐죠?"라고 나는 물었다. 그러한 질문에 대한 대답은 대개, "술을 마시지 않았습니다." "제 일에만 신경을 썼습니다." 등이다. 체구가 작고 건강한 아흔 아홉 살의 이 노인이 무슨 말을 할지 나는 전혀 알지 못했다. 그녀가 말한 것은 심오했다. 그녀의 말에 나는 자세를 바르게 하고 경청했다. '나는 두려워하지 않는 법을 배웠지.' '오! 얼마나 깊은 뜻이 담긴 말인가!' 나는 깨달았다. '맞아. 이 여인은 겁이 없는 사람이다!' 그녀는 집에만 있지 않고 위험에도 불구하고 계속해서 세상 속으로 나갔던 것이다.

Words & Phrases

- **dearest** 가장 소중한
- **reserved for** ~하게 남겨둔(남겨진)
- **attribute** (원인을) ~에 돌리다, 덕분(탓)으로 돌리다; 특징, 속성, 비결
- **longevity** 장수(長壽)
- **mind** ~에 신경을 쓰다, (명령문) ~에 주의하다; (부정, 의문, 조건문) ~을 꺼려하다, 염려하다; 마음, 정신 (=soul); 지성, 지력; 인간, 인물

- **profound** 심오한, 뜻 깊은
- **take notice** 주의; 관심을 기울이다
- **statement** 말, 진술
- **fearless** 무서워하지 않는, 용감한
- **hide away** 숨어 있다
- **despite** ~에도 불구하고
- **risk** 위험(성)

Abraham Lincoln's political nemesis, Stephen Douglas, attempting to discredit him with allusions to his lowly roots, once told a gathering that the first time he had met Lincoln; ❶ <u>the latter</u> had served him alcohol across the counter of a general store. "And ❷ <u>an excellent bartender</u> he was too," Douglas concluded. After the laughter had died away, Lincoln rose. "What Mr. Douglas says is quite true," Lincoln conceded. ❸ "<u>I</u> did keep a general store and sold candles and cigars and sometimes whiskey — and I particularly remember Mr. Douglas as ❹ <u>he</u> was a regular customer. Many a time I have been on one side of the counter and sold whiskey to Mr. Douglas on the other side," ❺ <u>he</u> continued, "but now there's a difference between us: I've left my side of the counter, but he sticks to his."

Q   윗글에서 밑줄 친 것이 가리키는 대상이 나머지 넷과 다른 것은?

Analysis

Abraham Lincoln's political nemesis, Stephen Douglas, attempting to discredit him with
= 링컨을

allusions to his lowly roots, once told a gathering that the first time he had met Lincoln;
= 링컨의　　　　　　　　　　　　　　= 더글러스

❶ the latter had served him alcohol across the counter of a general store. "And ❷ an excellent
= 링컨　　　　= 더글러스　　　　　　　　　　　　　　　　= 링컨의 직업

bartender he was too," Douglas concluded.
= 링컨

Lincoln rose. "What Mr. Douglas says is quite true, "Lincoln conceded. ❸ "I did keep a general
= 링컨

store and sold Candle and cigars and sometimes whiskey — and I particularly remember Mr.
= 링컨

Douglas as ❹ he was a regular customer. Many a time I have been on one side of the counter
= 더글러스　　　　　　　　= 링컨

and sold whiskey to Mr. Douglas on the other side," ❺ he continued, "but now there's a
= 링컨

difference between us: I've left my side of the counter, but he sticks to his."
= 링컨　　　　　　　= 더글러스

▶ Abraham Lincoln's political nemesis = Stephen Douglas = Mr. Douglas = a regular customer
Abraham Lincoln = the latter = an excellent bartender

Solutions

Q   지칭하고 있는 명사를 논리적 해석으로 찾아내야 한다.   정답: ④번

▶ 이 글의 등장인물은 2명이다. 따라서 글이 전개되면서 기본적인 이름과 대명사 그리고 기타 대리어구로 표현한다는 것을 미리 예측할 수 있다.

글의 소재 : 링컨 대통령의 재치

Abraham Lincoln's political nemesis, / Stephen Douglas, / attempting to discredit him / with allusions to his lowly roots, /

Abraham Lincoln의 정치적 숙적인 / Stephen Douglas는 / Lincoln의 평판을 깎아 내리려고 / 초라한 신분 출신이라는 것을 암시해서 /

once / told a gathering / that the first time / he had met Lincoln; /

하루는 / 대중 앞에서 말했다 / 처음 / 그가 Lincoln을 만났을 때 /

❶ the latter had served him alcohol / across the counter of a general store. //

후자(Lincoln)는 자신에게 술을 팔았다고 / 한 잡화점 카운터에서 //

"And ❷ an excellent bartender he was too," / Douglas concluded. //

그리고 그는 훌륭한 종업원이었습니다 / Douglas는 말을 끝마쳤다 //

After the laughter had died away, / Lincoln rose. / "What Mr. Douglas says / is quite true," / Lincoln conceded. //

웃음소리가 멈추자 / Lincoln은 일어났다 / "Douglas 씨가 한 말은 / 사실입니다."라고 / Lincoln은 시인했다 //

❸ "I did keep a general store / and sold candles and cigars / and sometimes whiskey /

나는 잡화점을 했고 / 초와 시가를 팔았습니다 / 그리고 때때로 위스키도 팔았습니다 /

— and I particularly remember / Mr. Douglas / as ❹ he was a regular customer. //

그리고 나는 특히 기억합니다 / Douglas 씨를 / 그가 단골손님이었기 때문에 //

Many a time / I have been on one side of the counter / and sold whiskey / to Mr. Douglas / on the other side," //

아주 여러 번 / 나는 카운터 한쪽에 있었고 / 위스키를 팔았습니다 / Douglas 씨에게 / 카운터 반대편의 /

❺ he continued, / "but now there's a difference / between us: / I've left my side of the counter, / but he sticks to his." //

그는 계속했다 / 그러나 이제는 차이점이 있습니다 / 우리들 사이에는 / 나는 카운터의 나의 자리를 떠났습니다 / 그러나 그는 그의 자리를 지키고 있습니다 //

🔑 Translations

Abraham Lincoln의 정치적 숙적인 Srephen Douglas는 Lincoln이 초라한 신분 출신이라는 것을 암시해 그의 평판을 깎아내리려고, 하루는 대중 앞에서 그가 Lincoln을 처음 만났을 때, Lincoln이 한 잡화점 카운터에서 자신에게 술을 팔았다고 말했다. "아주 훌륭한 종업원이었습니다."라고 Douglas는 말을 끝마쳤다. 웃음소리가 멈추자 링컨은 일어나서 "Douglas 씨가 한 말은 사실입니다."라고 시인했다. "나는 정말로 잡화점에서 일을 했는데, 초, 시가, 그리고 때때로 위스키를 팔았습니다. 나는 Douglas 씨가 단골손님이었기 때문에 그를 특히 기억하고 있습니다. 아주 여러 번 나는 카운터 한편에서 그 맞은편에 있는 Douglas 씨에게 위스키를 팔았습니다." 계속해서 그는 말했다. "그러나 우리에게는 차이점이 있습니다. 나는 카운터의 내 자리를 떠났지만 그는 아직도 그 자리를 지키고 있습니다."

Words&Phrases

- □ **political** 정치적인
- □ **nemesis** 숙적
- □ **attempt** 시도하다
- □ **discredit** 평판을 나쁘게 하다
- □ **allusion** 암시, 언급
- □ **lowly** 비천한
- □ **root** 뿌리; 근원; 출신
- □ **gathering** 모임, 집회, 회합
- □ **bartender** (술집의) 바텐더
- □ **concede** 인정하다, 시인하다
- □ **candle** 초
- □ **regular customer** 단골손님

직독직해(直讀直解) 해석편을 덧붙이며:

현재 국내 영어 독해 수업에서 불고 있는 가장 바람직한 변화는 독해지문을 순차적으로 읽어 가면서 동시에 그 내용을 이해하는 직독직해 방식이 자리를 잡아 가고 있다는 것이다. 문장을 뒤에서부터 거꾸로 해석해 가면서 지문의 이해를 도모하고자 했던 소위 전근대적인 영문 독해 교수법은 많은 양의 독해 지문을 빠른 시간 안에 읽고 답을 내야 하는 수험생에게 있어서는 지극히 비능률적인 교수법임이 분명했기에 지금의 직독직해식 수업의 보편화 바람은 환영받아 마땅한 것이다. 그러나 이러한 직독직해 방식은 강의실에서 교사가 학생들을 지도한다든가, 학습자 개인이 실전적인 독해 연습을 할 때 진정한 가치를 발하는 것이지, 독자에게 지문의 내용을 정확히 이해시켜야 할 소임을 가진 영어 독해 책에서의 해석 편제 양식으로는 걸맞지 않은 것임을 알아야 한다. 해석을 직독직해식으로만 편제했을 경우, 그 역시 우리 말 어순이 아닌 영어의 어순을 그대로 따라야 하므로, 지문 사이에 복잡한 구조의 문장이나 생소한 어구들이 들어가 있는 경우, 또는 지문의 내용 자체가 난해한 경우에는 그것을 대하는 학습자의 이해도가 현저하게 떨어지는 현상을 필자는 직접 교육현장에서 체험한 바 있기에 본서에서는 모든 독해지문의 해석을 우리말에 맞게 완역을 하였다.

그럼에도 앞에 5개 지문에 걸쳐 직독직해식 해석편을 특별히 덧붙인 이유는 전술한 바와 같이 학습자 개인이 실전적인 독해 연습을 할 때 도움을 주기 위한 방편으로서의 장치이니 본서의 독자들이 이를 잘 활용하여 직독직해의 달인이 되어주기를 희망해 본다.

직독직해에 필수적인 끊어 읽기 요령

끊어 읽기는 한 호흡에 읽고 처리할 수 있는 분량 정도를 기준으로 한다. 물론 그 숙련 정도에 따라 개인적인 정도의 차이는 있을 수 있으나, 필자는 구(phrase) 단위로 끊어 읽는 방식을 추천하는 바이다. 물론 구 단위(의미단위)로 끊어 읽는 것이 점점 익숙해져서 시폭 확장이 가능해지면 나중에는 한, 두 문장 정도는 통째로 한 번에 속해(速解) 할 수 있는 능력도 갖추게 될 것이니, 아래 설명한 구 단위 끊어 읽기 요령을 반드시 따라야 할 엄정한 규칙으로 보기보다는 정확하고 신속하게 글을 이해하는데 도움을 주는 유용한 도구 체계로 보아주었으면 하는 바람이다.

의미단위 끊기 요령

❶ 주어가 짧을 때는 주어와 동사를 한 단위로 묶는다.

❷ 조동사는 본동사와 묶어 하나의 동사어구로 파악한다.

❸ 문장의 동사가 be동사인 경우 be동사와 보어를 한 단위로 묶는다.

❹ 목적어가 짧은 경우 타동사와 함께 묶고, 목적어가 긴 경우 타동사 뒤에서 끊는다.

❺ 접속사나 관계사 앞에서 끊는다.

❻ 구두점이 있는 곳에서 끊는다.

❼ 전치사 앞에서 끊는다.

❽ 주어 앞에 부사, 부사구, 부사절이 오면 끊는다.

❾ 주부가 길 때 동사 앞에서 크게 끊는다.

3 지칭추론

∞ **출제 경향**

"this, these, it, they, them, he" 등의 '대명사'가 가리키는 것, "this substance, that inner voice" 등의 '지시형용사+명사표현' 혹은 '동사어구'나 '중의적인 의미'를 갖는 어구를 지문에 주어진 단서들을 종합하여 추론하는 유형의 문제이다. 글의 전개방식이 A=B와 같이 개념을 설명하는 정의 문장으로 시작하여 보충 설명을 나열하는 경우가 많고, 특이하게 사물을 의인화시킨 비유적인 글도 있다.

∞ **출제 유형**

❶ 다음 중 밑줄 친 it이 의미하는 것은?

❷ 다음 글에서 "I"가 의인화된 것으로 가장 적절한 것은?

❸ 밑줄 친 This(this) 혹은 They(them)가 가리키는 것으로 가장 적절한 것은?

❸ 밑줄 친 This phenomenon이 가리키는 것으로 가장 적절한 것은?

❺ 다음 글에서 밑줄 친 "was beside himself"의 의미로 가장 적절한 것은?

❻ 다음 글의 밑줄 친 문장이 함축하는 의미로 가장 적절한 것은?

❼ 밑줄 친 where are we?의 의미로 말한 사람이 의도한 뜻과 동료가 이해한 뜻을 가장 잘 짝지은 것은?

∞ **세부 유형 분석 전략**

❶ **명사상당 지칭어구 추론**

지시대명사 파악과는 다른 형태의 유형이다. 주로 정답은 글 전체의 핵심어이며, 글의 초반부는 주로 A=B와 같이 포괄적인 정의문장인 경우가 많아서 정답을 성급하게 결정하면 안 된다. 결정적인 힌트는 글의 중반이나 후반부에 등장을 한다. 반드시 주어진 힌트를 모두 포괄하는 명사를 선택해야 한다.

❷ **동사표현 지칭어구 추론**

밑줄 친 동사어구를 지문에서 추론하지 않고 글자 그대로 번역해서 답을 고르면 안 된다. 즉, 일반적이고 사전적인 의미가 아닌 문맥 안에서 특정한 의미로 해석되는 것을 골라내야 한다. 밑줄 친 동사어구의 앞이나 특히 뒤 쪽의 문장에서 결정적인 힌트를 얻어야 한다.

❸ **중의어구 파악하기**

질문 등에 대해 주인공들이 동일한 표현을 서로 다르게 받아들이는 중의어구를 파악하는 유형이다. 정답을 알려주는 결정적인 힌트는 밑줄이 있는 문장을 중심으로 앞뒤 표현에 자세히 설명되어 있다. 역시 이것도 일반적이고 사전적인 의미로 파악하면 안 되고 주어진 상황에서의 주인공의 심리적 상태, 주변의 상황을 고려해서 추론해야 한다.

Q 다음 글에서 밑줄 친 rock the boat의 의미로 가장 적절한 것은?

Successful leaders and decision makers need the opinions and thoughts of those who work for them. They must create an atmosphere and relationship that allows for free exchange of ideas until such time as a decision is made. Very few leaders are successful when deprived of the opinions of their subordinates. There must be a willingness to challenge cherished beliefs without hesitation. The greatest obstacle to the development of dedicated young leaders is a system that encourages our young officers to be yes men and not to "rock the boat."

① 항해를 멈추다　　　　② 동료와 싸우다
③ 시간을 허비하다　　　④ 배를 파손하다
⑤ 이의를 제기하다

출제 Points

1. 동사어구의 문맥상의 의미를 추론해야 한다.
2. 지문의 핵심어와 주제문장을 파악하고 읽다가 밑줄이 그어진 동사어구 표현의 바로 앞 문장과 뒷문장의 동사 표현을 주의 깊게 읽자.
3. 글의 논리적 전개 방식 중에서 '대조'에 주의하자.

※ **글의 주요 전개방식**
정의와 예시
대조, 인과관계
비교와 대조, 묘사
통념과 비판
문제 해결

Solutions

Q 동사어구의 문맥상 의미를 찾는 문제이다.　　　　정답: ⑤번

▶ "rock the boat"는 원래 '풍파를 일으키다, 일을 어렵게 만들다'라는 뜻의 숙어이다. 그러나 지칭어구 추론 문제는 밑줄 친 어구의 사전적이고 일반적인 의미를 찾는 것이 아니라 문맥 속에서 사용된 의미를 찾아야 하기 때문에 철저히 지문에 나오는 단서들을 통해서 정답을 찾아야 한다. 성공적인 지도자가 되기 위해서 "의견을 자유롭게 교환할 수 있는 분위기와 관계를 조성해야 하고 망설임 없이 자신이 가진 믿음에 대해 도전하는 것을 기꺼이 받아들여야 한다"는 내용에 대조적으로 이어지는 후반부의 내용으로서 어울리는 내용을 가진 선택지를 고른다.

Translations

성공적인 지도자와 의사 결정자는 그들을 위해서 일하는 사람들의 의견과 생각들을 필요로 한다. 결정이 되는 순간까지 의견을 자유롭게 교환하도록 분위기와 관계를 만들어야 한다. 자신들의 부하들의 의견을 묵살하면서 성공하는 지도자들은 거의 없다. 그들은 자신이 가진 믿음에 대해 도전하는 것을 기꺼이 받아들여야 한다. 헌신적인 젊은 지도자들의 발전에 있어서 가장 큰 방해물은 젊은 직원들을 예스맨이 되도록 하고 이의를 제기하지 않도록 조장하는 시스템이다.

Words&Phrases

□ **be deprived of** ~을 빼앗기다, ~을 박탈당하다
□ **subordinate** 부하, 하급자; 하위의, 하급의; 복종하는
□ **challenge** 이의를 제기하다; 도전하다
□ **cherish** 소중히 하다; 가슴 속에 간직하다

□ **obstacle** 방해물; 장애
□ **yes man** [구어] 예스맨 (윗사람에게 맹종하는 사람)
　　(↔ no man)

Q 다음 글에서 밑줄 친 <u>Where are we?</u>의 의미로 말한 사람이 의도한 뜻과 동료가 이해한 뜻을 가장 잘 짝지은 것은?

Two violinists were playing a piece at Carnegie Hall before a large audience. In the middle of the piece, one of the two, allowing his mind to wander for a moment, lost his place. Desperately, he tried to listen to his partner while continuing to play. Finally, he had no choice but to lean toward his partner and whisper out of the corner of his mouth, "<u>Where are we?</u>" And his partner, continuing to play, calmly said, "In Carnegie Hall."

말한 사람이 의도한 뜻	동료가 이해한 뜻
① 어디 연주해?	어디로 가야 해?
② 어디 연주해?	여기가 어디야?
③ 어디로 가야 해?	어디 연주해?
④ 어디로 가야 해?	여기가 어디야?
⑤ 여기가 어디야?	연주회장이 어디야?

Solutions

Q 중의적 의미를 파악하는 문제이다. 정답: ②번

▶ 위 지문에서 밑줄 친 "Where are we?" 앞부분에 나오는 "one of the two lost his place"라는 어구를 통해서 한 명의 연주자가 자신이 연주하는 부분을 놓쳤음을 알 수 있으므로 밑줄 친 부분을 말한 의도는 '어디 연주해?'라는 의미임을 알 수 있다. 밑줄 친 부분의 다음에서 "In Carnegie Hall"이라는 동료의 대답을 통해서 동료는 밑줄 친 질문을 '여기가 어디야?'로 이해했음을 알 수 있다.

Translations

두 명의 바이올린 연주자가 카네기 홀에서 많은 청중 앞에서 연주를 하고 있었다. 연주 도중에, 두 명 중 한 명이 잠시 딴 생각을 하다가 그가 연주할 곳을 놓쳤다. 필사적으로 연주를 계속하면서 그는 파트너 연주에 귀를 기울이려고 애썼다. 마침내 그는 파트너 쪽으로 몸을 기울이고 조그맣게 "우리 어디 하는 거야?"라고 속삭일 수밖에 없었다. 그러자 그의 파트너는 연주를 계속하면서 차분하게 "카네기 홀이야."라고 말했다.

Words & Phrases

- **piece** 악곡, 작품, 그림
- **audience** 청중, 관객
- **wander** 헤매다, 방황하다, 돌아다니다
- **desperately** 절망적으로
- **have no choice but to** ~하지 않을 수 없다
- **whisper** 속삭이다
- **calmly** 차분하게
- **Carnegie Hall** 카네기 홀(New York 시에 있는 연주회장)

Q 다음 글에서 밑줄 친 <u>this process</u>가 뜻하는 바로 가장 적절한 것은?

　　How do ancient ruins get covered in so much earth? You'd be surprised at how quickly earth can form. A neglected garden path can become hidden in only a decade, so it's little wonder that archaeologists often have to dig meters down to find very old buildings. Earth is created as rocks in the ground are broken down into smaller particles by weathering and erosion. This change is continued by plant decay and by worms, which convert organic matter to soil with their digestive systems. If a ruin is in a river valley or a field, where there are lots of plants and eroding water, <u>this process</u> can happen much faster.

① 유기물이 분해되는 것　　　　　　　② 오염된 토양이 정화되는 것
③ 고대 유물을 발굴하는 것　　　　　　④ 오래된 정원을 손질하는 것
⑤ 흙이 유적지 위에 쌓이는 것

Solutions

Q1　이 글은 질문과 응답의 전개방식을 취하고 있다.　　　　　　　　　　　　　정답: ⑤번
　▶ 즉, 고대 유물이 많은 흙으로 덮인 모습에 대한 의문을 제기한 첫 번째 문장이 이 글의 주제라고 할 수 있다. 고대 유물 위에 흙이 형성되는 과정을 설명하고 있다.

Translations

　어떻게 그렇게 많은 흙이 고대 유물을 덮었는가? 흙이 빠르게 생성되는 속도를 보면 놀랄 것이다. 방치된 정원 길은 10년 안에 덮일 수도 있다. 그러니 고고학자들이 종종 고대 건축물을 찾기 위해 수 미터 아래로 땅을 파 내려가야만 하는 것도 놀랄 일이 아니다. 흙은 풍화와 침식작용으로 지표의 바위가 작은 조각으로 부서지면서 생성된다. 이러한 변화는 식물의 부식과 벌레가 소화과정을 통해서 유기물을 흙으로 변환시키는 과정에 의해 계속된다. 만일 유적지가 식물이 많이 있고 물의 침식활동이 있는 강의 계곡이나 들판에 있다면 이러한 과정은 훨씬 빨리 진행될 것이다.

Words&Phrases

□ **ancient** 고대의　　　　　　　　　　□ **weathering** 풍화작용
□ **ruins** 유물　　　　　　　　　　　　　□ **erosion** 침식작용
□ **neglected** 방치된　　　　　　　　　　□ **convert** 변환시키다
□ **archaeologist** 고고학자　　　　　　　□ **digestive** 소화를 돕는, 소화를 촉진하는
□ **earth** 흙, 토양

Q What does the pronoun <u>it</u> refer to?

Language reflects <u>it</u> in society. Although language itself is not a product of it, language can connote attitudes closely connected with it as well as attitudes about social taboos or racism. In an old edition of the American Heritage Dictionary, examples used to illustrate the meaning of words include "manly courage" and "masculine charm," and "womanish tears" and "feminine wiles." Until 1972, at Columbia University, the women's faculty toilet doors were labeled "Women," whereas the men's doors were labeled "Officers of Instruction." Yet, linguistically, the word officer is not marked semantically for gender, although there were few women professors at Columbia at that time.

① feminism　　　② humanism　　　③ determinism

④ sexism　　　⑤ authoritarianism

Solutions

Q1 대명사 'it'이 가리키는 것은 무엇인가?　　　　　　　　　　　정답: ④번

① 남녀 동권주의, 여권 확장 운동　　　　② 인문주의, 인도주의

③ (철학) 결정론　　　　④ 성 차별(주의): (특히 여성 멸시, 남성 우월주의)

⑤ 권위(독재)주의

▶ 사전에서의 예문 '남자다운 용기'와 '남성적 매력,' '계집애 같은 눈물'과 '여성의 계략'과 콜롬비아 대학의 화장실 문에서 '여성'과 '교직원'으로 쓰인 것을 예를 들어서 언어상 남녀 차별에 대해 말하고 있다.

Translations

언어는 사회의 그것을 반영한다. 언어 그 자체는 그것의 산물이 아닐지라도 언어는 사회적 금기나 인종 차별주의에 대한 태도뿐 아니라 그것과 밀접하게 관련된 태도를 암시할 수 있다. American Heritage Dictionary의 구판에서 단어의 의미를 설명하기 위해 사용된 예문에는 '남자다운 용기'와 '남성적 매력,' '계집애 같은 눈물'과 '여성의 계략'이 포함되어 있다. 1972년까지 콜롬비아 대학에서는 여교수의 화장실 문에는 '여성'이라고 쓰여 있었던 반면 남교수 화장실에는 '교직원'이라고 쓰여 있었다. 그 당시 콜롬비아 대학에는 여자 교수가 거의 없긴 하였지만 언어학적으로 officer라는 단어가 의미상으로 성을 나타내지는 않는다.

Words&Phrases

□ **product** 산물, 부산물

□ **connote** 의미하다; 암시하다, 내포하다

□ **taboo** (종교상의) 금기, 터부, 꺼림

□ **racism** 인종적인 차별(편견)

□ **masculine** 남자의; 남자다운; 힘센

□ **faculty** (대학의) 학부, (집합적) 대학이나 고교의 전교직원 (=staff)

cf. the faculty of law 법학부

a faculty meeting (학부) 교수회

□ **semantically** 의미론적으로

□ **gender** 성, 성별

4 글의 순서(주어진 문장 넣기)

- 주어진 문장이 전체 지문 속의 어디에 들어가야 주제문장과 보충 설명문장들이 논리적인 순서에 따라 배열되는지를 묻는 문제이다. 글의 일관성(=통일성)에 의한 문장과 문장 간의 논리적인 관계를 추론하는 것이 중요하다.
- 이 유형은 세부적인 내용에 집착을 하면 오히려 어려워지는 경우가 많으므로 전체적인 글의 전개방식(=글의 진행 흐름)을 파악해서 접근한다.
- 전체적인 글의 전개 방식(=글의 흐름)을 파악한다는 것은 핵심어, 주제문장, 보충 설명 문장 간의 관계성을 추론한다는 것인데 이것은 반드시 '연결어, 관사, 대명사, 지시어'의 역할과 그 쓰임새, 그리고 글의 전개 방식의 '정의와 예시, 비교와 대조, 원인과 결과, 시간적 공간적 순서에 의한 나열'에 대한 선결적 학습과 이해를 필요로 한다.

∞ 해결 전략

❶ 주어진 문장에서 반드시 단서(clue, hint)를 찾아라!

주어진 문장은 글의 흐름에 대한 이정표 역할을 한다. 그러므로 주어진 문장을 먼저 읽고 이 글의 핵심어(무엇에 관한 글)와 어떻게 글이 전개될지를 논리적으로 추론(predicting)해 본다.

❷ 문장과 문장의 선후 관계를 보여주는 관사, 대명사(특히 지시대명사), 대리어구(유사어구)를 찾아라.

각 문장에서 특히 처음과 마지막 부분에 위치한 인칭대명사, 지시대명사, (반복을 피하기 위해서 사용된) 대리어구(유사어구 표현) 등을 찾아 앞뒤 문장 간의 연관성을 파악한다.

❸ 연결어나 시간 부사(구)를 파악한다.

글의 흐름을 논리적으로 자연스럽게 이어주는 '예시, 첨가, 나열, 대조, 원인과 결과, 요약, 환언'의 연결어를 찾는다. 또한 글의 소재를 국가별, 지역별, 문화별로 설명하거나, 시대별(고대, 중세, 현대 / 11세기, 요즘, 현대)로 설명할 경우에는 시간과 공간의 부사구에 주목한다.

❹ 주어의 일관성을 활용하라.

글 전체의 통일성(unity)과 응집력(cohesion)을 유지하기 위해서는 주어진 문장의 주어(또는 주제 문장의 주어)에 대한 일관성이 확보되어야 한다. 즉, 각 문장에서 행위자의 역할을 하는 주어가 자주 바뀌면 글의 통일성이나 응집력을 유지할 수 없으므로 필자는 주어를 바꿀 시 이를 알려주는 특별한 장치를 사용하게 되는 바 이 사실을 염두에 두고 각 문장의 주어들을 면밀히 살피는 것을 잊지 말자.

☐ **주어진 문장 넣기 문제의 추론과정 I**

1단계	**주어진 문장에서 단서(clue, hint)를 찾아라!** ❶ 주어진 문장을 철저히 분석하여 포괄적(general)인지 구체적(specific)인지를 우선 확인한다. ❷ 연결어구(순접, 역접, 원인과 결과), 관사(a, the), 지시대명사, 시간적 순서 등의 표시어구를 찾아라. • 주어진 문장에 연결의 단서가 들어 있음을 명심하라.
2단계	**논리적인 단절(cutting)이나 비약(gap & leap)이 있는 부분을 찾아라!** • 문장의 선후 관계성 표시어구 ❶ 주어의 일관성(통일성) ❷ 시간적인 흐름: 시제의 부사어구(before, after, then, finally, last) ❸ a/an → the(such)와 같은 지칭의 선후 관계성 ❹ 대명사나 지시어구의 선후 관계성 ❺ 유사 대리어구의 지칭 대상 • 글 전체의 통일성(=일관성)을 유지하기 위해서 출제 지문에 있는 각 문장의 주어는 일관되게 진행되어야 하고 지칭되는 어구 역시 논리적으로 일치해야 한다. • 각 지문 속에는 반드시 논리적 연결 요소들이 있음을 명심하라.
3단계	**글의 전개방식을 적극적으로 활용하라!** • 글의 전개방식 ❶ Listing (열거) ❷ Time Order (시간적 순서) ❸ Compare & Contrast (비교와 대조) ❹ Cause & Effect (원인과 결과) ❺ Description (묘사) ❻ Question & Answer (질문과 응답) ❼ Myth & Truth (통념과 비판) ❽ 일화/사건/우화 ❾ 문제 도입 및 해결 형태 • 주요 연결어 및 표시어구에 대한 선결 학습이 반드시 필요하다.
4단계	**1~3단계에서 찾아낸 단서들을 종합하여 예상되는 곳에 주어진 문장을 삽입한 후 글의 전체 내용이 논리적으로 자연스러운지를 반드시 확인한다.**

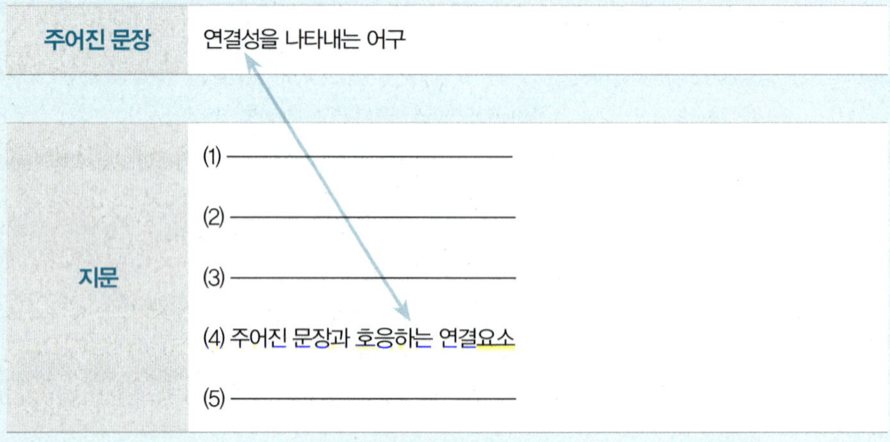

주어진 문장	연결성을 나타내는 어구

	(1) ————————————
	(2) ————————————
지문	(3) ————————————
	(4) 주어진 문장과 호응하는 연결요소
	(5) ————————————

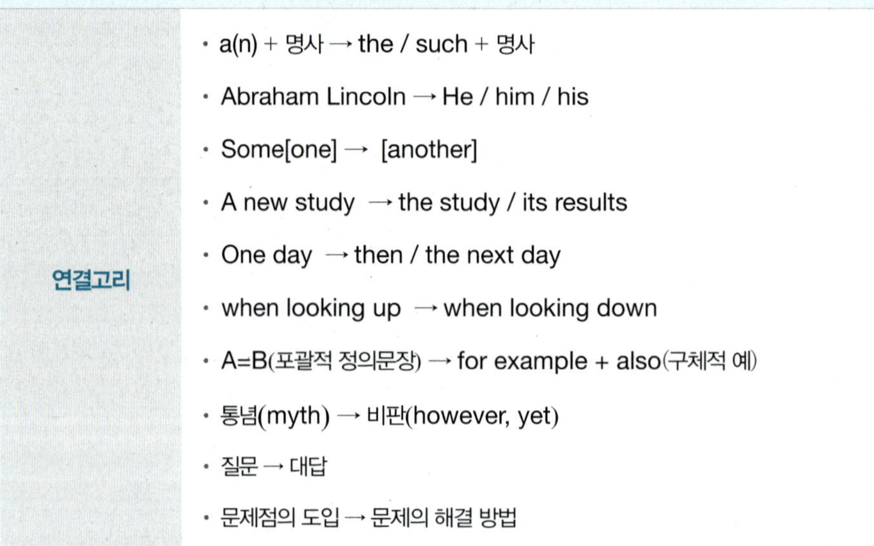

연결고리	· a(n) + 명사 → the / such + 명사
	· Abraham Lincoln → He / him / his
	· Some[one] → [another]
	· A new study → the study / its results
	· One day → then / the next day
	· when looking up → when looking down
	· A=B(포괄적 정의문장) → for example + also(구체적 예)
	· 통념(myth) → 비판(however, yet)
	· 질문 → 대답
	· 문제점의 도입 → 문제의 해결 방법

주어진 문장에서 관사, 소유격 형용사, 지시형용사, 지시부사, 연결어구, 시간부사구, 고유명사(인명과 지명) 등을 찾아낸다. 찾아낸 힌트와 연결되는 요소가 반드시 지문에 있음을 명심하라. 글의 전체적인 흐름을 염두에 두고 특히 각 번호의 앞뒤 부분을 주의 깊게 살펴서 연결 고리를 찾는다.

□ 관사, 지시어, 대명사를 우선 체크하라!(선후관계성을 따져라!)

1 관사: a(n) → the
a book → the book   a river → this river
a special tag → the tag   a distant horizon → the horizon
a new shared culture → this new culture → the culture → it
spirits and demons(무관사 복수명사) → the evil spirits(정관사+유사어구)

2 such: many → such
many benefits → such benefits (O)   such benefits → many benefits (X)

3 지시어: many → these[those] / some → other(s)
many books → these[those] books (O)   these[those] books → (many) books (X)
some books → others / other books (O)   others / other books → (some) books (X)

4 인물: 성과 이름 → 이름 → 인칭대명사
Alfred Wegner → Wegner → He, him, his
a newly recruited soldier → the new soldier → He
the civilized man → He
Alpine climbers → They
many(some) teachers → other teachers → they

5 사물: 사물 → 대명사
American holidays such as Thanksgiving and Christmas → these holidays
Aches in your neck, shoulders, arms, and hands → these aches → they
infectious bacteria → the bacteria → they
A great tree → the tree, its timber, this tree → it

1 지시어구가 주어진 문장에 제시된 경우

주어진 문장에 대명사(he, they, these), 관사(the+명사, such+명사), 장소의 부사(there), 시간 부사(then) 등이 있는 경우 그 지칭이 되는 대상을 본문에서 찾는다. 지칭어구는 반드시 선행하는 명사(표현)가 있어야 한다는 점을 명심한다.

Example 01

Q Where does this sentence fit in the passage best?

> There, he demonstrated the Zen art of meditation to the Chinese by sitting in front of a wall for nine years.

A legend explaining tea's origins involves Dharma, the father of Zen Buddhism. (❶) According to this legend, Dharma traveled from India to China in A.D. 520. (❷) But one unfortunate day he fell into a light sleep. When he awoke, he was very angry with himself. (❸) So he cut off his eyelids to make sure he would never sleep again. (❹) The bloody eyelids fell to the ground. (❺) They became a tea plant, from which a drink that lessened sleepiness could be made.

출제 Points

1 주어진 문장의 **There**가 지칭하는 장소는?
: 앞 문장의 China

2 주어진 문장의 **he**가 지칭하는 대상은?
: 앞 문장의 Dharma

3 주어진 문장의 **the Chinese**의 연결고리는?
: 앞 문장의 China가 선행되어야 나올 수 있는 어구이다.

4 각 문장마다의 지칭어의 대상을 찾아라.
1) A legend → this legend
2) his eyelids → the bloody eyelids → They

[원인] When he awoke, he was very angry with himself.

[결과] So he cut off his eyelids ~.

🔑 Translations

차의 기원을 설명하는 전설은 선종의 창시자인 달마와 관련이 있다. 이 전설에 따르면, 그는 서기 520년에 인도에서 중국으로 건너갔다. [거기서 그는 9년의 면벽 좌선으로 선종의 명상 기법을 중국인들에게 보여 주었다.] 그러나 어느 운수 나쁜 날에, 그는 가벼운 잠이 들었다. 그가 깨어났을 때, 그는 자신에게 무척이나 화가 났다. 그리하여 그는 다시는 잠을 자지 않기 위해 눈꺼풀을 잘라 버렸다. 피가 흐르는 눈꺼풀이 땅으로 떨어졌다. 그 눈꺼풀들이 졸음을 줄여 주는 음료가 만들어질 수 있는 차나무가 되었던 것이다.

정답: ②번

Words&Phrases

- □ **demonstrate** 시범을 보이다; 설명하다
- □ **meditation** 명상
- □ **legend** 전설
- □ **origin** 기원
- □ **Dharma** 달마대사(중국에 선불교를 전파한 인물, 선종(禪宗)의 시조)
- □ **father** 창시자
- □ **Zen Buddhism** 선불교
- □ **unfortunate** 불행한, 재수 없는
- □ **cut off** 잘라 내다
- □ **eyelid** 눈꺼풀
- □ **to make sure** ~를 확실하게 하기 위하여
- □ **bloody** 피가 나는
- □ **lessen** 줄여주다, 감소시키다
- □ **sleepiness** 졸음, 잠

2   주어진 문장에 연결어가 있는 경우

- 주어진 문장에서 연결어가 사용된 경우에는 그 앞 문장과의 논리적 관계를 추론한다.
- 역접의 "but, however"가 있는 경우, 그 앞 문장과는 반대의 내용이 제시되어 있다. 결과의 "so, as a result, therefore"가 있는 경우, 그 앞 문장에는 원인에 해당되는 내용이 제시되어 있다. 첨언의 "also, besides"가 있는 경우, 그 앞 문장에는 그와 유사한 내용이 제시되어 있다.

Example 02

Q Where does this sentence fit in the passage best?

> The study also suggests that luck is a matter of interpretation.

Successful people often say that "you make your own luck," and the results from a study suggest that this is true. (❶) If people believe that they are lucky, then they are more likely to continue trying until they succeed at something. (❷) Those who think they are unlucky, on the other hand, do the opposite. (❸) They rarely try something new because they "know" they will not win, and therefore they can never succeed. (❹) When one of the subjects fell down the stairs and broke his arm, he did not think that this was unlucky. (❺) On the contrary, he actually felt extremely fortunate — if he had fallen differently, he might have broken his neck.

출제 Points

1 주어진 문장의 also에서 힌트 찾기
also를 통해 The study suggests가 이미 앞에서 나온 내용임을 알 수 있다.

2 "on the other hand"와 "on the contrary"의 사용법
대상의 전환: 대조 기법

3 문장 주어의 일관성 법칙
❸번 뒷문장의 주어는 "They"이고 ❹번과 ❺번 뒷문장들의 주어는 "he"이다. 문장의 주어가 복수에서 단수로 변경되었다는 것은 글의 흐름상 어떤 문장이 빠져 있다는 것이고 이는 곧 논리적인 단절이 있었음을 의미한다.

🔑 Translations

성공한 사람들은 종종 "자신의 행운은 자기 스스로 만든다."라고 말하는데 한 연구의 결과는 그 말이 사실임을 시사한다. 만약에 사람들이 자신이 운이 좋다고 믿는다면, 그들은 무언가에 성공할 때까지 계속해서 노력하는 경향이 있다. 반면에 자신이 운이 좋지 않다고 생각하는 사람들은 그 반대로 행동한다. 잘 해내지 못할 것임을 알기에 그들은 새로운 것을 거의 시도하지 않으며, 따라서 성공하지 못한다. [그 연구는 또 운이란 해석하기 나름의 문제라는 것도 시사하고 있다.] 실험 대상자 중 한 명이 계단에서 떨어져서 팔이 부러졌을 때 그는 이것이 불운이라고 생각하지 않았다. 반대로, 그는 실로 아주 운이 좋다고 생각했다 – 만약 그가 다른 식으로 떨어졌더라면 목이 부러졌을지도 모른다고 생각했던 것이다.

정답: ④번

Words&Phrases

- □ **suggest** 시사하다, 암시하다
- □ **interpretation** 해석; 통역
- □ **on the other hand** 한편, 반면에
- □ **opposite** 반대의, 맞은편의; 반대
- □ **rarely** 좀처럼 ~하지 않는
- □ **subject** 실험 대상자; 주제; 학과; 과목
- □ **on the contrary** 그와는 반대로, 이에 반(反)해서
- □ **extremely** 매우, 극도로
- □ **fortunate** 행운인, 운이 좋은

3 주어진 문장이 과정의 일부인 경우

글의 전개 방식이 과정(process), 절차(procedure), 순서(order)이고 주어진 문장이 전체 과정의 일부만 제시된 경우이다. 이런 유형은 주어진 문장에 지시어나 연결어구의 힌트가 없는 경우가 많다. 그러나 출제 지문에는 반드시 과정의 경과 및 시간의 진행을 나타내는 지칭어구 또는 단계별 설명이 등장하며 특히 마지막 문장에는 과정의 결과물(완성품)이 등장한다는 것을 명심하자. 바로 이것이 글의 흐름을 잡는 결정적인 힌트가 되는 경우가 많다.

Example 03

Q Where does this sentence fit in the passage best?

> Make a plan for a bookcase that suits your own library.

If you want to make a bookcase yourself, follow these simple steps. (**❶**) Then, choose wood materials for the bookcase from a wood materials store. (**❷**) When you have bought the wood, carefully cut it according to your design. (**❸**) The next step is to put the different parts together with glue and nails. (**❹**) After that, add the finishing touch by painting the woodwork. (**❺**) Now you have a fine piece of furniture.

출제 Points

1 주어진 문장에는 단서가 없다.

주어진 문장에는 지칭어구나 연결어구가 없기 때문에 아래 지문에 있는 내용으로부터 힌트를 얻어야 한다.

2 글의 전개방식을 파악하라.

이 글은 책장을 만드는 단계를 순서대로 설명하고 있다. 그러므로 "(先) 계획 → (後) 실행 → 결과물(책장)"로 진행된다. 따라서 과정을 단계적으로 설명하는 어구인 "these simple steps"을 시작으로 "Then → When → The next step → After that → Now"로 진행되는 과정을 파악하라.

🔑 Translations

당신 스스로 책장을 만들고 싶으면, 다음의 간단한 단계를 따르라. [당신의 서재에 적당한 책장을 설계하라.] 그런 다음, 목재상에서 책상용 목재를 골라라. 목재를 산 후, 설계에 따라 조심스럽게 잘라라. 다음 단계는 접착제와 못으로 여러 부분들을 조립하는 것이다. 그런 후, 나무 작업물에 페인트칠함으로써 마지막 손질을 더하라. 자, 이제 당신은 멋진 가구 한 점을 갖게 되었다.

정답: ①번

Words&Phrases

- **bookcase** 책장, 서가, 책꽂이
- **suit** 어울리다(=become), ∼에 잘 맞다
- **library** 도서관; (개인의) 문고; 서재
- **material** 재료, 원료; 자료; 소재
- **glue** 아교, 접착제
- **nail** 손톱(=fingernail); 못; 징
- **woodwork** (가옥 등의) 목조 부분; [집합적] 목제품, 목공품
- **finishing touch** 마무리 손질

Q Where does this sentence fit in the passage best?

> Such variation, however, was common then with the spelling of many words, not just names.

William Shakespeare is rightly regarded as one of the world's great writers; yet it would seem that he couldn't spell his own name! (❶) Samples of his signature that have survived show his name spelled in several different ways. (❷) Not until the eighteenth century when dictionaries came into use was a single spelling for each word accepted as correct. (❸) A few words, however, escaped being standardized in this way; 'instill' (which can also be spelled 'instil') is one of them. (❹) When a dictionary gives two different spellings of a word, the one given first is preferred.

출제 Points

1 however

주어진 문장에 역접의 연결어 "however"와 "not just names"가 있는 것으로 보아 "names"가 이미 앞에서 언급되었음을 알 수 있다.

2 글 전개에 있어서 내용의 단절

❷를 중심으로 앞 내용은 Shakespeare의 이름을 예로 들며 철자를 여러 가지로 썼던 시대, 그 뒤의 내용은 18세기에 사전이 등장해서 한 단어에 하나의 철자만이 맞는 것으로 받아들여지게 되었다는 내용이 나온다.

🗝 Translations

William Shakespeare는 당연히 세계에서 가장 위대한 작가들 중 한 명으로 여겨진다. 그러나 그는 자기 자신의 이름 철자도 제대로 쓸 수 없었던 것 같다! 현재까지 남아 있는 그의 서명의 사례들을 보면 그의 이름이 여러 가지 다른 방식으로 표기되어 있음을 보여준다. [그러나 그러한 차이는 그 당시에는 단지 이름에서 뿐만 아니라 많은 단어들의 철자에서도 흔한 것이었다.] 사전이 등장하였던 18세기에 이르러서야 한 단어에는 하나의 철자만이 맞는 것으로 받아들여지게 되었다. 하지만 몇몇 단어들은 이런 방식으로 표준화되는 데서 벗어났는데, ('instil'로도 표기하는) 'instill'이 그 단어들 중 하나이다. 사전이 한 개의 단어에 대해서 두 개의 철자법을 제시할 때, 첫 번째로 주어진 것이 선호된다.

정답: ②번

Words&Phrases

- **variation** 변이; 변종(變種); 차이; 변화
- **common** 일반적인, 보통의, 흔한, 평범한
- **William Shakespeare** (1564-1616) 셰익스피어[영국의 극작가, 시인]
- **signature** 서명, 사인
- **escape** 벗어나다, 도피하다

- **instill** (또는 instil로도 표기함) 스며들게 하다; 한 방울씩 떨어뜨리다
  cf. instill ideas into a one's mind ～에게 사상을 서서히 주입시키다
- **prefer** 오히려 ～을 좋아하다, 선호하다

Q Where does this sentence fit in the passage best?

> Yet people often have attitudes toward previously unencountered individuals or objects.

Although most of us have a sense of what an attitude is, defining it in objective terms has been surprisingly difficult. (❶) One common definition was developed by *G. Allport (1935). (❷) He proposed that an attitude is a mental and neural state of readiness, organized through experience, exerting a directive or dynamic influence upon the individual's response to all objects and situations with which it is related. (❸) Despite the apparent usefulness of such a definition, it actually incorporates a number of assumptions about attitudes, not all of which are accurate. (❹) One assumption is that attitudes are enduring. (❺) Another assumption is that attitudes exert a direct or dynamic influence on behavior. But the relationship between attitudes and behavior can sometimes be weak.

*Gordon Willard Allport: 미국의 인격 심리학의 권위자 (1897~1967)

출제 Points

1 Yet

정답을 찾아내는 중요한 단서가 될 수 있는 역접의 연결사 Yet이 있음에도 지문의 내용이 쉽지 않기 때문에 태도의 영속성과 경험 이전의 인지 사이의 상관관계를 파악하여 정답을 찾는 것은 어려울 수 있다.

2 그렇다면 글의 전개 방식에서 연결고리를 찾아야 한다.

One → Another의 지칭성에 주목하라. 특히 ❺번 뒷문장인 Another assumption 뒤에는 But(Yet과 같은 역접의 연결사)에 의하여 이끌리는, 즉 그것을 반박하는 부연 설명표현이 있는 반면, 그 앞에 위치한 One assumption이 나오는 문장 뒤에는 그것을 반박하는 구체적인 부연 설명어구가 없다는 것에 주목하면 정답을 쉽게 찾을 수 있다.

🔑 Translations

비록 우리들 대부분이 태도란 무엇인가에 대해 모종의 감은 가지고 있지만, 그것을 객관적인 용어로 정의하는 일은 매우 어려운 일이다. 한 개의 일반적 정의는 G. Allport(1935년)에 의해서 개발되었다. 그는 태도란 관련된 모든 대상과 상황에 대해 한 개인의 반응에 직접적이거나 동적인 영향을 미치는 경험을 통해서 조직화된 정신적 그리고 신경적 (어떤 일을 기꺼이 하려는) 준비 상태라고 제시하였다. 이러한 정의가 갖는 명백한 유용성에도 불구하고, 실제로 그것은 태도에 관한 다수의 가정들을 통합하고 있는데, 그 가정들이 모두 다 정확한 것은 아니다. 하나의 가정은 태도가 영속적이라는 것이다. [하지만 사람들은 전에 만난 적이 없었던 개인들이나 사물들에 대해서도 자주 태도들을 취한다.] 또 다른 가정은 태도가 행동에 직접적이거나 동적으로 영향을 미친다는 것이다. 그러나 태도와 행동 사이의 관계는 때로는 미약할 수도 있다.

정답: ⑤번

Words&Phrases

- □ **attitude** 태도
- □ **previously** 예전에
- □ **unencountered** 만난 적이 없는
  cf. encounter 우연히 마주치다
- □ **objective** 객관적인
- □ **term** 용어; 기간; 학기
- □ **definition** 정의
- □ **mental** 정신적인, 심적인, 마음의

- □ **neural** 신경의, 신경계의
- □ **readiness** 신속(성); 준비가 되어 있음
  cf. with readiness 쾌히, 자진하여
- □ **directive** 지시하는, 지도적인; 지령, 명령
- □ **dynamic** 역동적인(↔static), 활동적인

- □ **apparent** 분명한, 식별할 수 있는
- □ **usefulness** 유용성
- □ **incorporate** 통합하다, 합병하다
- □ **assumption** 가정
- □ **enduring** 참을성 있는; 영구적인
- □ **exert** 행사하다(=exercise), 발휘하다

Q Where does this sentence fit in the passage best?

> As the child matures, cells reach out and set up pathways to other cells needed to determine a behavior.

An infant is born with billions of brain cells called neurons. (❶) Some are wired to other cells before birth to regulate the basics of life, such as heartbeat and breathing; others are waiting to be wired to help interpret and respond to the outside world. (❷) Experience dictates the hookups. (❸) For instance, neurons in the eyes send branches to the visual cortex, which interprets what the eyes see and, via other branches, cues the person to react to what is seen. Experience strengthens the pathways. (❹)

출제 Points

1 주어진 문장에 힌트어구가 없다. 다만 종속접속사 "As(~함에 따라서)"를 보면 유아 다음 시기에 해당되는 시기적 조건을 설정한다는 것은 알 수 있다.

2 ❶번 뒷문장의 Some, others는 앞문장의 유아의 brain cells를 지칭하므로 주어진 문장이 들어가기에 옳지 않고, ❷번 문장의 내용은 바로 앞문장과 논리적 연결이 자연스럽다.

3 포괄적 + For instance + 구체적

결정적인 힌트는 바로 ❸번 뒷문장의 예시형 연결어인 "For instance"이다. ❸번 문장의 내용은 주어진 문장의 보충 설명 부분이다. 제시문에 나오는 pathways는 그 다음 문장에서 the pathways로 연결되고 있다.

🔑 Translations

유아는 뉴런(신경단위)이라고 불리는 수십억 개의 뇌세포를 가지고 태어난다. 일부 세포는 심장 박동과 호흡과 같은 생명의 기초적인 것들을 조절하기 위해서 태어나기 전부터 다른 세포들과 연결되어 있으며 다른 세포들은 외부세계를 해석하고 이에 반응하도록 돕기 위해 연결되기를 기다리고 있다. 경험이 그런 연결과정을 지시한다. [아이가 성숙해짐에 따라, 세포들은 뻗어 나와서 행동을 결정하기 위해 필요한 다른 세포들로의 경로를 설정한다.] 예를 들어, 눈에 있는 뉴런은 그 가지를 시각령(視覺領)으로 보내고, 이 시각령은 그들이 보는 것을 해석하며, 다른 가지들을 경유하여, 유아에게 보이는 것에 반응하라는 신호를 보낸다. 경험을 통해 이러한 경로는 강화된다.　　　　　　정답: ③번

Words&Phrases

- **mature** 성숙(발달)하다; 성숙한
- **pathway** (생화학) 경로, 좁은 길, 오솔길
- **determine** 결정하다
- **infant** (특히 걷기 전의) 유아(乳兒), 갓난아기
- **neuron** (해부) 신경 단위, 뉴런
- **wire** (철사, 전선 따위로) 연결하다; 배선하다; 철사; 전선; 선
- **regulate** 조절하다, 통제하다
- **heartbeat** 심장 박동
- **experience** 경험하다; 경험
- **dictate** 지시하다; 구술(口述)하다

- **hookup** 접속; 중계; 연결
- **visual cortex** 시각령(視覺領) (시신경으로부터 흥분을 받아들이는 대뇌 피질의 부분)
- **branch** 줄기(trunk)에서 나는 가지; 지사, 지점
  cf. a fallen tree branch 떨어진 나뭇가지
  　　overseas branch 해외 지점
  　　branch manager 지점장
- **cue** ~에게 신호를 주다; 신호
- **strengthen** 강화시키다, 강하게 하다

Q Where does this sentence fit in the passage best?

> To modern eyes, this seems a strange kind of religious statue — a beautiful nude woman.

A good example of religious art from ancient Greece is a sculpture by Praxiteles of the goddess Aphrodite. (❶) If we are going to understand this work of art, we must know something about the Greek gods. (❷) The gods and goddesses of ancient Greece were stronger than humans, and they had powers that humans do not have. (❸) However, they also had many human characteristics — pride, anger, jealousy, and sexuality. (❹) In this context Aphrodite, the goddess of love and beauty, was shown in the nude, and with a body as lovely as the great sculptor could make it. (❺) The Greeks worshiped her for her beauty.

출제 Points

1 주어진 문장의 "this"가 지칭하는 것은?
 : 주어진 문장의 지칭어구는 결정적인 힌트이다. this는 첫 문장의 "the goddess Aphrodite"를 지칭하고 있다. 특히 주어진 문장에서 this와 a beautiful nude woman이 같다는 것을 파악한다면 문제 해결은 더욱 쉬워진다.

2 ❶번 뒷문장의 "this work of art"가 지칭하는 것은?
 : 역시 같은 대상인 "the goddess Aphrodite"를 지칭하고 있다.

3 ❷번 뒷문장의 "The gods and goddesses"가 지칭하는 것은?
 : ❶번 뒷문장의 "the Greek gods"를 지칭하고 있다.

🔑 Translations

고대 그리스의 종교 예술의 한 가지 좋은 예는 Praxiteles의 아프로디테 여신 조각상이다. [현대적인 시각으로는 아름다운 나체 여인이 종교적인 조각상이라는 것이 격에 맞지 않게 (이상하게) 보일 수도 있다.] 만약 우리가 이 예술 작품을 (제대로) 이해하고자 한다면, 우리는 그리스 신에 대한 것들을 알아야 한다. 고대 그리스의 신과 여신들은 인간보다 더 강했고 인간이 갖지 못한 힘을 가지고 있었다. 그러나 그들은 또한 오만, 분노, 질투 그리고 성적 관심 등의 인간적인 특징들도 지니고 있었다. 이러한 상황에서 사랑과 미의 여신 아프로디테는 나체로 나타났고, 위대한 조각가가 만들 수 있는 최대한의 사랑스러운 몸으로 표현되었던 것이다. 그리스 사람들은 그녀의 아름다움을 숭배했다.　　　　정답: ①번

Words & Phrases

- **statue** 조각상
- **sculpture** 조각(물); 조각; 조각기술
  cf. sculptor 조각가
- **Praxiteles** 프락시텔레스(기원전 350년경의 그리스의 조각가)
- **Aphrodite** (그리스 신화) 아프로디테 (사랑·미의 여신; 로마 신화의 Venus에 해당)
- **characteristic** 특징
- **pride** 자부심, 자랑; 자만심. 오만
- **jealousy** 질투(심)
- **sexuality** 성별; 성적임, 성적 관심; 성욕
- **context** (어떤 일의) 상황, 배경, 환경, 문맥
- **worship** 숭배하다, 존경하다; 예배하다; 숭배; 예배; 존경

Q Where does this sentence fit in the passage best?

> Then the jury goes into a private room to consider the evidence and decide whether the defendant is guilty of the crime.

At the trial, a jury of 12 people listens to the evidence from both attorneys and hears the testimony of the witnesses. (❶) If the jury decides that the defendant is innocent, he goes free. (❷) However, if he is convicted, the judge sets a date for the defendant to appear in court again for sentencing. (❸) At this time, the judge tells the convicted person what his punishment will be. (❹) The judge may sentence him to prison, order him to pay a fine, or place him on probation. (❺)

출제 Points

1 재판에서 배심원단의 역할을 설명한 글이다. 배심원단이 구성되고 증거와 증언을 듣고 난 후, 피고인에게 형을 선고하기 전에 어떤 행동을 취해야 하는지를 추론해 본다면 주어진 문장이 들어갈 곳을 파악할 수 있다.

2 주어진 문장의 "Then"의 의미는?
: then은 시간적인 흐름을 나타내므로 주어진 문장 이전에 어떤 사건이 있었음을 알 수 있다. 즉, 첫 문장의 "12명으로 구성된 배심원단이 변호인들의 증거를 듣고 증인들의 증언을 듣는다" 이후의 과정이 연결되어야 한다.

3 주어진 문장의 "the jury"의 선행 명사는?
: 'a(n) + 명사 → the + 명사'이므로 "the + 명사"는 바로 앞 문장에서 지칭하는 명사를 찾아야 한다. 첫 문장의 "a jury"가 바로 주어진 문장의 "the jury"이다. 이 단서를 통해서도 바로 정답이 도출된다.

※ 각 문장의 시간적인 흐름을 나타내는 부사구를 주목하라.
At the trial → Then →
At this time

🔑 Translations

재판에서 12명으로 구성된 배심원단은 양측 변호사들로부터 증거를 듣고 증인들의 증언을 듣는다. [그런 다음 배심원들은 증거들을 숙고하여 피고인이 유죄인지 아닌지 결정을 내리기 위해 비공개 방으로 들어간다.] 만약 배심원단이 피고인이 무죄라고 결정한다면, 그는 자유롭게 될 것이다. 그러나 만약 유죄가 선고된다면, 판사는 피고인이 판결을 받기 위해 다시 재판정에 출석할 날짜를 정한다. 이때 판사는 유죄가 확정된 피고인에게 어떤 형벌을 받게 될 것인지를 선고한다. 판사는 피고인에게 징역형을 선고할 수 있으며, 벌금형을 부과할 수도 있고, 집행 유예를 받게 할 수도 있다.   **정답: ①번**

Words&Phrases

- □ **trial** 재판; 시도, 시련; 재판의; 시험 삼아 해보는
- □ **evidence** 증거, 증언; 명시하다, 입증하다
- □ **attorney** 변호사(=lawyer), 대리인
- □ **testimony** (법정에서 목격자의) 선서 증언
- □ **witness** 증인, 목격자; 목격하다, 증언하다
- □ **jury** 배심원단, 심사원단
- □ **defendant** 피고인(↔ plaintiff 원고, 고소인)

- □ **convicted** 유죄의, ~의 혐의가 인정된
- □ **be convicted** 유죄 판결을 받다, 유죄를 선고받다
- □ **sentencing** (형사상의) 판결, 선고, 처벌
- □ **sentence** 선고하다, 판결하다; 판결; 문장
- □ **fine** 벌금, 과태료; ~에게 벌금을 과하다; 훌륭한, 품위 있는; (날씨가) 좋은(=nice); 미세한, 가느다란, 엷은; 날카로운, 예리한

5 글의 순서(문장 순서 배열)

- 주어진 지문에 이어질 글의 순서를 바르게 배열하는 문제유형이다.
- 주어진 문장 넣기와 유형은 다르지만 해결 방법은 동일하다.
- 주어진 문장을 다음에 이어지는 문장으로 논리적으로 연결시키는 연결고리들을 찾아 나가는 방식이 이 문제 유형의 해결포인트이다.
- 전체적인 글의 전개 방식(=글의 흐름)을 파악한다는 것은 핵심어, 주제문장, 보충 설명 문장 간의 관계성을 추론한다는 것인데 이것은 반드시 '연결어, 관사, 대명사, 지시어'의 역할과 그 쓰임새, 그리고 글의 전개 방식에서의 '정의와 예시, 비교와 대조, 원인과 결과, 시간적 공간적 순서에 의한 나열'에 대한 선결적 학습과 이해를 필요로 한다.
- 최근 경향은 지칭어구나 연결어만 보고 단순히 순서를 정할 수 있는 문제뿐 아니라 글의 전개방식상 주제문장이 없는 '과정, 단계별 설명, 경험담, 이야기, 비교나 대조 등'의 유형들도 자주 출제되는 편이다. 이런 유형은 지문상에서 글의 연결 고리를 찾기가 난해하다. 이런 경우, 글의 내용이 갑자기 비약되거나 내용상 흐름이 자연스럽지 못한 곳을 찾아내어 글의 순서를 추측해 보는 등 전체적인 글의 흐름을 추론하는 것이 중요하다.

❶ **주어진 문장에서 반드시 단서(clue, hint)를 찾아라!**

   주어진 문장은 글의 흐름에 이정표 역할을 한다. 그러므로 주어진 문장을 먼저 읽고 이 글의 핵심어(무엇에 관한 글)와 어떻게 글이 전개될지를 논리적으로 추론(predicting)해 본다.

❷ **문장과 문장의 선후 관계를 보여주는 관사, 대명사(특히 지시대명사), 대리어구(유사어구)를 찾아라.**

   각 문장에서 특히 처음과 마지막 부분에 위치한 인칭대명사, 지시대명사, (반복을 피하기 위해서 사용된) 대리어구(유사어구 표현) 등을 찾아 앞뒤 문장 간의 연관성을 파악한다.

❸ **연결어나 시간 부사(구)를 파악한다.**

   글의 흐름을 논리적으로 자연스럽게 이어주는 '예시, 첨가, 나열, 대조, 원인과 결과, 요약, 환언'의 연결어를 찾는다.

❹ **주어의 일관성을 활용하라.**

   글 전체의 통일성(unity)과 응집력(cohesion)을 유지하기 위해서는 주어진 문장의 주어(또는 글의 주제문장의 주어)에 대한 일관성이 확보되어야 한다. 즉, 각 문장에서 행위자의 역할을 하는 주어가 자주 바뀌면 글의 통일성이나 응집력을 유지할 수 없으므로 필자는 주어를 바꿀 시 이를 알려주는 특별한 장치를 사용하게 되는 바 이 사실을 염두에 두고 각 문장의 주어들을 면밀히 살피는 것을 잊지 말자.

☐ **문장 순서 배열 문제의 추론과정 I**

1단계	**주어진 문장에서 단서(clue, hint)를 찾아라!**
	❶ 주어진 문장을 철저히 분석하여 그 문장이 포괄적(general)인 주제문장인지, 구체적(specific)인 보충예문인지 확인해라.
	❷ 연결어구(순접, 역접, 원인과 결과), 관사(a, the), 지시대명사, 시간적 순서 등의 표시어구를 찾아라.
	• 만약에 단서가 없다면 글의 전개 방식상 "연구의 과정이나 일화, 이야기 등"의 글인지를 확인하라.
2단계	**각 문장의 첫 부분을 먼저 읽고 주어진 문장과 연결가능성이 있는 요소를 찾아낸다.**
	❶ 주어의 일관성(통일성)
	❷ 시간적인 흐름: 시제의 부사어구 (before, after, then, finally, last)
	❸ a/an → the(such)와 같은 지칭의 선후 관계성
	❹ 대명사나 지시어구의 선후 관계성
	❺ 유사 대리어구의 지칭 대상
	• 글 전체의 통일성(=일관성)과 유기적인 관계를 위해서 출제 지문에 있는 각 문장의 주어는 일관되게 진행되어야 하고, 지칭되는 어구 역시 논리적으로 일치해야 한다.
	• 논리적 연결 요소들이 지문에 있음을 명심하라.
3단계	**각 문장의 연결어구와 부사(구)를 찾아서 글의 전개방식과 주제문장을 파악한다.**
	• 연결어
	❶ 예시: for example, for instance
	❷ 첨가: besides, in addition, furthermore, also
	❸ 환언: in other words, that is, namely
	❹ 원인과 결과: therefore, as a result
	• 글의 전개방식에 이정표 역할을 하는 연결어구를 찾아서 글의 흐름과 주제문장을 찾아라.
4단계	**1~3단계에서 찾아낸 연결의 단서들을 종합하여 재배열한 후 전체 글의 흐름이 매끄럽고 자연스러운지를 최종적으로 점검한다.**

□ 문장 순서 배열 문제의 추론과정 II

주어진 문장	연결성을 나타내는 어구◇
지문 A	★주어진 문장과 호응하는 연결요소●
지문 B	◇주어진 문장과 호응하는 연결요소★
지문 C	●주어진 문장과 호응하는 연결요소

1   주어진 문장이 주제문장인지 보충예문인지를 구분한다.

두괄식 유형이 주를 이루지만, 역접의 연결어를 통해서 두 번째 문장이 주제문장이 되는 경우도 있고, 마지막 문장이 주제 문장이 되는 경우도 있다. 또는 주제문장 없이 '이야기, 일화, 비교나 대조, 예문의 나열, 연구(실험)의 과정' 등이 출제되는 경우도 있다.

2   주어진 문장과 바로 다음에 올 문장과의 연결고리를 찾는다.

❶ 연결어: 앞뒤 문장의 연결 논리, 연결어의 쓰임을 확실히 파악한다. (General → Specific)

❷ 관사: 불특정명사 → 특정명사 (A / An + 명사 → It, The + 명사)

❸ 대명사: Some / Most / People → Others / Other + 복수명사

❹ 이야기, 일화의 글에서는 발단에 해당되는 부분이 앞에 올 확률이 높다. 이야기, 일화는 '사건의 발단 → 전개 → 반전 → 결말(교훈에 해당)'로 전개될 가능성이 크다.

3   나열된 A, B, C 문장들의 첫 부분과 마지막 부분에는 각 문장의 선후관계를 결정짓는 연결요소들이 들어 있으 므로, 단순하게 내용파악에만 의존하지 말고 반드시 연결요소들을 찾아 들어가는 접근 방식을 취한다.

4   장문(長文) 유형일 경우 지문의 내용을 세부적으로 읽기 전에 반드시 먼저 각 지문의 첫 문장과 마지막 문장을 읽고 그 문장들에서 주어진 문장과 연결되는 요소들을 찾아낸다.

A Prayer *Sara Teasdale*

When I am dying, let me know
That I loved the blowing snow
Although it stung like whips;
That I loved all lovely things

And I tried to take their stings
With gay unembittered lips;
That I loved with all my strength,
To my soul's full depth and length,
Careless if my heart must break,

That I sang as children sing
Fitting tunes to everything,
Loving life for its own sake.

기도

내 죽어갈 때 말해 주소서
휘날리는 눈 채찍처럼 아팠으나
나는 그걸 사랑했노라고
아름다운 모든 것 사랑했노라고

그것들의 아픔 찡그림 없이
착한 미소로 받아들였다고
찢어지는 가슴 아랑곳없이
온갖 힘 다해
혼신을 다 바쳐 사랑했노라고

삶 그 자체를 사랑하여
모든 것에 가락 맞추며
아이들처럼 노래 불렀노라고

출제된 지문은 글의 흐름에 있어 특별한 변화가 없고 논쟁 또한 없는 평범한 유형의 글이다. 즉, 역접이나 대조의 연결어구가 나타나지 않는다. 대부분의 글의 전개방식은 '정의 → 예시'의 두괄식이거나 시간적, 공간적, 단계별로 설명하는 형태이다. 이런 글은 글의 순서 잡기 유형의 가장 기본적인 사항을 물어보는 것으로 주어의 일관성과 지시어, 대명사, 관사의 순서 지칭의 원리를 이용한다.

Example 01

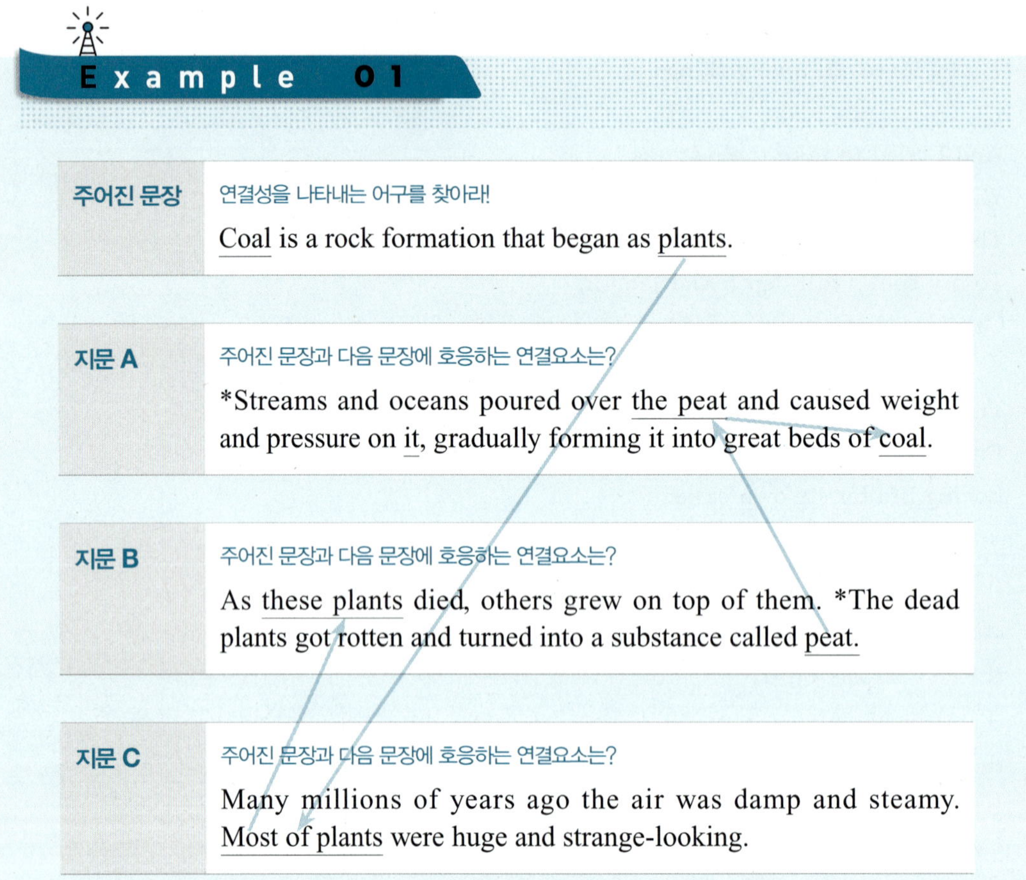

Words & Phrases

- □ **coal** 석탄
- □ **formation** 구조물; 형성
- □ **pour over** 내리 쏟아지다, 내리 붓다
- □ **gradually** 차츰, 점차로
- □ **rotten** 썩은, 부식한
- □ **turn into** ~로 변하다; ~로 바꾸다
- □ **substance** 물질, 물체
- □ **peat** 토탄(土炭), 이탄(泥炭)
- □ **damp** 축축한, 습기가 많은
- □ **steamy** 고온 다습한, 축축한
- □ **huge** 거대한, 큰
- □ **strange-looking** 기묘한, 이상하게 보이는

☐ 주어진 첫 문장이 이 글의 주제문장이고 핵심어는 coal이다. 첫 문장을 읽고 이 글이 석탄의 형성 과정을 단계(순서) 별로 설명하는 글이라는 것을 간파해야 한다.

☐ (첫 문장) 석탄의 형성과정은 plants(식물)에서 비롯되었다.
   (C) Most of plants는 주어진 문장의 plants와 연결된다. 'Many millions of years ago'는 시간적 배경을 제 공한다.
   (B) As these plants died의 these plants는 (C)의 Most of plants를 지칭하고 these plants died는 The dead plants를 지칭한다.
   (A) the peat는 (B)의 peat을 지칭한다. 결국 석탄층이 '형성 과정의 마지막 단계'로 등장함으로써 주제문장을 다 시 한 번 부연 설명한다.

정답: C → B → A

To Improve Reading Comprehension

Coal is a rock formation that began as plants. (C) Many millions of years ago the air was damp and steamy. Most of plants were huge and strange-looking. (B) As these plants died, others grew on top of them. *The dead plants got rotten and turned into a substance called peat. (A) *Streams and oceans poured over the peat and caused weight and pressure on it, gradually forming it into great beds of coal.

☐ plants를 구체적으로 설명하기 위한 예문: Most of plants ⇒ As these plants died ⇒ The dead plants ⇒ a substance called peat ⇒ the peat ⇒ it

   cf. Peat is decaying plant material which is found under the ground in some cool, wet regions. Peat can be added to soil to help plants grow, or can be burnt on fires instead of coal.

Grammar Points & Structures

* **The dead plants got rotten and turned into a substance called peat.**

☐ called는 과거분사로 앞의 a substance을 수식하고 있다.

* **Streams and oceans poured over the peat and caused weight and pressure on it, gradually forming it into great beds of coal.**

☐ gradually forming은 분사구문으로 주어인 Streams and oceans의 이어지는 동작을 표현하고 있다. 접속사를 사용 하면 동사 형태로 바꿀 수 있다.

   = and (streams and oceans) gradually formed it into great beds of coal.

Translations

석탄은 식물에서 비롯된 암석 구조물(構造物)이다. (C) 수백 만 년 전, 대기는 축축했고 습기가 많았다. 대부분이 식물들 은 거대하고 기묘한 모습을 하고 있었다. (B) 이러한 식물들이 죽자, 다른 식물들이 그 위에서 자라기 시작했다. 죽은 식 물은 썩어 이탄(泥炭)이라고 불리는 물질로 변했다. (A) 시냇물과 바닷물이 이탄 위로 흘러들어와 그 위에 무게와 압력을 가하면서 차츰 그것을 거대한 석탄층으로 만들었다.

예시, 첨가, 열거, 원인과 결과, 역접, 비교와 대조의 연결어구를 찾아 글의 논리성을 파악하고 글의 순서를 결정하는 데 활용해야 한다. 역시 글의 핵심어와 주제문장을 찾고 그에 따른 보충 설명 문장을 논리적으로 연결한다.

E x a m p l e   0 3

주어진 문장	연결성을 나타내는 어구를 찾아라!

*The way in which we write a language is not always exactly the same as the way in which we speak it.

지문 A	주어진 문장과 다음 문장에 호응하는 연결요소는?

In addition to this difference, written language may differ from spoken language, more importantly in style.

지문 B	주어진 문장과 다음 문장에 호응하는 연결요소는?

In written language, on the other hand, the same word is always spelt in the same way, so different words are easy to distinguish in print.

지문 C	주어진 문장과 다음 문장에 호응하는 연결요소는?

The same word spoken by people, for instance, may sound like different words, and different words may sound like the same word.

Words&Phrases

- □ **language** (한 나라 또는 한 민족의) 말, (음성이나 문장에 의한) 언어
- □ **exactly** 정확하게, 엄밀하게
- □ **in addition to** ～외에도
- □ **on the other hand** 반면에
- □ **spell** 철자를 말하다; (낱말을) 맞춤법에 따라 쓰다
- □ **distinguish** 구별; 구분하다
- □ **sound like** ～하게 들리다

□ 주어진 문장이 이 글의 주제문장이다. 주제문장에서 "항상 같지 않다"라고 정의했고 이후에 "예를 들어(for instance) + 반면에(on the other hand) + 이러한 차이점 외에도(In addition to this difference)"라는 연결어구를 통해서 글을 전개했다. 즉, 각 문장의 연결어구의 흐름을 찾는 것이 결정적 힌트이다.　　정답: C → B → A

To Improve Reading Comprehension

*The way in which we write a language is not always exactly the same as the way in which we speak it. (C) The same word spoken by people, for instance, may sound like different words, and different words may sound like the same word. (B) In written language, on the other hand, the same word is always spelt in the same way, so different words are easy to distinguish in print. (A) In addition to this difference, written language may differ from spoken language, more importantly in style.

Grammar Points & Structures

* The way ~ is not always exactly the same ~

□ 부분부정: 완전성과 전체성, 항상성의 의미를 갖는 대명사나 부사인 all, both, every(thing, body, one), always, completely, entirely, wholly, necessarily, perfectly 등이 부정어 not과 결합하면 부분부정이 된다.

I don't like both of them. 나는 그들 두 사람 다 좋아하는 것은 아니다. (한 사람은 좋아한다.) (부분부정)
I don't like either of them. (=I like neither of them.)
나는 그들 두 사람 중에서 어느 누구도 좋아하지 않는다. (즉, 두 사람 모두 싫어한다.) (완전부정)
Not all of them are rich. 그들 모두 다 부유하지는 않다. (일부는 부유하다.)
None of them are rich. 그들 모두가 부유하지 않다.

cf. all ~ not, not ~ all은 때때로 완전부정의 의미로도 쓰일 수 있으므로 문맥 파악이 필수적이다.
All men are not wise. 모든 이가 다 현명한 것은 아니다. (부분부정)
All the perfumes of Arabia will not sweeten this little hand.
아라비아의 모든 향수를 가지고도 이 작은 손 하나를 향기롭게 할 수 없다. (이 경우 주로 양보적 의미로 해석되는 경우가 많다.) (완전부정)

🔑 Translations

우리가 언어를 쓰는 방식(문어체 언어)이 우리가 말하는 방식(구어체 언어)과 항상 같지는 않다. (C) 예를 들어, 사람들이 말하는 똑같은 단어가 다른 단어처럼 들릴 수도 있고, 다른 단어가 똑같은 단어로 들릴 수도 있다. (B) 반면에, 문어에서 동일한 단어는 항상 같은 방식으로 표기된다. 따라서 다른 단어들은 인쇄 상태에서 구별하기 쉽다. (A) 이러한 차이점 외에도, 더 두드러지는 것은, 문체에 있어서 문어체는 구어체와 다르다는 것이다.

글의 전개 방식이 과정(process), 절차(procedure), 순서(order)이고 주어진 문장이 전체 과정의 일부로 제시된 경우이다. 이런 유형은 문장에 지시어나 연결어구의 힌트가 없는 경우가 많다. 하지만 출제 지문에는 글의 전체적인 과정, 순서, 절차를 어떤 방식을 통해서든 설명할 수밖에 없으므로 반드시 과정의 경과 및 시간의 진행을 나타내는 지칭어가 등장하기 마련이다.

Example 04

주어진 문장 — 연결성을 나타내는 어구를 찾아라!

The art of predicting the future with tea leaves has been practiced in both Asia and Europe for centuries. It's not hard to try doing it yourself.

지문 A — 주어진 문장과 다음 문장에 호응하는 연결요소는?

When you interpret the leaves, pay attention to their position in the cup. Leaves near the top represent the near future, while leaves near the bottom show the distant future. Leaves near the cup's handle represent yourself and your home.

지문 B — 주어진 문장과 다음 문장에 호응하는 연결요소는?

Afterwards, drink it all but leave a spoonful at the bottom of the cup. Now pick up the cup and move it three times from right to left. Turn it upside down to let the liquid drain out and now you are ready to read the leaves.

지문 C — 주어진 문장과 다음 문장에 호응하는 연결요소는?

Brew yourself a cup of tea. You can use any kind of loose tea, but it's best to drink it from a wide, white cup. *This makes it easy to see the leaves. Relax and enjoy your tea.

Words & Phrases

- **art** (특수한) 기술; 기예; 예술; 미술
  cf. a work of art 예술품
- **predict** 예상하다, 예측하다
- **practice** 행하다, 실행하다; 연습하다
- **pay attention to** ~에 유의하다; ~에 주의하다
- **represent** 나타내다; 의미하다; 표현하다
- **loose** 포장하지 않은, 용기(그릇)에 들어 있지 않은; 자유로운, 풀려난, 풀린
- **relax** (사람이) 정신적 긴장을 풀다, 쉬다

(A)의 "the leaves"와 (B)의 "the leaves"가 반복되고 있다. 글의 단계별 설명을 하는 (B)의 "Afterwards" 역시 앞 단계 진행 후 다음 단계를 표시하는 어구이다.

"찻잎을 가지고 미래를 점치는 기술이 수 세기 동안 아시아와 유럽에서 행해지고 있다. 당신이 직접 해보는 것도 어렵지 않다."라는 주어진 문장을 읽자마자, 그 과정이 순서대로 진행될 것임을 예측해야 한다. 글의 마지막 부분에는 찻잎을 가지고 미래를 해석하는 방법이 와야 한다.

정답: C → B → A

To Improve Reading Comprehension

The art of predicting the future with tea leaves has been practiced in both Asia and Europe for centuries. It's not hard to try doing it yourself. (C) Brew yourself a cup of tea. You can use any kind of loose tea, but it's best to drink it from a wide, white cup. *This makes it easy to see the leaves. Relax and enjoy your tea. (B) Afterwards, drink it all but leave a spoonful at the bottom of the cup. Now pick up the cup and move it three times from right to left. Turn it upside down to let the liquid drain out and now you are ready to read the leaves. (A) When you interpret the leaves, pay attention to their position in the cup. Leaves near the top represent the near future, while leaves near the bottom show the distant future. Leaves near the cup's handle represent yourself and your home.

Grammar Points & Structures

* This makes it easy to see the leaves.

가목적어 it: 영어에서는 문장의 간결성의 원칙에 따라 가목적어 it을 타동사나 전치사 바로 뒤에 사용하고 문장 뒷부분에 진짜 목적어인 to부정사나 동명사 또는 that절을 위치시킨다.

He felt it safe to leave his wife in her company. (to부정사 진목적어)
그는 아내를 그녀의 회사에 있게 하는 것이 안전하겠다고 생각했다.

You will find it pleasant talking with him. (동명사 진목적어)
당신은 그와 이야기하는 것이 즐겁다는 것을 알게 될 것이다.

I think it true that Mary loves Tom. (that절(명사절) 진목적어)
나는 Mary가 Tom을 사랑한다는 것을 사실이라고 생각한다.

See (to it) that the fax goes this afternoon. (that절(명사절) 진목적어 – to it은 생략가능)
그 팩스가 오늘 오후에 꼭 가도록 (조처)하라.

Translations

찻잎으로 미래를 점치는 기술은 수 세기 동안 아시아와 유럽에서 행해지고 있다. 당신이 직접 해보는 것도 어렵지 않다. (C) 차 한 잔을 직접 우려라. 포장이 안 된 찻잎은 어떤 것이든 사용할 수 있으나 넓고 흰 컵으로 마시는 것이 가장 좋다. 이렇게 하면 잎들을 보기가 쉽기 때문이다. 편안하게 차를 즐겨라. (B) 그리고 난 후, 쭉 마시되, 한 스푼가량의 찻물을 컵 바닥에 남겨라. 이제 컵을 들고 좌우로 세 번 움직여라. 컵을 거꾸로 뒤집어 액체(남은 차)가 빠져나가게 하라. 그러면 이제 찻잎을 읽을 준비가 된 것이다. (A) 찻잎을 해석할 때, 컵 안에 있는 잎들의 위치에 주목하라. 컵 윗부분에 있는 잎들은 가까운 미래를, 컵 바닥에 있는 잎들은 먼 미래를 보여준다. 컵 손잡이 근처에 있는 잎들은 당신 자신과 가정을 나타낸다.

- 글쓴이가 자신의 주장을 먼저 제시하고 그것을 구체적인 예를 들어 설명하는 형태이다.
- 두괄식의 형태이고 글의 흐름이 주제문장(포괄적)에서 보충 설명 문장(세부적+구체적)으로 진행된다는 것을 기억하자.
- 글쓴이가 자신의 주장을 납득시키기 위한 보충 설명 방식은, 예증을 통해서나 사실이나 통계적인 자료를 제시하는 것이 일반적이나, 일화나 우화를 도입하여 간접적으로 암시하기도 한다. 주관적인 글일 경우는 자신의 주장을 더 세부적으로 직접적으로 설명하기도 한다.
- 예시 형태의 연결어 "for example, for instance"나 "such as 혹은 as(~와 같이), to illustrate(예를 들자면), as an illustration(하나의 예로서), namely(즉)"와 같은 표시어구를 찾아내자.

Example 05

Q What is the best sequence for (A), (B), and (C)?

> Footwear has a history which goes back thousands of years, and it has long been an article of necessity.

(A) The earliest footwear was undoubtedly born of the necessity to provide some protection when moving over rough ground in varying weather conditions. In ancient times, as today, the basic type of shoes worn depended on the climate.

(B) Shoes have not always served such a purely functional purpose, however, and the requirements of fashion have dictated some curious designs, not all of which made walking easy.

(C) For instance, in warmer areas the sandal was, and still is, the most popular form of footwear, whereas the modern *moccasin derives from the original shoes adopted in cold climates by races such as Eskimos and Siberians.   *moccasin: (북미 인디언의) 밑이 평평한 노루 가죽신

① (A)—(B)—(C)   ② (A)—(C)—(B)
③ (B)—(C)—(A)   ④ (C)—(A)—(B)
⑤ (C)—(B)—(A)

출제 Points

1 주어진 문장은 포괄적인가 세부적인가?

2 (A)의 "The + 명사" 표현을 찾아라.

3 (B)의 "such + 명사"를 찾고, however 글의 전개방식에 주의하라.

4 (C)의 "For instance"는 '포괄적 내용 + For instance + 세부적 예시'가 전개됨을 의미한다.

Words&Phrases

- □ **footwear** 신발(류)
- □ **go back** 거슬러 올라가다, 회고하다
- □ **necessity** 필요성
- □ **undoubtedly** 틀림없이
- □ **protection** 보호
- □ **rough** 거친; 울퉁불퉁한
- □ **purely** 순수하게; 순전히, 완전히
- □ **functional** 기능적인
- □ **requirement** 요구, 필요
- □ **dictate** 명령하다, 지시하다; 결정하다; 영향을 주다
- □ **derive from** ~에서 파생하다, 유래하다

◻ 주어진 문장을 통해 신발의 역사가 오래되었음을 언급한 후 (A)에서 신발의 탄생 배경이 보호 기능에 있었고, 그 종류가 기후에 따라 결정된다고 설명하고 있다. (C)는 (A)의 구체적인 사례로서 따뜻한 지역의 샌들과 추운 지역의 모카신을 제시하고 있다. (B)에는 (A)와 (C)에 언급된 신발의 기능적 목적과 더불어 유행을 이끌 목적도 있었음을 언급하고 있다. 따라서 글의 순서는 (A)−(C)−(B)이다.

정답: ②번

To Improve Reading Comprehension

Footwear has a history which goes back thousands of years, and it has long been an article of necessity.

(A) The earliest footwear was undoubtedly born of the necessity to provide some protection when moving over rough ground in varying weather conditions. In ancient times, as today, the basic type of shoes worn depended on the climate.

(B) Shoes have not always served such a purely functional purpose, however, and the requirements of fashion have dictated some curious designs, not all of which made walking easy.

(C) For instance, in warmer areas the sandal was, and still is, the most popular form of footwear, whereas the modern moccasin derives from the original shoes adopted in cold climates by races such as Eskimos and Siberians.

1 주어진 문장은 신발에 대한 포괄적인 주제문장이다. 따라서 이후에 더 구체적이고 세부적인 예문이 필요하다.

2 (A)의 "The + 명사" 표현을 찾아라.
The earliest footwear는 주어진 문장의 "footwear"보다 더 구체적인 의미를 갖는다.

3 (B)의 "such + 명사"를 찾고, "however" 글의 전개방식에 주의하라.
"such a purely functional purpose"의 표현으로 보아 이미 앞 문장에서는 신발의 순수 기능적인 목적이 언급이 되었음을 알 수 있다. "however"를 통해 글의 흐름을 바꾸어서 신발에 대한 패션이나 유행의 목적을 추가적으로 도입하고 있다.

4 (C)의 "For instance"는 '신발의 기본적 유형은 기후에 따라 결정되었다'에 대한 예문을 도입한다는 의미이다.
글의 전체적인 전개: 포괄적 내용 (신발의 기본적 유형은 기후에 따라 결정되었다.) → For instance + 세부적 예시 (① 따뜻한 지역에서 샌들 + ② 추운 기후에서 모카신) → however (순수하게 기능적인 목적만 아니라 유행적인 디자인도 있다.)

Translations

신발은 그 역사가 수천 년 거슬러 올라가며, 오랫동안 필수적인 물건이 되어왔다. (A) 가장 오래된 신발은 변화하는 날씨 여건에서 험한 길로 이동할 때 어느 정도의 보호를 제공할 필요성 때문에 생겨난 것임이 틀림없다. 오늘날과 마찬가지로 옛날에는 착용된 신발의 기본적 유형은 기후에 따라 결정되었다. (C) 예를 들어, 따뜻한 지역에서는 샌들이 가장 인기 있는 신발의 형태였고 지금도 여전히 그런 반면, 오늘날의 모카신이라는 신발은 에스키모와 시베리아인과 같은 종족들이 추운 기후에서 사용했던 신발을 원형으로 하여 생겨난 것이다. (B) 그러나 신발은 항상 그처럼 순수하게 기능적인 목적만 충족시킨 것은 아니었는데, 유행을 끌기 위한 필요 때문에 몇몇 호기심을 끌 만한 디자인이 등장했고, 그러한 디자인들 모두가 걷는 것을 쉽고 편하게 만든 것은 아니었다.

6 출제된 글의 전개방식이 '비교 또는 비유' 형태일 때

- 비교(comparison)는 둘 또는 그 이상의 사람, 사물 등의 유사점(공통점)에 중점을 두고 글을 전개하는 방식이다.
- 둘을 비교할 때 등장하는 '~처럼, 마찬가지로, ~와 비슷하다, ~와 같은 방식으로' 같은 연결어구(just as, like, likewise, similarly, in the same way, A is similar to B 등)를 찾는다.
- 'A라는 상황, 주장, 이야기, 일화 + 비교의 연결어구 + B라는 상황, 주장, 이론'의 구조를 갖는다. 따라서 비교 관계를 중심으로 글이 전개되면 A와 B의 유사점(공통점)을 추론해야 한다. 그리고 글쓴이의 주장은 항상 A보다는 B쪽에 있음을 명심한다.

Example 06

Q What is the best sequence for (A), (B), and (C)?

A code is constantly under attack from codebreakers. When the codebreakers have developed a new weapon that reveals a code's weakness, then the code is no longer useful. It either becomes extinct or evolves into a new, stronger code. In turn, this new code survives only until the codebreakers identify its weakness, and so on.

(A) The bacteria prevail until doctors discover an antibiotic that exposes a weakness in the bacteria and kills most of them.

(B) This is similar to the situation facing, for example, a strain of infectious bacteria.

(C) The remaining bacteria are then forced to evolve and defeat the antibiotic, and, if successful, they will reestablish themselves and prevail once again.

① (A)—(B)—(C) ② (A)—(C)—(B)
③ (B)—(A)—(C) ④ (B)—(C)—(A)
⑤ (C)—(B)—(A)

출제 Points

1 주어진 문장의 핵심어는?
주어의 일관성을 확인하라!

2 (A)의 "The + 명사"는?
(글의 순서의 결정적인 힌트가 되는 "a(an) + 명사 → the + 명사"를 찾아라.)

3 (B)에서 비교를 나타내는 연결의 표시어구를 찾아라.

Words & Phrases

- □ **code** 암호
- □ **constantly** 끊임없이, 계속
- □ **be under attack** 공격받고 있다
- □ **codebreaker** 암호 해독가
- □ **reveal** 드러내다
- □ **weakness** 약점
- □ **extinct** 소멸된, 멸종한; 꺼진
- □ **evolve** 진화하다, 발전하다
- □ **in turn** 차례로, 번갈아
- □ **identify** 확인하다
- □ **prevail** 널리 퍼지다, 유행하다
- □ **antibiotic** 항생 물질
- □ **expose** 밝히다
- □ **strain** 변종; 계통
- □ **infectious** 전염성의
- □ **defeat** 쳐부수다, 패배시키다, 무찌르다
- □ **reestablish** 회복하다

☐ 주어진 글의 핵심어는 암호(code)이고, "암호는 암호 해독가로부터 항상 공격을 받는데 암호 해독가가 암호의 결점을 드러내는 새로운 무기를 개발하면 암호는 더 이상 쓸모가 없어져 퇴출되든지, 아니면 새롭고, 강력한 암호로 진화된다."는 내용이다. 글쓴이는 비슷한 상황에 처한 전염성 박테리아의 예를 추가적으로 도입하고 있다. 그러므로 주어진 문장 다음에는 (B)의 내용이 와야 한다. 그 다음으로는 '의사가 항생제 개발을 하기 전까지 박테리아가 퍼져 나간다는 내용의 (A), 그리고 마지막으로 살아남은 박테리아가 스스로를 복구하여 새로운 항생제가 나올 때까지 다시 창궐하게 된다는 (C)가 이어져야 적절하다. 또한 관사만 가지고도 답이 해결될 수 있는 문제이다. (B) a strain of infectious bacteria → (A) The bacteria; (A) an antibiotic → (C) the antibiotic

정답: ③번

To Improve Reading Comprehension

A code is constantly under attack from codebreakers. When the codebreakers have developed a new weapon that reveals a code's weakness, then the code is no longer useful. It either becomes extinct or evolves into a new, stronger code. In turn, this new code survives only until the codebreakers identify its weakness, and so on.

(A) The bacteria prevail until doctors discover an antibiotic that exposes a weakness in the bacteria and kills most of them.

(B) This is similar to the situation facing, for example, a strain of infectious bacteria.

(C) The remaining bacteria are then forced to evolve and defeat the antibiotic, and, if successful, they will reestablish themselves and prevail once again.

1 주어진 문장의 핵심어는 암호(a code)이다. 이어질 글의 주어는 "(A) The bacteria, (B) This, (C) The remaining bacteria"이다. 주어의 일관성을 찾아보면 주어진 문장과 이어질 문장의 핵심어가 전혀 다르다는 것을 알 수 있다.

2 (A)의 "The + 명사"는 "The bacteria"이므로 주어진 문장과는 이어질 수가 없다. 또한 (B)의 "a strain of infectious bacteria"에서 부정관사 'a'의 존재는 (B)가 (A)보다 앞선다는 것을 알려 주는 좋은 표식이다.

   (A)의 "an antibiotic"과 (C)의 "the antibiotic" 또한 "a(an) + 명사 → the + 명사"의 선후 관계를 잘 보여주고 있다. 같은 어휘가 반복된다는 것은 서로 밀접한 관계가 있다는 의미이고, "antibiotic"이란 어휘를 다른 문장에서는 찾아볼 수 없기 때문에 (A)가 (C)보다 앞서 위치한다는 것을 알 수 있다.

3 (B)에서 비교를 나타내는 표시어구는 "be similar to"이다. 즉, "주어진 문장의 암호가 전염성 박테리아의 변종이 처한 상황과 유사하다"라는 내용으로 보아 글쓴이는 암호와 변종 박테리아의 공통점을 비교하여 설명한다는 것을 알 수 있다. 따라서 주어진 문장과 (B)가 이어져야 한다.

Translations

암호는 암호 해독가로부터 항상 공격받는다. 암호 해독가가 암호의 결점을 드러내는 새로운 무기를 개발할 때, 암호는 더 이상 쓸모가 없다. 그것은 퇴출되든지, 아니면 새롭고, 강력한 암호로 진화된다. 순차적으로, 이 새로운 암호는 암호 해독가가 결점을 확인할 때까지만 생존한다. (B) 이것은 예를 들어, 전염성 박테리아의 변종에 직면한 상황과 유사하다. (A) 박테리아는 의사가 그 약점을 드러나게 해 대부분의 박테리아를 죽일 수 있는 항생제를 발견할 때까지만 만연한다. (C) 그다음에, 남아 있는 박테리아는 진화되어 그 항생 물질을 격퇴하도록 하는데, 만일 이것이 성공하면, 다시 살아나서 번성하게 된다.

- 글쓴이가 질문을 통해서 독자의 관심과 시선을 끌어내고, 그에 대한 대답으로 글쓴이가 하고 싶은 말을 하는 방식이다.
- 글쓴이의 질문이 초반이나 중반쯤에 등장하고 바로 대답을 하는 경우가 많다. 지문 속의 "?"를 반드시 찾아라.
- 대답이 필자의 주장이므로 그 이후에 구체적이고 상세한 보충 설명 문장이 이어져야 한다는 점을 명심하자. 또는 글쓴이가 자신의 직접적인 의견이나 주장을 요약하여 글을 마무리할 수도 있다.

Example 07

Q What is the best sequence for (A), (B), and (C)?

> When we think of leaders in marketing and branding sectors, Disney comes to our mind first. Disney has geniuses in promoting its brand, magnificent marketers, leaders in the theme park industry, and a universally recognized brand.

(A) Then what could possibly go wrong with its expansion into Hong Kong and the Asia-Pacific market?

(B) It was cultural misunderstanding which led Disney to unpredicted headaches and problems when expanding into global markets and working with other cultures.

(C) All businesses seeking to explore international markets must consider cultural differences rather than national interests. The lesson to be learned here is to spend time and money in understanding your overseas markets and the culture where you will be doing business.

① (A)—(B)—(C)　　② (A)—(C)—(B)
③ (B)—(A)—(C)　　④ (B)—(C)—(A)
⑤ (C)—(B)—(A)

출제 Points

1 주어진 문장의 주어는?
　주어의 일관성을 확인해라!

2 질문의 "?"가 있는 문장은?

3 질문에 대한 대답의 문장은?

4 각 문장마다 반복되는 어구를 찾아라!

5 (C)의 "The lesson to be learned here"가 의미하는 것은?

Words&Phrases

- □ **branding sector** 브랜드 분야
- □ **come to one's mind** 마음속에 떠오르다
- □ **genius** 천재; 천부의 재능
- □ **promote** 홍보하다; 승진하다
- □ **magnificent** 훌륭한
- □ **universally** 보편적으로
- □ **expansion** 확장
- □ **Asia-Pacific** 아시아 태평양
- □ **misunderstanding** 오해
- □ **unpredicted** 예기치 못한, 예상하지 못한
- □ **lesson** 교훈
- □ **overseas** 해외의

주어진 문장에는 마케팅과 브랜드 측면에서 완벽한 면모를 갖춘 기업, 디즈니 사를 소개하는 내용이 나온다.
주어의 일관성 측면에서 접근해 볼 때 (C)의 주어인 "All businesses"와 "The lesson"은 주어진 문장의 주어인 "Disney"와 연결되지 않는다. 한편 주어진 문장의 주어인 Disney를 it으로 받고 있는 (A)의 질문은 (B)의 대답으로 자연스럽게 연결되고 있음을 알 수 있다. 글쓴이는 (C)에서 앞 (A), (B)에 언급된 디즈니 사의 성공적이지 못한 해외 진출 사례를 통해 해외 시장을 개척하려는 모든 기업들은 국익보다는 문화적 차이를 고려해야만 한다고 주장한다. 따라서 (A)—(B)—(C)로 연결하는 것이 적당하다.

정답: ①번

To Improve Reading Comprehension

When we think of leaders in marketing and branding sectors, Disney comes to our mind first. Disney has geniuses in promoting its brand, magnificent marketers, leaders in the theme park industry, and a universally recognized brand.

(A) Then what could possibly go wrong with its expansion into Hong Kong and the Asia-Pacific market?

(B) It was cultural misunderstanding which led Disney to unpredicted headaches and problems when expanding into global markets and working with other cultures.

(C) All businesses seeking to explore international markets must consider cultural differences rather than national interests. The lesson to be learned here is to spend time and money in understanding your overseas markets and the culture where you will be doing business.

1 주어진 문장의 주어는 Disney이다. 이후 주어진 문장과 (A), (B), (C)를 연결할 때 주어의 일관성 측면에서 접근한다.

2 (A)는 의문문의 형태이다. 물음에 대한 답을 가지고 있는 문장을 찾아야 한다.

3 "해외 시장으로 진출하여 다른 문화의 나라들과 교류함에 있어 디즈니 사에 예기치 못한 두통거리와 문제점들을 가져다 준 것은 문화적 오해였다."라고 대답한 (B)가 이어져야 한다.

4 각 문장마다 반복되는 어구를 찾아라!
(A)와 (B)의 "expansion(expanding)"과 (B)와 (C)의 "cultural"이 바로 그것이다. 반복되는 어구가 있는 문장들은 서로 밀접한 연관성이 있음을 명심하라.

5 (C)의 "The lesson to be learned here"는 이미 앞에서 언급한 사례, 일화, 사건을 종합해서 결론을 유도할 때 사용하는 표현이다. (C)는 글쓴이가 자신의 주장을 요약하며 끝내고 있다.

Translations

마케팅과 브랜드 분야에서 선두주자를 생각해 볼 때 디즈니 사가 가장 먼저 떠오른다. 디즈니 사는 브랜드를 홍보하는 데 있어서의 천재들과 훌륭한 마케팅 전문가들, 놀이공원 산업의 선두주자들, 그리고 보편적으로 인정받는 브랜드를 보유하고 있다. (A) 그렇다면 홍콩과 아시아 태평양 시장으로 디즈니 사가 사업 확장을 해나가는 데 있어 도대체 무엇이 문제였을까? (B) 해외 시장으로 진출하여 다른 문화의 나라들과 교류함에 있어 디즈니 사에 예기치 못한 두통거리와 문제점들을 가져다 준 것은 문화적 오해였다. (C) 해외 시장을 개척하려는 모든 기업들은 국익보다는 문화적 차이를 고려해야만 한다. 여기서 배울 수 있는 교훈은 해외 시장과 당신이 사업을 해 나갈 나라의 문화를 이해하는데 돈과 시간을 투자해야 한다는 것이다.

- 시간 순서대로 전개되는 글은 시간의 경과(sequence)대로 그 과정을 서술하게 된다.
- 시간의 진행 및 흐름을 나타내는 '날짜, 연도, 시간, 계절'이나 "before, later, when, at that time, then, at the same time, now, today" 등의 시간 표현을 찾는다. 특히 현재 시점을 나타내는 "now, today, nowadays" 등에 유의한다.
- 시간적인 순서의 대표적인 글은 인물의 일대기이거나 사건의 기원이나 유래를 설명하는 글일 경우가 많다.

Example 08

Q What is the best sequence for (A), (B), and (C)?

> By the 1960s, the "buy now, pay later" concept of buying on credit had been part of the American culture for many years.

(A) Buying on credit meant that people could spend more money than they actually had. In 1950, Frank MacNamara and Ralph Schneider introduced the first credit card.

(B) Because of this convenience, the idea caught on quickly, and the credit card business attracted more and more customers. Today, 80 percent of all Americans have at least one credit card.

(C) At that time, what was revolutionary about MacNamara and Schneider's idea was that it allowed people to use one credit card in many different locations without carrying a lot of cash and then pay later at one time.

① (A)—(B)—(C)　　② (A)—(C)—(B)
③ (B)—(C)—(A)　　④ (C)—(A)—(B)
⑤ (C)—(B)—(A)

출제 Points

1 주어진 문장의 핵심어는?

2 각 문장의 시간의 진행을 나타내는 부사구를 찾아라.

3 인물의 이름이 서로 반복되는 문장은?

4 (B)의 "the idea"가 지칭하는 것은?

Words&Phrases

- □ **concept** 개념; 구상, 발상
- □ **introduce** 도입하다, 소개하다
- □ **convenience** 편리(성), 편의, 안락
- □ **catch on** 유행하다, 인기를 끌다
- □ **attract** (주의나 흥미를) 끌다, 매혹하다; (평판을) 얻다

- □ **at least** 최소한
- □ **at that time** 그 당시, 그때
- □ **revolutionary** 혁명적인
- □ **location** 위치, 장소; (영화의) 야외 촬영지

이 글은 신용카드에 대한 내용을 시간적인 흐름으로 서술하고 있다. 시간의 진행을 나타내는 부사구를 찾는다. (C)의 그 당시(At that time)가 주어진 문장의 "By the 1960s"인지, 아니면 (A)의 "In 1950"인지를 파악하는 것이 중요하다. (C)의 "MacNamara and Schneider's idea"를 보면 이미 두 사람의 이름이 앞에 언급되어야 하므로 결국 (C)의 그 당시(At that time)는 (A)의 "In 1950"을 지칭하고 있는 것이다.

정답: ②번

To Improve Reading Comprehension

By the 1960s, the "buy now, pay later" concept of buying on credit had been part of the American culture for many years.

(A) Buying on credit meant that people could spend more money than they actually had. In 1950, Frank MacNamara and Ralph Schneider introduced the first credit card.

(B) Because of this convenience, the idea caught on quickly, and the credit card business attracted more and more customers. Today, 80 percent of all Americans have at least one credit card.

(C) At that time, what was revolutionary about MacNamara and Schneider's idea was that it allowed people to use one credit card in many different locations without carrying a lot of cash and then pay later at one time.

1 주어진 문장의 핵심어는 'buying on credit(신용카드를 이용한 구매)'이다.

2 각 문장에서 시간의 진행을 나타내는 부사구를 찾아라.
주어진 문장은 "By the 1960s", (A)는 "In 1950", (B)는 "Today", (C)는 "At that time"이 시간의 흐름을 나타내는 부사구들이다. 기원이나 유래를 서술하는 시간적 순서의 글은 대부분 과거로 시작해서 현재로 끝나는 것이 일반적이다. 따라서 오늘날(Today)이 있는 (B)가 마지막으로 가야 한다. 글의 내용상 흐름을 파악하면 (C)의 그 당시(At that time)가 (A)의 1950년을 지칭함을 알 수 있다.

3 인물의 이름이 서로 반복되는 문장은?
(A)의 "Frank MacNamara and Ralph Schneider"가 (C)의 "MacNamara and Schneider's idea"로 반복 지칭되고 있다.

4 (B)의 "the idea"가 지칭하는 것은?
(C)의 '현금을 많이 지니지 않고도 하나의 신용카드로 여러 장소에서 사용하고 지불은 나중에 한꺼번에 한다는 점'을 지칭하고 있다.

Translations

1960년대 무렵 "선(先)구입, 후(後)지불"이라는 신용카드를 이용한 구매의 개념은 여러 해 동안 미국 문화의 일부분이 되어 있었다. (A) 신용으로 구매를 한다는 것은 사람들이 실제 가진 돈보다 많이 소비할 수 있음을 의미한다. 1950년에 Frank MacNamara와 Ralph Schneider가 최초의 신용카드를 도입했다. (C) 그 당시 MacNamara와 Schneider의 아이디어가 혁명적이었던 것은 현금을 많이 지니지 않고도 하나의 신용카드로 여러 장소에서 사용하고, 지불은 나중에 한꺼번에 한다는 점이었다. (B) 이러한 편리성 때문에 그 아이디어는 빠르게 유행을 탔고 신용카드 사업은 더욱더 많은 고객을 끌어모았다. 오늘날 미국인 중 80%는 최소한 한 장 이상의 신용카드를 갖고 있다.

- 통념과 비판 형태의 글은 일반사람들이 잘못 알고 있거나 오해하고 있는 점을 먼저 제시하고, 역접의 연결장치를 통해 글쓴이가 그에 대한 비판을 하고, 이어서 자신의 주장을 더 자세히 그리고 구체적으로 설명하는 글의 구조이다.
- 통념과 비판을 도입하는 표시어구를 파악하는 것이 중요하다.

  ❶ 통념의 도입: 일반적인 주어(we, they, people) + (believe, think, regard, say 등) / It is said that~ / A is said to be B

  ❷ 비판의 도입: 역접의 연결어(but, however, in fact, in reality, actually 등) + It is not true / This is not the case / That is nonsense / They are wrong(=mistaken) 등

  ❸ 1단계: 일반적인 믿음이나 생각, 몇몇 사람들의 생각이나 믿음 → 2단계: 역접의 연결어 + 통념에 대한 비판

Example 09

Q What is the best sequence for (A), (B), and (C)?

> It is said that a cozy hat is a must on a cold winter's day. We are often led to believe that most of our body heat is lost through our heads.

(A) In fact, covering one part of the body has as much effect as covering any other. If the experiment had been performed with people wearing only swimming trunks, they would have lost no more than 10% of their body heat through their heads.

(B) In the study, volunteers were dressed in Arctic survival suits and exposed to bitterly cold conditions. Because the head was the only part of their bodies left uncovered, most of their heat was lost through their heads.

(C) Closer inspection of heat loss in the hatless, however, reveals that is nonsense. The myth has arisen through a flawed interpretation of an experiment in the 1950s.

① (A)—(B)—(C) ② (A)—(C)—(B)
③ (B)—(C)—(A) ④ (C)—(A)—(B)
⑤ (C)—(B)—(A)

출제 Points

1 주어진 문장은 통념인가 비판인가?

2 (A)의 "In fact"의 논리적인 흐름은?

3 (B)의 "In the study"가 지칭하고 있는 것은?

4 (C)의 however가 의미하는 것은?

Words & Phrases

- □ **cozy** 포근한
- □ **must** 필요한 것, 필수품
- □ **no more than** 단지(=only)
- □ **Arctic** 북극(의)
- □ **survival suits** 방한복
- □ **bitterly** 몹시
- □ **myth** (근거 없는) 이야기, 통념(미신); 신화
- □ **arise** 일어나다, 발생하다
- □ **flawed** 결함(결점) 있는
- □ **interpretation** 해석

☐ 주어진 문장이 "우리는 종종 체열의 대부분이 머리로 빠져나가는 것으로 알고 있다."라는 통념이므로 바로 이어질 글은 이에 대한 비판인 (C)가 적당하다. 그리고 (C)에서 그러한 통념은 "한 실험을 잘못 해석한 것에서 비롯되었다." 라고 했는데 (B)의 "In the study"가 바로 그 '한 실험'을 지칭하는 어구이다. 따라서 (C)−(B)−(A)의 순서로 이어져야 글의 흐름이 자연스럽다.

정답: ⑤번

To Improve Reading Comprehension

It is said that a cozy hat is a must on a cold winter's day. We are often led to believe that most of our body heat is lost through our heads.

(A) In fact, covering one part of the body has as much effect as covering any other. If the experiment had been performed with people wearing only swimming trunks, they would have lost no more than 10% of their body heat through their heads.

(B) In the study, volunteers were dressed in Arctic survival suits and exposed to bitterly cold conditions. Because the head was the only part of their bodies left uncovered, most of their heat was lost through their heads.

(C) Closer inspection of heat loss in the hatless, however, reveals that is nonsense. The myth has arisen through a flawed interpretation of an experiment in the 1950s.

1 주어진 문장은 근거 없는 잘못된 믿음(=통념)이다. 통념은 '대부분의 사람들이 ~라는 것을 믿는다'라는 형식으로 시작된다. 즉, 주어진 문장의 "It is said that ~"와 "We are often led to believe ~"가 바로 통념의 진술이다.

2 (A)의 "In fact"은 잘못된 믿음에 대한 구체적인 주장이나 사실을 도입할 때 사용되는 연결어구이다. 즉, 비판 후에 구체적인 통념의 오류나 잘못된 점을 지적하고 글쓴이의 근거를 제시한다. 따라서 주어진 글과는 바로 이어질 수가 없다.

3 (B)의 "In the study"는 (C)의 1950년대에 한 실험(an experiment in the 1950s)을 지칭하고 있다. 따라서 (C) 다음에는 (B)가 연결되어야 한다.

4 (C)의 '그러나(however)'가 바로 글쓴이가 비판을 시작한다는 표시어구이다. 또한 직접적으로 '그 통념(The myth)'이라는 표현을 사용하기도 했다. 따라서 주어진 문장과는 (C)가 연결되어야 한다.

Translations

추운 겨울날에는 포근한 모자가 필수품이라고 한다. 우리는 종종 체열의 대부분이 머리로 빠져나간다고 믿게 되었다. (C) 하지만 모자를 안 쓴 사람들에게서 나타나는 열 손실을 자세히 살펴보면 그것이 터무니없는 생각임을 알 수 있다. 그 통념은 1950년대에 있었던 한 실험을 잘못 해석한 것에서 비롯되었다. (B) 그 실험에서 지원자들은 북극용 방한복을 입고 굉장히 추운 날씨에 노출되었다. 감싸지 않은 유일한 신체 부분이 머리였기 때문에 열의 대부분은 그들의 머리를 통해 빠져나갔다. (A) 사실 신체의 한 부분을 덮는 것은 다른 어떤 부분을 덮는 것만큼의 효과가 있을 뿐이다. 만약 그 실험이 수영 팬츠만 입은 사람들로 행해졌다면 머리를 통해 빠져나가는 체열은 10%밖에 안 되었을 것이다.

 출제된 글의 전개방식이 '문제 → 해결' 형태일 때

- 글쓴이가 먼저 문제점을 소개하여 도입한다. '환경파괴, 에너지 문제, 인구 폭발, 과학기술의 남용, 현대인의 건강, 경제적인 위기, 실업' 등의 문제점에 대한 원인이나 과정 또는 결과를 자세히 소개한다. 주로 나오는 표현은 'serious problem, difficulty' 등이다.
- 글쓴이는 이미 도입한 문제에 대한 해결책을 반드시 제시해야 한다. 해결책은 주로 'solution, answer, cure, method, key, the secret' 등으로 등장한다.
- "문제의 도입 → 해결 방법의 제시 → 구체적인 해결 방법의 단계적 설명(생략 가능)"과 같은 단락 구조를 지닌다.

E x a m p l e   1 0

Q What is the best sequence for (A), (B), and (C)?

> These days, lots of young people are worried about their future because of the economic recession. More seriously, even experts can't predict what's going to happen in the near future.

(A) Then, is there no way out? They should change direction! It's time for them to turn their eyes to the other side of the world. They don't necessarily have to realize their dreams home.

(B) Instead, they need to change their stage to perform on for their future. Of course, there are risks involved. However, they can't move forward if they are afraid of the risks.

(C) They just say the financial crisis won't be solved easily unlike the past. So, most young people, including recent graduates, have difficulty in getting jobs.

① (A)—(B)—(C)　　② (A)—(C)—(B)
③ (B)—(C)—(A)　　④ (C)—(A)—(B)
⑤ (C)—(B)—(A)

출제 Points

1 주어진 문장은 문제점인가?

2 해결 방법을 제시한 문장은?

3 (A)의 "They"가 지칭하는 것은?

4 (B)의 "Instead"의 논리적 연결은?

5 (C)의 "They"가 지칭하는 것은?

※ 주어의 일관성 원칙을 잘 생각해 볼 것

Words&Phrases

- □ **recession** 경기 후퇴(침체)
- □ **expert** 전문가
- □ **predict** 예언(예측)하다
- □ **way out** (궁지 따위로부터의) 탈출구(법), 해결법
- □ **direction** 방향
- □ **not necessarily** 반드시 ~할 필요는 없다
- □ **involved** 관련된, 수반되는
- □ **financial** 재정의
- □ **crisis** 위기
- □ **graduate** 졸업생; 졸업하다
- □ **have difficulty (in) ~ing** ~하는데 어려움을 겪다

□ 의도적으로 모든 주어진 문장에 "They"가 포함되어 있다. 즉, 각각의 "They"가 지칭하는 대상을 정확하게 찾으면 글의 순서를 쉽게 파악할 수 있다. (C)의 "They"는 글의 내용을 참고해보면 주어진 문장의 "experts"를 지칭하고 있으므로 주어진 문장과는 (C)가 이어져야 한다. 그리고 이 글의 전개방식은 "문제 → 해결"이다. 주어진 문장과 (C)가 문제점의 도입이므로 해결 방법을 제시하는 (A)가 연결되어야 한다.

정답: ④번

To Improve Reading Comprehension

These days, lots of young people are worried about their future because of the economic recession. More seriously, even experts can't predict what's going to happen in the near future.

(A) Then, is there no way out? They should change direction! It's time for them to turn their eyes to the other side of the world. They don't necessarily have to realize their dreams home.

(B) Instead, they need to change their stage to perform on for their future. Of course, there are risks involved. However, they can't move forward if they are afraid of the risks.

(C) They just say the financial crisis won't be solved easily unlike the past. So, most young people, including recent graduates, have difficulty in getting jobs.

1 '젊은이들이 경기 침체로 인해 미래를 걱정하고 있고, 전문가들도 미래를 예측하지 못한다.'라는 주어진 문장의 내용을 보면 문제점을 도입한 부분임을 알 수 있다. 따라서 그 해결 방법이 제시된 부분과 연결되어야 한다.

2 돌파구나 방향을 전환해야 한다는 표현이 나온 (A)가 해결 방법을 제시한 문장이다.

3 (A)의 "They"는 (C)의 대부분의 젊은이들 "most young people"을 지칭하고 있다.

4 (B)의 "Instead"은 글쓴이의 직·접적인 주장(~를 하지 말고 대신에 ~를 해라)을 도입한다.
그들이 반드시 국내에서만 꿈을 실현시킬 필요는 없다 + 대신(Instead) 그들은 미래를 위해 활동할 무대를 바꿀 필요가 있다.

5 (C)의 "They"는 주어진 문장의 전문가들 "experts"를 지칭하고 있다.

Translations

요즘 많은 젊은이들이 경기 침체로 인해 자신들의 미래를 걱정하고 있다. 더 심각한 것은, 전문가들조차도 가까운 미래에 무슨 일이 일어날지 예상할 수 없다는 것이다. (C) 그들은 금융 위기가 과거와 달리 쉽게 해결되지 않을 것이라고만 말한다. 그래서 최근 졸업생들을 포함한 대부분의 젊은이들은 일자리를 구하는 데 어려움을 겪고 있다. (A) 그러면 돌파구는 없는가? 그들은 방향을 전환해야 한다. 그들의 눈을 세상의 다른 곳으로 돌릴 때가 되었다. 그들이 반드시 국내에서만 꿈을 실현시킬 필요는 없다. (B) 대신 그들은 미래를 위해 활동할 무대를 바꿀 필요가 있다. 물론, 수반되는 위험이 있다. 그러나 그 위험을 두려워한다면 앞으로 나아갈 수 없다.

Chapter 6

주요 빈출 유형 따라잡기

1 주제^{Topic} 찾기

∞ 유형 분석

주제(topic) 찾기란 "지문은 무엇에 관한 글인가?" 즉, "글쓴이가 무엇에 관해서 말하고자 하는가?"라는 질문에 대답을 찾는 유형이다. 주제는 글의 중심 내용이 들어 있는 주제문을 보통 '추상적인 어구(단어와 구)'로 압축시킨 것이다. (반면, 요지는 글의 중심 내용을 주로 '구체적인 문장'의 형태로 펼쳐 표현한 것이다.)

주제 추론은 글을 읽는 가장 주요하고도 기본적인 목적이 되는 것이므로, 글의 주제를 정확히 파악하는 것은 모든 독해 문제 해결의 기본이 된다. 특히 글쓴이의 생각을 읽는 것이 주제 추론이므로 글쓴이의 사고와 논리가 독자의 생각이나 일반 상식에 우선한다는 것에 유념한다.

∞ 유형 해결 전략

❶ 첫 문장과 마지막 문장에 특히 유념하여 훑어 읽기

글의 주제를 파악하는 것은 세부적이고 구체적인 내용보다는 필자가 전하고자 하는 핵심 내용을 찾는 것이다. 따라서 전체를 훑어 읽으며 글 전체의 중심 내용을 파악하는 능력을 키워야 한다. 상당수의 출제 지문들이 두 개의 문단을 넘지 않는 분량 안에서 도입, 예시, 결론 등을 갖추어야 하므로 비교적 단순한 구조를 갖는 경우가 많은데, 주제 추론을 요구하는 지문의 대부분은 두괄식이나 미괄식 구성을 취하므로 우선, 첫 문장의 성격과 내용을 명확하게 이해하고 훑어 읽기에 들어간다. 첫 문장이 주제문(두괄식)인 경우 예시, 부연 등 보충 설명들이 이어지고 결론으로 마무리될 때가 많으며, 마지막 문장이 주제문(미괄식)인 경우 앞에 보충 설명문이 나오고 마지막 문장에서 결론으로 마무리된다. 우화나 일화처럼 뚜렷한 주제문이 없는 경우 ❷에서 설명하는 핵심어를 중심으로 내용을 종합하여 논리적 추론을 통해 공통분모의 주제를 찾는다.

❷ 핵심어(keyword) 찾기

글 속에 반복해서 나오는 단어가 핵심어이며 이것을 찾아내면 주제 파악이 쉬워진다. 그러나 똑같은 말의 반복을 기피하는 영어의 특성상 동의어나 유사어구를 사용하거나 비유적, 상징적인 표현으로 대체될 수 있음에 유의한다.

❸ 예시, 열거 문장

일반적으로 주제문 다음에 예시(for example, for instance 등), 열거(first, second, moreover, in addition, some ~ others 등) 형태의 뒷받침 문장(supporting sentences)들이 온다. 또한 비교, 대조, 부연 등과 같은 설명들도 보충 설명문에 해당된다. 따라서 이것들은 괄호를 쳐 두고 대강 눈으로 확인하고 넘어간다.(단 내용 일치와 같이 세부 사항을 묻는 문제 유형을 해결할 때는 자세하고 주의 깊게 읽어야 하는 사항임에 유념한다.)

❹ 역접이나 전환의 접속사, 결론을 이끄는 접속사에 주목

역접, 전환 접속사는 앞의 내용을 무효화하거나 정반대의 분위기로 이끌어 갈 수 있으므로, 일반적 통념이나 잘못된 상식 등을 제시한 후 'but, however' 등의 역접 접속사를 사용하여 필자의 진짜 견해나 주장을 펼치는 경우가 많다. 또, 요약이나 결론을 이끄는 'as a result, in summary' 등의 연결 어구 뒤에 나오는 문장 역시 주제문인 경우가 많으므로 주의 깊게 살펴보아야 한다.

In democratic countries any effort to restrict the freedom of the press is rightly condemned. However, this freedom can easily be abused. Stories about people often attract far more public attention than political events. Though we may enjoy reading about the lives of others, it is extremely doubtful whether we would equally enjoy reading about ourselves. Acting on the contention that facts are sacred, reporters can cause untold suffering to individuals by publishing details about their private lives.

Q　Which of the following is the best subject of the passage?
① Importance of facts
② Freedom of the publication
③ Subject of public attention
④ Abused freedom of the press
⑤ Importance of the press

Solutions

Q　다음 중 지문에 가장 적합한 주제는?　　　　　정답: ④번
① 사실의 중요성
② 출판의 자유
③ 대중적 관심의 대상
④ 언론 자유의 남용
⑤ 언론의 중요성

▶ 두 번째 문장에서 역접의 접속사(However)가 나오면 주제문이라는 가장 전형적인 형태의 지문이다. 언론의 자유도 중요하지만, 그것을 개인들 사생활의 침해 수단으로 사용하면 즉, 언론의 자유를 남용한다면 안 된다는 것이 이 글의 주제이다.

 Translations

민주주의 국가에서 언론의 자유를 제한하려는 시도는 비난받아 마땅하다. 그러나 이러한 자유는 쉽게 남용될 수 있다. 사람들에 대한 이야기가 정치적 사건들보다 훨씬 더 많은 세인의 관심을 끈다. 우리가 다른 사람들의 삶에 대한 이야기를 읽으며 즐거워할 수 있지만, 우리가 우리 자신들에 대한 이야기를 읽으며 마찬가지로 즐거움을 느낄지는 매우 의심스럽다. '사실은 신성하다'라는 주장에 따라 행동하는 기자들은 사람들의 사생활을 자세하게 알림으로써 개인들에게 막대한 고통을 줄 수도 있다.

Words&Phrases

□ **restrict** 제한하다
□ **condemn** 비난(책망)하다
□ **contention** 주장; 싸움; 논쟁

□ **sacred** 신성한
□ **untold** 막대한(=vast); 말하지 않은, 밝혀지지 않은

Children are a growing consumer market in their own right. But they are far more important to business as an influence on their parents' purchases. School-age children make incessant demands for toys and food. Toddlers quickly learn that they can affect their parents' behaviour in stores. Even the smallest infant can cause a frazzled parent to abandon a shopping trip by throwing a tantrum in the middle of a supermarket.

Q   Which of the following is the best subject of the passage?
① Children's demands for toys
② The problem of generation gap
③ The importance of education at home
④ Children's influences on parents' purchases

Solutions

Q   다음 중 지문에 가장 적합한 주제는?   정답: ④번
① 아이들의 장난감 요구
② 세대 차이의 문제점
③ 가정교육의 중요성
④ 부모의 소비에 미치는 아이들의 영향
▶ 역접의 접속사(But)가 이끄는 두 번째 문장에서 주제를 찾을 수 있다.

Translations

어린이들은 그 자체가 성장해 가는 소비 시장이다. 그러나 그들은 그들 부모의 구매에 영향을 끼치는 사람으로 사업에서 훨씬 더 중요하다. 취학 연령의 아이들은 장난감이나 먹을 것을 사 달라고 끊임없이 요구한다. 아이들은 상점에서 자신들이 그들의 부모의 구매 행위에 영향을 끼칠 수 있다는 것을 빨리 알게 된다. 심지어 아주 어린 아기도 슈퍼마켓 중앙에서 발끈 성질을 부림으로써 지친 부모로 하여금 쇼핑을 포기하도록 할 수 있다.

Words & Phrases

□ **in one's own right** 자체로서; 자기의 권리로; 자신의 정당한 자격으로

□ **incessant** (좋지 않은 일이) 그칠 새 없는

□ **toddler** 걸음마를 배우는 아이

□ **infant** 유아, 젖먹이, 아기

□ **frazzled** 기진맥진한

□ **abandon** 그만두다, 포기하다

□ **tantrum** (특히 아이가 발끈) 성질을 부림(짜증을 냄)

We are often unhappy or resentful when we are told that a word, expression, idiom, pronunciation, or spelling is "chiefly U.S." or an Americanism. So we should be, if a violation of grammar is involved, or if the Americanism is a vulgarism resulting from ignorance or carelessness. But there are many Americanisms that were once in current usage in England and have survived here after becoming obsolete at home; others are good English words, current in both countries, but with different meanings or emphasis. Still others are of U.S. coinage or were brought to us from our foreign population. To reject these simply because they are "chiefly U.S." is evidence of a sorry lack of faith in our own culture. So also with pronunciation and spelling.

Q   Which of the following is the best subject of the passage?
① How Words Become Obsolete
② A Superiority of British Usage
③ A Justification of Americanisms
④ Vulgarity in American Speech

Solutions

Q   다음 중 지문에 가장 적합한 주제는?   정답: ③번
① 단어는 어떻게 구식이 되는가   ② 영국식 어법의 우월성
③ 미국식 영어의 정당화   ④ 미국 영어의 저속함

▶ 역접 접속사 But으로 시작되는 세 번째 문장을 시작으로 필자는 소위 미국식 영어라는 것이 저속한 것이 아닌, 영국에서도 한때 통용되었고 뜻과 강세만 다른 채로 여전히 함께 쓰이고 있는 훌륭한 미국식 단어도 있음 등을 역설하면서, 이것들을 사용하기를 거부하는 것은 자국(미국) 문화에 대한 신념이 결여되어있다는 증거라고 주장한다. 즉, 미국식 영어의 사용을 정당화하고 있는 글이다.

Translations

우리는 어떤 단어, 표현, 관용어, 발음 또는 철자가 "주로 U.S.식" 또는 미국식이라는 말을 들을 때 불쾌해하고 분개한다. 문법에 위배되는 점이 있거나 또는 미국식 어법이 무지 또는 부주의의 결과로 생기는 저속한 표현일 경우 우리가 그러는 것은 당연하다. 그러나 영국에서 한때 사용되었으며 본토에서 더 이상 쓰이지 않게 된 후에 미국에서 살아남은 많은 미국식 어법이 있다. 또 일부 미국식 영어는 양국에서 모두 사용되면서 의미나 강세가 다른 좋은 단어들이기도 하다. 또 일부는 미국의 신조어이거나 외국 사람들로부터 차용한 것이다. 이런 표현들을 단지 "주로 U.S.식"이라는 이유로 사용하기를 거부하는 것은 유감스럽게도 우리 자신의 문화에 대한 신념이 없다는 증거이다. 발음 및 철자에 대해서도 마찬가지이다.

Words & Phrases

□ **resentful** 분해(억울해) 하는
□ **chiefly** 주로
□ **Americanism** 미국 영어 특유의 말; 미국적인 정신
□ **violation** 위반, 위배
□ **vulgarism** 저속한 말(표현)
□ **current** 통용되는; 현재의
□ **obsolete** 더 이상 쓸모가 없는, 한물간, 구식의
□ **emphasis** 강조; 강한 어조
□ **coinage** 새로 만들어진 말(구), 신조어; 동전들, 주화

Boys are better than girls at math. Or so we all thought. Whether there is a real gender difference in math ability and if so, why, has long been debated. In fact, the gender gap in math ability might have more to do with the society we live in than biological differences between the sexes, a new study suggests. Recently, researchers looked at the results of math tests taken by more than 275,000 15-year-old students across 40 different countries. In countries where women occupy an equal position to men in society, such as Sweden, there was virtually no gender gap in math ability. However, in countries with lower levels of gender equality, such as Turkey, the boys performed better in math tests than the girls.

Q   다음 중 글의 주제로 가장 적절한 것을 고르시오.
① 양성평등 실현을 위한 국가별 교육
② 수리 능력이 국가 경쟁력에 미치는 영향
③ 수리 능력 향상을 위한 연령별 학습전략
④ 여성의 수리 능력이 남성보다 뛰어난 이유
⑤ 성별 수리 능력 차이와 성 평등 수준과의 상관성

Solutions

Q   글의 주제를 묻는 질문이다.   정답: ⑤번

▶ 이 글은 성별에 따라 수학 실력에 차이가 난다는 기존 관념에 대해서 새로운 연구 결과를 밝히는 글이다. 앞 내용을 반박, 부정, 비판하는 일종의 역접의 연결사로 쓰인 In fact가 이끄는 네 번째 문장에서 주제를 찾아낼 수 있다. 성별보다는 살고 있는 사회의 환경 즉, 그 사회의 성 평등 수준에 의해 수리 능력의 차이가 생기는 것을 밝히고 있다.

Translations

남자아이가 여자아이보다 수학을 더 잘한다. 또는, 우리 모두가 그렇게 생각했다. 수리 능력에 성별의 차이가 있는지 없는지의 여부, 만약에 있다면, 그 이유는 무엇인지가 오랫동안 논의되어 왔다. 새로운 연구가 제시하듯 사실 수리 능력에 있어 성별 차이는 이성 간의 생물학적 차이보다는 우리가 사는 사회와 더 많은 관계가 있을지도 모른다. 최근에 몇몇 학자들은 40개국에 걸쳐 275,000명 이상의 15세 학생들이 치른 수학 시험의 결과를 살펴보았다. 스웨덴과 같이 여성이 사회적으로 남성과 동등한 지위를 가지고 있는 국가에서는 수리 능력에 있어 실질적으로 성별 차이가 없었다. 하지만 터키와 같이 이성 간의 평등이 제대로 이루어지지 않은 국가에서는 남자아이가 여자아이보다 수학 시험에서 더 좋은 결과를 얻었다.

Words&Phrases

□ **gender** 성   □ **occupy** 차지하다
□ **debate** 토론하다   □ **virtually** 실질적으로
□ **have to do with** ~와 관련이 있다   □ **equality** 평등
□ **biological** 생물학적인

2 요지|Main idea 찾기

∞ 유형 분석

'주제'와 '요지'는 다르다. '주제(topic)'가 주제문을 요약해 놓은 '어구'의 형태라면, '요지(main idea)'는 주제에 대한 필자의 견해(전하고자 하는 메시지)를 하나의 완전한 '문장'으로 풀어놓은 것이다. 즉, 글에 나오는 주제 문장을 다른 형태로 재진술하여 '글쓴이의 생각과 의견'이 더해진 문장 표현이 바로 요지(main idea)인 것이다. (간혹 주제 문제의 선택지가 문장의 형태로, 요지 문제의 선택지가 어구의 형태로 출제되기도 한다.)

주제와 요지는 서로 밀접한 관계를 맺고 있는데, 주제 찾기를 바탕으로 하여 필자가 궁극적으로 전달하려는 생각을 파악하는 것이 요지 문제를 해결하는 방법이다. 예를 들어 '상황에 따른 효과적인 질문의 유형'이 주제라면, '상황에 따라 거기에 맞는 적절한 유형의 질문을 해야 효과적이다.'가 요지인 것이다. 객관적인 사실(fact)이 아닌 필자의 의견(opinion)이 제시되는 지문을 주로 다루는 요지 문제의 특성상 설명문이나 단순 보고문보다는 논설문, 수필, 연설문 등 필자의 주장이 드러난 글이 요지나 주장문제로 자주 출제된다.

∞ 유형 해결 전략

❶ '무엇'을 '어떻게' 말하고 있는지를 파악

요지 문제 유형 또한 앞에서 학습한 주제를 추론하는 것과 같은 방법으로 문제를 해결한다. 특히 요지 추론 문제의 경우 필자가 자신의 주장을 더욱 효과적으로 펼치기 위해 반전, 예시, 의문문 등을 사용하는 경우도 많으므로 글을 읽는 내내 긴장을 늦추지 말고 필자의 진짜 주장을 찾아야 한다.

❷ 요지가 명시적으로 글에 직접 제시되는 경우

글의 처음이나 마지막 부분에 완전한 하나의 문장으로 요지가 제시되기도 한다. 전체 내용을 직접 요약한 것이거나 속담이나 격언의 인용, 효과적인 주장 전달을 위해 은유, 비유의 표현을 쓰기도 한다.

- 보통 일반적인 논의(Many people believe that ~ 등)를 제시하고 'must, have to, should, had better, it is necessary to, we need[의무, 당위, 필요]', 'in my opinion, I think(believe, maintain)[견해 제시]', 'It ~ that 강조 구문' 등의 표현 장치를 사용하여 요지를 드러낸다.

- 역접이나 대조(But, Yet, However, In fact, In truth)의 연결어 등을 통해 글이 전환되는 부분을 특히 유심히 살펴야 한다. 이 경우, 필자가 직접적으로 주장을 제시하며 독자들을 설득하는 것이므로 쉽게 요지를 파악할 수 있다.

- 또한 요약, 결론 그리고 결과를 나타내는 연결어인 'in short, in a word, in a nutshell, in conclusion, to conclude, to sum up, to summarize, to make a long story short, as a result, in summary, therefore, so, thus, consequently, in the end, in the long run' 이후에 필자의 견해, 요지가 나오는 경우가 많으므로 이들을 유의해서 읽어야 한다.

❸ 추론을 통한 요지 찾기

주제문이나 요지가 글에 직접적으로 드러나지 않는 경우도 있는데, 이 경우 주제 추론에서 언급한 핵심
어를 중심으로 글 전체 내용을 종합적으로 잘 살펴 논리적인 추론을 통해 문제를 해결한다.

❹ 유의할 점

반전이 많은 글이나 요지와 반대 입장의 사례, 비판의 대상이 되는 이야기들이 포함된 글은 답을 고를
때 더욱 신중해야 한다. 핵심어구나 주제를 포함하지만 요지와 정반대인 '함정' 보기, 소위 '매력적 오답'
에 빠질 수 있기 때문이다. 또한, 필자와는 다른 일반적 통념, 글의 일부분에 등장하기는 하지만 주제와
무관하거나 반대되는 선택지에 유의해야 하며, 지문과 사실적인 내용 일치에만 그치는 보충 설명 또한
요지가 아니므로 피해야 하는 선택지이다. 특히 글에서 필자가 주장하는 견해에 포커스를 맞추어야지,
평소 자신의 의견과 가까운 답을 무의식적으로 골라서는 안 된다.

Instinct, rather than learning, is the strongest influence on animals' behavior. One common example of instinct is the spiders' spinning of its intricate web. No one teaches a spider how to spin; its inborn instinct allows it to accomplish the task. Another example of instinctive behavior is the salmon's struggle to swim upstream to lay its eggs. It would be much easier for the salmon to follow the current downstream, but instinct overrides all other considerations.

Q   Which of the following is the best main idea of the passage?
① One type of behavior is learned behavior.
② Spiders spin intricate webs without being taught to do so.
③ Salmon swim upstream to lay their eggs.
④ Instinct is the strongest influence on animal behavior.
⑤ Struggling to survive is as important as instinct.

Solutions

Q   다음 중 글의 요지로 가장 적절한 것을 고르시오.   정답: ④번
① 한 가지 유형의 행동은 학습에 의한 행동이다.
② 거미는 배우지 않고도 복잡한 거미줄을 친다.
③ 연어는 알을 낳기 위해 물을 거슬러 올라간다.
④ 본능은 동물의 행동에 가장 큰 영향을 미친다.
⑤ 생존을 위한 분투는 본능만큼 중요하다.

▶ 글의 첫 문장에 필자가 말하고자 하는 중심 내용(main idea)이 들어가 있다. 그 이하 문장들은 거미와 연어의 예를 들어 본능이 동물의 행동에 가장 큰 영향력을 끼친다는 main idea를 supporting하고 있다.

Translations

학습보다는 본능이 동물의 행동에 가장 큰 영향력을 행사한다. 본능의 흔한 한 가지 예는 거미가 복잡한 거미줄을 치는 것이다. 아무도 거미에게 거미줄 치는 법을 가르치지 않는다. 즉, 본능에 따라 그 일을 행한다. 본능에 의한 행동의 또 다른 한 가지 예는 산란하기 위해 물을 거슬러 올라가려는 연어의 분투이다. 연어가 물을 따라 내려간다면 훨씬 더 쉬울 것이지만 본능은 다른 모든 고려사항들을 무력화시킨다.

Words&Phrases

□ **instinct** 본능
□ **intricate** 뒤얽힌, 얽히고설킨
□ **spin** (실 따위를) 잣다, ~을 빙빙 돌리다; 회전, 스핀

□ **inborn** 타고난, 선천적인
□ **override** (남보다) 우위에 서다; ~에 우선하다

Science, of course, is an indispensable source of information for the contemporary writer. It is, furthermore, a necessary part of his highly technological environment. Thus it is also an inevitable component of his sensibility and a decisive, even if often unrecognized, component of his creative imagination. But science is not in itself an elemental well-spring of literature. Even the most refined and precise research data are only raw materials which may or may not become literature. For whatever becomes a work of art of any kind does so as a result of an act of creation, an act of artistic composition, an act involving the art of make-believe. Scientific statements or remarks as such, even when they are valid, reliable, and comprehensive, are not literature.

Q 다음 중 글의 요지로 가장 적절한 것을 고르시오.
① 과학 기술은 문학 사조의 변천에 영향을 미친다.
② 과학 정보는 창조 행위를 통해서 문학이 될 수 있다.
③ 현대의 작가들은 폭넓은 과학적 상식을 갖추어야 한다.
④ 문학 작품은 과학적 탐구를 위한 강한 동기를 부여한다.
⑤ 과학과 문학은 기본적으로 상상력을 바탕으로 발전한다.

Solutions

Q 글의 요지를 묻는 질문이다.   정답: ②번
▶ 네 번째 문장과 글의 마지막 부분에서 과학은 그 자체만으로 문학이 될 수 없다고 말하고 있다. 즉, 과학은 그 자체로서(in itself, as such)가 아닌, 예술적인 창조 행위를 거쳐야 비로소 문학이 될 수 있다는 것이 글의 중심 내용이다.

Translations

과학은 물론 현대의 작가에게 없어서는 안 될 정보의 원천이다. 더욱이 그것은 작가의 매우 발달된 과학 기술적 환경의 필수적인 부분이다. 따라서 그것은 작가의 감수성의 필수적인 요소이고, 비록 종종 인식되지 않기는 하지만, 창의적인 상상력의 결정적인 부분이다. 그러나 과학은 그 자체가 문학의 기본적인 원천은 아니다. 가장 정제되고 정확한 연구 자료조차도 문학이 될 수도 있고 안 될 수도 있는 원료일 뿐이다. 왜냐하면 어떤 종류라도 예술 작품이 될 수 있는 것은 무엇이나 창조의 행위, 예술적인 구성의 행위, 가장의 기술을 수반하는 행위의 결과이기 때문이다. 그 자체로서 과학적인 진술과 소견은 그것이 타당하고, 믿을 수 있고, 그리고 포괄적이라고 할지라도 문학이 아니다.

Words & Phrases

□ **indispensable** 필수 불가결한	□ **elemental** 기본적인; 요소의	□ **composition** 구성
□ **contemporary** 현대의; 동시대의	□ **well-spring** 수원	□ **make-believe** 가장, 거짓, 흉내
□ **environment** 환경	□ **refined** 정제된	□ **as such** 그 자체로서
□ **inevitable** 필수적인	□ **precise** 정밀한	□ **valid** 타당한
□ **component** 구성요소	□ **raw** 날것의	□ **reliable** 믿을 수 있는
□ **sensibility** 감수성, 지각	□ **literature** 문학	□ **comprehensive** 포괄적인
□ **decisive** 결정적인	□ **artistic** 예술의	

Overgrazing of the savanna is one of the biggest factors in the shrinking of the lake, according to the scientists, Coe and Foley. "As the climate became drier, the vegetation that supported grazing livestock began to disappear. Vegetation has a big influence, especially in semiarid regions, in determining weather patterns," said Foley. "The loss of vegetation in itself contributed to a drier climate." The situation is a "domino effect," the researchers say. Overgrazing reduces vegetation, which in turn reduces the ecosystem's ability to recycle moisture back into the atmosphere. That contributes to the retreat of the monsoons. The consequent drought conditions have triggered a huge increase in the use of lake water for irrigation, while the Sahara has gradually edged southward.

Q 다음 중 글의 요지로 가장 적절한 것을 고르시오.
① 지나친 방목은 초원 지대의 물 부족을 유발시킨다.
② 사막화로 인해 가축의 방목 방식이 바뀌고 있다.
③ 지나친 방목으로 초목이 감소되고 있다.
④ 사하라 사막이 점차 확장되고 있다.
⑤ 생태계의 자정 능력이 퇴보하고 있다.

Solutions

Q 글의 요지를 묻는 질문이다.   정답: ①번

▶ 이 글은 지나친 방목이 초목을 사라지게 하고, 이는 초목이 수분을 대기 중으로 재순환시키는 역할을 못하게 되면서 물 부족이 오게 되며, 결국은 관개를 해야 하는 상황에서는 호숫물이라도 써야 한다는 내용이다. 지문의 첫 문장과 마지막 문장의 내용뿐만 아니라 글 전체 내용을 종합적으로 잘 살펴야 하는 문제이다. 자칫 앞 문장에만 집착하면 '③ 지나친 방목으로 초목이 감소되고 있다'라는 오답을 고를 수 있다.

Translations

과학자인 Coe와 Foley에 따르면 사바나(대초원) 지역의 지나친 방목은 호수가 줄어드는 가장 큰 요인 중의 하나이다. "기후가 더 건조해지면서 가축의 방목을 도왔던 초목이 사라지기 시작했습니다. 초목은 특히 반 건조 지역에서 기후 패턴을 결정하는 데 큰 영향을 끼칩니다. 초목이 사라지는 것은 그 자체만으로 더욱 건조한 기후의 원인이 됩니다."라고 Foley가 말했다. 학자들은 이런 상황을 "도미노 효과"라고 말한다. 지나친 방목은 초목을 감소시키는데, 그 결과 수분을 대기 중으로 재순환시키는 생태계의 능력을 저하시킨다. 그것은 몬순지역을 줄어들게 하는 원인이 된다. 결과적으로 생기는 가뭄으로 물을 대기 위해서 호숫물을 엄청나게 많이 사용하게 되는데, 그러는 동안 사하라 사막은 점차 남쪽으로 조금씩 확장되는 것이다.

Words&Phrases

- □ **overgrazing** 지나친 방목
- □ **savanna** 대초원
- □ **shrink** 줄어들다
- □ **vegetation** 식물, 초목
- □ **semiarid** 반 건조 지역의; 비가 매우 적은
- □ **contribute to** ~의 원인이 되다
- □ **domino effect** 도미노 효과 (하나의 사건이 다른 일련의 사건을 야기하는 연쇄적 효과)
- □ **atmosphere** 대기
- □ **retreat** 후퇴
- □ **monsoon** 몬순, 계절풍
- □ **consequent** 결과로서 일어나는
- □ **drought** 가뭄
- □ **trigger** 유발하다
- □ **irrigation** 관개, 물을 끌어들임
- □ **edge** 조금씩 움직이다

In our time, the great educational challenge has become an effort to strengthen the teaching of what are now known as the STEM disciplines (science, technology, engineering, and math). There is considerable and justified concern that our country should keep up with other countries in these essential disciplines. At the same time, perhaps inevitably, the humanities have experienced a significant decline. Humanistic disciplines are seriously underfunded, not just by the government but by academic institutions themselves. Our society could not survive without STEM knowledge but we would be equally impoverished without humanistic knowledge as well. The former teaches us what we can do, while the latter can help us understand what we should do.

Q 다음 중 글의 요지로 가장 적절한 것을 고르시오.
① STEM 학문 분야에 대한 기피 현상이 해마다 심각해지고 있다.
② 이공계 분야보다 인문과학 분야에 더 많은 관심을 기울여야 한다.
③ 인문 과학에 대한 지원과 관심이 부족한 실정이다.
④ STEM 학문 분야에 대한 인문학적인 재평가가 필요한 시점이다.
⑤ 과학 기술에 대한 투자 부족은 국가 경쟁력을 약화시킨다.

Solutions

Q 글의 요지를 묻는 질문이다. 　　　　　　　　　　　　　　　　　　　　정답: ③번

▶ 첫 문장에 나오는 STEM 관련에만 주의를 쏟는다면 글의 요지 부분을 놓칠 수가 있다. 이 글은 기본적으로 자연과학(STEM)과 인문학이 둘 다 중요한 교육과정이기는 하지만 상대적으로 인문학이 열등한 위치에 있는 상황에 대한 우려를 표하는 글이다. 따라서 현실적으로 인문과학에 대한 지원과 관심이 필요하다고 주장하고 있다.

🔑 Translations

우리 시대에, 커다란 교육적 도전 과제는 이른바 STEM 과목 (과학, 기술, 공학, 수학)이라고 알려진 학문 분야에 대한 교육을 강화시키려는 운동이 되었다. 우리나라가 이러한 필수과목에 있어서 다른 국가들에게 뒤처지지 말아야 한다는 우려가 적지 않지만 이는 마땅한 관심이기도 하다. 이와 동시에 아마도 불가피하게 인문과학은 상당한 쇠퇴를 겪었다. 인문과학 분야는 정부뿐만 아니라 교육기관으로부터도 너무 빈약한 재정 지원을 받고 있는 실정이다. 우리 사회는 STEM 과목의 지식이 없이는 생존할 수 없지만, 또한 인문학 지식이 없다면 우리는 무력해질 것이다. 전자는 우리가 할 수 있는 것을 가르쳐주는 반면, 후자는 우리의 의무와 관련된 문제를 이해하는데 도움을 줄 수 있다.

Words&Phrases

□ **strengthen** 강화하다	□ **inevitably** 불가피하게	□ **impoverish** 무력하게 만들다, 불모로 만들다
□ **discipline** 학문 분야	□ **humanities** 인문과학	
□ **considerable** 상당한	□ **decline** 감소	□ **former** 전자
□ **justified** 합당한	□ **institution** 기관	□ **latter** 후자
□ **keep up with** ~을 따라가다		

3 제목^{Title} 찾기

∞ 유형 분석

제목은 주제문과 글의 요지를 간결하게 압축한 것이며 글의 방향이나 성격을 암시한다. 즉, 주제(topic)를 좀 더 간결하게 그리고 때로는 상징적으로 재가공하여 함축시킨 것이 제목(title)이다. 따라서 글의 제목은 주제문을 중심으로 글 전체를 대표할만한 단어, 어구 또는 짧은 문장의 상징적 형태를 지닌 것을 찾아야 한다. 주제가 분명하지 않은 경우에는 언급한 이야기들이 공통적으로 관련된 소재와 필자가 가장 주목하고 있는 부분을 중심으로 제목을 정한다.

∞ 유형 해결 전략

❶ 주제 찾기

글 전반에 흐르는 분위기와 어조, 필자가 말하고자 하는 핵심 내용 즉, 주제를 모두 함축하는 것이 제목이므로, 먼저 주제를 찾는 것이 제목에 쉽게 접근하는 방법이다. 때로는 제목과 주제가 일치하는 경우도 있으며, 글의 주요 핵심어가 제목이 될 수도 있다.

❷ 글 전체를 관통하는 것이 진짜 제목

도입부에 주제나 핵심 단어, 중심 개념을 소개하고 뒤이어 예를 들어 설명하며 마무리 짓는 글들이 제목 찾기 문제로 많이 등장한다. 즉, 언급된 예시들을 통해 주제의 어떤 부분이 부각되는지를 파악해야 하는데, 이 경우 특정한 사례에 치우치지 않는 포괄적인 답을 찾아야 한다. 즉, 반복되는 핵심어를 포함하면서 주제에 벗어나지 않는 제목을 선택해야 하며, 너무 세부적이거나 지나치게 광범위한 제목은 피해야 한다.

❸ 제목은 주제보다 더 주관적이고 상징적

글의 내용을 함축적으로 표현하면서도, 독자의 흥미와 호기심을 자극하기 위해서 때로는 주관적이고 상징적인 암시적 제목을 묻는 문제가 출제되기도 한다. 단순히 주제의 재진술에 해당하는 제목보다는 다소 높은 사고 능력이 요구되는 출제 형태라고 볼 수 있다. 예를 들어, 루스 베네딕트의 저서 '국화와 칼'은 단순히 '국화'라는 '꽃'과 '칼'이라는 '무기'를 그 주제로 삼고 있는 것이 아니라, 평화와 예술(국화로 상징)을 사랑하면서도 무사와 전쟁(칼로 상징)을 숭상하는 일본인의 이중성을 극단적인 상징적 제목으로 표현한 것이다.

❹ 구조에 근거한 제목 선택

두괄식/미괄식	글의 초입이나 말미에 주제문이 나오므로 내용의 요약이 제목인 경우가 많다.
양괄식	글의 앞과 뒤에서 주제가 드러나므로 그 내용을 통합하여 요약한 것이 제목일 수 있다.
주제문 없는 글	세부 내용들을 대표할 수 있는 핵심어와 그에 대한 필자의 견해를 압축한 것이 제목이 된다.
둘 이상의 단락으로 된 글	각 단락의 주제문을 모두 포함할 수 있는 것이어야 한다.

Many theatergoers have been offered lots of good plays including West Side Story, The King and I, and Dracula for several decades. However, they have hardly ever seen new works recently because many producers have avoided making a new play. Part of the reason may be the tremendous cost of making a new production these days. It is true that many producers asked to invest a few hundred thousand dollars in a production have preferred a play of proven merit and past success to a new, untried play. That sounds like a reasonable excuse but, in fact, this practice can lead to an undesirable situation. Unless new plays are given a chance today, there will be nothing to revive in the future.

Q   Which of the following is the best title of the passage?
① Secrets of Successful Theater Performance
② What Are Recent Trends in Stage Design?
③ Merits of Reviving Classic Plays
④ Why Not Take a Risk on New Plays?
⑤ Effective Ways to Reduce Production Cost

 **Solutions**

Q   글의 제목으로 가장 적절한 것을 고르시오.   정답: ④번
① 성공적인 연극 공연의 비결   ② 무대 디자인의 최근 추세는 무엇인가?
③ 고전 연극을 재공연하는 장점   ④ 새로운 연극에 왜 모험을 걸지 않는가?
⑤ 제작 비용을 줄일 수 있는 효과적인 방법

▶ 과거에 이미 성공한 연극만을 제작자들이 선호한다면 앞으로 재공연할 연극이 없게 될 것이라는 내용을 가진 마지막 문장에서 단서를 찾아 낼 수 있다. 새 작품을 만드는데 막대한 비용이 들더라도 과감하게 새로운 연극을 시도하라는 것이 글쓴이의 주장이므로 여기에 부합되는 제목을 선택한다.

Translations

많은 연극 팬들에게 웨스트사이드 스토리, 왕과 나, 드라큘라를 비롯한 많은 좋은 연극들이 수십 년 동안 공연되어 왔다. 하지만, 많은 제작자들이 새로운 연극 제작을 회피하기 때문에 최근에 그들은 새로운 작품을 본 적이 거의 없다. 부분적인 이유로 요즈음 새 작품을 만드는데 드는 엄청난 비용을 들 수 있다. 연극 한 편을 제작하는데 수십만 달러의 투자 요청을 받고 있는 많은 제작자들이 공연해본 적이 없는 새로운 연극보다는 장점이 증명되고 과거에 이미 성공한 연극을 더 선호하는 것이 사실이다. 그것은 그럴듯한 변명처럼 들리지만, 실은 이런 관행은 바람직하지 않은 상황에 도달할 수 있다. 오늘 당장 새로운 연극이 공연될 기회를 얻지 못한다면 미래에 재공연할 수 있는 연극은 하나도 없게 될 것이다.

Words & Phrases

□ **theatergoer** 연극을 좋아하는 사람   □ **invest** 투자하다   □ **undesirable** 바람직하지 않은
□ **decade** 십 년   □ **prefer** 더 좋아하다   □ **revive** 재공연하다
□ **avoid** 피하다   □ **merit** 장점
□ **tremendous** 거대한, 막대한   □ **reasonable** 합리적인

Three decades ago, Ronald Busuttil, director of UCLA's liver-transplant program, heard that a liver, just the right size and blood type, was suddenly available for a man who had been waiting for a transplant. The patient, severely ill but not on the verge of death, was being readied for the procedure when the phone rang. Another inpatient who had previously been given a transplant had been suffering a catastrophe. Her liver had almost stopped functioning. Busuttil had to make a decision. "I had two desperately-ill patients," he says, "If you were in my shoes, what would you do?"

Q   Which of the following is the best title of the passage?
① A Doctor's Dilemma
② How to Transplant a Liver
③ Organ Donation: A Good Deed
④ Dangerous Transplant Operation
⑤ Why a Liver Transplant is Difficult

Solutions

Q   글의 제목으로 가장 적절한 것을 고르시오.   정답: ①번
① 의사의 딜레마
② 간 이식 방법
③ 장기 기증: 선행
④ 위험한 이식수술
⑤ 간 이식이 어려운 이유

▶ 이 문제 역시 글의 마지막 문장에서 제목 찾기의 단서를 찾을 수 있다. 이식할 수 있는 간은 한 개밖에 없는데 그것을 필요로 하는 응급환자는 두 명이 있는 상황이다. 이 순간 어느 쪽에 간을 이식해야 할지를 결정해야 하는 의사는 정말 어려운 딜레마에 빠져 있는 것이다.

Translations

30년 전 UCLA의 간 이식수술 프로그램의 소장인 Ronald Busuttil은 이식을 위해 대기 중인 한 사람에게 딱 맞는 크기와 혈액형의 간이 갑자기 준비되었다는 말을 들었다. 심하게 아프지만 치명적인 상태는 아니었던 그 환자는 전화벨이 울렸을 때 수술 절차를 준비하고 있었다. 이전에 이식수술을 받았던 또 다른 입원 환자는 죽기 일보 직전의 상태에 있었다. 그녀의 간은 거의 기능이 멈춰가고 있었다. Busuttil은 결정을 내려야만 했다. 그는 말한다. "나에게는 두 명의 극도로 아픈 환자가 있습니다. 만약에 여러분이 제 입장이라면 어떻게 하겠습니까?"

Words&Phrases

□ **decade** 십 년
□ **liver-transplant** 간 이식
□ **blood type** 혈액형
□ **on the verge of** ~직전에
□ **procedure** 절차, 과정
□ **inpatient** 입원 환자
□ **catastrophe** 큰 재앙; 죽음
□ **desperately-ill** 심하게 아픈

Boxing is definitely a brutal and violent sport; nonetheless, many women are still willing to climb into the ring. Some of them participate because of the financial rewards. Not only do female boxers make money for each fight, but the most successful of them also earn money for endorsing commercial products. Other women, like female boxer Laila Ali, are more interested in becoming famous and want to be as well-known as celebrities. Still others thirst for respect and equality. They want to prove that women, far from the weaker sex, can be as tough as men. And some simply like the excitement of participating in the sport. As boxer Trina Ortegon put it, "I've never done anything else that's given me such an adrenaline rush."

Q   Which of the following is the best title of the passage?
① How to Be a Woman Boxer
② Why Women Choose Boxing
③ Boxing Makes Women Strong
④ Boxing: The Best Way to Earn Money
⑤ Women's Increasing Interest in Exercise

Solutions

Q   글의 제목으로 가장 적절한 것을 고르시오.   정답: ②번
① 여성 권투 선수가 되는 법   ② 여성이 권투를 선택하는 이유
③ 여성을 강하게 만드는 권투   ④ 권투: 돈을 버는 최고의 방법
⑤ 운동에 대한 여성의 늘어나는 관심

▶ 이 글은 권투가 과격한 운동임에도 불구하고 여성들이 왜 그것을 하려 하는지 그 이유들을 나열식으로 설명하고 있는 글이다. Some of them, Other women, Still others, And some과 같은 구조에 주목한다.

Translations

권투는 확실히 잔인하고 과격한 운동이다. 그럼에도 불구하고 많은 여성들이 여전히 기꺼이 링 위에 오르고자 한다. 그들 중 일부는 금전적 보상 때문에 참여한다. 여성 권투 선수들은 경기로 돈을 벌뿐만 아니라 이들 중 가장 성공적인 선수들은 상업제품을 지지하는 선전을 해서 돈을 벌기도 한다. 여성 권투 선수 Laila Ali 같은 다른 선수들은 유명해지는 것에 더 많은 관심이 있어 유명인사만큼이나 알려지고 싶어 한다. 또 다른 여성 권투 선수들은 존경과 평등을 갈망한다. 그들은 여성이 결코 약자가 아니라 남성만큼 강인할 수 있다는 것을 입증하고 싶어 한다. 그리고 일부는 그저 경기에 참여하는 것을 좋아하기도 한다. 권투 선수 Trina Ortegon은 "나는 이처럼 아드레날린을 분출시켜주는 어떤 다른 것도 결코 해본 적이 없다."라고 말한다.

Words & Phrases

- **definitely** 분명히
- **brutal** 잔인한
- **violent** 난폭한
- **nonetheless** 그럼에도 불구하고
- **participate** 참여하다
- **financial** 금전적인
- **endorse** 지지하다
- **celebrity** 유명인
- **thirst for** ~를 갈망하다
- **respect** 존경심
- **equality** 평등
- **far from** ~가 아닌
- **adrenaline** 아드레날린
- **rush** 돌진, 쇄도

Messy graduation ceremonies are becoming popular among middle and high school students. Throughout the graduation season in February, countless stories of students pelting each other with flour, eggs and other items were reported. Flour throwing began during Japanese colonial rule. Back then, all Korean students were forced to wear dark uniforms. These were identical to those worn by Japanese students, and were modeled on Japanese military uniforms. By making a mess out of the uniform, patriotic Korean students expressed their strong antipathy toward the colonial regime. That's how the tradition of flour pelting began. Nobody knew the ritual would evolve this far.

Q   Which of the following is the best title of the passage?
① The way to make cake with flour
② The benefits of the school uniform
③ The unforgettable graduation ceremony
④ The patriotic students in colonial regime
⑤ The origin of an unpleasant graduation ritual

Solutions

Q   글의 제목으로 가장 적절한 것을 고르시오.   정답: ⑤번
① 밀가루로 케이크를 만드는 방법   ② 학교 교복의 장점
③ 잊을 수 없는 졸업식   ④ 식민 통치 정권의 애국심 있는 학생들
⑤ 추한 졸업식 행사의 기원

▶ 이 글은 한국의 중고등학교에서 벌어지는 졸업식의 추태를 소개하고 있다. 특히 교복에 밀가루를 던지는 의식이 어디에서 유래했는지를 밝히고 있다.

Translations

엉망진창인 졸업식이 중고등학교 학생들 사이에 인기를 끌고 있다. 2월의 졸업 시즌 내내, 학생들이 서로에게 밀가루, 계란, 다른 물건들을 던지는 수많은 뉴스가 보도되었다. 밀가루를 던지는 일은 일제 식민 통치 기간에 시작되었다. 그 당시에 모든 한국 학생들은 어두운 색상의 제복을 입어야만 했다. 이 검은색 교복은 군복을 모델로 한 일본 학생들의 교복과 동일했다. 그 교복을 더럽힘으로써 애국심이 강한 한국 학생들은 식민 통치 정권을 향한 강한 반감을 드러냈다. 그렇게 해서 밀가루를 던지는 전통이 시작되었다. 아무도 그 전통이 이렇게까지 발전하리라고는 생각하지 못했던 것이다.

Words & Phrases

□ **messy** 엉망인   □ **identical** 같은   □ **ritual** 의식
□ **pelt** 던지다   □ **patriotic** 애국심이 있는   □ **evolve** 발전하다
□ **flour** 밀가루   □ **antipathy** 반감
□ **colonial rule** 식민 통치   □ **regime** 정권

4 내용 일치 / 불일치 및 요약문

∞ 내용 일치 / 불일치_유형 분석

지문의 세부 사항(특정 정보)을 파악하는 유형으로 지문에 직접적으로 언급된 사실들을 제대로 이해하고 있는지를 묻는 유형이다. 글에서 제공된 정보와 선택지의 일치와 불일치 여부를 묻는 유형이므로 각각의 문장에 대해 정확한 해석과 이해를 필요로 한다. 글에서 제시한 특정 정보나 인물에 대해 묻는 문제와 지문 전반에 걸친 내용과의 일치 여부를 묻는 문제, 요약 문제 유형 등이 있다.

∞ 내용 일치 / 불일치_유형 해결 전략

❶ 선택지(보기항)부터 먼저 확인하고 지문 내용 파악

통상 선택지의 번호 순서와 지문의 내용 전개 순서가 일치하는 경우가 많으므로 선택지를 먼저 읽는 습관을 들인다. 문제 해결에 필요한 정보가 무엇인지를 미리 파악할 수 있고 또한 그만큼 지문의 내용 파악 시간을 줄일 수 있기 때문이다. 선택지에 많이 언급된 단어와 내용을 지문에 표시해 놓고, 글을 읽어 가면서 내용과 일치·불일치되는 부분을 차례로 삭제해 가면서 문제를 해결한다.

❷ 지문에 직접적으로 언급된 사실 정보에 집중

지문 속에 언급된 사실 자체에 초점을 맞추고 그것을 근거로 해서 답을 고른다. 평소 자신의 배경지식이나 일반적인 상식, 사실 내용의 유추나 비약 등 주관적인 판단으로 문제를 풀어서는 안 된다. 단, 지문 속에 사실로 언급된 내용들이 선택지에는 '유사어구'나 '동의어구' 혹은 '재진술' 형태로도 표현된다는 사실에 주목한다.

❸ 선택지와 지문 비교, 대조

여러 가지 구체적인 정보와 구체적인 사실들 그리고 비교적 지엽적인 세부사항들까지도 꼼꼼하게 읽고 정확하게 비교, 대조해야 한다. 이때는 전술한 바와 같이 반드시 지문에 진술된 사실을 바탕으로 이해해야 한다. 특히 시간, 숫자, 고유명사 등에 각별히 주의한다. 또한 '오직, 결코, 항상, 모든, 단지 ~만' 등의 표현들이 있을 때에는 지문에 그렇게 서술되어 있는지를 반드시 꼼꼼히 확인해야 한다. 예를 들어 '고구마를 씻어 먹고 사는 원숭이가 있다.'라는 언급이 있을 때, '모든 원숭이는 고구마를 씻어 먹는다.'는 오답이다.

❹ 글의 중심 내용이 들어 있는 주제문이나 핵심 정보를 파악

주제문이나 핵심 정보를 찾는 것은 모든 유형의 독해 문제를 해결하는 바탕이 된다. 글 전체의 흐름과 내용을 파악해서 답을 얻는 '주제, 제목, 요지' 문제 유형이 숲을 봐야 하는 문제라면, 내용 일치 및 불일치 문제는 나무를 봐야 하는 문제 유형으로 볼 수 있기에, 자칫 글의 중심 내용을 파악하는데 소홀할 수 있다. 그러나 글의 주제와 핵심정보를 정확히 파악하면 내용 일치 및 불일치 유형의 문제해결에 꼭 필요한 글 전체의 전반적인 맥락과 전개과정을 파악하기가 훨씬 용이해진다는 것을 명심한다.

∞ 요약문 _ 유형 분석

요지와 관련된 글의 중요 사항을 하나의 문장으로 집약하여 표현하는, 쓰기 능력을 간접적으로 평가하는 유형이다. 대체로 두 개의 빈칸을 채워 요약문을 완성하는 식으로 출제되는데, 빈칸에는 대개 글의 핵심어가 들어가므로 흐름상 중심이 되는 단어를 체크해 놓는 것도 문제 해결의 좋은 방법이 된다. 이때, 핵심어가 유사한 다른 어휘로 표현되는 경우가 많으므로 유의어(동의어구, 유사어구)에 대한 학습이 절실히 요구된다. 특히 두 개의 빈칸을 채우는 유형일 경우, 첫 번째보다는 두 번째 빈칸에 들어 갈 내용을 찾는 것이 용이할 경우가 많으므로, 첫 번째 빈칸에 들어갈 표현을 찾지 못했다 하더라도 당황하지 말고, 범위를 넓게 접근해 가면서 두 번째 빈칸에 들어갈 표현을 먼저 찾는 시도를 해 보는 것도 좋은 전략이 될 수 있음을 명심한다.

가지다	have, own, possess, occupy, hold, belong to
가르치다	teach, educate, train, instruct
감사하다	be thankful, be grateful, be appreciative
(시간이) 걸리다	take, last
결심하다	decide, determine, resolve
구입하다	buy, purchase, get
끝나다	finish, be over, be through, be done
도착하다	get to, reach, arrive at
만나다	meet, get together
묻다	ask, question, inquire, query
시작하다	begin, start, launch
연기하다	put off, postpone, delay
제공하다	give, provide, supply, furnish
제출하다	submit, turn in, hand in
착륙하다	land, touch down, arrive
토의하다	discuss

Known as the Golden City, Jaisalmer, a former caravan center on the route to the Khyber Pass, rises from a sea of sand, its 30-foot-high walls and medieval sandstone fort sheltering palaces that soar into the sapphire sky. So little has the way of life altered here that it is easy to imagine yourself back in the 13th century. It is the only fortress city in India still functioning, with one quarter of its population living within the walls. It is just far enough off the beaten path to have been spared damage from tourists. The city's wealth originally came from the substantial tolls it placed on passing merchants.

Q　Jaisalmer에 관한 윗글의 내용과 일치하는 것은?

① Khyber Pass의 한 가운데 위치하고 있다.
② 생활 방식에 많은 변화를 겪어 왔다.
③ 인구의 절반이 성벽 안에 살고 있다.
④ 관광객으로 인한 피해가 컸다.
⑤ 상인들에게 통행료를 부과했다.

Solutions

Q　특정 도시에 관한 일치 문제이다.　　　　　　　　정답: ⑤번

▶ ① 첫 문장에 언급된 'center'를 이용해서 오답을 유도하고 있다. 여기에서 center의 의미는 '(장소나 위치의) 중앙, 한가운데'라는 지리적 의미로 쓰인 것이 아니라, '(사람이 모이는) 중심지, 센터'의 의미로 쓰인 것이다.
② 두 번째 문장에 나오는 'little'에 주목한다. Jaisalmer의 생활은 거의 변한 것이 없다는 것이 지문의 내용이다.
③ 세 번째 문장에 나오는 'one quarter of its population'을 보면 인구의 절반이 아닌 4분의 1이 Jaisalmer에 거주한다는 것을 알 수 있다.
④ 네 번째 문장에 나오는 'to have been spared damage from tourists'에서 관광객으로 인한 파괴가 없었음을 알 수 있다.
⑤ 마지막 문장에서 지나가는 상인들에게 통행료를 부과해서 도시가 부유해 질 수 있었다는 것을 알 수 있다.

🔑 Translations

카이버 고개로 가는 길에 위치한 옛날 캐러밴의 중심지이자 황금 도시로 알려진 Jaisalmer는 모래 바다에서 솟아나 있는데, 사파이어 빛 하늘로 우뚝 솟은 궁전을 보호하기 위해 30피트 높이의 성벽과 중세의 사암(砂岩)으로 된 요새다. 이곳의 생활은 거의 변한 것이 없어서 13세기에 여러분을 데려다 놓아도 그 모습을 상상하기란 어렵지 않다. 그곳은 인구의 4분의 1이 성벽 안에 살면서 여전히 기능을 다하고 있는 인도 내의 유일한 요새 도시이다. 그곳은 사람들이 다니는 길에서 충분할 정도로 멀리 벗어나 있어서 관광객으로 인한 파괴를 면할 수 있었다. 그 도시가 부유해진 것은 원래 지나가는 상인들에게 부과한 상당한 통행료에서 비롯되었다.

Words&Phrases

- **Jaisalmer** 자이살메르(인도 라자스 탄주에 있는 도시)
- **caravan** (사막의) 대상(隊商); 캐러밴; 대형 운반차
- **Khyber Pass** 카이버 고개 (파키스탄과 아프가니스탄을 잇는 주요 산길)
- **medieval** 중세의
- **sandstone** 사암(砂岩)
- **fort** 요새
- **shelter** 보호하다; 숨기다; 피난하다
- **soar** 치솟다
- **alter** 바꾸다
- **off the beaten path** 다져진 길에서 벗어난
- **spare** 면하게 하다
- **substantial** (양, 크기, 액수가) 상당한; 실질적인
- **merchant** 상인

According to a study conducted at the end of 1980, the average high school graduate in the United States has a reading vocabulary of 80,000 words, which includes idiomatic expressions and proper names of people and places. This vocabulary must have been learned over a period of 16 years. From the figures, it can be calculated that the average child learns at a rate of about 13 new words per day. Clearly a learning process of great complexity goes on at a rapid rate in children.

Q　What is impressive about the way children learn vocabulary?
① They learn even very long words.
② They learn words very quickly.
③ They learn the most words in high school.
④ They learn words before they learn grammar.
⑤ They learn words by rote.

Solutions

Q　아이들이 단어를 배우는 방식에 관하여 인상적인 것은 무엇인가?　　　　정답: ②번
① 그들은 심지어 매우 긴 단어도 배운다.
② 그들은 어휘를 매우 빨리 익힌다.
③ 그들은 고등학교에서 가장 많은 단어를 배운다.
④ 그들은 문법을 배우기 전에 단어를 배운다.
⑤ 그들은 기계적으로 (외워서) 단어를 학습한다.
▶ ①, ③, ④, ⑤번은 지문에 아예 언급된 바 없는 선택지들이고 ②번은 지문의 마지막 내용을 패러프레이징 하고 있다.

Translations

1980년 말에 시행된 한 연구에 따르면, 미국의 평균적인 고교 졸업자는 80,000 단어의 독서용 어휘력을 갖추고 있는데, 여기에는 관용적인 표현과 사람과 장소에 대한 고유명사들이 포함된다. 이런 어휘들은 16년간 동안 학습된 것이 분명하다. 그 수치를 보면, 보통의 아이는 매일 13개 정도 꼴로 새로운 단어를 배우는 것으로 추정할 수 있다. 분명히 아주 복잡한 학습 과정이 아이에게서 빠른 속도로 진행되는 것이다.

Words&Phrases

□ **conduct** 수행(실행)하다
□ **graduate** 졸업생; 졸업하다
□ **include** 포함하다
□ **idiomatic** 관용적인
□ **proper name** 고유명사(=noun)
□ **figure** 수치; 숫자; 모양

□ **calculate** 계산하다; 추정하다
□ **at a rate of** ~의 비율(속도)로
□ **complexity** 복잡함, 복잡성
□ **go on** (어떤 상황이) 계속되다
□ **rapid** 빠른
□ **by rote** 기계적으로; 외워서

Q 다음 글의 내용을 한 문장으로 요약하고자 한다. 빈칸 (A), (B)에 가장 적절한 것끼리 짝지은 것은?

How to live longer is a topic that has fascinated mankind for centuries. Today, scientists are beginning to separate the facts from the fallacies surrounding the aging process. Why is it that some people reach a ripe old age and others do not? Some researchers divide the factors determining who will live longer into two categories. Several elements influencing longevity are set at birth. Gender, race and heredity can't be reversed. For example, women live longer than men — at birth, their life expectancy is about seven to eight years more. But surprisingly, many others are elements that can be changed. For instance, smoking, drinking and reckless driving could shorten people's lives.

> Some researchers suggests that _____(A)_____ and _____(B)_____ factors could influence people's life expectancy.

	(A)	(B)
①	common	additional
②	genetic	psychological
③	physical	mental
④	fixed	changeable
⑤	political	social

Solutions

Q　요약 문장의 빈칸에 적절한 단어를 집어넣는 문제이다. 　　　　　　　정답: ④번

▶ 학자들의 연구에 따르면 인간의 평균(기대)수명에 영향을 미치는 요인이 두 가지 있는데, 하나는 출생 시에 결정된 성별, 인종, 유전 같은 정해진(=fixed, can't be reversed) 요인이고, 또 한 가지는 흡연, 음주, 부주의한 운전 같은 바뀔 수 있는(=changeable, can be changed) 요인이다.

Translations

더 오래 사는 방법은 수 세기 동안 인류를 매혹시킨 주제다. 오늘날 과학자들은 노화 과정을 둘러싸고 있는 사실과 오류를 구분하기 시작하고 있다. 어떤 사람들은 완숙한 노년에 도달하는데 어떤 사람들은 왜 그렇지 않은가? 일부 학자들은 누가 더 오래 사는지를 결정하는 요인을 두 가지 범주로 나누고 있다. 장수에 영향을 주는 몇 가지 요소는 태어날 때 결정된다. 성별, 인종, 유전은 바뀔 수 없다. 예를 들어, 여성은 남성보다 더 오래 산다. 즉, 태어날 때 그들의 기대수명이 7살이나 8살 더 길다. 그러나 놀랍게도 다른 많은 것은 바뀔 수 있는 요인들이다. 예를 들어, 흡연, 음주, 부주의한 운전은 사람의 수명을 단축시킬 수 있다.

→ 일부 학자들은 (A) 정해진 요인들과 (B) 바뀔 수 있는 요인들이 인간의 평균(기대)수명에 영향을 준다고 제시한다.

Words & Phrases

- □ **fascinate** 매혹시키다
- □ **fallacy** 오류
- □ **aging** 노화
- □ **ripe** 성숙한, 완숙한
- □ **longevity** 장수
- □ **heredity** 유전
- □ **reverse** 뒤집다
- □ **life expectancy** 평균(기대)수명
- □ **reckless** 분별없는
- □ **fixed** 고정된
- □ **changeable** 변할 수 있는

5 추론적 이해

∞ 유형 분석

글 속에 있는 정보들의 관계를 파악하거나 직접적으로 명시되지 않고 생략된 내용을 추측하며 글을 읽고, 내용을 파악하는 것이 추론적 이해 능력이다. 추론적 이해는 있는 그대로를 받아들이는 사실적 이해보다 한 단계 높은 수준이라 할 수 있다. 또한, 글에서 주목할 만한 정보에 대한 가정이나 전제, 필자의 관점이나 태도를 파악하는 사고 역시 추론적 사고에 포함된다. 필자는 독자가 필요로 하는 모든 정보를 제공해 주지는 않는다. 따라서 겉으로 드러난 정보를 근거로 드러나지 않은 정보를 추리해 내야 하는 것이다.

∞ 유형 해결 전략

❶ 특정 문장의 함축적 의미 파악

지문의 중심 생각과 연관을 지어가며 세부 내용을 읽도록 한다. 주제를 보충해주는 문장들 속에 제시되는 정보들 간의 관계를 정확하게 이해함으로써 글의 의미를 자세하게 파악할 수 있다. 구체적으로 지문 속 특정 문장과 일치하는 선택지가 나오는 경우는 거의 없으므로, 글 어딘가에 선택지의 내용을 짐작하게 하는 단서가 주어지므로 그것을 찾아내는 것이 관건이다.

❷ 글의 종합적 내용 파악

내용을 더욱 정교하게 이해하기 위해서는 먼저 필자가 전달하고자 하는 중심 생각을 알아야 한다. 그 중심 생각을 적극 활용하여 뒤 이어 올 내용을 예측하며 글을 읽는 것이 좋다. 그리고 글의 논리적 흐름에 맞추어 자연스럽게 연결될 수 있는 내용의 선택지를 선택한다. 전체적인 글의 내용을 완전하게 이해하고 귀납적, 연역적 논리 추론을 할 수 있어야 한다.

※ Read the passage below and answer the question.

For over a year, Catherine had been trying to ignore doubts about the competence of her son's caregiver, Anne. When she took two-year-old Joey — with a full-blown case of chicken pox — for a walk to the playground, Catherine blamed herself for not giving explicit instructions about keeping him indoors. When Anne presented Joey with a 1,000-piece jigsaw puzzle for his second birthday, Catherine told herself to stop being critical about the inappropriateness of the gift and to concentrate on the fact that Anne meant well. After all, what was really important was that Joey was crazy about Anne.

Q　What can be inferred about Anne?
① She knew that chicken pox is a very serious disease.
② She didn't really satisfy Catherine as a babysitter.
③ She thought the jigsaw puzzle was not an appropriate gift for Joey.
④ She was not happy since Joey didn't really like her.
⑤ She believed Catherine didn't know anything about chicken pox.

Solutions

Q　Anne에 대해 추론할 수 있는 것은?　　　　　　　　　　　　　　　　　　　　정답: ②번
① 그녀는 수두가 아주 심각한 질병이란 것을 알았다.
② 그녀는 보모로서 Catherine을 제대로 만족시키지 못했다.
③ 그녀는 조각 그림 맞추기가 Joey에게 맞지 않는 선물이라고 생각했다.
④ 그녀는 Joey가 자신을 정말로 좋아하지 않아서 기분이 좋지 않았다.
⑤ 그녀는 Catherine이 수두에 관하여 아무것도 모르고 있다고 생각했다.

▶ 첫 문장에 1년이 넘도록, Catherine은 자신의 아들을 돌보는 보모 Anne의 능력에 대한 의심들을 무시하려 했다는 내용이 나오고, 그 이후의 글 전개 역시 이것을 반전시키는 내용이 아닌, Anne의 보모로서 부적절한 행위를 Catherine이 애써 외면하려는 모습이 일관적으로 나온다. 따라서 Anne은 보모로서 Catherine을 제대로 만족시키지 못했음을 쉽게 유추할 수 있다.

🔑 Translations

1년이 넘도록. Catherine은 자신의 아들을 돌보는 보모 Anne의 능력에 대한 의심들을 무시하려고 노력해 왔다. 그녀가 두 살배기인 Joey를 수두가 완전히 진행된 상태인데도 운동장으로 산책시키러 데리고 갔을 때. Catherine은 그 아이를 집 안에 데리고 있어야 한다는 분명한 지시를 하지 않은 자신을 비난했다. Anne이 Joey에게 두 번째 생일 선물로 1,000개의 조각으로 이루어진 그림 맞추기를 선물했을 때. Catherine은 그 선물이 적절하지 않다는 점을 비판하기를 그만두고 Anne의 의도는 좋은 것이라는 사실에 집중하자고 자신에게 일렀다. 결국, 진정으로 중요했던 사실은 Joey가 Anne에게 푹 빠져 있었다는 것이었다.

Words&Phrases

□ **competence** (어떤 일을 하는) 능력, 역량; 적성, 자격
□ **chicken pox** 수두
□ **caregiver** (병자 · 불구자 · 아이들을) 돌보는 사람
□ **explicit** 분명한, 명쾌한; 노골적인
□ **full-blown** ~의 모든 특성을 갖춘; 완전히 발달한(진행된)
□ **inappropriateness** 부적절함, 부적합함

※ Read the following passage and answer the question.

If you look around you at the men and women whom you can call happy, you will see that they all have certain things in common. The most important of these things is an activity which at most times is enjoyable on its own account, and which, in addition, gradually builds up something that you are glad to see coming into existence. Women who take an instinctive pleasure in their children can get this kind of satisfaction out of bringing up a family.

Q The author seems to view happiness as _________________.
  ① a theory of life or a religion
  ② a subject to be treated solemnly
  ③ inevitable trivial of life
  ④ moralist's way of living
  ⑤ simple things that matter

Solutions

Q 필자는 행복이 ___________(이)라고 간주한다.   정답: ⑤번
  ① 인생 또는 종교에 관한 이론
  ② 엄숙하게 다루어져야 할 주제
  ③ 불가피한 인생의 사소한 일
  ④ 도덕 군자의 인생 방식
  ⑤ 중요한 의미가 있는 단순한 일

▶ 행복한 사람들의 특징은 '즐거운(enjoyable)' 활동을 하는 것이라고 말한다. 그것이 어떤 일이라도 즐거운 것이라면 행복할 수 있다는 말이다. 마지막 문장에서 예로 든 가족 양육은 일상적이고 평범한 일이지만 이로부터 즐거움을 느낀다면 역시 행복의 요소가 될 수 있다는 것이다. ① religion, ② solemnly, ④ moralist는 이 글에서 말한 소소한 행복의 조건과는 거리가 먼 진지하고 중대한 것들이며, ③의 '불가피한 인생의 사소한 일'은 글의 논지와 맞지 않는다.

Translations

당신 주위에서 당신이 행복하다고 부를 수 있는 사람들을 살펴본다면, 여러분은 그들 모두가 모종의 것들을 공통으로 갖고 있다는 사실을 알게 될 것이다. 이러한 것들 가운데 가장 중요한 것은 대부분의 시간에 자기 자신을 위해서 즐길 수 있는 활동, 게다가 당신이 보기에도 기쁜 어떤 일이 생겨나서 점차 강화되는 활동이다. 자녀들에게서 본능적인 즐거움을 얻는 여성들은 가족을 양육하는 것으로부터 이러한 종류의 만족감을 느낄 수 있다.

Words&Phrases

□ **have ~ in common** ~라는 공통점이 있다   □ **take pleasure in** ~을 좋아하다, 즐기다
□ **on one's own account** 자기 자신을 위하여   □ **instinctive** 본능적인
□ **in addition** 게다가, 더구나, 그 위에   □ **bring up** 기르다
□ **come into existence** 생기다

Exercise 03

※ Read the following passage and answer the question.

Bing Crosby became famous because of his special singing style, called crooning. However, Bing wanted to croon only when he was in the mood. Everyday he had a radio show to broadcast and on some days he just didn't feel like crooning. He had heard about a new invention called the tape recorder, which played back a recorded voice. Bing recorded his show and played the tape over the air. No one knew the difference. Today tape recorders are as common as radios and records.

Q   You can conclude that:
① Only crooning can be taped for re-broadcasting.
② After he taped his show, Bing never crooned.
③ Listeners can't tell whatever over the radio.
④ Bing was rarely in the mood for crooning.
⑤ Bing invented the tape recorder.

Solutions

Q   글을 통해서 결론 내릴 수 있는 것을 고르시오.   정답: ③번
① 읊조리는 노래만이 재방송용으로 녹음할 수 있다.
② 자신의 쇼를 녹음한 후, Bing은 결코 읊조리는 노래를 하지 않았다.
③ 청취자들은 라디오를 통해 어떤 것도 구별할 수 없다.
④ Bing은 읊조리는 노래를 부를 기분이 좀처럼 나지 않았다.
⑤ Bing이 녹음기를 발명했다.

▶ 이 글은 라디오 쇼에서 실제 육성과 녹음된 목소리의 차이를 구별하지 못했다는 사실을 알려주고자 하는 글이고 Bing Crosby의 실례를 소개하고 있는 글이다.

Translations

Bing Crosby는 '읊조림'이라 불리는 자신의 특별한 창법 때문에 유명해졌다. 하지만 Bing은 마음이 동할 때만 읊조리는 노래를 부르고 싶어 했다. 매일 그는 라디오 방송 쇼에 출연했는데 어느 날 읊조리는 노래를 부르고 싶은 기분이 들지 않았다. 그는 녹음기라는 새 발명품에 대해서 들은 적이 있었는데 이 녹음기란 녹음된 음성을 재생하였던 것이다. Bing은 쇼에서 불렀던 노래를 녹음하여 그 테이프를 방송했다. 아무도 그 차이를 알아차리지 못했다. 오늘날 녹음기는 라디오나 레코드만큼이나 흔하다.

Words & Phrases

- **Bing Crosby** 미국의 가수 겸 영화배우
- **crooning** 낮은 목소리로 감성적으로 노래하는 창법
- **croon** (조용히 부드럽게) 노래하다, 읊조리다
- **be in the mood** ~할 기분이 나다
- **broadcast** 방송하다
- **invention** 발명(품)
- **over the air** 방송을 통하여

6 글의 목적

∞ 유형 분석

필자가 어떤 의도로 글을 쓴 것인지를 묻는 문제 유형이다. 보통 일상생활에서 쉽게 접할 수 있는 안내문, 초대장, 광고문 등 서술상의 특징이 명확히 드러나는 실용문들이 제시된다. 지문에서 감사, 사과, 경고, 초대, 사직, 구직 등 필자가 전달하고자 하는 주요 목적을 잘 파악해야 한다.

∽ 유형 해결 전략

❶ 글을 쓴 대상을 파악

누구를 대상으로 쓴 글인지 파악하는 것이 먼저이다. 예를 들어, 기업가와 소비자의 관계라면 광고문이나 항의, 독촉 등이 될 것이다. 또한, 개인적인 글인지 모두에게 알리는 글인지를 구분하면 그 종류를 쉽게 추측해 낼 수 있다. 글의 전개방식에 따라 전반적인 분위기와 흐름을 이해하는 것이 중요하다. 또한 흐름이 반전되는 경우가 아주 흔하므로 but, however 등의 역접접속사 이후의 문장에 주목한다.

❷ 일부 특정 표현에 주의

필자의 의도를 담은 핵심 문장에 목적이 드러난다. 그러므로 일부 특정 표현만 보고 전체를 판단해서는 안 된다. 가령 'I am sorry'와 같은 표현을 보고 사과문일 것이라고 속단해서는 안 된다. 거절하는 글에도 'I am sorry'는 등장할 수 있다. 'Thank you' 역시 감사를 표할 때만 사용하는 것이 아니라 불평이나 항의의 글에도 등장할 수 있음에 유의한다.

❸ 글의 목적이나 종류에 따른 표현들

글의 목적과 종류에 따라 각각 자주 등장하는 표현이나 어구들을 미리 알아두면 문제 해결에 큰 도움이 된다.

충고하기 위하여	to advise
경고하기 위하여	to warn
취소하기 위하여	to cancel
거절하기 위하여	to reject, refuse, turn down
비난(비판)하기 위하여	to criticize
불평(항의)하기 위하여	to complain
칭찬하기 위하여	to praise, compliment
알려주기 위하여	to inform, notify, tell
감사하기 위하여	to thank, appreciate
사과하기 위하여	to apologize
축하하기 위하여	to congratulate, celebrate
격려하기 위하여	to inspire, encourage
제안하기 위하여	to offer, suggest
상담하기 위하여	to consult
초대하기 위하여	to invite
소개하기 위하여	to introduce
위로, 위안하기 위하여	to console, comfort
접대하기(즐거움을 주기) 위하여	to entertain
추천하기 위하여	to recommend
이의를 제기하기 위하여	to protest
반대하기 위하여	to oppose
납득(확신)시키기 위하여	to convince
지시(고지)하기 위하여	to instruct
광고하기 위하여	to advertise
협상하기 위하여	to negotiate
광고문	제품명, 회사명, 판매(sale), 가격(price), 품질(quality)
안내문	날짜, 시간, 장소, 번호, 참여 권유(take time to visit this show)
구인	지원서(application), 이력서(résumé), 자격(qualification), 급여(salary)

About 113 billion people have lived and died in the history of our planet, according to scientific estimates. Of all these people, the names of about seven billion, or approximately 6 percent, are recorded in some way — on monuments or in books, manuscripts, and public records. The other 106 billion people are gone without a trace.

Q What is the purpose of the passage?
① To inform
② To persuade
③ To convince
④ To entertain
⑤ To criticize

Solutions

Q 글의 목적은 무엇인가?　　　　　　　　　　　　　　　　　　　　　　　정답: ①번

▶ 과학적 통계(according to scientific estimates) 등을 이용하며, 내용(정보)을 객관적으로 알려주고 있다.

Translations

과학적 추산에 따르면, 약 1,130억 명의 사람들이 우리 지구 역사 속에서 명멸했다. 이 모든 사람들 중에서 약 70억 명의 사람, 대략 6%에 해당하는 사람들이 어떤 식이든 (기념비에건 책 속에건 또는 필사본 그리고 공식 기록에서건) 그 이름을 남기고 있다. 그 나머지 1,060억 명의 사람들은 흔적도 없이 사라져 간 것이다.

Words&Phrases

□ **planet** 행성; 지구
□ **estimate** 추정(치), 추산; 견적서; 추산(추정)하다
□ **approximately** 대략
□ **monument** 기념비; 유물
□ **manuscript** 원고; 필사본

□ **trace** 자취; 발자국; ~의 발자국을 더듬어가다, ~을 추적하다
□ **inform** 알리다
□ **persuade** 설득하다
□ **convince** 확신하다, 납득시키다

Starting August 1st, 2005, you will closely follow the activities of the International Monetary Fund (IMF). You will help and advise in the preparation of international meetings. You will also write analytical papers about issues regarding international financial markets. We expect you to have completed your university studies with a doctoral degree in economics. Experience in analytical economic methods and the ability to work efficiently will also be required. This is an interesting opportunity to work with a competent and experienced team.

Q 글의 목적은 무엇인가?
① 직원 채용 공고
② 사업 계획 소개
③ 국제회의 안내
④ 작문 강좌 안내
⑤ 학위 과정 소개

Solutions

Q 글의 목적을 묻는 문제이다.   정답: ①번

▶ 이 글은 IMF라고 하는 국제기구에서 사람을 채용하기 위한 공고문이다. 기구의 활동 조사, 국제회의 준비, 국제 금융 시장의 문제점 분석 등 업무의 성격과 경제 분석법에 대한 경험과 효율적으로 업무를 수행할 수 있는 능력을 가진 경제학 박사 학위 소지자를 언급하는 등 자격요건에 대해서 설명을 하고 있다. 마지막 문장의 'opportunity to work with a competent and experienced team'에 주목한다.

Translations

2005년 8월 1일을 시작으로 여러분은 국제 통화 기금(IMF)의 활동을 면밀하게 살피게 될 것입니다. 여러분은 국제회의를 준비하는 과정을 돕고 조언하는 일을 하게 될 것입니다. 여러분은 또한 국제 금융 시장의 문제점들에 대한 분석 보고서를 작성하게 될 것입니다. 우리는 여러분이 대학에서 이미 경제학 박사 과정을 마친 것으로 알고 있습니다. 경제 분석법에 있어서의 경험과 효율적인 업무 능력 또한 요구될 것입니다. 이것은 유능하고 경험 있는 팀과 함께 일할 수 있는 흥미로운 기회입니다.

Words&Phrases

- **closely** 면밀하게
- **IMF** 국제 통화 기금
- **advise** 충고하다
- **preparation** 준비
- **analytical** 분석적인
- **regarding** ~에 관해서
- **financial** 금융의, 재정의
- **complete** 완료하다
- **doctoral degree** 박사 학위
- **efficiently** 효율적으로
- **competent** 유능한

Thank you for coming to the interview on Friday afternoon for the assistant sales manager position. I was enormously impressed by your professionalism, enthusiasm, and commitment to your work. I knew the decision I would have to make would be difficult and it has been. However, I have made that decision, and I am afraid that I cannot offer you the position at this time. I do hope that you will keep in touch with the personnel department manager and that you will apply again next time. The company plans to employ a large number of persons for the sales department next year. Thank you again for your interest in the Hankook Corporation.

Q What is the purpose of the passage?
① To notify
② To apologize
③ To appreciate
④ To console
⑤ To criticize

Solutions

Q 글의 목적은 무엇인가?   정답: ①번

▶글의 첫 머리에서 이 글이 면접 결과를 통보하고 있다는 것을 쉽게 알 수 있다. 불합격 결과를 알리며 그 사실을 통지하는데 있어 큰 어려움이 있음을 밝히고 있다.

Translations

지난 금요일 오후에 영업부 대리직에 면접을 보러 오신 것에 대해서 감사드립니다. 저는 귀하의 일에 대한 전문성과 열정, 헌신에 대단한 감명을 받았습니다. 저는 제가 내려야 하는 결정이 어려울 것임을 알고 있으며, 사실 어려웠습니다. 하지만 저는 결정을 내렸고, 죄송하지만 이번에는 귀하를 채용할 수 없을 것 같습니다. 저는 귀하가 인사과장과 계속 연락해서 다음 기회에 다시 한 번 지원하시기를 바랍니다. 저희 회사는 내년에 많은 영업부 직원을 채용할 계획입니다. Hankook 기업에 관심 가져 주셔서 다시 한 번 감사드립니다.

Words&Phrases

□ **assistant** 보좌의, 보조의
□ **position** 자리, 지위
□ **enormously** 엄청나게
□ **impress** ~에게 감명을 주다
□ **professionalism** 전문성
□ **enthusiasm** 열정
□ **commitment** 헌신, 책임

□ **keep in touch with** ~와 연락하고 지내다
□ **personnel department** 인사과
□ **apply** 지원하다
□ **employ** 고용하다
□ **notify** 알리다
□ **console** 위로하다

In order to implement successful database marketing solutions, you need to know how to identify and gather relevant data about customers and prospects, use data warehousing techniques to transform raw data into powerful marketing information, apply statistical techniques to customer and prospect databases to analyze behavior, and score individuals in terms of the probability of their response. At the Database Marketing Seminar, we will address these topics and more, as we introduce you to the only end-to-end software solution for database marketing. By applying database marketing capabilities, you can increase profits while decreasing expenses. You can also increase your number of customers while reducing customer attrition. Come explore this important topic in depth with SAS Institute, the leader in applied analysis.

Q What is the advertisement about?
① A software package for marketing strategies
② A marketing company selling computers
③ A seminar to advertise a company's products
④ A university degree program

Solutions

Q 무엇에 관한 광고인가?   정답: ③번
① 마케팅 전략을 위한 소프트웨어 패키지   ② 컴퓨터를 판매하는 마케팅 회사
③ 한 회사의 제품을 광고하는 세미나   ④ 대학 학위 프로그램

▶ 글의 앞부분에서 성공적인 데이터베이스 마케팅 솔루션을 위해 어떠한 것들이 필요한지를 제시하고 있으며, 그 이후 데이터베이스 마케팅 세미나에서 'end-to-end'라는 소프트웨어를 소개할 것이라는 내용이 나온다.

Translations

성공적인 데이터베이스 마케팅 솔루션을 수행하기 위해서 여러분은 고객 그리고 잠재고객과 관련된 데이터를 식별해서 모으는 법, 정리되지 않은 원(raw) 자료를 강력한 마케팅 정보로 바꾸기 위해 데이터 저장 기법을 사용하는 방법, 행동을 분석하기 위해 통계 기법을 고객과 잠재고객의 데이터베이스에 적용시키는 방법, 그리고 개개인들의 반응에 대한 가능성의 측면에서 그들의 등급을 매기는 방법을 알 필요가 있습니다. 데이터베이스 마케팅 세미나에서 우리는 여러분에게 데이터베이스 마케팅을 위한 유일한 end-to-end 소프트웨어 솔루션을 소개하면서 이러한 주제들과 더 많은 것들을 전달해 드릴 것입니다. 데이터베이스 마케팅 기능들을 적용함으로써 여러분은 이윤은 증가시키고 경비는 감소시킬 수 있습니다. 또한 여러분 고객의 수는 증가할 것이고 고객의 이탈은 감소시킬 수 있습니다. 오셔서 응용 분석에 있어 선두주자인 SAS 연구소와 함께 이 중요한 주제를 심도 있게 탐색해 보십시오.

Words&Phrases

□ **implement** 수행(이행)하다; 기구; 연장   □ **apply** 적용(응용)하다; 적용되다, 꼭 들어맞다
□ **identify** 식별하다; 확인하다   □ **statistical** 통계의, 통계(학)상의
□ **relevant** (당면한 문제에) 관련된; 적절한   □ **in terms of** ~의 견지에서; ~에 의하여; ~의 말(용어)로
□ **prospect** 가망, 가능성; 잠재 고객; 유망한 사람; 전망, 예상   □ **capability** 능력, 재능; (-ties) 가능성, 장래성
□ **transform** 바꾸다, 변형시키다   □ **attrition** 마찰(=friction); 감소, 축소; 마멸

7 필자의 심경과 태도

∞ 유형 분석

심경이란 어떤 상황에 대한 느낌, 심정을 말한다. 심경 파악 문제는 필자 자신이나 주인공이 처해 있는 상황에서 가지게 될 정서적인 특성을 추론하는 문제이다. 글 전체를 통해 일관적인 감정 상태를 보이는 글도 있지만, 흐름에 따라 심경이 변화하는 경우가 자주 있으므로 주의를 요한다. 또한, 태도에 관한 문제는 필자가 어떤 대상에 대해 어떤 관점을 가지고 논하고 있는지를 묻는다. 결국, 이러한 문제들을 해결하기 위해서는 필자나 글의 주인공이 처한 주관적 심경 '상황'에 주목해야 한다. 자신이 바로 필자나 주인공의 입장이라고 생각하며 글을 읽으면 더욱 쉽게 답을 찾아낼 수 있다.

∞ 유형 해결 전략

❶ 상황이나 논리의 반전에 유의

필자나 주인공의 심경 및 태도는 글의 도입부에 묘사되는 것 보다는 중간이나 말미에 전환되어 나오는 경우가 많다. 따라서 전체적인 내용을 종합해서 판단해야 하므로 앞부분만 보고 섣불리 답을 골라서는 안 된다. 지문을 끝까지 주의 깊게 읽어야 하며, 특히 일화를 다룬 글은 대부분 마지막에 필자의 결정적인 심경, 태도에 대한 서술이 나오므로 후반부에 중점을 둘 필요가 있다. 주로 역접 접속사 뒤에 오는 문장들이 내용의 반전을 이끄는 경우가 많다.

❷ 필자의 견해를 중시

글이 언급하는 대상이나 소재에 대해 필자가 갖고 있는 '견해'를 중시한다. 이때 필자가 객관적인지 주관적인지, 또 객관적이라면 중립적인지 냉정한지 혹은 엄격한지 비판적인지 등을 살피고, 주관적이라면 필자의 분노나 비난, 적대, 찬성, 열정 등을 보여 주는 표현들을 구분해서 잘 파악하는 것이 중요하다. 이를 위해 심경이나 태도를 나타내는 어휘를 충분히 익히도록 한다.

❸ 어휘를 통한 추론

글 전체에 반복적으로 등장하며 분위기와 심정을 암시하는 표현들에 주목하며 그 어구들이 주는 공통적인 느낌을 찾는다.

delighted, pleased, glad 기쁜	tired, exhausted, fatigued 피곤한
amused 재미있어(즐거워)하는	intrigued 흥미로워 하는
excited, pleasant 신난, 들뜬, 유쾌한	cheerful, lively, dynamic 발랄한, 쾌활한
mournful, sad, sorrowful, grieved 슬픈	desolate 처량한
miserable, depressed 비참한, 우울한	solemn 근엄한, 엄숙한
bored, fed up, tired 지루해하는	lonely, lonesome, alone 외로운
apologetic 사과하는, 미안해하는	regretful 후회하는
serious 진지한	sincere, earnest 진심 어린, 진실된
absorbed 몰두한, 빠져 있는	impressed, moved 감명받은
contented, gratified, satisfied 만족한	confident 확신하는, 자신감 있는
anticipating 고대하는	hopeful 희망에 찬
respectful 존경심을 보이는	modest, humble 겸손한
proud 자랑스러운	diligent, industrious 근면(성실)한
humane 인간적인, 인정 있는	avaricious 탐욕스러운
active, energetic 적극적인, 활동적인	passive, timid, inactive 수동적인, 소극적인
affirmative, positive 긍정적인	negative 부정적인
friendly/aggressive 호의/공격적인	candid 솔직한
coy, shy, reserved 수줍어하는, 내성적인	ashamed 수치스러워(부끄러워)하는
devoted, selfless 헌신적인	relieved 안도하는
objective/subjective 객관/주관적인	antipathetic 반감을 가진
optimistic/pessimistic 낙관/비관적인	revengeful, retaliatory 앙심 깊은
dependent 의존적인	independent, liberal 독립적인, 자유분방한
reluctant 마지못해 하는	strong-willed 의지가 강한
disgusted 역겨워 하는	jealous, envious 질투하는, 부러워하는
impudent, impertinent, rude 뻔뻔스러운, 염치없는	cautious, discreet, careful 조심스러운, 신중한
careless, indiscreet, rash, reckless 경솔한, 성급한	grateful, thankful, appreciative 고마워하는, 감사하는
contemptuous, scornful 경멸하는, 업신여기는	stubborn, intransigent, unbending 고집스러운
worried, concerned, uneasy, anxious, disturbed, restless 걱정하는	nervous, tense, edgy, uptight, uneasy 초조해 하는, 불안(긴장)한
embarrassed, perplexed, bewildered, puzzled, confused 당황한	coward, fearful, frightened, scared, horrified, terrified, panic 겁먹은, 두려워하는
alarmed, astonished, astounded, dumbfounded 놀란	calm, thoughtful, considerate, courteous 차분한, 사려 깊은, 친절한
disappointed, discouraged, disheartened, frustrated, hopeless, desperate 실망(좌절)한	compliant, submissive, docile, meek 순종적인, 고분고분한
indifferent, unconcerned, detached, cold, unmoved, callous 무관심한, 냉담한	inspired, heartened, high-spirited, animated, stimulated, exuberant, vigorous 고무된, 기운찬
upset, angry, annoyed, furious, resentful, hot-tempered, indignant, infuriated, enraged, inflamed, outraged, incensed 짜증난, 화난, 욱하는	

It's an ugly sweater with red plastic buttons and a collar and sleeves all stretched out like you could use it for a jump rope. It looks a thousand years old, and even if it belonged to me I wouldn't admit it. But Ms. Price keeps saying, "It has to belong to somebody." Then Sylvia Saldivar says, "I think it belongs to Rachel." To my shame, Ms. Price believes her. An ugly sweater like that, all worn out and old! Ms. Price takes the sweater and puts it right on my desk, but when I open my mouth to protest, nothing comes out.

Q 윗글에서 필자(Rachel)의 심정으로 가장 적절한 것은?
① intrigued
② worried
③ hopeful
④ apologetic
⑤ upset

Solutions

Q 필자의 심정을 묻는 질문이다.   정답: ⑤번

▶ 이 글의 필자는 Rachel이다. 필자는 스웨터가 너무 오래 되었고 낡아빠져서 매우 싫어하는 상황이다. 그러한 상황에서 Price 부인이 그 스웨터를 필자에게 주었기 때문에 필자는 마음이 상했을 것이다.

Translations

그것은 빨간색 플라스틱 단추와 줄넘기할 때나 쓸 수 있을 것처럼 보이는 축 늘어진 옷깃과 소매를 지닌 보기 흉한 스웨터이다. 그것은 천 년은 된 것처럼 보이고, 그것이 설령 내 것이라 할지라도 인정하고 싶지 않다. 그러나 Price 부인은 "이건 누군가가 입어야 하는데."라고 계속 말한다. 그러자 Sylvia Saldivar는 "Rachel이 입을 거라고 생각해요."라고 말한다. 애석하게도 Price 부인은 그녀의 말을 믿고 있다. 닳아 해지고 낡아빠진 흉한 스웨터를! Price 부인은 그 스웨터를 가지고 와서 바로 내 책상 위에 갖다 놓지만, 따지기 위해서 입을 열려고 하는데 내 입에서는 정작 아무 말도 나오지 않는다.

Words&Phrases

□ **ugly** 보기 흉한
□ **sleeve** 소매
□ **stretch out** 뻗다, 늘어지게 하다
□ **jump rope** 줄넘기용 줄
□ **belong to** ~에 속하다
□ **admit** 받아들이다

□ **to one's shame** ~에게 부끄럽게도, 애석하게도
□ **worn out** 낡아빠진
□ **protest** 항의하다
□ **intrigued** 궁금해하는
□ **apologetic** 미안해하는

To celebrate my birthday, my husband and I dressed up for an evening at the theater in town. We left our apartment to take the bus to town, but we didn't have the exact change. So my husband ducked into a shop to break a few dollars. As I waited, I was approached by a beggar. He held out his cup and said, "Lady, can you spare some change?" "No," I answered. "Actually, I'm waiting to get some change right now." Looking at me with surprise, he leaned forward confidentially and said, "You've got to get a cup."

Q 윗글에서 'I'의 심경으로 가장 적절한 것은?
① angry
② embarrassed
③ sorry
④ relieved

Solutions

Q 필자의 심경을 묻는 질문이다.   정답: ②번

▶ 전형적인 해학적 유형의 문제이다. 마지막 문장에서, 남편이 가져다 줄 동전을 기다린다는 주인공의 말을 구걸로 받을 동전을 기다리고 있다는 의미로 오해하고 있음을 알 수 있다. 걸인으로부터 동냥 컵도 안 가지고 다니는 상거지 취급을 받았으니 주인공의 심정은 실로 황당했을 것이다.

Translations

내 생일을 기념하기 위해서, 내 남편과 나는 시내에 있는 극장에서 저녁을 보내기 위해 옷을 차려입었다. 시내로 가는 버스를 타기 위해서 아파트를 나섰으나, 동전을 정확하게 준비를 못했다. 그래서 남편은 몇 달러를 동전으로 바꾸기 위하여 어느 상점에 휙 들어갔다. 내가 기다리고 있을 때, 한 걸인이 나에게 다가왔다. 그는 자신의 컵을 내밀더니 말했다. "아주머니, 동전 좀 나누어 주시겠습니까?" "아니요," 나는 대답했다. "사실, 나도 동전을 받기 위해 기다리는 중입니다." 놀란 채 나를 보며, 그는 자신 있게 몸을 앞으로 기울이면서 말했다, "(잔돈을 얻고 싶다면 나처럼) 컵을 가지고 다니셔야죠."

Words&Phrases

□ **celebrate** 기념하다
□ **dress up** 잘 차려입다
□ **change** 잔돈
□ **duck into** ~로 휙 들어가다
□ **break** (지폐를 동전으로) 바꾸다

□ **hold out** 내밀다
□ **spare** (돈, 시간 등을) 내어주다
□ **lean forward** 앞으로 기울이다
□ **confidentially** 자신 있게
□ **embarrassed** 당황한

A priest is walking down the street one day when he notices a very small boy trying to press a doorbell on a house across the street. However, the boy is very small and the doorbell is too high for him to reach. After watching the boy's efforts for some time, the priest moves closer to the boy's position. He steps smartly across the street, walks up behind the little fellow, placing his hand kindly on the child's shoulder, and gives the doorbell a solid ring. Crouching down to the child's level, the priest smiles benevolently and asks, "And now what, my little man?" To which the boy replies, "Now we run!"

Q 윗글의 마지막에 드러난 'priest'의 심경으로 가장 적절한 것은?
① lively and excited
② calm and relieved
③ bored and indifferent
④ anticipating and grateful
⑤ surprised and confused

 Solutions

Q 주인공의 심경을 묻는 질문이다.   정답: ⑤번

▶이 글은 본의 아니게 어린 아이의 장난에 가담하게 된 한 성직자의 일화를 소개하는 글이다. 초인종을 열심히 누른 뒤 "튀어요!"라는 말을 아이로부터 듣게 되었을 때 성직자의 심정이 어땠을까? 아마 놀랍고 혼란스러웠을 것이다. 마지막 문장이 인용부호로 처리된 경우 특히 해학적인 내용을 담고 있는 글이 많다는 것에 주목한다.

🔑 Translations

어느 날 한 성직자가 길을 따라 걷다가 아주 작은 아이가 길 건너편에서 어느 집의 초인종을 누르려고 애쓰고 있는 모습을 보게 된다. 하지만 그 아이는 아주 키가 작고 초인종이 너무 높아서 손이 닿지 않는다. 잠시 아이가 애를 쓰는 모습을 보다가 성직자는 아이가 있는 곳으로 다가간다. 그는 재빠르게 길을 건너서 작은 아이의 뒤로 걸어가서는 아이의 어깨에 손을 다정하게 얹고 초인종을 계속 힘차게 누른다. 성직자는 아이의 키까지 몸을 낮추고는 다정하게 미소 지으며 묻는다. "자 이제 무엇을 할까요, 도련님?" 그 질문에 아이는 이렇게 대답한다. "이제 튀어요!"

Words&Phrases

- **priest** 성직자
- **notice** 보다, 알아차리다
- **doorbell** 초인종
- **step** (발걸음을 떼어놓아) 움직이다
- **smartly** 재빨리, 날쌔게; 말쑥하게, 깨끗이
- **solid** (시간상으로) 꼬박 계속되는, 중단 없는
- **crouch** 몸을 구부리다
- **benevolently** 자비롭게
- **reply** 대답하다
- **relieved** 안도하는
- **indifferent** 무관심한
- **confused** 혼란스러운

The chimpanzee may be the animal closest in intelligence to man. How close? Scientists have often tried to discover in chimps the skill that makes man different from all other living things: language. Until now, they have failed; the chimp simply does not have the ability to speak that every human child is born with. But psychologist David Premack of the University of California has succeeded in showing that the chimpanzee can talk with man in ways other than by the tongue. Premack's proof is Sarah, a female chimp. Sarah can not only understand the meaning of 120 sign words, but can use them to build sentences of her own. After two years' work with only one chimpanzee, David Premack naturally does not claim anything more than that Sarah has shown intelligent use of language. "This does not mean that she can produce all the functions of language, or that she can do everything a human can." he writes. "But then," he adds hopefully, "we have only been working with her a relatively short time."

Q What is Premack's attitude in his quoted statements?
① arrogantly subjective
② cautiously objective
③ confidently optimistic
④ reluctantly pessimistic

Solutions

Q Premack의 인용 문장에서 알 수 있는 그의 태도는 무엇인가? 정답: ②번

▶ 7번째 줄, 인용한 문장의 앞부분인 "Sarah can not only ~ one chimpanzee"의 내용은 그가 실험에 의해 얻어낸 객관적인 진술이다. 10번째 줄의 인용된 문장에서, "This does not mean that ~ a human can."이라는 내용은 ③번의 자신감에 넘치는 낙관적인 태도가 아닌 그의 조심성 있는 신중함을 보여주는 부분이다. 거만하게 주관적이라는 ①번의 내용과 달갑지는 않지만 비관적이라는 ④번의 내용은 지문과 관계없는 선택지이다.

Translations

침팬지는 지능 면에서 인간과 가장 가까운 동물일 수 있다. 얼마나 가까울까? 과학자들은 종종 침팬지에게서 인간을 다른 생명체와 구분 짓는 기능 즉, 언어를 찾으려고 노력하였다. 지금까지 과학자들은 실패하였다. 침팬지는 모든 인간의 아이가 가지고 태어나는 말할 수 있는 능력을 절대 갖추지 못했다. 그러나 캘리포니아 대학교의 심리학자인 David Premack은 말 이외의 다른 방법으로 침팬지가 인간과 대화할 수 있음을 보여주는 데 성공하였다. Premack의 증거는 암컷 침팬지인 Sarah이다. Sarah는 120개의 몸짓 단어의 뜻을 이해할 수 있을 뿐 아니라 그 단어들을 사용하여 자신의 문장을 만들 수도 있다. 오직 한 침팬지와 겨우 2년간의 연구를 했기 때문에 David Premack은 당연히 Sarah가 언어의 지능적 사용을 보여주었다는 것 이상은 주장하지 않는다. "이것은 Sarah가 모든 언어기능을 수행할 수 있다거나 아니면 인간이 할 수 있는 모든 것을 할 수 있다는 것을 뜻하지는 않는다."라고 그는 쓰고 있다. "그러나 그 당시 우리는 비교적 짧은 시간 동안 Sarah와 작업을 했을 뿐이다."라고 희망적으로 덧붙이고 있다.

Words&Phrases

□ **intelligence** 지능; 지성; 정보
□ **tongue** 혀; 말; 언어
□ **claim** 주장하다; 요구하다; 요구; 청구
□ **function** 기능; 기능하다
□ **relatively** 비교적
□ **arrogantly** 거만(오만)하게
□ **cautiously** 조심스럽게
□ **objective** 객관적인
□ **reluctantly** 마지못해, 어쩔 수 없이

8 글의 분위기와 어조

∞ 유형 분석

글의 분위기란 서술된 사건이나 상황, 인물 묘사 등을 통해 독자들이 느낄 수 있는 희로애락 등의 정서적 효과를 말한다. 분위기에 대한 문제는 글 전체가 풍기는 인상이나 본문에 제시된 상황이 주는 객관적인 느낌을 묻는다. 어조는 작가가 자신의 의견을 나타낼 때 문장을 만들어가는 방식으로, 특정 주제나 대상에 대해 필자가 가지는 개인적 감정 상태에 초점이 맞춰진다. 글 속에 명시적으로 나타나 있는 경우도 있으나 암시적으로 주어진 정보를 종합해 추론해야 하는 경우도 있다. 따라서 글의 분위기와 어조 파악 문제는 두 유형 모두 글을 종합적으로 이해하고 감상하는 능력이 요구된다.

∞ 유형 해결 전략

❶ 지문의 종합적 이해

분위기와 어조를 묻는 문제는 심경 파악 문제와 마찬가지로 종합적인 감상법이 요구되며, 세부적인 사항보다 우선 전체적인 흐름과 성격을 파악해야 한다. 글 전체에 반복적으로 나오는 표현들 특히 형용사와 부사에 주목하면서, 동일한 분위기나 어조를 조성하는 것들을 체크해 둔다. 그러한 공통의 느낌에 착안하여 묘사되는 상황을 머릿속에 그릴 수 있어야 한다. 사실 심경과 분위기 문제는 일반적으로 아주 쉬운 문제 유형에 속하지만, 거기에 나오는 형용사나 부사의 난이도는 다른 어떤 유형과 비교해 보더라도 최상급이라는 점에 유의한다. 이 경우 오히려 명사(주어)와 동사를 중심으로 글의 전체적인 흐름을 파악하면 설령 모르는 형용사나 부사가 나오더라도 쉽게 문제를 해결할 수 있다.

❷ 상황의 반전에 유의

심경 파악 문제와 마찬가지로 반전이 자주 일어나므로 지문을 끝까지 주의 깊게 읽어야 한다.

mysterious 불가사의한

sympathetic 동정적인

partial 편파적인

harmonious 조화로운

funny, humorous, comic, amusing 우스운, 재미있는

witty, cheerful, lively 재치 있는, 경쾌한

enjoyable, pleasurable, pleasant, entertaining 즐거운

peaceful, calm, serene, tranquil, silent 평화로운, 고요한

desperate, miserable, tragic 절망적인, 비참한, 비극적인

gloomy, melancholy, depressed, sad, sorrowful 우울한, 구슬픈

lonely, lonesome, desolate 외로운, 황량한

monotonous, prosaic, static, boring, dull 단조로운, 정적인, 지루한

urgent, busy, noisy 긴박한, 분주한, 소란스러운

frightening, threatening, scary, horrible 두려운, 무서운

romantic, fantastic 낭만적인, 환상적인   festive 축제 분위기의

pastoral 전원(목가)적인   moving 감동적인

spectacular 장관인   hopeful 희망적인

exciting 흥미진진한   passionate 열정적인

solemn 엄숙한   frustrating, disappointing 실망스러운

∞ 어조 파악에 도움이 되는 어휘들

cynical, scornful 냉소적인, 업신여기는

sarcastic, satiric, satirical, ironic 비꼬는, 풍자적인

skeptical, suspicious, dubious 회의적인

encouraging, inspiring 고무적인

instructive, informative, didactic 교훈적인

descriptive, explanatory 묘사(설명)적인

dissenting 반대하는   balanced 균형 잡힌

benevolent 자애로운   passionate 열정적인

subjective 주관적인   objective 객관적인

pessimistic 비관적인   optimistic 낙관적인

emotional 감정적인   persuasive 설득적인

ironic 역설적인   humorous 해학적인

admiring 감탄하는   awed 외경심에 휩싸인

approving 찬성하는   critical 비판적인

advisory 조언하는   cautionary 경계의, 훈계의

articulate 명료한   determined, rigorous, strict, stern 단호한

conservative 보수적인   progressive 진보적인

He noticed the pain had gone out of his fingers, and they were as stiff as wooden sticks. Pulling at the gloves with his teeth, he took both gloves off. His hands were blue-white. He was unable to put his gloves back on. Frantically he waved at the traffic. Trembling more and more, he fought on through the snow. With each step the snow was up to his knees. He felt as if he were dragging himself through heavy sand. The traffic roared in his ears. But he had no strength left to shout for help. Above him the sky was darkening, and he felt something dying deep inside.

Q 윗글이 주는 분위기로 가장 적절한 것은?
  ① mysterious
  ② passionate
  ③ humorous
  ④ desperate

 Solutions

Q 글의 분위기를 묻는 문제이다.   정답: ④번
  ▶ 심경 문제와 마찬가지로 분위기 문제 역시 특히 후반부가 중요한데, '마음 깊은 곳에서 무언가 죽어가고 있는 것을 느꼈다'라는 지문의 마지막 문장에서 쉽게 답을 찾아낼 수 있다.

Translations

그는 손가락에서 통증이 사라졌음을 알았고 손가락들은 나무 막대기처럼 뻣뻣했다. 이로 장갑을 잡아당겨서 두 짝을 모두 벗어 버렸다. 두 손은 핏기없이 파랬다. 그는 다시 장갑을 낄 수가 없었다. 미친 듯이 지나는 차량에 손을 흔들었다. 더욱더 몸을 떨면서 그는 계속해서 눈 속을 헤쳐나갔다. 발을 옮길 때마다 눈은 무릎까지 차올랐다. 마치 무거운 모래 속을 뚫고 가는 것처럼 느껴졌다. 차량들의 소리가 귓속에서 윙윙거렸다. 그러나 도와달라고 외칠 힘은 남아 있지 않았다. 머리 위 하늘엔 어둠이 내리고 있었고, 마음 깊은 곳에서 무언가 죽어가고 있는 것을 느꼈다.

Words&Phrases

- **stiff** 뻣뻣한, 뻑뻑한
- **frantically** 미친 듯이, 극도로 흥분하여
- **traffic** (특정 시간에 도로상의) 차량들, 교통(량)
- **tremble** (몸을) 떨다, 떨리다
- **fight on** 계속해 싸우다
- **drag** (힘들여) 끌다(끌고 가다)
- **roar** 으르렁거리다, 고함치다
- **passionate** 열정적인
- **desperate** 자포자기한, 필사적인

I lecture for about half an hour. Then, I notice that the students are beginning to look at the ceiling; one is feeling for his handkerchief; another shifts in his seat; another smiles at his thoughts, and so on. This means they are distracted. Something must be done. Taking advantage of the first opportunity, I make a joke. A broad grin comes on to a hundred and fifty faces, the eyes shine brightly, and the thunder of laughter is audible for a brief moment. I laugh, too. Their attention is refreshed, and I can go on.

Q 윗글에 나타난 분위기의 변화로 가장 적절한 것은?

① dull → lively

② amusing → boring

③ tense → exciting

④ gloomy → peaceful

⑤ dynamic → quiet

Solutions

Q 글에 나타난 분위기의 변화를 묻는 문제이다. 정답: ①번

▶ 강의자인 필자가 학생들의 주의가 산만해지는 것을 알아차리고는, 따분한(dull) 수업 분위기를 바꾸기 위해 농담을 던지자 강의실 전체에 웃음이 넘치는 경쾌한(lively) 분위기로 바뀌어 수업을 계속할 수 있었다는 내용이다.

🔑 Translations

나는 거의 30분 동안 강의를 한다. 그러면 나는 학생들이 천장을 쳐다보기 시작하는 것을 알게 된다. 한 아이는 손수건을 더듬어 찾고, 다른 학생은 자리를 바꾸고, 또 다른 학생은 딴생각을 하면서 비시시 웃고, 기타 그러한 행동들을 한다. 이 것은 아이들이 주의가 산만해졌다는 것을 의미한다. 무엇인가 조치를 취해야만 한다. 첫 번째 기회를 이용해서 나는 우스 갯소리를 한다. 150명의 학생들이 활짝 웃고, 눈이 밝게 빛나면서, 우레와 같은 웃음소리가 짧은 순간 터져 나온다. 나도 웃는다. 아이들은 다시 집중하게 되고, 나는 강의를 계속할 수 있다.

Words & Phrases

- **lecture** 강의하다
- **notice** 알아차리다
- **ceiling** 천정
- **feel for** ~을 더듬어 찾다
- **handkerchief** 손수건
- **shift** 이동하다
- **and so on** 기타 등등
- **distracted** 주의 산만한
- **take advantage of** ~을 이용하다
- **opportunity** 기회
- **make a joke** 농담하다
- **grin** (소리 없이) 활짝(크게) 웃음; (소리 없이) 활짝(크게) 웃다
- **audible** 들을 수 있는
- **brief** 짧은
- **attention** 주의, 관심
- **refreshed** 새로워진
- **tense** 긴장한
- **dynamic** 활발한

9 도표 유형별(세부 내용 파악하기)

∞ 유형 분석

도표 유형은 막대그래프, 선 그래프, 원 그래프와 같은 다양한 도표를 주고 그 세부적인 내용과의 일치 여부를 묻는 문제이다. 지문에서 세부적인 내용을 하나씩 찾아서 일치하는지 일치하지 않는지를 찾는 '내용 일치' 유형과 매우 비슷하다. 도표 이해 문제는 도표 속의 정보를 파악하고 선택지의 내용과 비교하는 능력을 측정하는 유형으로서 언어 학습의 목적이 실용성에 있다는 점에서 큰 의미가 있는 유형이다.

∞ 유형 해결 전략

❶ 먼저 무엇에 관한 그래프(도표)인지를 파악

그래프(도표)의 제목을 보고 무엇에 관한 그래프(도표)인지를 파악한다. 주어진 도표 전체를 살펴보면서 도표의 제목, 단위, 기호, 비율, 가로축과 세로축이 나타내는 의미 등을 먼저 정확히 이해한다.

❷ 그래프(도표)의 내용과 선택지의 내용을 하나씩 비교 확인

내용 일치 여부를 묻는 문제이므로 선택지의 진술과 그래프, 차트의 내용을 하나씩 비교하여 일치 여부를 확인한다. 특히 수치의 증감과 변화의 추이가 두드러진 곳에 유의한다.

❸ 그래프(도표)에 자주 나오는 표현들을 숙지

도표나 실용문에 나오는 정보들을 비교하여 답을 찾는 유형에서는 비율, 비교 표현, 배수사, 분수, 수치의 증감, 최상급 표현 등이 선택지에 자주 등장하므로 이러한 표현들을 미리 익혀둔다.

증가	increase 증가하다 grow 늘어나다 double 배가 되다 on the increase 증가 중인	rise 올라가다 go up 상승하다 multiply 증가하다
감소	decrease 감소하다 reduce 줄다 go down 하락하다 on the decrease 감소 중인	fall 떨어지다 decline 감소하다 drop 떨어지다
증감의 추이	steadily 꾸준하게 rapidly 급격하게 slowly 완만하게 slightly 약간 explosively 폭발적으로	continuously 계속적으로 sharply 급격하게 gradually 점진적으로 greatly 크게 remain stable 안정세를 유지하다
분수	a half 2분의 1, 50% two-thirds 3분의 2 three-fourths 4분의 3, 75%	one-third 3분의 1 a quarter(fourth) 4분의 1, 25%
비율	four out of six 6명 중 4명 ten percent of Asians 아시아인 중 10%	
배수	half 절반 twice 2배 three times 3배 four times 4배	
비교	less than ～보다 적은 at least 적어도 as much(many) as(=no less than) ～만큼의 no less ～ than ～만큼이나 ～한 little better than ～와 마찬가지로 no more than(=only) 단지 not more than(=at most) 기껏해야 an equal number of(=as many) 같은 수의 an equal amount of(=as much) 같은 양의	more than ～보다 많은 little less than ～와 거의 같은 정도로 not less than(=at least) 적어도 the same A as B B와 똑같은 A
기타	average 평균 current 현재의 rate 비율 life expectancy 평균 수명 on the average 평균적으로 per an hour 시간당 compared with ～와 비교할 때 approximately 대략 respectively 각자 all but(=almost) 거의 noticeably 두드러지게 charge 요금 A outnumber B A가 B보다 수적으로 더 많다	on the average 평균적으로 represent 나타내다 growth 성장 record 기록 9 to 5 9시부터 5시까지 per capita 1인당 account for 차지하다 inversely 거꾸로, 반대로 approximately 대략 markedly 현저하게 buck 달러

∞ **비례를 나타내는 표현**

in proportion to ~에 비례하여 / in inverse proportion(ratio) to ~에 반비례하여

Life shrinks or expands in proportion to one's courage.
삶은 사람의 용기에 비례하여 넓어지거나 줄어든다.

The number of accidents is proportionate to the increased volume of traffic.
사고 건수는 늘어난 교통량에 비례한다.

Temperature is in inverse proportion(ratio) to the altitude.
기온은 고도에 반비례한다.

A person's wealth is often in inverse proportion to their happiness.
사람의 부는 흔히 그의 행복감과 반비례한다.

∞ **선후관계를 나타내는 표현**

"A follow B"는 A가 B를 따라간다는 의미이다. 즉, B가 앞서 가고, A가 뒤에서 따라가는 것이다.
반면에, "A is followed by B"는 A가 앞서 가고, B가 그 뒤를 따라간다는 의미이다.

Singapore was second, followed by Paris, Toronto and London.
그 다음으로는 싱가포르이며, 뒤이어 파리, 토론토, 런던 순으로 이어졌다.

Dell remained the worldwide PC leader, followed by Hewlett-Packard and IBM.
Dell이 여전히 세계 제의 PC 기업 자리를 지키고 있고 그 뒤를 Hewlett-Packard 사와 IBM 사가 뒤따르고 있다.

[p. 439] Exercise 01

Words&Phrases

- □ **diagram** 도표, 도해
- □ **retention** (어떤 것을 잃지 않는) 보유(유지); 기억(력)
- □ **instructional** 교육용의
- □ **instructional method** 교수법
- □ **categorize** 분류하다
- □ **processing type** 처리 유형
- □ **result in** (결과적으로) ~을 낳다(야기하다)
- □ **followed by A** A가 이어지는, 뒤따르는
- □ **yield** (결과 수익, 농작물 등을) 내다(산출/생산하다); 항복(굴복)하다

- □ **regarding** ~에 관하여(대하여)
- □ **verbal** 언어의, 말의; 말로 된, 구두의; (문법) 동사의
- □ **audiovisual** 시청각의; 시청각 교재의(를 사용한)
- □ **demonstration** (무엇의 작동 과정이나 사용법에 대한 시범) 설명; 증명; 논증; 공개 수업(실험); (감정 · 의견을) 드러냄; 데모, 시위운동
- □ **respectively** 각자, 각각, 제각기

Q 다음 도표의 내용과 일치하지 않는 문장은?

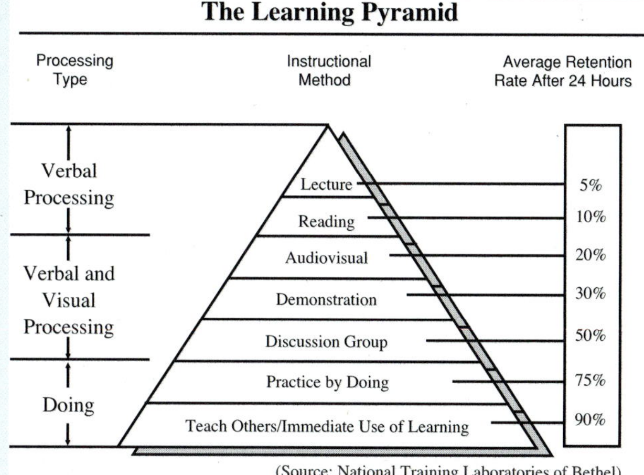

The above diagram shows the average retention rate of learning after 24 hours for various instructional methods which are categorized into different processing types. ❶ The percentage of average retention increases from the top to the bottom of the pyramid. ❷ At the top of the pyramid is Lecture which results in an average retention of 5%, followed by Reading that yields 10% average retention. ❸ Regarding the Verbal and Visual Processing type, the average percentage of retention increases from Audiovisual to Demonstration to Discussion Group. ❹ The instructional methods, Practice by Doing and Teach Others / Immediate Use of Learning, belonging to the processing type of Doing, result in 75% and 90% average retention, respectively. ❺ The average retention rate of Teach Others / Immediate Use of Learning is four times that of Demonstration.

Solutions

Q   도표의 내용과 일치하지 않는 문장을 고르는 문제이다.   정답: ⑤번

▶ 다른 사람들 지도 및 학습의 즉각적인 활용 교수법의 평균적인 기억력의 비율은 평균 90%로 나타났고, 시범 교수법은 30%의 평균 기억력을 보였으므로 4배가 아니라 3배이다.

Translations

위의 표는 서로 다른 처리 유형으로 분류된 다양한 교수법에 대하여 24시간 이후의 평균 기억력의 비율을 보여준다. ① 평균 기억력의 비율은 피라미드의 맨 위에서 바닥으로 갈수록 증가한다. ② 피라미드의 맨 상층은 5%의 평균 기억력의 결과를 보인 강의 교수법이고 10%의 평균 기억력을 산출한 독서 교육법이 그 뒤를 따랐다. ③ 언어 시각처리 교수법에서는, 시청각 교수법에서 시범 교수법 그리고 토론 교수법 순으로 평균 기억력의 비율이 증가한다. ④ 활동 처리 유형에 속하는 활동하기와 다른 사람들 지도 및 학습의 즉각적인 활용과 같은 교수법들은, 각각 평균 75%와 90%의 기억력의 결과를 보여준다. ⑤ 다른 사람들 지도 및 학습의 즉각적인 활용 교수법의 평균적인 기억력의 비율은 시범 교수법의 4배이다.

Q 다음 도표의 내용과 일치하지 않는 문장은?

Technology Use Among Students and Teachers in the U.S.

(%)

Groups / Technology Products	Kindergarten ~ Grade 3	Grades 4~6	Grades 7~12	Teachers
Desktop computer	58	60	82	93
Laptop computer	21	28	35	39
Cell phone	39	49	75	60
MP3 player	12	22	46	6
Video game player	53	55	61	3

The above table shows the difference in technology product use on a weekly basis among grade groups of students and teachers in the U.S. ❶ As the students go up in grade group, the percentage of technology product use also increases. ❷ The percentage of desktop computer use is the highest, immediately followed by that of video game player use by all three student groups. ❸ With respect to cell phones, 39% of the students in the kindergarten to grade 3 group use them, whereas 49% and 75% of the students in the grade 4~6 and 7~12 groups use them, respectively. ❹ For desktop and laptop computer use, the teachers show a higher percentage than all three student groups. ❺ The teachers have a lower percentage of MP3 player and video game player use than all three student groups.

Solutions

Q 도표의 내용과 일치하지 않는 문장을 고르는 문제이다. 　　　　　정답: ②번

▶ 7~12학년 학생 그룹에서 데스크톱 컴퓨터 사용에 이어 두 번째로 높은 비율을 보이는 것은 휴대전화이므로 ②번이 표의 내용과 일치하지 않는다.

Translations

위의 표는 미국의 학년별 학생 그룹과 교사들이 주당 사용하는 기술 제품 사용의 차이를 보여준다. ① 학년이 올라감에 따라 학생들의 기술 제품 사용의 비율 또한 증가한다. ② 모든 학년 그룹에서 데스크톱 컴퓨터 사용의 비율이 가장 높고, 바로 그 다음이 비디오 게임기 사용이다. ③ 휴대전화에 있어서는 유치원생부터 3학년 그룹까지 39%의 학생들이 사용하는 반면, 4~6학년, 7~12학년 학생 그룹의 각각 49%와 75%의 학생들이 사용한다. ④ 데스크톱 컴퓨터와 노트북 컴퓨터 사용에서, 교사들은 세 학생 그룹들보다 더 높은 비율을 보여준다. ⑤ 교사들은 MP3 플레이어와 비디오 게임기 사용에서 세 학생 그룹들보다 더 낮은 비율을 보인다.

Words&Phrases

- □ **table** 표, 목록; 식탁, 테이블
- □ **on a weekly basis** 주간 단위로
- □ **respectively** 각자, 각각, 제각기
- □ **followed by A** A가 이어지는, 뒤따르는
- □ **with respect to** ~에 대하여, ~면에서
- □ **kindergarten** 유치원
- □ **whereas** 그런데, ~한데; ~에 반해서(=while)

10 장문(長文)의 이해

∞ 유형 분석

두세 단락의 긴 지문을 제시하고 주제, 요지, 제목 등의 종합적인 내용을 파악하는 유형과 내용 일치, 등장인물의 특징이나 특정 어구가 구체적으로 가리키는 것 등 세부 정보를 파악하는 유형으로 나눌 수 있다. 한 지문에 2~3개 이상의 문제가 엮여 있는 것이 보통이므로 종합적인 감상 문제와 구체적 내용 파악 문제가 혼합되어 출제되는 경우가 많다.

∞ 유형 해결 전략

❶ 문제와 선택지를 먼저 확인

장문이나 복합문 유형은 지문의 길이가 일반적인 지문보다 대개 두 배 정도 길기 때문에 자칫 집중력이 떨어져 논점을 놓칠 수 있다. 따라서 문제와 선택지를 먼저 확인하여 글을 읽어 가는 방향과 초점을 잡는다.

❷ 빠른 속도로 독해하며 종합적인 내용 파악

글을 빠른 속도로 읽어 우선 종합적인 내용을 묻는 문제를 해결한다. 이때 일부 어렵거나 모르는 표현이 나와도 거기에 얽매이지 말고, 글의 전체적 분위기나 주제를 파악하는데 힘쓴다. 단락이 여러 개인 경우에는, 단락별 내용 요약을 해 두면 전체 흐름을 더욱 쉽게 파악할 수 있다.

❸ 다시 한 번 읽으면서 세부적인 내용 파악

세부 정보 파악에 초점을 맞추어 다시 한 번 글을 읽는데, 이때 문제와 선택지를 바탕으로 단서가 되는 부분에 밑줄 등의 표시를 하며 읽어 가면, 문제 해결 시간을 훨씬 단축할 수 있다.

Questions 1-3 refer to the following passage.

Philosophy presupposes such contemplation, a survey of phenomena; and in order to make his survey, the philosopher must remain a spectator, taking no part in the action; he must, like the spectator at the games, watch them outside the arena. But the objective judgment which the philosopher's contemplation of the scene calls for, though it is facilitated, is not to be induced by ______(A)______ distance alone; temporal distance is equally essential; time in which to retreat from and consider the events, so that he may, as a serene spectator, a(n) ______(B)______ participant, appreciate the passions which possess men in life, and perceive the motives or ideas that stir those passions. From this withdrawn attitude, mentally detached from practical and individual interests, he can survey and sum up the phenomena.

Q1 Choose the one that is most appropriate for the blanks.

	(A)	(B)
①	near	passionate
②	far	passionate
③	spatial	unimpassioned
④	near	unimpassioned

Q2 Which of the following description does not characterize the philosopher?

① Passionate contemplation

② An objective judgment

③ A serene spectator

④ A mental detachment from practical interest

Q3 The title that best expresses the ideas of this passage is __________________.

① A survey of phenomena

② Philosopher's arena

③ Spatial and temporal distance

④ Philosopher's attitude

Q1 빈칸에 가장 알맞은 것을 고르시오. 정답: ③번

▶ (A) 첫 문장에 있는 'he must, like the spectator at the games, watch them outside the arena(철학자는 경기의 관람객처럼 경기장 밖에서 경기를 지켜보아야 한다)'라는 내용에 부합하며, 빈칸 (A) 뒤에 나오는 temporal(시간의)과 대비되는 단어는 spatial(장소의)이다.
(B) 'as a serene spectator(침착한 관객)'는 밑줄 부분과 동격 부분에 해당되므로, passionate(정열적인)이 올 수 없고, serene과 같은 의미를 가진 unimpassioned(냉정한, 흥분하지 않는)이 와야 한다.

Q2 다음 설명 중 철학자의 특징으로 볼 수 없는 것은? 정답: ①번

① 열정적인 숙고
▶ 숙고는 전제조건으로 반드시 필요하지만, '열정적인'이라는 표현은 본문에서 강조하고 있는 철학자의 '냉철한' 태도와는 맞지 않다.

② 객관적인 판단
▶ 넷째 줄의 'the objective judgment which the philosopher's contemplation of the scene calls for'에서 찾을 수 있다.

③ 침착한 관객
▶ 일곱째 줄의 'as a serene spectator'에서 찾을 수 있다.

④ 실리적인 이해관계로부터의 정신적 초연
▶ 마지막 문장의 'mentally detached from practical and individual interests'에서 찾을 수 있다.

Q3 이 지문의 제목으로 가장 알맞은 것은 __________이다. 정답: ④번

① 현상의 관찰 ② 철학자의 활동무대

③ 공간적 그리고 시간적 거리 ④ 철학자의 태도

▶ 이 글은 철학자가 갖추어야 할 냉철한 태도에 대해 이야기하고 있다.

Translations

철학은 그러한 숙고(사색) 즉, 현상의 관찰을 전제조건으로 한다. 그리고 그 관찰을 하기 위해서 철학자는 행위에 참여하지 않고 관객으로 남아 있어야 한다. 철학자는 경기에서의 구경꾼처럼 경기장 밖에서 경기를 지켜보아야 한다. 그러나 그 장면에 대해 철학자의 사색이 요구하는 객관적 판단은, 비록 용이하다 할지라도, 공간적 거리에 의해서만 유도되어서는 안 된다. 시간적 거리, 다시 말하면, 침착한 관객, 냉정한 참가자로서 생활 속의 사람들을 사로잡는 열정을 제대로 이해하고 그러한 열정을 분기시키는 동기나 사상을 간파할 수 있도록 사건들로부터 물러서서 그것들을 고찰하는 시간 역시 필수적인 것이다. 실리적이고 개인적인 이해관계로부터 정신적으로 초연한 뒤로 물러선 태도에서 철학자는 현상을 관찰하고 요약할 수 있는 것이다.

Words&Phrases

- **presuppose** 전제로 하다; 미리 추정(예상)하다
- **contemplation** 숙고; 명상; 묵상
- **phenomena**(phenomenon의 복수) 현상; 사건
- **spectator** 관객; 구경꾼; 방관자
- **arena** 경기장; 투기장
- **objective** 객관적인; 목적의; 목적, 목표
- **facilitate** 용이하게 하다, 쉽게 하다
- **induce** 귀납하다; 권유하다; 야기하다
- **spatial** 공간(space)의
- **temporal** 시간(time)의

- **retreat** 물러서다; 후퇴하다; 은퇴하다; 퇴각, 후퇴; 은퇴
- **participant** 참가자; 참여하는
- **appreciate** 올바르게 인식하다; 진가를 인정하다; 감사하다
- **passion** 열정; 수난; 욕정
- **perceive** 지각(인지)하다; 이해하다
- **motive** 동기, 동인
- **stir** 휘젓다, 뒤섞다; 움직이다
- **withdrawn** 물러난; 움츠린; 수줍어하는
- **detached** 초연한; 분리된; 파견된
- **survey** 바라보다; 개관하다; 조사하다

Questions 1-5 refer to the following passage.

Historians generally agree that the English alphabet descended from ancient Egyptian hieroglyphics, or "sacred writings," that were first recorded by priests more than 5,000 years ago. Hieroglyphics are pictures carved in stone or inscribed on papyrus. For centuries after Egypt's decline, explorers who discovered hieroglyphic carving in Egypt were mystified as to their meaning. But in 1799 an officer in Napoleon's army discovered near the Egyptian village of Rosetta a smooth, thick black stone covered with carvings that were divided into three separate sections. One section was a historical account in Greek, one was in hieroglyphics, and one was in demotics or simplified hieroglyphics. The Greek account said that it was exactly the same as the Egyptian writing and this finding enabled scholars to decipher the mysterious ancient carvings.

Q1   The Rosetta stone was found by _____________________.
   ① a history scholar   ② a military officer
   ③ an explorer   ④ an Egyptian priest

Q2   Which of the following facts about hieroglyphics is stated in the passage?
   ① They were used until 1799.
   ② They were the basis of ancient Greek writing.
   ③ They were sometimes written on papyrus.
   ④ They were first discovered by Napoleon's army.

Q3   The Rosetta stone is important because it _____________________.
   ① was written in Latin
   ② proved that hieroglyphics were used in Rosetta
   ③ showed that hieroglyphics were very ancient
   ④ provided a key for deciphering hieroglyphics

Q4   The Rosetta stone can be described as being _____________________.
   ① covered with three forms of writing   ② deciphered by Napoleon's army
   ③ written by three different priests   ④ a short history of Egypt

Q5   Hieroglyphics were a mystery because _____________________.
   ① the priests refused to translate them   ② no one could decipher them
   ③ they resembled Greek writing   ④ no papyrus had been preserved

Q1 로제타스톤은 _________에 의해서 발견되었다.　　　　　　　　　　　정답: ②번

① 역사학자　　　② 군 장교　　　③ 탐험가　　　④ 이집트 사제

▶ 'in 1799 an officer in Napoleon's army discovered near the Egyptian village of Rosetta a smooth, thick black stone' 부분을 참조한다.

Q2 다음 상형문자로 된 글에 관한 설명 중 지문에 나와 있는 사실은?　　　　정답: ③번

① 상형문자로 된 글은 1799년까지 사용되었다.　▶ 1799년은 로제타스톤이 발견된 해이다.

② 상형문자로 된 글은 고대 그리스 문자의 근간이었다.　▶ 그리스어가 아닌 영어 알파벳이 상형문자에 그 유래를 두고 있다.

③ 상형문자로 된 글은 때때로 파피루스에 쓰였다.　▶ 'Hieroglyphics are pictures carved in stone or inscribed on papyrus.'를 참조한다. 선택지의 written과 지문에 나오는 inscribed는 서로 유사어(동의어) 관계이다.

④ 상형문자로 된 글은 나폴레옹 군대에 의해 처음으로 발견되었다.　▶ 상형문자로 된 글이 처음으로 발견된 것은 지문에 언급된 바 없으며, 나폴레옹 군대가 최초로 발견한 것은 로제타스톤이지 상형문자로 된 글이 아니다.

Q3 로제타스톤은 ___________ 때문에 중요하다.　　　　　　　　　　　정답: ④번

① 라틴어로 쓰였기

② 상형문자로 된 글이 로제타에서 사용되었음을 증명했기

③ 상형문자로 된 글이 아주 고대의 것이었음을 보여 주었기

④ 상형문자로 된 글을 판독하는데 열쇠를 제공했기

▶ 마지막 문장인, 'this finding enabled scholars to decipher the mysterious ancient carvings(이 발견으로 학자들은 신비한 고대의 조각물들을 판독할 수 있게 되었다)'를 참조한다.

Q4 로제타스톤은 ______________ 것으로서 묘사될 수 있다.　　　　　　정답: ①번

① 세 종류의 문자 형태로 덮여 있었던　　　② 나폴레옹 군대에 의해 판독된

③ 세 명의 다른 사제에 의해 쓰인　　　　　④ 이집트의 짧은 역사

▶ 'carvings that were divided into three separate sections. One section was a historical account in Greek, one was in hieroglyphics, and one was in demotics or simplified hieroglyphics.' 부분을 참조한다.

Q5 상형문자로 된 글은 ______________ 때문에 불가사의한 것이었다.　　정답: ②번

① 사제들이 그것을 해석하기를 거부했기　　② 어느 누구도 그것을 판독할 수 없었기

③ 그리스 문자와 닮았기　　　　　　　　　④ 어떤 파피루스도 보존되어 있지 않았기

▶ 많은 탐험가들이 상형문자로 된 글이 새겨진 조각물들을 발견하였으나 로제타스톤이 발견되기 전까지는 그것을 판독을 할 수 없어서 혼란스러워했다는 내용이 나온다. (explorers who discovered hieroglyphic carving in Egypt were mystified as to their meaning 부분 참조)

🔑 Translations

역사가들은 영어 알파벳이 5천여 년 전 사제들에 의해 최초로 기록된 고대 이집트의 상형문자 즉, "신성한 문자"에서 유래되었다는 것에 일반적으로 동의한다. 상형문자는 돌에 새겨지거나 파피루스에 새겨진 그림이다. 이집트 몰락 후 수 세기 동안, 이집트에서 상형문자 조각물들을 발견한 탐험가들은 그것들의 의미에 대해 혼란스러워했다. 그런데 1799년에 나폴레옹 군대에 있던 한 장교가 Rosetta라는 이집트의 마을 부근에서 세 개의 독립된 부분으로 나뉜 조각물들로 덮인 매끄럽고 두꺼운 검은 돌 한 개를 발견했다. 한 부분은 그리스어로, 한 부분은 상형문자로, 그리고 또 한 부분은 민용(民用) 문자 즉, 간소화된 상형문자로 역사적인 설명이 되어 있었다. 그리스어로 기록된 설명이 이집트 문자와 똑같다고 쓰여 있었기 때문에, 이 발견으로 학자들은 신비한 고대의 조각물들을 판독할 수 있게 되었다.

Words & Phrases

- □ **descend** 내려오다, 유래하다
- □ **hieroglyphics** 상형문자로 된 글
- □ **carve** 조각하다, (글씨를) 새기다
- □ **inscribe** (이름 등을) 쓰다(새기다)
- □ **mystify** 혼란스럽게 만들다
- □ **as to** ~에 관하여, ~에 대하여
- □ **section** (여러 개로 나뉜 것의 한) 부분, 부문, 구획
- □ **historical** 역사와 관련된; 역사적; 역사학의
- □ **demotics** 민용(民用)문자; 민중(民衆)학
- □ **simplified** 쉽게 한, 간소화한
- □ **decipher** 판독(해독)하다 (=decode)

Questions 1-3 refer to the following passage.

I hate being ill. I do not simply mean that I dislike the illness itself (although that is true), but I hate what being ill does to my character. As soon as I have a headache or a cold or the first signs of flu coming on, I proceed to behave as if I were in the grip of some fatal illness, and to wear an expression of martyrdom which is supposed to indicate that I will bravely face the few days of life that are left to me. The fact is that I have developed into a fine art the ability to feel sorry for myself, and, which is more important, to wring sympathy out of the women who surround me. I love being nursed and fussed over, and I make a three-day cold last a good week by a combination of carefully produced and well timed groans and grimaces. Of course, being a man I have to show that I suffer my pain bravely, but I make it quite clear that I am nonetheless suffering. I suffer beautifully. I am really good at it, and I can melt the hardest female heart the minute I show symptoms of, for instance, migraine — even though I am probably suffering from ________________.

Q1   The reason the writer hates being ill is that ________________.
① he hates flu and migraine
② he hates pain
③ he does not want to be a bother to anyone
④ he does not think he behaves well when he is ill

Q2   The writer, when he is ill, ________________.
① tells his mother about it immediately
② makes a lot of noise
③ does not let anyone know how ill he really is
④ always pretends he is worse than he is

Q3   Which of the following will best complete the last sentence of the passage?
① something more serious than a headache
② nothing more serious than a hangover
③ a serious migraine
④ a serious headache

Q1 필자가 병을 앓는 것을 몹시 싫어하는 이유는 ______________ 때문이다.   정답: ④번

① 독감과 편두통을 몹시 싫어하기

② 고통을 몹시 싫어하기

③ 어느 누구에게도 자신이 성가신 존재가 되기를 원치 않기

④ 아플 때 자신의 행동이 올바르다고 생각지 않기

▶ 두 번째 줄의 'I hate what being ill does to my character.(아프다는 것이 내 성격에 끼치는 영향을 싫어한다.)'를 보면 글쓴이 자신도 자신이 아플 때 행동이 올바르지 못하다는 것을 알고 있다.

Q2 필자는 그가 아플 때, __________________.   정답: ④번

① 자신의 어머니에게 즉시 알린다.

② 엄청나게 소란을 피운다.

③ 자신이 실제로 얼마나 아픈지 남들이 알지 못하게 한다.

④ 언제나 자신의 상황보다 더 아픈 척 한다.

▶ 'As soon as I have a headache or a cold or the first signs of flu coming on, I proceed to behave as if I were in the grip of some fatal illness(나는 내가 마치 모종의 치명적인 질병에 시달리기라도 한 것처럼 행동하기 시작한다)'를 보면 언제나 실제보다 더 아픈 척을 한다는 것을 알 수 있다.

Q3 다음 중 지문의 마지막 문장에 들어갈 것으로 가장 적절한 것은?   정답: ②번

① 두통보다 더 심각한 것

② 숙취보다 덜 심각한 것

③ 심각한 편두통

④ 심각한 두통

▶ 문맥상 빈칸에는 편두통(migraine) 보다 심하지 않은 것 즉, '숙취(hangover) 보다 심하지 않은 고통거리'가 와야 한다.

Translations

나는 아픈 것을 몹시 싫어한다. 이것은 단순히 내가 병 그 자체를 싫어한다는 것은 아니고 (비록 그것이 사실이긴 하지만), 나는 아픈 것이 내 성격에 끼치는 영향을 몹시 싫어한다. 두통이나 감기에 걸리거나 아니면 독감이 시작되고 있다는 최초의 징후가 보이자마자, 나는 내가 마치 모종의 치명적인 질병에 시달리기라도 한 것처럼 행동하기 시작하고, 나에게 남겨진 며칠간의 삶을 용감하게 맞서겠다는 것을 보여 주는 순교자적 고통의 표정을 짓기 시작한다. 중요한 건 내가 나를 불쌍히 여기는 능력, 또한 이보다 더 중요한 것으로서, 나를 둘러싸고 있는 여성들로부터 동정을 짜내는 능력을 멋진 예술적 경지로 발전시켰다는 것이다. 나는 간호받고 지나칠 정도로 관심을 받는 것을 너무나 좋아하며, 2~3일 정도 갈 감기를 주의 깊고 시기적절하게 신음소리를 내고 찡그린 표정을 지어가며 족히 일주일은 지속되게 한다. 물론 남자로서 나는 내 고통을 용감하게 견뎌 내고 있음을 보여주어야 하지만, 그럼에도 나는 내가 고통을 겪고 있음을 분명하게 나타낸다. 나는 고통을 아주 잘 견뎌낸다. 나는 정말로 이런 쪽에 능숙해서 비록 내가 <u>숙취보다 심하지 않은</u> 고통을 겪고 있을 때조차도, 예를 들어, 편두통 증세를 보이는 순간 가장 차가운 여성의 마음도 녹일 수 있다.

Words&Phrases

□ **character** 성격

□ **come on** (질병 등이) 시작되다

□ **proceed to do** (먼저 다른 일을 한 후에) 계속해서 ~을 하다

□ **in the grip of something** ~에 시달리는

□ **fatal** 치명적인, 죽음을 초래하는

□ **wear an expression of** ~의 표정을 짓다

□ **martyrdom** 순교; 순교자적 고통

□ **indicate** 나타내다, 보여주다

□ **wring A out of B** B에서 A를 짜내다

□ **sympathy** 동정, 연민

□ **fuss over** ~에게 지나칠 정도로 관심을 보이다

□ **combination** 조합, 결합(물)

□ **groan** 신음; 끙 하는 소리(를 내다)

□ **grimace** 찡그린 표정; 얼굴을 찡그리다

□ **nonetheless** 그렇더라도, 그렇기는 하지만

□ **melt** 녹이다; 녹다

□ **symptom** 증상; 징후

□ **migraine** 편두통

□ **hangover** 숙취

Chapter 1

실전 빈칸 문제

TEST 1
TEST 2
TEST 3
TEST 4
TEST 5

The ups and downs of life may seem to have no predictable plan. But scientists now know there are very definite life patterns that people share. Today, when we live 20 years longer than our great grandparents, and when women mysteriously outlive men by seven years, it is clearer than ever that the 'game of life' is really a game of trade-offs. As we age, we trade strength for ingenuity, speed for thoroughness, passion for ____(A)____. These exchange may not always seem fair, but at every age, there are some ____(B)____. So it is reassuring to note that even if you've passed some of your 'prime', you still have other prime years to experience in the future. Certain important primes seem to ____(C)____ later in life.

1 빈칸 (A)에 들어갈 말로 가장 적절한 것은?

① sentiment　　② resignation　　③ reason
④ emotion　　⑤ feeling

2 빈칸 (B)에 들어갈 말로 가장 적절한 것은?

① advantages　　② dangers　　③ defects
④ effects　　⑤ jeopardy

3 빈칸 (C)에 들어갈 말로 가장 적절한 것은?

① decrease　　② slope　　③ peak
④ decline　　⑤ nadir

The followings are some pointers on how to write in plain English. Prefer the shorter word to the longer one. Use simple, everyday words rather than fancy ones. Prefer verbs over nouns and adjectives. Prefer the specific words to the general. Write short sentences with an average of no more than 20 words. Use the active voice rather than the passive. Be a ______(A)______ with compound and complex sentences and a spendthrift with simple sentences. Write with the ______(B)______ . A sentence may look correct on paper but its cadence may be jarring.

4   빈칸 (A)에 들어갈 말로 가장 적절한 것은?

① magician   ② miser   ③ master

④ servant   ⑤ mentor

5   빈칸 (B)에 들어갈 말로 가장 적절한 것은?

① mind   ② eye   ③ brain

④ imagination   ⑤ ear

Question 6 Which of the following best fits in the blank?

You can see a good movie, listen to a concert, obtain a beautiful painting, participating in crafts, or learn Hank Arron's batting average all in one building - a modern library. Libraries are not only alive with the records of our progress from the Stone Age to the age of computers, but they are also alive with activities to improve our daily lives. Although modern libraries offer many services, most people ______________________.

① buy books at bookstores

② like those services

③ go to them primarily for books

④ have their own libraries

 Which of the following best completes the blanks (A) and (B)?

Some people carry on active social lives with computers — their own or the ones available at the terminals in public places like cafes, social centers, libraries, etc. Communicating with others on "bulletin boards," they get to know people they might never meet in traditional way. _____(A)_____, a graduate student in San Francisco, California, has made more than fifty "net friends," including a homeless vegetarian who gets around on roller-blades, an HIV-positive police officer, some members of an Iranian family, an 80-year-old detective, and a medical geneticist who studies DNA. She has gone out on dates with about ten of her "network contacts." In fact, she almost married one. The romance didn't last. _____(B)_____ she doesn't blame the computer for breaking up the relationship.

	(A)	(B)
①	Therefore	In addition
②	By the way	Nevertheless
③	For example	However
④	As a result	That is

Question 8 Which of the following best completes the blanks (A) and (B)?

The smoke signals from Asia's ailing cities are increasingly obvious, but many leaders and ordinary citizens are slow to act. For a relatively quick fix, governments can beef up enforcement of existing regulations on _____(A)_____ levels and later bring them in line with more stringent international standards. They can also require assessments of the environmental cost of schemes that increase commercial and private traffic. A long-term regimen includes investing in more efficient and extensive mass transport systems and in alternative sources of clean energy; and committing to far-sighted urban planning that would help create jobs and housing _____(B)_____ congested city centers.

	(A)	(B)
①	education	next to
②	expectation	except for
③	emission	outside of
④	preservation	just under

Question 9 Which of the following best fits in the blank?

There are many places people visit to get services, such as banks, public offices, etc. Depending upon how many servers are available, they stand in many lines. When they are supposed to stand in line, they are always faced with a problem of making a decision. _________________ It's because a shorter line does not always lead to quicker service. Some people who come later get served earlier simply because they happen to stand in the 'lucky' line. That's why some early comers wait longer than they expected to. This is not fair for all the parties concerned both servers and customers.

① A fair waiting system makes it possible for us to serve and be served on a first-come-served basis.
② That is, in which line will I be able to get my job done most quickly?
③ The solution to this problem seems to be easy.
④ It would be possible for us to think of a social invention.

Question 10 Which of the following best fits in the blank?

Most musicians agree that the world's best violins were made in Cremona, Italy, about 300 years ago. These violins sound better than any others. They even sound better than violins made today. Violin makers and scientists now try to make instruments like the Italian violins, but they are not the same. Musicians still prefer the old ones. Why are these old Italian violins so special? _________________ Some people think it is the age of the violins. Other people say that the kind of wood is not so important and that it is more important to cut the wood a special way.

① Only some old violins have a special sound.
② The secret may be lost forever.
③ The smallest difference will change the sound of the violin.
④ No one really knows but many people think they have an answer.

 Which of the following best completes the blanks (A) and (B)?

If the Titanic had hit the iceberg head on, its water-tight compartments might have saved it from _______(A)_______, but it swerved to avoid the iceberg, and in the collision so many compartments were opened to the sea that disaster was _______(B)_______.

(A)	(B)
① foundering	inevitable
② sinking	formidable
③ damnifying	inadvertent
④ drowning	unavoidable
⑤ collapsing	averted

Question 12 Which of the following best fits in the blank?

The value of philosophy is, in fact, to be sought largely in its very ___________. The man who has no tincture of philosophy goes through life imprisoned in the prejudices derived from common sense, from the habitual beliefs of his age or his nation, and from convictions which have grown up in his mind without the cooperation or consent of his deliberate reason. To such a man the world tends to become definite, finite, obvious; common objects rouse no questions, and unfamiliar possibilities are contemptuously rejected. As soon as we begin to philosophize, on the contrary, we find, as we saw in our opening chapters, that even the most everyday things lead to problems to which only very incomplete answers can be given.

① uncertainty ② consensus ③ perspective ④ atmosphere

Question 13 Which of the following is appropriate in the blank?

Amateurs do whatever they like, without worrying about making ends meet. They can put their zeal and enthusiasm in whatever they want to do. Thus they sometimes are even better at that area than professionals. In most areas these days, the line between professional and amateur has blurred. I can even say that amateurs in the purest sense are ___________. Because these days I have never seen those who have amateurish mind. Many precious things that cannot be converted to money have been overshadowed by money.

① energetic ② extinct ③ indifferent
④ omnipotent ⑤ creative

Basically, Greenspan is in charge of keeping the nation's economy stable. The economy is sort of like a ballon; blow in too much air, and it ______(A)______ . But with too little air, it ______(B)______ to the floor. Greenspan helps decide when to blow more air into the economy. In this case, the air in a balloon is the amount of money in the economy. Greenspan can make the economy grow by increasing the money supply, or keep the economy from inflating too much by decreasing the money supply. His goal is for the economy to ______(C)______ . Rapid changes can harm businesses and consumers.

Another way of thinking about it is like starting a car. If you floor the gas all of a sudden, your passengers get jolted back into their seats. If you slam on the brakes, they hit the windshield, or at least get a bad case of whiplash. The idea is to slowly change the pace of economic growth, so no one gets hurt. And since Greenspan has hit his foot on the gas pedal, his every move is ______(D)______ by investors around the world.

14 빈칸 (A), (B) 에 들어갈 가장 적절한 단어는?

(A)	(B)
① flies	bends
② runs	walks
③ pops	falls
④ cries	speaks
⑤ mops	steers

15 빈칸 (C)에 들어갈 가장 적절한 표현은?

① develop and flourish abundantly

② increase and decrease rapidly

③ get worse and look better suddenly

④ improve and look up gradually

⑤ grow and contract slowly

16 빈칸 (D)에 들어갈 가장 적절한 단어는?

① worked   ② ignored   ③ watched

④ made   ⑤ executed

 Which of the following best fits in the blank?

What you need to know about pesticide is really very simple. They are all designed to kill unwanted living things, or pests. All pesticides are dangerous to living things, and that includes human beings. The few, inorganic pesticides used before World War II were called "economic poisons" because of their economic benefit to farmers. "Economic poisons" became, in some circles, "plant protectants." With each change in terminology, the sense of toxicity became more ___________.

① diluted　　　② popular　　　③ significant
④ prominent　　⑤ urgent

Question 18　Read the following and answer the question.

In the United States adults who try to act "civilized" towards handicapped people by pretending they don't notice anything unusual sometimes end up ignoring handicapped people completely. In the first few months I lived in this country, I was struck by the fact that whenever children asked me what was the matter with my leg, their adult companions would hurriedly shush them up, furtively look at me, mumble apologies, and rush their children away. After a few months of such encounters, I decided it was my responsibility to educate these people. So I would say to the flustered adults, "It's okay, let the kid ask." Turning to the child, I would say, "When I was a little girl, no bigger than you are, I became sick with something called ____(A)____. The muscles in my leg shrank up and I couldn't walk very well. You're much luckier than I am because now you can get a vaccine to make sure you never get my disease. So don't cry when your mommy takes you to get a ____(B)____ vaccine, okay?" Some adults and their little companions I talked to this way were glad to be rescued from embarrassment; others thought I was strange.

> Choose the one that fits both ____(A)____ and ____(B)____.

① cholera　　　② measles　　　③ polio
④ smallpox　　⑤ malaria

 Which of the following best completes the blanks (A) and (B)?

The Korean War was a result of the political division of Korea by agreement of the victorious Allies at the conclusion of the Pacific War. In 1945, following the surrender of Japan, American administrators _______(A)_______ the peninsula along the 38th parallel which increasingly became a political border between the two Koreas. Although reunification talks continued in the months _______(B)_______ the war, tension deepened, and the North Korean forces invaded South Korea on June 25th, 1950. It was the first significant armed conflict of the Cold War.

(A)	(B)
① ruled	facing
② shared	foregoing
③ divided	preceding
④ marched	starting
⑤ separated	following

Question 20 Which of the following best fits in the blank?

Bill Smith stayed in jail for almost 10 months. A trial date was set. Smith's friends were ready to be his lawyers, but just before the trial, the governor had them _____________. That meant they could not practice law.

① ignored　　　　　② chased　　　　　③ disbarred
④ accused　　　　　⑤ investigated

Question 21 Which of the following best fits in the blank?

Modern humans are becoming aware that forms of energy such as oil, coal and natural gas do not exist in unlimited supplies and could dwindle down to nothing in the near future. _______(A)_______, they are difficult to obtain, they pollute the atmosphere, and the cost of refining and transporting them is immense. _______(B)_______ humankind must find new sources of energy. One alternative source is solar energy.

(A)	(B)
① Furthermore	Otherwise
② However	By the way
③ In addition	Thus
④ Therefore	Consequently
⑤ Yet	Besides

The good news is that risk can be greatly reduced with a mix of lifestyle modifications and medical treatment. Most of us are aware that eating a lighter, more balanced diet, quitting tobacco and exercising regularly are enough to ______(A)______ most cases of heart disease before they ever happen. For those who can afford it, better treatments and medicines are also increasingly effective in curbing the high blood pressure and elevated cholesterol levels that lead directly to cardiovascular disease. These advances are turning what was once an eventual death sentence ______(B)______ . But in much of Asia, the best that medical science has to offer is either unavailable or is too expensive for most people. That makes education and prevention programs all the more urgent.

22 빈칸 (A)에 들어갈 가장 적절한 것은?
① bring about   ② head off   ③ take out   ④ reduce

23 빈칸 (B)에 들어갈 가장 적절한 것은?
① into critical condition
② into unrecoverable condition
③ into manageable condition
④ into urgent condition

Whatever their position, partisans often invoke examples from other cultures to support their ideas about the proper role of each sex. Because women are clearly ______(A)______ to man in many societies, some experts conclude that the natural pattern is for men to dominate. But among the Semai tribe no one has the right to command others, and in West Africa women are often chiefs. The place of women in these societies supports the argument of those who believe that sex roles are not fixed, that if there is a natural order, it allows ______(B)______ .

24 빈칸 (A)에 들어갈 가장 적절한 것은?
① underweight   ② subsistent   ③ underhanded   ④ subservient

25 빈칸 (B)에 들어갈 가장 적절한 것은?
① for many different arrangements
② for only one possibility
③ society to remain stable
④ men to become superior

Question 1 Which of the following best fits in the blank?

Chances are that you have regular access to a computer. Online dictionaries can do just about anything regular dictionaries do. Using your Web browser, type in "online dictionaries," and you'll be presented with a wide range of choices. Some of the hardcover dictionaries that you may be familiar with maintain their own online dictionaries, too. Some companies have developed online dictionaries, which are just as good. Once you find one you like using, just add it to your list of "favorites," and you'll have easy access to it. These Web sites offer multiple resources (thesauruses, encyclopedias, and quotation guides, to name a few), and you'll need to determine which are _____________ and which require some membership fee.

① resourceful   ② free from faults   ③ discharged   ④ free of charge

Question 2 Which of the following best fits in the blank?

The function of a historian is not merely to describe the facts, but to explain them. In other words, he cannot cut off the ideal from the actual and, reserving the actual for his own province, entrust the ideal to the _____________. He must himself philosophize, or be unfaithful to his vocation as a historian. For ideals, though transcending the bounds of men's achievement, belong to the same world of reality; and the facts are not the facts without them.

① philosopher   ② scholar   ③ propagandist
④ actualist   ⑤ forerunner

Greek philosophy had considered with some care the distinction between what was conventional (nomos), arbitrary, fixed by human habits and crystallized into law, and what was natural (physis), determined by Nature according to a large and universal code and smothered by ages of man-made regulations. It was the travels of the Greeks which really started this speculation; for they came across different customs in different lands, yet realized that there was some vague and remote resemblance as though all had come from some common source. This idea of a ______ (A) ______ nature was taken up by the Stoics, whose cardinal doctrine was that men should live 'according to Nature,' i.e. according to the reason which Nature had implanted in man as man and according to the larger Reason which animated the world as a whole. Moreover, in Hellenistic thought there had been doctrines of the unity of mankind, and of the duty of the king to look after and serve the interests of his subjects as Saviour and Benefactor and to bring all peoples under such a kind of government. 'Nature' therefore had its laws; ______ (B) ______ was their source; and these laws were outside and beyond man.

3 빈칸 (A)에 들어갈 가장 알맞은 것은?

① provincial   ② social   ③ universal

④ pessimistic   ⑤ naval

4 빈칸 (B)에 들어갈 가장 알맞은 것은?

① Common property

② Reason in Nature

③ Legal Stoicism

④ Objective good

⑤ Civic virtue

 Which of the following best fits in the blank?

The development of gerontology as a field of study and our increasing body of research on the aging process show that many traditional beliefs about the aged are inaccurate. It is important to understand that many of these beliefs about the aged are, in fact, myths. These beliefs influence the way in which the aged are treated by family and employers, the nature of social policies that are designed with the aged in mind, and the self-esteem of old people. Kart(1981) lists several ___________ about old people and about the aging process such as senility, loneliness, poverty, incompetence and sexual disinterest.

① life style　　　　　② misconceptions　　　③ moral attitudes
④ political aspects　　⑤ social characteristics

Question 6 Which of the following best completes the blanks (A) and (B)?

Americans treasure free speech and expression. People's right to share their ideas is protected by the First Amendment. The amendment is one of 10 in the Bill of Rights, added to the Constitution in 1791. Lawmakers of the day passed the Bill of Rights because they believed that some key freedoms, including speech protection, should be part of the Constitution. ___(A)___, First Amendment experts say the right to speak freely comes with an unwritten requirement to act responsibly. "Many Americans have an overdeveloped sense of rights and an underdeveloped sense of responsibility," says Sam Chaltain, coordinator of the First Amendment Schools project. "Our rights are spelled out in the First Amendment. ___(B)___, the amendment will work only if we guard the rights of those with whom we disagree."

	(A)	(B)
①	However	Therefore
②	However	However
③	Therefore	However
④	Therefore	For example
⑤	Nevertheless	For example

Over the past decade, the forces favoring corporate openness have been gaining ground. Greater public access to information, aided by new communications technologies, is beginning to change companies' relationships with employees, partners, shareholders, and customers. To many executives, the prospect of ever greater candidness is terrifying. But not to worry, say authors Don Tapscott and David Ticoll: For those who embrace it, transparency can be a source of competitive advantage. They provide numerous examples of the rewards ____________ can bring. Outdoor clothing retailer Patagonia Inc. prospered after explaining to customers why it was forsaking cheap cotton grown with pesticides for the organic variety. At eBay, buyers who participate in online auctions get to rate sellers, giving future buyers more confidence in the process.

① efforts   ② candor   ③ training
④ investment   ⑤ cooperation

Question 8 Which of the following is appropriate in the blank?

For decades, doctors have relied on conventional chemotherapy to poison cancer cells. The treatment has saved many lives, but because chemo attacks healthy cells, too, patients suffer a slew of toxic side effects. And they often become resistant to treatment or die from complications. Today, thanks to an increasingly sophisticated understanding of how cancer works, patients are beginning to benefit from a revolution in oncology; targeted drugs that home in on the molecular characteristics of cancer cells, leaving healthy tissue relatively unscathed. There are still no miracle cures, ____________________. "These are small incremental gains." says Dr. David H. Johnson of the Vanderbilt-Ingram Cancer Center, "but each one is phenomenal."

① but there is plenty of cautious enthusiasm
② and there are no side effects of chemotherapy
③ and no effective drugs have been developed yet
④ and many people have given up their lives due to chemotherapy
⑤ but it will take decades to understand the characteristics of cancer cells

Question 9 Which of the following is appropriate in the blank?

But some Asian-Americans remain angry and offended, even as they acknowledge that their own reticence and ___________ may make it easier for slurs and slights to continue. "The American mind is just permeated with anti-Asian sentiment," said Ling-Chi Wang, a professor of Asian-American and ethnic studies at the University of California at Berkeley.

① objection

② successive resistance

③ failure to object

④ anti-American movement

Question 10 Which of the following best fits in the blanks?

Just as the invention of the automobile ___(A)___ horse-drawn carriages ___(B)___ in modern cities, the use of computers and word processors will make the common typewriter much scarcer in offices of the future.

	(A)	(B)
①	rendered	obsolete
②	had	transformed
③	made	improve
④	replaced	outdated

Question 11 Which of the following best fits in the blank?

The distinguishing mark of anthropology among the social sciences is that it includes for serious study other societies than our own. For its purposes any social regulation of mating and reproduction is as significant as our own, though it may be that of the Sea Dyaks, and have no possible historical relation to that of our civilization. To the anthropologist, our customs and those of a New Guinea tribe are two possible social schemes for dealing with a common problem, and ___________ he remains an anthropologist he is bound to avoid any weighting of one in favor of the other.

① whatsoever

② in so far as

③ the fact that

④ in spite of the fact that

⑤ additionally

Question 12 Which of the following best fits in the blank?

The "American Dream" is a kind of romantic expectation, a belief in the possibility of achieving some sort of glowing future with hard work and sincere devotion. Fitzgerald's novel is a "parody" of this dream, because in the person of Jay Gatsby we have the ___________ of the Dream itself: that is, the traditional devotions wasted on spiritual gum-drops and material trivialities.

① realization ② corruption ③ achievement ④ success

Question 13 Which of the following best fits in the blank?

Admirers of modern science boast that man's cleverness will find ways to sustain any number of people by using to the fullest every inch of space. ___________ even now we are victims of many scientific solutions that cause more problems than they solve. Science does not always have the answer at the precise time it is needed.

① But ② Moreover ③ Therefore ④ Finally

Question 14 Which of the following best fits in the blank?

Water, soil, and the earth's green mantle of plants make up the world that supports the animal life of the earth. Although modern man seldom remembers the fact, he could not exist without the plants that harness the sun's energy and manufacture the basic foodstuffs he depends upon for life. Our attitude toward plants is ___________. If we see any immediate utility in a plant, we foster it. If for any reason we find its presence undesirable or merely a matter of indifference, we may condemn it to destruction forthwith.

① a tangible idea
② a well-grounded one
③ a singularly narrow one
④ exceedingly theory-oriented

 Which of the following is appropriate in the blank?

The final event that, at least in the United States, gave _____________ to the liberation of women was World War II. During the war, most men were serving in the military. Consequently, women had to fill the vacancies in the labor force. Women by the thousands went to work in factories and took over businesses for their absent husbands. This was a great change for the majority of American women, for they discovered that they could weld airplane parts and manage businesses as well as change diapers and bake bread.

① a barrier
② an applause
③ an impetus
④ a final blow

 Which of the following is appropriate in the blank?

In college and university courses, the objective test and the essay exam are two contrasting methods of evaluation commonly used to measure a student's grasp of subject matter. The objective test usually consists of a large number of unrelated questions that require the student to demonstrate mastery of details. It often leads to rote memorization of isolated facts during the pretest period of study. Since the questions on the objective test are presented in true-false or multiple choice form, the student may be encouraged to guess answers for which he has no accurate knowledge. The essay exam, _____________, usually consists of a few broadly stated questions that require the student to organize his responses in essay form. Such questions force the student to give proof of his ability to handle general concepts. This type of exam also relies on factual information, but there is far greater necessity for the student to demonstrate analytical and compositional skill. Mere guessing at answer is reduced to a minimum.

① therefore
② otherwise
③ on the other hand
④ in a similar fashion

 Which of the following best fits in the blank?

The problem of wastes is getting worse and worse by our "throwaway" technology. Each year Americans dispose of 7 million autos, 20 million tons of waste paper, 25 million pounds of toothpaste tubes, and 48 million cans. We throw away gum wrappers, newspapers, and paper plates. It is no longer fashionable to reuse anything. Today almost everything is thrown away. Instead of repairing a toaster or a radio, even though 95 percent of its parts may still be working, it is ______________ to buy a new one.

① more difficult   ② less dangerous   ③ more expensive
④ worse and worse   ⑤ easier and cheaper

Question 22 Which of the following best fits in the blank?

Early marriage may lock a couple into a relationship neither one is mature enough to handle. This in turn makes the young husband and wife less able to deal successfully with the challenges all marriages face. An early marriage and parenthood may also make it difficult for a young person to pursue the education and career he or she otherwise would. On the other hand, studies show that people who wait until their late twenties or later to marry have the highest chances of success at marriage. Considering these facts, __________ is an important predictor of a marriage's success.

① love   ② education   ③ age
④ wealth   ⑤ career

Question 23 Which of the following best fits in the blank?

Coffee was introduced much later to countries beyond Arabia whose inhabitants believed it to be a delicacy and guarded its secret as if they were top secret military plans. Transportation of the plant out of the Moslem nations was __________ by the government. The actual spread of coffee was started illegally. One Arab named Baba Budan smuggled beans to some mountains near Mysore, India and started a farm there. Early in this century the descendants of those original plants were found still growing fruitfully in the region.

① disappointed   ② allowed   ③ forbidden   ④ judged

 Which of the following best fits in the blank?

A cross-_____________ group of ministers and church members brings services to those not likely to find their way into a traditional house of worship.

① denominational   ② partisan   ③ pious
④ raucous   ⑤ protocol

Question 25 Which of the following is appropriate in the blank?

Sociologists and psychologists have argued for centuries about how a person's character is formed. The argument has long been known as "Nature versus Nurture," for the two main opposing theories. The first theory says that character is formed genetically before birth. According to this theory, nature — through genetics — determines what a person will be like. The other theory says, on the contrary, that a person's character is formed after birth. According to this theory, the most important factors are _____________________.

① physical and scientific
② theoretical and practical
③ natural and genetic
④ cultural and environmental

Question 1 Which of the following is appropriate in the blank?

Joseph Schumpeter was an unusual economist. Most economists have tried to reduce business cycle, but Schumpeter believed that constant change was the strength of capitalism. In constantly developing new products and new ideas, entrepreneurs cause the destruction of old product and ideas. Schumpeter thought that this process, which he called creative destruction, causes the business cycles that are part of a capital system. He believed that business cycle are ___________ to the economy in the long run.

① helpful   ② harmful   ③ indifferent   ④ ineffective

Question 2 Which of the following best fits in the blank?

Nothing can take the place of reading — no lecture or image on a screen has the same power to enlighten. Pictures are a most valuable means of illustrating a written text, but they hardly enable us to form general ideas. Films, like the spoken word, flow by and lost to us. Books ___________ as life-long companions.

① practice   ② perform   ③ play   ④ abide

Question 3 Which of the following best fits in the blank?

For women in politics there is often a conflict between traditional feminine qualities and strong leadership. The characteristics of a good man and a good candidate are the same, but a woman has to choose between appearing to be a strong leader or a feminine woman. If a man appears forceful, logical, direct, and powerful, he appears to increase his qualities as a man. In contrast, if a woman appears forceful, logical, direct, and powerful, she ___________________.

① proves her ability as a good candidate
② make other women jealous
③ has a better chance of winning the election
④ risks decreasing her qualities as a woman

  Which of the following best fits in the blank?

Have you ever thought why we have two eyes? By seeing an object with two eyes, we can judge the __________ accurately. The images each eye sees are a little different. The brain receives these two different views of an object, but it combines them. So we see only one image. The different angles and surfaces in this combined 3-D image allow us to understand how far away the object is.

① size   ② weight   ③ color   ④ distance

Question 5 Which of the following best completes the blanks (A) and (B)?

There is a balance in nature that can be hurt by the smallest change in living conditions. _____(A)_____, in a healthy environment, the amount of plant food is just right for the number of fish in a river; _____(B)_____, when the river is dammed, the balance is changed. Too many fish or too much plant life can make the river unlivable.

	(A)	(B)
①	For instance	in addition
②	For example	however
③	However	for instance
④	For example	otherwise

Question 6 Which of the following is appropriate in the blanks?

All bad things are _____(A)_____, and any one of them is _____(B)_____ to be the cause of any other; more particularly fatigue is a very frequent cause of envy. When a man feels inadequate to the work he has to do, he feels a general discontent which is exceedingly liable to take the form of envy towards _____(C)_____ whose work is less exciting.

	(A)	(B)	(C)
①	enviable	easy	those
②	interconnected	liable	those
③	closely examined	easily	they
④	interconnected	in actuality	any
⑤	brought to light	to be disregarded	those

  Which of the following best fits in the blank?

Every feeling of hardship is inseparable from the desire to escape from it; every idea of pleasure from the desire to enjoy it. All desires imply a want, and all wants are painful; hence our wretchedness consists in the disproportion between our desires and our powers. A conscious being ________________________ would be perfectly happy.

① who does not feel any hardship
② whose needs exceed his strength
③ whose powers were equal to his desires
④ whose desires were less than his power
⑤ whose powers were less than his desires

  Which of the following best completes the blanks (A) and (B)?

A few words of apology and explanation are called for if this book is to escape even more severe ____(A)____ than it doubtless deserves. Apology is due to the specialists on various schools and individual philosophers. With the possible exception of Leibnitz, every philosopher of whom I treat is better known to some others than to me. If, however, books covering a wide field are to be written at all, it is inevitable, since we are not immortal, that those who write such books should spend less time on any one part than can be spent by a man who concentrates on a single author or a brief period. Some, whose scholarly austerity is unbending, will conclude that books covering a wide field should not be written at all, or, if written, should consist of monographs by a multitude of authors. There is, however, something lost when many authors cooperate. If there is any unity in the movement of history, if there is any intimate relation between what goes before and what comes later, it is necessary, for setting this forth, that earlier and later periods should be synthesized in a single mind. The student of Rousseau may have difficulty in doing justice to his connection with the Sparta of Plato and Plutarch; the historian of Sparta may not be prophetically conscious of Hobbes and Fichte and Lenin. To bring out such relations is one of the purposes of this book, and it is a purpose which only a ____(B)____ can fulfil.

	(A)	(B)
①	calumny	compact epitome
②	critic	rough sketch
③	censure	wide survey
④	fault	historical outline

A common reaction to the proposition that computers will seriously compete with human intelligence is to dismiss this specter based primarily on an examination of contemporary capability. After all, when I interact with my personal computer, its intelligence seems _____(A)_____ and brittle, if it appears intelligent at all. It is hard to imagine one's personal computer having a sense of humor, holding an opinion, or displaying any of the other endearing qualities of human thought. But the state of the art in computer technology is anything but static. Computer capabilities are emerging today that were considered impossible one or two decades ago. Examples include the ability to transcribe accurately normal continuous human speech, to understand and respond intelligently to natural language, to recognize patterns in medical procedures such as electrocardiograms and blood tests with an accuracy rivaling that of human physicians, and of course, to play chess at a world-championship level. In the next decade, we will see translating telephones that provide real-time speech translation from one human language to another, intelligent computerized personal assistants that can converse and rapidly search and understand the world's knowledge bases, and a profusion of other machines with increasingly broad and flexible intelligence. In the second decade of the next century, it will become increasingly difficult to draw any clear distinction between the capabilities of human and machine intelligence. The advantages of computer intelligence in terms of speed, accuracy, and capacity will be clear. The advantages of human intelligence, _____(B)_____, will become increasingly difficult to distinguish.

9 (A)의 빈칸에 들어갈 적당한 말은?

① limited ② extraordinary ③ out of question

④ unbounded ⑤ elegant

10 (B)의 빈칸에 들어갈 적당한 말은?

① but ② on the other hand ③ in other words

④ therefore ⑤ in tandem with

Question 11 Which of the following best fits in the blank?

The different races of mankind have ___________ sexual attraction for each other so that in the absence of any geographical or cultural obstacles to genetic mixture it is highly probable that in the course of a few thousand years the human race would become racially uniform.

① no   ② no much   ③ a sufficient   ④ an insufficient

Question 12 Which of the following best fits in the blank?

It is characteristic of many groups to resist change, for they argue, change is not necessarily for the better but may also be for the worse. Change means disorganization, and many groups tend to view it ___________.

① as inevitable   ② as desirable   ③ with complacency   ④ with suspicion

Question 13 Which of the following is appropriate in the blanks?

One example is the new breed of cattle being developed by the Brazilians and specially adapted to withstand the pests and the climate of the tropics. The Brazilians today are developing their own civilization — not a European civilization, but one which is ___(A)___ the tropical climate, tropical vegetations, tropical light, and tropical colors. And so it is that they are not only working on a new breed of cattle, but also on ___(B)___ grass that is suitable to feed them.

(A)	(B)
① adapted to	a new type of
② not agreeable to	wild
③ not found in	tall rank
④ strange to	verdant

472

 Which of the following best fits in the blank?

For the Greeks, beauty was a virtue: a kind of excellence. If it occurred to the Greeks to distinguish between a person's "inside" and "outside," they still expected that inner beauty would be matched by beauty of the other kind. The well-born young Athenians who gathered around Socrates found it quite ___________ that their hero was so intelligent, so brave, so honorable, so seductive-and so ugly.

① natural   ② essential   ③ paradoxical   ④ self-evident

Question 15   Which of the following best fits in the blanks?

Although there are so many women in the labor force today, they are still facing many problems. For one thing, women workers do not receive equal treatment in the job market, ____(A)____ in the area of hiring, ____(B)____ in the area of salary.

	(A)	(B)
①	not	but
②	as	as
③	both	and
④	neither	nor
⑤	either	or

Question 16   Which of the following best fits in the blank?

Thomas Edison was a great inventor but a lousy ___________. When he proclaimed in 1922 that the motion picture would replace textbooks in schools, he began a long string of spectacularly wrong predictions regarding the capacity of various technologies to revolutionize teaching. To date, none of them — from film to television — has lived up to the hype. Even the computer has not been able to show a consistent record of improving education.

① boaster   ② kleptomaniac   ③ prognosticator
④ teaser   ⑤ swindler

 Which of the following best fits in the blanks?

> She _____(A)_____ recognition and fame, yet she felt a deep suspicion and _____(B)_____ for the world in which recognition and fame are granted, the world of money, opinion and power.

	(A)	(B)
①	mistrusted	antagonism
②	worked for	respect
③	yearned for	contempt
④	shunned	enmity

 Which of the following best fits in the blank?

> Snakes are beneficial to humanity. None of them are vegetarians; they do not attack crops or plantings. Their major sources of food are the mice and rats _____________________.

① that are small enough to eat
② that are helpless in defending themselves
③ that need preservation critically
④ that plague our communities

 Which of the following best fits in the blank?

> In its facilitation of parental withdrawal from an active role in the socialization of their children, and its replacement of family rituals and special events, television has played an important role in _____________________.

① family gathering in the house
② the disintegration of the family
③ making people conscious of the social problems
④ providing family-oriented entertainment

Middle children usually look outside of the family for approval and acceptance and are therefore more sociable and less conservative than other children. They try to obtain from their strength outside the family, they learn valuable skills that prepare them for adult life. These might include diplomatic skills, the ability to listen and relate to others, and knowing how to compromise and negotiate. It is no coincidence that many middle children ___________________________.

① often fail to get along well with people
② identify with their parent's values easily
③ end up in managerial or leadership positions
④ become selfish and dictatorial in later years

Question 21 Which of the following best fits in the blank?

In ancient Hawaii, building a canoe was a specialized art supervised by a high priest. When the chief requested a canoe, the priest led a group of people deep into a mountain forest to select an appropriate tree. A tree might look tall, strong, and wide enough, but before a final decision was made, the priest waited for Lea, wife of the war god Ku, to approve the choice. Lea appeared as a native woodpecker, who walked over the tree's trunk and branches. If the bird paused and pecked at the tree, that indicated it was rotten, and the priest and his party would continue their search. But if the bird landed on the tree, inspected it, and flew away without pecking at it, it was ___________________________.

① worshiped as a god
② good for building a house
③ considered a symbol of peace
④ sound enough for a canoe
⑤ left there to grow bigger

 Which of the following best fits in the blank?

Human nature does not change, or at any rate, history is too short for any changes to be perceptible. The earliest known specimens of art and literature are still comprehensible. The fact that we can understand them all and can recognize in some of them an unsurpassed artistic excellence is proof enough that not only men's feeling and instincts, but also their intellectual and imaginative powers, were ___________________________ in the remotest times.

① much less developed than they are now

② more highly developed than they are now

③ very different from what they are now

④ what they are now

 Which of the following best fits in the blank?

The current emphasis on anthropomorphic design — the idea that the computer should be "friendly" and show human qualities ("you've got mail") — seduces people into imagining the machine as a real partner in a social transaction. But, says Ben Shneiderman, the head of the Human-Computer Interaction Laboratory at the University of Maryland, the result can actually make us feel stupid. Error messages are ___________: you "performed an illegal operation" or caused a "fatal exception." You compromised the "integrity" of the system files, as though system file had moral qualities. These terms suggest "the designer's condemnation of the user," says Shneiderman.

① accusatory   ② friendly   ③ informative

④ instructive   ⑤ comprehensive

 Which of the following best fits in the blank?

There are two factors, both beyond human control, which affect our weight. These two factors are ___________. Whether we like it or not, thinness and fatness are traits that run in families. Overweight children tend to have overweight parents and thin parents tend to have thin children. In addition, most people put on more fat during certain periods of life than during others. The early teen years are one of these periods; at this time, many children gain much more fat tissue than they do other tissues, such as muscle and bone.

① genes and food
② age and sex
③ diet and exercise
④ genes and age

 Which of the following best fits in the blank?

Under wartime condition, while some soldiers break down due to the frustrations of the battlefield, others, in the same situation, seem to find strength they never knew they had. Under more ordinary circumstances, all of us know people who have managed to carry on normal lives despite serious physical handicaps or tragic disappointments, and others who are unable to accept the same frustrations. This shows that tolerance of frustration is ___________.

① personal
② universal
② temporary
④ unavoidable

Question 1 Which of the following best fits in the blank?

Myths and fairy tales both answer the eternal questions: What is the world really like? How am I to live my life in it? How can I truly be myself? The answers given by myths are definite, while the fairy tale is ___________; its messages may imply solutions, but it never spells them out. Fairy tales leave to the child's imagination whether and how to apply to himself what the story reveals about life and human nature.

① eternal   ② finite   ③ infinite   ④ suggestive

Question 2 Which of the following best fits in the blanks?

Her _____(A)_____ was so great that she became the _____(B)_____ of all our disputes about art and music.

	(A)	(B)
①	erudition	arbitrator
②	arrogance	impostor
③	ignorance	arbiter
④	ostentation	critic

Question 3 Which of the following best fits in the blanks?

Her feeling of _____(A)_____ was so _____(B)_____ that all the other patients were soon smiling or laughing.

	(A)	(B)
①	compunction	offensive
②	ebullience	contagious
③	exhilaration	discourteous
④	amnesia	catching

478

 Which of the following best fits in the blank?

These days children are often encouraged and even forced to defeat their friends cruelly in order to win the first prize. When they win, they will be praised a lot. On the other hand, if they lose, they will be humiliated in public. More often than not, children who win second place may merely receive half-hearted congratulations. The me-first mentality makes winners comforted and losers disappointed. As a result, children tend to cheat in the exams and games, and argue with others over trifles. They never learn to play fair and make concessions. In my view, children should be educated in a situation without __________.

① prejudice　　　② competition　　　③ argument　　　④ examination

Question 5 Which of the following best fits in the blank?

One custom that is common at weddings in the United States is throwing rice at the bride and groom as they leave the place where the wedding ceremony has just been held. No one knows exactly why people throw rice. One explanation is that the rice assures that the couple will have many children. If this is true, then the custom is not always a good one now because __________.

① a lot of couples do not want many children
② many people are pleased about it
③ many couples go on honeymoon the next day
④ it is unreasonable to clear away rice after the ceremony

Question 6 Which of the following best fits in the blank?

Tax rates usually need to be raised. One would like at the same time to improve the distribution of income in the country, or at any rate not worsen it. Moreover, people's incomes provide the primary incentive to greater effort and output. If this incentive is too much reduced through taxation, the whole effort to raise output may __________.

① change　　　② falter　　　③ intensify　　　④ strengthen

 Which of the following best fits in the blank?

A convincing set of proofs lies around us, though this simple and powerful point has rarely been articulated in popular writing, and therefore remains largely ___________ .

① unappreciated   ② recognized   ③ criticized
④ neutral   ⑤ acknowledged

Question 8 Which of the following best fits in the blank?

Their air of cheerful self-sacrifice and endless complaisance won them undeserved praise, for their seeming gallantry was wholly motivated by a ___________ wish to avoid conflict of any sort.

① poignant   ② sincere   ③ plaintive
④ laudable   ⑤ craven

Question 9 Which of the following best fits in the blank?

Critics who have spoken out on these issues have been jailed or silenced by authoritarian governments, and international investors have been prepared to turn a blind eye to the ___________ violations which have caused political instability.

① animal abuse   ② child abuse   ③ international trade
④ peace talks   ⑤ human rights

Question 10 Which of the following best fits in the blank?

Finally, only fine silt and clay remain suspended in the water. If the velocity decreases still more, some of these fine particles will be deposited. A stream does not always flow at the same velocity, nor is the velocity the same from one end of the stream to the other. ___________ variations in its velocity, a stream erodes material in some places and deposits it in others.

① In spite of   ② Depending on   ③ Concerning
④ Nevertheless   ⑤ In contrast to

Question 11 Which of the following best fits in the blank?

It helps reduce appetite and naturally aids in weight control with a special blend of eleven natural weight-loss ____________ including Chromate, the secret diet weapon used by super models.

① devices   ② aspects   ③ factors
④ materials   ⑤ ingredients

Question 12 Which of the following best fits in the blank?

Scientists will discover many subtle genetic factors in the makeup of human beings, and those discoveries will challenge the basic concepts of equality on which our society is based. Once we can say that there are differences between people that are easily demonstrable at the genetic level, then society will have to come to grips with understanding ____________ and we are not prepared for that.

① equality
② science
③ scientific discoveries
④ diversity
⑤ competition among human beings

Question 13 Which of the following best fits in the blank?

Fast-food franchises have been very successful in the U.S. Part of the appeal is ____________. At the major hamburger or chicken franchises, people know what the food is going to taste like, wherever they buy it.

① the profitability
② the predictability
③ the feasibility
④ the sustainability

 Which of the following best fits in the blank?

He was thought of as the most ___________ man in our company since he accepted whatever his superiors suggested without reflective thinking.

① intractable   ② antagonistic   ③ competent
④ obsequious   ⑤ suspicious

Question 15   Which of the following best fits in the blank?

Socrates was famous for his intellectual power. But he never claimed to be wise: he always professed ___________. He was convinced that his calling was to search for wisdom about right conduct. He spent his time discussing virtue and justice.

① wisdom   ② ignorance   ③ brilliance
④ knowledge   ⑤ understanding

Question 16   Which of the following best fits in the blank?

Newspapers have daily headlines and accompanying articles about the most important events affecting our lives. ___________ it's a development in international or national politics, the success of a space mission or the result of an important election, the news pages present the important facts on the subject.

① While   ② Because   ③ Once
④ And   ⑤ Whether

Question 17   Which of the following best fits in the blank?

___________ for its own sake is so admired that we find ourselves paying respectful attention not only to Channel swimmers but also to flagpole sitters or people who can dance without stopping for the longest period of time.

① Skill   ② Fame   ③ Levity
④ Endurance   ⑤ Bravery

 Which of the following best fits in the blank?

In a bow to anti-Japanese sentiment, officials in Seoul plan to __________ the grand building built for the Japanese governor-general that serves as the national museum.

① take over ② dismantle ③ reconvey
④ migrate ⑤ memorialize

 Which of the following best completes the blanks (A) and (B)?

NASA has been in limbo as the Obama administration has ___(A)___ to cancel Constellation while Congress mandated that work continue on the program until it agreed otherwise. In Congress, there has been a(n) ___(B)___ of divergent opinions. Some members wanted to continue Constellation. Others have pushed for extending operations of the space shuttles, now scheduled to be retired next year.

	(A)	(B)
①	haggled	euphony
②	hampered	heterodox
③	maneuvered	cacophony
④	squabbled	concord
⑤	managed	orthodox

 Which of the following best fits in the blanks?

Education cannot be conceived as a training in many subjects. Educations is ___(A)___ : it is encouragement of the ___(B)___ of the whole man, the complete man.

	(A)	(B)
①	temperamental	conscience
②	imperfect	quality
③	sensible	quality
④	competitive	tragedy
⑤	integral	growth

 Which of the following best fits in the blank?

For one thing, I can no longer endure America's insidious ___________ across the face of the world. I live a life of perpetual travel, and wherever I go, I find myself more and more repelled by the apparently insatiable American urge to interfere in other people's business.

① meddling   ② disgrace   ③ stigma
④ rudeness   ⑤ consideration

Question 22 Which of the following best fits in the blanks?

Darkness is another Goya's specialty. So it's a(n) ____(A)____ that the exhibition, more than 30 paintings, drawings, and prints, presents Goya as a great figure of the Enlightenment, the European movement that aimed to banish intellectual, religious and political darkness ____(B)____ the light of reason, knowledge and freedom.

(A)	(B)
① irony	in spite of
② paradox	in favor of
③ come by	against
④ tragedy	from
⑤ fiction	with regard to

Question 23 Which of the following best fits in the blanks?

All over the country people are swimming, jogging, weight lifting, dancing, walking, playing tennis — doing anything to keep fit. ____(A)____ this school has consistently refused to construct and equip a fitness center.

The school has ____(B)____ refused to open existing athletic facilities to all students, not just those playing organized sports. ____(C)____ students have no place to exercise except in their rooms and on dangerous public roads.

(A)	(B)	(C)
① So	for instance	Afterwards
② But	as a result	All in all
③ However	indeed	Consequently
④ Since	in short	Therefore
⑤ Still	after all	Thus

Many people, out of anxiety, became unable to contemplate their true situation and with it to plan accordingly. Anxiety, and the wish to ___________ it by clinging to each other, and to reduce its sting by continuing as much as possible with their usual way of life incapacitated many.

① contradict　　　② counteract　　　③ frustrate
④ encourage　　　⑤ deprecate

Question 25 Which of the following best fits in the blanks?

The development of dialects mainly results from limited communication between different parts of a community that share one language. Under such circumstances, changes that take place in the language of one part of the community do not spread elsewhere. ____(A)____, the speech varieties become more distinct from one another. If contact continues to be limited for long enough, sufficient changes will accumulate to make the speech varieties mutually unintelligible, which usually leads to the recognition of separate languages. The different changes that took place in spoken Latin in different parts of the Roman Empire, ____(B)____, eventually gave rise to the modern Romance languages, including French, Spanish, and Italian.

	(A)	(B)
①	Otherwise	for example
②	Otherwise	therefore
③	As a result	however
④	As a result	for example
⑤	That is	however

Question 1 Which of the following best fits in the blank?

In educating students for adult work and adult life, American schools try, above all, to be practical. American education has been greatly influenced by the writings of a famous 20th-century philosopher named John Dewey. Dewey believed that the only worthwhile knowledge was knowledge that ___________________. He convinced educators that it was pointless to make students memorize useless facts that they would quickly forget. Rather, schools should teach thinking processes and skills that affect how people live and work.

① has the right purpose
② is common to all people
③ can be used in a real life
④ can explain human nature

Question 2 Which of the following best fits in the blank?

At a crucial stage in the Revolutionary War, General Washington called for a volunteer to go as a spy behind the enemy lines. Captain Nathan Hale — only twenty - one years old, bright, athletic, and popular — volunteered. He succeeded in getting through the lines and in obtaining the information he was seeking, but he was captured on his way back to the American camp. In accordance with military law he was hanged. His last words, "I only regret that I have but one life to lose for my country." are engraved on many monuments to him. He is remembered as __________.

① a true patriot   ② a remorseful spy   ③ a wise commander
④ a real loser   ⑤ an incompetent captain

Question 3 Which of the following best fits in the blank?

During World War II, it sometimes did prove to be unlucky to be the third person lighting a cigarette on a match. If a group of soldiers in a foxhole kept a match lit for too long, __________ could see the light and have time to aim accurately and fire. A good number of soldiers died because they couldn't resist having that one match.

① sniffer   ② snicker   ③ sniper   ④ skimmer

By alienation is meant a mode of experience in which the person experiences himself as an alien. He has become, one might say, _____(A)_____ from himself. He does not experience himself as the center of his world, as the creator of his own acts, but his acts and their consequences have become his _____(B)_____, whom he obeys, or whom he may even worship.

	(A)	(B)
①	alienated	slaves
②	estimated	creators
③	prevented	objections
④	excluded	centers
⑤	estranged	masters

Question 5 Which of the following best fits in the blank?

Some anthropologists want to ___________ the word "race" as a classification for human groups. Their first reason is the obvious fact that human history has always involved migration and mobility, which results in interbreeding between different human groups. Therefore, there are no pure races in the human species. Perhaps less well known is the fact that there exist several racial stocks, such as the African Bushman and the Polynesians of the South Pacific, that do not fit any one racial classification but have characteristics of several races. Finally, although the average person may not be aware of it, and may even prefer to think otherwise, the greatest differences among human groups are not those of biology or race, but of culture.

① drop   ② use   ③ regard   ④ specify

 Which of the following best fits in the blank?

> Companies are seeking ever more ___________ places to promote their goods and services. Parking meters, restaurant rest rooms, portable toilets, golf course locker rooms — plus the handles of golf clubs and baseball bats — have all become eligible targets. Many advertisers believe the traditional means of advertising have become less effective, and do not reach the customers they want to target.

① remote ② private ③ famous
④ novel ⑤ persuasive

Question 7 Which of the following best fits in the blanks?

> The bygone belief that education was the province of the ___(A)___, and not required by the masses, has been supplanted by our conviction that education is absolutely ___(B)___ for everyone if our nation is to progress.

	(A)	(B)
①	monarchy	preposterous
②	church	impossible
③	populace	desirable
④	elite	mandatory
⑤	laymen	beneficial

Question 8 Which of the following best fits in the blank?

> Many groups of young people volunteer to teach, without pay, the people of the poor communities how to read and write, how to take care of their water supply and how to better care for their farms and animals. Thus the formerly hopeless members of the communities see that all is not lost. They become ___________________ when they realize that they themselves can make a better future.

① less discouraged
② more interested in making money
③ less satisfied with themselves
④ more disappointed

  Which of the following best fits in the blank?

> Some people believe that progressive rates have a serious effect on the taxpayer's desire to earn money. They believe that the rate of taxation should be more equal between those who receive low incomes and those who receive high incomes. They argue that high rates of taxation penalize the high-income group and tend to reduce the wage earner's desire _______________________ .

① to buy more things
② to sell more things
③ to earn more money
④ to save more money

Questions 10-11 refer to the following passage.

> The solar system is not unique. It is _____(A)_____ to say that throughout the numberless celestial systems there are no other planets which support life in advanced form. The human mind, however, has found it difficult enough to get used to the idea that _____(B)_____ at the center of all things. Even after Copernicus discovered that the earth was not the center of the cosmos, we persisted in believing that the main purpose of the universe is to serve human life.

10 Which is the most suitable for the blank (A)?
① reasonable
② scientific
③ very reasonable
④ reasonable and scientific
⑤ unreasonable and unscientific

11 Which of the following is the most suitable for the blank (B)?
① we are   ② we are not   ③ the earth is
④ it is not   ⑤ they are

  Which of the following best fits in the blank?

For decades, juvenile courts have operated on the theory that young criminals can be turned away from crime more effectively through counseling than by serving prison time. But critics maintain that there is a big difference between the vast majority of delinquents — who may commit only a few minor violations — and a hard core who are responsible for a disproportionate share of crime. By most estimates, fewer than 10 percent of young criminals commit two thirds of serious offenses.

The theory upon which juvenile courts have so far acted ___________ .

① is still fully accepted
② attracts much attention
③ is being criticized
④ deserves much praise

  Which of the following best fits in the blank?

When a word acquires a bad connotation by association with something unpleasant or embarrassing, people may search for substitutes that do not have the ___________ effect — that is, euphemisms.

① primitive   ② emotional   ③ uncomfortable
④ social   ⑤ pleasant

  Which of the following best fits in the blank?

The function of "truth" drugs is to tear down inhibitions that keep the individual from expressing emotions freely. Put a stopper into the spout of a kettle, bring the water in the kettle to a boil, and the steam will force out the stopper. Similarly, inhibitions function as a stopper, and the drugs ___________________ .

① alleviate painful symptoms
② tend to remove them
③ jam down the stopper
④ keep the patient tense

Despite their monumental proportions, the murals of Diego Rivera give his Mexican compatriots the sense that their history is ___________ and human in scale, not remote and larger than life.

① shameful ② accessible ③ untouchable
④ complicated ⑤ overwhelming

Question 16 Which of the following best fits in the blank?

There is a story about a school boy who was asked what he thought God was like. He replied that, as far as he could make out, God was "The sort of person who is always snooping round to see if anyone is enjoying himself and then trying to stop it." And I am afraid that is the sort of idea that the word morality raises in a good many people's minds: something that interferes, something that stops you having a good time. In reality, moral rules are directions for running the human machine. Every moral rule is there to prevent a breakdown, or a strain, or a friction, in the running of that machine. That is why these rules at first seem to be constantly interfering with our ___________. When you are being taught how to use any machine, the instructor keeps on saying, "No, don't do it like that." because, of course, there are all sorts of things that look all right and seem to you the natural way of treating the machine, but do not really work.

① natural inclinations ② religious beliefs ③ moral systems
④ human machine ⑤ ethical standards

Question 17 Which of the following best fits in the blank?

In verbal communication, the meanings of the message are influenced by ___________. If a parent says, "I see you're reading an adult magazine," it may mean "I don't approve of you reading this book. Don't let me see you with it again." But if a friend says the same thing, it may suggest, "I wish I had a copy. Can I have it when you're finished?" When you talk with others, therefore, it is wise to consider the possibility of different meanings as you move from one type of relationship to another.

① the person making the message
② the person receiving the message
③ the time and place of the conversation
④ the physical condition of the speaker

 Which of the following best fits in the blanks?

The minimum amount of time you should spend exercising in a day is 20 minutes. True. There are more than 400 muscles that attach to your skeleton. A good exercise routine should _____(A)_____ and _____(B)_____ all these muscles, and this simply cannot be done with four of five exercise in five or ten minutes.

	(A)	(B)
①	contract	stretch
②	harden	soften
③	fit	unfit
④	contract	relax

Questions 19-20 refer to the following passage.

The one great question left unanswered by the manned landings of the Apollo Project in the 1960s was the moon's origin. Now a growing consensus among astronomers favors the "giant impact" theory, an idea that was discounted by most when it was first put forward in 1975.

The Moon may have gotten its start 4.5 billion years ago when, according to the theory, a planetary projectile about one-seventh the earth's mass collided with the earth. The energy of collision crushed and vaporized major parts of the two globes, sending out a high-velocity jet of material at temperatures as high as 12,000 degrees F. Within just a few hours, some of it came back together far enough away from the earth to remain in orbit. The earth itself re-formed as a _____(A)_____ of the old planet and the bulk of the projectile.

One reason for the appeal of the giant-impact scenario is that it seems to explain all the chemical findings from Apollo. _____(B)_____, the moon rocks lack water, sodium and other volatile materials — precisely the substances that would boil away in the rapid vaporization after impact.

19 빈칸 (A)에 가장 적절한 단어는?
① collision　　　② breakup　　　③ combination　　　④ origin

20 빈칸 (B)에 가장 적절한 단어는?
① Accordingly　　　② For example　　　③ However　　　④ In addition

Plants absorb energy from the sun. This energy flows through a circuit called the biota, which may be represented by a(n) _____(A)_____ consisting of layers. The bottom layer is the soil. A plant layer rests on the soil, an insect layer on the plants, a bird and rodent layer on the insects, and so on up through various animal groups to the apex layer, which consists of the _____(B)_____ .

The species of a layer are alike not in where they came from, or in what they look like, but rather in what they eat. Each _____(C)_____ layer depends on those below it for food and often for other services, and each in turn furnishes food and services to those above. Proceeding upward, each successive layer _____(D)_____ in numerical abundance. Thus, for every carnivore there are hundreds of his prey, thousands of their prey, millions of insects, uncountable plants. The pyramidal form of the system reflects thus numerical progression from _____(E)_____ . Man shares an intermediate layer with the bears, raccoons, and squirrels which eat both meat and vegetables.

21 빈칸 (A)에 들어갈 가장 적절한 말은?

① dependency ② pyramid ③ chain ④ system

22 빈칸 (B)에 들어갈 가장 적절한 말은?
① larger carnivores
② tropical faunas
③ highly organized herbivores
④ large species of animals

23 빈칸 (C)에 들어갈 가장 적절한 말은?

① circulating ② linking ③ revolving ④ successive

24 빈칸 (D)에 들어갈 가장 적절한 말은?

① increases ② decreases ③ subsides ④ contracts

25 빈칸 (E)에 들어갈 가장 적절한 말은?

① zenith to apex ② apex to base ③ abyss to nadir ④ base to apex

Chapter 2

실전 종합 문제

Question 1 What is the best sequence for (A), (B), and (C)?

> Many stores use electronic devices to protect their merchandise, especially clothing.

(A) The tag is keyed to an alarm built into the store's entrance.

(B) If an item is taken through the entrance with the tag still attached, the alarm sounds.

(C) This system is based on a special tag that storeowners attach to certain items.

① (A) - (C) - (B)
② (B) - (A) - (C)
③ (B) - (C) - (A)
④ (C) - (A) - (B)

Questions 2-3 refer to the following passage.

A new civilization is emerging in our lives, and blind men everywhere are trying to suppress it. This new civilization brings with it new family styles; changed ways of working, loving, and living; a new economy; new political conflicts; and beyond all this an altered consciousness as well. Pieces of this new civilization exist today. Millions are already attuning their lives to the rhythms of tomorrow. Others, terrified of the future, are engaged in a desperate, futile flight into the past and are trying to restore the dying world that gave them birth.

2 새 문명에 대한 필자의 생각이 아닌 것은?
① 새 문명의 요소들은 오늘날 현존하고 있다.
② 새 문명은 전통적인 생활양식을 바꾸고 있다.
③ 새 문명은 맹목적인 인간들을 배척하고 있다.
④ 새 문명에 따라가는 사람들은 수없이 많다.
⑤ 새 문명은 의식까지도 변화시키고 있다.

3 밑줄 친 **Others**의 태도를 요약하는 말로 가장 적절한 것은?
① radical   ② pessimistic   ③ escapist
④ regressive   ⑤ sarcastic

 What is the topic of the passage?

When scientists use a device called a calorimeter, the piece of food to be measured is placed inside the device, sealed, and then burned. The energy from the food heats the water surrounding the chamber. By weighing the amount of water heated, noting the increase in the water temperature, and multiplying the two, the energy capacity of the food can be measured. For example, if 10 liters of water surrounding the chamber is 20 degrees centigrade before combustion and then is measured at 25 degrees after combustion, the difference in temperature(5 degrees) is multiplied by the volume of water(10 liters) to arrive at the caloric value(50 calories of energy).

① The energy capacity of food
② Various parts of a calorimeter
③ How to measure food temperature
④ Various roles of water in food science
⑤ How to calculate the caloric value of food

Question 5 다음 글의 문맥으로 보아 바로 앞에 올 수 있는 내용은?

Resignation, however, has also its part to play in the conquest of happiness, and it is a part no less essential than that played by effort. The wise man, though he will not sit down under preventable misfortunes, will not waste time and emotion upon such as are unavoidable.

① How to overcome misfortunes
② Importance of resignation in achieving our happiness
③ Significance of our efforts in seeking our happiness
④ The wise man's conquest of happiness
⑤ A role played by resignation in approaching happiness

Technology catalyzes changes not only in what we do but in how we think. It changes people's awareness of themselves, of one another, of their relationship with the world. (A) <u>The new machine</u> that stands behind the flashing digital signal, unlike the clock, the telescope or the train, is a machine that '______(B)______.' It challenges our notions not only of time and distance, but of mind.

6 밑줄 친 (A) 부분이 지칭하고 있는 것은?

① telescope   ② computer   ③ clock   ④ brain

7 빈칸 (B)에 들어갈 가장 적절한 단어는?

① changes   ② plays   ③ stands   ④ thinks

Question 8 Where does this sentence fit in the passage best?

> As conditions improved, more permanent dwellings began to emerge throughout the colonies.

Did you know that many of the first European settlers in America lived in caves? It is true. (①) These early arrivals had neither the time nor the tools to build anything better. (②) This was especially the case in New England, where winters were harsh. (③) Some type of immediate shelter was needed, and caves would serve this purpose. (④) These hardy colonists, thus, dug caves along the side of a cliff, made a roof of bark supported by poles, and their "castles" were complete. (⑤) Each section of the colonies developed its own fixed-style housing, dependent on the climate and the materials at hand.

The fact that people are no longer tied to specific places for functions such as studying or learning, says Mr. Mitchell, means that there is 'a huge drop in demand for traditional, private, enclosed spaces' such as offices or classrooms, and ______(A)______ 'a huge rise in demand for semi-public spaces that can be informally appropriated to ad-hoc workspaces.' This shift, he thinks, amounts to the biggest change in architecture in this century. In the 20th century architecture was about specialized structures—offices for working, cafeterias for eating, and so forth. This was necessary because workers needed to be near things such as landline phones, fax machines and filing cabinets, and because the economics of building materials favoured repetitive and simple structures, such as grid patterns for cubicles.

The new architecture, says Mr. Mitchell, will make spaces intentionally multifunctional. This means that 21st-century aesthetics will probably be the exact opposite of the sci-fi chic that 20th-century futurists once imagined. Architects are, instead, thinking about light, air, trees and gardens, all in the service of human connections.

9 빈칸 (A)에 들어갈 알맞은 단어는?

① simultaneously   ② erroneously   ③ compulsively

④ impulsively   ⑤ irregularly

10 밑줄 친 부분을 나타낼 때 가장 유사한 의미는?

① intentional   ② special   ③ static

④ luxurious   ⑤ flexible

11 이 글의 제목으로 가장 적절한 것은?

① The Fate of Office Buildings

② The Workers' Needs

③ A New Trend in Architecture

④ The Merits of the 20th Century Architecture

⑤ The Irresponsible Whim of Aesthetics

Desert tundra, or cold desert, occurs on the Arctic edges of North America, Europe, and Asia. In these areas the near eternal freezing temperatures cause an environment in which plant life is virtually impossible. The existence of ice rather than water for the majority of the year means that vegetation lacks sufficient moisture for growth.

During the short period of time when temperature increases enough for the ice to melt, there is generally a large volume of water. This excess of water, coupled with a lack of drainage through the frozen subsoil, does not allow vegetation to flourish.

12　What would be the most appropriate title for the passage?
① Why Cold Deserts Occur
② Where Desert Tundra is Found
③ Vegetation in the Arctic
④ The Weather in the Arctic
⑤ The Variety of Plant Life in Desert Tundra

13　According to the passage, what makes plant life almost impossible in areas of desert tundra during most of the year?
① The frozen state of the water
② The increase in temperature
③ The lack of ice
④ Excessive water on the plants
⑤ Sufficient moisture for growth

14　Which of the following happens when the weather heats up?
① Vegetation lacks sufficient water.
② There is too much water.
③ The days become shorter.
④ Plants can flourish.
⑤ The plant life changes.

It is common knowledge that ability to do a particular job and performance on the job do not go hand in hand. Persons with great potential ability sometimes fall down on the job because of laziness or lack of interest in the job, while persons with mediocre talents have often achieved excellent results through their industry and their loyalty to the interests of their employers. It is clear, therefore, that the final test of any employee is his performance on the job.

15 The most accurate of the following statements, on the basis of the above paragraph, is that ______________.

① employees who lack ability are usually not industrious

② an employee's attitudes are more important than his abilities

③ mediocre employees who are interested in their work are preferable to employees who possess great ability

④ superior capacity for performance should be supplemented with proper attitude

16 On the basis of the above paragraph, the employee of most value to his employer is not necessarily the one who ______________.

① achieves excellent results

② best understands the significance of his duties

③ possesses the greatest talent

④ produces the greatest amount of work

17 According to the above paragraph, an employee's efficiency is best determined by an ______________.

① appraisal of his interest in his work

② evaluation of the work performed by him

③ appraisal of his loyalty to his employer

④ evaluation of his potential ability to perform his work

There is an enormous difference in the ways in which various public officials respond to public pressures, and in the means and methods they employ to deal with them. The best possess understanding of the forces that must be taken into account, determination not to be swerved from the path of public interest, a willingness to make enemies along with a gift for avoiding them, and faith that public support will be forthcoming for the correct course. The poorest are overhesitate, evasive, preoccupied with their relationships with their colleagues, superiors, the press or the political support on which they lean. They will make no move unless the gallery is packed. They confront all embarrassments with a stale, general formula.

18   The title that best expresses the ideas of this paragraph is ______________.
① Political pressure groups
② Mistakes for public officials to avoid
③ Characteristics of public officials
④ Gaining political support

19   The best officials ____________________.
① insist on unanimous support for their ideas
② have confidence in the public
③ respond to pressure groups
④ uniformly follow well-established general procedures

20   A fault of poor public officials not mentioned or implied in the paragraph is ______________.
① dishonesty
② lack of candor
③ indecision
④ lack of independence

Tobacco kills more people than all other drugs combined. The effects of smoking cause heart attacks, lung cancer, oral cancer, memory loss, and countless other diseases. The reason for these health problems is that each cigarette is filled with more than 200 different toxins including nicotine, a drug so powerful that it's more addictive than heroin. Furthermore, second-hand smoke affects countless innocent people who end up suffering for someone else's bad addiction. For this reason, smoking is more dangerous and less excusable than other drugs.

① The baneful influence of tobacco
② Relationship between tobacco and cancer
③ Hazard of second-hand smoking
④ The toxic effects of nicotine

Question 22 다음 글에서 전체 흐름과 관계없는 문장은?

Many hands make light work, but at the same time, too many cooks spoil the broth. Which of these contradictory proverbs shall we believe? ① Both, because in different contexts, both are true to experience. ② If not, they probably would not have survived. ③ Eventually, a lot of proverbs will be forgotten. ④ If the job to be done requires lots of unskilled labor, such as picking up trash, then many hands do make light work. ⑤ However, if the job requires complex skills, such as cooking or writing, then too many cooks do spoil the broth.

Questions 23-25 refer to the following passage.

Prejudice means literally prejudgement, the rejection of a contention out of hand before examining the evidence. Prejudice is the result of powerful emotions, not of sound reasoning. If we wish to find out the truth of a matter, we must approach the question with as nearly open a mind as we can and with a deep awareness of our own limitations and predispositions. On the other hand, if after carefully and openly examining the evidence we reject the proposition, that is not prejudice. It might be called "post-judice." It is certainly a prerequisite for knowledge.

23 With what subject is the passage mainly concerned?

① Knowledge   ② Evidence   ③ Judgements   ④ Limitations

24 According to the passage, prejudice is caused by ____________.

① feelings   ② past experiences   ③ sound reasoning   ④ wisdom

25 Which of the following maxims best applied to the situation described in the passage?

① It takes one to know one.
② Never judge a book by its cover.
③ Still waters run deep.
④ Words are the gateway to knowledge.

Question 26 What is the best sequence for (A), (B), and (C)?

If it's very clear when the sun is rising or setting, you can see a green light that lasts for only a few seconds.

(A) You also need a distant horizon with a distinct edge in order to see a green light.
(B) In addition, if conditions are just right, you will see a red flash that shoots up from the horizon.
(C) That's why a green light is typically seen over the ocean.

① (A) - (C) - (B)
② (B) - (A) - (C)
③ (B) - (C) - (A)
④ (C) - (A) - (B)

In recent times, it has been increasingly the customs for advertisers to borrow the prestige of science and medicine to enhance the reputation of their products. The American people have come to feel for the laboratory scientist and the physician _____(A)_____ once reserved for bishops and statesmen. The alleged approval of such men, thus, carries great weight when it is a question of selling something, or (which is the same thing) inducing someone to believe something. Phrases such as "leading medical authorities say..." or "independent laboratory tests show..." are designed simply to _____(B)_____ the prestige of science, which presumably is incapable of either error or corruption, to a toothpaste or a cereal. Seldom if ever are the precise "medical authorities" or "independent laboratories" named. But the mere phrases have vast weight with the uncritical.

27 What is the passage about?
① The dishonest tactics of advertisers
② The infallibility of scientists
③ The unreliability of physicians
④ The pernicious effect of laboratory testing

28 Why is the tactic of using alleged approval of scientists successful?
① Because the public is uncritical and credulous.
② Because products allegedly endorsed by scientists are better than products that are not.
③ Because scientists make more attactive models than politicians.
④ Because scientists are more trustworthy than priests.

29 Which of the following is part of the author's contention?
① Today bishops and statesmen are held in contempt by the pubic.
② We cannot always be sure whether the doctors and scientists have really testified to the efficacy of the advertised products.
③ Scientists are easily bribed to endorse products of inferior quality.
④ Scientists gain more prestige by remaining invisible.

30 Which word best fits blank (A)?
① an animosity　　　② a scepticism　　　③ an awe　　　④ a sympathy

31 Which word best fits blank (B)?
① borrow　　　② use　　　③ transfer　　　④ concede

The face of the water, in time, became a wonderful book — a book that was a dead language to the uneducated passenger, but which told its mind to the pilot without reserve, delivering its most cherished secrets as clearly as if it spoke them with a voice. The passenger who could not read this book saw nothing but all manner of pretty pictures in it, painted by the sun and shaded by the clouds. To the *pilot, however, it was a highlighted passage. Indeed, it was more than that; for it meant that a wreck or a rock was buried there that could tear the life out of the strongest vessel that ever floated. It is the faintest and simplest expression the water ever makes, and the most frightening to a pilot's eye.

* pilot 수로 안내인

↓

To the passenger, the face of the water reflects _____(A)_____ whereas to the pilot it reveals _____(B)_____ .

	(A)	(B)
①	beauty	pleasure
②	beauty	danger
③	anxiety	pleasure
④	anxiety	danger
⑤	fright	pleasure

Question 33 다음 글 바로 앞 문단의 내용으로 가장 자연스러운 것을 고르시오

We don't know for sure, and we may never know, whether ETs exist on other planets. What we do know is that billions of creatures exist here on Earth, and millions, if not billions, suffer endlessly from the effects of starvation, disease, pollution, war and other disasters. I feel shame to think of the money that has been poured into the black hole of space exploration instead of being used to benefit life right here on this planet.

① Theory of black hole
② Many kinds of disease
③ Study of Earth's surface
④ Investment in space exploration

The place of our retreat was a little neighborhood consisting of farmers, who tilled their own grounds, and were equal strangers to opulence and poverty. As they had almost all the conveniences of life within themselves, they seldom visited towns or cities in search of superfluity. Remote from the polite, they still retained the primeval simplicity of manners; and frugal by habit, they scarcely knew that temperance was as virtue.

34 This paragraph describes ___________.

① a primeval neighborhood

② a place of seclusion

③ virtues of the farmers

④ comforts on the farm

35 Which of the following statements is true?

① Quiet life leads to temperance.

② Politeness and simplicity of manners go hand in hand.

③ Farmers who till their own soil experience poverty.

④ Troubled people seek superabundance.

Questions 1-4 refer to the following passage.

Parents have to be optimists. They have faith in the world and its future, or they can't expect their children to have it. Without faith, it's like an Army captain muttering, "We'll never take that hill," before the battle begins. If you really feel that the world is in a hopeless mess, hide it. Whatever you say should be honest, but don't confuse honesty with total confession; not everything must be said. Don't share your uncertainties about the future with your adolescent. Allow him to explore the future on his own, with your support.

1 When an Army captain mutters, "We'll never take that hill.", he is ___________.
   ① a pessimist
   ② an optimist
   ③ a philosopher
   ④ a fortune-teller

2 You need not say everything to your children because ___________.
   ① it is dishonest not to confess everything
   ② total confession is better than dishonesty
   ③ sometimes total confession may discourage and frighten them
   ④ honesty is the best policy

3 What is the most desirable attitude that parents should have toward their children?
   ① Those who warn their children of the danger lying ahead.
   ② Those who hide everything from their children.
   ③ Those who confess everything to their children.
   ④ Those who let their children find their own ways.

4 "Not everything must be said." means: ___________.
   ① you should not say anything at all
   ② you may say what is necessary, but not all the things there are
   ③ you'd better say everything
   ④ you must pretend you don't know anything

Passive or ___________ smoking occurs when non-smokers find themselves in a smoke-filled atmosphere — elevators, for example, or restaurants or automobiles. Researchers have shown that healthy non-smokers who work in a smoky environment show the same amount of abnormality as do smokers who inhale between one and ten cigarettes a day. More than 30 states and hundreds of local communities now have regulations restricting smoking in public places, and the number is growing every day. Many restaurants divide their facilities into smoking and non-smoking rooms, a practice practically unheard of a decade ago.

5　Choose the best one to fill in the blank.
① involuntary　　　　② willing　　　　③ active　　　　④ conscious

6　Which of the following is the best title?
① Passive Smoking
② How to Treat Smokers
③ Smoking Habit
④ Hazard of Smoking

7　Non-smokers working in a smoky room ___________ .
① come to acquire the smoking habit
② hardly suffer from the smoke
③ injure their health as do the light smokers
④ don't mind the smoke

As a result of the recent oil crisis, 9.9 million of California's 15 million motorists were subjected to an odd-even plan of gas rationing. The governor signed a bill forcing motorists with license plates ending in odd numbers to buy gas only on odd-numbered days, and those ending in even numbers on even-numbered days. Those whose plates were all letters or specially printed had to follow the odd-numbered plan.

Exceptions were made only for emergencies and out-of-state drivers. Those who could not get gas were forced to walk, bike, or skate to work.

This plan was expected to eliminate the long lines at many service stations. Those who tried to purchase more than twenty gallons of gas or tried to fill a more than half filled tank would be fined and possibly imprisoned.

8   All of the following are true except ________________________.
① a gas limit was imposed
② California has 9.9 million drivers
③ the governor signed the bill concerning gas rationing
④ officials hoped that this plan would alleviate long gas lines

9   Those who violated the rationing program ________________________.
① were fined and possibly imprisoned
② were forced to walk, bike, or skate to work
③ were forced to use odd-numbered days
④ had to wait in long lines

10   The gas rationing plan was not binding on ________________________.
① even-numbered license plates
② odd-numbered license plates
③ all-lettered plates
④ out-of-state plates

Until the nineteenth century, when steamships and transcontinental trains made long-distance travel possible for large numbers of people, only a few adventurers, mainly sailor and traders, ever traveled out of their own countries. Abroad was a truly foreign place about which the vast majority of people knew very little indeed. Early map makers, therefore, had little fear of being accused of mistakes, even though they were wildly inaccurate. When they compiled maps, imagination was as important as geographic reality. Nowhere is this more evident than in old maps illustrated with mythical creatures and strange humans.

① Despite their unusual illustration, maps made before the nineteenth century were remarkably accurate.

② Old maps had to include pictures of imaginary animals.

③ Imaginative maps were often drawn before the nineteenth century because so few people had traveled abroad.

④ Before the nineteenth century, map makers drew strange humans in maps because they were scared of mythical animals.

Questions 12-13 refer to the following passage.

It was a difficult decision for Steve and Joyce Lemons to move away from the neighborhood where they both were raised in Chicago. They had hoped to raise their daughters in the same community. About six years ago, the Lemonses began to have doubts about the quality of life in their old neighborhood. Families who had been there for a long time began moving away. Friends disappeared. Many homes were sold. Often they were changed into apartments. Property values decreased as welfare families and illegal immigrants moved into the neighborhood. Crime increased.

12 Why did the Lemonses want to stay in their neighborhood?

① Because families began to move away.

② Because property values decreased.

③ Because they were raised in that neighborhood

④ Because their children were raised in the neighborhood.

13 Why did property values decrease?

① Because of rich families and illegal immigrants.

② Because of well-bred families and new immigrants.

③ Because of poor families and legal immigrants.

④ Because of poor families and illegal immigrants.

The gap between rich and poor countries will also become more glaring in the area of medical care. WHO points out the growing disparity between the North and South in health and life expectancy. The gap will widen with the increasing sophistication of therapeutic methods in the industrialized countries and the inadequate or practically non-existent medical infrastructures in the other half of the world. Perhaps the real scandal of our present situation is that high mortality rates in certain regions may come to be seen as a de facto solution to the problem of rapid population growth. It is necessary to analyse carefully the processes, patterns and time span for world demographic transition, and to study more closely its relationship with the environment.

14 The "North and South" in this paragraph refer to ___________________________ respectively.
   ① communist nations and democratic nations
   ② industrialized countries and primitive regions
   ③ developing countries and less developed countries
   ④ rich countries and poor countries

15 The other half of the world may be characterized by ___________________________.
   ① high death rates
   ② growing disparity
   ③ demographic transition
   ④ medical infrastructure

Question 16 슈나이더씨가 살이 빠진 이유는?

   Mr. Schneider was terribly overweight, so his doctor put him on a diet. "I want you to eat regularly for two days, then skip a day, and repeat this procedure for two weeks. The next time I see you should have lost at least five pounds." When Mr. Schneider returned, he shocked the doctor by having dropped nearly twenty pounds. "That's amazing!" the doctor said. "You did this just by following my instructions?" The slimmed-down Mr. Schneider nodded. "I'll tell you, though, I thought I was going to drop dead that third day." "From hunger, you mean." "No," replied Mr. Schneider, "from skipping."

   ① 3일째는 굶어야 했으므로
   ② 2주 동안 굶어야 했으므로
   ③ 3일째는 종일 뛰느라고
   ④ 의사의 처방을 어겼으므로
   ⑤ 의사의 처방을 제대로 따랐으므로

New technologies and new institutions are combining to substantially alter these four traditional sources of competitive advantage. Natural resources essentially drop out of the competitive equation. Being born rich becomes much less of an advantage than it used to be. Technology gets turned upside down. New product technologies become secondary; new process technologies become primary. And in the near future, the education and skills of the work force will end up being the dominant competitive weapon.

17 Which of the following statements cannot be inferred from the passage above?

① The education and skills of the work force was not a major competitive weapon.

② Natural resources were included in the competitive equation.

③ Four traditional sources of competitive advantage are no longer advantages.

④ Technology was not a source of competitive advantage.

⑤ Being born rich was an advantage.

18 Choose the one which best replaces the underlined "weapon."

① equation	② essence	③ destruction
④ technology	⑤ advantage	

Question 19 Read the following and answer the question.

A recent investigation by scientists at the U.S. Geological Survey shows that strange animal behavior might help predict future earthquakes. Investigators found such occurrences in a ten-kilometer radius of the epicenter of a fairly recent quake. Some birds screeched and flew about wildly; dogs yelped and ran around uncontrollably. Scientists believed that animals can perceive these environmental changes as early as several days before the mishap.

In 1976, after observing animal behavior, the Chinese were able to predict a devastating quake. Although hundreds of thousands of people were killed, the government was able to evacuate millions of other people and thus keep the death toll at a lower level.

Q. Which of the following is not true?

① Some animals may be able to sense an approaching earthquake.

② By observing animal behavior, scientists perhaps can predict earthquakes.

③ The Chinese have successfully predicted an earthquake and saved many lives.

④ All birds and dogs in ten-kilometer radius of the epicenter went wild before the quake.

At night, schools of prey and predators are almost always spectacularly illuminated by the bioluminescence produced by the microscopic and larger plankton. The reason for the ubiquitous production of light by the microorganism of the sea remains obscure, and suggested explanations are controversial. It has been suggested that light is a kind of inadvertent by-product of life in transparent organisms. It has also been hypothesized that the emission of light on disturbance is advantageous to the plankton in making the predators of the plankton conspicuous to their predators.

Unquestionably, it does act this way. Indeed, some fisheries base the detection of their prey on the bioluminescence that the fish excite. It is difficult, however, to defend the thesis that this effect was the direct factor in the original development of bioluminescence, since the effect was of no advantage to the individual microorganism that first developed it.

20　Which of the following is the primary topic of the passage?
　① The origin of bioluminescence in plankton predators
　② The advantages of bioluminescence to the plankton
　③ The varieties of marine bioluminescence life forms
　④ Symbiotic relationships between predators and their prey
　⑤ Hypotheses on the causes of bioluminescence in plankton

21　The underlined word 'their' refers to ______________.
　① the plankton
　② the predators of the plankton
　③ schools of prey
　④ the ubiquitous production
　⑤ the individual microorganism

Questions 22-23 refer to the following passage.

If the current rate of divorce in America continues, at least half of the children under eighteen will experience the divorce of their parents. Divorce is a traumatic experience for parents and children. It can provoke aberrant behaviour on the part of both parents and children when emotional resources to deal with aberrance are completely drained. My own experiences as a family law practitioner have convinced me that it is a rare child whose moral development will be untouched by the experience.

22 Which is not true of the above passage?
① The divorce rate in America is extremely high.
② Not less than half of the children under eighteen will live in broken homes.
③ Divorce is a disturbing experience for both children and parents.
④ Divorce makes both children and parents slip mentally from the right path.
⑤ On some occasions, children are not affected by the experience of their parents' divorce.

23 What is meant by the underlined word?
① exhausted   ② given up   ③ withheld
④ wasted   ⑤ restored

Questions 24-25 refer to the following passage.

In 1626, Peter Minute, governor of the Dutch settlement in North America known as New Amsterdam, negotiated with Indian chiefs for the purchase of Manhattan Island for merchandise valued at sixty guilders or about $24.12 an investment that was worth more than seven billion dollars three centuries later.

24 In exchange for their island, the Indian received ___________.
① sixty Dutch guilders
② $24.12
③ goods and supplies
④ land in New Amsterdam

25 On what date was Manhattan valued at seven billion dollars?
① 1626   ② 1726   ③ 1656   ④ 1926

Decrease/Increase in Back Pain After an Exercise Therapy Program

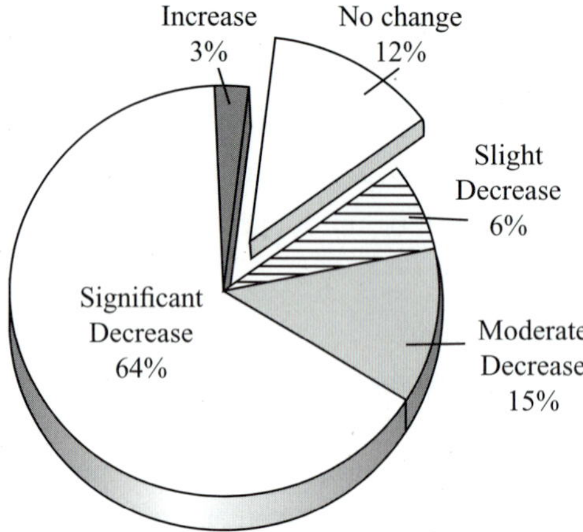

① The lowest percentage of the patients who exercised felt worse after the program.

② The program helped reduce pain in more than 80 percent of the patients who participated.

③ The patients who felt worse or no change in pain were greater in percentage than those who felt a moderate decrease.

④ There were fewer patients who felt a slight decrease in pain than those who felt a moderate decrease.

⑤ The patients who felt a significant decrease in pain outnumbered the total of the other participants in the program.

Question 27 Which of the following is the best title?

   A condominium in Yio Chu Kang has resorted to publicly naming residents who are late in paying their maintenance fees, in what is seen as the infamous 'OwePay' tactic being used by loan sharks. The Castle Green Condominium management committee has been pasting lists of residents' names on notice boards next to letter-boxes and in lifts at the blocks where they live, including the amounts — ranging from over $1,000 to $10,000 — they owed, reported The New Paper on Tuesday. Next to each list is a notice warning that legal action may be taken against those who fail to pay up the late monthly maintenance fee, which is about $700 every quarter for residents in the 664-unit condo along Yio Chu Kang Road. Owners of bigger units have to pay more.

① Agony of the Renters
② How to Avoid Paying Rental Fees
③ Loan Shark Crackdown
④ Name and Shame
⑤ Public Notice

I travelled to South America on a cargo boat which took a whole month to reach Buenos Aires. Before I set sail I was sure I had in me more of the pioneering spirit than even Columbus himself, but I soon decided that riding the waves was not one of my strong points, for the smell of the engines in our small ship and the constant vibration turned my stomach, and I experienced none of the joys of the cruel sea. In fact, I was horribly ill for almost the entire journey, although I was just able to emerge at the end of it to enjoy the unbelievable beauties of Rio with its mountains behind, the gigantic blue butterflies, and the blue and white foam of the enormous breakers on its honey coloured sand.

① cargo   ② blue butterflies   ③ engine fumes   ④ coloured sand

Question 29 What is the topic of the passage?

Growing native plants in a garden is catching on like wildfire. Natives often attract more birds and pollinators such as bees and butterflies, increasing their diversity to your garden. Imitating a native landscape in an isolated urban yard, however, does not do all that much to make up for lost native habitat. So what is the most ecological use of your garden? At the top of the list is gardening for your own food. There is no reason that what you plant for birds, butterflies, and bees cannot also feed you and your family. Sunflowers are often called 'nature's bird feeders,' but you can plant enough to share the oil-rich seeds. Many fruit trees in your garden can also feed both birds and you.

① Uses of native plants in the wild as food suppliers
② Necessities of preserving the native landscapes
③ Increasing diversity of wild plants in a garden
④ Growing food plants in a garden for humans and animals
⑤ Ecological distinction between birds and pollinators

"A sound mind in a sound body" has been a medical ideal since ancient times. The phrase was ___________ intended simply to emphasize the importance of a balanced concern toward physical plus mental health. However, as scientists continue to unravel the layers of interdependence between these two delicately entwined parts of ourselves, it becomes clearer that a strong, fit, healthy body is an essential element in a happy, secure, psychologically healthy human being.

30 윗글 다음에는 어떤 주제의 글이 이어지겠는가?

① How to make a body strong and healthy

② The importance of mental health

③ A balance between physical and mental health

④ Scientific researches on the ancients

31 빈칸에 적절한 부사는?

① superficially　　　② originally　　　③ recently　　　④ involuntarily

Question 32 What is the best sequence for (A), (B), (C) and (D)?

(A) Born a slave in North Carolina, Harriet Jacobs was taught to read and write by her mistress.

(B) Although her owner believed so, she in fact spent almost seven years hidden in the tiny dark attic.

(C) She wanted to get away from the master so much that she started a rumor that she had fled North.

(D) On her mistress's death, Jacobs was sold to a white master who harassed her very much.

① (A) - (B) - (C) - (D)

② (A) - (D) - (C) - (B)

③ (D) - (C) - (B) - (A)

④ (C) - (A) - (B) - (D)

⑤ (B) - (D) - (A) - (C)

 다음 글에서 필자가 주유소 종업원의 말을 듣고 느꼈을 감정으로 가장 적절한 것은?

Having just received my driver's license, I was feeling quite independent and mature driving the car when my mother suggested we stop for gas. I pulled up to the pumps and confidently said, "Fill it up with regular unleaded." At last I had truly crossed the 'threshold' into the adult world. Or so I thought, until the attendant appeared on the passenger side of the car and said to my mother, "That'll be ten dollars, please."

① 두렵다　　　　② 의기양양하다　　　　③ 섭섭하다　　　　④ 후련하다

Question 34 Where does this sentence fit in the passage best?

For instance, because they didn't know about many of the disease that we are familiar with today, they thought that spirits and demons made people ill.

In ancient times, people often made up superstitious customs as a way of dealing with things that they did not understand. (A) They followed superstitious customs in order to try to control the evil spirits. (B) In Greece long ago, mothers had a way of keeping witches and bad spirits away from their sleeping babies. When a mother put her baby down to sleep, she would sing a lullaby. (C) Then she would stand in front of a fire and turn around three times. This was believed to keep the baby safe. (D)

① (A)　　　　② (B)　　　　③ (C)　　　　④ (D)

Question 35 다음 글에서 전체적인 흐름과 관계없는 문장은?

Some students make the mistake of thinking that mathematics consists solely of solving problems by means of formulas and rules. ① To become successful problem solvers, however, they have to appreciate the theory, recognizing the logical structure and reasoning behind the mathematical methods. ② To do so requires a precision of understanding the exact meaning of a mathematical statement and of expressing thoughts with accuracy and clarity. ③ However, this precision cannot be achieved without real appreciation of the subtleties of language. ④ In fact, anyone can advance much beyond mere problem solving tasks without manipulating mathematical formulas and rules. That is, superior ability in the use of language is a prerequisite to become successful problem solvers.

How much ___(A)___ does a person need for a comfortable living? What happens when his ___(A)___ requirements are not adequately met? Sociologists and psychologists are conducting experiments on rats to try to determine the effects of overcrowded conditions on man. Recent studies have shown that the behavior of rats is greatly affected by ___(A)___. If rats have adequate ___(A)___, they eat well, sleep well and reproduce well. But, if their living conditions become too crowded, their behavior patterns and even their health change perceptibly. They cannot sleep and eat well, and signs of fear become obvious. The more crowded they are, the more they tend to bite each other and even kill each other. Thus, for rats, ___(B)___. Is this a natural law for human society as well?

1 Which is the most appropriate word for the blank (A)?

① sleep   ② energy   ③ leisure   ④ space

2 Choose the most suitable clause for the blank (B).

① population and violence are directly related
② overcrowded conditions change health problems
③ population affects sleeping and eating behavior
④ biting and killing cause signs of fear

3 According to this passage, which of the following is the correct statement?

① Rats reproduce well regardless of their living conditions.
② Psychologists are interested in experiments on human behavior patterns.
③ Overcrowded living conditions may alter human behavior patterns.
④ Sociologists are more concerned about human behavior than about rats.

A simple experiment will distinguish two of human nature. Gather a throng of people and pour them into a ferry-boat. By the time boat has swung into the river you will find that a certain proportion have taken the trouble to climb upstairs, in order to be out on deck and see what is to be seen as they cross over. The rest have settled indoors to think what they will do upon reaching the other side. We may divide all the alert passengers on the boat into two classes — those who are interested in "crossing the rivers" and those who are merely interested in getting across. And we may divide all the people of the earth or all the moods of people, in the same way. Some of them are chiefly occupied with attaining ends, and some with receiving experiences. Some distinction of the two will be more marked when we name the first mind practical, and the second poetic, for common knowledge recognizes that a person poetic or in a poetic mood is impractical, and practical person is intolerant of poetry.

4 What does the writer mean by "crossing the rivers?"

① Reaching the other side of the river

② Observing whatever they can as they cross over

③ Being interested only in getting across the river

④ Thinking what they will do when they reach the other side

5 "Those who are merely interested in getting across" represent ________________.

① those who are mainly interested in receiving experiences

② those who are poetic or in a poetic mood

③ those who are mainly interested in reaching goals

④ those who spend most of their time having many different kinds of experiences

6 Which of the following statements is NOT true to the above paragraph?

① One who is interested in "crossing the river" represents a poetic person.

② People generally say that a practical person cannot endure poetry.

③ The chief concern of the poetic mind is receiving experiences.

④ A poetic person is not interested in observing the river.

 What is the best sequence for (A), (B), (C), (D) and (E)?

(A) Knowledge is the stuff from which new ideas are made.

(B) Their knowledge just sat in their crania because they didn't think about what they knew in any new ways.

(C) We've all known people who knew lots of facts and nothing creative happened.

(D) Nonetheless, knowledge alone won't make a person creative.

(E) The real key to being creative lies in what you do with your knowledge.

① (A) - (B) - (C) - (D) - (E)
② (A) - (C) - (D) - (B) - (E)
③ (A) - (C) - (B) - (D) - (E)
④ (A) - (D) - (C) - (B) - (E)
⑤ (A) - (D) - (B) - (C) - (E)

Question 8 What is an appropriate title for this passage?

Myths try to answer several questions. Where did the world come from? What are the gods like, and where did they come from? How did humanity originate? Why is there evil in the world? What happens to people after they die? Myths also try to account for a society's customs and rituals. Beyond giving such explanations, myths are used to justify the way a society lives. Ruling families in several ancient civilizations found justification for their power in myths that described their origin in the world of the gods or in heaven. In India the breakdown of society into castes is based on ancient mythology that emerged in the Indus Valley after 1500 B.C.

① Types of Myths
② Functions of Myths
③ Myths of Customs
④ Myths of the Gods

(A) I sent the prospectus to my brother in Denver, and it is possible that he would be interested.

(B) I'm sure you will find all the capital you need, and I wish you every success.

(C) Although it looks very appealing, and is not something we are prepared to get into at the moment.

(D) Thank you for sending us the information on your real estate trust investment opportunity.

① (A) - (B) - (C) - (D)
② (A) - (C) - (B) - (D)
③ (D) - (A) - (C) - (B)
④ (D) - (C) - (A) - (B)

Question 10 다음 글 다음에 올 내용으로 가장 적절한 것은?

Our primary purpose is to define irreversible coma as a new criterion for death. There are two reasons why there is need for a definition: Improvements in resuscitative and supportive measures have led to increased efforts to save those who are desperately injured. Sometimes these efforts have only partial success so that the result is an individual whose heart continues to beat but whose brain is irreversibly damaged. The burden is great on patients who suffer permanent loss of intellect, on their families, on the hospitals, and on those in need of hospital beds already occupied by these comatose patients. Obsolete criteria for the definition of death can lead to controversy in obtaining organs for transplantation.

① The characteristics of irreversible coma
② The humanistic problems of the critically injured
③ Partial success in comatose patients
④ Efforts to save people from serious coma

Certain aspects of the greenhouse phenomenon are well understood. When certain gases are released into the air they remain there and block the escape of heat into the atmosphere — similar to the effect of glass in a greenhouse. These greenhouse gases allow sunlight to pass through them and reach the earth. But they prevent the heat radiated by the earth from escaping into space, thereby creating a "greenhouse effect." That process is a natural one, and it's vital to life on earth as we know it. In fact, without a greenhouse effect, our planet would be an iceberg — about 50 degrees colder than it is now.

11   The title that best expresses the idea of the passage is ________________.
① Defining the Greenhouse Effect
② The Problems of the Greenhouse Effect
③ Solutions to the Greenhouse Effect
④ Causes of the Greenhouse Effect

12   The author believes that ________________.
① we should try to get rid of the greenhouse effect
② we don't know anything about the greenhouse effect
③ we need the greenhouse effect
④ gases in the air and the glass in a greenhouse play different roles.

13   According to the passage, what can the next logical argument be?
① But, man should work to get rid of the greenhouse effect.
② However, man has changed the balance of the greenhouse effect.
③ However, things will remain the same.
④ However, man must make an effort to change the greenhouse effect.

Questions 14-16 refer to the following passage.

From the agency's failure to anticipate India's nuclear test in 1998 to the as yet unsubstantiated reports about Iraq's <u>illicit</u> weapons capabilities, the weakness of the agency's human intelligence operations has been manifest in repeated embarrassments. At critical junctures, intelligence officials have acknowledged in recent testimony and interviews, the C.I.A. has proved __________ to recruit agents who could provide reliable information about Saddam Hussein's government and Al Qaeda, and has had to rely extensively on foreign intelligence services whose information is often unreliable.

14 According to the passage, why has the agency recently failed in a series of intelligence operations?
① Because of distorted information from untrained agents
② Because of overdependence on foreign intelligence services
③ Because of too discrepant information from different sources
④ Because of unreliable information from foreign-stationed agents
⑤ Because of overdependence on geographic information technology

15 지문의 밑줄 친 illicit과 의미가 가장 가까운 것은 무엇인가?
① outlawed   ② proved   ③ uncertain
④ lethal   ⑤ explosive

16 빈칸에 적합한 가장 적절한 것을 고르시오.
① successful   ② competent   ③ productive
④ overconfident   ⑤ unable

But the bigness complexes of today require that we sacrifice one or the other.

(①) The principles of representative democracy and the principles of free-market economics were able to coexist in the small-scale schematic of eighteenth-century America. (②) We can refuse to bail out the big companies while letting the economy falter — dragging into penury no small number of Americans — and fail in our oath to caretake the interests of the people. (③) Or we can sacrifice free-market principles and fund the bailouts and let corporate obesity run riot till it crashes power-drunk into another wall — and it will, it always does. (④) "The irony," says James Brock, "is that we have established a reverse economic Darwinism, where we ensure the survival of the fattest, not the fittest, the biggest, not the best." (⑤)

Questions 18-19 refer to the following passage.

The utter degradation of black experience is central to the problem of poverty and mental retardation. But if the poor black has suffered from the stigma of race, the poor white has suffered from the stigma of not having succeeded in a society which places few racial barriers before him. A white man's failure in an America which preaches upward mobility is of itself a unique indictment of inferiority. To what else can a white man's poverty be ascribed? The effect of being considered white trash at least approximates that of being branded nigger; the poor white man, like the poor black man, has his own special burden to bear.

18   The poor white has suffered from the stigma of _______________________.
　　① being white and being poor
　　② being unable to educate himself or his family
　　③ having to compete with poor blacks for same jobs
　　④ having succeeded where there are few racial barriers before him

19   The attitude of the author toward his subject can best be described as ___________.
　　① indignant　　　　　② detached　　　　　③ condescending　　　　④ over-simplified

Another important cause of longevity among the Caucasians is a stable cultural environment with certain expectations. First, the goals of the Caucasians do not overreach the possibilities of attainment. Unlike many Americans who want to be chairmen of the boards of presidents of the companies, goals which they can never attain, the goals of the Caucasians tend to be realistic and attainable within their cultural milieu. Their goals are more people-oriented. They concentrate _____(A)_____ being hospitable and generous towards others, goals which are not only attainable, but also contribute _____(B)_____ the overall well-being of the social group. Because the goals of the Caucasians are realistic and attainable, emotional tensions are reduced.

20 The above passage is a causal analysis of the fact that the Caucasians ___________________.
① live a long life
② live a good and happy life
③ are different from the Americans
④ are satisfied with their cultural environment
⑤ are kind and generous to others

21 밑줄 친 부분과 뜻이 가장 가까운 것은?
① The Caucasians have only a few goals.
② The goals of the Caucasians are not attainable.
③ The Caucasians cannot have any goals.
④ The goals of the Caucasians can be reached.
⑤ The goals of the Caucasians are hard to attain.

22 빈칸 (A)와 (B)에 각각 들어갈 가장 적당한 것은?
① at - for　　　② with - for　　　③ on - to
④ to - towards　　　⑤ for - on

The world's supply of food is not evenly _____(A)_____. Contrasts between poverty and plenty are obvious. In certain countries, nearly everyone has _____(B)_____ food, but in other countries a large portion of the population are hungry. In these countries too, a few people have plenty of food, while the others go hungry. If the highly industrialized nations decided to limit their own _____(C)_____ of bread and rice and share the surplus among the poorer countries this would probably have a considerable effect on the standard of living in Asia and Africa.

23 빈칸 (A)에 가장 알맞은 것은?

① distributed   ② compared   ③ divided   ④ fed

24 빈칸 (B)에 가장 알맞은 것은?

① efficient   ② sufficient   ③ deficient   ④ wasted

25 빈칸 (C)에 가장 알맞은 것은?

① production   ② consumption   ③ quality   ④ standard

26 지문의 내용과 다른 것은?

① The supply of food in poorer countries is evenly given out.

② A few people in poor countries have enough food.

③ Some countries spend more food than others.

④ Some rich countries can afford to help poor ones with the surplus of food.

27 지문의 내용을 가장 잘 요약한 것은?

① It is obvious that the population of the world is underfed.

② Obviously the distribution of the world's food supply is not even.

③ Nearly everyone in the world can afford to have sufficient food.

④ There is not enough food for the whole population of the world.

At the center of our solar system is a star called the Sun. It is a ball of very hot gases. Its diameter is more than 100 times as big as that of the Earth. It gives off powerful rays of light in the form of radiant energy. This energy travels to the Earth at a speed of approximately 300,000 kilometers per second. This means that sunlight takes 8.33 minutes to get to Earth.

The temperature on the surface of the Sun is about 5,520 Celsius, and it is much hotter inside. Scientists now believe that the heat of the Sun comes from natural atomic energy. In this process, hydrogen is believed to be changed to helium with an enormous amount of energy given off. The mass(matter) is changed to energy. This energy is in the form of heat, light, and other forms of radiation.

It can be inferred from the passage that the temperature of the outer rim of the Sun is

_________________________.

① hotter than the Earth's interior
② cooler than the Sun's interior
③ as hot as the Earth's interior
④ as hot as the Sun's interior
⑤ cooler than the Earth's interior

Question 29 Where does this sentence fit in the passage best?

It is now clear, from the result of the first research studies of this subject, dating from the 1960s, that all of these opinions are wrong.

(A) The first step in considering the nature of sign language is to eradicate traditional misconceptions about its structure and function. (B) Popular opinions about the matter are quite plain: sign language is not a real language but little more than a system of sophisticated gesturing; signs are simply pictorial representations of external reality; and because of this, there is just one sign language, which can be understood all over the world. (C) A clear distinction must be drawn, first of all, between sign language and gesture. To sign is to use the hands in a conscious, "verbal" manner to express the same range of meaning as would be achieved by speech. (D)

① (A)　　　　　② (B)　　　　　③ (C)　　　　　④ (D)

Plutarch loved those who could use life for grand purposes and depart from it grandly, but he would not pass over weaknesses and vices which marred the grandeur. His hero of heroes is Alexander the Great: he loved him above all other men, while his abomination of abominations is bad faith, dishonorable action. Nevertheless he tells, with no attempt to extenuate, how Alexander promised a safe conduct to a brave Persian army if they surrendered and then, "even as they were marching away he fell upon them and put them all to the sword," "a breach of his word," Plutarch says sadly, "which is a lasting blemish to his achievements." He adds piteously, "but the only one": He hated to tell that story.

30 How did Plutarch feel about Alexander the Great?
① He loved him except for one action.
② He loved him without reservation.
③ He thought he had treated the Persian army bravely.
④ He hated his achievements.

31 What human failure did Plutarch hate?
① defeat in battle   ② murder   ③ abomination   ④ treachery

32 The author indicates that Plutarch, in his account of Alexander's treatment of the Persians, was speaking __________ .
① impulsively   ② reluctantly   ③ forgivingly   ④ spitefully

Question 33 What does the pronoun "It" refer to?

It means more than holding your hand over your heart during the national anthem. It means more than walking into a voting booth every two or four years and pulling a lever. It is a love and a duty, a love of country expressed in good citizenship.

① Democracy   ② Socialism   ③ Capitalism
④ Patriotism   ⑤ Monarchy

Anchoring — settling to a certain price range — influences all kinds of purchases. Uri Simonsohn and George Lowenstein, for example, found that people who move from inexpensive areas to moderately priced cities do not increase their spending to fit the new area. Rather, these people spend an amount similar to what they were used to in their previous area, even if this means having to squeeze themselves and their families into smaller or less comfortable homes. Likewise, people moving from more expensive cities sink the same amount of dollars into their new housing situations as they did in the past. People who move from an expensive area do not generally downsize their spending much once they move to a moderately priced city.

⬇

> People who ____(A)____ to a new region generally remain anchored to the prices in their ____(B)____ location.

	(A)	(B)
①	move	former
②	move	future
③	contribute	current
④	contribute	former
⑤	adjust	future

A poem will live or die depending on how it is read. There are a few pointers about the oral recitation of poetry. ① Read the poem once slowly aloud without writing or marking anything. ② Listen closely when the presenter reads the poem. ③ Don't stop until you finish the poem, even if you don't know the meaning or pronunciation of a word. ④ When you have finished, reflect for a moment on any words, images, and characters that caught your attention. ⑤ Write down these items in your notebook, and read the poem again silently.

Questions 1-3 refer to the following passage.

Sometimes the questions of a fool are hard to distinguish from those of a genius. It's the answers that tell them apart. Stephen Hawking has lately been weighing a question on a par with what you would hear from the village fool: why can we remember the past, yet not the future? At scientific conference last week on "Particles, Strings and Cosmology," the Cambridge University physicist, as famous for being crippled as for discovering the weirdnesses of black holes, proved that time runs forward. The difference between Hawking and an ordinary mortal reaching that conclusion is that when Hawking does, and explains why, he reveals deeper truths of modern physics.

1   Choose the best title for the passage.
  ① Why is a genius a genius?
  ② What makes a genius a fool?
  ③ What is the arrow of time?
  ④ Who is the genius in cosmology?
  ⑤ Why cannot the future be remembered?

2   According to the passage, a genius ________________________.
  ① does not remember the past
  ② and a fool can be distinguished from their questions
  ③ is as foolish as a village fool
  ④ can always give better questions than a fool
  ⑤ often asks very strange questions

3   Choose the one which best replaces the underlined part.
  ① superior to
  ② inferior to
  ③ harmonious with
  ④ different from
  ⑤ similar to

I can see the farm yet, with perfect clearness. I can see all its belongings, all its details; the family room of the house, with a "trundle" bed in one corner and a spinning-wheel in another — a wheel whose rising and falling wail, heard from a distance, was the mournfulest of all sounds to me and made me homesick and low-spirited and filled my atmosphere with the wandering spirit of the dead; the vast fireplace, piled high on winter nights with flaming hickory logs from whose ends a sugary sap bubbled out but did not go to waste, for we scraped it off and ate it; the lazy cat spread out on the rough hearthstones; the drowsy dogs braced against the jams and blinking; my mother in one chimney corner; my father in the other, smoking his corn-cob pipe.

4 위와 같은 종류의 글이 나올만한 곳은?

① Historical document

② Curriculum vitae

③ Critical essay

④ Autobiography

5 윗글에서 밑줄 친 동사 "see"를 대신할 수 있는 것은?

① understand ② memorize ③ remember ④ perceive

6 윗글의 내용과 일치하는 것은?

① Rising and falling wail is heard from a distance.

② Some children are in front of the vast fireplace.

③ There are some cats and dogs outside the farmhouse.

④ A housewife is cooking while her husband smoking.

7 윗글이 지니는 문체상의 특징을 한 마디로 요약하면?

① loose ② dramatic ③ logical ④ balanced

While both art and science are ultimately concerned with the pursuit of truth, the process and methods employed by the artist, on the one hand, and by the scientist, on the other, vary to a considerable degree. The scientist, whether physical or social, is concerned principally with the problem of analyzing materials or events, while the method of the artist is primarily _____(A)_____ . The scientist isolates, _____(B)_____ and separates matter into its constituent parts for purposes of analysis; the artist selects his materials, assembles, composes and builds. The scientist has to concern himself with the objective world of facts and phenomena; the artist deals more with the subjective world of human action.

8 빈칸 (A)에 가장 알맞은 것은?

① synthesizing　　　② rationalizing　　　③ individualizing　　　④ identifying

9 빈칸 (B)에 가장 알맞은 것은?
① breaks things down
② puts things together
③ sets things up
④ puts things down

10 윗글의 제목으로 가장 적절한 것은?
① Analysis vs. Synthesis
② Truth vs. Falsehood
③ Subjective Methods vs. Objective Methods
④ Art vs. Science

Question 11 Where does this sentence fit in the passage best?

However, there are some things that words cannot express.

Many people use MSN Messenger to keep in touch with their close friends, as well as make new ones. No matter how far away you may be, with Messenger, you can always chat as if you were just next door. (A) Messenger users often have unique nicknames. (B) Since people can't see each other's faces through the system, people like to make up names that show their personalities. (C) That is why MSN Korea now offers an Avatar service for their Messenger users. (D) With "Multi-Avatars," you can choose an Avatar that best represents you from a variety of different images.

① (A)　　　　② (B)　　　　③ (C)　　　　④ (D)

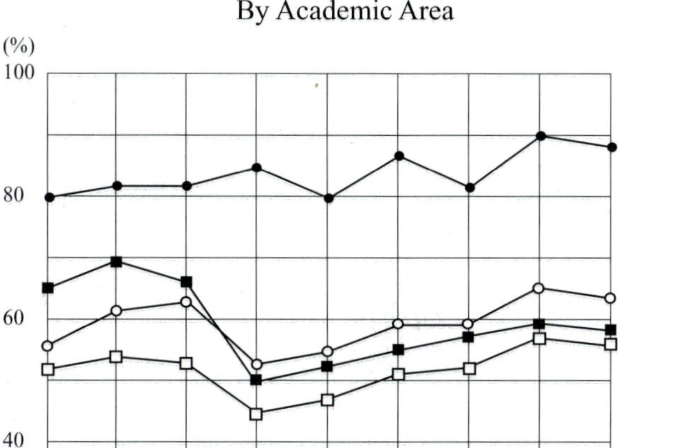

① Unlike other academic areas, Medicine showed a consistently higher employment rate for its college graduates.

② Only one academic area displayed an increase in its college graduates employment rate between 1997 and 1998.

③ From 1998 to 2000, the college graduates employment rate continuously increased in all areas except one.

④ From 2001 to 2002, the employment rate for college graduates rose in all academic areas.

⑤ All academic areas reached their peak in their college graduates employment rate in 2002.

Question 13 Where does this sentence fit in the passage best?

> However, being socially responsible does not mean that a company must abandon its primary economic mission.

Corporate social responsibility means that a corporation should be held accountable for any of its actions that affect people. (①) It implies that negative business impacts on people and society should be corrected if at all possible. (②) It may require a company to give up some profits if its social impacts are seriously harmful to some of the corporation's investors. (③) This also doesn't suggest that socially responsible firms cannot be as profitable as other less socially responsible firms. (④) Social responsibility requires companies to balance the benefits to be gained against the costs of achieving those benefits. (⑤)

 Refer to the following passage.

It is generally believed that much of modern Western thought has its origin in Greek philosophy. However, in the post-Roman Empire period, many important Greek works were destroyed. It was largely to the credit of the Islamic rulers of the 9th to 12th century that some of these works were recovered, translated, and analyzed. The Arab, Persian and Jewish scholars of the time built upon the knowledge they had gathered. Trade with China and India provided access to the knowledge developed in the Eastern societies for centuries. The scholars in the Middle East further created their own ideas and innovations. In a historical twist, their works were destroyed by Mongol invaders and others, but Western universities secured and preserved some of them. Therefore, critical and independent inquiry is needed to ascertain to what extent the evolution of knowledge is a result of cross-fertilization of ideas between people from different parts of the world.

The author's main purpose in the passage is ________________________.

① to track the origin of Greek philosophy
② to lament the destruction of modern Western thought
③ to illustrate the recovery processes of modern Western thought
④ to show how trade affected modern Western thought
⑤ to propose interactional nature of modern Western thought

Question 15 Which of the following is a correct statement?

Metropolitan mayoral election winners					
Metropolitan cities ▶◀	# ▶◀	Candidate ▶◀	Party ▶◀	Votes ▶◀	Percentage ▶◀
Seoul	1	Oh Se-hoon	Grand National	2,059,715	47.43%
Gwangju	2	Gang Un-tae	Democratic	297,003	56.73%
Daegu	1	Kim Bum-il	Grand National	633,118	72.92%
Daejeon	3	Yum Hong-cheol	Liberty Forward	276,122	46.67%
Busan	1	Heo Nam-sik	Grand National	770,507	55.42%
Ulsan	1	Park Maeng-woo	Grand National	279,421	61.26%
Incheon	2	Song young-kil	Democratic	556,902	52.69%

① Those mayors who did not win a majority are from Seoul, Daejeon, Busan and Ulsan.
② Mayor Oh from the Grand National Party earned over two million votes, but the percentage is the lowest.
③ All the mayors from the Grand National Party as well as the Democratic Party won a majority.
④ Only one mayor from the Liberty Forward won the metropolitan mayoral election.
⑤ Mayor Kim marks the highest percentage, but he earned the lowest number of votes.

The Statue of Liberty is one of the world's largest and greatest statues. The statue symbolizes freedom and the friendship between two democracies, France and the United States. The Statue is of a proud woman dressed in a flowing robe. Her left arm holds a tablet with the date of the Declaration of Independence on it. Her right arm lifts a torch high into the air. On her head rests a crown with huge spikes, and at her feet is a broken shackle. The statue stands on Liberty Island in New York Bay. It measures __________ from sandals to torch. A granite and concrete pedestal holds the statue. The interior of the statue has two parallel stairways that spiral up from the base to the crown. Each stairway has 168 steps. The statue's exterior is made of thin sheets of hammered copper over a framework of iron.

16 Fill in the blank with a suitable one.
① 151 feet tall
② 151 foot tall
③ 151 feet wide
④ 151 foot wide

17 According to the passage, the Statue of Liberty represents __________.
① freedom and the friendship between France and the U.S.
② a proud woman dressed in a costly robe
③ the Declaration of Independence
④ spiraling up from the base to the crown

18 According to the passage, the statue __________.
① is lighted by a torch
② is guarded by a clown with huge spikes
③ is held by a granite and concrete pedestal
④ is made of tin and copper

Studying the emergence of the novel is a little like reading one of those historical accounts of the emergence of the human species; all sorts of near-misses occur, dead-ends of development peter out, and then — miraculously — all the required ingredients come together and human beings come into being. And just as researchers are still arguing about 'disputed ancestors' of the human species, so too literary critics and historians are by no means in total agreement about who the ancestors of the novel are, or indeed, when the novel comes into existence. (The argument about when apes end and human begin is paralleled by arguments about whether various forms of early narrative should or shouldn't be described as 'novels.') There is, moreover, a running debate between those who see prose fiction as 'universal and ancient form with a continuous history,' and those who prefer to emphasize the distinctiveness of that which emerged in the early eighteenth century, and who speak of the novel as a new form which had its birth then.

19 The author is primarily concerned with ________________.

① the literary denigration of novels

② the critical evaluations of the novels of the early 18th century

③ the comparisons of the emergence of novels and the human beings

④ different views on the birth of novels

⑤ the implications of the emergence of novels

20 Which of the following best expresses the relationship of the first sentence to the rest of the passage?

① Quotation from an authority followed by conflicting views

② Assertion followed by analysis

③ Objective statement followed by personal opinion

④ Challenge followed by specific instance

⑤ Analogy followed by specific instance

Japan is different from certain "old" Western cultures because it has been left to itself so much. In the same 2,500 years the British Isles were invaded by Romans, Angles, Saxons, and Normans, and after that the British themselves went invading and exploring. Blood was mixed, and culture was opened up. During all that time the Japanese sat at home, uninvaded and disinclined to sail off to see what the rest of the world might hold. The effect of this long isolation was a distinctive culture and the isolation of a "pure" racial group, which tempted people to think race and culture were the same. The Japanese sense of separateness rises to the level of race because the Japanese system is closed. The United States is built on the principle of voluntary association, in theory anyone can become an American. A place in Japanese society is open only to those who are born Japanese.

21　위 글의 내용과 가장 잘 부합하는 글은?

① For the past 2,500 years Japan has suffered from unceasing invasion from outside.

② The English are not a pure racial group.

③ Just like the British Isles, Japan has been safe from outside invasion throughout history.

④ The British themselves invaded and conquered Japan.

⑤ The writer believes that race and culture are the same.

22　위 글의 내용과 부합하지 않는 글은?

① Japanese frequently sailed off to see what the rest of the world is.

② Japanese has a distinctive culture due to long isolation throughout history.

③ The closed Japanese system raised the Japanese sense of separateness to the level of race.

④ Only those who are born Japanese can find a place in Japanese society.

⑤ One of the founding principle of the United States is that of voluntary association.

Only recently has science begun to probe the cultural and biological roots of wunderkinder. New research is showing what scientists have long suspected: that the brains of very smart children appear to function in startlingly different ways from those of average kids. But the question on every parent's mind remains: Are prodigies born, or can prodigies be made? Is giftedness an accident of genetics, or can it be forged through environment by parents, schools and mentors? In search of answers, one research team tracked down seven prodigies living throughout Asia from a computer genius in India to a gifted young artist in Japan to look for clues in their uncommon lives.

This much is clear: ethnicity and geography are ______(A)______. Prodigies can materialize anywhere, and Asia produces more than its share of the super-precocious. In the past, poverty, lack of education and absence of opportunities meant their abilities may have gone undiscovered or undeveloped. But bigger incomes and the rise of an ambitious middle class have produced a boom in accomplished youngsters. A 1997 survey of 32 outstanding physics and chemistry students that was conducted by the National Taiwan Normal University found more than three-quarters of them were the eldest child in dual-income households families with relatively high socioeconomic status.

23 윗글의 내용과 일치하는 것은?

① 천재는 태어날 때부터 결정된다.

② 천재에 관한 연구에 진전이 없다.

③ 천재의 부모도 천재적 재능을 가지고 있다.

④ 환경적 요인이 천재적 재능을 발견하게 한다.

⑤ 천재를 만들기 위해서는 교사와 부모의 협력이 무엇보다 중요하다.

24 Which of the following is most suitable for the blank (A)?

① important   ② irrelevant   ③ related

④ complex   ⑤ interesting

Question 1 다음 글에서 밑줄 친 This animal이 가리키는 것은?

> This animal can rapidly change the color of its body to blend into whatever background it is in at the time. It is monogamous and stays with one partner for its entire life. Every morning it performs a greeting swim to reaffirm its pledge to its partners. If a partner dies, it is a long time before it will search for a new partner. It rarely lives more than three years. But with its popularity as a food and medicine, not many will live even that long. These wonderful little horselike fish are becoming an endangered species.

① 도마뱀　　　　　② 홍학　　　　　③ 해마
④ 원앙새　　　　　⑤ 카멜레온

Question 2 The passage is part of a longer composite unit. What do you think was discussed before the paragraph?

> And fashion goes far beyond the western world. The streets of Seoul are full of fashionable Korean women and men. Go to Africa — to Kenya, to Morocco, to Egypt — it doesn't matter. Go to Central and South America — to Mexico, to Brazil, to Argentina — wherever you go, you will also find that fashion and style are important. People spend a lot of time and money figuring out how to wear their hair and what kind of clothing, makeup, and jewelry to wear.

① Fashion on the decline in the western world
② A wide variety of races around the world
③ Fashion industries in western countries
④ People's different interests in fashion

 Read the following and answer the question.

Today, many people think more carefully about what they throw away, and many things are saved and used again. Each year, for example, forty-six billion glass bottles or jars are produced. One in fifteen of these bottles will be used again. Almost fifty percent of all aluminium cans come from recycled aluminium.

Q. Approximately how many bottles are recycled each year?

① One billion
② Three billion
③ Fifteen billion
④ Twenty-three billion

Questions 4-6 refer to the following passage.

The zoo officials for the Minerun(West Virginia) Zoo ___________ to buy and elephant from the zoo in White Cliffs, Delaware. The terms of the deal were that the West Virginia zoo would deliver a black bear worth $300 as a down payment and pay $100 a month for 20 months, at the end of which time the Delaware zoo would deliver the elephant. The bear was <u>tendered</u> and accepted.

The West Virginia zoo made its $100 payments for 15 months before it ran out of money and could pay no more.

4 Given the context, which is the most appropriate word for the blank?
① constructed   ② contracted   ③ construed
④ contacted   ⑤ conducted

5 Which of the following can substitute for the underlined word "tendered?"
① offered   ② chosen   ③ exchanged
④ purchased   ⑤ captured

6 Which of the following can NOT be inferred from the above passage?
① The bear is now in the Delaware zoo.
② The total contract amount for the elephant was $2,300.
③ The Delaware zoo has $500 to collect from the Minerun Zoo.
④ The bear was part of the elephant deal.
⑤ The elephant is now at the Minerun Zoo.

Question 7 Read the following and answer the question.

Computer has one problem. It has to anticipate the position after every move, to evaluate every position. Each position could have different values. Then you have to compare this to all different values. For example, what is more important, one point or the attack? On this, the computer will always fail, because it cannot be explained. It's only because of intuition. The computer will probably beat all players except one or two. World champions bring a new vision of chess, and all others follow. We understand that in the future something new will be brought to chess, and the computer will not be able to use it.

Q. According to the above paragraph, the computer will ____________________.

① not play chess because of one problem

② become invincible in the future due to new softwares

③ not beat all players

④ bring new visions to the world champion chess games through invention of new strategies

Questions 8-9 refer to the following passage.

Some officials in the Department of Mines and Natural Resources recently conducted an experiment to see what effect, if any, crude oil would have on polar bears. Two adult bears were dunked in a big barrel of crude oil. After being lifted out the oil, they proceeded to lick the sticky mess off their coats and died. This playful foolishness was carried out at taxpayers' expense to the tune of $70,000. The head of the Department tried to justify this cruel experiment and refused to give an apology.

8　Which is true to the above paragraph?
① Two adults fell into a barrel of oil.
② Someone poured oil on a $70,000 fur coat.
③ Some officials exchanged a barrel of oil for two polar bears.
④ Two bears were the subject of a special study.

9　What was the result of this event?
① Two people died.
② Two bears died.
③ A good deal was done.
④ The coat had to be thrown away.

  Which of the following is not true?

The biggest hurdle to cross is realizing that credit is not an extension of income. Living within your means can require a major lifestyle change. Credit, when used wisely, is a useful money-management tool, but learning when and how to use it requires dedication and diligence. However, most consumers who have successfully made the change to debt-free living say that living with one credit card and using a spending plan has created a sense of freedom that they have never known before. All the stress and negativity of living from paycheck to paycheck has vanished.

① It is not wise to regard credit as a part of income.
② For debt-free living, it is helpful to live with one credit card.
③ If you work with dedication and diligence, you will be able to live free from debt.
④ To spend money with a plan will relieve you of the stress of barely making both ends meet.

Question 11 What can be inferred from the passage?

The review, which will be announced in New York by Ban Ki Moon, the UN Secretary General, and Rajendra Pachauri, the IPCC chairman, is expected to recommend stricter checking of sources and much more careful wording to reflect the uncertainties in many areas of climate science. The IPCC's most glaring error was a claim that all Himalayan glaciers would disappear by 2035. Most glaciologists believe it would take another 300 years for the glaciers to melt at the present rate.

It also claimed that global warming could cut rain-fed North African crop production by up to 50 percent by 2020. A senior IPCC contributor has since admitted that there is no evidence to support this claim. The Dutch Government has asked the IPCC to correct its claim that more than half the Netherlands is below sea level. The environment ministry said that only 26 percent of the country was below sea level. The allegations about climate scientists are believed to have contributed to a sharp rise in public scepticism about climate change. Last month an opinion poll found that the proportion of the population that believes climate change is an established fact and largely man-made has fallen from 41 percent in November to 26 percent.

① All glaciers will disappear by the end of 21st century.
② Climate changing is a strong deterrent for the UN.
③ Less than half the Netherlands is above sea level.
④ Public confidence in the IPCC has been undermined.
⑤ Scientific findings about climate change have all been confirmed as accurate.

People have often wondered whether life, especially intelligent life, exists beyond Earth. Although some people claim there is a lot of evidence for alien life, I found none to be compelling.

① Optimistic   ② Skeptic   ③ Approving
④ Ambivalent   ⑤ Laudatory

Questions 13-14 refer to the following passage.

Prior to Newton, Aristotle had established that the natural state of a body was a state of rest, and that unless a force acted upon it to maintain motion, a moving body would come to rest. Galileo had succeeded in correctly describing the behavior of falling objects and in recording that no force was required to maintain a body in motion. He noted that the effect of force was to change motion. Huygens recognized that a change in the direction of motion involved acceleration, just as did a change in speed, and further, that the action of a force was required. Kepler deduced the laws describing the motion of planets around the sun. It was primarily from Galileo and Kepler that Newton borrowed.

13   The first scientist to correctly describe the behavior of falling objects was ____________.
① Aristotle   ② Kepler   ③ Newton   ④ Galileo

14   What was the main purpose of this passage?
① To demonstrate the development of Newton's laws
② To establish Newton as the authority in the field of physics
③ To discredit Newton's laws of motion
④ To describe the motion of planets around the sun

Many people think that archaeology is the study of prehistoric cultures only. But a very important branch of this science is called "historical archaeology." North America, historical archaeology covers the periods from about the early 1500's to the present. Historical archaeologists attempt to figure out how ordinary people lived their daily lives. These archaeologists spend a great deal of time digging, but only a small part of that digging involves moving dirt. Much time is spent "digging" through old books, diaries, and church and town records to find information about the time period and location being studied. The restorations of Williamsburg in Virginia, Plimoth Plantation in Massachusetts, and areas of other cities have resulted from information gathered by historical archaeologists.

15 What is the main purpose of the passage?

① To discuss the different branches of archaeology

② To explain the backgrounds of certain restorations

③ To discuss people's beliefs regarding prehistory

④ To explain one particular kind of archaeology

16 According to the passage, what is true about those people who associate archaeology solely with prehistory?

① They are predominantly historians.

② They are very numerous.

③ They are scientists.

④ They are old-fashioned.

17 By putting the term "digging" in quotation marks, the author underscores the idea that historical archaeologists ____________.

① move a lot of soil while excavating

② do menial work

③ spend long hours in research

④ record data about soil conditions

18 The author implies that most of historical archaeologist's evidence is ____________.

① written

② religious in nature

③ unreliable

④ under the ground

 What is the best sequence for (A), (B), and (C)?

(A) In one study, biometeorologists suggested a statistical correlation between bone density and temperature. Some Hungarian scientists found an increase in dental periostitis (gum inflammation) with the passage of a warm front. According to some Swedish doctors, migraine headaches increase three days after a change in barometric pressure and temperature.

(B) In Europe, where biometeorology began and has flourished, it's assumed that ordinary weather affects ordinary human beings in myriad ways.

(C) Meanwhile, researchers in Japan noticed an increase in asthma attacks when the wind changes direction.

① (B) - (C) - (A)
② (C) - (A) - (B)
③ (B) - (A) - (C)
④ (C) - (B) - (A)

Questions 20-22 refer to the following passage.

A few years ago a shortage of natural gas drove prices sky high. Likewise, gasoline prices rose when demands exceeded supplies. A glut in the oil market drove prices back down. The law of supply and demand functioned according to textbook description in the case of oil, but the situation is otherwise in the current natural gas market. Natural gas consumers are finding their heating bills more of a burden than last year, in spite of a dramatic increase in supplies. There is so much natural gas available that many suppliers are closing down their plants for lack of a market, and it is rumored that some suppliers are even burning off their surplus gas.

20 You can infer that the law of supply and demand means that prices ____________.
① rise if supplies are abundant
② fall if supplies are limited
③ rise if supplies are limited
④ stay even when supplies are abundant

21 The author's purpose is to ____________.
① discuss oil prices
② discuss gas shortages
③ question high gas prices
④ compare gas and oil prices

22   You can infer that gas suppliers are burning their surplus gas in order to _____________.
① lower the prices on their product
② create a shortage to sustain high prices
③ get rid of an inferior product
④ create a glut in the market

Questions 23-25 refer to the following passage.

For centuries we have enjoyed certain blessings: a stable law, before which the poor man and the rich man were equal; freedom within that law to believe what we pleased; a system of government which gave the ultimate power to the ordinary man. We have lived by toleration, rational compromise and freely expressed opinion, and we have lived very well. But we have come to take these blessings for granted, like air we breathe. They have lost all glamour for us since they have become too familiar. Indeed, it is a mark of the intellectual to be rather critical and contemptuous of them. Young men have acquired a cheap reputation by sneering at the liberal spirit in politics, and questioning the value of free discussion, toleration, and compromise.

23   The title that best expresses the ideas of this paragraph is _____________.
① The value of free discussion
② The weaknesses of the democratic way of life
③ Unappreciated advantages of democratic life
④ Respect for law
⑤ Characteristics of democracy

24   The writer resents the growing criticism of freedom – an attitude which results from _____________.
① being too accustomed to freedom
② questioning the rightness of democracy
③ the conservatism of young intellectuals
④ too much freedom of speech
⑤ living in poverty too long

25   The writer's attitude toward young intellectuals is _____________.
① indifferent   ② critical   ③ very contemptuous
④ generous   ⑤ angry

The people who pushed the frontier westward across the United States probably never thought of themselves as brave pioneers. They simply wanted to improve their lives, and the West offered an opportunity to do so. In overcoming the hardship they encountered on the way, they displayed great courage and determination. Individuals and families who planned to travel west usually met in St. Louis, Missouri. There experienced scouts who knew the best routes and places to camp mobilized approximately one hundred covered wagons into wagon trains. The wagons were pulled by mules or oxen, sure-footed and strong animals that could handle their heavy loads and navigate the narrow trails.

Because these cross-country journeys took between four and five months, all wagon trains left in the spring. It was essential to traverse the Rocky Mountains before snow blocked the mountain passes. There was no time for ambling, and the pioneers traveled fifteen to twenty miles each day. Although their itineraries included brief stops at forts or settlements to repair equipment and buy supplies, no one relaxed until after the trip.

26 Why did all the wagon trains start in the spring?
   ① Spring is a good season to begin a new project.
   ② They had to travel over the Rocky Mountains before snow-fall.
   ③ The cross-country journeys by the wagon trains took more than half a year.
   ④ The pioneers wanted to overcome their hardship as soon as possible.
   ⑤ The forts and settlements opened only in the spring.

27 According to the passage, which of the following statements is not true?
   ① The pioneers believed themselves to be brave.
   ② The pioneers went to the West to improve their lives.
   ③ St. Louis was the place where people planning to travel west met.
   ④ The wagon trains traveled fifteen to twenty miles a day.
   ⑤ The wagon trains used to stop at forts and settlements.

 Read the following and answer the question.

In Denver, and around the United States as celebrations are planned to mark the 500th anniversary of Columbus's arrival, American Indian groups are planning their own observances-but in protests, not parades. To them, the national holiday marks an invasion, not a discovery.

To the <u>consternation</u> of Italian American groups here, members of American Indian Movement, a leading Indian advocacy group, are demanding the removal of a plaque at the civic center that commemorates Columbus as "Discoverer of America."

In a letter to Mayor Wellington Webb, who is black, the group wrote: "As an African-American, we hope that you can empathize with our feelings on this matter. It would be as if the city had a statue honoring slave traders or the Ku Klux Klan."

Q. Which of the following is the closest in meaning to the underlined word "consternation?"

① wrath   ② expectation   ③ desire
④ consolation   ⑤ dismay

 Where does this sentence fit in the passage best?

In the initial stage, however, the system will likely cause more problems than it solves.

With the introduction of the work permit system for foreigners on Tuesday, Korea opened the way for legal importation and employment of foreign laborers. It calls for the government to introduce migrant workers and allocate them to local businesses that have failed to employ Koreans. (①) The new system is supposed to provide equal treatment for foreign workers to their local counterparts, including basic labor rights and legal minimum wages, while guaranteeing stable supply of manpower for Korean employers. (②) First of all, there are still too many illegal aliens for the new system to take root. (③) Currently, there are 420,000 foreign workers in the nation, including 166,000 unlawful sojourners, and the number is expected to top 500,000 by the end of this year, about 100,000 more than Korea can absorb. (④) The government needs to deal more sternly with lawbreakers, both foreigners and their Korean employers.

News that the United States has seriously failed to achieve its goal of reducing high school smoking surprises me as there was such confidence a few years ago that we could convince kids of the dangers of smoking through education efforts. It's a critical issue as a third of smokers who begin in high school will die of a tobacco-related causes. I am shocked to see teenage girls depending on smoking for weight control. For those of you who work with teens or whose own teens smoke, any ideas on how to combat this? I always think it is sad to visit high schools and see groups of teens hurried after school for smoking, as if they were waiting all day for it.

① The U.S. fights against teen smoking.
② Teens must stop smoking in school.
③ Teens die of smoking-related causes.
④ Teen smoking still continues in the U.S.
⑤ Almost all teens smoke in the U.S.

Question 31 다음 글을 읽고 아래 문장의 빈칸에 들어갈 가장 적절한 것은?

Euthanasia generally refers to mercy killing, the voluntary ending of the life of someone who is terminally or hopelessly ill. Euthanasia has become a legal, medical and ethical issue over which opinion is divided. Euthanasia can be either active or passive. Active euthanasia means that a physician or other medical personnel takes a deliberate action that will induce death. Passive euthanasia means letting a patient die for lack of treatment or suspending treatment that has begun. A good deal of the controversy about mercy killing stems from the decision-making process. Who decides if a patient is to die? This issue had not been established legally in the United States. The matter is left to state law, which usually allows the physician in charge to suggest the option of death to a patient's relatives, especially if the patient is brain-dead.

The article suggests that euthanasia should be _______________________.

① primarily an ethical issue
② decided by physicians
③ determined by the federal government
④ a controversial issue not to be easily resolved

To get rid of ants it is necessary in most cases to locate their nest or colony and spray it thoroughly with an insecticide. Carpenter ants do not eat wood the way termites do, but they do chew it and hollow it out to create a nesting spots. They like dampness, so they will often build their nests near a leaky pipe or gutter, or near the bottom of a damp, hollowed-out post. For full control, this colony must be located and treated- even if it means ripping some walls open. A professional exterminator should be able to locate and treat the nest.

32 What is the first step in eliminating ants?
① Spraying the entire house with insecticide
② Eliminating leaks in pipes and gutters
③ Controlling the termite population
④ Finding the place where they nest

33 What is mentioned as a difference between ants and termites?
① Termites do not build nests.
② Ants do not eat wood.
③ Termites like dampness.
④ Ants nest in pipes and gutters.

34 Which of the following is the most appropriate title for the passage?
① Dangers of Insecticides
② Dealing with an ant problem
③ Differences between ants and termites
④ Disadvantages of damp climates

Every year, people spend approximately 400 million dollars on detergents to clean, and help keep their laundry fresh. Most consumers of detergents are not novices, meaning that they have tried various brands of detergents and carefully selected the best product. To each customer, the best product may have a different priority. For example some people may select the most well-known product, while others purchase according to how economical the product may be. Still, for others buying environmentally safe products is their priority.

However, many customers do not actually compare what is inside the box of various detergents. A surprising study showed that while each brand had its own marketing strategy, over 90% of the same basic ingredients were identical to all brands. Another interesting result was found when veteran detergent customers were not shown the box, and were asked to choose their favorite brand based only on the result of the detergent. Only 3% were able to identify their brand and even then, most of them were not entirely sure. This goes to show that while detergents may seem different, marketing is just giving basically the same products different clothes.

① How environmentally safe the products are
② How famous the products are
③ How economical the products are
④ What ingredients are in the products

Questions 1-2 refer to the following passage.

Racism is so extreme and so pervasive in our American society that no black individual lives in an atmosphere of freedom. The world of physical phenomena is dominated by fear and greed. It consists of pitting the vicious and avaricious against the naive, the hunted, the innocent, and the victimized. Power belongs to the strong, and the strong are BIG in more ways than one. No one is more victimized in this white male American society than the black female.

1   Whom does the underlined part refer to?
① black and white males
② black females
③ black males
④ white males
⑤ white females

2   Who does the author say is most victimized in American society?
① black males   ② white males   ③ black and white males
④ white females   ⑤ black females

Question 3 다음 글의 밑줄 친 부분의 의미로 가장 적절한 것은?

An old woman came into her doctor's office and confessed to an embarrassing problem. "I fart all the time, Doctor Johnson, but they're soundless, and they have no odor. In fact, since I've been here, I've farted no less than twenty times. What can I do?" "Here's a prescription, Mrs. Harris. Take these pills three times a day for seven days and come back and see me in a week." Next week in upset Mrs. Harris marched into Dr. Johnson's office. "Doctor, I don't know what was in those pills, but the problem is worse! I'm farting just as much, but now they smell terrible! What do you have to say for yourself?" "Calm down, Mrs. Harris," said the doctor soothingly. "Now that we've fixed your sinuses, we'll work on your other sense!"

① oral   ② sixth   ③ visual   ④ auditory

I believe mystery plays a fundamental role in experiencing the great things in life. If you can determine the chemicals that exist in a food or wine, does that help you understand why you like the taste? Do you think that being able to list all the reasons you love a person enables you to love that person more or differently? If something is beautiful to you, can you really explain why in a meaningful way? There are many sensations and feelings that we can experience but not fully define. Once we give up the belief that definition of these emotions is necessary or possible, we can actually experience them more completely because we have removed the analytical filter we use to find definitions.

⬇

The attempt to ______(A)______ things in definite ways prevents us from ______(B)______ them deeply and completely.

(A)	(B)
① analyze	experimenting
② analyze	appreciating
③ mystify	discovering
④ mystify	investigating
⑤ mystify	justifying

Aspirin is very irritating to the stomach lining. ① It also has side effects that, although relatively mild, are largely unrecognized among users. ② Many aspirin takers complain about upset stomach. ③ The best way to take aspirin is to chew the tablets before swallowing them with water. ④ But few people can stand the bitter taste. ⑤ Some people suggest crushing the tablets in milk or orange juice and drinking that.

A university training is the key to many doors, doors both of knowledge and of wisdom. A man's education should be the guiding line for the reading of his whole life, and I am certain that those who have made good use of their university studies will be convinced of the importance of reading the world's great books and the literature of their own land. They will know what to read and how to understand it. He who has received a university training possesses a rich choice. He need never be inactive or bored; there is no reason for him to seek refuge in the clack and clatter of our modern life. He need not be dependent on headlines which give him something new every day. He has the wisdom of all time to drink in to enjoy as long as he lives.

6 Headlines which give us something new every day are ________________.
① for the most part, of little value to us
② always against our interests
③ at any time instructive to us
④ of utmost importance to our daily life

7 The importance of reading the world's great books and the literature of our own land

________________.

① is being lost day by day
② is not so great at present as it was in the past
③ cannot be emphasized too strongly
④ can be forgotten nowadays

8 A university training ________________.
① greatly helps a man to acquire knowledge and wisdom
② prevents a man from acquiring knowledge and wisdom
③ had nothing to do with a man acquiring knowledge and wisdom
④ enormously helps a man to depend on headlines

9 The expression "he who has received a university training" means ________________.
① an applicant for entrance to a university
② a student or a graduate of a university
③ a post graduate student of a university
④ a professor of a university

10 To seek refuge in the clack and clatter of our modern life is a matter of ________________.
① everyday occurrence to a highly educated person
② course to highly educated person
③ hearty congratulation to a highly educated person
④ shame to a highly educated person

Progress in chemistry was slow because of the absence of any adequate theory to explain chemical changes, and because the earliest theory ('alchemy') was so blindly optimistic as to assume that anything could be changed into anything else. In particular, the alchemists thought that they could change a cheap metal like lead into gold and so get rich quickly. Not until less than 200 years ago were the true foundation of chemistry laid by painstaking researches into the nature of air and water, in fact by pure disinterested curiosity, allied to the habit of mind which takes nothing for granted. Chemists learned that before they could make new substances they must first discover what ordinary things are made of; in technical language, analysis must always precede synthesis.

11 The advance of chemistry was initially delayed by all of the following EXCEPT _______________.
① early beliefs in alchemy
② very detailed investigation
③ theories on the interchangeability of matter
④ the search for the manufacture of precious metal

12 Continued progress in chemistry became possible only when scientists _______________.
① produced theories to explain chemical changes
② attempted to change lead into gold
③ experimented to increase their wealth
④ learned to be objective and curious

13 Before chemists could make new substances they were first obliged to _______________.
① discover the compositions of common substances
② invent technical terms for their earlier discoveries
③ synthesize all the information available to them
④ understand all the work of earlier scientists

This is because employees want to protect their jobs.

It is possible to interpret absenteeism in economic terms. (①) A research shows that when unemployment is high, absenteeism goes down. (②) It increases when overtime pay is readily available. (③) It also increases when workers, especially low-paid ones, get money easily through sick pay plans. (④) Low-paid workers seem to think it is fair if they work fewer hours. (⑤)

 What is the best sequence for (A), (B), and (C)?

> Exercise was found to be clearly beneficial to human health in a 20-year study conducted by doctors in America.

(A) However, machines that can do heavy labor more speedily are replacing this type of work.

(B) The daily routine of these people gives them an adequate amount of exercise and helps them stay in shape.

(C) They found that people who work at physical jobs experience heart attacks than white collar workers.

① (A) - (B) - (C)　　　② (B) - (A) - (C)　　　③ (C) - (B) - (A)　　　④ (C) - (A) - (B)

Question 16 Which of the following is a correct statement?

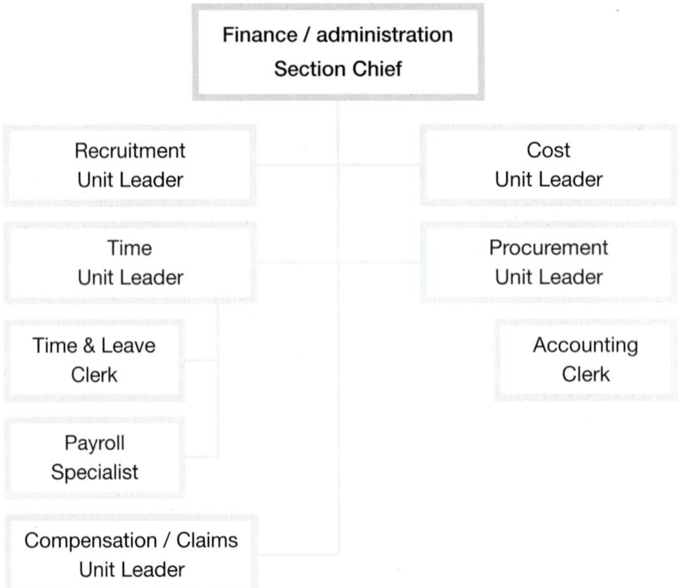

① Under Section Chief, there are four Unit Leaders and three subordinate sections in the organization.

② Section Chief administers all Unit Leaders, and Time Unit Leader and Cost Unit Leader have subordinate sections.

③ Accounting Clerk is in a higher position than Time & Leave Clerk and Payroll Specialist in the organization.

④ Time & Leave Clerk and Payroll Specialist receive orders from Time Unit Leader.

⑤ Other Unit Leaders should get permission from Time Unit Leader to contact Accounting Clerk.

The opposition is indispensable. A good statesman, like any other sensible human being, always learns more from his opponents than from his fervent supporters. For his supporters will push him to disaster unless his opponents show him where the dangers are. So if he is wise he will often pray to be delivered from his friends, because they will ruin him. But, though it is hurt, he ought also to pray never to be left without opponents; for they keep him on the path of reason and good sense.

The national unity of a free people depends upon a sufficiently even balance of political power to make it impractical for the administration to be arbitrary and for the opposition to be revolutionary and irreconcilable. Where the balance no longer exists, democracy perishes. For unless all the citizens of a state are forced by circumstances to compromise, unless they feel that they can affect policy but that no one can wholly dominate it, unless by habit and necessity they have to give and take, freedom cannot be maintained.

17 What does the author insist on in the passage?

① That the opposition is always revolutionary and irreconcilable.

② That the party in power must listen to the minority and be moved by the criticism of the minority.

③ That it is sufficient that the party in power should have a majority.

④ That freedom can be maintained if the party in power outrages the minority.

⑤ The opponents will eventually ruin a statesman.

18 The balance of power makes opponents _______________________.

① struggle for the majority

② give up democracy

③ pursue their own way of thinking

④ fairly give and take opinions

⑤ refuse any further negotiation

19 A good statesman should take opinions from _______________________.

① his opponents

② his friends

③ his fervent supporters

④ his chosen subordinates

⑤ his family

With a well-diversified production structure, German and Japanese producers are now more resilient to shocks. The ruthless cost-cutting that went along with outsourcing significant parts of their manufacturing production has enabled them to stay competitive and maintain their traditional focus on export-driven growth.

This focus is not always an advantage in a modern consumer society. At the moment, however, it helps. As ever more people in ever more emerging markets are leaving abject poverty behind and are turning into consumers, the export-oriented companies of the developed world find fast-growing markets for their products.

① The production structure of German and Japanese producers makes it easier to adapt to shocks.

② Cost-cutting is the more effective strategy than outsourcing for German and Japanese producers to stay competitive.

③ The focus on export-driven growth is conducive to German and Japanese producers.

④ German and Japanese firms are able to sell more products due to the increasing number of customers.

Question 21 What is the best sequence for (A), (B), and (C)?

A finance professor once told me that the best way to predict the future is to study the past. For a while I thought that was only applicable in finance.

(A) The step toward the positive direction is to identify your barriers, come to terms with them, and decide to move on. What works for most job seekers is to look through their past experiences to help them build for the future.

(B) In reality, this is true in more than finance. When we seek employment, the "negativity" of the experience is often more magnified than the positive. We tend to gravitate toward what is not happening rather than what is.

(C) At some point during your job search you will question the source of all this negativity. The fear of the unknown and what the next step will be is what is happening. So how might you turn all this around and move in a positive direction?

① (A) - (B) - (C)
② (A) - (C) - (B)
③ (B) - (A) - (C)
④ (B) - (C) - (A)
⑤ (C) - (A) - (B)

The sales talk of the old-fashioned businessman was essentially rational. He knew his merchandise, he knew the needs of the customer, and on the basis of this knowledge he tried to sell. To be sure his sales talk was not entirely objective and he used persuasion as much as he could; yet, in order to be efficient, it had to be a rather rational and sensible kind of talk. A vast sector of modern advertising is different; it does not appeal to reason but to emotion; like any other kind of hypnoid suggestion, it tries to impress its customers emotionally and then make them submit intellectually. This type of advertising impresses the customers by all sorts of means such as the repetition of the same formula again and again. All these methods are essentially irrational; they have nothing to do with the qualities of the merchandise, and they suppress and kill the critical capacities of the customers.

① Significance of the Sales Talk
② Change in Advertising Methods
③ Critical Capacities of the Customers
④ Importance of Emotional Advertising Slogans

All men, then, would necessarily have been equal, had they been without wants. It is the misery attached to our species which places one man in subjection to another; inequality is not the real grievance, but dependence. It is of little consequence for one man to be called his highness and another his holiness, but it is hard for me to be the servant of another.

A family has cultivated a good soil, two small neighboring families live on lands unproductive and barren. It will therefore be necessary for the poor families to serve the rich one, or to destroy it. This is easily accomplished. One of the two indigent families goes and offers its services to the rich one in exchange for bread, the other makes an attack on it and is conquered. The serving family is the origin of domestics and laborers, the one conquered the origin of slaves.

It's impossible in our melancholy world to prevent men living in society from being divided into two classes, one of the rich who command, the other of the poor who obey, and these two are subdivided into various others, which have also their respective shades of difference.

23 According to the passage, the two small families ___________________________.
① become slaves
② become warriors
③ are poor farmers
④ are coward warriors

24 According to the passage, the author's attitude towards the problem is ___________________.
① complete indifference
② sorrowful resignation
③ righteous indignation
④ grievance towards the rich

Peter Zenger was 13 when he sailed to America. He set out from Germany in 1710 with his parents and his brother and sister. They were excited when they left their home; they were looking forward to a good life in a land of freedom and opportunity. But their voyage was long, and much worse than anyone expected. Some people died on the ship. Peter's father was one of them.

Peter became an apprentice to a printer. He was apprenticed for eight years. About half the people who came to America in those days became either indentured servants or apprentices. They worked for the person who paid their boat fare — usually from 3 to 10 years.

When Peter was 21 he was finally free to go out on his own — and he did. First he set up a print shop in Maryland, but later he moved back to New York. Then he founded a newspaper called the *New York Weekly Journal*. It was full of spicy articles. People looked forward to reading it each week. Some articles said Governor Cosby took bribes, took away people's land, and made elections come out the way he wanted them to. The articles were probably written by Zenger's lawyer friends, but no one is sure because they were signed with made-up "pen" names.

25 How many members of the Zengers arrived at alive?

① 2　　　　　　　② 3　　　　　　　③ 4

④ 5　　　　　　　⑤ 6

26 Which of the following statements is true of Peter Zenger?

① He came to America following his grandparents.

② He founded a newspaper when he was 21 years old.

③ He continued to live in New York after he came to America.

④ He was probably apprenticed to a printer to pay his boat fare.

⑤ He worked as a lawyer in Maryland before he returned to New York.

27 Which of the following statements is true of the *New York Weekly Journal*?

① It was a daily newspaper.

② People did not pay attention to it.

③ It was an official royal paper to Governor Cosby.

④ Peter's lawyer friends probably contributed articles to it.

⑤ It became famous because it correctly predicted who would be the governor.

 다음 글 바로 앞 문단의 내용으로 가장 자연스러운 것을 고르시오.

We should speak out against this corporal punishment in our schools. Paddling children with a board is child abuse. It also promotes child abuse in our communities by sending the message that it is OK for adults to hit children. Paddling creates fear in children and lowers their self-esteem. This adds to the dropout rate and lowers the test scores, as students lose interest in being educated in a Nazi-like atmosphere. It also humiliates and angers children, increasing barbarism and violence in the schools. Schools that forbid paddling are more peaceful, and students appreciate being treated with respect. They return this respect to their teachers and to the school.

① 다양한 클럽 ② 학생 체벌의 만연 ③ 학습 방법의 개선
④ 예절 교육의 강조 ⑤ 학부모의 역할

Question 29 Which of the following is an incorrect statement?

Samsung Electronics has launched a massive campaign to promote its brand-new smartphone, the Galaxy S, and obviously, a breakthrough in the U.S. market would be a precondition for global success. A mixed response from American consumers, however, appears to have the Korean technology giant equally motivated and worried. Samsung is the world's No. 2 mobile phone vendor behind Nokia. But in the profitable market for smartphones, which provide larger margins than conventional handset phones, the company is falling behind. Samsung has been criticized for its lack of urgency in advancing its smartphone offerings, but in the Galaxy S, the company believes it finally has a device fascinating enough to compete with the iPhone 4, the latest version of Apple's do-it-all smartphone. Yet, industry watchers believe Samsung needs more time to grow its smartphone reputation in the U.S. market dominated by iPhones and BlackBerries.

① The Galaxy S has been introduced in the U.S. market, but the success is not for sure.
② Nokia is the leading mobile phone company in the world, and Samsung follows the next.
③ Smartphones generate greater profits than other earlier types of mobile phones.
④ Samsung is confident that the Galaxy S can compete with iPhone 4 in the U.S. market.
⑤ Samsung's smartphone reputation is as well-recognized as iPhones and BlackBerries in the U.S. market.

 다음은 한국 청소년들의 주요 관심사에 대한 2002년도 통계 조사 결과이다. 도표의 내용과 일치하지 않는 것은?

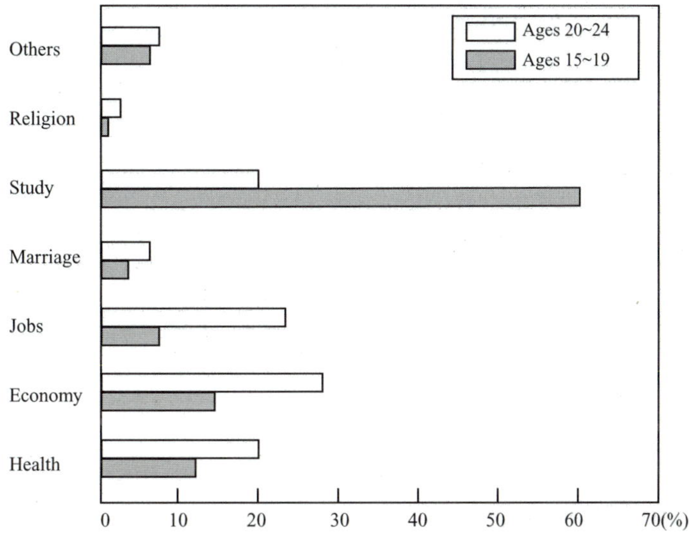

① The older group has more interest in Economy than in any other area.

② Marriage is more important to the older group than to the younger group.

③ Neither group is much interested in Religion.

④ The biggest difference in percentages between the two groups is in Study.

⑤ The younger group is concerned less with Health than with Jobs.

Question 31 다음 글을 읽고 수도 정책에 대하여 나머지 셋과 다른 입장을 취하고 있는 것을 고르면?

Conserving water is typically a good thing — except when you're penalized for your frugality. Elected officials are urging people to speak out against the Water Board's potential double-digit water rate hike at a public hearing in St. Albans on Feb. 16. The rate hike is needed, the city officials have said, because people are using less water, which means less revenue.

"The only way to stop the soaking of taxpayers is by showing up and making our voices heard," City Councilman Peter Koo said. "We must remain ever watchful, informed and ready to fight."

He attended a Queens Borough Board meeting Monday where a representative from the City Department of Environmental Protection spoke in favor of the proposed rate hike.

① The Water Board

② The city officials

③ City Councilman Peter Koo

④ The City Department of Environmental Protection

With the inauguration of the Erie Canal in 1825, the Hudson River became one of the busiest waterways in the United States. For over fifty years, the Hudson was crowded end to end with cargo schooners, luxury paddle-wheelers, and a vast armada of tugboats and barges carrying freight and passengers. But as the turn of the century approached, river traffic began to decline. First the cargo-carrying ships disappeared. Then railroads began to replace the steamboats. Finally, by 1990, tugboats and barges were almost the only watercraft left.

32 According to the passage, river traffic declined because an increase in travel by ___________.
① wagon   ② plane   ③ train   ④ car

33 Which of the following would be the best title for this passage?
① Rivers in the United States
② Steamboats and Paddle-Wheelers
③ The Opening of the Erie Canal
④ The Hudson River in the Nineteenth Century

34 It could be inferred from the passage that river traffic began to decline around ___________.
① 1825   ② 1850   ③ 1880   ④ 1910

35 According to the passage, which of the following watercraft could be found on the river in the twentieth century?
① Steamboats   ② Sailing ships   ③ Cargo schooners   ④ Barges

Another difference in the concept of justice lies in various societies' ideas of what laws are. In the West, people consider "laws" quite different from "customs." There is also a great contrast between "sins"(breaking religious laws) and "crimes"(breaking laws of the government). In many non-Western cultures, on the other hand, there is little separation of customs, laws, and religious beliefs; in other cultures, these three may be quite separate from one another, but still very much different from those in the West. For these reasons, an action may be considered a crime in one country, but be socially acceptable in __________ .

1 Choose the most suitable word or phrase for the blank.

① others ② the other ③ other cultures ④ other customs

2 The paragraph preceding the above one most probably dealt with __________________ .

① kinds of laws and customs

② a difference in the concept of justice

③ cultural difference

④ crime prevention

3 Which of the following statements is true of the above passage?

① The concept of a crime differs from culture to culture.

② In most parts of the world, there is similar punishment for similar criminal act.

③ In some cultures, people may be pardoned for committing crimes, but not for committing sins.

④ It can be said that punishment for crimes is severe in the West.

 What is the topic of the passage?

Man has built his world: he has built factories and houses, he produces cars and clothes, he grows grain and fruit, and so on. But he is not really the master any more of the world he has built; on the contrary, this man-made world has become his master, before whom he bows down, and whom he tries to please as best he can. The work of his own hands has become his master. He seems to be driven by self-interest, but in reality he has become an instrument for the purposes of the very machine his hands have built.

① 새로운 생산물에 대한 인간의 끊임없는 도전
② 물질문명에 대한 인간의 무한한 욕구
③ 인간과 기계문명의 상호보완적 관계
④ 자신이 만든 생산물에 종속된 인간
⑤ 인간의 탐욕이 사회에 미치는 영향

Questions 5-7 refer to the following passage.

When, during the first quarter of the twentieth century, echo sounding was developed to allow ships under way to record the depth of the bottom, probably no one suspected that it would also provide a means of learning something about deep-sea life. But operators of the new instruments soon discovered that the sound waves, directed downward from the ship like a beam of light, were reflected back from any solid object they met.

Answering echoes were returned from intermediate depths, presumably from schools of fish, whales, or submarines; then a second echo was received from the bottom.

5　The author writes about something that happened during which of the following periods of time?
　① 1800-1850　　　② 1850-1900　　　③ 1900-1925　　　④ 1925-1950

6　What did the operators send down into the water?
　① Beams of lights　　　② Solid objects　　　③ New instruments　　　④ Sound waves

7　Which of the following enterprises would most likely be interested in using the instruments mentioned?
　① Sports equipment stores
　② Commercial fishing businesses
　③ Sound-recording studios
　④ Shipbuilding yards

 What is the best sequence for (A), (B), and (C)?

> In traditional photography, light passes through a lens and a piece of film, creating a pattern of light and dark tones or colors on the film.

(A) In the process, any of these numbers can be easily changed on the computer to produce whatever image is desired.

(B) As a result, colors can easily be changed, elements in pictures quickly rearranged, and photographs easily combined with other kinds of images.

(C) In modern digital photography, however, an image is changed into numbers which are later translated back into various shades of color.

① (A) - (B) - (C)
② (A) - (C) - (B)
③ (B) - (C) - (A)
④ (C) - (A) - (B)

Question 9 Which one of the following statements is TRUE?

It happened during the Californian Gold Rush. An American sailmaker moved to the West Coast with a large supply of a blue canvas and orange thread. His name was Levi Strauss. Strauss had a problem in California. Nobody wanted to buy his supplies; everybody was too busy digging for gold. "Gold diggers don't need sails," he thought, "they need strong trousers." So Strauss came up with a clever idea — to make trousers for the gold diggers out of his material. He hired a saddlemaker and they put together the blue canvas, the orange thread, and copper rivets to produce the strongest trousers ever made. In 1850, the first blue jeans came out. Once they came in, Levi's never went out of fashion. Workmen put them on; children pull them on and roll them up; cowboys never take them off; even presidents show up in them.

① People like to dress up.
② Gold miners in California enjoy sailing.
③ The first blue jeans were made by a tailor.
④ Blue jeans have always been in vogue.

While we're walking or traveling, we normally spend less than a second looking at everyday objects that we encounter. The days pass by us without our really being aware of them. Scientists have discovered that the average time we spend looking at things has been steadily decreasing during the last 50 years. In their study, they also discovered that this decrease leads to a lack of interest and enjoyment in life. Just try looking at objects for at least five seconds. Good opportunities for this exercise come when you're walking or looking out of a car or train window. You'll find that five seconds is long enough to help you appreciate things from a new point of view.

⬇

Spending more time ____(A)____ things around us will allow us to enjoy them from a(n) ____(B)____ perspective.

	(A)	(B)
①	observing	fresh
②	making	sentimental
③	watching	resentful
④	collecting	objective
⑤	inventing	passionate

Question 11 What is the best sequence for (A), (B), and (C)?

I heard a young boy on television say, "If I were President, I'd give everybody enough money to buy whatever they want."

(A) In other words, a life of value is possible only when you are willing to put forth an effort. Just remember that you will never get something for nothing.

(B) No one would work to produce goods and services. Then, money would be meaningless. Life itself is that way, too. It's only worth what you put into it.

(C) Wonderful as this might sound, such a policy would be a complete disaster. If everyone could receive all the money they needed, what would happen?

① (A) - (B) - (C)　　　② (A) - (C) - (B)　　　③ (B) - (A) - (C)
④ (C) - (A) - (B)　　　⑤ (C) - (B) - (A)

Many of the greatest economic evils of our time are the fruits of risk, uncertainty, and ignorance. It is because particular individuals, fortunate in situation or in abilities, are able to take advantage of uncertainty and ignorance, and also because for the same reason big business is often a lottery, that great inequalities of wealth come about. And these same factors are also the cause of the unemployment of labor, or the disappointment of reasonable business expectations, and of the impairment of efficiency and production. Yet the cure lies outside of the operations of individuals. I believe that the cure for these things is partly to be sought in the deliberate control of the currency and of credit by a central institution, and partly in the collection and dissemination of data relating to the business situation including the full publicity, by law if necessary, of all business facts which it is useful to know. Even if these measures prove insufficient, they will furnish us with better knowledge than we have now for taking the next step.

① Economic Evils and Money-oriented Society
② Economic Evils and Solutions to Them
③ Role of the Central Institution
④ Origins of Economic Evils

Questions 13-14 refer to the following passage.

Muller, the greatest popularizer of linguistics in the nineteenth century, proposed what he called the "Ding-Dong" Theory. His theory claimed a mystic harmony or correlation between sound and meaning. Just as in nature every object, when struck by a solid body, gave off its own peculiar sound (like a bell when it is struck), so man's mind gave off a particular response to the various impacts which the world made upon it. There were four hundred or so basic sounds which made up the roots of this original language. For example when primitive man was confronted by a wolf, the sight rang a bell, so to speak, and he instinctively said, "Wolf" Muller later rejected his own theory.

Another theory is the "Yo-Ho-Ho" theory. This theory suggests that language first began in a social setting, that of men working together. Strong muscular action, such as a man swinging an axe or a sledgehammer, caused the breath to be expelled forcibly for relief. The vocal cords vibrate, a specific rate of vibration for a specific action, thus producing a particular and distinct sound for each particular kind of work. The sound identified with that action became the name of the action: "Heave!" "Haul!" "Wonderful!" "Push!" "Punch!" Grunts do indeed result from muscular exertions, and some of these grunts may become incorporated in words or word formations. But to assume an entire language built from grunts is rather ridiculous.

13 How can the Ding-Dong theory and the Yo-Ho-Ho theory be evaluated?
① Both of them are adequate theories.
② Neither of them is an adequate theory.
③ Both of them are adequate theories but not widely accepted ones.
④ The Ding-Dong theory is an adequate theory, but the Yo-Ho-Ho theory is not.
⑤ The Yo-Ho-Ho theory is an adequate theory, but the Ding-Dong theory is not.

14 Among the underlined words, choose the one that is not appropriate as an example.
① Heave   ② Haul   ③ Wonderful
④ Push   ⑤ Punch

Unlike earlier campaigns, the 1960 presidential campaign featured the politically innovative and highly influential series of televised debates in the contest between the Republicans and the Democrats. Senator John Kennedy established an early lead among the Democratic hopefuls and was nominated on the first ballot at the Los Angeles convention to be the representative of the Democratic party in the presidential election. Richard Nixon, then serving as Vice-President of the United States under Eisenhower, received the nomination of the Republican party. Both Nixon and Kennedy campaigned vigorously throughout the country and then took the unprecedented step of appearing in face-to-face debates on television. Political experts contend that the debates were a ___________ force in the elections. In front of a viewership of more than 100 million citizens, Kennedy masterfully overcame Nixon's advantages as the better-known and more experienced candidate and reversed the public perception of him as too inexperienced and immature for the presidency.

15 Choose the most suitable word for the blank.

① pivotal　　　　② feeble　　　　③ physical　　　　④ mental

16 Which of the following best expresses the main idea of the passage?

① Kennedy defeated Nixon in the 1960 presidential election.

② Television debates were instrumental in determining the outcome of the 1960 presidential election.

③ Television debates have long been a part of campaigning.

④ Kennedy was the leading Democratic candidate in the 1960 presidential election.

Cultural barriers would not be important if the various groupings of people on this planet never came into contact with one another. There would be no need to communicate with people who speak a different language and who conduct their lives according to a different set of assumptions about the many aspects of existence. But it is precisely because the world is not made up of isolated groups of people that cultural barriers are so important. The fact is, as Marshall McLuhan and others have pointed out, that the enormous increase in population and the great advances in mass communication and transportation that have occurred over the past century and a half have brought about a greater intermixing of peoples and cultures than ever before. The continuation of these developments, together with the rapidly increasing economic interdependence among nations, would seem to guarantee even more widespread and increasingly frequent cultural intermixing in the future as the multiplicity of societies evolves towards the "global village" McLuhan speaks of. The prospect before us is that relatively few individuals, and even fewer of the world's cultures, will escape being touched in some way by the intercultural experience.

17 Which of the following best summarizes the passage?
① Cultural intermixing will cause conflict in many societies.
② Cultural intermixing and globalization are inevitable in the future.
③ Societies which isolate themselves will suffer greatly in the future.
④ Cultural barriers are not important unless people choose to come into with other cultures.

18 The best title for the passage is ________________.
① Barriers to Intercultural Communication
② Technology and Culture
③ The Emerging Global Village
④ Problems of Cultural Intermixing

The Tomato Growers Association, or TGA, has set out to grow a super tomato at experimental farm near San Diego, California. Employing biotechnology and developments in DNA research, the TGA has determined to grow the "tomato of tomorrow." By emitting a repellent in the form of an odor, the tomato plant would be able to fight off attacks by insects. It would resist disease and rot, and would maintain its shape when shipped at the bottom of a load of tons of tomatoes.

The skin would be tough, to permit it to be harvested by machine without damage. Its heavy, thick leaves would prevent it from becoming sunburned. All tomatoes on a plant would ripen at the same time, to prevent the loss from machine harvest of under — or overripened fruit. And it would be just as juicy and tasty as consumer wants it to be. While development of this plant will prove to be extremely expensive, TGA scientists believe that if they can achieve their goal, the industry will eventually benefit from its many advantages and cost savings, particularly from harvest labor expenses and shipping loss, that the new tomato will bring.

19 How do scientists believe the new tomato will fight off insects?

① They will not like the taste.

② The plant will give off a smell.

③ They will die upon eating the leaves.

④ A new insecticide will be sprayed on the plants.

20 What is a disadvantage to the creation of the new tomato?

① The tomato will not taste very good.

② The research will be very costly.

③ Foreign researchers may achieve it first.

④ The tomato is not popular in many countries.

21 How will the new tomato be shipped?

① In special protective containers

② In newly-designed trucks

③ In bulk shipments

④ By plane to faraway markets

22 How will the tomato avoid becoming sunburned?

① Farmers will cover the plant with cloth.

② All tomatoes will be grown with artificial light.

③ The plant will provide dense leaves.

④ The tomato skin will not burn in the sun.

To the foreign observer of the growth of American thought it will always remain an enigma that the one aspect of American conduct generally accepted as outstanding found its philosophical interpretation at such a late date. The pragmatic view of life more commonly and also more honestly adopted in the United States than anywhere else in the Western world had its firm grip on the majority of Americans long before anyone attempted to describe it in terms of abstract thought. Perhaps the very naturalness of that outlook prevented its theoretical discussion, but once this was started it did not stop and has led to a number of most decisive trends in modern thought.

Q. What does the author propose as an outstanding aspect of American conduct?

① Abstract thought
② The pragmatic view of life
③ The growth of American thought
④ The naturalness

Question 24 글의 흐름으로 보아 관계가 없는 문장은?

As the roles of men and women in American society have changed in recent decades, couples are finding it harder than ever to stay together. ① It is said that at least 4 marriages out of 10 today will end in divorce. ② As a result, a new perspective on mixed families is needed. ③ The marriages that survive do so, not because of luck, but because of hard work and skills. ④ Indeed, it could be said that this is the age of negotiation in marriage. ⑤ What is important is to decide who takes off work when a child is sick? Who handles the family finances?

Shadow is one of the easiest to perceive of all nature's beauties. As one may see the charm of a profile for the first time when looking at a silhouette, so one becomes aware of the perfection of a natural outline more quickly by seeing it drawn in one color. It is much simpler to trace the outline of an ash tree when it lies on the grass in shadow than when the eyes are dazzled by the vivid green and clustering scarlet of berry and leaf against the sky. It has become a blue tree on the green canvas of a field. Without shadow things would seem unreal, unbreathing as figures in a dream-flat, unrelieved tapestry on the walls of the world. With it come reality and rounded loveliness. It is only the bare winter tree, the barren heart, that is shadowless.

25 The title that best expresses the ideas of this paragraph is:
① Beauties of nature
② Shadows of winter trees
③ The unreality of shadows
④ Values of shadows

26 Things unable to cast shadows are ___________.
① barren　　　　　② colorful　　　　　③ natural　　　　　④ vivid

27 A simple way to become familiar with the shape of a tree is to study ___________.
① the tree in full color
② its winter silhouette
③ it against the canvas of the sky
④ its shadow

 What is the best sequence for (A), (B), and (C)?

> When Alexandre-Gustave Eiffel designed his famous free-standing 986-foot iron tower in Paris in the late 19th century, he did so without modern science or engineering. Mathematicians, though, have long suspected that an elegant logic lies behind the monument's graceful shape.

(A) Initially frustrated, Weidman's eureka moment came when he found a long-overlooked memo written by Eiffel in 1885.

(B) The document gave Weidman the insights he needed to work out the mathematical formula that describes the tower.

(C) That conviction led engineer Patrick Weidman to search for the mathematical formula behind the tower's curve.

① (A) - (B) - (C)
② (B) - (A) - (C)
③ (B) - (C) - (A)
④ (C) - (A) - (B)
⑤ (C) - (B) - (A)

Question 29 Read the following and answer the question.

> Five years ago a group of women began a legal fight with the New Jersey City Fire Department. They contended that a physical examination required to make them eligible to be fire fighters was unfair. The test stressed strength, speed, and agility. Prospective firewomen had to show they could drag an 80-pound hose, climb ladders and stairs, lift a 150-pound dummy, and excel in similar activities. The test has been revised.

Q. The author implies that the revised test _________________________________.

① is probably less difficult to pass than the old test
② is probably as difficult to pass as the old test
③ does not test physical abilities at all
④ will probably be discontinued
⑤ has not been approved by the State of New Jersey

If you already feel inside you the urge of, then the first thing that you have to do is to study the means of expressing yourself. You will have to study very carefully the English language and especially its grammar. Although most people do not understand the art of good writing, they unconsciously assimilate more easily ideas which are expressed in correct English. It should be pointed out also that good English is not necessarily flowery English, and the simple phrase — which looks so easy to write — is often the most difficult to construct. I cannot stress too strongly the desirability of writing your sentences word by word and not phrase by phrase. Many writers fail to get their ideas across to the public solely because they use expressions whose meaning has been killed by repetition.

30 Choose the best title for the passage above.
① Self-expression, an Essential to Writing
② The Art of Writing
③ Dependence of English upon Grammar
④ Flowery English: its Value

31 Writing phrase by phrase is ___________ .
① undesirable
② indispensable
③ important
④ easily assimilated
⑤ economical

Question 32 What is the purpose of the passage?

About 113 billion people have lived and died in the history of our planet, according to scientific estimates. Of all these people, the names of about seven billion, or approximately 6 percent, are recorded in some way — on monuments or in books, manuscripts, and public records. The other 106 billion people are gone without a trace.

① To inform   ② To persuade   ③ To convince
④ To entertain   ⑤ To criticize

Every panic, or depression, has been preceded by feverish business activity, rising prices, rising profits and a rapid extension of credit. Each depression has been accompanied by a lack of business activity, falling prices and a very rapid increase in unemployment. In the past each has brought financial ruin to many banks and business concerns and to countless families. As long as these depressions come, we cannot have an economy of plenty for any great length of the time. Progressive leaders are trying to increase the buying power of the masses of our people and to induce them to save so that they may furnish an adequate market for the products of farm and factory.

33　The title below that best expresses the idea of this passage is ______________.
① The Cause of Depressions
② A Possible Cure for Depressions
③ Price Fluctuations
④ Business Activity Preceding Depressions

34　Progressive economists feel that the best preventive of depressions rests with __________.
① farmers　　　　　　② consumers　　　　　③ big business　　　　④ government

35　Prior to depressions business had been characterized by __________________.
① increasing profits
② falling prices
③ the failure of banks
④ the cutting down of credit

우 편 엽 서

보내는 사람

이 름

주 소

전 화

□□□-□□□

요금수취인
후납 부담
발송유효기간
2011.3.31~2012.3.31
서울마포우체국
제 40246호

받는 사람

서울시 마포구 서교동 394-2
(주) 넥서스 편집부 앞

1 2 2 - 1 2 2

www.wanglish.com
**동영상 강좌 및 교재 온라인
지원사이트**

cafe.daum.net/9glade
**★9꿈사★
공무원을 꿈꾸는 사람들**

cafe.daum.net/cchoi38
**★편한도★
편입에 한번 도전해 보세요**

시험의 맥을 제대로 짚는다!
넥서스 영어 바이블 시리즈

VOCA Bible(보카 바이블)

이재훈 지음 | 188×257 | 616쪽, 267쪽 | 28,500원(꼭지북 포함)

시험에 꼭 나오는 영어 어휘의 총 결정판으로 국내 최초 어원, 동의어, 테마 삼위일체 학습법을 제시하였다. 공무원, 편입, 고시, 대학원 기출 어휘 100% 수록하였고, TOEFL, TEPS, GRE, SAT시험의 빈출 어휘를 정리, 수록하였다. 또한 실생활에 많이 쓰이는 어휘를 중심으로 다양한 방법을 통한 반복 학습 효과를 제공하고 있다.

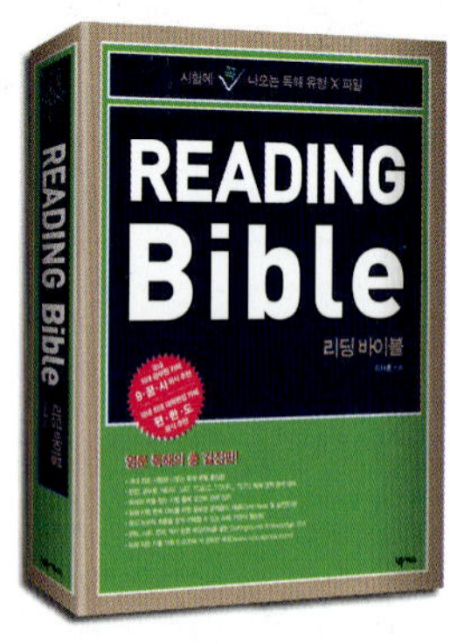

READING Bible(리딩 바이블)

이재훈 지음 | 188×257 | 680쪽 | 28,500원

국내 최초 시험에 나오는 독해 유형을 총망라하였다. 공무원, 편입, NEAT, SAT, TOEIC, TOEFL, TEPS 독해 영역을 완벽 대비할 수 있도록 시험 출제 포인트를 자세히 정리하였고, 풍부한 문제풀이를 제공하였다. 독해 지문의 어휘 5,000여 개를 사전식 Mini Dictionary로 구성하여 온라인으로 제공하고 있다.

GRAMMAR Bible (그래머 바이블)

류시일 지음 | 188×257 | 668쪽 | 26,500원

편입, 공무원, TOEIC, TOEFL 등 각종 영어 시험에 자주 나오는 핵심 문법과 예문이 들어 있는 영문법서이다. 영문법을 학습하면서 틀리기 쉬운 부분을 콕 집어 설명하였고, 예문을 함께 제시한 코너는 영어 초보자에게 더욱 유용하다. 풍부한 예문을 통해 각종 영어 문법과 독해 시험에 완벽 대비할 수 있다.

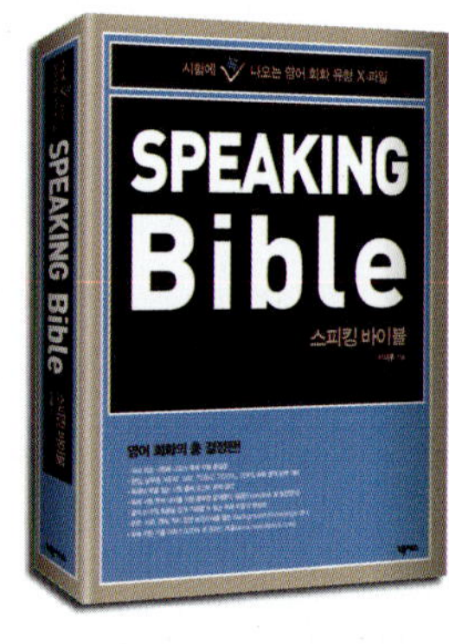

English Speaking Bible (스피킹 바이블)

Richard A. Spears, Ph. D. | 188×257 | 25,500원

미국 최고 권위의 McGraw-Hill/NTC가 출간한 Common American Phrases의 한국어판으로 알파벳순으로 정리한 국내 유일의 미국식 회화표현 사전이다. 원어민 전문가가 직접 고른 미국 현지 회화표현을 완벽하게 집대성했으며 표현의 정확한 이해를 돕는 영영한 스타일의 해설과 6,000여 개의 예문이 수록되어 있다.

㈜넥서스는 독자 여러분과 합격의 기쁨을 함께하고자 합니다. 본서를 통해 영어 독해력을 높여 공무원, 편입 시험에 합격한 독자분들은 다음의 사항을 적어 보내주세요. 열심히 공부한 당신께 책값을 현금으로 돌려드립니다.

[책값 반환 신청서]

•신상정보

성 명 (반드시 실명)

연락처 (전화번호 및 이메일)

•구매정보

구매서점명

구매일자 (연, 월까지만 기재)

•합격정보

시험명 (연도, 회차까지 정확히 기재)

수험번호

아이디 (카페 또는 온라인서점)

•입금 계좌번호 은행명

계좌번호 (신청자와 예금주는 동일인이어야 함)

---

www.nexusON.com
넥서스온은 넥서스의 온라인 교육 사이트입니다.

cafe.daum.net/howtobbo
하투뽀는 어학 정보 커뮤니티 카페입니다.

blog.naver.com/nexuspr
정보가 가득한 넥서스 블로그입니다.

twitter.com/nexstory
즐거움이 있는 넥서스 트위터입니다.

m.nexstudy.com
m넥스터디는 모바일 어학 학습 서비스입니다.

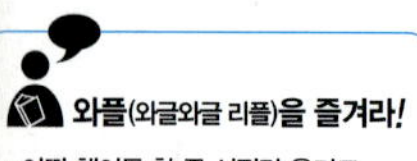

와플(와글와글 리플)을 즐겨라!
- 어떤 책이든 한 줄 서평만 올려도 무조건 선물을 드립니다.
- 지금 바로 홈페이지에서 참여하세요. www.nexusbook.com
- 추첨을 통해 푸짐한 상품을 발송해 드립니다.

신청 방법에 관한 자세한 내용은 www.wanglish.com 카페를 참고하세요. 다음 (Daum) 검색에서 **"리딩 바이블"**을 치세요.

READING Bible

실전편
정답 및 해설

이재훈 지음

영문 독해의 총 결정판!

- 국내 최초 시험에 나오는 독해 유형 총집합
- 편입, 공무원, NEAT, SAT, TOEIC, TOEFL, TEPS 독해 영역 완벽 대비
- 독해의 맥을 짚는 시험 출제 포인트 완벽 정리
- 독해 시험 완벽 대비를 위한 풍부한 문제풀이 제공(Exercises 및 실전문제)
- 글의 논리적 흐름을 쉽게 이해할 수 있는 독해 지문의 형상화
- 문화, 사회, 경제, 역사 관련 배경지식을 쌓는 Background Knowledge 코너
- 독해 지문 기출 어휘 5,000여 개 온라인 제공(www.nexusbook.com)

넥서스

시험에 ✔ 꼭 나오는 독해 유형 X 파일

READING Bible

실전편
정답 및 해설

이재훈 지음

넥서스

Test 01 p.448

1 ③	2 ①	3 ③	4 ②	5 ⑤
6 ③	7 ③	8 ③	9 ②	10 ④
11 ①	12 ①	13 ②	14 ③	15 ⑤
16 ③	17 ①	18 ③	19 ③	20 ③
21 ③	22 ②	23 ③	24 ④	25 ①

1-3 다음 지문을 참조하시오.

인생의 영고성쇠에는 예측 가능한 계획이 없는 듯 보일수도 있다. 그러나 사람들이 공유하는 매우 명확한 인생의 패턴이 있다는 것을 과학자들은 지금 알고 있다. 우리가 증조부모 세대보다 20년 더 오래 살고, 여성이 남성보다 불가사의하게도 7년을 더 오래 사는 오늘날, '인생이란 게임'이 정말로 맞바꿈의 게임이라는 것이 그 어느 때 보다도 분명하다. 나이가 들어감에 따라, 우리는 힘을 지혜와, 신속함을 꼼꼼함과, 열정을 (A) 이성과 맞바꾼다. 이러한 맞바꿈이 항상 공정한 것 같지는 않지만, 모든 나이에는 몇 가지 (B) 장점들이 있다. 따라서 당신이 비록 당신의 황금기의 일부를 지나쳐 보냈을지라도, 당신에겐 여전히 앞으로 경험할 또 다른 황금기가 있다는 것을 안다는 것은 위안이 되는 일이다. 어떤 중요한 황금기는 인생의 후반부에서 (C) 최고조에 이르는 것 같다.

definite 명확한, 정확한 **outlive** ~보다도 오래 살다 **trade-off** 교환; 거래 **reassure** (남)에게 자신감을 되찾게 하다, 안심시키다 **note** ~에 주목(주의)하다; 메모하다; 각서, 주해; 짧은 편지; 특색, 특징 **prime** 가장 중요한, 제일의; 전성기, 한창때

1 정답 ③

해설 (A) 문장 앞부분을 보면, 젊었을 때의 특징인 strength, speed가 그리고 나이가 들었을 때의 특징인 ingenuity, thoroughness가 서로 대조된 형태로 열거되고 있음을 볼 수 있다. 젊었을 때의 특징인 passion과 서로 대조적인 의미의 단어를 찾으면 된다. 참고로 feeling, emotion, passion(이상(以上); 감정)은 reason(이성)과 상대적 개념으로 독해문제에서 아주 중요하게 다루어지고 있다.

2 정답 ①

해설 (B) 문장의 경우, 그 앞부분에 not always seems fair라는 부정적 의미가 나오는데, 그 바로 뒤에 역접의 접속사 but이 있으므로, 긍정의 의미를 가진 명사가 나와야 자연스럽다.

3 정답 ③

해설 앞의 전체 내용을 살펴보면, 인생의 후반부에서 황금기에 이르는 경우도 있음을 쉽게 유추해 낼 수 있다.

4-5 다음 지문을 참조하시오.

다음은 쉬운 영어로 글을 쓰는 법에 관한 몇 가지 조언이다. 긴 단어보다 짧은 단어를 즐겨 써라. 고급스러운 단어보다는 간단하고 일상적인 단어를 사용해라. 명사와 형용사보다는 동사를 즐겨 써라. 일반적인 단어보다 구체적인 단어를 써라. 평균 20단어가 넘지 않는 단문으로 써라. 수동태보다는 능동태를 사용해라. 중문과 복문은 되도록 (A) 피하고 단문을 즐겨 써라. (B) 귀를 염두에 두고 글을 써라. 문장이 지면상에서는 맞아 보여도 그 운율이 귀에 거슬릴 수가 있다.

pointer 조언, 지시, 암시; 가리키는 사람(것) **plain** 평이한, 쉬운; 명료한, 명백한; 솔직한 **fancy** 화려한, 장식적인; 특선의; 공상, 상상 **specific** 구체적인 **general** 일반적인 **spendthrift** 돈 씀씀이가 헤픈 사람, 방탕자 **cadence** (소리나 말의) 율동적 흐름, 리듬 **jar** 불쾌한 소리를 내다, 삐걱삐걱 소리 내다; 단지, 항아리

4 정답 ②

해설 글을 잘 쓰는 방법에 관한 글이다. (A) 밑줄 부분의 뒤에 'a spendthrift with simple sentences'가 나오는데, spendthrift란 '돈 씀씀이가 헤픈 사람'을 의미한다. 문맥상 서로 상반되는 단어가 나와야 하므로, '구두쇠'란 의미의 'miser'가 정답이다.

5 정답 ⑤

해설 (B) 밑줄 내용은 바로 뒤 문장에 'its cadence may be jarring'이라고 했으므로 '그 운율이 (귀에) 거슬릴 수가 있다'는 내용에 적합한 'ear'가 정답이다.

6 정답 ③

하나의 건물 즉 현대적인 도서관에서 좋은 영화도 볼 수 있고, 음악회의 음악도 들을 수 있고, 아름다운 그림도 구할 수 있고, 공예활동에 참가할 수도 있고 Hank Arron의 평균타율도 알 수 있다. 도서관은 석기 시대부터 컴퓨터 시대까지 발전의 기록뿐만 아니라 일상생활을 개선할 활동들로 가득 차 있다. 현대적인 도서관은 이런 모든 서비스를 제공하지만 대부분의 사람들은 주로 책을 읽기 위해서 도서관에 간다.

obtain (특히 노력 끝에) 얻다(구하다/입수하다) **craft** 공예; 술책, 술수; 기술 **alive** 살아있는; (생기, 감정, 활기 등이) 넘치는 **primarily** 주로

해석 ① 서점에서 책을 산다
② 그러한 서비스들을 좋아한다
③ 주로 책을 읽기 위해서 간다
④ 자신들의 서재를 가지고 있다

해설 이 글의 결론에 해당하는 말을 묻고 있다. 양보접속사 Although가 이끄는 종속절의 내용(현대적인 도서관은 많은 서비스를 제공하지만)이 문제 해결에 열쇠를 제공한다.

7　　　　　　　　　　　　　　　　　　　　정답 ③

어떤 사람들은 컴퓨터로 활동적인 사회생활을 영위한다. 자신의 컴퓨터 단말기를 이용하거나 카페나 사회 센터나 도서관 등의 공공장소에서 이용할 수 있는 컴퓨터 단말기를 이용해서 말이다. 게시판에서 다른 사람과 대화를 함으로써, 그들은 전통적인 방법으로는 만날 수 없는 사람들을 알게 된다. (A) 예를 들어, 캘리포니아 주 샌프란시스코의 한 대학원생은 컴퓨터로 집 없이 롤러스케이트를 타고 돌아다니는 채식주의자, 에이즈 바이러스 양성반응의 경찰관, 이란 출신 가정의 사람들, 80세 된 탐정, 그리고 DNA를 연구하는 유전학자 등을 포함해 50명 이상의 친구를 만들었다. 그녀는(대학원생) 컴퓨터로 사귄 약 10여명의 사람들과 데이트도 했다. 사실 그녀는 그중 한 명과 거의 결혼할 수도 있었다. 하지만 그 아름다운 사랑은 지속되지 못했다. (B) 그러나 그녀는 그 관계가 깨진 것에 대해 컴퓨터를 비난하지는 않는다.

carry on ~을 영위하다, 경영하다; 밀고 나아가다; 대담하게 해치우다; (역할, 임무 따위)를 훌륭히 해내다　**available** 쓸모 있는, 유용한; 입수할 수 있는; (시간이 비어) 만날 수 있는　**terminal** 〈컴퓨터〉 단말기(장치); (철도 따위의) 종점, 터미널; 말단, 종말, 〈의학〉 말기의, 죽을 때가 가까운; 절망적인; 말단의, 종말의　**bulletin board** 〈컴퓨터〉 (전자)게시판(=electronic bulletin board); 게시판, 알림판　**homeless** 집 없는; the ~ (집합적 의미, 복수취급) 노숙자　**vegetarian** 채식(주의)자; 초식동물; 채식주의의　**get around** 여기저기 다니다(=get about); ~을 설복시키다; (장애물, 고난 따위)를 피하다, 극복하다　**HIV-positive** HIV 양성의 (HIV: human immunodeficiency virus; 인체 면역 결핍 바이러스, AIDS 바이러스)　**geneticist** 유전학자　**go out on a date** 데이트하러 나가다　**break up** 〈미 구어〉 헤어지다, 관계를 끊다; ~을 분리하다; ~을 해산하다; ~을 잘게 썰다; (서리, 얼음 따위가) 녹다 (cf. breakup 이별, 불화, 분해, 분열, 해체, 해산)

해설 빈칸을 추론할 때에는 글의 주제를 먼저 파악한다. 이 글의 주제는 social lives with computers이다. (A) 이전까지는 컴퓨터를 통한 사회생활이 무엇인지 설명을 하고 있고 (A) 이후로는 한 대학원생의 이야기를 실례로 들어 설명하고 있다. 따라서 (A)에는 For example이 적합하다. 그리고 그 이하는 이 대학원생이 컴퓨터를 통한 사회생활을 통해 사람들을 만나고 한 사람과는 거의 결혼할 뻔했지만 헤어졌다는 이야기가 나온다. 그녀는 이 헤어짐에 대해 컴퓨터를 탓하지 않는다고 했으므로 (B)에는 역접의 however가 적합하다.

8　　　　　　　　　　　　　　　　　　　　정답 ③

아시아의 병들어 가고 있는 도시의 매연 표시(신호)들은 갈수록 분명해지고 있다. 그러나 많은 지도자들과 일반 시민들은 대처하는데 느리다. 상대적으로 빠른 대처를 위해서, 정부는 매연 (A) 배출수준에 대한 기존의 규제를 강화할 수 있다. 그리고 나중에 그 규제들을 더 엄격한 국제 수준에 맞추면 된다. 그들은 역시 상업적, 개인적인 교통을 증가시키는 계획의 환경상의 비용평가를 요구할 수 있다. 장기간의 해결계획에는 더 효율적이고 광범위한 대중 교통수단과 깨끗한 대체에너지 자원에의 투자, 그리고 오염된 도시 중심에서 (B) 멀리 떨어진 곳에 일자리와 주택의 창출을 돕는 장기적인 안목의 도시계획을 하는 것이 포함된다.

smoke 매연; 연기; 흡연; 연기가 나다; 담배를 피우다　**signal** 신호; 신호기; 계기, 도화선; 신호(용)의; 뛰어난; 신호하다, 신호를 보내다　**ailing** 앓고 있는, 병든　**relatively** 상대적으로; 상당히, 적당히　**fix** (즉석의) 수리, 해결(책); 곤경, 궁지; 고정(고착)시키다; (날짜, 장소 따위)를 결정하다, 정하다(up); (식사)를 준비하다, 요리하다　**beef up** ~을 강화(증강, 보강)하다 (beef-up 증강, 보강)　**enforcement** 시행, 실행; 강제, 강요　**bring A in line with** A를 ~에 맞추다, 따르게 하다, 조화되게 하다　**stringent** 엄격한(=severe); 용서 없는　**assessment** 평가, 사정(査定); 과세, 부과; 과세액, 사정액　**scheme** 계획; 음모; ~을 계획하다; ~의 음모를 꾸미다　**regimen** 처방, 해결 계획; (의학) 처방(투약) 계획; 식이 요법, 양생법　**mass transport** 대량 수송　**alternative** 대안의; 양자택일의; 대안; 양자택일　**commit to** ~에 전념하다　**far-sighted** 장기적인, 멀리 내다보는; 선견지명이 있는　**congested** 붐비는, 혼잡한; (병리) 출혈된

해설 이 글의 주제는 도시의 매연과 그에 대한 해결방안이다. (A)는 매연 문제에 대해 정부가 강화할 수 있는 것으로 자연스러운 것은 배출(emission)수준에 대한 규제일 것이며, (B)에 알맞은 내용은 혼잡한 도시 중심이 아닌 도시 바깥 '외부에(outside of)' 일자리와 주택의 창출을 돕는 것일 것이다.

9　　　　　　　　　　　　　　　　　　　　정답 ②

사람들이 서비스를 받으려고 방문하는 은행이나, 관공서나 기타 등등 많은 장소가 있다. 서비스를 제공하는 사람이 얼마나 많은가에 따라 서비스를 받는 사람들은 많은 줄을 서게 된다. 그들이 줄을 서게 되었을 때, 그들은 결정해야 하는 문제에 항상 직면한다. 즉, 어느 줄에서 가장 일을 빨리 처리할 수 있을까 하는 문제이다. 그것은 짧은 줄이 항상 빠른 서비스를 받는 것이 아니기 때문이다. 늦게 온 어떤 사람이 우연히 운이 좋은 줄에 서면 더 빨리 서비스를 받게 된다. 그것 때문에 어떤 일찍 온 사람이 예상보다 더 오래 기다리기도 한다. 이것은 서비스를 제공하는 사람이나 손님 둘 다에게 공평하지 못하다.

depend upon(on) ~에 좌우(결정)되다; ~을 신뢰하다, 믿다; 의존(의지)하다　**available** 쓸모 있는, 유용한; 입수할 수 있는; (시간이 비어) 만날 수 있는　**be faced with** ~에 직면하다, 봉착하다　**lead to** ~로 이끌다, ~을 일으키다, 초래하다(=result in)　**fair** 공평한, 공정한; 아름다운, 살결이 흰, 금발의; (play, fight, act 등과 함께) 공평하게, 공명정대하게 (그 밖의 동사는 보통 fairly); 품평회, 박람회, (정기적으로 서는) 장, 축제일; (합동) 설명회　**party** 관계자, 당사자; 일행, 단체; 파티　**the parties concerned** 이해 관계자, 당사자

해석 ① 공정한 대기 제도가 우리로 하여금 선착순으로 서비스를 제공하고 서비스를 받는 것을 가능하게 해 준다.
② 즉, 어느 줄에서 가장 일을 빨리 처리할 수 있을까라는 문제이다.
③ 이 문제에 대한 해결책은 쉬워 보인다.
④ 우리가 사회적인 창조를 생각해 보는 것이 가능할 것이다.

해설 이 글은 '줄을 서는 것'에 대해 이야기하고 있다. 서비스를 제공

하는 사람과 서비스를 받는 사람이 있는데 줄의 길이와 상관 없이 운에 따른 순서로 서비스를 받게 되는 것은 불공평하다는 것이 글의 주제이다. 따라서 빈칸에는 사람들이 줄을 설 때에도 '어떤 줄에 서야 가장 빨리 일을 처리할 수 있을지'를 간파하고 결정한다는 내용이 적합하다.

10   정답 ④

대부분의 음악가들은 세계에서 가장 훌륭한 바이올린이 약 300년 전, 이탈리아 Cremona에서 만들어진 것이라는데 의견을 같이 한다. 이 바이올린은 다른 어떤 바이올린보다 소리가 좋다. 이 바이올린들은 심지어 오늘날 만들어진 것 보다 더 소리가 좋다. 바이올린 만드는 사람과 과학자들이 현재 이탈리아 바이올린과 같은 악기를 만들려고 노력했다. 그러나 똑같은 것을 만들 수 없었다. 음악가들은 옛날 것을 훨씬 더 좋아한다. 왜 이 옛날 악기가 그토록 특별한가? 진정 아무도 모른다. 그러나 많은 사람들은 나름대로의 대답을 한다. 어떤 사람은 바이올린의 나이(오래된 정도)라고 생각하고 또 어떤 사람은 목재의 종류가 그렇게 중요한 것이 아니고 특별한 방법으로 목재를 자르는 것이 더 중요하다고 말한다.

sound (~하게) 소리가 나다, ~의 소리를 내다, 울리다; ~인 것 같다; (신체, 정신이) 건전한, 건강한; (수면이) 깊은; (잠과 관련하여) 잘, 깊이, 푹; 소리, 음 **instrument** 악기(=musical instrument); (정밀)기구, 기계, 도구

해석 ① 단지 몇몇 오래된 바이올린만 특별한 소리를 낸다.
     ② 그 비결은 영원히 사라졌는지도 모른다.
     ③ 아주 작은 차이가 바이올린의 소리를 변화시킬 것이다.
     ④ 진정 아무도 모른다. 그러나 많은 사람들은 나름대로의 대답을 한다.

해설 세계에서 가장 좋은 것으로 평가받고 있는 바이올린에 대한 글이다. 이 바이올린이 약 300년 전에 만들어졌음에도 불구하고 이를 능가하는 바이올린을 만들지는 못했다고 했으므로 이 바이올린이 이렇게 특별하게 훌륭한 이유는 아무도 모르는 것임을 알 수 있다. 하지만 그에 대한 여러 의견이 뒤따르고 있다고 했으니, 빈칸에는 '아무도 모르나 많은 사람들이 나름의 대답을 한다'가 가장 적당하다.

11   정답 ①

타이타닉호가 빙산을 정면으로 충돌했다면, 배의 방수 격실이 배를 (A) 침몰로부터 구했을는지도 모른다. 그러나 배는 빙산을 피하기 위해 방향을 틀었고, 충돌하면서 너무나 많은 방수 격실들이 바다에 노출되는 바람에 참사는 (B) 피할 수 없었다.

iceberg 빙산 **head on** 정면으로, 똑바로 **water-tight** 방수의, 물이 새지(들어오지) 않는 **compartment** (배나 기차 안의 칸막이를 한) 객실; (가구 등의 물건 보관용) 칸 **water-tight compartment** (배의) 방수 격실(防水隔室)(=compartment) **swerve** 방향을 바꾸다(틀다) **collision** 충돌 **founder** (배가) 침수하여 침몰하다; (계획 등이) 실패하다(=fail); 창립자, 설립자 **inevitable** 피할 수 없는, 불가피한, 필연적인 **sink** (액체나 부드러운 물질 아래로) 가라앉다(빠지다); 침몰시키다; 싱크대 **formidable** 가공할, 어마어마한; 무서운, 겁나는 **damnify** (법

률) ~을 손상하다, ~에 손해를 끼치다(=injure) **inadvertent** 의도하지 않은(=unintentional); 고의가 아닌, 우연의; (사람 · 성격이) 부주의한, 소홀한(=inattentive) **drown** 물에 빠져 죽다, 익사하다; 익사시키다; 흠뻑 젖게 하다; (액체에) 잠기게 하다 **unavoidable** 불가피한, 어쩔 수 없는(=inevitable) **collapse** 붕괴되다, 무너지다; (보통 의식을 잃고) 쓰러지다; (제도, 사업 등의 갑작스런) 실패(붕괴) **avert** 방지하다, 피하다; (~에서) 눈(얼굴)을 돌리다(외면하다)

해설 빈칸 (A)는 가정법 과거완료 구문임에 주목한다. 배가 빙산을 정면으로 충돌했다면, 과연 어떤 상태에 처한 배를 구조할 가능성이 있겠는가? '침수하여 침몰하다'라는 founder가 가장 적절하다. 빈칸 (B)는 so ~ that 결과 구문임에 주목한다. 배가 빙산에 충돌하면서 너무나 많은 방수 격실들이 바다에 노출되었기에 참사(침몰)는 피할 수 없었을 것이다. ②번의 'sinking'을 보고 성급하게 답을 고르면 안 된다.

12   정답 ①

철학의 가치는, 사실상, 주로 그 불확실성 속에서 추구되어야 한다. 철학을 전혀 모르는 사람은 인생을 일반적인 상식으로부터 비롯된 편견에 사로잡히거나 자기 시대 또는 자기 나라의 습관적 믿음에서 나오는 편견에 사로잡히거나 세심한 이성과의 협력이나 일치 없이 마음속에 자리 잡은 확신에서 비롯된 편견에 갇힌 삶을 살아간다. 그런 사람에게 세상은 확정적이고 한정적이고 명백한 것이 되는 경향이 있다. 즉 평범한 것들은 의문을 일으키지 못하고, 익숙하지 않은 가능성들은 경멸적으로 거부된다. 이에 반하여 우리가 철학적인 사색을 하기 시작하는 순간, 우리가 초반의 챕터에서 보았던 것처럼, 심지어 가장 일상적인 것들일지라도 단지 아주 불완전한 대답만을 얻을 수 있는 문제에 이르게 된다는 사실을 알게 된다.

sought seek의 과거, 과거분사 (seek 추구하다, 찾다) **tincture** 기미; ~한 점; 색조, 색; 수박 겉핥기(식 지식) **have no tincture of** ~을 전혀 알지 못하다 **go through** 겪다, 경험하다; 통과하다, 빠져 나가다 **imprison** ~을 가두다, 감금하다, 투옥하다 **derive A from B** (B에서) A를 얻다, 끌어내다; (수동형) ~에서 일어나다, 나오다 **common sense** 상식 **habitual** 습관적인, 상습적인 **conviction** 신념, 확신; 유죄 판결 **consent** 일치; 동의(=assent) **deliberate** 신중히 생각한, 심사숙고한; 계획(의도)적인(=intentional); 신중한, 사려 깊은, 꼼꼼한 (in); 숙고하다, 곰곰이 생각하다 **rouse** ~을 일으키다, 깨우다; 분발케 하다; (감정을) 자극하다, 돋우다 **definite** 명확한, 정확한 **finite** 제한(한정)된, 유한(→ infinite 무한한, 끝없는) **contemptuously** 경멸적으로, 거만하게 **philosophize** 철학적으로 사색하다(이론화하다) **on the contrary** 그와는 반대로 **uncertainty** 불확실성 **consensus** 일치, 조화 **perspective** 전망, 관점 **atmosphere** 분위기, 대기, 공기

해설 철학의 문외한들에게 있어서 세상은 확정적이고 한정적이고 명백한 것이 되지만 철학적인 사색을 하는 순간 '아주 불완전한 대답만을 얻을 수 있는' 문제에 이르게 된다고 했으므로 철학의 가치는 '불확실성'이다. on the contrary가 들어가 있는 마지막 문장이 정답의 단서가 된다.

13
정답 ②

아마추어들은 수지 타산이 맞는지 걱정하지 않고 자신들이 좋아하는 일이라면 무엇이든 한다. 그들은 하고 싶은 일이라면 무엇에든 열중하고 열광한다. 그리하여 그들은 때때로 그 분야에서 프로보다 더 뛰어나기조차 하다. 오늘날 대부분의 분야에서 프로와 아마추어 사이의 경계는 흐려졌다. 순수한 의미의 아마추어는 사라졌다고 말할 수 있다. 요즘 아마추어적인 생각을 가진 사람을 본 적이 없기 때문이다. 돈으로 전환될 수 없는 많은 귀중한 것들이 돈에 의해 빛을 잃어가고 있다.

amateur 아마추어, 비전문가 **make (both, two) ends meet** 수지 타산을 맞추다 **zeal** 열중, 열의 **enthusiasm** 열중, 열광; 열정, 열성 **blur** 흐려지다, 희미하게 되다; ~을 더럽히다, 손상시키다; 더러움, 얼룩; (도덕상의) 결점 **amateurish** 아마추어의; (경멸적) 아마추어 같은, 미숙한, 풋내기의 **convert** ~을 바꾸다, 변환시키다; 바꾸어 놓다; 개종시키다 **overshadow** 그늘지게 하다; (비유적) ~의 모습을 희미하게 하다, ~에 어두운 그림자를 던지다. **energetic** 정력적인, 활동적인 **extinct** 사라진, 멸종된; 꺼진 **indifferent** 무관심한, 흥미를 느끼지 않는; 냉담한, 무감동의; 공평한, 중립의, 차별하지 않는 **omnipotent** 전능한, 무엇이든 할 수 있는 **creative** 창조적인, 독창적인

해설 수지 타산 없이 열중, 열광하며 프로보다 더 뛰어나기조차 하다며 아마추어를 소개한 후 요즘은 많은 귀중한 것들이 돈에 의해 빛을 잃고 있다고 했으므로 '순수한 의미의 아마추어는 사라졌다'는 것이 필자의 생각으로 적절하다.

14-16 다음 지문을 참조하시오.

근본적으로, Greenspan은 국가 경제를 안정시키는 책임을 지고 있다. 경제는 일종의 풍선과 같다; 너무 많은 공기를 불어넣으면 그것은 (A) 터진다. 그러나 공기가 너무 적으면 바닥에 (B) 떨어지고 만다. Greenspan은 언제 경제에 더 많은 공기를 불어넣을지 결정하는 것을 돕는다. 이 경우, 풍선의 공기란 경제에서 돈의 양을 말한다. Greenspan은 돈의 공급을 증가시킴으로써 경제가 성장하게 만들 수 있고, 혹은 돈의 공급을 감소시킴으로써 경제가 너무 많이 팽창하는 것을 막을 수 있다. 그의 목표는 경제가 (C) 천천히 성장하고 수축하는 것이다. 급속한 변화는 사업과 소비자에게 피해를 줄 수 있다.
다른 방식으로 그것을 생각해 보면 차를 출발시키는 것에 비유될 수 있다. 갑작스럽게 가속페달을 밟으면 승객들은 뒷좌석으로 나자빠질 것이다. 브레이크를 힘껏 밟으면 승객들은 앞 유리창에 부딪히거나 적어도 목뼈의 손상을 입을 것이다. 경제 성장의 속도를 천천히 변화시키는 생각이 필요한데, 그렇게 하면 어느 누구도 다치지 않게 된다. Greenspan이 발로 가속기(액셀러레이터)를 밟고 있는 상황이기 때문에 전 세계의 투자자들은 그의 일거수일투족을 (D) 지켜보고 있다.

basically 근본적으로, 본질적으로 **Greenspan** (=Alan Greenspan) (인물) 앨런 그린스펀(미국의 유명 경제인), 전 FRB(미연방준비제도이사회 Federal Reserve Board) 의장과 여러 대통령들의 경제 고문을 역임 **stable** 안정된, 견고한; 마구간 **sort of** 일종의 **balloon** 풍선 **inflate** (급격히) 늘다, 증가하다; 인플레이션이 일어나다; (공기, 가스 따위로) ~을 부풀리다, 팽창시키다; ~을 우쭐하게 하다, 자만하게 하다 **floor the gas** (가속 페달)을 세게 밟다(=floor it), (차)를 전속력으로 질주시키다 **jolt** ~에 충격을 주다; ~을 거칠게 흔들다; 동요를 일으키다; 덜컹덜컹 흔들리다; 급격한 충격(동요) **slam** (문, 창문 따위)를 쾅 닫다; (브레이크 따위)를 급히 밟다(on) **windshield** (자동차의) 앞 (방풍)유리 **whiplash** 목뼈 골절상(=whiplash injury); 채찍 끈; ~을 채찍으로 때리다; (사태의 급변 따위가) ~에 악영향을 미치다 **gas pedal** (美) (자동차의) 액셀러레이터(=accelerator) **fly** 날아가다, 날다; 날리다 **bend** 구부리다, 구부러지다 **pop** 펑 하는 소리가 나다; 터지다, 파열하다; (눈알 등이) 튀어 나오다; 별안간 오다(가다); 발포하다; 통속적인, 대중적인, 팝 음악, 팝 음악회; (비유적)인기 최고의 사람(것) **fall** 떨어지다 **mop** 얼굴을 찡그리다, 입을 비쭉거리다; ~을 자루걸레로 청소하다; 찌푸린 얼굴; 몹, 자루걸레 **steer** ~의 키를 잡다, 조종하다

14
정답 ③

해설 Greenspan의 경제 활동을 풍선에 비유해 설명한 부분이다. '풍선에 너무 많은 공기를 불어넣으면 터지고(pop) 너무 적으면 떨어진다(fall)'는 내용이 적합하다.

15
정답 ⑤

해석 ① 풍부하게 발전하고 번영하다
　　② 급속히 증가하고 감소하다
　　③ 갑자기 더 나빠지고 더 좋아 보이다
　　④ 점진적으로 향상되고 좋아지다
　　⑤ 천천히 성장하고 수축한다
해설 (C)가 있는 문장 바로 다음에 '급속한 변화는 사업과 소비자에게 해를 끼칠 수 있다'는 내용이 따르므로 Greenspan의 목표는 '경제가 천천히 성장하고 수축하는 것'이 적당하다.

16
정답 ③

해설 경제를 다시 차에 비유하고 Greenspan이 발로 가속기를 밟는다고 했으므로 전 세계의 투자자들은 경제를 조절, 주관하는 Greenspan의 모든 행동을 '지켜 볼' 것이다.

17
정답 ①

당신이 살충제에 대해서 알아야 할 것은 정말로 매우 간단하다. 살충제는 모두 원치 않는 생물이나 해충을 죽이기 위해 고안되었다. 모든 살충제들은 생물들에게 위험하고, 여기에는 인간도 포함된다. 제2차 세계대전 이전에 사용된 소수의 무기(無機) 살충제는 농부들에게 이득이 되었기 때문에 "경제적 독성 물질"이라고 불렀다. "경제적 독성물질"은 어떤 집단에서는 "식물 보호제"가 되었다. 용어가 바뀔 때마다 유독성에 대한 의식이 더욱 약화되었다.

pesticide 살충제, 구충제 **inorganic** (화학) 무기성의, 무기의; 생활 기능이 없는, 무생물의(=inanimate) **poison** 독(약), 독물; 해독, 폐해; (한정적) 독 있는; 독을 넣다 **circle** 원; 집단, 사회; 범위 **benefit** 이익; 이득; 이익이 되다 **protectant** 예방 보호제 **diluted** 묽게 한, 희석한, 정도가 약해진 **popular** 인기 있는; 민중의; 대중적인 **significant** 중요한; 의미 있는 **prominent** 현저한, 두드러진 **urgent** 긴급한, 강요하는

해설 살충제가 처음에는 해충뿐만 아니라 인간에게도 위험한 독성

물질로 인식되다가 시간이 갈수록 '경제적 독성물질' 더 나아
가 '식물 보호제' 등으로 바뀌면서 그 유독성의 의미가 점차로
순화되었음을 알 수 있다.

18 정답 ③

미국에서 별다른 것을 전혀 느끼지 못하는 체하며 장애인들에
게 "교양 있게" 행동하려고 하는 어른들은 때때로 장애인들을
완전히 무시하게 되는 결과를 초래할 수도 있다. 내가 이 나라
에 살게 된 처음 몇 달 동안 나는 아이들이 내 다리에 무슨 문
제가 있는지 내게 물을 때마다 그들과 동반한 성인들이 급히
아이들을 입 다물게 하고는 몰래 나를 바라보며 사과의 말을
웅얼거리고는 자신의 아이를 급히 데리고 가는 사실에 놀랐다.
이러한 우연한 만남을 몇 달 겪은 후 나는 이 사람들을 교육
시키는 것이 나의 의무라고 결심했다. 나는 난처해하는 어른들
에게 말하곤 했다. "괜찮아요, 아이에게 묻도록 그냥 두세요."
아이에게 몸을 돌리면서, 나는 말하곤 했다. "내가 너보다 크지
않은 어린 소녀였을 때 나는 (A) 소아마비라고 불리는 병에 걸
렸다. 내 다리의 근육이 오그라들었고 나는 잘 걸을 수 없었단
다. 너는 나보다 훨씬 운이 좋아. 이제 너는 백신을 맞아 내가
걸린 병에 절대 걸리지 않을 테니. 그러니 엄마가 (B) 소아마비
백신을 맞히러 너를 데리고 갈 때 울지 말거라, 알았지?" 몇몇
어른들과 어린 동반자들은 내가 이렇게 말을 하면 당혹감에서
벗어나게 된 것에 대해 기뻐했다. 또 어떤 사람들은 나를 이상
하다고 생각했다.

civilized 품위 있는, 교양이 높은; 교화된, 문명화한 handicapped
(사람이) 신체(정신)적 장애가 있는; the ~: (집합적 의미, 복수 취급) 신체(정
신) 장애자 pretend ~인 체하다; (부정문에서) 감히(주제넘게) ~하다
unusual 별난; 보통이 아닌, 비범한 end up 끝나다; 마침내는 (…으로)
되다 companion 친구, 동료; 동반자, 반려자; 길동무 shush (감탄
사) 쉬잇, 조용히; 쉿하여 입 다물게 하다(up); 입 다물다 struck strike
의 과거, 과거분사 strike 치다; 부딪치다; ~을 (강하게)느끼게 하다; 치기,
동맹 파업 furtively 몰래, 살그머니, 슬쩍 mumble 중얼거리다; 중얼
거림 rush 돌진하다, 서두르다; 돌진시키다, 서두르게 하다; 돌진, 분주한 활
동 encounter 마주침 (우연히) 만나다, 마주치다; (위험·곤란 등에) 부
닥치다; (적과) 교전하다, 충돌하다 fluster 어리둥절하(게 하)다; 떠들썩하
(게 하)다 shrink (shrank/shrunk(과거), shrunken(과거분사)) 오그라
들다; 줄다 vaccine (접종용의) 백신; (컴퓨터) 바이러스 예방 프로그램
mommy 엄마(=mummy(英)) (mummy 미라; (英)엄마) cholera 콜
레라 measles 홍역 polio 소아마비; 소아마비 환자 smallpox 천
연두, 마마 malaria 말라리아

해설 어휘 문제에 가깝다. 다리의 근육이 오그라들고 잘 걸을 수 없
게 되는 병은 소아마비이다.

19 정답 ③

한국 전쟁은 태평양 전쟁이 종전되면서 승리한 연합군의 협정
에 의해서 생긴 한국의 정치적 분단의 결과였다. 1945년 일
본이 항복한 후 미국의 행정관들은 점점 두 국가(남북한) 간에
정치적 경계가 된 38선을 따라 한반도를 (A) 분단시켰다. 전
쟁에 앞서 몇 달 동안에 통일 회담이 (B) 계속되었음에도 불구
하고 긴장은 심화되었고, 북한군은 1950년 6월 25일 남한을
침략했다. 그것은 냉전시대의 최초의 중요한 무력 충돌이었다.

victorious 승리한, 승리를 거둔 ally 동맹국; (특히 정치적) 협력자; the
Allies 1, 2차 세계대전 때의 연합국들 conclusion 결론, (최종적인) 판
단 following 〈전치사〉 ~후에; (특정 결과)에 따라; (시간상으로) 그 다음의;
다음에(아래) 나오는(언급되는); 추종자(팬)들; the following (가리키는 사람,
사물의 수에 따라 뒤에 단수 동사가 올 수도 있고 복수 동사가 올 수도 있음) 다
음, 아래 surrender 항복, 굴복; 항복(굴복)하다, 투항하다; (권리 등을) 포
기하다(내주다/넘겨주다) the 38th parallel 38선 border 국경, 경계;
가장자리; (국경·경계에) 접하다; 가장자리를 이루다 reunification 재통
일, 재통합 tension 긴장 상태; 긴장, 불안; (문학 작품, 영화의) 긴장감; 팽
팽함; 장력 armed conflict 무력 충돌 forego 앞에 가다, 앞서다; (하
고, 갖고 싶은 것을) 포기하다(=forgo) divide 나누다(가르다); 나뉘다(갈라
지다) precede ~에 앞서다(선행하다); ~앞에 가다

해설 빈칸 (A)는 38선을 따라 한반도를 나눈 것이기에, divided가
적절하다. 빈칸 (B)는 시간의 연속을 나타내는 and 다음에 북
한군이 남한을 침략했다는 내용이 나오므로, 통일 회담은 전쟁
전에(preceding the war) 계속되었음을 알 수 있다.

20 정답 ③

Bill Smith는 거의 10개월 동안 수감되었다. 재판일자가 정
해졌다. Smith의 친구들은 기꺼이 그의 변호사가 될 준비가
되어 있었으나, 재판 직전에 주지사가 그들의 변호사 자격을
박탈했다. 그것은 그들이 변호할 수 없음을 뜻하는 것이었다.

jail 교도소, 감옥; (美)구치소 trial 재판, 공판; 시도 governor 통치
자, 지배자; (美)주지사; 총독 practice 개업하다; 연습하다; 늘 행하다;
(평상시 늘 하는) 행위(업무); 관습, 관례; 실행, 실천; (의사, 변호사 등의) 영업
ignore 무시하다 chase 뒤쫓다, 추적하다 disbar 변호사의 자격을
박탈하다 accuse 고소(고발, 기소)하다; 비난하다 investigate 조사
하다, 연구하다

해설 밑줄 부분 바로 뒷 문장이 답의 단서를 제공하고 있다. 즉, 그들
이 변호사 개업을 할 수 없다는 뜻이 되려면 '변호사 자격을 박
탈당한'이라는 과거분사 형태의 disbarred가 가장 적절하다.

21 정답 ③

현대인들은 석유, 석탄, 천연가스와 같은 형태의 에너지가 무
한정으로 존재하지 않으며 가까운 미래에 완전히 고갈될 것이
라는 것을 깨닫고 있다. (A) 게다가 이것들은 획득하기도 힘들
며 대기를 오염시키고 정련하거나 수송하는 비용도 엄청나다.
(B) 그러므로 인류는 새로운 에너지원을 찾아내야 한다. 한 가
지 대체에너지는 태양에너지이다.

become aware that ~ ~를 깨닫다, ~을 알아차리다 dwindle down to ~로까지 줄어들다 obtain (노력하여) ~을 얻다, 획득하다 atmosphere (the ~) (지구를 둘러싸고 있는) 대기, 공기; 분위기 refine 정제하다, 정련하다; 세련되다 transport 수송하다, 옮기다; (수동형) 열중(황홀)하게 하다; 수송, 운송 immense 광대한, 거대한, 막대한 alternative 대안의, 대신의; 둘 중 하나의; 대안; 양자택일

해설 글의 논리적 구성은 사실(원인) – 첨언 – 대안(결과)으로 되어 있다. 에너지는 유한하고, 따라서 곧 고갈될 것임을 현대인들은 깨닫고 있다는 사실(원인)을 시작으로, '획득하기도 힘들며 대기를 오염시키고 정련하거나 수송하는 비용도 엄청나다'는 첨언(In addition)의 내용이 그 뒤를 따르고 있고, 그 이후로는 새로운 대체에너지원을 찾아야 한다는 내용(결과 – Thus)으로 글의 마지막이 전개되고 있다.

생활방식의 변경과 의학적 치료를 혼합함으로써 위험을 상당히 줄일 수 있다는 것은 희소식이다. 우리 대부분은 더 가볍고, 더욱 균형 잡힌 식사, 금연 그리고 규칙적인 운동을 하면, 대부분의 심장병을 발생하기 전에 (A) 미리 막을 수 있다는 것을 알고 있다. 여력이 있는 사람들에게는, 보다 나은 치료와 약을 이용하면, 심혈관 질환을 직접적으로 일으키는 고혈압과 높아진 콜레스테롤 수치를 억제하는데 또한 점진적으로 효과를 볼 수 있다. 이러한 진보는 한 때는 사형 선고였던 것을 (B) 관리할 수 있는 상태로 바꾸고 있다. 그러나 아시아의 많은 지역에서 의료 과학이 제공해야 할 최선의 것은 대부분의 사람들이 이용할 수 없거나 그 비용이 너무 비싸다. 따라서 교육과 예방 프로그램들이 더욱더 시급하다.

lifestyle 생활방식 modification (~에 대한 부분적) 변경, 수정, (문법) 제한, 한정, 수식 medical treatment 의학적 치료 diet 음식물; 식이 요법 effective 효과적인, 유효한; (바람직한)결과를 낳는 curb 억제하다, 구속하다; (말)에 고삐를 매다, 재갈을 물리다; (말의)고삐, 재갈, 구속, 속박 high blood pressure 고혈압(=hypertension) elevated 높아진, 높은; 고상한, 숭고한; 매우 기분 좋은 lead to (어떤 결과에) 이르다 cardiovascular 심장 혈관의 eventual 결과의, 결과로서 일어나는; 최종적인, 궁극의 death sentence 사형 선고 unavailable 이용할 수 없는; 도움이 되지 않는 urgent 긴박한, 긴급한; 계속 재촉하는, 귀찮게 졸라대는

22
정답 ②

해석 ① 데리고 나오다, 명백히 하다
② 가로막다, 저지하다
③ 제거하다, 없애다
④ 줄이다

해설 식사 조절, 금연, 운동 등의 생활 방식의 변화가 '(심장병이) 발생하기 전(before they ever happen)'에 ___________ 하는데 충분하다'고 했으므로, 문맥상 심장병을 reduce(감소시키다)보다는 head off(미리 막다)가 적절하다.

23
정답 ③

해석 ① 위기적 상황으로
② 회복 불능의 상황으로
③ 관리할 수 있는 상태로
④ 시급한 상황으로

해설 의학적 치료와 약물 분야의 진보가 심장병을 과연 어떤 상태로 바꾸어 놓고 있겠는가? 긍정적 의미인 '관리할 수 있는 상태(manageable condition)'로 바꾸었다는 것이 가장 적절하다. ③번을 제외한 나머지 세 개의 선택지들 'critical condition(위기적 상황), unrecoverable condition(회복 불능의 상황), urgent condition(시급한 상황)'의 의미가 모두 부정적 내용인 것도 문제를 신속하게 풀 수 있는 단서를 제공한다.

그들의 입장이 어떻든 간에, 열혈 지지자들은 종종 각각의 성(性)역할에 대한 자신들의 생각을 지지하기 위하여 다른 문화에서 예를 가져온다. 많은 사회에서 여성이 명백히 남성에 (A) 종속되므로 일부 전문가들은 남자가 지배하는 것이 자연스러운 패턴이라고 결론짓는다. 그러나 Semai부족 사이에서는 아무도 다른 사람들에게 명령할 권리를 갖지 않으며, 서부 아프리카에서는 종종 여성이 추장이다. 이러한 사회들에서 여성의 지위는, 성역할은 고정되어 있지 않으며 만약 자연계의 질서가 있다면, 그것은 (우위선정에 있어서의) (B) 많은 다른 배열방법들을 허용한다고 믿는 사람들의 주장을 지지한다.

partisan 열렬한 지지자; 열성당원; 빨치산 invoke 끌어내다; (신의 가호)를 빌다 conclude 결론짓다; 체결하다; 끝나다 dominate 지배하다 tribe 종족, 부족 command 명령하다; 명령 chief 우두머리, 추장, (직장) 상사, 최고의; 주된 allow for 감안하다, 참작하다 underweight 저체중의 subsistent 존재(실존)하는, 존속하는 underhanded 공정치 못한, 음흉한, 은밀한 subservient 종속적인, 복종하는(=subordinate)

24
정답 ④

해설 남자가 지배하는 것이 자연의 패턴이라고 결론지으려고 여성이 남성에 '종속되는' 사회의 예를 많이 들었을 것이므로 답은 subservient가 적절하다

25
정답 ①

해석 ① 많은 다른 배열 방법들을 감안하는
② 한 가지 가능성만을 감안하는
③ 사회가 안정을 유지하게 하는
④ 남성이 더 우월하게 됨을 용인하는

해설 앞서 언급된 남성이 우세한 사회와 달리 모두 평등하거나 여성이 우세한 사회는 성역할이 고정되어 있지 않거나, 자연적 패턴이 있다면 '많은 다양한 범위를 감안한 것이라는 내용이 적절하다.

1 ④	2 ①	3 ③	4 ②	5 ②
6 ②	7 ②	8 ①	9 ③	10 ①
11 ②	12 ②	13 ①	14 ③	15 ③
16 ③	17 ④	18 ①	19 ②	20 ③
21 ⑤	22 ③	23 ③	24 ①	25 ④

1   정답 ④

아마도 여러분은 컴퓨터를 정기적으로 이용할 수 있을 것이다. 온라인 사전은 일반 사전이 할 수 있는 거의 모든 일을 할 수 있다. 웹브라우저를 이용해서 '온라인 사전'을 치면 아주 다양한 사전을 접하게 될 것이다. 여러분에게 익숙한 양장본의 사전 중에는 자체의 온라인 사전을 보유하고 있는 경우도 있다. 일부 회사들은 온라인 사전을 개발했는데 그것은 꽤나 유용하다. 마음에 드는 사전을 찾았으면, 그것을 '즐겨찾기' 목록에 추가해 보라. 그러면 나중에 쉽게 사용할 수 있다. 이러한 웹 사이트들은 다양한 자료(몇 가지를 예로 들면, 유의어 사전, 백과사전, 인용어구 찾기 등)를 제공한다. 따라서 여러분은 어떤 사이트가 무료인지 또 어떤 사이트가 일정액의 회비를 요구하는지를 결정할 필요가 있다.

chances are (that) ~할 가능성이 있다(=it is likely that) **have regular access to** ~에 정기적으로 접근하다 **be presented with** ~을 받다 **a wide range of** 광범위한 **hardcover** 딱딱한 표지로 제본된, 양장본의 **be familiar with** ~와 낯이 익다, ~에 익숙하다 **maintain** 유지하다; 주장하다 **have easy access to** ~에 쉽게 접근하다 **multiple** 많은; 다양한 **resource** (공급·원조 따위의) 원천, 공급원; (보통 ~s) 자금, 재원, 재산, 자재, 자력 **thesaurus** 유의어 사전 **encyclopedia** 백과사전 **quotation** 인용; 인용어구 **to name a few** 두서너 가지 예만 들면 **determine** 결정하다; 확정(결정)하다; 알아내다, 밝히다 **membership fee** 회비

해석 ① 자원이 풍부한; 지모가 있는, 기략(기지, 주변성)이 좋은
    ② 결점이 없는
    ③ 면책된; 변제된; 해고된; 탈옥한; 제대한; 퇴직한
    ④ 무료로

해설 빈칸 뒤에 '일정액의 회원비를 요구하다'라는 내용이 이어지고, 빈칸 앞에는 determine(결정하다)이라는 동사가 있으므로 빈칸에는 돈과 관련된 표현이 들어갈 것이라는 것을 알 수 있다.

2   정답 ①

역사가의 역할은 사실을 기술하는 것뿐만 아니라 그것들을 설명하는 것에 있기도 하다. 즉, 역사가는 현실적인 것에서 이상적인 것을 차단할 수 없으며, 자기 자신의 영역을 위해서 현실적인 것을 남겨두면서 철학자에게 그러한 이상을 위임할 수가 없는 것이다. 역사가는 스스로 철학적으로 사색하거나 역사가

로서의 자신의 직분에서 외도를 해야 한다. 왜냐하면 이상은 인간의 성취라는 경계를 초월한다 하더라도 현실과 똑같은 세상에 속해 있으며 사실은 그러한 이상이 없으면 사실이 아니기 때문이다.

cut off 잘라내다, 자르다 **ideal** 이상; 이상적인 것, 이상형; 이상적인, 가장 알맞은, 완벽한 **actual** 현실(의 것); (영화·프로 따위의) 다큐멘터리; 현실의, 실제의 **reserve** 비축하다, 남겨두다; 예약하다 **province** (개인의 특정 지식, 관심, 책임) 분야; (행정 단위인) 주(州), 도(道); (수도 외의) 지방 **entrust** (일을) 맡기다 **philosophize** (~에 대해) 철학적으로 사색하다(이론을 세우다) **unfaithful (to)** 외도를 하는, 바람을 피우는; 성실치 않은, 믿을 수없는, 충실하지 못한 **vocation** 직업, 천직; 소명(의식) **transcend** 초월하다 **propagandist** 선전원; 선전 기관의 일원 **actualist** 현실주의자 **forerunner** 선구자; 전조

해설 이 글은 역사가의 기능에 대해서 서술하고 있는 글이다. 사실 전달에만 그 기능이 국한되는 것이 아니고 자신의 사색을 통해서 철학적인 역사적 해석도 함께 해야 한다는 내용의 글이다. 빈칸 바로 뒤 문장의 '역사가는 철학적으로 사색해야 하고 자신의 직분에서 외도를 해야 한다'에서 답을 찾을 수 있다.

3-4 다음 지문을 참조하시오.

그리스 철학은 전통적이고(노모스), 임의적이고, 인간의 습관에 의해 고착되어 법으로 구체화된 것과, 자연적이고(피지스), 크고 보편적인 규범에 따라 자연에 의해 결정되고, 인간에 의해 만들어진 규정의 시대에 의해 억제되는 것 사이의 차이를 다소 주의 깊게 고찰해 왔다. 실제 이러한 고찰을 시작하게 한 것은 그리스인들의 여행이었다. 왜냐하면 그들은 지역마다 다른 관습들을 마주쳤지만, 마치 모든 관습들이 어떤 공통의 근원에서 나온 것처럼 일종의 막연하고 어렴풋한 유사점이 있다는 것을 깨달았기 때문이다. (A) 보편적인 자연에 관한 이러한 사상은 스토아 학파에 의해 연구되어졌는데, 그들의 주요한 이론은 인간은 '자연에 따라서', 즉 자연이 인간으로서의 인간에게 심어넣었던 이성에 따라서, 그리고 전체로서의 세계에 생명을 불어넣었던 더 큰 이성에 따라서 살아야 한다는 것이었다. 게다가, 헬레니즘 사상에는 인류의 통일성에 관한 이론과, 구원자로서 그리고 은혜를 베푸는 사람으로서 백성의 이익을 돌보고 봉사하는, 그리고 모든 백성을 일종의 그러한 (훌륭한) 정부 하에서 통치해야 할 왕의 도리에 관한 이론이 있었다. 그러므로 '자연'은 그 자체의 법칙을 가졌다. (B) 자연 속의 이성이 그 근원이며 이러한 법칙은 인간의 외부 그리고 그 너머에 있었다.

consider 고찰하다, 곰곰이 생각하다; ~을 ~으로 여기다(생각하다); 참작하다, 고려하다 **distinction** ~와 구별, 차별; 특징, 특색; (TV)선명도 **conventional** 전통적인; 틀에 박힌, 인습에 사로잡힌 **arbitrary** 임의의, 자의적인; 독단적인; 제멋대로인 **crystallize** 결정(結晶)시키다; (사상·계획 따위를) 구체화하다, 명확히 하다 **natural** 자연의; 자연계의; 천연의; 당연한, 자연스러운 **universal** 일반적인; 보편적인; 널리 실시되고 있는 **code** 규범, 법도; 법전; 암호 **smother** 숨 막히게 하다, 질식시키다; (감정을) 억제하다, 누르다 **speculation** 사색, 숙고, 고찰; 추측, 추론; 투기(매매) **vague** 모호한, 막연한 **resemblance** 유사, 닮음; 유사물

take up (일, 연구 따위에) 착수하다; 취급하다; 집어 올리다; 체포하다; (액체 따위)를 흡수하다 **Stoic** 스토아파 철학자; (스토아 학파의) 금욕주의자, 극기주의자; 스토아 학파의 **cardinal** 가장 중요한, 주요한; 진홍색의; 추기경; 진홍색 **doctrine** 교리, 교의; 주의; 이론 **i.e. (라틴)** (=that is) (즉, 바꿔 말하면) **implant** 심다, 깊이 새기다; 박다, 끼워넣다; 의치; 의치 틀 **animate** ~에게 생명을 주다; 활기 띠게 하다; 살아있는, 생명이 있는; 활발한 **as a whole** 전체로서, 총체적으로 **moreover** 게다가, 더구나, 그 위에 **Hellenistic** 헬레니즘 (양식)의 **unity** 하나임, 단일(통일)(성); 일치; 화합 **subject** 백성, 신하, 국민; 주제; 학과, 과목; 주어; 피실험자; 지배를 받는, 복종하는(to); 을 받기(당하기) 쉬운, ~에 걸리기 쉬운(to); (~을) 조건으로 하는(to) 복종시키다, 종속시키다 **savior** 구조자, 구제자; (the (our) S-) 구세주, 그리스도 **benefactor** 은혜를 베푸는 사람, 은인; (양로원·학교 등의) 후원자; 재산 기증자 **provincial** 지방의, 주의, 시골의 **social** 사회의; 사회적인 **pessimistic** 염세적인, 비관적인 **naval** 해군의

---

3 정답 ③

해설 지문의 내용이 난해하다고 해서 문제를 못 풀 것은 없다. (사실 최근의 수능 독해에서는 빈칸의 앞과 뒤만 보고 답을 찾을 수 없도록 출제하는 것이 원칙이나) 오히려 이런 어려운 독해 지문에서는 정답 단서가 주로 밑줄 앞, 뒤에 주로 있다는 사실도 명심하자. 빈칸 바로 앞의 common source(공통의 근원)를 유사어로 받는 universal(보편적인)이 정답이다.

---

4 정답 ②

해석 ① 공동 재산; 일반 대중의 것으로 생각되는 사람[것]
② 자연 속의 이성
③ 스토아 법철학
④ 객관적 선
⑤ 시민의 덕목

해설 글 중반부에 나오는 This idea of a universal nature was taken up by the Stoics 이후로 Nature(자연)와 Reason(이성)이 그 주된 소재로 이 지문의 전체 내용을 지배하고 있다. 특히 'men should live according to Nature, i.e. according to the reason which Nature had implanted in man as man and according to the larger Reason' 부분에 주목한다. 그 이후 헬레니즘 사상에 관한 내용 역시 연결사 moreover(사고의 반전이 아닌 확장 관계를 나타내는 연결사)에 의해 연결되고 있으므로, 빈칸에는 앞 내용을 그대로 받고 있는 'Reason in Nature'가 가장 적절하다. 또한 다른 선택지들이 글의 내용과 상관이 없으므로 소거법을 적용해서 답을 도출할 수도 있다.

---

5 정답 ②

학문 분야로서 노인학의 발전과 우리의 늘어가는 노화 과정에 관한 연구 단체의 보고에 따르면 노인들에 관한 많은 전통적 믿음들이 부정확하다는 것을 보여준다. 노인들에 관한 많은 이런 생각들은 사실 지어낸 이야기라는 것을 이해하는 것은 중요하다. 이러한 생각들은 노인들이 가족과 고용주들에 의해 대우받는 방식, 노인을 염두에 두고 계획된 사회 정책의 성격, 그리고 노인들의 자존심에 영향을 미친다. Kart(1981)는 노인들과 노쇠, 외로움, 가난, 무능력, 그리고 성적 무관심 같은 노화 과정에 관한 몇 가지 오해들의 목록을 작성했다.

---

gerontology 노인학, 노년학 **body of research** 연구 단체 **aging process** 노화 과정 **the aged** (집합적, 복수취급) 노인들 **inaccurate** 부정확한, 틀린 **myth** 신화(=legend); 지어낸 이야기; 근거 없는 통념 **self-esteem** 자존감, 자부심 **list** 리스트, 표, 일람표; ~의 리스트를 만들다;(리스트에) 실리다 **senility** 노쇠, 노망 **incompetence** 무능력, 부적격 **misconception** 오해, 착각, 틀린 생각 **moral attitudes** 도덕적 태도 **political aspects** 정치적 측면(양상) **social characteristics** 사회적 특징

해설 노인들에 대한 많은 신념들이 inaccurate하고 myth에 불과하다는 내용이 나오므로 노인들에 대한 여러 '오해'에 관한 목록화가 가장 자연스럽다.

---

6 정답 ②

미국인들은 언론과 표현의 자유를 대단히 소중히 여긴다. 자신들의 생각을 공유할 수 있는 국민의 권리는 헌법 수정 제1조에 의해서 보장된다. 그 수정 조항은 권리장전에 있는 10개 조항 중의 하나로서, 1791년 헌법에 추가된 것이다. 그 당시의 국회의원들은 언론보호를 비롯하여 일부 핵심적인 자유가 헌법의 일부가 되어야 한다고 믿고 있었기 때문에 권리장전을 통과시켰다. (A) 그러나, 헌법 수정 제1조 전문가들은 언론의 자유는 책임 있게 행동을 해야 한다는 불문율의 요건을 수반한다고 말하고 있다. 헌법 수정 제1조 학교 교육 프로젝트의 책임자인 Sam Chaltain은 "많은 미국인들은 과도한 권리의식과 부족한 책임의식을 가지고 있습니다. 우리의 권리는 헌법 수정 제1조에 명확하고 자세하게 나와 있습니다. (B) 하지만 그 수정 조항은 우리와 의견이 다른 사람들의 권리를 지켜줄 때에만 효력이 있을 것입니다."라고 말하고 있다.

---

treasure 대단히 귀하게 여기다; 보물; 보물 같은 것 **the First Amendment** (美) 헌법 수정 조항 제1조 (use the First Amendment to do 헌법 수정 조항 제1조를 내세워 ~하다) **amendment** (법 등의) 개정(수정) (Amendment: 미국 헌법 수정 조항) **the Bill of Rights** 권리장전(1791년 미국 헌법에 부가된 최초의 10개조의 수정(=amendments); 1689년에 제정된 영국의 법률) **the Constitution** 헌법 (amend the Constitution 헌법을 개정하다) **unwritten** 성문화하지 않은; 쓰이지 않은; 글자가 씌어 있지 않은 (unwritten law/rule 불문법/불문율) **overdeveloped** 지나치게 발달한 **underdeveloped** 발달이 불충분한, 미숙한; (국가 등이) 저개발의 **coordinator** 조정자, 조정관; (기획·진행 따위의) 책임자; (의견 등을) 종합하는 사람, 진행자, 코디네이터; (문법) 등위접속사 **spell out** 명확하고 자세하게 설명하다; 철자를 옳게(맞춤법에 맞게) 말하다(쓰다) **only if** ~해야만(어떤 일이 가능한 유일한 상황을 말할 때 씀) **guard** 지키다, 보호하다, 경비를 보다; 감시하다; 보초, 경비요원; 경비대; 보호대; 방어 자세; (농구, 미식축구에서의 포지션인) 가드 **disagree** 의견(뜻)이 다르다, 동의하지 않다; (진술, 보고서들이) 내용이 다르다(일치하지 않다)

해설 (A)는 앞부분에 자유가 헌법의 일부가 되어야 하므로 권리장전을 통과시켰다는 자유에 대한 언급이 있고, 뒷부분은 자유와 함께 그것을 제한하는 의무도 따른다는 이야기를 하고 있으므로 역접의 관계가 성립한다. 빈칸 (B)는 앞부분은 권리에 대해서 언급하고 있고 뒷부분은 그러한 권리가 효력을 발휘하는 제한된 상황을 언급하고 있기에 역시 역접의 연결사가 와야 한다.

지난 10년간, 회사의 솔직함을 장려하는 세력이 힘을 얻어 왔다. 새로운 통신 기술의 도움으로 더 많은 대중이 정보에 접근하게 됨으로써 직원, 협력사, 주주 및 고객과 회사의 관계가 변화되기 시작했다. 많은 임원들에게 (이제까지 없었던) 훨씬 더 큰 정직함을 예상한다는 것은 끔찍한 것이다. 그러나 걱정하지 말라고 저자 Don Tapscott와 David Ticoll은 말한다. 왜냐하면 그것을 받아들이는 사람에게는, 투명성이 유리한 경쟁력의 원천이 될 수 있기 때문이다. 그들은 솔직함이 가져다 줄 수 있는 보답들의 수없이 많은 사례들을 제시한다. 야외복 판매사인 Patagonia사는 고객들에게 유기 품종을 위해 살충제로 키운 값싼 면직물을 왜 포기하고 있는지를 설명한 후 성공했다. eBay에서는, 온라인 경매에 참여하는 구매자들이 판매자를 평가하게 되어 (경매) 과정에 참여하는 미래의 구매자들에게 더 많은 신뢰를 제공하고 있다.

favor ~에 호의를 보이다; 찬성하다; 편애하다. 편들다(over, above); ~에 은혜를 베풀다; 호의, 친절　**corporate** 기업의, 회사의; 법인 조직의　**openness** 숨김 없음, 솔직; 열려 있음, 널찍함　**gain(gather) ground** 지지(인기, 힘)를 얻다; 전진하다, 적을 후퇴시키다　**aid** 돕다; 도움; 조력자　**shareholder** (英) 주주(株主)(=stockholder)　**executive** (기업체의) 경영 간부, 중역, 임원; (the~) 행정부; 행정상의; 실행상의, 실행력이 있는　**prospect** 전망; 가능성; 잠재 고객　**candidness** 솔직함　**terrifying** 무서운, 무섭게 하는　**embrace** 껴안다, 포옹하다; 받아들이다　**transparency** 투명(성), 투명도　**numerous** 무수히 많은, 매우 많은　**reward** 보수, 보상, 보답; 보답하다　**candor** 솔직(=frankness); 공평, 공명정대　**prosper** (사업·장사 따위가) 잘되다, 번영하다; 성공하다　**forsake** ~을 저버리다. 버리고 가다, 버리다　**pesticide** 살충제　**organic** 유기체의, 생물의; (곡물·야채가) 무공해의, 유기 농법의(에 의한)　**variety** 다양(성); 종류; (인공 개량한) 품종; 가지각색의 것; 어긋남, 불일치　**auction** 경매　**get to** ~에 착수하다, 시작하다; 도착하다　**rate** 평가하다; 비율; 등급; 요금　**investment** 투자　**cooperation** 협동, 협력

해설 openness ⇨ candidness ⇨ transparency로 이어지는 논리적 흐름에 주목하면 답은 쉽게 나온다. 솔직함이 경쟁력을 높여줄 수 있다는 주제의 글이다. 빈칸 이하 내용 역시 솔직함이 가져온 보상들의 예가 제시되고 있으므로 빈칸에는 candor가 적합하다.

수십 년 동안, 의사들은 암세포를 죽이기 위해 전통적인 화학 요법에 의존해 왔다. 이 치료는 많은 생명을 구했으나, 화학물질은 건강한 세포 또한 공격하기 때문에, 환자들은 많은 유독한 부작용에 고통을 받고 있다. 환자들이 이 치료에 내성이 생기거나 합병증으로 사망하는 일도 자주 있다. 오늘날 암이 어떻게 활동하는지를 점점 더 정밀하게 이해하게 된 덕택에, 환자들은 종양학 혁명의 덕을 보기 시작하고 있다. 목적에 맞게 처방된 약제가 암세포 분자의 특성으로 곧바로 접근하면서, 건강한 세포조직은 상대적으로 해치지 않게 된 것이다. 아직 기적의 치료법은 없지만 조심스럽게 열광할 만한 것은 많이 있다.

"이는 조금씩 증가하는 성과들이지만 각각의 성과는 경이롭다." 라고 Vanderbilt–Ingram 암센터의 David H. Johnson 박사는 말한다.

rely on 의지하다; 믿다, 신뢰하다　**chemotherapy** 화학 요법　**poison** 독살하다; 해치다, 더럽히다; 독, 독약, 독물; 유독한, 유해한　**slew** 많음, 다수(=lot)　**a slew of** 많은(=a lot of)　**toxic** 독성의, 유독한　**side effect** (약품의) 부작용; 뜻하지 않은 결과　**resistant** ~에 내성(저항력)이 있는; 저항하는; 저항자; 반대자　**complication** 복잡(화), 복잡한 상태; (~s) 합병증　**thanks to** ~의 덕택에, 덕분에　**sophisticated** 정교한; 교양 있는, 세련된; 순진성을 잃은, 굴러먹은　**benefit(from, by)** 덕을 보다; ~에게 도움이 되다; 이익, 편의, 이로움　**oncology** 종양학, 암 연구　**target** ~을 목표로 정하다, 목적으로 삼다; 타깃, 과녁, 표적; 도달 목표　**home in on** 목표물로 곧바로 접근하다　**molecular** 분자의　**characteristic** 특질, 특성, 특색; 독특한, 특유의　**tissue** (생물)조직; 화장지, 휴지　**unscathed** 상처(해)를 입지 않은　**incremental** 증가의, 증액되는　**phenomenal** 경이적인, 비상한, 비범한; 경이적인(놀랄 만한) 것　**cautious** 조심성 있는, 주의 깊은, 신중한　**due to** 때문에

해석 ① 그러나 조심스럽게 열광할 만한 것은 많이 있다
　　　② 그리고 화학요법의 부작용은 없다
　　　③ 그리고 효과적인 약이 아직 개발되지 못했다
　　　④ 그리고 많은 사람들이 화학요법 때문에 자신들의 목숨을 포기했다
　　　⑤ 그러나 암세포의 특징을 이해하는데 수십 년이 걸릴 것이다

해설 종양학 혁명의 소산으로 개발된 암 치료제에 관한 글이다. 빈칸 앞부분에서 '새로운 약제의 효과적인 측면을 설명하고 있고, 빈칸 다음은 '이는 조금씩 증가하는 성과들이지만 각각의 성과는 경이롭다.'는 내용이 있으므로, 빈칸에는 긍정적 내용이 들어가야 적절하다. ②번은 무관한 내용이고 ③, ④, ⑤번은 모두 부정적인 내용들이다.

그러나 일부 아시아계 미국인들은 그들 자신이 침묵하고 반대하지 않음으로써 비방과 경멸이 계속되는 것을 더욱 용이하게 할지도 모른다는 것을 인식할 때 화가 나고 분노하게 된다. "미국인은 반 아시아인 감정으로 물들어 있다"라고 아시아계 미국인이자 버클리에 있는 캘리포니아 대학에서 인종 연구 교수인 Ling-Chi Wang은 말한다.

offend ~의 감정을 해치다, 화나게 하다; 위반하다; 죄(잘못)를 저지르다 (be offended with a person 남에게 화를 내다)　**acknowledge** ~을 인정하다; 자인하다; ~에게 사의(경의, 찬양의 뜻)를 표하다　**reticence** 말이 없음, 과묵, 침묵　**slur** 비방, 중상, 오점, 치욕; ~을 헐뜯다, 중상하다; 본체만체하다, 못보고 지나가다　**slight** 경시, 경멸; (양·정도 따위가) 약간의, 근소한; 하찮은, 보잘것없는; 경시하다, 얕보다　**permeate** ~에 스며들다, 투과하다, 침투하다; ~에 가득 차다, 퍼지다　**sentiment** 정서; (감정이 섞인) 의견; (고상한) 감정　**ethnic** 민족(인종)의　**objection** 반대, 항의　**successive** 연속하는, 잇따르는

해설 동일하거나 유사 의미를 확장시키는 등위접속사 and에 의해서 reticence(침묵)와 빈칸이 연결되어 있으므로, reticence의 유사표현인 failure to object(반대/항의하지 않음)가 와

야 가장 적절하다. 비방과 경멸을 줄이기 위해 침묵하고 항의를 참아왔는데 오히려 그것이 비방과 경멸이 계속되도록 한다는 것을 알 때 더 화가 나고 분노하게 된다는 내용이다.

10 정답 ①

자동차의 발명이 현대 도시에서 말이 끄는 마차를 (B) 쓸모없게 (A) 만든 것과 꼭 마찬가지로, 컴퓨터와 워드프로세서의 사용은 흔한 타자기를 미래의 사무실에서 훨씬 더 보기 드물게 할 것이다.

horse-drawn carriage 말이 끄는 마차 **scarce** 드문, 희귀한; 부족한, 불충분한 **render** (보어와 함께) ~이(상태)가 되게 하다 **obsolete** 못쓰게 된, 사라진, 폐기된 **transform** 변형하다, 바꾸다 **replace** ~에(을) 대신하다, ~의 뒤를 잇다 **outdated** 시대에 뒤진, 구식의, 진부한

해설 '자동차-마차'의 관계를 '컴퓨터, 워드 프로세서-타자기'의 관계와 비교하고 있다. 자동차가 마차를 쓸모없게 만드는 것이므로 답은 ①번이다. 참고로 자동차가 마차를 대신하게 되었다는 의미만을 가지고 replace로 답을 고를 수 있으나 replace는 의미적으로나 형태적으로 목적보어를 둘 수 없는 동사이므로 답에서 제외된다.(cf. TV has replaced radio. 텔레비전이 라디오를 대신하게 되었다.)

11 정답 ②

사회 과학 중에서 인류학이 가지고 있는 두드러진 특징은 그것이 우리 자신만의 사회 이외의 다른 사회에 대해 진지하게 연구한다는 점이다. 그러한 취지에 맞게 짝짓기나 생식의 문제에 대한 어떠한 사회적 규범도 비록 그것이 보르네오의 씨 다이아크족의 규범일지라도, 그리고 우리 문명의 규범과 아무런 역사적 관련성의 가능성이 없다 할지라도, 그것은 우리 자신의 규범만큼 중요한 것이다. 인류학자에게 있어, 우리의 관습과 뉴기니 부족의 관습은 공통된 문제를 처리하는 두 가지의 가능한 사회적 제도인 것이며, 그가 인류학자로 남아 있는 한은 어느 하나에 가중치를 두는 일은 피해야 한다.

distinguishing 특징적인, 다른 것과 구별되는, 특색 있는 **mark** 특징; 기호, 부호; 표; 자국; 점수, 평점, 성적; 채점하다; (득점을) 기록하다 **anthropology** 인류학 **social science** 사회 과학 **mating** (동물의) 짝짓기(교미) **reproduction** 생식, 번식; 복사, 복제; (음악) 재생 **the Sea Dyaks** 보르네오 섬에 사는 원시종족 **scheme** (운영) 계획, 제도; 책략 **be bound to do** ~해야 한다; 반드시 ~하다; (미국 · 구어) ~하려고 마음먹다 **weighting** 가중치 **in favor of** ~에 찬성(지지)하여, 선호하여 **whatsoever** whatever의 강조형 (cf. whatever 관계대명사 what의 강조형) (~하는) 것(일)은 무엇이나(모두); (양보절을 이끌어) 어떤 것(일)이 ~이라도; (관계형용사 what의 강조형) (~하는) 무엇이든, 어떤 ~이라도; (부정문 · 의문문에서) 조금의 ~도 (없는); 여하간에, 어떻든 간에, 어떤 경우에도 **in so far as** ~한, ~하는 한에 있어서는 **the fact that** ~이라는 사실 **in spite of the fact that** ~이라는 사실에도 불구하고 **additionally** 그 외에, 뿐만 아니라, 게다가

해설 이 글은 인류학의 학문 특성에 맞게 인류학자가 견지해야 할 자세에 대해 소개하고 있다. 우리가 속한 사회뿐 아니라 다른 사회에 대해서도 연구를 해야 하기에 객관적인 시각을 가지고 연구에 임하라는 내용이므로 '~하는 한'에 해당하는 연결어가 적절하다.

12 정답 ②

'아메리칸 드림'은 일종의 낭만적인 기대, 즉 열심히 일하고 성실하게 헌신함으로써 어떤 빛나는 미래를 성취할 가능성에 대한 신념이다. Fitzgerald의 소설은 이 꿈에 대한 '패러디(풍자적 작품)'이다. 왜냐하면 Jay Gatsby라는 인물 속에서 우리는 그 꿈 자체의 타락, 즉 정신적인 사탕발림과 물질적으로는 하찮은 것들에 대해 낭비된 전통적인 헌신(애착)을 보게 되기 때문이다.

expectation 기대, 예상; 장래성; 가능성 **glowing** 빛나는; 정열적인, 열심인 **sincere** 성실한, 진심에서 우러난 **devotion** 헌신, 전념; 바치기, 봉헌 **parody** 패러디, 풍자적 시문(변곡); 우스꽝스러운 흉내 **gum-drop** (美) (젤리 타입의) 캔디 **triviality** 하찮음; 시시한(하찮은) 것(일)

해설 이 문제의 경우 정답을 이끌어 낼 수 있는 장치가 여러 군데 있다. 일단 Fitzgerald의 소설이 "아메리칸 드림"을 풍자(parody) 했다는 것, 그리고 빈칸 뒷부분에 나오는 'spiritual gum-drops(정신적인 사탕발림)과 material trivialities(물질적으로 하찮은 것)에 낭비된 헌신(애착)에 주목한다면 쉽게 '꿈 자체의 타락(corruption)'이 정답임을 알 수 있다.

13 정답 ①

현대 과학의 숭배자들은 인간의 똑똑함은 모든 공간을 가장 완전하게 이용함으로써 어떠한 수의 사람들도 유지할 수 있는 방법을 찾아낼 것이라고 큰소리친다. 그러나 심지어 오늘날에도 우리는 해결하는 것보다 더 많은 문제를 야기하는 많은 과학적 해결책들의 희생자들이다. 과학이 항상 적시에 필요한 답을 가진 것은 아니다.

admirer 찬미자, 숭배자 **boast** 자랑하다, 뽐내다, 떠벌리다 **cleverness** 똑똑함, 영리함 **sustain** 지탱하다, 떠받치다; 유지(지속)하다 **every inch** 전체, 구석구석 (know every inch of Seoul 서울을 구석구석 알다) **victim** 희생; 희생자 **precise** 명확한, 정확한

해설 빈칸 앞뒤로 서로 상반되는 내용이 나온다. 앞부분은 과학의 찬미자들의 주장이고 뒷부분에는 '해결하는 것보다 더 많은 문제를 야기하는 과학', '과학이 항상 필요한 답을 가지는 것은 아니다'라는 글쓴이의 주장이 나오므로 역접의 접속사가 필요하다.

14 정답 ③

물, 토양, 그리고 지구의 녹색 덮개인 식물은 지구의 동물 생태계를 유지하는 세계를 구성한다. 비록 현대의 인간이 거의 그 사실을 기억하고 있지 않지만, 태양에너지를 이용해서 인간이 생존을 위해 의존하는 기초 식량을 만들어내는 식물이 없었다면 인간은 존재할 수 없었다. 식물에 대한 우리의 태도는

<u>대단히 편협하다</u>. 만일 우리가 어떤 식물에서 즉각적인 유용성을 발견한다면 우리는 그것을 (소중하게) 기른다. 만일 어떠한 이유에서건 우리가 그 식물의 존재가 바람직하지 못하거나 그저 관심 없는 것이라는 것을 발견한다면, 우리는 그것을 비난하며 당장 파괴할지도 모른다.

soil 흙, 토양 **mantle** 덮개; (지질) 맨틀, 외투부; 망토 **plant** 식물; 공장; 심다; 박아 넣다 **make up** 구성하다; 날조하다; 보상하다; 화장하다 **harness** (자연력)을 (제어하여) 활용(이용)하다; (마차 말의) 마구(한 벌), 장치, 장비 **manufacture** 제조(생산)하다; 제조, 제작 **foodstuff** 식료품, 식량 **utility** 쓸모가 있음, 유용(성), 효용 **foster** (성장·발달)을 촉진하다, 육성(조장)하다; (양자 등)을 기르다; ~을 소중히 하다 **undesirable** 바람직하지 않은, 불쾌한 **indifference** 관심 없음, 무관심, 태연, 냉담, 무차별, 공정 **condemn** 비난(힐난)하다, 책망하다 **forthwith** 당장, 즉시(=immediately, at once) **tangible** 만져 알 수 있는; 실제의, 현실의; 유형의; 명백한 **well-grounded** 충분히 기초 교육(훈련)을 받은; 정당한 사유(근거)가 있는 **singularly** 두드러지게; 대단히; 혼자서; 단독으로 **exceedingly** 대단히, 매우, 몹시 **theory-oriented** 이론 지향적인

해석 ① 실제적인 아이디어
② 정당한 사유(근거)가 있는 태도
③ 대단히 편협한 태도
④ 대단히 이론지향적인

해설 글의 앞부분에서는 식물의 중요성이, 그리고 If절로 시작되는 뒷부분에서는 우리가 식물을 대하는 성급하고 근시안적인 태도가 제시된다. 이 문제는 빈칸 뒷부분의 내용이 답을 찾는 열쇠이다.

15   정답 ③

최소한 미국에서 여성 해방에 <u>자극(탄력)</u>을 준 마지막 사건은 제2차 세계대전이었다. 전쟁동안 대부분의 남자들은 군 복무를 하고 있었다. 따라서 여성들이 노동력의 빈자리를 채워야 했다. 수천 명의 여성들이 공장에 일하러 갔고 자리를 비운 남편들을 위해 사업을 떠맡았다. 이것은 대다수의 미국 여성들에게 큰 변화였는데, 왜냐하면 그들은 자신들이 기저귀를 갈고 빵을 굽는 것뿐만 아니라 비행기 부품들을 용접하고 사업을 경영할 수 있다는 것을 알게 되었기 때문이다.

final 최후의, 마지막의; 최종적인, 결정적인 **liberation** 해방 **consequently** 그 결과로서, 따라서 **vacancy** 공허, 공백; 빈 방 **the labor force** 노동력 **take over** (일 따위)를 이어(인계)받다 **weld** 용접하다, 접합하다; 용접 **diaper** 기저귀; 생리대 **barrier** 장애물, 방벽 **applause** 박수갈채, 성원, 칭찬 **impetus** 자극, (무언가를 움직이는) 힘; 탄력 **a final blow** 최후의 일격

해설 빈칸 문장 이후에 '세계 제2차 대전 동안의 미국 여성들의 사회적, 경제적 활약상'이 나온다. 이를 통해 우리는 그 전쟁이 여성 해방에 어떠한 영향을 주었는지를 쉽게 가늠할 수 있다. 여성 해방을 촉진시켰을 것이므로 '자극, 탄력'의 의미를 가진 'impetus'가 가장 적절하다.

16   정답 ③

단과대학과 종합대학 강좌에서, 객관식 시험과 논술시험은 학생의 해당 과목에 관한 이해력을 측정하기 위하여 흔하게 사용하는 두 개의 대조적인 평가 방법이다. 객관식 시험은 보통 학생들이 세부적인 것들을 숙지하는지를 보여줄 것을 요구하는 관련성이 없는 많은 질문들로 구성되어 있다. 그것은 종종 시험 전의 공부 기간에 별개의 사실들을 기계적으로 암기하도록 유도한다. 객관식 시험에서의 질문들은 참 혹은 거짓 또는 복수의 선택형으로 주어지기 때문에, 학생은 정확한 지식을 가지고 있지 않은 답들을 추측하도록 조장될 수도 있다. <u>반면(한편)</u>, 논술 시험은 대개 학생이 논술 형식으로 답변을 구성하도록 요구하는 약간 폭넓게 진술된 질문들로 이루어져 있다. 그러한 질문들은 학생이 일반적인 개념들을 처리하는 능력을 증명할 것을 요구한다. 이 유형의 시험도 또한 사실적인 정보에 의존하지만, 학생은 더 많은 분석력과 구성력을 보여주어야 한다. 답을 단순히 추측하는 것은 최소한으로 줄어든다.

objective test 객관식 시험 **essay exam** 논술 시험 **contrast** 대조하다; 대조를 이루다; 대조, 대비 **evaluation** 평가, 감정 **grasp** 이해(력); 꽉 쥐기, 파악; 단단히 붙잡다; 이해하다 **unrelated** 관계가 없는; 혈연이 아닌 **demonstrate** 논증하다, 설명하다; (감정)을 밖으로 드러내다; 시위 운동(데모)를 하다 **mastery** 완전히 익힘, 숙달; 지배, 지배력; 승리, 우세 **rote** 기계적인 방식, 틀에 박힌 수법(=routine) (by rote 기계적으로, 외워서) **isolated** 고립된, 외딴; 별개의 **pretest** 예비 테스트(시험, 검사); 예비 시험(검사)을 하다 (pretest period 시험을 보기 전(前) 기간) **multiple** 다수의, 복합의 **handle** 다루다, 처리하다; 통제(지휘)하다; 손잡이 **concept** 개념; 관념; 사상, 생각, 발상, 착상; (광고) 콘셉트, 기본적 테마 **factual** 사실에 입각한, 실제의 **analytical** 분석적인 **compositional** 구성(작문, 작곡)의 **to a minimum** 최소(최저)로 **in a similar fashion** 비슷한 방식으로

해설 대표적인 대립 구조의 지문이다. 객관식과 논술 두 형태의 시험 방식을 소개하고 각각을 자세히 설명하는 글이다. 빈칸은 객관식에 대한 설명이 끝나고 논술에 대한 설명이 시작되는 부분이므로 답은 '반면(한편)'의 뜻인 on the other hand가 가장 적절하다.

17   정답 ④

지중해는 유럽, 아시아, 그리고 아프리카 세 대륙을 연결했다. 다양한 민족과, 언어 그리고 종교의 세계가 이 바다를 둘러싸고 있었다. 심지어 주로 기독교로 묶여 있는 북부 해변에서도 현저하게 다양한 언어, 관습, 화폐 단위 및 정치 경제가 분명하게 드러나고 있었다. 그러나 지중해 해안에 거주하는 다양한 민족들은 공통된 세계관으로 통합되어 있었는데 – 지중해(地中海)라는 이름이 나타내듯, 그들은 자신들이 세계의 중심에 살고 있다고 생각했다.

Mediterranean Sea 지중해 **link** 연결하다; 고리 **diverse** 다양한, 가지가지의 **shore** 해안, 기슭 **Christianity** 기독교 **exhibit** 나타내다, 전시하다; 전시 **remarkable** 주목할 만한; 현저한, 두드러진 **currency** 통화, 화폐; (화폐의) 통용, 유통(=circulation) **inhabit** ~에

살다 **moreover** 게다가, 더구나 **in brief** 요약하면, 요컨대

해설 빈칸 앞은 지중해 주위는 다양한 언어, 습관, 화폐, 정치 경제
가 둘러싸고 있다는 내용이다. 그러나 빈칸 이후는 지중해 연
안에 거주하는 사람들이 공통의 견해를 가지고 있다는 내용으
로 앞의 내용과 상반되므로 빈칸에는 역접의 However가 적
합하다.

18 정답 ①

문화의 요소는 두 가지 범주로 구분될 수 있다. 첫째는 사람이
만들고 그리고 거기에 의미를 부여하는 모든 물질적인 대상들
로 구성된 물질적 문화이다. 서적, 의류, 건물을 그 예로 들 수
있다. 우리는 그것들의 목적과 의미를 공감하고 있다. 반대로(대
조적으로), 비물질적 문화는 물리적이지 않은 인간의 창조물로
구성되어 있다. 비물질 문화의 예로는 가치나 관습이 있다. 우
리의 신념 그리고 우리가 말하는 언어 또한 비물질 문화의 일
부이다

element 요소, 성분 **category** 범주, 종류; 구분 **material** 물질로 된;
물질적인; 실체적인; 구체적인; 구성 물질; 재료; 원료; 소재 **physical** 물질
의, 물질적인; 육체의, 신체의; 물리의, 물리적인 **object** 대상, 물체, 사물;
목적어; 반대하다 **nonmaterial** 비물질적인; 정신적인 **in contrast**
(=by contrast) (앞 문장을 받아) 그에 반해서, 그와 대조적으로; ~와 대조하
여(with) **In addition** 더구나, 게다가, 그에 더하여 **above all** 특히,
무엇보다도

해설 글의 첫 문장에 주제가 드러나 있는 두괄식 지문이다.
Elements of culture가 이 글의 핵심소재이며, 이것이
two categories로 구분될 수 있다는 것이 이 글의 주제이
다. 그리고 곧 이어지는 The first 이하와 빈칸 이하에서 two
categories인 물질 문화와 비물질 문화를 설명하고 있다. 따
라서 빈칸에는 대조의 의미를 나타내는 in contrast가 들어
가야 한다.

19 정답 ②

에너지 보존의 법칙이라는 또 다른 원리는 모든 법칙들 중에
서 최근의 것이다. 에너지는 아주 다양한 형태로 존재할 수 있
고, 그 중에서도 가장 단순한 것이 (예컨대) 당구대 위에 있는
당구공의 운동과 같은 순수 운동에너지이다. 뉴턴은 이러한
순수하게 기계적인 에너지가 '보존'된다는 점을 보여 주었다.
(A) 예를 들어, 두 개의 당구공이 충돌할 때, 각각의 에너지는
변하지만, 그 두 개의 전체 에너지는 변하지 않는다는 것이다. 즉,
하나가 다른 것에 에너지를 주지만, 어떤 에너지도 그 교환과정
에서 손실되거나 얻어지는 것이 없다는 것이다. (B) 그러나 이
것은 그 공들이 완전한 탄성을 가진 것들일 경우에만 그러하다.
즉 그 두 공이 접근할 때와 같은 속도로 서로 튕겨 나가는 이상
적인 조건에서만 가능하다는 것이다.

conservation 보존, 유지; 보호 **billiard** 당구의; 당구에 사용하는
(billiards (단수 취급) 당구) **mechanical** 기계적인; 기계의; 기계 장치의
collide 충돌하다, 부딪치다 **unaltered** 변하지 않은(=unchanged,

conserved) **transaction** 거래, 업무; (업무ㆍ교섭 따위의) 처리, 처치
elastic 탄성(彈性) 있는, 탄력 있는 **ideal** 이상적인; 관념적인 이상; (모범
으로 삼을 만한) 이상적인 인물(것) **spring** 통기다, 뛰다, 튀어오르다; 되튀
게 하다; 봄; 샘; 원천; 용수철, 스프링

해설 글의 논리적 흐름에 주목한다. 포괄적이면서도 개념적, 추상적
이던 글이 갑자기 two billiard balls라는 구체적 이야기로
전환된 것에서 빈칸 이후가 예시 문장이라는 것을 쉽게 알 수
있다. 빈칸 앞의 energy is conserved가 total energy of
the two remains unaltered로 다시 설명되는 부분도 주
목할 만하다. 두 번째 빈칸은 only ~ if로 제한을 두며 이 법칙
이 적용될 수 있는 한계를 설정하면서, 앞 문장의 사실이 단지
일정한 조건하에서만 가능하다고 설명하고 있으므로, 역접의
접속사가 필요하다.

20 정답 ③

피부는 수분을 간직함으로써 몸체를 보호한다. 감자의 껍질을
벗기고 그것을 하룻밤 동안 내버려두면, 말라서 금방 상하기
마련이다. 만약 감자의 껍질이 벗겨져 있지 않다면, 그것은 오
랫동안 마르거나 상하지 않을 것이다. 감자의 껍질이 감자를
보호하는 것과 똑같은 방법으로 당신의 피부는 당신의 몸체를
보호한다.

skin (사람의) 피부; (동물의) 가죽; (과실의) 껍질; 피부약; (짐승 따위의) 가죽
을 벗기다; 껍질이 생기다(over) **peel** ~의 껍질을 벗기다; (표면이) 벗겨지
다 **overnight** 밤새도록, 하룻밤 동안 **spoil** 상하다, 망쳐놓다, 상하게
하다

해석 ① 그것의 두께를 조절함
② 태양광선을 막음
③ 수분을 간직함
④ 체온을 유지함
⑤ 박테리아가 안으로 들어오는 것을 막음

해설 주제문인 첫 문장에 빈칸을 줌으로써 주제를 파악할 수 있는지
를 묻고 있다. 이하 문장들은 예시를 통한 부연 설명이다. 감자
의 껍질을 벗기면 '말라서' 금방 상한다고 했고 감자 껍질과 같
은 방식으로 피부가 우리 몸을 보호한다고 했으므로, 피부는 우
리 몸에 수분을 유지함으로써 우리의 몸체를 보호하는 것이다.

21 정답 ⑤

쓰레기 문제는 우리의 '한 번 쓰고 버리는' 기술에 의해 점차
악화되고 있다. 해마다 미국인들은 7백만 대의 자동차, 2천만
톤의 폐휴지, 2천 5백만 파운드의 치약 통, 그리고 4천 8백만
개의 캔을 버리고 있다. 우리는 껌 종이, 신문지, 종이 접시를
버린다. 어떤 것을 재사용한다는 것은 더 이상 시대의 흐름에
맞지 않는다. 오늘날 거의 모든 것이 버려지고 있다. 95%의
부품이 여전히 멀쩡함에도, 토스터나 라디오를 수리해서 쓰기
보다는 새 것을 사는 것이 더 쉽고 더 싸다.

throwaway 한 번 쓰고 버리는, 일회용의; 버리는 물건; 전단 **dispose**
of 버리다, 제거하다; 처리하다; 배열하다; 할당하다 **auto** (미 구어) 자동차

(=car); 자동차의 **toothpaste tube** 치약 통 **wrapper** 포장지; 포장하는 사람 **fashionable** 유행하는, 유행(시대)에 맞는 **reuse** 다시 사용하다; 재사용 **throw away** 버리다; 낭비하다; 던지다

해설 첫 문장에 주제가 제시되어 있고 이하는 부가설명과 예시이다. 물건을 고쳐서 쓰기보다는 버리고 다시 사는 것이 대세인데 그 이유는 '그렇게 하는 것이 더 쉽고 싸기 때문'일 것이다. ①, ③, ④라면 새것을 사지 않을 것이므로 글의 내용과 부합하지 않는다. ②는 글의 내용과 무관하다.

22   정답 ③

조혼(어린 나이에 결혼하는 것)은 부부 둘 중 어느 쪽도 성숙한 구실을 하기에 충분하지 않은 관계 속에 가두어 놓는다. 이것은 다시 어린 남편과 아내로 하여금 모든 결혼(생활)에서 직면하는 난제들을 성공적으로 처리할 수 있는 능력을 감소시킨다. 어린 나이에 결혼하고 부모가 되는 것은 또한 젊은이들이 그렇지 않았더라면(결혼을 일찍 하지 않았더라면) 의도했을지도 모를 교육이나 경력을 추구하는 것을 어렵게 만든다. 반면, 여러 연구들은 20대 후반이나 그보다 더 늦게까지 결혼을 기다린 사람들은 결혼에 있어 가장 높은 성공의 가능성을 가지고 있음을 보여준다. 이런 사실들을 고려해 보면, 나이는 결혼의 성공 여부를 예측할 수 있는 중요한 척도(지표)이다.

lock ~에 자물쇠를 채우다; 가두다 자물쇠가 잠기다; 자물쇠 **mature** 성숙한, 완전히 자란 **handle** 다루다, 처리하다; 통제(지휘)하다; 손잡이 **in turn** 다음에는, 다시, ~에도 또한; 교대로, 순서대로 **deal with** (문제, 사건 따위를) 처리(처치)하다; (문제 따위에) 대처하다 **face** ~에 직면하다; ~의 쪽을 향하다; 얼굴; 표면 **parenthood** 부모임(=parentage), 부모 노릇 **pursue** 추구하다; 뒤쫓다 **career** 경력, 이력; (전문) 직업; (직업에서의) 성공 **otherwise** 다른 사정(상황) 아래에서는, 다른 경우라면; 그렇지 않다면(=if not) **on the other hand** 반면에, 다른 한편 **predictor** 예언자; 지표

해설 이 글은 미괄식으로 마지막 문장에서 주제를 말하고 있다. 마지막 문장에 빈칸이 있으므로 주제를 묻는 문제이다. 어린 나이에 결혼을 하는 것의 문제점과 늦은 결혼이 성공 가능성이 높다는 내용이 나온다. 따라서 주제는 '성공적인 결혼에 있어서의 나이의 중요성'이다.

23   정답 ③

커피는 아라비아 밖의 나라에는 훨씬 나중에 소개되었는데, 아라비아의 주민들은 커피를 진미로 여겨 마치 일급 군사기밀처럼 그 비밀을 유지했기 때문이다. 이슬람권 밖으로 커피의 운송은 정부에 의해 금지되었다. 커피의 실질적인 확산은 불법으로 시작되었다. Baba Budan이란 한 아랍인이 인도의 Mysore 근처의 산악 지방으로 커피 열매를 밀수입해서 그곳에서 농장을 시작했다. 금세기 초에 그 원조 커피의 종자들이 여전히 그 지역에서 무성히 자라고 있는 것이 발견되었다.

Arabia 아라비아(반도) **inhabitant** 주민, 거주자; 서식 동물 **delicacy** 맛있는 것, 진미; 미묘함, 정치함; 섬세함, 가냘픔 **top secret**

(서류 따위가) 극비(極秘)인, (국가·정부의) 최고 기밀의 **transportation** 운송, 수송; 교통(수송) 수단 **Moslem** 이슬람교(도)의, 회교(도)의 이슬람교도, 회교도 **spread** 확산, 확대; 분포(상태); 퍼뜨리다, 보급시키다; 펴다, 펼치다 **smuggle** 밀수입(수출)하다(in, out) **bean** (콩 같은) 열매; 콩 **descendant** 자손, 후예 **fruitfully** 결실이 풍부하게; 비옥하게

해설 글의 논리적 흐름만 파악하면 아주 쉽게 풀 수 있는 문제이다. 첫 문장에서 아랍 지역에서 커피가 최고 군사기밀처럼 비밀로 지켜졌다고 서술되고 있으므로 이슬람 국가(=아랍 국가) 밖으로 그 식물을 운송하는 것은 정부에 의해 '금지'되었을 것이다.

24   정답 ①

목사와 교회 신도들로 이루어진 한 초교파 집단은 전통적인 예배당으로 들어가는 길을 찾을 것 같지 않은 사람들에게 예배를 제공한다.

minister 성직자, 목사; (영국을 비롯한 많은 국가들에서) 장관(각료) **service** 봉사; 서비스; 신을 섬김, 예배(식); 의식(儀式) **worship** 예배; 숭배; 흠모; 예배하다; 숭배하다 **denominational** (기독교) 특정 교파 소속의; 파벌의, 분파적인; 명칭상의 (denomination 종파, 교파; (돈의) 액면가) **partisan** 당파심이 강한; 빨치산의; 빨치산, 열렬한 지지자(당원), 일당, 동지 **pious** 신앙심이 강한, 독실한; 경건한(독실한) 체하는 **raucous** 요란스러운; 시끌벅적한 **protocol** 외교 의례, 의전; (조약의) 초안(원안); (컴퓨터) 프로토콜, 통신 규약

해설 명사 denomination에는 대표적으로 두 가지의 의미가 있는데 하나는 바로 '종교의 교파'를 의미하고 나머지 하나는 '동전, 지폐 혹은 우표 등에 나타난 액면가'를 말한다. 지문에 'ministers and church member, services'의 종교 관련 용어가 나오므로 여기에서는 당연히 첫 번째 의미와 관련이 있다. 선택지에 형용사형인 denominational이 나와 있고 접두사 cross는 '횡단, 교차, 십자' 등의 뜻을 나타내므로 '교파를 초월하는'이라는 의미를 갖는다.

25   정답 ④

사회학자들과 심리학자들은 인간의 성격이 어떻게 형성되는가에 관하여 수 세기 동안 논쟁해왔다. 그 논쟁은 '선천성 대 후천성'의 문제로 알려진 서로 상반된 이론들이다. 첫 번째 이론은 성격이 태어나기 전에 유전적으로 형성된다고 말한다. 이 이론에 따르면 유전을 통한 선천성이 사람의 성격을 결정한다. 또 다른 이론은 반대로 사람의 성격은 출생 이후에 형성된다는 것이다. 이 이론에 따르면 가장 중요한 요소들은 문화적이고 환경적인 것들이다.

argue 논하다, 논쟁하다 **character** 성격, 성질, 기질; 특징, 특질, 인격, 품성; 사람, 인물; 등장 인물 **nature** 자연; 본능, 천성; 본질, 특징 **versus** (비교나 양자택일, 소송, 운동 경기에서) ~에 대하여, ~대(對) **nurture** 양육; 교육, 육성; 양육하다; 교육하다; 성장을 촉진시키다 **genetically** 유전(학)적으로 **genetics** (단수취급) 유전학, (복수취급) 유전적 특징(현상) **determine** 결정하다, 결심하다; 결의하다 **on the contrary** 그와는 반대로; 그렇기는커녕 **factor** 요소, 요인; ~을 요소에 넣다, 고려하다 (in, into); ~을 인수로 분해하다 **physical** 물질의, 물질적인; 육체의, 신

체의; 물리의, 물리적인 **scientific** 과학의, 자연과학의; 과학적 원리에 따른 **theoretical** 이론의, 이론상의; 이론뿐인, 공론의 **practical** 실지의, 실제적인; 실용적인; 실리적인 **genetic** (생물) 유전(학)의; 유전자의(에 의해 만들어지는) **cultural** 문화의, 문화적인; 교양의 **environmental** 환경의, 주위의, 환경적인; 환경 보호의, 환경 친화적인

해설 인간의 성격이 선천적인가 후천적인가에 대한 논쟁에 관한 글이다. 빈칸은 후천적으로 인간의 성격이 생성된다는 내용이므로 가장 중요한 후천적 요소로 ④가 정답이다. ①, ②는 글의 내용과 무관하고 ③은 글의 내용과 반대된다.

Test 03
p.468

1 ①	2 ④	3 ④	4 ④	5 ②
6 ②	7 ③	8 ③	9 ①	10 ②
11 ③	12 ④	13 ①	14 ③	15 ⑤
16 ③	17 ③	18 ④	19 ②	20 ③
21 ④	22 ④	23 ①	24 ④	25 ①

1
정답 ①

*Joseph Schumpeter는 특이한 경제학자였다. 대부분의 경제학자들은 경기 순환을 줄이려고 노력하였으나 Schumpeter는 끊임없는 변화가 자본주의의 힘이라고 믿었다. 새로운 상품과 아이디어들을 계속해서 발전시킬 때, 사업가들은 옛 상품과 낡은 생각들을 파괴한다. Schumpeter는 그가 창조적인 파괴라고 일컬었던 이런 과정이 자본주의 체제의 일부인 경기 순환을 일으킨다고 생각했다. 그는 이 경기 순환이 결국에는 경제에 도움이 된다고 믿었다.

*Joseph Schumpeter: 요셉 슘페터 (독일어 이름)

unusual 특이한, 정상이 아닌; 예외적인, 이례적인; 희한한 **business cycle** 경기 변동(순환) **capitalism** 자본주의 **entrepreneur** 기업가, 사업가 **creative** 창조적인, 독창적인 **capital** 자본의; 매우 중요한; 대문자의; (처벌로서) 죽어 마땅한; 자본; 수도; 대문자; 두문자 **in the long run** 긴 안목으로 보면, 결국은 **harmful** 해로운; 위험한 **indifferent** 무관심한; 냉담한 **ineffective** 효과가 없는, 무익한

해설 두 번째 문장에서 대부분의 경제학자들은 경기 순환을 줄이려고 노력한다고 했다. 결국 경기 순환이라는 것이 대부분의 학자들 사이에서는 탐탁지 않은 현상임을 알 수 있다. 첫 문장에 Schumpeter가 특이한 경제학자였다는 내용은 그는 경기 순환을 그들과는 다르게 보았음을 의미한다. 동일한 내용 흐름으로 지문이 끝을 맺는다. Schumpeter는 경제에 도움이 된다고 믿었음이 논리 구조상 가장 적절하다.

2
정답 ④

어떤 것도 독서를 대체할 수 없다 – 어떤 강의도, 영화의 영상도 계몽하는 동일한 힘이 없다. 그림(사진)은 (문자로) 쓰인 교재를 설명해주는 매우 귀중한 수단이다. 그러나 그것들은 우리로 하여금 일반적인 생각을 거의 형성할 수 없게 한다. 영화는 입에서 나오는 말처럼, 우리에게서 흘러가 버리거나 사라진다. 책은 평생의 동반자로 머문다.

take the place of ~을 대신하다 **enlighten** 계몽하다, 교화하다; ~에게 가르치다 **illustrate** (예를 들어) ~을 설명하다, 예증(예시)하다; 실례를 들어 설명하다(밝히다) **film** 엷은 껍질; 필름; 영화(=movie) **flow** 흐르다; 줄줄이 지나가다; (액체 · 기체 따위의) 흐름 **life-long** 일생의, 평생의 **companion** 친구, 동료 **practice** 습관적으로 하다; 되풀이 연습하다; (의사 · 변호사 등이) 개업하다, 영업하다; 일상적 행위; 관습, 관례 **perform** 수행(성취)하다; (기계 · 무기 · 자동차 따위가) 잘 작동하다; 연기(연주)하다 **abide** 머무르다, 지속하다, 계속되다

해설 첫 문장에 주제가 제시되어 있다. 어떤 것도 독서를 대체할 수 없다고 했으며, 다른 매체들의 한계를 제시하고 있다. 빈칸 앞의 'flow by and lost to us(흘러가서 우리에게 잊혀지는)'와 대조되는 선택지를 찾는다. 정답은 abide(머물다)이다.

3
정답 ④

정치를 하는 여성들에게는 종종 전통적인 여성성의 특질과 강한 리더십 사이의 갈등이 있다. 훌륭한 남성과 훌륭한 후보자의 특성은 똑같지만, 여성은 강한 지도자로 보이는 것과 여성스러운 여자로 보이는 것 중 하나를 선택해야 한다. 만약 남성이 힘차고, 논리적이고, 직선적이고, 강인하게 보인다면, 그는 남성적인 특성을 증대시키는 것으로 여겨진다. 그에 반해서 힘차고, 논리적이고, 직선적이며, 강인한 여성은 여성적인 특성을 감소시키는 위험을 무릅쓰는 것이다.

politics (단수취급) 정치; 정치학 (복수취급) 정치활동; 정치관 **conflict** 충돌; 상충; 말다툼; 논쟁; 대립하다, 충돌하다, 모순되다 **feminine** 여성(여자)의; 여자다운; (남자가) 여자 같은 **quality** 질, 품질; 특질, 특성; 인품; 장점 **characteristic** 특질, 특성(=quality); 독특한, 특유의 **candidate** 지원자; 후보(자) **forceful** 힘찬, 효력이 있는, 효과적인; 강제적인 **logical** 논리적인, 이치에 맞는 **direct** 솔직한, 똑바른, 일직선의; 직접의, 직접적인; 지도하다; 명령하다; 가리키다 **in contrast** 그에 반해서, 그와 대조적으로 **jealous** 질투심 많은; 시기하는 **risk** ~을 위험에 맡기다; ~을 각오하고 해보다; 위험

해석 ① 훌륭한 후보자로서의 자신의 능력을 증명하는 것이다
　　② 다른 여성들을 질투심 나게 한다
　　③ 선거에서 이기는데 더 나은 기회를 갖는 것이다
　　④ 여성으로서의 특성을 감소시키는 위협을 무릅쓰는 것이다
해설 여성 정치인을 남성 정치인과 비교해 설명한 글이다. 주제문인 첫 문장은 여성 정치인들이 전통적 여성상과 강한 지도자상(=훌륭한 남성상) 사이에서 갈등한다는 내용이다. 훌륭한 지도자상은 훌륭한 남성상과 같고, (전통적인) 훌륭한 여성상과 배치되기 때문에 여성이 훌륭한 지도자적인 특성(forceful, logical, direct, powerful)을 지니면 여성적 특성을 감소시

키는 위험이 있는 것이다. ①, ③은 그 자체의 내용은 옳지만 글의 주제, 흐름과 맞지 않는다. ②는 주제와 무관하다.

4   정답 ④

당신은 우리가 왜 두 개의 눈을 가지고 있는지에 대해 생각해 본 적이 있는가? 물체를 두 개의 눈으로 봄으로써, 우리는 거리를 정확하게 판단할 수 있다. 각각의 눈이 보는 영상은 약간 다르다. 뇌는 한 물체로부터 이러한 두 개의 다른 영상을 받아들이지만, 그것들을 결합한다. 따라서 우리는 한 개의 영상만을 보는 것이다. 이 결합된 3차원 영상의 상이한 각도와 표면이 우리로 하여금 물체가 얼마나 멀리 떨어져 있는지를 이해하도록 해 준다.

accurately 정확히, 틀림없이 **brain** 뇌; 두뇌, 지력; 지적인 사람, 수재 **combine** 결합시키다; 결합하다; 콤바인(복식 수확기); 기업 합동; (정치적) 연합

해설 마지막 문장에 나오는 'how far away the object is(물체가 얼마나 멀리 떨어져 있는지)'에 주목한다. 정답은 'far away'와 관련된 ④번이다. 앞의 두 문장에 주제가 나타나 있다.

5   정답 ②

자연의 균형은 생활 조건에서의 가장 작은 변화에 의해서도 상처를 입을 수 있다. (A) 예를 들어 건강한 환경에서는 수초의 양은 강에 사는 물고기의 수에 적당하다. (B) 그러나 그 강을 댐으로 막게 되면 균형이 깨지게 된다. 즉 물고기가 너무 많아지거나 수초가 너무 많아져서 강에는 아무 것도 살 수 없게 된다.

balance 균형, 조화; 저울; 천칭; 평형을 잡다; 저울로 달다 **dam** 댐, 둑; (비유적) 장애물, 장벽; 댐으로 막다 **unlivable** 살 수 없는(=uninhabitable)

해설 주제문과 그 예시로 이루어진 글이다. '자연에서는 작은 변화가 균형을 깰 수 있다'가 주제이고 그 이하는 강의 사례가 나오므로 (A)에는 for example이 적절하다. 건강했던 강의 상태가 서술되고 (B) 이후 변화로 인해 강의 균형이 깨지는 내용이 이어지므로 (B)에는 역접의 접속사 however가 들어가야 한다.

6   정답 ②

좋지 않은 모든 일들은 (A) 상호 연결되어있다. 그래서 그런 (나쁜) 일들은 어떤 것이나 다른 나쁜 일의 원인이 되기 (B) 쉽다. 좀 더 상세히 말하자면 피로는 질투를 유발하는 원인이 되는 경우가 아주 흔하다. 만일 어떤 사람이 자기가 해야만 하는 일에 대해 적합하지 않다고 느낀다면 그는 전반적으로 불만을 느낄 것이고, 그런 불만은 자신보다는 덜 자극적인 일을 하는 (C) 사람들에 대한 질투심의 형태로 표출되기가 아주 쉽다.

particularly 특히, 두드러지게, 심히; 낱낱이, 상세히 **fatigue** 피로, 피곤; 피로의 원인이 되는 것; 지치다; 지치게 하다 **envy** 질투, 시샘, 시기; 부러움; 질투나게 하는 것; ~을 시샘(질투)하다; ~을 부러워하다 **inadequate** ~에 적격이 아닌, 무력한(to, for); 부적당한, 불충분한 **discontent** 불평,

불만; 불평(불만)의 원인; 불만을 품은 사람; [서술용법] 불만인(with) [수동형] ~에게 불만을 품게 하다 **exceedingly** 대단히, 매우, 몹시 **be liable to do** ~하기 쉽다; ~할 것 같다 **exciting** 자극적인; 흥분시키는; 재미있는, 즐거운 **enviable** 부러운, 샘나는 **interconnected** 상호 연결(연락)된, 상관된 **in actuality** 실제로, 현실로 **bring to light** 폭로하다, 백일하에 드러내다 **disregard** 무시(경시)하다; 무시, 경시

해설 첫 문장에 나오는 'more particularly fatigue ~(피로는 질투를 유발하는)'의 내용에서, 우리는 그 둘이 서로 밀접하게 연결되어(=interconnected) 있으며, 그런 (나쁜) 것들(fatigue, envy)은 어떤 것이나 다른 나쁜 일의 원인이 되기 쉽다(=liable to be the cause of any other)'라는 내용을 쉽게 유추할 수 있다.

7   정답 ③

고난을 겪을 때의 모든 느낌들은 그것에서 벗어나고자 하는 욕망과 분리될 수 없고, 즐거움에 대한 모든 생각들은 그것을 즐기고자 하는 욕망과 분리 될 수 없다. 모든 욕망들은 결핍을 함축하고, 모든 결핍은 고통스럽다. 따라서 우리의 비참함은 바로 우리의 욕망과 우리가 가진 능력 간의 불균형에 있는 것이다. 의식이 있는 어떤 사람이 가지고 있는 능력이 자신의 욕망과 같은 수준이라면, 그는 완벽하게 행복할 것이다.

hardship 고난, 고생 **inseparable** 분리할 수 없는, 불가분의; 떨어질 수 없는 **imply** 함축하다. (질문 · 침묵 따위가) ~의 뜻을 내포하다 **want** 결핍, 부족; 곤궁, 가난; 필요; (보통 ~s) 필요품, 필수품; 원하다 **painful** 고통스러운, 아픈 **hence** 따라서, 그러므로; 지금으로부터, 향후 **wretchedness** 비참함, 불쌍함 **consist in** ~에 있다(=lie in) **disproportion** 불균형, 부조화; ~을 어울리지(균형 잡히지) 않게 하다 **desire** 욕망, 욕구; 욕정; 바라다, 원하다 **conscious** 의식 있는; 자각하고 있는, 알고 있는

해설 고난이나 쾌감과 연관된 욕망의 결핍과 우리의 능력 사이의 관계에 대한 글이다. 우리의 욕망과 능력이 '균형이 맞지 않기 때문'에 비참해진다는 빈칸 앞 문장의 내용과 반대되는 선택지, 즉 '균형이 맞는, 대등한'이라는 의미와 가장 유사한 ③번이 정답이다.

8   정답 ③

이 책이 응당 받아야 하는 비난보다도 훨씬 더 심한 (A) 비난을 모면하려면 몇 마디의 변명과 설명이 필요하다. 변명은(변명이 필요한 것은) 다양한 학파의 전문가들과 개개의 철학자들(을 다루었기) 때문이다. 아마 Leibnitz를 제외하고는, 내가 다루는 모든 철학자들은 나보다는 몇몇 다른 이들에게 더 잘 알려져 있을 것이다. 그러나 광범위한 분야를 다루는 책을 어찌 되었든 써야 한다면, 우리는 불멸의 존재가 아니기에, 그러한 책을 쓰는 사람은 한 저자나 짧은 기간에만 집중하는 사람보다는 어떤 한 부분에 보다 적은 시간을 할애할 수밖에 없다는 것은 피할 수 없는 일이다. 학자적인 엄격함이 단호한 일부 사람들은 광범위한 분야를 다루는 책은 쓰지 말아야 한다거나, 또

는 써야 한다면 다수의 저자가 쓴 단일 인물에 대한 전기적(傳記的) 연구서로 구성되어야 한다고 결론을 내릴 것이다. 그러나 많은 저자들이 공동으로 작업할 경우 잃는 것이 있다. 역사의 흐름에 어떤 통일성이 있다면, 즉 앞서는 것과 뒤따르는 것 사이에 밀접한 관련이 있다면 이를 설명하기 위해서는 선행 시기와 후행 시기가 한 사람의 마음속에서 종합되어져야 한다. Rousseau를 연구하는 사람은 Plato과 Plutarch의 스파르타와 Rousseau와의 관련성을 올바르게 다루는데 어려움을 겪게 될 수도 있다. 스파르타를 연구하는 역사가는 Hobbes와 Fichte 그리고 Lenin을 예언적으로 의식하지 못할 수도 있는 것이다. 그러한 관계를 명백히 밝히는 것이 이 책의 목적 중의 하나이며 이는 (B) 광범위한 개관만이 이행할 수 있는 목적이다.

apology 사과, 사죄; 변명 **call for** ~을 요구하다, 필요로 하다 **doubtless** 거의 틀림없이; 의심할 여지없는 **specialist** 전문가, 전공자 **school** 학교; 학파 **inevitable** 불가피한, 필연적인 **immortal** 죽지 않는; 불후의, 불멸의 **scholarly** 학자의, 학구적인; 학문적인, 전문적인 **austerity** 엄격함, 금욕적임; 내핍 상태(생활) **unbending** (의견, 결정 등이) 굽히지 않는, 고집스러운 **conclude** 결론(판단)을 내리다; 끝나다; 끝내다 **monograph** (단일 주제에 관해 보통 단행본 형태로 쓴) 논문 **a multitude of** 다수의 **unity** 통일성; 일치; 통일, 통합 **intimate** 긴밀한, 친밀한; 넌지시 알리다, 시사하다 **set forth** 개진하다; 제시하다; 출발하다 **synthesize** 종합(통합)하다; 합성하다 **do justice to** ~을 공정하게 대하다(보여주다) **historian** 역사가, 사학자 **prophetically** 예언적으로 **be conscious of** ~을 자각하다, 알고 있다 **bring out** ~을 끌어내다(발휘되게 하다) **fulfil** 실현(성취)하다 **calumny** 중상(하는 말 혹은 행동) **compact** 간결한, 꽉 들어찬, 조밀한; 콤팩트(휴대용 분갑); 소형차 **critic** 비평가, 평론가 **rough** 개략적인, 대강의; 거친 **sketch** 스케치; 개요, 요약문; 스케치하다; 개요를 제시하다 **censure** 불신임, 견책; 견책(질책)하다 **survey** (전체적인) 조망; (설문) 조사; 측량, 조망하다; 살피다, 점검하다 **outline** 개요; 윤곽; 개요를 서술하다

해설 첫 문장의 apology는 문맥상 사과나 사죄의 뜻이 아니고, '변명, 해명'의 뜻을 가진 바, 무엇을 피하기(escape)위하여 변명과 설명이 필요한지 생각해 보면 된다. calumny는 '명예 훼손, 악담'의 뜻이므로 문맥에 맞지 않고, critic(비평가)과 fault(실수, 잘못)는 더욱 거리가 먼 선택지이다. (B)는 전반적으로 흐르는 지문의 내용이 역사적 사건들을 통일성 있게 다루기 위해서는 한 사람의 마음속에서 그것들이 통합되어져야 한다(earlier and later periods should be synthesized in a single mind)는 것이므로 그러기 위해서는 바로 한 저자에 의한 wide survey(광범위한 개관)가 필요함을 알 수 있다.

9-10 다음 지문을 참조하시오.

컴퓨터가 인간의 지능과 진지하게 경쟁할 것이라는 주장에 대한 일반적인 반응은 주로 지금 시대에 (컴퓨터가 지니고 있는) 능력에 대한 검토 작업을 바탕으로 이러한 망령을 떨쳐버리자는 것이다. 결국 내가 내 컴퓨터와 상호작용을 할 경우에 (그것을 사용할 경우에), 컴퓨터의 지능이 어느 정도는 뛰어나 보인다 할지라도, 그것의 지능은 (A) 제한적이고 불안정한 것처럼 보인다. 개인용 컴퓨터가 유머감각이 있다거나, 의견이 있다거나, 혹은 인간 사고의 다른 어떤 매력 있는 자질을 보여준다고 생각하기는 어렵다. 그러나 컴퓨터 기술의 현재 발달 수준은 결코 정지 상태에 머물러 있지 않다. 일이십 년 전에는 불가능한 것으로 여겨졌던 컴퓨터의 능력이 오늘날 그 모습을 드러내고 있다. 예를 들면, (컴퓨터는) 일상적이고 반복적인 인간의 언어를 정확하게 번역하고, 자연 언어[인간이 일상적으로 사용하는 언어]를 이해해서 지능적으로 반응하며, 인간 의사의 정확도에 필적할 정도로 정확하게 심전도나 혈액 검사와 같은 의료 과정에 있어서의 패턴을 인식하고, 물론, 세계 체스 챔피언의 수준으로 체스도 할 수 있다. 향후 10년 사이에 우리는 하나의 인간 언어를 다른 언어로 실시간으로 번역해주는 통역 전화기, 대화를 나눌 수 있고 세상의 지식 기반을 신속히 검색해서 이해할 수 있는 지능을 갖춘 개인 컴퓨터 단말기, 그리고 점점 더 광범위하고 유연한 지능을 갖춘 기타 다양한 기계들을 다량으로 보게 될 것이다. 다음 세기의 20년 안에, 인간 지능과 기계 지능 사이를 정확하게 구분하는 것은 점점 더 어려운 일이 될 것이다. 속도와 정확성, 용량의 측면에서 컴퓨터 지능의 이점은 분명해질 것이다. (B) 반면에 인간 지능의 이점은 점점 더 구분하기가 어려워질 것이다.

proposition 명제; 제의; (하려는) 일; (처리해야 할) 문제(과제) **compete with** ~와 경쟁하다 **human intelligence** 인지(人智), 인간의 지능 **dismiss** (고려할 가치가 없다고) 묵살(일축)하다; (생각, 느낌을) 떨쳐 버리다; 해고하다 **specter** 유령, 망령(=ghost) **contemporary** 현대의, 당대의; 동시대의; (어떤 사람과) 동년배(동시대인) **after all** 어쨌든 (설명·이유를 덧붙일 때); (예상과는 달리) 결국에는 **interact** 소통하다(교류하다); 상호 작용을 하다 **brittle** 깨지기 쉬운, 약한; 불안정한; 잘 부러지는; (소리가) 귀에 거슬리는 **a sense of humor** 유머 감각 **endearing** 사랑스러운, 매력적인 **the state of the art** (과학 따위의) 최첨단 기술(수준); 어떤 시점에서의 기술적 수준 **anything but** ~이 결코 아닌 **static** (변화, 움직임이 없이) 고정된(고정적인); 정지 상태의 **transcribe** (생각, 말을 글로) 기록하다, (데이터를 다른 기록 형태로) 바꾸다(옮기다) **electrocardiogram** (의학) 심전도(略 ECG) **rival** (~에) 필적하다(비할 만하다); 경쟁자, 경쟁 상대 **real-time** 실시간의; (기록·방송 등이) 즉시의, 동시의 **converse** 이야기하다, 대화하다; (컴퓨터 기기(機器)와) 대화하다; 담화, 환담; 반대, 역(逆); 거꾸로의, 정반대의 **profusion** 다량, 풍성함 **flexible** 융통성(신축성) 있는; 유연한, 잘 구부러지는 **distinction (between A and B)** (특히 비슷하거나 관련이 있는 것들 사이의 뚜렷한) 차이(대조); 뛰어남, 탁월함; 구분, 차별 **in terms of** ~면에서 (~에 관하여) **distinguish** 구별하다; 구별 짓다, 차이를 보이다

9　　　　　　　　　　　　　　　　　　정답 ①

해석　① 제한된
　　　② 보기 드문, 비범한; 대단한
　　　③ 틀림없이, 물론
　　　④ 무한한
　　　⑤ 우아한

해설 등위접속사 and는 앞, 뒤에 같은 맥락의 어구를 연결하므로, and 뒤의 brittle과 호응할 수 있는 단어를 찾는다. 또한 바로 뒤 문장의 내용(It is hard to imagine one's personal

computer having a sense of humor~)은 인간의 지능
에 비해 제한된 컴퓨터의 특성을 보여주므로 ①번이 정답이다.

10 　　　　　　　　　　　　　　　　　정답 ②

해석 ① 그러나
② 반면에
③ 다시 말해서
④ 그러므로
⑤ ~와 협력[제휴]하여

해설 빈칸 앞 문장의 내용은 컴퓨터 지능의 이점이 분명해질
(=clear) 것이라고 한 반면, 빈칸 문장의 내용은 인간 지
능의 이점은 구분하기가 점점 어려워질(=difficult to
distinguish) 것이라는 내용이므로 대조와 역접의 연결어가
적합하다.

11 　　　　　　　　　　　　　　　　　정답 ③

인류의 여러 종족들은 서로에 대해서 충분한 성적 매력을 갖
고 있다. 그래서 유전적 혼합에 대한 지리적 혹은 문화적인 장
애물들이 없다면 수천 년이 경과하는 가운데 인류는 인종적으
로 단일해지게 될 가능성이 매우 높다.

geographical 지리학의, 지리상의　**genetic** 유전(학)의　**racially**
인종적으로　**uniform** 모양이 같은, 동일한; 제복

해설 지금의 인류는 지리적 혹은 문화적 장애로 서로 간에 만날 기
회가 적지만 먼 훗날 교통 수단 등이 발달되어 지역(대륙)간
의 이동이 활발해지고(=지리적 장애 해소), 특정 인종에 대
한 편견 등이 사라지게 된다면(=문화적 장애 해소) 인류는 서
로 간에 충분한 성적 매력을 느끼고 있으므로(성 접촉이나 혼
인 등을 통해) '인종적으로 단일해지게 될 가능성이 매우 높
다'라는 것이 필자의 의견이다. ① no ② no much ④ an
insufficient는 서로 부정의 유의 관계에 있으므로 소거법으
로 쉽게 답을 찾을 수 있다.

12 　　　　　　　　　　　　　　　　　정답 ④

변화를 거부하는 것은 많은 집단들의 특색이다. 왜냐하면 그들
이 주장하기를 변화란 반드시 좋은 쪽으로만 향하는 것이 아
니고 나쁜 쪽으로 흘러 갈 수도 있기 때문이다. 변화는 조직의
붕괴를 의미하며 많은 집단들은 그래서 그 변화를 의심스러운
시선으로 보는 경향이 있다.

characteristic 특징, 특성; 독특한, 특유한　**disorganization** 해체,
와해, 파괴　**inevitable** 피할 수 없는, 면할 수 없는　**complacency**
만족감, 충족감

해설 변화를 거부하는 집단들의 특색에 대한 글이다. 빈칸 앞부분에
변화는 조직의 붕괴(와해)를 의미한다는 내용이 나온다. 따라
서 집단들은 변화를 부정적으로 볼 것이므로, 부정적인 의미의
선택지인 ④번이 정답이다.

13 　　　　　　　　　　　　　　　　　정답 ①

한 가지 예로 브라질 사람들이 개발해서 특히 해충과 열대 기
후에 견디는데 적응이 된 새로운 품종의 소를 들 수 있다. 오늘
날 브라질인들은 그들 자신만의 독특한 문명을 개발하고 있다.
유럽 문명이 아니고 열대 기후, 열대 식물, 열대의 빛, 그리고
열대의 색에 (A) 적합한 문명이다. 그래서 그들은 새로운 품종
의 소를 개발하고 있을 뿐 아니라, 그 소들에게 먹이는데 적합
한 (B) 새로운 종류의 풀도 개발하는 것이다.

breed 품종; 새끼를 낳다; 사육(재배)하다　**specially** (특정 목적, 사
람 등을 위해) 특별히　**adapt** (새로운 용도, 상황에) 맞추다(조정하
다)　**withstand** 견뎌(이겨) 내다　**pest** 해충, 유해 동물; 성가신 사람
tropics 열대; 회귀선　**tropical** 열대 지방의, 열대의　**vegetation**
(특히 특정 지역, 환경의) 초목(식물)　**work on** ~에 애쓰다(공들이다)
agreeable 알맞은; 기분 좋은　**rank** (식물 등이) 지나치게 무성한, 잔뜩
우거진; 악취가 나는; 지위; 계급; (등급 · 등위 · 순위를) 매기다(평가하다); (등급
· 등위 · 순위) 차지하다　**verdant** (풀 · 식물 · 들판 등이) 신록의, 파릇파
릇한

해설 브라질인은 그들 자신의 새로운 문명을 개발하고 있다고 했는
데 브라질이 열대지방에 속한다는 것을 생각하면 답은 ①번이
다. ②, ③, ④는 모두 비슷한 뜻으로 서로 변별력을 가지지 못
한다. ①번의 두 번째 어구를 빈칸에 넣어 확인해 보면 이는 더
욱 분명해진다. 즉, 새로운 품종의 소에게 먹이기 위해 브라질
인들은 '새로운 종류의 풀'까지 개발하고 있는 것이다.

14 　　　　　　　　　　　　　　　　　정답 ③

그리스인들에게 있어, 아름다움은 하나의 미덕, 즉 일종의 탁
월함이었다. 그리스인들에게 한 인간의 '내면'과 '외면'을 구
분하는 일이 있을 경우, 그들은 여전히 내적인 아름다움이 다
른 종류(외면)의 아름다움과 조화를 이룰 것으로 기대했다.
Socrates 주변으로 모여든 집안 좋은 아테네 젊은이들은 자
신들의 영웅(Socrates)이 너무나 지적이고, 너무나 용감하며,
너무나 존경스러우면서도 매혹적인데도 그만 너무 못생겼다
는 것이 매우 역설적이었다.

Greek 그리스인; 그리스어; 그리스의　**virtue** 미덕, 덕목; 선; 선행; 장점
occur 일어나다, 발생하다　**distinguish** 구별하다, 구분하다　**inner**
(한정적) 내부(안쪽)의　**match** 어울리다; 일치하다; 맞먹다; 필적하다; 성냥;
경기, 시합; 호적수, 맞수　**well-born** 가문이 좋은, 명문 출신의; (the ~) 가
문(태생)이 좋은 사람　**Athenian** 아테네 사람; 아테네의　**intelligent**
지적인; (동물 등이) 지능이 있는, 총명한　**honorable** 고결한, 정직한, 지
조 있는, 훌륭한; 명예로운　**seductive** 매혹적인; (성적으로) 유혹적인
paradoxical 역설의; 자기모순의; 기묘한, 기이한　**self-evident** 자명
한, 따로 증명(설명)할 필요가 없는

해설 beauty was a virtue(아름다움은 하나의 미덕)라고 믿었
고 내면의 아름다움과 외면의 아름다움이 조화로울 것이라고
기대했던 그리스인들에게는 so intelligent, so brave, so
honorable, so seductive한 소크라테스가 so ugly(너무
나도 못생긴)한 점은 '역설적이고 모순된다' 할 것이다.

15　정답 ⑤

오늘날 매우 많은 여성들이 노동을 하고 있지만, 여전히 많은 문제들에 직면하고 있다. 그 한가지로 여성 노동자들은 취업 시장에서 (고용 부문과 봉급 부문이라는 둘 모두에서) 아직 동등한 대우를 받지 못하고 있다.

labor force 노동력, 노동 인구; (특정 회사의) 피고용인 수 (forced labor 강제 노동)　**face** ~에 직면하다; ~의 쪽을 향하다; 얼굴; 표면　**treatment** 취급, 취급방법; 처우, 대우; 치료, 치료법　**job market** 인력 시장, 취업 시장　**salary** (정기적으로 고정 급여로서 지급되는) 봉급, 급료

해설　글의 흐름상 고용과 봉급 '두 부분 모두에서 동등한 대우를 받지 못한다'라는 뜻이 되어야 하고, 주어진 글에 'do not yet receive'로 부정어 not이 이미 나와 있으므로 either, or가 와야 한다. either A or B 는 'A와 B 둘 중 하나'라는 양자택일의 뜻이나 부정어와 함께 쓰이면 '어느 쪽도 아니다'라는 완전 부정의 뜻이 된다.

16　정답 ③

Thomas Edison은 위대한 발명가였지만 형편없는 예언자였다. 그가 1922년에 영화가 학교의 교과서를 대체할 것이라고 공포했을 때. 그는 교육을 혁신시킬 다양한 기술의 능력에 대해서 일련의 엄청나게 잘못된 예측을 시작한 것이다. 지금까지 영화에서 TV에 이르기까지 그러한 과장된 주장에 맞아 떨어진 것은(부응한 것은) 그 어느 것도 없었다. 컴퓨터조차도 교육개선의 일관된 기록을 보여주지 못하고 있다.

lousy 형편없는, 엉망인; ~이 우글거리는　**proclaim** 선언(선포)하다; 분명히 보여주다; ~의 표시(징후)이다　**motion picture** 영화　**replace** 대신(대체)하다　**textbook** 교과서　**a string of** ~일련의, ~잇따른　**spectacularly** 눈부시게; 볼만하게　**regarding** ~에 관하여(대하여)　**capacity** 능력; 용량; 수용력; 배기량; 생산 능력　**revolutionize** 대변혁(혁신)을 일으키다　**to date** 지금까지　**live up to** (기대 따위에) 부응하다(합당하다)　**hype** (대대적이고 과장된) 광고(선전); (대대적으로 과장된) 광고(선전)를 하다　**consistent** 한결같은, 일관된; 거듭되는, 변함없는

해석　① 허풍쟁이
　　　② 절도광; 도벽이 있는, 절도광의
　　　③ 예언자, 점쟁이
　　　④ 괴롭히는 사람, 놀리는 사람; 어려운 문제(질문); 티저 광고(상품 이름을 비롯한 관련 정보를 거의 알려 주지 않아 호기심을 갖고 다음 광고에 주의를 기울이게 하는 광고)
　　　⑤ 사기꾼
해설　빈칸 뒤에 이어지는 내용 중에 'wrong predictions(잘못된 예측)'이 답을 찾을 수 있는 키워드이다.

17　정답 ③

그녀는 인정과 명성을 (A) 갈망했다. 그러나 그녀는 인정과 명성이 주어지는 세상에 대한 깊은 회의와 (B) 경멸을 느꼈다. 그것은 돈과 여론과 권력의 세계였다.

recognition (공로 등에 대한) 인정; 알아봄, 인식　**fame** 명성　**suspicion** 의심, 불신; (불법적이거나 부정직한 일을 했다는) 혐의(의혹)　**grant** 승인(허락)하다　**mistrust** 신뢰하지 않다, 불신하다; 불신　**antagonism** 적의, 적대감　**yearn for** 갈망하다　**contempt** 경멸, 멸시　**shun** 피하다(=avoid)　**enmity** 원한, 증오, 적대감

해설　접속사 yet에 주목한다. 주어인 그녀는 처음에 인정과 명성을 갈망했으나 돈과 여론과 권력의 세계에 경멸을 느끼게 된다는 문맥이다.

18　정답 ④

뱀은 인간에게 이로운 동물이다. 어떤 뱀도 초식성이 아니다. 그들은 농작물이나 나무들을 공격하지 않는다. 그들의 주요 식량원은 사람들의 공동체에 해를 끼치는 크고 작은 쥐들이다.

beneficial 유익한, 이로운　**humanity** 인류, 인간; 인간애; 인간미　**vegetarian** 채식주의자　**crop** (농)작물; (한 철에 거둔) 수확량　**mice** mouse(생쥐)의 복수형　**rat** 쥐(생쥐(mouse)보다 몸집이 크고 꼬리가 김)　**helpless** 무력한, 속수무책인　**preservation** 보존　**critically** 몹시; 위태롭게; 비평적으로　**plague** 괴롭히다; 성가시게 하다; 전염병; (the~) 페스트, 흑사병(=pest)

해석　① 먹기에 충분히 작은
　　　② 그들 스스로를 방어하기가 무기력한
　　　③ 비판적으로 본론이 필요한
　　　④ 우리 공동체에 해를 끼치는
해설　'뱀은 인간에게 이로운 동물이다.'라는 첫 문장이 주제문이다. 그렇다면 뱀들의 주요 식량원은 사람들에게 해를 끼치는 그 무엇이 되어야 한다.

19　정답 ②

부모들이 자신들의 자녀들의 사회성을 키워 가는 적극적인 역할에서 물러나게 만드는 것을 손쉽게 만든다는 측면에서 그리고 그것이 가족의 의식과 특별한 행사를 대체한다는 점에서 텔레비전은 가족 해체에 있어 중요한 역할을 했다.

facilitation 용이하게(쉽게) 하기; 촉진, 조장　**parental** 부모의, 어버이다운　**withdrawal** 철수; 철회; 탈퇴, 기권; (계좌에서의) 인출　**active** 적극적인; 활동적인　**socialization** 사회화　**replacement** 대체, 교체; 대체물, 교체물　**ritual** 의식, 의례　**family gathering** 가족 모임　**disintegration** 분해, 붕괴, 분열, 분산　**family-oriented** 가정적인, 가족 위주의　**entertainment** (영화 · 음악 등의) 오락(물), 여흥; 접대

해설　TV가 부모의 역할과 가족 행사를 대신한다는 내용은 가족 해체에 관련된 TV의 역할이다.

20 정답 ③

중간에 낀 자녀들은 인정과 동의를 얻기 위해 보통 가정 밖을 본다. 그래서 다른 자녀들 보다 더 사교적이고 덜 보수적이다. 그들은 가족 밖에서 힘의 원천을 찾으려 한다. 그들은 성인 생활을 준비하는 중요한 기술들을 배운다. 이런 것들에는 외교적 기술들, 다른 사람에게 귀를 기울이며 그들과 관계를 맺는 능력 그리고 타협하고 협상할 방법을 아는 것을 포함한다. 많은 중간에 낀 자녀들이 <u>경영자나 지도자의 지위를 갖는 것은</u> 우연이 아니다.

approval 인정; 찬성; 승인 **acceptance** 동의, 승인; (선물, 제의 등을) 받아들임, 수락 **sociable** 사람들과 어울리기 좋아하는, 사교적인, 붙임성 있는 **conservative** 보수적인 **obtain** (특히 노력 끝에) 얻다 (구하다, 입수하다) **diplomatic** 외교의; 외교적 수완이 있는 **relate to** ~와 관계를 맺다 **compromise** 타협하다; (특히 무분별한 행동으로) ~을 위태롭게 하다; 타협 **negotiate** 협상하다; 성사시키다, 타결하다 **coincidence** 우연의 일치; 동시 발생 **get along well with** ~와 잘 지내다 **identify with** ~와 일체감을 갖다, 공감하다 **end up** 결과적으로(결국) ~이 되다(=become eventually; turn out to be) **managerial** 경영(관리, 운영)의 **dictatorial** 독재(자)의, 독재적인

해석 ① 종종 사람들과 잘 지내는 것을 실패한다.
② 그들 부모님의 가치를 쉽게 인식한다.
③ 관리자나 지도자의 지위를 갖는다.
④ 나중에 이기적이고 독재적이 된다.

해설 빈칸 앞 문장의 내용은 중간에 낀 자녀들이 가지고 있는 긍정적인 요소들을 보여 주고 있으므로 빈칸 역시 이 내용들을 받을 수 있는 내용이 와야 한다.

21 정답 ④

먼 옛날 하와이에서 카누를 만드는 것은 고위직의 사제가 감독하는 전문화된 공예였다. 추장이 카누를 요청하면, 사제는 적합한 나무를 고르기 위해 한 무리의 사람들을 이끌고 깊은 숲으로 들어갔다. 나무가 크고 튼튼하며 충분히 넓게 보일지라도 마지막 결정을 내리기 전에, 사제는 전쟁의 신(神)인 Ku의 아내 Lea가 선택을 승인해 주기를 기다렸다. Lea는 나무의 몸통과 가지 위를 걸어 다니는 토종 딱따구리의 모습으로 나타났다. 만약 딱따구리가 잠시 멈춰 나무를 쪼면 그 나무가 썩었다는 뜻이었고, 그러면 사제와 무리는 다시 나무 고르는 일을 계속했다. 그러나 만약 새가 나무에 앉아 나무를 살펴보고 쪼지 않고 날아가면, 그 나무는 <u>카누를 만들 수 있을 만큼 견실하다는</u> 뜻이었다.

sound 견실한, 단단한 **specialized** 전문적인, 전문화된 **supervise** 감독(지휘, 지도)하다 **priest** 사제; 성직자 **chief** 추장, (단체의) 최고위자(장); 주된; 최고위자의 **appropriate** 적절한; (불법적으로나 무단으로) 도용(전용)하다 **approve** 찬성하다, 승인하다 **native** 토박이의; 태어난 곳의; 원주민의; 타고난; 토착민, 현지인; 토종, 자생종 **woodpecker** 딱따구리 **trunk** 나무의 몸통; (코끼리의) 코; 트렁크 **peck** (새가 부리로) 쪼다 **indicate** 나타내다(보여 주다) **rotten** 썩은, 부패한 **party** 단체; 파티; 정당, 당 **inspect** (특히 모든 것이 제대로 되

어 있는지 확인하기 위해) 점검(검사)하다 **worship** 숭배하다; 흠모하다; 숭배; 흠모; 예배 **sound** 견실한, 믿을 만한, 다치지(손상되지) 않은, 이상 없는, 건강한; (잠이) 깊은; 소리; 음; (말을 듣거나 글을 읽어보니) ~인 것 같다(~처럼 들리다)

해석 ① 신으로 경배받는
② 집을 짓기에 좋은
③ 평화의 상징으로 여겨지는
④ 카누 만들기에 충분히 견실한
⑤ 더 크게 자라기 위해 남겨진

해설 '딱따구리가 잠시 멈춰 나무를 쪼면 그 나무가 썩었다는 뜻' 이라는 빈칸 앞 문장의 내용은 But에 의해 빈칸 문장과 서로 대조관계를 이룬다는 점을 주목하면 쉽게 답이 나온다.

22 정답 ④

인간의 본성은 변하지 않거나, 아니면 적어도 어떤 변화를 깨닫기에는 역사가 너무 짧다. 미술과 문학의 가장 초기의 것으로 알려진 표본들은 아직도 이해될 수 있다. 우리가 그것들 모두를 이해할 수 있고 그들 중 몇몇에서는 탁월한 예술적 우수성을 알아 볼 수 있다는 사실은 인간의 감정이나 본능뿐만 아니라 그들의 지력과 상상력 또한 가장 먼 과거에도 <u>지금의 것과 똑같았다</u>는 증거가 된다.

human 인간의; 인간적인; 인간 **nature** 본성, 천성; 자연 **at any rate** 어쨌든(과거나 미래의 상황과 상관없이 특정 사실은 진실임을 나타냄) **perceptible** 감지(인지)할 수 있는 **specimen** 견본, 샘플(=sample) 표본 **comprehensible** 이해할 수 있는 **unsurpassed** 그 누구(무엇)에게도 뒤지지 않는, 타의 추종을 불허하는 **proof** 증거(물) **precisely** 바로, 꼭, 정확히; 신중하게

해석 ① 지금보다 훨씬 덜 발달한
② 지금보다 훨씬 더 발달한
③ 지금과 많이 다른
④ 지금의 것과 같은

해설 대전제가 인간의 본성이 변하지 않는다는 것이고 고대 미술은 이것을 증명하기 위한 예로 제시되어 있으므로 빈칸에는 이러한 주장을 요약해서 마무리할 수 있는 어구가 들어가야 한다.

23 정답 ①

컴퓨터의 '친화적'이고 ("메일이 도착했습니다")같은 인간적 자질을 보여주는 설계를 강조하는 현재의 추세는 사람들이 기계(컴퓨터)를 사회적 거래에서 실제적인 파트너로 상상하도록 유혹하고 있다. 그러나 Maryland 대학의 인간과 컴퓨터의 상호작용 실험 연구소의 소장인 Ben Shneiderman은 그 결과는 실제로 우리를 멍청이가 된 것처럼 느끼게 할 수 있다고 말한다. 에러 메시지는 당신은 "불법적인 작업을 했습니다(잘못된 연산을 수행하였습니다)." 혹은 "치명적인 오류"를 일으켰습니다." 같은 비난조이다. 시스템 파일에 마치 도덕적 자질이 있는 것인 양 당신은 그 시스템 파일의 완전한 상태에 손상

을 끼친 것이다. 이러한 용어들은 '사용자에 대한 컴퓨터 설계자들의 비난을 보여 준다'고 Shneiderman은 말한다.

current 현재의, 지금의; 통용되는; (물. 공기의) 흐름, 해류, 기류; 전류; (특정 집단 사람들 사이의) 경향(추세)　**emphasis** 강조, 역점　**anthropomorphic** 의인화된; 신인(神人) 동형론의; 인간을 닮은, 사람의 형태를 한　**friendly** 친구다운, 친구에 어울리는, 우정 있는; 호의적인, 친절한　**seduce** 유혹하다. 꾀다　**transaction** 거래; 매매; 업무; (업무 · 교섭 따위의) 처리(과정)　**actually** 실제로, 정말로; (실제와 생각 사이의 대조를 강조하여), 사실은(실제로는)　**illegal** 불법적인　**fatal** 치명적인, 돌이킬 수 없는　**fatal exception(=fatal error)** (컴퓨터) 치명적인 오류　**compromise** (특히 무분별한 행동으로) ~을 위태롭게 하다; 타협하다; 타협(절충)　**integrity** (나뉘지 않고) 완전한 상태, 온전함, 진실성　**moral** 도덕적인; 도덕과 관련된, 도덕상의　**terms** 말투, 말씨; (합의 · 계약 등의) 조건　**condemnation** 비난

해석　① 비난의; 비난조의; 고발하는, 혐의를 제기하는
　　　② 친구다운, 친구에 어울리는, 우정 있는; 호의적인, 친절한
　　　③ 유용한 정보를 주는, 유익한
　　　④ 유익한, 교훈적인, 지식을 주는
　　　⑤ 포괄적인, 종합적인

해설　빈칸 뒤를 부연 설명하는 콜론 뒷부분에 나오는 'illegal operation, fatal exception'과 그 이후의 'compromise, condemnation' 등과 같은 표현에서 빈칸에 부정적인 말이 들어감을 알 수 있다. 별것도 아닌 것을 가지고 불법적인 행동을 저질렀다거나 아주 치명적인 잘못을 저질렀다고 말하는 것은 상대방을 무고하게 비난하는 것이므로 ①번이 가장 적절하다.

24　정답 ④

우리의 체중에 영향을 주지만, 사람이 통제할 수 없는 두 가지 요소가 있다. 이 두가지 요소는 유전인자와 나이다. 우리가 원하든 그렇지 않든, 마른 것과 비만은 가계에 흐르는 특성이다. 비만 아이들에겐 비만인 부모가 있기 마련이고 마른 부모에게는 마른 아이들이 있기 마련이다. 게다가 대부분의 사람들은 어떤 특정한 시기에 다른 시기보다 지방질을 더 많이 가지게 된다. 십대 초기가 이런 시기 중 하나이다. 이때는 많은 아이들이 근육이나 골격과 같은 다른 조직보다 지방 조직을 훨씬 더 많이 가지게 된다.

factor 요인, 인자　**beyond** (능력 · 한계 등을) 넘어서는, ~할 수 없는　**trait** 특성, 특징　**overweight** 과체중의, 비만의　**tissue** (세포로 이뤄진) 조직; 화장지　**gene** 유전자　**diet** (어떤 사람이 일상적으로 취하는) 식사(음식); 다이어트

해설　두 번째 줄의 'traits that run in families'는 genes를 네 번째 줄의 'during certain periods of life'에서는 age를 유추할 수 있다.

25　정답 ①

전시 상황에서 일부 군인들이 전쟁터에서의 좌절감으로 인해 주저앉는 반면 똑같은 상황에서 어떤 군인들은 그들이 가지고 있었다고는 전혀 알지 못한 힘을 발견하는 것 같다. 좀 더 일상적인 환경에서, 우리 모두는 심한 신체적 장애나 비극적인 실망의 상황에도 불구하고 일상적 생활을 잘 수행해 나가는 사람들을, 그리고 똑같은 좌절을 받아들이지 못하는 또 다른 사람들을 알고 있다. 이것은 좌절을 인내하는 것이 개인적이라는 것을 보여준다.

break down 부서지다; 노이로제에 걸리다; 울음을 터뜨리다; 고장 나다　**frustration** 좌절, 실망, 낙담　**circumstance** (~s) (주변의) 상황, 환경, 사정　**manage to do** 잘 해내다; 어떻게든 ~하다　**carry on** 계속하다; 영위하다; 처리하다; 재개하다　**disappointment** 실망(시키기/하기); 실망의 상태; 실망의 원인　**tolerance** 관용, 관대; 인내, 인내력; 내성(耐性)　**personal** 개인적인; 사적인; 본인의, 직접의　**universal** 보편적인; 일반적인; 전체(전부, 전원)의　**temporary** 일시적인, 한때의　**unavoidable** 피할 수 없는

해설　좌절을 겪을 수 있는 두 가지 상황에서의 두 타입의 반응을 비교하고 있다. 어떤 이들은 잘 견뎌내거나 더 강해지는 반면 어떤 이들은 좌절한다. 즉 좌절에 대한 반응이 개인마다 다르다는 것이므로, 개인적인(=personal)이 가장 적합하다. 마지막 문장에서 글을 요약함과 동시에 주제를 보여 주고 있다.

1 ④	2 ①	3 ②	4 ②	5 ①
6 ②	7 ①	8 ⑤	9 ⑤	10 ②
11 ⑤	12 ④	13 ②	14 ④	15 ②
16 ⑤	17 ④	18 ②	19 ③	20 ⑤
21 ①	22 ②	23 ③	24 ②	25 ④

1　　　　　　　　　　정답 ④

신화와 동화는 둘 모두 영원히 계속되는 질문들에 대한 답을 하고 있다. 즉 세상은 정말로 어떤 것일까? 난 그 세상 속에서 어떻게 살아가야 할까? 어떻게 진정한 내가 될 수 있을까? 신화가 주는 대답은 분명한 것인 반면, 동화는 암시적이다. 동화가 주는 메시지는 해결책을 함축하고 있는 것일 수도 있지만 결코 그것을 상세하게(명확하게) 밝히지는 않는다. 동화는 그 이야기가 삶과 인간 본성에 대해 밝히고 있는 것에 아이가 자신을 적용할지의 여부와 방법에 대한 것을 아이의 환상에 맡겨둔다.

eternal 영원한, 영속적인　**definite** 명확한, 명백한　**imply** 함축하다; 의미하다　**spell out** 상세히 설명하다　**apply to** 적용하다; 의뢰(조회)하다　**finite** 제한(한정)된　**infinite** 헤아릴 수 없는, 무한한　**suggestive** 암시하는 듯한, 연상시키는

해설　앞의 definite와 뜻이 반대되면서 뒤의 imply와 뜻이 비슷한 단어를 고르면 된다. 정답은 '암시적인'이라는 뜻을 가지는 suggestive이다.

2　　　　　　　　　　정답 ①

그녀는 굉장히 (A) 박학다식해서 미술과 음악에 관한 우리 모두의 논쟁에 대한 (B) 중재자가 되었다.

dispute 논란, 논쟁; 분쟁, 분규; 반박하다, 이의를 제기하다　**erudition** 박학다식　**arbitrator** 중재인, 조정자　**arrogance** 거만함(=airs, ostentation, pomposity)　**impostor** 사기꾼　**arbiter** 결정권자　**ostentation** (재산·지식 등의) 과시　**critic** 비평가, 평론가

해설　so ~ that 결과 용법에서 that절의 내용을 살피면 답을 찾아낼 수 있다.

3　　　　　　　　　　정답 ②

그녀의 (A) 넘치는 기쁨은 대단히 (B) 널리 퍼져서 다른 모든 환자들로 하여금 곧바로 미소를 짓거나 웃게 하였다.

compunction (종종 부정문에서) 양심의 가책, 회한(悔恨); 주저, 망설임　**offensive** 불쾌한; 무례한; 공격적인　**ebullience** 넘치는 기쁨; (감정, 기운 따위의) 용솟음, 넘침　**contagious** 전염성의; 영향을 미

치는; 퍼지기 쉬운　**exhilaration** 기분을 돋움; 유쾌한 기분, 들뜸; 흥분　**discourteous** 실례의, 무례한, 버릇없는　**amnesia** 기억상실(증), 건망증(=forgetfulness)　**catching** 전염성의(=contagious); 매력 있는

해설　so ~ that 결과 용법에서 that절의 내용(다른 모든 환자들로 하여금 곧바로 미소를 짓거나 웃게 하였다)을 살피면 답을 찾아낼 수 있다.

4　　　　　　　　　　정답 ②

오늘날 아이들은 1등 상을 타기 위해 자신의 친구들을 잔인하게 물리치도록 자주 조장되거나 심지어는 강요되기까지 한다. 이길 경우, 아이들은 많은 칭찬을 받는다. 반면, 지게 되면, 그들은 사람들 앞에서 창피를 당한다. 아주 흔한 경우, 2등을 한 아이들은 단지 미온적인 축하만을 받는다. 나부터 먼저라는 사고방식은 승리자들에게는 안도가 되며 패배자들에게는 실망감을 준다. 그 결과 아이들은 시험이나 경기에서 부정행위를 하며 사소한 것들을 가지고 다른 사람들과 말다툼을 한다. 그들은 결코 공정하게 행동하거나 양보하는 것을 배우지 않는다. 내 견해로는, 아이들은 경쟁이 없는 상황에서 교육되어야 한다.

humiliate ～에게 창피를 주다, 굴욕감을 주다　**in public** 사람들(대중) 앞에서; 공공연히　**more often than not[=as(so) often as]** 종종, 두 번에 한 번은; 대개, 보통　**half-hearted** [한정용법] 마음이 내키지 않는, 열성이 없는, 냉담한　**mentality** 정신 상태, 사고방식; 지력, 사고력　**comfort** ～을 위로하다, 격려하다; 격려, 위안　**cheat** (시험에서) 커닝하다; 속이다, 사기를 치다　**trifle** 시시한(하찮은) 것(일); 소홀히 하다(with); (시간, 돈 등을) 낭비하다　**make a concession (to)** (～에게) 양보하다　**prejudice** 편견　**competition** 경쟁　**argument** 논의, 토론; 논쟁; 말싸움　**examination** 시험; 조사; (의사의) 진찰

해설　마지막 문장에 필자의 주장이 나온다. 그 앞부분에는 반전되는 내용 없이 시종일관 오직 삭막한 경쟁을 통해서만 사회에서 인정을 받는 어린아이들의 모습을 비판적인 어조로 다루고 있다. 그 논리적 귀결은 당연히 경쟁 없는 사회에서 어린이들을 키우자는 것이다.

5　　　　　　　　　　답 ①

미국의 결혼식에서 흔히 있는 한 가지 풍습은 신랑과 신부가 결혼식이 열렸던 곳을 막 떠날 때 (사람들이) 신랑과 신부에게 쌀을 던지는 일이다. 어느 누구도 사람들이 왜 쌀을 던지는지는 정확하게 모른다. 한 가지 설명으로는 쌀이 부부가 많은 자녀를 갖게 될 것을 보장해 준다는 것이다. 만약에 이것이 사실이라면, 오늘날엔 많은 부부들이 자녀를 많이 갖기를 원치 않기 때문에 그 풍습이 항상 좋다고 볼 수만은 없다.

custom 관습, 풍습　**wedding** 결혼(식), 혼례(식)　**bride** 신부　**groom** 신랑(=bridegroom); 마부, 말 사육 담당자; (동물을) 손질(솔질)하다; (가죽, 털 등을) 다듬다　**assure** 보장하다; 장담하다, 확언(확약)하다; (～임을) 확인하다

해석　① 많은 부부들이 아이를 많이 갖기를 원치 않는다
　　　② 많은 사람들이 그것에 기뻐한다

③ 많은 부부들이 그 다음날 신혼여행을 간다
④ 결혼식 후에 쌀을 깨끗이 치우는 것은 불합리하다

해설 빈칸의 위치를 토대로 글의 전개방식을 파악할 수 있다. 빈칸이 지문의 끝 부분에 오는 경우 주로 글의 주제를 나타내거나, 그 주제에 대한 예시, 부연 등을 나타내는데, 본 문제는 전자에 해당된다. 빈칸 문장의 내용이 '이런 풍습(쌀을 던지는 풍습)이 항상 좋은 것이 아니다'라고 나오는데, 그 이유를 우리는 바로 그 앞 문장의 '쌀이 부부가 많은 자녀를 가지게 될 것을 확신시켜 준다.'에서 찾을 수 있다.

6 정답 ②

세율이란 일반적으로 인상될 필요가 있다. 동시에 사람들은 한 국가에서 소득의 분배가 개선되기를 원하거나 어쨌든 악화되기를 원하진 않는다. 더구나, 사람들의 소득은 더 많은 노력과 산출에 대한 주요한 자극을 제공한다. 만약에 이러한 자극이 과세로 인하여 너무나 크게 줄어들게 된다면 산출을 높이려는 전체적인 노력이 흔들리게 될지도 모른다.

distribution 분배, 배분 at any rate 아무튼, 어쨌든, 좌우간 worsen 악화시키다 moreover 게다가, 더구나, 또한 그 위에 incentive 자극, 유인, 동기; 인센티브 output 생산, 산출 taxation 과세, 징세 falter 비틀거리다, 흔들거리다, 움찔하다 intensify 강화시키다, 증대하다 strengthen 강화하다, 증강하다

해설 사람들의 노력과 산출에 대한 자극을 주는데 있어서 세금 부과는 부정적인 영향을 끼칠 것이라는 것이 글의 요지이다. 따라서 '비틀거리다'란 의미의 falter가 가장 적절하다. 더군다나 intensify와 strengthen은 서로 동의어 관계에 있으므로 정답이 아닌 것으로 바로 소거가 가능하다.

7 정답 ①

이렇듯 간단명료하고도 설득력 있는 논점이 대중의 글속에서 좀처럼 제대로 표현된 적이 없어서 결과적으로 널리 그 진가를 인정받지 못하고 있지만 우리 도처에서 일련의 설득력 있는 증거들을 볼 수 있다.

convincing 설득력 있는, 수긍이 가는 proof 증거 rarely 좀처럼 ~않다 articulate 명확하게 표현하다 unappreciated 진가를 인정받지 못한 recognized 인정된 criticized 비난받는 neutral 중립적인 acknowledged 일반적으로 인정된, 정평 있는

해설 'though'의 양보 부사절의 내용과 주절의 내용은 상반된다. 따라서 주절의 'convincing'이라는 단어에 유의할 필요가 있다. '설득력 있는' 증거들이 있음에도 그것이 인정받지 못하는 상황에 있다는 의미이므로 답은 ①번이다. 보기의 ②번과 ⑤번은 같은 의미이므로 바로 소거할 수 있고 ③번과 ④번은 문맥에 맞지 않는 경우다. 또한 'has rarely been articulated in popular writing, and therefore remains largely'에서 의미를 순차적으로 연결시키는 등위접속사 and 앞에 'has rarely been articulated in popular writing'이 있는 것도 문제를 푸는 좋은 단서가 된다.

8 정답 ⑤

그들의 기꺼운 자기희생과 끝없는 순종의 태도는 가당치 않은 칭찬을 받았는데, 이는 외견상 나타난 그들의 용감한 행동은 전적으로 어떠한 형태의 분쟁도 피하고자 하는 비겁한 바람에서 나온 것이기 때문이다.

air 분위기, 태도 cheerful 유쾌한, 즐거운, 기꺼이(쾌히) ~하는 self-sacrifice 자기 희생 complaisance 순종, 상냥함 undeserved 합당하지 않은 seeming 외관상의 gallantry 용감, 용기 wholly 전적으로 motivate 동기를 유발시키다 poignant 통렬한 plaintive 애처로운 laudable 칭찬받을 만한 craven 비겁한

해설 for 이하의 외견상으로 용감해 보인 것이 결국 어떤 종류의 싸움을 피하고자 하는 것으로, 빈칸에는 실제로는 용감하지 않다는 내용이 나와야 할 것이므로 'gallantry'와 상반되는 단어가 와야 한다. 'craven'이란 단어는 'completely lacking courage'에 해당하는 문어이며, 구어로는 'cowardly'가 동의적으로 쓰인다.

9 정답 ⑤

이러한 이슈들에 대해서 거리낌 없이 이야기해 온 비평가들은 독재주의 정부들에 의해서 투옥 당하거나 침묵을 강요당했고 해외 투자자들은 정치적 불안정을 야기한 이러한 인권 침해를 보고도 보지 않은 척할 준비를 해 왔다.

critics 비평가 speak out 거리낌 없이 의견을 이야기하다 jail 투옥하다; 교도소, 감옥 authoritarian 권위(독재)주의의 investor 투자가 turn a blind eye to ~을 보고도 못 본(모르는) 체하다 violation 위반, 침해 instability 불안정 animal abuse 동물 학대 child abuse 아동 학대 international trade 국제 무역 peace talk 평화 회담 human rights 인권(人權)

해설 자신의 의견을 솔직하게 말했다고 해서 투옥을 당하거나 침묵을 강요당하는 일은 언론의 자유, 말할 수 있는 자유를 박탈당하는 일이다. 이것은 심각한 인권 침해에 해당하기 때문에 가장 적절한 답은 ⑤번이다.

10 정답 ②

최종적으로, 미세한 침니와 점토만이 물속에 부유한 상태로 있게 된다. 만약에 유속이 훨씬 더 줄어들게 되면 이러한 미세한 입자들은 침전되기 마련이다. 개울은 항상 동일한 속도로 흐르지도 않으며, 개울의 한쪽 끝과 다른 쪽 끝의 유속이 동일하지도 않다. 이러한 유속의 변화에 따라 개울은 어떤 지점에서는 물질을 침식시키고 또 다른 어떤 지점에서는 물질을 침전시킨다.

fine 고운, 미세한 silt 침니(모래보다 곱고 진흙보다 거친 침적토) suspend (액체, 공기 속에) ~ 속에 (움직이지 않고) 떠 있다, 부유하게 하다; 매달다, 걸다; 유예(중단)하다 velocity 속도(=speed) particle (아주 작은) 입자 deposit (서서히) 침전시키다, 퇴적시키다; 예금하다; 착수금; 보증금; 예금 (cf. 침전(沈澱): 액체 속에 있는 물질이 밑바닥에 가라앉음) stream 개울, 시내 variation 변화(차이); 변형 erode 침식하다(시키

다); (서서히) 약화시키다(되다) (cf. 침식(侵蝕): 비, 하천, 빙하, 바람 따위의 자연 현상이 지표를 깎는 일) **in spite of** ~에도 불구하고 **depending on** ~의 여하에 따라 **concerning** ~에 관하여 **nevertheless** 그럼에도 불구하고 **in contrast to** ~와는 대조적으로

해설 하천이나 강의 유속과 침식 혹은 침전작용의 상호관계를 설명하는 글이다. 유속에 따라 물속의 미세한 물질들은 침전되기도 하고 운반되어서 하류에 퇴적되기도 한다는 것은 일반 상식에 해당하는 것이다. 하천이나 강의 상류는 대기 유속이 빨라서 침식작용이 활발하고 하류는 유속이 느려서 침전작용이 활발하다. 따라서 빈칸은 '유속에 따라 침식과 침전작용이 영향을 받는다'는 의미로 '~에 따라서'라는 어구가 들어가야 한다.

11 정답 ⑤

그것은 11가지의 천연 체중 감량 성분들을 특별한 방식으로 혼합한 것으로써 식욕을 감소시켜주고 따라서 체중조절에 도움을 주는 제품입니다. 여기에는 슈퍼모델들이 사용하고 있는 비장의 다이어트 무기인 크롬메이트가 포함되어 있습니다.

reduce 줄이다 **appetite** 식욕 **blend** 혼합(물); 섞다; 섞이다 **weight-loss** 체중 감량의 **ingredient** (혼합물의) 성분, 원료; (요리의) 재료 **device** 장치 **aspect** 양상; 견지 **factor** 요인, 요소 **material** 재료, 원료, 구성 물질; 물질로 된, 물질의

해설 식용 다이어트 제품에 관한 광고 글이다. 따라서 식품의 성분을 뜻하는 ⑤번이 답이다. 식용이 아닌 다른 부분, 예를 공산품의 원료나 자재를 뜻하는 말인 material과 혼동해서는 안 된다. 일종의 어휘 문제이다.

12 정답 ④

과학자들은 인간을 구성하고 있는 여러 가지 미묘한 유전 인자들을 발견하게 될 것이고, 그러한 발견으로 인해 우리의 사회가 그 바탕을 두고 있는 평등의 기본적인 개념은 도전에 직면하게 될 것이다. 일단 유전적인 단계에서 사람들 간에 쉽게 증명할 수 있는 서로 다른 차이점이 존재한다고 이야기 할 수 있게 되면, 사회는 다양성을 이해하기 위한 노력을 해야 할 것이다. 하지만 우리는 그에 대한 준비가 되어있지 않다.

subtle 미묘한, 정교한 **genetic factor** 유전인자 **make up** 구성; 구조; 성질, 기질; 화장; 날조한 이야기 **equality** 평등 **demonstrable** 증명할 수 있는 **come to grips with** (위험 · 곤란 따위)와 만나다, 직면하다; ~과 맞붙(어 싸우)다 **diversity** 다양성; 포괄성 **competition** 경쟁; 대회, 시합; 경쟁자

해설 선천적인 능력을 좌우하는 유전인자가 사람들마다 다르다는 사실은 인간은 모두 평등하다는 개념과 대치될 수 있는 말이다. 결국에 그러한 차이점을 인정해야 한다면 현대 사회를 살아가는 사람들은 그러한 유전인자의 차이점에 기인한 불평등을 인정하고 사회의 다양성을 받아들여야 한다는 것이 필자의 논지다. 현대의 평등 개념은 인간 자체에 대한 동일 개념이 아니라 기회 균등의 의미에서 받아들여야 함을 주지시키는 글이다.

13 정답 ②

패스트푸드 체인점은 미국에서 아주 성공적이다. 그러한 체인점의 성공 비결의 일부는 예측 가능성에 있다. 주요 햄버거 혹은 치킨 체인점에서 사람들은 어디서 구입하더라도 그 음식의 맛이 어떠할 것인지를 알고 있다.

appeal 매력; 호소, 간청 **profitability** 수익성, 이윤율 **predictability** 예측 가능성 **feasibility** 실행할 수 있음, (실행) 가능성 **sustainability** 지속 가능성

해설 체인점은 장소에 상관없이 음식이 같은 재료로 일률적으로 만들어지기 때문에 맛의 변화가 없다는 것을 소비자가 알고 있다는 내용이므로 ②번이 가장 적당하다.

14 정답 ④

그는 자신의 상사들이 제안하는 것은 어떤 것이든 아무 생각 없이 받아들였기 때문에 회사에서 최고의 아첨꾼으로 여겨졌다.

think of A as B A를 B로 여기다 **superior** 상급자, 상관; (~보다 더) 우수한 **reflective** 생각이 깊은; 사색적인; 빛(열)을 반사하는 **obsequious** 아첨(아부)하는 **intractable** 고집 센, 다루기 어려운 **antagonistic** 적대적인, 반대하는 **competent** 유능한 **suspicious** 의심스러운

해설 자신의 상사들이 제안하는 것은 어떤 것이든 아무 생각 없이 받아들였다는 이유(since) 부사절의 내용을 보면 주절의 빈칸에 들어갈 내용이 '아첨하는'이란 내용을 쉽게 찾을 수 있다. 어떤 조직에서 힘 있는 사람들에게 지나칠 정도로 몸을 굽실거리는 사람들을 아첨꾼으로 볼 수 있는데 보기에 나온 'obsequious(=very eager to please or agree with people who are powerful)'란 단어는 15세기 라틴어 'obsequium'이라는 단어에서 유래한 말로 영어로는 'willingness to obey'라는 의미다.

15 정답 ②

Socrates는 그의 지적 능력으로 유명한 사람이었다. 하지만 그는 자신이 똑똑하다고 주장한 적이 없다. 즉, 그는 항상 무지함을 공언하고 다녔다. 그는 자신의 소명은 올바른 행동에 대한 지혜를 탐구하는 것이라고 확신했다. 그는 미덕과 정의에 대한 토론을 하면서 자신의 시간을 보냈다.

intellectual 지적인 **claim** 주장하다 **profess** 공언하다, 분명히 말하다; 고백하다 **be convinced that** ~을 확신하다 **calling** 소명; 직업, 천직 **ignorance** 무지, 무식 **conduct** 행동 **virtue** 미덕 **justice** 정의 **brilliance** 광휘; 총명

해설 소크라테스는 지적 능력으로 유명한 사람이었지만 정작 본인은 겸손하게도 그러한 바를 떠벌리고 다닌 적이 없다. 역접의 접속사 'But'으로 연결되고 있기 때문에 첫 번째 문장의 내용과 상반되는 내용을 가진 단어를 골라야 한다. 앞의 'intellectual power'와 상반되는 단어는 'ignorance'이다.

신문은 우리의 삶에 영향을 끼치는 가장 중요한 사건들에 관한 매일의 표제와 부수적인 기사를 싣는다. 그것이 국제 정치나 국내 정치의 새로운 사태이든, 우주개발 계획의 성공이건 혹은 중요한 선거의 결과인지에 상관없이, 신문의 뉴스들은 그러한 주제에 관한 중요한 사실들을 제공한다.

headlines 큰 표제, 머리기사 **accompanying** 동반되는, 수반하는 **article** 기사; 물품; 조항 **affect** 영향을 끼치다 **development** 발달, 성장; 새로이 전개된 사건(국면); (신제품의) 개발; 신개발품 **mission** 임무 **election** 선거 **present** 제시하다 **subject** 주제

해설 신문에 실리는 내용이 어떠한 것인지에 상관없이 우리의 일상 생활에 영향을 끼치는 중요한 내용을 전해준다는 의미이다. 접속사 'whether'는 명사절을 유도하기도 하지만 이번의 경우처럼 양보의 부사절을 유도하기도 한다. (Whether you come or not, I'll go. 네가 오든 말든 나는 가겠다.)

인내라는 것은 그 자체로 너무나 칭찬받을만한 일이라서 우리는 해협을 헤엄쳐서 건너가는 사람들뿐만 아니라 깃대에 앉는 사람들, 혹은 가장 오랜 시간을 쉬지 않고 춤을 출 수 있는 사람들에게까지 경의를 표하는 모습을 보게 된다.

for its own sake 그 자체로(서) **admire** 경탄하다 **respectful** 경의를 표하는, 존경심을 보이는 **pay attention to** ~에 주의를 기울이다 **flagpole sitter** 깃대에 앉는 사람(1924년 영화의 홍보를 위해 한 극장 주인이 엘빈 켈리라는 사람을 고용해서 깃대에 앉게 했는데 49일간을 버티어 냈다고 한다) **fame** 명성 **levity** 경솔, 경거망동 **endurance** 인내 **bravery** 용감(성)

해설 '해협을 헤엄쳐 가는 사람들', '(뾰족한) 깃대에 앉아 있는 사람들', '오랜 시간을 쉬지 않고 춤을 출 수 있는 사람들'이 가지고 있는 우리가 경탄할 만한 공통적 특징은 '인내심'이다.

반일 감정에 굴복하여 서울의 관리들은 현재 국립 박물관으로 사용되고 있는 (식민지 시대의) 일본 총독부 건물을 해체할 계획을 갖고 있다.

bow 절; 굴복; (~에) 굴복하다(to); 허리를 굽히다, 절하다 **sentiment** 감정, 정서 **governor-general** (식민지 등의) 총독 **take over** 인수하다 **dismantle** (구조물, 조직 등을) 분해(해체)하다 **reconvey** 원위치(장소)에 되돌려 놓다; (토지 등을) 전 소유자에게 되돌려주다 **migrate** 이주시키다; 이주하다 **memorialize** 기념하다

해설 우리나라 역사에 대한 문화적 배경 지식이 어느 정도 필요한 문제이다. 국민의 반일 정서와 식민지 시대에 건립된 건물과의 관계를 따진다면 건물을 '해체한다'는 표현이 가장 타당하다.

의회는 달리 합의를 볼 때까지 Constellation 계획을 계속 추진해야 한다고 지시한 반면 오바마 행정부는 그 계획을 취소하는 쪽으로 (A) 움직이고 있기 때문에 NASA는 불확실한 입장을 취하고 있다. 의회에서는 지금까지 상이한 의견들로 (B) 불협화음이 있었다. 일부 의원들은 Constellation 계획을 계속 추진하기를 원했다. 또 어떤 의원들은 현재로서는 내년에 그만 둘 것으로 예정된 우주왕복선 사업을 연장하라고 계속 요구하고 있다.

in limbo 불확실한 상태로; 잊혀져, 무시되어 (cf. limbo (가톨릭) 지옥의 변방: 지옥과 천국 사이에 있으며 그리스도교를 믿을 기회를 얻지 못했던 착한 사람 또는 세례를 받지 못한 어린이, 백치 등의 영혼이 머무는 곳) **constellation** 별자리, 성좌 **mandate** 명령(지시)하다; (특정 과제의 수행) 지시(명령); (선거에 의해 국민들로부터 정부나 다른 조직에게 주어지는) 권한 **divergent** (의견 등이) 다른; 분기하는; 갈라지는 **haggle** (특히 물건 값을 두고) 실랑이를 벌이다, 흥정을 하다 **euphony** 듣기 좋은 음조; 듣기 좋음 **hamper** 방해하다; 바구니 **heterodox** (교리, 학설 따위가) 이단의, 비정통적인 **maneuver** ~을 책략으로 움직이다, ~하게 하다; 교묘히 이끌다(다루다), 잘 처리하다; 조종하다; (군대, 함대, 비행대를 기동 훈련시키다; 책략, 술책, 공작, 책동, 교묘한 조작(조치); (군사) 작전 행동; (pl.) 기동 연습 **cacophony** 불협화음 **squabble** (하찮은 일로) 옥신각신하다 (티격태격) 다투다 **concord** 화합 **manage** (힘든 일을) 간신히(용케) 해내다, (어떻게든) ~하다(해내다); (사업체, 팀, 조직 등을 맡아서) 운영(경영/관리/감독)하다 **orthodox** 정통의; (종교적) 정통파의; 정통파인 사람; (그리스) 정교도

해설 빈칸 (A)는 대조를 나타내는 접속사 while을 통해 행정부와 의회가 서로 반대되는 입장을 취하고 있음을 알 수 있다. 의회가 Constellation 계획을 계속 추진해야 한다고 지시했다는 내용임으로, 빈칸에는 그 계획을 취소하도록 '교묘히 이끌다'는 'maneuver'가 가장 적절하다. 빈칸 (B) 뒤의 'of divergent opinions(서로 다른 의견의)'의 수식을 받으면서 뒤의 내용을 충족시킬 수 있는 명사는 'cacophony(불협화음)'이다. cf. Constellation 계획 : 조지 W 부시(Bush) 행정부에서 시작된 Constellation 계획(Project Constellation)은 2020년 유인(有人) 달 탐사를 목표로 하는 새로운 우주 탐사 계획이다. 오바마 행정부는 이 프로젝트에 소요될 엄청난 재원 문제로 이를 중단시키고, NASA의 예산을 민간 우주 개발에 투자하는 법안에 서명한 바 있다.

교육을 여러 과목에 대한 일종의 훈련으로 인식해서는 안 된다. 교육이란 (A) 통합적인 것이다. 교육은 완전한 인간, 전인(全人)으로 (B) 성장을 도모하는 것이기 때문이다.

conceive (생각 · 계획 등을) 마음속으로 하다(품다), 상상하다; 임신하다 **training** 훈련, 연수 **subject** 학과 **encouragement** 격려(장려)(가 되는 것) **whole** (한정) 전체의, 모든 **temperamental** 신경질적인, 괴팍한 **conscience** 양심 **imperfect** 불완전한 **sensible** 분별 있는, 지각 있는 **competitive** 경쟁의; 경쟁적인; 경쟁력 있는 **tragedy** 비극 **integral** (필요한 모든 부분이 갖춰져) 완전한 (=complete, whole), 통합적인

 빈칸을 사이에 두고 나오는 'encouragement'는 긍정적 의미이므로 양 쪽 빈칸에 부정적인 의미를 가진 단어들(temperamental, imperfect; tragedy)을 배제시키며, 더 나아가 integral이 '완전한'이란 의미로 바로 뒤에 나오는 'whole'과 'complete'의 동의어임을 안다면 쉽게 답을 찾을 수 있다. 또한 schooling과 education의 본질적인 의미 차이를 이해한다면 간단한 문제다. 학과 공부를 schooling이라 하며, education은 평생 교육을 의미하는데 그 목표는 전인(全人)교육이다.

cf. 전인교육(whole-person education, education for the whole man) : 지식이나 기능 따위의 교육에 치우치지 아니하고 인간이 지닌 모든 자질을 조화롭게 발달시키는 것을 목적으로 하는 교육

21   정답 ①

우선 한 가지 얘기하자면, 저는 더 이상 전 세계 곳곳에서 미국의 교활한 간섭을 용납할 수 없습니다. 저는 끊임없이 여행하는 인생을 살면서, 제가 어디를 가든 다른 사람들의 일에 간섭하려는 명백히 탐욕스러운 미국의 충동에 점점 더 심한 반감을 갖는 제 모습을 봅니다.

for one thing (여러 가지 이유들 중에서) 우선 한 가지 이유는 **endure** 참다 **insidious** 교활한, 음흉한 **across the face of the world** 온 나라(세계)에 걸쳐 **perpetual** 영속적인, 끊임없는 **repel** 격퇴하다, 불쾌감을 주다 **apparently** 명백히, 분명히(=evidently); 겉보기에는, 외관상으로는, 아무래도 ~같은 **insatiable** 만족할 줄 모르는, 탐욕스러운 **urge** (강한) 충동 **interfere** 방해하다; 간섭하다 **meddling** (쓸데없는) 간섭, 참견; 간섭하는, 쓸데없이 참견하는 **disgrace** 불명예, 망신 **stigma** 오명, 치욕 **rudeness** 무례함, 버릇없음 **consideration** 고려

 지문 속에 정답과 매치되는 유사어구가 있다. interfere(간섭하다)가 그것인데, 필자는 세계의 여러 곳을 다니면서 미국이 자행하고 있는 간섭(=meddling)을 목도하였으며 거기에 심한 반감을 느낀다고 말하고 있다.

22   정답 ②

암흑은 고야의 또 다른 하나의 특성이다. 서른 점이 넘는 유화와 데생과 판화의 전시품들이 고야를 이성, 지식, 그리고 자유의 빛을 (B) 위하여 지적, 종교적, 그리고 정치적 암흑을 추방하려는 것을 목표로 했던 유럽의 사조인 계몽주의 시대의 위대한 인물로 소개하고 있는 것은 (A) 역설적이다.

darkness 어둠, 암흑 **specialty** 전문, 전공 장기(長技); 특질, 특성 **exhibition** 전람(회), 전시품 **drawing** (색칠을 하지 않은) 그림, 소묘, 데생, 스케치 **print** 판화, 그림책 **figure** 인물; 숫자; 형태 **the Enlightenment** (18세기) 계몽주의 시대 **banish** (국외로) 추방하다 **intellectual** 지적인, 지능의; 이지적인 **come by** ~을 얻다 **in favor of** ~에 찬성(지지)하여 **with regard to** ~에 관해서는

 고야 미술의 특성이 '암흑(darkness)'이었음에도, 그를 지적, 종교적, 그리고 정치적 '암흑(darkness)'을 추방하려는 것을

목표로 했던 계몽주의 시대의 위대한 인물로 소개한다는 것은 역설적인 것(paradox)이다. 이성, 지식, 그리고 자유의 빛은 (암흑과 반대되는 개념으로) 계몽주의 시대에 지지(favor)를 받았음을 알 수 있다.

cf. 고야(Francisco José de Goya y Lucientes, 1746~1828) : 궁중화가로서 출세를 했고 또 그 자신 또한 상당히 속물적이고 정치적인 사람이었음에도 불구하고, 인간의 어두운 면을 잘 포착한 화가로 유명하다.

23   정답 ③

전국적으로 사람들이 수영, 달리기, 역도, 무용, 산책, 테니스 등과 같은 건강을 유지하기 위한 운동을 하고 있다. (A) 하지만 이 학교는 헬스 클럽을 건립해서 장비를 들여놓는 일을 시종일관 거부하고 있다.
(B) 사실 그 학교는 기존의 체육 시설을 단체 경기를 하는 학생들뿐만 아니라 전교생들에게 개방하고 있지 않고 있다. (C) 결과적으로 학생들은 자신의 방이나 위험한 공공도로 위에서가 아니면 따로 운동할 장소를 찾지 못하고 있다.

weight lifting 역도 **keep fit** 건강을 유지하다 **consistently** 시종 일관하여, 견실히 **equip** (~에게 필요한 것) 갖추어 주다, 장비를 갖추다 **fitness center** 헬스 클럽, 체육관 **existing** 기존의 **facility** (pl.) (생활의 편의를 위한) 시설(기관) **organized sport** 단체 운동 **afterwards** 후에, 나중에 **all in all** 대체로 **consequently** 따라서, 그 결과로서 **in short** 한 마디로 말하면, 요컨대

 문맥의 흐름을 잘 따라가면 쉽게 답을 찾을 수 있다. 전 국민이 운동을 하는데 학교는 체육관(헬스 클럽) 건립에 관심이 없으니 (A)에는 역접의 접속사가 들어가야 한다. 그리고 (B)에는 추가적인 내용을 밝히면서 강조를 하는 부분이기 때문에 'indeed'가 적합하며, (C)에는 결론을 도출하기 위한 단어가 필요하다. 학생들이 안심하고 운동할 수 있는 장소를 확보해 달라는 것이 필자의 주장이다.

24   정답 ②

많은 사람들은, 근심걱정으로 인해, 자신의 올바른 상황을 숙고할 수 없게 되었고 결과적으로 그로 인해 올바른 계획을 세울 수도 없게 되었다. 근심걱정, 그리고 서로에게 의지해서 그러한 근심걱정을 떨쳐버리기 위한, 그리고 가능한 한 많은 면에서 자신들의 일상생활을 계속 유지해서 그러한 근심 걱정의 고통을 줄이려고 하는 바람 때문에 많은 이들이 무력한 상태가 되어버렸다.

anxiety 근심, 불안 **contemplate** 고려하다(생각하다); 심사숙고하다 **accordingly** (상황에) 부응해서, 그에 맞춰 **cling to** ~에 달라붙다. 집착하다 **sting** (곤충 따위의) 침(가시); 고통; 쏘다, 찌르다 **incapacitate** 무능력하게 하다, 자격을 박탈하다 **contradict** 부정(반박)하다; 모순되다 **counteract** (무엇의 악영향에) 대응하다, 해소하다, 중화하다(=do sth to reduce or prevent the bad or harmful effects of sth) **frustrate** 좌절시키다, (적의 계략 등을) 실패시키다 **deprecate** 헐뜯다, 업신여기다; 비난하다

해석 ① 반박하다
     ② 해소하다
     ③ 좌절시키다
     ④ 고무시키다
     ⑤ 헐뜯다
해설 빈칸에는 등위접속사 and로 연결된 reduce와 같은 문맥의
     단어가 와야 한다는 점 그리고 일단 it이 anxiety를 받고 있
     다는 것을 파악했다면, 각 선택지의 동사와 목적어(anxiety)
     간의 collocation(말의 배치, 배열, 연어)이 잘 되고 있는지를
     파악하면 의외로 쉽게 풀 수 있는 문제이다.

1 ③	2 ①	3 ③	4 ⑤	5 ①
6 ④	7 ④	8 ①	9 ③	10 ⑤
11 ②	12 ③	13 ③	14 ②	15 ②
16 ①	17 ①	18 ①	19 ③	20 ②
21 ②	22 ①	23 ④	24 ②	25 ②

25   정답 ④

방언의 발달은 주로 한 개의 언어를 공유하고 있는 어떤 지역
공동체에서 서로 다른 지역 사이에서 생기는 제한된 대화에서
기인한다. 그러한 환경 속에서 지역 공동체의 한 지역에서 사
용하는 언어에서 생기는 변화는 다른 지역으로 확산되지 않
는다. (A) 결과적으로 언어의 다양성이 서로 더 확실하게 구분
이 가게 된다. 만약에 아주 오랜 기간 접촉이 제한되는 경우라
면 수없는 변화가 쌓이게 되면서 변형된 언어는 서로 이해할
수 없게 되고, 이는 대개 언어가 분리된 것을 인정하는 상황으
로까지 가게 된다. (B) 예를 들어, 로마 제국의 서로 다른 지역
에서 사용되던 라틴어 구어에서 발생한 서로 다른 변화가 결
국에는 불어, 스페인어, 이탈리아어를 비롯한 현대 로망스어를
생기게 했던 것이다.

dialect 방언, 사투리 **result from** (~의 결과로서) 발생하다 **limited**
제한된 **share** 공유하다 **community** 지역 공동체 **spread** 퍼
뜨리다, 전파시키다 **variety** (언어, 품종 등의) 종류; 여러 가지, 갖가지,
각양각색; 다양성 **distinct from** ~와 전혀 다른 **sufficient** 충
분한 **accumulate** 쌓이다; 축적하다 **mutually** 상호 간에, 서로
unintelligible 이해할 수 없는 **recognition** 인식 **take place** 발
생하다 **eventually** 마침내 **give rise to** ~을 일으키다, 생기게 하다

해설 방언의 발달과 그에 따른 언어 분리에 대한 글이다. 한 개의 언
     어를 공유하고 있는 각 지역 간의 의사소통이 오래 동안 서로
     단절되면 결국 각각의 지역 언어는 서로 개별적인 언어로 인
     정되는 상황까지 온다는 것이므로, (A)에는 결과를 나타내는
     As a result가 와야 하며, (B)는 라틴어의 경우를 그 예로 들
     고 있기 때문에 for example이 가장 적절하다

1   정답 ③

어른의 일이나 어른들의 삶에 대해서 학생들을 교육시킬 때,
미국 학교들은 무엇보다도 실용적인 것을 가르치려고 노력했
다. 미국의 교육은 20세기에 유명한 존 듀이라는 철학자의 글
에 많은 영향을 받았다. 듀이는 유일하게 가치 있는 지식은
실제 삶에 이용될 수 있는 지식이라고 믿었다. 그는 교육자들
에게 학생들이 쉽게 잊어버리는 쓸모없는 지식을 암기시키는
것은 무의미하다고 확신시켰다. 오히려, 학교는 어떻게 사람이
살아가고 일을 하는가에 영향을 미치는 사고 과정이나 기술을
가르쳐야 한다고 교육자들을 확신시켰다.

practical 실용(실제)적인 **worthwhile** 시간을 들일(노력할) 가치가 있
는 **convince** (남)에게 확신시키다, 납득시키다; (수동형으로) ~라고 확신
하다 **pointless** 무의미한, 효과가 없는

해석 ① 올바른 목적을 가진
     ② 모든 사람들에게 흔한
     ③ 실제 생활에서 쓰일 수 있는
     ④ 인간의 본성을 설명할 수 있는
해설 글의 주제는 '미국 교육은 실용성을 중시한다'이다. 첫 문장에
     서부터 practical이라는 단어가 나오고 이러한 성향이 John
     Dewey의 영향을 받은 것이라고 했으므로 John Dewey는
     practical한 것을 가치 있다고 믿었을 것이다. 따라서 답은 '실
     제 삶에 이용될 수 있는(can be used in a real life)' 지식이다.

2   정답 ①

독립전쟁의 아주 중요한 시기에, Washington 장군은 적군
의 전선 뒤로 스파이로서 들어갈 한 명의 지원병을 필요로 했
다(요구 했다). 겨우 21세의, 똑똑하고, 강건하고, 평판 좋은
Nathan Hale 대위가 자원했다. 그는 전선을 통과하여 자신
이 찾고자 했던 정보를 얻는데 성공하였으나, 미군 캠프로 돌
아오는 길에 붙잡혔다. 군법에 따라 그는 교수형에 처해졌다.
그의 마지막 말 "나는 내 조국을 위해 잃을 목숨이 하나밖에
없어 그것이 유감스러울 뿐이다."는 그를 기리는 많은 기념비
에 새겨져 있다. 그는 진정한 애국자로 기억되고 있다.

crucial 결정적인, 아주 중대한 **call for** ~을 큰 소리로 부르다; (소리쳐)
~을 청하다; ~을 필요로 하다, 요구하다 **volunteer** 지원자; 자원봉사자;
지원(병)의, 지원의; 지원하다, 자진하여 하다 **athletic** 운동 경기의, 체육

약; 강건한 **get through** 통과하다, 빠져 나가다; (일 따위)를 끝내다, 완수하다 **obtain** 얻다, 획득하다 **capture** 생포하다, 체포하다; 생포, 포획 **in accordance with** ~에 따라서 **engrave** (문자·도안 따위)를 새겨 넣다, 조각하다 **monument** 기념비(상, 건조물); (불후의) 사업(업적, 저작) **patriot** 애국자 **remorseful** 후회하고 있는, 양심의 가책을 받고 있는 **loser** 실패자; 전혀 쓸모가 없는 사람

해설 일종의 어휘 문제이다. 나라를 위해 활동하다 사형당하면서도 오히려 몇 번이라도 나라를 위해 죽겠다는 뜻의 말을 했으므로 '진정한 애국자'가 정답이다.

3 정답 ③

2차 세계대전 동안에 성냥으로 담뱃불을 붙이는 세 번째 사람이 불행해진다는 것이 때때로 증명되었다. 만약 참호 속에 있는 한 무리의 병사들이 너무 오랫동안 불 붙여진 성냥을 지니게 된다면 저격수가 그 불빛을 보고서 정확하게 조준하여 발사할 수 있는 시간을 갖게 된다. 많은 수의 병사들이 그 성냥 한 개비로 담배 피우는 것을 뿌리치지 못해 죽었다.

match 성냥; 경기, 시합; 서로 어울리는 것; 걸맞는 한 쌍(for); (~에) 필적(대등)하다; (~에) 어울리다, 조화되다 **foxhole** 개인 참호 **lit** light의 과거, 과거분사 (light ~에 (불)을 붙이다, 지피다; 밝게 하다; 불이 붙다; 빛 밝은; 가벼운) **aim** 겨누다; 목표로 삼다; 겨냥, 조준; 목표 **sniffer** 냄새 맡는 사람(것); 마약 중독자; 마약(폭약) 탐색견 (sniff 코로 들이마시다; 냄새를 맡다) **snicker** 소리를 죽이고 킬킬 거리며 웃기; 몰래 웃기; 소리를 죽이고 웃다 (snick ~을 가위로 자르다, 싹둑 자르기) **sniper** 저격병; 도요새 사냥꾼 (snipe 도요새) **skimmer** (액체의 뜬 찌끼)를 걷어내는 사람 (skim (액체 표면에서 뜬 찌끼 따위)를 걷어내다, 떠내다; (신문·책 따위)를 급히 대충 훑어 보다)

해설 첫 문장을 통해 전쟁 중에 일어난 일에 대한 글임을 알 수 있고 담뱃불을 보고 이를 조준해 발사하는 것은 (적군인) 저격수일 것이다. 어휘 문제라고 볼 수 있다.

4 정답 ⑤

소외라고 하는 것은 사람이 자기 자신을 이방인으로 경험하는 한 가지의 경험 방식을 의미한다(사람이 자기 자신을 이방인으로서 경험하는 방식이 소외라는 것으로써 의미된다). 혹자는 그 사람이 자신으로부터 (A) 멀어졌다고 말할 수도 있다. 그 사람은 자기가 속한 세상의 중심으로서 혹은 그 자신의 행위의 창조자로서 스스로를 경험하지 못하고, 대신 자신의 행동과 그에 따른 결과를 자신이 복종하는 (B) 주인, 심지어는 숭배까지 하는 주인님으로 만들어버린다.

mean ~을 의미하다 **mode** 방식, 방법 **alien** 이방인; 외계인; 외국인; 왕따 **consequence** 결과; 중대성 **obey** 복종하다 **worship** 숭배하다; 예배하다 **alienate** 소원하게 하다, 이간하다 **estimate** 평가하다; 추정하다 **prevent** 막다; 예방하다 **objection** 반대 **exclude** 배제하다 **estrange** (사람을 친구·가족 등에게서) 떼어 놓다; 사이를 멀어지게 하다, 이간하다(=alienate) **master** 주안; 달인; 석사; 스승님; ~을 완전히 익히다; (감정을) 억누르다(=control)

해설 자기 자신과의 소외를 타인과의 소외와 동일한 것으로 보는 것이 기본적인 필자의 시각이다. 결과적으로 자신의 사고나 행동을 주체적으로 실행하지 못하고 오히려 거기에 질질 끌려 다니는 것을 경계하는 글이다. '소외'의 의미를 정의한 앞 문장의 내용을 받는 첫 번째 빈칸에는 '소외 시키다'라는 의미를 가진 ①번과 ⑤번이 올 수 있고, 두 번째 빈칸에는, 'whom he obeys'와 'whom he may even worship'에서 obey와 worship의 의미상 목적어로 타당한 'masters'가 와야 한다.

5 정답 ①

어떤 인류학자들은 인간 집단의 분류법으로 race란 단어를 그만 쓰기를 원한다. 그들이 제시하는 첫 번째 이유로는 인류사는 언제나 이주와 이동성에 연관되어 있는데 그 결과로 다양한 종족 사이 이종교배의 결과를 가져왔다. 따라서 인류 종족에는 순수 혈통은 존재하지 않는다. 아프리카의 부시맨과 남태평양의 폴리네시아인들처럼 어느 한 인종 분류에 적합하지 않고 몇몇 인종의 특성을 가지고 있는 종족이 있다는 것은 아마도 잘 알려져 있지 않다. 결국, 보통 사람은 그 사실을 모르거나 오히려 다르게 생각할지라도 인간 집단 간의 가장 큰 차이는 생물학 혹은 인종의 차이가 아니라 문화의 차이인 것이다.

anthropologist 인류학자 **race** 인종; 민족, 종족; (the ~) 인류, 인간; 경주, 레이스; (구어) 경마; 인종의, 인종에 관한; 경주하다, 경쟁하다 **classification** 분류, 구분 **migration** 이주, 이동 **mobility** 이동성, 가동성; 이동 **result in** (~의 결과로) 되다 (=lead to) **interbreed** 이종(異種) 교배시키다 **racial** 인종의(=race) **stock** 혈통(=stem), 가문; (인류 분류상의) 족(族), 민족, 종족, 인종; 재고(품), 저장품; 축적, 저장; 주식, 주(=shares); 가축(=livestock); (식물) 줄기; (가게에 상품)을 사들이다, 비축하다 **characteristic** 특질, 특성, 특징 **be aware of** ~을 알고 있다. **drop** 그만두다, 포기하다; ~을 한 방울씩 떨어뜨리다(떨어지다), 쏘아 떨어뜨리다; (액체의) 방울; 몰락, 영락; 낙하물 **regard** ~을 간주하다, 여기다; 존중하다, 중요시하다; (어떤 감정을 가지고) 보다, 대하다; 관계, 관련(to); 점, 사항; 주목, 응시; 존경, 경의 **specify** ~을 명확히 말하다, ~의 이름을 일일이 들다

해설 인류는 이주, 이동을 통해 이종교배(종이 다른 생물의 암수를 교배하는 일)를 해왔기 때문에 순수 혈통이 없다는 것이 이 글의 주제이다. 그러므로 인류학자들은 '인종이라는 단어를 그만 사용하기를 원할 것임을 알 수 있다.

6 정답 ④

회사들은 상품과 서비스를 촉진시킬 훨씬 더 기발한 장소를 찾고 있다. 주차 요금 징수기, 음식점 화장실, 이동식 화장실, 골프장 탈의실 - 골프채와 야구 방망이의 손잡이까지 더해서 - 모두가 적합한 목표가 되고 있다. 많은 광고주들은 전통적 광고 방법은 효과가 줄었으며 그들이 목표로 삼고자 하는 고객들의 마음을 움직이지 못한다고 믿는다.

promote 증진(촉진)하다, 활성화시키다; 승진(진급)시키다 **parking meter** 주차 요금 징수기 **plus** 〈전치사〉 ~을 더하여(더한); (구어) 이외에(=besides), 게다가, (한정) 여분의 **golf club** 골프채 **eligible** 적격의

(for); (법) 자격이 있는; 바람직한(=desirable), 적합한(=suitable); 적임자, 적격자(for) **effective** 효과적인; 감동적인 **target** 목표로 삼다(정하다); 과녁; 목표 **novel** 참신한, 기발한, 독창적인

해설 광고할 새로운 장소들 – 주차요금 징수기, 음식점 화장실, 이동식 화장실, 골프장 탈의실, 골프채와 야구방망이의 손잡이 등 – 은 '기발한' 것이라고 말할 수 있다.

7　　　　　　　　　　　　　　　　　　　　정답 ④

교육이 일반 대중이 필요로 하는 분야가 아니라 (A) 엘리트의 분야라는 시대에 뒤떨어진 신념은, 만일 우리나라가 진보하고자 한다면 교육이 모든 이들을 위해 절대적으로 (B) 필수적이라는 우리의 신념에 의해 대체되었다.

bygone 시대에 뒤떨어진; 지나간, 과거의 **province** (the ~, one's ~) (학문 따위의) 분야, 영역; 도(道), 성(省); 지역, 지방 **mass** 덩어리; (the ~es) (복수 취급) 일반 대중, 서민; 무리, 집단 **supplant** (남)의 자리에 들어앉다, (남, 다른 것을 밀어내고 대신하다 **conviction** 신념, 확신; 유죄 판결 **monarchy** 군주제; 군주국 **preposterous** 불합리한, 비상식적인 **populace** (the ~) (집합적) 서민, 민중, 대중 **desirable** 바람직한, 탐나는; 바람직한 사람(것) **elite** (the ~) (집합적; 단·복수 양용) 선발된 사람들, 엘리트; 최상류층 사람들; (사회의) 중추, 정예 **mandatory** 의무적인, 강제적인; 명령의; 위임의 **layman** 비전문가, 문외한, 아마추어; (성직자에 대한) 평신도 **beneficial** 유익한, 유리한, 유용한(to)

해설 (A)에는 masses와 대조적 개념인 elite가 와야 한다. 또한 교육이 elite만을 위한 것이 아니라 모든 이를 위한 그 무엇이 되어야 하므로, (B)는 '의무적, 필수적인'이라는 뜻의 mandatory가 와야 적절하다.

8　　　　　　　　　　　　　　　　　　　　정답 ①

많은 청년 단체들이 돈을 받지 않고 가난한 지역민들에게 읽고 쓰는 방법, 물 공급을 다루는 방법 그리고 그들의 농장과 가축들을 더 잘 돌보는 방법 등을 가르치기 위하여 자원한다. 그럼으로써 이전에 희망이 없었던 지역 구성원들이 모든 것을 잃은 것은 아니라는 것을 알게 된다. 그들은 자신들이 스스로 보다 나은 미래를 만들 수 있다는 것을 깨달을 때 덜 낙담하게 된다.

volunteer 지원자; 자원봉사자; 지원(병)의, 지원의; 지원하다, 자진하여 하다 **formerly** 이전에(는) **hopeless** 희망이 없는, 절망적인 (=desperate)

해설 빈칸 앞 문장에 답을 해결하는 정보가 있다. 'formerly hopeless members'가 스스로 더 나은 미래를 만들 수 있다고 깨닫는다면 '덜 낙담할' 것이다.

9　　　　　　　　　　　　　　　　　　　　정답 ③

어떤 사람들은 누진세율이 돈을 벌고자 하는 납세자의 욕구에 심각한 영향을 끼친다고 믿는다. 그들은 저소득자와 고소득자 사이의 세율이 보다 더 균등해져야 한다고 믿는다. 그들은 높은 세율이 고소득자 집단을 불리하게 하며 돈을 더 많이 벌

고자 하는 임금 노동자들의 욕구를 감소시키는 경향이 있다고 주장한다.

progressive rate 누진세율 (progressive tax 누진세) **taxpayer** 납세자, 과세 대상자 **taxation** 과세, 징세; 조세, 세(액) **penalize** ~에게 벌을 주다; 불리하게 하다 **wage earner** 임금 노동자(=wage worker)

해설 누진세율과 돈을 벌고자 하는 욕구(의욕)의 관계에 대한 글이다. 이 지문은 모두 세 문장으로 구성되어 있는데, 각 문장의 주어들이 모두 동일함을 알 수 있다.(Some people = They = They). 따라서 첫 문장에 나오는 주어의 주장이 그대로 유지됨을 알 수 있으며, 빈칸 문장 역시 높은 누진세율이 고소득자들에게 불리하다는 내용이 나오므로 '(고소득자가 되기 위하여) 돈을 더 많이 벌고자 하는 사람의 욕구를 감소시킨다'가 가장 적절하다.

10-11 다음 지문을 참조하시오.

태양계는 유일한 천체계가 아니다. 무수히 많은 천체계 전체를 통틀어서 고등 생명체가 생명을 유지할만한 다른 행성이 없다고 말하는 것은 (A) 비이성적이고 비과학적인 것이다. 그러나 인간의 마음은 (B) 우리가 만물의 중심에 있는 것이 아니라는 생각에 익숙해지기가 전적으로 어렵다는 것을 알고 있다. 지구가 우주의 중심이 아니라는 사실을 Copernicus가 발견한 이후에도, 우주의 중요한 목적은 인간의 삶에 봉사하는 것이라고 계속해서 고집했다.

the solar system 태양계 **unique** 유일한; 독특한; 진기(희귀)한 **numberless** 무수히 많은(=innumerable) **celestial system** 천체(天體) **planet** 행성(行星); (the ~) 지구(=earth) **get used to +(동)명사** ~에 익숙해지다 **cosmos** 우주; 질서, 조화(↔chaos 혼돈); (식물) 코스모스 **persist** (반대, 항의 등에도 불구하고) ~을 끝까지 주장하다(in); 고집하다 **serve** 섬기다, 봉사하다, 시중들다; 복무하다; ~의 요구를 충족시키다; (운동) 서브하다 (운동) 서브(권) **reasonable** 이성적인(=rational), 합리적인, 도리에 맞는; 온당한, 적당한 **unreasonable** 비이성적인(=irrational), 불합리한, 터무니없는

10　　　　　　　　　　　　　　　　　　　정답 ⑤

해설 첫 문장은 be 동사가 들어가 있는 정의 문장이다. 즉 태양계가 유일한 천체가 아니기 때문에 수없이 많은 천체들을 통틀어 다른 행성에는 고등 생명체가 살지 않는다고 하는 것은 '비이성적, 비과학적(unreasonable and unscientific)'인 것이다.

11　　　　　　　　　　　　　　　　　　　정답 ②

해설 빈칸 (B) 앞 문장과 그 뒷 문장 Even after Copernicus discovered that the earth was not the center of the cosmos(지구가 우주의 중심이 아니라는 사실을 코페르니쿠스가 발견한 이후에도~)의 문맥으로 보아, 빈칸에는 부정의 표현이 요구되며, 우리 지구인의 관점에서 글이 쓰여지고 있으므로 'we are not'이 들어가야 한다. 참고로 found it difficult에서 it은 가목적어 it이므로 빈칸에는 그것을 받는 대명사 it이 올 수 없다.

12
정답 ③

수십 년간을 소년 법정은 어린 범죄자들을 감옥에 보내는 것
보다는 상담을 통해서 더욱 효과적으로 범죄와 관계를 끊게
할 수 있다는 이론에 따라 활동하고 있다. 그러나 이를 비판하
는 사람들은 그저 경미한 비행을 저지를 가능성이 있는 대다
수의 비행 청소년들과 수적으로는 훨씬 적을지라도 강력범 아
이들과는 큰 차이가 있다고 주장한다. 대부분의 통계 수치로
보면, 전체 소년범의 10%도 안되는 아이들이 중범죄의 2/3
를 저지른다고 한다.

juvenile 소년의, 아이의 **turn away** 외면하다; 해고하다 **delinquent**
직무 태만자; 범법자; 비행청소년 **hard core** 쉽사리 변하지 않는 부분; 완고
파; 핵심; (경멸적) 강경파; 비타협적 분자 **disproportionate** 훨씬 적은(작
은), (크기, 수 따위가) 어울리지 않는, 불균형한

해석 소년 법정이 지금까지 따라온(그 근거를 두고 있는) 이론은
_______________.

① 여전히 전적으로 받아들여지고 있다
② 많은 관심을 끌고 있다
③ 비판받고 있다
④ 많은 찬사를 받을만한 가치가 있다

해설 상담을 통해 교화가 될 수 있다는 소년 법정이 지금껏 따라온
이론이 비판받고 있음을 알 수 있다.

13
정답 ③

어떤 단어가 연상 작용으로 불쾌하거나 당혹하게 하는 좋지
않은 (내포적인) 의미를 얻는다면, 사람들은 그런 불쾌한 효과
를 갖지 않는 대용어, 즉 완곡 어구를 찾고자 할 것이다.

connotation 내포, 암시; 함축 **association** 연상, 관련; 협회, 조합;
교제 **substitute** 대리(인), 대용품; ~에 대신하다 **euphemism** 완곡
어법, 완곡적인 말

해설 완곡어법(=듣는 사람의 감정이 상하지 않도록 모나지 않고 부
드러운 말을 쓰는 표현법)을 찾는 이유가 문장 앞부분에 잘 기
술되어 있다. 어떤 단어가 연상 작용으로 불쾌한 의미를 가질
때 그 대용으로서 완곡어구를 찾는 것이다.

14
정답 ②

'진실'이라는 약의 기능은 개인으로 하여금 감정들을 자유롭게
표현하지 못하게 하는 억제 요소들을 없애 버리는 것이다. 주
전자의 주둥이에 마개를 막고, 주전자에 물을 붓고 끓여 보라.
그러면 증기가 그 마개를 밀어낼 것이다. 이와 비슷하게, 억제
작용은 마개의 구실을 하며, 약은 그들(억제적 요소)을 제거하
게 되는 것이다.

function 기능; 기능을 하다 **tear down** ~을 부수다, 파괴하다
inhibition 억제, 금지; 방지 **stopper** (병 따위의) 마개; 멈추게 하는 사
람(것) **spout** (주전자, 분수 따위의) 주둥이, (빗물받이) 홈통; (고래의) 분수
구멍; (액체 따위를) 내뿜다; 분출시키다; 분출하다

해설 감정을 자유롭게 표현하지 못하게 하는 억제 요소
(inhibitions)는 지문에서 주전자의 주둥이를 막는 마개
(stopper)로 상징화되어 있고, 진실이라는 약(drug)은 주전
자 안에서 발생되어 마침내는 그 마개를 밀어내는 증기(the
steam)로 상징되었다.

15
정답 ②

(벽화들의) 엄청난 크기에도 불구하고, Diego Rivera(멕시코
의 화가)의 벽화들은 그의 멕시코 동포들에게 그들의 역사가,
멀리 떨어져 있고 삶보다 더 큰 것이 아니라, 접근하기 쉽고 규
모에 있어 인간적이라는 느낌을 준다.

monumental 엄청난; 기념비(물)의; 불후(불멸)의 **proportion** (치수
· 수량 따위의) 비; (~와의) 비율; (~에 대응하는) 크기(정도, 양)(to) **mural**
벽화; 장식 벽걸이; 벽의, 벽면의, 벽에 그린 **compatriot** 같은 나라 사람,
동포; 동료, 친구 같은 나라의, 동포의 **shameful** 부끄러운, 창피스러운
accessible (장소 · 사람 등이) 접근하기 쉬운, 출입할 수 있는; 얻기 쉬운
untouchable 손댈 수 없는, 손대서는 안 되는; 비길 데 없는; 깔 수 없는; (인
도의 카스트(caste) 제도에서) 최하층 천민(1955년 폐지) **complicated**
복잡한, 뒤섞인, 착잡한 **overwhelming** 압도적인; 불가항력의; 굉장한,
극도의 **human** 인간의, 사람의; 인간다운, 인정(미)있는 (보통 ~s) (구어)
사람, 인간; (the ~) 인류 **remote** (공간적으로) 먼, 멀리 떨어진; 외진

해설 뒤에 나오는 remote, larger than life와 반대되는 뜻이 나
와야 하므로, accessible이 가장 적절하다.

16
정답 ①

신은 어떤 존재일까라는 질문을 받은 한 학생에 대한 이야기
가 있다. 그 학생은 자신이 이해할 수 있는 능력 내에서 대답
하기를, 신은 "어떤 사람이 즐겁게 살고 있는지 기웃거리다
가 그것을 멈추게 하려고 항상 노력하는 그런 류의 사람"이라
고 했다. 그리고 나는 그러한 대답이 상당수 많은 사람들의 마
음속에 도덕성이라는 단어를 떠올리게 하는 그런 부류의 생각
인 것 같아 유감이다. 즉, 방해하는 그 무엇, 당신이 좋은 시간
을 갖지 못하게 하는 그 무엇으로 여겨지고 있는 것이다. 사실,
도덕 규범은 인간이라는 기계를 작동시키는 지침서이다. 모든
도덕 규범은 그러한 기계를 작동시키면서 발생하는 고장, 긴
장, 마찰 등을 방지하기 위해 존재하는 것이다. 그러한 이유 때
문에 처음에 이러한 도덕 규범은 끊임없이 우리의 자연스러운
성향을 방해하는 것처럼 보인다. 당신이 어떤 기계의 사용법을
배울 때, 그것을 가르치는 사람은 계속해서 "그렇게 해서는 안
됩니다."라고 말한다. 그것은 물론, 겉으로 보기에는 괜찮아 보
이기도 하고 당신에게 있어 그 기계를 다루는 자연스러운 방
법처럼 보이지만, 실제로는 제대로 작동하지 않는 온갖 종류의
것들이 존재하기 때문이다.

as far as ~하는 한; ~에 관한 한 **make out** 이해하다; 판독하다; (증
서, 수표 따위)를 작성하다 **snoop** 기웃거리며 다니다; 염탐하다; 캐고 들다;
훔치다; 캐고 드는 사람; 염탐하는 사람; 염탐 **morality** 도덕, 윤리; 도덕성
interfere 간섭(개입/참견)하다 **in reality** 사실은, 실제로는 **moral**

rule 도덕 규범 breakdown (차량, 기계의) 고장; 실패(결렬/와해); 신경 쇠약 strain 긴장; 압박; 무거운 부담; 종족, 민족; 가계, 혈통; (동식물, 질병 등의) 종류(유형); (근육 등을) 혹사하다(무리하게 사용하다), 염좌(좌상)를 입다; 세게 잡아당기다, 꽉 죄다 friction 마찰 at first 처음에는 all sorts of 갖가지 종류의; 많은 natural inclination 천성, 자연적인 성향 ethical 윤리적인, 도덕에 관계된; 도덕적인

해석 ① 자연스러운 성향
　　② 종교적 신념
　　③ 도덕 체계
　　④ 인간이라는 기계
　　⑤ 윤리 기준

해설 신(神)이 우리의 생활에 어떻게 관여하는지에 대한 어느 학생의 답변을 예로 들면서 도덕규범이 어떻게 인간의 생활방식에 관여하는지를 설명하고 있다. 겉으로는 아무런 문제가 없는 것처럼 보이지만 실상은 문제가 많은 것이 인생이기에 이러한 것을 바로 잡아 줄 수 있는 것이 바로 신에 비유된 도덕 규범이라는 것이 필자의 주장이다. 따라서 빈칸에는 인생을 즐겁게 살고자 하는 인간의 자연스러운 성향이 도덕 규범에 의해 끊임없이 방해받는 것처럼 보인다는 내용이 들어가야 가장 적절하다.

17　　　　　　　　　　　　　　　　　　정답 ①

언어 소통에 있어서, 메시지의 의미는 메시지를 전달하는 사람에 의해 영향 받는다. 만일 어떤 부모가 "너 성인 잡지를 읽고 있구나."라고 말한다면 그것은 "나는 네가 이 책을 읽는 것을 찬성하지 않는다. 다시는 그 책을 읽는 모습을 내게 보이지 말아라"라는 의미일 수 있다. 하지만 친구가 똑같은 것을 말한다면 그것은 "한 권 가지고 싶다. 네가 다 보면 내가 볼 수 있을까?"를 의미할 수 있다. 그러므로 다른 사람들과 말을 할 때, 한 관계 형태에서 다른 관계 형태로 옮겨가게 되면 다른 의미의 가능성을 생각해 보는 것이 현명하다.

verbal 말의, 언어의; 말로 나타낸, 구두의(=oral) approve 승인(찬성)하다(of), ~을 찬성(승인)하다 suggest 암시하다, 비추다(=imply); 제의(제안하다=propose) copy (동일한 책·잡지·사진 따위의) 한 부(部), 한 권; 복사, 베끼기; 복사하다; 모방하다; 흉내 내다

해석 ① 메시지를 전달하는 사람
　　② 메시지를 전달받는 사람
　　③ 대화가 이루어지는 시간과 장소
　　④ 말하는 자의 신체 조건(건강 상태)

해설 주제, 예시, 결론으로 이루어진 글이다. 주제문에 빈칸이 있으므로 예시에서 주제를 유추하도록 한다. 같은 말을 부모가 할 때와 친구가 할 때 의미가 전혀 다르게 전달될 수 있다고 했으므로 메시지의 의미는 '메시지를 말하는 사람'에 의해 영향을 받는다가 가장 적절하다.

18　　　　　　　　　　　　　　　　　　정답 ①

하루에 당신이 운동하는 데 소비해야 하는 최소한의 시간은 20분이다. (이것은) 사실이다. 사람의 뼈대에는 400개 이상의 근육이 붙어있다. 바람직한 일상적인 운동은 이 근육들을 (A) 수축시키고 (B) 잡아당기는 것인데, 이는 단순하게 5분내지 10분 동안 네다섯 가지의 운동을 해서 가능한 것은 아니다.

minimum 최소의, 최소한도의; 최소량(수, 액) attach 달라붙다(to); 속하다(to); ~을 붙이다, 첨부(첨가)하다 skeleton 골격, 뼈대; 해골, 해골바가지; 해골의; 뼈대의, 기본적인 routine 일과; 틀에 박힌 수법; 일상적인, 상례적인; 재미없는, 진부한 contract 수축시키다(하다); 계약하다; 계약(contraction 수축) stretch (신체, 수족 따위)를 펴다, 뻗다; 뻗기, 기지개; 단숨, 한번; 팽팽하게 하기 harden 단단하게 하다; 단단해지다 soften 부드럽게 하다; 부드러워지다; (마음이) 누그러지다 fit ~에 들어맞다, 적합하다; 적당한, 알맞은 unfit ~을 부적당(부적합)하게 하다; 부적당한, 걸맞지 않은 relax 늦추다, 힘을 빼다; ~을 쉬게 하다, 편하게 하다; 느슨해지다, 풀어지다

해설 muscle(근육)을 운동시키는 것과 의미적으로 밀접한 관련을 맺은 단어들을 골라야 한다. ②번의 '(근육을) 단단하게 하고 부드럽게 한다'와 ④번의 '(근육을) 수축하고 이완시킨다'는 적절한 호응관계를 이루지 못한다. 뼈대에 붙어있는 근육들을 '수축시키고 잡아당기는 것'이 근육과 뼈의 연결을 강하게 할 수 있는 운동법으로 가장 적절하다.

19-20 다음 지문을 참조하시오.

1960년대 아폴로 프로젝트의 유인(有人) 착륙으로 해답을 주지 못한 채 남겨진 한 가지 큰 의문은 달의 기원에 관한 것이었다. 요즘 천문학자들 사이에서 증폭되어 선호되고 있는 일반적 개념은 "거대한 충돌" 이론인데, 이는 1975년에 맨 처음 제기되었을 때 대부분의 사람들이 무시했던 이론이다.
그 이론에 따르면, 달은 지구 질량의 약 1/7 정도 되는 (우주에서 떠도는) 행성 발사체가 지구와 충돌했던 45억 년 전에 생겨났을지도 모른다는 것이다. 그 충돌 에너지가 두 행성의 주요부분을 박살내고 증발시켜 화씨 12,000도나 되는 높은 온도로 고속 분사물을 방출하였다. 불과 수 시간 내에 그 분사물의 일부는 지구에서 충분히 떨어진 곳으로 되돌아와서 궤도에 안착하게 되었다. 지구 자체는 옛 행성과 발사물의 대부분이 (A) 결합하여 재형성되었다.
거대한 충돌 시나리오가 호소력을 갖는 한 가지 이유는 이 이론이 아폴로에서 나온 모든 화학 발견물(의 특징)을 설명해 주는 것 같기 때문이다. (B) 예를 들어 달에 있는 암석은 물, 나트륨 그리고 다른 휘발성 물질들이 결여되어 있는데, 이는 바로 충돌 후 빠른 증발로 그런 물질들이 끓어 없어졌기 때문이다.

unanswered (질문, 문제 등에 대해) 해답(대답)이 나오지 않은 manned 유인(有人)의(기계, 차량, 장소, 활동의 운영, 조작을 사람이 하는) origin 기원, 근원 consensus 의견 일치, 합의 favor (계획·제안 등에) 호의를 보이다, 찬성하다; 편애하다, 총애하다; 호의, 친절 discount (무가치한 것으로) 치부하다, 무시하다; 할인하다, 할인해서 팔다;

할인 **put forward** 제안하다 **planetary** 행성의; 지구상의; 방랑하는 **projectile** 발사체, 발사물; 발사 무기; 발사하는(되는); 추진하는 **collide with** ~와 충돌하다 **collision** 충돌 **crush** 으스러뜨리다; 부수다, 찧다 **vaporize** 증발(기화)하다; 증발(기화)시키다 **globe** 구(球), 구체(=ball); 천체(행성·태양 따위); (the ~) 지구; 세계 **high-velocity** 고속(高速)의 **jet** (액체·가스 따위의) 분출, 분사, 사출; 분출(분사)물; 제트기(=jet plane); 제트 엔진(=jet engine); 분출하는, 분사하는; 분사 추진의; 제트기의; 제트 엔진의 **orbit** 궤도; (특정 개인, 조직 등의) 영향권(세력권); (다른 천체의) 궤도를 돌다 **re-form** 재결성하다(되다) **the bulk of** ~의 대부분 **appeal** 매력; 항소(抗訴); 호소, 간청; 관심(흥미)을 끌다, 매력적이다; 항소(상고)하다; 호소하다, 간청하다 **chemical** 화학의; 화학적인; 화학물질 **sodium** 나트륨 **volatile** 휘발성의; 변덕스러운; (금방이라도 급변할 듯이) 불안한 **substance** 물질, 실체; 본질, 핵심; 중요성 **vaporization** 증발 (작용), 기화(氣化) **impact** 충돌(=collision); (강력한) 영향(=effect, influence); 충격; 충돌하다; 영향(충격)을 주다 **breakup** 분산; 붕괴, 파괴

19　　　　　　　　　　　　　　　　정답 ③

해설 빈칸 (A)의 앞부분 내용이 '지구 자체가 재형성되었다.'이고 빈칸 뒷부분의 the old planet(원래의 지구)과 the bulk of the projectile(발사체의 대부분) 사이에 있는 접속사 and에 주목하면 답이 ③번임을 알 수 있다.

20　　　　　　　　　　　　　　　　정답 ②

해설 'the moon rocks lack water, ~'가 그 예로서 제시되고 있다.

식물은 태양으로부터 에너지를 흡수한다. 이 에너지는 생물군이라고 불리는 순환 체계를 따라 이동하는데, 이 생물군은 여러 층으로 이루어진 (A) 피라미드로 나타낼 수 있다. 맨 아래층은 토양이다. 식물층은 토양 위에 놓여 있으며(토양에 의존하며), 곤충층은 식물 위에, 조류와 설치류는 곤충 위에 놓여 있는 등, 여러 동물군을 거쳐 덩치가 큰 (B) 육식 동물들로 이루어진 최상층에까지 이르게 된다.
한 층을 이루는(한 층에 속하는) 종들은 그것들의 원산지나 생김새가 아닌 식성(무엇을 먹는가)에 그 유사성이 있다. (C) 연속하는 각 층은 그보다 아래에 있는 층들에게 먹을 것과 여타의 도움을 의존하고 있고, 차례로 그 위층의 것들에게 먹을 것과 도움을 제공한다. 위로 올라가면서, 연속하는 각 층은 수적인 면에서 (D) 감소한다. 그리하여 각각의 육식 동물에게는 수백 마리의 먹이가 있고, 또 그들(=육식 동물의 먹이가 되는 동물들)의 수천 마리의 먹이가 있고, 수백만 마리의 곤충이 있으며, 셀 수 없이 많은 식물들이 있다. 이 체계의 피라미드형은 (E) 최정상에서 밑바닥까지 수적으로 증가하는 모습을 보여준다. 인간은 고기와 채소를 모두 먹는 곰, 너구리, 다람쥐와 함께 중간층을 차지하고 있다.

plant 식물, 초목; 공장; (나무, 씨앗 등을) 심다 **absorb** 흡수하다(빨아들이다) **circuit** 순환(로), 순회 (노선); (전기) 회로; (자동차의) 환상 경주로 **biota** 생물군, 생물상(相) (fauna와 flora를 합친, 한 지역의 동식물) **represent** 나타내다, 상징하다; (행사, 회의 등에서 단체 등을) 대표(대신)하

다; (~에) 해당(상당)하다 **layer** (시스템 등의 일부를 이루는) 층(단계); (하나의 표면이나 여러 표면 사이를 덮고 있는) 막(층/겹) **soil** 흙, 땅; 경지, 경작지; 국토, 나라 **rest on** ~에 의지하다(달려 있다); (시선이) ~에 머물다 (~을 보다) **insect** 곤충 **rodent** 설치류(쥐, 토끼처럼 앞니가 날카로운 동물) **and so on** 기타 등등 **apex** 꼭대기, 정점 **species** 종(種 생물 분류의 기초 단위) **alike** (명사 앞에는 안 씀) (아주) 비슷한; (아주) 비슷하게; 둘 다, 똑같이(앞에 두 사람·집단에 대한 언급이 나옴) **not A but B** A가 아니라 B이다 **depend on** ~에 의지하다(달려 있다)(=rest on); 신뢰하다(믿다) **in turn** 차례로; 결국(결과적으로) **furnish** 제공(공급)하다; (가구를) 비치하다 **proceed** (특정 방향으로) 나아가다(이동하다); 이미 시작된 일을(이) 계속 진행하다(되다) **successive** 연속적인, 연이은, 잇따른 **numerical** 수의, 수와 관련된, 숫자로 나타낸 **abundance** 풍부 **carnivore** 육식 동물 **prey** (사냥 동물의) 먹이(사냥감); (특히 부정한 목적에 이용되는) 희생자(피해자) **uncountable** 무수한, 셀 수 없을 만큼 많은; (명사가) 셀 수 없는(불가산의) **pyramidal** 피라미드(모양)의 **reflect** (사물의 속성, 사람의 태도, 감정을) 나타내다(반영하다); (거울, 유리, 물 위에 상을) 비추다; (빛·열·음을) 반사하다; 깊이(곰곰이) 생각하다, 심사숙고하다 **progression** (한 단계(상태)에서 다음 단계(상태)로의 점진적인) 진행(진전) **share A with B** A를 B와 공유하다(함께 하다) **intermediate** 중간의; (수준이) 중급의 **raccoon** 너구리 **squirrel** 다람쥐

21　　　　　　　　　　　　　　　　정답 ②

해석 ① 의존, 종속
　　　② 피라미드; 각뿔
　　　③ 사슬, 쇠줄; 체인; 속박
　　　④ 체계; 제도
해설 빈칸 (A) 바로 뒷문장의 'The bottom layer ~, and so on ~ to the apex layer'의 문맥 흐름에서 첫 번째 힌트를 얻을 수 있고, 두 번째 단락 후반부에 나오는 'The pyramidal form of the system~'에서도 정답의 단서를 찾을 수 있다.

22　　　　　　　　　　　　　　　　정답 ①

해석 ① 덩치가 더 큰 육식동물
　　　② 열대 지방의 동물군
　　　③ 매우 조직적인(조직화된) 초식동물
　　　④ 대형 동물 종(種)
해설 피라미드 구조에서 맨 상층부를 구성하고 있는 동물이 무엇일까를 생각해 보면 쉽게 답을 찾을 수 있다.

23　　　　　　　　　　　　　　　　정답 ④

해석 ① 순환하는
　　　② 연결시키는
　　　③ 회전하는
　　　④ 연속적인
해설 피라미드의 각 층(Each layer)이 어떤 형태로 연결되어 있는지를 생각해 보면 답을 찾을 수 있다.

24　　　　　　　　　　　　　　　　정답 ②

해석 ① 증가하다
　　　② 줄다, 감소하다
　　　③ 가라앉다; 진정되다
　　　④ 계약하다; 수축하다

해설　빈칸 (D) 앞의 'Proceeding upward'가 결정적 힌트이다. 위로 갈수록 개체수가 적어지는 피라미드형의 구조를 생각해 보면, '줄다, 감소하다(=decrease)'가 가장 적절한 답이다.

25　정답 ②

해석　① 정점에서 최정상까지
② 최정상에서 밑바닥까지
③ 밑바닥에서 밑바닥까지
④ 밑바닥에서 최정상까지

해설　빈칸 문장의 의미가 '피라미드형은 ___________ 수적으로 증가하는 모습을 보여준다.'이므로 ②번 '최정상에서 밑바닥까지'가 가장 적절한 답이다.

Test 01 p.496

1 ④	2 ③	3 ④	4 ⑤	5 ③
6 ②	7 ④	8 ⑤	9 ①	10 ⑤
11 ③	12 ③	13 ①	14 ②	15 ②
16 ③	17 ②	18 ③	19 ②	20 ①
21 ①	22 ③	23 ③	24 ①	25 ②
26 ①	27 ①	28 ①	29 ②	30 ③
31 ③	32 ②	33 ④	34 ③	35 ①

1   정답 ④

(A), (B), (C)에 가장 적절한 순서는 무엇인가?

> 많은 상점들이 그들의 상품, 특히 옷 종류에 대한 보호를 위해 전자 장치를 사용한다.

> (A) 그 태그는 상점 입구에 설치된 경보 장치와 연결되어 있다.
> (B) 만약 어떤 품목이 태그가 붙여진 상태로 입구를 통과하면, 그 경보 장치가 울린다.
> (C) 이 시스템은 어떤 항목에 특별한 태그를 붙이는 것을 기초로 한다.

electronic device 전자 장치   **protect** 보호하다, 지키다   **merchandise** 상품; 물품   **tag** 꼬리표, 정가표; 늘어진 끝; 부가 어구; 술래잡기; 터치아웃 (꼬리표 따위)를 달다; 부가하다, 덧붙이다; 쫓아다니다; (프로 레슬링에서) 태그 방식의   **key** 열쇠; (컴퓨터 · 타자기의) 키; (자물쇠 따위로) 고정시키다, 채우다; (악기)를 조정하다   **item** (하나의) 물품(품목); 항목, 사항   **attach** 붙이다, 첨부하다

해설   동일한 명사 앞에 붙는 관사의 변화(부정관사 ⇨ 정관사)로 쉽게 그 내용 흐름을 파악할 수 있는 문제이다. (C) 문장에서의 a special tag가 (A) 문장의 The tag로, 이어서 (A) 문장에서의 an alarm이 (B) 문장에서 the alarm으로 연결되고 있으므로 (C) - (A) - (B)가 옳은 순서이다.

2-3   다음 지문을 참조하시오.

> 새로운 문명이 우리 삶 속에서 출현하고 있으며 도처에 있는 이를 보지 못하는 사람들은 그것을 억압하려 하고 있다. 이런 새로운 문명은 새로운 가족 유형, 일하고, 사랑하고 생활하는 방식의 변화, 새로운 경제, 새로운 정치적 갈등, 또 그 무엇보다도 변화된 의식까지도 가져다준다. 이러한 새로운 문명의 부분적 요소들이 오늘날 존재한다. 수많은 사람들이 이미 자신의 삶을 미래의 흐름에 맞추고 있다. 그렇지 못하고 미래를 두려워하는 다른 이들은 과거 속으로 절망적이며 헛된 도피에 몰

두하고 있으며, 자신들을 탄생시킨 죽어가고 있는 세계를 복원시키려 하고 있다.

suppress ~을 억압하다   **attune** ~을 ~에 맞추다, 조절하다, 조율하다   **terrified** 겁먹은   **desperate** 절망적인, 가망이 없는; 필사적인, 절박한   **futile** 헛된, 소용없는   **flight** 날기, 비행; 비행기 여행; 항공편; 도피   **restore** 회복시키다; 되찾게 하다; 부활시키다   **radical** 급진적인, 과격한; 근본적인, 철저한   **pessimistic** 염세적인, 비관적인   **escapist** 현실 도피(주의)의; 현실 도피주의자   **regressive** 퇴행(퇴보)하는, 후퇴하는   **sarcastic** 빈정대는, 비꼬는

2   정답 ③

해설   필자는 새로운 문명의 출현을 긍정적으로 바라보고 있고 또한 새로운 문명에 적응하려 하지 않고 과거로 회귀하려는 사람들에 대해 비판적인 시각을 가지고 있기는 하지만, 맹목적인 인간들이라든가, 그들을 배척한다는 내용은 지문에 전혀 언급된 바가 없다. ③번은 과거 속으로 들어가 구세계를 복원시키려는 사람들에 대한 필자의 부정적인 주장을 교묘하게 이용한 선택지라 할 수 있다.

3   정답 ④

해설   필자는 마지막 문장에서 새로운 문명을 거부하는 자들이 과거로 되돌아가(regress) 구세계를 복원하려(trying to restore)한다고 말하고 있다. 같은 문장에 나오는 'futile flight'에 과도한 비중을 두어 잘못 이해하면 ③번 escapist(현실 도피적인)로 오답 유도될 수 있음에 주의해야 한다.

4   정답 ⑤

> 과학자들이 열량계라고 불리는 장치를 사용할 때, 측정될 음식은 그 장치 안에 놓이고 봉해져 태워진다. 음식에서 나온 에너지는 소각실을 둘러싸고 있는 물을 덥힌다. 덥혀진 물의 양을 측정하고, 물 온도의 증가를 기록하고, 그 둘을 곱함으로써 그 음식의 에너지 양이 측정될 수 있다. 예를 들어, 소각실을 둘러싸고 있는 10리터의 물이 연소 전에 섭씨 20도이고, 연소 후에 섭씨 25도로 측정된다면, 그 온도 차이(5도)를 물의 양(10리터)과 곱해서 칼로리 수치(50칼로리의 에너지)에 도달하게 되는 것이다.

device 장치(기구)   **calorimeter** 열량계   **seal** 밀봉(밀폐)하다; (봉투 등을) 봉(봉인)하다; 직인(도장/인장); 바다표범, 물개   **chamber** (생명체나 기계의) ~실(室); (특정 목적용) ~실(室); (공공건물의) 회의실; 방, 사실(私室); 실내악의   **weigh** 무게(체중)를 달다; 무게(체중)가 ~이다   **note** ~을 써 두다, 메모하다; ~에 주목(주의)하다; (중요하거나 흥미로운 것) 언급하다; 편지, 쪽지; 주석, 주(註); 필기, 노트   **multiply** 곱하다; 크게 증가하다; 증식(번식)하다   **combustion** (물질의 화학적) 연소; 불이 탐   **volume** (~의) 양, 용적, 용량; 볼륨; 책, 권   **caloric** 열의; 칼로리의; 열(熱)   **calculate** 계산하다, 산출하다; 추정하다, 추산하다

해석 ① 음식의 에너지 함량
② 열량계의 다양한 부분
③ 음식의 온도를 재는 법
④ 식품과학에서 물의 다양한 역할
⑤ 음식의 칼로리 수치를 산출하는 법

해설 음식의 칼로리 수치를 측정하는 과정을 예시를 통해 설명하고
있으므로 ⑤번이 주제로 가장 적절하다.

5 정답 ③

하지만 체념 역시 행복을 얻는데 본연의 역할을 다 하고 그것
은 노력의 역할에 못지않은 중요한 역할이다. 현명한 사람이라
면 비록 예방할 수 있는 불행에 주저앉지 않는 법이지만 불가
피한 것에 시간과 감정을 소모하지는 않기 마련이다.

resignation 체념; 사임, 사직 **play a part in** ~에서 역할을 하
다 **conquest** 정복, 획득 **no less A than** ~에 못지않게 A한,
~만큼이나 A한 **preventable** 예방할 수 있는 **misfortune** 불행
emotion 감정 **unavoidable** 피할 수 없는 **overcome** 극복하다
achieve 성취하다 **significance** 중요성

해석 ① 불행을 극복하는 방법
② 행복을 성취하는데 있어서의 체념의 중요성
③ 행복 추구에 있어 우리가 하는 노력의 중요성
④ 현자의 행복 획득
⑤ 행복에 다가가는 데 있어서 체념의 역할

해설 이 글은 행복을 얻는 여러 방법 중의 하나인 체념(resignation)
에 대해서 설명하고 있는 글이다. 따라서 이 글의 앞에 나온 내
용은 체념 외에 행복을 얻는 다른 방법이 나왔을 것이다. 첫 문
장에서 체념이 '노력(effort)'으로 인한 행복 추구만큼이나 중
요한 역할을 한다고 했으므로 '노력(effort)'에 의한 행복 추구
에 대한 내용이 나오는 것이 가장 적절하다.

6-7 다음 지문을 참조하시오.

과학기술은 우리가 하는 일뿐만 아니라 우리가 생각하는 방식
에서도 변화를 촉진시키고 있다. 과학기술은 사람들이 그들 자
신, 다른 사람들, 그리고 세상과 맺고 있는 관계에 대한 관념을
변화시킨다. 번쩍이는 디지털 신호 뒤에 자리한 (A) 그 새로운
기계는 시계, 망원경 혹은 기차와는 달리 (B) '생각하는' 기계
이다. 그것은 시간과 거리에 대한 우리의 관념뿐만 아니라 정
신에 대한 관념까지 도전하고 있다.

catalyze (화학) ~의 촉매 작용을 하다; 촉진시키다 **awareness** 알고
있음, 자각, 인식; 경계, 주의 **flashing** 번쩍이는 **unlike** ~와 다른, 닮지
않은, 다른 **telescope** 망원경 **notion** 개념; 관념; 의견

6 정답 ②

해설 뒤에 전치사 unlike에 유의한다. 나머지 셋인 'the clock,
the telescope or the train'과는 다른 범주의 명사가 와야
한다. ④번의 brain은 machine이 아니므로 제외된다.

7 정답 ④

해설 예로 든 세 가지 기계와의 차이점을 찾으면 된다. 또한 뒤의 'It
challenges our notions ~ but of mind.(그 기계는 정신
에 대한 관념까지도 도전하고 있다.)를 참고하면 답을 쉽게 찾
을 수 있다.

8 정답 ⑤

다음 문장이 들어가기에 가장 알맞은 곳은 어디인가?

> 상황이 호전되면서, 좀 더 영구적인 주거지들이 식민지 전역에
> 걸쳐 나타나기 시작했습니다.

여러분은 미국에 처음 온 유럽의 정착민들 중 많은 사람들이
동굴에 살았다는 사실을 알고 있었습니까? 그것은 사실입니다.
(①) 초기에 도착한 이 사람들은 더 좋은 어떤 것을 만들 시간
도 도구도 없었습니다. (②) 이것은 뉴잉글랜드에서 특히 그러
했었는데, 이는 그곳의 겨울이 혹독했기 때문이었습니다. (③)
일종의 긴급 피난처가 필요했었고, 동굴이 이러한 목적에 부합
했던 것입니다. (④) 따라서 이런 강건한 식민지 개척자들은 절
벽의 측면을 따라서 동굴을 파고, 나무껍질로 만든 지붕을 기
둥으로 받쳐 자신들의 '성'을 완성했습니다. (⑤) 식민지의 구
역마다 기후와 바로 가까이에 있는 재료에 의존해서 그 나름
일정한 양식의 주택을 발달시켰습니다.

permanent 영원한 **dwelling** 주거지 **emerge** 나타나다 **colony**
식민지 **arrival** 도착한 사람, 도착 **harsh** 혹독한 **immediate** 긴급한
shelter 피난처 **hardy** 강건한, 인내를 요구하는, 억센 **dig** 파다 **cliff**
절벽 **bark** 나무껍질; (개가) 짖다 **housing** 주택 **dependent on**
~에 의존하는 **at hand** 가까이에, 손닿는 곳에; 준비되어

해설 이 글은 초기 식민지 미국에서의 주거 발달과정에 대한 글이
다. 일시적인 주거지였던 동굴에서 영구적인 일정한 양식의 주
거지로 발달했다는 내용이다. 따라서 주어진 문장은 상황이 좋
아지면서 영구적인 주거지가 나타나기 시작했다는 내용이므
로 동굴 주거지에 대한 내용이 끝난 다음인 ⑤번의 위치에 오
는 것이 가장 자연스럽다. 또한 주어진 문장의 the colonies
가 ⑤번 다음 문장의 Each section of the colonies와 자
연스럽게 연결되고 있음을 알 수 있다.

9-11 다음 지문을 참조하시오.

사람들이 더 이상 공부나 학습 같은 기능들을 위한 특정한
장소에 얽매이지 않는다는 사실은 사무실 혹은 교실과 같
은 전통적이고 사적인 밀폐 공간에 대한 엄청난 수요 감소와
(A) 동시에 (즉석으로) 특별한 용도의 작업 공간에 비공식적으
로(형식에 구애되지 않고) 전용될 수 있는 반공공(半公共)의 공
간에 대한 엄청난 수요 증가가 있음을 의미한다고 Mitchell
씨는 말한다. 그는 이러한 변화가 금세기에 있어 건축의 가
장 커다란 변화에 해당한다고 생각하고 있다. 20세기 건축
은 업무를 위한 사무실, 식사를 위한 구내식당 등의 전문화

된 건축의 시대였다. 이러한 현상은 근로자들이 (지상 통신선으로 연결되는) 일반 전화, 팩스 그리고 서류 캐비닛 등과 가까이 있어야 할 필요성 때문에, 그리고 건축 자재의 경제 원리로 보면 칸막이로 된 작은 방을 위한 격자 구조와 같은 반복적이고 단순한 구조가 선호되었기 때문이었다.

Mitchell 씨는 새 건축술은 공간을 의도적으로 다기능화 할 것이라고 말한다. 이것은 21세기의 미학(美學)이 20세기의 미래학자들이 상상했던 공상 과학 소설 스타일과는 아마 정반대가 될 것임을 의미한다. 대신 건축가들은 빛, 공기, 나무 그리고 정원 즉, 인간관계에 도움이 되는 모든 것들을 생각하고 있다.

---

specific 특정한; 구체적인; 명확한, 분명한 **enclosed** (담 등으로) 에워싸인; 동봉된 **semi-public** 반공공(半公共)의; 반공개적인 **informally** 비공식으로; 형식에 구애되지 않고; 구어(口語)로 **appropriate** 전용하다; (불법적으로나 무단으로) 도용하다; (특히 돈의 사용처를) 책정하다; 적절한 **ad hoc** 즉석(에서 마련된); 특별한 목적을 위한(위해), 특별한(히); 임시의(로) **amount to** ~와 마찬가지이다(~에 해당하다); (합계가) ~에 이르다(달하다) **architecture** 건축학(술); 건축 양식 **specialized** 전문적인, 전문화된 **landline phone** (휴대 전화와 대비하여, 지상 통신선으로 연결되는) 일반 전화(=landline) **filing cabinet** 서류 캐비닛 **grid pattern** 격자형(장방형) **cubicle** (큰 방 한 쪽을 칸막이 해 만든) 좁은 방 **multifunctional** 다기능적인 **aesthetics** (단수 취급) (철학) 미학(美學) **sci-fi** 공상 과학 소설 **SF** 공상 과학 소설의, SF의 **chic** 스타일, 우아함, 멋; 유행; 멋진, 세련된 **futurist** 미래학자(=futurologist); (때로 F~) 미래파 예술가 **architect** 건축가

9　　　　　　　　　　　　　　　정답 ①

해석　① 동시에
　　　② 잘못되게, 틀리게; 정도에서 벗어나게
　　　③ 강제적으로, 마지못해
　　　④ 충동적으로
　　　⑤ 불규칙하게

해설　전통적이고 사적인 밀폐 공간의 수요가 줄어드는 일이 특별한 용도의 반공공의 공간에 대한 수요가 늘어나는 것을 의미하고, 뒤에 이어지는 내용도 이를 뒷받침 하고 있으므로 ①번 'simultaneously(동시에)'가 가장 적절하다.

10　　　　　　　　　　　　　　정답 ⑤

해석　① 고의적인, 의도적인
　　　② 특별한
　　　③ 정지 상태의; 고정된, 고정적인
　　　④ 호화로운; 아주 편안한
　　　⑤ 융통성 있는

해설　밑줄 친 부분은 '(즉석에서) 특별한 용도의 작업 공간으로 형식에 구애 받지 않고 전용될 수 있다'는 의미이므로 ⑤번 flexible(융통성 있는)이 타당하다.

11　　　　　　　　　　　　　　정답 ③

해석　① 사무실 빌딩의 운명
　　　② 근로자들이 필요로 하는 것
　　　③ 건축에 있어서의 새로운 경향
　　　④ 20세기 건축의 장점들
　　　⑤ 미학의 무책임한 변덕

해설　지문 전반부의 'a huge drop in demand for traditional~, a huge rise in demand for semi-public~, shift, change'와 지문 후반부의 'The new architecture, Architects are, instead, thinking' 등에서 건축술에 새로운 변화가 있었고, 그 변화가 어떠한 모습으로 진행되고 또 나아갈지에 대해 설명하는 글임을 알 수 있다. 따라서 ③번 '건축에 있어서의 새로운 경향'이 제목으로 가장 적절하다.

12-14　다음 지문을 참조하시오.

툰드라 사막 즉, 추운 사막지대는 북아메리카, 유럽 그리고 아시아의 북극 가장자리 지역에서 나타난다. 이 지역에서는 거의 영원히 계속되는 영하의 기온으로 인해 사실상 초목이 살기가 불가능한 환경이 된다. 연중 대부분 물 대신 얼음이 존재한다는 것은 초목이 성장하는데 충분한 수분이 부족하다는 것을 의미한다.

얼음이 녹을 정도로 온도가 올라가는 짧은 기간에는, 일반적으로 많은 양의 물이 존재한다. 얼어붙은 하층토를 통과하는 배수 지역의 결핍과 더불어 이렇게 지나치게 많은 물은 초목이 번성하지 못하게 한다.

---

tundra 툰드라, 동토(凍土)대 **occur** 일어나다, 발생하다 **Arctic** 북극의; (the Arctic 북극) **eternal** 영원한; 끊임없는 **freezing** 꽁꽁 얼게(너무나) 추운; 영하의, 결빙의 (freezing temperatures 영하의 기온) **virtually** 사실상, 거의; (컴퓨터를 이용하여) 가상으로 **vegetation** (특히 특정 지역, 환경의) 초목(식물) **lack** ~이 없다(부족하다); 결핍, 부족 **sufficient** 충분한 **moisture** 수분, 습기 **melt** (열 때문에 액체가 되도록) 녹다(녹이다) **volume** (~의) 양, 용량, 용적; (시리즈로 된 책의) 권; (잡지의) 권 **excess** (어떤 정도를) 지나침, 과도, 과잉 **couple A with B** A와 B를 연결(결합)시키다 **drainage** 배수; 배수 시설 **subsoil** 하층토, 심토 **flourish** 번성하다; 잘 자라다

12　　　　　　　　　　　　　　정답 ③

해석　지문에 대한 가장 적절한 제목으로 알맞은 것은 무엇인가?
　　　① 추운 사막지대가 생기는 이유
　　　② 툰드라 사막이 발견되는 곳
　　　③ 북극 지방의 초목
　　　④ 북극 지방의 날씨
　　　⑤ 툰드라 사막의 다양한 식물

해설　지문은 북극 지방의 초목 환경의 실태에 대해 이야기하고 있다. ①, ④번은 지문에 언급된 바 없고, ②번은 지엽적인 사실에 불과하며, ⑤번은 초목이 사실상 살 수 없는 북극의 환경과 부합되지 않는다.

13　　　　　　　　　　　　　　정답 ①

해석　지문에 따르면, 무엇 때문에 연중 대부분의 기간에 툰드라 사막 지역에서 식물이 거의 살 수 없는가?
　　　① 물이 언 상태
　　　② 온도의 증가
　　　③ 얼음의 부족
　　　④ 식물에 과도한 물량
　　　⑤ 성장을 위한 충분한 수분

해설　두 번째 문장의 'In these areas the near eternal

freezing temperatures cause an environment in which plant life is virtually impossible.'을 참조하면 쉽게 답이 나온다.

14
정답 ②

해석 날씨가 더워지면 다음 중 어떤 일이 발생하는가?
① 식물에 물이 부족하다.
② 물이 너무 많다.
③ 낮이 짧아진다.
④ 식물이 잘 자랄 수 있다.
⑤ 식물 세계가 변한다.

해설 지문의 'when temperature increases(=when the weather heats up) enough for the ice to melt, there is generally a large volume of water.(=There is too much water.)'를 참조하면 쉽게 답이 나온다.

15-17 다음 지문을 참조하시오.

특정한 일을 할 수 있는 능력과 그 일의 성과(실적)가 함께 가지 않는다는 것(서로 관련이 없다는 것)은 흔히 알고 있는 사실이다. 대단한 잠재 능력을 갖춘 사람도 때로는 게으름과 일에 대한 관심 부족으로 업무 수행에 실패하는 반면, 보통밖에 안 되는 재능을 가진 사람들이 근면함과 고용주의 관심에 대한 충성심으로 훌륭한 결과를 성취하는 경우도 흔히 있다. 그러므로 어떤 직원을 평가하는 최종 테스트는 업무 성과가 되어야 함이 분명하다.

common knowledge 누구나 다 아는 일, (지식으로서의) 상식 **particular** 특정한; 특별한; 까다로운 **performance** 실적, 성과; 공연; 연주회; (개인의) 연기(연주); (과제 등의) 수행(실행) **go hand in hand** 관련되다; 함께 가다 **potential** 잠재적인, (~이 될) 가능성이 있는; 가능성; 잠재력 **fall down** 실패하다; 쓰러지다; 병상에 눕다 **mediocre** (부정적) 보통밖에 안 되는, 썩 좋지는 않은 **industry** 산업, 공업; 근면성 **loyalty** 충실, 충성; 충성심 **on the basis of** ~을 기반으로, ~에 근거하여 **industrious** 근면한, 부지런한 **preferable** 더 좋은, 나은; 선호되는 **superior** (~보다 더) 우수한(우세한, 우월한); 상관의, 상급의; 윗사람, 선배, 상급자, 상관 **supplement** 보충(추가)하다; 보충(추가); (책이나 신문의) 부록, 보충판 **of value** 귀중한, 가치 있는(=valuable) **efficiency** 효율(성), 능률; 유능, 유효 **determine** 결정하다; 알아내다, 밝히다 **appraisal** (가치, 업적, 본질에 대한) 평가(판단) **evaluation** 평가, 사정(=valuation)

15
정답 ②

해석 지문에 근거해서 다음 진술 중 가장 정확한 것은 ________ 이다.
① 능력이 없는 직원은 대개 근면하지 않다.
② 직원의 태도가 그의 능력보다 더 중요하다.
③ 자신의 업무에 흥미가 있는 보통밖에 안 되는 직원이 대단한 능력을 가진 직원보다 더 낫다.
④ 성취를 위한 우월한 능력은 적절한 태도에 의해 보충되어야 한다.

해설 지문의 'persons with mediocre talents have often achieved excellent results through their industry and their loyalty to the interests of their employers.'에서 정답이 ②번 '직원의 태도가 그의 능력보다 더 중요하다'임을 알 수 있다. ③번은 직원을 평가하는 최종 평가는 업무에 관한 흥미나 대단한 능력에 관계없이 그 성과가 기준이 된다고 지문 마지막 부분에 나와 있다. ④번은 지문에 언급된 바 없다.

16
정답 ③

해석 지문에 근거해 보았을 때, 고용주에게 가장 가치 있는 직원은 반드시 ________(인) 사람일 필요는 없다.
① 탁월한 결과를 성취하는
② 그의 업무의 중요성을 가장 잘 이해하는
③ 가장 뛰어난 재능을 갖춘
④ 가장 많은 양의 일을 하는

해설 지문에서는 뛰어난 능력 그 자체가 중요한 것이 아니라 태도와 성과가 중요하다고 나와 있으므로 ③ '가장 뛰어난 능력을 소유한'이 정답이다.

17
정답 ②

해석 지문에 따르면, 직원의 유능함은 ________에 의해서 가장 잘 밝혀진다.
① 업무에 대한 그의 관심의 평가
② 그에 의해 수행된 업무의 평가
③ 고용주에 대한 그의 충성심의 평가
④ 일을 수행하는 그의 잠재적인 능력의 평가

해설 마지막 문장인 'the final test of any employee is his performance on the job.'에서 답을 찾아낼 수 있다.

18-20 다음 지문을 참조하시오.

다양한 공무원들이 대중(민원인)들의 압력에 반응하는 방식과 그 압력에 대처하기 위해 그들이 사용하는 수단과 방법에는 큰 차이가 있다. 가장 훌륭한 공무원들은 고려해야 할 세력에 대한 이해, 공익의 길에서 벗어나지 않으려는 결의, 적을 피하는 자질과 함께 기꺼이 적을 만들 수 있는 용의, 대중들의 지지가 정도(正道)를 향해 다가올 것이라는 신념을 지니고 있다. 형편없는 공무원들은 지나치게 우유부단하고 책임을 회피하려 하며 동료, 상사, 언론 또는 자신이 의지하고 있는 정치적 지지자들과의 관계에 몰두한다. 그들은 갤러리가 꽉 차지 않으면(그들의 행동을 지켜보는 사람들이 많지 않으면) 어떤 행동도 하려 들지 않는다. 그들은 모든 당혹스런 문제를 진부하고 상투적인 방식으로 처리하려 든다.

enormous 막대한, 거대한 **various** 여러 가지의, 각양각색의, 다양한; 다양한 특징을 지닌 **public(government) official** 공무원, 관리 **respond** (남의 말·행동에 대해 특정한) 반응을 보이다 (to); (재빨리·적절히) 대응(반응/부응)하다(to); 대답(응답)하다; 답장을 보내다 **means** 수단, 방법; (pl.) (개인이 가진) 돈, 재력, 수입 **employ** (기술, 방법 등을) 쓰다(이용하다); 고용하다 **deal with** (문제·과제 등을) 처리하다; (주제·소재로) ~을 다루다 **possess** 소유(소지/보유)하다; (감정 등이 사람을) 사로잡다 (지배하다) **take A into account** A를 고려하다, 참작하다, 계산에 넣다 **determination** 결단력, 결의, 투지; (공식적인) 결정; 확인 **swerve** (갑자기) 방향을 바꾸다(틀다) **path** 길(사람들이 지나 다녔거나 만들어서 생긴 작은 길; (나아가는) 방향, 길 **willingness** 쾌히(자진하여) 하기; 기꺼이 하는 마음 **forthcoming** 가까이 다가오는, 때가 가까워오는, 곧 있을; 마련된; 기꺼이 말하는(밝히는) **overhesitant** 지나치게 망설이는(우유부단한) **evasive** 도피(회피)적인; 얼버무리는 **be preoccupied with** ~에 사로잡혀 있다 **colleague** (같은 직장이나 직종에 종사하는) 동료 **press** 신문(과 잡지), 언론; 언론인들; 인쇄기; 출판사; 압축 기계, 프레스; (무엇에 대고) 누르다(눌리다); (무엇을 하도록) 압력(압박)을 가하다 **lean on** (도움·지지를 바라고) ~에 기대다(의지하다); (협박으로) ~에게 압력을 가하다 **gallery** (극장, 교회 등의 2층으로 된) 관람석; 그림 전시실, 갤러리; [집합적] (골프 경기 따위의) 관중, 갤러리; 청중 **pack** (사람·물건으로) 가득(빽빽히) 채우다; (짐을) 싸다; 포장하다; 팩, (포장)꾸러미; 배낭 **confront** ~에 직면하다(마주치다); (문제나 곤란한 상황에) 맞서다 **embarrassment** 곤란한(난처한) 상황; (다른 사람을) 곤란하게 하는 사람, 골칫거리; 어색함, 쑥스러움 **stale** 신선미가 없는, 진부한, 김이 빠진(식품, 특히 빵이나 케이크가) 신선하지 않은(→ fresh 신선한) **formula** 공식, ~식; 화학식; 제조(조제)법; 유아용 유동식; (특정한 상황에서 쓰는) 정형화된(판에 박힌) 문구; 포뮬러(엔진 크기 등을 기준으로 나눈 경주용 자동차의 등급) **characteristic** 특징, 특질; 특유의 **unanimous** 만장(전원)일치의 **uniformly** 한결같이, 일률적으로, 균일(균등)하게 **dishonesty** 부정직; 부정 (행위), 사기 **candor** 공평무사; 허심탄회; 솔직, 정직; (고어) 순백 **indecision** (결정을 못 내리고) 망설임 **independence** 독립; (개인의) 자립

에서, ④번의 lack of independence(자립심의 결여)는 preoccupied with their relationships with their colleagues, superiors, the press or the political support on which they lean에서 찾아볼 수 있다. ①번의 dishonesty(부정직, 기만)는 지문에 언급되거나 함축되어진 내용이 없다.

---

18 정답 ③

해석 이 지문의 내용을 가장 잘 표현하는 제목은 ＿＿＿＿＿＿ 이다.
① 정치적인 압력 집단
② 공무원이 피해야 할 실수
③ 공무원들의 특징
④ 정치적 지지를 얻기

해설 지문은 공무원들마다 대중의 압력에 대처하는 방식과 태도가 서로 다르다는 것을 훌륭한 공무원과 형편없는 공무원의 두 가지 유형으로 나누어서 설명하고 있다. 따라서 ③번 '공무원들의 특징'이 가장 적절하다.

19 정답 ②

해석 최고의 공무원은 ＿＿＿＿＿＿.
① 자신의 생각에 만장일치의 지지를 요구한다.
② 대중에 대한 신념을 가지고 있다.
③ 압력 단체에 반응(부응)한다.
④ 잘 구축된 상투적인 절차를 일률적으로 따른다.

해설 지문 두 번째 문장의 'The best possess ~ faith that public support will be forthcoming for the correct course.'를 보면 ②번이 최고의 공무원들이 가지고 있는 자질 중의 하나임을 알 수 있다. ①번은 언급되어 있지 않으며, ③, ④번은 무능한 공무원들의 특징에 속한다.

20 정답 ①

해석 형편없는 공무원들의 단점으로 지문에 언급되지 않거나 암시되지 않은 것은 ＿＿＿＿＿＿ 이다.
① 부정직, 기만
② 솔직성의 결여
③ 우유부단, 결단력이 없음
④ 자립심의 결여

해설 ②번의 lack of candor(솔직성의 결여)는 evasive에서, ③번의 indecision(우유부단, 결단력이 없음)은 overhesitant

21 정답 ①

담배는 다른 모든 약물을 합친 것보다 더 많은 사람을 죽인다. 흡연의 영향으로 심장마비, 폐암, 구강암, 기억상실, 그리고 무수히 많은 기타 질병들이 유발된다. 이런 건강상의 문제를 일으키는 이유는 담배에는 너무나 강력해서 헤로인보다 더 중독성이 강한 약물인 니코틴을 비롯한 200가지가 넘는 갖가지 독소로 가득 차 있기 때문이다. 그뿐만 아니라 간접흡연은 아무 죄 없는 무수한 사람들에게 영향을 끼쳐서 그들은 결국 타인의 나쁜 중독 행위 때문에 고통을 받게 된다. 이러한 이유로 흡연은 다른 약물들보다 더 위험하고 용납되기가 어려운 것이다.

tobacco 담배 **oral cancer** 구강암 **countless** 무수한, 셀 수 없이 많은 **toxin** 독소 **nicotine** 니코틴 **addictive** (약물 등이) 중독성의 **heroin** 헤로인(중독성 마약) **furthermore** 뿐만 아니라, 더욱이 **second-hand smoke** 간접흡연 **end up** 결국 (어떤 처지에) 처하게 되다 **excusable** 변명(용서, 용납)이 되는 **baneful** 해로운, 해독을 끼치는; 유독한; 사악한 **hazard** 위험(요소); ~을 위태롭게 하다; 틀릴 셈치고(모험 삼아) 제안(추측)하다 **toxic** 유독성의, 유독한

해석 ① 담배의 해로운 영향
② 담배와 암과의 관계
③ 간접 흡연의 위험성
④ 니코틴의 유독한 영향

해설 첫 번째 문장에서 바로 주제를 찾을 수 있다. 담배의 유해한 영향에 대해서 설명하고 있는 글이다. Furthermore를 중심으로 그 이전은 직접 흡연, 그리고 이후는 간접흡연의 baneful influence(해로운 영향)을 보여주고 있다.

22 정답 ③

백지장도 맞들면 낫다. 그러나 동시에, 사공이 많으면 배가 산으로 간다. 이 모순된 속담 중 어느 것을 믿을 것인가? ① 둘 다이다. 왜냐하면 다른 상황에서 두 속담 모두가 경험에 맞는 말이기 때문이다. ② 그렇지 않다면, 이 속담들은 분명히 세상에서 사라졌을 것이다. ③ 결국 많은 속담들이 잊힐 것이다. ④ 만약 해야 할 일이 쓰레기 줍기와 같은 기술이 필요 없고 많은 노동을 요하는 것이라면, 정말 백지장도 맞들면 낫다. ⑤ 그러나 그 일이 요리나 작문과 같은 복잡한 기술을 요하는 것이라면, 진짜 사공이 많으면 배가 산으로 간다.

---

cook 요리사; 요리하다 **spoil** 망치다 **broth** (걸쭉한) 스프, 죽, 국 **contradictory** 모순된 **context** 맥락, 문맥; 상황, 배경 **true to** ~에 충실한 **eventually** 결국, 마침내 **unskilled** 미숙한 **trash** 쓰레기 **complex** 복잡한

해설 이 글은 상황에 따라 다른 속담이 사용된다는 것을 설명하는 글이다. ②번 문장의 'not have survived'와, 뒤이어 나오는 ③번 문장의 'will be forgotten'이 연결 구조상 '살아남지 못하고, 이내 잊힐 것이다'라고 문맥이 성립될 수 있다고 생각하지만 '두 개의 속담 모두 살아남지 못해서, 많은 속담들이 잊힐 것이다'라는 논리의 오류이다. 정답인 ③번을 제외하고 해석을 해 보면 ②번과 ④번은 자연스럽게 내용이 연결됨을 알 수 있다.

23-25 다음 지문을 참조하시오.

편견은 말 그대로 속단 즉, 증거를 검토하기도 전에 즉각적으로 논쟁하기를 거부하는 것이다. 편견은 건전한 추론의 과정이 아닌 강렬한 감정의 결과이다. 만약 우리가 어떤 문제의 본질을 찾아내려고 한다면, 우리는 될 수 있는 대로 마음을 열고, 또 자신의 한계와 성향을 깊이 인식하면서 그 문제에 접근해야 한다. 반면 우리가 증거를 세심하고 개방적으로 검토한 후에 그 문제를 거부한다면 이는 편견이 아니다. 이것은 '후단(後斷)'이라고 부를 수 있다. 이것은 분명 지식에 대한 선결 조건이다.

prejudice 편견; 편견을 갖게 하다   **literally** 말 그대로; 그야말로   **prejudgement** 예단, 속단   **rejection** 거절; 폐기; 부결; 폐기물   **contention** 논쟁, 언쟁   **out of hand** 즉석에서, 깊이 생각하지 않고; 손을 쓸(통제할) 수 없는   **examine** 조사(검토)하다; 검사(진찰)하다; 시험을 실시하다; (법정에서) 심문하다   **sound** 건전한; 철저한; 건강한; (잠이) 깊은; 소리; ~인 것 같다; (소리가) 나다   **reasoning** 추리, 추론; 추론의 과정, 논증; 이성이 있는, 이성적인   **awareness** (무엇의 중요성에 대한) 의식(관심)   **limitation** 제한, 국한, 한정; 한계; 제약, 규제   **predisposition** 성향, 경향; (병에 대한) 소인   **on the other hand** 다른 한편으로는, 반면에   **proposition** (처리해야 할) 문제(과제); (특히 사업상의) 제의; 명제, 진술   **prerequisite** (무엇이 있기 위해서는 꼭 필요한) 전제 조건   **gateway** (문이 달려 있는) 입구; 관문; ~에 이르는 길

23 정답 ③

해석 지문에서 다루고 있는 주제는 무엇인가?

해설 이 글의 주요 소재를 이루고 있는 prejudice, prejudgement, post-judice는 모두 모종의 증거에 대한 '판단'과 관련된 용어들이다.

24 정답 ①

해석 지문에 따르면, 편견은 _____________에 의해서 비롯된다.

해설 두 번째 문장의 'Prejudice is the result of powerful emotions'에서 답을 찾을 수 있다. 'emotion'은 '마음에서 우러나는 강한 감정(feeling)'을 의미한다.

25 정답 ②

해석 이 글에 묘사된 상황에 가장 적절한 격언은 무엇인가?
① 그렇게 말하는 너야말로 그렇다. (도둑은 도둑이 알아본다.)
② 겉표지로 책을 판단하지 말라. (겉모습만 보고 속단하지 마라.)
③ 조용한 물이 깊이 흐른다. (벼는 익을수록 고개를 숙인다.)
④ 글은 지식을 얻는 문이다.

해설 이 글은 편견(선입견)을 가지고 문제에 접근하지 말라는 교훈을 담고 있다.

26 (A), (B), (C)에 가장 적절한 순서는 무엇인가? 정답 ①

태양이 뜨거나 질 때 날씨가 아주 맑다면, 단지 몇 초 동안만 지속되는 녹색의 불빛을 볼 수 있다.

(A) 녹색의 불빛을 보기 위해선 끝이 명확하게 보이는 먼 수평선이 또한 필요하다.
(B) 게다가 조건만 맞는다면, 수평선으로부터 올라가는 붉은색 섬광도 볼 수 있다.
(C) 그것이 바로 녹색의 불빛이 일반적으로 바다 위에서만 보이는 이유이다.

last 지속(존속)하다; 계속하다; 최후의, 맨 마지막의, 끝의   **horizon** 수평선, 지평선   **distinct** 뚜렷한, 분명한; 별개의   **edge** (가운데에서 가장 먼) 끝, 가장자리, 모서리; 위기; (칼 등의) 날; 통렬함, 강렬함; 조금씩(살살) 움직이다(이동시키다)   **flash** 섬광, 번쩍임; (카메라) 플래시; (잠깐) 비치다(번쩍이다); (생각이) 불현듯 들다   **shoot up** 솟아오르다; 급속히 자라다; 급증(급등)하다   **typically** 보통, 일반적으로; 전형적으로; 특징적으로; 늘 하는 식으로, 늘 그렇듯이

해설 제시된 기본 문장에서 녹색의 불빛을 보기 위한 조건으로 태양이 뜨거나 질 때 날씨가 맑아야 한다고 했는데, (A)에서 먼 수평선(a distant horizon)이 필요하다는 또 다른 조건(You also need)이 제시되고 있으며, 이어서 수평선이 있는 바다(ocean)에 관한 내용이 있는 (C)에서 a green light에 대한 내용이 일단락된다. 그리고 (B)에서 조건만 된다면 붉은색 섬광도 볼 수 있다는 추가적인 내용(In addition)이 나온다. (A)의 a (distant) horizon (부정관사+명사)이 (B)의 the horizon(정관사+명사)으로 연결되는 것도 내용 흐름의 단서를 제공한다.

27-31 다음 지문을 참조하시오.

최근 들어, 광고인들이 자신들 상품의 평판을 높이기 위해 과학이나 의학의 명성을 빌리는 일이 점차 관행화되었다. 미국인들은 한때 주교나 정치인들에게 품었던 (A) 경외감을 실험실의 과학자나 의사에 대해서도 느끼게 되었다. 따라서 그러한 사람들이 인정해 주었다는 (증거 없는) 주장은 어떤 것을 판다거나, (같은 말이지만) 누군가로 하여금 어떤 것을 믿게 만드는 사안에 있어서 엄청난 영향력을 갖는다. "일류의 의학 권위자들이 말하길..." 혹은 "사설 연구소의 실험에 따르면..."과 같은 문구는, 짐작컨대 실수나 부패가 있을 수 없는 과학의 명망을 단지 치약이나 시리얼의 선전에 (B) 전이하기 위해 고안된 것이다. 아마도 "의학계의 권위자들"이나 "사설 연구소"의 이름이 정확하게 명기되는 경우는 거의 없을 것이다. 그러나 이러한 단순한 문구들은 무비판적인 사람들에게는 대단한 영향력을 갖는다.

advertiser 광고인, 광고 회사   **prestige** 명망, 위상; 명망(위신)있는; (중요해 보이고 값비싸서) 선망을 얻는, 고급의   **enhance** (좋은 점, 가치, 지위

를) 높이다(향상시키다) **reputation** 평판, 명성 **physician** 의사; 내과 의사 **reserve** (어떤 권한 등을) 갖다(보유하다); 예약하다; 비축(물); (동식물 등의) 보호 구역; 예비군 **bishop** (가톨릭교, 영국 국교회, 그리스 정교의) 주교 **statesman** (경험 많고 존경받는) 정치인(정치가) **alleged** (증거 없이) 주장된; ~이라고들 말하는 **approval** 인정; 승인; 찬성; 시용(試用) 구매(일정 기간 사용해 본 후 구매를 결정하는 것) **carry(have) weight** 설득(영향)력을 가지다 **induce A to B** A를 설득해(유도해) B하게 하다 **phrase** 어구, 문구; 구(句) **leading** 가장 중요한, 선두적인, 일류의; (경주, 시합에서) 선두의 **authority** 권위자; 지휘권; 권한, (주로 복수로) 당국 (the authorities concerned 관계 당국, 해당 관청) **presumably** 아마, 짐작컨대 **toothpaste** 치약 **cereal** (흔히 아침 식사로 우유에 말아 먹는) 시리얼(가공 곡물); 곡물 **seldom if ever** 설사 ~이라고 해도 극히 드물게(=probably never) **precise** 정확한, 정밀한, 엄밀한, 꼼꼼한 **mere** 겨우 ~의, (한낱) ~에 불과한; 단지 ~만의(무엇이 있다는 사실 자체가 뚜렷한 영향을 미치기에 충분하다는 뜻을 나타낼 때 씀) **uncritical** (보통 못마땅함) 무비판적인; (the uncritical 무비판적인 사람들)

27
정답 ①

해석 지문은 무엇에 관한 글인가?
　① 광고인들의 거짓된 책략
　② 과학자들의 무오류성
　③ 의사들을 신뢰(의지)할 수 없음
　④ 실험실 실험의 해로운(치명적인) 효과

해설 과학과 의학이 전통적으로 갖고 있는 신망을 광고인들이 자신들의 상품 광고에 교묘하게 전용하고 있음을 비판하는 글이므로 ①번이 가장 적절하다.

28
정답 ①

해석 과학자들이 인정해 주었다고 하는 주장을 이용하는 책략은 어째서 성공적인가?
　① 일반 대중은 무비판적이고 잘 믿기(속기) 때문에
　② 과학자들이 승인해 주었다고 주장된 상품은 그렇지 않은 상품보다 더 좋기 때문에
　③ 과학자들이 정치인들보다 더 매력적인 본보기가 되기 때문에
　④ 과학자들이 성직자들보다 더 믿을(신뢰할) 수 있기 때문에

해설 마지막 문장인 'But the mere phrases have vast weight with the uncritical.'에서 ①번이 가장 근접한 내용을 담고 있음을 알 수 있다.

29
정답 ②

해석 다음 중 어떤 것이 필자의 주장의 일부인가?
　① 오늘날 주교와 정치인은 일반 대중들로부터 멸시를 받고 있다.
　② 광고되는 상품의 효능을 의사와 과학자들이 실제로 시험했는지의 여부를 늘 확신할 수는 없다.
　③ 과학자들은 질 낮은 상품을 보증하는 대가로 쉽게 뇌물을 받는다.
　④ 과학자들은 눈에 안 띄게 남아있음으로써 더 많은 명성을 얻는다.

해설 지문에 나오는 '그런 사람들(과학자나 의사)의 (근거 없이) 주장된 승인(=The alleged approval of such men)'이나 '의학계의 권위자들이나 사설 연구소의 이름이 정확하게 명기되는 경우는 거의 없다(=Seldom if ever are the

precise "medical authorities" or "independent laboratories" named)'에서 ②번이 정답임을 알 수 있다.

30
정답 ③

해석 빈칸 (A)에 가장 적절한 말은?
　① 반감, 적대감, 원한
　② 회의론, 회의적인 태도
　③ 경외감, 외경심
　④ 동정, 연민

해설 상품의 평판을 높이기 위해서 광고인들이 과학이나 의학의 명성을 빌림으로써 과학자나 의사에게 느끼게 되고, 일반 대중이 주교나 정치인들에 품었을 감정은 ③번이 적합하다.

31
정답 ③

해석 빈칸 (B)에 가장 적절한 말은?

해설 언뜻 의미로만 접근해 보면, ④번((특히 마지못해) 내주다(허락하다))을 제외한 ① 빌리다, ② 이용하다 둘 모두가 옳은 것처럼 보이나, 'designed simply to ___________ the prestige of science(, which presumably is incapable of either error or corruption,) to a toothpaste or a cereal.'에서 전치사 to와 호응할 수 있는 동사를 찾아야 하므로 transfer가 가장 적절하다.
*transfer A to B: A를 B로 옮기다, 이전하다

32
정답 ②

> 수면은, 이윽고, 훌륭한 책이 되었다. – 그 책은 교육받지 못한 승객들에게는 죽은 언어이지만, 수로 안내인에게는 음성으로 말하는 것처럼 명료하게 그것의 가장 소중히 간직된 비밀을 전하면서, 거리낌 없이 자신의 마음을 말해 주는 책이 되었다. 이 책을 읽을 수 없었던 승객은 그 속에서 단지 태양에 의해 채색되고 구름에 의해 그림자가 드리워진 온갖 종류의 예쁜 그림들만을 보았을 뿐이다. 그러나 수로 안내인에게 그것은 두드러지게 눈에 띄는 수로(水路)였다. 실제로, 그것은 그 이상이었다. 왜냐하면 그것은 여태껏 물 위에 띄워진 것 중 가장 강한 배의 생명을 파괴할 수 있는 난파선이나 바위가 그곳에 묻혀 있음을 의미했기 때문이었다. 그것은 물이 만들어 낸 가장 희미하고 가장 단순한 표현이고, 수로 안내인의 눈에는 가장 무서운 것이다.

↓

> 승객들에게 수면은 (A) 아름다움을 반영하나, 반면에 수로 안내인에게 그것은 (B) 위험을 드러낸다.

in time 이윽고, 때가 이르면, 조만간 **uneducated** 교육을 못 받은; 배운 데 없는, 무지한 **without reserve** 솔직히, 기탄없이, 거리낌 없이 **deliver** (메시지)를 전하다, (연설 · 설교)를 하다, (의견 따위)를 말하다; (판결 따위)를 내리다; 배달하다 **cherish** 소중히 여기다, 아끼다; (마음속에) 간직하다 **as if** 마치 ~인 것처럼 **nothing but** 오직, 그저(단지) ~일 뿐인 **all manner of** 온갖 종류의 **shade** 그늘지게 하다; 그늘; 색조 **pilot** 비행사, 조종사; 수로 안내인, 도선사 **highlight** (특히 사람들이 더 많은 관심을 기울이도록) 강조하다; 하이라이트, 가장 좋은(흥미로운) 부

분 **passage** 한 구절; 통행, 통과; 수로; 통로 **wreck** 난파선; 잔해; 망가진 것; 만신창이; 망가뜨리다, 파괴하다; 엉망으로 만들다, 결딴내다; 난파시키다 **bury** 묻다, 매장하다 **tear** 찢다, 째다, 잡아 찢다; 파괴하다; 눈물(=teardrop) **vessel** (대형) 선박(배); (액체를 담는) 그릇(용기/통); (동물의) 혈관; (식물의) 물관(도관) **float** (물 위나 공중에서) 떠(흘러)가다(떠돌다) **faint** 희미한, 약한; (가능성 등이) 아주 적은; 실신(기절/졸도)하다; 실신, 기절 **frightening** 무서운 **reflect** 나타내다(반영하다); 비추다; 반사하다, 반향을 일으키다; 깊이(곰곰이) 생각하다, 심사숙고하다 **whereas** 그런데, ~한데, ~에 반해서(while) **reveal** 드러내다, 적발(폭로)하다(=disclose); 밝히다; 계시(묵시)하다 **anxiety** 불안(감), 염려; 걱정거리; 열망 **fright** (섬뜩하게) 놀람, 두려움

해설 수면(에 나타나는 모습)은 무지한 승객들의 눈에는 그저 아름다운 그림처럼 보일 뿐이지만, 그곳 사정을 잘 아는 수로 안내인에게는 배를 파괴시킬 수 있는 위험한 요소들이 도사리고 있음을 알려주는 책과 같은 존재라는 것이 이 글의 내용이다.

33 정답 ④

외계인들이 다른 행성에 존재하는지 우리는 확실히 알지 못하며 결코 알 수 없을지도 모른다. 우리가 확실히 알고 있는 것은 수십억의 인간이 여기 지구에 존재한다는 것이며, 또한 수십억은 아닐 수도 있지만 수백만이 굶주림, 질병, 오염, 전쟁, 그리고 다른 재앙들의 결과로 끊임없이 고통을 받고 있다는 것이다. 나는 바로 여기 이 행성에서 삶에 혜택을 주기 위해서가 아니라 우주 탐험이라는 블랙홀에 돈을 쏟아 부어 왔다는 것을 생각하면 창피함을 느낀다.

ET(=extraterrestrial) 외계인, 우주인 **planet** 행성; 세상 **creature** 생명이 있는 존재, 생물; 사람 **endlessly** 끊임없이 **starvation** 기아, 굶주림 **disaster** 엄청난 불행, 재앙; 재난, 참사, 재해 **shame** 수치심, 창피 **black hole** 블랙홀; 돈만 무진장 집어삼키는 프로젝트(사업, 기업) **space exploration** 우주 탐험 **benefit** ~에게 혜택을 주다, 유익(유용)하다; (from) (~에서) 득을 보다; 혜택, 이득; 수당(보조금)

해석 ① 블랙홀 이론
② 많은 종류의 질병
③ 지표면의 연구
④ 우주 탐험에 대한 투자

해설 앞 문단 내용을 파악하는 문제임에도 오히려 주어진 지문 마지막 문장의 내용을 주목해야 답을 찾을 수 있는 문제이다. 마지막에 우주 탐험에 많은 돈을 쓴 것을 후회하고 있으므로 ④번이 정답이다.

우리가 은둔한 곳은 농부들이 사는 조그마한 마을이었는데, 그들은 자신들의 땅에 농사를 지었으며, 풍요와 가난에 대해 똑같이 알지 못했다. 생활에 필요한 편의시설들을 거의 모두 스스로 갖추고 있었기에, 사치품을 찾아 시내나 도시로 나가는 경우는 거의 없었다. 세련됨과는 거리가 멀었으나, 그들은 태도에 있어서 여전히 원시적인 소박함을 지니고 있었다; 그리고 늘 (습관적으로) 검소했기에 절제가 미덕이라는 사실을 거의 알지 못했다.

---

retreat 후퇴, 철수; 은퇴, 은둔; 피난; (교회) 피정(避靜)(기간), 묵상회; (더 조용하거나 안전한 곳으로) 빠져나가다(은둔, 도피하다); 후퇴(철수/퇴각)하다 **neighborhood** (어떤 특징을 가진) 지역, 지방; 근처, 인근(隣近), 이웃; (집합적) 이웃 사람들(neighbors), (어떤 지역의) 주민 **till** (논밭을) 갈다; ~까지(=until) **opulence** 부유(wealth); 풍부(abundance), 다량; (음악·문체 등의) 화려함 **convenience** 편의, 편리; (-ies) 편의시설 **in search of** ~을 찾아서 **superfluity** 사치품; 사치스러운 생활; 여분, 과분; 과다, 과잉 **remote** 먼; 원격의 **polite** 공손한, 예절바른; 품위 있는, 세련된 (do the polite (애써) 품위 있게 행동하다) **retain** (계속) 유지(보유)하다 **primeval** 태고의, 원시 시대부터 내려온 **simplicity** 소박함, 순박함; 간단함, 평이함 **frugal** 절약하는; 소박한, 간소한 **by habit** 습관적으로, 늘 하던 버릇대로 **temperance** (식사, 음주, 섹스의) 절제, 자제; (도덕적·종교적 신념에 따른) 금주(禁酒) **virtue** 미덕, 덕목; 선; 선행; 장점 **seclusion** 은퇴, 은둔, 독거(獨居); 격리, 차단 **comfort** 안락, 편안; 위로, 위안; (-s) 편의시설(도구) **soil** 토양, 흙; 국가, 국토, 땅 **troubled** (사람이) 걱정하는, 불안해하는; (장소나 상황이) 힘든, 문제가 많은 **superabundance** 과다, 과잉 **go hand in hand** 관련되다; 함께 가다

34 정답 ③

해석 이 지문은 ＿＿＿＿＿＿＿을 묘사하고 있다.
① 원시적인 동네
② 은둔지
③ 농부들의 미덕
④ 농장의 편의시설

해설 이 지문은 농부들의 소박함과 검소함을 호의적인 태도로 묘사하고 있으므로 ③번이 가장 적절하다.

35 정답 ①

해석 다음 중 사실인 것은?
① 조용한 삶이 절제를 가져다준다.
② 태도의 세련됨과 소박함은 함께 간다. (서로 관련되어 있다.)
③ 자신의 땅을 경작하는 농부는 가난을 경험한다.
④ 불안한 사람들이 과잉을 추구한다.

해설 지문 전반부에서 농부들의 한적한 삶을, 그리고 후반부에서 농부들이 절제의 미덕을 갖추고 있음을 알 수 있으므로 ①번이 가장 적절한 답이다.

1 ①	2 ③	3 ④	4 ②	5 ①
6 ①	7 ③	8 ②	9 ①	10 ④
11 ③	12 ③	13 ④	14 ④	15 ①
16 ①	17 ④	18 ⑤	19 ④	20 ⑤
21 ②	22 ⑤	23 ①	24 ③	25 ④
26 ③	27 ④	28 ③	29 ④	30 ①
31 ②	32 ②	33 ③	34 ①	35 ④

1-4 다음 지문을 참조하시오.

부모들은 낙천적이어야 한다. 부모들이 세계와 그 미래에 대해 신념을 지니고 있어야지, 그렇지 않으면 그들의 자녀들이 그런 신념을 지닐 것이라고 기대할 수 없다. 신념이 없다면, 그것은 육군 대위가 전투가 시작되기도 전에, "우리는 절대 저 고지를 점령할 수 없을 거야"라며 중얼거리는 것과 같은 것이다. 이 세상이 희망이 없는 엉망진창의 장소라고 느껴진다면, 그 사실을 숨겨라. 무슨 말을 하든지 거짓이 없어야 하지만, 정직과 완전한 고백을 혼동하지 마라; 모든 것을 다 말해서는 안 된다. 미래에 대한 당신의 불확실성을 당신의 자녀들과 함께 나누지 마라. 자식으로 하여금, 당신의 도움으로, 스스로 미래를 탐험하도록 하여라.

optimist 낙천주의자, 낙관론자   **faith** 믿음(신뢰); 신념(확신)   **mutter** (특히 기분이 나빠서) 중얼거리다; 투덜거리다, (작은 소리로) 불평하다   **hopeless** 가망 없는, 절망적인; 끔찍한, 엉망인   **mess** (지저분하고) 엉망(진창)인 상태; (군대의) 식당   **confuse A with B** A와 B를 혼동하다   **confession** (죄의) 자백; (수치스럽거나 당황스러운 사실의) 고백(인정); (가톨릭) 고해 성사   **uncertainty** 불확실성; 반신반의; 불확실한 것(상황)   **adolescent** 청소년; 청춘의, 젊은   **explore** 탐험(탐사, 답사)하다; 탐구(분석)하다   **pessimist** 비관주의자, 염세주의자   **philosopher** 철학자   **fortune-teller** 점쟁이   **discourage** 의욕(열의)을 꺾다, 좌절시키다   **frighten** 겁먹게(놀라게) 만들다; 겁먹다   **pretend** ~인 척하다(것처럼 굴다), 가식적으로 행동하다;(사실이 아닌 것을) 주장하다; ~라고 가장(상상)하다

1   정답 ①

해석   어떤 육군 대위가 "우리는 절대 저 고지를 점령할 수 없을 거야"라고 중얼거린다면, 그는 ____________이다.

해설   인용 부호 안의 내용이 극히 비관적이므로, ①번이 가장 적절하다.

2   정답 ③

해석   ____________이므로, 당신은 자녀들에게 모든 것을 말할 필요는 없다.
① 모든 것을 고백하지 않는 것은 부정직한 것(이므로)
② 완전한 고백은 부정직한 것보다 더 나은 것(이므로)
③ 때때로 완전한 고백은 그들을 좌절시키고 놀라게 할 것(이므로)
④ 정직이 최상의 정책(이므로)

해설   ①, ②, ④번의 선택지는 주절의 내용과 문맥 형성이 되지 않는다. 따라서 지문을 다 읽지 않고도 정답이 ③번임을 알 수 있다.

3   정답 ④

해석   부모가 자식에게 가져야 할 가장 바람직한 태도는 무엇인가?
① 앞에 놓인 위험을 자녀에게 경고해 주는 부모
② 자녀들로부터 모든 것을 숨기는 부모
③ 자녀들에게 모든 것을 고백하는 부모
④ 자녀들이 자신의 길을 찾도록 해 주는 부모

해설   지문 마지막 문장인 'Allow him to explore the future on his own'을 패러프레이징한 문장을 찾으면 된다.

4   정답 ②

해석   "모든 것을 다 말해서는 안 된다."는 ____________을 의미한다.
① 어떤 것도 절대 말해서는 안 된다.
② 꼭 필요한 것은 말할 수 있겠지만, 있는 모든 것을 말해서는 안 될 것이다.
③ 모든 것을 말하는 것이 좋다.
④ 아무것도 모르는 것처럼 행세해야 한다.

해설   not everything은 부분 부정의 표현이므로, 이를 패러프레이징한 문장을 찾아야 한다. ①, ④번은 완전 부정, 그리고 ③번은 완전 긍정의 표현이다.

5-7 다음 지문을 참조하시오.

간접적인 즉, 본의 아닌 흡연은 비흡연자가 담배 연기로 가득 찬 장소, 예를 들면 엘리베이터, 식당, 자동차 안 등에 있을 때 발생한다. 담배 연기로 가득한 환경에서 일하고 있는 건강한 비흡연자도 하루에 한 개비에서 열 개비가량의 담배를 피우는 사람과 같은 정도의 이상 증상을 보인다는 것을 연구원들이 밝혀냈다. 30개가 넘는 주(州)와 수백 군데의 지역사회에서 요즈음 공공장소에서의 흡연을 제한하는 법규를 제정하고 있는데, 그 수는 날로 증가하고 있다. 많은 식당에서 시설을 흡연 구역과 금연 구역으로 나누고 있는데, 이러한 관행은 실제적으로 십 년 전만 해도 들어보지 못했던 것이다.

passive smoking 간접흡연(=secondhand smoking)   **smoky** 연기(매연)가 자욱한; 연기가 많이 나는   **abnormality** 기형, 이상   **inhale** 숨을 들이마시다(들이쉬다); (가스·연기 등을) 들이마시다(빨아들이다)   **restrict** (규칙, 법으로) 제한(통제)하다; (크기, 양, 범위 등을) 제한(한정)하다   **divide** (여러 부분들로) 나뉘다(갈라지다); 나누다(가르다)   **facilities** 시설; 설비   **practice** 실행, 실천; 관행, 관례; 관습; 습관; 연습, 실습; (의사·변호사 등 전문직 종사자의) 업무(영업/사무실); (이론 따위를) 실천하다, 실행(실시)하다; ~을 연습하다, 실습하다; (의사·변호사 등이) 개업하다, 영업하다   **practically** 사실상(은), 실제로는, 실질적으로(는); 거의 ~나 다름없이

5 　　　　　　　　　　　　　　　　　　　　정답 ①

해석　빈칸 안에 들어갈 가장 적절한 것을 고르시오.
　　　① 본의 아닌, 원치 않는; 자기도 모르게 하는
　　　② 기꺼이 하는, 자발적인, 열렬한, 적극적인
　　　③ 활동적인, 적극적인
　　　④ 의식하는, 자각하는
해설　passive 뒤의 or는 동격의 접속사이므로 passive(수동적인)
　　　와 의미가 유사한 단어가 와야 한다.

6 　　　　　　　　　　　　　　　　　　　　정답 ①

해석　제목으로 가장 적절한 것은?
　　　① 간접흡연
　　　② 흡연자를 치료하는 방법
　　　③ 흡연 습관
　　　④ 흡연의 위험
해설　지문은 간접흡연이 발생하는 경위, 그 증상, 거기에 대한 대책
　　　의 내용을 담고 있다.

7 　　　　　　　　　　　　　　　　　　　　정답 ③

해석　연기가 가득한 방에서 근무하는 비흡연자는 ____________.
　　　① 흡연 습관을 갖게 된다.
　　　② 담배 연기로부터 거의 고통을 받지 않는다.
　　　③ 담배를 적게 피우는 사람과 같은 건강의 피해를 입는다.
　　　④ 담배 연기를 꺼리지 않는다.
해설　지문의 두 번째 문장 'Researchers have shown
　　　that healthy non-smokers who work in a smoky
　　　environment show the same amount of abnormality
　　　as do smokers who inhale between one and ten
　　　cigarettes a day.'를 보면 비흡연자도 하루에 한 개비에
　　　서 열 개비가량의 담배를 피우는 사람과 같은 정도의 이상 증
　　　상을 보인다고 했으므로 이를 패러프레이징한 ③번이 정답이
　　　다. the light smokers는 지문의 'smokers who inhale
　　　between one and ten cigarettes a day'에 해당된다.

8-10 다음 지문을 참조하시오.

> 최근의 석유 위기(파동)의 결과로, 캘리포니아의 1,500만 승용
> 차 운전자들 중 990만 명이 홀ㆍ짝수 휘발유 할당 판매 계획
> 을 따라야만 했다. 주지사는 홀수로 끝나는 자동차 번호판을 가
> 진 운전자들은 홀수 날에만, 짝수로 끝나는 번호판을 가진 운전
> 자들은 짝수 날에만 휘발유를 살 수 있게 하는 법안에 서명했다.
> 모두 글자로만 되어 있는 번호판이나 특별히 인쇄된 번호판을
> 가진 차량의 운전자들은 홀수일 판매제에 따라야 했다.
> 응급 상황이나 (캘리포니아가 아닌) 다른 주에서 온 운전자들
> 에게는 예외가 주어졌다. 휘발유를 구매하지 못한 사람들은 직
> 장까지 걷거나 자전거를 타거나 또는 롤러스케이트를 타고 가
> 야 했다.
> 이 계획은 많은 주유소에서 길게 늘어선 (차량) 행렬을 없애줄
> 것으로 기대되었다. 20갤런 이상의 휘발유를 사려고 하거나
> 절반이 넘게 채워진 (연료) 탱크를 더 채우려고 하는 사람은 벌
> 금이 부과되거나 어쩌면 수감될 수도 있었다.

crisis 위기; 최악의 고비　motorist (승용차) 운전자　be subjected
to ~을 받다(당하다) (be subjected to severe criticism 혹평을 받다)
odd-even (석유 부족시의 휘발유 판매에서) 홀수ㆍ짝수 방식의　gas
가스; 휘발유, 가솔린(=gasoline, (英) petrol); (자동차 따위의) 액셀러레
이터; 방귀(=fart)　rationing 배급 제도　bill (의회에 제출된) 법안; 고
지서, 청구서; (식당의) 계산서; 벽보, 광고지; 지폐; (새의) 부리　license
plate (美) (자동차) 번호판((英) number plate)　exception 예외
emergency 응급(비상)사태　eliminate 없애다, 제거(삭제)하다
service station 주유소(=petrol station); (英) (고속도로의) 휴게소
purchase 구입하다(=buy); 구입, 구매; 구입한 것　fine 벌금을 물리다
(부과하다); 벌금; 좋은; 건강한; 괜찮은; 고운, 섬세한; 아주 가는(촘촘한); 미세한
imprison (흔히 수동태로) 투옥하다, 감금하다　alleviate ~을 완화하다
binding on ~에 법적 구속력이 있는

8 　　　　　　　　　　　　　　　　　　　　정답 ②

해석　다음 중 ____________를 제외한 모든 것은 사실이다.
　　　① 휘발유 (구입)의 제한이 도입(실행)되었다.
　　　② 캘리포니아에는 990만 명의 승용차 운전자가 있다.
　　　③ 주지사는 휘발유 배급제에 대한 법안에 서명했다.
　　　④ 관리들은 이 계획이 길게 늘어선 (차량) 행렬을 줄여줄 것으
　　　　로 희망했다.
해설　지문의 '9.9 million of (California's 15 million
　　　motorists) were subjected to an odd-even plan of
　　　gas rationing.'을 보면 캘리포니아의 승용차 운전자 수는
　　　1,500만 명인 것을 알 수 있다. 그 중 990만 명이 홀ㆍ짝수
　　　제로 휘발유 배급을 받았다.

9 　　　　　　　　　　　　　　　　　　　　정답 ①

해석　배급 프로그램을 위반하는 사람들은 ____________.
　　　① 벌금을 물거나 수감되었다.
　　　② 걷거나 자전거를 타거나 롤러스케이트로 직장에 가야 했다.
　　　③ 홀수 날에 이용해야 했다.
　　　④ 길게 늘어선 (차량) 행렬을 기다려야 했다.
해설　마지막 문장인 'Those who tried to purchase more
　　　than twenty gallons of gas or tried to fill a more
　　　than half filled tank(=Those who violated the
　　　rationing program) would be fined and possibly
　　　imprisoned.'을 패러프레이징한 ①번이 정답이다.

10 　　　　　　　　　　　　　　　　　　　　정답 ④

해석　휘발유 배급 계획은 ____________에는 법적인 구속력이
　　　없었다.
　　　① 짝수 번호판
　　　② 홀수 번호판
　　　③ 글자로만 된 번호판
　　　④ 다른 주의 번호판
해설　지문의 'Exceptions were made only for emergencies
　　　and out-of-state drivers.'에서 답을 찾을 수 있다.

11   정답 ③

증기선과 대륙횡단 열차가 많은 사람들에게 장거리 여행을 가
능하게 했던 19세기가 될 때까지는 주로 선원들과 무역업자
와 같은 아주 극소수의 모험가들만이 그들 자신의 나라밖으로
여행했다. 해외는 절대 다수의 사람들이 실제로 아는 것이 거
의 없는 낯선 곳이었다. 그러므로 초기 지도 제작자들은 설령
지도가 아주 부정확할지라도 실수로 인해 비난받을 두려움이
거의 없었다. 그들이 지도를 편집할 때, 상상력은 지리학적인
사실 만큼이나 중요한 것이었다. 이러한 사실은 상상의 동물들
과 이국적인 사람들의 삽화가 그려져 있는 옛 지도에서 가장
명백하게 드러나 있다.

transcontinental 대륙횡단의, 대륙 저편의 **abroad** 외국에(으로),
해외에(로); 외국, 해외 **truly** 참으로, 진실로; 정확하게 **indeed** 실로,
참으로; 사실은(=in reality) **compile** 편집하다, (자료를 모아) 편찬하다
wildly 터무니없이; 야생으로; 거칠게, 난폭하게 **evident** 명백한, 분명한
illustrate (책 따위에) 도해(삽화)를 넣다(with); (예를 들어) 설명하다, 예증
하다, 예시하다 **mythical** (=mythic) 신화의; 신화적인; (사실의) 근거가 없
는, 상상적인, 가공의, 꾸며낸(=fictitious) **creature** (인간 이외의) 생물;
(신에 의한) 창조물, 피조물

해석 ① 그들의 비정상적인 삽화에도 불구하고, 19세기 이전에 제
  작된 지도들은 놀랄 만큼 정확했다.
  ② 고지도들은 상상의 동물들이 그려진 그림을 수록해야 했다.
  ③ 19세기 이전에는 외국을 여행하는 사람이 거의 없었기 때
  문에 상상적인 지도가 자주 제작되곤 했다.
  ④ 19세기 전, 지도 제작자들은 신화에 나오는 동물들을 두려
  워했기에 이국적인 인간들을 지도 속에 그려 넣었다.
해설 19세기까지 선원이나 무역업자 같은 극소수의 사람들만이 외
  국에 나갔으므로 지도 제작자들은 지도가 부정확해도 비난받
  을 염려가 적었다. 그래서 지도를 편집할 때 상상력이 크게 작
  용했다는 것이 이 글의 내용이다. 따라서 '19세기 이전에는 외
  국을 여행하는 사람이 거의 없었기 때문에 상상적인 지도가
  자주 제작되곤 했다'가 이 글의 주장이다.

12-13 다음 지문을 참조하시오.

그들 둘 모두가 자랐던 시카고의 그 동네로부터 이사를 간다
는 것은 Steve와 Joyce Lemons (부부)에게는 힘든 결정
이었다. 그들은 (자신들이 자랐던) 같은 지역에서 딸들을 키우
기를 바랐다. 약 6년 전부터, Lemons 부부는 자신들이 오래
살아왔던 그 동네에서의 삶의 질에 대해서 의구심을 갖기 시
작했다. 오랫동안 그곳에서 살았던 가족들이 이사를 가기 시작
했다. 친구들도 자취를 감추었다. 많은 집들이 팔렸다. 팔린 집
들은 종종 아파트로 바뀌었다. 생활 보장 대상 가정들과 불법
이민자들이 동네로 이사를 오면서 자산 가치는 감소했다. 범죄
가 늘어났다.

neighborhood 이웃; (집합적) 이웃 사람들(neighbors), (어떤 지역의)
주민; (어떤 특징을 가진) 지역, 지방 **raise** (아이·어린 동물을) 키우다(기
르다); (가축을) 사육하다; (작물을) 재배하다; (무엇을 위로) 들어 올리다(올리
다/들다); (양·수준 등을) 올리다(인상하다/높이다); (지금·사람 등을) 모으다

---

property value 자산 가치 **welfare** 복지, 복리; 복지 사업, 후생 사업;
(사회) 복지의; 복지 보조비를 받는 **welfare family** 생활 보장 대상 가족
illegal immigrant 불법 이민(체류)자(=illegal alien) **well-bred** 교
육을 잘 받은, 좋은 가문에서 자란; 점잖은, 행실이 좋은

12   정답 ③

해석 Lemons 부부는 왜 자신들의 동네에 머물기를 원했는가?
  ① 가족들이 떠나기 시작했으므로
  ② 자산 가치가 떨어졌으므로
  ③ 그들이 그 동네에서 자랐으므로
  ④ 그들의 아이들이 그 동네에서 자랐으므로

해설 첫 번째 문장인 'It was a difficult decision for Steve
  and Joyce Lemons to move away from the
  neighborhood where they both were raised in
  Chicago.'에서 자신들이 자란 동네라서 다른 곳으로 이사
  를 가는 것이 힘든 결정이었음을 알 수 있다. ①, ②번은 이
  사를 나가기로 결심한 이유들이며, ④번은 지문의 'They
  had hoped to raise their daughters in the same
  community.'에서 알 수 있듯 아이들을 그곳에서 키우기를
  바랐지, 키운 것은 아니므로 정답이 아니다.
  cf. 미래동사의 과거완료형+단순부정사 혹은 미래동사의 과
  거형+완료부정사(지문의 had hoped to raise = hoped
  to have raised)의 형태는 과거에 소망했으나 이루지 못한
  내용을 나타낼 때 쓰인다.

13   정답 ④

해석 왜 자산 가치가 하락했는가?
  ① 부유한 가족들과 불법 이민자들 때문에
  ② 좋은 가문의 가족들과 새 이민자들 때문에
  ③ 가난한 가족들과 합법 이민자들 때문에
  ④ 가난한 가족들과 불법 이민자들 때문에

해설 지문의 'Property values decreased as welfare
  families and illegal immigrants moved into the
  neighborhood.'를 패러프레이징한 ④번이 정답이다. poor
  families는 welfare families의 동의어구이다.

14-15 다음 지문을 참조하시오.

부자 나라와 가난한 나라의 차이는 또한 의료 분야에서 더 확
연해질 것이다. 세계보건기구(WHO)는 건강과 평균 수명에서
남북 간(선진국과 개발 도상국 간)에 차이가 더 벌어지고 있다
고 지적한다. 선진국에서는 치료 방법이 갈수록 정교해지는 반
면, 세계의 절반에 해당하는 나머지 국가(개발 도상국 혹은 후
진국)에서는 불충분하거나 사실상 존재하지 않는 의료 분야의
기반 시설로 인해 그 차이는 더욱 벌어지게 될 것이다. 어쩌면
지금 우리 상황에서 정말 수치스러운 일은 일부 지역에서의
높은 사망률이 급속한 인구 증가에 대한 사실상의 해결책으로
보일 수도 있다는 것이다. 세계 인구 변화의 과정, 유형 그리고
기간을 주의 깊게 분석하고 또한 인구 변화와 환경과의 관계
를 보다 세밀하게 연구하는 것이 필요하다.

gap 격차; 틈; 공백 **glaring** (좋지 않은 것이) 확연한, 두드러진

medical care 의료, 건강 관리(=health care) **point out** (주의를 기울이도록 ~을) 지적(언급)하다 **disparity** (특히 한쪽에 불공평한) 차이 **the North** 선진국(특히 유럽 및 북미) **the South** (세계의 남반구에 위치한) 개발도상국들 **life expectancy** 평균(기대) 수명 **widen** 넓어지다; 넓히다 **sophistication** 교양, 세련 **therapeutic** 치료상의; 치료법의; 긴장을 푸는 데 도움이 되는 **industrialized country** 선진국, 선진 공업(산업) 국가 **inadequate** 불충분한, 부적당한 **practically** 사실상, 실제로; 현실적으로 **non-existent** 존재하지 않는, 실제로 있지도 않은 **infrastructure** 사회 기반 시설 **scandal** 추문; 수치, 남부끄러운 일; 스캔들(대중적인 물의를 빚는 부도덕하고 충격적인 사건, 행위) **mortality rate** 사망률 **de facto** (라틴어) (법적으로는 받아들여지지 않더라도) 사실상의(실질적인) **solution** 해결책, 해법; 정답, 해답; 용액; 용해 **time span** 기간 **demographic** 인구 (통계)학의 **transition** (위치·지위·상태·단계 따위의) 변천, 이동, 변화, 추이 **respectively** 각자, 각각, 제각기 **communist nation** 공산 국가 **democratic nation** 민주 국가 **primitive** 원시 사회의; 원시적인 **developing country** 개발 도상국

---

14 정답 ④

해석 이 지문에 나오는 North와 South는 각각 ______________을 가리킨다.
① 공산주의 국가와 민주주의 국가
② 선진국과 원시 부족
③ 개발 도상국과 저개발국
④ 부자 국가와 가난한 국가

해설 첫 문장의 'rich and poor countries'가 두 번째 문장에서 'the North and South'의 형태로, 그 이후 rich countries는 다시 'industrialized countries'로, poor countries는 'the other half of the world'로 반복되고 있음에 주목한다.

15 정답 ①

해석 The other half of the world는 ______________으로 특징 지어질 수 있다.
① 높은 사망률
② 증가하는 차이
③ 인구 변화
④ 의료 제반 시설

해설 the other half of the world(세계의 절반에 해당하는 나머지 국가)는 '개발 도상국 혹은 후진국'을 의미하므로 ①번 '높은 사망률'이 가장 적절하다.

16 정답 ③

슈나이더 씨가 너무나 끔찍하게 살이 쪄서 의사가 그에게 다이어트를 시켰다. "이틀은 평소처럼 식사하시고 하루는 거르세요. 그리고 2주 동안 이 과정을 되풀이하십시오. 다음에 뵐 때는 적어도 5파운드는 빠져 있어야 합니다." 슈나이더 씨가 의사에게 다시 왔을 때 거의 20파운드나 살이 빠져 있는 것을 보고 의사는 깜짝 놀랐다. "놀랍군요! 제가 지시한 대로만 해서 이렇게 되었나요?" 살이 쪽 빠진 슈나이더 씨가 고개를 끄덕였다. "말씀드리지요. 하지만 3일째 되는 날은 죽는 줄 알았습니다." "배가 고파서 말씀이죠?" 슈나이더 씨가 대답했다. "아뇨, 뛰느라고요."

---

terribly 몹시, 극심하게, 지독히; 너무, 대단히 **overweight** 과체중의, 비만의 **put A on a diet** A에게 다이어트(식이요법)를 명하다 **skip** 건너뛰다, 생략하다; 빠뜨리다; 뛰어넘다; 뛰다; 줄넘기하다; 띄엄띄엄 읽다; (수업 등을) 빼먹다, 결석하다; 가볍게 뜀 **procedure** 절차, 방법; 수술 **drop** 낮추다(떨어뜨리다); (잘못해서 혹은 일부러) 떨어지다(떨어뜨리다) **amazing** (감탄스럽도록) 놀라운 **instruction** 지시; 설명; 명령; 가르침 **slimmed-down** (다이어트 하여) 살이 빠진, 마른 **nod** (고개를) 끄덕이다(끄덕여 나타내다) **drop dead** 급사(急死)하다; (명령문으로 써서) 꺼져 버려 **hunger** 굶주림, 기아

해설 skip이라는 말을 잘못 이해한데서 온 에피소드다. 의사가 말한 skip의 의미는 "건너뛰다"("식사를 거르다")의 의미였는데, 슈나이더 씨는 "뛰다", "줄넘기하다"라는 의미로 알아듣고 하루 종일 뛰었던 것이다.

새로운 과학 기술과 제도가 결합하여 경쟁력 우위의 이 네 가지 전통적 원천을 상당히 변화시키고 있다. 천연자원은 본질적으로 이 경쟁 방식에서 제외된다. 부자로 태어난다는 것은 과거보다 훨씬 덜 유리한 것이 되었다. 과학 기술은 그 위상이 바뀌게 된다. 새로운 생산 기술은 부차적인 것이 되고 새로운 가공 기술이 일차적인 것으로 된다. 따라서 가까운 미래에는 결국 노동력 (노동 인구)의 교육과 기술이 지배적인 경쟁 무기가 될 것이다.

technology (과학) 기술 **institution** 제도; (대학·은행 등과 같이 특정 목적을 지닌 대규모) 기관(단체/협회) **combine** (하나의 단일체를 만들도록) 결합하다(되다) **substantially** 상당히, 많이; 주로, 대체로 **alter** 변하다, 달라지다; 바꾸다, 고치다 **competitive** 경쟁력 있는, 뒤지지 않는; 경쟁을 하는; 경쟁심이 강한 **natural resource** 천연자원 **essentially** 본질(기본/근본)적으로 **drop out of** ~에서 낙오되다 **equation** 등식, 방정식; 동일시; (여러 가지 요소들을 고려해야 하는) 상황(문제) **turn A upside down** A를 뒤집어엎다; A를 엉망으로 만들다 (turn the table upside down 테이블을 뒤집어엎다) **secondary** (중요도 면에서) 이차적인, 부차적인; (한정) 중등 교육(학교)의 **primary** 주된, 주요한; 기본적인; (특히 英) 초등 교육(학교)의 **end up** 결국 (어떤 상황에) 도달하게 되다 **dominant** 우세한, 지배적인 **essence** 본질, 정수; (식물 등에서 추출한) 에센스, 진액

---

17 정답 ④

해석 위 지문에서 추론할 수 없는 내용은 어떤 것인가?
① 노동력 (노동 인구)의 교육과 기술은 주요 경쟁 무기가 아니었다.
② 천연자원은 경쟁 상황에 포함되어 있었다.
③ 네 가지의 경쟁력 우위의 요소들은 더는 이점이 없다.
④ 과학 기술은 경쟁력 우위에 있는 원천이 아니었다.
⑤ 부자로 태어난 것은 이점이었다.

해설 지문의 'Technology gets turned upside down. New product technologies become secondary; new process technologies become primary.'를 보면 과학 기술(technology)이 경쟁력의 원천에서 빠져 있던 것이 아니라, 그 위상이 바뀌게 된 것임을 알 수 있다. ①번은 'And in the near future, the education and skills of the work force will end up ~'을 보면 노동 인구의 교육과 기술은 과거가 아닌 미래의 주요 경쟁 무기임을 알 수 있다. ②번은 'Natural resources essentially drop out of the competitive equation.'에서 천연자원이 과거에는 경쟁 방식에 포함되어 있었음을 알 수 있고, ⑤번은 'Being born rich becomes much less of an advantage than it used to be.'에서 알 수 있다.

18 정답 ⑤

해석 밑줄 친 'weapon'을 대체할 말로 가장 적절한 것을 고르시오.
해설 지문에서 'weapon'이 가지고 있는 문맥적 의미는 실제적인 '무기'가 아니라 '무기가 될 수 있는 이점'을 비유한 것으로 보는 것이 타당하다.

19 다음을 읽고 질문에 답하시오. 정답 ④

미국 지질 조사 연구소의 과학자들에 의해 최근 시행된 조사에 의하면 동물의 이상한 행동이 닥쳐올 지진을 예측하는데 도움을 줄 수 있다고 한다. 조사자들은 상당히 최근에 발생한 한 지진의 진앙으로부터 반경 10킬로미터 이내에서 그런 일들이 발생한다는 것을 알게 되었다. 어떤 새들은 찢는 듯한 소리를 내며 이리저리 사납게 날아다녔고, 개들도 날카로운 소리를 내며 미친 듯이 뛰어다녔다. 과학자들은 동물들이 재난이 일어나기 며칠 전에 이러한 환경적 변화들을 감지할 수 있다고 믿었다. 1976년에 동물의 행동을 관찰하고 난 뒤 중국인들은 대단히 파괴적인 지진을 예측할 수 있었다. 수십만 명이 죽었지만, 정부 측은 그 밖의 수백만 명을 대피시켜 사망자 수를 보다 더 줄일 수 있었다.

investigation (어떤 주제 · 문제에 대한) 조사(연구); (범죄 · 상황 등에 대한) 수사(조사) geological survey 지질 조사 predict 예측(예견)하다 earthquake 지진(=quake) occurrence 발생, 존재, 나타남; 발생하는(존재하는/나타나는) 것 radius 반지름, 반경; (특정 지점을 중심으로 한) 반경(범위) epicenter (지진의) 진원지(震源地), 진앙(震央); (활동의) 중심점; (문제의) 핵심 screech 날카로운 소리를 지르다; (공포 · 고통 등으로) 비명을 지르다; 날카로운 외침, 쇳소리 fly about 날아다니다; 흩어지다; (소문 따위가) 퍼지다 wildly 걷잡을 수 없이, 미친 듯이; 극도로; 몹시, 아주 yelp (개 · 늑대 따위가) 날카롭게 짖다(짖어대다); (보통 아파서) 꺅 하고 비명을 내지르다(꽥 악을 쓰다) run around (이리저리) 뛰어다니다; 어울리다, 교제하다(with) uncontrollably 막을 수 없이, 미친 듯이 perceive 감지(인지)하다; ~를 ~로 여기다 mishap 재난; (작은) 사고(불행); 불운, 역경 devastating 대단히 파괴적인, 엄청난 손상을 가하는; 엄청나게 충격적인 evacuate (위험 지역에서 사람들을) 대피(소개(疏開))시키다; (위험한 장소를) 떠나다, 피난하다 death toll 사망자 수

해석 다음 중 사실이 아닌 것은?
① 일부 동물들은 지진이 오는 것을 감지할 수 있을지도 모른다.
② 동물의 행동을 관찰함으로써, 과학자들은 지진을 예측할 수도 있을 것이다.
③ 중국인들은 지진을 성공적으로 예측해서 많은 인명을 구했다.
④ 진원지 반경 10킬로미터 이내에서 모든 새와 개가 지진이

일어나기 전에 날뛰었다.
해설 지문의 'Some birds screeched and flew about wildly; dogs yelped and ran around uncontrollably.'를 보면 모두가 아닌 일부 새들이 날뛴 것이므로 ④번 '진원지 반경 10킬로미터 이내에서 모든 새와 개가 지진이 일어나기 전에 날뛰었다'는 사실이 아니다.

20-21 다음 지문을 참조하시오.

야간에는, 먹이 떼와 포식자들이 미세하거나 좀 더 큰 플랑크톤이 내뿜는 생체 발광으로 인해 거의 항상 눈부시게 빛이 난다. 해양의 미생물이 내뿜는 빛이 여기저기에 존재하는 이유는 밝혀지지 않은 상태이며, 제시된 설명들은 논란의 여지가 많다. 빛은 투명한 유기체 내에서의 일종의 우연한 생명 활동의 부산물이라는 것이 제시되어 왔다. 동요 상태에서 빛을 발산하는 것은 플랑크톤의 포식자들을 그들(=플랑크톤의 포식자들)의 포식자들에 눈에 잘 띄게 한다는 점에서 플랑크톤에게 유리하다는 가설이 또한 제시되기도 했다.
의심의 여지없이 빛의 발산은 이렇게 이루어진다. 실제로 일부 수업해역에서는 물고기가 일으키는 생체 발광에 근거해서 먹잇감(물고기)을 탐지하고 있다. 하지만 이러한 결과가 생체 발광의 최초 발달에 있어서 직접적인 원인이라고 하는 명제를 방어하기에는 어려움이 있는데, 이는 그러한 효과가 처음으로 생체 발광을 발달시킨 개별적인 미생물에게는 조금도 유리하지 않았기 때문이다.

school (물고기, 해양 동물의) 떼(무리); 학교; 수업; 학파 prey (사냥 동물의) 먹이(사냥감); (특히 부정한 목적에 이용되는) 희생자(피해자) predator 포식자, 포식 동물; (약한 사람들을 이용해 먹는) 약탈자 spectacularly 장관을 이루어, 화려하게, 눈부시게 illuminate (~에 불을) 비추다; 환하게(빛나게) 만들다; (이해하기 쉽게) 밝히다(분명히 하다) bioluminescence (반딧불이, 플랑크톤 등의) 생물(생체) 발광 microscopic 미세한, 현미경으로 봐야만 보이는 ubiquitous 어디에나 있는, 아주 흔한 microorganism 미생물 obscure 이해하기 힘든, 모호한; 잘 알려져 있지 않은, 무명의 controversial 논란이 많은 inadvertent 의도하지 않은(=unintentional); 고의가 아닌, 우연의; (사람 · 성격이) 부주의한, 소홀한(=inattentive) by-product 부산물; 부작용 transparent 투명한; (변명, 거짓말 등이) 속이 뻔히 들여다보이는, 명백한; 명료한, 알기 쉬운 organism 유기체, (특히 극도로 작은) 생물(체); 유기적 조직체, 유기체 hypothesize 가설을 세우다(제기하다) emission (빛, 열, 가스 등의) 배출; (대기 속의) 배출물, 배기가스 disturbance 방해; 방해물; 어지럽히기; 어지럽힌 상태; 마음의 동요 advantageous 이로운, 유리한 conspicuous 눈에 잘 띄는, 튀는; 뚜렷한 unquestionably 의심할 나위 없이, 분명히 fishery (종종 -eries) 어업, 수산업; 수산 회사; (고기가 대량으로 잡히는) 어장 base (base ~ on)의 기초(근거)를 두다; 기초로 하다; (경험 · 사실 등을) (~에) 바탕을 두다, (~에) ~의 논거를 두다; 토대, 기저, 바닥; 기반; 기초, 근거; 주성분, 주재료; (군사) 기지; 기초가 되는; 기본적인 detection 발견, 간파, 탐지 defend 방어(수비)하다; (말이나 글로) 옹호(변호)하다; (피고를) 변호하다 thesis (논증되어야 할) 명제(命題), 테제; 논지; 학위 논문 effect 영향; 결과, 효과 of no advantage to ~에게 조금도 유리하지 않다 symbiosis (서로 다른 생물체 간의) 공생(共生)

20 정답 ⑤

해석 윗글의 주제로 가장 적절한 것을 고르시오.
① 플랑크톤 포식자들에게서 나는 생체 발광의 기원
② 생체 발광이 플랑크톤에게 이로운 점
③ 해양 생체 발광 생명체들의 다양성
④ 포식자와 그들의 먹이 간의 공생 관계
⑤ 플랑크톤 생체 발광의 원인들에 대한 가설들

해설 이 글은 플랑크톤의 생체 발광에 대한 가설을 그 예로 삼으면서 해양 생물의 생체 발광의 원인에 대한 이론들을 소개하고 있다.

21 정답 ②

해석 윗글의 밑줄 친 'their'가 지칭하는 것으로 알맞은 것을 고르시오.
① 플랑크톤
② 플랑크톤의 포식자
③ 먹이 떼
④ 어디서나 행해지는 생산
⑤ 개별 미생물

해설 플랑크톤의 포식자들을 그들의 포식자들의 눈에 띄게 함으로써 플랑크톤이 생존할 수 있다는 말이므로 'their'가 지칭하는 것은 ②번이다.

22-23 다음 지문을 참조하시오.

미국의 이혼율이 지금 추세대로 나간다면, 18세 이하의 아이들 중 적어도 반 정도가 자신들 부모의 이혼을 경험하게 될 것이다. 이혼은 부모나 자녀 모두에게 대단히 충격적인 경험이다. 그것은 탈선을 다루어야 할 정서적 원천이 완전히 고갈될 때 부모와 자녀 양쪽에 비정상적인 행위를 유발시킬 수 있다. 나의 가족법 변호사로서의 경험은 그 경험(부모의 이혼)으로 윤리성 발달에 영향을 받지 않을 아이는 거의 없을 거라는 확신을 갖게 되었다.

current 현재의, 지금의; 통용되는; 흐름, 해류, 기류; 전류; 경향(추세) **divorce** 이혼; 분리, 단절; 이혼하다; 분리하다 **traumatic** 정신적 외상의; 정신적 외상을 초래할 정도의, 대단히 충격적인 **provoke** (특정한 반응을) 유발하다; 화나게(짜증나게) 하다, 도발하다 **aberrant** 도리를 벗어난, 일탈적인 **on the part of** ~쪽으로서는, ~측에서는 **resource** 자원, 재원(財源); (원하는 목적을 이루는 데 도움이 되는) 재료(자산) **deal with** (문제 · 과제 등을) 처리하다; (주제 · 소재로) ~을 다루다 **aberrance** 정도(正道)에서 벗어남, 탈선(행위), 과오 **drain** 물 (액체/힘/ 돈)을(이) 빼내다(빠지다); (자원 등을) 고갈시키다 **family law** 가족법 **practitioner** (전문직 종사자, 특히) 변호사; 의사 **moral** 도덕과 관련된, 도덕상의; 정신적인, 마음으로의; (이야기 · 경험 등의) 교훈; (-s) (특히 성관계와 관련한) 도덕률 (정조 관념) **untouched** 훼손되지 않은, 본래 그대로의; 손을 대지 않은, 먹지(마시지) 않은; 전혀 바꾸지(고치지) 않은 **broken home(family)** (이혼, 별거로 인해) 해체된(결손) 가정 **disturbing** 충격적인, 불안감을 주는 **slip** 미끄러지다; (낮은 수준으로) 떨어지다, 전락하다; (작은) 실수; 미끄러짐; 슬립(여성용 속옷); (작은 종이) 조각, 쪽지 **morally** 도덕적으로 **not less than** 적어도(=at least) **exhaust** 기진맥진하게 만들다; 다 써 버리다, 고갈시키다; (어떤 주제에 대해) 샅샅이(철저히) 다루다; (자동차 등의) 배기가스 **withhold** (~을) 주지 않다, 허락하지 않다; 말리다, 억제하다

다 **waste** (돈, 시간 등을 필요 이상으로 들여) 낭비하다; 낭비, 낭비하는 행위; 쓰레기, 폐기물 **restore** (이전의 상황 · 감정으로) 회복시키다; (건강 · 지위 등을) 되찾게(회복하게) 하다; (이전의 제도 · 법률 등을) 부활시키다

22 정답 ⑤

해석 지문에 따르면 사실이 아닌 것은?
① 미국의 이혼율은 매우 높다.
② 18세 이하의 아이들 중 적어도 반 정도가 결손 가정에서 자랄 것이다.
③ 이혼은 아이들이나 부모 모두에게 충격적인 경험이다.
④ 이혼은 아이들이나 부모 모두를 윤리적으로나 정신적으로 정도에서 벗어나게 한다.
⑤ 어떤 경우에는, 아이들이 부모들의 이혼 경험에 영향을 받지 않는다.

해설 마지막 문장의 'it is a rare child whose moral development will be untouched by the experience.'를 보면 대부분의 아이들이 부모가 이혼한 것에 영향을 받으므로 ⑤번은 내용과 다르다. ①, ②번은 첫 문장에 언급되어 있고, ③번은 두 번째 문장인 'Divorce is a traumatic experience for parents and children.'을 패러프레이징한 문장이고, ④번은 세 번째 문장에서 이혼이 부모와 자녀 모두에게 정서적으로 영향을 미칠 수 있다는 부분에서 찾을 수 있다.

23 정답 ①

해석 밑줄 친 단어가 의미하는 바는 무엇인가?

해설 drain은 '고갈시키다'라는 의미가 있으므로 이와 동의어인 ①번이 가장 적절하다.

24-25 다음 지문을 참조하시오.

1626년 뉴암스테르담으로 알려진 북미의 네덜란드의 개척이민 정착지의 지사였던 Peter Minute는 맨해튼 섬을 약 60길더, 미화로는 24달러 12센트어치의 상품을 주고 구입하기로 인디언 추장과 협상했다. 이 투자는 3세기 후에 70억 달러 이상의 가치가 있는 투자였다.

negotiate (with) ~와 협상하다; 성사시키다, 타결하다 **chief** 추장; (단체의) 최고위원(장); 주된; 최고위자인 **purchase** 구입(구매); 구입(구매)하다 **merchandise** (매매한) 물품; (상점에서 파는) 상품; 판매하다 **guilder** 길더(네덜란드의 이전 화폐 단위. 2002년에 유로로 대체됨)

24 정답 ③

해석 섬과 맞바꾸는 대가로, 인디언 추장은 ＿＿＿＿＿＿＿＿을 받았다.
① 60길더
② 24달러 12센트
③ 상표와 물품
④ 뉴암스테르담의 토지

해설 지문의 'merchandise valued(~의 가치가 있는 물품)'가 문제 해결의 열쇠이다. 직접적인 금전 거래가 아닌 물품을 주고 Peter Minute가 인디언 추장으로부터 구입했다는 것을 알 수 있다.

해석　맨해튼 섬이 70억 달러의 가치로 평가된 시기는 언제인가?
해설　1626년을 기점으로 3세기 후이므로 1926년에 해당된다.

26　　　　　　　　정답 ③

① 운동한 환자들 중 가장 낮은 비율이 프로그램을 마친 후 상태가 악화되었다.
② 이 프로그램은 참가한 환자들의 80% 이상에게 통증을 줄이는 데 도움을 주었다.
③ 통증이 악화되었다고 느꼈거나 아무 변화가 없었던 환자들은 적당한 통증 감소를 느낀 환자들보다 비율 면에서 더 높았다.
④ 적당한 통증 감소를 느낀 환자들보다 근소한 통증 감소를 느낀 환자들이 더 적었다.
⑤ 이 프로그램에서 통증의 현저한 감소를 느낀 환자들이 다른 모든 환자들의 합보다 수적으로 더 많았다.

back pain 요통　**therapy** 치료, 요법　**slight** 근소한　**moderate** 적당한　**significant** 현저한, 중대한　**participate** 참여하다　**outnumber** ~보다 수가 더 많다　**participant** 참여자

해설　도표를 보면 통증이 악화되었다고 느낀 환자들이 3%, 아무 변화가 없었던 환자들은 12%이므로 이를 합치면 고통이 적당히 감소되었다고 느낀 환자들의 수치인 15%와 일치한다.

27　　　　　　　　정답 ④

Yio Chu Kang 지역의 한 아파트는 관리비를 늦게 내는 입주민들의 이름을 공개적으로 밝히는 방법에 의존하고 있는데, 이는 고리 대금업자들이 사용하는 악명 높은 전략인 '빌렸으면 갚아라'와도 같은 방식이다. Castle Green 아파트 관리위원회가 편지함 옆에 있는 게시판과 입주민들이 사는 구역의 엘리베이터 안에 그들이 갚아야 할 1,000달러에서 10,000달러에 이르는 금액을 포함한 입주민들의 명단을 게시하고 있음을 화요일자 The New Paper가 보도했다. 각 명단 옆에는 밀린 월 관리비를 다 갚지 못하면 법적인 조치를 취할 수도 있다는 경고장이 달려 있다. Yio Chu Kang 가(街) 주변의 664개 세대의 아파트 입주민들이 내야 하는 매 분기별 관리비는 700달러 정도이다. 보다 더 큰 아파트 소유자들은 더 많은 돈을 내야 한다.

condominium 분양 아파트(오피스텔), 콘도　**Yio Chu Kang** 싱가포르의 북동부에 위치한 교외 지역　**resort** 휴양지, 리조트; 의지, 의존(다른 대안이 없어서, 특히 좋지 못한 것에 기대게 됨을 나타냄); (특정 상황에서의) 제1, 마지막, 최후의 수단; 의지하다, 힘(도움)을 빌다, 호소하다; (자주)가다, 잘 다니다　**publicly** 공개적으로, 공공연하게; 공적으로　**resident** 거주자; 투숙객; 수련의; 거주하는　**maintenance fee** 관리비　**infamous** 악명 높은, 오명이 난　**tactic** (어떤 일을 달성하기 위한) 전략(작전); 전술　**loan shark** 고리 대금업자(=usurer)　**paste** 풀로 붙이다; (컴퓨터) (텍스트를 오리거나 복사하여 다른 곳에 갖다) 붙이다; (보통 밀가루 등의 가루로 만든) 반죽; (종이를 붙이는 데 쓰는) 풀　**lift** (英) 승강기, 엘리베이터; 오르기,

올리기; (위로) 들어 올리다(올리다); 들리다. 올라가다　**range** (범위가 ~에서(from) ~에(to)) 이르다; (양, 크기 등의 범위가) A에서 B 사이이다(A에서 B까지 다양하다); (이리저리) 돌아다니다, 배회하다; (변화, 차이의) 범위(폭); (특정 종류에 속하는 사물들의) 다양성; 거리(범위); (총 등의) 사정거리; (美) 방목장　**owe** (돈을) 빚지고 있다; 신세를 지고 있다; ~ 덕분이다. ~을 ~에게 빚지다(신세지다)　**legal action** 법적인 조치, 소송　**pay up** 빚(돈)을 다 갚다(특히 지불 시한이 늦어진 경우에 씀)

해석　① 세입자들의 고통
② 임대료 지불을 피하는 법
③ 고리 대금업자에 대한 엄중한 단속
④ 이름을 공개해서 창피주기
⑤ 공시

해설　이 글은 아파트 주민들이 관리비를 제때 내지 않을 때 악덕 고리 대금업자들이 하는 것처럼 '체납자들의 이름을 공개적으로 밝혀 수치심을 일으키게 하는 방법'을 써서 연체를 막겠다는 관리위원회 측의 행태를 소개하는 글이므로 ④번 Name and Shame(이름을 공개해서 창피주기)이 제목으로 가장 적절하다. 'Name and shame'은 불법적인 일을 저지른 사람이 누구인지 혹은 어떤 특정한 기준의 일을 성취하지 못한 사람이 누구인지를 공개적으로 밝힌다는 의미의 관용어구이다.

28　　　　　　　　정답 ③

무엇이 그녀를 아프게 했는가?

나는 화물선을 타고 남아메리카로 여행을 했는데 Buenos Aires에 도착하기까지 꼬박 한 달이 걸렸다. 내가 항해를 시작하기 전에는 내 안에 심지어 Columbus보다도 더 많은 개척자 정신이 있다고 나는 확신했다. 그러나 곧 파도를 타는 것이 나의 강점이 아니라는 결정을 내렸다. 왜냐하면 우리의 작은 배에서 나는 엔진 냄새와 계속되는 흔들림이 내 뱃속을 뒤집어 놓았고, 나는 잔인하기만 한 바다에서 그 어떤 기쁨도 경험하지 못했기 때문이다. 비록 여행의 끝 무렵에는 (아픔에서) 벗어나서 산을 등지고 위치한 Rio의 믿기 어려운 아름다움, 그 거대한 푸른색 나비들, 그리고 꿀 빛깔 모래 위에 부서지는 거대한 파도들의 푸르고 흰 거품을 즐길 수 있었지만 사실 나는 거의 여행 내내 끔찍하리만치 아팠다.

cargo boat 화물선　**turned one's stomach** 메스껍게 하다　**emerge** (빈곤, 무명의 처지 따위에서) 벗어나다. 일어서다; (물, 어둠 따위에서) 나오다, 나타나다　**gigantic** 거대한; 거인의(같은)　**foam** 거품; 거품이 일다(일게 하다)　**breaker** (부딪쳐) 흰 거품이 이는 물결(파도); 파괴자　**cargo** 짐, 화물　**fume** 증기, 연무(煙霧)(*냄새가 고약한 유독성 기체)

해설　항해 전만 해도 심지어 Columbus보다도 더 많은 개척 정신을 느낀 필자였으나, 곧 엔진 냄새와 진동으로 속이 뒤집어졌다는 내용이 나온다. 'the smell of the engines'의 유사어구인 'engine fumes'가 정답이다.

정원에 토착 식물을 기르는 것이 순식간에 유행하고 있다. 토착 식물들은 종종 새들 그리고 벌이나 나비와 같은 꽃가루 매개를 하는 곤충들을 더 많이 끌어들여 정원의 다양성을 증가시킨다. 그러나 외딴 도시의 마당에 토착적인 풍경을 흉내낸다고 해서 잃어버린 천연 서식지를 보상하는데 그다지 크게 도움이 되지는 않는다. 그러니 당신의 정원을 가장 생태적으로 활용하는 방법은 무엇일까? 가장 염두에 두어야 하는 것은 당신의 먹을거리를 위한 정원을 꾸미는 것이다. 새들, 나비들, 그리고 벌들을 위해 심어 놓은 것이 또한 당신이나 당신의 가족을 먹여 살리지 못할 이유는 없다. 해바라기는 종종 '자연이 주는 새 모이통'으로 불리지만, 기름이 풍부한 씨앗을 함께 나눌 만큼 충분히 심을 수도 있다. 정원에 있는 많은 과일나무들도 새와 당신 둘 모두에게 먹을거리를 줄 수 있다.

native plant 토착(토종) 식물　**catch on** 유행하다　**wildfire** 들불; 도깨비불 (spread like wildfire (소문 따위가) 순식간에 퍼지다)　**pollinator** 꽃가루 매개자 (곤충 등); 꽃가루의 공급원이 되는 식물　**diversity** 다양성　**imitate** 모방하다, 본뜨다; 흉내 내다　**landscape** 풍경　**urban** 도시의, 도회지의　**do much** 큰 기여를 하다; 크게 진력하다　**all that** 그다지, 그토록　**make up for** 보상하다, 벌충하다 (=compensate for)　**habitat** 서식지　**ecological** 생태학(계)의, 생태상의; 환경의, 환경 친화적인　**feed** 먹을 것을 주다; 먹이를 주다　**oil-rich seed** 기름이 풍부한 씨앗　**distinction** 차이; 뛰어남, 탁월함; 특별함; 구분

해석 ① 식량 공급처로 야생 토착 식물 이용
　　　② 토착적인 풍경을 보존해야 할 필요성
　　　③ 정원에 있는 야생 식물의 다양성 증가
　　　④ 정원에 인간과 동물을 위한 식용 식물 재배하기
　　　⑤ 새들과 꽃가루 매개자들 간의 생태학적 차이
해설 토착 식물을 정원에서 가꾸는 것이 유행하고는 있지만, 그보다는 동물과 사람이 함께 먹을거리를 제공받을 수 있는 (해바라기 같은) 식용 식물이나 과일나무 등을 심는 것이 정원을 생태적으로 잘 이용하는 것이라고 필자는 주장한다. ④번 '정원에 인간과 동물을 위한 식용 식물 재배하기'가 주제로 가장 적절하다.

30-31 다음 지문을 참조하시오.

'건전한 신체에 건전한 정신이 깃든다'라는 말은 고대로부터 의료계의 이상이었다. 이 말은 원래 정신적인 건강과 더불어 신체적인 건강에 대한 균형 있는 관심의 중요성을 단순히 강조하는 의도에서 나온 것이었다. 그러나 과학자들이 우리 자신의 섬세하게 얽혀 있는 두 부분 사이에 존재하는 상호 의존성이라는 겹겹의 층 등을 계속해서 풀어냄에 따라 힘 있고, 건실하고, 건강한 신체가 행복하고, 안정되고, 심리적으로 건강한 인간에게 필수적인 요소라는 사실이 더욱더 분명해지고 있다.

medical 의학(의료)의; 종합 검진　**ideal** 이상적인, 완벽한, 가장 알맞은; (상상 속에서나 가능한) 이상적인; 이상; 이상적인 것(사람), 이상형

---

emphasize 강조하다　**plus** 더하기; ~뿐만 아니라, ~도 또한; 이점, 좋은 점　**unravel** (이해하기 어려운 것, 미스터리 등을(이)) 풀다(풀리다); (뜨개질한 것, 엉클어진 것, 매듭 등을) 풀다　**layer** (표면을 덮고 있는) 막, 층, 겹; (일부를 이루는) 단계　**interdependence** 상호 의존　**delicately** 미묘하게; 정교하게; 고상하게; 우아하게　**entwine** 뒤엉키다, 얽히다; 꼬다, 휘감다　**secure** 안전한, 확실한; 안정감 있는; 안심하는　**superficially** 표면적으로, 피상적으로　**originally** 원래는, 본래는; (동사 뒤에서) 독창적으로; 기발하게　**recently** 최근, 요즘　**involuntarily** 모르는 사이에, 부지불식간에; 본의 아니게

해석 ① 신체를 강하고 건강하게 만드는 법
　　　② 정신 건강의 중요성
　　　③ 육체와 정신 건강간의 조화
　　　④ 고대(古代)인들에 대한 과학적 연구
해설 글의 흐름을 보면 처음엔 단순히 이상적이고, 피상적으로만 알려졌던 신체의 중요성이 점점 더 사람의 심리 상태와 실질적인 연결 관계를 맺고 있음이 과학자들에 의해 밝혀지고 있음을 알 수 있다. 즉, 건강한 몸이 심리적 건강에 필수적이라는 것이다. 따라서 몸을 건강하게 하기 위한 방법이 뒤따르는 것이 자연스럽다.

해설 "A sound mind in a sound body"라는 말의 유래, 기원을 설명하고 있으므로 originally가 적절하다.

(A), (B), (C), (D)에 가장 적절한 순서는 무엇인가?

(A) North Carolina에서 노예로 태어난 Harriet Jacobs는 그녀의 여주인으로부터 글을 읽고 쓰는 법을 배웠다.
(B) 비록 그녀의 남자 주인은 그렇게 믿고 있었지만, 실제로 그녀는 조그맣고 어두운 다락방에서 거의 7년이라는 세월을 보냈다.
(C) 그녀는 자신의 남자 주인으로부터 너무나 도망치고 싶어서 자신이 북쪽으로 도망쳤다는 소문을 내기 시작했다.
(D) Jacobs는 주인이 죽자마자, 백인 남자 주인에게 팔려갔는데 그는 그녀를 몹시 괴롭혔다.

mistress (과거 하인을 부리던 집의) 여자 주인; (보통 기혼 남자의) 정부　**attic** 다락(방)　**get away from** ~로부터 벗어나다　**flee** 달아나다, 도망치다　**master** (하인, 종의) 주인; 달인; 석사; ~에 숙달하다　**harrass** 괴롭히다; 희롱하다

해설 인물의 이름과 명칭을 단서로 해서 이 글은 크게 두 개의 범주로 나누어 볼 수 있다.(서로 간에 밀접한 의미 연결 구조를 가진 범주를 크게 두 개로 그룹화하면 문장 순서를 쉽게 파악할 수 있는 여지가 많다.) 우선 주인공(Jacobs)과 그녀의 여주인(her mistress)이 나오는 (A), (D)를 하나의 그룹으로, 그리고 주인공(Jacobs)과 그녀의 남자 백인 주인(a white master)이 나오는 나머지 문장들을 또 하나의 그룹으로 나누어 볼 수 있는데, 그녀의 여주인이 죽고 나서, 백인 남자에게 팔려갔다는 (D)가 남자 주인과 관련된 이야기의 발단이 되므로, (A), (D)

의 연결 구조를 우선 파악할 수 있고, 그 이후에 주인공은 자신을 괴롭히는 남자 주인의 횡포에 못 이겨, 도망쳤다는 소문을 냈다(she started a rumor)는 내용이 나오는 (C), 그리고 그렇게 믿었다는(believed so) (B)가 맨 마지막에 올 것이다.

33   정답 ③

운전면허를 막 따고 난 후 나는 나 자신이 어느 정도 독립했고 어른이 되었다고 느끼면서 차를 몰고 있었는데 어머니가 기름을 넣게 차를 세우라고 하셨다. 나는 주유소에 차를 세우고, "무연 휘발유로 채워 주세요."라고 자신 있게 소리쳤다. 이제 마침내 나도 성인 세계의 '문턱'을 넘어서게 된 것이었다. 이렇게 생각하고 있는데 종업원이 차의 조수석에 나타나서는 어머니에게, "10달러입니다."라고 말했다.

independent (국가가) 독립된; 자립심이 강한, 자립적인   **mature** 어른스러운; 성인이 된, 다 자란; 숙성된; 원숙한; 어른(성년)이 되다, 다 자라다; (충분히) 발달하다; 원숙해지다   **pull up** 멈추다, 서다   **pump** 펌프; 양수기; (pumps) 주유소(=gas station)   **fill up** 가득 채우다; 가득 차다   **regular unleaded** 보통 무연 휘발유   **threshold** 문지방; (비유적) 문턱; 한계점   **passenger side of the car** 차의 조수석

해설 주유소 종업원이 운전석에 있는 자신은 무시하고(즉, 어린애 취급을 하고) 옆자리의 어머니에게 기름 값을 청구했을 때 필자는 섭섭하고 실망스러운 감정이었을 것이다.

34   정답 ①

다음 문장이 들어가기에 가장 알맞은 곳은 어디인가?

예를 들면, 그들은 오늘날 우리가 잘 알고 있는 많은 질병들에 대해 알지 못했기 때문에 혼령과 악마들이 사람을 아프게 한다고 생각했다.

고대에, 사람들은 자신들이 이해하지 못했던 것들을 해결하는 한 가지 방법으로서 종종 미신적인 관습들을 만들었다. (A) 그들은 그 사악한 영혼들을 통제하려고 미신적인 관습들을 따랐다. (B) 오래전에 그리스에서는, 엄마들이 잠든 아기로부터 마녀들과 악령들을 쫓아버리는 한 가지 방법이 있었다. 엄마가 아기를 재울 때 자장가를 부르곤 했다. (C) 그리고는 불 앞에 서서 몸을 세 번 돌려 세웠다. 이것이 아이를 안전하게 지킬 수 있다고 생각했다. (D)

be familiar with ~에 익숙하다, ~을 아주 잘 알다   **spirit** 정신, 마음, 영혼; 혼령, 유령; 악마; 증류주   **demon** 악령(=evil spirit), 악마   **make up** 지어(만들어) 내다; ~을 이루다(형성하다)   **superstitious** 미신을 믿는, 미신적인   **deal with** 처리하다, 상대하다; (주제, 소재로) ~을 다루다   **keep evil spirits away** 악령을 내쫓다   **witch** 마녀   **put a baby (down) to sleep** 아기를 재우다   **lullaby** 자장가   **turn around** 회전하다(시키다); 방향을 바꾸다; 뒤돌아보다(보게 하다); 변절하다(시키다)

해설 제시문에 나오는 무관사 복수명사인 'spirits and demons'가 문제 해결의 결정적인 단서가 된다. 제시문의 spirits and

demons와 (A) 문장의 the evil spirits는 서로 동의적 관계를 이루는데, 제시문의 '무관사 명사(spirits and demons)'가 (A) 문장에서 다시 언급됨에 따라 정관사 the가 붙어 'the evil spirits'가 된 것이다.

35   정답 ④

일부 학생들은 수학이 오로지 공식과 규칙을 써서 문제를 푸는 것으로 잘못 생각하고 있다. ① 그러나 수학 문제를 제대로 풀기 위해서, 학생들은 수학적 방식 뒤에 있는 논리적인 구조와 추론을 인식하면서, 그 이론을 제대로 이해해야 한다. ② 그러기 위해서는 수학적 진술의 정확한 의미를 이해하고, 정밀하고 명료하게 생각을 표현하는 정확성이 요구된다. ③ 그러나 이러한 정확성이란 언어의 미묘한 사항들을 올바로 인식하지 않고서는 얻을 수 없다. ④ 사실, 누구라도 수학 공식과 규칙을 이용하지 않고서도 문제 해결 이상의 진전을 볼 수 있다. 즉, 언어 사용에 있어서의 탁월한 능력은 성공적인 문제 풀이자가 되는 전제 조건이다.

consist of ~으로 이루어지다(구성되다)   **by means of** ~의 도움으로(~을 써서)   **formula** 공식; 화학식; (특정한 상황에서 쓰는) 정형화된(판에 박힌) 문구   **appreciate** (제대로) 이해(인식)하다; 진가를 알아보다(인정하다); 고마워하다; 가치가 오르다   **reason** (논리적인 근거에 따라) 판단하다; 추리(추론)하다; 사고하다; 이유; 이성   **precision** 정확(성); 정밀(성); 신중함   **clarity** (표현의) 명료성; (사고력·이해력 등의) 명확성   **subtlety** 미묘함; 교묘함; 예민함; 중요한 세부 요소(사항)들   **manipulate** (능숙하게) 다루다(조작(操作)하다/처리하다), (흔히 교묘하고 부정직하게 사람, 사물을) 조종하다   **prerequisite** (무엇이 있기 위해서는 꼭 필요한) 전제 조건

해설 수학 문제를 잘 풀기 위해서는 단순히 공식과 규칙을 이용하는 것에 그치지 않고 수학적 진술의 의미를 정확히 이해하는 것이 중요한데 그러기 위해서는 언어의 미묘성을 올바르게 인식해야 한다는 것이 글의 요지이다. ③번 문장에서 언어의 미묘한 사항들을 올바로 인식해야 한다는 내용이 나오고 마지막 문장에서 이 문장을 다시 환원해서 (That is, 즉) 풀이하고 있음을 알면 '수학 공식과 규칙을 이용하지 않고서도 문제 해결 이상의 진전을 볼 수 있다'는 ④번이 논리적 흐름에 맞지 않는 문장임을 알 수 있다.

1 ④	2 ①	3 ③	4 ②	5 ③
6 ④	7 ④	8 ②	9 ④	10 ①
11 ①	12 ③	13 ②	14 ②	15 ①
16 ⑤	17 ②	18 ①	19 ④	20 ①
21 ④	22 ③	23 ①	24 ②	25 ②
26 ①	27 ②	28 ②	29 ③	30 ①
31 ④	32 ②	33 ④	34 ①	35 ②

1-3 다음 지문을 참조하시오.

한 사람이 편안한 생활을 영위하기 위해서는 어느 만큼의 (A) 공간이 필요할까? 자신에게 필요한 (A) 공간이 충족되지 않을 때 무슨 일이 일어날까? 사회학자와 심리학자들은 과밀한 (공간) 상태가 인간에게 미치는 영향을 알아보기 위해 쥐들을 대상으로 실험을 하고 있다. 최근 연구에 의하면 쥐들의 행동은 공간에 크게 영향을 받는 것으로 밝혀졌다. 쥐들이 충분한 (A) 공간을 갖게 되면, 그들은 잘 먹고, 잘 자며, 번식도 잘 한다. 그러나 생활 (공간) 조건이 과밀해지면 쥐들의 행동 패턴과 건강 상태는 눈에 띄게 변한다. 쥐들은 잘 자지도 먹지도 못하며, 공포의 기색이 여실히 드러난다. (공간이) 더 과밀해질수록, 쥐들은 더욱더 서로를 물고 심지어는 서로 죽이기까지 하는 경향을 보인다. 그래서 쥐들의 경우, (B) 그 개체 수와 난폭함은 직접적인 연관을 맺고 있다. 이것은 인간 사회에서도 또한 적용될 수 있는 자연법칙일까?

comfortable 편안한, 편한, 쾌적한 **requirement** 필요(한 것); 필요조건, 요건 **adequately** 충분히, 적절히 **conduct an experiment on** ~에 대한 실험을 하다 **rat** 쥐 **determine** 알아내다, 밝히다; 결정하다 **overcrowded** 과밀한, 너무 붐비는, 초만원인 **adequate** 충분한, 적절한 **reproduce** 번식하다; (그림·글의 내용 등) 복사(복제)하다 **perceptibly** 눈에 띄게, 확연하게 **obvious** 명백한, 분명한; 확실한 **leisure** 여가, 레저; 자유(여가) 시간; 한가한 **regardless of** ~에 상관없이(구애받지 않고) **be concerned about** ~에 관심을 가지다; ~을 걱정하다

1 정답 ④

해석 빈칸 (A)에 들어갈 단어로 가장 적절한 것은?

해설 지문에서 주요 소재 상황으로 나오는 overcrowded conditions와 too crowded 그리고 The more crowded는 모두 공간(=space)과 관련이 있는 표현들이다.

2 정답 ①

해석 빈칸 (B)에 들어갈 가장 적절한 문장을 고르시오.
① 개체 수와 난폭함은 직접적인 연관을 맺고 있다.
② 과밀한 조건은 건강 문제를 변화시킨다.
③ 개체 수는 수면과 섭식 습관에 영향을 미친다.
④ 물어뜯기와 죽임은 공포 징후를 유발한다.

해설 빈칸이 들어간 문장은 공간 과밀 상태에 처한 쥐들에 대한 실험의 총체적인 결론을 내리는 부분이므로 ①번이 정답이다.

3 정답 ③

해석 지문에 따르면, 다음 중 어떤 내용이 옳은 내용인가?
① 쥐는 서식 환경에 상관없이 번식을 잘 한다.
② 심리학자들은 인간 행동 패턴에 대한 실험에 관심이 있다.
③ 과밀한 생활 조건은 인간의 행동 패턴을 바꿀 수 있다.
④ 사회학자들은 쥐보다 인간의 행동에 더 관심이 있다.

해설 세 번째 문장인 'Sociologists and psychologists are conducting experiments on rats to try to determine the effects of overcrowded conditions on man.'에서 정답의 단서를 찾을 수 있다. 쥐 실험도 결국은 '과밀한 (공간) 상태가 인간에게 미치는 영향을 알아보기 위해' 실시한 것이므로 쥐에 대한 실험의 결과는 인간에게도 그대로 적용된다고 볼 수 있다. ①번은 지문의 내용과 다르며, ②, ④번은 지문에서 언급된 바도 없고 추론할 단서도 찾을 수 없다.

4-6 다음 지문을 참조하시오.

간단한 실험을 통해 인간 본성을 두 가지 유형으로 구분할 수 있다. 한 무리의 사람들을 모아서 그들을 연락선에 태워 보라. 배가 흔들거리며 강을 지나갈 때, 특정 부분의 사람들이 갑판으로 나가서 자신들이 강을 건널 때 무엇이 보이는지를 보기 위해 수고를 마다치 않고 위층으로 올라가는 것을 보게 될 것이다. 나머지는 선내에 머물며 강 건너편에 도착하자마자 무엇을 할 것인지를 생각한다. 우리는 배에 탑승한 그 기민한 승객들을, '강을 건너가는 것(그 여정 자체)'에 관심이 있는 사람들과 단지 건너가는 것(도착)에만 관심이 있는 사람들, 이렇게 두 부류로 나눌 수 있을 것이다. 또한 우리는 지구상의 모든 사람들 즉, 모든 사람의 감정을 같은 식으로 구분할 수 있을 것이다. 어떤 사람들은 목적을 달성하는데, 또 어떤 사람들은 경험을 얻는데 전념을 한다. 첫 번째 부류를 현실적, 두 번째 부류를 시적이라고 칭한다면 양자의 구분은 보다 분명해질 것이다. 왜냐하면 시적이거나 시적 분위기의 사람은 현실적이지 못하며, 또한 현실적인 사람이 시를 용납하지 않음은 주지의 사실이기 때문이다.

distinguish 구별하다; 차이를 보이다 **human nature** 인간 본성 **throng** 인파, 군중; 다수 (떼를 지어) 모여들다(모여 있다) (a throng of 다수의, 여러 가지의) **pour** 마구 쏟아 붓다; 마구 쏟아지다; (음료 등)을 따르다 **ferry-boat** 연락선 **swung** swing의 과거/과거분사 (swing (전후, 좌우로) 흔들리다(흔들다)) **proportion** (전체의) 부분, (전체에서 차지하는) 비율 **upstairs** 위층(2층)으로; 위층(2층)에(에서) **deck** (배의) 갑판 **cross over** 건너다; 넘다 **settle** (편하게) 앉다(자리를 잡다); 정착하다; (논쟁 등을) 해결하다(끝내다), 합의를 보다 **indoors** 실내에서, 실내로 **alert** 기민한; (위험 등을) 경계하는; (위험 등을) 알리다, 경보를 발하다; 의식하게 하다, 주의를 환기시키다 **class** 부류; 계층; 등급; 학급; 수업; 분류하다; 일류의, 아주 멋진 **get across** ~을 건너다; (건너편으로) 횡단하다, 건너가다 **mood** 기분; 분위기 **be occupied with** ~으로(하기에) 바쁘다, 여념이 없다 **attain** (보통 많은 노력 끝에) 이루다(획득하다) **end** 목적; 목표; 끝; 가장자리; 끝나다; 끝내다; 끝을 맺다 **distinction** 차이(대조); 구분, 차별; 뛰어남, 탁월함 **mark** 특징(성격) 짓다; 표시하다; 마크

(방어)하다; 자국(흔적); 표시(부호/마크); 표시, 특징; 점수, 평점 **practical** 현실(실제/실질)적인; 타당한, 현실성 있는, 실현 가능한 **poetic** 시적인; 시의 **common knowledge** 누구나 다 아는 일(주지의 사실), (지식으로서의) 상식 **impractical** 비현실적인; 터무니없는; 손을 쓰는 일에 서툰 **intolerant** 견딜(참을) 수 없는; 너그럽지 못한, 편협한 **poetry** (집합적으로) 시(詩) **represent** (행사, 회의 등에서 단체 등을) 대표(대신)하다; (상징물로) 나타내다, 상징하다 **observant** 관찰력 있는; (법률, 관습을) 준수하는

4
정답 ②

해석 필자가 의미하는 "crossing the rivers"는 무엇인가?
　　① 강 건너편에 도착하는 것
　　② 강을 건널 때 그들이 볼 수 있는 모든 것을 관찰하는 것
　　③ 강을 건너는 것에만 관심이 있는 것
　　④ 건너편에 도착해서 무엇을 할 것인가를 생각하는 것

해설 강을 건너는 것 즉, 그 여정 자체의 경험을 얻는 데 전념하는 것은 시적인(poetic) 부류의 사람들에 해당되므로, ②번이 정답이다.

5
정답 ③

해석 "건너는 것에만 유독 관심이 있는 사람들"은 ____________ 을 나타낸다.
　　① 주로 경험을 얻는 것에 관심이 있는 사람들
　　② 시적이거나 시적 분위기의 사람들
　　③ 목표 달성에 주로 관심이 있는 사람들
　　④ 그들의 시간을 많은 다른 종류의 경험을 쌓는데 쓰는 사람들

해설 "건너는 것에만 유독 관심이 있는 사람들"은 현실적인 (=practical) 부류의 사람들이므로 ③번이 정답이다. ①, ②, ④번은 모두 시적인(=poetic)의 사람들의 특징이다.

6
정답 ④

해석 다음 중 위 지문의 내용과 일치하지 않는 것은?
　　① "강을 건너가는데"에 관심이 있는 사람은 시적인 사람들이다.
　　② 일반적으로 현실적인 사람들은 시를 참을 수 없다고 한다.
　　③ 시적인 정서를 가진 사람들의 주요 관심사는 경험을 얻는 것이다.
　　④ 시적인 사람은 강을 관찰하는데 관심이 없다.

해설 강을 관찰하는데 관심이 없는 사람은 시적인 부류의 사람이 아니라 현실적인 부류의 사람이다.

7
정답 ④

(A), (B), (C), (D), (E)에 가장 적절한 순서는 무엇인가?

> (A) 지식은 새로운 아이디어를 만드는 재료이다.
> (B) 그들의 지식은 자신들이 알고 있는 바를 창조적인 방식으로 생각하지 않기 때문에 단지 머릿속에만 들어 있을 뿐이다.
> (C) 우리는 많은 사실을 알지만, 창의적인 어떠한 일도 하지 못하는 사람들을 많이 알고 있다.
> (D) 그럼에도 불구하고, 지식만으로는 사람을 창의적으로 만들지는 못한다.
> (E) 창의적이 될 수 있는 가장 중요한 열쇠는 지식을 가지고 무엇을 하느냐에 달려있다.

stuff 물건, 물질 **crania** (cranium의 복수) 두개골 **creative** 창의적인 **nonetheless** 그렇기는 하지만, 그렇더라도 **lie in** ~에 있다

해설 이 글은 지식과 창의력의 상호관계에 관한 글이다. 지식이 많더라도 그러한 지식을 실생활에서 활용하지 못하면 창의적인 사람이 될 수 없다는 글이다. 선택지에서 (A)가 도입 문장 그리고 (E)가 마지막 정리 문장으로 이미 나와 있음을 우선 간파해야 한다. 지식(knowledge)이 새로운 아이디어를 만드는 재료라고 정의 내린 (A) 뒤에는 '지식만으로는 창의적이 될 수 없다(Nevertheless ~ knowledge alone)'라고 (A)를 부분 반박하는 (D)가 와야 적절하고, (C)와 (B)는 'people who~' 와 'Their(=people who) knowledge'의 연결 구조를 파악하면 쉽게 그 순서를 알 수 있다.

8
정답 ②

> 신화는 몇 가지 질문에 답을 제시하려고 한다. 세상은 어디서 왔는가? 신들은 어떤 존재들이고 또한 그들은 어디서 왔는가? 인간의 기원은 어떻게 되는가? 세상에 악이 존재하는 이유는 무엇인가? 사후에 인간은 어떻게 되는가? 신화는 또한 사회의 관습과 의식에 대해서도 설명하려 한다. 그러한 설명들을 들려주는 것을 넘어서, 신화는 사회의 존재 방식을 정당화하는데도 이용되고 있다. 몇몇 고대 문명권에서 지배 가문들은 신의 세계 즉, 하늘에 그 기원이 있다고 설명하는 신화에서 자신들의 권위에 대한 정당성을 확보했다. 인도에서 그 사회를 카스트로 세분한 것은 기원전 1500년 이후에 인더스 문명에서 등장한 고대 신화에 그 뿌리를 두고 있는 것이다.

myth 신화 **humanity** 인류, 인간; 인간성; 인간애 **originate** 비롯되다, 유래하다; 발명(고안)하다 **evil** 악; 악폐; 폐해; 사악한; 악마의 **account for** 설명하다; (부분·비율을) 차지하다 **ritual** (특히 종교상의) 의식 절차, (제의적) 의례 **justify** 정당화시키다(하다), 해명(옹호)하다; 옳음(타당함)을 보여 주다 **justification** 정당화; 타당한(정당한) 이유 **breakdown** 분해; 고장; 실패(결렬/와해) **caste** (힌두교 사회의) 카스트(계급); (사회적) 계급 제도 **mythology** (일반적인 또는 특정 문화, 사회 등의 집합적) 신화 **emerge** 나오다; 생겨나다, 부상하다, 부각되다

해석 ① 신화의 유형
　　② 신화의 기능(역할)
　　③ 풍습의 신화
　　④ 신들의 신화

해설 세상과 신 그리고 인간의 존재에 대한 질문에 답을 제시하고, 사회의 관습과 의식에 대해서 설명하며, 사회의 존재 방식을 정당화 한다는 것은 신화의 기능과 목적에 해당된다고 볼 수 있으므로 ②번 '신화의 기능(역할)'이 제목으로 가장 적절하다.

(A) 나는 Denver에 있는 내 동생에게 사업계획서를 보냈으며 그는 흥미를 느낄 가능성이 있습니다.

(B) 나는 당신이 필요로 하는 모든 자본을 구할 것이라고 확신하며, 당신의 성공을 기원합니다.

(C) 비록 그것이 매우 매력적으로 보이긴 하지만, 우리가 현재 관심을 가질 준비가 되어 있는 것이 아닙니다.

(D) 우리에게 당신의 부동산 신탁 투자 기회에 관한 정보를 보내주셔서 감사드립니다.

---

prospectus (사업의) 요강, 계획서; (설립) 취지서　**capital** 자본; 수도; 대문자; 두문자; 자본의; 매우 중요한; 대문자의; (처벌로서) 죽어 마땅한　**appealing** 매력적인; 호소하는 듯한　**get into** (어떤 상태)에 들어가다. 착수하다; 타다　**at(for) the moment** (지금) 당장은　**real estate investment trust** 부동산 투자 신탁

해설 (D)의 'Thank you for sending us the information'은 감사의 말을 전하고 있으므로 처음 인사말로 적절한 표현으로 제일 처음에 올 수 있다. 또한 (B)의 'I wish you every success'는 상대방에게 행운을 비는 내용으로 글 말미에 오는 것이 적절하다. 문맥상 (C)의 it은 (D)의 the information on your real estate trust investment opportunity이므로 (D)-(C)의 순서가 적당하며, (C)에서 매력적으로 보이나 준비가 안 돼 있다고 했으므로 (A)에서 동생에게 자료를 보냈다는 내용이 이어지는 것이 자연스럽다. 따라서 글의 논리적 순서는 (D)-(C)-(A)-(B)이다.

10　　　　　　　　　　　　　　　　　정답 ①

우리의 주된 목적은 회복이 불가능한 혼수상태를 사망의 새로운 기준으로 정의하려는 것이다. 이것을 확정 지어야 되는 것에는 두 가지 이유가 있다. 소생시키고(생명을 되살리고) 그것을 유지하는 데 도움이 되는 조치에서의 개선은 절망적으로 상해를 입은 사람들의 목숨을 구하려는 보다 많은 노력을 가져왔다. 때때로 이러한 노력은 부분적인 성공만을 거두어서 그 결과로 심장은 계속 뛰고 있지만 뇌는 돌이킬 수 없는 상처를 입은 사람이 생겨나게 되었다. 지력의 영구적인 손실로 고통받는 환자와 그들의 가족, 병원 그리고 혼수상태에 빠져 있는 이들 환자들이 이미 차지하고 있는 병상을 필요로 하는 다른 환자들에게 있어서 그 부담은 대단히 큰 것이다. 죽음의 정의에 대한 낡은 기준은 이식(移植)을 위한 신체 장기를 구하는 데 있어 논쟁을 불러올 수 있다.

---

primary 주된, 주요한; 기본적인; 최초(초기)의; 초등 교육(학교)의　**irreversible** (이전 상태로) 되돌릴(철회할) 수 없는　**coma** 혼수상태, 코마　**criterion** (판단이나 결정을 위한) 기준　**resuscitative** (인공호흡법 등으로) 소생시키는　**supportive** 지원하는, 도와주는, 힘을 주는　**measure** (특정 목적을 달성하기 위한) 조치(정책); (판단·측정의) 척도(기준); (치수·양 등을 표준 단위로) 측정하다(재다); (중요성, 가치, 영향을) 판단(평가)하다　**lead to** 야기하다, 초래하다　**save** (죽음, 손상, 손실 등에서) 구하다; 저축하다　**desperately** 절망적으로; 자포자기하여; 필사적으로; 몹

시, 지독하게(=excessively)　**partial** 부분적인, 불완전한; (~을) 편애하는, (~에 대한 지지가) 편파적인　**beat** (심장이) 고동치다; (게임, 시합에서) 이기다; 더 낫다, 능가하다　**burden** (마음의) 부담, 걱정, 괴로움; 무거운 짐, 짐(load); 짐 나르기; (종종 수동형으로) ~에게 짐을 지우다. 부담시키다; 괴롭히다. 고민하게 하다　**permanent** 영구(영속)적인　**intellect** 지력, 지적 능력; 지적 능력이 뛰어난 사람　**in need of** ~을 필요로 하는　**occupy** (공간, 지역, 시간을) 차지하다; 점령(점거)하다; (~으로) ~를 바쁘게 하다　**comatose** 혼수상태인　**obsolete** 더 이상 쓸모가 없는, 한물간, 구식의　**controversy** 논란　**obtain** (특히 노력 끝에) 얻다(구하다/입수하다); 존재하다　**organ** (인체 내의) 장기(기관); 오르간　**transplantation** (외과) 이식 (수술); 이식(移植)(한 것); 이주(移住), 이민

해석 ① 회복될 수 없는 혼수상태의 특징
　　　② 심각한 상해를 입은 환자들의 인도주의적 문제점들
　　　③ 혼수상태에 빠진 환자들에서의 부분적인 성공
　　　④ 심각한 혼수상태로부터 사람들을 구하려는 노력

해설 '사망의 정의에 대한 낡은 기준'이 제고되어야 한다는 맨 마지막 문장에 주목한다. 즉, 어떤 상태가 진정한 사망인지를 결정하는 기준은 '회복될 수 없는 혼수상태'가 어떤 특징을 가지고 있는지를 정확하게 규정하는 것과 동일선상의 사안이 될 것이므로 ①번이 다음에 올 내용으로 가장 적절하다.

11-13 다음 지문을 참조하시오.

온실 현상의 특정 측면들은 잘 알려져 있다. 특정한 가스들이 공중으로 방출될 때 가스는 그곳에 머물면서 열이 대기 중으로 빠져나가는 것을 차단하는데, 이것은 온실에서 유리의 효과와 유사하다. 이들 온실가스들은 햇빛을 통과시켜 지표면에 도달할 수 있게 한다. 그러나 이들 가스들은 지표면으로부터 방사된 열이 우주 공간으로 빠져나가는 것을 막게 되고, 이로 인해서 '온실 효과'가 발생하는 것이다. 이 과정은 자연적인 것이고, 우리가 알고 있는 것처럼 지구상의 생명체들의 생명 유지에 필수적이다. 실제로 온실 효과가 없다면, 우리 지구는 현재보다 50도 정도 기온이 떨어져 빙산이 될 것이다.

---

aspect 측면; 양상; 면　**greenhouse** 온실　**phenomenon** 현상; 경이로운 사람(것)　**release** (잡고 있거나 막혀 있던 것을) 놓아 주다(날려 보내다/방출하다); (대중들에게) 공개(발표)하다; (긴장 등을) 풀다; 방출; 석방; 발표　**block** (지나가지 못하게) 막다, 차단하다; 방해하다, 저지하다; (단단한) 사각형 덩어리; (도로로 나뉘는) 구역, 블록　**atmosphere** (지구나 다른 행성의) 대기; 분위기, 기운　**radiate** (열, 빛, 에너지 등을) 내뿜다(방사/방출하다); 뿜어져 나오다(방사되다); (사방으로) 퍼지다　**thereby** 그렇게 함으로써, 그것 때문에　**vital** 필수적인; 생명 유지와 관련된, 생명 유지에 필수적인; 활력이 넘치는　**planet** (the, our~) 지구; 행성　**iceberg** 빙산

11　　　　　　　　　　　　　　　　　정답 ①

해석 이 지문의 제목으로 가장 적절한 것은 ＿＿＿＿＿＿＿이다.
　　　① 온실 효과의 정의
　　　② 온실 효과의 문제점
　　　③ 온실 효과에 대한 해결책
　　　④ 온실 효과의 원인

해설 이 글은 온실 효과가 무엇인지를 정의하고 있으므로 ①번이 가장 적절하다. ②, ③번은 지문에서 언급된 바 없으며, ④번은 제목으로 하기에는 너무 지엽적이다.

해석 필자는 _______________ 라고 생각한다.
　① 우리는 온실 효과를 제거하기 위해 노력해야 한다.
　② 우리는 온실 효과에 대해 아무것도 모른다.
　③ 우리는 온실 효과가 필요하다.
　④ 공기 중의 가스와 온실의 유리는 다른 역할을 한다.

해설 지문 후반부의 'it's vital to life on earth as we know it. In fact, without a greenhouse effect, our planet would be an iceberg — about 50 degrees colder than it is now.'에서 온실 효과가 지구에 꼭 필요한 것임을 밝히고 있다.

13   정답 ②

해석 지문에 따르면, 다음엔 어떤 논리적인 주장이 나오는 것이 타당한가?
　① 그러나, 인간은 온실 효과를 제거하기 하는데 힘 써야 한다.
　② 그러나, 인간은 온실 효과의 (조화로운) 균형을 변화시켜 왔다.
　③ 그러나, 상황은 변함없을 것이다.
　④ 그러나, 인간은 온실 효과를 변화시키기 위한 노력을 반드시 해야 한다.

해설 선택지 모두가 역접의 연결어로 시작됨에 주목해야 한다. 지문의 마지막에서 온실 효과의 긍정적인 면이 부각되었으므로, 그 이후는 (긍정적인) 온실 효과를 파괴하거나 변질시키는 등의 부정적인 내용(②번)의 흐름이 나오거나, 아니면 아예 온실 효과의 부정적인 면을 소개하는 내용이 기술되어야 논리적인 흐름이라 할 수 있다.

14-16 다음 지문을 참조하시오.

1998년 인도의 핵실험 예측의 실패로부터 이라크의 불법 무기 보유 가능성에 대한 아직 입증되지 않은 보고에 이르기까지 정보국의 인적 정보 활동의 취약성은 반복되는 당황스러운 사건들에서 명백하게 드러났다. 결정적 시기에 정보국원들이 최근 증언과 인터뷰에서 시인한 바에 따르면, CIA는 Saddam Hussein 정부와 Al Qaeda에 대한 믿을 만한 정보를 제공할 수 있는 정보원을 모집할 능력이 없음이 입증되었으며 종종 믿을 수 없는 정보를 제공하는 외국 정보국에 광범위하게 의존해야 했다.

agency 정보(첩보) 기관; 정부 기관, (미) 국(局), 청(廳); 대리(점) **anticipate** 예상(예견, 예측, 예기)하다; 기대하다 **unsubstantiated** 입증되지 않은, 터무니없는, 증거가 없는 **illicit** 위법의, 불법의 **manifest** 명백한, 분명한(=clear); 명백히 하다, 명시하다(=show); 증명하다(=prove) **embarrassment** 당황, 당혹; 당황케 하는 것 **juncture** (중대한) 시기; 위기(=crisis); 접합, 연결, 이음매; (언어)연접 (at this juncture 이 중차대한 시기에) **acknowledge** ~을 자인(자백)하다; ~을 인정하다 **testimony** 선서 증언; 공식 선언(발표) **recruit** (신병/신입 회원)을 모집하다; 신병, 초년병; 신입 사원(회원) **agent** 요원, 직원; 대리인, 중개인; 대리점; 동인(動因), 작인; 작용물, 약제 **reliable** 신뢰할 수 있는, 믿을 수 있는

14   정답 ②

해석 지문에 따르면, 최근에 정보국원들이 일련의 작전에 실패한 이유가 무엇인가?
　① 훈련되지 않은 정보원들로부터의 왜곡된 정보 때문에
　② 외국의 정보국에 과도하게 의존하기 때문에
　③ 다른 정보원들로부터의 너무나 모순된 정보 때문에
　④ 외국 주재 정보원들로부터의 믿을 수 없는 정보 때문에
　⑤ 지리학적 정보기술에의 과도한 의존 때문에

해설 정보국이 믿을 만한 정보를 제공하는데 실패하였다는 내용과 그 이유에 대해 논하고 있다. 정보국원들의 증언과 인터뷰에 따르면 '믿을 만한 정보를 제공할 수 있는 정보국원을 모집할 수 없고 믿을 만하지 못한 외국 정보국에 의지'했으므로 정보국이 정보 제공에 실패한 이유는 ②번이다.

15   정답 ①

해석 ① 불법으로 선언된, 금지된
　② 증명된
　③ 불확실한
　④ 죽음을 초래하는; 치사의, 치명적인
　⑤ 폭발성의; 격정적인; 일촉즉발의

해설 어휘 문제이다. illicit는 '위법의, 불법의'라는 뜻이므로 ①번이 정답이다.

16   정답 ⑤

해석 ① 성공적인
　② 자신감 있는
　③ 결실 있는, 생산적인
　④ 지나치게 자신만만한
　⑤ 할 수 없는

해설 '믿을 만한 정보를 제공할 정보국원을 모집할 수 없다'이므로 unable이 적합하다.

17   정답 ②

다음 문장이 들어가기에 가장 알맞은 곳은 어디인가?

그러나 오늘날 큰 것이 최고라는 콤플렉스로 인해서 우리는 그 중 하나를 희생해야 해야 할 처지에 있다.

(①) 대의 민주제의 원칙과 자유 시장 경제의 원칙은 활동 반경이 작았던 18세기 미국의 구도에서는 공존이 가능했다. (②) 우리는 경제를 비틀거리게 하여 적지 않은 미국인들을 빈곤으로 끌고 갈지언정 대기업에 대한 구제 금융을 거절할 수 있으며, 국민들의 이익을 보호하겠다는 우리의 선서를 지키지 못할 수도 있다. (③) 혹은 자유 시장의 원칙을 희생하면서 구제 금융에 자금을 댈 수 있으며, 기업의 비대함이 권력에 취해 또 다른 장애에 부딪혀 무너질 때까지 만연하게 할 수도 있다. 그렇게 될 것이고 지금도 항상 그러하다. (④) James Brock은 "아 이러니한 것은 우리가 전도된 경제 다위니즘을 고착시켰다는 것인데, 이는 우리가 적자생존이 아니라 가장 비대한 것이 생존하고, 최고의 것이 아닌 가장 거대한 것이 존재한다는 것을 보장하게 되었다고 말한다. (⑤)

representative democracy 대의 민주제 free-market economics 자유 시장 경제 coexist 공존하다 schematic 도식(도해)으로 나타낸; 도식적인; 개념도, 약도 bail out (경제 원조로) 구제하다, 구제 금융을 제공하다; (보트의) 괸 물을 퍼내다; 낙하산으로 탈출하다 falter 불안정해지다, 흔들리다; (자신이 없어 목소리가) 흔들리다(더듬거리다) drag (힘들여) 끌다(끌고 가다); (몸을 끌듯) 힘겹게 움직이다 penury 극빈 oath 맹세, 서약, 선서 caretake 돌보다, 건사하다 bailout (심각한 재정 위기에 처한 기업, 국가 등에 대한) 긴급 구제 corporate 기업(회사)의 obesity 비만, 비대 run riot 마구 날뛰다 crash 충돌하다, 추락하다; 부딪히다, 박살나다; 요란한 소리, 굉음; (충돌, 추락)사고 reverse (정)반대(역)의; 뒷면의; (정반대로) 뒤바꾸다, 반전(역전)시키다; (결정 등을) 뒤집다; (방금 언급한 것의) (정)반대(역); 후진 기어; 좌절, 실패 ensure 반드시 ~하게(이게) 하다, 보장하다

해설 ① 문장에서 대의 민주제와 시장 경제의 공존이 가능하다는 내용이 나오고 ②는 대의 민주주의의 희생을, ③은 시장 경제의 희생을 의미하는 내용이 전개되고 있으므로, 'require that we sacrifice one(=대의 민주주의) or the other(=시장 경제)'의 내용이 들어간 제시문은 ②에 들어가는 것이 타당하다.

18-19 다음 지문을 참조하시오.

흑인 경험을 철저히 무시하는 것이 빈곤과 지능 발달 지체 문제의 중심이다. 그러나 가난한 흑인이 인종상의 낙인으로 고통받아왔다면, 가난한 백인들은 자신 앞에 인종적 장벽이 거의 없는 사회에서도 성공하지 못했다는 낙인으로 고통받아왔다. 신분의 상승이 가능하다고 설파하는 미국 사회에서 백인의 실패는 자연히 열등함에 대한 기소장[징표]이다. 다른 어떤 것에 백인의 가난함의 책임을 돌릴 수 있겠는가? 백인 쓰레기(가난한 백인)로 취급받는 것에서의 영향은 적어도 낙인찍힌 깜둥이의 영향과 비슷하다. 가난한 백인 남자는 가난한 흑인 남자와 마찬가지로 자신이 견뎌야 할 특별한 짐을 나름대로 가지고 있다.

utter 전적인, 완전한, 철저한; 무조건의, 절대적인, 단호한; (소리, 말, 신음, 탄식 등을) 입 밖에 내다; 발언하다 degradation 무시, 비하; 수모 retardation 지연; 저지, 방해; 지능 발달의 지연 stigma 오명 race 인종; (the~) 인류; 민족; 국민 경주; 경쟁; 인종의, 인종적인; 경주(경쟁)하다 racial 인종의; 민족의; 인종(민족)간의 barrier 장애물, 장벽 preach 설교하다; 설파(역설)하다 upward mobility 경제적(사회적) 상태의 상승 of itself 자연히, 저절로 unique 유일무이한, 독특한; (아주) 특별한, 고유한, 특유의 indictment 기소, 고발장, 기소장, (제도, 사회 등의) 폐단의 흔적 inferiority 열등함 ascribe (원인, 동기, 기원 등을) ~에 돌리다(=attribute); (결과 등을) ~의 탓으로 돌리다(=impute); (예술 작품, 공적, 발명 등을) (사람 · 사건 · 시대)의 것으로 하다 white trash (집합적) (경멸적) 가난한 백인 approximate (성격, 양, 자질 등이) 비슷하다(가깝다); 거의 정확한, 근사치인 brand (특히 부당하게) 낙인을 찍다; (동물에게 주인을 표시하는) 낙인을 찍다; 상표, 브랜드; 낙인 nigger 깜둥이(흑인을 가리키는 대단히 모욕적인 말) (jungle bunny 美 · 속어 · 경멸) 아프리카계 흑인 burden 무거운 짐, 부담; (종종 수동형으로) ~에게 짐을 지우다, 부담시키다; 괴롭히다 bear 참다, 견디다; (책임 등을) 떠맡다(감당하다); (특히 부정적인 감정을) 갖다(품다); (아이를) 낳다; (나무가 꽃이나 열매를) 피우다(맺다); 곰

                    정답 ①

해석 가난한 백인은 ______________의 낙인으로 고통받아왔다.
　　① 백인이면서 가난하다는 것
　　② 자기 자신과 자신의 가족들을 교육시킬 수 없다는 것
　　③ 같은 직업을 두고 가난한 흑인들과 경쟁해야 한다는 것
　　④ 자신 앞에 인종 장벽이 거의 없는 곳에서 성공했다는 것
해설 흑인들이 인종상의 낙인으로 고통을 받아왔다면, 가난한 백인들은 신분 상승에 대한 인종적 장벽이 없음에도 성공하지 못했다는 열등감으로 고통을 받아왔다는 것이 이 글의 요지이다.

19   정답 ④

해석 논제에 대한 저자의 태도는 ____________이다.
　　① 분개한, 분노한
　　② 공정한, 사심 없는; 초연한, 무심한
　　③ 거들먹거리는, 잘난 체하는; (아랫사람에 대해) 일부러 겸손한; 생색내는 듯한
　　④ 지나치게 단순화시킨
해설 흑인이 가난한 것을 단순히 인종적 차별에서 기인한 문제로 취급했다는 점, 그리고 미국 사회에서 백인의 실패를 열등함에 대한 징표로 정의내린 점, 그리고 그 이후에 나오는 'To what else can a white man's poverty be ascribed?(다른 어떤 것에 백인의 가난함의 책임을 돌릴 수 있겠는가?)'라는 단정적인 질문에서 저자의 '지나치게 단순화(시킨)된' 태도를 엿볼 수 있다.

20-22 다음 지문을 참조하시오.

코카서스 지방 사람들이 장수하는 또 다른 중요한 원인은 기대치가 분명한 문화 환경 덕분이다. 우선 코카서스인들의 목표는 달성 가능한 것 그 이상에 목표를 두지 않는다. 회사 사장단의 회장이 되고 싶어 하는 결코 달성할 수 없는 목표를 가진 많은 미국인들과는 달리, 코카서스 지방 사람들의 목표는 자신들의 문화적 환경 내에서 현실적이고 성취 가능한 것들인 경우가 많다. 그들의 목표는 더 인간 중심적이다. 그들은 다른 사람을 친절하게 맞이하고 관대하게 대하는 것에 더 많은 시간을 (A) 할애하는데, 이러한 목표들은 달성 가능할 뿐만 아니라 사회 집단 전반의 복지에 (B) 기여한다. 코카서스인들의 목표는 현실적이고 달성 가능하기 때문에 (사람들 사이의) 정서적인 긴장감도 줄어든다.

longevity 장수 Caucasian 코카서스(카프카스) 사람의; 백인종의; 코카서스 사람; 백인 stable 안정된, 안정적인 expectation 예상; 기대 overreach (지나치게 욕심을 내다가) 도를 넘다 attainment 성과; 성취, 달성 unlike ~와 다른; ~와 달리; ~와 답지 않은 chairman (회의의) 의장; (회사, 위원회의) 회장 board 이사회, 위원회; 판자; (판자같이 생긴) —판(—대) attain (보통 많은 노력 끝에) 이루다(획득하다) tend to do ~하는 경향이 있다 milieu (사회적) 환경 people-oriented 인간 중심의, 인간 우선의 concentrate on ~에 집중하다 hospitable (손님, 방문객을) 환대하는, 친절한; (기후, 환경이) 쾌적한(알맞은) contribute to ~에 기여(공헌)하다 overall 종합(전반)적인, 전체의; 전부, 종합(전반)적으로; (상의와 바지가 하나로 된) 작업복 well-being (건강과) 행복, 복지, 안녕; 웰빙 tension (사람들 사이의) 긴장 상태; 긴장, 불안 only a few 아주 조금(의)(=but a few)

20 정답 ①

해설 지문은 코카서스인들이 ＿＿＿＿＿＿＿＿(란) 사실의 원인을 분석한 것이다.
① 오래 사는 (것)
② 선량하고 행복하게 사는 (것)
③ 미국인과 다른 (것)
④ 자신들의 문화 환경에 만족하는 (것)
⑤ 타인에게 친절하고 관대한 (것)

해설 이 글은 코카서스인들의 장수의 원인을 미국인들과 비교 분석한 글이다. 장수(長壽)(=longevity)는 '오래 사는 삶'을 의미하므로 여기에 국한된 ①번이 정답이며 확대 해석된 ②번을 골라서는 안 된다.

21 정답 ④

해설 ① 코카서스인들은 아주 적은 목표를 가지고 있다.
② 코카서스인들의 목표는 달성 가능하지 않다.
③ 코카서스인들은 어떤 목표도 가지고 있지 않다.
④ 코카서스인들의 목표는 달성 가능하다.
⑤ 코카서스인들 목표는 달성하기가 힘들다.

해설 'the goals of the Caucasians do not overreach the possibilities of attainment.'를 직역하면 '코카서스인들의 목표는 달성 가능성을 (지나치게 욕심을 내어) 넘지 않는다'이므로 ④번이 가장 적절하다.

22 정답 ③

해설 각 동사와 의미적으로 호응하는 전치사를 찾는다. 동사 concentrate는 on과 호응하여 '~에 집중하다'라는 의미이고, contribute는 to와 호응하여 '~에 기여하다'라는 의미이다.

23-27 다음 지문을 참조하시오.

> 세계의 식량 공급이 균등하게 (A) 분배되고 있지 않다. 가난과 풍요 사이의 차이가 명백하다.
> 어떤 국가에서는, 거의 모든 사람들이 (B) 충분한 먹을거리를 가지고 있지만, 또 어떤 국가에서는 인구의 상당 부분이 굶주리고 있다. 이런(인구의 상당 부분이 굶주리고 있는) 나라도 역시, 일부 사람들은 풍부한 식량을 가지고 있는 반면에 그 나머지 사람들은 굶주리고 있다. 만일 선진 산업 국가들이 자국의 빵과 쌀의 (C) 소비를 제한하고 잉여 농산물을 더 가난한 나라들과 공유하기로 결정한다면, 아마 아시아와 아프리카의 생활 수준에 상당한 영향을 끼칠 것이다.

evenly 균등하게, 고르게; 반반(평평)하게; 차분히 **contrast** 차이; 대조, 대비; (텔레비전 화면의) 명암; 대조하다, 대비시키다 **poverty** 가난, 빈곤 **plenty** 풍부 **obvious** (눈으로 보거나 이해하기에) 분명한 (명백한) **nearly** 거의 **a large portion of** ~의 상당 부분, 많은 몫 **industrialized nation** 산업화된 국가, 선진국 **surplus** 나머지, 여분, 과잉; 잉여물; (미)잉여 농산물; 나머지(여분)의, 과잉의, 잉여의 **considerable** 상당한, 많은 **effect** 영향; 결과, 효과 **standard of living** 생활 수준 **distribute** ~을 분배하다, 나누어 주다; (상품을) 유통시키다 **divide** (여러 부분들로) 나누다(가르다); 나뉘다(갈라지다); (수학) (~을) ~으로 나누다 **feed** 밥(우유)을 먹이다; 먹이를 주다 **efficient** 능

률적인, 유능한; 효율적인 **sufficient** 충분한 **deficient** (필수적인 것이) 부족한(결핍된) **consumption** 소비; 소비량; 폐결핵 **give A out** (많은 사람들에게) A를 나눠 주다 (give out 바닥(동)이 나다)

23 정답 ①

해설 주어가 '(세계의 식량) 공급(=supply)'이므로 '나누어서 분리시킨다'라는 의미인 divide가 아닌, '나누어 분배하다'라는 의미인 distribute가 적절하다. '비교[비유]하다'라는 뜻의 compare나 '먹이다'라는 뜻의 feed는 '공급'이라는 주어와 온전한 의미 관계가 성립되지 않는다.

24 정답 ②

해설 빈칸 뒤의 역접 접속사 but에 주목한다. but은 좌, 우에 서로 대조적인 내용이 와서 병치가 되어야 하는데, but 뒤의 내용이 '(식량이 충분치 않아) 굶주린다'는 내용이므로, 빈칸에는 그와 반대되는 개념이 와야 한다.

25 정답 ②

해설 빈칸에는 산업화된 선진국에서 제한해야 하는(줄여야 하는) 대상의 목적어가 와야 하는데, 더 가난한 국가와 식량을 공유하기 위해서 그들이 무엇을 제한해야 할 것인가를 생각해 본다면 쉽게 답이 나온다.

26 정답 ①

해설 ① 더 가난한 국가의 식량 공급은 공평하게 분배된다.
② 가난한 나라의 몇몇 사람들은 충분한 먹을거리를 가지고 있다.
③ 일부 국가는 다른 국가들보다 더 많은 식량을 소비한다.
④ 일부 부유한 국가들은 잉여 식량으로 가난한 국가들을 도울 수 있는 역량이 있다.

해설 네 번째 문장 'In these countries too, a few people have plenty of food, while the others go hungry.'를 보면 ①번이 지문의 내용과 다르다.

27 정답 ②

해설 ① 세계 인구가 영양결핍인 것은 분명하다.
② 분명히 세계의 식량 공급의 분배는 균등하지 않다.
③ 세계의 거의 모든 사람들이 충분한 식량을 가질 수 있는 여력이 있다.
④ 세계의 모든 인구를 위한 충분한 식량이 없다.

해설 첫 문장을 보아도 알 수 있듯, '세계의 식량 공급이 공평하게 분배되고 있지 않다'는 것이 이 글의 핵심이다.

28 다음 지문을 참조하시오. 정답 ②

> 우리가 속해있는 태양계의 중심에는 태양이라 불리는 별(항성)이 있다. 그것은 초고온 가스 덩어리의 구체이다. 태양의 직경은 지구의 100배 이상이다. 태양은 강력한 광선을 복사 에너지의 형태로 발산한다. 이 에너지는 초속 약 30만 킬로미터의 속도로 지구에 전달된다. 이는 햇빛이 지구에 도달하는데 8분 33초가 걸림을 의미한다.
> 태양의 표면 온도는 섭씨 약 5,520도이고 그 내부는 훨씬 더 뜨겁다. 오늘날 과학자들은 태양열이 자연적인 원자 에너지에

서 비롯된다고 믿고 있다. 이 과정에서 수소는 엄청난 양의 에너지가 발산되는 헬륨으로 변한다고 여겨진다. 덩어리 즉, 물질이 에너지로 바뀌는 것이다. 이 에너지는 열, 빛, 그 외의 복사의 형태를 띤다.

solar system 태양계 **diameter** 지름; 배율 **give off** (냄새·열·빛 등을) 내대(발하다) **radiant** (물리) 복사(輻射)의, 방사의; (행복감, 건강 등으로) 빛나는(환한) **approximately** 대략 **get to** 도착(도달)하다 **hydrogen** 수소 **helium** 헬륨 **enormous** 막대한, 거대한 **radiation** (열, 에너지 등의) 복사; 방사선; 방사선 치료

해석 태양의 바깥 테두리의 온도가 _______________ (을) 지문에서 유추할 수 있다.

해설 'the outer rim of the Sun'은 'surface of the Sun'이다. 두 번째 문단의 'The temperature on the surface of the Sun is about 5,520 Celsius, and it is much hotter inside.'에서 표면 온도보다 내부가 훨씬 더 뜨겁다고 했으므로 ②번 '태양의 안쪽보다 더 시원하다(온도가 낮다)'가 정답이다. 지구와 비교하는 ①, ③, ⑤는 지문으로부터 알 수 없고, ④번은 옳지 않은 내용이다.

29 정답 ③

다음 문장이 들어가기에 가장 알맞은 곳은 어디인가?

> 1960년대부터 시작한 이 주제에 대한 최초의 연구결과로 볼 때 이러한 모든 의견들이 잘못되었다는 것이 현재 명확해졌다.

(A) 수화의 특성에 대해서 고려해볼 경우에 취해야 할 첫 번째 단계는 수화의 구성과 기능에 대한 전통적인 오해를 불식시키는 것이다. (B) 그 문제에 대한 일반적인 의견은 대단히 단순하다. 즉, 수화는 진정한 언어가 아니라 그냥 정교한 제스처에 불과하다는 것이다. 그리고 손짓[몸짓]이라는 것은 단순히 외부 세계의 실제 상황을 회화적으로 표현한다는 것이다. 또한 이러한 특성 때문에 단 한 가지의 수화만이 존재하며, 이는 전세계적으로 이해가 가능하다는 것이다. (C) 무엇보다도 수화와 제스처 사이의 명확한 구별이 이루어져야 한다. 수화를 한다는 것은 말에 의해 이루어질 수 있는 같은 의미 영역을 표현하는 데 있어서 의식적이고 "언어적인" 방법으로 손을 이용한다는 것이다. (D)

date from (시기가) ~로부터 시작하다 **sign language** 수화(手話), 몸짓(손짓)언어 **eradicate** 근절하다, 뿌리 뽑다 **misconception** 오해 **plain** 명백한, 분명한; 순전한; 단순한; 검소한; 평지, 평원 **little more than** ~와 마찬가지, ~에 지나지 않는 **sophisticated** 정교한, 복잡한; 세련된, 교양 있는; 지적인, 수준 높은 **pictorial** 그림으로 나타낸, 그림을 이용한, 그림이 있는; 그림의 **representation** 묘사(표현); (어떤 것을) 나타낸(묘사한) 것 **external** 외부의, 밖의; 외국의 **distinction** 차이, 대조; 구분, 차별; 뛰어남, 탁월함 **conscious** 의식하는, 자각하는; 의식이 있는 **verbal** 언어(말)의; 말로 된, 구두의

해설 주어진 제시문의 마지막 부분에 나오는 지시형용사 구문인 these opinions에 주목한다. (B) 바로 다음에 위치한

Popular opinions를 바로 these opinions가 받고 있음을 안다면 수월하게 답을 찾을 수 있다. 수화에 대한 잘못된 인식이 있어왔지만 그러한 것을 바로잡아야 한다는 저자의 주장(A clear distinction must be drawn, ~)이 (C)에서 본격적으로 전개되고 있다.

Plutarch는 원대한 목적을 위해 삶을 살아가고 당당하게 삶을 떠날 수 있었던 사람들을 사랑했지만, 그 원대함을 손상하는 약점이나 부도덕은 그냥 넘기지 않았다. 그의 영웅 중의 영웅은 Alexander 대왕이었는데, 그는 그를 다른 어떤 사람들보다 좋아했다: 반면에 그가 혐오하고 혐오한 것은 형편없는 신의와 불명예스러운 행동이었다. 그럼에도 불구하고 그는 정상을 참작하려 변명하려 하지 않고, 그는 어떻게 Alexander가 용맹한 페르시아 군대에게 만약 그들이 항복만 한다면 안전한 조치를 취해 주겠다고 약속했는지, 그런 다음 "심지어 그들이 퇴각 행진을 할 때, 그들에게 달려들어 그들 모두를 칼로 죽였는지", 즉 "약속의 위반"에 대해 말한다. Plutarch는 애통하게 말했다. "그것은 그의 업적에 지속적으로 남을 오점이다." 그는 애처롭게 덧붙였다. "하지만 유일한 오점이다." 그는 그 이야기를 하는 것을 싫어했다.

grand 야심 찬, 원대한; 웅장한, 화려한 **depart** (특히 여행을) 떠나다 (출발하다); (직장을) 떠나다(그만두다) **grandly** 당당하게; 웅장하게; 호기 있게 **pass over** 눈감아 주다; ~의 위를 지나가다 **vice** 악; 부도덕, 악덕 행위, 비행; (섹스, 마약이 관련된) 범죄 **mar** (좋은 것을) 손상하다 (망치다) **grandeur** 위엄; 고상함; 원대함, 장엄함 **abomination** 혐오(가증)스러운 것 **dishonorable** 불명예스러운, 수치스러운; 부도덕한, 비열한 **nevertheless** 그럼에도 불구하고 **extenuate** (경감하려고) 변명하다; (죄 등을) 경감하다, 정상을 참작하다 **surrender** 항복(굴복)하다, 투항하다 **march away** 행진해 퇴각하다 **fall upon** 덤벼들다 **put somebody to the sword** ~을 칼로 죽이다(베다) **breach** 위반; 관계 단절 **lasting** 영속적인, 지속적인 **blemish** 결점, 흠; 오점, 얼룩; (명성·인격 따위)를 손상하다, ~에 흠을 내다; ~을 더럽히다 **achievement** 업적, 성취한 것; 성취, 달성 **piteously** 애처롭게, 슬프게, 가엾게 **without reservation** 무조건; 기탄없이, 솔직히 **defeat** 패배, 타파, 타도; 패배시키다(물리치다/이기다) **murder** 살인, 살인죄; 살인(살해)하다 **treachery** 배반 **impulsively** 충동적으로 **reluctantly** 마지못해, 억지로 **forgivingly** 너그럽게 **spitefully** 앙심을 품고, 독살스럽게

30 정답 ①

해석 Plutarch는 Alexander 대왕에 대해 어떻게 느꼈는가?
  ① 한 가지 행위를 제외하고는 그를 좋아했다.
  ② 그는 무조건 그를 좋아했다.
  ③ 그는 그(알렉산더)가 용감하게 페르시아 군대를 처치했다고 생각했다.
  ④ 그는 그(알렉산더)의 업적을 싫어했다.

해설 Plutarch는 알렉산더를 영웅 중의 영웅이라고 칭송하였으나, 페르시아 군대와 있었던 단 한 번의 약속 위반을 그의 유일한 오점이라고 말하고 있다. 따라서 '한 가지 행위를 제외하고는 그를 좋아했다'라는 ①번이 정답이다.

31　정답 ④

해석　Plutarch가 싫어했던 인간적 결점을 무엇인가?
　　① 전쟁에서 패배
　　② 살인
　　③ 혐오
　　④ 배반

해설　지문에 나오는 'bad faith(형편없는 신의)'와 'breach of his word(약속의 위반)'에서 그가 가장 싫어했던 것이 배반(treachery)이라는 것을 알 수 있다.

32　정답 ②

해석　저자는 페르시아인들에 대한 Alexander의 조치에 대한 설명에서 Plutarch가 ＿＿＿＿＿＿＿ 식으로 말하고 있다고 전하고 있다.

해설　지문 마지막의 'He hated to tell that story.'에서 Plutarch는 알렉산더가 페르시안 군을 상대로 저지른 나쁜 행위에 대해 말하는 것은 싫어했음을 알 수 있다.

33　정답 ④

대명사 "It"이 나타내는 것은 무엇인가?

> 그것은 국가가 나올 때 손을 가슴에 얹는 것 이상의 것을 의미한다. 그것은 2년마다 혹은 4년마다 투표용지 기입소로 들어가서 투표하는 것 이상의 것을 의미한다. 그것은 사랑이고 의무이며, 훌륭한 시민 의식 속에 표현된 나라 사랑인 것이다.

national anthem 국가(國歌)　**voting booth** (투표장 안의) 투표용지 기입소(=polling booth)　**pull a lever** 레버를 끌어당기다; 투표하다(유권자가 투표 부스에 들어가 지지 후보자 이름이 붙은 레버(지렛대, 일종의 버튼 개념)를 잡아당기면 한 표가 계산되는 방식에서 유래)　**citizenship** 시민정신; 시민권; 시민의 자격

해석　① 민주주의
　　② 사회주의
　　③ 자본주의
　　④ 애국심
　　⑤ 군주제; 군주국

해설　마지막 줄의 'a love of country(나라 사랑)'에서 답을 쉽게 찾을 수 있다. 나라를 사랑하는 마음이 바로 '애국심(=Patriotism)'인 것이다.
　　cf. 미국의 다양한 투표 시스템 – ① 투표 용지에 직접 기표하는 용지 투표 방식 ② 용지 기표 뒤 스캐너에 투입하는 광학 스캐너 방식 ③ 화면의 버튼을 누르는 터치스크린 방식 ④ 철필 등으로 카드에 구멍을 내는 펀치 카드 방식 ⑤ 후보 이름이 붙은 레버를 당기는 레버 머신 방식

34　정답 ①

> 고정(固定)화 즉, 특정한 가격대에 자리를 잡는 현상은 모든 종류의 구매에 영향을 미친다. 예를 들어, Uri Siminsohn과 George Lowenstein은 물가(物價)가 싼 지역에서 보통인 도시로 이사를 간 사람들은 새로운 지역에 맞추어 자신들의

소비를 늘리지는 않는다는 것을 알아냈다. 오히려, 이 사람들은 자신과 가족을 더 작고 덜 안락한 집에 밀어 넣을지라도, 자신들이 이전에 살던 지역에서 쓴 것과 비슷한 액수의 돈을 쓴다. 마찬가지로, 더 물가가 비싼 지역에서 이주하는 사람들도 과거에 그들이 썼던 것과 같은 액수의 돈을 새로운 주거 환경에 투자한다. 물가가 비싼 지역에서 이주하는 사람들은 물가가 보통인 도시로 이주하고 나서 자신들의 소비를 대개 줄이지 않는다.

↓

> 새로운 지역으로 (A) 이주한 사람들은 대개 자신들이 (B) 이전(에 살던) 지역의 가격에 고정화된 상태를 유지한다.

anchoring 정착, 고착　**settle** (움직이지 않도록) 놓다, 앉히다; (거처에) 자리잡게 하다, 살게 하다　**purchase** 구입, 구매; 구입한 것; 구입(구매)하다　**moderately** 중간 정도로, 적당히; 적정하게, 알맞게　**rather** 오히려, 차라리(앞에 말한 내용과 다르거나 반대되는 말을 도입할 때); 꽤, 약간, 상당히　**squeeze** (특히 손가락으로 꼭) 짜다(쥐다); (좁은 곳에) 밀어(집어)넣다; (억지로) 비집고 들어가다　**likewise** 마찬가지로, 똑같이; 비슷하게　**sink** 가라앉다; 가라앉히다; (자본)을 고정(固定)시키다; ~에 투자하다　**downsize** 줄이다(축소하다)　**former** 예전의; 전자의　**contribute** 기부(기증)하다; 기여하다, 이바지하다; (~의) 한 원인이 되다　**current** 현재의; 통용되는; (물, 공기의) 흐름; 전류　**adjust** 조정(조절)하다; 적응하다

해설　사람들은 새로 이주한 곳이 물가가 비싼 곳이든 싼 곳이든 거기에 영향을 받지 않고 예전에 살던 지역의 가격대에 고정(固定)된 소비 성향을 보인다는 것이 이 글의 요지이다.

35　정답 ②

> 시는 그것이 어떻게 읽히느냐에 따라 살아나기도 하고 죽기도 한다. 구두로(입으로) 시를 낭송하는 몇 가지 지침 사항이 있다. ① 일단 어떤 것도 쓰거나 표시하지 말고 천천히 큰소리로 한 번 시를 읽어라. ② 발표자가 시를 읽을 때 주의 깊게 들어라. ③ 단어의 의미나 발음을 모른다 하더라도, 시를 끝까지 읽어라. ④ 다 읽고 나서는 주의를 끌었던 단어나 심상, 그리고 인물들에 관해 잠시 생각해 보라. ⑤ 노트에 이러한 내용들을 적어 놓고, 조용히 다시 한 번 시를 읽어라.

poem 시　**depend on** ~에 의존하다　**pointer** 지침　**oral** 구두(口頭)의; 입의　**recitation** 낭송, 암송　**presenter** 발표자　**pronunciation** 발음　**reflect** 깊이(곰곰이) 생각하다, 심사숙고하다; (거울, 유리, 물 위에 상을) 비추다; 반사하다　**character** 등장인물; 특징, 성격; 개성; 인격　**catch attention** 주의를 끌다

해설　두 번째 문장의 oral recitation(구두로 시를 낭송)을 보면 알 수 있듯 이 글은 시를 제대로 낭송하는 방법에 대해서 단계적으로 설명하고 있는 글이다. 그런데 ②번은 발표자가 시를 읽을 때 주의 깊게 들으라는 내용으로 시를 낭독하는 자세가 아닌 경청하는 자세에 대한 설명이다. 따라서 글의 흐름과는 무관하다.

1 ①	2 ⑤	3 ⑤	4 ④	5 ③
6 ①	7 ①	8 ①	9 ①	10 ④
11 ③	12 ⑤	13 ③	14 ⑤	15 ④
16 ①	17 ①	18 ③	19 ④	20 ⑤
21 ②	22 ①	23 ④	24 ②	25 ①
26 ④	27 ④	28 ④	29 ①	30 ③
31 ④	32 ①	33 ④	34 ③	35 ②

1-3 다음 지문을 참조하시오.

때때로 바보가 하는 질문이 천재의 질문과 구분하기 어려운 경우가 있다. 그 둘을 구별해 주는 것은 바로 답변에 있다. Stephen Hawking은 최근 시골의 바보에게서나 들을 수 있는 부류의 한 가지 질문에 고심해 왔는데, 그것은 '우리가 과거는 기억하면서도, 왜 미래는 기억하지 못하는가?'이다. 블랙홀의 불가사의함을 밝힌 것만큼이나 불구라는 사실로도 유명한 케임브리지 대학의 그 물리학자는 지난주 "미립자, 연속, 우주론"에 관한 한 학술회의에서 시간은 앞으로 흐른다는 것을 증명했다. 그러한 결론에 이르는 데 있어 Hawking과 보통사람이 다른 점은, Hawking이 결론을 내리고 그에 대해 설명을 할 때는 그가 현대 물리학의 보다 깊은 진실을 밝히고 있다는 사실이다.

distinguish 구별하다; 구별 짓다; 유명하게 되다　**genius** 천재; 천재성; 특별한 재능　**tell apart** 구별(분간)하다(=know apart; distinguish between; discern)　**lately** 최근에　**weigh** ~을 저울에 달다; 숙고하다, 비교검토하다　**on a par with** ~와 동등한(같은)　**particle** 입자; (물리) 미립자　**string** 줄, 끈; 연속, 연발; (활의) 시위; (악기의) 현　**cosmology** 우주론(우주의 기원과 발달을 연구하는 학문)　**physicist** 물리학자　**cripple** 불구로 만들다; 심각한 손상을 주다; 불구자　**weirdness** 기묘(괴상)함, 불가사의함, 초자연임　**mortal** (특히 아무 힘없는 일반 보통) 사람(인간); 영원히 살 수 없는, 언젠가는 반드시 죽는; 치명적인　**reveal** 드러내다, 적발(폭로)하다; (신이) 계시하다

1
정답 ①

해석 제목으로 가장 적절한 것을 고르시오.
① 천재는 왜 천재인가?
② 무엇이 천재를 바보로 만드는가?
③ 시간의 화살(시간이 경과하는[흘러가는] 방향)은 무엇인가?
④ 우주론에 있어 천재는 누구인가?
⑤ 왜 미래는 기억할 수 없는가?

해설 때때로 천재와 바보의 질문이 같게 들리는 경우도 있으나, 이 경우에 천재들이 바보나 다른 일반인들과 다른 점은 그 질문에 대한 결론을 내리고 설명하는 데 있어 더 큰 심오한 진리를 밝혀내고 있음을 천재 물리학자인 Hawking 박사를 예로 들어 설명하고 있다. 이 내용을 포괄적으로 담을 수 있는 제목은 ①번(천재는 왜 천재인가?)이다.

2
정답 ⑤

해석 지문에 따르면, 천재는 ______________.
① 과거를 기억 못한다
② (천재)와 바보는 그들이 하는 질문에서 구별이 된다
③ 동네 바보만큼 어리석다
④ 늘 바보보다 더 훌륭한 질문을 한다
⑤ 종종 매우 이상한 질문을 한다

해설 지문 첫 부분의 'the questions of a fool are hard to distinguish from those of a genius.'와 'Stephen Hawking has lately been weighing a question ~ what you would hear from the village fool'에서 천재 또한 바보 못지않게 이상한 질문을 하고 있음을 알 수 있다.

3
정답 ⑤

해석 밑줄 친 부분과 바꾸어 쓸 수 있는 가장 적절한 것을 고르시오.
① ~보다 우수한
② ~보다 열등한
③ ~과 조화하는
④ ~과 다른
⑤ ~와 동등한(같은)

해설 on a par with는 '~와 동등한(같은)'의 의미이므로 ⑤번이 정답이다.

4-7 다음 지문을 참조하시오.

나는 아직도 아주 생생하게 그 농장을 볼 수 있다. 나는 그 농장에 속한 모든 것들, 모든 세세한 것들을 볼 수 있다. 집의 거실 한쪽에는 "바퀴 달린" 침대가, 그리고 다른 한 쪽에는 물레가 있었는데, 이 물레가 오르내릴 때 나오는 흐느끼는 소리는 먼 곳에서 들으면 나에게는 모든 소리 중 가장 애절한 소리로 들렸고 나를 향수에 젖게 하고 우울하게 만들어 내 기분을 죽은 자들의 방황하는 영혼으로 가득 채웠다. 겨울밤, 불타는 히코리 통나무(장작)로 높이 쌓인 넓은 벽난로, 그 통나무의 끝에서 부글부글 끓어 넘쳐 나오는 달콤한 수액은 우리가 그것을 싹싹 긁어먹었기에 결코 버려질 일이 없었으며, 느긋한 고양이들은 거친 벽난로 바닥돌에 몸을 뻗고 있었고, 졸린 개들은 잼에 가까이 못 가도록 단단히 묶인 채 눈만 깜박거리고 있었다. 어머니는 벽난로 굴뚝의 한편에, 아버지는 그 맞은편에서 옥수숫대로 만든 파이프 담배를 피우고 계셨다.

belonging 부속물; 성질 (belongings 소유물, 재산, 소지품; 가족, 친척)　**detail** 세부사항(들); 세부양식(디테일); 상세히 알리다(열거하다)　**trundle** (천천히 시끄러운 소리를 내며) 굴러가다(굴리다/(굴려서) 나르다); (무거운 발걸음으로) 터덜터덜(느릿느릿) 걷다　**trundle bed**(=truckle bed) 바퀴 달린 침대　**spinning-wheel** 물레　**wail** (슬픔, 통증 때문에) 울부짖다, 통곡하다, 흐느끼다　**from a distance** 멀리서　**mournful** 애절한　**homesick** 향수에 잠긴, 향수병을 앓는　**low-spirited** 기운 없는, 우울한, 풀이 죽은, 시들한　**wandering** (정처 없이) 돌아다니는, 방랑하는, 헤매는　**fireplace** 벽난로　**pile** 쌓아 올리다, 겹쳐 쌓다(=heap); 쌓아 올린 더미, 퇴적　**flaming** 불타는; 격렬한; 불같이 화가 난　**hickory** 히코리(북미산의 단단한 나무)　**log** 통나무; 동작이 느린 사람; 무감각한 것, 움직임이 없는 것　**sugary** 설탕이 든; 설탕 맛이 나는; 지나치게 달콤한　**sap** 수액(樹液); 활기, 원기, 생기, 활력; 잘 속는 사람; ~에서 수액을 짜내다; ~의 활력

을 잃게 하다 **bubble out** 부글부글 넘쳐 나오다 **go to waste** 버려지다. 낭비되다. 페물이 되다 **scrape A off** A를 긁어(벗겨) 내다 **lazy** 게으른; 느긋한, 여유로운 **spread out** 몸을 뻗다; 넓은 공간을 쓰다(차지하다) **hearthstone** 벽난로의 바닥돌 **drowsy** 졸리는; 나른하게 만드는 **brace** ~을 걸쇠(거멀못)로 죄다. 단단히 고정시키다; (~으로) 보강하다. 뒷받침하다(with); ~을 기운 나게 하다(up); 죔쇠, 버팀대; 치아 교정기; 멜빵; 중괄호 **blink** 눈을(눈이) 깜박이다; (불빛이) 깜박거리다(깜박이다); 눈을 깜박거림 **chimney** 굴뚝 **corn-cob** 옥수숫대(이삭)

---

4 정답 ④

해석 ① 역사적 사실의 기록
② 이력서
③ 비평문
④ 자서전

해설 고향집에서의 어릴 적 추억을 회상하고 있는 글이므로 ④번 Autobiography(자서전)에 나올 만한 내용이다.

5 정답 ③

해설 이 글에서 쓰인 'see'는 '과거의 기억을 더듬어 어릴 적 고향집을 본다'는 의미이므로 '기억하다(=remember)'가 가장 적절하다. ②번의 memorize는 '암기하다, 암기해서 기억하다'라는 의미이므로 답이 될 수 없다. ① understand(이해하다)와 ④ perceive(감지(인지)하다)는 문맥에 따라서 see의 동의어로 쓰일 수 있으나, 지문에서의 문맥과는 거리가 멀다.

6 정답 ①

해석 ① 물레가 오르내릴 때 나오는 흐느끼는 소리는 멀리서 들린다.
② 몇몇 아이들이 거대한 벽난로 앞에 있다.
③ 농장 밖에 고양이와 개들이 있다.
④ 주부가 요리를 하고 있는 동안에 그녀의 남편은 담배를 피우고 있다.

해설 지문의 'a wheel whose rising and falling wail, heard from a distance, was the mournfulest of all sounds to me'에서 정답이 ①번임을 알 수 있다. 'heard from a distance'는 삽입된 분사구문이다. ②, ③, ④번은 글에 언급되어 있지 않다.

7 정답 ①

해석 ① 산만한
② (변화, 사건 등이) 극적인, 인상적인; 극형식의, 연극 같은
③ 타당한, 사리에 맞는, 논리적인
④ 균형 잡힌, 안정된

해설 과거의 추억을 회상하며 격식 없이 써 내려간 '산만한(=loose) 문체(=산문체(散文體))'의 특징을 보이는 글이므로 ①번이 가장 적절하다.

8-10 다음 지문을 참조하시오.

예술과 과학은 둘 모두 궁극적으로는 진리의 추구와 관계가 있지만, 한편으로는 예술가가 다른 한편으로는 과학자가 사용하는 과정이나 방법은 상당한 정도로 차이가 있다. 과학자는 자연과학이든 사회과학이든, 주로 물질이나 사건을 분석 연구하는 문제에 관심이 있는 반면 예술가의 방법은 주로 (A) 종합화

하는 것이다. 과학자는 사물을 분리하고 (B) 분해하며, 분석을 목적으로 물질을 구성 요소별로 떼어 놓는다. 그러나 예술가는 소재를 선택하고, 모으고 구성하여 형성한다. 과학자는 사실이나 현상들의 객관적 세계에 관심을 갖는 반면 예술가는 인간 행위의 주관적 세계와 더 관련을 맺고 있다.

---

ultimately 궁극적으로, 결국 **be concerned with** ~에 관계가 있다. ~에 관심이 있다 **pursuit** 추구; 추격; (주로 복수로) (시간과 에너지를 들여 하는) 일(활동); 취미, 소일거리 **one the one hand, ~ on the other** 한편으로는(한편에 있어서), ~ 또 다른 한편으로는 **vary** (크기·모양 등에서) 서로(각기) 다르다; (상황에 따라) 달라지다(다르다) **to a considerable degree** 상당한 정도로 **principally** 주로 (=mainly, chiefly, largely, primarily) **analyze** 분석하다; 분해하다(↔ synthesize 종합하다) **isolate** 격리하다; 분리(구분)하다; 따로 떼어내다 **constituent** 구성 성분(요소); (특정 선거구에 사는) 주민(유권자) **for purposes of** ~을 위하여 **analysis** 분석 연구; 분석 **assemble** 모으다, 모이다, 집합시키다; 조립하다 **objective** 객관적인; 실재하는; 목적, 목표 **phenomena** phenomenon(현상)의 복수 **subjective** 주관적인; 주격(主格)의 **falsehood** 거짓임; 거짓말(하기)

---

8 정답 ①

해석 ① 종합(통합)하다; 합성하다
② 합리화하다
③ 개인(개개)의 요구에 맞추다, 개별화하다
④ (신원 등을) 확인하다(알아보다); 동일시하다, 동일하게 취급하다

해설 대조를 나타내는 접속사 while 앞의 내용에 주목한다. 과학자들은 주로 물질이나 사건을 분석 연구하는데(=analyze) 관심을 갖는다 했으므로, 빈칸에는 이와는 대조되는 개념인 '종합하다(=synthesize)'가 나와야 한다.

9 정답 ①

해석 ① ~을 분해하다; 부수다; 나누다
② ~을 조립하다; 만들다
③ ~을 세우다; 설치하다; 마련하다; 시작하다
④ ~을 내려놓다; 적다(적어두다); 진압하다

해설 빈칸 부분의 앞뒤로 'A, (B) and C'의 병치 구조를 이루고 있으므로 빈칸 앞(isolates) 뒤(separates)와 문맥상 비슷한 뜻의 표현을 고른다.

10 정답 ④

해석 ① 분석 vs. 종합
② 진실 vs. 거짓
③ 주관적 방법 vs. 객관적 방법
④ 예술 vs. 과학

해설 이 글은 과학과 예술의 연구 과정과 방법 그리고 각각의 관심 분야에 있어서의 차이점에 대해서 기술하고 있다.

11 정답 ③

다음 문장이 들어가기에 가장 알맞은 곳은 어디인가?

> 그러나 말로 표현할 수 없는 것들이 있습니다.

많은 사람들이 새로운 친구를 사귈 때뿐만 아니라 친한 친구와 늘 연락하기 위해 MSN 메신저를 사용합니다. 당신이 아무리 멀리 떨어져 있더라도, 당신은 메신저를 가지고 항상 바로 옆집에 있는 것처럼 채팅을 할 수 있습니다. (A) 메신저 사용자들은 종종 독특한 별명을 가지고 있습니다. (B) 그 시스템을 통해서 서로의 얼굴을 볼 수 없기 때문에, 사람들은 자신들의 개성을 보여주는 이름을 만들어내기를 좋아합니다. (C) 그것이 바로 MSN 코리아에서 지금 메신저 사용자들을 위한 아바타 서비스를 제공하는 이유입니다. (D) 당신은 "멀티 아바타"를 이용하여, 여러 가지의 다양한 이미지들 중에서 당신을 가장 잘 표현하는 아바타를 선택할 수 있습니다.

keep in touch with ~와 늘 접촉하다 **no matter what(which, who, when, where, how)** 무엇이(어느 것이, 누가, 언제, 어디, 어떻게(아무리)) ~일지라도, ~하더라도 **chat** (인터넷으로) 채팅(대화)하다; 담소(이야기)를 나누다, 수다를 떨다 **unique** 독특한, 유일무이한; (아주) 특별한; 고유의, 특유의 **make up** 지어내다; 화장을 하다 **personality** 성격, 인격; (매력적이고 흥미로운) 개성 **avatar** (컴퓨터의) 아바타(인터넷상의 공유 공간에서 유저(user)의 화신(化身)이 되는 캐릭터); (힌두교, 불교에서 신의) 화신(化身) **represent** (~을) 표현하다(나타내다); 대표(대신)하다 **a variety of** 각가지의, 여러 가지의

해설　제시 문장에 However가 있으므로 앞의 내용과 반대되고 새로운 내용이 도입되는 곳에 들어가야 한다. 내용상 (C) 앞은 MSN의 특징과 MSN에서의 언어 표현(nicknames = words)에 대한 내용이지만 (C) 이후는 언어 표현이 아닌 이미지(=Avatar)에 대한 새로운 내용이 나온다. 주어진 문장은 언어 표현의 한계에 대한 내용이 나오므로 (C)에 들어가는 것이 글 전개 흐름으로 보면 가장 자연스럽다. 또한 (C) 바로 뒤의 That이 무엇을 지칭하는지 앞의 문장들에서 찾을 수 없다. 다시 말해서 (C)는 글의 흐름이 끊기는 지점이라는 것도 문제 해결의 열쇠가 될 수 있다.

12　　　　정답 ⑤

① 다른 학문 분야들과는 달리, 의과 분야의 졸업생들은 꾸준히 더 높은 취업률을 나타냈다.
② 1997년과 1998년 사이에 졸업생들의 취업률이 증가된 곳은 오직 하나의 학문 분야이다.
③ 1998년에서 2000년까지 대학 졸업생의 취업률은 한 분야를 제외한 모든 분야에서 꾸준히 증가하였다.
④ 2001년에서 2002년까지 전 학문 분야에 걸쳐 대학 졸업생의 취업률이 증가하였다.
⑤ 모든 학문 분야에서 대학 졸업생의 취업률이 2002년에 가장 높았다.

---

employment rate 취업률 **graduate** (대학) 졸업자; 졸업하다; 대학을 졸업한 **academic** 학문의; 학업의; 학구적인 **medicine** 의학, 의술, 의료; (특히 액체로 된) 약, 약물 **humanities** 인문학 (철학, 문학 등) **unlike** ~와 달리, 다르게, 다른 **consistently** 시종일관하게 **peak** 최고점, 정상

해설　Sciences(과학) 분야는 2002년이 아닌 1996년에 졸업생들의 취업률이 가장 높았으므로 ⑤번이 일치하지 않는다.

13　　　　정답 ③

다음 문장이 들어가기에 가장 알맞은 곳은 어디인가?

> 하지만 사회적으로 책임을 진다는 것이 회사가 자신의 기본적인 경제적 사명을 포기해야 한다는 것을 의미하지는 않는다.

기업의 사회적 책임이라는 것은 기업이 사람들에게 영향을 끼치는 어떤 행위에도 책임을 져야 한다는 것을 의미한다. (①) 그것은 사람들과 사회에 끼치는 부정적인 사업의 영향은 정말로 가능하기만 하다면 바로 잡아야 한다는 의미를 내포하고 있다. (②) 그것은 기업의 사회적 영향이 그 기업의 투자자들에게 중대한 해를 끼친다면, 그 기업에게 아마도 어느 정도의 이윤을 포기할 것을 요구할 수도 있다. (③) 이는 또한 사회적으로 책임 있는 회사들이 사회적 책임이 덜한 다른 회사들만큼 이윤을 낼 수 없다는 것을 의미하지도 않는다. (④) 사회적 책임은 기업이 벌어들이게 될 이윤과 그러한 이윤을 창출하는데 들어가는 비용에 대하여 균형을 이룰 것을 요구하는 것이다. (⑤)

---

socially 사회적으로 **responsible** 책임이 있는 **abandon** 포기하다 **primary** 주요한, 기본적인 **mission** 임무, 사명 **corporate** 기업의, 법인의, 공동의 (corporation 법인) **accountable for** ~에 책임이 있는 **affect** ~에 영향을 끼치다 **imply** 내포하다, 암시하다 **impact** 충격, 영향 **profit** 이윤 **investor** 투자자 **profitable** 이윤을 내는, 수익성이 있는 **firm** 회사; 단단한 **balance** 균형을 이루다, 균형을 유지하다; 균형; 저울 **benefit** 이득, 혜택; 유익(유용)하다; 득을 보다

해설　이 글은 기업이 사회적으로 져야하는 책임과 의무에 대한 글이다. ③번 앞의 내용은 회사가 때로는 손해를 감수해야 하는 상황에 대한 글이고 주어진 문장은 그에 반하는 내용이다. 즉, 그러한 상황이라 하더라도 회사가 해야 할 기본적인 일 즉, 이윤 창출은 포기하지 말고 계속 해야 한다는 내용이다. 따라서 주어진 문장은 ③번에 들어가야 한다. 또한 주어진 문장에 호응하는 내용이 바로 뒤에 이어지고 있다.

14 다음 지문을 참조하시오.　　　정답 ⑤

현대 서구사상의 많은 부분이 그리스 철학에 그 기원을 두고 있다고 일반적으로 믿고 있다. 하지만 로마제국 시대 이후에 많은 중요한 그리스 작품들이 파괴되었다. 이러한 작품들 일부가 복원되어 번역되고 분석된 것은 주로 9세기에서 12세기 이슬람 통치자들의 공로 덕분이었다. 그 당시의 아랍, 페르시아, 유대인 학자들은 자신들이 수집한 지식을 기반으로 작업했다. 중국과 인도와의 교역 덕분에 수 세기 동안 동양사회에서 발달한 지식을 접할 수 있었다. 중동의 학자들은 더 나아가서 자기 자신들의 사상 그리고 혁신적인 것들을 만들기에 이르렀다. 역사의 급변으로, 그들의 작품이 몽골 침략자들과 다른 민족들에 의해 사라졌지만, 서구의 대학들이 그것의 일부를 확보해서

보존했다. 따라서 지식의 발전이 어느 정도까지 세계 여러 다른 지역 사람들 간에 이루어진 사상들의 상호교류(융합)의 결과인지를 알아내기 위해서는 비평적이고 독립적인 조사가 필요하다.

largely 주로, 대체로 **credit** 공적, 공훈; 칭찬; 인정; 신용, 신뢰; 신용 거래; 이름 언급, 크레디트(영화나 텔레비전 프로그램 제작 등에 참여한 사람들의 이름을 언급하는 것); (대학의) 학점; (credit A with B=credit B to A B를 A의 공으로 믿다(공이라고 말하다)); 입금하다; ~을 ~로 여기다 **Islamic** 이슬람교의, 회교(도)의 **Jewish** 유대인의; 유대인식(특유)의, 유대인다운; 유대교의 **build on(upon)** ~을 기반으로 하다; 증축하다; 믿다, 의지하다 **innovation** 혁신, 쇄신; 획기적인 것 **twist** (손으로) 돌리기; (고개, 몸 등을) 돌리기(비틀기); (이야기, 상황의 예상 밖의) 전환(전개); (도로, 강의 굽이(급커브); 트위스트(춤); 비틀다, 일그러뜨리다; 비틀리다, 일그러지다; (고개, 몸 등을) 돌리다(틀다); (사실 따위를) 왜곡하다 **secure** (특히 힘들게) 얻어 내다, 획득(확보)하다; 안전하게 지키다(보호하다), 단단히 보안 장치를 하다; 안심하는; 안전한, 확실한 **preserve** 지키다(보호하다) **inquiry** 연구, 탐구; 조사, 취조, 심리; 질문, 문의 **ascertain** (옳은 정보를) 알아내다(확인하다) **cross-fertilization** (다른 문화 등의) 상호교류, (문화, 학문 분야 따위의) 교류, 융합 **track** (흔적 등을 더듬어) 찾아내다; 추적하다, ~의 뒤를 쫓다; 지나간 자취, 흔적; 바퀴 자국; 경주로, 트랙 **lament** 애통(한탄/통탄)하다 **illustrate** (실례, 도해 등을 이용하여) 분명히 보여주다; (책 등에) 삽화(도해)를 쓰다(넣다); (설명을 위해 실례, 도해 등을) 이용하다 **interactional** 상호작용의, 상호영향의

해석 윗글의 주된 목적은 ____________ 이다.
① 그리스 철학의 기원을 추적하는 것
② 현대 서구사상의 파괴를 애통해하는 것
③ 현대 서구사상의 복원 과정을 설명하는 것
④ 교역이 현대 서구사상에 영향을 끼친 방식을 보여주는 것
⑤ 현대 서구사상의 상호작용적인 성격을 제시하는 것

해설 이 글은 현대의 서구사상이 단지 그리스 철학에 그 기원을 두고 있다는 일반적인 믿음을 반박하는 내용을 담고 있다. 따라서 지문의 마지막 문장에 나와 있듯 현대 서구사상의 원류를 찾아가는 노력이 필요하다고 주장하고 있다. 즉, 서구사상은 세계 여러 나라의 상호교류에 의해 발달했다는 사실을 암시하고 있는 것이다.

15 정답 ④

대도시 시장 선거 당선자					
대도시 ▶◀	# ▶◀	후보 ▶◀	정당 ▶◀	득표수 ▶◀	득표율 ▶◀
서울특별시	1	오세훈	한나라당	2,059,715	47.43%
광주광역시	2	강운태	민주당	297,003	56.73%
대구광역시	1	김범일	한나라당	633,118	72.92%
대전광역시	3	염홍철	자유선진당	276,122	46.67%
부산광역시	1	허남식	한나라당	770,507	55.42%
울산광역시	1	박맹우	한나라당	279,421	61.26%
인천광역시	2	송영길	민주당	556,902	52.69%

해석 ① 과반수를 얻지 못한 시장들은 서울, 대전, 부산 그리고 울산 출신이다.
② 한나라당의 오 시장은 2백만 이상의 표를 얻었지만 그 득표율은 가장 낮다.
③ 민주당뿐만 아니라 한나라당의 모든 시장들은 과반수를 얻었다.
④ 자유선진당의 오직 한 시장만이 광역시의 시장 선거에서 승리했다.
⑤ 김 시장은 가장 높은 득표율을 보였으나 가장 낮은 득표수를 얻었다.

해설 이 글은 한국의 서울시와 기타 지방의 광역시 시장 선거의 당선자에 관한 도표로서 도시명과 후보, 소속 정당, 득표수 및 득표율 등이 나와 있다. 옳은 내용을 고르는 문제이다.
① 부산과 울산은 과반수를 넘었기 때문에 틀리다.
② 득표율이 가장 낮은 사람은 46.67%를 얻은 대전 시장이다.
③ 서울에서 한나라당의 오 시장은 과반수 이하의 득표를 올렸기 때문에 틀린 진술이다.
④ 자유 선진당에서 선출된 사람은 대전 시장뿐이므로 정답이다.
⑤ 가장 낮은 수의 표를 받은 사람은 대구의 김 시장이 아니라 276,122표를 얻은 대전 시장이기 때문에 틀리다.

16-18 다음 지문을 참조하시오.

자유의 여신상은 세계에서 가장 크고 훌륭한 조각상들 중 하나이다. 그 조각상은 자유와 두 민주 국가인 프랑스와 미국 간의 우정을 상징한다. 그 조각상은 미끈하게 처진 가운을 입고 있는 위풍당당한 여인의 모습을 하고 있다. 그녀의 왼쪽 팔은 독립 선언의 날짜가 적힌 서판을 들고 있다. 그녀의 오른쪽 팔은 공중을 향해 높이 횃불을 쳐들고 있다. 거대한 철 대못이 달린 왕관이 그녀의 머리 위에 얹어져 있고 부서진 족쇄가 발에 놓여 있다. 그 조각상은 New York Bay에 있는 Liberty Island에 서 있다. 샌들에서 횃불까지는 높이가 151피트이다. 화강암과 콘크리트로 된 받침대가 그 조각상을 지탱하고 있다. 그 상의 내부에는 바닥에서 왕관까지 나선형으로 올라가는 두 개의 평행한 계단이 있다. 각 계단은 168개의 단으로 되어 있다. 조각상의 외부는 철(鐵)로 된 골조 위에 주조된 구리로 만든 얇은 판으로 덮여 있다.

statue 조각상 **symbolize** 상징하다(=represent) **democracy** 민주주의; 민주 국가 **flowing** (의복, 머리 등이) 미끈하게 처진; 흐르는, 물 흐르는 듯한; 거침없이 이어지는 **robe** (신분의 상징으로 또는 특별한 의식 때 입는) 예복(가운), 대례복, 법복 **tablet** 판, 평판(平板); 정제(錠劑); 둥글넓적한 모양의 약제); 태블릿 **the Declaration of Independence** (미국의) 독립 선언(1776년 7월 4일) **lift** (위로) 들어 올리다(올리다); 들리다, 올라가다; (英) 승강기, 엘리베이터 **torch** 횃불; 손전등 **rest** (어떤 것에) 받치다(기대다); 받쳐지다(기대지다); 쉬다, 휴식을 취하다; 잠들어(묻혀) 있다; 휴식; 나머지 **crown** 왕관; 왕위 **spike** 스파이크, 뾰족한 못; (못같이) 뾰족한 것; 급등, 급증; 못을 박다; (뾰족한 것으로) 찌르다; (가치가) 급등하다 **shackle** 족쇄; 수갑; ~에 족쇄(수갑)을 채우다 **measure** (치수, 길이, 양 등이) ~이다; 측정하다(재다); (특정 목적을 달성하기 위한) 조치(정책); (판단, 측정의) 척도(기준) **granite** 화강암 **concrete** 콘크리트; 콘크리트로 된; 구체적인; 실체가 있는 **pedestal** (기둥 · 동상 등의) 받침대 **parallel** (두 개 이상의 선이) 평행한; (둘 이상의 일이) 아주 유사한(병행하는)

stairway 계단 spiral 나선형으로 움직이다; 나선형을 그리다; 급등(급증)
하다; 나선, 나선형; 나선형의 step (죽 이어진 계단의 한) 단(계단); (댄스의)
스텝; (발)걸음; 걸음걸이; 단계; (어떤 목표를 달성하기 위한) 움직임(걸음/조치);
(발걸음을 떼어놓아) 움직이다(서다/디디다) hammered 망치로 두들겨
편, 주조된; (서술) 고주망태가 된 framework (건물 등의) 뼈대(골조); 체제,
체계 costly 많은 돈(비용)이 드는; 대개(희생)가 큰 clown 광대 tin
주석; 통조림; (원통형)통, 깡통

---

16   정답 ①

해석 빈칸에 알맞은 것을 넣으시오.

해설 샌들에서 횃불까지는 조각상의 높이(키)를 의미하므로 너비를
나타낼 때 쓰이는 형용사 wide는 일단 답에서 제외된다. 그
리고 151은 복수이므로 뒤에 단수형 foot이 아니라 복수형
feet가 와야 한다.
* 단, '수+단위 명사+수치 형용사'가 명사를 수식할 때는 단
수 단위 명사가 온다. ex.) The statue is 50 feet tall. It is
a 50-foot-tall statue.

17   정답 ①

해석 지문에 따르면, 자유의 여신상은 ___________ 을 나타낸다.
① 프랑스와 미국의 자유와 우정
② 값비싼 가운을 입은 자랑스러운 여성
③ 독립 선언
④ 바닥에서 왕관까지 올라가는 나선형

해설 두 번째 문장의 동사 symbolizes는 질문의 represents와
동의어 관계에 있으므로, 두 번째 문장의 내용이 들어간 선택
지를 고르면 된다.

18   정답 ③

해석 지문에 따르면, 조각상은 ___________ .
① 횃불로 밝혀진다.
② 거대한 철 대못이 달린 광대가 지키고 있다.
③ 화강암과 콘크리트 받침대에 의해 지탱된다.
④ 주석과 구리로 만들어졌다.

해설 ①번은 '횃불을 들고 있다'고만 언급되었다. ②번은 언급
된 바 없고, ③번은 지문에서 'A granite and concrete
pedestal holds the statue.'라고 했으므로 정답이다.
④번은 구리는 조각상의 외부를 덮는 판의 재료로 쓰이고 있
다고 지문에 나와 있으나 주석은 아예 언급된 바 없으므로 오
답이다.

19-20 다음 지문을 참조하시오.

> 소설의 출현에 대해서 연구하는 일은 어느 정도는 인류의 출
> 현에 관한 역사적 이야기 중의 하나를 읽는 것과 같다. 온갖 종
> 류의 아쉬운 일과 발전의 막다른 골목에서 흐지부지되고 결국
> 은 기적적으로 필요한 모든 요소들이 통합되어 인간이 존재하
> 게 된다. 그리고 연구가들이 여전히 인류의 '조상에 대한 논쟁'
> 을 벌이고 있는 것과 마찬가지로 문예 비평가들과 역사학자들
> 도 누가 소설의 조상인지(누가 소설을 맨 처음 썼는지) 혹은 실
> 제로 소설이 언제부터 존재하게 되었는지에 대해서도 완벽하
> 게 일치된 견해를 갖고 있지 못하다. (유인원의 시대가 끝나고

> 인류의 시대가 시작된 시기에 관한 문제는 다양한 형태의 초
> 기 설화들을 '소설'로 여겨야 할지의 여부에 대한 논쟁과 평행
> 선상에 있다(유사하다).) 게다가 산문소설을 '지속적인 역사를
> 지닌 보편적인 고대의 형식'으로 보는 사람들, 18세기 초에 등
> 장한 산문소설의 특수성을 더 강조하고 싶은 사람들, 그리고
> 소설을 그 당시 탄생한 새로운 형식으로 생각하는 사람들 사
> 이에서 끊임없는 논쟁이 오래 지속되고 있다.

account 설명; 계좌; 간주하다, 여기다 emergence 출현, 발생
near-miss 목표 일보 직전(의 성과), 아쉬운 일; 위기일발(일촉즉발)의 상
황; 니어미스(폭격이나 사격에서 목표물에 근접했으나 명중하지는 않은 상
태) dead-end 막다른 곳(골목); 막다른, 앞이 막힌; 장래성(발전성)이 없
는 peter put 점차 작아지다(조용해지다 등); 흐지부지되다 come
into being(=come into existence) 생기다, 나타나다, 태어나다, 생성
(설립)되다 disputed 논의가 되는, 분쟁이 되는 literary critic 문
예 비평가 by no means 결코 ~이 아닌 ape 유인원; (무엇을 제대
로 하지 못하고) 겨우 흉내만 내다; (웃기려고) 흉내 내다 parallel ~와 유
사하다(병행하다); ~에 필적하다; (두 개 이상의 선이) 평행한; (둘 이상의 일
이) 아주 유사한(병행하는); ~와 아주 유사한(상응하는) 사람(것); 유사점
narrative (특히 소설 속 사건들에 대한) 묘사(기술/이야기) moreover
게다가, 더욱이 running 오랜, (오래) 계속되는; 연속의; ~달리는; 달리
기; 운영, 경영 prose fiction 산문소설 distinctiveness 특수성
denigration 명예 훼손, 비하 evaluation 평가, 사정(=valuation)
implication (주로 복수로) (행동·결정이 초래할 수 있는) 영향(결과); 함축,
암시; (특히 범죄에의) 연루 assertion (사실임을) 주장; (권리 등의) 행사
specific 구체적인, 명확한, 분명한; 특정한; 특유의, 독특한 analogy 비
유, 유사점; 유추

---

19   정답 ④

해석 필자는 주로 ___________ 에 관심을 갖고 있다.
① 소설에 대한 문학적 비하
② 18세기 초의 소설에 대한 비판적인 평가
③ 소설의 출현과 인간의 출현 사이의 비교
④ 소설의 탄생에 대한 상이한 관점들
⑤ 소설 출현의 영향

해설 이 글은 언제 소설이 생겨났는가? 즉, 소설의 출현 시기에 대
한 다양한 관점을 소개하고 있다. 첫 문장의 'Studying the
emergence of the novel'과 중반부의 'when the novel
comes into existence.' 그리고 소설의 탄생 시기와 그 특
성 등에 대해서 학자들 사이에서도 의견이 분분한 점을 소개
하고 있는 후반부 마지막 문장의 내용에 주목한다.

20   정답 ⑤

해석 위 글의 첫 문장과 나머지 문장들과의 관계를 가장 잘 표현한
것을 고르시오.
① 권위자로부터의 인용과 이어지는 상충되는 관점들
② 주장과 이어지는 분석
③ 객관적인 진술에 이어지는 개인적 의견
④ 도전에 이어지는 구체적 실례
⑤ 비유에 이어지는 구체적 실례

해설 첫 문장 'Studying the emergence of the novel is a
little like reading one of those historical accounts
of the emergence of the human species'에서 소설의

출현을 인간의 출현에 비유하고 있다. 그 이후로 소설의 출현에 대한 여러 가지 다양한 관점들이 소개되고 있으므로 ⑤번이 가장 적절하다.

일본은 너무나도 본래의 상태 그대로 남겨져 있었기 때문에, 일부 "구" 서구 문화들과는 차이가 있다. 같은 2천 5백 년의 기간 동안 영국제도는 로마인, 앵글족, 색슨족, 그리고 노르만족의 침략을 받았으며, 그 후에는 영국인들 스스로 침략과 탐험의 길에 나섰다. 피(혈통)는 섞였고, 문화는 완전히 개방되었다. 그 기간(같은 2천 5백 년)에 일본인들은 내내 자국(自國)에 머무르며 침략도 받지 않고, 자국 이외의 세상에서 무슨 일이 벌어지고 있는지 알아보기 위해 항해에 나서려 하지도 않았다. 이런 오랜 고립의 결과로 독특한 문화가 생겨났고 "순수한" 민족(인종) 집단으로 격리될 수 있었으며, 이는 일본인에게 민족과 문화는 동일한 것이라는 생각을 하게 부추겼다. 분리에 대한 일본인의 인식은 일본 체제의 폐쇄성으로 민족(개념)의 차원까지 이르게 된 것이다. 미국은 자발적 결사(結社)라는 원칙 위에 세워진 나라이기 때문에, 이론적으로 누구나 미국인이 될 수 있다. (이에 비해) 일본 사회에서의 자리(기회)는 오로지 일본에서 태어난 자들에게만 열려 있다.

the British Isle(s) 영국 제도(英國諸島) **open up** 문을 열다; 영업을 시작하다; ~을 가능하게 하다; 생겨나다; 넓어지다; 넓히다 **uninvaded** 침략받지 않은(=not invaded) **disinclined** 마음 내키지 않는, ~하고 싶지 않은(for, to/to do) **sail off** 항해에 나서다 **isolation** 고립, 분리, 격리 **distinctive** 독특한 **pure** 순수한, 깨끗한 **racial group** 인종 집단 **tempt** (어떤 것을 제의하거나 하여) 유도(설득)하다; (좋지 않은 일을 하도록) 유혹하다(부추기다) **separateness** 분리; 따로따로임, 개별적임 **rise to the level of** ~의 수준(차원)으로 올라가다(이르다) **voluntary association** 자발적 결사 (단체) **unceasing** 끊임없는, 줄기찬

21　　　　　　　　　　　　　　　　　　　정답 ②

해석 ① 지난 2,500년 동안, 일본은 외부로부터 끊임없는 침략을 받아왔다.
　　② 영국 국민들은 순수한 민족 집단이 아니다.
　　③ 영국 제도와 마찬가지로, 일본은 역사 내내 외세의 침략으로부터 안전했다.
　　④ 영국 스스로 일본을 침략해서 정복했다.
　　⑤ 필자는 민족(인종)과 문화가 동일하다고 생각한다.
해설 지문의 'Blood was mixed, and culture was opened up.'을 보면 혈통이 섞였음을 알 수 있으므로, ②번 '영국민들은 순수한 민족 집단이 아니다'가 정답이다.

22　　　　　　　　　　　　　　　　　　　정답 ①

해석 ① 일본은 자국 이외의 세상에서 무슨 일이 벌어지고 있는지 알아보기 위해 수시로 항해에 나섰다.
　　② 일본은 역사 내내 계속 고립되어 있었기 때문에 독특한 문화를 지니고 있다.
　　③ 일본 체제의 폐쇄성은 분리에 대한 일본인의 인식을 민족(개념)의 차원까지 이르게 했다.

④ 일본에서 태어난 사람에게만 일본 사회에서 자리(기회)를 얻을 수 있다.
⑤ 미국의 건국 이념 중의 하나는 자발적 결사이다.
해설 지문의 'During all that time the Japanese sat at home, uninvaded and disinclined to sail off to see what the rest of the world might hold.'에서 정답이 ①번임을 쉽게 알 수 있다.

최근 들어서야 학계는 신동의 문화적이고 생물학적인 뿌리를 조사하기 시작했다. 새로운 연구는 과학자들이 오랫동안 짐작해왔던 사실을 보여주고 있다. 매우 영특한 아이들의 두뇌는 보통 아이들과의 두뇌와는 놀랄 만큼 다른 방식으로 기능하는 것 같다는 것이다. 그러나 모든 부모의 마음에 남는 의문이 있다. 천재는 태어나는 것인가? 아니면 천재는 만들어질 수 있는가? 재능은 우연한 유전적 특질인가? 아니면 부모, 학교, 스승에 의해 환경적으로 만들어질 수 있는가? 대답을 찾기 위해 한 연구팀이 인도의 컴퓨터 천재로부터 일본의 재능 있는 어린 미술가에 이르기까지 아시아 전역에 사는 일곱 명의 천재를 추적하여 그들의 비범한 삶에서 실마리를 찾아 나섰다.
이 정도만큼은 분명하다. 민족적 특성과 지리적 특성은 (A) 관계없다는 것이다. 천재는 어디에서든 나타날 수 있으며, 아시아는 그들 몫 이상으로 천재를 내고 있다. 과거에는 가난, 교육 부족, 기회 부재로 말미암아 이들의 능력이 발굴되지 못하거나 발달되지 못하고 사라졌을지 모른다. 그러나 수입 증가와 야심찬 중산층의 출현으로 뛰어난 청소년들이 급속히 늘어났다. 국립 타이완 보통 대학교가 실시한 1997년의 32명의 물리학과 화학에 걸출한 학생들을 조사한 바에 따르면 이들 중 4분의 3 이상이 비교적 높은 사회 경제적 지위를 가진 맞벌이 가족의 맏이였다.

probe 탐침; 엄밀한 조사(=investigation, scrutiny); 탐침으로 검사하다; 엄밀히 조사하다 **wunderkin** (복수형: wunderkinder) 신동(神童)(=prodigy); 젊어서 성공(출세)한 사람 **suspect** ~이 아닌가 하고 생각하다; 짐작하다; 의심하다; 의심스러운; 용의자 **startlingly** 놀랄 만큼, 놀랍도록 **prodigy** 신동(神童), 천재; 비범, 경이(=wonder) **giftedness** 재능 **accident** 우연, 우연한 일; 사고, 재난 **genetics** (단수취급) 유전학; 유전적 특징 **forge** (쇠를) 버리다; (노력하여) 만들어내다; 위조하다; 용광로; (대장간의)노(爐); 대장간 **mentor** (지도) 교사, 스승; 좋은 조언자 **track down** 철저하게 조사하다; ~을 바짝 쫓다 **genius** 천재; 비범한 재능 **ethnicity** 민족성, 민족적 배경 **materialize** (영혼을) 육체적으로 나타내다; 구체화(실현)하다 **the super-precocious** (이 지문의 문맥상) 천재 (precocious (지적, 신체적으로) 발육이 빠른; (어린이 등이) 조숙한) **accomplished** (기예 등에) 뛰어난; 성취(완료, 완성)된 **dual-income** 맞벌이 수입의 (dual income (부부의) 맞벌이 수입) **socioeconomic** 사회 경제적인 **status** 지위, 신분; 사정, 사태

23　　　　　　　　　　　　　　　　　　　정답 ④

해설 두 번째 문단에서 천재들이 과거에 가난, 교육 부족, 기회 부재 등으로 발굴, 발달되지 못하고 사라졌을지도 모른다는 내용이 나오고 이어 수입 증가 이후 뛰어난 청소년이 늘고 걸출한 학

생들 중 4분의 3 이상이 비교적 높은 사회 경제적 지위를 가진 가족의 맏이었다는 점에서 환경적 요인이 천재 발굴에 중요한 요소임을 알 수 있다.

24 정답 ②

해석 다음 중 빈칸 (A)에 가장 적합한 것은 무엇인가?
  ① 중요한
  ② 관계없는
  ③ 관련된
  ④ 복잡한
  ⑤ 재미있는

해설 빈칸 다음 문장에 천재는 어디에서나 나타날 수 있다고 했으므로 민족적, 지리적 특성은 '관계없는(irrelevant)'이 적절하다.

25 정답 ①

여러 해 전, 한 연극에서 나의 서툰 연기에 실망한 연극 연출가가 "아니, 아니! 몸과 대사가 따로 놀고 있잖아. 작은 움직임 하나하나가 너의 사적인(은밀한) 생각까지 다 보여주는 거야."라고 외쳤다. 그런 다음 그는 내가 절대로 잊지 못할 말을 해 주었다. "네가 몸을 움직이는 방식은 움직이는 너의 자서전이야." 그의 말은 얼마나 옳은가! 실제 생활이라는 무대 위에서 당신이 만들어 내는 모든 신체적인 움직임은 당신의 인생 이야기를 잠재의식적으로 모든 이에게 말해 준다. 개가 우리의 귀로는 탐지할 수 없는 소리를 듣는 것처럼, 사람들도 인간의 의식 아래쪽에 있지만 매력을 끌거나 감정을 상하게 할 수도 있는 엄청난 힘을 가진 움직임을 만들거나 알아챈다.

frustrated 좌절감을 느끼는, 불만스러워 하는 **contradict** 모순되다; (어떤 사람의 말을) 부정(부인)하다, 반박하다 **tiny** 아주 작은(적은) **reveal** 드러내다, 적발(폭로)하다; 밝히다; 누설하다; (신이) 계시(묵시)하다 **autobiography** 자서전 **physical** 신체의, 육체의; 물질의; 자연법칙상의 **subconsciously** 잠재의식적으로 **detect** (특히 알아내기 쉽지 않은 것을) 발견하다(알아내다/감지하다) **notice** ~을 알아차리다; 의식하다(보거나 듣고 알다); 주목하다, 관심을 기울이다; 신경 씀, 주목, 알아챔; 공고문; 안내판, 안내문 **beneath** 아래(밑)에; (수준 등이) ~보다 못한 **consciousness** 의식(지각, 판단 기능이 정상인 상태); (무엇에 대한) 자각, 의식 **tremendous** 엄청난, 굉장한, 대단한 **offend** 기분 상하게(불쾌하게) 하다; 불쾌하게 여겨지다; 범죄를 저지르다 **reflection** (상태·속성 등의) 반영; (거울 등에 비친) 상(모습); (빛, 열, 소리 등의) 반사, 반향, 심사숙고 **indicator** (일의 현황, 사정 변화 등을 나타내는) 지표; (속도, 압력 등을 나타내는) 계기(장치) **nervousness** 신경과민; 신경질적임; 긴장, 초조, 겁, 소심성 **contrast** 차이; 대조, 대비

해석 지문의 주제는 무엇인가?
  ① 마음을 비추는 몸의 움직임
  ② 신경과민의 표시로서의 몸짓 언어
  ③ 자서전을 쓰는 데 있어서의 문화적 차이
  ④ 드라마 속에서의 감춰진 인간 의식의 힘
  ⑤ 동물과 인간과의 청각 시스템의 차이

해설 '(몸의) 작은 움직임 하나하나가 은밀한 생각까지 다 드러낸다.(=Every tiny movement reveals your private thoughts.)가 글의 중심 문장이자 글의 주제를 드러내고 있는 부분이다. 따라서 ①번이 주제로 가장 적절하다.

26 정답 ④

우리는 쉬는 시간에 피구를 했다. 피구는 내가 좋아하는 운동이었다. 나는 몸이 가볍고 날래서 맞는 것을 용케 자주 피했고 마침내 원안에서 내가 팀의 마지막 사람이 되는 즉, 그 경기의 승리자가 되곤 했다. 내 친구가 대개 나의 경쟁자였다. 어느 날 그가 지고 내가 이겼을 때 나는 그를 너무 심하게 놀린 적이 있었다. 그 후에 그는 한떼의 반 친구들을 불러 모았는데, 내가 꿈속에 그리던 여학생도 거기에 있었다. 그들은 슬슬 다가오더니 나를 둘러쌌다. 그들이 웃고 있어서 나는 그들이 호의적인 줄 알았다. 피해야 하겠다는 생각은 들지 않았다. 남자아이들이 나를 단단히 붙잡았다. 내 친구가 그들을 이끌었다(대장이었다). "넌 냄새가 고약해," 그는 나에게 유쾌한 듯 말했다. "우리는 네가 더럽다고 생각되거든. 한 번 보자." 그들은 가슴받이가 달린 나의 덧옷의 끈을 홱 잡아 내리고, 내 두 팔을 높이 추어올리더니, 다 해진 나의 셔츠를 벗겨 버렸다. 그들은 모든 사람이 다 볼 수 있도록 나의 때, 시커먼 겨드랑이, 더러운 목을 다 드러내 보였다. 그 아이들의 얼굴은, 그 소녀는 무리 중 앞에 있었는데, 고소한 웃음으로 비꼬아진 경악스러움으로 가득 찼다. 나는 내가 갈 수 있었던 유일한 길로 가서는, 주저앉다가, 운동장 아스팔트에 쓰러졌다. 그들은 웃고 손가락질하면서 내 주위를 둘러쌌다. 나는 도망칠 수 없었다. 나는 머리를 감싸고 무릎을 끌어 올렸다. 나는 나 자신을 보이지 않게 하는 법을 알았다. 새어머니가 나를 때릴 때 나는 나 자신을 보이지 않게 하는 법을 배운 적이 있었다. 새어머니가 여전히 나를 볼 수 있었다고 해도 내가 새어머니를 볼 수 없었기 때문에 그것은 효과가 있었다. 나는 나 자신을 보이지 않게 했다. 그들은 내가 우는 소리를 들을 수 없었다.

dodgeball 피구(避球) **recess** 휴식, 휴게; 휴장; 휴회 **manage to do** ~을 용케 잘 해내다, 어떻게든 ~하다 **pick off** (피구나 야구에서) 터치아웃하다; ~을 떼어 내다(제거하다) **competition** 경쟁; 경쟁자 **kid** (구어) 놀리다; 속이다; (구어) 아이, 어린이(=child); 아들, 딸 **a knot of** 한 무리의, 일단의 **stroll** 거닐다, 어슬렁거리다 **dodge** (몸을) 재빨리(홱) 움직이다(비키다/피하다) **grab** (와락, 단단히) 붙잡다(움켜잡다) **stink** 악취를 풍기다; 더러운(지겨운) 녀석; 악취; 소동 **jerk down** 홱 잡아 당겨 내리다 **bib overall** 가슴받이가 달린 덧옷 (overall (셔츠 모양의 상의와 바지가 하나로 된) 작업복) **peel off** (옷을) 벗기다; 벗다 **ragged** 누더기가 된, 다 해진 **filth** 때; 더러움; 오물, 쓰레기; 도덕적 타락 **armpit** 겨드랑이 **forward** (위치가) 앞으로 **horror** 공포, 경악 **pervert** (사람을) 비뚤어지게 하다; (시스템, 절차 등을) 왜곡하다; 변태(이상) 성욕자, 성도착자 **glee** 신이 남; (남이 잘못되는 것에 대한) 고소한 기분; 기뻐서 날뜀, 큰 기쁨, 환희 **get away** 도망치다; 떠나다; 출발하다 **draw up** 끌어당기다(올리다) **stepmother** 의붓 어머니, 계모 **embarrass** ~을 난처하게 하다, 당혹(당황)케 하다, 쩔쩔매게 하다 **abuse** ~을 학대(혹사)하다; 욕하다; 남용하다, 악용하다; 학대, 혹사; 남용, 악용, 오용; 욕설

해석 ① 사건은 필자가 학생일 때 발생했다.
  ② 필자의 친구는 그를 난처하게 할 작정을 했다.
  ③ 필자는 아마 집에서 보살핌을 잘 받지 못했을 것이다.
  ④ 필자는 공교롭게도 그날 평소와 달리 더러웠다.
  ⑤ 필자의 새어머니는 그를 학대했다.

해설 ①번은 recess(쉬는 시간)와 classmate(급우) 등을 통해 알
수 있다.
②번은 'He gathered a knot of classmates'와 'My
friend led them.'에서 알 수 있다.
③번은 'my ragged shirt'와 'my filth, my black
armpits, my dirty neck'과 같은 표현에서, 그리고 글 후반
부에 새어머니로부터 구타를 당했다는 내용으로 보아 가정에
서 보살핌을 잘 받지 못했음을 알 수 있다.
④번은 단서가 될 만한 내용이 지문에 나오지 않는다.
⑤번은 'my stepmother attacked.'에서 알 수 있다.

27-29 다음 지문을 참조하시오.

어쨌거나 읽어볼 가치가 있는 책은 한 번 이상은 읽힐 것이고,
매번 읽을 때마다 어떤 발상이나 표현은 너무나 인상에 남아
서 우리가 그것을 재차 참고하고 싶게 된다. 어떤 사람들은 책
을 읽어가며 페이지에 밑줄을 긋기도 하지만, 내가 겪은 바로
는 밑줄을 쳐놓은 페이지가 아무런 표시가 없는 페이지만큼
많은 신선한 감명을 주지 못한다. 이미 표시가 되어 있는 구절
을 읽게 되면, 처음에 그런 표시를 하게끔 이끌었던 생각과 감
정들이 기억나게 되고, 새롭게 보태지는 것(생각과 감정)이 전
혀 없이 (이전) 그대로의 생각과 감정을 그대로 갖게 된다. 그
러나 아무런 흔적이 없는 페이지는 나에게 항상 새로운 것을
줄 수 있다.

worth ~ing ~할 가치가 있는 **be likely to do** ~일(할) 듯하다
statement 표현; 성명, 진술; 성명서, 진술서 **impression** 감명(감동);
인상(느낌) **refer to** ~을 언급하다; 참고하다; (사전 등을) 찾아보다; 문의(조
회)하다; 지시하다, 나타내다; 관련(적용)되다 **underline** 밑줄을 긋다(치다);
강조하다, 분명히 보여주다; 밑줄, 언더라인 **mark** 표시; 기호, 부호; 점수; 경
계선; 특징; 자국을 남기다; 자국이 남다; 채점하다; 축하(기념)하다

27 정답 ④

해석 이 문장에서 "a clean page"는 무엇을 의미하는가?
① 단어가 없는 페이지
② 견해가 없는 페이지
③ 우리에게 아무런 감정과 생각을 주지 않는 페이지
④ 밑줄 친 부분이 없는 페이지
⑤ 더러운 흔적이 없는 페이지
해설 지문 앞부분의 'a page which I have underlined'와
'already marked'가 정답 찾기의 단서가 된다.

28 정답 ④

해석 이 지문에서 필자는 무엇을 암시하는가(전달하려 하는가)?
① 우리에게 새로운 생각을 줄 때까지 책을 여러 번 읽어야 한다.
② 밑줄 친 페이지가 있는 책을 읽는 것은 즐겁다.
③ 밑줄 친 부분은 읽을 때마다 우리에게 신선한 생각과 감정
을 준다.
④ 밑줄 친 부분이 없는 좋은 책을 읽는 것이 바람직하다.
⑤ 페이지에 아무런 표시가 없는 책은 피해야 한다.
해설 주제문에 해당되는 'but I find that a page which I
have underlined cannot give me so many fresh
impressions as one which has no marks on it.'을
패러프레이징한 ④번이 정답이다.

29 정답 ①

해석 밑줄 친 "with no additions"을 다른 말로 바꾸어 옳게 표현
한 것을 고르시오.
① 어떠한 새로운 생각과 느낌 없이
② 새 아이디어를 가지고
③ 밑줄 친 부분으로
④ 더 이상
⑤ 결론 없이
해설 'addition'은 '추가된 것'이라는 의미이므로 문맥적으로 바로
앞에 위치한 'the thoughts and feelings'를 받는다.

30 정답 ③

(A), (B), (C)에 가장 적절한 순서는 무엇인가?

비록 선진국들이 의료 서비스 분야에서 대단한 발전을 이루어
왔지만, 오늘날의 의료 서비스 제도는 몇 가지 심각한 문제점
을 안고 있다.

(A) 예를 들어 미국에서는 거의 20억 달러가 매일 의료 비용
으로 지출되는데, 이 액수는 연간 12%의 속도로 증가하
고 있다.
(B) 이렇게 증가하는 비용 때문에, 양질의 의료 서비스를 받을
수 있는 것이 확대되기보다 줄어들고 있는 실정이다.
(C) 이런 문제점 중 단연코 가장 시급한 문제는 재정이다. 즉,
의료 비용이 대부분의 다른 경제 부문의 가격보다 더 빠르
게 오르는 중이다.

industrial 산업의; 산업이 발달한 **health care** 의료 서비스, 보건
annual 매년의, 연례의; 한 해의 **access** 접근(권) **rather than**
~대신에, ~보다는 **expand** 확장하다 **urgent** 급한 **financial** 금
융(재정)의 **medical cost** 의료 비용

해설 각 문장의 단서를 통해 두 그룹으로 나누어 쉽게 그 순
서를 파악할 수 있다. 우선 주어진 문장에서 심각한 문제
(some serious problems)가 (C)의 이러한 문제점(these
problems)으로 연결되고 있으며(첫 번째 의미 연결 그룹), 미
국의 의료 비용 상승이 예로 나온 (A)의 'is increasing at~'
은 (B)의 'these increasing'으로 연결되고 있다(두 번째 의
미 연결 그룹). 이 글은 보건 의료의 여러 문제점들 중의 하나
인 의료 비용의 문제에 대해서 설명하고 있는 글이다.

31-35 다음 지문을 참조하시오.

미국 독립 전쟁 동안, 여성들은 세 가지 방법으로 실제 전투에
참가했다. 우선, 미국군의 별개 분과의 일원으로서, "군대의 여
성"이라고 일컬어진 여성들은 야전 병원의 직원으로서 근무했
고, 물을 운반하는 것과 같은 역할을 통해 지원 부대로서의 역
할을 했다. 비상시에는, 대포의 발사를 지켜볼 기회가 많았던
물을 운반하는 여성들은 부상당한 동료 병사를 대신할 수 있

였다. 여성들이 실제 전투에 참가하는 두 번째 방식은 남성의 군복을 입고 남자 전우들과 나란히 싸웠던 정규 부대원으로서였다. 이론상으로 여성들은 미국군에 징집당하지 않게 되어 있었지만, 만일 어떤 여성이 훌륭한 군인이라면, 당시 군에 병사가 너무나 부족해서 채 10대도 안 된 소년들마저 규정을 어겨가면서까지 징집을 했기 때문에, 어느 누구도 성별에 대한 것을 문제 삼지 않았다. 세 번째로, 여성들은 지역 민병대나 지역 사회를 보호하기 위해 형성된 안전 위원회에 속해서 가끔 전투에 참가하기도 했다.

be involved in ~에 연루되다, 휘말리다; 몰두하다 **active** 적극적인; 활동적인, 왕성한 **distinct** 뚜렷이 다른(구별되는), 별개의; 독특한; 뚜렷한, 분명한 **Continental Army** (독립 전쟁 당시의) 미국군 **refer** (~을 ~이라고) 부르다; 참고(참조)하다 **staff** (전체) 직원; 참모; 지팡이; 직원으로 일하다; 직원을 제공하다 **field hospital** 야전 병원 **support** 지지; 원조; 지원부대; (무게를) 지탱하다, (떠)받치다; 지지하다; 지원하다 **emergency** 비상(사태) **cannon** 대포; 기관포; 세게 부딪치다, 충돌하다 (canon 규범, 계율; (특정 작가의) 정본 목록; 주요 문헌(작품) 목록) **comrade** 전우; 동료; (공산당·사회당에서 당원이나 서로를 부르는 호칭으로) 동무(동지) **side by side** 나란히 **male** 남자(남성/수컷)의 (female 여자(여성/암컷)의) **counterpart** (다른 장소나 상황에서 어떤 사람·사물과 동일한 지위나 기능을 갖는) 상대, 대응 관계에 있는 사람(것) **theoretically** 이론적으로 **recruit** (신입 사원, 회원, 신병 등을) 모집하다(뽑다); 신병; 신입 사원 **make an issue (out) of** ~을 문제로 삼다 **sex** 성(性), 성별; 성관계, 섹스 **be short of** ~이 부족하다(모자라다) **in violation of** ~을 위반하여 **occasional** 가끔의 **affiliate** (더 큰 부대, 회사 등과) 제휴(연계)하다; 가입하다, 연계되다 **militia** 민병대, 의용군 **company** (함께 일하거나 공연하는) 단체; 회사; 함께 있음; 함께 있는 사람들; (군대) 중대 **nursing** 간호 **labor study** 노동 연구 **social work** (구빈 사업, 실업 보호 사업, 아동 보호 사업, 의료 보호 사업 등의) 사회 사업 **literature** 문학

31 정답 ④

해석 지문의 요지가 기술된 것은?
① 여성은 독립 전쟁 동안 군 병원에서 중요한 역할을 했다.
② 독립군은 여성들에게 대포를 발사하는 것을 가르치는데 성공했다.
③ 안전 위원회에서의 여성의 복무는 전쟁에 승리하는데 결정적인 기여를 하였다.
④ 여성은 독립 전쟁 동안 전투에 적극적(활동적)으로 임했다.
⑤ 독립 전쟁은 서로 다른 세 지역에서 발발했다.

해설 설명문에 흔한 두괄식 지문 형태로서 '미국 독립 전쟁 동안, 여성들은 세 가지 방법으로 실제 전투에 참가했다.'라는 지문의 첫 문장이 주제문이다. 그 이후에 그 역할상을 순서(First, Second, Third)에 맞게 나열식으로 기술하고 있다. 'the Revolutionary War'가 'the American War of Independence'와 같은 개념임을 안다면 쉽게 요지를 찾을 수 있다.

32 정답 ①

해석 여성들은 ＿＿＿＿＿＿＿ 덕분에 전쟁에서 가끔씩 대포를 쏠 수 있었다.
① 그들이 그 과정을 보았고 따라서 부상당한 남자를 대신할 수 있었다.

② 지역 민병대는 긴급 전쟁을 대비해 그들을 매우 주의 깊게 훈련시켰다.
③ 그들이 무기 사용에 있어 남성보다 안전 기록이 더 좋았다.
④ 어린 소년들의 무기 발포는 불법이었다.
⑤ 그들은 숙련된 전사였다.

해설 세 번째 문장의 'women water carriers, who had plenty of opportunity to observe the firing of cannons, could replace a wounded comrade.'에서 답을 찾을 수 있다. 정답인 ①번의 'could substitute for disabled men'은 지문의 'could replace a wounded comrade'를 패러프레이징한 것이다.

33 정답 ④

해석 비록 여성들이 정식으로 군 전투에 참가하는 것은 불가능했지만 아마도 그렇게 하도록 허락되었던 주된 이유로 볼 수 있는 것은 무엇인가?
① 단지 여성만이 물 운반에 성공적이었다.
② 전투복 제작에 필요했다.
③ 식민지 여성은 특히 건강하고 강했다.
④ 군대는 전투병이 절실히 필요했다.
⑤ 부상병을 간호하는데 훨씬 더 효율적이었다.

해설 지문의 'Theoretically, women were not supposed to be recruited into the Continental Army, ~ when the Army was so short of soldiers that boys not yet in their teens were also being recruited in violation of rules.'에서 답을 찾을 수 있다. 규정을 어겨가면서 어린 소년도 징집할 만큼, 당시 전투 군인들의 숫자가 많이 부족했음을 알 수 있다.

34 정답 ③

해석 여성은 다음 중 ＿＿＿＿＿＿＿을 제외하고 미국 독립 전쟁을 위한 실제 전투에 참가했다.
① 안전 위원회의 일원으로
② 의료 시설에서 사람들을 도움으로
③ 독립군의 군인들을 모음으로
④ 정규 군대에서 전투에 참여함으로
⑤ '군대의 여성'이라 불리는 것으로

해설 ①번은 마지막 문장의 'women were occasional fighters affiliated with ~ committees of safety ~.'에서 찾을 수 있고, ②번은 두 번째 문장의 'women staffed field hospitals'에서 찾을 수 있다. ③번의 여성이 독립군의 신병 모집자(모병관)로서 활동했다는 사실은 언급된 바 없고, ④번은 네 번째 문장의 'The second way ~ as regular troop members'에서, ⑤번은 두 번째 문장의 'as members ~, referred to as "Women of the Army"'에서 찾아볼 수 있다.

35 정답 ②

해석 이 지문은 어떤 주제에 관한 과목의 읽을 자료로 선정되는 것이 합당하겠는가?

해설 '미국 독립 전쟁 당시'의 여성의 활약상을 보여주는 글이므로 '역사' 공부의 글 읽기 자료로 가장 적합할 것이다.

1 ③	2 ③	3 ②	4 ②	5 ①
6 ⑤	7 ③	8 ④	9 ②	10 ③
11 ④	12 ②	13 ④	14 ①	15 ④
16 ②	17 ③	18 ①	19 ③	20 ③
21 ③	22 ②	23 ③	24 ①	25 ②
26 ②	27 ①	28 ⑤	29 ②	30 ③
31 ④	32 ④	33 ②	34 ②	35 ④

1
정답 ③

이 동물은 언제 어떤 배경에 있을지라도, 배경과 섞이기 위해 몸의 색깔을 재빨리 바꿀 수 있다. 그것은 평생을 한 파트너와 함께 하는 일부일처제를 유지한다. 매일 아침 그 녀석은 그 짝에게 (사랑의) 맹세를 재확인하기 위한 인사로 수영을 한다. 만약 파트너가 죽으면 새로운 짝을 찾기 전까지 오랜 시간이 흘러야 한다. 그것은 거의 3년 이상을 살지 못한다. 식용과 의학적 인기로 그만큼이나 사는 녀석들도 많지 않다. 말처럼 생긴 이 멋진 작은 물고기들은 위험에 빠진 종이 되어가고 있다.

blend 섞다 **monogamous** 일부일처의 **reaffirm** 재확인하다 **pledge** (굳은) 약속, 맹세; (정식으로) 약속(맹세)하다 **horselike** 말처럼 생긴 **species** 종; 종류; 종족

해설 주변 환경에 따라 몸의 색깔이 변한다는 사실에서 카멜레온을 고르면 안 된다. 수영한다는 사실과 말처럼 생겼다는 사실에서 '해마'임을 알 수 있다.

2
정답 ③

그리고 유행은 서양 세계를 초월한다. 서울의 거리는 패션 감각이 넘치는 남녀로 가득하다. 아프리카로 가보라. 케냐, 모로코, 이집트 어디든 상관이 없다. 중앙아메리카와 남아메리카로 가보라. 멕시코, 브라질, 아르헨티나 어디를 가든 간에 여러분은 또한 유행과 스타일이 중요하다는 사실을 알게 될 것이다. 사람들은 머리 모양을 어떻게 하고, 어떤 종류의 옷과 화장 그리고 보석을 해야 할지 파악하는데 많은 시간과 돈을 쓴다.

go far beyond ~을 초월하다, 넘어가다 **fashionable** 유행하는, 유행을 따른; (유행의 첨단을 걷는 사람들, 특히) 부유층이 애용하는 **figure out** (생각한 끝에) ~을 이해하다(알아내다); (양·비용을) 계산(산출)하다 **makeup** 화장; 분장; 화장품(=cosmetics) **jewelry** 보석류(=jewels) **a variety of** 각가지의

해설 다음 글은 복합적인 글의 일부이다. 이 글의 앞부분에서 토론된 내용으로 알맞은 것은 무엇인가?
　① 서양 세계에서 쇠퇴하고 있는 유행
　② 세계 인종의 광범위한 다양성
　③ 서양 세계에서의 패션 산업
　④ 패션에 대한 사람들의 다양한 관심

해설 앞에 나온 부분의 내용을 파악하기 위해서는 당연히 첫 문장을 잘 살펴야 한다. 문맥상 같은 의미로 앞뒤를 연결하는 등위접속사 And로 시작하는 첫 문장에서 '유행은 서양 세계를 초월한다(넘어선다).'고 했기 때문에 이 글 앞의 내용은 서양 세계의 패션과 관련된 내용이 나왔을 것이다.

3 다음을 읽고 질문에 답하시오.
정답 ②

오늘날 많은 사람들은 자신들이 버리는 것에 관하여 더 신중하게 생각하며, 많은 것들이 절약되고 재사용된다. 예를 들어, 매년 460억 개의 유리병과 단지가 생산된다. 이 병들의 15분의 1이 재사용 될 것이다. 모든 알루미늄 캔의 거의 15%는 재활용된 알루미늄에서 나온다.

throw away (더 이상 필요 없는 것을) 버리다(없애다) **save** 절약하다; (죽음, 손상, 손실 등에서) 구하다 **jar** (아가리가 넓은) 병, 단지, 항아리; 삐걱거리다; (귀, 신경 등에) 거슬리다 **recycle** (폐품을) 재활용(재생)하다; 재사용하다

해석 대략 얼마나 많은 병들이 매년 재사용 되는가?
　① 10억　　② 30억　　③ 150억　　④ 230억
해설 사실 확인 문제이다. forty-six billion의 one in fifteen은 460억의 15분의 1이라는 뜻이므로 답은 약 30억(three billion)이다.

4-6 다음 지문을 참조하시오.

West Virginia 주 소재의 Minerun 동물원 임원들은 Delaware 주 White Cliffs에 위치한 동물원에서 코끼리 한 마리를 사들이기로 계약했다. 거래 조건은 West Virginia 동물원 측이 계약금조로 300달러짜리 흑곰을 제공하고, 20개월에 걸쳐 매월 100달러씩 지불을 하며, Delaware 동물원 측에서는 잔금이 완불되는 시점에 코끼리를 넘겨주는 것이었다. (West Virginia 동물원 측으로부터) 곰은 제공되었고, (Delaware 동물원은 그것을) 받아들였다. (그러나) West Virginia 주 동물원에서 15개월 동안 매달 100달러씩 지불하고 나니 예산이 다 떨어져 더 이상 지불을 할 수 없게 되었다.

zoo 동물원 **official** 임원; (고위) 공무원(관리); 공무(직무)상의; 공식적인, 공인된 **terms** (합의, 계약 등의) 조건; (지불) 조건; 요구액, 가격, 비용 **deliver** 인계(인도)하다, 넘겨주다; (물건·편지 등을) 배달하다; (연설·강연 등을) 하다; (판결 등을) 내리다; ~을 해방하다, 석방하다; 구해내다 **down payment** (할부금의) 착수금, 계약금 **at the end of+시간명사** ~의 말에 **tender** 제출하다; 제공하다, 제안하다, 신청하다; 입찰하다; 제출, 제안; 제공물; 입찰 견적서, 입찰; 돌보는 사람, 간호인; 지키는 사람; (고기 등이) 부드러운; 다정한, 상냥한; 만지면 아픈; 예민한, 민감한 **run out of** ~이 다 떨어지다; ~을 다 써버리다; (물건)을 바닥내다; ~으로부터 도망 나오다(달아나다)

4
정답 ②
해석 문맥적으로 빈칸에 가장 적절한 단어는 어떤 것인가?

① 건설하다
② 계약하다
③ ~을 (~으로) 이해(해석)하다
④ 연락(접촉)하다
⑤ 지휘하다; 안내하다; 행동하다

해설 모든 선택지가 접두어 con-으로 시작되는 동사들이다. 평소에 접사와 어근 학습에 충실했는지를 묻는 어휘 문제이다. 빈칸에 들어갈 수 있는 것은 문맥적으로 '계약하다' 밖에 없다.

5   정답 ①

해석 다음 중 밑줄 친 "tendered"와 바꾸어 쓸 수 있는 것은?
   ① 제공하다   ② 선택하다   ③ 교환하다
   ④ 구매하다   ⑤ 포획하다

해설 역시 어휘 문제로서 tender와 같은 다의어 학습에 대한 충실도를 묻는 문제이다.
  * tender=offer, proffer, present, submit, hand in

6   정답 ⑤

해석 다음 중 위의 지문에서 추론할 수 없는 내용은?
   ① 곰은 현재 Delaware 동물원에 있다.
   ② 코끼리에 대한 거래 계약액은 총 2,300달러이다.
   ③ Delaware 동물원은 Minerun 동물원으로부터 500달러의 미수금이 있다.
   ④ 곰(의 제공)은 코끼리 거래의 일부였다.
   ⑤ 코끼리는 현재 Minerun 동물원에 있다.

해설 지문 마지막에서 Minerun Zoo(=The West Virginia zoo)의 예산이 다 떨어져 결국에는 코끼리를 넘겨받지 못했음을 알 수 있으므로 ⑤번이 정답이다.

7 다음을 읽고 질문에 답하시오.   정답 ③

컴퓨터는 한 가지 문제점이 있다. 컴퓨터는 매번 이동한 후에 그 위치를 예측해야 하고 모든 위치를 평가해야 한다. 각 위치는 서로 다른 가치를 지닐 수 있다. 그렇다면 당신은 이 가치를 다른 모든 가치들과 비교해야 한다. 예를 들면, 무엇이 더 중요한가? 한 점을 얻을 것인가 아니면 공격을 할 것인가? 이것에 대해 컴퓨터는 늘 실패하기 마련인데 그 이유는 이것은 설명될 수 있는 사안이 아니기 때문이다. 그것은 오로지 직관력의 문제이다. 컴퓨터는 아마 한두 명을 제외하고는 모든 선수들을 이길 것이다. 세계 챔피언들은 체스에 대해 새로운 미래상을 제시하고 다른 모든 사람들은 그것을 따라간다. 미래에 어떤 새로운 것이 체스에 도입될 것이며, 컴퓨터는 그것을 사용할 수 없을 것임을 우리는 알고 있다.

anticipate (대책을 세우기 위해) 예측하다; 예상하다; 기대하다, 고대하다 evaluate 평가하다(감정하다) value 가치, 중요성; 가치관; 소중하게(가치 있게) 생각하다(여기다) intuition 직관력; 직감, 직관 beat (게임 · 시합에서) 이기다; 통제(억제)하다; 더 낫다, 능가하다; (아주 세게 계속) 때리다(두드리다); 고동, 맥박; (북 등의) 울림; 박자, 비트 vision 비전, 미래상; 통찰력; 시력, 시각; 환영, 환상

해석 지문에 따르면, 컴퓨터는 _______________.
   ① 한 가지 문제 때문에 체스 경기를 못할 것이다.

② 새로운 소프트웨어 덕분에 미래에는 천하무적이 될 것이다.
③ 모든 선수들을 이기지는 못할 것이다.
④ 새로운 전략을 고안해서 체스 세계 챔피언 대회에 새로운 비전을 제공할 것이다.

해설 지문의 'The computer will probably beat all players except one or two.'를 보면 '모든 선수들을 이기지는 못할 것이다'라는 ③번이 정답임을 알 수 있다.

8-9 다음 지문을 참조하시오.

광업 및 천연자원 부처의 일부 관리들은 최근에 원유가 북극곰에게 어떤 영향을 줄 것인가를 알아보는 실험을 했다. 두 마리의 어미 곰을 큰 원유 통속에 담갔다. 원유 속에서 들어 올린 후에 그 곰들은 털에 붙어 있는 끈적끈적한 것들을 핥기 시작했고, 곧 죽었다. 이 유치하고 어리석은 짓은 납세자가 낸 칠만 달러라는 큰 비용으로 실행되었다. 그 부처장은 이 잔인한 실험을 정당화하려고 애썼고, 사과하기를 거절했다.

mine 광산; 광업; 지뢰(=land mine); (소유대명사) 나의 것 natural resource 천연자원 conduct an experiment 실험을 하다 effect 결과; 영향; 취지, 의미 crude oil 원유(原油) polar 남(북)극의, 극지의; 정반대의 dunk 담그다, 적시다 barrel (중배가 불룩한) 나무통; 한 통, 1배럴(의 양) lift out 건져 내다 proceed to do (~하기) 시작하다 sticky 끈적거리는; 무더운; 어려운 coat (짐승의) 외피(外皮); (옷) 코트 playful 유치한; (말, 행동이) 웃기는; 놀기 좋아하는 carry out 실행하다(=execute) lick ~ off ~을 핥아내다 mess (어질러진) 더러운 것(상황) to the tune of ~의 큰 액수로

8   정답 ④

해석 지문의 내용과 일치하는 것은?
   ① 두 마리의 어미 곰이 원유 통속으로 떨어졌다.
   ② 누군가가 칠만 달러짜리 모피 코트에 기름을 쏟았다.
   ③ 일부 관리들이 원유 한 통과 두 마리의 북극곰을 교환했다.
   ④ 두 마리의 곰이 특별 연구의 실험 대상이었다.

해설 첫 문장의 '~ conducted an experiment ~ on polar bears.'와 그에 바로 이어지는 'Two adult bears were dunked in a big barrel of crude oil.'에서 두 마리의 곰이 실험 대상(subject)이었음을 알 수 있다.

9   정답 ②

해석 이 사건의 결과는 무엇인가?
   ① 두 사람이 죽었다.
   ② 두 마리의 곰이 죽었다.
   ③ 거래가 잘 성사되었다.
   ④ 코트는 버려야 했다.

해설 세 번째 문장의 'After being lifted out the oil, they (=two adult bears) ~ and died.'를 참조한다.

뛰어넘어야 할 가장 큰 장벽은 신용거래(신용카드를 이용한)가 수입의 연장이 아니라는 사실을 깨닫는 일이다. 분수에 맞게 살려면 삶의 방식을 크게 바꾸어야 한다. 신용거래는 현명하게 이용하면 돈을 관리하는데 유용한 도구가 되나 그것을 언제 그리고 어떻게 사용할 것인가를 배우는 것은 헌신과 부지런함이 요구된다. 그러나 빚 없는 삶을 살기 위해 성공적으로 변화를 창출한 대부분의 소비자들은 신용카드 한 개, 그리고 지출 계획을 세워서 생활함으로써 이전에 결코 알지 못했던 자유로운 소비 생활을 할 수 있게 되었다고 말한다. 봉급에만 의존해서 간신히 살아가는(그날 벌어 그날 쓰며 사는) 데에서 생겨나는 모든 스트레스와 부정적인 생활의 패턴이 없어진 것이다.

hurdle 장애물, 허들; 장애   **credit** 신용거래; 신용도; 융자(금); (계좌) 잔고   **extension** 확대, 확장; 연장   **live within(above, beyond) one's means** 분수에 맞는(넘치는) 생활을 하다   **dedication** 전념, 헌신   **debt-free living** 빚이 없는 삶   **negativity** 부정적(비관적) 성향; 소극성   **live from paycheck to paycheck** 그날 벌어 그날 쓰며 살다   **vanish** 사라지다   **regard A as B** A를 B로 여기다   **relieve A of B** A로부터 B를 덜어주다(없애주다)   **make both ends meet** 수지(수입과 지출)를 맞추다

해석   ① 신용거래를 수입의 일부분으로 간주하는 것은 현명하지 않다.
     ② 빚 없는 삶을 위해서, 한 개의 신용카드로 사는 것은 도움이 된다.
     ③ 헌신적으로 그리고 부지런히 일을 하면, 빚 없는 삶을 살 수 있다.
     ④ 계획을 가지고 돈을 소비하는 것은 간신히 수입과 지출을 맞추는 삶의 스트레스를 없애 줄 것이다.

해설   지문에서 dedication and diligence가 쓰인 부분은 신용거래에 관한 부분이지, 빚 없는 삶과는 아무런 관련이 없다.

반기문 유엔 사무총장과 라젠드라 파차우리(Rajendra Pachauri) IPCC 의장이 뉴욕에서 발표할 보고서는 기후 과학의 많은 영역에 있어서의 더 엄격한 출처 확인과 불확실한 사항들을 반영하는 데 있어서 더 신중한 표현을 해줄 것을 권고할 것으로 예상된다. IPCC의 가장 중대한 실수는 히말라야의 빙하가 2035년까지 모두 사라진다는 주장이었다. 대부분의 빙하학자들은 현재의 속도로 빙하가 녹는다면 300년은 더 걸릴 것으로 믿고 있다.

IPCC는 또한 지구의 온난화로 인해 2020년까지 빗물에 의존하고 있는 북아프리카의 농작물 생산량이 50%까지 떨어질 것이라고도 주장했다. 그 후 IPCC의 한 고위 관리는 이 주장을 뒷받침할 만한 어떤 증거도 없음을 인정했다. 네덜란드 정부는 IPCC 측에 네덜란드 국토의 절반 이상이 해수면 아래에 있다는 주장을 정정해 줄 것을 요구했다. (네덜란드) 환경부는 국토의 26%만이 해수면 아래에 있다고 말했다. 기후 과학자들에 대한 혐의(곱지 않은 시선)는 기후 변화에 관한 대중의 회

의론을 급격히 상승시킨 요인으로 여겨지고 있다. 지난달 (시행된) 한 여론 조사를 보면 기후 변화는 기정 사실이고 (그것이) 주로 인간이 일으킨 것이라고 믿고 있는 사람들이 비율이 11월의 41%에서 26%로 떨어졌음을 알 수 있다.

review 보고서; 논평(비평); 검토; (사법부의) 심리(審理); (미) (특히 시험에 대비한) 복습, 시험공부; 논평(비평)하다; 재검토하다; (지나간 일을) 되새기다; 복습하다, 시험공부를 하다   **the UN Secretary General** UN 사무총장   **IPCC** 정부 간 기후변화위원회(=Intergovernmental Panel on Climate Change)   **checking** 점검, 확인;조사, 검사; 저지, 방해; 억제, 견제   **wording** 표현; 단어 선택   **reflect** 반영하다, 나타내다; (거울, 유리, 물 위에 상을) 비추다; 반사하다, 반향을 일으키다   **uncertainty** 불확실성; 불확실한 것(상황)   **glaring** (좋지 않은 것이) 확연한, 두드러진; (불빛이) 너무 밝은, 눈부신; 노려보는, (분노로) 이글거리는   **glacier** 빙하   **glaciologist** 빙하학자   **rain-fed** 천수(天水)의, 빗물이 수원(水源)이 되는   **senior** (계급, 지위가) 고위(고급/상급/상위)의; (고등학교·칼리지의) 마지막 학년(졸업반)의; 연장자, 손윗사람; (계급·지위가 더 높은) 상급(상위)자; 연장자, 원로, 어른; (고등학교·칼리지의) 마지막 학년(졸업반) 학생   **contributor** 기부자; 공헌자; (신문·잡지 따위의) 기고(투고)가; 토론자(참석자)   **sea level** 해수면   **allegation** (증거 없이 누가 부정한 일을 했다는) 혐의(주장)   **scepticism** 회의론, 회의적인 태도   **opinion poll** 여론 조사   **proportion** 비율, (전체의) 부분; 크기, 규모   **an established(=accomplished) fact** 움직일 수 없는 사실, 기정 사실   **man-made** 사람이 만든, 인공(인조/합성)의   **deterrent** 제지하는 것, 억지(제지)물; 전쟁 억지력(수단); 핵무기; 단념하게 하는, 방해하는; 전쟁을 억지하는   **confidence** 신뢰; 신임; 자신, 확신   **undermine** (서서히) 약화시키다; 기반을 약화시키다; ~의 밑을 파다, ~밑에 갱도(坑道)를 파다   **finding** (주로 복수로) (조사·연구 등의) 결과(결론); (법정의) 판결(평결); 발견물   **confirm** (특히 증거를 들어) 사실임을 보여주다(확인해 주다); 확정하다(공식화하다)

해석   ① 빙산은 21세기 말까지 모두 녹아 없어질 것이다.
     ② 기후 변화는 UN에 있어서 강력한 전쟁 억지 수단이다.
     ③ 네덜란드의 절반이 안 되는 부분이 해수면 위에 있다.
     ④ IPCC에 대한 대중의 신뢰는 약화되었다.
     ⑤ 기후 변화에 대한 과학적 연구결과들은 모두 정확한 것으로 확인되었다.

해설   지문 후반부의 'The allegations about climate scientists ~ has fallen from 41 percent in November to 26 percent'에서 IPCC 측 기후 과학자 및 관리들이 지금까지 행해 온 여러 잘못된 예측과 왜곡된 사실 정보 등으로 대중의 신뢰를 많이 잃었음을 알 수 있다. 따라서 정답은 ④번이다.

사람들은 지구 밖의 생명체, 특히 인간과 교신이 가능한 외계 생명체가 있는가에 종종 궁금해한다. 비록 일부 사람들이 외계 생명체에 대한 증거가 많다고들 주장하지만, 나는 설득력 있는 어떤 증거도 발견하지 못했다.

wonder 궁금하다, 궁금해 하다; ~할까(~이 어떨까) 생각하다   **intelligent life** 인간과 교신이 가능한 외계 생명체   **claim** 주장하다; 요구(요청)하다; 주장, 권리   **alien life** 외계 생명체   **compelling** 설득력

있는, 강력한; (너무나 흥미로워서) 주목하지 않을 수 없는(눈을 뗄 수 없는)

해석 ① 낙관적인, 낙관하는
　　　② 회의적인
　　　③ 찬성하는, 좋다고 여기는
　　　④ 반대 감정이 병존하는, 애증이 엇갈리는
　　　⑤ 찬미하는, 칭찬하는
해설 마지막 문장의 'I found none to be compelling.'에서 외계의 지적 생명체에 대한 필자의 회의적인(=skeptic)면을 볼 수 있다.

13-14 다음 지문을 참조하시오.

Newton에 앞서 Aristotle는 물체의 자연 상태는 정지 상태이며, 만약 그 물체에 운동을 계속 유지하도록 어떤 힘이 작용하지 않으면 움직이는 물체는 정지하게 될 것이라는 이론을 확립했다. Galieo는 떨어지는 물체의 동작을 정확히 설명하고, 물체를 계속 움직이도록 하는 데는 아무런 힘도 필요치 않다는 것을 기록하는 데 성공했다. 그는 힘의 효과는 동작을 변화시키는 것이라는 데 주목했다. Huygens는 동작의 방향에 있어서의 변화는 속도에서의 변화와 마찬가지로 가속을 수반한다는 것과, 더 나아가 힘의 작용이 필요하다는 것도 알아냈다. Kepler는 태양의 주위를 도는 행성의 움직임을 설명하는 법칙을 추론해냈다. Newton은 주로 갈릴레오와 Kepler의 이론을 차용했다.

prior to ~에 앞서, 먼저　**establish** 수립(확립)하다　**body** 물체; 신체, 몸　**rest** 정지; 휴식; 나머지; 쉬다; 정지하다　**maintain** 유지하다; 주장하다　**note** ~에 주목(주의)하다; 언급하다; 메모; 쪽지; 주석, 주(註); 지폐(=bill)　**involve** 수반(포함)하다; 관련(연루)시키다; 참여시키다　**acceleration** 가속; 가속도　**just as** 꼭 ~처럼　**deduce** 추론하다, 추정하다　**primarily** 주로　**demonstrate** 증거(실례)를 들어가며 보여주다, 입증(실증)하다　**authority** 권위자; 권위; 당국; 지휘권; 권한　**discredit** ~의 신용(평판)을 떨어뜨리다, 신용(명성)에 손상을 입히다

13　　　　　　　　　　　　　　　　정답 ④

해석 낙하하는 물체의 동작을 정확히 설명한 최초의 과학자는 ＿＿＿＿＿＿＿였다.
해설 사실 확인 문제이다. 두 번째 문장의 'Galileo had succeeded in correctly describing the behavior of falling objects'에서 답을 쉽게 찾을 수 있다.

14　　　　　　　　　　　　　　　　정답 ①

해석 이 글을 쓴 주요 목적은 무엇인가?
　　　① 뉴턴의 법칙이 나오기까지의 발달 과정을 보여주기 위하여
　　　② 뉴턴을 물리학 분야의 권위자로 확립시키기 위해서
　　　③ 뉴턴의 운동의 법칙을 깎아내리기 위해서
　　　④ 태양 주위를 도는 행성의 움직임을 설명하기 위해서
해설 뉴턴의 법칙이 나오기까지 여러 과학자들의 업적이 기술되어 있으므로 ①번 '뉴턴의 법칙이 나오기까지의 발달 과정을 보여주기 위하여'가 가장 적절하다. 참고로 뉴턴의 법칙이 뉴턴의 단독적인 성취라기보다는 오히려 수많은 선대 과학자들의 이론에 영향을 받았다는 사실을 지문을 통해 알 수 있으므로 ②

번 '뉴턴을 물리학 분야의 권위자로 확립시키기 위해서'는 답으로 부적절하다.

15-18 다음 지문을 참조하시오.

많은 사람들은 고고학이 선사시대의 문화만을 연구한다고 생각한다. 하지만 이 학문의 아주 중요한 한 분야는 "역사 고고학"으로 불리고 있다. 북미에서 역사 고고학은 대략 1500년대 초에서 현재까지의 시기를 다루고 있다. 역사 고고학자들은 보통 사람들이 어떻게 하루하루를 살았는지를 알아내고자 한다. 이들 고고학자들은 많은 시간을 발굴하는 데 할애하고 있지만, 그 발굴 시간 중 단지 일부분만이 흙을 운반하는 일과 관계가 있다. 많은 시간은 연구대상이 되는 시기와 장소에 대한 정보를 얻기 위해 고서(古書), 일기장, 교회 및 도시의 기록 등을 "파헤치는 데" 소비하고 있다. Virginia 주의 Williamsburg와 Massachusetts 주의 Plimoth Plantation, 그리고 여타 도시 지역들의 복원은 역사 고고학자들에 의해 수집된 정보로부터 나온 결과이다.

archaeology 고고학(考古學)　**prehistoric** 선사(先史) 시대의　**branch** 분야; 나뭇가지; 지사　**historical** 역사적, 역사상의; 역사와 관련된　**cover** 다루다; 포함시키다; (언급된 시대, 지역에) 걸치다; 덮다; 씌우다; (분실, 상해 등에 대비해 보험으로) 보장하다; 덮개, 커버; 표지; 엄호; 보장　**attempt** (특히 힘든 일을) 시도하다, 애써 해보다; (특히 힘든 일에 대한) 시도　**figure out** (생각한 끝에) ~을 이해하다(알아내다); (양, 비용을) 계산(산출)하다　**dig** (도구 따위로) 땅을 파다, (땅에서) 파내다(캐다); 열심히 공부하다, 깊이 연구하다; (구멍 등을) 파다; (무엇을 찾기 위해) 뒤지다(헤집다); 발굴; (손가락이나 팔꿈치로) 쿡 찌르기; (말로) 비꼬기, 빈정거리기　**involve** 수반(포함)하다; 관련(연루)시키다; 참여시키다　**dirt** 먼지; 흙　**location** 장소; 야외 촬영지; 위치(소재) 찾기　**restoration** 복원(복구); (이전의 제도, 법률 등의) 부활; 반환; (the Restoration 왕정복고 시대(영국의 찰스 2세가 왕위를 되찾은 1660년 이후 기간))　**result from** 기인하다(=come[arise, spring] from, be caused by)　**associate A with B** A를 B와 관련지어 생각하다

15　　　　　　　　　　　　　　　　정답 ④

해석 이 글을 쓴 주된 목적은 무엇인가?
　　　① 고고학의 여러 분야를 토의하기 위하여
　　　② 특정한 복구(복고)의 배경을 설명하기 위하여
　　　③ 선사시대에 관한 사람들의 의견에 관해 토의하기 위하여
　　　④ 특유한(특정한) 고고학의 한 종류(분야)를 설명하기 위하여
해설 고고학 분야에서 다소 생소할 수도 있는 역사 고고학에 대해 설명하고 있는 글이므로 ④번 '특유한(특정한) 고고학의 한 종류(분야)를 설명하기 위하여'가 가장 적절하다.

16　　　　　　　　　　　　　　　　정답 ②

해석 지문에 따르면, 고고학을 오로지 선사시대에만 관련지어 생각하는 사람들에 관한 설명 중 옳은 것은?
　　　① 그들은 주로 역사가들이다.
　　　② 그들(그렇게 생각하는 사람들)은 아주 많다.
　　　③ 그들은 과학자들이다.
　　　④ 그들은 진부하다.
해설 첫 문장인 'Many people think that archaeology is

the study of prehistoric cultures only.'를 보면 고고학(考古學)이란 학문을 말 그대로 선사시대의 문화만을 연구한다고 생각하는 사람이 많다는 것을 알 수 있으므로, ②번이 정답이다.

17　　　　　　　　　　　　　　　　정답 ③

해석 인용 부호 안의 "digging"이란 용어를 사용함으로써, 필자는 역사 고고학자가 ＿＿＿＿＿＿＿＿＿는 견해를 강조하고 있다.
① 발굴하는 동안에 많은 흙을 운반한다
② 천한(하찮은) 일을 한다
③ 오랜 시간을 연구에 보낸다
④ 토양 상태에 관한 자료를 기록한다

해설 동사 'dig'에는 ('땅을 파다'라는 기본적 의미에서 파생된) '열심히 공부하다, 깊이 연구하다'라는 의미가 있으므로 ③번이 가장 적절한 답이다.

18　　　　　　　　　　　　　　　　정답 ①

해석 역사 고고학자들의 증거는 대부분 ＿＿＿＿＿＿＿＿＿라고 필자는 나타내고 있다.
① 쓰인
② 사실상 종교적인
③ 믿을(신뢰할) 수 없는
④ 땅 아래에 있는

해설 지문의 'Much time is spent digging through old books, diaries, and church and town records to find information ~'에서 역사 고고학의 증거들은 대부분 글로 된 문서로 되어 있음을 알 수 있다.

19　　　　　　　　　　　　　　　　정답 ③

(A), (B), (C)에 가장 적절한 순서는 무엇인가?

> (A) 한 연구에서 생물 기상학자들은 골밀도와 기온 간의 통계적 상관관계를 제시했다. 일부 헝가리 과학자들은 온난전선이 통과하면 차골막염(치은염)이 증가한다는 것을 알아냈다. 일부 스웨덴 의사들에 의하면 편두통이 기압과 기온의 변화가 있은지 3일 후에 증가한다고 한다.
> (B) 생물 기상학이 시작되고 융성해온 유럽에서는, 일상의 날씨가 사람들에게 무수한 방식으로 영향을 끼친다고 생각한다.
> (C) 한편, 일본의 학자들은 풍향이 바뀌게 되면 천식 발병 건수가 증가한다는 데 주목한 바 있다.

biometeorologist 생물 기상학자　**statistical correlation** 통계적 상관관계　**bone density** 골밀도　**dental periostitis** 치골막염　**gum inflammation** 치은염　**warm front** 온난전선(↔cold front 한랭전선)　**migraine (headache)** 편두통　**barometric pressure** 기압　**flourish** 번성(번창)하다; 잘 자라다　**in myriad ways** 무수히 많은 방법으로　**meanwhile** 한편; (다른 일이 일어나고 있는) 그동안에; (두 가지 시점·사건들) 그동안(사이)에　**notice** 주목하다, 관심을 기울이다; 을 의식하다(보거나 듣고 알다); 주목; 공고문; 안내판; 안내문; 통지, 경고, 알림　**asthma attack** 천식 발병

해설 유럽과 유럽에 속하는 헝가리, 스웨덴이 소개되는 (B)와 (A)가

유럽이라는 공통어로 하나의 의미 그룹으로 묶이는데, 포괄적인 주제가 앞에 나오고 예시가 뒤에 따르는 일반적인 글의 흐름 논리에 따라 (B) – (A)의 순서가 옳으며, 그 뒤에는 추가적인 예(일본의 예)를 보여 주는 (C)가 오는 것이 가장 자연스럽다.

20-22 다음 지문을 참조하시오.

> 수년 전에, 천연가스의 부족은 가격을 매우 높이 치솟게 했다. 마찬가지로, 수요가 공급을 초과했을 때 휘발유 가격도 올라갔다. 석유 시장의 과잉 공급은 석유 가격을 다시 내려가게 했다. 석유의 경우 교과서에 기술된 대로 수요와 공급의 법칙이 작용했지만, 현재의 천연가스 시장에서는 사정이 다르다. 천연가스 소비자들은 공급에 있어서의 엄청난 증가에도 불구하고, 난방비가 작년보다 더 큰 부담이 되고 있음을 알고 있다. 이용할 수 있는 천연가스가 너무 많아서 많은 공급자들은 시장의 부족으로 자신들의 공장을 닫고 있고, 심지어 일부 공급자들은 과잉된 가스를 태워 제거한다는 소문도 나돌고 있다.

shortage 부족　**sky-high** 하늘 높이; 매우 높이; 하늘처럼 높은; 매우 높은　**likewise** 마찬가지로; 그 위에; 그 밖에; 게다가　**demand** 수요; 요구(사항); 요구하다; 요구되다; 강력히 묻다, 따지다　**exceed** 넘다(초과하다/초월하다)　**supply** 공급; (-ies) 보급품(물자); (특히 대량으로) 공급(제공)하다　**glut** 과잉; 과잉 공급하다　**function** (제대로) 기능하다(작용하다); 기능　**textbook** 교과서; 교과서적인　**in the case of** 에 관하여는, ~에 관하여 말하면　**current** 현재의, 지금의; 통용되는; 흐름; 전류　**heating bills** 난방비　**burden** 부담, 짐; 부담(짐)을 지우다; (무거운) 짐을 나르다　**in spite of** ~에도 불구하고　**dramatic** 극적인; 감격적인, 인상적인; 과장된, 호들갑스러운　**available** 구할(이용할) 수 있는; (사람들을 만날) 시간(여유)이 있는　**plant** 공장, 식물, 초목, (tree나 bush보다 작은) 나무; (나무, 씨앗 등을) 심다　**burn off** ~을 태워서 제거하다; (운동으로 칼로리 등을) 태우다(연소시키다)　**surplus** 과잉의, 잉여의; 과잉, 흑자(↔deficit 적자)　**sustain** 계속(지속)시키다; (필요한 것을 제공하여) 살아가게 (존재하게/지탱하게) 하다

20　　　　　　　　　　　　　　　　정답 ③

해석 공급과 수요의 법칙은 가격이 ＿＿＿＿＿＿＿＿는 것을 의미함을 추론할 수 있다.
① 공급이 풍부하면 (가격이) 상승한다
② 공급이 제한되면 (가격이) 떨어진다
③ 공급이 제한되면 (가격이) 상승한다
④ 공급이 풍부한 때도 (가격은) 동일하다

해설 지문의 초반 세 문장의 'a shortage ⇨ prices sky high; A glut ⇨ prices back down.'과 'prices rose when demands exceeded supplies.'를 통해 '공급이 많아지면 가격이 떨어지고, 공급이 제한되면 가격이 상승한다'는 것이 수요와 공급의 법칙임을 알 수 있다.

21　　　　　　　　　　　　　　　　정답 ③

해석 필자의 (글을 쓴) 목적은 ＿＿＿＿＿＿＿＿이다.
① 석유 가격 논의
② 가스 부족 논의
③ (현재의) 높은 가스 가격에 대한 의문
④ 가스와 석유 가격 비교

해설 천연가스의 공급이 풍부함에도 가격이 오히려 상승되는 즉, 수요 공급의 법칙이 적용되지 않는 '현재의 높은 가스 가격'에 대해 의문을 제기하는 글이다.

22   정답 ②

해석 가스 공급자들이 _____________하기(시키기) 위하여 과잉된 가스를 태워 제거한다는 것을 추론할 수 있다.
 ① 자신들의 생산품에 대한 가격을 하락
 ② 높은 가격을 지속시키려 부족을 창출
 ③ 하등한 생산품을 제거
 ④ 시장에 과잉 공급을 창출

해설 가스를 일부러 제거한다는 것은 공급을 줄여 상승된 가격을 유지시키려는 속셈임을 쉽게 추론할 수 있다.

23-25 다음 지문을 참조하시오.

수 세기 동안 우리는 몇 가지 축복을 누려왔다. 그 앞에서는 가난한 자나 부유한 자나 평등하게 취급되는 안정된 법, 그 법 안에서 우리가 원하는 것을 믿을 수 있는 자유, 보통사람들에게 궁극적인 권력을 부여하는 정치 제도가 그것이다. 우리는 관용과 합리적 타협 그리고 자유롭게 표현된 의견을 갖고 살아왔으며, 그것도 매우 잘 살아왔다. 그러나 우리는 이러한 축복들을 마치 우리가 호흡하는 공기처럼 당연하게 받아들이게 되었다. 그 축복들은 이제 너무 익숙해져서 우리에게서 모든 매력을 상실했다. 실제로 그런 축복들을 비판하고 경멸하는 것이 지식인들의 특징이다. 젊은이들은 정치의 자유민주적인 정신을 비웃고 자유 토론과 관용 그리고 타협의 가치를 의문시함으로써 값싼 명성을 얻어 왔던 것이다.

blessing 축복, 축복의 기도 **stable** 안정된, 안정적인; 마구간, 외양간 **ultimate** 최고(최상/최악/최대)의; 궁극(최종)적인, 최후의 **toleration** 관용, 용인 **rational** 합리적인; 이성적인 **compromise** 타협, 절충; 타협해서 나온 것(중간물); 타협하다; (특히 무분별한 행동으로) ~을 위태롭게 하다 **take A for granted** A를 당연하게 여기다 **glamour** (=glamor(미)) (흔히 부와 신분에 따른) 화려함(매력); 부티, 귀티; (여성의) 육체적(성적) 매력 **indeed** 정말(확실히), 참으로 **intellectual** 지식인, 식자; 지능의, 지적인; 이지적인, 교육을 많이 받은 **critical** (안 좋은 점을 들어 말하는) 비판적인, 비난하는; (무엇의 좋고 나쁜 점을 판단하는) 비판적인, 비평하는; (앞으로의 상황에 영향을 미친다는 점에서) 대단히 중요한(중대한); 위태로운 **contemptuous** 경멸하는, 업신여기는 **acquire** 습득하다(얻는다); 획득하다 **reputation** 평판, 명성 **sneer** 비웃다, 조롱하다; 비웃음, 조롱 **liberal** 자유민주적인; 진보적인, 진보주의의; (일반) 교양의; (~을(에)) 아끼지 않는(후한); 자유주의자; 진보주의자

23   정답 ③

해석 이 지문의 내용을 가장 표현하는 제목은 _____________이다.
 ① 자유 토론의 가치
 ② 민주적인 삶의 방식의 취약점들
 ③ 진가를 인정받지 못한 민주적인 삶의 장점들
 ④ 법에 대한 경의
 ⑤ 민주주의의 특징

해설 주제문에 해당하는 'But we have come to take these

blessings for granted, like air we breathe.'에서 ③번 '진가를 인정받지 못한 민주적인 삶의 장점들'이 가장 적절한 제목임을 파악할 수 있다.

24   정답 ①

해석 필자는 자유에 대한 커지는 비판을 _____________에서 기인한 태도로 보고 분개하고 있다.
 ① 자유에 너무 익숙해진 것
 ② 민주주의의 정의에 의문을 제기하는 것
 ③ 젊은 지식인들의 보수성
 ④ 남발된 언론의 자유
 ⑤ 너무나 오랜 빈곤의 삶

해설 지문의 'They have lost all glamour for us since they have become too familiar.'에서 답의 단서를 찾을 수 있다. 정답이 되는 ①번의 'being too accustomed'는 지문의 'become too familiar'를 패러프레이징한 것이다.

25   정답 ②

해석 젊은 지식인들에 대한 필자의 태도는 _____________이다.
 ① 무관심한
 ② 비판적인, 비난하는
 ③ 경멸하는, 업신여기는
 ④ 관대한, 너그러운
 ⑤ 화난, 성난

해설 마지막 문장인 'Young men have acquired a cheap reputation by sneering at ~'에서 필자의 비판적인 태도를 파악할 수 있다.

26-27 다음 지문을 참조하시오.

미국을 가로질러 국경을 서쪽으로 확장한 사람들은 자신들을 용감한 개척자라고 생각한 적이 아마 없었을 것이다. 그들은 단지 생활을 향상하고자 했을 뿐이고 서부는 그럴 기회를 제공했던 것이다. 도중에 그들에게 맞닥뜨려진 고난을 극복해 가면서, 그들은 대단한 용기와 결단력을 보여주었다. 서부로 여행을 떠나기로 계획했던 개인과 가족들은 대개 미주리 주의 세인트루이스에서 만났다. 그곳에서 가장 좋은 경로와 야영할 장소를 알고 있는 경험 많은 정찰대가 대략 100대의 포장마차를 연결해 마차수송대를 편성했다. 마차들은 노새나 황소가 끌었는데, 다리가 튼튼하고 힘 좋은 이 동물들은 무거운 짐을 나르고 좁은 길을 헤쳐나갈 수 있었다.
국토를 횡단하는 장거리 여행은 4~5개월이 걸렸기 때문에 모든 마차수송대는 봄에 출발했다. 눈이 산길을 막기 전에 로키 산맥을 넘는 게 필수적이었다. 천천히 걸을 시간이 없었고, 개척자들은 하루에 15~20마일씩 이동해야 했다. 그들은 여정에서 장비를 고치고 물품을 사기 위해 교역 시장과 정착민 부락에서 잠깐 멈추기도 하였지만, 어느 누구도 여행이 끝날 때까지 편히 쉬지는 않았다.

frontier 국경(지방); 변경; 미개척의 영역 **westward** 서쪽으로, 서부로 **pioneer** 개척자; 선구자; 선구적인; 개척하다 **overcome** 극복하다, 이겨내다 **hardship** 고난, 고생, 고충 **encounter** (우연히) 만나

다; (위험·곤란 등에) 부닥치다 **determination** 결심; 결단(력); 결정
display 전시하다; 진열하다; 나타내다 **experienced** 경험 많은, 숙련
된 **scout** 정찰병, 수색병; 신인을 발굴해 내는 사람; 정찰(수색)하다; 스카
우트하다 **route** 길, 통로; 노선, 항로 **mobilize** (산업·자원 따위)를 전
시 체제로 편성하다; 동원하다 **approximately** 대략 **wagon** 마차
mule 노새 **oxen** (ox의 복수형) 황소 **sure-footed** 발을 단단히 디
디고 선, 발걸음이 흔들리지 않는; 틀림없는, 확실한 **load** 짐, 화물; (짐을) 싣
다; ~에 짐을 싣다; 적재하다; 탄알을 장전하다 **navigate** (하천·바다·하
늘을) 항행(항해)하다 **trail** 밟아서 다져진 길, 오솔길 **cross-country**
국토를 횡단하는 **traverse** 가로지르다; 방해하다; 횡단(여행); 가로지름; 장
애, 방해 **block** 막다; 방해하다; (큰) 덩어리; (완구)블록; (도시의) 블록(사방
이 도로로 둘러싸인 도시의 한 구획) **amble** 느릿느릿 걷다 **itinerary**
여행스케줄, 여정; 여행안내서; (한정적) 순방(순회)하는 **fort** 요새, 보루; (미
국 역사) (변경 지대의) 교역 시장 (보루가 있었음)

26
정답 ②

해석 모든 마차수송대는 왜 봄에 출발했는가?
　① 봄은 새로운 계획을 시작하기에 좋은 계절이다.
　② 그들은 눈이 오기 전에 로키 산맥을 넘어야 했다.
　③ 마차수송대의 국토 횡단 여행은 반년 이상 걸렸다.
　④ 개척자들은 가능한 한 빨리 난관을 극복하고 싶어 했다.
　⑤ 교역 시장과 정착민 부락은 봄에만 열렸다.

해설 사실 확인 문제이다. 마차수송대가 언급된 두 번째 문단의 첫
　　　문장에서 답을 찾는다. 국토 횡단이 4~5개월 걸리며 눈이 오
　　　기 전에 로키산맥을 넘어야 했으므로 마차수송대는 봄에 출발
　　　했던 것이다.

27
정답 ①

해석 지문에 따르면, 다음 중 사실이 <u>아닌</u> 진술은?
　① 개척자들은 자신들이 용감하다고 믿었다.
　② 개척자들은 자신들의 생활을 향상하고자 서부로 갔다.
　③ 세인트루이스는 서부로 여행을 계획하고 있는 사람들이 만
　　나는 장소였다.
　④ 마차수송대는 하루에 15~20마일을 여행했다.
　⑤ 마차수송대는 교역 시장과 정착민 부락에서 멈추곤 했다.

해설 사실 확인 문제이다. 지문을 읽기 전 선택지를 파악하도록 한다.
　　　②번은 첫 문단의 둘째 문장, ③번은 첫 번째 문단 네 번째 문
　　　장, ④번은 두 번째 문단 셋째 문장, ⑤번은 두 번째 문단 마지
　　　막 문장에서 각각 확인할 수 있다. ①번은 첫 문장 '개척자들은
　　　자신들을 용감한 개척자라고 생각하지 않았을 것이다'에서 사
　　　실이 아님을 확인할 수 있으므로 ①번이 정답이다.

28 다음을 읽고 질문에 답하시오.
정답 ⑤

> Denver와 미국 전역에서 Columbus 도착 500주년 기념
> 식을 계획하는 동안 아메리칸 인디언 단체들은 그들 자신의
> 의식을 준비하고 있다. 그러나 축하 행진이 아닌 항의를 계획
> 하고 있다. 인디언들에게 있어, 그 국경일은 발견이 아니라 침
> 략을 기리는 것이다.
> 이곳 이탈리아계 미국인들이 경악하게도, 제1의 인디언 옹호
> 단체인 아메리카 인디언 운동의 회원들은 Columbus를 "미
> 국의 발견자"로 기념하는 시민회관에 걸린 기념 명패의 제거

를 요구하고 있다.
흑인인 Wellington Webb 시장에게 보내는 편지에서 이 단
체는 다음과 같이 썼다. "우리는 당신이 아프리카계 미국인으
로서 이 문제에 관한 우리의 감정에 공감할 것을 바랍니다. 이
는 마치 도시가 노예상인들이나 KKK단을 기리는 동상을 가
지고 있는 것과 같습니다."

mark 축하(기념)하다; 표를 하다; 채점하다; (종종 수동형으로) 특징 짓
다; 표; 표시(=sign); 점수 **observance** 준수; (pl.) 의식, 행사
consternation 깜짝 놀람, 대경실색(=dismay) **advocacy** 옹호, 지
지 **plaque** (벽 등에 거는) 장식판(액자) **civic** 시의, 도시의; 시립의; 시
민의 **civic center** 중앙(관청) 지구; 시민회관 **commemorate** (축
사·의식으로) 기념하다(=celebrate, remember, honor), 기념식을 거행
하다, 축하하다 **empathize** 마음으로부터 공감하다 (with); 감정 이입(移
入)하다 **Ku Klux Klan** KKK단(미국의 천주교도·유대인·흑인 등을 배
척하는 백인 지상주의 비밀 결사) **wrath** 격노(=anger, rage, fury), 분노
consolation 위로, 위안 **dismay** 당황, 어찌할 바를 모름; 놀람, 두려움;
실망, 낙담; 당황케 하다; 놀라게 하다; 낙담(실망)케 하다

해석 다음 중 밑줄 친 consternation과 의미적으로 가장 가까운
　　　것은?

해설 consternation의 의미를 정확히 알고 있다면 바로 해결될
　　　문제일 수도 있으나, 문맥 파악으로도 해결 가능한 문제이다.
　　　인디언 운동 단체 회원들이 '콜럼버스를 미국의 발견자로 기
　　　념하는 기념 명패 제거를 요구하는 것'은 (콜럼버스의 출신국
　　　인)이탈리아계 미국인들에게는 경악스러운(consternation,
　　　dismay) 일일 것이다.
　　　* 이 글은 자신들의 조상인 콜럼버스가 미국을 발견한 것을 기
　　　리는 행사를 계획했던 이탈리아계 미국인들이 인디언 단체들
　　　의 항의를 받았던 사실을 담은 New York Times 기사의 일
　　　부를 발췌한 것이다.

29
정답 ②

다음 문장이 들어가기에 가장 알맞은 곳은 어디인가?

> 하지만 초기 단계에서 이 제도는 문제를 해결하기보다는 더
> 많은 문제를 야기할 공산이 크다.

화요일 외국인 근로 허가제의 도입으로 한국에서 외국인 노동
자들에 대한 합법적 유입과 고용을 위한 길이 열리게 되었다.
이 제도는 정부가 이주 노동자들을 받아들여서 한국인(내국인)
들을 고용하지 못한 국내 기업체들에게 할당하도록 하고 있다.
(①) 이러한 새로운 제도는 노동 기본권과 법정 최저 임금을 비
롯하여 외국인 근로자들에게도 국내 근로자들과 동등한 대우
를 제공하게 되어 있고 동시에 한국의 고용주들에게는 안정적
인 인력 공급을 보장해주고 있다. (②) 무엇보다도 먼저, 새로
운 제도가 뿌리를 내리기에는 여전히 너무 많은 불법 외국인
노동자들이 있다. (③) 현재, 16만 6천 명의 불법 체류자들을
포함하여 전국에는 42만 명의 외국인 근로자들이 있는데, 이
숫자는 올해 말 최고 50만 명까지 늘어날 것으로 예상되면서

한국이 흡수할 수 있는 것보다 약 10만 명이 더 많아지게 된다. (④) 정부는 외국인, 한국인 고용주들 할 것 없이 범법자들을 보다 더 엄격하게 다루어야 할 필요가 있는 것이다.

initial 초기의　**work permit system** 근로 허가제　**legal importation** 합법적 유입(수입)　**employment** 고용, 취업; 채용　**call for** ~을 필요로 하다, 요구하다　**migrant worker** 이주 노동자　**allocate** (특정 목적을 위해 공식적으로) 할당하다　**equal treatment** 동등한 대우　**counterpart** (다른 장소나 상황에서 어떤 사람·사물과 동일한 지위나 기능을 갖는) 상대, 대응 관계에 있는 사람(것)　**basic labor rights** 노동 기본권　**legal minimum wage** 법정 최저임금　**stable** 안정적인　**manpower** 인력　**employer** 고용주, 사장　**alien** 외국인(=foreigner); 외계인(ET)　**take root** 뿌리를 내리다　**unlawful sojourner** 불법 체류자　**absorb** 흡수하다　**deal with** 처리하다, 다루다　**sternly** 엄격하게　**lawbreaker** 범법자

해설 이 글은 외국인에 대한 근로 허가제 도입에 관한 글이다. ②번 앞에는 이러한 제도의 도입과 장점에 대해서 이야기 하고 있다. 그러나 ②번 뒤의 내용은 이 제도로 인한 여러 가지 문제점을 언급하고 있다. 따라서 그 분기점이 ②번이다. 부정적인 내용이 시작되는 ②번 앞에 주어진 문장을 넣을 수 있다.

30　　　　　　　　　　　　　　　　　　　정답 ④

고등학생들의 흡연을 줄이려는 목표를 달성하는 데 있어 미국이 심각하게 실패를 했다는 뉴스에 저는 놀라고 있는데, 이는 몇 년 전만 해도 교육적 노력을 통해서 아이들에게 흡연의 위험성을 납득시킬 수 있다는 확신이 있었기에 그러합니다. 고등학교에 다닐 때 흡연을 시작하는 사람들의 1/3이 담배와 관련된 원인으로 죽기 때문에 이는 대단히 중요한 문제입니다. 저는 체중 조절을 위해 십대 여학생들이 흡연에 의존하는 것을 보고 충격을 금치 못하고 있습니다. 십대들과 함께 일하는 분들이나 혹은 본인의 십대 자녀들이 흡연을 하는 분들을 위해, 이와 맞서 싸울 어떤 묘안은 없는지요? 고등학교를 방문해서 십대 아이들이 마치 종일 흡연을 기다렸다는 듯이 방과 후에 서둘러 달려가는 모습을 보면 저는 항상 슬픈 생각이 듭니다.

confidence 확신; 자신, 자신감; 신뢰　**convince A of B** A에게 B를 납득시키다, 확신시키다　**critical** 대단히 중요한(중대한); (안 좋은 점을 들어 말하는) 비판적인, 비난하는; (무엇의 좋고 나쁜 점을 판단하는) 비판적인, 비평하는　**die of** ~으로 죽다　**weight control** 체중 조절　**combat** 전투를 벌이다; (좋지 않은 일의 발생이나 악화를) 방지하다((방지하기 위해) 싸우다); 전투, 싸움

해석 다음 중 지문의 주제로 알맞은 것은 무엇인가?
① 미국은 십대 흡연에 맞서 싸우고 있다.
② 십대들은 교내 흡연을 멈추어야 한다.
③ 십대들이 흡연과 관련된 원인들로 사망한다.
④ 십대 흡연은 여전히 미국에서 계속되고 있다.
⑤ 미국의 거의 모든 십대들이 흡연을 한다.

해설 청소년들의 흡연을 줄이려는 미국의 노력이 수포로 돌아갔다는 전반부의 내용과, 십대들이 여전히 방과 후에 담배를 피러 달려 나가는 모습에 슬픔을 느낀다는 후반부의 글 내용을 종

합해 보면, ④번이 글의 주제로 가장 적절함을 알 수 있다.

31　　　　　　　　　　　　　　　　　　　정답 ④

안락사는 일반적으로 자비로운 죽음 즉, 불치병 혹은 절망적인 질병에 걸린 사람의 목숨을 자발적으로 끝내는 것을 말한다. 안락사는 의견이 분분한 법률적, 의학적, 윤리적인 문제가 되었다. 안락사는 능동적인 안락사 혹은 수동적인 안락사로 나누어 볼 수 있다. 능동적인 안락사는 의사 또는 기타 의료진이 죽음을 유도하는 의도적인 조치를 취하는 것을 의미한다. 수동적인 안락사는 치료를 하지 않거나 시작된 치료를 중단함으로써 환자가 사망에 이르게 하는 것을 의미한다. 안락사에 대한 많은 논쟁은 의사결정 과정에서 비롯된다. 환자가 죽어야 할지를 누가 결정하는가? 이 문제는 미국에서 법적으로 확립되어 있지 않은 상태였다. 그 문제는 주법의 결정에 맡겨져 있는데, 이는 대개 담당 의사가 환자가 특히 뇌사 상태에 빠진 경우 가족이나 친지들에게 죽음에 대한 선택을 제시(제의)하도록 하고 있다.

↓

기사는 안락사가 ＿＿＿＿＿＿＿＿임을 시사한다.

euthanasia 안락사(=mercy killing)　**refer to** ~을 나타내다; ~와 관련 있다; (정보를 알아내기 위해) ~을 보다(~ 에게 문의하다)　**terminally** 말기에, 말단에　**hopelessly** 절망하여, 절망적으로, 가망 없이　**ethical** 윤리적인, 도덕적인　**deliberate** 신중한, 찬찬한; 고의의, 의도적인; 숙고(숙의)하다, 신중히 생각하다　**induce** 유발(초래)하다; 설득하다, 유도하다　**suspend** (공식적으로) 유예(중단)하다; (공식적으로) 연기(유보)하다; 매달다, 걸다; 정직(정학)시키다　**controversy** 논란　**stem from** ~에서 생겨나다(기인하다)　**in charge** ~을 맡은, 담당인　**option** 선택권, 선택(할 수 있는 것)　**relative** 친척; 동족, 동류; 비교적인, 상대적인　**brain-dead** 뇌사 상태인

해석 ① 주로 윤리적인 문제
② 의사들에 의해서 결정됨
③ 연방정부에 의해 결정됨
④ 쉽게 해결될 수 없는 논쟁의 이슈

해설 법률적, 의학적, 윤리적인 이슈가 되고 있는 안락사에 대한 논쟁, 특히 환자를 죽게 한다면 그 결정 주체가 누구인가를 결정하는 문제는 아직 확립된 바 없기에 의사결정 과정에서 여전히 많은 논쟁이 있다는 것이 이 글의 요점이므로 ④번이 정답이다.

＊ 동사 suggest 다음에 이어지는 that절에 조동사 should가 있어 당위적 제안의 의미로 해석이 될 오류가 있으나 (즉, 그런 혼란을 막기 위해서 should be 대신에 'is(직설법)'(논지)를 비추다, 시사하다(=indicate, imply)'가 와야 더욱 자연스러운 문장 요약이 될 것이나), 이때의 should를 당위적 논점의 suggest와 분리시켜, 단순히 추측의 의미로 볼 수도 있다.

개미를 제거하기 위해서는, 대부분의 경우 개미의 서식지나 군집 장소의 정확한 위치를 찾아내서 살충제를 철저히 뿌리는 것이 필요하다. 왕개미는 흰개미처럼 목재를 먹지는 않지만, 서식지를 만들기 위해 목재를 씹어서 구멍을 만들어 버린다. 왕개미는 축축한 것을 좋아해서 자주 물이 새는 파이프, 아니면 홈통, 혹은 습기 차고 움푹 파인 기둥의 밑동 부근에 자신들의 서식지를 만들려고 한다. 완전히 개미를 없애기 위해서는, 비록 일부분의 벽이 뜯기는 걸 감수하더라도 이러한 군집 지역을 반드시 찾아내서 처리해야 한다. 전문적인 해충 박멸업자라면 서식지를 찾아내서 처리할 수 있어야 한다.

get rid of 제거하다　**locate** ~의 정확한 위치를 찾아내다　**nest** (곤충, 작은 동물의) 집(보금자리); (새의) 둥지; 둥지를 틀다　**colony** 식민지; (동일 지역에 서식하는 동물의) 군집, (개미·벌·새 따위의) 집단　**spray** (스프레이·분무기로) 뿌리다; (스프레이, 분무기로) 뿌리기; 분무기; 물보라　**thoroughly** 철저히; 완전히　**insecticide** 살충제　**carpenter ant** 왕개미　**termite** 흰개미　**hollow** 우묵하게 만들다; (특히 땅 속으로) 움푹 꺼진 곳; 구멍; (속이) 빈; 쑥 들어간, 움푹 꺼진; 헛된, 무의미한　**hollow out** ~을 속이 비게 하다, 도려내다　**nesting spot** 서식지　**dampness** 축축(눅눅)함　**leaky** (구멍, 균열이 생겨서 물, 가스가) 새는　**gutter** (지붕의) 홈통; (도로의) 배수로; (the~) (비유적인 의미의) 시궁창, 밑바닥 삶　**post** 기둥; 우편(물); 직책; (우편물을) 발송하다; (안내문 등을) 게시(공고)하다　**rip** (갑자기, 거칠게) 찢다(찢어지다); 떼어(뜯어) 내다　**exterminator** 해충 박멸업자(구제업자); 근절자, 몰살자　**eliminate** 없애다, 제거(삭제)하다; 죽이다　**leak** (액체·기체가) 새는 곳(구멍/틈); 누출; (누출되는) 액체나 기체; (비밀을) 누설; (액체·기체가) 새게 하다(새다); (비밀을) 누설(유출)하다　**plumber** 배관공　**disadvantage** 불리한 점, 약점

32　　　　　　　　　　　　　　　　정답 ④

해석 개미를 제거하는데 있어서 첫 번째 단계는 무엇인가?
　① 집 전체에 살충제 뿌리기
　② 파이프와 배수로의 누수 제거
　③ 흰개미 수 조절
　④ 개미 서식지 찾기

해설 첫 번째 줄의 '~ to locate their nest or colony ~'를 패러프레이징한 표현을 찾는다. locate는 finding the place로, their nest or colony는 where they nest로 바꾸었다.

33　　　　　　　　　　　　　　　　정답 ②

해석 개미와 흰개미의 차이점으로 언급된 것은 무엇인가?
　① 흰개미는 서식지를 만들지 않는다.
　② 개미는 나무를 먹지 않는다.
　③ 흰개미는 축축함을 좋아한다.
　④ 개미는 파이프와 배수로에서 서식한다.

해설 ants는 문맥적으로 carpenter ants를 가리킨다. 두 번째 문장의 'Carpenter ants do not eat wood the way termites do'에서 답을 찾을 수 있다.

34　　　　　　　　　　　　　　　　정답 ②

해석 이 글의 제목으로 가장 적절한 것은 무엇인가?
　① 살충제의 위험성
　② 개미 문제 처리하기

　③ 개미와 흰개미의 차이점
　④ 습기 많은 기후의 단점

해설 이 글은 우리의 일상생활에 피해를 주는 개미를 처리하기 위해서 우리가 알아야 할 그것들의 서식 습성과 박멸 방법 등을 소개하고 있다. 그러므로 ②번이 가장 적절하다. ③번은 지문에 언급은 되어 있으나, 제목으로 삼기에는 너무 지엽적이다.

35　　　　　　　　　　　　　　　　정답 ④

매년 사람들은 빨랫감을 세탁하고 새것처럼 유지하기 위해 세제를 구입하는데 약 4억 달러를 쓴다. 세제를 쓰는 대부분의 소비자들은 초보자들이 아닌데, 이는 그들이 이미 다양한 브랜드의 세제를 사용해 왔고 주의 깊게 최고의 제품을 선택해 왔다는 것을 의미한다. 소비자 각자에게 있어, 최고의 제품은(최고의 제품을 고를 때에는) 우선으로 고려해야 할 다양한 기준이 있을 수 있다. 예를 들어, 일부 사람들은 가장 잘 알려진 제품을, 한편 또 어떤 사람들은 그 제품이 얼마나 실속 있는지에 따라 고를 수 있다. 또한 환경적으로 안전한 제품을 우선 순위로 삼고 사는 사람들도 있다.

그러나 많은 고객들은 실제로 다양한 세제 상자 안에 무엇이 들어 있는지에 대해서는 비교하지 않는다. 한 가지 놀라운 연구 결과는 각각의 상품이 나름대로의 마케팅 전략을 가지고 있는 반면에, 모든 제품에 90%가 넘는 동일한 기본 성분들이 들어 있다는 것이다. 노련한 세제 구매 고객들에게 제품 상자를 보여주지 않고 오로지 세제의 (효능)결과에만 의존해서 가장 선호하는 제품을 고르라고 요청했을 때 또 다른 하나의 흥미로운 결과가 나왔다. 단 3%만의 사람들이 자신의 제품을 확인할 수 있었고 그때조차도(그리고 나서도), 대부분의 사람들은 전적으로 확신할 수 없었다는 것이다. 이는 세제가 겉으로는 다르게 보일지 몰라도, 마케팅이란 것이 기본적으로 동일한 제품에 다른 옷을 입히는 것임을 보여준다.

detergent 세제(洗劑)　**laundry** 세탁물; 세탁소; 세탁　**novice** 초보자　**priority** 우선 사항; 우선, 우선권　**economical** 경제적인, 실속 있는; (돈을) 절약하는(아끼는)　**ingredient** 재료, 성분　**identical** 동일한, 똑같은　**veteran** 노련한, 오랜 경험이 있는; 베테랑; 고참병; 노련한 사람　**identify** 알아보다, 확인하다; 찾다, 발견하다; (신원 등을) 알아보게(인정하게) 하다　**It (This) goes to show (that)** ~임을 증명하고 있다, ~임이 명백하다　**environmentally safe** 환경적으로 안전한

해석 ① 제품이 얼마나 환경적으로 안전한가
　② 제품이 얼마나 유명한가
　③ 제품이 얼마나 경제적인가
　④ 제품 안에 어떤 성분이 들어 있는가

해설 세제를 구입할 때 고려하는 사항에서 세제 성분에 대해서는 무관심하다는 내용이 지문의 두 번째 단락 첫 번째 문장(However, many customers do not actually compare what is inside the box of various detergents.)에 나온다.

1 ④	2 ⑤	3 ④	4 ②	5 ①
6 ①	7 ③	8 ①	9 ②	10 ④
11 ②	12 ④	13 ①	14 ②	15 ③
16 ④	17 ②	18 ④	19 ①	20 ②
21 ④	22 ②	23 ③	24 ②	25 ③
26 ④	27 ④	28 ②	29 ⑤	30 ⑤
31 ③	32 ③	33 ④	34 ③	35 ④

1-2 다음 지문을 참조하시오.

우리 미국사회에서의 인종차별주의는 너무나 극단적이고 만연해 있기에 자유로운 분위기에서 살고 있는 흑인은 아무도 없다. 두려움과 탐욕이 물질 현상의 세계를 특징짓고 있다. 그 세계는 사악하고 탐욕스러운 자들과 순진하고 겁에 질리고 죄 없고 부당하게 괴롭힘을 받는 사람들을 서로 대항하도록 하는 구조로 이루어져 있다. 권력은 강자의 것이며, 강자는 여러 가지 면에서 우세하다. 백인 남성이 지배하는 이 미국 사회에서 흑인 여성보다 더 희생당하는 사람은 없다.

racism 인종차별(주의); 민족 우월 의식   **extreme** 극도의, 극심한; 지나친; 심각한; 극단적인; 극단; 극도   **pervasive** 만연하는, (구석구석) 스며(배어)드는   **physical phenomenon** 물리적 현상   **dominate** (~의) 가장 중요한(두드러지는) 특징이 되다; 지배(군림)하다; 압도적으로 우세하다   **greed** 탐욕   **pit** 겨루게 하다, 경쟁시키다(~ against); (닭·개 등을) 우리 안에 넣고 싸움 붙이다(~ against); 움푹 들어가게 하다, 구멍을 내다, 흠집을 내다; 움푹 들어가다; 투견(투계)장, (지면의) 구멍, 팬 곳, 구덩이(=cavity); (광산) 갱(坑); 움; (원예) (특히 지하의) 온실; (the ~s) 최저, 최악; (the ~) (성서) 지옥(=hell)   **vicious** 극악한, 잔인한, 증오에 찬; 지독한, 극심한   **avaricious** 탐욕스러운, 욕심 많은(=greedy)   **naive** (모자랄 정도로) 순진한, 순진무구한   **hunted** (누구에게) 쫓기는 듯한, 쫓긴; (표정 따위가) 겁에 질린   **innocent** 아무 잘못(죄)이 없는, 무죄인, 결백한, 악의 없는   **victimize** 부당하게 괴롭히다; 희생시키다   **in more ways than one** 여러 가지 면에서   **male** 남자, 남성; 수컷; 수나무(꽃 등); 남자(남성/수컷)의   **female** 여자, 여성; 암컷; 암나무(꽃 등); 여자(여성/암컷)의

1

정답 ④

해석 밑줄 친 부분은 누구를 나타내는가?

해설 인종차별이 심하고 만연해 있다는 첫 문장의 내용과, 마지막 문장인 '~ in this white male American society ~'를 종합해 보면 '사악하고 탐욕스러운 자들'이 '백인 남성'임을 알 수 있다.

2

정답 ⑤

해석 필자는 미국 사회에서의 가장 큰 희생은 누구라고 말하는가?

해설 마지막 문장의 'No one is more victimized in this white male American society than the black female.'에서 답을 찾을 수 있다.

3

정답 ④

한 할머니가 병원에 찾아와서 당혹스러운 문제에 대해서 털어놓았다. "저는 항상 방귀를 뀌어요, 존슨 선생님. 근데 소리도 없고 냄새도 안 나요. 실은 여기 와서도 자그마치 20번은 방귀를 뀌었을 거예요. 어떻게 해야 해요?" "해리슨 할머니, 여기 처방전이 있는데요. 일주일 동안 하루에 3번 이 알약을 드세요. 그리고 일주일 후에 다시 오세요." 일주일이 지나고 마음이 상한 할머니는 의사 진료실에 쿵쾅거리며 들어왔다. "선생님, 저는 이 약에 무엇이 들어 있는지는 모르겠는데요. 문제가 더 심각해요! 전에만큼 방귀를 뀌기는 하는데 이제는 냄새가 너무 지독해요! 선생님 말씀 좀 해보세요." "진정하세요, 할머니, 이제 부비강(코 부분)이 치료되었으니 다른 감각(기관)을 치료 할 거랍니다."라고 의사가 달래듯 말했다.

confess (수치스럽거나 당황스러운 것을) 고백(인정)하다; (죄, 잘못을) 자백하다   **embarrassing** 난처한, 쑥스러운; 당혹스러운   **fart** (특히 소리가 크게 나게) 방귀를 뀌다(=break wind)   **odor** 냄새; (특히) 악취   **no less than** 자그마치   **prescription** 처방전; 처방된 약   **upset** 마음이 상한, 속상한; 속상하게 만들다(하다); (예기치 않은) 혼란 상황(문제/곤경); 배탈   **march** 행진(행군)하다, 행군하듯 걷다; (단호한 태도로 급히) 걸어가다; 행군, 행진   **terrible** (나쁜 정도가) 극심한(엄청난)(=awful); 형편없는; 끔찍한, 소름끼치는   **calm down** 진정하다, 진정시키다   **soothing** 달래는, 위로하는, 진정하는   **now that** ~이므로, ~이기 때문에   **sinus** 부비강(코 안쪽으로 이어지는 구멍)   **oral** 입의, 구강의; 구두의   **sixth sense** 육감(六感)(=gut feeling)   **visual** 시각의, 보는   **auditory** 청각의; 귀의

해설 마지막에 반전이 있는 전형적인 스토리텔링의 문제이다. 자신의 방귀가 소리도 없고 냄새도 안 나는 줄로만 알았던 할머니가 사실은 후각과 청각 둘 모두에게 문제가 있었음을 의사의 마지막 말을 통해 알 수 있다. 냄새가 지독한 것을 할머니가 알아차렸다는 것은 코가 치료되었다는 뜻이므로 이제 방귀 소리를 들을 수 있도록 귀만 치료하면 되는 것이다.

4

정답 ②

나는 신비함이 인생에서 대단한 것들을 경험하는데 본질적인 역할을 한다고 믿는다. 만약 당신이 어떤 음식이나 와인에 들어 있는 화학물질을 알아낼 수 있다면, 당신이 그 맛을 좋아하는 이유를 이해하는 데 그것이 도움을 주는가? 당신이 어떤 사람을 사랑하는 모든 이유를 리스트로 작성할 수 있다는 것이 당신이 그 사람을 더 많이 혹은 다르게 사랑하는 것을 가능하게 한다고 생각하는가? 만약 어떤 것이 당신에게 아름답다고 느껴질 때, 당신은 정말로 그 이유를 의미 있는 방식으로 설명할 수 있는가? 우리가 경험할 수는 있지만 완전히 정의할 수 없는 감정과 느낌들이 많이 있다. 일단 이런 감정들에 대한 정의가 필수적이라거나 가능하다는 믿음을 포기하면, 우리는 실제로 그것(그 감정)들을 더욱 완전하게 경험할 수 있다. 왜냐하면 우리가 정의를 찾아내기 위한 분석적 필터를 제거했기 때문이다.

분명한 방식으로 사물을 (A) 분석하려는 시도는 우리가 그것들을 깊이 있고 완전하게 (B) 이해하는 것을 방해한다.

mystery 신비(함); 신비스러운 것; 미스터리(물) **fundamental** 근본(본질)적인; 필수적인 **determine** 알아내다, 밝히다; 결정하다 **chemical** 화학 물질; 화학의; 화학적인 **enable A to B** A가 B하는 것을 가능케 하다 **meaningful** 의미 있는, 중요한 **sensation** (자극을 받아서 느끼게 되는) 느낌, 감각, 센세이션(돌풍을 불러일으키는 사람, 것) **define** 정의하다; 분명히 밝히다 **definition** 정의 **give up** 포기하다 **analytical** 분석적인 **definite** 확실한, 확고한; 분명한, 뚜렷한 **prevent A from B** A가 B하는 것을 방해하다, 막다, 예방하다 **analyze**(=analyse) 분석하다 **experiment** 실험을 하다; 실험 **appreciate** 제대로 이해하다; 고마워하다 **mystify** 혼란스럽게(얼떨떨하게) 만들다, 당혹시키다; ~을 신비화하다, 불가해하게 만들다 **investigate** 수사(조사)하다 **justify** 정당화시키다(하다), 해명(옹호)하다; 옳음(타당함)을 보여 주다

해설 우리가 느끼는 감정들은 분명하게 정의 내려질 수 없는 미스터리(신비함)의 영역이기에, 그것들을 분석하려는 시도를 포기할 때에 비로소 더욱 완전하게 (그 감정들을) 경험할 수(이해할 수) 있게 된다는 것이 이 글의 요점이다.

5   정답 ①

아스피린은 위벽에 심한 염증을 일으킨다. ① 아스피린은 또한 비교적 약하기는 하지만 사용자들 사이에 대체로 알려지지 않은 부작용도 있다. ② 아스피린을 복용하는 많은 사람들이 위에 탈이 났다고 불평을 한다. ③ 아스피린을 복용하는 최고의 방법은 알약을 씹은 다음에 물과 함께 삼키는 것이다. ④ 그러나 그 쓴맛을 견딜 수 있는 사람은 거의 없다. ⑤ 어떤 사람들은 아스피린을 우유나 오렌지 주스 속에 넣어 으깬 다음 그것을 마셔 보라고 제안하기도 한다.

irritating (피부에) 염증을 일으키는, 아리게 하는(=irritant); 흥분시키는, 자극하는 **lining** (인체 부위의) 내벽; (무엇의 안에 대는) 안감(안지) **side effect** 부작용 **relatively** 비교적 **mild** (심하거나 강하지 않고) 가벼운(순한/약한) **unrecognized** 자각되지 못하는 **upset stomach** 배탈 **tablet** 정제(錠劑); 둥글넓적한 모양의 약제); 평판(平板), 태블릿 **swallow** 삼키다; 제비 **stand** 참다; 서다, 서 있다 **crush** 으스러 뜨리다; 바수다, 찧다

해설 이 글은 아스피린의 복용으로 인한 부작용에 대한 글인데, ①번 문장이 첫 번째 문장과 ②번 문장의 흐름을 끊어 놓고 있다. 위벽에 심한 염증을 일으키는 것은 위가 탈이 난 것으로 바로 연결이 되어야 흐름이 자연스럽다. ①번은 오히려 글의 맨 앞에 나와야 적절한 문장이다.

6-10 다음 지문을 참조하시오.

대학 교육은 많은 문 즉, 지식과 지혜 양쪽 문의 열쇠이다. 사람의 교육은 그의 평생의 독서를 위한 지침이 되어야 하고, 나는 대학의 학문을 잘 이용하는 사람들은 세계의 위대한 책들과 자국의 문학을 읽는 중요성을 깨닫고 있을 것이라고 확신한다. 그들은 무엇을 읽고, 그것을 어떻게 이해해야 하는지를 알 것이다. 대학 교육을 받은 사람은 선택의 범위가 풍부하다. 그는 활동적이지 않거나 지루할 필요가 없으며, 현대 생활의 소란스러움과 소음 속에서 도피처를 찾을 이유도 없다. 매일 자신에게 뭔가 새로운 것을 주는 헤드라인 기사에 의존할 필요가 없다. 살아가는 동안 즐기기 위해 흡수해야 할 고금의 지혜를 그는 가지고 있다.

guiding line 지침 **make good use of** ~을 잘 이용하다 **be convinced of** ~을 확신하다 **inactive** 활동하지 않는; 활동적이지 않은, 소극적인 **refuge** 피난, 피난처, 은신처 **clack** 딸깍딸깍(딱딱)하는 소리; (단단한 두 물체가 맞부딪쳐) 딸깍딸깍(딱딱)하는 소리를 내다 **clatter** 달가닥(털커덕/쨍그랑)하는 소리; 달가닥(털커덕/쨍그랑)하는 소리를 내다 **dependent** 의존(의지)하는; ~에 좌우되는(달려 있는) **headline** (신문 기사, 특히 제면 머리기사의) 표제; (뉴스 방송 서두에 요약해서 말하는) 주요 뉴스들 **drink in** ~을 흡수하다, 들이마시다; ~에 도취되다, ~을 열심히 보다(듣다) **at any time** 언제라도, 아무 때나 **instructive** 유익한 **of utmost importance** 매우 중요한(=very important) **have nothing to do with** ~와는 전혀 관계가 없다 **enormously** 엄청나게, 대단히 **applicant** 지원자 **graduate** 졸업자; 졸업하다 **post graduate student** 대학원생 **highly educated** 높은 교육 수준의 **hearty** 진심 어린; (마음이) 따뜻한

---

6   정답 ①

해석 우리에게 매일 뭔가 새로운 것을 주는 헤드라인 기사는 ___________ .

① 대부분 별 가치가 없는 것이다.
② 항상 우리 이익에 반한다.
③ 언제라도 우리에게 유익하다.
④ 우리의 일상생활에 아주 중요하다.

해설 'He need not be dependent on headlines'로 보아 헤드라인 기사는 '대부분 별 가치가 없는 것'임을 알 수 있다.

7   정답 ③

해석 세계의 위대한 책들과 우리 모국의 문학을 읽는 중요성은 ___________ .

① 매일 잊혀져 가고 있다.
② 과거에 그랬던 것처럼 현재에도 그다지 중요하지는 않다.
③ 아무리 강조해도 지나치지 않는다.
④ 오늘날에는 잊혀질 수 있다.

해설 두 번째 문장의 '~ those who have made good use of their university studies will be convinced of the importance of reading the world's great books and the literature of their own land.'로 보아, ③번이 정답임을 알 수 있다.

8 정답 ①

해석 대학 교육은 ______________.
　① 지식과 지혜를 얻는데 크게 도움을 준다.
　② 지식과 지혜를 얻는 것을 방해한다.
　③ 지식과 지혜를 얻는 것과는 전혀 상관이 없다.
　④ 헤드라인 기사에 의존하는데 엄청나게 큰 도움을 준다.
해설 첫 번째 문장인 'A university training is the key to many doors, doors both of knowledge and of wisdom.'을 패러프레이징한 ①번이 정답이다.

9 정답 ②

해석 "대학 교육을 받은 사람'이란 표현은 ______________을 의미한다.
　① 대학 입학 지원자
　② 대학생과 졸업생
　③ 대학원생
　④ 대학 교수
해설 'has received'의 시제 형태가 현재완료형임에 주목한다. 현재완료에는 '계속과 완료'의 의미가 있으므로 '대학생(계속)과 졸업생(완료)'이 이에 해당된다.

10 정답 ④

해석 현대 생활의 소란스러움과 소음 속에서 도피처를 찾는 것은 ______________가(이) 되는 사항이다.
　① 고등 교육을 받은 사람에게는 매일 일어나는 일
　② 고등 교육을 받은 사람이 (이수하는) 코스
　③ 고등 교육을 받은 사람에 대한 진심어린 축하
　④ 고등 교육을 받은 자에게는 수치
해설 'there is no reason for him to seek refuge in the clack and clatter of our modern life.'에서 him은 대학의 학문을 잘 이용한 대학생이나 졸업생을 의미하므로, ④번이 정답이다.

11-13 다음 지문을 참조하시오.

> 화학적 변화를 설명할 수 있는 어떤 적절한 이론이 없었고, 가장 초기의 이론('연금술')은 너무 맹목적으로 낙관적이어서 모든 것을 다른 어떤 것으로도 바꿀 수 있다고 가정할 정도여서 화학의 진보는 천천히 이루어졌다. 특히 연금술사들은 납처럼 값싼 금속을 변화시켜 금으로 만들어서 금방 부자가 될 수 있다고 생각했다. 공기와 물의 성질에 대한 피나는 연구와 어떤 것도 당연시하지 않는 사고 습관과 결부된 정말이지 순수하고 사심 없는 호기심에 의해 화학의 진정한 토대가 놓인 것은 200년도 채 되지 않았다. 화학자들은 신물질을 만들기 전에 반드시 보통의 사물들이 무엇으로 이루어져 있는지를 밝혀야 한다는 점을 알게 되었다. 전문적인 용어로 말하면, 분석이 언제나 종합(합성)보다 선행되어야 한다는 점을 알게된 것이다.

chemistry 화학 **adequate** 적절한, 알맞은; 충분한 **alchemy** 연금술(鍊金術) **blindly** 맹목적으로 **optimistic** 낙관적(樂觀的)인 **assume** (증거는 없으나) 사실이라고 보다, 가정하다; (어떤 태도를) 취하다 **lead** (광물) 납; 인도하다, 안내하다; 앞장서다; 지휘하다 **foundation** 기초, 토대 **painstaking** 노고를 아끼지 않는, 근면한 **research** (학술) 연구, 조사; 연구하다, 조사하다 **disinterested** 사심 없는, 공평한; 이해관계 없는 **curiosity** 호기심 **ally** ~을 결합시키다; (보통 수동형으로) 동맹하다 **take A for granted** A를 당연하게 받아들이다 **substance** 물질(material); 실질; 자산 **technical** 기술의, 기술적인; 전문(적)인; 공업의 **analysis** 분석 **precede** 선행(先行)하다 **synthesis** 종합; (화학) 합성, 인조

11 정답 ②

해석 화학에서의 진보는 ______________을(를) 제외한 다음 이유 때문에 초반에 지연되었다.
　① 연금술에 대한 초기의 믿음
　② 아주 자세한 연구
　③ 물질의 변환가능성에 대한 이론
　④ 귀금속의 제작에 관한 연구
해설 첫 문장과 두 번째 문장에서 답을 찾을 수 있다. 연금술을 통해 물질을 바꿀 수 있다는 잘못된 가정은 초기 화학의 발전을 지체시킨 주요 이유인 것이다. 그것을 크게 요약한 것이 ①번(연금술에 대한 초기의 믿음)이며, 첫 문장 끝 부분의 'anything could be changed into anything else.'는 ③번의 interchangeability(변환 가능성)로, 두 번째 문장의 'they could change a cheap metal like lead into gold'는 ④번의 내용으로 각각 패러프레이징되었음을 알 수 있다. ②번(아주 자세한 연구)은 화학 발전의 지체 이유로 언급 내지 함축되어 있지 않다.

12 정답 ④

해석 화학에서의 계속적인 발전은 과학자들이 ______________할 때만 가능했다.
　① 화학적 변화를 설명하는 이론들을 만들어 내다
　② 납을 금으로 바꾸는 것을 시도하다
　③ 그들의 부를 늘리는 실험을 하다
　④ 객관적이고 호기심을 갖도록 배우다
해설 'by painstaking researches into the nature of air and water, in fact by pure disinterested curiosity,'에서 답을 찾을 수 있다. 'disinterested'는 'objective'로 curiosity는 curious로 패러프레이징되었다.

13 정답 ①

해석 화학자들은 신물질을 만들기 전에, 먼저 ______________을 해야 했다.
　① 평범한 물질의 구성 요소들을 발견
　② 초기 발견물에 대한 전문 용어를 고안
　③ 그들(화학자들)이 이용할 수 있는 모든 정보를 종합
　④ 초기 과학자들의 모든 업적을 이해
해설 마지막 문장의 'they must first discover what ordinary things are made of'에서 답을 찾을 수 있다. 'what ordinary things are made of'를 'compositions of common substances'로 패러프레이징한 ①번이 정답이다.

다음 문장이 들어가기에 가장 알맞은 곳은 어디인가?

> 이것은 근로자들이 그들의 일자리를 지키고 싶어 하기 때문이다.

> 무단결근은 경제적 관점에서 해석할 수 있다. (①) 한 연구 조사에 의하면 실업률이 높을 때 무단결근은 줄어드는 것으로 나타났다. (②) 무단결근은 손쉽게 초과 근무 수당을 받을 수 있을 때 늘어난다. (③) 무단결근은 또한 근로자들, 특히 월급이 적은 근로자들이 병가 중의 급여 방식을 통해 쉽게 돈을 받게 되면 역시 많아진다. (④) 저임금 근로자들은 근로 시간이 더 적으면 그것이 공정하다고 생각하는 것 같다. (⑤)

protect 지키다, 보호하다　**absenteeism** (합당한 사유가 없는) 잦은 결석(결근); 무단결근　**term** 용어, 말; 학기; 기간; 만기　**unemployment** 실업; 실업률; 실업자 수; 실직 상태　**overtime pay** 초과근무 수당　**sick pay** 병가 중 급여

해설 이 글은 무단결근이 발생하는 여러 요인들에 대해 설명하는 글이다. 첫 번째 요인으로 실업률에 관한 내용이 나오는데, 주어진 문장은 그 이유를 설명하고 있다. 일자리를 얻기 힘든 시기에는 피고용인들이 자신들의 일자리를 지키려 애쓸 것이기에 무단결근 따위는 생각지도 않을 것이다.

(A), (B), (C)에 가장 적절한 순서는 무엇인가?

> 미국의 의사들에 의하여 수행된 20년간의 연구에서 운동이 인간의 건강에 매우 이롭다는 사실이 밝혀졌다.

> (A) 그러나 힘든 일을 더 빠르게 수행할 수 있는 기계들이 이러한 종류의 일(육체적인 노동)을 대체하고 있다.
> (B) 이러한 사람들의 일과가 그들에게 충분한 운동량을 주고 건강한 몸을 유지하도록 돕는다는 것이다.
> (C) 그들은 육체적인 노동을 하는 직장에서 일하는 사람들이 사무직 근로자보다 심장마비에 덜 걸린다는 것을 발견했다.

beneficial 유익한, 이로운　**study conducted by** ~에 의해 수행된 연구　**heavy labor** 힘든 일, 중노동　**replace** (다른 것의 기능을) 대신(대체)하다; (다른 사람·사물을) 대신하다; (낡은 것·손상된 것 등을) 바꾸다(교체하다)　**daily routine** 날마다 하는 일　**adequate** 충분한, 적절한　**stay in shape** 날씬한(건강한) 몸매를 유지하다　**physical** 육체적인; 물질의; 자연법칙상의　**heart attack** 심장마비, 심근 경색　**white collar worker** 사무직 근로자; 봉급 생활자, 샐러리맨

해설 운동이 건강에 이롭다는 내용을 논리적으로 뒷받침할 수 있도록 배열하여야 한다. (A)는 대조의 연결어(However)로 시작되므로 앞에 올 내용과 반대이고, (A)의 마지막에 'this type of work'을 보아 (A) 앞에는 그것과는 대조적인 내용이 적당하다. (B)의 'these people'에서 지시형용사인 these가 받을 수 있는 내용이 (B) 앞에 있어야 한다. (C)의 'they found~'에서 'they'는 주어진 문장의 'doctors in America'를 받는 대명사이다. 따라서 가장 적절한 순서는 (C)-(B)-(A)이다.

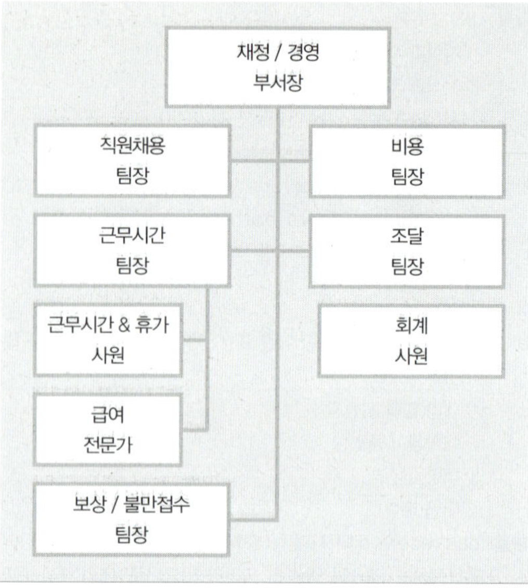

administration 관리(행정)업무; 집행; 관리(행정) 직원; 행정부; (약물)투여　**section chief** 과장　**recruitment** 신병 모집; 신규 채용; 보충; 원기 회복　**procurement** (특히 정부 기관의 물품) 조달(입수)　**payroll** (한 기업의) 급여 대상자 명단; (한 기업의) 급여 지불 총액　**compensation** 보상(금); (좋지 않은 점을 완화해 주는) 보상(이득)

해석 ① 부서장 아래에는 조직의 4명의 팀장들과 3개의 하위 부서가 있다.
② 부서장은 모든 팀장들을 관리한다. 그리고 근무시간 팀장과 비용 팀장은 하위 부서를 두고 있다.
③ 회계 사원은 근무시간 및 휴가 사원과 급여 전문가보다 조직에서 더 높은 지위에 있다.
④ 근무시간 및 휴가 사원과 급여 전문가는 근무시간 팀장으로부터 지시를 받는다.
⑤ 다른 팀장들은 회계 사원과 접촉하기 위해서 근무시간 팀장으로부터 허락을 받아야 한다.

해설 부서창 밑에 팀장은 5명이므로 ①번은 오답이고, 비용 팀장 밑에는 하위 부서가 없으므로 ②번도 오답이다. 회계 사원은 팀장의 하위 부서에 있다는 점에서 근무시간 및 휴가 사원과 같은 위치에 있고 회계 사원과 접촉하기 위해서는 근무시간 팀장이 아닌, 조달 팀장의 허락을 받아야 하므로 ③, ⑤번도 오답이다.

17-19 다음 지문을 참조하시오.

> 반대 세력은 절대적으로 필요하다. 여느 현명한 사람과 마찬가지로 훌륭한 정치인은 늘 자신의 열렬한 지지자들보다는 반대 세력으로부터 더 많은 것을 배운다. 왜냐하면 자신의 적수들이 어디에 위험이 있는지를 보여주지 않는다면, 자신의 지지자들이 그를 엄청난 불행에 빠뜨릴 것이기 때문이다. 따라서 그가 지혜롭다면 친구(지지자)들로부터 멀리 떨어져 있기를(구원받기를) 자주 기도할 것이다. (왜냐하면) 그들이 자신을 파멸시킬 것이기 때문이다. 그러나 고통스럽더라도, 그는 또한 자신의

적수들이 늘 옆에 있기를 기도해야 할 것이다. 왜냐하면 그들이 자신을 이성과 올바른 판단의 길에서 벗어나지 않도록 해주기 때문이다.

자유국가의 국민적 단결은 (집권) 정부가 전제적(독단적)이 되거나 야당이 혁명적이거나 비타협적이 되는 것을 불가능하게 하는 정치 권력의 충분히 균형 잡힌 조화에 달렸다. 그 조화가 더 이상 존재하지 않는 곳에서는 민주주의가 사라지게 된다. 왜냐하면 한 국가의 모든 국민이 상황에 의해서(따라서) 타협될 수 없다면, 그 자신들이 정책에 영향을 미칠 수는 있되 어느 누구도 정책을 완전히 지배할 수는 없음을 느끼지 못한다면, 그리고 습관에 의해서든 필요에 의해서든 서로 의견을 교환하지 않는다면, 자유는 유지될 수 없기 때문이다.

opposition 반대; 반대 측, 반대 세력; (the opposition 야당) **indispensable** 없어서는 안 되는, 필수의 **statesman** (경험 많고 존경받는) 정치인(정치가) **sensible** 현명한, 이해가 빠른; 느끼고 있는, 의식하고 있는 **disaster** 엄청난 불행, 재앙; 참사, 재난 **opponent** 적수, 상대; 반대자; (위치가) 반대의, 맞은편의; 대립하는, 반대의 **fervent** 열렬한, 강렬한 **pray** 기도하다; 간절히 바라다 **deliver** ~을 해방하다, 석방하다; 구해내다; 인계(인도)하다, 넘겨주다; (물건·편지 등을) 배달하다; (연설·강연 등을) 하다; (판결 등을) 내리다 **ruin** 망치다; 파멸시키다; 붕괴, 몰락; 파탄, 파멸의 원인 **a free people(country)** 자유국가, 자유민 **even** 평평한, 한결같은, 고른; 균형 잡힌; 짝수의; ~까지도, ~조차(도); (비교급 강조) 한층(더); 평평하게 하다(되다) **impractical** 실행 불가능한, 실제적이 아닌 **arbitrary** 제멋대로인, 전제적인, 임의의 **revolutionary** 혁명의, 혁명적인 **irreconcilable** 화해할 수 없는, 타협할 수 없는 **perish** 죽다, 사라지다, 소멸하다 **compromise** 타협하다; (특히 무분별한 행동으로) ~을 위태롭게 하다; 타협, 절충; 타협해서 나온 것(중간물) **wholly** 완전히, 전적으로 **dominate** ~을 지배하다, ~보다 우세하다 **by habit** 습관적으로 **by necessity** 필요해서 **give and take** 의견을 교환하다; 타협하다; 서로 양보하다; 상부상조하다; 의견 교환; 쌍방 양보(타협) **maintain** 유지하다; 주장하다; 부양하다

17　　　　　　　　　　　　　　　　　　　　　정답 ②

해석　지문에서 필자가 주장하는 것은 무엇인가?
　　　① 야당은 언제나 혁명적이고 비타협적이다.
　　　② 권력을 잡은 정당은 소수당의 말에 귀 기울여야 하며 그들의 비판을 받아들여야 한다.
　　　③ 권력을 잡은 당(집권당)이 과반수를 차지하는 것은 당연하다.
　　　④ 집권당이 소수당을 난폭하게 짓밟는다면 평화는 유지될 수 있다.
　　　⑤ 반대자들은 결국 정치인을 파멸시킬 것이다.
해석　훌륭한 정치인이라면 반드시 자신의 반대 세력으로부터 의견을 수렴해야 한다는 것이 이 글의 요지이다. ②번의 '권력을 잡은 정당은 소수당의 말에 귀 기울여야 하며 그들의 비판을 받아들여야 한다.'에서 '권력을 잡은 당(the party in power)과 소수당(the minority)'은 각각 지문의 '집권 정부(administration)와 야당(the opposition)'으로 간주될 수 있으므로 ②번이 정답이다. ②번을 제외한 나머지 선택지는 반대 세력에 대한 부정적인 의견을 담고 있거나, 아예 그 존재를 무시하고 있으므로 답에서 제외된다.

18　　　　　　　　　　　　　　　　　　　　　정답 ④

해석　권력의 조화(균형)는 반대자들을 ＿＿＿＿＿＿＿ 할 것이다.
　　　① 다수당을 위해 투쟁하게
　　　② 민주주의를 포기하게
　　　③ 자신들만의 사고방식을 추구하게
　　　④ 공정하게 의견을 교환하게
　　　⑤ 어떤 추가적인 협상도 거부하게
해설　지문의 'a sufficiently even balance of political power to make it impractical for the administration to be arbitrary and for the opposition to be revolutionary and irreconcilable.'에서 답이 ④번임을 알 수 있다.

19　　　　　　　　　　　　　　　　　　　　　정답 ①

해석　훌륭한 정치인은 ＿＿＿＿＿＿＿로부터 의견을 받아들여야 한다.
　　　① 자신의 반대 세력들
　　　② 자신의 친구들
　　　③ 자신의 열렬한 지지자들
　　　④ 자신이 선택한 부하들
　　　⑤ 자신의 가족
해설　이 글은 민주주의에 있어 반대 세력(야당)의 필요성과 그 유익성에 대해 말하고 있으므로 ①번이 가장 적절하다.

20　　　　　　　　　　　　　　　　　　　　　정답 ②

생산구조의 다각화가 잘 이루어진 독일과 일본의 제조업체들은 현재의 충격에 덜 영향을 받는다(더 회복력이 있다). 제조공정의 중요한 부분에 대해서 아웃소싱(=외주 제작, 조립 부품의 외부 조달)과 함께 진행된 뼈를 깎는 비용 절감 덕분에 경쟁력을 유지하고 수출 지향적인 성장에 집중하는 전통적인 방식을 유지할 수 있게 되었다.

이러한 집중이 현대 소비자 사회에서 항상 이득이 되는 것은 아니다. 그러나 현재로서는 도움이 된다. 전에 없이 많이 생겨나는 시장에서 훨씬 더 많은 사람들이 비참한 빈곤을 극복하고 소비자로 탈바꿈함에 따라, 선진국의 수출 지향적인 회사들은 자사의 제품을 판매할 수 있는 빠르게 성장하고 있는 시장을 찾고 있다.

diversified 다각적인, 다양화된, 여러 가지의, 변화가 많은 **resilient** (충격, 부상 등에 대해) 회복력 있는; 탄력 있는 **ruthless** 무자비한, 가차없는, 인정사정없는 **cost-cutting** 경비(비용) 절감 **go along with** ~와 함께 가다; 동의하다 **outsource** (회사가 작업, 생산을) 외부에 위탁하다 **enable A to B** A가 B하는 것을 가능케 하다 **competitive** 경쟁력 있는, 뒤지지 않는; 경쟁을 하는 **maintain** 유지하다(지키다); 주장하다 **export-driven** 수출 주도형의 **at the moment** 지금, 현재에(=now, at the present time) **leave ~ behind** ~을 뒤로 하고 떠나다 **export-oriented** 수출 지향적인 **developed world(country)** 선진국 **adapt to** ~에 적응하다 **conducive to** ~에 도움이 되는, 촉진하는 **due to** ~때문에

해석　① 독일과 일본 제조업체들의 생산 구조는 충격에 더 쉽게 적응하게 한다.
　　　② 비용 절감은 독일과 일본이 경쟁력을 유지하는데 있어 아

웃소싱보다 더 효과적인 전략이다.
③ 수출 주도형 성장에 집중하는 것은 독일과 일본 제조업체
  들에게 도움이 된다.
④ 독일과 일본의 기업들은 소비자들의 수가 늘어났기에 더
  많은 제품을 팔 수 있다.

해설 ruthless cost-cutting(뼈를 깎는 비용 절감)과
  outsourcing(외주 제작, 조립 부품의 외부 조달)은 비
  교의 대상이 아니라 병행해 가는 것이라고 지문에 명시
  되어 있다. (The ruthless cost-cutting that went
  along with outsourcing significant parts of their
  manufacturing production ~) 따라서 정답은 ②번이다.

21   정답 ④

(A), (B), (C)에 가장 적절한 순서는 무엇인가?

> 한때 어느 재정학 교수가 내게 미래를 예측하는 최고의 방법
> 은 과거를 공부하는 것이라고 말한 적이 있다. 한동안 나는 그
> 것이 재정에만 적용될 수 있는 것이라고 생각했다.

(A) 긍정적인 방향으로 가는 단계는 당신의 장애물을 확인하고,
  그것들과 타협하며 계속 나아가기로 결심하는 것이다. 대
  부분의 구직자들에게 효과가 있는 것은 자신의 미래를 위
  한 건설에 도움을 주기 위해 자신의 과거의 경험을 철저히
  살펴보는 것이다.
(B) 실제로 이것은 재정 이상의 분야에서 사실이다. 우리가 직
  장을 구할 때, 경험의 "부정적인" 면이 종종 긍정적인 면보
  다 더 확대된다. 우리는 일어나고 있는 일보다 일어나고 있
  지 않은 일에 끌리는 경향이 있다.
(C) 구직 기간 중 어떤 시점이 오면 여러분은 이 모든 부정적
  인 것의 근거에 대해 의문을 제기할 것이다. 미지의 것과
  그다음 단계가 어떤 것이 될 것인지에 대한 두려움이 생겨
  나고 있는 것이다. 그러니 여러분은 어떻게 이 모든 것을
  긍정적인 방향으로 전환해서 나갈 수 있을 것인가?

finance 재정(재무); 재정학 applicable 적용 가능한 positive 긍
정적인 identify 확인하다; (신원 등을) 알아보게(인정하게) 하다; 찾다, 발
견하다 barrier 장애물, 장벽 come to terms with (좋지 않은 일을)
받아들이는 법을 배우다(받아들이려고 애쓰다), 타협하다 look through
~을 샅샅이 조사하다 in reality 사실상 negativity 부정성, 부정적
사고(성향) magnify 확대하다; 과장하다 gravitate (~에) 자연히 끌
리다; (인력에) 끌리다 turn around 회전(전환)하다

해설 주어진 문장에서 필자는 미래를 예측하기 위해 과거를 공부
  하라고 한 것이 재정 분야에만 적용되는(only applicable
  in finance)것인 줄 알았는데, (B)에서 실제로는(In reality)
  다른 분야에서도 이것이 적용된다는(true in more than
  finance)점을 알게 되었으며, 구직 상황에서 부정적인 면이
  확대되어 끌린다는 점을 그 예로 들고 있고, (C)에서 '어떤 시
  점이 오면 모든 부정적인 것의 근거에 대해 의문을 제기할 것'
  이라는 내용으로 부연 설명을 하고 있다. '어떻게 긍정적인 방
  향으로 전환해서 나갈 수 있을 것인가?'에 대한 (C)의 마지막
  질문에 (A)가 답을 제시하고 있다. 이 글은 '미래의 결과를 예

측하기 위해서는 과거의 경험을 살펴보라'는 온고이지신(溫故
而知新)의 교훈을 담은 글이다.

22   정답 ②

> 예전의 사업가가 하던 세일즈 담화는 본질적으로 이성적이었
> 다. 사업가는 자신의 상품에 대해서 알았고, 고객의 필요에 대
> 해서 알았으며, 그리고 이러한 지식에 근거해서 사업가는 (상
> 품을) 판매하고자 했다. 분명히 사업가의 세일즈 담화는 온전
> 히 객관적이지도 않았고 할 수 있는 한 최대한의 설득력을 발
> 휘했으나, 여전히 효율적이 되기 위해 상당한 정도의 이성적이
> 고 분별력 있는 담화가 되어야 했다. 현대 광고의 방대한 부분
> 은 이와 다르다. 이성에 호소하는 것이 아니라 감성에 호소한다.
> 여타 종류의 최면 기법처럼, 이는 고객들에게 감성적으로 영향
> 을 끼치고 그 다음에 지적인 면에서 굴복시키려 한다. 이러한
> 유형의 광고는 정형화된(판에 박힌) 문구를 계속해서 반복하는
> 것과 같은 갖가지 종류의 수단을 통해 고객들에게 영향을 끼
> 친다. 이러한 모든 방식은 근본적으로 이성적이지 못하다. 이
> 러한 방식은 상품의 품질과는 아무런 관련이 없으며, 고객들의
> 비판 능력을 짓누르고 죽이는 것이다.

old-fashioned 옛날식의; 구식의; 전통적인 사고방식을 지닌, 구식
인 essentially 근본(기본/본질)적으로 rational 합리적인; 이성
적인 merchandise 물품, 상품 objective 객관적인; 목적, 목
표 persuasion 설득; 신념 efficient 능률적인, 유능한; 효율적인
sensible 분별(양식) 있는, 합리적인; (멋있기보다는) 실용적인 sector
부문(분야); 부채꼴(부분) appeal 호소하다; 항소(상고)하다; 관심(흥미)
을 끌다, 매력적이다; 호소, 항소(상고); 매력 reason 이성; 이유; 사리; 근
거; (논리적인 근거에 따라) 판단하다, 추리(추론)하다 emotion 감정; 정
서 hypnoid 최면이나 잠이 든 상태의(에 있는) impress 깊은 인
상을 주다, 감명(감동)을 주다; (특히 마음, 기억 등에) 강하게 남다(새겨지
다) repetition 반복(되풀이) formula (특정한 상황에서 쓰는) 정
형화된(판에 박힌) 문구; 공식; 화학식 irrational 비이성(비논리)적인
have nothing to do with ~와 전혀 관련이 없다 suppress 진
압하다; 억제하다; (감정, 감정 표현을) 참다(억누르다) critical 비판적인
capacity 능력; 용량; 수용력

해석 ① 세일즈 담화의 중요성
    ② 광고 방법의 변화
    ③ 고객의 비판 능력
    ④ 감정적 광고 슬로건의 중요성

해설 적절한 제목을 찾는 문제이다. 지문에서 다소 현대의 광고 기
  법을 비판하는 양상도 보이나, 이 글의 주된 논점은 주로 이성
  에 호소했던 과거의 세일즈 담화 방식(광고 패턴)이 현대에 들
  어와서는 감성에 호소하는 방법으로 바뀌었다는 것(변화)을 보
  여주고 있다.

그러므로 모든 사람들이 부족한 것 없이 지냈다면 필연적으로 동등했을 것이다. 한 사람이 다른 사람에게 복종하는 위치에 놓이게 되는 것이야말로 인류에게 부여된 불행이다. 진정 노여운 것[불만인 것]은 불평등이 아니라 (남에 대한) 의존이다. 어떤 사람이 전하(殿下)로 불리든 또 어떤 사람이 성하(聖下)로 불리든 그것은 거의 중요치 않으나, 내가 다른 이의 종(하인)이 된다는 것은 견디기 어려운 일이다.

한 가족은 좋은 땅을 경작해 왔으나, 규모가 작은 이웃의 두 가족은 소출이 안 나는 메마른 땅에 의지해 살고 있다. 그러므로 가난한 가족들은 필연적으로 그 부유한 가족을 섬기든지 아니면 그 가족을 파괴할 것이다. 이것은 쉽게 이루어진다. 가난한 두 가족 중 한 가족은 부유한 가족을 찾아가 그들을 섬기고 그 대가로 빵을 얻으나, 다른 가족은 공격을 해서 (오히려) 정복당하게 된다. 섬기는 가족이 하인과 노동자들의 기원이며, 정복당한 가족이 노예의 기원이 된다.

사회에 살고 있는 사람들이 두 계층 즉, 명령하는 부유한 계층과 복종하는 가난한 계층으로 나뉘고, 다시 이 두 계층이 각기 다른 점을 지닌 다양한 계층들로 세분되는 것을 막는 일은 이 서글픈 세상에서는 불가능하다.

necessarily 어쩔 수 없이, 필연적으로　**equal** 동등한, 평등한; 감당할 수 있는; (수, 양, 가치 등이) 같다, ~이다; 맞먹다, 필적하다　**want** 부족, 결핍; 가난, 빈곤; 원하는(필요한) 것; 원하다, 바라다　**misery** (정신적, 육체적으로 심한) 고통; 비참(한 상태); 불행, 재난; 궁핍, 빈곤　**attached to** ~에 속한, 붙어 있는　**our(or human, the) species** 인간, 인류　**in subjection to** ~에 복종하여　**inequality** 불평등　**grievance** 불만(고충) (사항); 불평의 원인; (부당한 행위에 대한) 노여움　**dependence** 의존, 의지　**of little consequence** 거의 중요치 않은　**His(Her, Your) Highness** 전하(殿下)(왕을 높여 이르거나 부르던 말)　**His(Your) Holiness** 성하(聖下)(교황 등 고위 성직자에 대한 존칭)　**cultivate** 경작하다, 일구다; 재배하다; (말, 행동 방식 등을) 기르다(함양하다)　**neighboring** 이웃의, 근처(인근)의; 인접한(=adjacent)　**barren** (토양이) 척박한, 황량한　**accomplish** 완수하다, 성취하다, 해내다　**indigent** 가난한, 궁핍한(=very poor)　**in exchange** 그 대신; 답례로; (~와) 교환으로, (~의) 대신으로(for, of)　**domestic** 하인, 하녀; 가정부; 국산품; 가정 내의; 가사의; 가정적인; 가정용의; 국내의(↔foreign 외국의)　**melancholy** 구슬픈, 우울한, 울적하게 만드는; 애수에 잠긴; (장기적이고 흔히 이유를 알 수 없는) 우울감(비애)　**command** 명령하다; (무엇을 보거나 통제할 수 있는) 위치에 있다; ~을 장악하다; ~을 이용할 수 있다; 명령; (~에 대한) 지식; (특히 언어) 능력(구사력)　**obey** 순종(복종)하다; (명령, 법 등을) 따르다(지키다)　**subdivide** 다시(더 작게) 나누다, 세분하다　**respective** 각자의, 각각의　**shade** 그늘; 미묘한 차이; 약간, 기미; (그림의) 음영

23　　　　　　　　　　　　　정답 ③

해설 지문에 따르면, 규모가 작은 두 가족은 ______________.
　① 노예가 된다.
　② 전사가 된다.
　③ 가난한 농부들이다.
　④ 겁 많은 전사들이다.

해설 두 번째 단락의 'A family has cultivated a good soil, two small neighboring families live on lands unproductive and barren.'에서 이들이 가난한 농부들임을 알 수 있다.

24　　　　　　　　　　　　　정답 ②

해설 지문에 따르면, 문제에 대한 필자의 태도는 ______________ 이다.
　① 완전한 무관심
　② 슬픈 체념
　③ 정당한 분노
　④ 부자들을 향한 불만(노여움)

해설 셋째 단락의 'It's impossible in our melancholy world to prevent men living in society from being divided into two classes,'에서 필자의 '슬픈 체념'의 태도를 엿볼 수 있다.

Peter Zenger는 13살 때 배를 타고 미국에 갔다. 그는 1710년에 부모와 형과 누이와 함께 독일에서 출발했다. 고향을 출발할 때 그들은 들떠 있었다. 그들은 자유와 기회의 나라에서 멋진 삶을 고대했다. 그러나 항해는 길었고 예상했던 것보다 훨씬 더 열악했다. 몇몇 사람은 배에서 사망했다. Peter의 아버지는 그들 중 한 명이었다.

Peter는 인쇄업자의 견습생이 되었다. 그는 8년 동안 견습생으로 살았다. 그 당시 미국에 온 사람들 중 대략 절반은 계약 노동자나 견습생이 되었다. 그들은 자신들의 뱃삯을 치러준 사람을 위해서 일했는데 그 기간은 대개 3년에서 10년이었다.

21세에 Peter는 마침내 자립할 수 있는 자유를 얻었고 그는 그것을 해냈다. 먼저 그는 메릴랜드에 인쇄소를 차렸으나 나중에 다시 뉴욕으로 이주했다. 그리고서 그는 〈New York Weekly Journal〉이라는 신문을 창간했다. 이 신문은 신랄한 기사로 가득했다. 사람들은 이 신문을 읽기를 매주 손꼽아 기다렸다. 총독 Cosby가 뇌물을 받았고, 사람들의 땅을 빼앗았으며, 선거 결과를 자신이 원하는 대로 나오도록 조작했다는 기사도 있었다. 그 기사들은 아마 Zenger의 변호사 친구들에 의해 쓰인 것 같지만, 이를 확신할 수는 없는데, 그 기사들은 만들어진 '필'명으로 서명되어 있었기 때문이다.

set out 출항하다, (일에) 착수하다; (자세하게) 말하다　**apprentice** 견습생(공), 도제(徒弟)(직업에 필요한 지식, 기능을 배우기 위하여 스승의 밑에서 일하는 직공, 제자; 초심자(=novice); ~을 도제로 보내다; 도제가 되다(=be apprenticed)　**printer** 인쇄업자; 인쇄기　**indenture** 계약서; (pl.) 도제 계약 문서; 고용을 계약서로 정하다, 도제로 받아들이다　**indentured servant** 연한(年限) 계약 노동자　**fare** 요금, 운임; (문어) 지내다, 살아가다(=get on)　**on one's own** 스스로, 혼자서　**set up** 설립하다, 세우다　**found** 설립하다; ~의 기초를 세우다　**spicy** 양념을 넣은; (비평이) 신랄한　**governor** 통치자; 주지사; 식민지 총독　**take(accept) a bribe** 뇌물을 받다　**made-up** 만들어 낸, 날조한　**pen name** 필명

25　정답 ③

해석　Zenger의 가족들 중 몇 명이 미국에 살아서 도착했는가?

해설　부모, 형, 누이와 함께 출발했으나 아버지가 죽었다고 하였으므로 4명이 미국에 도착했다.

26　정답 ④

해석　다음 중 Peter Zenger에 대한 설명으로 옳은 것은?
① 그는 조부모를 따라서 미국에 왔다.
② 그는 21살 때 신문을 창간했다.
③ 그는 미국에 온 후에 뉴욕에서 계속 살았다.
④ 그는 아마 그의 뱃삯을 지불하기 위하여 인쇄업자의 도제가 되었을 것이다.
⑤ 그는 뉴욕으로 돌아오기 전에 메릴랜드에서 변호사로 일했다.

해설　①번은 부모와 형, 누이와 함께 왔으므로 오답이고, ②번은 21살 때에는 신문을 창간하진 않았고 자유의 몸이 되었다. 미국에 자립 후 메릴랜드에 인쇄소를 세웠다가 뉴욕으로 다시 이주했다고 했으므로 ③번 역시 틀린 진술이다. ④번에서 그가 인쇄업자의 도제가 됐다고 한 후 뱃삯을 치루기 위해 도제가 되는 사람들의 이야기가 나오므로 옳은 진술이다. ⑤번은 지문에 언급된 바 없다.

27　정답 ④

해석　다음 중 〈New York Weekly Journal〉에 대한 설명으로 옳은 것은?
① 그것은 일간신문이었다.
② 사람들은 그것에 주목하지 않았다.
③ 그것은 Cosby 총독에 대한 공식적인 로열판 신문이었다.
④ Peter의 변호사 친구들이 아마 그것에 기사를 기고했을 것이다.
⑤ 그 신문은 누가 총독이 될지를 정확히 예언했기에 유명해졌다.

해설　Cosby의 부정을 기고했으므로 ③번은 답이 아니다. 글의 마지막 부분의 'The articles were probably written by Zenger's lawyer friends'에서 ④번이 정답임을 확인할 수 있다.
* royal paper: 로열판 (24×19인치의 필기 용지; 25×20인치의 인쇄지)

28　정답 ②

우리는 학교에서의 이러한 체벌에 반대하는 목소리를 높여야 합니다. 널빤지로 어린이들을 때린다는 것은 어린이 학대입니다. 어른들이 아이들을 때리는 것이 괜찮다는 메시지를 보냄으로써 우리 사회에서 어린이 학대를 촉진하는 것입니다. 때리는 것은 어린이에게 두려움을 조장하고 그들의 자존심을 낮추게 합니다. 마치 Nazi와 같은 분위기에서 교육받는 것에 학생은 흥미를 잃기 때문에 이것은 (학교에서의) 중퇴율을 증가시키고 시험 성적을 떨어지게 합니다. 그것은 또한 학교에서 야만성과 폭력을 증가시키면서 어린이들을 비굴하게 하고 화나게 합니다. 체벌을 금지하는 학교는 좀 더 평화롭습니다. 그리고 학생들은 자신들을 존중해서 대접받는 것에 대해 고마워합니다. 그들은 이런 존경심을 선생님들과 학교에 되돌려 줍니다.

speak out 목소리를 높이다; 거리낌 없이 이야기하다　corporal 육체(신체)의; (군대)상병　paddle (널빤지 따위로) ~의 엉덩이를 때리다; 노를 저어 나아가다; (짧고 넓적한) 노　self-esteem 자존심, 자존감　add to 증가시키다(=increase)　humiliate (남)에게 굴욕감을 갖게 하다. 모멸감을 주다　barbarism 야만, 미개; 야만적인 행동　appreciate ~을 고맙게 생각하다; (사물을) 바르게 판단(평가)하다; ~을 감상하다

해설　앞 문단의 내용 추론은 당연히 지문의 초반부를 주의 깊게 살펴야 한다. 첫 문장의 "We should speak out against this corporal punishment in our schools."에서 'this corporal punishment'가 정답 해결의 열쇠를 제공한다.

29　정답 ⑤

다음 중에서 지문의 내용과 일치하지 않는 것은 무엇인가?

삼성전자는 자사의 최신 스마트폰인 갤럭시 S를 판촉하기 위한 대대적인 활동을 시작했는데, 미국에서의 대약진이야말로 세계적인 성공의 전제조건이 될 것은 분명하다. 하지만 미국 소비자들의 엇갈린 반응은 한국의 거대 전자업체에 좋은 자극을 줌과 동시에 걱정 또한 불러일으켰다. 삼성은 노키아 다음가는 세계 제2의 이동 전화 판매 회사이다. 그러나 종래의 휴대폰 보다 더 큰 이윤을 가져다주는 수익성 높은 스마트폰 시장에서, 삼성은 뒤처지고 있다. 삼성은 스마트폰의 출시를 진행하는 과정에서 기민함이 떨어진다는 비난을 받았지만, 갤럭시 S의 경우, 애플사의 만능 스마트폰의 최신 버전인 아이폰 4와 경쟁하기에 충분히 매력적인 장치를 마침내 장착했다고 믿고 있다. 그럼에도 업계 전문가들은 삼성이 아이폰과 블랙베리가 압도적으로 장악하고 있는 미국 시장에서 자사 스마트폰의 평판을 키우는 데에는 더 많은 시간이 필요하다고 생각하고 있다.

launch (특히 조직적인 일을(에)) 시작(개시/착수)하다; (배를) 진수시키다(물에 띄우다)　massive 거대한, 엄청나게 큰(심각한)　promote ~의 판매(보급)를 (광고 선전으로) 촉진하다; ~의 판로를 넓히다; 진급(승진)시키다　obviously (문장 전체를 수식) 명백하게　breakthrough 돌파구; (과학 · 기술 따위의) 비약적(획기적) 발전; 눈부신 발견; 대약진의; 대발견의　precondition 전제조건　motivated 자극받은, 의욕을 가진, 동기가 부여된　mobile phone 휴대폰(=cell(cellular) phone)　vendor (특정한 제품) 판매 회사; (거리의) 행상인(노점상)　profitable 수익성이 있는 (있을 것 같은); 이득이 되는, 유익한　margin (판매)수익, 이윤, 차익금; 가장자리; 여백, 한계, 극한; (시간 · 돈 따위의) 여지, 여유　conventional 종래의, 전통적인; 재래식의, 비핵의; 관습(관례)적인; 극히 평범한(인습적인)　handset (전화 따위의) 송수화기; (텔레비전 등의) 리모컨　fall behind (~에) 뒤지다(뒤떨어지다)　criticize 비판(비난)하다　urgency 긴급, 화급; 절박, 급박, 위급, 위기; (-cies) 긴급한 요구　compete with ~와 경쟁하다　do-it-all 다재다능한, 만능인　reputation 평판, 명성　dominate 압도적으로 우세하다; (특히 불쾌한 방식으로) 지배(군림)하다; (~의) 가장 중요한(두드러지는) 특징이 되다　leading 이끄는, 선도하는; 일류의; 유력한; 지도, 선도; 이끌기, 유도　generate 만들어 내다, 발생시키다　confident (전적으로) 확신하는; 자신감 있는　well-recognized 잘 알려진

해석 ① 갤럭시 S는 미국 시장에 소개되었지만, 그 성공은 확실치
　　 않다.
　② 노키아는 세계 선두의 이동 전화 회사이고, 삼성은 그 다음
　　 이다.
　③ 스마트폰은 초기의 다른 유형의 이동 전화보다 더 큰 이윤
　　 을 발생시킨다.
　④ 삼성은 갤럭시 S가 미국 시장에서 아이폰 4와 경쟁할 수
　　 있다고 확신한다.
　⑤ 미국 시장에서 삼성 스마트폰의 평판은 아이폰과 블랙베리
　　 만큼 잘 인식되고 있다.

해설 이 글은 삼성전자가 출시한 신제품 갤럭시 S에 대한 글로, 미
　 국 시장에서의 소비자 반응을 근거로 타사의 제품과 경쟁력
　 을 갖추는 데에는 좀 더 시간이 필요하다는 사실을 적시하
　 고 있다. 마지막 문장의 'Yet, industry watchers believe
　 Samsung needs more time to grow its smartphone
　 reputation in the U.S. market dominated by
　 iPhones and BlackBerries.'를 보면 'as ~ as' 구문을 이
　 용해서 '삼성 스마트폰의 평판은 미국 시장에서 아이폰과 블랙
　 베리만큼 잘 인식되고 있다.'라고 말한 ⑤번이 지문의 내용과
　 맞지 않음을 알 수 있다.

30　　　　　　　　　　　　　　　정답 ⑤

① 나이가 더 많은 집단은 다른 분야보다 경제에 더 많은 관심
　 을 가지고 있다.
② 결혼은 더 어린 집단보다는 나이가 더 많은 집단에게 더 중
　 요하다.
③ 어떤 집단도 종교에 많은 관심이 없다.
④ 비율 측면에서 두 집단 간에 가장 큰 차이를 보이는 것은
　 학업 분야이다.
⑤ 나이가 더 어린 집단은 직업보다는 건강에 대한 관심이 더
　 적다.

concern 관심(사); 배려, 염려; 우려, 걱정; ~에 흥미(관심)를 갖다; ~를 걱
정스럽게 하다; (사람에게) 영향을 미치다(관련되다)　**youth** 청소년, 청년
be concerned with ~에 관심이 있다

해설 도표를 보면 나이가 더 어린 집단의 경우 직업보다는 건강에
　 더 많은 관심을 가지고 있으므로 ⑤번이 일치하지 않는다.

31　　　　　　　　　　　　　　　정답 ③

물을 아껴 쓰는 것은 일반적으로 훌륭한 행동이다. 절약으로
분리하게 되는 경우를 제외하고 말이다. 선출된 공무원들은 사
람들에게 2월 16일 St. Albans에서 열릴 예정인 공개 청문
회에서 수도국이 수도 요금을 두 자리 수로 인상하겠다는 계
획에 대해서 항의할 것을 독려하고 있다. 시청 관리들의 말에
따르면 수도 요금 인상은 필요한 일인데, 이는 시민들이 물을
절약하는 바람에 세수가 줄어들었기 때문이라는 것이다.

"납세자의 돈을 착취하는 일을 막는 유일한 방법은 나와서 우
리의 의견을 전달하는 것뿐입니다. 우리는 전에 없이 눈을 크
게 뜨고, 정보를 숙지하고, 싸울 준비를 해야 합니다."라고
Peter Koo 시의원이 말했다.
　그는 월요일 Queens 자치구 위원회에 참석했는데 그곳에서
시청 환경 보호과에서 나온 대표자 한 명이 발의된 수도 요금
인상안에 찬성하는 발언을 했다.

conserve 보호(보존)하다; 아끼다, 아껴 쓰다　**typically** 보통, 일반
적으로　**penalize** (법, 규칙을 어긴 데 대해) 처벌하다(벌을 주다); (부당
한 처사로 사람을) 불리하게 만들다　**frugality** 절약, 검소　**urge** 재촉하
다; 강력히 촉구(권고)하다; 충고하다　**speak out against** ~에 대항하
여 목소리를 내다　**potential** (~이 될) 가능성이 있는, 잠재적인; 가능성
double-digit 두 자리 수의　**water rate** 수도 요금　**hike** (가격, 경
비 등의) 대폭 인상(급등); 하이킹, (장거리) 도보 여행; 대폭 인상하다; 하이킹(도
보 여행)을 가다　**public hearing** 공청회　**revenue** (정부·기관의)
수익(수입/세입)　**soak** 많은 돈을 우려내다; (액체 속에 푹) 담그다(담기다);
흠뻑 적시다; (액체 속에) 담그기(담가 두기)　**watchful** (위험, 사고 등이 생
기지 않도록) 지켜보는(신경 쓰는)　**informed** (특정 주제, 상황에 대해) 잘
(많이) 아는, 정보통인　**representative** 대표(자); 대리인　**in favor of**
~에 찬성(지지)하여

해석 ① 수도국
　② 시 공무원
　③ 시의원 Peter Koo
　④ 시청 환경 보호과

해설 시의원인 Peter Koo만이 시민들에게 수도 요금 인상
　 에 항의하라고 독려하고 있다. ("The only way to stop
　 the soaking of taxpayers is by showing up and
　 making our voices heard," City Councilman
　 Peter Koo said. "We must remain ever watchful,
　 informed and ready to fight.")

32-35　다음 지문을 참조하시오.

1825년 Erie 운하의 개통식과 함께, 허드슨 강은 미국에서
가장 분주한 수로 중의 하나가 되었다. 50년이 넘도록, 허드슨
강은 스쿠너 화물선, 호화로운 외륜(증기)선, 그리고 화물과 승
객들을 실어 나르는 예인선과 바지선의 대선단으로 끝에서 끝
까지 가득 붐볐다. 그러나 세기의 전환점이 다가오면서(세기가
바뀌는 즈음에), 수상 교통은 쇠퇴하기 시작했다. 처음에는 화
물을 나르는 배들이 사라졌다. 그다음에는 철도가 증기선을 대
체하기 시작했다. 결국, 1990년에는, 예인선과 바지선만이 거
의 유일하게 남아 있는 배가 되었다.

inauguration (대통령·교수 등의) 취임(식); (공공시설 등의) 정식 개시;
개업, 창업, 개통; 준공(개업, 개통, 제막)식　**Lake Erie** 이리호 (미국 동부
에 있는 5대호의 하나)　**the Erie Canal** 이리 운하(a canal in New
York State between Albany and Buffalo, linking the Hudson
River with Lake Erie. Length: 579km)　**waterway** (배가 다닐 수
있는 강, 운하 등의) 수로　**end to end** 끝과 끝을 붙여(한 줄로); (from~)
끝에서 끝까지　**cargo** (선박, 비행기의) 화물　**schooner** 스쿠너(돛대

가 두 개 이상인 범선) **luxury** 사치, 호사; 사치품; 사치스러운, 호화로운 **paddle-wheeler** 외륜(증기)선(=paddle-steamer) **armada** 함대; (the Armada) (스페인) 무적함대 **tugboat** 예인선 **barge** 바지선[너벅선](운하, 강 등에서 사람, 화물을 싣고 다니는, 바닥이 납작한 배) **freight** 화물; 화물 운송 **steamboat** 기선(특히 과거 강이나 해안을 따라 다니던 작은 보트) **watercraft** (집합적) 배, 선박; 수상 기술 (배·보트의 조종, 수영 등)

---

32 정답 ③

해석 지문에 따르면, 수상 교통은 ＿＿＿＿＿＿＿에 의한 여행이 증가했기 때문에 쇠퇴했다.

해설 지문의 'railroads began to replace the steamboats.'에서 답을 찾을 수 있다.

33 정답 ④

해석 다음 중 이 지문의 제목으로 가장 알맞는 것은?
① 미국의 강
② 기선과 외륜선
③ 이리 운하의 개통
④ 19세기의 허드슨 강

해설 이 지문은 1825년(19세기 초)에 이리 운하의 개통 이래 번성하다가 세기(19세기)가 지나면서 쇠퇴하게 된 허드슨강의 수상 교통에 관한 내용을 담고 있다.

34 정답 ③

해석 지문에 의하면 수상 교통은 ＿＿＿＿＿＿쯤에 쇠퇴하기 시작했음을 추론할 수 있다.

해설 지문 중간의 'as the turn of the century approached, river traffic began to decline.'에서 답을 찾을 수 있다.

35 정답 ④

해석 지문에 따르면, 다음 중 어떤 선박이 20세기의 강에서 발견될 수 있는가?
① 기선
② 범선
③ 스쿠터 화물선
④ 바지선

해설 지문의 'Finally, by 1990, tugboats and barges were almost the only watercraft left.'에서 답을 찾을 수 있다.

1 ①	2 ②	3 ①	4 ④	5 ③
6 ④	7 ②	8 ④	9 ④	10 ①
11 ⑤	12 ②	13 ②	14 ③	15 ①
16 ②	17 ②	18 ③	19 ②	20 ②
21 ①	22 ③	23 ②	24 ②	25 ④
26 ①	27 ④	28 ④	29 ①	30 ②
31 ①	32 ①	33 ②	34 ②	35 ①

1-3 다음 지문을 참조하시오.

정의의 개념에 있어서 또 하나의 차이점은 법이란 무엇인가에 대해 다양한 사회가 지니는 개념에 있다. 서구에서는 사람들이 "법"을 "관습"과는 전혀 다른 것으로 간주한다. 또한 "죄악"(종교적 계율을 어기는 것)과 "범죄"(정부의 법을 위반하는 것) 사이에도 커다란 차이가 있다. 이에 반해, 많은 비(非)서구 문화들에서는, 관습과 법 그리고 종교적 믿음 사이에 거의 구분이 없다. 또 다른 문화들에서, 이 세 가지가 완전히 구분될지 모르나, 여전히 서구에서의 구분과는 매우 큰 차이가 난다. 이런 이유로, 어떤 행위가 한 국가에서는 범죄로 간주될지도 모르지만, 다른 국가들에서는 사회적으로 용인될 수 있는 것이다.

---

concept 개념 **justice** 정의; 공평성; 공정성; 사법; 재판 **lie in** ～에 놓여있다 **custom** 관습, 풍습; 습관 **contrast** 차이; 대조, 대비; 대조하다; 대조를 보이다 **sin** (종교, 도덕상의) 죄, 죄악; (종교, 도덕상의) 죄를 짓다 **separation** 분리, 구분; 헤어짐

1 정답 ①

해석 빈칸에 들어갈 가장 적절한 단어나 구를 고르시오.

해설 'an action may be considered a crime in one country, but be socially acceptable in ＿＿＿＿＿＿.'에서 등위접속사 but은 양쪽에 동일한 개념(의미)의 낱말이 와야 하므로, one country와 의미적으로 상관이 없는 ③, ④번은 답이 될 수 없으며, ②번 the other는 두 개 중 나머지 하나만을 의미하므로, 지문의 문맥상 여러 국가들을 지칭할 수 있는 복수 대명사 'others'가 와야 한다.

2 정답 ②

해석 지문의 앞 단락에서 다루어질 내용으로 적절한 것은 ＿＿＿＿＿＿이다.
① 법과 관습의 종류
② 정의의 개념에 있어 차이점
③ 문화적 차이
④ 범죄 예방

해설 첫 문장이 'Another difference in the concept of justice'로 시작되고 있으므로, 앞 단락에서도 역시 'the concept of justice(정의의 개념)에 있어서의 차이점'이 나왔음을 알 수 있다.

3 정답 ①

해석　다음 중 지문의 내용과 일치하는 것은?
　　① 범죄의 개념은 문화마다 다르다.
　　② 세계 대부분의 지역에서 유사한 범죄 행위에 대한 비슷한 형벌이 있다.
　　③ 일부 문화에서는, 범죄를 저지른 것은 용서를 받을 수 있어도, 죄를 범한 것에 대해서는 그렇지 않을 수도 있다.
　　④ 서구에서 범죄에 대한 형벌은 가혹하다고 말할 수 있다.

해설　마지막 문장 'an action may be considered a crime in one country, but be socially acceptable in others'에서 범죄인지 아닌지는 나라에 따라 다르다는 의미이므로 정답은 ①번이다.

4 정답 ④

인간은 자신의 세상을 만들어 왔다. 인간은 공장과 집을 세우고, 자동차와 옷을 생산하며, 곡식과 과일 등을 재배한다. 그러나 인간은 실제로 더 이상 자신이 만든 세상의 주인이 아니다. 그와는 반대로, 이 인위적인 세상이 그의 주인이 되었고, 인간은 그 앞에서 굴복하고, 최대한 그것을 기쁘게 하려고 애를 쓴다. 인간의 손으로 만든 작품이 인간의 주인이 되었다. 인간은 사리사욕(자기 이익)에 의해 조종받는 것처럼 보이지만, 실제로는 그는 자기 손으로 만든 바로 그 기계를 위한 도구가 되었다.

grain 곡물; (곡식의) 낟알　**on the contrary** 그와는 반대로　**man-made** 사람이 만든, 인공(인조/합성)의　**bow down** 절하다; 굴복하다　**self-interest** 사리사욕, 사리 추구　**in reality** 사실은, 실제로는　**instrument** 기구; 계기　**for the purposes of** ~의 목적으로, ~을 위해

해설　세 번째 문장인 'The work of his own hands has become his master.(인간의 손으로 만든 작품이 인간의 주인이 되었다.)'가 주제문이고 그 뒤 문장은 이 주제문에 대한 부연 설명을 하고 있다. 그러므로 ④ '자신이 만든 생산물에 종속된 인간'이 글의 주제로 적절하다.

5-7 다음 지문을 참조하시오.

20세기의 첫 25년 중에, 항해 중인 배가 수심을 잴 수 있게 해주는 음향측심이 개발되었을 때, 이것이 또한 심해 생명체를 연구하는 데 있어서 하나의 수단을 제공할 줄은 어느 누구도 생각하지 못했을 것이다. 그러나 이 새로운 장치를 운용한 사람들은 배에서 아래쪽으로 광선처럼 쏘아 내린 음파가 단단한 물체에 부딪히게 될 경우 그 물체로부터 되돌아온다는 사실을 곧 발견하였다.
중간 깊이로부터, 물고기 떼나 고래 또는 잠수함 등으로부터 오는 것으로 추정되는 응답 반향이 있었고, 이어서 두 번째 반향파가 바닥으로부터 수신되었다.

echo 메아리, 반향　**echo sounding** (항해) 음향측심(音響測深)　**under way** 항해 중인; 이미 시작된(진행 중인)　**suspect** ~이 아닌가 하고 생각하다, 추측하다; ~을 의심하다, 수상하게 여기다　**means** 수단, 방법; 돈, 재력, 수입　**deep-sea life** 심해 생물　**reflect** (빛, 열, 음을) 반사하다, 반향을 일으키다　**solid** 고체의, 고형의; 단단한　**intermediate** 중간의; 중급의; 중급자, 중급 수준인 사람　**presumably** 아마, 짐작컨대　**schools of** (물고기 등의) 떼(무리)　**submarine** 잠수함; 바다 속의, 해양의, 해저의　**shipbuilding yard** 조선소

5 정답 ③

해석　저자는 어느 시기에 일어난 일에 대해 쓰고 있는가?

해설　첫 번째 줄의 'during the first quarter of the twentieth century'를 보면, '20세기의 첫 25년'임을 알 수 있다. 'quarter'는 4분의 1을 의미한다.

6 정답 ④

해석　장치를 운용한 사람들은 무엇을 물속으로 내려 보냈는가?
　　① 광선
　　② 단단한 물체
　　③ 새로운 장비
　　④ 음파

해설　두 번째 문장의, 'the sound waves, directed downward from the ship (like a beam of light)'을 보면, (광선 같은) 음파를 물속으로 내려 보냈음을 알 수 있다.

7 정답 ②

해석　다음 중 어떤 사업체가 언급된 장치를 이용하는 데 가장 관심을 갖겠는가?
　　① 스포츠 장비업체
　　② 상업 수산업체
　　③ 녹음 스튜디오
　　④ 조선소

해설　첫 번째 문장의 'provide a means of learning something about deep-sea life.'와 특히 마지막 문장의 'from intermediate depths, presumably from schools of fish, whales, or submarines'를 보면 상업적으로 물고기를 낚는 수산업체에서 가장 관심을 가질 것이다.

8 정답 ④

(A), (B), (C)에 가장 적절한 순서는 무엇인가?

전통적인 사진술에서는, 빛이 렌즈와 필름 조각을 통과하게 되면서 밝고 어두운 색조 또는 색채의 형상을 필름에 만들어 낸다.

(A) 그 과정에서, 이러한 숫자들 중 어떤 것이라도 컴퓨터에서 쉽게 바꾸어서 원하는 이미지는 무엇이나 만들어 낼 수 있다.
(B) 결과적으로 색깔은 쉽게 변하고 사진에 있는 요소들이 신속하게 재배열되어서 사진은 손쉽게 다른 종류의 이미지와 결합이 된다.
(C) 하지만 현대의 디지털 사진술에서는 이미지가 숫자로 전환되었다가 나중에 다양한 색조의 음영으로 바뀐다.

photography 사진술　**tone** 색조; 음조; 어조, 말투; 분위기, 논조　**process** (특정 결과를 달성하기 위한) 과정(절차)　**element** 요소　**combine** 결합하다　**translate** (다른 형태로) 바꾸다(옮기다); 바뀌다; 번

역하다 **shade** 그늘; 색조; 음영

해설 이 글은 전통적인 사진술과 현대의 디지털 사진술을 비교하는
　　　것으로 글을 시작하고 있다. (C)의 'however'는 제시 문장에
　　　나오는 전통적인 사진술(traditional photography)의 특징
　　　과 현대의 디지털 사진술(modern digital photography)
　　　의 특징을 자연스럽게 역접의 의미로 연결시키고 있고, (A)의
　　　these numbers는 (C)의 numbers를 받고 있으므로 (C)-
　　　(A)의 구조임을 알 수 있다. 결론을 나타내는 연결사인 As a
　　　result가 이끄는 (B)가 맨 마지막에 온다.

우리는 걷거나 여행을 하는 동안, 일상적으로 마주치는 사물
들을 보는데 보통 1초도 안 되는 시간을 할애한다. 하루하루
는 우리가 그것들을 제대로 알아차리지 못한 채 흘러간다. 과
학자들은 우리가 사물을 보는 데 쓰는 평균 시간이 지난 50년
동안 꾸준히 감소했음을 알아냈다. 연구에서, 그들은 또한 이
러한 감소가 삶에 있어서 흥미와 즐거움의 부족으로 이어진다
는 것도 발견했다. 최소한 5초 동안이라도 사물을 바라보는 것
을 시도해 보라. 이 연습을 위한 좋은 기회는 당신이 걷거나 자
동차 또는 기차 창문을 통해 밖을 내다볼 때 찾아온다. 당신은
5초가 사물을 새로운 관점으로 제대로 감상할 수 있는 충분한
시간임을 알 수 있을 것이다.

그 일은 캘리포니아의 골드러시 기간에 일어났다. 한 미국인
돛 제조업자가 다량의 캔버스 천과 오렌지색 실을 가지고 서
부 해안으로 왔다. 그의 이름은 Levi Strauss(레비 슈트라우
스)였다. Strauss는 캘리포니아에서 어려움을 겪었다. 아무도
그의 물건을 사려 하지 않았다. 모든 사람이 금을 캐는 일에 너
무 바빴기 때문이었다. "금을 캐는 사람들은 돛이 필요하지 않
아. 그들은 튼튼한 바지가 필요해."라고 그는 생각했다. 그래서
그는 가지고 간 재료로 금을 캐는 사람들을 위한 바지를 만들
겠다는 현명한 아이디어를 냈다. 그는 안장 제작자 한 명을 고
용했고 그들은 청색 캔버스 천과 오렌지색 실 그리고 구리 못
을 결합하여 이제까지 만들어진 바지 중 가장 튼튼한 바지를
만들었다. 1850년에 최초의 청바지가 나왔다. Levi's(리바이
스) 청바지는 일단 유행하게 되자 절대 유행이 사그라지지 않
았다. 노동자들은 청바지를 입는다. 아이들은 청바지를 잡아
당겨 입고 말아 올린다. 카우보이들은 청바지를 절대 벗지 않
는다. 심지어 대통령들도 청바지를 입고 나타난다.

↓

우리 주변의 사물들을 (A) 관찰하는 데 시간을 더 할애하는 것
은 그것들을 (B) 새로운 관점으로 바라볼 수 있도록 해 준다.

second 초(秒); 순간, 잠깐(=moment); (서수) 제2의, 둘째 (번)의; 2등의,
2위의; 2류의　**encounter** 접하다(마주치다); (특히 반갑지 않은 일에) 맞
닥뜨리다(부딪히다)　**be aware of** ～을 알아차리다　**steadily** 꾸준
히, 끊임없이; 착실하게　**lead to** 야기(초래)하다　**enjoyment** 즐거움,
기쁨; 흥밋거리; 향유, 누림　**appreciate** 제대로 이해하다; 고마워하다
perspective 관점, 시각; 균형감; 전망　**observe** 관찰하다; 목격하다;
(법률, 규칙 등을) 준수하다; (발언·논평·의견을) 말하다　**sentimental**
정서(감정)적인; (지나치게) 감상적인　**resentful** 분개하는, 분해(억울해)하
는　**objective** 객관적인; 목적, 목표　**passionate** 열정을 느끼는; 격
정적인; 욕정을 느끼는; 열렬한, 열정적인

canvas 캔버스 천(텐트, 돛, 화폭 등을 만드는 데 쓰이는 질긴 천); 화폭;
유화　**thread** 실; (실 등을) 꿰다　**dig** 땅을 파다　**sail** 돛; 항해; 항해
하다; 요트를 타다; 출항하다　**trousers** 바지(=pants)　**come up
with** (아이디어, 해답, 돈 등을) 찾아내다, 생각해 내다　**out of** (근원, 출처)
～에서(=from); (위치) ～바깥에, ～을 떨어져서; (운동) ～의 안에서 밖으로,
～의 밖으로; (행위, 능력 따위의) 범위 밖에(=beyond); (동기, 원인) ～에서
put together 합하다; 조립하다, (이것저것을 모아) 만들다(준비하다)
rivet 대갈못, 리벳; 대갈못(리벳)으로 고정하다; (흥미, 관심을) 고정시키다
(사로잡다)　**blue jeans** 청바지　**come in** 유행하다; 들어오다; 참여하
다　**go(get, drop) out of fashion** 유행하지 않게 되다, 한물가다
pull on (옷, 구두, 장갑 따위를) 잡아당겨 입다(신다, 끼다); 계속 노를 젓다
show up 나타나다; ～을 나타내다(드러내 보이다)　**dress up** (보통 때
보다 더) 옷을 갖춰 (격식을 차려) 입다; 변장을 하다(시키다)　**tailor** 재단사; (특
정한 목적, 사람 등에) 맞추다(조정하다)　**in vogue** 유행하여, 인기를 얻어

해설 우리가 평소에 마주치는 사물에 눈길을 주는 시간은 고작 1초
　　　도 안 되기에, 우리의 삶에 즐거움도 감소되는 상황에서, 그 관
　　　찰하는 시간을 늘리면 사물을 새로운(신선한) 관점으로 제대로
　　　감상할 수 있을 것이라고 필자는 말한다.

해석 ① 사람들은 잘 차려입기를 좋아한다.
　　　② 캘리포니아에서 금을 캐는 광부들은 항해를 즐긴다.
　　　③ 최초의 청바지는 재단사가 만들었다.
　　　④ 청바지는 계속 유행하고 있다.
해설 지문 하단부의 'Once they came in, Levi's never went
　　　out of fashion.(청바지는 일단 유행하게 되자 절대 유행이
　　　사그라지지 않았다')을 보면 ④번이 정답이다.

(A), (B), (C)에 가장 적절한 순서는 무엇인가?

나는 한 남자아이가 텔레비전에서 "만일 내가 대통령이라면
모든 사람들에게 자신이 원하는 것은 무엇이나 살 수 있도록
충분한 돈을 줄 거예요."라고 말하는 것을 들었다.

(A) 다시 말하면, 가치 있는 인생은 여러분이 기꺼이 노력을 쏟
　　을 때에만 가능하다. 공짜로 무언가를 얻는 일은 결코 있을
　　수 없다는 사실을 기억하라.
(B) 어떤 누구도 재화와 용역을 생산하기 위해 일을 하지 않을
　　것이다. 그러면 돈은 무의미하게 되는 것이다. 인생 자체도
　　역시 그런 식이다. 당신이 그 속에 쏟아 붙는 것만큼의 가
　　치가 있는 것이다.
(C) 이 말이 멋지게 들릴 수도 있지만, 그런 정책은 순전한 재
　　앙이 될 것이다. 모든 사람들이 자신들이 필요로 하는 모
　　든 돈을 받을 수 있다면, 무슨 일이 벌어질까?

해설 이 글은 노력하는 인생이 가치 있는 인생이라는 내용의 글이다. (C)의 this와 such a policy는 제시된 문장에서 남자아이가 한 말을 가리키고, 같은 문장의 가정법 의문문에 대한 답을 (B)가 하고 있다. (A)는 (B)의 뒷부분 내용에 대한 부연 설명이자, 이 글의 핵심이다.

12   정답 ②

우리 시대의 가장 큰 경제적 폐해의 많은 부분은 위험, 불확실성, 그리고 무지의 결과이다. 상황이나 능력 면에서 운 좋은 개인들이 불확실성과 무지를 이용할 수 있고, 또한 동일한 이유로 큰 사업이 흔히 복권 같은 요행수가 되기 때문에 부의 불평등이 생기는 것이다. 이와 똑같은 요인들은 또한 실직, 합당한 사업의 기대치에 대한 실망, 그리고 능률과 생산의 차질의 원인이 된다. 그럼에도 그 해결책은 개인들의 운용에 있지 않다. 나는 이러한 상황의 해결책은 부분적으로 중앙 기관에 의한 화폐와 신용거래의 신중한 통제에서, 그리고 부분적으로 알고 있으면 쓸모 있는 모든 사업 사항들을, 필요하다면 법에 의해서라도, 모두 공표하는 것을 포함하여 경제 상황과 관련된 자료를 수집하고 보급하는 데서 찾아야 한다고 생각한다. 비록 이러한 조치가 충분치 않다고 밝혀진다 하더라도, 이로 인해 다음 단계의 조치를 위해서 현재보다는 더 나은 지식을 얻게 될 것이다.

evil 악, 악폐; 사악한, 악랄한, 악마의; 몹시 불쾌한, 지독한 **risk** 위험; (~을) 위태롭게 하다(걸다) **ignorance** 무지, 무식 **fortunate** 운 좋은, 다행한 **take advantage of** (남)을 이용하다, 기만하다; (기회 따위)를 이용(활용)하다 **lottery** 복권; (경멸적) 운(運), 복권 같은 것 **inequality** 불평등; 불균등 **come about** 일어나다, 생기다(=happen, occur) **unemployment** 실업, 실업률, 실업자 수 **impairment** (신체적, 정신적) 장애 **cure** (문제 등의) 치유(해결)책; 치유; 치유하다 **deliberate** 신중한, 찬찬한; 고의의, 의도적인; 숙고(숙의)하다, 신중히 생각하다 **currency** 통화(通貨); 통용 **credit** 신용거래; 신용도; 융자; (계좌) 잔고; (대학의) 학점; 칭찬, 인정 **dissemination** 확산, 보급; 파종 **publicity** 공표, 공개, 공시; 홍보(광고(업); 매스컴(언론)의 관심(주목) **insufficient** 불충분한 **furnish A with B** A에게 B를 제공하다

해석 ① 경제적 폐해와 금전 지향적 사회
　　② 경제적 폐해와 그에 대한 해결책
　　③ 중앙 기관의 역할
　　④ 경제적 폐해의 기원

해설 지문의 전반부인 'Many of the greatest economic evils ~ wealth come about.'에서 'Economic Evils'에 대해 문제 제기를 하고 있고, Yet으로 시작하는 중반부 'I believe that the cure for these things is ~ for taking the next step.'에서 거기에 대한 해결책(Solutions to Economic Evils)을 제시하고 있으므로 ②번 '경제적 폐해와 그에 대한 해결책'이 제목으로 가장 적절하다.

13-14   다음 지문을 참조하시오.

19세기에 언어학을 가장 대중화시킨 Muller는 그가 "Ding-Dong"이라고 부른 이론을 제안했다. 그의 이론은 소리와 의미 간의 오묘한 조화나 상호관계를 주장했다. 자연에서 고체가 칠 때 모든 물체가 특유의 소리를 내듯이(치면 소리를 내는 종처럼), 세상이 만들어낸 다양한 충격에 인간의 마음 역시 이에 특별한 반응을 보인다는 것이다. 이러한 본래적 언어의 뿌리를 이루는 기본적인 소리가 400개쯤 있다(는 것이 그의 주장이다). 예를 들어 원시인이 늑대와 마주치면, 시각이 종을 울리는데, 이를테면, 원시인은 본능적으로 "늑대"라고 말하게 된다는 것이다. Muller는 나중에 자신의 이론을 버렸다.

또 다른 이론은 "Yo-Ho-Ho" 이론이다. 이 이론이 제안한 것은 언어는 처음에 사회 환경에서 시작되었으며, 그것은 함께 일하는 사람들의 사회 환경이었다. 도끼나 큰 쇠망치를 휘두르는 남자가 하는 것과 같은 격렬한 근육 활동을 하면 잠시의 휴식을 위해 숨을 세차게 내쉬게 된다. 성대가 진동하고 특수한 행동에 대해 특수한 속도의 진동이 생기고, 그리하여 각각의 특별한 종류의 노동에 대해 특별하고 독특한 소리를 만들어 낸다. 그 행위와 동일화된 소리가 행위의 이름이 된다. "들다!" "끌다!" "아름다운!" "밀다!" "뚫다!" 등이 그러하다. 실제로 끙끙 앓는 소리는 근육의 격심한 활동의 결과로 생겨나며, 이런 소리들의 일부는 단어나 단어 형성에 편입되었을지 모른다. 그러나 언어 전체가 끙끙 앓는 소리로 이루어졌으리라고 가정하는 것은 꽤나 터무니없다.

popularize 대중화하다; 보급시키다; 인기 좋게 하다 **mystic** 영묘한; 신비로운, 불가사의한; 신비주의자 **correlation** 상호관련; 상호작용 **solid body** 고체 **give off** (소리, 증기, 냄새, 빛 등을) 발하다, 내다; 방출하다 **peculiar** 특유한, 고유의(=particular); 기묘한, 이상한(=strange); 특이한 **particular** (한정적) 특유의; 특별한; 개개의 **impact** 충격; 충돌(=collision); 영향, 영향력(=influence); 효과(=effect); 강한 충격을 주다; 강한 영향을 주다 **sight** 시각, 시력; 시계(視界); 조망, 풍경; (the ~s) 명소, 관광지 **so to speak** 말하자면, 이를테면 **instinctively** 본능적으로, 자연히 **muscular** 근육의; 힘센; 육체 활동을 통한 **swing** ~을 휘두르다, 스윙하다; 흔들리다; 매달리다; 그네 타다 **sledgehammer** 큰 쇠망치; (한정) 강력한(=powerful); 큰 쇠망치로 치다 **expel** 방출(배출)하다; 내쫓다; 추방하다 **forcibly** 우격다짐으로; 강력하게 **relief** 잠시의 휴식; 제거, 경감; 안도, 안심, 위안; 교체 **vocal cords** 성대 **vibrate** 진동하다; 떨리다; 진동시키다 **distinct** 뚜렷한, 별개의 **identify** 동일시하다; 확인하다 **heave** (들어)올리다(=lift) **haul** 세게 잡아당기다; 끌고 가다; 운반하다; 체포하다 **push** 밀다; 추진하다; 조르다 **punch** 구멍을 뚫다; 일격을 가하다, 한 대 치다; 주먹질, 펀치; 박력; 구멍 뚫는 도구; 펀치(술 · 설탕 · 우유 · 레몬 · 향료를 넣어 만드는 음료) **grunt** 투덜대는 불평(불만); (돼지의) 꿀꿀거리는 소리; (돼지가) 꿀꿀거리다; 투덜거리다, 중얼 중얼 불평하다 **exertion** 노력, 진력; (육체와 정신의) 격심한 활동; 매우 힘든 일 **incorporate** 통합(합동) 시키다; 짜 넣다(in); 법인(단체 조직)으로 만들다; 법인의, 회사 조직의(incorporated); 결합한, 일체화된 **word formation** 단어 형성, 조어(造語) **assume** (증거는 없으나) 사실이라고 보다(생각하다); (사람이 어떤 태도를) 취하다; (역할 · 임무 등을) 맡다 **ridiculous** 웃기는; 터무니없는

13

정답 ②

해석 Ding-Dong 이론과 Yo-Ho-Ho 이론은 어떻게 평가될 수 있는가?
① 둘 다 적절한 이론이다.
② 둘 모두 적절한 이론이 아니다.
③ 둘 다 적절한 이론이지만 널리 받아들여지는 이론은 아니다.
④ Ding-Dong 이론은 적절한 이론이지만 Yo-Ho-Ho 이론은 아니다.
⑤ Yo-Ho-Ho 이론은 적절한 이론이지만 Ding-Dong 이론은 아니다.

해설 글쓴이의 어조 파악에 가까운 문제이다. Muller는 자신의 "Ding-Dong" 이론을 버렸다고 했고, "Yo-Ho-Ho" 이론에 대해서는 필자가 rather ridiculous라고 하고 있으므로 둘 다 적절한 이론으로 평가받지 못하고 있음을 알 수 있다.

14

정답 ③

해석 밑줄 친 단어 중에서, 예로 적절치 못한 것을 고르시오.

해설 숨을 세차게 쉬거나 불평하는 소리와 거리가 먼 것은 "Wonderful!"이다.

15-16 다음 지문을 참조하시오.

이전의 선거운동과는 달리, 1960년의 대통령 선거전은 민주당과 공화당 간의 경쟁에서 정치적으로 획기적이고 영향력이 컸던 TV 토론 시리즈로 특징지어진다. John Kennedy 상원 의원은 민주당의 유망주들 중에서 일찍 선두를 확보하여 LA 전당대회에서의 첫 투표에서 대통령 선거의 민주당 대표로 지명되었다. 당시 Eisenhower 밑에서 부통령으로 재직 중이던 Richard Nixon은 공화당의 지명을 받았다. Nixon과 Kennedy 둘 모두 전국에 걸쳐 활발하게 선거운동을 벌였으며, 일대일 TV 토론에 출연하는 전례 없는 모습을 보였다. 정치 전문가들은 그 토론이 그 당시 선거전에서 아주 중요한 영향력을 발휘했다고 주장한다.
1억이 넘는 시청자들 앞에서 Kennedy는 자신보다 지명도가 높고 경험이 많은 후보로서의 Nixon의 이점을 능숙하게 극복하고, 대통령 직을 맡기에는 너무 경험이 없고 미숙하다고 여기는 (자신에 대한) 대중들의 인식을 바꿔 놓았다.

unlike ~와는 달리; ~와 다른; ~답지 않은 **campaign** 캠페인, (사회, 정치적 목적을 위한 조직적인) 운동(활동); 선거 운동, 유세; 출정, 종군; 종군하다, 전투에 참가하다; (美) ~에 출마하다(for) **presidential** 대통령의; 대통령 선거의 **feature** (~의) 특징을 이루다; 특별히 포함하다, 특징으로 삼다; 특색, 특징, 특성; (신문, 텔레비전 등의) 특집 (기사/방송) **innovative** 획기적인 **influential** 영향력 있는, 영향력이 큰 **televise** 텔레비전으로 방송하다 **debate** (격식을 갖춘) 토론(토의/논의); 논쟁, 논란; (특히 격식을 갖춰) 논의(토의/논쟁)하다 **hopeful** 기대주, 유망주, 전도유망한 사람; 희망을 품은(성공을 바라는) 사람; 희망에 찬, 기대하는; 희망적인, 희망을 주는 **nominate** (후보자로) 지명(추천)하다; (특정 일을 하도록) 임명(지명)하다 **ballot** 무기명(비밀) 투표; 투표용지; 총 투표수 **convention** 관습, 관례; (美) (정당의 대통령 후보 지명 따위를 위한) 전국 대회, 전당 대회(=national convention); (정치적·종교적) 집회, 대표자 회의, 협의회 **representative** 대표(자); (판매) 대리인, 외판원; (미국에서) 하원 의원; 대의원; (특정 단체를) 대표하는; 전형적인 **vigorously** 활발하게; 격렬하게 **unprecedented** 전례 없는, 미증유의 **face-to-face** 정면의(으로

90

마주 대하는; 얼굴을 마주 대하고, 정면으로 맞서서 **contend** (특히 언쟁 중에) 주장하다; (~을 얻으려고) 다투다(겨루다) **pivotal** 중추적인, 중요한, 중대한; 중심(축)이 되는 **viewership** (집합적) (TV 프로의) 시청자; 시청자수, 시청률 **masterfully** 능수능란하게; 거장(대가)답게 **overcome** 극복하다; (남을) 이기다 **candidate** (선거의) 입후보자(출마자), (일자리의) 후보자 **reverse** (정반대로) 뒤바꾸다, 반전(역전)시키다; (방금 언급한 것의) (정)반대(역) **perception** 인식(하여 갖게 된 생각); 지각, 자각; 통찰력 **immature** 미숙한; 다 자라지(성장하지) 못한; 치기 어린 **presidency** 대통령 직(임기); 회장 직(임기) **instrumental** (어떤 일을 하는데) 중요한 (in); 도움이 되는, 수단이 되는; 악기로 연주되는 **outcome** 결과

15

정답 ①

해석 빈칸에 들어갈 가장 적절한 단어를 고르시오.

해설 상대적으로 지명도가 떨어졌던 케네디가 (대통령 선거 역사상 처음으로 실시된) TV 토론을 통해 닉슨을 이겼다는 것이 이 글의 핵심이므로 '그 토론(TV 토론)은 선거전에서 아주 중요한 (=pivotal) 영향력을 발휘'했을 것이다.

16

정답 ②

해석 이 글의 요지를 가장 잘 표현한 것은?
① 케네디는 1960년 대선에서 닉슨을 이겼다.
② TV 토론은 1960년 대선의 결과를 결정짓는데 중요한 역할을 하였다.
③ TV 토론은 오랫동안 선거전의 일부로 쓰이고 있다.
④ 케네디는 1960년 대선에서 민주당의 유력 후보였다.

해설 미국 대통령 선거 역사상 처음으로 등장한 일대일 TV 토론이 선거 결과에 결정적인 영향을 끼쳤다는 것이 이 글의 요지이므로 ②번이 가장 적절하다.

17-18 다음 지문을 참조하시오.

만약 이 지구상의 다양한 그룹의 사람들이 서로 만나지 않는다면 문화 장벽은 중요치 않을 것이다(문제가 되지 않을 것이다). 서로 다른 언어를 쓰고, 존재(삶)의 많은 양상에 대해 서로 다른 가정을 세워 놓고 거기에 따라 행동하는 사람들과 의사소통을 할 필요도 없을 것이다. 그러나 문화 장벽이 그토록 중요한 것은(문제가 되는 것은) 바로 이 세계가 고립된 사람들의 집단으로 구성되어 있지 않기 때문이다. 중요한 것은 Marshall McLuhan과 몇몇 다른 사람들이 지적했듯이 지난 150년에 걸쳐 발생한 엄청난 인구의 증가와 대중 매체와 수송 수단에서의 커다란 진보가 과거 어느 때보다 더 큰 민족과 문화의 혼합을 야기시켰다는 것이다. 국가들 간에 급속히 증가하고 있는 경제적 상호의존과 함께, 이러한 것들의 계속적인 발전은 많은 사회가 McLuhan이 말하고 있는 "지구촌"화 되어감에 따라 장래에 훨씬 광범위하고 점점 더 빈번해지는 문화 혼합을 약속하는 듯 보인다. 우리가 앞으로 전망하는 것은 문화 간의 경험에 의해 어떤 식으로든 영향을 받지 않을 개인은 비교적 거의 없을 것이며, 세계 문화는 더더욱 없을 것이라는 점이다.

cultural barrier 문화(적) 장벽 **come into contact (with)** 만나다, 접하다, 대하다 **communicate with** 의사소통을 하다; (정보 등을) 전달하다; (서로 마음을) 소통하다 **assumption** 가정; 추정, 전제; (권력·책임의) 인수(장악) **aspect** 양상, 측면; 면 **precisely** 바로, 꼭, 정확히 **isolated** 고립된, 외떨어진, 외딴 **point out** 지적하다 **enormous**

막대한, 거대한 **mass communication** (신문·라디오·텔레비전 등에 의한) 매스컴; 대중(대량) 전달, 매스컴 **transportation** 수송 수단, 교통 기관; 운송, 수송(=transport) **bring about** 야기하다, 초래하다 **intermixing** 섞임 (intermix 섞다; 섞이다) **continuation** 계속, 지속, 연속; (어떤 것에) 연속되는(뒤이은) 것 **interdependence** 상호의존 **guarantee** (어떤 일을 하거나 있도록 할 것임을) 보장(약속)하다; (제품에 대해) 품질 보증을 하다; 보증을 서다, 보증하다; 굳은 약속, 확약; (제품의) 품질 보증서; 담보 **multiplicity** 다수; 다양성 **evolve** (점진적으로) 발달(진전하다(시키다); 진화하다(시키다) **speak of** ~에 관하여 언급하다, 말하다 **prospect** 전망; 예상; (어떤 일이 있을) 가망(가능성); 잠재 고객 **intercultural** 문화 간의

---

17 정답 ②

해석 이 지문을 가장 잘 요약한 것은 어떤 것인가?
① 문화적 혼합은 많은 사회에서 갈등을 초래할 것이다.
② 문화적 혼합과 세계화는 미래에 피할 수 없는 현상이다.
③ 스스로 고립을 자초하는 사회는 미래에 크게 고통을 받을 것이다.
④ 사람들이 다른 문화와 접촉하는 것을 선택하지 않는다면 문화적 장벽은 중요치 않을 것이다.

해설 인구의 엄청난 증가와 대중 매체 및 수송 수단의 커다란 진보로 인해 이종 문화들 간의 접촉이 더욱 잦아지고 그에 따라 이 세계가 점점 지구촌화 되어 간다는 것이 이 글의 요지이므로 ②번이 가장 적절하다.

18 정답 ③

해석 지문에 대한 가장 적절한 제목은 ______________이다.
① 문화 간 의사소통에 대한 장벽
② 과학기술과 문화
③ 부상하는(떠오르는) 지구촌
④ 문화적 혼합의 문제점들

해설 세계가 점점 지구촌화 되어 간다는 글의 요지에서 정답을 찾을 수 있다.

19-22 다음 지문을 참조하시오.

> 토마토 재배업자 협회 즉, TGA는 캘리포니아 주 샌디에이고 근처의 한 실험농장에서 슈퍼 토마토를 재배하기 시작했다. 생물공학과 DNA 연구 성과를 이용해서 TGA는 "미래의 토마토"를 재배하기로 결정한 것이다. 그 토마토 나무는 악취 형태의 방충제를 내뿜어서 벌레들의 공격을 물리치게 된다. 그것은 병해와 부패에 강할 것이며, 몇 톤이나 되는 토마토 밑에 깔려 선적될 때도 그 모양을 그대로 유지할 것이다.
>
> 껍질은 단단하여 기계로 수확해도 전혀 손상을 입지 않을 것이며, 무겁고 두터운 잎들은 토마토가 햇볕에 심하게 타는 것을 막아줄 것이다. 한 나무에서 열리는 토마토는 모두 동시에 익게 되어, 덜 익었거나 너무 익은 과일을 기계로 수확할 때 생기는 손실을 막을 수 있을 것이다. 그리고 소비자가 바라는 대로 즙이 많고 맛있을 것이다. 이런 토마토 나무의 개발에는 엄청난 비용이 들겠지만, TGA의 과학자들은 자신들의 목적이 달성된다면 그 새로운 토마토가 가져다줄 이점과 원가 절감, 특히 수확 노동비와 선적 손실의 절감으로 인하여 결국은 이익을 보게 될 것이라고 믿고 있다.

set out (일, 과제 등에) 착수하다(나서다); 출발하다((여행을) 시작하다) **experimental** (아이디어, 방법 등이) 실험적인; (과학) 실험의 **biotechnology** 생명공학 **determine** ~으로(~을) 하기로 결정하다; (공식적으로) 확정(결정)하다; 알아내다, 밝히다 **emit** (빛, 열, 가스, 소리 등을) 내다(내뿜다) **repellent** 방충제; 방수제; 역겨운, 혐오감을 주는; (특히 물이) 스며들지 않게 하는 **odor** 냄새; (특히) 악취; (古語) 향수; 평판, 인기, 명성 **fight off** ~와 싸워 물리치다 **rot** 썩음, 부식, 부패; (자연스럽게 서서히) 썩다(부식/부패하다); 썩히다, 부식(부패)시키다 **ship** (배나 다른 운송 수단으로) 실어 나르다, 수송(운송)하다; 배, 선박 **a load of** 많은(=loads of) **skin** 껍질; 피부; 가죽; (동물의) 가죽을 벗기다, (과일·채소의) 껍질을 벗기다 **tough** 단단한, 거친, 굳센; 힘든, 어려운; 엄한, 냉정한 **permit** 허락(허가)하다; 가능케 하다 **sunburned** 햇볕에 심하게 탄, (피부가) 보기 좋게 햇볕에 탄 **ripen** 익다, 숙성하다; 익히다, 숙성시키다 **overripened** 지나치게 익은 **juicy** 즙이 많은 **benefit** (~에서) 득을 보다; 유익(유용)하다; 혜택, 이득; 수당 **cost saving** 원가 절감 **labor expense** 노동비

---

19 정답 ②

해석 과학자들은 새로운 토마토가 어떻게 벌레들의 공격을 물리칠 것이라고 믿고 있는가?
① 벌레들은 그 맛을 좋아하지 않을 것이다.
② 토마토 나무는 냄새를 내뿜을 것이다.
③ 벌레들은 잎을 먹자마자 죽을 것이다.
④ 새로운 살충제가 토마토 나무에 살포될 것이다.

해설 지문의 'By emitting a repellent in the form of an odor, the tomato plant would be able to fight off attacks by insects.'에서 ②번이 정답임을 알 수 있다.

20 정답 ②

해석 새로운 토마토 품종을 만드는데 있어 약점은 무엇인가?
① 그 토마토는 맛이 썩 좋지는 않을 것이다.
② 그 연구는 비용이 아주 많이 들 것이다.
③ 외국 연구자들이 그것을 먼저 만들어 낼 것이다.
④ 토마토가 많은 나라에서 인기가 있는 것은 아니다.

해설 지문 후반부의 'While development of this plant will prove to be extremely expensive'에서 답을 얻을 수 있다.

21 정답 ③

해석 토마토는 어떻게 선적될 것인가?
① 특별한 보호 용기로
② 새롭게 고안된 트럭으로
③ 포장하지 않은 뱃짐 형태로
④ 멀리 떨어진 시장에는 비행기로

해설 첫 단락 마지막 줄의 'when shipped at the bottom of a load of tons of tomatoes.'를 보면 ③번 '포장하지 않은 뱃짐 형태로'가 정답임을 알 수 있다.

22 정답 ③

해석 토마토가 햇볕에 심하게 타는 것을 어떻게 방지할 것인가?
① 농부들은 토마토 나무를 천으로 감쌀 것이다.
② 모든 토마토는 인공 빛으로 재배될 것이다.
③ 토마토 나무에 짙은 잎이 자랄 것이다.
④ 토마토 껍질은 태양에 타지 않을 것이다.

해설 두 번째 단락 두 번째 문장인 'Its heavy, thick leaves would prevent it from becoming sunburned.'에서 답을 찾을 수 있다.

23 다음을 읽고 질문에 답하시오. 　　정답 ②

미국 사상의 성장을 지켜본 외국의 관찰자들에게, 일반적으로 뛰어난 것이라고 인식되는 한 가지 미국적 행동 양상이 그렇게 늦은 시기에 그에 대한 철학적 해석을 발견하게 되었다는 점은 항상 수수께끼로 남게 될 것이다. 서구 세계의 어느 곳보다도 미국에서 더 흔히 그리고 더 솔직하게 받아들여진 실용적인(실용주의) 인생관은 누군가가 이것을 추상적인 사상의 면에서 설명하려고 시도하기 훨씬 이전에 미국 사람들 대다수의 마음을 확실하게 사로잡았다. 어쩌면 바로 그 인생관이 갖는 그 자연스러움이 그것에 대한 이론적 논의를 막은 것인지도 모르나 일단 이에 대한 논의가 시작되자 이 논의는 멈추지 않았으며, 대단히 결정적인 많은 현대 사상의 경향들을 유발했다(경향들로 이어졌다).

enigma 수수께끼(같은 사람/것/일)　**aspect** 측면; 양상　**conduct** 행동; 수행, 처리; 행동하다, 처신하다; (특정한 활동을) 하다; 지휘하다; (열이나 전기를) 전도하다　**outstanding** 뛰어난, 걸출한, 두드러진; 중요한, (보수, 업무, 문제 등이) 아직 처리되지 않은, 미지불된, 미해결된　**philosophical** 철학의, 철학에 관련된　**interpretation** 해석, 이해, 설명　**pragmatic** 실용적인　**commonly** 흔히, 보통　**adopt** (특정한 방식이나 자세를) 쓰다(취하다), 채택하다; 입양하다　**have a grip on** ~을 사로잡다, 장악(지배)하다　**in terms of** ~의 면에서(관해서)　**abstract thought** 추상적인 사상　**naturalness** 자연스러움; 당연함; 꾸밈없음, 천진함　**outlook** (특정 개인, 집단, 문화가 가진 인생, 세계에 대한) 관점, 세계관, 인생관　**theoretical** 이론의, 이론적인; 이론상으로　**lead to** 유발하다, 야기하다, 초래하다(=cause, bring about, give rise to)　**decisive** 결정적인; 결단력(과단성) 있는

해석 필자는 미국적 행동 방식의 주목할 만한 측면으로 무엇을 제시하는가?
　① 추상적인 사상
　② 실용주의 인생관
　③ 미국 사상의 성장
　④ 자연스러움
해설 두 번째 문장 'The pragmatic view of life more commonly and also more honestly adopted in the United States than anywhere else in the Western world had its firm grip on the majority of Americans'에서 ②번이 정답임을 알 수 있다.

24 　　정답 ②

미국 사회에서 남녀의 역할이 최근 몇 십 년간 변화를 겪으면서, 부부들은 그 어느 때보다도 함께 사는 것을 힘들어하고 있다. ① 오늘날 10건의 결혼 중 적어도 4건이 이혼으로 끝날 것이라고들 한다. ② 결과적으로 혼합 가족에 대한 새로운 시각이 필요하다. ③ 깨지지 않는 결혼은 행운 때문이 아니라 힘든 노력과 기술에 의해 그렇게 되는 것이다. ④ 참으로, 지금은 결혼 생활에 있어서 협상의 시대라고 말할 수 있다. ⑤ 중요한 것은 아이가 아플 때 누가 일을 쉴 것인지, 누가 가정의 경제 문제를 맡을 것인가를 결정하는 것이다.

decade 십 년　**divorce** 이혼; 이혼하다　**end in something** ~으로 끝나다　**as a result** 결과적으로　**perspective** 전망; 관점, 시각　**negotiation** 협상　**take off work** 일을 쉬다　**finance** 재정, 자금

해설 이 글은 남녀의 역할이 변하면서 결혼 생활이 어려워진다는 내용의 글이다. 서로 다른 민족이나 인종끼리의 결합으로 이루어진 혼합가족(=mixed family)에 대한 새로운 시각이 필요하다는 것은 이 글의 흐름과는 전혀 맞지 않는다.

25-27 다음 지문을 참조하시오.

그림자는 모든 자연의 아름다움을 가장 쉽게 감상하게 해 주는 것 중의 하나이다. 실루엣을 볼 때 처음으로 윤곽의 매력을 보게 되는 것처럼, 사람들은 한 가지 색으로 그려진 것을 볼 때 더욱 빨리 그 자연적인 선의 완벽함을 알게 된다. 물푸레나무의 윤곽을 따라가는 것은, 하늘을 배경으로 선명한 녹색의 잎이나 송이송이 모여진 새빨간 과일에 눈이 부실 때보다도, 나무의 그림자가 초록색 풀밭 위에 누워 있을 때가 더 쉽다. 그 나무는 녹색 캔버스인 벌판 위의 푸른 나무가 된 것이다. 그림자가 없다면, 사물들은 세상의 벽에 걸린 완전히 김빠지고, 단조로운 형상들처럼 비현실적이고 숨도 쉬지 않는 듯 느껴질 것이다. 그림자와 더불어 현실성과 세련된 아름다움이 온다. 그림자가 없는 것은 헐벗은 겨울나무와 메마른 마음뿐이다.

perceive 감지(인지)하다　**profile** 윤곽; 옆얼굴(의 윤곽), (얼굴의) 옆모습; 개요(서)　**silhouette** (밝은 바탕을 배경으로 드러나 있는) 검은 윤곽, 실루엣　**outline** 윤곽, 개요; 윤곽을 보여주다(나타내다); 개요를 서술하다　**draw** 그리다; 끌어당기다; 끌다　**ash tree** 물푸레나무　**trace** 추적하다, (추적하여) 찾아내다; (무엇의 형체·윤곽을) 따라가다　**dazzle** (강한 빛이) 눈이 부시게(눈앞이 안 보이게) 하다; (미모, 솜씨 등으로) 눈부시게(황홀하게) 하다; 눈부심; 황홀함　**vivid** (빛, 색깔 등이) 선명한, 강렬한; (기억, 묘사 등이) 생생한　**cluster** 무리를 이루다, (소규모로) 모이다; (함께 자라거나 나타나는) 무리, (작은 열매의) 송이　**scarlet** 진홍색, 다홍색, 새빨간 색　**canvas** 화폭; 캔버스 천(텐트, 돛, 화폭 등을 만드는 데 쓰이는 질긴 천)　**unbreathing** 숨을 쉬지 않는　**dream-flat** (현실 공간이 아닌) 헛된, 꿈에서나 있을　**unrelieved** 단조로운; 구제되지 않은　**tapestry** 태피스트리(여러 가지 색실로 그림을 짜 넣은 직물)　**rounded** 세련된, 원숙한, 둥근, 둥글게 된　**bare** 벌거벗은, 나체의　**barren** 척박한, 황량한, 불임인

25 　　정답 ④

해석 이 글을 가장 잘 표현한 제목은?
　① 자연의 아름다움
　② 겨울나무의 그림자
　③ 그림자의 비현실성
　④ 그림자의 가치
해설 글 전체가 자연의 아름다움을 더욱 사실감 있고 생동감 있게

만들어 주는 그림자의 중요성을 보여 주고 있으므로 '그림자의 가치'가 제목으로 가장 적절하다.

26 정답 ①

해석 그림자를 드리울 수 없는 사물은 ＿＿＿＿＿＿(하)다.

해설 지문 맨 하단의 'It is only the bare winter tree, the barren heart, that is shadowless.'를 참조하면 쉽게 답이 나온다.

27 정답 ④

해석 나무의 형상을 쉽게 알아 볼 수 있는 간단한 방법은 ＿＿＿＿을 연구하는 것이다.
① 총천연색 나무
② 겨울 실루엣
③ 하늘 캔버스(하늘을 배경으로 한 캔버스)
④ 그림자

해설 세 번째 문장 'It is much simpler to trace the outline of an ash tree when it lies on the grass in shadow ~'를 보면 그림자를 통해 나무의 형상을 더 잘 알아 볼 수 있음을 알 수 있다.

28 정답 ④

(A), (B), (C)에 가장 적절한 순서는 무엇인가?

> 19세기 후반 파리에서 Alexandre-Gustave Eiffel이 독립 구조로 서 있는 그의 유명한 986피트의 철탑을 설계했을 때, 그는 현대 과학이나 공학을 이용하지 않고 설계를 했다. 그러나 수학자들은 오랫동안 그 기념물의 우아한 모습 뒤에 정연한 논리가 존재하지 않을까 하고 생각해왔다.

> (A) Weidman은 처음에는 좌절했지만, 1885년에 Eiffel에 의해 작성된 오래도록 잊혀 있던 메모를 발견했을 때 깨달음의 결정적인 순간을 맞이했다.
> (B) 그 문서는 Weidman이 에펠탑을 설명하는 수학 공식을 찾아내는 데 필요한 통찰력을 그에게 주었던 것이다.
> (C) 그러한 신념은 공학자 Patrick Weidman으로 하여금 탑의 곡선에 숨겨진 수학 공식을 찾게끔 하였다.

design 설계하다; 디자인 **free-standing** (조각 등이 지지대 없이) 단독으로 서 있는; 독립된 **iron tower** 철탑 **suspect** ~이 아닌가 하고 생각하다; (확실하지는 않지만 특히 좋지 않은 일이 있을 것으로) 의심하다 **elegant logic** 정연한 논리 **monument** 기념물; 기념비적인(역사적인) 건축물 **graceful** 우아한 **initially** 처음에 **frustrate** 좌절시키다 **eureka moment** 깨달음의 결정적 순간 **insight** 통찰력 **work out** ~을 계산하다, 산출하다; ~을 해결하다((답을) 알아내다) **conviction** 신념, 확신; 유죄 선고(판결) **formula** 공식; 제조(법); 포뮬러(엔진 크기 등을 기준으로 나눈 경주용 자동차의 등급); (특정한 상황에서 쓰는) 정형화된(판에 박힌) 문구

해설 주어진 글은 에펠탑의 설계에 어떤 논리가 숨겨져 있을 것이라는 궁금증을 제시하고 있다. 그러한 논리가 존재할 것이라는 신념(conviction)이 (C)에서 드러나고 있고, 그러한 노력이 Eiffel의 메모 한 장(a memo)이 발견되면서 결정적인 발견의 순간(eureka moment)으로 이어진다는 내용이 (A)에 나와 있다. 마지막으로 그러한 메모(The document)가 결국 수학 공식을 찾는데 통찰력을 제공했다는 (B)가 온다. (A)의 'a long-overlooked memo[부정관사+명사]'가 (B)의 'The document[정관사+명사]'로 바뀐 것도 정답을 찾는 단서가 된다.

29 다음을 읽고 질문에 답하시오. 정답 ①

> 5년 전에 한 여성 단체가 New Jersey시 소방청과 법정 투쟁을 시작했다. 그들은 소방대원이 될 자격을 갖추게 하는 데 필요한 신체검사가 부당하다고 주장했다. 테스트는 힘, 빠르기, 민첩성을 강조했다. 유망한 여성 소방관은 80파운드의 호스를 끌고 사다리와 계단을 오르고, 150파운드의 인형을 들 수 있고, 이와 유사한 활동에서 뛰어남을 보여야 했다. 테스트는 개정되었다.

legal fight 법적 투쟁 **contend** 주장하다; (곤란, 장애와) 싸우다; 다투다, 경쟁하다 **eligible** (~에) 적임의, 적당한, 적격의 **agility** 민첩, 경쾌 **hose** 호스; (복수취급) 긴 양말, 스타킹 **prospective** 미래의, 장래의; 가망이 있는, 유망한 **drag** 끌다, 질질 끌고 가다; 끌리다, 끌려가다 **dummy** 마네킹, (양장점 따위의) 장식 인형; 견본, 모형; 바보, 멍청이 **excel** 능가하다, 탁월하다 **revise** 개정(정정, 교정, 수정)하다; 수정(판), 개정(판)

해석 필자는 개정된 테스트가 ＿＿＿＿＿＿임을 암시한다.
① 아마 과거의 테스트보다 합격하기가 덜 어려울 것이다.
② 아마 과거의 테스트만큼 합격하기에 어려울 것이다.
③ 육체적인 능력을 전혀 테스트하지 않는다.
④ 아마 중단될 것이다.
⑤ New Jersey 주에 의해 인정되지 않았다.

해설 여성 단체가 소방청의 신체검사가 '공정하지 못하다'고 법정 투쟁을 시작했고 검사가 개정되었으므로 개정된 시험은 과거의 시험보다 통과하기 덜 어려운 것임을 쉽게 유추할 수 있다.

30-31 다음 지문을 참조하시오.

> 당신의 내부에서 자기표현의 충동을 이미 느끼고 있다면, 당신이 해야 할 첫 번째 일은 자신을 표현하는 방법을 연구하는 것이다. 당신은 영어라는 언어 특히 영어의 문법을 매우 주의 깊게 공부해야 할 것이다. 대부분의 사람들이 좋은 글을 쓰는 기법을 이해하지 못하긴 해도 올바른 영어로 표현된 생각들을 무의식적으로 보다 쉽게 이해한다. 훌륭한 영어가 반드시 (미사여구가 많이 들어간) 화려한 영어가 아니라는 점, 그리고 간단한 어구가 보기에는 쉽게 쓸 수 있을 것 같지만, 구성하기가 가장 어려운 경우도 종종 있음을 알아야 할 것이다. 당신의 문장을 어구 단위가 아니라 단어 단위로 쓰는 것이 바람직하다는 점은 실로 아무리 강조해도 지나치지 않다. 많은 작가들이 반복으로 인해 의미가 죽어버린 표현들을 사용하기에, 대중에게 자신의 생각을 전달하지 못하는 것이다.

urge (강한) 충동, 욕구; (~하도록) 충고하다(설득하려 하다); 강력히 권

고(촉구)하다 **self-expression** 자기표현 **art** 기술; 예술; 미술품 **assimilate** (아이디어나 정보를) 완전히 이해하다(소화하다); (사상 등을) 흡수하다; (국가, 사회의 일원으로) 동화되다(동화시키다) **point out** 지적하다, 언급하다 **flowery** 꽃으로 덮인; 꽃무늬의; (경멸적) (말·문체가) 화려한, 미사여구를 쓴 **phrase** 구, 어구; 구절 **construct** 구성하다; 건설하다 **stress** 강조하다; 강조; 스트레스; 압박, 긴장 **desirability** 바람직함 **get A across to B** A를 B에 이해시키다 (A get across to B A(의미)가 B에게 전달되다) **the public** 대중, 일반인들, 세상 사람들 **solely** 오로지, 단지; 단독으로 **solely because** 오로지 ~때문에 **repetition** 반복, 되풀이 **undesirable** 바람직하지 않은; 원하지 않는, 달갑지 않은 **indispensable** 없어서는 안 될, 필수적인 **economical** 경제적인, 실속 있는

---

30   정답 ②

해석 윗글의 제목으로 가장 알맞은 것을 고르시오.
① 자기표현, 글 쓰는데 필수적인 것
② 글쓰기 기술
③ 문법에 대한 영어의 의존
④ 화려한 문체의 영어: 그것의 가치

해설 글 전체를 관통할 수 있는 포괄적 의미의 제목을 골라야 한다. 즉, 언급된 내용 전체를 통해 주제의 어떤 부분이 가장 많이 부각되는지를 파악해야 하는데, ①번(자기표현, 글 쓰는데 필수적인 것)은 단지 글의 초입에서 글을 쓰게 만드는 동기를 부여해 주는 도입문장의 내용에 지나지 않는다. 정확한 문법을 기반으로 해서, 어구 단위로 쉽게 글을 쓰라는 등, 글을 잘 쓸 수 있는 여러 가지 기법이 지문에서 제시되고 있으므로, ②번 '글쓰기 기술'이 제목으로 가장 적절하다. ③번(문법에 대한 영어의 의존)은 지문에 언급된 바 없으며, ④번(화려한 문체의 영어: 그것의 가치)은 내용의 일부분일뿐더러 화려한 문체가 좋다고 언급된 바도 없으므로 답이 아니다.

31   정답 ①

해석 어구 단위로 글을 쓰는 것은 ＿＿＿＿＿＿＿이다.

해설 지문의 'the desirability of writing your sentences word by word and not phrase by phrase.'에서 어구 단위로 쓰는 것은 좋은 글쓰기 방법이 아니라는 것을 알 수 있다.

32   정답 ①

> 과학적 통계에 따르면, 약 1,130억 명의 사람들이 우리 지구 역사 속에서 명멸했다. 이 모든 사람들 중에서 약 70억 명의 사람, 대략 6%에 해당하는 사람들이 어떤 식이든 (기념비에건 책속에건 또는 필사본 그리고 공식 기록에서건) 그 이름을 남기고 있다. 그 나머지 1,060억 명의 사람들은 흔적도 없이 사라져 간 것이다.

estimate 견적, 어림; 판단; 견적서; 평가하다, 견적하다; 어림잡다 **approximately** 대략 **monument** 기념비, 유물 **trace** 자취; 발자국; ~의 발자국을 더듬어가다, ~을 추적하다 **inform** 알리다, 알려 주다 **persuade** (~을 하도록) 설득하다, 설득하여 ~하게 하다 **convince** 납득시키다, 확신시키다; 설득하다 **entertain** 즐겁게 해 주다; (특히 집에서 손님을) 접대하다 **criticize** 비판(비난)하다

해석
① 알리려고
② 설득하려고
③ 확신시키려고
④ 즐겁게 하려고
⑤ 비판하려고

해설 글의 목적을 묻고 있다. 과학적 통계(according to scientific estimates) 등을 이용하며, 내용(정보)을 객관적으로 소개하고 있다.

33-35 다음 지문을 참조하시오.

> 모든 공황 또는 불황에 앞서, 과열된 기업 활동, 물가 상승, 이윤 증대, 그리고 신용 거래의 급속한 확대가 존재해 왔다. 각각의 불황은 기업 활동의 부진, 물가 하락, 그리고 실업률의 급속한 증가가 동반되어 왔다. 과거에는 이런 불황이 많은 은행과 사업체, 그리고 무수히 많은 가정들에 재정적 파탄을 가져다주었다. 이런 불황이 닥치고 있는 동안에, 우리는 상당한 기간 경제적 풍요를 누릴 수 없다. 진보적인 지도자들은 농산품과 공산품을 위한 충분한 시장을 제공하기 위해, 일반 대중의 구매력을 증가시키고 그들이 저축하도록 유도하는 데 노력을 기울이고 있다.

panic (갑작스러운) 극심한 공포, 공황; 공황 상태 **depression** (장기간에 걸친 심각한) 불경기, 불황(不況); 우울증; 우울함, 암울함 **precede** ~에 앞서다(선행하다) **feverish** 몹시 흥분한, 과열된; 열이 나는 **profit** (금전적인) 이익, 수익, 이윤; 이득, 이익; 이득(이익)을 얻다(주다) **extension** (세력, 영향력, 혜택 등의) 확대; (기간의) 연장; 내선, 구내전화 **credit** 신용 거래; 신용도; 융자(금); 칭찬, 인정; (대학의) 학점 **accompany** (일, 현상 등이) 동반되다(딸리다); (사람과) 동반하다, 동행하다 **unemployment** 실업, 실업률, 실업자 수; 실직(실업) 상태 **financial** 금융(재정)의 **ruin** 붕괴, 몰락, 파국, 파탄; (~s) (파괴된 건물의) 잔해, 폐허, 유적; ~을 망치다(엉망으로 만들다) **concern** 회사, 업체; (특히 많은 사람들이 공유하는) 우려(걱정); 관심사; (무엇에) 관한(관련된) 것이다; ~를 걱정스럽게(우려하게) 만들다; (흔히 수동태로) (사람에게) 영향을 미치다(관련되다) **countless** 무수한, 셀 수 없이 많은 **progressive** 진보(혁신)적인 **buying power** 구매력 **mass** 덩어리; (흔히 제멋대로 모여 있는 많은 사람, 사물의) 무리; (일반) 대중; 질량 **induce** 유도하다; 유발(초래)하다 **save** 저축하다; (죽음, 손상, 손실 등에서) 구하다; 절약하다 **furnish** 제공(공급)하다; (가구를) 비치하다 **adequate** (특정한 목적이나 필요에) 충분한(적절한) **preventive** (~의) 예방법, 방지책(for, of); 예방약; 피임용구, 피임약; 예방용의; 예방의, 방지하는

33   정답 ②

해석 다음 중 이 지문의 제목으로 가장 알맞은 것은 ＿＿＿＿이다.
① 불황의 원인
② 불황에 가능한 해결책
③ 가격 변동
④ 불황 이전의 기업 활동

해설 전반부에 불황이 오기 전의 여러 가지 현상에 대해 설명하는 소개(Introductory Sentences)가 있은 후, 그 불황을 타개하기 위한 해결책을 제시하며 글을 마무리하고 있다. 이 전체의 내용을 함축적으로 담고 있는 제목으로는 '불황에 (타개를 위한) 가능한 해결책'이 가장 적절하다.

34

정답 ②

해석 진보적인 경제학자들은 불황을 극복하는 가장 훌륭한 방지책은 ＿＿＿＿＿＿＿＿에 달려 있다고 느끼고 있다.

해설 'Progressive leaders are trying to increase the buying power of the masses of our people and to induce them to save'에서 진보적인 경제학자들은 일반 대중의 구매력을 증가시키고 그들이 저축을 유도한다고 했으므로, 불황을 극복하는 가장 훌륭한 방지책은 결국 구매와 저축의 주체인 소비자(=consumers)에 달려 있다.

35

정답 ①

해석 불황에 앞서, 사업은 ＿＿＿＿＿＿＿＿의 특징을 갖는다.
① 늘어나는 이익
② 물가 하락
③ 은행의 실패(파산)
④ 신용거래의 감소

해설 첫 문장 'depression, has been preceded by feverish business activity, rising prices, rising profits and a rapid extension of credit.'을 보면 답이 ①번임을 쉽게 알 수 있다.